China Electric Power Yearbook

2014 中国电力年鉴

《中国电力年鉴》编辑委员会

中国电力出版社
CHINA ELECTRIC POWER PRESS

本年鉴连续三届荣获中央级年鉴评比一等奖

图书在版编目(CIP)数据

2014中国电力年鉴/《中国电力年鉴》编辑委员会编. —北京：中国电力出版社，2014.12
ISBN 978-7-5123-6706-7

Ⅰ.①2… Ⅱ.①中… Ⅲ.①电力工业－中国－2014－年鉴 Ⅳ.①F426.61-54

中国版本图书馆CIP数据核字（2014）第249208号

中国电力出版社出版、发行
（北京市东城区北京站西街19号 100005 http://www.cepp.sgcc.com.cn）
北京盛通印刷股份有限公司印刷
各地新华书店经售
*
2014年12月第一版 2014年12月北京第一次印刷
787毫米×1092毫米 16开本 43.25印张 1571千字 18插页
印数0001—3000册 定价 **298.00** 元

2013年2月3日，中国国家主席习近平（右五）视察中国能源建设集团有限公司所属葛洲坝集团参建的甘肃引洮供水工程。（新华社 提供）

2013年4月8日，中国国家主席习近平（右）在出席海南博鳌亚洲论坛2013年年会与中外企业家座谈时，接见南方电网公司党组书记、董事长赵建国（左）。（南方电网公司 提供）

2013年4月25日，在中国国家主席习近平（后排右一）与法国总统弗朗索瓦·奥朗德（后排右二）的共同见证下，中广核与EDF、AREVA在北京签署长期合作联合声明。（中广核 提供）

2013年4月28日，中国国家主席习近平（左二）等中央领导在全国总工会亲切接见了中国能建山西电建二公司焊工、全国劳动模范贾向东。（新华社 提供）

2013年5月14日，中国国家主席习近平（前排左三）来到中新天津生态城智能电网综合示范服务中心考察生态城智能电网综合示范工程的建设和运行情况。（天津公司 提供）

2013年4月9日，在中国国务院总理李克强（后排右五）和澳大利亚总理吉拉德（后排右六）的见证下，神华集团董事长张喜武（前排右一）在人民大会堂与澳大利亚塔州水电集团公司董事长克林（前排左二）签署了两公司可再生能源开发战略合作协议。（神华集团 提供）

2013年10月13日，在中国国务院总理李克强（后排右二）的见证下，南方电网公司越南永兴燃煤电厂一期BOT项目合同签署仪式在越南河内举行。

（南方电网公司 提供）

2013年11月25日，在中国国务院总理李克强（后排左一）与罗马尼亚共和国总理维克托·蓬塔（后排左二）的见证下，中国广核集团董事长贺禹（前排左二）与罗马尼亚国家核电公司总裁在罗马尼亚总理府签署了合作开发切尔纳沃德核电站3、4号机组的意向书。同时，中国电建集团与罗方签署了罗马尼亚塔尼塔-拉普斯泰斯提抽水蓄能电站项目合作意向书。

（中国电建、中广核 提供）

2013年9月3日，中共中央政治局常委、国务院副总理张高丽（前排左二）就北京市西北热电中心建设工作到大唐国际北京高井热电厂调研。

（大唐集团 提供）

2013年8月2日，中共中央政治局常委、全国政协主席俞正声（前排右三）到西藏公司调研。
（西藏公司 提供）

2013年1月10、20日，中共中央政治局委员、广东省委书记胡春华（前排右二）分别到台山核电现场、阳江核电现场调研。图为胡春华在阳江核电现场调研。
（中广核 提供）

2013年12月14日，全国政协副主席、科技部部长万钢（前排左三）在国家核电总部调研CAP1400进展。
（国家核电 提供）

2013年1月25日，中国大唐集团与中国铁建公司在北京签署战略合作框架协议。
（大唐集团 提供）

2013年2月6日，中国国电集团公司与北京市科学技术委员会在北京签署“关于共建国电新能源技术研究院的合作协议”。
（国电集团 提供）

2013年3月13日，山西晨洋光伏科技有限公司5.5MW光伏发电项目成功并网。
（山西公司 提供）

2013年4月25日，国家能源局组织中广核和中核集团在北京召开自主创新三代核电技术合作协调会。

（中广核 提供）

2013年5月15日，中国南方电网公司社会责任报告发布会在公司总部举行，公司董事长赵建国（右三）、总经理钟俊（左三）出席会议。

（南方电网公司 提供）

2013年6月18日，南瑞集团承办的第二届中国—南非电力技术研讨会在南京召开。

（南瑞集团 提供）

2013年7月3日，中国第一条绞合碳纤维芯软型铝绞线在海南挂网运行。

（海南电网 提供）

2013年2月27日，华能集团在海外自主开发建设的新加坡大士能源登布苏热电多联产项目一期工程正式投产。
（华能集团 提供）

2013年4月15日，中国国电集团公司党组书记、副总经理乔保平（后排左四）在集团本部会见了来宝资源有限公司硬商品联席主席尼尔·达哈（前排右一）一行。国电燃料有限公司与来宝资源有限公司签署了煤炭供需合作协议。
（国电集团 提供）

2013年5月18日，2013非洲国家经济与社会发展总统顾问研讨班到中国国电集团公司参观访问，实地参观了国电联合动力保定生产基地，并到国电科环考察。

（国电集团 提供）

2013年6月11日，国电科环所属国电龙源技术工程公司等离子体点火技术首次出口土耳其EREN电厂，60万kW超临界机组成功实现无油启动。

（国电集团 提供）

2013年9月18日，装机容量为10万kW的龙源电力加拿大德芙林风电场开工建设，建成后可为当地3万个家庭提供绿色能源。

（国电集团 提供）

2013年9月21日，三峡集团首个以EPC方式承建的马来西亚沐若水电站下闸蓄水。（三峡集团 提供）

2013年11月8日，国电科环等离子点火技术在韩国新灵兴电厂2台87万kW机组成功应用，试运行阶段为电厂节省费用55亿韩元。（国电集团 提供）

2013年12月19日，中国电建建设的加纳布维水电站竣工。图为建设中的布维水电站。

（中国电建 提供）

中国电建承建的印度嘉佳圣雄甘地电厂（2×66万kW）机组工程荣获2012～2013年度中国建设工程（境外工程）鲁班奖。

（中国电建 提供）

中国电建承建的柬埔寨甘再水电站荣获2012～2013年度中国建设工程（境外工程）鲁班奖。

（中国电建 提供）

2013年1月3日、12月14日，江苏常熟2×100万kW机组扩建工程5号、6号机组分别投产，中电投集团的百万机组达到6台。
（中电投集团 提供）

2013年1、6月，国电布连电厂一期2×66万kW超超临界燃煤空冷发电机组分别顺利投产发电。
（国电集团 提供）

2013年4月14日，神华集团白马电厂60万kW超临界循环流化床示范机组顺利完成168h满负荷试运行，成功投入商业运行。
（神华集团 提供）

2013年12月9日上午，嘉电公司8号机组超低排放项目首根钢结构开吊。

（浙能集团 提供）

2013年12月9、23日，淮浙煤电凤台发电分公司二期3、4号机组相继投产。

（浙能集团 提供）

2013年12月22日，安徽田集电厂二期2×66万kW扩建工程3号机组投产。该机组设计供电煤耗279.1g/kWh，是国内首台投产的再热蒸汽温度达到620℃的超超临界机组。

（中电投集团 提供）

中国电建参建的中电投白城电厂（2×60万kW）工程荣获2012～2013年度中国建设工程鲁班奖。

（中国电建 提供）

2013年4月12日，金沙江向家坝水电站混凝土重力坝全线到顶，历时5年6个月的大坝主体混凝土浇筑任务全部完成。（高峰 摄）

2013年4月26日，装机容量42万kW的白市水电站3台机组全部投产并网发电。（中电投集团 提供）

2013年5月24日，云峰发电厂4号机组转子回装整体改造工程结束。

（东北公司 提供）

2013年7月15日，溪洛渡水电站首台机组（右岸电站13号机组）结束72h试运行，正式投产运行。

（王连生 摄）

2013年9月12日，向家坝水电站水库水位抬升至380m正常蓄水位。全年向家坝水电站实现3台单机容量为80万kW的机组投产发电。

（三峡集团 提供）

2013年11月6日，黄河水电公司部分水电站首批实现集中控制。

（程兴东 摄）

2013年12月8日，溪洛渡水电站坝前水位上升到560m，实现阶段性蓄水目标。

（三峡集团 提供）

图为国电大渡河大岗山水电站工程大坝施工现场。截至12月31日，该水电站大坝混凝土浇筑147.4万m³，最高坝段浇筑至1087m，最低坝段浇筑至1065.5m。水电站总装机容量250万kW，计划于2015年7月首批机组投产发电、年底全部投产发电。

（国电集团 提供）

2013年12月20日，拉西瓦水电站被评为“中国美丽电厂”。

（安伟 摄）

中国电建承建的重庆彭水水电站荣获2012~2013年度中国建设工程鲁班奖。

（中国电建 提供）

2013年1月17日，国电龙源电力“河北尚义龙源风电场（150MW）工程”项目荣获2012～2013年度中国建设工程鲁班奖，是中国风电史上产生的第一个鲁班奖。（国电集团 提供）

2013年1月29日，三门1号核岛顶封头吊装。（国家核电 提供）

2013年3月4日，海阳核电项目1号机组核岛蒸发器A吊装就位。

（中电投集团 提供）

2013年3月29日20时9分，国电云南新能源公司元谋风电场二期工程装机容量49.5MW的黑马井风电场33台风机全部投产发电。

（沈风云 摄）

2013年6月6日，红沿河核电厂一期1号机组正式投入商业运行。红沿河核电厂成为中国第五个、东北地区第一个、中广核第三个投入商业运行的核电基地。

（中广核 提供）

2013年7月11日，国电联合动力技术有限公司自主研发的首台超高海拔风机在西藏那曲完成吊装。

（国电集团 提供）

2013年9月24日，浙能集团可再生能源板块嵊泗1号海上测风塔竣工。

（浙能集团 提供）

2013年11月21日，世界上海拔最高、建设难度最大、中国第一个大型孤立电网电站——国电阿里10MW光伏电站全部投运。

（国电集团 提供）

2013年12月6日，青海龙羊峡水光互补并网光伏电站投产发电。该电站是中国装机容量最大的光伏电站，建设规模32万kW，年发电量4.9亿kWh，采用南瑞计算机监控系统。

（南瑞集团 提供）

2013年12月7日，由中国水电甘肃能源公司控股建设的新疆哈密石城子4万kW光伏电站投产发电。

（中国电建 提供）

2013年12月23日，阳江核电厂6号机组主体工程开工。（中广核 提供）

2013年3月30日，世界第一个±800kV直流输电工程——云南—广东特高压直流输电工程，孤岛运行调试500万kW试验取得圆满成功。

（南网科研院 提供）

2013年4月12日，哈密南—郑州±800kV特高压直流输电线路工程进行跨越施工。

（河南公司 提供）

2013年4月，浙北—福州1000kV特高压交流输变电工程全面开工建设，图为建成后的线路。

（滕健 摄）

2013年5月10日，国网青海省电力公司组织开展玉树与青海主网330kV联网工程现场验收工作。
（马旭升 摄）

2013年6月27日，新疆与西北主网联网第二通道工程竣工投运。
（新疆公司 提供）

2013年7月2日，华中首座500kV柏泉智能变电站投入运行。
（湖北公司 提供）

2013年7月15日，海南电网公司与琼中县政府签订农村电网建设与改造合作协议，公司董事长金戈鸣（后排左二）、副总经理林芳泽（后排右一）及琼中县委书记孙喆（后排右二）出席签约仪式，公司总经理娄山（前排左一）与琼中县县长王琼龙（前排右一）代表双方签约。（韩海光 摄）

2013年11月7日，衢山±200kV换流站内，世界首座多端柔性换流站户内链接区钢结构开始组立吊装。（浙江公司 提供）

2013年12月，天津滨海新区新一代智能变电站示范工程进入最后调试阶段。（吴宣述 摄）

2013年7月9日，“京津冀高校媒体走进国网冀北电力”活动启动。图为工作人员向大学生记者们介绍固定翼无人机和多旋翼无人机的性能。

（冀北公司 提供）

2013年7月25日，位于武乡县城关镇的一户居民电源成功并入国家电网，成为山西省首个正式并网的居民用户分布式光伏电源。

（山西公司 提供）

2013年8月16日，辽宁公司“8·16”抗洪抢险救灾现场。

（辽宁公司 提供）

2013年9月3日，第十届中国—东盟博览会、中国—东盟商务与投资峰会在南宁开幕，广西公司承担保电任务。

（广西公司 提供）

2013年9月16日，四川公司检修公司组织“中国梦·国网情”社会媒体走进超特高压活动。

（王志奇 摄）

2013年9月22日，14级台风“天兔”“造访”粤东。图为广东电网公司惠州供电局的电力抢修人员正冒着倾盆大雨进行树障清理工作。

（南方电网公司 提供）

2013年10月11日，国网山东济南供电公司在中国第十届艺术节开幕式现场保电。

（山东公司 提供）

2013年11月15日，海南公司在国内首家开通支付宝二维码缴费。

（海南公司 提供）

2013年12月18日，“内蒙古自治区全面完成无电地区户户通电工程”仪式在鄂尔多斯市鄂托克旗敖伦其日嘎嘎查牧户呼毕斯哈拉图家举行。

（张春阳 摄）

2013年南方电网公益广告《小桔灯篇》。

（南方电网公司 提供）

《中国电力年鉴》编委会

《中国电力年鉴(2014)》

《中国电力年鉴》编辑部

特约撰稿人（按姓氏笔画排列）

丁燕鸣	于丽娜	万柏辰	马大庆	马海洋	马鹏飞	马蕊娜
马曙光	王乐	王宁	王伟	王庆	王凯	王剑
王哲	王峰	王健	王朗	王锋	王聪	王震
王一格	王玉斐	王生龙	王立鹏	王永福	王红亮	王宏刚
王宏斌	王学军	王振华	王晓刚	王峰峰	王雪冬	王雅丽
王德利	车文妍	牛新宇	文如娟	文祥云	尹兰英	邓汉万
孔勇	甘羽	左跃	石平	龙云	卢林	田峰
田风廷	付世俊	冯晔	冯鹏	冯有维	冯林杨	冯星光
毕研秋	曲辉	吕巧珍	吕洪林	朱军	朱锋	朱建军
乔仁贵	任伟	刘严	刘虎	刘昊	刘莹	刘楠
刘蔚	刘薇	刘之阳	刘文泉	刘伟达	刘鸿斌	刘富长
刘增训	齐文婷	闫斌	关立	汤日成	安华云	安晓滨
许为宁	孙目元	孙剑炜	孙夏翌	严宇	苏朝晖	李龙
李刚	李竹	李杨	李奇	李明	李峥	李悦
李涛	李晨	李曼	李斌	李鹏	李丰富	李少春
李东亮	李成东	李向阳	李青春	李国柱	李树国	李朝阳
李增彬	杨芳	杨亮	杨倞	杨琦	杨斌	杨文春
杨本渤	杨丽萍	杨洪涛	吴伟	吴迪	吴云喜	吴立军
吴至复	吴国健	时伟	旷路明	何飞	何亮	余国太
余秋霞	汪宏	汪峰	汪文安	宋胜利	张义	张乐
张全	张显	张彦	张健	张猛	张辉	张强
张小奇	张长生	张兴华	张丽丽	张泽宇	张南京	张贺军
张晓东	张晶晶	张鹏飞	陆宇航	陈玮	陈晖	陈喆
陈伟勇	陈孝健	陈承彪	陈贵东	陈俊章	邵捷	范建斌
范鹏展	林树新	欧阳亚平	明书勤	易建山	罗旭杰	罗治强
罗雪军	岳赢	金一丁	周俊	周琳	周翔	周宏宇
周春雷	庞博	郑洪华	赵良	赵晔	赵儆	赵一斌

赵大钧	赵子臣	赵永生	赵永良	赵守和	赵艳玲	赵海翔
郝爱军	郝悍勇	荆岫岩	胡　烨	胡　浩	胡宏伟	柏峻峰
钟　萍	修　建	侯　毅	姚　军	娜日斯	贺　凡	袁国民
袁勇刚	贾灵苗	夏　雪	原增光	顾宇桂	柴　莹	钱永兵
徐　明	徐　牧	徐　亮	徐志军	徐奇峰	徐剑青	翁　强
栾凤奎	高　澈	郭　宝	郭　娜	郭　靓	郭　磊	郭方正
郭奎峰	郭艳霞	郭基伟	黄　荷	黄丹松	黄春波	曹爱尼
常　宁	崔　华	崔　昊	崔文亮	崔丙锋	彭开宇	韩　冰
韩　勇	程　序	程军生	程志华	程彦韬	储　惠	童永红
曾　楠	曾京文	游龙勇	谢　文	谢兴发	蓝国青	蔡靖波
廖业明	廖京阳	熊祥川	樊　涛	薛美琳	戴宗宝	

编 辑 说 明

1.《中国电力年鉴》（简称《年鉴》）于1993年创刊，已连续出版20期，是一本融史实性、资料性为一体的专业年鉴，也是一本全面实用，文、图、表并茂的综合性大型年刊。其主要服务对象为从事电力科研、生产、建设、经营管理的有关人员，以及与电力相关的政府和企事业单位的有关人员。

2. 本《年鉴》的编纂指导思想为：围绕电力工业改革与发展的主线，全面记载电力工业改革与发展、生产与经营、科技进步、国际合作等各方面的成就和工作。

3. 本《年鉴》是在国家能源局的领导和中国电力企业联合会的支持下，由国家电网公司、中国南方电网有限责任公司、中国华能集团公司、中国大唐集团公司、中国华电集团公司、中国国电集团公司、中国电力投资集团公司等共同组织编写的。《年鉴》编委会由国家能源局、中国电力企业联合会、两大电网公司、五大发电集团公司、两个建设集团公司，以及其他电力相关企业的主要负责人组成，并作为《中国电力年鉴》的领导机构，决定《年鉴》编辑出版的指导思想和主要内容。

4. 本期《年鉴》主要收录了2013年中国电力工业各方面所取得的成绩，重点反映了2013年电力工业发展和电力规划、建设、生产与经营等内容。本期《年鉴》在框架结构上做了较大调整，增设了“电力规划”“电力生产与经营”“产业报告”等篇目，将“重点工程”篇目调整为“电力建设”篇目，将“电力发展”“专家论坛”的相关内容分别调整到“专文”和“电力规划”等篇目中，删去了“电力工作报告”篇目，不再保留“电力监管”篇目，相关内容调整到“产业报告”“地区电力”等篇目中，“国际合作与交流”“文化建设”“各地区电力”“重要文献”篇目名称分别更改为“国际合作”“企业文化”“地区电力”“文献”。本期《年鉴》的框架结构由篇目、栏目、条目3个层次组成，设有特载，专文，电力规划，电力生产与经营，电力建设，产业报告，科技发展与创新，国际合作，行业管理，企业文化，电力企业，地区电力，科研、教育与学术团体，大事记，文献，统计资料，企业风采等篇目。本期《年鉴》仍采用文章和条目两种体裁，以条目为主，并配有具有史料价值的彩图110幅。为方便读者检索和查阅，本《年鉴》正文前有中、英文目录，正文后有内容索引。

特载：通过党和国家领导人关注电力、产业政策和体制改革反映2013年中国电力工业的大事、要事。

专文：介绍了2013年电力工业发展概况，2013年全国电力供需形势分析及对

2014年的预测，以及关于电力发展的专题分析文章。

电力规划：为新增篇目，主要介绍2013年与电力工业发展相关的重要规划和研究报告。

电力生产与经营：为新增篇目，主要介绍2013年全国电力工业生产概况，以及年度金牌机组和金牌企业等。

电力建设：本篇目为原“重点工程”篇目，介绍了2013年全国电力建设概况，收录了2013年重要电源建设和电网建设工程项目，简要列出了2013年电力建设主要获奖项目。

产业报告：为新增篇目，主要收录了全国能源工作会议报告和输电、供电监管工作会议报告，专题监管报告等子产业报告，并介绍了重要的电力会议和论坛。

科技发展与创新、国际合作：这两个篇目介绍了电网技术、发电技术以及电力设备制造技术的科技进步情况，以及各电力企业国际合作与交流的情况。

行业管理：全面介绍了中国电力企业联合会的行业管理和服务工作，并介绍了中电联分会和电力行业协会、研究会。

企业文化：主要反映了电力企业的文化建设、社会责任，以及新闻宣传和出版工作。

电力企业：全面反映了2013年度各主要电力企业生产经营的实际情况。

地区电力：从各地区的角度反映全国电力生产经营、建设，以及监管等方面的情况。

科研、教育与学术团体：主要反映了2013年电力科研院所、教育培训单位和学术团体的工作情况。

大事记：本篇目编排方式在本期《年鉴》中做了较大调整，将原来先按企业再按时间顺序编排，改为只按时间先后顺序编排。本篇目通过2013年整个电力行业和电力企业的主要事件全面反映电力工业改革与发展、生产与经营的脉络。

文献：收录了国务院、国家发展和改革委员会、财政部和水利部、国家能源局、国家应急指挥中心等部门有关电力的重要文件。

统计资料：给出了2013年电力行业各项统计资料。统计资料未包括台湾省和港澳地区的数据。

企业风采：本篇目展示了电力设备制造企业的实力、成绩，以及其他相关电力企业的业绩、事迹等。

附录：收录了2013年发布的电力国家标准和电力行业标准。

5. 本《年鉴》实行文责自负。《年鉴》框架设计及文章类条目均由编委会审定，条目内容、数据、彩图等均由撰稿单位校核及审定。

篇　目

目　录

国际合作

行业管理

企业风采

附　　录

索　　引

Contents

Special Contributions

Special Articles

Electric Power Plans

Electric Power Production and Operation

Electric Power Construction

Construction Projects of Power Grids ……… 75

Award-winning Projects ……………………… 78

Industry Reports

Working Conference Reports ………………… 89

Branch Industry Reports …………………… 97

Electric Power Conference and Forum …… 113

Science & Technology Developments and Innovations

International Cooperation

Electricity Industry Management

Enterprise Culture

Electric Power Enterprises

Regional Electric Power Industry

Scientific Research, Education and Academic Organization

Key Events

Documents

National Development and Reform Commission Documents

Ministry of Finance and Ministry of Water Resource Documents

National Energy Administration Documents

Statistics

Enterprises

Appendix

Index

彩图目录

党和国家领导人关注电力

2013年2月3日，中国国家主席习近平（右五）视察中国能源建设集团有限公司所属葛洲坝集团参建的甘肃引洮供水工程。

（新华社 提供）

2013年4月8日，中国国家主席习近平（右）在出席海南博鳌亚洲论坛2013年年会与中外企业家座谈时，接见南方电网公司党组书记、董事长赵建国(左)。

（南方电网公司 提供）

2013年4月25日，在中国国家主席习近平（后排右一）与法国总统弗朗索瓦·奥朗德（后排右二）的共同见证下，中广核与EDF、AREVA在北京签署长期合作联合声明。

（中广核 提供）

2013年4月28日，中国国家主席习近平（左二）等中央领导在全国总工会亲切接见了中国能建山西电建二公司焊工、全国劳动模范贾向东。

（新华社 提供）

2013年5月14日，中国国家主席习近平（前排左三）来到中新天津生态城智能电网综合示范服务中心考察生态城智能电网综合示范工程的建设和运行情况。

（天津公司 提供）

2013年4月9日，在中国国务院总理李克强（后排右五）和澳大利亚总理吉拉德（后排右六）的见证下，神华集团董事长张喜武（前排右一）在人民大会堂与澳大利亚塔州水电集团公司董事长克林（前排左二）签署了两公司可再生能源开发战略合作协议。

（神华集团 提供）

2013年10月13日，在中国国务院总理李克强（后排右二）的见证下，南方电网公司越南永兴燃煤电厂一期BOT项目合同签署仪式在越南河内举行。

（南方电网公司 提供）

2013年11月25日，在中国国务院总理李克强（后排左一）与罗马尼亚共和国总理维克托·蓬塔（后排左二）的见证下，中国广核集团董事长贺禹（前排左二）与罗马尼亚国家核电公司总裁在罗马尼亚总理府签署了合作开发切尔纳沃德核电站3、4号机组的意向书。同时，中国电建集团与罗方签署了罗马尼亚塔尼塔-拉普斯泰斯提抽水蓄能电站项目合作意向书。

（中国电建、中广核 提供）

2013年9月3日，中共中央政治局常委、国务院副总理张高丽（前排左二）就北京市西北热电中心建设工作到大唐国际北京高井热电厂调研。

（大唐集团 提供）

2013年8月2日，中共中央政治局常委、全国政协主席俞正声（前排右三）到西藏公司调研。

（西藏公司 提供）

2013年1月10、20日，中共中央政治局委员、广东省委书记胡春华（前排右二）分别到台山核电现场、阳江核电现场调研。图为胡春华在阳江核电现场调研。

（中广核 提供）

2013年12月14日，全国政协副主席、科技部部长万钢（前排左三）在国家核电总部调研CAP1400进展。

（国家核电 提供）

重要电力事件

2013年1月25日，中国大唐集团与中国铁建公司在北京签署战略合作框架协议。

（大唐集团 提供）

2013年2月6日，中国国电集团公司与北京市科学技术委员会在北京签署“关于共建国电新能源技术研究院的合作协议”。

（国电集团 提供）

2013年3月13日，山西晨洋光伏科技有限公司5.5MW光伏发电项目成功并网。

（山西公司 提供）

2013年4月25日，国家能源局组织中广核和中核集团在北京召开自主创新三代核电技术合作协调会。

（中广核 提供）

2013年5月15日，中国南方电网公司社会责任报告发布会在公司总部举行，公司董事长赵建国（右三）、总经理钟俊（左三）出席会议。

（南方电网公司　提供）

2013年6月18日，南瑞集团承办的第二届中国—南非电力技术研讨会在南京召开。

（南瑞集团　提供）

2013年7月3日，中国第一条绞合碳纤维芯软型铝绞线在海南挂网运行。

（海南电网　提供）

2014年7月7日，南方电网公司董事长赵建国(前排右一)迎接到访的巴基斯坦总理谢里夫(前排右二)。

（南方电网公司　提供）

2013年7月30日，大唐集团与广东省人民政府签署了战略合作框架协议。

（大唐集团　提供）

2013年8月8日，山西省人民政府在太原市举行煤电企业中长期购销协议签约仪式，山西省委书记袁纯清（后排左十一）、省长李小鹏（后排左十二）出席仪式。国电集团董事长乔保平（前排右三）应邀出席仪式，并代表五大发电集团讲话。

（国电集团　提供）

2013年9月4日，国家能源局局长吴新雄（前排左二）视察国家核电软件中心。

（国家核电　提供）

2013年9月5日，水电工程水库淹没和移民管理研讨会在成都召开。

（水力发电学会　提供）

2013年9月5、6日，国家环境保护部副部长、国家核安全局局长李干杰（前排左三）赴大亚湾核电基地调研。

（中广核　提供）

2013年9月15～25日，南瑞集团自主研发的DPN系列电力大容量无源光网络通信系统通过工信部入网测试。

（南瑞集团　提供）

2013年10月17日，英国财政大臣乔治·奥斯本（前排右三）赴台山核电厂现场调研。

（中广核　提供）

2013年11月1～3日，水电2013大会——中国大坝协会2013学术年会暨第三届堆石坝国际研讨会在昆明召开。

（中国水电　提供）

2013年11月3日，国家电网公司董事长刘振亚（前排左三）到南瑞集团调研指导工作。

（南瑞集团　提供）

2013年11月6日，中国能源经济研究院发布2013年全球新能源企业500强，国电科技环保集团股份有限公司名列第19位，居国内榜首。

（国电集团　提供）

2013年11月14日，西北电网举行2013年迎峰过冬联合反事故演习。

（西北公司　提供）

2013年11月15日，国家能源局局长吴新雄（右二）赴清华大学核研院调研。

（国家能源局　提供）

2013年11月28日，2013全国大中型水电站风险管理年会暨灾害防治论坛在北京召开。

（水力发电学会　提供）

2013年12月9日，法国总理埃罗（前排右一）参观台山核电厂。

（中广核　提供）

2013年12月19日，浙江浙能电力股份有限公司A股在上海证券交易所挂牌上市。图为浙能电力上市仪式与会领导合影。

（浙能集团　提供）

2013年12月20日，国网智研院美国研究院揭牌仪式在美国硅谷圣塔克莱拉（Santa Clara）市举行。

（国网智研院　提供）

国际合作与交流

2013年2月27日，华能集团在海外自主开发建设的新加坡大士能源登布苏热电多联产项目一期工程正式投产。

（华能集团　提供）

2013年4月15日，中国国电集团公司党组书记、副总经理乔保平（后排左四）在集团本部会见了来宝资源有限公司硬商品联席主席尼尔·达哈（前排右一）一行。国电燃料有限公司与来宝资源有限公司签署了煤炭供需合作协议。

（国电集团　提供）

2013年5月18日，2013非洲国家经济与社会发展总统顾问研讨班到中国国电集团公司参观访问，实地参观了国电联合动力保定生产基地，并到国电科环考察。

（国电集团　提供）

2013年6月11日，国电科环所属国电龙源技术工程公司等离子体点火技术首次出口土耳其EREN电厂，60万kW超临界机组成功实现无油启动。

（国电集团　提供）

2013年9月18日，装机容量为10万kW的龙源电力加拿大德芙林风电场开工建设，建成后可为当地3

万个家庭提供绿色能源。

（国电集团　提供）

2013年9月21日，三峡集团首个以EPC方式承建的马来西亚沐若水电站下闸蓄水。

（三峡集团　提供）

2013年11月8日，国电科环等离子点火技术在韩国新灵兴电厂2台87万kW机组成功应用，试运行阶段为电厂节省费用55亿韩元。

（国电集团　提供）

2013年12月19日，中国电建建设的加纳布维水电站竣工。图为建设中的布维水电站。

（中国电建　提供）

中国电建承建的印度嘉佳圣雄甘地电厂（2×66万kW）机组工程荣获2012～2013年度中国建设工程（境外工程）鲁班奖。

（中国电建　提供）

中国电建承建的柬埔寨甘再水电站荣获2012～2013年度中国建设工程（境外工程）鲁班奖。

（中国电建　提供）

发电·火力发电

2013年1月3日、12月14日，江苏常熟2×100万kW机组扩建工程5号、6号机组分别投产，中电投集团的百万机组达到6台。

（中电投集团　提供）

2013年1、6月，国电布连电厂一期2×66万kW超超临界燃煤空冷发电机组分别顺利投产发电。

（国电集团　提供）

2013年4月14日，神华集团白马电厂60万kW超临界循环流化床示范机组顺利完成168h满负荷试运行，成功投入商业运行。

（神华集团　提供）

2013年12月9日上午，嘉电公司8号机组超低排放项目首根钢结构开吊。

（浙能集团　提供）

2013年12月9、23日，淮浙煤电凤台发电分公司二期3、4号机组相继投产。

（浙能集团　提供）

2013年12月22日，安徽田集电厂二期2×66万kW扩建工程3号机组投产。该机组设计供电煤耗279.1g/kWh，是国内首台投产的再热蒸汽温度达到620℃的超超临界机组。

（中电投集团　提供）

中国电建参建的中电投白城电厂（2×60万kW）工程荣获2012～2013年度中国建设工程鲁班奖。

（中国电建　提供）

发电·水力发电

2013年4月12日，金沙江向家坝水电站混凝土重力坝全线到顶，历时5年6个月的大坝主体混凝土浇筑任务全部完成。

（高峰　摄）

2013年4月26日，装机容量42万kW的白市水电站3台机组全部投产并网发电。

（中电投集团　提供）

2013年5月24日，云峰发电厂4号机组转子回装整体改造工程结束。

（东北公司　提供）

2013年7月15日，溪洛渡水电站首台机组（右岸电站13号机组）结束72h试运行，正式投产运行。

（王连生　摄）

2013年9月12日，向家坝水电站水库水位抬升至380m正常蓄水位。全年向家坝水电站实现3台单机容量为80万kW的机组投产发电。

（三峡集团　提供）

2013年11月6日，黄河水电公司部分水电站首批实现集中控制。

（程兴东　摄）

2013年12月8日，溪洛渡水电站坝前水位上升到560m，实现阶段性蓄水目标。

（三峡集团　提供）

图为国电大渡河大岗山水电站工程大坝施工现场。截至12月31日，该水电站大坝混凝土浇筑147.4万m^3，最高坝段浇筑至1087m，最低坝段浇筑至1065.5m。水电站总装机容量250万kW，计划于2015年7月首批机组投产发电、年底全部投产发电。

（国电集团　提供）

2013年12月20日，拉西瓦水电站被评为“中国美丽电厂”。

（安伟　摄）

中国电建承建的重庆彭水水电站荣获2012～2013年度中国建设工程鲁班奖。

（中国电建　提供）

发电·核电及新能源发电

2013年1月17日，国电龙源电力“河北尚义龙源风电场（150MW）工程”项目荣获2012～2013年度中国建设工程鲁班奖，是中国风电史上产生的第一个鲁班奖。（国电集团　提供）

2013年1月29日，三门1号核岛顶封头吊装。

（国家核电　提供）

2013 年 3 月 4 日，海阳核电项目 1 号机组核岛蒸发器 A 吊装就位。

（中电投集团　提供）

2013 年 3 月 29 日 20 时 9 分，国电云南新能源公司元谋风电场二期工程装机容量 49.5MW 的黑马井风电场 33 台风机全部投产发电。

（沈凤云　摄）

2013 年 6 月 6 日，红沿河核电厂一期 1 号机组正式投入商业运行。红沿河核电厂成为中国第五个、东北地区第一个、中广核第三个投入商业运行的核电基地。

（中广核　提供）

2013 年 7 月 11 日，国电联合动力技术有限公司自主研发的首台超高海拔风机在西藏那曲完成吊装。

（国电集团　提供）

2013 年 9 月 24 日，浙能集团可再生能源板块嵊泗 1 号海上测风塔竣工。

（浙能集团　提供）

2013 年 11 月 21 日，世界上海拔最高、建设难度最大、中国第一个大型孤立电网电站——国电阿里 10MW 光伏电站全部投运。

（国电集团　提供）

2013 年 12 月 6 日，青海龙羊峡水光互补并网光伏电站投产发电。该电站是中国装机容量最大的光伏电站，建设规模 32 万 kW，年发电量 4.9 亿 kWh，采用南瑞计算机监控系统。

（南瑞集团　提供）

2013 年 12 月 7 日，由中国水电甘肃能源公司控股建设的新疆哈密石城子 4 万 kW 光伏电站投产发电。

（中国电建　提供）

2013 年 12 月 23 日，阳江核电厂 6 号机组主体工程开工。

（中广核　提供）

输变电工程

2013 年 3 月 30 日，世界第一个±800kV 直流输电工程——云南—广东特高压直流输电工程，孤岛运行调试 500 万 kW 试验取得圆满成功。

（南网科研院　提供）

2013 年 4 月 12 日，哈密南—郑州±800kV 特高压直流输电线路工程进行跨越施工。

（河南公司　提供）

2013 年 4 月，浙北—福州 1000kV 特高压交流输变电工程全面开工建设，图为建成后的线路。

（滕健　摄）

2013 年 5 月 10 日，国网青海省电力公司组织开展玉树与青海主网 330kV 联网工程现场验收工作。

（马旭升　摄）

2013 年 6 月 27 日，新疆与西北主网联网第二通道工程竣工投运。

（新疆公司　提供）

2013 年 7 月 2 日，华中首座 500kV 柏泉智能变电站投入运行。

（湖北公司　提供）

2013 年 7 月 15 日，海南电网公司与琼中县政府签订农村电网建设与改造合作协议，公司董事长金戈鸣（后排左二）、副总经理林芳泽（后排右一）及琼中县委书记孙喆（后排右二）出席签约仪式，公司总经理娄山（前排左一）与琼中县县长王琼龙（前排右一）代表双方签约。

（韩海光　摄）

2013 年 11 月 7 日，衢山±200kV 换流站内，世界首座多端柔性换流站户内链接区钢结构开始组立吊装。

（浙江公司　提供）

2013 年 12 月，天津滨海新区新一代智能变电站示范工程进入最后调试阶段。

（吴宣述　摄）

2013 年 11 月 22 日，华能天津 IGCC 项目被亚洲开发银行评为“2012 年度最佳表现贷款项目”。

（华能集团　提供）

2013 年 11 月 26 日，国网黑龙江省电力有限公司 500kV 庆云—集贤输电线路建成投产。

（晁福昱　摄）

2013 年 12 月，溪洛渡左岸—浙江金华±800kV 特高压直流输电工程全线架通。图为建成后的线路。

（郑贤列　摄）

2013 年 12 月 25 日，世界首个多端柔性直流输电线路工程正式建成。图为该工程±160kV 直流海缆敷设现场。

（广东公司　提供）

2013 年，滦县 500kV 变电站工程荣获国家优质工程奖。图为滦县 500kV 变电站全景。

（冀北公司　提供）

党的建设与精神文明建设

2013 年 1 月 10 日，国网张家口供电公司狼山供电所员工在怀来县草莓基地检修供电设施。冀北公司积极开展“社区光明同行”活动，大力开展“为民服务下乡”活动。

（冀北公司　提供）

2013 年 1 月 23 日，北京公司举行新闻发布会，发布《服务首都发展白皮书》和《2012年社会责任实践报告》。

（赵一　摄）

2013年4月15日，哈密南—郑州特高压直流工程建设一线，英大传媒集团摄影记者爬上黄河大跨越156m高的铁塔拍摄工程建设情况。

（英大传媒　提供）

2013年4月20日8时2分，四川省雅安市芦山县发生7.0级地震。国电集团迅速启动应急预案，紧急部署救灾防灾工作。

（国电集团　提供）

2013年5月5日，大庆供电公司共产党员服务队在开展春检活动中对龙凤工业园区输变电线路进行特巡。

（张新民　摄）

2013年5月18日，贵州电网公司在贵阳开展社会责任日活动。

（杨志坚　摄）

2013年4月29日上午11时30分，绵阳供电公司突击队抢修的10kV穆老线在马洛山贯通，雅安宝兴抗震救灾抢险任务圆满完成。

（卢志东　摄）

2013年5月22日，在“2013年全国科技活动周”期间，中国电科院举办“媒体走进国家重点实验室活动”。

（中国电科院　提供）

2013年6月14日，哈尔滨供电公司共产党员服务队赶到空巢老人何大娘家帮助解决用电难题。

（吕文铮　摄）

2013年6月20日，英大传媒研究院成立，杜祥琬院士（右一）与英大传媒集团总经理石玉东（左一）共同为英大传媒研究院揭牌，并做能源大讲堂首场讲演。

（英大传媒　提供）

2013年7月3日，华能集团在北京召开深入开展党的群众路线教育实践活动动员大会。

（华能集团　提供）

2013年7月5日，南方电网公司党的群众路线教育实践活动动员大会举行民主评议。

（南方电网公司　提供）

2013年7月9日，“京津冀高校媒体走进国网冀北电力”活动启动。图为工作人员向大学生记者们介绍固定翼无人机和多旋翼无人机的性能。

（冀北公司　提供）

2013年7月25日，位于武乡县城关镇的一户居民电源成功并入国家电网，成为山西省首个正式并网的居民用户分布式光伏电源。

（山西公司　提供）

2013年8月16日，辽宁公司“8·16”抗洪抢险救灾现场。

（辽宁公司　提供）

2013年9月3日，第十届中国—东盟博览会、中国—东盟商务与投资峰会在南宁开幕，广西公司承担保电任务。

（广西公司　提供）

2013年9月16日，四川公司检修公司组织“中国梦·国网情”社会媒体走进超特高压活动。

（王志奇　摄）

2013年9月22日，14级台风“天兔”“造访”粤东。图为广东电网公司惠州供电局的电力抢修人员正冒着倾盆大雨进行树障清理工作。

（南方电网公司　提供）

2013年10月11日，国网山东济南供电公司在中国第十届艺术节开幕式现场保电。

（山东公司　提供）

2013年11月15日，海南公司在国内首家开通支付宝二维码缴费。

（海南公司　提供）

2013年12月18日，“内蒙古自治区全面完成无电地区户户通电工程”仪式在鄂尔多斯市鄂托克旗敖伦其日嘎嘎查牧户呼毕斯哈拉图家举行。

（张春阳　摄）

2013年南方电网公益广告《小桔灯篇》。

（南方电网公司　提供）

特 载

党和国家领导人关注电力

习近平见证中国电建缅甸上耶崖输变电项目贷款协议签署

2013年4月5日，在中共中央总书记、国家主席、中央军委主席习近平和缅甸总统吴登盛的见证下，中国进出口银行行长李若谷和缅甸驻华大使吴丁乌在海南三亚正式签署了中国电建所属中国水电工程顾问集团承担的缅甸上耶崖（Upper Yeywa）输变电项目贷款协议，标志着该项目融资落实，项目进展取得重大突破。缅甸上耶崖水电站位于缅甸联邦掸邦境内北部，装机容量280MW（4台70MW机组），计划工期为筹建期1年，施工期5年，2013年底开始筹建，2019年底投产。该输变电项目于2012年3月1日由中国水电工程顾问集团与缅甸电力二部正式签约，是中国水电工程顾问集团在海外签署的首个输变电项目合同，也是中国水电工程顾问集团在缅甸市场参与投标并中标的首个总承包项目。

习近平与奥朗德见证中法两国核能领域合作稳步发展

2013年4月25日，在中共中央总书记、国家主席、中央军委主席习近平和法国总统奥朗德的见证下，工业和信息化部副部长、国家原子能机构主任马兴瑞与法国原子能和替代能源委员会主席毕戈共同签署了《中国国家原子能机构和法国原子能和替代能源委员会第十一个和平利用核能合作议定书》。在中法两国元首的见证下，中国核工业集团公司与法国阿海珐集团签署了中国大型商业后处理-再循环工厂项目合作意向书。中国广核集团（CGN）与法国电力集团（EDF）及阿海珐集团（AREVA）在北京签署长期合作联合声明。根据联合声明，三方将在先进反应堆研发、核燃料及经验共享、核电站运维及性能提升等方面加强长期合作。

习近平考察天津智能电网示范工程

2013年，5月14日中共中央总书记、国家主席、中央军委主席习近平在天津考察参观了中新天津生态城项目。该项目是中国、新加坡两国在生态城市建设领域的重大合作项目。生态城智能电网示范工程2011年9月19日投运，为生态城提供电力支撑和供电服务。习近平听取了生态城规划建设情况介绍，察看了规划实景沙盘和建设展板，并考察了生态城智能电网综合示范工程服务中心。考察过程中，习近平对智能电网、电价、清洁能源发展、节能减排等内容十分关注，并对下一步智能电网发展寄予厚望。

习近平见证中国大唐与萨姆鲁克卡兹纳国家基金股份公司签署合作协议

2013年9月7日，中共中央总书记、国家主席、中央军委主席习近平与哈萨克斯坦总统纳扎尔巴耶夫在哈萨克斯坦首都阿斯塔纳举行会谈并共同出席了中哈企业家委员会成立大会，见证了相关企业合作文件签署。在两国领导人的见证下，中国大唐集团公司董事长、党组书记陈进行与哈萨克斯坦国有资产管理机构——萨姆鲁克卡兹纳国家基金股份公司管委会主席舒克耶夫签署了《中国大唐集团公司与萨姆鲁克卡兹纳国家基金股份公司合作协议》。根据约定，双方将成立工作组，具体负责推进哈萨克斯坦科斯塔纳伊州图尔盖伊煤电一体化项目（200万kW）的开发。

习近平就加强电力等领域合作同吉尔吉斯斯坦总统阿坦巴耶夫举行会谈

2013年9月11日，中共中央总书记、国家主席、中央军委主席习近平同吉尔吉斯斯坦总统阿坦巴耶夫举行会谈，中吉关系提升为战略伙伴关系。习近平强调，双方要抓紧推进中国—中亚天然气管道D线等大项目，扩大双边贸易规模，加强电力、能源、交通、农业、毗邻地区合作，支持教育、学术、文艺交流，提升人文合作水平。

李克强见证神华集团与澳大利亚塔斯马尼亚州水电集团公司签署可再生能源开发战略合作协议

2013年4月9日，由中华人民共和国外交部、商务部等部委联合举办的中国与博鳌论坛参与国家部分成员国之间的合作协议签约仪式在北京人民大会堂举行，中央政治局常委、国务院总理李克强与各国家元首分别见证了合作协议的签署。下午6点16分，在李克强、澳大利亚总理吉拉德女士共同见证下协议正式签署，神华集团董事长、党组书记张喜武参加签约仪式并代表神华集团在协议书上签字，澳大利亚塔斯马尼亚州水电集团公司董事长克林代表澳方在协议书上签字。

根据双方协议，神华集团将着手制订未来双方的合作计划，计划到2020年再在澳大利亚建设和运营总容量700MW的风电场，预计总投资为16亿澳元。届时，神华集团在澳大利亚的可再生能源控制总量将达到1000MW。该协议签署的合作项目将继续由神华集团下属的神华国华能源投资公司澳大利亚马斯洛风电控股公司组织实施。

李克强要求确保雅安地震灾区用上电

2013年4月20日20时30分左右，中央政治局常委、国务院总理李克强，国务院副总理汪洋在四川省芦山抗震救灾指挥部现场的帐篷里，召集国家有关部委、省市有关部门召开现场协调会，国家电网四川省电力公司总经理王抒祥代表国家电网公司参加了会议。李克强专门询问电力抢险情况，要求确保雅安地震灾区电力供应。

李克强指示在能源等领域向民间资本推出示范项目

2013年9月6日，中央政治局常委、国务院总理李克强主持召开国务院常务会议，听取民间投资政策落实情况第三方评估汇报，研究部署有效落实引导民间投资激发活力健康发展的措施。会议专门听取了全国工商联对国务院关于鼓励和引导民间投资健康发展有关政策措施贯彻落实情况第三方调查评估的汇报。会议认为，2010年以来，鼓励和促进民间投资的政策措施及其实施细则陆续出台，取得了积极成效。但此次全国工商联的独立评估还反映出政策措施在许多方面落实还不到位，主要是：民营企业在市场准入方面仍遭遇不少体制性和政策性障碍；部分实施细则不具体、操作性不强或门槛设置过高；对政策落实缺乏考核监督，一些法规规章也没有及时做出调整等。李克强指出，要尽快在石油、电力、铁路、资源开发等领域向民间资本推出一批符合产业导向、有利于转型升级的项目，形成示范带动效应，并在推进结构改革中发展混合所有制经济。

李克强主持国务院常务会议，部署大气污染防治十条措施，研究促进光伏产业健康发展

2013年11月14日，中央政治局常委、国务院总理李克强主持召开国务院常务会议，部署大气污染防治十条措施，研究促进光伏产业健康发展。会议确定了大气污染防治工作十条措施。同时，会议指出，要围绕稳增长、调结构，陆续出台扩内需的举措，打造中国经济“升级版”。光伏产业是新能源产业的重要发展方向，中国光伏产业已具有相当国际竞争力，但受全球光伏市场低迷、国内市场应用不足等影响，目前出现生产经营困难，必须支持光伏产业走出困境并健康发展。要在努力巩固国际市场的同时，用改革的办法，发挥市场机制作用，着力激发国内市场有效需求，推动产业创新升级。

李克强就加强电力领域合作与罗马尼亚总理蓬塔举行会谈

2013年11月25日下午，中央政治局常委、国务院总理李克强在与罗马尼亚总理维克托·蓬塔会谈后共同会见记者。李克强介绍了中罗总理会谈成果，中罗关系要在三个层面取得新发展。一是相互尊重、平等相待，将中罗传统友谊转化为深化务实合作的新动力。二是互利共赢，共同发展。中罗经济互补性强，要发挥中国装备的优势，加强中罗铁路、电力等领域合作。中方愿与罗方加强农畜业等领域合作，进口适销优质产品。三是推动中国-中东欧、中欧关系发展。

李克强与卡梅伦会晤，希望加强中英核电等领域合作

2013年12月2日，应中央政治局常委、国务院总理李克强邀请，英国首相戴维·卡梅伦抵达北京，开始对中国进行为期3天的正式访问。当天，中共中央总书记、国家主席、中央军委主席习近平和中国国务院总理李克强分别会见卡梅伦。李克强在人民大会堂与卡梅伦举行中国新一届政府成立后的首

次中英总理年度会晤。李克强指出，中英两国可以实现优势互补，开启两国共同增长和繁荣进步的新进程。要促进贸易与投资合作。中国在核电、高铁领域拥有安全的技术和较高的性价比，两国加强合作前景广阔，并可共同开发第三方市场。希望英方继续坚持反对保护主义的立场，对中国资金、技术、设备一视同仁，保护中国投资者在英利益。同时要深化高科技合作，加强航天、海上风电与新能源研发合作。希望英方扩大高科技产品对华出口。会谈后，双方共同见证了两国投资、科技创新、金融、司法、文化、卫生等领域10个合作文件的签署。卡梅伦表示，欢迎中国企业赴英投资，支持中方参股甚至控股英核电建设项目。

胡锦涛、习近平、温家宝、李克强、刘云山出席国家科学技术奖励大会并为获奖代表颁奖

2013年1月18日上午，胡锦涛、习近平、温家宝、李克强、刘云山出席国家科学技术奖励大会并为获奖代表颁奖。习近平主持大会。温家宝代表党中央、国务院在大会上讲话。李克强宣读奖励决定。

2012年度国家科学技术奖共授奖330个项目和7位科技专家。特高压交流输电关键技术、成套设备及工程应用获国家科学技术进步奖特等奖。

刘云山等参观全国科普日中核集团专区

2013年9月14日上午，中共中央政治局常委、中央书记处书记刘云山和李源潮、郭金龙、韩启德等领导同志，在参加全国科普日北京主场活动时参观核能专区，并听取了中国自主三代核电技术ACP1000和中国实验快堆等相关情况介绍。在ACP1000模型前，中核集团总经理、党组副书记钱智民介绍了ACP1000主要部件构成和技术特点。在快堆模型前，中国工程院院士、中核集团快堆首席专家徐銤简要讲解了快堆的原理及优势，就领导们关于快堆安全性、经济性及后续发展等提问一一进行了回答。

张高丽到大唐国际北京高井热电厂调研

2013年9月3日，中共中央政治局常委、国务院副总理张高丽在中共中央政治局委员、北京市委书记郭金龙，市长王安顺等的陪同下，就北京市西北热电中心建设工作到大唐国际北京高井热电厂调研。大唐集团公司董事长、党组书记陈进行陪同调研。张高丽在调研中指出，建设西北热电中心，对更好地满足北京市供热、供电需求，构建安全稳定、清洁高效的现代城市能源体系具有十分重要的意义。调研期间，张高丽在高井燃气热电联产工程建设现场接见了参与该工程建设的部分职工代表。

张高丽出席中欧城市博览会开幕式并参观国家电网展区

2013年11月20日，中共中央政治局常委、国务院副总理张高丽在北京展览馆出席中欧城市博览会开幕式，宣布开幕并参观展览。开幕式结束后，张高丽与外国客人共同参观了展览。张高丽参观位于智慧城市馆的国家电网公司展区时，听取了刘振亚关于国家电网公司智能电网发展情况的介绍，察看了中新天津生态城智能电网综合示范工程沙盘和特高压、智能电网、清洁能源发展展板。

汪洋到中国水利水电科学研究院考察调研

2013年9月22日，中共中央政治局委员、国务院副总理汪洋到中国水利水电科学研究院考察调研，看望慰问水利科技人员，调研水利科技创新情况。汪洋实地考察了中国水利水电科学研究院防洪抗旱减灾所、自动化计算机监控系统实验室，详细了解洪水管理与影响评价、防洪抗旱决策支持技术、水利信息化、水利数据采集管理等研究情况，与水利科研人员进行了深入交流，并参观了水利科研成果展览。

产业政策

国务院发布《关于促进光伏产业健康发展的若干意见》

2013年7月15日，国务院发布《关于促进光伏产业健康发展的若干意见》（简称《意见》），提出把扩大国内市场、提高技术水平、加快产业转型升级作为促进光伏产业持续健康发展的根本出路和基本立足点。2013～2015年，年均新增光伏发电装机容量1000万kW左右，到2015年总装机容量达到3500万kW以上。

《意见》指出，光伏产业是全球能源科技和产业的重要发展方向，是具有巨大发展潜力的朝阳产业，也是中国具有国际竞争优势的战略性新兴产业。

《意见》提出，把扩大国内市场、提高技术水平、加快产业转型升级作为促进光伏产业持续健康发展的根本出路和基本立足点，建立适应国内市场的光伏产品生产、销售和服务体系，形成有利于产业持续健康发展的法规、政策、标准体系和市场环境。加快企业兼并重组，淘汰产品质量差、技术落后的生产企业，培育一批具有较强技术研发能力和市场竞争力的龙头企业。加快技术创新和产业升级，提高多晶硅等原材料自给能力和光伏电池制造技术水平，显著降低光伏发电成本，提高光伏产业竞争力。保持光伏产品在国际市场的合理份额，对外贸易和投融资合作取得新进展。

《意见》要求，大力开拓分布式光伏发电市场，加快产业结构调整和技术进步，规范产业发展秩序，完善并网管理和服务，完善支持政策，加强组织领导。

国务院印发《关于加快发展节能环保产业的意见》

2013年8月，国务院印发《关于加快发展节能环保产业的意见》（简称《意见》）。

《意见》指出，加快发展节能环保产业要围绕提高产业技术水平和竞争力，以企业为主体、以市场为导向、以工程为依托，强化政府引导，完善政策机制，培育规范市场，着力加强技术创新，大力提高技术装备、产品和服务水平，以释放市场潜在需求，形成新的增长点，为稳增长、调结构、扩内需，改善环境质量，保障和改善民生，推动加快生态文明建设做出贡献。

《意见》提出了近3年促进节能环保产业加快发展的目标：到2015年，节能环保产业总产值要达到4.5万亿元，产值年均增速保持15%以上，产业技术水平显著提升，为实现节能减排目标奠定坚实的物质基础和技术保障。

《意见》明确了当前促进节能环保产业加快发展的四项重点任务。一是围绕重点领域，促进节能环保产业发展水平全面提升。加快发展节能、环保、资源循环利用技术装备，提高技术水平；创新发展模式，壮大节能环保服务业。二是发挥政府带动作用，引领社会资金投入节能环保工程建设。加强节能技术改造，实施污染治理重点工程，推进园区循环化改造，加快城镇环境基础设施建设，开展绿色建筑、交通行动。三是推广节能环保产品，扩大市场消费需求。继续实施并调整节能产品惠民政策，实施能效“领跑者”行动计划，完善环保产品认证制度，开展再制造“以旧换再”，拉动节能环保产品消费。四是加强技术创新，提高节能环保产业市场竞争力。重点支持企业技术创新能力建设，加快掌握重大关键核心技术，促进科技成果产业化转化，推动国际合作和人才队伍建设。

《意见》强调，要采取有效措施，强化约束激励，为节能环保产业发展创造良好的市场和政策环境。一是健全法规标准。加快制（修）订节能环保标准，完善法律法规，严肃查处各类违法违规行为。二是强化目标责任。落实节能减排目标责任制，完善节能评估和审查制度，加大对重点耗能企业的评价考核力度。三是加大中央预算内投资和中央财政节能减排专项资金对节能环保产业的投入。四是拓展投融资渠道。支持绿色信贷和金融创新，支持符合条件的节能环保企业发行企业债券、中小企业集合债券、短期融资债券等债务融资工具。五是完善价格、收费和土地等政策。制定和落实鼓励余热余压余能发电及背压热电、可再生能源发展的上网和价格政策，落实燃煤电厂脱硫、脱硝电价和居民用电阶梯价格，完善城镇污水、垃圾处理收费等政策。六是推进改革创新。建立生产者责任延伸制度，深化排污权有偿使用和交易试点。开展生态文明先行先试，选择有代表性的地区开展生态文明先行示范区建设。七是加强节能环保宣传教育。加强生态文明理念和资源环境国情教育，普及节能环保知识和方法，倡导绿色消费新风尚。

《意见》要求，各地区、各部门要切实加强组织领导和协调配合，明确任务分工，落实工作责任，扎实开展工作，确保各项任务措施落到实处，务求使产业发展见到实效。

国务院正式印发《大气污染防治行动计划》限煤促火电企业转型

2013年9月12日，国务院正式印发《大气污染防治行动计划》(简称大气国十条)，重点针对PM2.5的治理，提出了明确、严格的限煤要求，以煤炭为主要燃料的火电企业将受直接影响。

大气国十条提出控制煤炭消费总量要求，制定国家煤炭消费总量中长期控制目标，实行目标责任管理，到2017年煤炭占能源消费总量比重降低到65%以下，京津冀、长三角、珠三角等区域力争实现煤炭消费总量负增长，通过逐步提高接受外输电比例、增加天然气供应、加大非化石能源利用强度等措施替代燃煤。

大气国十条同时提出，京津冀、长三角、珠三角等区域新建项目禁止配套建设自备燃煤电站，耗煤项目要实行煤炭减量替代。除热电联产外，禁止审批新建燃煤发电项目；现有多台燃煤机组装机容量合计达到30万kW以上的，可按照煤炭等量替代的原则建设为大容量燃煤机组。

国家能源局关于促进水电健康有序发展有关要求的通知

水电是可再生的清洁能源。水电的持续健康发展对调整能源结构、保障能源安全、减排温室气体、实现节能减排具有重要意义。随着电力体制市场化改革的逐步深入，以项目法人为主体的水电建设运行管理体制对水电发展起到了积极的促进作用，但也逐渐暴露出抢占资源、无序建设等问题。为进一步加强水电开发管理和行业自律，规范以项目法人为核心的建设市场，促进水电持续健康有序发展，现将有关要求通知如下：

一、坚持依法依规有序开发。水电是涉及公共利益的战略性资源。为规范建设秩序，确保有序开发，各发电企业必须依法依规有序开展水电建设工作，严格执行国能新能〔2012〕77号、257号和国能新能〔2013〕10号等相关规定。电力央企作为水电建设的主要市场主体，要自觉遵守和共同维护市场秩序，根据国家前期工作安排，集中精力做好自身项目开发工作，共同营造健康有序的水电开发环境。对于国家已明确开发主体的怒江中下游（云南省境内)、黄河上游、通天河、金沙江、雅砻江和澜沧江等河流（河段)，其他企业不得再擅自开展任何抢占资源的活动；对于国家尚未明确开发主体的河流（河段)，也要依法依规开展相关前期工作，不得相互抬价、盲目许诺条件和擅自抢占资源，严禁无序竞争、扰乱开发秩序。

二、坚持技术可行经济合理。水电是兼具公益性和经营性的基础设施项目。水电开发既要兼顾综合开发利用要求，也应具有开发的经济可行性，符合市场化方向。新建的水电项目，必须具有经济性和市场竞争力，适应电价市场化改革要求。现阶段，按照“同网同价”的原则，与燃煤火电标杆电价或模拟电力市场“倒推机制”相比要有经济性，并以此作为项目开发和建设核准的重要前提条件。要优先开发经济性好的项目和调节性能好的龙头水库电站。对投资成本高、经济指标差、缺乏竞争力而综合利用效益显著的项目，应积极研究落实按开发功能分摊项目投资，并争取相关政策的支持，使其具备基本的投资效益和经济可行性。今后对于大江大河上游及藏区水电开发普遍存在的技术难度大、建设成本高、经济指标差等问题，要统筹研究相关政策措施，促进水电接续发展。

三、坚持安全第一质量为本。水电工程涉及公共安全和利益，与上下游人民生命财产安全关系密切。特别是近期在建、拟建项目多为高复杂地质条件、高地震烈度区的高坝大库，各企业要高度重视建设安全风险，对工程质量安全负总责，落实工程质量终身责任制，建立健全管理制度，全面履行项目策划、技术质量、建设实施、安全生产全过程的质量管理责任。针对当前存在的突出问题，要组织协调相关设计、施工等单位，保证设计周期，合理安排工期，慎重进行方案调整等重大设计变更，切实提高水电建设安全意识和质量管理水平。水电工程质量监督总站将工程是否存在盲目赶进度、压工期和随意变更设计等行为作为质量监督的重要内容，对违规问题依法依规予以纠正。

四、坚持流域综合开发管理。流域开发是中国水电建设的主要形式。经过多年的发展，各大流域的开发格局已基本形成。为确保流域合理有序开发和科学调度运行，最大发挥综合效益，各发电企业和流域公司要彻底转变重建设、轻管理的思想，按照建设与运行管理并重的原则，尽快建立适应中国流域发展的管理模式。要积极探索全流域环境综合管理机制，开展全流域全过程环境综合监测，加强流域环境管理和生态调度，促进河流生态持续健康发展；要积极推进流域一体化管理和梯级电站联合调度，尽快建立流域集中控制和梯级联调管理平台，探索适应多业主、多受电区域下梯级电站的调度运行管理模式，建立合作共赢的流域调度运行机制；要加强流域电价形成机制研究，推动建立流域统一电价模式和运营管理新机制。

五、坚持统筹地方经济发展。水电大多处在偏远贫困山区，是当地重要的资源优势。开发水电是当地发展的重要契机，应统筹考虑地方实际，将促进移民脱贫致富和地方经济发展作为重要目标，努力实现水电开发的社会效益。各企业要强化社会责任，采取综合措施支持库区发展，包括结合城镇化规划和新农村建设搬迁安置移民；结合地方基础设施建设规划改、复建库区基础设施；结合移民就业需求，强化移民培训，拓宽就业渠道；利用电站建设形成的水库等资源，为移民就业和库区后续发展创造条件；以及开展必要的对口帮扶等。要研究探索水电开发利益共享机制，从发电效益中拿出部分资金支持移民和库区后续发展。同时，各发电企业和流域公司也要规范管理，依法依规建设电站，不符合移民安置规划或政策的项目不得“搭车”，不属于电站建设内容的项目、不是解决移民生产生活问题的水库配套设施项目以及其他行业项目不得纳入电站投资；各业主自行承诺或建设的，一律不列入电站工程概算。技术审查单位要严格把关，从严管理设计及其变更。

各企业和有关单位要进一步提高对水电健康有序发展的认识，按照上述要求做好各项工作，共同维护水电开发的良好外部环境，努力提升建设运行管理水平，积极推动水电开发与地方发展共赢，促进水电健康有序发展。

国家能源局
2013 年 4 月 10 日

国家能源局印发《关于大力发展分布式发电的若干意见》

为积极推动分布式发电发展，加快清洁能源资源的高效开发利用，国家能源局于 10 月 8 日印发了《关于大力发展分布式发电的若干意见》，要求各单位参照执行。

关于大力发展分布式发电的若干意见

为了贯彻落实十八大关于推动能源生产和消费革命的战略部署，贯彻《国务院关于促进光伏产业健康发展的若干意见》，加快开发利用风电、太阳能等可再生能源和高效利用天然气等清洁能源资源，更好地发挥市场配置电力资源的基础性作用，进一步提高能源使用效率，对大力发展分布式发电提出以下意见：

一、充分认识发展分布式发电的重要意义

分布式发电是指在电力用户所在场地或附近区域建设，运行方式以用户端自发自用为主、多余电量上网且在电网系统平衡调节为特征的发电设施或有电力输出的能量综合梯级利用多联供设施。通过建设分布式发电项目的方式开发利用风电、太阳能等新能源资源已经成为国际上发展新能源的主要方式。首先，分布式发电更加适合新能源的资源特性。风能、太阳能等新能源具有能量密度低以及供能过程带有随机性的特点，分散化开发和分布式利用更符合新能源资源和技术特性。其次，分布式发电有利于提高能源利用效率。分布式发电项目更加靠近用户端，有效节省了电力输送、配置需要消耗的资源，更有利于提高能源利用效率。第三，分布式发电在经济上直接替代电力用户的终端能源消费支出，可以大幅度降低补贴额度。目前，随着智能微电网技术的快速进步，加快发展分布式发电已经具备良好的条件。

二、分布式发电开发建设的基本原则

分布式发电应采用“自发自用为主，多余电量上网，电网平衡调节”的运营模式，贯彻分散开发、就地消纳的方针，避免大规模集中建设和电力升压远送。通过政策设计充分调动用户端的积极性。同时，依靠先进智能电网信息和控制技术，积极提高能源利用效率，最大限度替代燃煤发电量。

三、完善支持分布式发电的法律规范和政策

及时启动修订《电力法》、《可再生能源法》和《电力供应与使用条件》等法律和法规，确立分布式发电项目建设和运营模式的法律地位。尽快建立和完善分布式发电项目的补贴政策，积极制定分布式发电项目规划设计、装备制造和并网运行技术规范，简化分布式发电项目管理流程，建立分布式发电项目推进责任机制。

四、采取有效措施加快分布式发电的推广应用

（一）全面放开用户端分布式发电市场。各类工商业企业、工商业园区、经济开发区、机关、学院、商场等公共场所、住宅建筑物个人用户，都可以根据各自条件，因地制宜投资自建太阳能、风能、生物质能发电以及燃气“热电冷”多联产等各类分布式发电设施，准许接入各电压等级的配电网络和终端用电系统。国家支持开展分布式发电的各类试点和示范，探索积累经验，尽快在全国范围推广鼓励以“能源合同管理”模式引进投资方建设和运营分布式发电设施。

（二）电网应完善并做好并网服务。电网企业应积极做好分布式发电项目的并网服务工作，以城市为单位公布接受分布式发电投资人申报项目的地点及联系方式，简化并网管理程序，确保分布式发电装置无歧视、无障碍接入电力系统和正常运行。积极推动通过国家核定的输配电价的方式，保障电网企业的合理收入。在电网企业全面实行“准许收入模式”之前，

为调动电网企业积极性，地方政府有关部门对其提供的分布式发电接入系统服务可考虑给予适当的经济补偿。

（三）落实分布式发电补贴。国家对分布式发电原则上实行按度电补贴的政策，有关部门应根据经济合理的原则确定和调整补贴额度，并确保补贴资金的及时足额发放。加强对可再生能源电价附加资金的征收和使用管理，做到应收尽收，及时拨付结算。国家补贴资金的使用应引入竞争和比较机制，鼓励先进技术应用，提高补贴资金使用效率，用有限的资金支持更多的发电量。

（四）强化后续监管，确保市场规范有序。在保障系统运行安全，优先消纳可再生能源电力的前提下，强化并网监管，采取有效措施确保分布式发电项目无障碍并网运行，并提供可靠的系统备用；强化交易监管，确保交易公平、补贴资金及时足额结算，不得收取没有法律依据的不合理费用；强化信息披露，确保各级电网接入、交易和结算业务的信息公开；能源监管派出机构是属地分布式发电监管的责任主体，要依据相关法律法规，切实履行监管职责。

体 制 改 革

《国务院机构改革和职能转变方案》提出重组国家能源局

2013年3月10日，《国务院机构改革和职能转变方案》（简称《方案》）指出，国务院将重新组建国家能源局，完善能源监督管理体制。《方案》提出，将现国家能源局、电监会的职责整合，重新组建国家能源局。主要职责是拟订并组织实施能源发展战略、规划和政策，研究提出能源体制改革建议，负责能源监督管理等。不再保留电监会。改革后，国家能源局继续由国家发展改革委管理。国家发展改革委主要是做好国民经济和社会发展规划与能源规划的协调衔接。

国务院调整国家能源委员会组成人员

2013年7月4日，国务院办公厅发布《国务院办公厅关于调整国家能源委员会组成人员的通知》（简称《通知》），根据国务院机构设置及人员变动情况和工作需要，国务院决定对国家能源委员会组成部门和人员进行调整。

《通知》公布了调整后的名单，国务院总理李克强任主任，国务院副总理张高丽任副主任。委员为国务院副秘书长肖捷、中央财办主任刘鹤、外交部部长王毅、发展改革委主任徐绍史、科技部部长万钢、工业和信息化部部长苗圩、安全部部长耿惠昌、财政部部长楼继伟、国土资源部部长姜大明、环境保护部部长周生贤、交通运输部部长杨传堂、水利部部长陈雷、商务部部长高虎城、人民银行副行长刘士余、税务总局局长王军、安全监管总局局长杨栋梁、银监会主席尚福林、解放军副总参谋长王冠中、发展改革委副主任兼能源局局长吴新雄等。

《通知》明确，国家能源委员会办公室主任由发展改革委主任兼任，副主任由能源局局长兼任，办公室具体工作由能源局承担。

中央编办印发国家能源局派出机构设置的通知

2013年10月31日，中央编办印发了《中央编办关于国家能源局派出机构设置的通知》（中央编办发〔2013〕130号）。国家能源局在华北、东北、西北、华东、华中、南方设置6个区域监管局，名称为国家能源局××（区域名）监管局；在山西、山东、甘肃、新疆、浙江、江苏、福建、河南、湖南、四川、云南、贵州12个省（自治区）设立监管办公室，名称为国家能源局××（省、自治区名）监管办公室。

区域监管局及省级监管办公室主要职责是：在所辖区域内，监管电力市场运行，规范电力市场秩序；监管电网和油气管网设施的公平开放；监管电力调度交易，监督电力普遍服务政策的实施；承担电力等能源行政执法工作，依法查处有关违法违规行为，监督检查有关电价；承担除核安全外的电力运行安全、电力建设工程施工安全、工程质量安全的监督管理以及电力应急和可靠性管理，依法组织或参与电力生产安全事故调查处理；实施电力业务许可以及依法设定的其他行政许可；承办法律法规授权以及国家能源局交办的其他事项。

6个区域监管局及12个省级监管办公室行政编制共500名，其中司局领导职数42名。

专 文

2013年全国电力工业综述

（李　斌）

2013年国内外经济形势复杂多变，国民经济呈现出整体平稳、稳中有进、稳中向好的态势。2013年国民经济增长7.7%，CPI上涨2.6%，城镇新增就业超过1000万，粮食总产量跃上6000亿kg大台阶。第三产业首次超过第二产业在GDP中的占比，达到46.1%；中西部GDP占比44.4%，比2012年提高0.2个百分点；城镇化率实现53.73%，比2012年提高1.16个百分点；城镇居民可支配收入与农村居民人均纯收入差距进一步减少，前者为后者的3.03倍。全国规模以上工业企业实现利润总额62 831亿元，比2012年增长12.2%；财政收入在中央收入一度出现负增长的情况下逐季好转，前三季度分别增长6.9%、8.1%和11.2%；劳动生产率比2012年提高7.3个百分点；单位GDP能耗下降3.7%。进出口总额同比增长7.6%，其中，出口增长7.9%，进口增长7.3%。

一、全国电力供需总体平衡

全年全国电力供需继续保持总体平衡，东北和西北区域电力供应能力富余较多，局部地区供需偏紧。年初，江苏、浙江、四川等地因天然气供应不足、机组非计划停运及低温天气等原因出现错峰；迎峰度夏期间，华东、华中等区域遭遇历史罕见的大范围持续高温天气，降温负荷持续高位攀升，全国有4天最大错避峰电力超过1000万kW，其中8月7日最大错避峰电力1301万kW。

华北区域电力供需基本平衡。全年全社会用电量1.26万亿kWh、同比增长6.4%；区域统调最高用电负荷1.86亿kW、同比增长8.5%。新增发电装机容量1302万kW，其中并网风电433万kW；年底发电装机容量2.65亿kW、同比增长5.4%，其中并网风电2692万kW。区域电力供需基本平衡，迎峰度夏期间山东最大错峰244万kW，内蒙古西部电网电力供应能力有一定富余。

东北区域电力供应能力富余较多。全年全社会用电量3949亿kWh、同比增长4.4%，持续低位增长；统调最高用电负荷5464万kW、同比增长9.1%。新增装机容量614万kW，其中并网风电228万kW、核电112万kW；年底发电装机容量1.12亿kW、同比增长6.6%，其中并网风电2075万kW。区域电力供应能力富余较多，全年发电设备利用小时3645h，其中煤电4109h，比全国平均水平低1019h，吉林煤电设备利用小时低于全国平均水平1725h，机组过剩、开机运行不足等问题突出；区域内风电设备利用小时1910h，低于全国平均水平170h，但比2012年提高300h，反映出东北区域弃风[1]程度明显缓解。

华东区域电力供需偏紧。全年全社会用电量1.30万亿kWh、同比增长8.0%；统调最高用电负荷2.15亿kW、同比增长8.6%。新增发电装机容量1666万kW，其中核电109万kW；年底发电装机容量2.50亿kW、同比增长7.5%，其中并网太阳能发电132万kW、同比增长180.8%。区域电力供需偏紧，1月上旬江苏、浙江在部分时段出现错峰，其中江苏电网最大错避峰326万kW、浙江电网最大错避峰69万kW；迎峰度夏期间降温负荷持续高位攀升，区域内除福建外的其他4省市在部分时段均出现错避峰，其中江苏最大错避峰728万kW、浙江458万kW、安徽155万kW、上海30万kW。全年区域发电设备利用小时5100h，其中煤电5693h、并网风电2186h，均明显高于全国平均水平。

华中区域电力供需平衡。全年全社会用电量9661亿kWh、同比增长7.1%；统调最高用电负荷1.49亿kW、同比增长7.6%。新增发电装机容量1524万kW，其中水电995万kW；年底发电装机容量2.56亿kW、同比增长8.6%。区域电力供需平衡，年初及迎峰度夏期间四川电网出现少量错峰。全年区域发电设备利用小时4276h，略低于2012年，其中煤电4786h，低于全国平均水平341h。

西北区域电力供应能力富余。全年全社会用电量5085亿kWh、同比增长14.5%；统调最高用电负荷6894万kW、同比增长11.2%。新增发电装机容量1951万kW，其中并网太阳能发电948万kW、并网风电418万kW；年底发电装机容量1.38亿kW、同比增长20.8%，其中并网太阳能发电1226万kW、同比增长379.4%，并网风电1575万kW、同比增长37.9%。区域电力供应能力富余，发电设备利用小时4582h，其中煤电5452h，并网风电2034h、同比提高113h。

南方区域电力供需总体平衡。全年全社会用电量8884亿kWh、同比增长6.4%；统调最高用电负荷1.29亿kW、同比增长7.7%。新增发电装机容量2343万kW，其中水电装机容量1744万kW；年底发电装机容量2.25亿kW、同比增长11.7%，其中水电8840万kW、并网风电532万kW。区域电力供需总体平衡，发电设备利用小时4157h、同比降低274h，其中煤电4943h，低于全国平均水平184h，云南煤电设备利用小时低于全国平均水平1493h。

[1] 按照原国家电监会规范，风电场弃风电量是指受电网传输通道或安全运行需要等因素影响，风电场可发而未能发出的电量，该电量不包括风电场因风机自身设备故障原因未能发出的电量。

二、电力消费小幅增长

全年全社会用电量 53 423 亿 kWh、同比增长 7.58%，增速比 2012 年提高 1.98 个百分点。

第一产业用电量 1027 亿 kWh、同比增长 2.28%；第二产业用电量 39 332 亿 kWh、同比增长 7.1%，低于全社会用电量增速 0.48%；对全社会用电增长的贡献率为 69.23%、同比提高 14.14 个百分点，为当年全社会用电量增长的主要拉动力。全国工业用电量 38 657 亿 kWh，同比增长 7.03%，低于全社会用电量增速 0.55%，贡献率为 72.36%。其中，轻、重工业用电分别增长 6.54%和 7.13%，同比提高 1.58 和 3.24 个百分点。第三产业用电量 6275 亿 kWh、同比增长 10.21%。高于全社会用电量增速 2.63%，贡献率为 15.44%，比重同比提高 0.28 个百分点。即：用 15.44%的电力，第三产业实现了国民生产总值 46.1%的占比。城乡居民生活用电 6789 亿 kWh、同比增长 8.89%，高于全社会用电量增速 1.31%，贡献率为 14.72%。其中主要因迎峰度夏期间持续大范围高温天气及下半年阶梯电价政策影响削弱等因素，三季度同比增长 17.55%，为近几年来季度用电最高增速。下半年居民生活用电增长 13.05%、增速比上半年提高 9 个百分点。

电力消费结构继续优化。第二产业用电量占全社会用电量比重同比降低 0.35 个百分点，其中化学原料及制品业、非金属矿物制品业、黑色金属冶炼及压延加工业、有色金属冶炼及压延加工业四大用能重点行业合计用电量 16 698 亿 kWh，同比增长 6.39%，增速同比提高 3.82%，占全社会用电量 31.26%，比重同比降低 0.28 个百分点。

全年全国所有省份全社会用电量均实现正增长，西部地区用电增速继续明显领先，各地区增速均高于 2012 年，其中高于全国平均水平的省份有 17 个，增速高于 10%的 6 个省份分别为新疆（33.1%）、重庆（12.4%）、青海（12.3%）、安徽（12.3%）、云南（11.1%）和西藏（10.4%），而黑龙江和吉林用电增速均低于 3%，山西、上海、北京和广东用电增速均低于 5%。重庆、宁夏和江西用电增速同比提高超过 5 个百分点。

三、电力建设成绩显著

电源结构优化。电力投资结构继续优化，全年电力建设工程完成投资 7728 亿元、同比增长 4.53%，其中：电网完成投资 3856 亿元，同比增长 5.33%，占全国电力工程投资比重为 49.9%；电源完成投资 3872 亿元，同比增长 3.75%，占全国电力工程投资比重的 50.10%。电源投资中的非化石能源发电投资比重达到 73.75%。全国除水电、核电投资负增长，火电、风电和太阳能投资正增长，特别是太阳能受国家产业政策扶持，投资有较大幅度增长。华东、西北区域投资实现正增长，华东区域完成投资 735 亿元，同比增长 13.08%，西北区域受风电、太阳能投资拉动完成投资 606 亿元，同比增长 61.17%；其他四个区域电源投资均有所减少，东北、华北、华中、南方分别同比减少 1.75%、0.94%、0.93%和 3.51%。

全年全国新增生产能力 10 222 万 kW，比 2012 年多投产 1907 万 kW。其中水电 3096 万 kW，比 2012 年多投产 1420 万 kW，占全部新投产容量的 30.29%，同比提高 10.13 个百分点；火电 4175 万 kW，同比减少 1061 万 kW，占全部新投产机组容量的 40.85%，同比降低 22.12 个百分点；核电 221 万 kW，占全部新投产机组容量的 2.15%；并网风电 1487 万 kW，同比多投产 191 万 kW，占全部新投产机组容量的 14.55%，同比减少 1.03 个百分点；并网太阳能光伏发电新增 1243 万 kW，同比多投产 1136 万 kW，占全部新投产机组容量的 12.16%。

截至年底，全国全口径发电装机容量首次超越美国位居世界第一，达到 12.57 亿 kW，比 2012 年增长 9.7%。非化石能源发电装机容量达到 3.9 亿 kW，占全国总发电装机容量比重达到 31.6%，同比提高 2.4 个百分点。其中，水电装机容量 2.8 亿 kW、同比增长 12.4%；火电装机容量 8.7 亿 kW、同比增长 6.1%；核电装机容量 1466 万 kW、同比增长 16.6%；并网风电装机容量 7652 万 kW，同比增长 24.6%，装机容量居世界第一；并网太阳能发电装机容量 1243 万 kW、同比增长 365.8%。火电装机容量占总发电装机容量比重降至 63.0%、同比降低 2.6 个百分点。

水电完成投资 1223 亿元、同比下降 1.28%。在西南水电集中投产的带动下，全国水电新增装机 3096 万 kW、创年度投产历史新高，其中包括新投产：三峡金沙江溪洛渡水电站工程 12 台 77 万 kW 机组共 924 万 kW；向家坝 3 台 80 万 kW 机组；国投四川锦屏一级水电机组 4 台 60 万 kW 和锦屏二级水电机组 3 台 60 万 kW；华能云南糯家渡水电站 4 台 65 万 kW 和云南金沙江龙开口水电站 4 台 36 万 kW 机组等。云南和四川两省合计水电新增装机容量 2398 万 kW；全年新增抽水蓄能 120 万 kW、同比减少 45 万 kW。

火电新增装机容量继续以容量大、高参数燃煤机组为主。全年全国新增燃煤（含煤矸石）机组 3447 万 kW，占火电机组新增容量的 82.57%，同比下降 8.87 个百分点；全年新增投产单机容量 30 万 kW 及以上燃煤（含煤矸石）机组 65 台，共 3196 万 kW。其中，60 万 kW 及以上机组 29 台，2015 万 kW，占新增装机容量的 58.45%。包括新增的 5 台百万千瓦超超临界火电机组。截至年底，全国在运百万千瓦超超临界火电机组已达 63 台。新增燃气机组 439 万 kW，占火电新增容量的 10.50%；新增余温余热余压发电 182 万 kW；并网秸秆、蔗渣、林木质发电 56 万 kW；并网垃圾焚烧发电 34 万 kW。

核电建设恢复后，辽宁红沿河核电站一期 112 万 kW 和福建宁德核电厂一期 109 万 kW 相继投运，全国在运核电机组容量 1466 万 kW。

电网新增规模。全年全国新增 110kV 及以上输电线路长度 64 449km，同比减少 2.75%。按电压等级划分，占比较大的 110kV 和 220kV 等级新增线路长度分别为 25 523km 和 21 498km，分别比 2012 年下降 20.34%和 18.66%；两者合计新增占全国新增 110kV 及以上线路长度的 72.96%，所占比重同比下降 15.28%。按照直流和交流划分，直流工程新增线路长度 4846km，同比增长 131.85%，其中新增 ±800kV线路长度 3623kV，同比增长 73.35%；交流工程新增线路长度 59 604km，同比下降 7.13%，其中新增 1000kV 线路长度 1298km。

全年全国直流工程新增换流容量 1370 万 kW，同比下降 27.51%，其中 ±500、±800kV 分别下降 28.89%和 27.08%；全国交流工程新增 110kV 及以上变电设备容量 28 577 万 kVA，同比下降 0.90%。主要是 110、220kV 和 500kV，分别下降了 12.49%、7.73%和 22.50%，330kV 变电设备容量同比增长 54.03%，750kV 和 1000kV 变电设备容量分别新增 1180 万、2100 万 kVA。

电力工程造价。全年不同容量等级燃煤发电新建工程造价水平除百万机组单位造价略有下降外，其他容量等级机组均呈现微涨的趋势。2×100 万 kW 机组单位造价的继续下降，体现了中国在百万机组建设领域拥有的技术装备及施工工艺不断成熟。

与 2012 年相比，2×30 万、2×60 万、2×100 万 kW 燃煤发电工程的建筑、安装工程费呈现不同程度的增长，百万机组下降幅度大，主要是由社会总体物价水平和人工成本上涨造成的；设备购置费均有所下降，百万机组下降幅度最大，主要设备中的锅炉价格下降约 10%到 15%，汽轮机价格下降 20%～4%。2×18 万 kW（9E 级）燃气-蒸汽联合循环电站新建工程（一拖一）、2×30 万 kW（9E 级纯凝）燃气-蒸汽联合循环电站新建工程造价水平略有上涨。

水电工程单位造价约 8000～12 000 元，根据容量等级、地理条件、功能划分等因素的不同，单位造价差异较大。近些年，水电工程单位造价呈现不断上涨的趋势。

随着风电设备国产化率的逐年提高，风电工程单位造价约为 6000～8500 元，风电工程的单位造价与 2012 年相比仍在下降。太阳能发电工程单位造价与 2012 年相比，变化不大，根据工程规模容量及发电形式不同，每千瓦单位造价为 8000～15 000 元不等。

110～1000kV 交流架空线路工程单位造价较 2012 年略有上升，增长幅度在 0.65%～2.68%；500kV 直流架空线路工程单位造价增长 1.75%；交流电缆工程单位造价呈下降趋势，110kV 和 220kV 交流电缆工程的降幅分别为 4.59%和 1.93%。电缆工程造价比 2012 年有所下降。电缆工程与架空线路工程单位造价呈现相反的变化趋势，主要是受到 2013 年电缆价格大幅下降的影响。

全年新建变电站工程单位造价水平基本保持平稳，略有波动。其中，采用 GIS 设备的变电站单位造价略降，采用其他断路器型式的变电站单位造价略涨。新建变电站工程建筑、安装工程费呈上涨趋势，设备购置费呈下降趋势，从而出现变电站总体造价有升有降的情况。其中，主变压器、GIS 等主要设备价格下降幅度最大，主变压器价格下降幅度为 2%～8%，GIS 下降幅度为 70%～11%，因此，采用 GIS 设备的变电站单位造价均有所降低。±500kV 电压等级换流站工程单位造价水平与 2012 年相比下降。主要由于直流设备价格呈现较大幅度的下降。其中，阀门设备价格下降 11%，换流站设备价格下降 14%，直流场设备下降 20%。

四、电力供应能力不断增强

全年全国全口径发电量 53 721 亿 kWh、同比增长 7.73%，发电量规模继续保持世界第一。其中，水电 8921 亿 kWh，同比增长 4.27%；火电 42 216 亿 kWh，同比增长 7.54%；核电 1115 亿 kWh，同比增长 13.41%；风电 1383 亿 kWh，同比增长 34.17%。全国规模以上发电厂发电量为 53 976 亿 kWh，同比增长 7.5%。

全口径发电量增速超过 20%的省份有新疆（35.7%）、云南（22.9%）、四川（22.9%），主要是由于 2012 年同期基数小，导致 2013 年增长率偏高；负增长的省份有湖北（−0.4%）、上海（−0.1%）、青海（−0.1%）。

全年全国全口径火电发电量 42 216 亿 kWh，同比增长 7.54%，增速比 2012 年提高 6.89 个百分点；占全国总发电量比重为 78.58%、同比降低 0.14 个百分点。全国规模以上火电厂发电量 42 359 亿 kWh，同比增长 7.0%。7～10 月，受水电发电量减少等因素影响，火电发电量同比保持较高增速。

全国全口径水电发电量 8921 亿 kWh，同比增长 4.27%，增速比 2012 年降低 23.79%；占全部发电量的 16.61%，同比降低 0.55 个百分点。全国规模以上水电厂发电量为 9116 亿 kWh，同比增长 5.58%。受主要水电生产地区汛期来水偏枯和 2012 年统计基数较高影响，7～10 月份水电发电量均为负增长。

全国 16 个省份水电发电量超过 100 亿 kWh，水电发电量合计达到 8540 亿 kWh，占全国水电发电量的 95.74%，其中，吉林同比增长 57.42%，云南增长 31.52%，四川增长 30.95%，新疆增长 17.57%，广东增长 6.88%，甘肃增长 3.34%，其余省份同比均为负增长。

全年并网太阳能发电量为 84 亿 kWh、同比增长 132.96%。全国并网风电发电量 1383 亿 kWh、同比增长 34.17%，高于同期风电装机增速。全年全国核电发电量 1115 亿 kWh、同比增长 13.41%。

全年新增 220kV 及以上输电线路回路长度 39 534km、变电设备容量 19 631 万 kVA，同比分别增加 5305km、790 万 kVA，截至年底，全国 220kV 及以上输电线路回路长度 54.0 万 km、220kV 及以上公用变设备容量 26.2 亿 kVA。

跨区送电保持快速增长。全年全国完成跨区送电量 2680 亿 kWh、同比增长 15.78%，西北电网送出电量 457 亿 kWh，比 2012 年下降 1.63%，其中：西北送山东 282 亿 kWh；西北通过德宝直流送四川 95 亿 kWh，比 2012 年增长 4.53%；西北送华中 67 亿 kWh，比 2012 年下降 26.89%。东北送华北 179 亿 kWh，比 2012 年增长 64.11%；华东送华中 15 亿 kWh，比 2012 年增长 6.51%。华中外送电量 1157 亿 kWh、同比增长 29.59%，其中：送华东 853 亿 kWh，比 2012 年增长 59.21%；送南方 247 亿 kWh，比 2012 年下降 10.85%；送西北 36 亿 kWh，比 2012 年增长 5.54%；送华北 21 亿 kWh，比 2012 年下降 54.20%。华北送出电量 312 亿 kWh，比 2012 年增长 11.48%，其中：送华中 108 亿 kWh，比 2012 年增长 5.23%；送华东 167 亿 kWh，比 2012 年下降 1.93%；送西北 29 亿 kWh，比 2012 年增长 319.83%；送蒙古国 7.7 亿 kWh。三峡电厂送出电量 820 亿 kWh，比 2012 年下降 15.62%。南方电网“西电东送”发电量 1314 亿 kWh，比 2012 年增长 5.67%。其中：送广东电量 1193 亿 kWh，比 2012 年增长 5.83%；送广西电量 121 亿 kWh，比 2012 年增长 5.03%。

五、电力生产安全平稳可靠

全年全国 6000kW 及以上电厂发电设备利用小时 4521h，比 2012 年降低 58h。其中水电 3359h，比 2012 年大幅降低 231h；火电 5021h，比 2012 年增加 38h；核电 7874h；风电 2025h。全国共有 13 个省份发电设备利用小时高于全国平均水平，其中江苏达到 5545h，宁夏、安徽、天津、新疆均超过 5000h，河北、山西、上海、浙江、山东、河南、广东、海南、陕西均超过 4500h，而吉林、黑龙江、湖北、湖南、广西、甘肃、青海和西藏均不及 4000h。

在有关政府部门加强监管协调以及电网公司加快电网建设、优化电网运行方式、加强风电优先调度等措施带动下，近两年国内风电“弃风”问题持续改善，全年风电设备利用小时达到 2025h，同比提高 95h。全国共有 15 个省份的风电设备利用小时高于全国平均水平，其中，福建、云南分别达到 2745、2357h；风电装机容量超过 300 万 kW 的 10 个省份中，山西、新疆、内蒙古和宁夏风电设备利用小时分别为 2257、2152、2114h 和 2084h，河北 2052h、山东 2008h。

核电设备利用小时小幅提高。全年新增两台核电机组、共 221 万 kW，分别是福建宁德核电一期工程 1 号机组以及辽宁红沿河核电一期工程 1 号机组。

2013 年，煤炭市场需求持续低迷，全国重点电厂耗煤 13.4 亿 t，同比增长 2.8%。全年煤炭进口量达到 3.3 亿 t。国内煤炭市场供应充足，全国重点电厂电煤库存总体维持正常水平，全年市场电煤价格呈现先降后升态势。

电力生产安全。电力行业坚持“安全第一，预防为主，综合治理”的方针，继续将“保人身，保电网，保大坝”作为工作重点，在全国电力建设继续保持较大规模、电力系统更加复杂、电网控制难度日益增大、自然灾害频发多发的情况下，保持了全国电力安全生产形势总体稳定。全年全国电力行业继续保持没有发生重大以上人身伤亡事故，没有发生电力安全事故，没有发生较大以上设备事故，没有发生水电站大坝漫坝、垮坝以及对社会有较大影响的电力安全事故。全国发生电力人身伤亡事故 55 起，死亡（失踪）67 人，与 2012 年相比，事故起数增加 6 起，死亡（失踪）人数减少 19 人。

电力可靠性运行继续稳步提升。全年电力可靠性管理统计的发电机组共计 2528 台，总装机容量 8.22 亿 kW，比 2012 年增加 94 台。纳入可靠性管理统计的发电机组等效可用系数 91.84%，比 2012 年下降 1.09 个百分点；等效强迫停运率为 0.39%，比 2012 年降低 0.16 个百分点；非计划停运次数为每台年 0.54 次，比 2012 年减少 0.06 次。水电机组等效可用系数 91.71%，比 2012 年下降 0.76 个百分点；等效强迫停运率为 0.13%，比 2012 年增加 0.06 个百分点；非计划停运次数为每台年 0.37 次，比 2012 年减少 0.03 次。架空线路、变压器、断路器三类主要设施的可用系数分别为 99.853%、99.958%、99.977%，同比分别提高 0.025、0.005 和 0.010 个百分点。在运的 18 个直流输电系统合计能量可用率、能量利用率分别为 94.365% 和 50.32%，较 2012 年在运的 15 个系统合计值分别减少 1.216 个百分点和提高 2.45 个百分点；强迫能量不可用率为 0.236%，较2012年在运的15个系统合计值提高0.062个百分点。全国城市用户平均供电可靠率99.958%，同比提高0.009个百分点，用户年平均停电时间3.66h，同比减少0.87h。全国农村用户平均供电可靠率99.905%，同比提高0.066个百分点，用户年平均停电时间8.30h，同比减少5.87h。

六、节能减排迈出新步伐

全年全国火电机组供电标准煤耗降至321g/kWh，比2012年降低4g/kWh。全国线损率6.68%，比2012年下降0.06%。

全年全国发电企业厂用电率5.05%，比2012年下降0.05%；电力烟尘年排放量约为142万t，比2012年下降6%，按发电量计算烟尘排放量为0.34g/kWh，比2012年下降0.05g/kWh。截至年底，燃煤电厂袋式除尘器、电袋复合式除尘器装机容量超过1.6亿kW，占全国燃煤装机容量的20.1%。全年全国二氧化硫排放2043.9万t，比2012年下降3.48%，电力排放780万t，比2012年下降11.7%，约占全国二氧化硫排放量的38.2%。截至年底，火电厂累计投运烟气脱硫机组总容量约7.2亿kW，占全国现役燃煤机组容量的90.6%，比2012年提高0.6个百分点。

全年全国氮氧化物排放2227.3万t，比2012年下降4.72%，电力排放834万t，比2012年下降11.7%，约占全国氮氧化物排放量的37.4%。截至年底，火电厂累计投运烟气脱硝机组总容量约4.3亿kW，占全国现役燃煤机组容量的49.4%，煤电脱硝比例达54%。已签订烟气脱硝特许经营合同机组容量1342万kW，其中在运机组792万kW。

全年全国火电厂发电耗水量为2.0kg/kWh，比2012年降低0.15kg/kWh；废水排放量0.10kg/kWh，与2012年持平。全国燃煤电厂产生粉煤灰约5.5亿t，比2012年增加2%；综合利用率为69%，比2012年增长2%。电力行业产生脱硫石膏约7550万t，比2012年增长11%；综合利用率约72%，与2012年持平。

与2010年相比，全国单位国内生产总值二氧化碳排放强度下降10.68%，与《"十二五"规划纲要》提出的"2015年单位国内生产总值二氧化碳排放比2010年下降17%"目标，时间进度基本同步。2006～2013年，电力行业通过发展非化石能源、降低供电煤耗和降低线损率等措施，累计减排二氧化碳约47.3亿t。煤电机组供电煤耗继续居世界先进水平。

七、科技创新能力不断增强

全年电力企业获得国家科学技术进步奖4项，获中国电力科学技术奖80项，16家主要大型电力企业共有科技机构196家，研发机构676家，国家重点实验室8家、国家实验室1家、国家工程实验室6家、国家工程技术研究中心10家。2013年国内专利授权量和有效量分别为44 505项和16 401项。

电网大范围冰冻灾害预防与治理关键技术及成套设备、大型风电并网运行于试验检测关键技术及应用、±800kV超大容量特高压直流输电关键技术、设备研制和工程应用、模块化多电平柔性直流输电关键技术研究、装置研制及应用、±800kV特高压直流输电技术开发、装备研制及工程应用、GIS局部放电检测系统，标准化及标定，体系研究与应用、交直流大电网高拟真跨平台全景实时仿真技术的集成研究与开发应用、特大电网一体化调度控制系统关键技术及规模化应用、智能电能表，关键芯片研发与应用、高级量测体系下计量终端智能化关键技术研究与应用等成果，涵盖了输变电、智能电网等多个专业领域，为提高电网的科技水平，自主创新水平做出了重要贡献。

电源领域：国内首套自主研发的FCS165现场总线控制系统及其工程示范、1000MW超超临界直接空冷机组研制、系统集成与工程应用、600℃超超临界锅炉关键材料特性研究及工程应用、大型水利水电工程安全生产和应急决策关键技术研究及应用的成果，对提高中国电力工业的核心竞争力，拓展市场空间意义重大。

八、电力企业经营状况持续改善

中国能源建设集团有限公司首次入围世界500强，以258亿美元的营业收入位列第465位。至此，9家电力央企——两大电网公司、五大发电集团以及两大电力建设集团全部入围世界500强。全国规模以上电力企业资产总额96 068亿元，比2012年增长8.37%，占全国规模以上工业企业资产总额的11.29%，比2012年减少0.36个百分点。电力企业利润总额3490亿元，同比增长42.25%；占全国规模以上工业企业利润总额的5.55%，比2012年提高1.18个百分点，仍远低于全国电力企业资产总额占全国规模以上工业企业的比重。尽管近两年火电企业利润有明显提升，但就资产利润率仍存在较大差距，资产高负债以及历史亏损欠账是主要原因。全国规模以上工业企业资产利润率为7.39%，电力企业资产利润率则不足全国水平的1/2，为3.63%。

九、国际合作更加积极稳妥和成熟

电力企业在国际合作方面表现出积极稳妥和理性的倾向。对外投资更加理性，尽管投资规模和数量均有明显减少，但投资区域选择更加广泛，投资模式更加多样化；电力企业对外承包工程的中国品牌形象和竞争力不断增强；电力设备和技术出口出现大幅提升。使"走出去"逐步实现从劳务输出为主转向以资金输出和智力输出为主。

全年全国11家主要电力企业对外实际完成投资总

额为14亿美元，仅为2012年对外投资额的19.8%，但其投资区域却遍及东南亚、非洲和南美洲，以及澳洲和北美欧洲部分国家。电力企业对外投资的明显特点是，电力企业的风险防控意识和防范对策明显提高。另外，海外风电投资项目明显增多。重大电力对外投资项目数量总体与2012年相当。投资模式在原有传统模式的基础上出现了BOOT和BOO的模式。

全年6家电力企业进入商务部对外承包工程业务新签合同前50家排行榜，5家中国电力企业上榜国际承包商250强。电力设备和技术出口以海外工程为带动，直接出口设备和技术规模大幅提升。直接出口设备和技术服务费分别是2012年的2.34倍和6.84倍。

十、电力改革取得新进展

3月，根据国务院机构改革和职能转变方案，重组国家能源局。将原国家能源局、国家电力监管委员会的职责整合，重新组建国家能源局，由国家发展和改革委员会管理，不再保留国家电力监管委员会。

5月，国务院发布《关于取消和下放一批行政审批项目等事项的决定》，取消和下放的117项行政审批项目中，能源类项目的数量居首。国家能源局随后发布公告，宣布取消和下放12项涉及能源领域的行政审批权，其中包括水电、火电、风电、电网、油气管道等领域。

5月，国务院批转国家发展改革委向员会《关于2013年深化经济体制改革重点工作的意见》，其中明确提出“推进大用户直购电和售电侧电力体制改革试点”。7月29日，国家能源局发布的《关于当前开展电力用户与发电企业直接交易有关事项的通知》指出，今后国家有关部门对于电力直接交易试点将不再进行行政审批，各地必须加快推进电力网输配电价测算核准工作。10月12日，国家能源局和工信部发布《规范电力用户与发电企业直接交易》的通知，明确提出支持各地开展规范的电力用户与发电企业直接交易，并要求纠正各种变相的让利优惠行为，加强监督管理。在大用户直购电交易政策密集出台的背景下，多地积极推进大用户直购电工作。2013年11月前确定并启动了直购电工作的主要12个省，其中吉林、广东、辽宁、安徽、福建、江苏、黑龙江为试点省，湖南、四川、山西、甘肃和贵州则是在国务院提出“简政放权”政策后提出将开展大用户直购电，并拟定了相关试点细则或方案。

《国家发展改革委员会关于调整发电企业上网电价有关事项的通知》决定在保持销售电价水平不变的情况下适当调整上网电价水平。降低有关省（区、市）燃煤发电企业脱硫标杆上网电价。各地未执行标杆电价的统调燃煤发电企业上网电价同步下调；同时，适当降低跨省、跨区与送电价格标准。

2013年6月，国家发展改革委下发通知，决定逐步调整销售电价分类结构，主要依据行业、用途分类，逐步调整为按用电负荷特性为主分类，把现行居民生活、非居民照明、商业、非工业、普通工业、大工业、农业生产用电价格等8类销售电价逐步归并为居民生活、农业生产、工商以及其他用电价格3个用电类别，每个类别再按用电负荷特性、电压等级高低进行分档，计划用5年左右调整到位。

8月，国家发展改革委发出通知，决定在保持现有销售电价总水平不变的情况下，主要利用电煤价格下降腾出的电价空间，适当提高可再生能源电价附加、脱硝电价标准，新增除尘电价，以支持可再生能源发展，鼓励燃煤发电企业进行脱硝、除尘改造，改善大气质量。

大力实施人民群众用电满意工程

（吴新雄❶）

一、提高人民群众用电服务质量意义重大

2011年10月，居民用电服务质量监管专项行动正式启动。一年多来，在电力监管机构和电力企业的共同努力下，专项行动取得显著成效。

居民用电质量明显提升，配电网建设进一步加强，低电压和“一户一表”改造大力推进，电能质量和供电可靠率逐步提高。

居民用电服务水平明显提升，用电办理和故障抢修时间大大缩短，缴纳电费更加方便，保障性住房报装接电更加便捷、优惠。

无电村无电户用电问题正在加快解决，一大批无电户实现接电用电，部分地区实现了“户户通电”目标。

为民服务的机制制度进一步健全，出台了一批规章制度和指标体系，逐步实现制度化、规范化、常态化。

居民用电满意度不断提高，各地电网企业在当地行风评比中满意度明显提升，专项行动得到了人民群众的好评。

通过开展居民用电服务质量监管专项行动，形成了以下三条基本共识：

第一，提高人民群众用电服务质量，是电力行业坚持以人为本、服务人民宗旨意识、责任意识的必然要求。党的十八大报告明确指出：“为人民服务是党的根本宗旨，以人为本、执政为民是检验党一切执政活动的最高标准。”电力与老百姓生活息息相关，紧

❶ 国家发展和改革委员会副主任，国家能源局局长。

扣民生主题，紧紧围绕老百姓最关注、最迫切、最现实的用电问题，尽心竭力为老百姓办实事、做好事、解难事，尽心竭力谋民生之利、解民生之忧，这既是电力工作的根本出发点、落脚点，更是电力行业实现好、维护好、发展好人民群众根本利益的责任所在。

第二，提高人民群众用电服务质量，是电力行业围绕中心、服务大局的崇高责任和光荣使命。电力是重要的基础产业，关系国计民生、各行各业。紧紧围绕党和国家的工作中心、全力服务改革发展稳定的大局，提高供电能力，加强电力供应，提升服务水平，保障经济发展，造福人民群众，自觉服从服务于党和国家工作大局，主动为促进经济平稳较快发展与社会和谐稳定作出贡献，这既是电力行业的崇高责任和光荣使命，也是广大电力企业和监管机构的职责所在、使命所在。

第三，提高人民群众用电服务质量，是电力行业知民情、办实事，求真务实、真抓实干工作作风的具体体现。“空谈误国，实干兴邦”。实现党的十八大确定的到 2020 年全面建成小康社会的宏伟目标要靠实干，建立科学发展、创新发展的电力工业体系也要靠实干。深入基层，抓住主要矛盾，突出工作重点，知实情、谋实招、求实效，脚踏实地从一件件事关发展、事关人民群众利益的实事、好事、难事做起，这是转变作风、真抓实干的具体体现，也是实干兴邦的必然要求。

二、实施人民群众用电满意工程

让人民群众安全用电、可靠用电、放心用电、满意用电是电力行业的永恒主题，只有起点，没有终点。2013 年，要在专项行动的基础上，立足常态化，立足规范化，立足全面、持续提高人民群众用电服务质量，提升居民用电服务质量监管专项行动，在全国范围内深入持久地实施人民群众用电满意工程。

（一）准确把握人民群众用电满意工程的基本目标和任务

实施好人民群众用电满意工程，集中来讲，就是要做到“两个不准，五个提高”。

“两个不准”：

（1）不准随意停限居民生活用电。①按有序用电方案停限居民生活用电应至少提前 1 天公告，非特殊情况下，停限电时间不得连续超过 5h。②城市居民用户年累计停电时间不得超过 24h；农村居民用户不得超过 80h。

（2）不准随意增加居民用电负担。①不得在居民电价中乱加价。②不得在电费中加收、代收国家政策规定以外的任何费用。③不得拒绝或延迟居民用户提出的计量装置校验申请。

“五个提高”：

（1）进一步提高人民群众用电满意度。①监管机构每年上半年和下半年各开展 1 次居民用户满意度调查，并及时向社会公布。②监管机构每季度抽查居民用户的停电时间、次数和电压合格情况，每个省份不少于 100 户次。③保证 12398、95598 等热线投诉处理满意率不低于 90%。

（2）进一步提高人民群众用电质量。城市地区供电可靠率不低于 99%，居民用户受电端电压合格率不低于 95%；农村地区符合电监会公布的标准。

（3）进一步提高供电服务水平。①居民报装接电时限不超过 6 个工作日；保障性住房报装接电全部实现绿色通道。②故障抢修到达现场时限，城区不超过 45min，农村不超过 90min。③全国实现城市“十分钟交费圈”和农村“村村设交费点”。

（4）进一步提高人民群众用电普遍服务覆盖率。“十二五”期间全面解决 376 万无电人口用电问题，2013 年力争解决 120 万无电人口用电问题。

（5）进一步提高配电网供电能力。实现配电网投资增速与居民用电需求增长相匹配，基本解决配电网“卡脖子”问题。

（二）全面推进人民群众用电满意工程

（1）努力争取将人民群众用电满意工程纳入各级地方政府的民生工程。人民群众用电满意工程，既是电力行业服务民生、改善民生的重要举措，也符合地方政府惠民生、促和谐的要求。要积极争取将其纳入地方政府民生工程，成为全社会的共同行动，把实事办实、好事办好。

（2）健全完善政策措施，促进形成为民服务的长效机制。专项行动一年多来，在提高用电服务质量方面积累了很多好经验、好做法、好措施，要总结提炼，完善提高，形成制度，加以推广，为建立长效机制奠定基础。

在提高人民群众用电满意率方面，重点研究制定《人民群众用电满意度调查方案》《监管机构“两率”抽测工作方案》和《居民用户投诉处理管理规定》等。

在提高供电服务水平方面，重点研究制定《居民停送电管理规定》《便捷居民用户交费的指导意见》《居民用户故障抢修管理办法》《保障性安居工程电力供应与服务工作实施方案》等。

在提高配电网供电能力和供电质量方面，重点研究制定《关于推进城镇化电力供应保障的指导意见》《供电“两率”提升工作实施意见》等。

在解决无电地区无电人口用电方面，重点研究制定《解决无电地区、无电人口用电问题规划》等。

在监管、考核、评价方面，重点研究制定《人民群众用电满意工程指标体系》《供电能力监管实施细则》《农电监管实施细则》《供电“两率”监管实施方案》《12398 热线投诉处理满意率调查办法》等。

（三）加强领导，协同配合，形成人民群众用电满意工程的强大合力

实施人民群众用电满意工程，意义重大、任务艰巨。电力监管机构和电网企业要进一步加强领导、明确分工、落实责任、密切配合，形成上下一致、左右协同、凝聚合力的工作局面。

电力监管机构要充分发挥统筹协调指导作用，科学系统制订工作方案，明确考核办法，总结经验，推广先进，完善制度，抓好督查、评价、考核，加强正面宣传，营造良好氛围，协调地方政府、电力企业，共同推进。

各级电网企业是实施人民群众用电满意工程的主体，要切实承担起责任和义务，对照考核指标要求，精心制订方案，细化任务举措，落实工作职责，完善各项制度，规范企业行为，确保人民群众用电满意工程各项任务落到实处。

智能电网与第三次工业革命

（刘振亚[1]）

党的十八届三中全会对全面深化改革做出重大战略部署，将进一步解放和发展社会生产力和创造力，也将对能源和电力工业创新发展产生深远影响。贯彻落实三中全会精神，关键要把握时代特征，立足行业实际，以改革创新精神，推动中国能源安全发展、清洁发展、环保发展、友好发展。随着新能源技术、智能技术、信息技术、网络技术的创新突破，第三次工业革命正在孕育发展。在前两次工业革命中，中华民族都落后了，追赶了二百多年。以全球视野和系统思维，深刻认识工业革命的内在规律和发展趋势，对于深入贯彻落实三中全会精神，在新一轮工业革命中把握历史机遇、抢占发展先机、赢得竞争优势，推动能源电力工业科学发展，全面建成小康社会，实现中华民族伟大复兴的中国梦，具有十分重要的意义。

一、智能电网承载并推动第三次工业革命

能源是人类生存和发展的物质基础。近二百多年来，人类社会已经先后经历了两次工业革命。纵观工业文明的发展历程，有一个突出特征，就是能源变革对工业发展具有决定性、全局性影响，推动着工业文明不断向更高层次和水平演进。

1. 能源变革是第三次工业革命的根本动力

始于 18 世纪中期的第一次工业革命，由于蒸汽机的发明与广泛应用，煤炭迅速取代柴薪，推动了近代工业的建立和大发展。在这次变革中抢占先机的英国，从 1770～1860 年的 90 年中，建立了世界上规模最大的煤炭工业，到 19 世纪中期，英国煤炭产量已占全球的 2/3 以上，并以此为基础加快发展近代纺织、钢铁、机械、铁路运输等工业，率先在世界上建立近代工业体系。

始于 19 世纪中后期的第二次工业革命，由于电力的发明及广泛应用，推动了现代工业的建立和大发展，不仅出现了电力、电器、石油、化工、汽车、通信、信息等新的工业部门，而且推动了纺织、钢铁、机械、铁路运输等旧的工业部门升级。在这次变革中抢占先机的美国，从 1910～2010 年的 100 年中，电力装机、用电量、电网规模一直位居世界第一，美国也率先在世界上建立现代工业体系。电能已成为全球最重要的能源之一，从全球范围看，以电为中心的能源开发利用格局正在加快形成，并成为全球能源发展的战略方向。1980～2012 年，全球电力消费增长 200%左右，而石油、天然气、煤炭消费只分别增长 40%、130%、110%左右，全球一次能源用于发电的比重从 30%提高到 40%左右，电能占终端能源消费的比重从 10%上升至 20%左右。

从两次工业革命可以看出：能源变革对工业发展具有决定性的影响，没有蒸汽机技术的突破，就不会有近代工业，没有电力的广泛应用，现代工业也无从谈起；同时能源变革对工业发展又具有全局性的影响，既推动新的工业行业出现，也推动旧的工业行业升级。总之，能源变革与工业革命有着很强的内在联系，是工业革命的根本动力。

21 世纪，大规模开发利用化石能源带来的能源危机、环境危机凸显，建立在化石能源基础上的工业文明逐步陷入困境，新一轮能源变革正在世界范围内蓬勃兴起。这一轮能源变革，是以电为中心、以新能源大规模开发利用为特征的能源变革。2000～2012 年间，全球风电、太阳能发电装机容量分别由 1793 万、140 万 kW 增长到 2.8 亿、1 亿 kW，分别增长了 15 倍和 71 倍。随着新一轮能源变革的到来，新能源技术、智能技术、信息技术、网络技术不断突破，与智能电网全面融合，正在承载并推动第三次工业革命。新一轮能源变革与新一轮工业革命再次相伴发生，这不是历史的巧合，而是因为能源变革是工业革命和工业发展的根本动力，谁能牢牢把握能源变革这个根本，谁就能在第三次工业革命中抢占先机。

2. 发展智能电网是推动能源变革和第三次工业革命的必由之路

从历史进程看，建立在化石能源传统利用方式基础上的工业文明已经难以为继，第三次工业革命应建

---

[1] 中国电力企业联合会理事长，国家电网公司董事长。此文刊载于《中国电力企业管理》2013 年第 12 期。

立在可持续供应的能源基础上。以电为中心转变能源开发利用方式，已成为全球能源发展的战略方向，今后的能源变革都将围绕更清洁更经济的发电、更安全更高效的配置、更便捷更可靠的用电展开，由可再生能源转换而来的电能全面取代化石能源只是时间问题。

电力广泛应用，必须依靠电网来实现。1886 年，美国西屋公司建成了世界上第一个交流输电系统，从此世界电网遵循电压等级由低到高、联网规模由小到大、配置能力由弱到强、自动化程度越来越高的客观规律快速发展，可划分为三个阶段。一是初级电网阶段（从 19 世纪后期到 20 世纪中期），主要是基于早期控制技术、小机组发电技术，以低电压、弱联系为特征，以城市或局部区域电力配置为主的小型孤立电网。二是互联电网阶段（从 20 世纪中期到 20 世纪末），主要是基于现代控制技术、大机组稳定发电技术、大规模远距离输电技术，以高电压、强互联为特征，具有全国或跨国电力配置能力的大型同步电网。三是智能电网阶段（从 21 世纪初开始），基于新能源技术、分布式发电技术、大规模储能技术、超远距离超大规模输电技术、信息网络技术和智能控制技术的快速发展，世界电网进入智能电网发展阶段。

未来的智能电网，是网架坚强、广泛互联、高度智能、开放互动的"能源互联网"。网架坚强，是指电网规划科学、结构合理、安全可靠、运行灵活，适应风电、光伏发电、分布式电源大规模接入，适应供用电关系灵活转换，具有强大的资源配置能力。主网架的电压等级包括特高压、超高压、高压等。广泛互联，是指互联既跨地域，也跨行业。洲际骨干网架、国家骨干网架、地区电网、配电网、微电网协调发展、紧密衔接，构成广泛覆盖的电力资源配置体系；电网、互联网、物联网等相互融合，构成功能强大的社会公共服务平台。互联的广泛性带来了资源配置的广泛性，既广泛配置电力资源，也广泛配置其他公共服务资源。高度智能，是指广泛使用信息网络、广域测量、高速传感、高性能计算、智能控制等技术，发电、输电、变电、配电、用电和调度六大环节高度智能化、自动化运行，自动预判、识别大多数故障和风险，具备故障自愈功能。开放互动，是指发挥电网的网络市场功能，构建开放统一、竞争有序，在能源资源配置中起决定性作用的电力市场体系，促进用户与各类用电设备广泛交互、与电网双向互动，能源流在用户、供应商之间双向流动。

智能电网是承载第三次工业革命的基础平台，对第三次工业革命具有全局性的推动作用。

一是推动能源开发方式变革。地球的可再生能源资源十分丰富。世界能源理事会估算，全球陆地风电资源超过 1 万亿 kW，太阳能资源超过 100 万亿 kW，还有丰富的海洋风能、水能、生物质能、潮汐、地热资源，都可以转化为电能加以利用。智能电网基于新能源发电技术和大规模储能技术，对间歇式、不稳定电源大规模接入的适应性更强，能支撑风能、太阳能大规模开发，推动能源开发从化石能源向清洁能源转变。同时，在智能电网中，千家万户都可以开发利用风能、太阳能，能源生产模式从以集中生产为主，向集中生产与分布式生产并重转变。

二是推动能源配置方式变革。经过上百年开发，世界许多国家的能源基地与负荷中心的距离越来越远，风能、太阳能资源也主要集中在远离负荷中心的严寒、酷热及沙漠、戈壁等地区。智能电网基于超远距离超大规模输电技术，能源配置范围更广、能力更强，只有通过智能电网才能实现这些能源基地的大规模开发，实现能源从就地平衡向大范围优化配置、更大范围统筹平衡转变。

三是推动能源消费方式变革。随着分布式电源加快发展，越来越多的用户拥有能源供应商与消费者的双重身份，发用电关系灵活转换。智能家电广泛普及后，用户的智能用电和互动服务需求越来越高。传统电网的电力流只能从供应侧向需求侧单向传输，难以适应这些新的需求。只有基于信息网络技术和智能控制技术的智能电网，才能适应能源消费的新变化，推动能源消费从单向接收、模式单一的用电方式，向互动、灵活的智能化用电方式转变。

四是推动生产生活方式改变。智能电网对未来社会影响的范围之广、程度之深，将远远超出我们的想象。基于智能电网的清洁能源大规模开发利用，将推动生产生活的低碳化；智能电网与物联网、互联网等深度融合后，将构成价值无法估量的社会公共平台，能源供应、信息通信、家政医疗、物流交通、远程教育、电子商务等各方面的服务都可以基于这个平台，实现公共服务集成化；智能电网将支撑智能家庭、智能楼宇、智能小区、智慧城市建设，推动生产生活智慧化。

五是推动战略性新兴产业发展。与传统的互联电网相比，智能电网技术密集型特征更加突出，对新能源、新材料、智能装备、电动汽车、新一代信息产业，具有很强的带动作用。欧美发达国家已将发展智能电网纳入国家战略，欧盟将发展智能电网作为新兴经济的重要支柱，估算未来 20 年的建设投资规模将达到 5000 亿欧元；美国将智能电网作为实现经济复苏的战略性基础设施，估算未来 20 年的建设投资规模达到 1.5 万亿美元。中国规划确定的 20 项战略性新兴产业重大工程，绝大多数与智能电网密切相关。

二、把握战略机遇，推动中国智能电网创新发展

从英、美两国在第一、二次工业革命中的成功经验看，谁能在能源变革中抢占先机，确立竞争优势，谁就能立于不败之地。面向第三次工业革命，能源电力行业应当深入贯彻落实党的十八届三中全会精神，以全面深化改革为契机，顺应发展潮流，把握历史机遇，加快建设智能电网，牢牢占据新一轮能源变革的制高点，推动中国能源安全发展、清洁发展、环保发展、友好发展，在全面建成小康社会、实现中华民族伟大复兴中国梦的进程中发挥重要作用。

1. 发展智能电网要凝聚共识、共同推动

智能电网不仅是保障国家能源供应的重要基础设施，而且连接多种网络和基础设施，对于促进基础设施的跨越式发展具有关键作用。同时，智能电网集成了第三次工业革命最为关键的新能源技术、智能技术、信息技术、网络技术，对于促进中国战略性新兴产业发展和经济转型升级具有广泛的带动作用，发展智能电网的意义十分重大。近年来，中国企业在智能电网的理论研究、技术创新、设备研制、标准制定、工程建设、实验能力建设等方面开展了卓有成效的工作，取得了一系列重大突破，总体处于世界先进水平。已经建成投运多项特高压交直流输电工程，建成中新天津生态城、张北风光储输等一批智能电网综合示范工程，形成了功能齐全、具有世界领先水平的试验研究体系，智能电网标准制定工作走在世界前列。全面建设智能电网的基础和条件已经具备。要遵循电网电压等级越来越高、联网规模越来越大、配置能力越来越强的发展规律，把智能电网作为第三次工业革命的先导产业，放在突出重要的位置优先发展。一要研究制定财税、价格、投资、金融等配套政策，大力支持智能电网建设。二要强化企业在技术创新中的主体地位，发挥大型企业创新骨干作用，集中力量攻克新能源发电、大规模储能、多网融合、智能装备关键技术。三要积极参与智能电网国际标准制定，将企业已经形成的标准推向世界，为中国智能电网的技术和产品参与全球竞争打好基础。

2. 发展智能电网要战略引领、科学规划

要将智能电网纳入经济社会发展总体布局，坚持战略引领、重点突破，明确智能电网发展的战略重点。加快推进“一特四大”战略，在能源资源富集地区，规划建设一批大型煤电、大型水电、大型核电、大型可再生能源发电基地，通过以特高压电网为骨干网架的坚强智能电网，向东中部负荷中心地区大规模、远距离输电，在全国范围优化配置能源和电力资源。全面实施电能替代战略，落实大气污染防治计划，解决东中部地区日益突出的雾霾污染。加大向东中部地区跨区送电力度；把工业锅炉、工业煤窑炉、居民取暖厨炊等用煤改为用电，大幅减少直燃煤污染；大力发展电动汽车、电气化轨道交通等，减少燃油排放，实施“以电代煤、以电代油、电从远方来”为主要内容的电能替代战略。

要将智能电网纳入经济社会发展总体规划，制定国家级智能电网发展规划，统筹推进。《国民经济和社会发展“十二五”规划纲要》和《“十二五”国家战略性新兴产业发展规划》对发展智能电网作出了部署，但还没有制定国家层面的智能电网发展规划，战略部署难以落地。应抓紧制定国家级智能电网发展规划，统筹智能电网与新能源发展，统筹智能电网与战略性新兴产业发展，统筹智能电网与互联网、物联网建设。

3. 发展智能电网要立足于能源安全、清洁、环保、友好发展

中国能源发展面临四大问题。一是总量供应问题。2012年能源消费总量达到36.4亿t标准煤，石油、天然气对外依存度分别达到59%、32%左右。要满足经济社会发展的需求，今后较长时期能源供应都面临较大压力。二是资源配置问题。能源资源与生产力分布不均衡，全国70%以上的煤炭、水电、风能、太阳能资源都集中在西部、北部地区，距离东中部负荷中心，一般都在1000km以上，依靠现有电网，难以实现这些能源基地的大规模开发。三是能源效率问题。能源在开发环节，集约化程度偏低；在传输环节，过度依赖输煤，消耗高品质能源来传输低品质能源；在使用环节，大量煤炭仍然直接燃烧，整体能效偏低。能源开发利用全过程效率都需要提高。四是生态环境问题。能源结构以煤为主，能源发展长期追求就地平衡，带来土壤、水质、大气突出污染问题。特别是近年来以PM2.5为主要特征的大气污染，本质上是中国能源资源禀赋的“先天不足”、能源发展方式的“后天失调”这一对矛盾的长期积累和集中暴露。

发展智能电网，能够有效解决中国能源发展面临的四大问题，实现能源安全发展、清洁发展、环保发展、友好发展。安全发展，就是以智能电网为市场载体和配置平台，统筹利用国际国内资源，促进能源大规模集约开发、大范围优化配置、高效率充分利用，增加供应总量，降低能源强度，减少能源损耗，防止供需失衡，保证能源供应稳定性和可靠性。清洁发展，就是通过智能电网促进新能源和分布式电源发展，改善能源结构，保护自然生态，最大限度降低对化石能源的依赖。环保发展，就是充分发挥智能电网作用，统筹利用全国环境容量，

实现以电代煤、以电代油、电从远方来，提高电气化水平，有效解决东中部地区大气（雾霾）、水质、土壤污染问题。友好发展，就是基于智能电网开放互动优势，灵活适应各类电源发电上网和客户多样化用电需求，使能源开发和消费方便快捷，让生活更加舒适、经济。

4. 发展智能电网要加快推进关键环节突破

一是加快建设特高压网架。以构建华北—华东—华中特高压同步电网为重点，力争到 2020 年建成“五纵五横”特高压交流网架和 27 回特高压直流工程，具备 4.5 亿 kW 电力大范围配置能力，满足 5.5 亿 kW 清洁能源送出和消纳的需要。二是加快配电网建设改造。建设技术领先、结构优化、布局合理、高效灵活，具备故障自愈能力的智能配电网，适应分布式电源、微电网加快发展的需要。三是加快提升电网互动能力。建设智能用户管理与双向互动平台，让普通家庭能够通过智能电网实现用户能源管理、移动终端购电、水电气多表集抄、综合信息服务、远程家电控制等，全面提高百姓生活智能化水平。四是加快构建全国电力市场体系。党的十八届三中全会明确要求发挥市场在资源配置中的决定性作用，加快完善现代市场体系。要以智能电网为载体，构建集能源输送、资源配置、市场交易、客户服务于一体，统一开放、竞争有序的全国电力市场体系。

能否牢牢把握第三次工业革命的历史机遇，将在很大程度上决定中国在未来全球竞争中的地位。与前两次工业革命不同的是，中华民族已经走上伟大的复兴之路，中国新能源、智能电网发展均走在世界前列，在新一轮能源变革中处于有利地位，具备了在第三次工业革命中勇立潮头、引领发展的条件。历史不应重演，机遇稍纵即逝。能源电力行业要自觉承担起历史重托，加快发展智能电网，巩固和扩大中国在智能电网领域已经形成的优势，为实现中华民族伟大复兴的中国梦做出积极贡献。

创先承载梦想　砥砺前行致远

（赵建国❶）

一、实现“南网梦”与推进创先之间的关系

“中国梦”在南方电网的具体实践，就是“南网梦”。从大的方面来说希望国家富强、人民幸福；从自身而言，就是 2020 年能够实现公司中长期发展战略目标，成为“服务好、管理好、形象好”的国际先进电网企业。

“南网梦”不可能凭空实现。梦想实现的路径，就是走好创先之路。“南网梦・创先路”这六个字，概括了两者之间的关系：“南网梦”的实现就是公司战略目标的实现，是蓝图、是方向、是目标，是一切工作的行动指南；创先是载体、是路径、是方法，一切推动战略落地的具体行动，都是创先工作。在这一过程中，一方面要加强电网规划建设，提升“硬实力”，一方面要推进管理创新、提升管理水平、提高队伍素质，提升“软实力”。

公司作为央企，要很好地把握电网企业的服务行业、窗口单位特点，紧扣自身职责和中心工作，对外要落脚到保障电网安全稳定运行、减少客户停电时间、提高客户满意度、确保国有企业保值增值上，对内要汇聚全网干部员工的智慧和力量，尤其要尊重基层一线的首创精神，这些与走好创先路、实现“南网梦”紧密相关。

二、创先之路的历程

创先路，顾名思义，就是创建国际先进电网企业之路。今天的南方电网公司，与国际先进电力企业相比，在主网装备水平、技术水平等方面并不差，差距还是在观念和管理上。公司推进创先，本质是革新观念、提升管理。

2007 年初提出了创先设想，至今已走过两个阶段，目前正行进在第三阶段。

第一阶段从局部入手，2007 年启动广州、深圳供电局创建国际先进水平供电局试点工作，关键词是“局部试点、典型探路”，目标是国际先进，但在如何操作上，没有提出任何指标，路径靠两个试点单位自己去创。这是公司自觉适应现代经济社会发展的要求，以全球视野、长远眼光来打破观念局限，谋求转型发展。

第二阶段以 2010 年 5 月在深圳召开创先工作会议为标志，这一阶段的关键词是“总结提炼、全面推进”。这一时期充分借鉴、吸收试点工作的理念和成果，由局部试点转为全面推进，同时研究制定了公司中长期发展战略，把建成“服务好、管理好、形象好”的国际先进电网企业作为战略目标，把创先工作作为实现目标的载体。“一体化、规范化”是创先工作的主要内容，也是公司中长期发展战略三步走第一步的中心任务。

2013 年，创先步入第三阶段，关键词是“重点突破，转型升级”。在系统总结 7 年来创先工作的基础上，公司持续推动电网和企业管理的全面转型升级。硬件上，应用“3C”（计算机、通信、控制）技术，打造智能、高效、可靠、绿色的现代化电网；软件上，加强七个方面的重点突破，着力构建具有南网特色的先进管理体系，推动企业管理向精益化方向

❶ 中国南方电网有限责任公司董事长。此文摘编自《南方电网报》（2013 年 7 月 6 日）。

转变。

三、企业行走创先之路发生的变化

变化主要体现在三个方面：一是推动了观念变革，明白了电网企业的本质，树立了“以客户为中心”的理念，搞清了“干什么”的问题；二是促进了管理提升，开始朝着基于价值、系统改进、全面提升的方向改进工作，解决了“怎么干”的问题；三是激活了创新源泉，通过把创先的压力转化为员工发展的动力，更好地践行了“依靠谁、为了谁”的问题。

关键指标的明显提升，就是最好的印证。以供电可靠性为例：全网城市客户平均停电时间由2007年的8.23h大幅减少到2012年的3.20h，降幅达61.1%；农村客户平均停电时间由2007年的27.94h减少到2012年的7.99h，降幅达71.4%。在全国供电可靠性金牌企业评比中，公司连续4年保持递增态势，2012年全国十家A级金牌企业，南方电网就有5家。这是很大的一个进步，难能可贵。

总而言之，创先的最大贡献，就是让我们想明白了自己到底是干什么的，要怎么干，如何才能干好，干好的标准和目标是什么，由此从理念到行为都发生了一系列的变化。如果没有这些年创先的探索实践，就不会有这些变化。

四、创先工作的启示

创先不是某项具体的工作，更不是一阵风的活动，它是中长期战略实施的载体，是改善管理、提升管理的抓手。你用好了它，它所发挥的作用就是基础性的、根本性和全局性的。

首先，新时期做好电网企业的工作，任何一个局部都必须牢固树立整体意识，正所谓“不谋全局者不足以谋一域”，这是做好工作的思维起点。在一个复杂多变的时代，置身于一个重要、敏感的领域，企业生存和发展的压力越来越大。过去，老百姓对用电的要求不高，对供电局也只有笼统的概念，加之信息相对闭塞，也没有什么比较心理，因此大家各显神通、各行其道，问题不大；现在不同了，在信息社会、网络时代，人与人之间的距离大大缩小，电力与空气和水一样，已经渗透到人们日常生活的方方面面，一刻也不能缺少。因此，思考任何工作都必须统筹兼顾，要考虑清楚政策法规、上级要求、本地实际和内部支撑等方方面面的因素，再也不能有“我的地盘我做主”的老观念，认为卖好电、收好钱就完事了。现在每个局部的一举一动，都会直接关系到南方电网的整体品牌和形象，哪一点出了问题，最后社会舆论都会直接指向“南方电网”。所以，各项工作都必须从“局部支撑整体”的角度去重新审视。只有横向到边、纵向到底，上下相应、协调一致，做到同一个南方电网、同一个品牌形象、同一套行为规范，才能最大限度地发挥好整体合力，维护好共同形象。

其次，新时期做好电网企业的工作，必须牢固树立服务意识，自觉从“以自我为中心”向“以客户为中心”全面深度转变，这是做好工作的落脚点。提出“三好”目标，核心是“服务好”，基础是“管理好”，体现是“形象好”，是一而三、三而一的。这些年这方面的变化很大。创先之前，观念还是比较陈旧的，比如停电了，眼睛只会盯着设备转。后来我们认识到，电网企业的根本任务是最大限度地为客户提供安全、可靠、优质的电力供应，各项工作都必须围绕缩短客户停电时间、提高客户满意度来进行。但从目前的情况看，离建立全方位客户服务体系的要求还有不小的差距，“以客户为中心”的要求还没有真正渗透到企业内部的方方面面，在理念的深植、良好习惯的养成等方面，还有很大的改进空间。

再者，新时期做好电网企业的工作，必须牢固树立协同意识，从过去习惯于“局部突围、快速补救”走向“系统改进、整体提升”，这是做好工作的关键所在。过去，电网很简单，就几个站、几条线，所以机构设置主要是按业务线进行职能化、条块化分割，并一直沿用到今天，虽然近年来调整了一些机构设置，改进了工作流程，但尚未从根本上解决问题。而现在，随着电网的规模越来越大、系统越来越复杂、客户的要求越来越细致，各个业务条线不能再是独立的个体，而要成为一道道衔接的工序，成为一个完整的体系。如果再不把握住电力系统的基本特性，再不树立系统、协作的理念，各条块之间因策略不协同、制度不兼容、流程不衔接等导致的问题就会越来越多，结果就是活越干越多，每天都有应付不完的事。这样一来，上级每天想着下级应该干什么，下级每天等着上级安排任务，各自的岗位职责反而无暇顾及和思考，最后都搞不清楚自己到底是干什么的。所以应当强调创先是更高标准的日常工作，是希望每一个人凡事都要站在系统改进的角度，去发现问题、思考问题和解决问题，而不是零敲碎打式地不断折腾。

五、要直面问题，齐心协力解决问题

随着创先的深入，对管理问题的议论开始多起来，意见也不尽统一，这很正常，怕就怕无动于衷，看不到问题。

创先是管理变革，既然是变革，就不可能轻轻松松地成功。当前出现一些意见不统一、工作不协调的地方，主要是源于对战略与创先、一体化的关系认识不透，对顶层设计与基层首创的辩证统一把握不准。

我们为什么要创先？因为世界在变化，不可能关起门来过日子，有比较才知道好不好。我们的管理与国际先进电力企业相比，还是很粗放，刚开始连最起码开展对话的“国际语言”都没学会。提出创先，强调电网企业的根本任务是最大限度地为客户提供安全、可靠、优质的电力供应，就是希望通过我们这一代电力人的努力，让中国有几个能够在国际上叫得响的电力企业。

后来，我们又提出，把一体化作为公司整体创先的主要内容，原因是公司各省区业务高度相似，具有较大的稳定性和可复制性，适合统一、规范的管理。这个特点决定了要把共性的管理要素集约起来，走一体化的道路，所以不能把一体化误会成集权、一统化、一样化。一体化的根本目的是为了提升整体的协同效应。就像军队出操一样，每个人都要站好自己的位置，横成排、竖成列，既可以相互比照又互不形成干扰。天空中的“雁阵”，看起来整齐划一，但事实上，每只大雁的动作不可能一模一样，关键是它们有良好的协调机制，还没等你发现问题，就已经自觉调整好了，这才是我们管理要追求的境界。

当然，这些问题说来简单，但是做起来很难，要改变从前已经习惯的东西需要一个过程，需要一定的时间，就像果实的春生、夏长和秋收。创先起步阶段，就像春天的萌动，大家热情很高、干劲很足、见效也很快。这个阶段，我们基本上走过了。夏季天气炎热，容易使人躁动不安，就像当前一些人对创先工作的感受一样，但这是成长的必经阶段。农田里的稻谷，就是要在这样的环境下才会长得饱满。如果我们的创先经受不了夏季的“烤验”，怎能迎来秋天的收获？这些都是创先的必经阶段，可能需要我们用十年乃至更长时间去努力。

六、主要难点工作

可用“深水区”“攻坚期”这两个词来形容当前创先工作所处阶段的难点。蓝图做得再好，不去落实也没有用；遇到问题绕开走，问题还在那里。细究起来，根子还在思想上，是问题还没有彻底想清楚，表现在管理方面，就是长期以来大家不太习惯协作，凭感觉做事的惯性太大，没有完全耐住性子、静下心来，俯下身子、干出活来。随着前期“短平快”措施对提升管理的作用递减，创先工作面临着系统改善的瓶颈，必须通过加强整合和统筹、强化顶层设计、构建先进管理体系，才能取得突破。目前还有一些具体业务的管理与整个系统的融合性差，存在“两张皮”现象，没有形成操作规范，没有融入岗位职责。

公司下一步的创先工作，需要重点解决体制性障碍和深层次矛盾，面临的困难和挑战会更艰巨，需要以更大的智慧和勇气去加以解决。

怎么办？关键在于各级领导尤其是一把手的决心，正所谓“心至苦，事至盛”，越是艰难，越要坚定信心，越要下苦功夫。在创先工作中，领导干部要努力做到说得清、辨得明、看得准、推得动、走得稳，特别是说话要清楚明白，不能模棱两可、似是而非，做事要不偏不倚，既不偷工减料，也不添油加醋，靠持续的推动来形成创先的良好氛围，促进各项工作再上新台阶。在实际工作中，要旗帜鲜明地反对三种不良倾向：一是蛮干主义，问题没想清楚，就急于大干快上；二是忽悠主义，做工作蜻蜓点水，说成绩天花乱坠；三是功利主义，满足于亮点工程，“装门面”不动真格。

七、下一步的工作重点

一是要重心下移，真正把创先的要求延伸到基层和一线，使创先的目标和任务覆盖到每一个员工，人人身上有任务。二是要落实好员工岗位责任制。要下功夫把每个岗位需要涉及到的上下左右、里里外外的对应关系和工作要求搞清楚，并在此基础上把岗位责任体系弄明白，确保每个人都干该干的事，既不缺位又不越位，做到有章法、成体系。三是要突出重点，八个专业委员会要切实发挥好作用，加强多方联动，共同攻坚克难，确保“七个重点突破”取得明显进展。四是要对照工作目标，持续提升业绩，确保创先指标可控在控，继续取得有效改进。五是抓好党的群众路线教育实践活动，切实发挥党组织、党员密切联系群众的政治优势，充分调动员工的积极性，尊重基层的首创精神，为创先工作提供坚强保障。

八、努力提升个人的创先工作能力

个人创先能力的提升，要做好四句话：全球视野定标杆、结合实际寻路径、持之以恒求实效、持续改进上台阶。

然而，这四句话要做好并不容易。要真正做成一件事情，得有十年磨一剑的精神。

创先不是多高深、多复杂的事，就是坚持把每一项工作做到规范、细致、到位，就是更高标准的日常工作。这是打基础的工作，实际上就是要解决管理问题，解决怎么干活的问题，这也是良好企业文化养成的过程。

在一个企业中，加强基础管理，每一项作业都规范化，需要有一套好的制度来约定，形成一套有序做事的规矩，这样做使得员工逐步养成好的习惯，好的习惯被员工认可并不断传承，就形成了企业文化。一个企业，就好比一个大家庭，如果家长把家具器物摆放得有条有理，屋里屋外打扫得干干净净，小孩就不会随手乱放东西或玩具，就会从小在潜移默化中学会有条理、有计划地安排自己的空间，进一步养成良好的生活习惯。当有新成员加入这个家庭时，整个家庭多年养成的习惯、观念都会对新成员的行为方式产生影响，这就是文化的力量。

良好文化的养成最重要的是要有完善、清晰的岗位责任规范，做到设立一个岗位、赋予一份使命、明确一份责任。对员工个体来说，工作的基本要求就是要对自己的岗位职责一清二楚，练好适应岗位的本领，认真做好各项工作；对工作结果负责，在位、谋事、尽责。所以，希望每一个人把心思放在客户身上，把工夫下在平时，把问题锁定在自己手头的活上，既要高高山顶立，更需深深海底行。

加快转变电力发展方式，改善东中部生态环境

（魏昭峰[1]）

2012年冬以来，中国东中部地区频繁出现雾霾天气，严重影响了居民身体健康和社会和谐稳定，已经引起党中央、国务院的高度重视。雾霾的产生主要是能源发展和使用方式不合理，以及深层次结构性矛盾长期积累所致。电力行业处于能源工业的中心地位，在一次能源供应、生态环境保护、交通运输压力等多重因素制约下，只有进一步转变发展方式，加快结构调整和布局优化，才能改善东中部地区生态环境，减轻乃至消除雾霾，推进生态文明建设，建设美丽中国。

1. 严重雾霾已成为东中部地区环境污染的首要问题

近年来，受多重因素影响，中国东中部地区生态环境总体呈恶化趋势，尤其是京津冀鲁、长三角等区域更为严重。去冬今春以来，中国多地出现严重雾霾天气，根据中国环境监测总站发布的报告显示，2013年上半年，中国74个城市平均达标天数比例仅为54.8%，其中京津冀区域城市空气质量总体更差，达标天数比例低于74个城市平均23.8个百分点，重度污染以上天数比例高15.9个百分点。全国空气质量最差10个城市中就包括邢台等7个京津冀区域的城市。严重雾霾已成为东中部特别是京津冀鲁和长三角地区环境污染的首要问题。

2012年中国煤炭消费总量约36亿t，其中直燃煤在8亿t左右，发电用煤在18亿t左右。一方面，广大分散的居民取暖厨炊用煤以及冶金、机电制造业的工业窑炉与锅炉用煤广泛采取直燃方式，污染重、排放强度大，是造成雾霾污染的重要因素之一。另一方面，大规模消耗电煤也是加剧雾霾污染的重要因素。2013年京津冀鲁、长三角地区煤电装机分别超过1.3亿、1.4亿kW，占全国煤电总装机的15%和16%，单位国土面积煤电装机分别为西北地区的13倍和26倍。长江下游沿岸平均每30km就建有一座发电厂，南京到镇江段电厂平均间隔仅10km，造成长三角地区每年每平方千米二氧化硫排放量达到全国平均水平的20倍。

2. 实施电能替代工程是解决东中部地区雾霾污染的重要措施

电能是高效、清洁、便利的二次能源，清洁发展是电力行业未来发展的战略重点，中国东中部地区频繁出现严重雾霾，进一步凸显了推进加快电力工业清洁发展的重要性和紧迫性。加快电能替代，实施以电代煤、以电代油，提高全社会电气化水平，扩大清洁能源发电比重，实现电力清洁绿色发展，是有效改善生态环境、逐步解决东中部严重雾霾污染的重要举措。

以电代煤，主要是把工业锅炉、工业煤窑炉、居民取暖厨炊等用煤逐步和有序改为用电，减少直燃煤。同时，加快制定和推行用户侧峰谷电价机制，引导大功率电力用户多使用低谷电能，改善电力系统负荷特性。以北京为例，截至2012年底，通过“煤改电”工程实现“电采暖”居民超过22万户，“电采暖”负荷占冬季供电负荷的比重达到18%。“煤改电”工程在有效减少燃煤污染的同时，也对保障居民生命财产安全作出了贡献。

以电代油，主要是大力发展电动汽车、电气化轨道交通、农业电力灌溉等，减少对石油的依赖。中国电动汽车产业经过近十年的发展，正逐步驶入快车道，将为改善城市车辆密集区域大气环境作出越来越大的贡献。

扩大清洁能源发电比重，主要是严控东中部新上煤电项目，优先发展核电、天然气发电以及风电、光伏等分布式可再生能源发电项目。2013年9月，国务院正式印发了《大气污染防治行动计划》（国发〔2013〕37号）。行动计划明确提出，“京津冀、长三角、珠三角等区域新建项目禁止配套建设自备燃煤电站，除热电联产外，禁止审批新建燃煤发电项目，力争实现区域内煤炭消费总量负增长，逐步提高接受外输电比例，增加核电、天然气和可再生能源发电。”行动计划将有效地推动相关区域电力工业的清洁可持续发展。

通过实施以电代煤、以电代油，扩大清洁能源发电比重，将显著减少东中部人口密集地区的燃煤、燃油消耗，在保障经济社会发展用能和用电需要的同时，极大减少雾霾等污染物产生，有效改善区域大气和生态环境，支撑当地可持续发展。

---

[1] 中国电力企业联合会副理事长。此文刊载于《中国电力企业管理》2013年第12期。

3. 满足东中部地区用电需求亟需加大区外送电

华东五省市、华北京津冀鲁、华中四省以及广东省等东中部地区，2000 年、2010 年全社会用电量占全国的比重分别为 63.9%和 65.3%。近年来，随着国内工业化进程不断深化和产业技术升级，原材料高耗能产业从东部加快经中部地区向资源优势明显的西部地区转移，西部地区用电增长已经高于东中部特别是东部地区。与此同时，随着东中部地区产业结构升级和新经济发展，新型城镇化发展将使国内人口继续向东中部地区特别是大中城市集中，未来东中部地区用电量将以低于全国平均水平的增长态势发展。根据中国电力企业联合会最新预测，未来上述东中部地区全社会用电量占全国的比重将逐步下降，预计 2020 年下降到 60%，2030 年 57%，2050 年 55%，但东中部地区作为中国人口中心、经济中心和用电负荷中心的地位将长期保持。

东中部绝大多数省市能源资源缺乏，在执行国务院《大气污染防治行动计划》，严格控制新建燃煤发电项目，以及始终坚持节约优先、提高电能使用效率、发展绿色电力等前提下，为支撑本地区经济社会发展，必须大规模接受区外西部、北部电能。

实现大规模跨区送电，要求国家及早制定全国电力工业统一规划，加快西部、北部地区电源基地建设，同步规划建设跨区外送通道，以确保统筹有序推进更大范围的电力资源优化配置。同时要求加快推进全国统一电力市场建设，充分发挥市场配置资源的决定性作用。

中国水电技术可开发容量 5.42 亿 kW，年发电量 2.47 万 kWh，其中西部地区占 81.4%（西南地区就占 66.7%），开发程度仅为 27%左右。西部地区特别是西南水电基地是未来水电开发的重点。中国具有良好开发条件的风电和光伏发电资源主要分布在西北、东北和华北北部的“三北地区”，要实现国家风电、光伏发电规划目标，在东中部地区积极推进分布式、分散式开发的同时，还需要积极推进“三北”基地大规模集中开发。当前，主要受消纳市场不明确和配套输电工程不同步的影响，“三北”基地存在较为严重的弃风、弃光现象。

根据有关调查结果，中国山西、陕西、蒙西、蒙东、宁东、新疆等基地煤炭资源探明保有储量超过 7000 亿 t，发电可用水量超过 22 亿 m^3/a，可开发电源规模近 6 亿 kW。国家《能源发展“十二五”规划》提出，在西部、北部煤炭资源富集地区，鼓励煤电一体化开发，建设若干大型坑口电站。各发电集团根据国家能源规划，在西部、北部煤电基地已经完成或正在开展前期工作的煤电项目总规模接近 4 亿 kW。

统筹考虑煤炭开发条件、水资源状况和电网输电规划情况，山西、陕西、蒙西等地区均具备开发建设大型煤电基地的条件。山西煤电基地煤炭资源探明保有储量 2663 亿 t，水资源量 123.8 亿 m^3/a，其中发电可用水量 7.1 亿 m^3/a，可开发电源规模 1.2 亿 kW，规划外送输电通道送电能力可达 5000 万 kW。陕西煤电基地煤炭资源探明保有储量 1379 亿 t，水资源量 63.5 亿 m^3/a，其中发电可用水量 1.9 亿 m^3/a，可开发电源规模 5780 万 kW，规划外送输电通道送电能力可达 3400 万 kW。蒙西煤电基地煤炭资源探明保有储量 816 亿 t，水资源量 29.4 亿 m^3/a，其中发电可用水量 3.6 亿 m^3/a，可开发电源规模 1.2 亿 kW，规划外送输电通道送电能力可达 5000 万 kW。蒙东能源基地煤炭资源探明保有储量 822 亿 t，水资源量 153.5 亿 m^3/a，其中发电可用水量 2.8 亿 m^3/a，可开发电源规模 8700 万 kW，规划外送输电通道送电能力可达 6100 万 kW。宁东煤电基地煤炭资源探明保有储量 309 亿 t，水资源量 3.2 亿 m^3/a，其中发电可用水量 1.67 亿 m^3/a，可开发电源规模 4880 万 kW，规划外送输电通道送电能力可达 2500 万 kW。新疆煤电基地煤炭资源探明保有储量 1291 亿 t，水资源量 189.6 亿 m^3/a，其中发电可用水量 7.1 亿 m^3/a，可开发电源规模 1.4 亿 kW，规划外送输电通道送电能力可达 6000 万 kW。

大型煤电基地采用煤、电、输一体化开发，发电电源和输电网络利用效率高、电价竞争力强，可以实现发电企业、电网企业、地方政府和电力用户多赢。以 2011 年建成的宁东—山东±660kV 直流工程为例。一是电源和外送通道利用效率高，工程投产以来年利用小时均在 7000h 左右，高于 2012 年宁夏火电平均 5900h。二是外送电源上网电价高于宁夏火电标杆电价，发电企业效益增加。三是输电落地电价低于山东火电标杆电价，电网企业也得益。四是直流输电价 0.06 元/kWh，能够保证回收工程投资。从已建成的项目经验看，建设大型煤电基地向东中部送电，既有利于促进送、受电地区经济社会发展，又能够提升电力行业的整体效益，具有显著的经济效益、社会效益和生态环境效益。

无论是加大区外向东中部负荷中心输电，还是大规模发展西部、北部煤电、水电及清洁能源发电，都离不开坚强跨区输电通道的支撑和保障，亟需加快跨区输电通道建设。特高压具有输电距离远、输电容量大、输电损耗小、输电成本低等优势，经过近十年努力攻关，中国电网企业在特高压输电理论、技术、工程实践等方面取得全面突破，交直流特高压示范工程实现较长时期安全稳定运行。以“特高压交流输电关键技术、成套设备及工程应用”获得国家科技进步特等奖为重要标志，特高压输电技术已经全面成熟，完全具备推广应用条件。通过坚强跨区输电通道，可将西部、北部煤电基地电力安全高效输送至东中部负荷中心，既减少东部煤炭消费，改善生态环境，又解决中国长距离输煤造成的煤价上涨、环境污染、交通拥堵等一系列问题，实现东中西部经济社会协调发展；通过坚强跨区输电通道，还可将内蒙古、甘肃、青海、新疆等地区丰富的风能、太阳能等清洁能源发电，输送到华东、华北、华中等负荷中心地区消纳，彻底打破制约清洁能源发展的瓶颈，显著提高中国非化石能源利用效率和消费比重，有力推动风电、光伏发电产业健康发展。

4. 转变电力发展方式的四点建议

一是尽快研究制订电能替代战略规划。以电能替代战略规划统筹指导实施“以电代油”“以电代煤”“清洁能源发电”工程，有利于实现中国电力工业安全、经济、绿色、和谐发展，有利于减少甚至消除东中部地区雾霾污染。

二是加快核准一批西部、北部大型电源基地发电项目。加快核准一批西南水电项目。建议尽快核准华能段寨电厂、大唐神二/三期、国电方家庄、华电十二连城及中电投白音华等一批前期工作落实、开发建设条件好的煤电基地电源项目，推进西部、北部大型电源基地开发建设。

三是尽早统筹核准一批跨区输电电网项目。统筹核准跨区送电项目，有利于保障大型电源基地开发和电量合理消纳，实现能源更大范围的优化配置。建议尽快核准锡盟—南京、蒙西—长沙、雅安—武汉、靖边—潍坊、张北—赣州特高压交流以及准东—四川、酒泉—湖南特高压直流、云南水电外送等一批跨区送电通道项目。

四是尽快制定国家层面电力市场的总体设计方案，加快全国统一电力市场建设，充分发挥市场配置资源的决定性作用，实现资源在全国范围内的优化配置，降低成本，提高效率，促进电力工业持续健康发展。

优化燃煤结构　科学治理雾霾

（王志轩[1]）

近年来，全国多个地区雾霾天气频发，且有越来越严重之势，已经成为政治、经济、生活领域的重要事件。每当雾霾侵袭，“燃煤大户”火电企业就一次次受到“关注”，甚至被口诛笔伐。国务院《大气污染防治行动计划》（简称“国十条”）中提出各地要采取压减煤炭消耗的措施，鼓励采用天然气，引起了全国各地一片削减煤炭的行动，使天然气严重告急，发展改革委称2013年冬至2014年春缺口达100亿m^3以上。

从中国煤炭消费比例来看，一半稍多为电力所用，而且从单一行业来看，电力燃煤是排放二氧化硫、烟尘、氮氧化物的最大污染源。但是，中国煤电发展的清洁水平总体上已达到世界先进水平，清洁的煤电不仅不是产生雾霾的祸首，而且还是治理雾霾的克星。只有理性认识燃煤对雾霾的影响，才能有的放矢，科学治理。

一、科学看待燃煤对雾霾形成的影响

研究表明，中国雾霾的产生除了自然因素外，燃煤排放、机动车排放、建筑施工扬尘等是重要原因。笔者认为，燃煤排放虽然是造成雾霾的重要原因，但不是电厂的燃煤，而是大量的工业锅炉、炉窑及生活散烧燃煤等非电燃煤。同时，由于气象条件、地理环境、地区功能、产业结构等条件不同，各地雾霾的成因也不尽相同，各种污染因素在雾霾中所占的比重也不同，不能一概而论地认为燃煤在雾霾影响中占了多少比例，从而“一刀切”地采取不合适的对策。

1. 燃煤排放的污染物特征

一是煤炭燃烧排放的烟尘细颗粒。包括细煤灰及没有完全燃烧的炭粒等固态物质，这也是肉眼能看到烟囱冒浓烟的原因。燃烧不完全，烟气中的炭粒多，则烟色偏黑；燃烧完全，则以煤灰为主，烟色偏灰白。当煤中水分含量过高时，烟囱冒出的就是偏白色的水蒸气烟雾，这也是人们常常误把电厂冷却塔蒸发的水蒸气混同为烟囱排烟的原因。

二是燃煤排放的二氧化硫。二氧化硫是煤中的可燃硫燃烧后生成的，其产生量与煤中有机硫含量成正比。中国电煤全硫含量平均约为1.2%左右，高可达5%以上，低可至0.3%以下，一般情况下计算二氧化硫排放量时以全硫量约85%转换为二氧化硫考虑。二氧化硫通常是无色、强烈刺激性气味的气体，所以不能从烟囱是否冒烟判断出二氧化硫浓度的高低。

三是燃煤产生的氮氧化物。氮氧化物不仅来源于煤中的含氮化合物，而且主要来源于空气中的氮在高温燃烧后形成。电厂排放的氮氧化物95%～99%是一氧化氮。一氧化氮无色、无味，但在空气中容易被氧化成二氧化氮，二氧化氮具有刺激性。二氧化硫和氮氧化物在空气中扩散时经大气化学反应可生成细颗粒物，所以都是形成细颗粒物的前体物质。现有的工程技术已可以把烟尘、二氧化硫、氮氧化物的排放控制在环保要求之内。燃煤烟气中含有微量的汞等重金属，通过现有的除尘、脱硫设施，可以脱除烟气中一半以上有毒有害的汞。

---

[1] 中国电力企业联合会秘书长。此文刊载于《中国电力企业管理》2013年第12期。

2. 当前中国燃煤电厂的污染控制水平已达到世界先进水平，对环境质量的影响不断减少

中国煤电环保经过几十年来尤其是近十年的发展，污染控制水平有了显著提高。电站锅炉采用的除尘器效率平均为99.5%左右。有脱硫装置的机组2012年底比2005年底增长近13倍，全国脱硫机组占煤电机组比例接近100%，其中烟气脱硫机组比例约为90%，脱硫效率在90%左右（美国还有20%多的机组未装脱硫装置）。从20世纪90年代起，电站锅炉大规模采用低氮燃烧器和低氮燃烧方式控制氮氧化物排放；近几年已大规模开展烟气脱硝装置建设，全国已投运烟气脱硝机组容量约2.3亿kW，占火电机组容量的28.1%，规划和在建的烟气脱硝机组已超过5亿kW。

由于这些污染控制装置发挥了巨大的减排作用，在发电量持续增长、燃煤量不断增加的情况下，全国燃煤电厂每年烟尘排放总量从1980年的399万t，下降至2012年的151万t，每千瓦时电的烟尘排放量由1980年的16.5g降至2012年的0.4g；二氧化硫排放量由2005年的1300万t降至2012年的883万t，每千瓦时火电排放量由2005年的6.4g下降至2012年的2.26g；每千瓦时的氮氧化物排放量也由2005年的3.6g下降至2012年的2.4g。

根据环评批复要求，近20多年来，燃煤电厂（除城市供热电厂外）绝大部分建设在对环境影响相对较小的地方，且电厂属于高架源（高烟囱）排放，加上烟气抬升的高度，同样的污染排放量比起低架源、面源的排放对近空气环境质量的影响要小得多。同时，随着中国对火电大气污染物排放标准不断趋严，新修订的排放标准限值已比发达国家还要严格；在中国新环境空气质量标准修改以来，以减少PM2.5排放为目的的烟尘、二氧化硫、氮氧化物排放标准和各种环保要求全面趋严，新一轮电厂污染控制的技术改造正在进行，燃煤电厂对环境的影响不断减少。

在同样燃煤量条件下，燃煤电厂排放污染与散烧煤相比要小得多。例如，东部某电厂煤电装机500万kW，年用煤1200万t，每年排放的二氧化硫、烟尘总量分别约为2万t和1万t；如果这么多煤炭用于散烧，二氧化硫将排放量约20万t，是燃煤电厂的10～20倍，烟尘排放量虽然与燃烧锅炉方式和除尘方式差别很大，但比电厂排放量要高出数倍到数十倍。

再如，北京一个热电厂燃煤占北京市的燃煤总量的4%，但排放的烟尘占全市排放量约为十万分之五。更重要的是散烧的一般是在人群密集的地方，且为低源排放，由于燃烧不完全，污染排放中的一氧化碳、未完全燃烧炭粒要比电厂高得多，倾倒灰渣的污染也要大得多。

因此，不能简单地说燃煤就一定排放多，排放多就一定影响大。从全国来看，2012年全国共燃煤39.3亿t，电力行业消耗19.7亿t，而其他工业和民用消耗近20亿t，全国大气污染物排放总量和影响可想而知。但是，在中国现有二氧化硫排放统计、核算中，大量散烧煤排放的污染物并不完全清楚，其实际排放量应远大于公布的数据，正是由于不全面的数据放大了电力污染排放的占比，才造成过低估算了散烧煤排放对环境的影响。

3. 燃煤电厂对污染物排放控制具有规模效应

要控制同样多的燃煤污染物排放量，在电厂安装设备和运行设备，比在千家万户都进行污染治理的社会成本要低。对于小锅炉而言，高效的除尘、脱硫等污染控制设备往往比燃烧装置（锅炉）本身还要贵，而且不易监管。现代化燃煤电厂的大气污染控制设备投资一般占总投资的10%～20%；去除每千克烟尘、二氧化硫、氮氧化物成本为1～2元，治理这3种污染物分摊到每千瓦时电量共需增加0.04元左右。

但是，如果对电厂实行过严的排放标准，超过了污染控制的经济适用范围，则过严部分所付出的代价要大大高于电厂污染控制的平均成本，也会大大高于全社会平均成本。如要将烟尘排放量浓度由每立方米30mg降到20mg，新增设一台湿式除尘器，则每小时去除1kg烟尘的投资需要上百万元，每千克烟尘的治理成本要高于全社会平均成本数倍乃至数十倍。

还可以从能源利用效率看电厂燃煤和散烧煤的区别。2012中国火电厂供电煤耗为325g/kWh（标准煤），煤电发电效率居世界先进水平。尤其是热电联产的电厂，由于对能量进行了梯级利用，使煤炭能量的80%转化为电能和热能，比工业锅炉和散烧煤的能源利用效率高很多。城市通过用燃煤热电厂供热可以替代几十乃至上百座供热锅炉，在大大提高能源效率的同时，也极大地改善了环境质量。综上所述，煤电是高效利用煤炭的行业。在电力污染排放快速下降的同时，中国的雾霾却越来越严重，这不仅对中国大气污染控制的方向、方法、政策提出了疑问，同时也说明，如果继续把煤电当成雾霾的罪魁祸首，不仅将继续迷失在对环境认识的“雾霾”中，而且会又一次贻误了加快恢复蓝天的时机。

二、以电力为核心优化煤炭，科学解决雾霾污染

电力工业是能源加工行业，是把低品位的能源转换为高品位电能的能源转换行业，以电力为核心优化煤炭利用是解决燃煤雾霾污染的关键性措施。应当从全社会合理利用能源的角度，高度重视煤电战略，科学解决雾霾问题。

1. 要充分认识煤炭在中国能源中的地位和能源结构调整的重大意义

从客观现实看，中国以煤为主的能源结构和以煤电为主的电力结构是过去几十年的写照，这种以煤为主的能源结构仍然会持续到未来二三十年。虽然中国一直在努力改变这个现状，尤其是近几年几乎是在不计代价地发展可再生能源，但为了发展清洁能源而发展清洁能源，为禁煤而禁煤的做法，往往忽视了能源系统的复杂性，其结果是产生了风电弃风、水电弃水、天燃气短缺、污染物排放总量下降但环境质量恶化等现象。

能源安全供应是经济社会大厦的根基，替代煤炭不是凭愿望、凭热情就可以一蹴而就，靠可再生能源来解决当前的雾霾问题是杯水车薪、远水不解近渴，必须在正视现实的基础上才能寻找出正确方法。调整能源结构的目的，是构建安全、高效、清洁、经济、有利就业的多目标优化的能源电力系统，如果只为了保障能源安全、经济而忽略高效、清洁，必然造成污染环境、浪费资源的不可持续发展；但如果只关注高效、清洁而忽略安全、经济，则不仅影响社会稳定，同样也不可持续。

必须高度重视的是，煤炭是高碳能源，同等热量的煤炭二氧化碳产生量比天然气大（同等发热量下，原煤二氧化碳排放系数约为天然气的 1.6 倍），这正是因为中国在应对气候变化方面现实的长期巨大压力，控制温室气体排放成为调整能源结构的最主要目的，也是重塑能源体系的关键。但是，二氧化碳不是产生雾霾的污染物，不能将二者混为一谈。

2. 要提高“三个比重”——煤炭转换为电力的比重、电能在终端能源消费中的比重、电力排放污染物的比重

在化石能源为主尤其是煤炭为主的情况下，“三个比重”的高低，反映了环境清洁、社会发达的程度。发达国家 90%以上的煤炭都转换为电能，而中国长期以来只有 50%多；电能在终端能源消费中的比重虽然已经与发达国家基本持平，但由于中国天然气短缺，终端能源消费中天然气比重低，提高电力比重仍有很大空间；电力行业二氧化硫排放占全国排放比例仍然远远低于其他国家。美国 1980 年电力行业产生的二氧化硫占总排放量的 65.4%，1988 年上升为 74.4%；1970 年到 1980 年，德国全国排放的二氧化硫总量由 375 万 t 下降到 320 万 t，但电厂排放却由 191 万 t 上升到 215 万 t。近年来我国燃煤总量不断提高，但电力二氧化硫的比重却大幅降低，所以环境污染实际上是加重了。需要重点指出的是，提高电力污染物排放的比重，并不是要通过降低电力污染物的排放水平、增加电力污染物的排放总量来实现，恰恰相反，是要通过调整燃煤结构，在不断提高电力污染治理水平和减少电力污染物排放总量的约束下实现。

3. 要切实提高清洁煤电的发展水平

第一，要加大煤炭的洗选力度，使大部分发电企业能够获得优质、经济、保障可靠、稳定的煤质，提高电厂综合效益。

第二，洗选后的煤泥、煤矸石等也要通过循环流化床等清洁煤发电技术转化为电能、热能，而不能让其流入到其他污染控制水平低的行业和居民使用；在全社会煤量一定的条件下，不宜强制或鼓励电厂用优质煤，而将劣质煤“挤”到民间使用。

第三，在天然气、电能等清洁能源还不能快速完全替代散烧煤的阶段，要让居民和其他企业使用优质、低硫、低灰分的洗煤和型煤，以减轻对环境的污染，同时要改进散烧设备和工业锅炉、窑炉的燃烧效率，制定合适的排放标准并严格监管。不要试图通过一味提高技术难支撑、经济不合算的强制性排放标准来控制污染，这不仅难以做到而且要付出更高社会成本。合适国情的排放标准加上严格的监管方式，要比高标准但执行不了好得多。例如，日本大气污染控制的经验就是对小型污染源采用燃料替代的政策。

第四，继续在城市鼓励发展煤基热电联产，在天然气长期缺乏的形势下，以热电联产的电厂替代供热锅炉仍是重要措施。

第五，电厂煤质的稳定性和负荷的稳定性比起煤质的优劣更为重要，政府要完善煤炭供应的市场机制，化解煤电矛盾，鼓励和支持企业建立电煤配送中心，加强配煤和煤质管理。发电设备运行在最佳状态才能体现出优良效率和污染控制的最好效果，要从电力系统基本全社会优化的角度，调度运行好燃煤发电设备。频繁的大型燃煤机组调峰和长期低负荷运行，不仅降低效率而且对污染控制设备尤其是脱硝系统的运行产生严重影响。因此，不能单纯为了可再生能源的调峰，使电力系统效率和环保效益降低而得不偿失，应当建立和完善补偿机制。

第六，优先考虑坑口、路口电厂的建设，避免煤炭全国大“旅行”，由于大型柴油运输车是产生 PM2.5 的重要污染源，既挤占道路资源形成大拥堵，又浪费石油、更是促长了雾霾，要尽量减少电煤在公路上大“旅行”。

第七，因地制宜加快以电代煤、以电代油的力度。虽然纯凝汽发电，由煤转电损失了大约 60%的煤炭能量，而且电力作为质量最高的能源再转回质量低的热能，从热力学的角度看似乎不合算，但应综合考虑到电能的清洁性、可控性、方便性、安全性以及对提高人们生活质量的重大作用。从长远看，以煤代油更有现实和战略意义，煤炭的污染可以控制，并且可

以通过电站布局进一步改善人口密集地区的环境质量。当前城乡居民家庭中已经有大量电力用于供热和炊事，这是人们自由选择的结果，相信也是经过综合比选后的结果；未来电动汽车的大力发展将是解决城市环境质量的关键性甚至是根本性措施。政府及电力企业应当通过进一步完善峰谷电价和阶梯电价，创造条件，提高服务质量，促进以电代煤。

4. 要科学合理制定燃煤电厂的污染控制水平

要有合理的排放标准，过宽则对环境造成污染，过严则成本-效益递减，大大增加全社会成本，得不偿失。不论从科学发展的角度看，还是从发达国家成功控制燃煤电厂污染的经验看，都应当采用“最佳可行技术”即 BAT 技术来确定污染排放标准，并坚持新建电厂从严、环境敏感地区从严、经济发达地区从严的“三从严”总原则。

5. 用天然气替代煤炭要科学有序

中国天然气非常缺乏、非常珍贵，应优先用到最需要的地方。天然气的首要使命是替代民用散烧、供热锅炉及工业锅炉燃煤，其次是为了燃气调峰和民用经济性建设燃气发电，再次是用于建设燃气供热电厂，最后是用于发电调峰。应当在现阶段限制甚至禁止用天然气供热替代燃煤供热电厂。只有当天然气民用不足的矛盾逐步得到缓解时，再加大用燃气机组替代煤电机组的力度，使燃气机组替换煤电成为电力调峰的主力。

6. 要完善考核机制，转变监管方式，促进煤炭的优化利用

首先，在环保考核机制上，要建立以可监测的环境质量数据为依据的考核机制。污染物总量控制、能源消费总量控制都是以“标”为的，不是以“本”为的，且由于我国的污染物排放总量基本上是“算”出来的，既无法避免人为因素，又助长了“上有政策，下有对策”的现象。具体体现在往往不以是否有利于环境质量改善为目的制订措施，而以是否完成减排数字为导向采取措施，这也就不难理解为什么除尘、脱硫设备短期内频繁改造浪费大量人力、物力、财力，为什么政府部门与央企、国企直接签减排责任状，为什么 2010 年末为达到节能减排目标让电厂停止发电导致柴油机发电大增的情况。如果考核机制不改变，这样的情况还会再次发生。

其次，在污染控制措施的管理上要转变方式。雾霾、PM2.5 产生的重要原因是上亿辆机动车、千百万不达标甚至是不采取任何治理措施的小污染源、数不清的农用秸秆燃烧等污染的作用。因此，应把环境监管从重在电厂高架电源的“点源”的监管上，向纵横交错的“线源”（机动车）和无数个小排放源的“面源”转变。

切实贯彻落实《中华人民共和国可再生能源法》，统筹风电科学发展（摘要）

（欧阳昌裕[1]）

能源是文明的基础，生态文明是绿色文明，推进生态文明建设需要相应发展生态能源或者是绿色能源。风能是重要的绿色能源，风能利用主要通过发电转换，发展风电是实现中国能源和电力可持续发展的战略选择。自 20 世纪 80 年代中期特别是“十一五”以来，中国风电发展取得了辉煌成就：一是规模迅猛扩大，2012 年底全国装机容量已经超过 6000 万 kW，年中就已超越美国成为世界风电第一装机大国；二是鼓励发展的法律法规和政策不断完善，特别是国家颁布实施《中华人民共和国可再生能源法》（简称《可再生能源法》）和实行国家财政补贴政策，为风电大规模发展注入了源动力；三是风电产业链不断完善，风电装备向大型化、智能化方向发展，为风电发展奠定了坚实的物质基础；四是标准化建设不断取得进展，检测和认证体系初步建立，为加快（电力）系统友好型风电发展创造了技术条件。与此同时，在风电发展过程中特别是近几年，一些深层次问题逐步暴露出来，表现在规划布局不合理、无序开发现象普遍、并网难、弃风多、缺乏自主核心技术和自主设计标准、安全事故频发、企业效益下滑等方面。统筹风电科学发展，核心就是要切实贯彻落实《可再生能源法》。

一、清醒认识风电的“优质能源劣质电”属性

相较于传统能源，风电的“优质能源”属性是社会公众的普遍认知，可以归纳为 4 个方面：一是风电是可再生能源，可以永续利用，而且中国风能资源十分丰富。根据中国气象局第 4 次风能资源普查结果，中国离地 50m 高度陆地上风能资源潜在开发量为 23.8 亿 kW，近海 5～25m 水深范围内风能资源潜在开发量约为 2 亿 kW。二是风电具有其他能源发电方式无可比拟的绿色清洁，既对生态环境影响极小，又能带来十分明显的生态环境效益。初步测算，每发 1kWh 电量可减排二氧化碳 859g、二氧化硫 6.6g 和氮氧化物 2.9g。三是风电作为新型战略性产业能够催生新的风电产业链，增加社会就业，产生巨大的社会效益。四是除水电外，风电是开发技术较为成熟、开发成本最低，也是未来最具有大规模开发价值的可再生能源。

[1] 中国电力企业联合会副秘书长。此文连载于 2013 年《中国电力企业管理》。

相对于“优质能源”属性，人们对“劣质电”属性则似乎缺乏公正客观的认识，更多的人持有异议。概括而言，“劣质电”集中表现在以下两个方面：

(1) 风电出力具有随机性、间歇性和波动性特性，对电力系统有较大影响。风电在可接受的经济性条件下，难以独立为用户提供连续且满足用户需求特性的电能，对电力系统运行调度管理提出了更高更苛刻的要求，对电力系统调峰、调压和调频带来很大负面影响，突出表现在东北地区和内蒙古地区，这些地区电源特别是风电装机增长过快，电源中供热机组比例加大，实行“以热定电”的原则，限制了风电最高出力确保电力系统安全运行。此外，风电场的无功需求及输电线路的无功损耗增大，会引起电压水平和稳定裕度降低，分散式特别是分布式风电对配电网产生较大影响。

(2) 风电发电成本大，提升了电力系统总成本和全社会电价水平，消费风电能需要支付较传统能源发电方式更高的电费。目前风电单位电量造价高，发电利用小时数低，上网电价高。在多数情况下依靠政府财政补贴，暂时牺牲一部分国民经济整体效率，来鼓励开发利用包括风电在内的新能源。

二、消纳风电是电力系统问题

“十一五”以来，风电主要在华北、西北和东北等三北地区风电基地大规模集中开发，在发展的同时也出现了消纳难、弃风多等诸多问题。

用电需求是风电消纳的根本因素。用电需求包括用电量总量、用电负荷总量和用电负荷特性，三者紧密关联。一般把用电量总量和用电负荷总量统称为用电需求总量，用电负荷特性也称为用电需求特性。用电需求总量及其特性决定了风电消纳能力及其消纳规模。用电需求总量越大，用电需求特性越好，风电消纳能力就越强、消纳规模就越大。要提高风电消纳能力和消纳规模，既可以主要通过电价等市场手段改善用电需求特性，又可以通过提高电网交换能力、扩大更为紧密的同步电网来增加用电需求总量，还可以调整完善风电布局、从过去主要是集中式开发调整为分散与集中开发相结合来间接增加用电需求总量。

电源结构是风电消纳的关键因素。电力系统中必须有足够灵活的调峰能力来维持系统的功率平衡，电源结构决定电源调峰能力，大规模风电并网需要有合理规模的灵活调节电源与之匹配。在欧美国家，运行灵活性较好、能够快速调节出力的燃油、燃气、抽水蓄能以及水电等调峰电源比例相对较高，减少了电力系统接纳风电等可再生能源发电并网所面临的技术障碍。根据国网能源院的有关研究报告，在美国的发电总装机容量中，除水电外，仅燃油、燃气和抽水蓄能发电机组的比重就接近50%，德国、西班牙的这一比例也分别达到20%和35%。风电发展较快的国家，往往伴随着调峰电源的同步发展，西班牙在2001～2010年间风电装机容量增加了1775万kW，油气机组容量同期增加了1801万kW，风电与油气调峰机组基本实现了同步增长。此外，西班牙电力系统中还有500多万kW运行非常灵活的抽水蓄能机组。由于中国一次能源资源禀赋与欧美国家及地区存在较大差异，电源结构中以可深度调峰但运行灵活性较差的煤电机组为主，大型水利枢纽电站受灌溉、航运、防洪等综合利用影响，调峰能力受到一些制约；出于安全性和经济性考虑，核电一般不参与调峰，运行灵活性很差；运行灵活、调峰性能好的燃气和燃油机组非常少，抽水蓄能机组比例很低，因此电力系统调峰能力不足一直是同步系统普遍存在的问题。随着中国风电、太阳能等新能源持续快速发展、发电比重逐步提高，在没有大规模储能设施的情况下，对煤电机组的深度调峰要求就越来越高、压力越来越大，燃煤机组的发电利用小时数也就呈下降趋势、经济性可能进一步劣化。为提高电力系统调峰能力，未来要优先开发调节性能好的大型水电基地、实行大中小型结合的水电开发方式；抽水蓄能电站是目前最为成熟的蓄能电源，其发展能够有效降低煤电机组的调峰深度、提高煤电机组的运行效率和减少化石能源消费，天然气发电机组也具有良好的运行灵活性和调峰能力，能够快速启动，所以要加快建设抽水蓄能、燃气发电等调峰电源；要因地制宜，统筹规划和探索发展其他储能技术和装备。需要优化发展合理规模的调峰性能好、高参数、大容量、高效率的燃煤机组。主要通过电价等市场调节手段来促进电源结构优化。要建立健全发电利益分配的市场机制，从利益驱动上调动各类发电机组调峰、调压、调频的积极性和自主性。

电网是风电消纳的重要环节。电网作为连接电源与用户的纽带和电力资源配置的平台，在风电消纳中起到重要作用。一是科学合理的电网结构是电力系统安全的基础。原水利电力部副总工程师沈根才曾对电力系统与公路、铁路系统的关系进行过形象的对比，认为电力系统不能视同公路、铁路系统，因为铁路、公路超载，可以停车拥堵，电力系统如果超载，某段潮流超过稳定极限，一瞬间即将出现系统功率振荡，2min内造成全网停电，非当时的人力所能控制。不同的电网结构会带来不同的安全稳定性，也就相应决定了不同系统的风电消纳能力。二是电网规模大小特别是紧密电网规模大小决定了风电消纳规模。电网规模大小决定了电网覆盖地域内全社会用电量和用电负荷的多少，电网规模越大，电网结构越合理、联系越紧密，覆盖的地域面积越大，覆盖地域内的经济总量就越大，相应的用电需求总量也就越大，风电消纳能力就越强、消纳规模就越大。所以，要提高风电消纳能力和消纳规模，就必须扩大消纳风电的电网规模即市场消纳范围，加快省内、区域内和跨大区电网建设，提高紧密度。实际上，世界上许多国家都是通过加强跨国、跨区互联电网建设来扩大风电消纳范围，如丹麦不仅本国电网坚强，而且与挪威、瑞典、芬兰、德国等周边国家通过大容量的跨国联络线实现互联，使得丹麦风电可以依托北欧水电和德国火电进行调节；德国处于欧洲电网的中心位置，与周边国家电力交换频繁；西班牙国内各区域之间通过400kV骨干网架实现跨区电力交换，并且仍在继续加强与周边国家互联。三是配套送出工程的科学规划、同步核准和同时投产是确保风电及时并网的关键。

三、科学确定风电开发总量

科学确定风电开发总量是国务院能源主管部门职责。在现行电价制度和技术经济条件下，天然气发电以及风电、太阳能、生物质能等新能源发电都需要有国家财政补贴才能得以生存发展，都需要主要通过提高全社会电价水平来得以生存发展。科学确定风电开发总量是国务院能源主管部门（简称国家主管部门）的权利和责任，国家主管部门根据全国总量目标和省（区、市）经济发展与可再生能源资源实际状况，会同省（区、市）人民政府确定各行政区域可再生能源开发利用中长期目标，并予公布。

风电开发要立足于全国绿色发电和可再生能源发电中长期总量目标，按照推进生态文明建设和实施能源安全战略的客观要求，统筹兼顾国家财政补贴能力、国内经济社会对电价承受能力、电力系统消纳能力以及能源资源条件，科学制订全国绿色发电和可再生能源发电中长期总量目标，既要较好满足生态文明建设进程要求，又要减缓电价较快增加压力，促进国内经济提升国际竞争力。同时，由于绿色发电的发电特性和经济性差异较大，对全社会成本和电力系统安全稳定性的影响也很不相同，在科学确定上述总量目标的基础上，需要对水电、核电、风电、太阳能发电等各种方式进行技术经济综合比较，优化绿色发电结构，统筹确定风电发展中长期目标。不同的发展阶段，由于相应的能源资源开发程度、发电技术成熟度及其成本、电力系统消纳能力以及国家财政补贴能力都可能有较大不同，全国绿色发电和可再生能源发电中长期总量目标及其结构都有较大差异，决定了各类绿色发电在中期和长期将会有不同的优先度和发展节奏。尽可能避免发展目标及其规划刚刚发布，就马上调整总量目标的现象，因为频繁调整目标和规划，只能说明制定原有目标和规划时，缺乏科学严谨态度，这也在一定程度上造成了风电等新能源发电盲目发展最终导致消纳难的窘境。

风电开发总量要充分考虑国家财政补贴能力和全社会电价承受能力来统筹确定。至少在2020年前，风电生存发展离不开国家财政补贴。从历年实践来看，可再生能源开发基金主要从依法征收可再生能源电价附加筹集，国家财政专项资金基本鲜有安排。在2020年前，与中国经济处于工业化中期相对应，电力需求处于次高速（指个位数）增长阶段，一方面经济社会对电价承受能力有限，电价上涨幅度应该受到适度控制；另一方面电价上涨诱因多，生态环境保护要求日益提高、可再生能源大规模开发利用以及调峰电源大规模建设等都会推动电价上涨。在现有管理模式下，客观上要求国家主管部门在制定风电开发等中长期总量目标时，要充分与国务院财政部门、价格主管部门协调统筹，研究出可具体操作实施的电价方案。

风电开发总量要充分考虑电力系统可消纳能力来统筹确定。从技术角度看，风电开发总量还受限于电力系统规模及其结构。用电需求规模越大，电力系统规模就越大，消纳风电的能力就越强。用电负荷特性越好，电源结构越佳（如调峰能力越强），电网结构越坚强，在同样电力系统规模的条件下，消纳风电的能力就越强。所以，制定风电开发总量，需要国家主管部门全面分析预测各水平年的电力需求总量及其特性，通过科学制定电力工业发展规划来优化电源结构和电网结构、完善电价机制及结构来改善用电需求特性，从而大规模提高风电等绿色可再生能源消纳能力。

四、统筹规划风电开发与市场消纳、电网、电源结构

统筹编制风电规划是国家主管部门职责。在风电中长期总量目标确定以后，根据《可再生能源法》第八条规定，国家主管部门要会同国务院有关部门，编制全国可再生能源开发利用规划，报国务院批准后实施。从操作层面看，研究制定风电开发利用规划（简称风电规划）是与确定风电中长期总量目标同步进行的。对于开发规划内容深度要求，《可再生能源法》明确规定，应当遵循因地制宜、统筹兼顾、合理布局、有序发展的原则，对风能等可再生能源的开发利用作出统筹安排。规划内容应当包括发展目标、主要任务、区域布局、重点项目、实施进度、配套电网建设、服务体系和保障措施等。编制风电规划要做到五个清晰。

（1）完善清晰风电开发思路。风电开发不仅要从电力系统整体高度进行统筹规划，更要纳入电力工业发展规划中，统筹协调消纳市场、配套调峰电源、送出电网工程以及经济政策各方面。坚持大中小、分散与集中开发相结合的方针。实现风电技术自主化。完

善政策，调动各方积极性，特别是要研究制定相关政策，真正能够吸引民间投资进入风电产业。

（2）清晰明确风电场的具体消纳市场，实现风电场规划布局与其消纳市场相统筹。应明确风电项目的具体消纳市场，即具体明确该项目是在本地区消纳多少，在本省消纳多少，在区域电网消纳多少，在其他区域消纳多少。即使是分散开发，随着开发规模的不断增加特别是开发速度过快，也可能造成部分年份难以消纳，解决之道在于或扩大消纳市场范围，或适度控制开发进度，这些也都需要在规划中予以具体明确。

（3）清晰明确风电场接入电力系统的具体电网项目，具体实现风电规划与电网规划相统筹。电源规划和电网规划是电力发展的两个有机组成部分。风电规划与电网规划脱节是长期存在的痼疾，风力资源富集地区往往是经济发展相对落后的地区，电力需求较低，电网结构薄弱，消纳能力极其有限，大规模高强度集中开发，给风电接入电网、可靠送出和安全运行带来了巨大的压力。要实现风电规划与电网规划的协调和有机衔接，国家主管部门在风电规划中应清晰明确风电场接入电力系统的具体电网项目，特别是要具体明确大型风电基地的接入电力系统的电网工程。

（4）清晰明确风电调峰调频方案和具体电源项目，实现风电规划与电源规划相统筹。风电规划作为电源规划的组成部分，不能脱离电源总体发展规划的目标和基本框架。既要使风电规模及其布局为电源总体规划的主要目标和基本任务服务、自觉纳入电源规划，又要从整体电源规模及其布局出发来研究规划风电规模及其布局。鉴于风电的“劣质”电力属性，风电装机规模需要与其他电源的调节能力以及系统调峰电源的规模相匹配，才能更好地消纳，所以国家主管部门在研究制订风电规划过程中，既应根据电源规划等来确定中长期总量目标和具体布局，又应清晰明确电力系统调峰调频电源规模及其具体布局。

（5）清晰明确中央与地方规划协调关系，实现中央与地方的风电规划相统筹。目前，地方与国家的风电规划脱节比较严重，一些地区的风电规划只考虑资源情况，建设规模远远大于国家规划，导致风电无序发展，这也是“三北”风电基地近几年大量弃风的重要原因。全国规划和地区规划相互衔接，共同构成一个科学有序、合理分工、有机衔接的规划体系。全国风电规划要明确规划总目标及分省规划目标、布局及时序。省级主管部门应根据全国规划确定的各省区市中长期目标及其规划布局，因地制宜细化落实本地区风电发展目标、重点和时序，不得与全国风电规划相冲突。

加快建立风电规划新体系与新机制。风电规划是国家主管部门的重要职责，也是政府宏观调控的重要手段，亟需加强和深化。加快建立健全电力工业发展规划统筹下的风电规划管理体系，加快建立健全各专项规划统筹协调、衔接高效的运行机制。电力工业发展规划的统一管理，规划管理和研究协作体系要有机协调统一。详细制定风电规划的论证、评估、衔接、公示、审批、公布和滚动修订等工作流程和工作规则。风电规划经国务院批准后应当对外公布。充分发挥行业协会、电网公司、大型发电集团以及科研设计机构等的作用，充分吸取专家、学者和社会公众意见，建立健全政府部门指导下相互协调合作的规划研究协作体系。加强与上下游行业之间的学术联系和研讨。

五、统筹核准建设

电源项目核准是国家主管部门的现行职责。建立健全风电场项目核准统筹协调机制。主要包括：一是建立风电项目和配套电网项目、调峰调频项目联合同步核准申报制度。二是建立健全国家主管部门内部的项目审批协调机制。建立风电项目及配套电网、调峰调频项目的联席（会议）审批制度。根据国家规划和建设周期，先提前核准调峰调频项目和电网项目，再核准风电项目，从而做到同步审批、同时投产。三是建立健全中央和地方两级项目核准协调机制。风电场开发规模，提高规模经济效益。四是建立健全风电项目管理部委联席协调会议制度。国家主管部门牵头，建立国务院有关部门以及两个电网公司参加的部委联席协调会议制度，重点对风电开发中跨部委的重大事项进行协调会商，提出解决方案。

加快建立健全风电场财政补贴等财政政策与风电规划、项目核准直接挂钩制度。一是建议国务院财政部门牵头提出国家中长期财政补贴总量规划，纳入国家风电规划。二是建立风电规划与财政补贴的制衡机制，严格规划对风电项目核准的刚性约束。三是建立项目核准与国家财政补贴直接挂钩机制。对于国家风电规划内项目，国家主管部门会同国务院财政部门等进行核准，明确具体的补贴方式、额度和年限。无论是研究提出国家中长期财政补贴总额还是年度补贴总额，无论是建立风电规划与财政补贴的制衡机制还是建立项目核准与财政补贴直接挂钩机制，国务院价格主管部门将承担无可替代的重要责任，需要全过程参与。

加快完善风电场开发招标制度。早年前，国家主管部门曾积极探索开展了风电场公开招标选择投资经营主体的试点，招标确定的风电上网价格远低于当期价格，积累了可贵经验。尽管此举因招标上网价格过低而受到风电业内的诟病，但却代表了改革发展方向，应大力推广。充分发挥市场机制配置电力资源的基础作用是电力工业市场化改革的核心和关键，通过加强统一规划管理来完善和强化国家宏观调控，通过推行公开招标制度选择投资主体来实现市场化配置资源。

六、加快电价机制改革，完善财政补贴发放流程

加快风电上网定价机制改革。按照《可再生能源法》第十九条规定，风电上网电价由国务院价格主管部门根据不同地区的情况，按照有利于促进风电开发利用和经济合理的原则确定，并根据开发利用技术的发展适时调整。对于实行招标的风电上网电价，按照中标确定的价格执行，但不得高于国务院价格主管部门确定的同类风电上网电价水平。2009年国家发展改革委对风电上网电价政策进行了完善调整，提出在全国分资源区制订陆上风电标杆上网电价，即按风能资源状况和工程建设条件，将全国分为四类风能资源区，相应制订风电标杆上网电价。第Ⅰ类资源区包括内蒙古自治区除赤峰市、通辽市、兴安盟、呼伦贝尔市以外其他地区，以及新疆维吾尔自治区乌鲁木齐市、伊犁哈萨克族自治州、昌吉回族自治州、克拉玛依市、石河子市等地区，风电上网标杆电价为0.51元/kWh；第Ⅱ类资源区包括河北省张家口市、承德市，内蒙古区赤峰市、通辽市、兴安盟、呼伦贝尔市以及甘肃省张掖市、嘉峪关市、酒泉市等地区，风电上网标杆电价为0.54元/kWh；第Ⅲ类资源区包括吉林省白城市、松原市，黑龙江省鸡西市、双鸭山市、七台河市、绥化市、伊春市及大兴安岭地区，甘肃省除张掖市、嘉峪关市、酒泉市以外其他地区，新疆维吾尔自治区除乌鲁木齐市、伊犁哈萨克族自治州、昌吉回族自治州、克拉玛依市、石河子市以外其他地区，以及宁夏回族自治区等地区，风电上网标杆电价为0.58元/kWh；第Ⅳ类资源区包括除Ⅰ类、Ⅱ类、Ⅲ类资源区以外的其他地区，风电上网标杆电价为0.61元/kWh。明确规定，凡新建陆上风电项目，包括沿海地区多年平均大潮高潮线以上的潮上滩涂地区和有固定居民的海岛地区，统一执行所在风能资源区的风电标杆上网电价；跨省区边界的同一风电场原则上执行同一上网电价，价格标准按较高的风电标杆上网电价执行。同时继续实行风电价格费用分摊制度，风电上网电价在当地脱硫燃煤机组标杆上网电价以内的部分，由当地省级电网负担；高出部分，通过全国征收的可再生能源电价附加分摊解决。未来走向，应该是结合全面推行风电场公开招标制度，在国家统一规划和政策统筹协调下，规划内风电场全部实行公开招标，通过这一有效的市场机制，择优选择风电项目投资主体，同时明确风电上网电价。公开招标确定的风电上网价格，在当地脱硫燃煤机组标杆上网电价以内的部分，由当地省级电网负担；高出部分，由国家财政补贴即可再生能源发展基金分摊解决。

当前亟需解决电力系统中常规电厂和地方政府等方面的利益补偿难题：一是加快出台常规机组深度调峰支持风电等消纳的辅助服务补偿政策。在现行电价机制和政策框架下，风电比重较大地区内的常规燃煤电厂和水电站（最典型的是燃煤电厂），大都以牺牲设备寿命和提升煤耗、成本为代价进行深度调峰，来无偿支撑风电、太阳能发电等的大规模消纳。应当尽快尽早研究制定常规机组深度调峰支持风电等消纳的辅助服务补偿政策。作为过渡措施，近期可以把常规机组深度调峰辅助服务通过纳入国家财政补贴即可再生能源发展基金补助范围来进行补偿，通过市场经济手段来调动发电企业的积极性和主动性。二是要统筹兼顾风电开发所在地的合理利益。国家对风电企业实行所得税三免三减半和增值税即征即退50%等的优惠政策，随着2009年增值税由生产型转为消费型后，风电场短期内不能为地方带来税收收益，导致许多地区为了增加税收，盲目引进风电设备制造产业，强迫风电开发企业采购本地风电装备，扰乱了风电开发秩序，也助长了风电装备制造低水平重复扩张。需要加快研究出台相应的财税政策，有效调动地方支持风电开发的积极性。

完善财政补贴发放流程。三部委在2012年发布的《可再生能源电价附加补助资金管理暂行办法》中，已经对财政补贴发放流程进行了规范和优化，提出了按季预拨、年终清算的原则，可以结合实际执行情况进一步细化完善，特别是明确各流程节点的时限要求，加快资金到位。无论是在中央层级还是在省级层面，建议财政部门牵头，价格、能源主管部门参加，按照上述财政补贴发放流程和时间节点要求，按期召开联席会议，会商审定相关事项，提高工作效率。必要时，也可以邀请电网企业参加联席会议。

七、加快做好基础管理工作，促进风电产业技术升级

加快做好风能资源评价工作。《可再生能源法》第六条规定，国务院能源主管部门负责组织和协调全国可再生能源资源的调查，并会同国务院有关部门组织制定资源调查的技术规范。同时规定国务院有关部门在各自的职责范围内负责相关可再生能源资源的调查，调查结果报国务院能源主管部门汇总。中国气象部门已经进行了四次大规模的风能资源评估工作，对中国风电规划和开发起到了重要的指导作用，但目前中国风能资源评估还相对薄弱，主要是依靠气象站和测风塔在有限时间段内的观测记录，用统计分析方法得到。受站点布局、安装环境等条件的限制，尤其是海上风能资源无法像陆上进行测风布局，导致风能资源评估成果与风电场区域的实际情况存在较大偏差。迫切需要国家主管部门组织相关部门开展全面系统的风能资源评价工作，财政部安排可再生能源发展专项资金支持风能资源勘查、评价工作。

加快完善风电标准体系，严格执行标准规范。国家在标准体系建设方面做了大量卓有成效的工作，但技术标准推出速度滞后于风电发展要求。《可再生能源法》第十一条明确规定，国务院标准化行政主管部门应当制定、公布国家可再生能源电力的并网技术标准和其他需要在全国范围内统一技术要求的有关可再生能源技术和产品的国家标准；对国家标准中未作规定的技术要求，国务院有关部门可以制定相关的行业标准，并报国务院标准化行政主管部门备案。建议国务院标准化行政主管部门及其有关部门委托中电联尽早研究完善风电标准顶层设计，并以此为基础加快组织相关单位研究编制国家级、行业级以及行业协会级标准规范，按照相关程序审批后正式公布执行。制定风电标准和规范要立足中国国情，打破部门利益格局，充分借鉴国外行之有效的技术标准和规范，充分进行科学的技术经济分析论证，充分听取各方意见、凝聚共识，在风电迅猛发展期更要从严要求，不宜放宽技术要求。风电标准和规范正式公布实施后，要维持必要的稳定实施期，不宜动则以行政文件修改调整。在执行过程中确实需要修改调整的，应该按照原有程序慎重进行。

加快推进风电产业技术升级。随着风电大规模开发，国内风电产业取得了长足进展，也为中国风电可持续发展奠定了良好基础。与此同时，风电产业发展还存在着深层次问题：一是产能过剩。随着风电开发的理性回归，风电制造业因过去盲目扩张带来了产能过剩，按照《中国机电工业》数据显示，2012 年风电设备产能利用率不到 70%。二是自主创新能力弱。研发力量薄弱，研发投入不足，同质化现象严重。缺少国家级研发机构、公共测试平台以及标准、检测和认证体系。三是缺乏国内设计标准，风电发电效率低下。国内风机设计标准大多照搬欧洲标准，没有结合国内具体实际，造成中国风电设备特别是风机质量不稳定，关键零部件质量问题突出，风电事故频发，风电发电效率远远低于国际平均水平。根据工信部国际经济技术合作中心高常水先生在 2012 年 2 月 27 日《中国能源报》的署名文章，国内风电机组的平均利用率在 20%左右，而国际平均水平在 25%～30%。四是风电技术标准和法规体系尚不完善，质量监督、市场监管不到位，低成本竞争愈演愈烈。风电产业属于新兴战略型产业，产业链条长，资源消耗较少，对经济和就业的拉动显著，要紧紧抓住经济结构转型升级的良好机遇，把国外先进技术与国内实际紧密结合，着力推进自主综合创新，注重开发适合中国国情的风电技术和设备，实现中国风电产业的再次跨越：一是加快完善中国风电产业技术创新体系。建议政府有关部门加强风电技术创新体制机制研究，大力推进产学研用相结合，整合资源，联合创新，实现风电企业、科研机构和高等院校优势互补，建立以市场为导向、企业为主体、国家为基础、产学研用结合的多层次技术创新体系。要根据世界风能技术发展趋势和中国基本国情，制定中国发展风电的技术路线图。二是健全完善国内风电公共技术服务平台。加快健全完善风电公共技术研究、实验、测试平台以及社会化服务体系，培育壮大风能研发中心、检测中心、认证中心、信息中心和培训中心，提升风能资源评价、风能设备测试、风电并网检测等的技术服务质量，完善人才培养机制。三是加大对风电基础理论研究和设备制造企业技术创新的支持力度。建议政府有关部门整合优势资源，结合中国特有的风能特点和环境条件，在风能基础理论、资源评估、关键技术、前沿科技等方面加大资金投入和政策支持，提升中国风电基础科学领域的研究能力。中国未来风电开发既需要大型化设备，又需要中低速小型化设备，需要不断提升大型先进风电机组和中低速小型化机组的研制能力，完善风电设备供应链，确保风电机组设备的质量和可靠性。应继续给予政策支持和财政补贴，部署一批风电设备制造领域的重大、重点项目，正确引导激励设备制造企业全面掌握整机设计关键技术，提高风电整机开发设计能力。对关键零部件企业也应继续给予政策扶持和财政补贴，提高技术研发能力。四是推动现有风电装备企业在市场竞争中加快兼并重组，培育打造市场竞争能力强的大型风电制造企业和自主创新能力强的中小型风电技术研发创新企业。

加快建设智能电网，促进风电发展。促进风电开发，既要通过增加国家财政补贴总量来降低发电成本、提高经济性，又要解决电力系统大规模消纳问题。加快建设智能电网（电力系统），将有效解决风电消纳难题：一是通过实行风电智能化，能够提高发电出力预测水平，能够适度改善发电出力特性，减少系统调峰调频压力。二是通过实行发电环节智能化，能够有效提高各类电源的出力性能，提高调峰调频能力。三是通过实施实时电价和用电环节的智能化，能够有效改善全社会用电负荷特性，大幅提高同等负荷总水平下的消纳能力。四是通过实行电网环节的智能化，能够有效扩大消纳市场，大幅提高电力系统管理间歇性可再生能源发电能力，实现系统吸纳更多的风电。

中国应加快天然气发电的步伐

（姜绍俊）

天然气作为一种气体能源正在受到青睐，它以清洁、易于应用、运输便捷，在改进能源结构中的作用也越发重要。

20世纪初，煤炭占能源结构的比例的95%，煤取代了薪柴成为主要能源，从而进入了煤时代，这是第一次工业革命的标志。一直到20世纪五六十年代，煤炭仍占到1/2以上。与此同时内燃机的问世，而石油的成本仅抵煤炭的1/3，石油的开发应用迅速增加，世界能源进入石油时代。从60年代以来，煤炭呈下降趋势，而油气则在70年代达到65%。早在50年代美国成为第一个以油气为主要能源的国家（占比高达69%），日本此后也实现了能源转换（以油气为主，比例69.8%），而欧洲国家在70年代也创造了以油气为主的能源结构。但是70年代中后期的两次石油危机，对能源结构的改变产生了一定影响，变化之一就是油的份额在降低，气的份额在增加，见表1。

表1　1950～1990年，世界能源结构变化情况

单位：%

年份	1950	1960	1970	1975	1980	1990
煤炭	61.5	49.5	32.5	31.8	30.8	32.4
石油	27	33.3	44.1	44.5	44.2	38.1
天然气	9.8	15.1	20	20.7	21.5	23.9
水电、核电	1.7	2.1	2.4	3	3.5	5

观察主要发达国家能源结构，可以发现一个共同的特点，就是较早地实现了能源结构的转换，实现油气对煤的替代。迄今为止，以煤炭为主要能源的国家所剩无几，如中国67.1%、南非77.1%、波兰68.1%、印度56.8%。在发达国家中澳大利亚44.5%，美国24.9%，占比较大，主要用于发电。而在发达国家中石油的比例仍然很高，美国39.7%、日本51.1%、意大利58.4%、德国40.6%，而英、法、加、澳均在35%上下。天然气的使用与其资源禀赋有关，俄罗斯（55.5%）、伊朗（43.8%）、沙特阿拉伯（41.2%）、英国（35.1%）较高。其他能源资源如水电、核电的开发均与其资源禀赋和特殊的地理位置有关。例如法国，各种能源均匮乏，所以选择了核能作为其主要的发电能源，加拿大、巴西则水电占比较大。

所以一国的能源战略和能源结构均与其自然条件有关，中国应当以自己的实际情况和国际能源结构变革的规律，来确定自己的能源战略。

中国在较长的时间内实施煤为基础的能源战略。1978年以来主要年份中国能源结构变化情况见表2。

表2　1978年以来主要年份中国能源结构变化情况　单位：%

年份	1980	1990	1995	2000	2005	2010	2012
煤炭	72.2	76.2	74.6	69.2	70.8	68	67.1
石油	22.7	16.6	17.5	22.2	19.8	19	18.4
天然气	3.2	2.1	1.8	2.2	2.6	4.4	5.3
水电核电及风电	3.4	5.1	6.1	6.4	6.8	8.6	9.2

从表2中可以看出：①天然气的占比在缓慢上升；②天然气的占比总体上偏低，与发达国家成鲜明的对照。

中国不是不想实现能源结构的转换，而是受制于资源禀赋特点。中国在过去很长时间以来被认为是“富煤、缺油、少气”的国家，为了能源安全过分固守以国内供应为主，以煤炭为主的能源供给战略。近些年来，中国资源勘察工作的进展，正在扭转对国内能源资源特别是气体能源资源的固有认识。据国务院资源与环境政策研究所“中国气体清洁能源发展前景与政策展望”课题组发表的课题研究成果，中国气体清洁能源十分丰富，地质资源量为220万亿m^3，可采资源量约为132万亿m^3，具有大规模发展的潜力。其中常规天然气地质资源量为52万亿m^3，可采资源量约为32万亿m^3；页岩气资源与常规天然气资源大体相当，可采资源量约为25万亿m^3；煤层气，埋深2000m以浅地质资源量约为36.18万亿m^3，可采资源量为10.8万亿m^3。此外，正在兴起的煤化工产业中的煤制甲烷（也就是煤制天然气）2020年有望达到2000亿m^3/a的产能。作为前沿技术，可燃冰正在进行研究，估计地质资源量约为83万亿m^3，按此推算，中国气体能源的可采储量以2：1的储采比，按4000亿m^3/a的产量，估计可以服务165年，应当说以目前的工作深度，可以说中国不是一个“少气”的国家。

世界各国天然气消费中，用于发电是主要的消费方式。以2004年为例，全球天然气产量232 069万t标准油（1kg标准油=1.428 6kg标准煤=4.18MJ），用于发电厂49 056万t标准油，热电联产29 170万t标准油，热电厂9502万t标准油，能源部门自用19 056万t标准油，合计约106 700万t标准油，终端消费量122 207万t标准油，发电（及供热）用气占天然气耗量的45.19%。

1990～2009年世界各国发电能源结构见表3。

表3　1990～2009年世界各国发电能源结构

单位：%

年份	1990	2000	2005	2006	2007	2008	2009
煤气	37.4	38.9	40.3	41	41.6	41.1	40.5
油电	11.3	7.7	6.4	5.7	5.6	5.4	5.1

续表

年份	1990	2000	2005	2006	2007	2008	2009
气电	14.6	17.8	19.8	20.2	20.9	21.2	21.4
核电	17	16.8	15.2	14.7	13.8	13.5	13.4
水电	18.2	17	16	16	15.6	15.9	16.2

煤电的比例稳中有升，核电比例稳步下降，水电比重波动中变化不大，而油气电的比例变化也不大，但油与气此消彼长。油电衰减的份额全部转给了气电，从而使气电的份额一举占到第二位。

发展气电的优势在于：

(1) 天然气（以及液化石油气、液化天然气等）是比煤炭清洁的能源，主要成分是甲烷（CH_4），燃烧后生成 CO_2 和 H_2O，几乎不产生 SO_2 和 NO_x。

(2) 天然气发电一般使用燃气轮发电机组，特别是联合循环机组，机组的效率较高。以国外的几个实例来看，日本横滨项目效率 54%，英国 Rock Savage 项目到 58%。

(3) 天然气可用于管道运输，管理便当，安全性好，损失率低，调度灵活，使用方便。

2001 年 3 月，全国人大通过的中国经济和社会发展第十个五年规划纲要公布。纲要确定“加快天然气勘探、开发和利用，统筹生产基地，输送管线和用气工程建设。引进国外天然气，提高天然气消费比重”。这是中国天然气利用战略上的大转变。天然气发电也步入较快发展时期。“十五”期间分三次打捆招标，引进了美国 GE 公司、日本三菱公司、德国西门子公司三种 F 级燃气轮机共 54 套，总规模达 2000 万 kW。中国三大动力——哈尔滨动力、东方和上海电气集团分别与 GE、三菱、西门子结成联合体受让。“十五”期间，结合技术改造和满足电力供给，适应调峰需要共建设了 30 多套 9F、20 多套 9E 机组，我国天然气发电初具规模。

截至 2012 年底，中国天然气电源已投运 3717 万 kW。2007～2012 年间平均增长率约 7.1%，天然气发电量也逐年有所增加，见表 4。

表 4　2007～2012 年中国天然气发电情况

年份	2009	2010	2011	2012
天然气发电量（亿 kWh）	566	776	1088	1092
占总发电的比例（%）	1.54	1.84	2.3	2.19
利用小时（h）	2353	2938	3210	—

尽管这几年天然气发电增长较快，但对照国际天然气发电的发展规模，中国天然气发电滞后，发电能源结构调整的步伐偏小的状况还是十分明显的。

首先中国天然气在一次能源中的结构比例偏小，2012 年天然气占一次能源的比例仅为 5.3%。

中国天然气发电在电力中的份额更低，2012 年仅占 2.19%。

尽快加大天然气利用份额、加大天然气发电的份额，是中国快速实现工业化、追赶发达国家、加快实现能源结构转换的关键措施。

2001 年 3 月，九届人大通过的“十五”规划纲要确定“加快天然气勘探、开发和利用，统筹生产基地、输送管线和用气工程建设，引进国外天然气，提高天然气消费比重”，这是中国天然气利用战略和政策的重大调整。“十一五”以来，中国天然气及气电产业政策逐渐明晰。

2007、2012 年，国家发展改革委两次出台《天然气利用政策》，其中在最新修订的《天然气利用政策》中针对天然气发电做了两点调整。一是天然气分布式发电系统已经由允许类改为优先类，二是明确用于集中供热的热电联产用户也属于优先类。而对于 2007 年版“重要用电负荷中心且天然气供应充足的地区，建设利用天然气调峰的发电项目被列入允许类”的规定则改为优先类，禁止类以外的天然气发电项目被列为允许类。这实则是对允许建设天然气发电项目的放宽限制，至于被禁止的类别只限于在晋、陕、蒙、皖等 13 个大型煤炭基地所在地区，建设基荷燃气发电(煤层气或煤矿瓦斯利用发电者不在此限)项目，这样极大地放宽了建设燃气电站的许可。

2011 年 8 月，国务院印发《“十二五”节能减排综合工作方案》，首次提出“加快发展天然气”，并将天然气作为调整能源结构调整的重要方向，同年 10 月《关于发展天然气分布式能源的指导意见》正式出台。提出要在“十二五”期间建设 1000 个左右天然气分布式能源项目。

2012 年国家发展改革委公布的《能源发展“十二五”规划》明确加快常规油气勘探开发，大力开发非常规天然气能源，重点加大煤层气和页岩气勘探开发力度，非常规天然气成为天然气供应的重要增长极。要求天然气占一次能源消费的比重达到 7.5%，有序发展天然气发电，在天然气来源可靠的较发达地区，合理建设燃气-蒸汽联合循环调峰电站。在电价承受力强，热负荷需求大的中心城市，优先发展大型燃气-蒸汽联合循环热电联产项目，积极推广天然气热电联产，支持利用煤层气发电，“十二五”全国新增燃气电站 3000 万 kW，积极发展天然气分布式能源，重点在负荷中心加快建设天然气分布式能源系统，统筹天然气和电力调峰需求，实现天然气和电力优化互济利用。

国家规划在“十二五”期间建设1000个天然气分布式能源项目，10个左右各类型分布式能源示范区域，到2020年装机目标5000万kW，为此财政部决定对天然气分布式能源项目以补贴，同时对开发非常规天然气项目给予补贴，其中页岩气0.4元/m^3，据信煤层气可能0.6元/m^3。

2013年9月12日，国务院发布防治大气污染行动计划，这是贯彻国十条的具体化，9月23日，环境保护部发布京、津、冀及周边地区落实大气污染防治行动计划实施细则。上述文件对电力的要求归纳一下有以下几点：

（1）目标要求，京津冀、长江三角洲、珠江三角洲地区细颗粒分别降低25%、20%、15%，北京市PM2.5浓度达到60ng/m^3；到2015年底，脱硫机组5970万kW，脱硝机组1.1亿kW，除尘改造2574万kW。

（2）京津冀12市新建项目燃煤电厂机组控制在1400万kW以下。

（3）河北省启动淘汰20万kW以下非热电联产燃煤机组。

（4）控制煤炭消费总量，2017年京、津、冀、鲁压煤8300万t，其中北京1300万t，天津1000万t、河北4000万t，山东2000万t；加大天然气、液化石油气、煤制天然气、太阳能等清洁能源，京津唐电网可再生能源比例15%，山东10%。

（5）北京市、天津市、河北省和山东省新增的天然气优先用于居民用气，分布式能源项目以及替代锅炉、工业窑炉及自备电厂的燃煤；2017年京津冀鲁的炼化企业燃煤改用天然气或由周边电厂供电。

（6）京、津、晋、冀、蒙、鲁要将煤炭更多地用于燃烧效率高且污染治理措施到位的燃煤电厂。

（7）京津冀、长三角、珠三角三地区，2015年完成燃煤电厂的治污改造措施，三区禁止配套建设自备燃煤电站，除热电联产外，禁止建设燃煤发电项目。

（8）现有多台燃煤机组加起来容量超过30万kW的，可以以大代小。

（9）鼓励为发展天然气分布式能源项目，有序发展天然气调峰电站。

（10）原则上不再新建天然气发电项目。

（11）三地区共47个城市新建发电项目，执行大气排放的新标准中的特别限值。

国务院及有关部委此次行动和措施集中到一点就是实施发电能源的替代（也包括供热），替代的主要方式是将燃煤改为燃气（天然气、液化石油气、煤层气、煤制气等），这实际上开启了中国的“气”时代—世界各发达国家走过的共同道路。由于中国的天然气供应近年来持续紧张，所以以气代煤的步伐，尚难以加快，只能是稳步进行，采取以气定电的原则。

已有的燃煤机组要进行煤改气的改造，或者关停已有的燃煤机组而代之以燃气机组，新增加的电力需求量，需要新建燃气机组特别是效率更高的燃—蒸联合循环机组，为调峰需要建设一定规模的调峰机组都是现实的燃气发电市场因素。2012～2020年规划的一个重要内容就是恰当地预测这个市场的规模、结构、布局。

国家能源“十二五”规划对2015年的规划目标，天然气发电达到5600万kW，“十二五”期间增加3000万kW。以此为基数，到2020年，中国天然气发电规模应达到1亿kW，“十三五”天然气发电的新建规模应达到4400万kW。这样“十二五”天然气发电的增长速度为16.2%，“十三五”的增长速度为12.3%，但考虑到“十二五”规划的天然气分布式能源规划5000万kW，有可能推迟。现在预计2015年天然气分布式能源项目达到500万kW，将5000万kW目标延迟到2020年实现，则“十二五”和“十三五”的天然气发电增速分别为18.21%和11.47%，与2009～2012年实际增速大体一致，为此，“十三五”天然气发电的规划目标，宜按表5安排。

表5 中国2015、2020年天然气发电的规划目标　单位：万kW

年 份	2015	2020
天然气发电规划目标	6100	15 000
其中集中式	5600	10 000
分布式	500	5000

目前天然气发电的气耗水平按近几年实际水平估计，已投产的8个燃气电厂平均值（其中有一个厂利用小时仅194h，不具典型意义舍去其数据）0.198 7m^3/kWh，分布式0.21m^3/kWh，近年集中式天然气发电平均利用小时3300h，分布式4000h计，需气量预测见表6。

表6 中国2015、2020年天然气发电需气量预测

年 份	2015	2020
需气量（亿m^3）	409	1076
约占全国用气量的比例（%）	17.7	26.9

电力规划

国家重大科技基础设施建设中长期规划（2012～2030年）（摘要）

一、规划基础和背景

新中国成立特别是1978年以来，国家不断加大投入，中国重大科技基础设施规模持续增长，覆盖领域不断拓展，技术水平明显提升，综合效益日益显现。“十一五”时期，启动建设重大科技基础设施12项，验收设施10项，目前在建和运行设施总量达到32项。设施的建设和运行为科学前沿探索和国家重大科技任务开展提供了重要支撑，推动中国粒子物理、核物理、生命科学等领域部分前沿方向的科研水平进入国际先进行列。依托设施解决了一批关乎国计民生和国家安全的重大科技问题，在载人航天、资源勘探、防灾减灾和生物多样性保护等方面发挥着不可替代的作用。设施建设带动了大型超导、精密制造和测控、超高真空等一批高新技术发展，促进了相关产业技术水平提高；凝聚和培养了一批国内外顶尖科学家和研究团队，以及高水平工程技术和管理人才。此外，设施还在深化科技国际合作交流、提升全民科学素质、增强民族自信心等方面发挥了独特作用。在快速发展的同时，我国重大科技基础设施也存在一些问题：总体规模偏小、数量偏少，学科布局系统性、前瞻性不够，技术水平有待进一步提升，开放共享和高效利用水平仍需提高，管理体制机制亟待健全，工程技术和管理队伍建设需要加强等。

当今世界，科技发展正孕育着一系列革命性突破，发达国家和新兴工业化国家纷纷加大重大科技基础设施建设投入，扩大建设规模和覆盖领域，抢占未来科技发展制高点，中国重大科技基础设施建设面临机遇和挑战并存的新形势。

二、指导思想、建设原则和建设目标

（一）指导思想（略）

（二）建设原则

一是着眼长远、服务大局。突出重大科技基础设施建设的战略性，既要瞄准探索未知世界和发现自然规律的科技发展前沿方向，又要结合国情，聚焦影响未来经济社会发展和国家安全的重大科技难题，衔接好科技重大专项等相关规划和计划，强化设施建设对国家重大战略的支撑作用。

二是科学谋划、系统布局。把握科学技术发展的总体趋势，有机衔接现有科技资源，统筹考虑学科领域布局，加强国际合作，全面系统谋划重大科技基础设施建设与发展，形成“探索一批、预研一批、建设一批、运行一批”的发展格局。

三是重点突破、实现跨越。分清轻重缓急，优先选择具有相对优势、科技发展急需或科技突破先兆已经显现的科学前沿和学科交叉领域，选准主攻方向，集中优势资源，加快重大科技基础设施建设，实现重点领域跨越发展。

四是创新机制、持续发展。将重大科技基础设施建设作为深化科技体制改革的重要抓手，针对重大科技基础设施的基础性、公益性特征，建立完善高效的投入机制、开放共享的运行机制、产学研用协同创新机制、科学协调的管理制度，提高设施建设和运行的科技效益，形成持续健康发展的良好局面。

（三）建设目标

到2030年，基本建成布局完整、技术先进、运行高效、支撑有力的重大科技基础设施体系。传统大科学领域设施得到完善和提升，新兴领域设施建设布局较为完整，能够全面支撑前沿科技领域开展原创性研究；设施技术水平持续提高，一大批设施的技术指标居国际领先地位；设施共建、共管、共享的体制机制更加完善，运行和使用效率整体进入世界前列；设施科技效益和经济社会效益显著，取得一批有世界影响力的科研成果，催生一批具有变革性、能带动产业升级的高新技术；基本形成若干布局合理的世界级重大科技基础设施集群，设施整体国际影响力和地位显著提高。

“十二五”期末要实现以下目标：重大科技基础设施总体技术水平基本进入国际先进行列，物质科学、核聚变、天文等领域的部分设施达到国际领先水平。支撑科技发展的能力明显增强，凝聚一批世界优秀科研人才，部分前沿方向能开展国际顶尖水平的研究工作，事关经济社会发展的重大科技领域初步具备取得实质性突破的能力。投入运行和在建的重大科技基础设施总量接近50个，薄弱领域设施建设明显加强，优势方向进一步巩固和发展，初步建成若干在国际上有一定影响的重大科技基础设施集群，重大科技基础设施体系初具轮廓。以开放共享为核心的运行机制基本建立，符合设施自身特点与发展规律的管理制度初步形成，设施运行和使用效率整体达到国际先进水平。

三、总体部署

未来20年，瞄准科技前沿研究和国家重大战略需求，根据重大科技基础设施发展的国际趋势和国内基础，以能源、生命、地球系统与环境、材料、粒子物理和核物理、空间和天文、工程技术等7个科学领域为重点，从预研、新建、推进和提升四个层面逐步完善重大科技基础设施体系。在可能发生革命性突破的方向，前瞻开展一批发展前景较好的探索预研工作，夯实设施建设的技术基础；在2016～2030年期间适时启动建设一批科研意义重大、条件基本成熟的设施，强化未来科技持续发展的能力；在中国具有一定基础和优势的领域，在“十二五”期间建设一批科研急需、条件成熟的设施，强化科技持续发展的支撑能力；对已经启动但尚未完成建设任务的在建设施，加大工程管理和技术攻关力度，力争早日建成投入使用；对已经投入运行但仍有较大发展潜力的设施，进一步完善提升技术指标和综合性能，最大程度发挥其科学效益。

（一）能源科学领域

以解决人类社会可持续利用能源的科学问题为目标，面向我国中长期核能源开发与安全运行、化石能源高效洁净利用与转化、可再生能源规模化利用等方向，以核能和高效化石能源研究设施建设为重点，注重新能源、新材料、网络技术相结合，逐步完善相关领域重大科技基础设施布局，为能源科学的新突破和节能减排技术变革提供支撑。

核能源方面。完善提升全超导托卡马克核聚变实验装置的性能，积极参与国际热核聚变实验堆计划，保持我国在磁约束核聚变研究领域的先进地位；建设长寿命高放核废料嬗变安全处置实验装置，攻克核裂变能安全洁净发展的技术瓶颈；适时启动高效安全聚变堆研究设施建设，加快聚变能走向实际应用进程。

化石能源方面。建设高效低碳燃气轮机试验装置，支撑相关领域重大基础理论研究，解决煤炭清洁利用和高效转换关键科技问题；探索预研二氧化碳捕获、利用和封存研究设施建设，为应对全球气候变化提供技术支撑。

可再生能源方面。针对风能、太阳能、生物质能、地热能、海洋能等能量密度低、随机波动等问题，探索预研能量捕获、储能、转换、并网研究设施建设，促进可再生能源规模化高效利用。

（二）～（六）

略。

（七）工程技术科学领域

瞄准未来信息技术发展的基础和前沿、岩土地质体的动力特性及地质灾害过程等工程技术中的重大科技问题，以产生变革性技术为主要目标，以信息技术、岩土工程和空气动力学为研究重点，探索和逐步推进相关设施建设，为保障国家重点任务的实施、引领未来产业发展提供基础支撑。

信息技术方面。建设未来网络研究设施，解决未来网络和信息系统发展的科学技术问题，为未来网络技术发展提供试验验证支撑；适时启动新一代授时系统建设，支撑超精密时间频率技术开发，逐步形成高精度卫星授时系统和高精度地基授时系统共同发展的格局。

岩土工程方面。适时启动超重力模拟研究设施建设，揭示复杂岩土地质体的动力特性；探索预研大型地震模拟研究设施建设，开展地震动输入和工程地震灾害模拟研究；探索预研深部岩土工程研究设施建设，揭示深部岩体的力学特征。

空气动力学方面。建成多功能结冰风洞，支撑不同冰型和冰积累过程对飞行器空气动力特性的影响等研究；建设大型低速风洞，支撑气动噪声、流动分离与涡旋运动、流动控制、流固耦合、电磁空气动力学等研究；适时启动大型跨声速风洞、低温高雷诺数风洞、先进航空发动机研究设施建设，为我国航空航天、高速铁路建设等提供必要的研究试验手段。

四、“十二五”时期建设重点

“十二五”时期，在中国科技发展急需、具有相对优势和科技突破先兆显现的领域中，综合考虑科学目标、技术基础、科研需求和人才队伍等因素，优先安排16项重大科技基础设施建设。

（一）海底科学观测网

海洋科学研究正经历着由海面短暂考察到内部长期观测的革命性变化，这将从根本上改变人类对海洋的认识。围绕实现全天候、综合性、长期连续实时观测海洋内部过程及其相互关系的科学目标，建设海底长期科学观测网，主要包括：基于光电缆的陆架和深海观测系统，基于无线传输的海底观测网拓展系统，基于固定平台的海底观测网综合节点系统，岸基站、支撑系统和管理中心等。该设施建成后，将为国家海洋安全、深海能源与资源开发、环境监测、海洋灾害预警预报等研究提供支撑。

（二）加速器驱动嬗变研究装置

长寿命核废料的安全处理处置是影响核电持续发展的瓶颈。加速器驱动次临界反应系统利用散裂中子嬗变核废料，大幅降低核废料放射性寿命，具有安全性高和嬗变能力强等特点，是安全处理核废料的最佳手段之一。为深入研究核废料嬗变过程中的科学问题，突破系列核心关键技术，建设核废料嬗变原理实验研究装置，主要包括：强流质子直线加速器、高功率中子散裂靶、液态金属冷却次临界反应堆三大子系统。该设施建成后，将满足我国长寿命高放核反应堆废料安全、妥善处理处置的研究需求，为中国核能可持续发展提供技术支撑。

（三）～（五）

略。

（六）高效低碳燃气轮机试验装置

围绕化石燃料高效转化和洁净利用中的气体动力学、燃烧科学和传热传质问题，为实现高压比、高透平温度、高效和近零排放等目标，建设高效低碳燃气轮机试验装置，主要包括：压气机、燃烧室和高温透平的全温、全压、全流量、全尺寸的大型试验装置研究系统，以及精细和高精度测试系统。该设施建成后，将为中国燃气轮机部件和系统特性研究提供研发手段，为化石能源持续和低碳发展提供基础支撑。

（七）高海拔宇宙线观测站（略）

（八）未来网络试验设施

三网融合、云计算和物联网发展对现有互联网的可扩展性、安全性、移动性、能耗和服务质量都提出了巨大挑战，基于 TCP/IP 协议的互联网依靠增加带宽和渐进式改进已经无法满足未来发展的需求。为突破未来网络基础理论和支撑新一代互联网实验，建设未来网络试验设施，主要包括：原创性网络设备系统，资源监控管理系统，涵盖云计算服务、物联网应用、空间信息网络仿真、网络信息安全、高性能集成电路验证以及量子通信网络等开放式网络试验系统。该设施建成后，网络覆盖规模超过 10 个城市，支撑不少于 128 个异构网络并行实验，将为空间网络、光网络和量子网络研究提供必要的实验验证条件。

（九）～（十二）

略。

（十三）大型低速风洞

大型运输机、客机及地面交通工具研制对低速风洞的规模、技术性能不断提出新要求。着眼飞机地面效应试验、大飞机涡扇发动机动力影响模拟和反推力影响试验、飞机和车辆气动声学试验的科技需求，建设回流式、多试验段、多功能大型低速风洞，具备支撑飞行器起飞、着陆特性研究，发动机、机身、机翼一体化研究，气动力及气动声学和降噪研究的能力。该设施建成后，流场品质和综合性能将达到国际先进水平。

（十四）、（十五）

略。

（十六）地球系统数值模拟器

地球系统模拟是衡量地球科学研究综合水平的重要标志，是开展气候变化、防灾减灾和环境治理等科学研究不可缺少的手段。以认识地球环境复杂系统、模拟地球系统圈层变化和长期气候变化、精细描述和预测地球物理化学及生物过程等为目标，建设地球系统数值模拟器，主要包括：超级计算及存储专用系统，超级模拟支撑与管理软件系统，地球各层圈过程模拟软件系统，地球系统科学数据库与海量数据智能分析与可视化系统等。该设施建成后，将大幅提高我国地球系统模拟的整体能力和重大自然灾害预测预警、气候变化预估的研究水平。

电力发展重大战略问题调研报告（摘要）

第一章　电力发展战略环境分析（略）

第二章　电力需求预测

第一节　国民经济发展预测

2020 年前，中国仍处于工业化和城镇化“双快速”发展阶段。预计 2010～2020 年间年均增长 7.5% 左右，2020 年 GDP 达到 65 万亿元（2005 年可比价）、人均 GDP 超过 7400 美元，实现全面小康社会战略目标。

2020～2030 年，中国有望处于工业化进程相对稳定和城镇化持续较快推进的“一稳一快”发展阶段。预计 2050 年 GDP 达到 220 万亿元左右，2030～2050 年均增长约 3%，按 2050 年中国人口为 14 亿测算，人均 GDP 达到 2.6 万美元，实现建成中等发达国家的第三步战略目标。

第二节　电力需求预测分析

2010 年，全国全社会用电量 4.20 万亿 kWh，“十一五”期间年均增长 11.1%；全口径最大负荷 6.61 亿 kW，“十一五”期间年均增长 11.3%。2011 年和 2012 年用电量同比增长分别为 11.7% 和 5.6%。

综合考虑经济、社会发展、电气化水平提高等影响因素和电力作为重要基础产业及民生重要保障的地位，提出未来电力需求增长高中低方案预测结果。预计 2020 年全国全社会用电量 7.7 万亿～8.5 万亿 kWh，推荐方案为 8.1 万亿 kWh，2010～2020 年年均增速 6.8% 左右，人均用电量约为 5830kWh，电力消费弹性系数为 0.9。华北、华东、华中、东北、西北和南方全社会用电量分别达到 1.86 万亿、1.85 万亿、1.56 万亿、0.64 万亿、0.83 万亿、1.36 万亿 kW。

预计 2030 年全国全社会用电量 11.3 万亿～12.7 万亿 kWh，推荐方案为 12 万亿 kWh，2020～2030 年年均增速 3.9%，人均用电量约为 8259kWh，电力消费弹性系数为 0.6。华北、华东、华中、东北、西北和南方全社会用电量分别达到 2.70 万亿、2.62 万亿、2.36 万亿、0.96 万亿、1.38 万亿、1.96 万亿 kWh。人均用电量国际对比见图 1。

预计 2050 年全国全社会用电量 13.3 万亿～14.7 万亿 kWh，推荐方案为 14 万亿 kWh，2030～2050 年年均增速 0.78%，电力消费弹性系数为 0.26 左右，

2050 年人均用电量 10 000kWh。经济发展和能源电力需求预测见表 1，分地区电力需求预测见表 2。

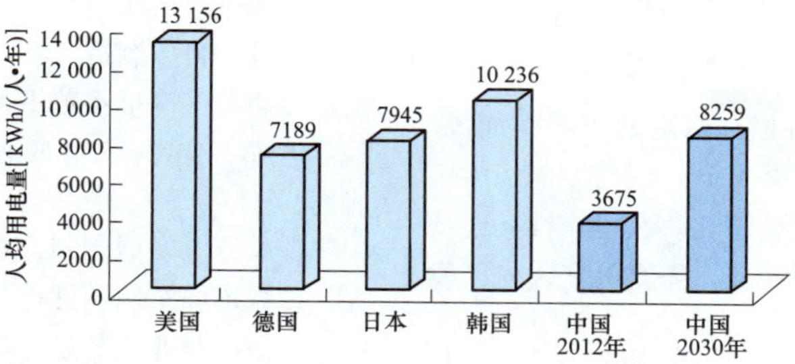

图 1　人均用电量国际对比

表 1　经济发展和能源电力需求预测表（推荐方案）

项　目	2020 年	2010～2020 年增速	2030 年	2020～2030 年增速	2050 年	2030～2050 年增速
人口（亿人）	13.9		14.5	0.40%	14	
GDP（万亿元）	65	7.50%	121.4	6.44%	218	2.98%
人均 GDP（美元）	7423		13 500		26 000	
用电量（亿 kWh）	81 087	6.80%	119 750	3.90%	140 000	0.78%
人均用电量（kWh）	5834		8260		10 000	
能源需求（亿 t）	50	4.50%	59	1.61%	60	
电力消费弹性系数		0.9		0.61		0.26
能源消费弹性系数		0.6		0.25		

表 2　分地区电力需求预测表（推荐方案）　单位：亿 kWh，万 kW，%

地区		2010 年（实际）	“十一五”年均增速	2020 年（预计）	2010～2020 年年均增速	2030 年（预计）	2020～2030 年年均增速
全国合计	用电量	41 999	11.1	81 087	6.8	119 750	3.9
	最大负荷	66 070	11.3	131 189	7.1	196 500	4.1
华北电网	用电量	10 162	11.8	18 632	6.2	26 990	3.8
	最大负荷	16 050	12.4	29 859	6.4	43 870	3.9
华东电网	用电量	10 375	11.2	18 497	6.0	26 180	3.5
	最大负荷	17 416	11.9	33 767	6.8	50 090	4.0
华中电网	用电量	7732	11.4	15 643	7.3	23 550	4.2
	最大负荷	12 910	11.1	27 968	8.0	43 960	4.6
东北电网	用电量	3321	8.9	6433	6.8	9590	4.1
	最大负荷	4683	6.7	9822	7.7	15 590	4.7
西北电网	用电量	3357	12.8	8332	9.5	13 810	5.2
	最大负荷	5050	12.6	12 289	9.3	19 880	4.9
南方电网	用电量	7051	10.3	13 550	6.8	19 630	3.8
	最大负荷	11 663	12.4	22 726	6.9	33 710	4.0

注　华北包含蒙西，东北包含蒙东，西北包含西藏。

第三章　电力发展战略布局

第一节　优先开发水电

水电是技术成熟、出力相对稳定的可再生能源，尽管目前水电开发成本已显著上升，但与风能、太阳能等其他形式可再生能源发电相比，在可靠性、经济性和灵活性方面仍具有显著优势，需要放在优先开发的战略位置。

水电开发以大型基地为重点，大中小相结合，推进流域梯级综合开发。

促进水电绿色和谐开发。

重视水电消纳市场研究，扩大水电资源配置范围。

加快抽水蓄能电站发展。2020、2030、2050 年装机容量分别达到 6000 万、1.5 亿 kW 和 3 亿 kW。

规划 2020 年全国常规水电装机容量达到 3.6 亿 kW 左右、开发程度达到 67%；2030 年达到 4.5 亿～5.0 亿 kW 左右、开发程度超过 80%，除西藏外，全国水电基本开发完毕。

第二节　积极有序发展新能源发电

坚持分散与集中、大中小相结合开发。风电要实行大中小、分散与集中、陆地与海上开发相结合，积极推进内陆分散的风能资源利用，有序开发风电基地，因地制宜稳妥开展海上风电项目。太阳能发电，一要优先鼓励各类电力用户按照“自发自用，余量上网，电网调节”的方式建设分布式光伏发电系统。结合建筑节能加强光伏发电应用，推进光伏建筑一体化建设。协调光伏电站与配套电网规划和建设，积极推进太阳能热发电技术研究和工程示范，技术成熟后加快建设。

加快提高技术和装备水平。

加快大型基地外送通道建设。

合理布局建设调峰调频电源，研究应用储能技术。

规划到 2020 年全国新能源发电装机容量 2.8 亿 kW，其中风电 2 亿 kW、太阳能 7000 万 kW、生物质能等 1000 万 kW；2030 年全国新能源发电装机容量 6.7 亿 kW，其中风电 3.5 亿 kW、太阳能 3.0 亿 kW、生物质能等 2000 万 kW。

第三节　安全高效发展核电

核电是绿色发电，经济性较好，是解决我国能源电力需求的战略选择，要高度重视核安全。

高度重视核电安全，强化核安全文化理念。

坚持以我为主，明晰技术发展路线。坚持压水堆—快中子增殖堆/高温气冷堆—核聚变堆技术路线。全面掌握第三代核电工程设计和设备制造技术，加快发展三代核电后续项目，尽快实现我国先进压水堆的自主设计、自主制造、自主建设和自主运行目标。加快建设高温气冷堆示范工程，开工建设快中子增殖堆示范电站。组织核聚变技术攻关，争取走在世界前列。

理顺核电发展体制，加快推进市场化、专业化进程。发挥市场机制，推行多业主、专业化，逐步增加核电建设控股业主数量。理顺核电投资、建造和运营机制，大力推行核电设计、工程管理和运行维护的专业化发展。培育广泛参与、公平竞争、健康有序的建设市场。做好核电人力资源规划，加快核电人才队伍建设。加强科技研发平台建设，建立产学研用相结合的技术创新体系。

建立立足国内、面向国际的核燃料循环体系。

规划 2020 年核电装机容量 7000 万 kW 左右，2030 年达到 2.0 亿 kW，2050 年 4.0 亿 kW。

第四节　优化发展煤电

推行煤电一体化开发，加快建设大型煤电基地。贯彻落实国家西部大开发战略，加快山西、陕西、内蒙古、宁夏、新疆等煤炭资源丰富地区的大型煤电基地建设，尤其是褐煤资源丰富地区的煤电基地建设，在满足本地区用电需求基础上，向东中部地区大规模输电。大力推行高效、节水、环保燃煤发电技术，在煤电基地重点布局建设大容量、空冷、超临界燃煤机组，因地制宜发展煤矸石综合利用项目。

鼓励发展热电联产。统筹燃煤、燃气多种方式，结合城市热网、工业园区建设、小锅炉替代等，统一规划高参数、环保型机组、符合国家政策的热电联产项目。企业自备电源建设应该与周边区域电源、热源和电网发展统筹规划。

推进煤电绿色开发。大力推行洁净煤发电技术。西部和北部地区主要布局建设大容量、空冷、超临界燃煤机组，东中部受端地区适量布局建设负荷支撑的大容量超超临界燃煤机组。按国家环保标准，加快现有机组节能减排改造，因地制宜改造、关停淘汰煤耗高、污染重的小火电。

规划 2020 年中国煤电装机容量达到 11 亿 kW，新增装机容量中煤电基地占 55%；2030 年达到 13.5 亿 kW，新增装机主要布局在煤电基地；2030～2050 年，我国不再新建燃煤电厂，2050 年下降到 12 亿 kW。

第五节　高效发展天然气发电

天然气是清洁的化石能源，未来主要依靠进口增加供应，同时天然气价格较高，发电成本远高于水电、核电和燃煤发电，要高效发展天然气发电。

2012年底，全国天然气发电装机容量3717万kW，年发电量1088亿kWh。

优先发展天然气分布式能源系统。

因地制宜发展大型单循环燃气发电。

适度发展大型联合循环燃气发电。

规划2020年天然气发电装机容量1.0亿kW，其中分布式4000万kW；2030年装机容量2.0亿kW，其中分布式1.2亿kW；2050年装机容量3.0亿kW，其中分布式2.0亿kW。利用形式逐步由大容量机组集中布置为主过渡为分布式多联供方式利用为主。

第六节　探索开发新型发电资源和新型储能

（一）可燃冰开采和发电（略）

（二）新型储能

储能发电是提高系统调节能力、保障系统安全运行的重要手段，在保障可再生能源发电大规模建设、接入和充分利用方面起着重要作用。

近期电力系统应对大规模可再生能源发电所需调峰调频服务仍将以抽水蓄能为主，新型储能为辅，预计2030年新型储能发电容量在500万kW左右。

第七节　电源开发与布局综述（略）

第八节　推进跨区、跨国电力资源优化配置（略）

第九节　加快建设坚强智能电网（略）

第四章　科技创新与体制创新战略

大力推进科技创新和体制创新，是实现电力工业科学发展的动力和源泉。

第一节　加快推进电力科技创新（略）

第二节　坚持节约优先，促进节能减排

(1) 加快实施以终端节能为重点的节能优先战略。

(2) 加快实施提高电气化水平的终端能源替代战略。

(3) 加快实施包括电动汽车在内的绿色交通战略。

(4) 加快制定落实节能优先的保障措施。

第三节　加快完善电力宏观调控机制

(1) 健全电力产业政策。

(2) 加强电力统一规划。

(3) 改革电力项目前期工作方式和审批核准制度。

第四节　加快推进电价改革（略）

第五章　有关建议

(1) 加快修订《电力法》、落实完善电力主管部门职责。

(2) 加强部际间沟通，统筹协调电力相关政策。

(3) 建立健全电力安全预警机制。

(4) 加强能源电力重大问题研究。

(5) 尽快启动“十三五”电力规划研究。

“十二五”及中长期电源发展规划研究成果（摘要）[1]

1　电力发展面临的形势和挑战

(1) 满足电力需求增长的任务依然艰巨。

(2) 资源和环境约束更加突出。

(3) 结构调整面临众多挑战。当前优化电源结构面临的主要困难：一是淘汰小火电难度加大。二是水电发展任务艰巨。三是核电发展举步维艰。四是新能源发展瓶颈较多。

2　中长期电力发展相关重大因素

(1) 能源资源禀赋及供应格局。中国能源资源的总体分布规律是西多东少、北多南少，能源资源与负荷中心呈逆向分布。从煤炭资源看，全国垂深2000m以浅的煤炭资源总量为5.6万亿t，但分布十分不均。分省区来看，山西、陕西、内蒙古、宁夏、新疆等五省区2000m以浅的煤炭资源总量4.6万亿t，占全国煤炭资源总量的82%。从水能资源看，中国水能资源技术可开发装机容量5.72亿kW，资源总量居世界首位。中国水能资源地区分布不均衡，西部丰富，中、东部相对较少。其中，西南地区（四川、重庆、云南、贵州、西藏）是中国水力资源最为丰富的地区，技术可开发量占全国的2/3。从风能资源看，全国陆地50m高度3级以上（风功率密度≥300W/m^2）的风能资源潜在开发量约为24亿kW，其中，陆上风能资源的96%分布在“三北”地区（东北、西北、华北北部），东北三省、河北北部、内蒙古、甘肃、宁夏、新疆组成了中国最大的成片风能资源丰富带。

未来中国能源生产重心将进一步西移和北移，而需求重心将长期保持在东中部地区，能源流规模和距离将进一步增大。从煤炭流向看，一方面煤炭流向仍

[1] 本文由国网能源研究院编制。

呈“西煤东送、北煤南运”的格局，另一方面转化为电力后的“西电东送、北电南送”规模将大幅上升。从水能流向看，在全国规划建设的13个大型水电基地中，西南地区的金沙江、雅砻江、大渡河、澜沧江和怒江等5个水电基地开发程度较低，开发利用率仅为18.3%，未来开发潜力较大，是未来水电开发的主要基地。水电流向呈更大规模“西电东送”格局。从风能流向看，“三北”地区的新疆、甘肃、蒙西、河北、蒙东、吉林、黑龙江等省区，是我国风电开发的主要地区。这些地区受电力市场规模、消纳能力限制，大规模风电开发和利用需要输送至东中部负荷中心消纳，风电流向呈现“三北”向“三华”输送的格局。

（2）输煤输电比较与煤电布局。

（3）水电开发及外送方向。

（4）核电发展形势及应对。

（5）风电开发及消纳。

3 电源发展优化思路、原则与方法

3.1 基本思路（略）

3.2 主要原则

（1）电力流向与能源流向一致的原则。

（2）促进可再生能源大规模开发和高效利用原则。

（3）优化煤炭资源开发利用，输煤输电并举原则。

（4）经济性原则。

4 大型电源基地开发及外送

4.1 西南水电基地

中国主要水电基地2010～2020年新增外送电力流规模及方向如表1所示。

表1 主要水电基地2010～2020年新增外送电力流规模及方向 单位：万kW

项目	华东	华中东四省	合计
三峡（含地下电站）	300	0	300
金沙江下游的溪洛渡、向家坝及部分四川水电	1440	0	1440
乌东德	800	0	800
白鹤滩	0	800	800
雅砻江流域（锦屏）	720	0	720
四川水电（网对网）	900	600	1500
合计	4160	1400	5560

4.2 晋、陕、蒙、宁、新煤电基地

（1）山西（晋北、晋中、晋东南煤电基地）。

（2）陕西（陕北、彬长煤电基地）。

（3）内蒙古煤电基地开发。

（4）宁东煤电基地。

（5）新疆煤电基地建设。

4.3 “三北”风电基地

5 中长期电源发展优化方案

5.1 总量

2010、2015、2020年中国电源装机情况如表2所示。

表2 2010、2015、2020年中国电源装机情况 单位：万kW

项目	2010年	2015年	2020年
水电	19 924	29 014	34 665
抽水蓄能发电	1694	2568	5004
煤电	68 101	96 153	120 114
气电	2641	6371	8021
核电	1081	4008	6160
风电	2958	10 000	20 000
生物质能发电	213	1300	3000
太阳能发电	29	2100	5000
总计	96 641	151 514	201 964

5.2 结构

从全国发电装机的总体结构看，清洁能源装机比重由25%提高到34.1%，到2020年，清洁能源发电量占全国发电量的26%。计及其他可再生能源，非化石能源消费量占一次能源消费比重达15%。2015、2020年全国电源装机结构分别如图1、图2所示。

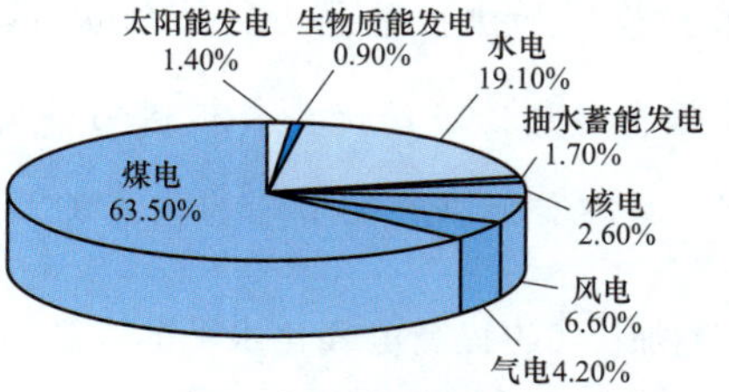

图1 2015年全国电源装机结构

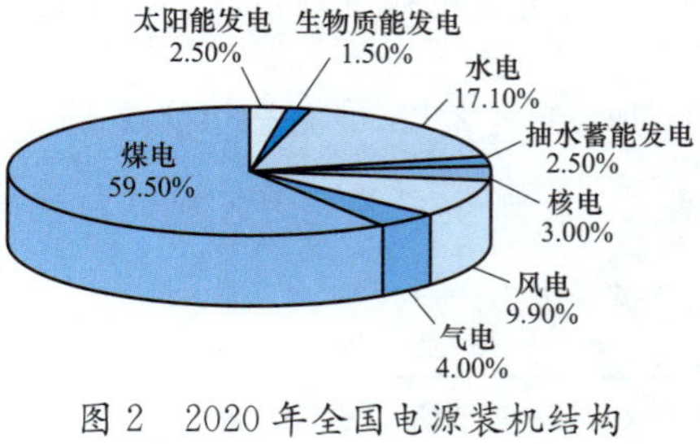

图2 2020年全国电源装机结构

5.3 布局

分区装机布局：华北地区电源装机由于区内山西、蒙西能源基地电源装机大幅增加，占全国总装机的比重由2010年的22%上升到2020年的23%，仍然是全国电源装机份额最大的地区；华东、华中新增电力需求中受入电力比重大，本地装机比重逐步下降；西北是未来煤电新增装机以及风电等新能源装机布局的重点地区，电源装机占全国总装机的比重由2010年的9%快速上升到2020年的18%，与华东电源装机比重基本持平。东北电源装机所占比重基本维持在10%左右。2010～2020年电源装机分区布局如表3和图3所示。

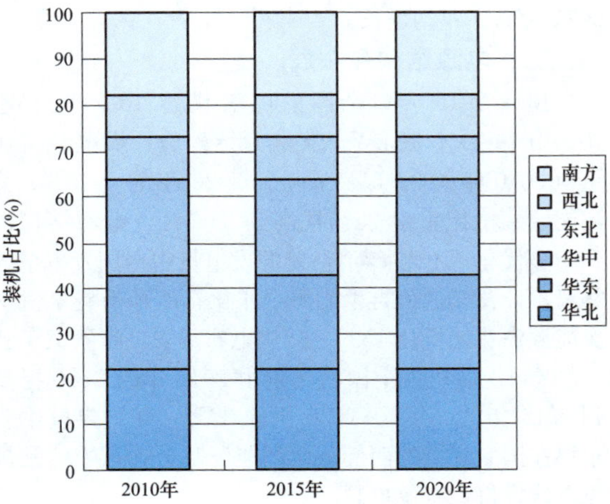

图3 2010～2020年电源装机布局

表3 电源装机分区布局

地区	2010年		2015年		2020年	
	装机容量（万kW）	占比（%）	装机容量（万kW）	占比（%）	装机容量（万kW）	占比（%）
华北	21 619	22	32 738	22	46 826	23
华东	20 376	21	29 854	20	33 248	16
华中	20 109	21	30 169	20	34 385	17
东北	8809	9	13 649	9	20 533	10
西北	8886	9	19 433	13	36 272	18
全国	96 641	100	151 514	100	201 964	100

5.4 电力流格局

（1）电力流向。2011～2020年，全国电力流向仍呈现“西电东送”及“北电南送”的总体格局。其中：

华北京津冀鲁与北部的煤电、风电基地毗邻，受入电力主要来自锡盟、蒙西、宁东、山西等能源基地。

华中位于全国联网的枢纽位置，发挥着水火互济、接续送电的功能。送出湖北三峡水电及四川等西南水电；受入新疆火电、风电，以及山西、蒙西等西部北部能源基地的火电。

华东受入电力主要来自三峡及西南水电、“三西”、蒙东等地区的煤电、风电电力。

（2）送受端电力流。规划到2015年，华北京津冀鲁、华东沪苏浙闽、华中东四省受入电力流1.5亿kW，2020年，受入电力流3.5亿kW。其中，2020年华北京津冀鲁、华东沪苏浙闽和华中东四省受入电力分别为11 194万、13 048万kW和10 370万kW。受端12省（市）本地火电占电源供应总量的比例由2012年的72.2%下降为2020年的47.2%，电源供应结构得到明显优化。

从送端看，煤电电力流主要来自国家“十二五”规划纲要确定的五大国家级综合能源基地，煤电电力流规模2.56亿kW，国外电力输入1600万kW，总规模2.72亿kW。清洁能源电力流主要来自西南水电和“三北”风电基地，其中水电电力流7400万kW，“三北”风电送出9800万kW，与火电“打捆”外送。送往受端12省市的电力流总规模为3.5亿kW。

（3）国家电网公司经营区电力流总体情况。2015年，国家电网公司经营区电力流总规模达2.1亿kW，其中，“三华”受端受入电力规模1.5亿kW；2020年，国家电网公司经营区电力流总规模达4.5亿kW，其中，“三华”受端受入电力规模3.5亿kW，包括煤电电力流2.72亿kW，水电电力流0.74亿kW，风电电力流约1亿kW。2010～2020年，“三华”受端新增煤电电力流2.3亿kW。

水电发展战略研究报告（摘要）❶

一、研究的基本思路和原则

基本思路：以科学发展观为指导，深入研究各地区电力需求和生产力布局的变化趋势，根据我国一次能源分布的客观实际，结合西南地区及境外水电开发规划和相关区域电网的实际情况，在充分发挥水电最大效益的前提下，以我国一次能源的流向

❶ 本文由国网经济技术研究院编制。

和电力发展的客观规律为指导，科学深入的研究我国西南地区水电合理的开发进度、受端电力市场和送电方式。

基本原则：

（1）加快开发水电的原则。

（2）保证当地用电的原则。

（3）资源优化配置的原则。

（4）保证电网安全可靠的原则。

（5）保证水电外送可持续性的原则。

二、主要结论及建议

1. 主要结论

（1）西南地区是中国水力资源最为丰富的地区，技术可开发量占全国的66.7%。加快水电开发符合国家能源发展战略，对保障电力供应、促进节能减排、完成非化石能源比重目标至关重要。

四川、云南两省的水能资源主要集中在大渡河、雅砻江、金沙江、澜沧江、怒江等五大流域；西藏水能资源主要集中在怒江、澜沧江、金沙江以及雅鲁藏布江等流域。

预计2015年、2020年、2030年西南水电开发规模分别为12 911万、18 702万、27 162万kW；其中四川水电分别为7426万、11 595万、14 878万kW，云南水电分别为5485万、6771万、8733万kW，藏东南水电分别为0、336万kW和3551万kW。

预计到2020年，四川水电开发率约90%，云南水电开发率约80%。藏东南水电的大规模开发预计在2020年以后，雅鲁藏布江开发预计在2030年之后。

（2）统筹各流域水电站建设规模、布局、开发时序和用电市场需求，在优先满足送端用电的基础上，合理确定消纳市场，扩大水电消纳范围，实现清洁能源的高效利用。

（3）四川水电占比高，电力“丰余枯缺”的结构性矛盾突出，既是重要的能源送端，又是重要的能源受端。

（4）四川、西藏等地水力资源集中，水电外送规模大、走廊站址资源紧张，采用特高压电压等级外送，可以提高输电效率，实现水电的大范围优化配置，进一步促进水电规模化发展。

（5）加快抽水蓄能电站的发展，有利于提高电网供电质量，保障电力系统的安全可靠运行，保障和促进风电、核电等清洁能源的规模发展，为节能减排做出贡献。

2. 建议

（1）加强大型水电基地与输电工程的统一规划。

（2）加快大型水电基地输电工程建设。

（3）预留和保护宝贵的站址和走廊资源。

（4）尽快出台合理的抽水蓄能电价政策。

国家电网发展规划（2013～2020年）（摘要）

一、电力需求预测

根据党的“十八大”提出“两个一百年”发展目标，以及新“四化”建设要求，考虑国民经济发展、结构和布局调整、城镇化水平、工业化进程，预计2015年全国全社会用电量6.15万亿kWh、最大负荷10亿kW，“十二五”年均增长7.9%和8.7%。2020年全社会用电量8.4万亿kWh、最大负荷14.1亿kW。“十三五”年均增长6.5%和7.0%。2030年全社会用电量11.5万亿kWh、最大负荷19.4亿kW。2021～2030年均增长3.2%和3.3%。

二、电源结构和布局

预计2015年，全国发电装机达15.2亿kW，2020年达20.2亿kW。从电源结构看，煤电装机比重由2010年的70.5%下降到2020年的59.5%；清洁能源装机比重由25%提高到34.1%，电源结构得到明显优化，2020年清洁能源发电量占全国发电量的26%，计及其他可再生能源，非化石能源消费量占一次能源消费比重达15%。从煤电布局看，晋陕蒙宁新5省区煤电装机占全国的比重由2010年的21%提高到2015年的27%、2020年的37%，新增煤电主要布局在国家规划的西部、北部能源基地，东中部常规煤电建设得到有效控制。

三、电力流优化

充分考虑送端电源开发能力和受端市场空间，优先安排可再生能源和核电，统筹输电走廊和路径，优化西部、北部水电、风电和煤电基地向东中部地区送电规模和流向，经电力电量平衡，到2020年，公司经营区东中部12省（市）受入电力3.5亿kW，其中新增电力流2.9亿kW。

四、主网架方案论证

未来国家电网主网架构建主要有三种方案，即“三华”500kV异步方案、“三华”特高压异步方案、“三华”特高压同步方案。中国电力科学研究院利用世界技术领先的电网仿真系统，对三种方案进行详细的计算分析和比较。研究表明，“三华”500kV异步方案短路电流大面积超标，降低短路电流的措施严重削弱电网结构，不能彻底解决电网发展带来的短路电流增长问题，电网安全稳定水平低于规划设计标准，发生大面积停电风险高。“三华”特高压异步方案部分解决了短路电流大面积超标问题，但华东电网仍然存在严重的电压不稳定问题，不能保障电网安全可靠供电。“三华”特高压同步方案形成“强交强直”科学合理的输电格局，既解决了制约电网发展的短路电流超标问题，又提高了电压支撑能力，解决了东中部地区严重的电压不稳定问题，满足《电力系统安全稳定导则》规定的规划设计标准要求。

（赵　良）

南方电网发展规划（2013～2020年）（摘要）

南方电网建设和运营满足了区域内2.02亿kW电源安全送出和8343亿kWh用电负荷的可靠供电，电网发展站在了新的起点上。根据预测，南方五省（区）2015年用电量将达到10 500亿kWh，“十二五”年均增长8.3%；到2020年将达到13 630亿kWh，“十三五”年均增长5.3%。2013～2020年，南方电网发展以直流为主的西电东送技术路线，形成适应区域发展、送受端结构清晰、定位明确的同步电网主网架格局，六个主要目标如下：

一、稳步推进西电东送

到2015年，南方电网建成“八交八直”的西电东送输电通道，送电规模达到3980万kW；到2020年，再建设6～8个输电通道，满足云南、藏东南和周边国家水电向广东、广西送电要求。

二、形成适应区域发展的主网架格局

综合考虑电网安全、输电效率、经济性等因素，到2020年，现有的五省（区）同步电网将逐步形成以送、受电端为主体，规模适中、结构清晰、相对独立的2个同步电网，区域内电压等级以500kV为主。其中以云南省电网为主体形成送端同步电网，其余4省（区）电网形成一个同步电网。南方电网将主要采用直流输电技术实现跨区域送电。

三、统筹各级电网建设

广东、广西、云南和贵州各自形成坚强的500kV电网。到2020年，500kV变电容量超过2.9亿kVA，线路长度超过4.8万km；220kV变电容量超过4.6亿kVA，线路长度超过9.2万km；110kV变电容量超过4.6亿kVA，线路长度超过13万km。

四、提高电网服务质量

到2020年，电网安全稳定水平、供电可靠性和经济指标进一步提升，城乡用户供电可靠率分别超过99.97%和99.92%，部分重点城市电网技术装备和可靠性达到国际先进水平。

五、提升电网节能增效水平

到2020年，清洁能源得到高效利用，节能调度、错峰用电等节能增效措施广泛应用，在西电东送规模进一步扩大的情况下，电网综合输配电损耗率力争不提高。

六、推广建设智能电网

到2020年城市配电网自动化覆盖率达到80%；应用微电网技术，解决海岛可靠供电问题；基本实现电网信息标准化、一体化、实时化、互动化。适应新能源和电动汽车发展，确保2015年1000万kW风电、500万kW太阳能发电，2020年4500万kW风电、1300万kW太阳能发电无障碍并网；建成满足2015年10万辆、2020年100万辆电动汽车发展需要的基础设施体系。

预期本《规划》实施后，可进一步推进南方五省（区）的能源和环境等资源优化配置，每年西部约2500亿kWh清洁电力送入东部，每年可减少东部地区约1.1亿t煤炭使用，减排二氧化硫8万t、烟尘2.4万t、氮氧化物8.3万t，资源优化配置、改善区域环境质量成效明显。

国家电网公司“十二五”电网智能化滚动规划（摘要）

1～3

略。

4　发电智能化建设方案

建设目标：依托国家风光储输示范工程、上海大容量储能示范工程、国家新能源研究检测中心等建设，加快新能源发电及其并网运行控制技术应用建设。在装机容量3万kW以上的风电场建立风电功率预测和运行监控系统，促进大规模清洁能源科学合理利用；全面完成现役涉网机组以及新增机组的发电机励磁参数、PSS参数配置、调速系统参数实测建模工作，完善电力系统稳定计算参数数据库，提高电网稳定计算的精度；全面开展发电机调节特性实时在线监测系统建设；根据各网省实际情况对电网和不同类型发电厂协调运行的研究，根据地区特点应用水电、潮汐发电等新的控制技术。

2013～2015年，公司100%完成涉网机组参数实测和PSS参数配置工作，完成发电机调节特性实时在线监测系统试点工程建设；同时满足6000万kW风电和500万kW太阳能发电接入的需要。

2016～2017年，公司100%完成新增涉网机组参数实测和PSS参数配置工作，各省级电网发电机调节特性实时在线监测系统全部建成，公司统调范围内主力发电机组的重要运行参数实现实时在线监测和评估功能。同时满足8000万kW风电和1000万kW太阳能发电接入的需要。

5　输电智能化建设方案

建设目标：推广技术成熟的线路状态监测装置，分阶段扩大输变电设备状态监测覆盖范围，建成适中

覆盖率的输变电设备状态监测网络，实现对重要输变电设备状态和关键运行环境的实时监测、诊断、评估和预测等功能。应用相对成熟的智能巡检技术，初步建立统一的输电线路智能巡检应用系统，实现对特高压线路、跨区长距离输电线路、网内主干线路以及人工巡检较为困难地区的智能化巡检。开展输电线路的状态评估的工程应用，实现输电线路状态评估的智能化，提高电网运行可靠性和企业运行效率。

2013～2015 年，实现输电线路状态监测长度约 18 万 km、智能化巡检线路约 10 万 km。实现输电线路的安全风险评价、可靠性评估、寿命预测和经济性评价等智能评估。状态监测装置基本覆盖重要输电线路的关键运行状态参量，实现线路的智能评估，初步实现输电线路状态检修。

2016～2017 年，实现输电线路状态监测长度 28.5 万 km，智能化巡检线路 14 万 km。输电线路监测范围进一步增加，线路的状态评估功能进一步完善，实现输电线路的状态检修。

6 变电智能化建设方案

建设目标：“十二五”滚动规划期间，全面建设 110（66）kV 及以上电压等级的新建智能变电站，实现新一代智能变电站示范工程应用。对达到预期寿命的变电站进行智能化改造，按照各省“大运行”建设方案，有序推进变电站的“调控一体化”改造。加大智能变电站新材料、新技术、新设备研究力度，深化小型化、模块化、长寿命的智能设备的研发应用进程，持续优化设计方案，构建全景信息平台，支持调控合一、运维一体，实现能量智能调节，设备可控在控，信息共享互动，服务便捷优质的智能变电站。强化变电站工业性设施定位，最大范围实现“工厂化预制，装配式建设”、“系统高度集成、结构布局合理、技术装备先进、经济节能环保”、“占地少、造价省、效率高”的智能变电站建设目标。

到 2015 年末，实现新建变电站智能化率 100%，新建智能变电站达 4423 座；变电站智能化改造达 1221 座。

到 2017 年末，实现新建变电站智能化率 100%，新建智能变电站达 6996 座，稳步提升智能变电站建设水平，深化先进成熟技术的应用；变电站智能化改造达 1828 座。

7 配电智能化建设方案

建设目标：公司经营区内将建成直辖市、省会城市和计划单列市核心区配电自动化系统；在地市公司推进配电自动化建设；部分直供直管县完成配电自动化系统主站及部分终端接入建设，指导股份制和代管县配电自动化建设，提升公司配电网供电可靠性、电网运行效率和电能质量。在配电自动化基础较好的地区，开展分布式电源/储能及微电网接入与协调控制试点建设，形成成熟度较高的典型发展模式并适时进行推广应用。

到 2015 年末，公司系统将新建 210 套配电自动化系统主站，部分重点城市实现全部地级市单位的推广应用，配电网生产指挥与运行水平显著提升，不同地区和不同需求的配电自动化建设基本实现标准化。

到 2017 年末，公司系统将新建 286 套配电自动化系统，进一步扩大配电自动化系统建设规模和覆盖范围，实现配电自动化标准化建设，为引领提升阶段奠定基础。

8 用电智能化建设方案

建设目标：全面开展用电信息采集系统建设工作，进一步加快系统主站、终端设备、智能电表及通信信道的建设进度和深化应用的进程，重点加强用电信息采集系统建设项目工程实施质量和标准化执行程度管理，确保在 2015 年顺利实现国家电网公司范围内各单位用电信息。采集系统“全覆盖、全采集、全费控”；建设符合电动汽车产业发展需要、充换电基础设施布局合理、“换电为主、插充为辅、集中充电、统一配送”充换电服务模式完备高效，具备信息化、自动化、网络化特征的智能充换电服务网络；重点开展南、北两个大区供电服务中心建设；深入开展智能小区/智能楼宇商业模式的探索与推广，改变电力企业单独投资建设的局面，推动社会力量合力建设，形成智能小区/楼宇的可持续发展；开展互动化营业厅、需求侧响应系统试点工程建设，为用户提供友好、快捷、高效、多元的双向互动服务。

2013～2015 年，实现公司经营区域内用电信息采集系统覆盖率达到 100%，实现“全覆盖、全采集、全费控”；优先保障 5 个私人购买新能源汽车补贴试点以及其他 15 个“十城千辆”试点等重点城市发展需求，在环渤海、长三角两大重点区域实现区域互联，建设充（换）电站 1273 座，充电桩 93 035 个；完成 25 个互动化营业厅、35 个需求侧响应系统试点工程建设。

2016～1017 年，深化用电信息采集系统建设，实现建设成果在电网规划、安全生产、经营管理、优质服务等工作中得到全面应用；在环渤海、长三角两大重点区域建设基础上，进一步扩大公司充换电服务网络建设规模和覆盖范围，辐射周边地区与内陆省份，不断提高建设运营水平，建设充（换）电站 500 座，充电桩 50 139 个；逐步推广互动化营业厅、需求侧响应系统建设。

9 调度智能化建设方案

建设目标：2013～2015 年，省级以上调度 100% 建成智能电网调度技术支持系统，实现基于一体化基础平台的实时监控与预警、调度计划、安全校核、调度管理四大类应用功能。70%的地调按照规范化要求建成智能电网调度技术支持系统，30%的地调在已有系统上进行功能扩充；县级调度全部具备自动化支撑手段，并根据需要具备支持“调控合一”功能，约40%的县调建成智能电网调度技术支持系统。加快调度数据网双平面建设，完成国、网、省、地四级接入网建设，县调和220kV以上厂站实现网络全覆盖且实现双平面接入。110（66）kV厂站的网络覆盖率达100%，35kV厂站的网络覆盖率达90%以上。实现调度信息由专线传输到网络传输的转变。2016～2017年，地区级和县级智能电网调度技术支持系统覆盖率达到100%。35kV变电站的调度数据网网络覆盖率达到100%，实现110/35kV厂站纵向安全策略的部署，全面建成二次系统安全纵深防御体系。

10 通信信息平台

建设目标：到2015年末，公司一级骨干网形成基于SDH技术和波分复用技术的宽带传输网络，二、三级骨干网形成环形和网状网网架结构的传输网，四级骨干通信网立足于现在网络的扩充和完善，形成环网或网状网结构，并且扩展延伸至35kV变电站，光缆总长度达到105.8万km；实现数据通信网、调度电话交换网、行政电话交换网在110（66）kV及以上电压等级的变电站100%覆盖，会议电视系统在直供直管和控股县公司及以上各级电网企业覆盖率达到100%；完善地面基准定时链路的组织结构和智能电网通信管理系统平台。提升10kV通信接入网的光纤通信覆盖率。在27个省公司开展电力光纤到户建设，规模达到127.94万户，比原规划的130.95万户覆盖率减少2.30%；基本建成SG-ERP系统，主要业务应用达到国际领先水平。

到2017年末，在骨干光通信传输网覆盖直管直供和控股县及以上各级电网企业的基础上，实现110（66）kV及以上变电站光纤覆盖率达到100%，各级骨干光缆总长度达到138.4万km；扩大和完善业务网、支撑网的网络结构及覆盖范围；加大对10kV配电站点、营业站点、自动化站点、电动汽车充换电设施等通信接入网建设规模；光纤入户项目建设规模从2015年底的127.94万户提高到149.12万户，覆盖率增长16.55%。全面建成SG-ERP系统。

11 略。

12 “十三五”电网智能化发展展望

12.1 发电环节

到“十三五”末，电网接入风电超过约1亿kW、太阳能发电超过2000万kW；10MW级大容量储能设备得到推广应用。风电预测和管理控制系统将全面应用，部分太阳能发电集中地区应用太阳能发电预测和管理控制系统；常规发电方面，AGC优化控制策略进一步完善；常规机组快速调节和深度调峰等灵活运行技术广泛应用；次同步谐振抑制技术得到推广应用。

12.2 输电环节

“十三五”期间，特高压及FACTS技术和装备将全面达到国际领先水平；统一潮流控制器（UPFC）关键技术实现示范应用。在全面建设的基础上，评估建设绩效，结合应用需求和技术进步，进一步完善和提升我国坚强智能电网输电环节的综合水平，引领国际智能电网的输电技术发展。柔性直流输电、柔性交流输电、线路状态与运行环境监测等技术标准将全面用于指导相关工程项目；输电线路状态监测装置、输电线路状态监测中心系统、柔性交流输电、柔性直流输电和高压直流输电等关键设备将用于工程实际。

12.3 变电环节

“十三五”期间，发展新一代智能变电技术，全面推广新一代智能变电站的建设；按照全寿命周期管理理念，完成对投运年限较长的变电站智能化改造。通过“十二五”期间的经验积累，“十三五”阶段建设、运行、维护及设备生产技术已经非常成熟，新技术的研究和推广成为此阶段的主要任务。“十三五”期间将大力推广建设新一代智能变电站，逐步达到“系统高度集成、结构布局合理、装备先进适用、经济节能环保、支撑调控一体”的新一代智能变电站要求，实现能量智能调节，设备可控在控，信息共享互动，服务便捷优质。国家电网更加坚强，引领国际智能电网技术，在国际智能电网技术标准制订中掌握一定主导权。

12.4 配电环节

公司经营区城市配电网网架结构基本合理，供电可靠性、电压合格率与线损率等指标达到国际领先水平，农网供电可靠性、电压合格率进一步提高，综合线损率进一步降低；配电智能化关键设备得到全面应用，部分国产核心设备达到国际一流水平；形成完善的配电相关技术标准体系，在国际智能电网技术标准制定中掌握一定主导权。2020年基本建成网架坚强、网络智能的配电网络，配网可靠性、运行效率、供电质量和主要技术装备达到国际先进水平。

配电自动化方面，将进一步完善配电自动化系统和配网调控一体化智能技术支持系统、拓展配电信息化系统有关应用功能，实现适应分布式发电的双向能量流下的馈线自动化功能、考虑设备全生命周期的资产优化与智能调度业务功能、适应用户双向互动的业务功能，以及定制电力功能；深入研究自愈馈线自动化技术、农村配电线路远程监测与故障分析等配电自动化与配网调控一体化相关技术，并适时推广应用。依据不同地区的特点，因地制宜地选择合理的配电自动化系统典型模式进行建设，指导有条件的股份制县和代管县开展实用型配电自动化建设。

分布式发电/储能与微网接入方面，全面掌握分布式发电/储能和微网系统的接入与协调控制技术，实现分布式发电/储能及微网的灵活接入与统一控制，充分发挥其在提高供电可靠性和系统削峰填谷中的作用。在公司直供直管区域内全面建成分布式发电/储能及微网接入与协调控制系统，全面配备适用于分布式发电/储能与微网接入/退出的智能保护控制设备，指导有条件的股份制县和代管县开展分布式发电/储能及微网接入与协调控制系统建设。

12.5 用电环节

在“十三五”期间，智能电网建设进入引领提升阶段。在用电方面，全面完成电力用户用电信息采集系统、智能用电小区、智能大用户服务、电动汽车充放电、智能营业厅的优化协调运行，实现标准规范、即插即用、友好开放的互动用电模式，推动电动汽车等设备的安全规范接入，提升电网企业服务水平，提高能源使用效率。

进一步健全和完善智能双向互动服务平台的功能，创新用电管理和用电服务模式；智能用能服务系统、用户侧分布式电源及储能管理、电动汽车充放电有关的技术和设备得到广泛应用，并形成较成熟的商业模式。建立完善的智能用电服务体系，公司在相关市场上占据主导地位，盈利能力得到显著提高。

12.6 调度环节

“十三五”期间，不断提高大电网运行控制能力，推动建立电网多维协调的主动防御体系，确保特高压交直流混联特大型电网的安全、经济、优质运行；不断提高电网调度装备水平，实现智能电网调度技术支持系统在公司系统全面应用，建设坚强的电力通信网络，形成一体化智能调度支撑体系；不断完善“大运行”体系，实现全网运行控制一体化。实现大电网连锁事件条件下的在线智能分析、预警、决策，各类新型发输电技术设备的高效调控和特高压大电网的精益化控制。“十三五”末，实现驾驭大电网能力和大范围资源优化配置能力的飞跃，全面实现调度系统的智能化。

12.7 通信信息平台

“十三五”期间，全面建成坚强骨干电力通信网，基本建成智能变电站通信网、配网通信网、用电通信网及分布式能源接入通信网。全面建设智能电网通信保障系统；建成全覆盖发电、输电、变电、配电、用电、调度通信业务的通信传输网、业务网和支撑网，满足坚强智能电网运营的要求。根据电网发展趋势，开展未来电网的通信新理论和新技术的研究，形成满足智能电网运行的、成熟的通信管理、通信技术、通信标准、通信网络体系；为用户提供用电信息发布、紧急救助等服务，推广应用基于电力光纤到户技术的增值业务。

全面建成 SG-ERP 系统，信息化整体达到国际领先水平。完善提升公司资产全寿命周期管理应用系统；进一步强化和优化通信网络，提高通信网络管理的智能化水平；建立电网生产运行一体化全过程智能管控体系，实现三大领域的高度融合；实现智能决策，支撑和引领坚强智能电网发展，持续提升绩效。

部分电力规划研究报告概况

一、电力发展战略研究

主要完成单位：国家电网公司、国网北京经济技术研究院。

主要研究内容：本报告根据国内电网现状及当前电力发展所面临的主要问题，结合中国未来电力需求增长趋势以及大型能源基地开发规划，对未来电力流规模、方向以及电网发展目标进行了研究，主要内容包括：一是在对中国未来电源结构和电力流优化的基础上，提出了 2020 年国家电网公司经营区内送、受端电力流向及规模，并对 2030 年之后的电力流远景进行了展望；二是提出了 2020 年“三华”受端、东部、西北地区的目标网架，并根据国家电网公司当前特高压和配电网“两头薄弱”问题，提出了公司在“十二五”期间的电网间建设思路和建设重点。

二、四川水电开发及电力供应保障关系研究

主要完成单位：国网北京经济技术研究院。

主要研究内容：本报告旨在对四川电网水电利用及枯水期电力保障问题提出合理建议，为有关部门提供决策参考。按照“丰期不弃水、枯期不缺能”，高效利用水电资源、优先满足本地用电的原则，对四川水电外送与留存、本地火电建设及区外受电等电力供应措施进行了详细研究。主要研究内容包括：一是结合四川省电力消费、能源资源特点和各流域水电特性，通过电力电量平衡分析，研究了四川电网“丰余枯缺”状况；二是对四川水电留存、当地建设火电、疆电入川等四川电力供应方式进行了技术和经济综合比较，提出推荐方案；三是结合四川各流域水电站市场定位、消纳规模，研究提出了 2015、2020、2025、2030 年四川电网规划方案。

三、大型电源基地接入特高压电网方案研究

主要完成单位：国网北京经济技术研究院。

主要研究内容：为保障电源和电网的协调发展，有必要对大型电源基地接入特高压电网（特别是特高压交流电网）的电源汇集方案进行深入研究，为特高压工程配套电源项目建设提供技术支撑，充分发挥特高压电网输电能力，保障各能源基地电力外送的安全性、经济性。本报告在总结以往电源接入系统典型模式的基础上，以

公司特高压电网规划为依据，结合大型能源基地电源前期进展，从技术经济角度，优化能源基地电源群接入系统方案，总结大型电源基地接入特高压交流电网的技术原则，提出相应的电源组织建议。并针对一次性升压至1000kV送出的电厂，在电源基地开发初期，对采用简化电气主接线的可行性进行探讨。

四、新疆"十二五"及中长期输电网规划研究

主要完成单位：国网北京经济技术研究院、新疆电力公司。

主要研究内容：综合新疆能源资源开发、经济发展需求等因素，对新疆负荷水平、电源建设、电力平衡、分区电力流向进行分析；结合国家电网总体规划及新疆内部电力流向，通过多方案技术经济比较，提出新疆"十二五"及中长期750kV电网目标网架，并对"十二五"期间主网架建设时序进行研究，同时对远景年目标网架进行了展望；对推荐的新疆"十二五"目标网架进行潮流、稳定和严重故障校核。

五、宁夏目标主网架规划研究

主要完成单位：国网北京经济技术研究院、宁夏电力公司、宁夏经济技术研究院。

主要研究内容：预测"十三五"及2030年宁夏电力需求、能源发展趋势，判断总体供需形势；开展"十三五"及2030年宁夏电网电力电量平衡、电力流分析及变电容量需求分析；根据2020、2030年负荷发展情况，开展2018年宁夏电网适应性分析，提出电网短路电流超标、变电容量不足等问题，并提出解决方案；提出2020、2030年宁夏电网发展重点及主网架建设方案，针对重点工程开展多方案电气计算分析及方案比选；研究宁夏电网宁东—浙江特高压直流工程风火打捆规模，拟定直流运行曲线，开展生产模拟仿真，研究直流配套新能源规模。

六、青海电力供应保障及光伏消纳能力研究

主要完成单位：国网北京经济技术研究院。

主要研究内容：结合西北省间电力流向及青海黄河上游的水电开发规划，分析青海省负荷中心丰枯期的电力供应情况，针对青海负荷中心可能存在的电力缺额问题，提出解决措施，并研究光伏发电对青海电力供应保障的作用；研究青海地区新能源出力特性和西北负荷特性，分析新能源与常规能源的匹配情况，研究青海光伏与甘肃风电互补特性，提出2015年500万kW、2020年1000万kW光伏发电在省内、西北区域的消纳规模及消纳市场，并给出保证光伏消纳的措施；根据确定的青海光伏消纳方案，针对重点送电断面，研究750kV目标网架适应性，提出青海东部、西部750kV网架调整优化建议。

七、内蒙古通辽科左中旗百万千瓦风电基地电力消纳方案研究

主要完成单位：国网北京经济技术研究院。

主要研究内容：结合风电开发现状及开发规划、电源电网项目前期进展、电网发展规划的最新情况，研究东北电网风电消纳能力；根据通辽科左中旗200万kW风电开发项目的建设布局和规模，提出科左中旗风电基地风电消纳方案和开发时序建议；研究提出风电基地输电方案及汇集方案，并对推荐方案进行电气计算校核。

八、东北风电消纳及网架适应性研究

主要完成单位：国网北京经济技术研究院。

主要研究内容：结合负荷预测及风电发展规划，在充分考虑电网对风电约束的基础上，研究5%弃风比例下东北地区及分省的风电消纳能力，并对东北各省风电装机的区内及跨区消纳方案进行研究；针对已确定的东北备省风电的区内消纳方案，对东北500kV主网架进行适应性研究，重点对500kV主网架重要断面的输电能力进行电气计算校核；同时对东北地区各跨区直流外送风电规模进行研究，对仍无法满足外送需求的风电装机，提出外送方案设想。

九、甘肃风电送出和消纳方案研究

主要完成单位：国网北京经济技术研究院、中国电力科学研究院。

主要研究内容：在分析酒泉风速及风电出力特性基础上，综合考虑西北电网各省（区）新能源发展及消纳能力，结合受端市场空间及受电规划，按照"省内、区内、全国"依次消纳的原则，提出甘肃酒泉风电消纳及外送方案；结合受端负荷特性及电源结构特点，对受端进行调峰平衡计算；针对送端不同配套容量火电电源情景下，研究提出直流外送运行曲线，论证外送直流打捆输送风电容量以及对系统的影响。

十、国家电网公司"十二五"通信网滚动规划

主要完成单位：国网经济技术研究院。

主要研究内容：《国家电网公司"十二五"通信网滚动规划》规划范围覆盖国家电网公司经营区域，包含27个省级电力公司。规划水平年为2017年，"十二五"期间逐年过渡，并将2020年作为规划远景年。报告以《国家电网公司"十二五"通信网规划》为基础，分析了通信网发展面临的形势和问题，明确了公司通信网的规划指导思想、发展目标和技术政策，阐述了骨干通信网和10kV通信接入网规划重点，对重点规划项目进行了投资估算和成效分析，提出了通信网规划实施的保障措施和政策建议。同时，报告也将"十三五"前两年纳入至滚动规划年限内，确保了规划的连续性，加强了"十二五"与"十三五"通信网规划的平滑衔接。

电力生产与经营

2013年电力工业生产综述

（姜绍俊）

一、电力生产和供应能力

2013年新投产的发电装机容量10 222万kW，其中水电装机容量3096万kW，在水电装机中有抽水蓄能120万kW；火电装机容量4175万kW，其中燃煤电站装机容量3447万kW，燃气机组440万kW，燃油机组15万kW，其他类型装机容量273万kW，其中利用余气、余温、余压发电装机容量182万kW，垃圾焚烧发电装机容量34万kW，秸秆、蔗渣、林木质发电装机容量56万kW；核电装机容量221万kW；风电装机容量1487万kW，太阳能发电1243万kW。新增加的电力生产产能结构呈现多元化态势，火电比重仍然最高，但燃煤机组占比已回落至33.7%，见表1。

表1　2013年新增发电装机容量构成

发电方式	水电	燃煤机组	燃气机组	其他燃料机组	核电	风电	太阳能
新增发电装机容量占比（%）	30.29	33.72	4.3	2.82	2.16	14.55	12.16

在新增生产能力中清洁能源占比已达59.16%，新增生产能力结构优化将对全国装机存量资产的结构调整产生重要影响。在新能源和清洁能源中，水电装机投产规模3447万kW，创下年度投产规模的新纪录，风电在关注集中开发与分散开发相结合后，总体装机增长的速度有所回落，年投产规模1487万kW，是理性增长，而太阳能发电装机则呈现快速增长势头，年投产规模突破1000万kW。

2013年新投产机组按东、中、西、东北四大经济板块的分布见表2。

表2　2013年新投产机组分布

经济板块	东部	中部	西部	东北
新增装机（万kW）	2420	1161	6177	462
占比（%）	23.68	11.36	60.44	4.52

与2012年底四大经济区块电力装机的占比相比，东部的装机占比大幅度下降，中部电力装机亦呈下降状态，西部占比则大幅度增加，东北由于装机过剩，新增装机占比稍有萎缩。

2013年风电的重点布局地区为新疆（占年度投产规模的18.36%）、内蒙古（占比13.92%）、山东（占比8.27%）、贵州（占比7.06），以上四省区占比达47.61%，东部地区占19.43%，西部地区占46.06%。

2013年太阳能发电的重点布局地区为甘肃（占年度投产规模的32.42%）、新疆（22.28%）、青海（16.65%）、宁夏（8.77%）、内蒙古（8.04%）、江苏（6.44%），太阳能绝大部分布局在西部地区，占比达到90%。

2013年电网装备继续扩充，电网供给能力有所提高，新增直流输电线路和110kV及以上交流输电线路长度64 450km。新增直流换流容量和110kV及以上交流变电容量，29 947万kVA，新增变电与发电容量比为2.93∶1。

新增电网装备按四大经济区的分布见表3。

表3　新增电网装备分布

地　区	输电线路（km）	占比（%）	变电容量（万kVA）	占比（%）
东部地区	14 783	21.67	14 211	38.74
中部地区	7445	10.91	7474	20.37
西部地区	40 364	59.17	12 933	35.25
东北地区	5618	8.24	2065	5.63

东部地区电网装备的增速明显下降，2013年东、中、西、东北四大区，输电线路规模增速分别是3.95%、2.17%、7.38%和4.22%；变电容量规模增速分别是6.5%、8.71%、123.52%和6.28%。整个电网布局的比例向有利于西部倾斜，到2013年末四个地区输电线路变电容量占全国的比重见表4。

表4　2013年末四个地区输电线路变电容量占全国的比重

地区	输电线路		变电容量	
	长度（km）	比重（%）	容量（万kVA）	比重（%）
东部	459 704	29.58	232 490	48.74
中部	350 711	22.57	93 292	19.56
西部	587 110	37.78	116 252	24.37
东北	138 809	8.93	34 946	7.33
总计	1 554 236		483 427	

中国是世界上电网规模最大的国家，这一方面表明中国电网配置资源的能力很大，另一方面也说明中国电网还拥有相当大的潜力。

二、电力与热力生产

1. 电力生产

2013年全国发电量53 721亿kWh，比2012年增长7.73%，发电量增长大体与国内生产总值增幅相当。

中国发电的主要构成是水电、煤电、天然气电、核电和太阳能光伏发电，其他发电方式如煤层气发电、燃油发电、垃圾发电、秸秆发电以及余温余气余压综合利用发电，规模较小，其他前沿技术发电尚在研发中。

2013年各类发电方式的发电量及占总发电量的结构见表5。

其他类发电中，燃油发电52亿kWh，垃圾焚烧发电176亿kWh，秸秆发电207亿kWh，余温余气余压综合利用发电737亿kWh。

2013年比2012年新增发电量3856亿kWh，新增发电量的结构见表6。

表5　　2013年各发电方式发电量及在总发电量中的占比

发电方式	水电	煤电	气电	核电	风电	光伏电	其他
发电量（亿kWh）	8921	39 805	1164	1115	1383	84	1249
占总发电量之比（%）	16.6	74.1	2.17	2.07	2.57	0.15	2.32

表6　　2013年新增发电量结构

发电方式	水电	煤电	气电	核电	风电	光伏电	其他
新增发电量（亿kWh）	365	2674	64	132	353	48	220
占新增发电量之比（%）	4.49	69.34	1.65	3.42	9.15	1.24	5.7

尽管中国水电装机容量已占全部装机容量的22.3%，但水电新增电量的贡献率较低，仅为9.44%。在新增的水电发电量中，尤以四川、云南水电独占鳌头，2013年四川水电增发478亿kWh，增长率30.95%，云南水电增发391亿kWh，增长31.52%。这两省水电增发869亿kWh，占全国水电净增电量的2.38倍。相比之下全国有许多省份水电减发，不完全统计，湖北、贵州、福建、广西、浙江、江西、湖南七省水电减发550亿kWh，主要受来水和夏季持续高温干旱所致。

由于水电增发式微，电力缺口依靠煤电填补，2013年煤电份额保持较高水平，煤电占全部发电量的比重仍高达74.09%，且煤电的同比增长率也相对较高，达到7.2%。

风电和光伏发电有了大幅度的增长，其中风电发电量增长34.17%，太阳能光伏发电增长132.96%，风电和光伏合计电增发401亿kWh，其贡献率达到10.4%，风电和光伏发电量的增长还悄然改变着电力工业的能源结构。

随着重启核电开闸，2013年沿海核电工程顺利起步，辽宁红沿河一号机投产，新投产机组容量达到109万kW。全部核电发电量继续小幅攀升，2013年核电发电量1115亿kWh，首次突破千亿（千瓦时）大关。

中国天然气发电，作为清洁能源一直备受青睐。2013年气电发电量达到1156亿kWh，同比增长5.86%。气电的生产能力已达到4252万kW。气电的发电量之所以不高，除了受气源制约外，常担当调峰任务也有关，由于气价较高，补贴压力较大等诸多原因，致气电利用小时不高。

按四大经济区的发电量分布来看，东部发电量份额在下降，西部发电量份额在增长，西电东送的规模逐渐加大，表7示出各大区的发电量及占全国发电量的份额及与2012年的对比。

表7　　各地区发电量及在全国发电量中的占比

地区	2013年发电量	净增发电量（亿kWh）	同比增长（%）	2013年占全国份额（%）	2012年占全部份额（%）
东部	21 141	1183	5.92	39.31	40.07
中部	11 779	620	5.57	21.90	22.40
西部	17 668	1964	12.50	32.85	31.53
东北	3190	146	4.80	5.93	6.11

由表7数据可以看出四大经济区此消彼长的态势。

国务院办公厅批转环保部等九部门大气污染防治联防联控意见中对京津冀、长三角、珠三角等东部地区，除热电联产外，禁止新建燃煤电站项目，对东部地区的煤电影响巨大。2013年东部十省市火电装机仅增长1769万kW，其中燃煤机组1245万kW，燃气机组440万kW，但因为水电少发，致煤电利用小时走高。火电发电量1866千亿kWh，同比增幅13.13%。

2. 热力生产

热力是电力工业的第二大产品，主要向工业用户和居民提供蒸汽和热水，其工艺是通过汽轮机抽汽，加热系统，或背压机组的尾水加热系统，输汽（水）

管道进入工业用户或机关、居民采暖负荷。2013年热力生产量324 128万GJ，由于热力商品化程度全国参差不齐及统计监测手段的不完善，上述数据系不完全统计，但历年积攒的数据可以大致看出热力生产的一些规律。

热力产量中低速增长，表8示出2010年以来热力产量的增长率。

表8　2010年以来热力产量增长率

年份	2010	2011	2012	2013
增长率（%）	8.74	6.09	3.32	5.32

从地缘经济特点出发，中国热力生产主要分布在北方。2013年，华北京津晋豫冀鲁六省区，东北辽吉黑三省和西北陕甘新三省区的热力生产量见表9。

表9　2013年华北、东北、西北地区热力生产量　单位：万GJ

华北	东北	西北
108 886	70 107	16 089

三北区热力产量195 084万GJ，占全国的60%以上，2013年人均用热为2.38GJ。

3. 电力生产技术经济指标

电力工业生产的质量和水平以技术经济指标表征与考核，最主要的技术经济指标完成情况及与2012年的比较见表10。

表10　2013年电力工业主要经济指标完成情况

技术经济指标名称	2013年完成值	同比
发电利用小时（h）	4521	下降58h
其中：水电	3359	下降232h
火电	5021	上升39h
核电	7874	上升19h
风电	2025	上升96h
发电标准煤耗（g/kWh）	301.60	下降3.4g/kWh
供电标准煤耗（g/kWh）	320.97	下降4.03g/kWh
厂用电率（%）	5.05	下降0.05个百分点
其中：水电	0.33	上升0.03个百分点
火电	6.01	下降0.09个百分点
供热厂用电率（kWh/GJ）	8.2	持平
供热标准煤耗（kg/GJ）	39.6	下降0.2kg/GJ

发电利用小时除以一年的日历时间（8760h）可以得出设备的利用率，2013年为51.6%。在保证设备合理的使用寿命条件下发电利用小时愈高，说明其利用率越高，而当这个利用率超过一定限额时运行中会产生热量的发电设备寿命也会降低。因此要追求一个合理的利用率，最大限度地发挥设备的发电能力。由于可再生能源替代燃煤，燃煤机组的利用小时进入逐渐下降的过程，这是电力工业转型升级中的正常现象，但像2013年水情较差的情况下，煤电的利用小时出现反弹亦属正常。

燃煤机组的供电煤耗反映了整个发电装备的转换效率，即每供出1kWh电力，需要投入320.97g标准煤，1kWh电力的能量折0.122 9kg标准煤，故燃煤发电装备的转换效率为0.122 9/0.320 97=38.29%。可以看出在当下，提高转换效率的主要途径依然是降低供电煤耗。

水电发电利用小时，几个水电资源丰富的省份情况比较好，四川、云南、甘肃都在4000h以上，其他各省区均在4000h以下，多数省份的水电承担调峰任务，利用小时偏低是常态。

火电发电利用小时，一些省份偏低。其类型有二：一是装机容量总体偏大，产能过剩，利用程度自然较差，以东北为例，辽宁4353h，吉林3443h，黑龙江4134h；另一类是水电比重大的省，不弃水或少弃水是电力生产排产的一个原则，所以火电利用率也差些，如四川3928h，云南3462h，湖南4462h。

核电带基本负荷，利用小时普遍很高，2013年有7874h，其中辽宁、福建、江苏的新技机组，利用小时都在8000h以上，浙江和广东核电利用小时分别达到7869h和7589h。核电机组的高利用小时是因为它们不参与调峰，负荷比较恒定，这是全网共同努力的结果，在未来的电力市场交易中，尚需考虑辅助服务的补偿。

2013年中国风电利用小时突破2000h，这是近年来的首次，风电利用小时提高，增强了对电网的适应性，提高了风电自身的经济效益，验证了在中国提高利用小时的可行性，是一个标志性事件。

三、电力供应与销售

2013年全国电力运行安全平稳，电力供需总体平衡，全社会用电量53 423亿kWh，同比增长7.58%，人均用电量3911kWh，比2012年增加235kWh。受宏观经济企稳回升，夏季持续高温天气，冬季气温偏暖等影响，前三季度用电增速回升，进入第四季度后增速回落。电力供给能力继续大幅增长，全国供需平衡，个别地区初显产能富裕。

1. 电力消费情况

2013年用电量中，第一产业用电1027亿kWh，同比增长 2.28%。第二产业用电 39 332 亿 kWh，同比增长 7.1%。第三产业用电 6275.24 亿 kWh，同比增长 10.21%，城乡居民生活用电 6789 亿 kWh，同比增长 8.89%，一、二、三产业用电和生活用电的结构也发生细微的变化，见图 1。

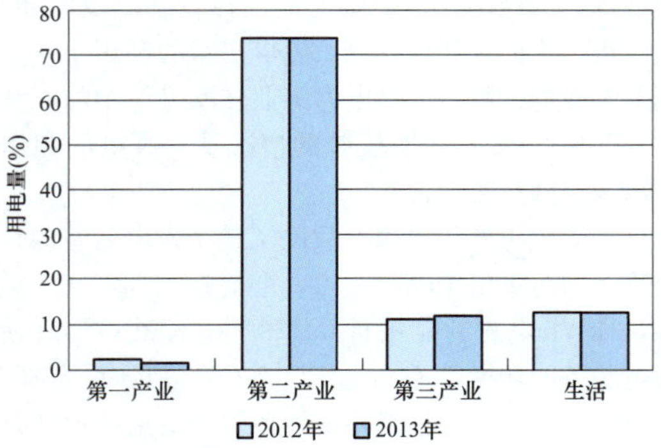

图 1　2012、2013 年用电量情况

2013 年最明显的特点是，第二产业用电与第三产业用电结构的此消彼长，显示出新常态下，第三产业持续走高的用电弹性。

在第二产业用电中工业用电仍是主导因素，工业用电占总用电量的 74.23%。在工业用电中，制造业用电量逐季攀升，分季度增长分别为 4.5%、5.0%、8.0%、9.3%，而化工、建材、黑色金属、有色金属四大行业全年用电量 16 698.20 亿 kWh，综合增长率达 6.6%，占全社会用电量的比例为 31.26%，比 2012 年降低 0.28 个百分点，这也是新常态下行业用电结构当代的新特点。

就地区的布局而言，西部地区用电增长速度明显领先，全年用电量结构持续小幅调增长中，见图 2。

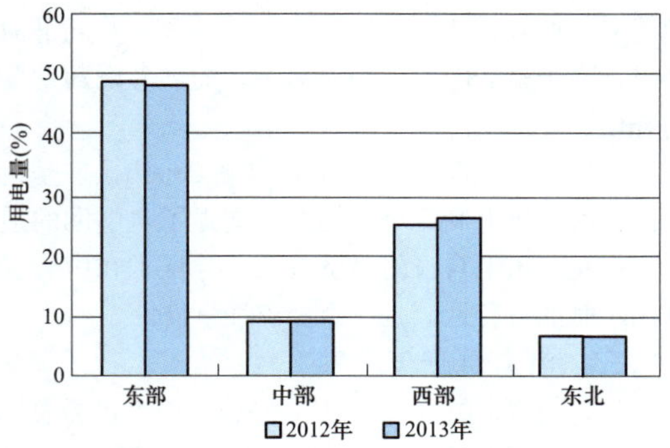

图 2　分地区用电量情况

2. 供电量、售电量、线损电量

2013 年全国供电量 48 177 亿 kWh，比 2012 年增长 7.54%，全国售电量 45 181 亿 kWh，比 2012 年增长 8.13%，全国线损电量 2997 亿 kWh，比 2012 年增长−0.7%。在供电量增长的情况下，损失电量反而下降，线损率也由之下降，2013 年为 6.22%，比 2012 年降低 0.52 个百分点。

全国四个大区供电量售电量线损电量及线损率见表 11。

表 11　2013 全国四大区供电量等指标

地区	供电量（亿 kWh）	售电量（亿 kWh）	线损电量（亿 kWh）	线损率（%）
东部	23 492	22 090	1400	5.96
中部	8898	8294	606	6.81
西部	12 730	11 927	803	6.31
东北	3057	2870	188	6.15

3. 跨区送电情况

中国各地区经济发达程度以及资源赋存情况不同，电力资源在大区互济已成常态。2013 年全国跨区域电量共送出电量 2680 亿 kWh，比 2012 年增长 15.78%。占全国用电量的 5.0%。其中华北电网送出 311.6 亿 kWh，同比增长 11.48%，主要的送电方向是华中、华东、西北，并同蒙古国有国际电量交换。东北电网送出 179.6 亿 kWh，主要的送电方向为华北，其次是与朝鲜的国际交换。华东电网送出 261.5 亿 kWh，主要的送电方向是华中、南方。华中电网送出 1157.1 亿 kWh，主要的送电方向是华东、南方、西北、华北。西北电网送出 457.4 亿 kWh，主要的送电方向是华中、华北。南方电网送出 313.2 亿 kWh，主要送香港、东南亚越南、缅甸、老挝三国，少量送华中的湖南、重庆。

中国的跨国境电量交换总体数量不多，2013 年进口 70 亿 kWh，出口 195 亿 kWh，总体比 2012 年增长 7.05%和 6.21%，进口主要是购俄罗斯、缅甸，香港特例统计为进口，出口的国家为朝鲜、越南、缅甸、老挝、蒙古国，送香港、澳门也统计在这个口径内。

中国南方电网是南部西电东送的大通道处，于同一区域中，其西电东送单独统计，2013 年送出 1314.5 亿 kWh，同比增长 5.76%，其中绝大部分送往广东，少量送广西（仅占 9.2%）

中国华北电网是北部西电东送的大通道，也单独统计，2013 年电量交换 613.7 亿 kWh，其中输入 385.7 亿 kWh，同比增长 4.47%，输出 228 亿 kWh，同比减少 6.65%。

4. 各大电网的电力负荷水平

2013 年全国主要电网发电负荷总水平达到77 636 万 kW，比 2012 年增长 12.21%，依然是负荷增长大于电量增长的态势，发受电负荷 77 536 万 kW，比 2012 年增长 12.02%，各大电网的最高发电负荷和最高发受电负荷见表 12。

表 12　2013 年各大电网的最高发电负荷等指标

电网	最高发电负荷（万 kW）	最高发受电负荷（万 kW）
华北	17 957	18 620
华东	19 491	21 503
华中	17 309	14 915
东北	5730	5464
西北	7773	6894
南方	16 133	12 891

由表 12 中数据方向看出，华北电网需输入电力 663 万 kW，华东电网需输入电力 2012 万 kW，华中则输出 2394 万 kW，东北电网输出 266 万 kW，西北电网输出 879 万 kW，南方电网输出 3242 万 kW。

四、安全生产与可靠性管理

1. 2013 年国家调查统计的事故发生情况

对电力系统事故的管理遵循下述三个基本文件，《电力安全事故应急处置和调查处理条例》（国务院第 599 号令），《生产安全事故报告和调查处理条例》（国务院第 493 号令）和原国家电监会《关于印发电力安全事件监督管理暂行规定的通知》（电监安全〔2012〕11 号文），按上述文件电力系统的非正常运行有明确定义，分为国家管理的企业管理的两大类，由国家能源局管理的非正常运行包括三种情况：第一，较大以上的人身事故，直接经济损失 100 万元以上的电力设备事故，电力系统水电站大坝垮坝、漫坝以及对社会造成重大影响的事故，这一类是比较严重的；第二，一般的人身死亡和重伤事故；第三，重大安全事件。

据原国家电监会及国家能源局通报汇总，2013 年 1～12 月全国发生电力人身伤亡事故 60 起，死亡（或失踪）77 人。其中生产 50 起，死亡 58 人，建设系统 7 起死亡（或失踪）10 人，自然事故 3 起，死亡（或失踪）9 人，损失超过 100 万元的电力设备事故 2 起，电力安全事件 27 起。

人身伤亡事故原因的分析显示，高空坠落，触电，坍垮塌埋压是最高的三类，事故起数分别为 16、16、13，死亡人数分别为 18、18、23，这三类约占全部事故的 75%。

两起直接损失超过 100 万元的设备事故，一起是中广核在内蒙古苏尼特右旗的风电场，风机火灾，烧毁部分设备，另一起是宁波镇海发电的燃机因超温保护动作跳闸，部分部件损坏。

全年共发生安全事件 27 起，所谓安全事件指因故障退出运行，但未造成对用户的停止供电，在统计上不算事故，但为分析原因提高运行水平，对之按安全事件进行统计分析，分析结果如下：

发电系统安全事件 12 起，电网系统安全事件 15 起，直流输电系统单极或双极闭锁 6 起，因火灾或泥石流电厂遭受水淹，淹埋而全厂停运 4 起，因恶劣天气、雷击或外力破坏致线路跳闸 4 起。

2. 2013 年安全生产的重大活动及工作安排

（1）各级电力企业高度重视安全生产工作，召开安全工作会议，电视电话会议或安全生产委员会会议全面部署年度工作，结合本单位实际提出明确要求，并狠抓贯彻落实。几大发电集团，两个电网公司作的年度安全工作部署中主要体现了以下主要方面：落实安全生产责任制和安全生产管理体系，突出安全生产主要工作，以防止频发多发类人身伤害事故、重大设备损坏、电网大面积停电、煤矿防治瓦斯爆炸，加强安全管理督察管理与考核，发挥安全督察体系的作用，使安全生产可控在控，有区别地开展各类特色的安全活动。

（2）政府部门，各大企业坚持抓好季节性事故预防，重点是迎峰度夏和做好元旦春节冬春季安全生产，这是电力事故常发的季节，抓好季节性事故预防是我国电力安全生产的基本经验，2013 年这一机制得到强化优化取得实效。

（3）各企业密切联系实际开展了丰富的安全专项活动，华能集团开展注册安全工程师活动，大唐集团开展“优化运行”专项活动，国电集团持续开展 NOSA 五星管理活动，华电集团开展“安全月竞赛”活动，国家电网公司开展“安全月”活动。南方电网提出“七个狠抓”即狠抓主要安全风险的防范，狠抓设备管理，狠抓自然灾害的预防处置，狠抓电网管理，狠抓工程安全，狠抓安全基础，狠抓安全意识和培训。各单位通过丰富多样的活动，强化了安全生产管理的效能。

（4）注重安全生产的基础工作，巩固和发展安全生产的基础工作，这是安全生产的经常性工作，一刻也不能松懈。2013 年打基础的工作主要包括：标准化的不断优化完善，提高安全生产的门槛，不断自我加压，提高设备的防范事故能力。各单位对提高设备健康水平十分重视，设备防反水平的提高是提高安全生产水平的第一道防线。重视对员工的安全教育，提高安全意识，克服习惯性违章，提高员工自我防范的能力。

（5）加强考核与监督，使电力安全的自励与他励有机结合。

3. 可靠性管理

据中电联可靠性中心发布的统计结果，2013 年 10 万 kW 及以上燃煤发电机组加权平均等效可用系数为 91.84%，比 2012 年度降低了 1.09 个百分点。燃煤机组每台年平均利用小时 5238h，比 2012 年提高 73.56h。2013 年燃煤机组共发生非计划停运 875 次，非计划停运时间 49 789.95h，平均每台年发生非计划停运 0.54 次，停运时间 32.51h，比 2012 年减少 0.06 次和 12.29h。强迫停运发生 790 次，强迫停运时间 40 827.5h，占火电非计划行运总时间的 82%，强迫停运每年平均值为 0.49 次和 25.88h。2013 年全国燃煤机组平均备用小时为 1002.12h，比 2012 年降低 130.58h，六大区中除东北外其他 5 区均有所下降，华中区域降低最多，达 334.01h。2013 年参与可靠性统计评价的 1000MW 火电机组 53 台，均为燃煤火电，比 2012 年增加了 12 台，2013 年等效可用系数 92.03%，比 2012 年上升 0.59 个百分点，利用小时台年平均 5871.53h，比 2012 年增加 95.02h，预迫停运 30 次，停运时间 1199.27h。

2013 年 4 万 kW 及以上容量水电机组等效可用系数为 91.71%，比 2012 年降低 0.76 个百分点，台年平均利用小时 3256.94h，比 2012 年降低 238.56h。非计划停运 277 次，非计划停运总时数 7668.17h，比 2012 年增加 3187.53h，台年平均分别为 0.37 次，10.12h，较 2012 年台年平均值增加 0.03 次，3.82h。强迫停运 209 次，总计 5185h，占全部非计划停运总时数的 67.62%，强迫停运台年平均值 0.28 次，6.84h，比 2012 年分别增加 0.07 次，3.88h。

2013 年纳入可靠性统计的 20 万 kW 及以上容量火电机五种主要辅机的台数：磨煤机 5242 台，给水泵组 3036 台，送风机 2184 台，引风机 2174 台，高压加热器 3278 台，可用系数分别为 92.46%，93.23%，93.14%，93.17%，93.16%，20 万 kW 及以上火电机组电除尘器 1362 套，脱硫装备 890 套，2013 年可用系数分别为 92.18%，92.59%。

2013 年全国 220kV 及以上电压等级 13 类输变电设备可靠性指标维持在较高水平，其中架空线路可用系数 99.853%，变压器 99.958%，开关 99.07%，同比分别为 +0.25 个百分点，−0.005 个百分点和 −0.01个百分点。

2013 年全国 10kV 用户平均供电可靠率 RS 为 99.395 8%，平均每户停电时间 7.47h，其中城市 RS1 为 99.958%，同比上升 0.009 个百分点，相当于平均停电时间 3.66h/户，农村用户 RS1 为 99.905%，同比上升 0.066 个百分点，相当于平均停电时间 8.30h/户。

五、节能减排

电力结构进一步优化。非化石能源发电装机发电比重和发电量比重进一步提高，全国水电、核电、并网风电、并网太阳能发电装机超过 3.85 亿 kW，非化石能源发电装机比重达到 30%，煤电装机比重下降至 63%。火电发电量同比降低了 0.35 个百分点，水电、核电、并网风电、并网太阳能发电量同比增长为 5%、14%、36%、143%，非化石能源发电量超过 1 万亿 kWh，约占全国发电量的 21.6%，比 2012 年提高了 1 个百分点。同时，2013 年关停小火电机组 447 万 kW，30 万 kW 及以上机组容量所占比例比 2012 年提高 1 个百分点。

电力技术水平和效率进一步提高，主要表现在输电能力不断增强，如 2013 年新增±800kV 直流输电线路 3644km，新增 1000kV 交流输电线路 1298km。积极应用超超临界机组，推广大型空冷、循环流化床等先进技术。如具有自主知识产权的四川白马电站 60 万 kW 循环流化床机组投产，标志着此项技术世界领先。在技术进步和强化管理的共同作用下，供电煤耗又有较大幅度的下降，全国 6000kW 及以上火电机组供电标准煤耗 321g/kWh，比 2012 年降低 4g/kWh，全国线路损失率比 2012 年下降 0.08 个百分点，降至 6.67%。

大气污染物减排能力继续增强，排放总量持续下降。初步统计分析，截至 2013 年底，具备脱硫能力的燃煤机组比例近 100%，脱硫设施运行可靠性水平进一步提高；近 2 亿 kW 火电机组完成烟气脱硝改造，全国脱硝机组投运容量接近 4.3 亿 kW，煤电脱硝机组比例接近 55%；煤电机组除尘改造力度增加，高效电袋除尘器、袋式除尘器的应用比例进一步提高。虽然火电发电量同比增长约 7.05%（快报数），但预计电力行业烟尘、二氧化硫、氮氧化物排放量分别下降 6%、11.7%、12%，排放量将分别降至约 142 万、780 万、834 万 t，相应每千瓦时污染物排放绩效分别下降约 0.05、1.85、0.43g。

各项参数的实际情况如下：

1. 供电煤耗

2013 年全国火电机组供电煤耗 321g/kWh，比 2012 年降低 4g/kWh。其中除宁夏和福建外，全国各省（区、市）火电机组供电煤耗均较 2012 年有所降低，有 15 个省（区、市）火电机组供电煤耗低于平均值，降低幅度较大的有北京、上海、江苏、浙江、西藏，而高于平均值的有青海、宁夏、新疆、重庆。

2013 年统计的 24 家大型企业火电装机容量 6.57 亿 kW，占全国火电装机容量的 75.5%，平均供电煤耗 316g/kWh，比全国平均值低 5g/kWh。供电煤耗最佳为申能集团 290g/kWh，而最高的 353g/kWh，中央管理的几大企业大体在 313～315g/kWh，省属企业中浙能、江苏国信、江西投资集团均低于 310g/kWh，水平较高。

各类机组供电煤耗差异较大，表 13 示出 24 家大型发电企业按机组类型分类供电煤耗水平。

表 13　　各容量等级机组供电煤耗

容量等级（万 kW）	台数（台）	装机容量（万 kW）	供电煤耗（g/kWh）
全部机组	1889	65 717	315.75
大于 100	63	6337	290.65
60≤机组<100	429	26 721	312.89
30≤机组<60	769	24 998	319.66
20≤机组<30	198	4167	334.29
10≤机组<20	211	2897	339.53
0.6≤机组<10	219	593	378.74

2. 发电厂厂用电率

2013 年全国发电厂厂用电率 5.05%，比 2012 年降低 0.05 个百分点，其中水电 0.33%，与 2012 年持平；火电 6.01%，比 2012 年下降 0.07 个百分点。

2013 年有 14 个省（区、市）厂用电率低于全国平均值，其中湖北、四川、云南、青海、西藏、广西、湖南等都是因为水电比重较大，上海、江苏、浙江、安徽、福建等省（市）则是因为大机组运行水平较高。

2013 年火电厂厂用电率低于平均值的有 14 省（区、市），其中上海、江苏、浙江、安徽、福建、五省市均低于 5%，为国内最优水平。西部地区则偏高，系空冷机组偏多所致。

2013 年在统计的 27 家企业中，厂用电率较低的省 15 家企业，低于全国平均值，其中浙能、江苏国信、申能、江西省投、新力能源均低于 5%。

3. 线损率

2013 年全国线损率 6.68%，比 2012 年降低 0.65 个点。

有 17 个省（区、市）线损率低于平均值，其中内蒙古、浙江，甘肃、青海、宁夏 5 省低于 5%，吉林、江苏、河南、广东、兰州、云南 6 省低于 6%。

4. 烟尘排放

2013 年全国电力烟尘排放量 142 万 t，比 2012 年下降 6%，火电发电量烟尘单位排放量 0.34g/kWh，比 2012 年下降 0.05g/kWh。

截至 2013 年底，燃煤电厂袋式除尘器、电袋复合式除尘器装机容量超过 1.6 亿 kW，占燃煤机组容量的 20.5%，电除尘比例下降为 79.5%。

5. 二氧化硫排放

2013 年全国二氧化硫排放量 2043.9 万 t，其中电力二氧化硫排放 780 万 t，同比下降 11.7%，电力排放二氧化硫占全国的 38.16%，单位排放量为 1.86g/kWh，比 2012 年降 0.39g/kWh，优于美国 2012 年水平（2.44g/kWh）。

截至 2013 年底，已投火电烟气脱硫机组容量 7.2 亿 kW，占现役燃煤机组容量的 91.6%，采用的方法主要是石灰石—石膏湿法，占比达 92.3%，其他技术如海水法、烟气循环流化床法、氨法等合计 7.7%。

6. 氮氧化物排放

2013 年全国氮氧化物排放量 2227.3 万 t，其中电力氮氧化物排放 834 万 t，比 2012 年下降 11.7%。电力氮氧化物排放全国氮氧化物排放量的 37.4%，单位排放 1.99g/kWh，比 2013 年下降 0.43g/kWh，下降 17.8%。

2013 年已投运燃煤机组烟气脱硝容量达 4.3 亿 kW，占比达 50%。

7. 火电厂废水排放与控制

2013 年全国火电厂单位废水排放量 0.10g/kWh，与 2012 年持平。

8. 火电厂水耗

2013 年全国火电厂水耗 2.04kg/kWh，比 2012 年降低 0.15kg/kWh。

9. 固体废弃物排放与综合利用

2013 年全国燃煤电厂产生粉煤灰 5.5 亿 t，比 2012 年增长 2%，固废综合利用率为 69%，比 2012 年增长 2%。产生脱硫石膏 7550 万 t，比 2012 年增长 11%，综合利用率 72%，与 2012 年持平。

六、技术监督与技术改造

1. 发电领域

（1）以大代小，关停淘汰落后高能。关停中小机组 803 万 kW，其中东部地区 388.9 万 kW，中部 215.4 万 kW，西部 94.3 万 kW，东北 118.5 万 kW。

（2）多策提高发电效率。华能长春热电厂技术创新设备改造对引风机串号改造，取消脱硫增压风机，空气预热器蓄热元件增容，改进密封及热网泵改造，降低厂用电，降低排烟温度，降低供电煤耗达 1.7g/kWh。

神华台山电厂 100 万 kW 机组进行 FCB 试验（快速减负荷）取得成功；福建调度试验成功有序调停机组，提高全网平均负荷率；山东电科院降低排烟温度，对风机水泵改造节电。

召开超超临界机组技术交流会，对两种技术路线的优势进行比较，提高一次再热升级新一代，掌握二次再热技术，并提出加快 700℃超超临界技术研发进度的建议。

燃煤电厂燃烧优化技术的应用，以监测燃烧参数 O_2，CO 浓度和温度测量为手段，均衡燃烧，提高锅炉热效率减少 NO_x，CO_2 排放。

（3）通过技术改造降低污染物排放。福建龙净研发的低低温电除尘技术，有了突破性进展，可降低烟气温度30～60℃，提高脱硫效率。2013年五大集团脱硫脱硝改造进入高潮，计算到2015年改造目标500台，为此五大集团要求制定全年度计划，完善体制机制和考核体系，保障资金投入，加强工程管理，保证投入年度措施加以落实。华电集团在河南新密电厂100万kW机组，采用电袋复合除尘器，通过验收投产，年除尘66万t，比传统方式减排351t，PM2.5捕集率达90%以上，两台电袋复合除尘器的除尘效率达到99.9%以上。

华电集团高度旋风分离技术示范成功，细粉分离器效率提高11个百分点，减少供电煤耗1.87g/kWh，氮氧化物排放降低200mg/m^3。

华能集团研发了脱汞技术及汞排放的监测方法，汞污染排放特性，迁移规律，建成了中国首套全流量烟气汞污染控制系统，达到了国际水平。

（4）供热技术改造。采用低能耗长输热网技术，延长100万kW机组的供热服务半径，扩大供热负荷，并采用智能化控热机组和基于物联网技术应用的供热管控一体化，新型保温，小型蒸汽驱设备，水处理工艺，热泵热控系统等技术综合进行100万kW机组的供热改造取得成功，可提高效率30%。

华电青岛发电厂30万kW机组高背压循环水供热改造成功，以及低压缸双背压双转不互换循环水供热高端技术，成功给30万kW机组实施供热改造。

（5）四川白马电厂60万kW CFB机组示范工程投产，标志着洁净煤燃烧发电技术实现了新的突破。

（6）风电技术的新进展。2013年风电企业完成219座风电场低电压穿越能力改造，占需改造量的89%；完成151个风电场低电压穿越抽检，占应检量的69%。通过抽检和改造，风电并网难的四大类典型问题已基本解决，2013年未发生大面积脱网事故。

研发了变桨距控制技术和风电叶片除冰技术等新型风电技术。

（7）丰满电厂大坝改造工程包括大坝土建及金属结构安装工程，同时建设6台20万kW机组。

2. 电网领域

（1）实施农网改造。据不完全统计，吉林省投资15亿元、云南投资12.2亿元、新疆投资44亿元、浙江投资40亿元、贵州投资48亿元、广西投资75亿元追加15亿元，进行农网改造。2013年农网改造的目标是技术升级，同时解决供电能力卡脖子的问题，在不存在供电能力不足的情况下要提高供电可靠率和低电压问题。

（2）智能电网和电网智能化。除国家电网公司和南方电网公司实施的智能电网试点、示范工程外，电网企业普遍加大电网智能化力度。上海建设新一代智能变电站，以集成化智能设备与一体化业务系统相结合为主要特点；黑龙江打造高寒地区的智能变电站；福建在成路安装智能故监测；江西试点县城城市电网示范；宁夏采用红外线路测湿设备。

（3）配网改造。已成为各供电企业的业务常态，经常性工作。2013年召开的第二届城市电网技术管理国际研讨会较系统地总结了配电网改造工作，智能监控、自愈型电网配网自动化、大规模储能、微电网成为聚焦内容。2013年，国家电网公司提出了新的电网建设标准，以可靠性为例，将各类供电地区分成A+、A、B、C、D等类，各类的水平要求见表14。

表14　各类供电地区年停电时间限值

供电地区类别	2015	2017	2020
A+	15min	10min	5min
A	90min	60min	30min
B	4h	2h	1h
C	9h	6h	3h
D	15h	12h	9h

（4）无锡提出建设高可靠电网，以适应高端负荷供电需要。高可靠性电网的供电可靠率达到5个9，即99.999%，拟选6个点区进行试点，包括电缆管沟升级，自动化改造17个开闭所，优化变配电设备和控保设备，优化管理等。

（5）南方电网的融冰技术。南方电网研制了一整套融冰技术，已配置49套固定、28套移动融冰装置。2013年在500kV桂山乙线100～120号塔导线覆冰4.8mm，地线覆冰5.2mm情况下，进行了融冰试验，验证了技术和装备。

（6）多端直流输电技术。南方电网在南澳建设了三端柔性直流输电工程，电压±160kV，容量20万kW，通过40km线路，电缆连接大陆的澄海站与海岛的青澳、金牛两个换流站。

（7）通航飞机巡检线路，机器人巡检。

3. 电网装备新技术

（1）瓷复合绝缘子的研发和应用。瓷复合绝缘子的应用规避了瓷绝缘子零值检验的麻烦和玻璃绝缘子的自爆，也规避了复合绝缘子芯棒的脆断等不足。截至2013年底已挂网试运200万片，效果良好。

（2）智能电能表芯片的研发已通过国家鉴定，将形成大批量供给能力。

（3）《三相配电变压器能效限定值及能效等级》

发布并从2013年10月1日起实施，标志着高耗能产品（如S7～S10）将受限，国家为鼓励低损耗配变应用给以财政补贴。

（4）固体绝缘环网柜将扩大应用，将为配电网的自动化打下物质基础。

（5）高效电动机。2013年6月，工信部和国家质检总局印发《电机能效提升计划（2013～2015）》计划到2015年淘汰在用低效电机1.6亿kW，推广高效电机1.7亿kW，实施电机系统节能技改1亿kW，电机再制造2000万kW。其中2013年推广2700万kW，改造3000万kW，使得3级能效平均效率可达87%，通过改造提升能效水平，可以节电1300亿～2300亿kWh。

（6）中强度全铝合金重点绞线。这种导线导电率53%，比普通钢芯铝绞线高5.5%，可提高输电能力5%～10%。

（7）稀土永磁电机。超高效异步起动永磁电机和非晶合金铁氧体永磁电机开始应用。

（8）110kV氟碳变压器。为氟碳蒸发液浸式变压器，具有不爆炸、无毒无害、沸点低、可降低损耗、噪声低、占地省等优点。

4. 信息化

（1）广东电网全面E化（电子化），创新服务优化。将信息化、自动化控制拓展到电力服务领域，实施供电定制服务一企一案，实现全省网上交费，城乡一体化，使农村电网可靠率接近城市供电可靠率，大幅度降低农村用户停电时间2.37h，已接近全国经平均停电时间。

（2）浙江乌沙山电厂E化管理。

（3）溪络渡水电站打造智能大坝。

（4）安徽机器人巡检。

（5）国电电力实施数字化技术管理异地风电场。

（6）半导体LED照明技术。

七、2013年全国火电300～600MW机组能效对标年度评选结果

1. 300MW级机组能效对标评选结果

300MW纯凝湿冷机组：一等奖9台，二等奖16台，三台奖20台。

300MW供热湿冷机组：一等奖8台，二等奖10台，三等奖18台。

350MW进口机组：一等奖2台，二等奖3台，三等奖3台。

300MW空冷机组：一等奖1台。

300MW供热空冷机组：一等奖1台，二等奖2台，三等奖4台。

2. 600MW及以上级机组能效对标评选结果

1000MW机组：一等奖5台，二等奖4台，三等奖4台。

600MW超超机组：一等奖2台，二等奖2台，三等奖5台。

600MW超临界机组：一等奖5台，二等奖8台，三等奖15台。

600MW亚临界机组：一等奖3台，二等奖6台，三等奖11台。

600MW空冷超临界机组：一等奖1台，二等奖2台，三等奖4台。

600MW空冷亚临界机组：一等奖2台，二等奖4台，二等奖5台。

600MW俄（东欧）机组：二等奖1台。

附：中电联发布的中国300－600－1000MW机组的能效对标资料

2013年全国火电机组供电煤耗321g/kWh，较2012年降低4g/kWh，居世界先进水平。

46台湿冷1000MW机组的平均供电煤耗288.68g/kWh。其中前20%的平均水平为282.71g/kWh，前40%的平均水平为283.72g/kWh。

45台600MW超超临界火电机组的平均供电煤耗295.83g/kWh，其中前20%的平均水平为287.8g/kWh，前40%的平均水平为289.79g/kWh。

135台600MW超临界火电机组的平均供电煤耗304.06g/kWh。其中前20%的平均水平为298.43g/kWh，前40%的平均水平为299.92g/kWh。

84台600MW亚临界火电机组平均供电煤耗317.42g/kWh，其中前20%的平均水平为308.73g/kWh，前40%的平均水平为311.32g/kWh。

34台600MW超临界空冷机组平均供电煤耗为321.79g/kWh，其中前20%的平均水平为315.41g/kWh。前40%的平均水平为317.62g/kWh。

41台600kW亚临界空冷机组平均供电煤耗332.49g/kWh，其中前20%的平均水平为24.86g/kWh，前40%的平均水平为326.63g/kWh。

2013年度共有345台600MW级，48台1000MW级火电机组，参加了能效对标，其中378台参加了竞赛，这378台机组平均等效可用系数91.69%（2012年度93.26%），平均非计划停运次数0.50次/（台·年）[2012年度0.55次/（台·年）]，平均非计划停运时间23.61h/（台·年）[2012年度31.22h/（台·年）]，等效强迫停运率0.25%（2012年度0.34%），平均利用小时5455.09h（2012年度5434.30h）。

378台600MW（含1000MW）机组平均供电煤耗308.79g/kWh，厂用电率5.21%，综合耗水率1.09kg/kWh，点火用油81.95t/a，助燃油47.78t/a。

各厂参数达到前20%平均值的机组为标杆机组，达到前40%年均机组为先进机组，达到全部平均值的为达标机组。

国家能源局发布 2012 年全社会用电量

2013 年 1 月 14 日，国家能源局发布 2012 年全社会用电量。

2012 年，全社会用电量累计达 49 591 亿 kWh，同比增长 5.5%，其中：第一产业 1013 亿 kWh，第二产业 36 669 亿 kWh，第三产业 5690 亿 kWh，城乡居民生活 6219 亿 kWh。从分类用电量看，全国工业用电量为 36 061 亿 kWh，其中，轻、重工业分别为 6083 亿 kWh 和 29 978 亿 kWh。

2012 年6000kW 及以上电厂发电设备累计平均利用小时 4572h，比 2011 年降低 158h。其中，水电 3555h，比 2011 年提高 536h；火电 4965h，比 2011 年降低 340h；核电 7838h，比 2011 年提高 79h。

2012 年发电新增设备容量 8700 万 kW，其中，水电 1900 万 kW，火电 5100 万 kW，风电 1537 万 kW。截至 2012 年底，全口径发电装机容量 11.44 亿 kW，其中，水电 2.49 亿 kW，火电 8.19 亿 kW，核电 1257 万 kW，风电 6237 万 kW。

国家能源局公布 2012 年度全国火力发电可靠性金牌机组及全国供电可靠性金牌企业

2013 年 6 月 5 日，国家能源局与中国电力企业联合会在北京联合召开了 2012 年度电力可靠性指标发布会暨“安全生产月”启动仪式。会议发布了 2012 年度全国电力可靠性指标，宣布了 2012 年度火力发电机组可靠性评价结果，并对金牌机组进行了表彰；同时公布并表彰了 2012 年度全国供电可靠性金牌企业。

根据综合评价指标，确定了 2012 年度可靠性 100 万 kW 级金牌机组 5 个，60 万 kW 级金牌机组 20 个，30 万 kW 级金牌机组 20 个，见下表。百万千瓦级火力发电机组首次纳入评价范围。

2012 年全国火力发电可靠性金牌机组

机组容量（万 kW）	序号	机组名称	评价系数
100	1	华能玉环电厂 2 号机组	98.62
	2	国电浙江北仑第三发电有限公司 7 号机组	97.97
	3	浙江国华浙能发电有限公司 5 号机组	97.95
	4	中电投河南电力有限公司平顶山发电分公司 1 号机组	97.19
	5	绥中发电有限公司 3 号机组	96.54
60	1	大唐许昌禹龙发电有限责任公司 4 号机组	99.86
	2	江苏大唐国际吕四港发电有限责任公司 4 号机组	99.79
	3	陕西国华锦界能源有限公司 1 号机组	99.76
	4	天津大唐国际盘山发电有限责任公司 4 号机组	99.67
	5	国华孟津发电有限责任公司 1 号机组	99.66
	6	国电常州发电有限公司 2 号机组	99.51
	7	安徽淮南洛能发电有限公司 6 号机组	99.24
	8	浙江浙能兰溪发电有限责任公司 1 号机组	99.19
	9	华能上海石洞口第二电厂 3 号机组	98.99
	10	广东国华粤电台山发电有限公司 3 号机组	98.81
	11	内蒙古大唐国际托克托发电公司 4 号机组	98.55
	12	华能邯峰电厂 2 号机组	98.36
	13	河北国华定洲发电有限责任公司 1 号机组	98.15
	14	江苏国信扬州发电有限责任公司 4 号机组	97.99
	15	内蒙古京隆发电有限责任公司 2 号机组	97.93
	16	国电民权发电有限公司 2 号机组	97.91
	17	内蒙古大唐国际托克托发电公司 3 号机组	97.90
	18	浙江浙能兰溪发电有限责任公司 2 号机组	97.88
	19	浙江浙能北仑发电有限公司 4 号机组	97.88
	20	吉林电力股份有限公司白城发电公司 1 号机组	97.86

续表

机组容量（万 kW）	序号	机组名称	评价系数
30	1	神华秦皇岛发电有限公司3号机组	99.89
	2	大唐国际张家口发电厂1号机组	99.88
	3	大唐耒阳发电厂3号机组	99.86
	4	浙江浙能嘉兴发电有限公司1号机组	99.80
	5	大唐国际张家口发电厂4号机组	99.77
	6	华能辛店发电有限公司6号机组	99.75
	7	华能海南发电股份有限公司东方发电厂1号机组	99.68
	8	大唐国际张家口发电厂8号机组	99.67
	9	华能吉林发电有限公司长春热电厂1号机组	99.66
	10	阳城国际发电有限责任公司2号机组	99.54
	11	深圳妈湾电力有限公司5号机组	99.34
	12	浙江浙能长兴发电有限公司1号机组	99.04
	13	甘肃大唐国际连城发电有限责任公司4号机组	98.54
	14	深圳妈湾电力有限公司1号机组	98.44
	15	华能上安电厂4号机组	98.35
	16	大仓港协鑫发电有限公司3号机组	98.23
	17	大唐洛阳首阳山发电有限责任公司3号机组	98.18
	18	中电投抚顺热电有限公司2号机组	97.96
	19	华能大连电厂2号机组	97.94
	20	华电湖北发电有限公司黄石热电厂10号机组	97.91

按照《供电企业可靠性评价实施办法》，国家能源局对全国地（市）级及以上城市供电企业进行了可靠性评价，根据评价指标分数最终确定10家供电企业荣获2012年度供电可靠性金牌企业（A级）。国家电网公司与中国南方电网有限责任公司所属企业各有5家入选，入选企业分别是：上海市电力公司、广东电网公司佛山供电局、广州供电局有限公司、广东电网公司东莞供电局、天津市电力公司、辽宁省电力有限公司大连供电公司、广东电网公司江门供电局、山东电力集团公司青岛供电公司、广东电网公司中山供电局、山东电力集团公司济宁供电公司。另有山东电力集团公司、北京市电力公司等18家供电企业荣获可靠性金牌企业（B级）。

中国调整电价分类结构

2013年6月6日，国家发展改革委表示，中国将逐步调整销售电价分类结构，规范各类销售电价的适用范围，适当扩大居民生活和农业生产用电的范围，可减轻社会福利场所、社区居委会服务设施、城乡居民住宅小区公用附属设施、农林牧渔业生产单位电费支出每年约30亿元。

电力建设

2013年电力建设综述

（张天文）

一、电源建设

1. 2013年电源建设新增容量

2013年，中国电源建设新增发电设备容量9400（10 222）万kW，其中：

（1）水电新增3096万kW（含抽水蓄能120万kW）。2013年是水电投产最多的一年，投产的水电工程包括溪洛渡水电站12×77万kW，向家坝水电站3×80万kW，锦屏一级水电水电站4×60万kW，锦屏二级水电站3×60万kW，糯扎渡水电站4×65万kW，金沙江龙开口水电站4×36万kW，云南阿海水电站3×40万kW，鲁地拉水电站3×36万kW，乌江沙沱水电站4×28万kW，岩滩水电站1×30万kW，嘉陵江亭子口水电站2×27.5万kW等机组。

（2）火电新增4175万kW。火电新增装机以大容量、高参数燃煤机组为主，比重有所下降，新增燃煤（含煤矸石）3447万kW，新增燃气机组439万kW，新增余温余热余压发电机组182万kW。投产机组30万kW及以上机组65台共3196万kW，其中60万kW及以上机组29台共2015万kW（其中百万机组5台，全国在运百万机组63台）。

（3）核电新增221万kW。2013年2月17日，红沿河核电工程1号112万kW机组并网，并于6月6日完成168h试运行试验，正式投入商业运行，成为中国第5个、东北首个投入商运的核电基地。4月15日，福建宁德核电站一期1号109万kW机组正式投入商业运行，该工程4×100万kW工程采用中广核集团具有完全自主知识产权的CPR1000压水堆技术。12月31日，广东阳江核电站1号机组首次并网一次成功，该工程总投资700亿人民币，采用中国自主品牌核电技术CPR1000，是中国一次性核准开工建设容量最大的核电项目，连续建设6台百万kW级核电机组。

（4）并网风电新增1487万kW。比2012年增长14.77%，其中内蒙古、新疆新增并网容量超过200万kW，山东、贵州新增并网容量超过100万kW。

（5）并网太阳能发电新增1234万kW。受国家产业政策影响，2013年太阳能发电并网新增容量有大幅增长，其中甘肃403万kW、新疆277万kW、青海207万kW、宁夏109万kW。

（6）生物质及垃圾发电新增90万kW。

2. 全口径发电装机总规模

截至2013年底，中国全口径发电装机总容量12.58亿kW，同比2012年增长9.70%，同比2011年增长17.31%。火力发电占总装机容量首次降至70%以下，非化石能源发电占总装机容量升至30.9%；

（1）火电装机容量8.70亿kW（含燃气—蒸汽联合循环等燃机4309万kW），占总装机容量的69.13%，同比2012年增长5.25（6.10）%，同比2011年增长12.24%。

（2）水电装机容量2.80亿kW（含抽水蓄能2151万kW），占全部装机容量得22.45%；同比2012年增长12.45%；同比2011年增长20.17%。

中国水电资源丰富，水力资源理论蕴藏量平均功率为6.9亿kW；技术可开发装机容量5.42亿kW，经济可开发装机容量4.02亿kW，三项指标均居世界第一。按照技术可开发量计算，目前中国水电开发程度已达50%左右。根据国家“十二五”规划要求，为实现减排承诺，到2020年水电装机至少要达到4.2亿kW。

（3）核电装机容量1466万kW，占总装机容量的占1.2%；同比2012年增长16.6%。截至2013年底，中国投入商业运行的核电机组数量为17台。

（4）并网风电装机容量7652万kW，占总装机容量的6%，同比2012年增长24.60%，同比2011年增长63.27%。2013年中国风电建设遍布全国各省（区、市），是继火电、水电之后第三大电源，“弃风”形势有所好转但依然严峻。2013年中国海上风电项目累计核准222万kW，其中已建成39万kW，主要分布在江苏和上海。

（5）并网太阳能发电装机容量1589万kW，占总装机容量的占1.19%，同比2012年增长365.80%；同比2011年增长566%。光伏电站建设成本下降及鼓励政策推出，以及分布式发电多项扶持政策的落实，中国光伏装机容量规模快速增长。

（6）生物质发电850万kW，占总装机容量的占0.68%。

3. 6000kW规模以上电厂发电装机规模

截至2013年底，中国6000kW及以上发电装机规模12.22亿kW，其中水电2.50亿kW，火电8.65亿kW（其中燃煤7.95亿kW、煤矸石2062万kW、燃油293万kW、燃气4252万kW），其他类型发电2478万kW（其中生物质868万kW），核电1466万kW，风电7650万kW，太阳能1556万kW。

4. 2013年电源新开工规模

2013年，中国电源建设新开工规模5225万kW，比2012年增加788万kW，其中：水电289万kW，比2012年减少637万kW；火电3064万kW，比2012年增加618万kW；核电217万kW；风电1252万kW，比2012年增加421万kW；太阳能403万

kW，比2012年增加297万kW。

二、电网建设

1. 2013年电网建设新增规模

2013年，中国电网建设新增220kV及以上输电线路长度6.45万km，新增变电容量1.98亿kVA，新增换流容量1370万kW。

（1）交流新增规模。1000kV新增输电线路长度1298km，变电容量2100万kVA。750kV新增输电线路长度2218km，变电容量1180万kVA。500kV新增输电线路长度7469km，变电容量5580万kVA（其中南方电网公司1684km、1400万kVA）。330kV新增输电线路长度1598km，变电容量573万kVA。220kV新增输电线路长度21 498km，变电容量10 398万kVA（其中南方电网公司5308km、1490万kVA）。

（2）直流新增规模。±800kV新增输电线路长度3623km、换流容量1050万kW（其中南方电网公司1434km、换流容量125万kW）。±500kV新增输电线路长度2502km、320万kW（其中南方电网公司2502km、160万kW）。

2. 电网建设总规模

截至2013年底，中国电网220kV及以上输电线路长度达54.39万km，比2012年增长7.57%，比2011年增长13.67%，其中：交流51.81万km（1000kV 0.19万km、750kV 1.1万km、500kV 14.62万km、330kV 2.43万km、220kV 33.47万km）；直流2.17万km（±800kV 0.80万km、±660kV 0.14万km、±500kV 1.12万km、±400kV 0.11万km）。

全国电网220kV及以上变电设备容量27.82亿kVA，同比2012年增长9.03%，同比2011年增长18.80%。

三、固定资产投资

2013年，中国电力建设完成固定资产投资7728亿元，比2012年增长4.53%，其中：

（1）电源投资3872亿元，同比2012年增长3.75%，占比50.10%。水电投资1223亿元，占电源总投资的31.58；火电投资1016亿元，占电源总投资的26.25%；核电投资660亿元，占电源总投资的17.05%；风电投资650亿元，占电源总投资的16.78%；太阳能发电投资323亿元，占电源总投资的8.34%。

2013年，全国水电、核电完成投资为负增长，火电、风电、太阳能发电为正增长，尤其是太阳能发电受国家政策影响，完成投资额度增幅较大。

（2）电网投资3856亿元，同比2012年增长5.33%，占比49.90%，其中：交流1000kV 160亿元，750kV 120亿元，500kV 403亿元，330kV 43亿元，220kV 792亿元，110kV 711亿元；直流800kV 309亿元，500kV 45亿元。

在电网总投资中，国家电网公司3216亿元，中国南方电网有限责任公司640亿元。

四、主要亮点事件

1. 四川白马电厂世界首台60万超临界CFB并网发电

2月24日，由中国电建四川电建三公司承建的首台由中国自主研发的、拥有完全自主知识产权的、世界容量最大的四川白马电厂600MW CFB循环流化床示范工程实现首次并网发电一次成功。

2. 华能海门电厂2台百万机组同时投产指标最先进

4月7日，华能海门电厂3、4号机组同时投入商业运营，实现日带最高负荷356.5万kW、月份发电量达17.2亿kWh，创电厂月度发电量历史新高（包括2009年已投产的1、2号机组）。

3. 溪洛渡水电站创造水电年投产装机最新纪录

7月15日～12月29日，世界第三、中国第二、总装机容量1386万kW的溪洛渡水电站用不到半年时间，投产机组12台，投产装机容量924万kW，刷新了三峡电站创造的单座水电站年投产装机500万kW的世界纪录，也创造了水电行业建设史上的新纪录。

4. 皖电东送工程投运具有重要里程碑意义

9月25日，世界首条1000kV淮南—上海同塔双回特高压交流工程——“皖电东送”工程正式投运，国家电网公司“两交两直”特高压输电格局形成。皖电东送工程的投运是世界电力发展史上的重要里程碑，使中国特高压电网技术继续领跑世界，对于推动中国电力工业和装备制造业科学发展，保障电力可靠供应和国家能源安全具有重要意义。

5. 向家坝水电站创造水电机组单机容量之最

10月24日，向家坝水电站80万kW级水轮发电机组并网发电，创造了中国电力装备行业水电机组单机容量的世界之最，中国开始步入水电设备自主设计、制造、安装、运行的新时代。

6. 多项境内外电力工程荣获中国建筑鲁班奖

12月5日，2012～2013年度中国建设工程“鲁班奖”在北京揭晓，其中5项电力工程荣获中国建设工程鲁班奖；中国水电八局承建的柬埔寨甘再水电站BOT项目、山东电建三公司EPC总承包建设的印度嘉佳圣雄甘地电厂2×66万kW机组工程、东电一公司承建的土耳其EREN 60万kW机组等三项工程荣获中国建设境外工程“鲁班奖”。

7. 锦屏一级水电站世界最高双曲拱坝全线到顶

12月23日，世界最高混凝土双曲拱坝—坝高305m、坝顶高程1885m的锦屏一级水电站大坝全线到顶，标志着该电站大坝主体工程完工。

8. 青藏直流等24项电力工程获国家优质工程奖

12月27日，国家优质工程奖表彰大会在北京召开。会议对获得2012～2013年度221项国家优质工程奖进行表彰，其中青海—西藏±400kV直流联网工程等6项电力工程获国家优质工程金质奖，24项电力工程获国家优质工程奖。

9. 电力建设质量管理、科技成果及工法评选结果出炉

2013年，中电建协发布质量管理成果527项，其中：一等奖60项，二等奖120项，三等奖347项；批准电力建设工法91项；评选出科技新成果318项，其中，一等奖34项，二等奖102项，三等奖182项。

10. 施工企业国际市场“走出去”竞争力进一步提高

2013年，中国电建和中国能建两大集团围绕建设世界一流企业目标，在进军国际市场和海外经营方面取得重大突破。美国新闻工程实录（ENR）全球225强工程承包商榜单中，中国水电集团公司名列第20位，山东电建三公司位列第54位，山东电力基本建设总公司位列第61位，葛洲坝集团公司位列第56位，标志着中国电力施工企业国际竞争力进一步加强。

11. 两大电建集团EPC总承包管理模式取得突破

2013年，中国电建和中国能建两大集团充分发挥自身优势和产业特色，以设计和咨询服务企业为龙头，在多个领域积极推动EPC总承包管理模式。集电力和能源规划咨询、勘测设计、工程承包、装备制造、投资运营为一体的EPC等组织方式，有力地推动了中国电力及能源市场建设的管理模式转变。

12. 新疆煤电直接空冷机组开创火电110万kW级新纪元

2013年末，由山东电力工程咨询院有限公司设计的新疆农六师煤电有限公司世界首台110万kW机组进入联合试运转阶段，创造了国内直接空冷机组的最高水平，世界火力发电进入110万kW等级的新纪元。

13. 安徽田集电厂66万kW超超临界机组投入运行

12月22日，皖电东送又一个里程碑式的重要节点——安徽淮南田集电厂二期工程首台机组投产，这是国际首台采用再热汽包温度623℃Ⅱ型锅炉的66万kW超超临界燃煤发电机组，其设计供电煤耗仅280g/kWh，发电效率高、降本增效显著，为先进的27MPa/600℃/620℃的装机方案，同时实施了主机高参数、冷端优化、低温省煤器、电除尘旋转电极等21项重大优化设计方案，代表着当前世界上60万kW等级火电机组的最高参数技术水平。

14. 中国发电装机容量突破12亿kW，居世界第一

2013年末，继水电、煤电、并网风电装机规模先后跃居世界第一之后，中国发电设备装机总容量达到12.58亿kW，超过美国，成为世界上发电装机规模最大的国家。

15. 中电建协评选出电力建设十家特殊贡献企业

中电建协对为中国电力建设做出突出贡献、在行业内起排头兵作用的中国水电八局、葛洲坝集团机电公司、浙江火电建设公司、广东火电工程总公司、天津电力建设公司、江苏电建三公司、浙江送变电公司、江苏送变电公司、云南送变电公司、山东电建三公司10家企业授予“全国电力建设特殊贡献企业”称号。

五、重要工程

1. 西电东送工程

西电东送是西部大开发的标志性工程之一，形成北、中、南三路送电格局。北线由内蒙古、陕西等省（区）向华北电网输电；中线由四川等省向华中、华东电网输电；南线由云南、贵州、广西等省（区）向华南输电。在西部大开发三大标志性工程中，西电东送投资最大、工程量最大。同时开工的工程之多是史无前例的，单个工程的规模之大也是罕见的，在中国电力建设史上从未有过。西电东送为西部省区把资源优势转化为经济优势提供了新的历史机遇，将改变东西部能源与经济不平衡的状况。对加快中国能源结构调整和东部地区经济发展，将发挥重要作用。

2013年，以哈郑直流工程实现双极低端投运为标志，国家电网公司跨区输电能力超过5500万kW。南方电网形成“八交七直”（500kV天广交流四回，贵广交流四回；±500kV天广直流、三广直流、溪洛渡送广东直流各一回，贵广直流两回；±800kV云广特高压直流、糯扎渡送广东特高压直流各一回）15条500kV及以上西电东送大通道。西电东送能力达到2700万kW，最大输送能力超过3000万kW，其规模、效益、发展后劲走在西电东送的前列。

2. 农村电网建设

自2010年9月国家启动新一轮农网改造升级工程以来，按照国家能源局统一部署，国家电网公司、南方电网公司加快推进农村电网改造升级建设，着力满足农村经济社会发展和农民生活改善的用电需求。截至2013年11月，两大电网企业共完成新一轮农网改造升级和无电地区电力建设投资2761.8亿元。2013年全国农村10kV等级供电系统总用户595.53万户。截至2013年底，国家电网公司共新建和改造变电站5003座、高低压线路76.81万km、配电变压器31.5万台；解决农村"低电压"问题2070.8万户；实施农田机井通电12.98万眼、受益农田911.45万亩；解决了9个孤网运行和172个主电网连接薄弱的县域电网问题，农村供电保障能力显著提高，农村户均停电时间减少59.9%，户均电压不合格时间减少43.3%，对拉动农村经济、增加农民收入起到了重要推动作用。南方电网公司农村供电服务营业窗口覆盖80%以上的乡镇和1/3以上的行政村，农村供电服务承诺兑现率100%。农村供电可靠率99.93%，较新一轮农网改造前的2010年同比提高0.1个百分点；农村综合电压合格率98.8%，较新一轮农网改造前的2010年同比提高3.2个百分点，有力地支持了南方5省区农村经济社会的发展和农民生活条件的改善。

3. 能源基地送出工程

2013年，中国水电建设发展势头迅猛，在做好生态环境保护和移民安置的前提下，加快金沙江、澜沧江、大渡河、雅砻江等大型水电基地和送出工程建设。

天然气发电因其清洁、高效、调峰能力强等特点，已成为各国发展清洁能源的主力电源。随着国家天然气、页岩开发利用力度不断加大，燃气发电发展势头迅猛。到"十二五"末，中国天然气发电总装机容量将达5600万kW。

风电建设有序推进。酒泉、蒙西、蒙东、冀北、吉林、黑龙江、山东、哈密、江苏9个大型风电基地及配套电网工程建设。

光伏发电继续增长。

加快输电通道电网建设。随着特高压输电技术的成熟、应用和发展，电源中心与负荷中心相分离的特点越来越明显。按照"安全、绿色、集约、高效"的原则，加快推进鄂尔多斯、山西、锡林郭勒盟能源基地向华北、华中、华东地区输电通道建设，规划建设蒙西—天津南、锡盟—山东、锡盟—江苏、宁东—浙江、准东—华东等12条电力外输通道，提高跨省区电力输送能力；加大电网建设结构调整，提高优化配置电能和供给效率。

加快清洁煤电基地建设。在新疆、内蒙古、山西、宁夏等煤炭资源富集地区，按照最先进的节能节水环保标准，建设大型燃煤电站（群），推进鄂尔多斯、锡盟、晋北、晋中、晋东、陕北、宁东、哈密、准东等9个以电力外送为主的千万kW级现代化大型煤电基地建设。

2013年华北电网通过高岭直流背靠背与东北电网联网，通过宁东—山东660kV直流与西北电网联网等工程向华北电网送电，通过晋东南—荆门1000kV扩建与华中电网联网。三峡、葛洲坝、四川等水电基地通过向上、锦苏等直流工程向华东电网送电。西北煤电基地通过哈郑线进一步加强向华中的输送能力。西南地区水电基地通过溪洛渡、糯扎渡水电站向广东电网送电。

4. 跨国电网建设

中国电网实现了除台湾以外的全国联网（包括南方电网通过交流输电线路与香港、澳门联网）。东北电网与俄罗斯电网联网，向朝鲜供电。内蒙古西部电网通过220、110kV等级输电线路向蒙古国送电。中国南方电网通过交流输电线路与香港、澳门联网，通过220、110kV交流输电线路与越南、缅甸、老挝等东南亚国家边境地区实现电网互联和电力互供。作为国内率先"走出去"的南方电网是国务院确定的大湄公河次区域电力合作中方执行单位，公司积极实施"走出去"战略，坚持立足周边、立足主业，加强与该区域国家、港澳地区的电力合作。2013年向香港的送电量占其用电量的25%；向澳门的送电量占其用电量的93%。截至2013年底，累计向越南送电281亿kWh，向老挝送电5亿kWh，从缅甸进口电量95亿kWh。中国跨国电力交换能力超过200万kW。

六、施工企业指标完成情况

（1）企业数量。根据《全国电力建设行业统计资料汇编》显示，截至2013年末，中国统计口径内的水电、火电、送变电施工企业共116家，其中水电28家、火电54家、送变电34家，分别隶属于中国电建集团、中国能建集团、国家电网公司、南方电网公司和内蒙古电力公司等大型企业。

（2）企业资质。28家水电施工企业中有8家施工总承包特级资质（不包括中国电建集团和中国能建集团），其余20家企业均为施工总承包一级资质。54家火电施工企业中除1家为专业承包一级资质外，其余53家企业全部为施工总承包一级资质。34家送变电施工企业中除1家为施工总承包二级资质外，其余33家企业全部为施工总承包一级资质。

（3）员工数量。2013年末，116家施工企业期末从业人员总数35.33万人、在岗职工人数26.53万人，其中：水电施工企业142 514人、在岗职工人数123 657人；火电施工企业136 808人、在岗职工人数

89 878 人；送变电施工企业 73 956 人、在岗职工人数 51 789 人。

（4）信用评价。截至 2013 年末，116 家施工企业中有 74 家企业参加了中电建协及其他行业组织开展的社会信用评价，并取得信用等级。

七、施工企业经营指标完成情况

1. 总营业收入

2013 年末，116 家施工企业 2013 年总营业收入 3231 亿元，分别比 2012 年的 2837 亿元、2011 年的 2597 亿元增加 394 亿元和 634 亿元，同比增长 13.89%和 24.41%。其中：

（1）水电施工企业总营业收入 1699 亿元，分别比 2012 年的 1459 亿元、2011 年的 1364 亿元增加 240 亿元和 335 亿元，同比增长 16.45%和 24.56%。

（2）火电施工企业总营业收入 1029 亿元，分别比 2012 年的 904 亿元、2011 年的 797 亿元增加 125 亿元和 232 亿元，同比增长 13.83%和 29.11%。

（3）送变电施工企业总营业收入 504 亿元，分别比 2012 年的 474 亿元、2011 年的 436 亿元增加 30 亿元和 68 亿元，同比增长 6.33%和 15.59%。

2. 境外营业额

2013 年末，116 家施工企业 2013 年境外完成营业额 616 亿元，分别比 2012 年的 615 亿元、2011 年的 456 亿元增加 1 亿元和 160 亿元，同比增长 0.01%和 35.09%，其中：

（1）水电施工企业境外完成营业额 388 亿元，分别比 2012 年的 406 亿元、2011 年的 304 亿元减少 18 亿元和增加 84 亿元，同比降低 4.43%和增长 27.63%。

（2）火电施工企业境外完成营业额 213 亿元，分别比 2012 年的 201 亿元、2011 年的 145 亿元增加 12 亿元和 68 亿元，同比增长 5.97%和 46.89%。

（3）送变电施工企业境外完成营业额 14.5 亿元，分别比 2012 年的 8.6 亿元、2011 年的 7.5 亿元增加 5.9 亿元和 7 亿元，同比增长 68.60%和 93.33%。

3. 合同额

（1）合同存量及新签合同额。2013 年，116 家施工企业合同存量 7145 亿元，其中本年新签订合同额 3132 亿元，新签合同额分别比 2012 年的 2566 亿元、2011 年的 1817 亿元增加 566 亿元和 1315 亿元，同比增长 22.06%和 72.37%，其中：水电施工企业合同存量 4757 亿元、新签 1833 亿元；火电施工企业合同存量 1695 亿元、新签 914 亿元；送变电施工企业合同存量 693 亿元、新签 384 亿元。

（2）境外新签合同额。2013 年，116 家施工企业境外新签合同额 1266 亿元，其中：水电施工企业 927 亿元；火电施工企业 326 亿元；送变电施工企业 12.47 亿元。

八、施工企业财务指标完成情况

1. 总资产

2013 年，116 家施工企业总资产 2512 亿元，分别比 2012 年的 2297 亿元、2011 年的 2050 亿元增加 215 亿元和 462 亿元，同比增长 9.36%和 22.54%，其中：

（1）水电施工企业总资产 1447 亿元，分别比 2012 年的 1327 亿元、2011 年的 1125 亿元增加 120 亿元和 322 亿元，同比增长 9.04%和 28.62%。

（2）火电施工企业总资产 760 亿元，分别比 2012 年的 676 亿元、2011 年的 639 亿元增加 84 亿元和 121 亿元，同比增长 12.43%和 18.94%。

（3）送变电施工企业总资产 306 亿元，分别比 2012 年的 295 亿元、2011 年的 286 亿元增加 11 亿元和 20 亿元，同比增长 3.73%和 6.99%。

2. 总负债

2013 年，116 家施工企业总负债 2060 亿元，分别比 2012 年的 1862 亿元、2011 年的 1730 亿元增加 198 亿元和 330 亿元，同比增长 10.63%和 19.08%。资产负债率 82.01%，分别比 2012 年的 81.20%、2011 年的 84.35%提高 0.81 个百分点和降低 2.34 个百分点，其中：

（1）水电施工企业总负债 1111 亿元，分别比 2012 年的 1020 亿元、2011 年的 910 亿元增加 91 亿元和 201 亿元，同比增长 8.92%和 22.09%。资产负债率 76.78%，分别比 2012 年的 77.30%、2011 年的 81.01%降低 0.52 个百分点和 4.23 个百分点。

（2）火电施工企业总负债 727 亿元，分别比 2012 年的 624 亿元、2011 年的 604 亿元增加 103 亿元和 123 亿元，同比增长 16.51%和 20.36%。资产负债率 95.68%，分别比 2012 的 92.30%、2011 年的 94.53%提高 3.38 个百分点和 1.15 个百分点。

（3）送变电施工企业总负债 222 亿元，分别比 2012 年的 218 亿元、2011 年的 215 亿元增加 4 亿元和 7 亿元，同比增长 1.83%和 3.26%。资产负债率 72.52%，分别比 2012 年的 73.90%、2011 年的 75.34%降低 1.38 个百分点和 2.82 个百分点。

3. 实现利润

2013 年，116 家施工企业实现利润 61.25 亿元，分别比 2012 年的 69.19 亿元、2011 年的 22.42 亿元减少 7.94 亿元和增加 38.83 亿元，同比降低 11.48%和提高 173.19%，其中：

（1）水电施工企业实现利润 58.82 亿元，分别比 2012 年的 57.48 亿元、2011 年的 42.96 亿元增加 1.34 亿元和 15.86 亿元，同比增长 2.33%和 36.92%。

（2）火电施工企业实现利润－5.55亿元，分别比2012年的3.60亿元、2011年的－26.20亿元，减少9.15亿元和增加20.65亿元，同比降低254%和增长79%。

（3）送变电施工企业实现利润7.99亿元，分别比2012年的8.30亿元、2011年的5.70亿元减少0.31亿元和增加2.29亿元，同比降低3.73%和增长40.18%。

4. 营业税金及附加

2013年，116家施工企业实现营业税及附加75.51亿元，分别比2012年的69.31亿元、2011年的64.43亿元增加6.20亿元和11.08亿元，同比增长8.95%和17.19%，其中：

（1）水电施工企业实现营业税及附加42.76亿元，分别比2012年的37.60亿元、2011年的33.68亿元增加5.16亿元和9.08亿元，同比增长13.72%和26.96%。

（2）火电施工企业实现营业税及附加20.06亿元，分别比2012年的18.87亿元、2011年的18.08亿元增加1.19亿元和1.98亿元，同比增长6.31%和10.95%。

（3）送变电施工企业实现营业税及附加12.69亿元，和2012年的12.84亿元、2011年的12.67亿元相比基本持平。

施工企业2011～2013年完成指标统计见下表。

施工企业2011～2013年完成指标统计表　　单位：亿元

项　目	总资产			固定资产净值			总负债		
	2011年	2012年	2013年	2011年	2012年	2013年	2011年	2012年	2013年
合计	2098	2333	2513	282	305	278	1770	1888	2060
火电	639	676	760	64	61	61	604	624	727
水电	1173	1732	1447	178	199	169	950	1047	1111
送变电	286	295	306	40	45	48	215	218	222

项　目	资产负债率（%）			利润总额			利税总额		
	2011年	2012年	2013年	2011年	2012年	2013年	2011年	2012年	2013年
合计	84.35	80.90	81.97	23.2	64.8	61.25	91	149	136.76
火电	94.53	92.30	95.66	－26.2	3.4	－5.55	18	23	14.46
水电	81.01	76.90	76.78	43.7	53.1	58.82	81	103	101.58
送变电	75.34	73.90	72.55	5.7	8.3	7.99	69	22	20.68

项　目	新签合同额			建筑业总产值			营业收入		
	2011年	2012年	2013年	2011年	2012年	2013年	2011年	2012年	2013年
合计	2062	2772	3132	2007	2167	2432	2695	2917	3231
火电	519	720	914	511	582	670	797	904	1029
水电	1194	1676	1834	1105	1188	1328	1462	1539	1699
送变电	348	376	384	392	398	433	436	474	504

项　目	境外营业额			工资总额			应收工程款		
	2011年	2012年	2013年	2011年	2012年	2013年	2011年	2012年	2013年
合计	456	615	616	未统计	205	212	417	439	503
火电	145	201	213	未统计	66	73	152	179	204
水电	304	406	388	未统计	86	91	173	188	215
送变电	7.5	8.6	15	未统计	53	48	92	72	85

九、施工企业机械装备情况

2013年，116家施工企业年末自有施工机械设备净值165亿元，比2012年的143亿元增加22亿元，增长15.38%，其中：

（1）水电施工企业设备净值120亿元（2012年设备净值93亿元）。其中大型设备包括：50t以上轮胎式起重机81台；50t以上塔式起重机9台；30t门式起重机233台；150t桥式起重机6台；$50m^3$以上混凝土搅拌楼279台；混凝土泵车93台；混凝土运输车873台；盾构机10台。

（2）火电施工企业设备净值31亿元（2012年设备净值34亿元）。其中大型设备包括：250t以上履带式起重机128台；50t以上轮胎式起重机112台；50t以上塔式起重机170台；30t门式起重机373台；$50m^3$以上混凝土搅拌楼174台；混凝土泵车92台；混凝土运输车279台。

（3）送变电施工企业设备净值15亿元（2012年设备净值16亿元）。其中牵张设备1865台套。

十、施工企业实物工程量完成情况

1. 电源工程

2013年，完成投产火电机组180台、装机容量5625万kW，分别比2012年增长21.62%和12.48%。完成投产30万kW以上火电机组114台、装机容量5052万kW，其中国内装机96台、装机容量4401万kW，分别比2012年增加7台、装机容量减少78万kW，分别比2011年减少17台、装机容量减少1480万kW。

2013年，完成投产锅炉171台、锅炉容量17.15万t/h，比2012年投产的146台、容量14.73万t/h，增加25台、2.42万t/h。

2013年，完成投产水电机组48台（5万kW以上）、装机容量2243万kW（2012年投产全口径机组101台、装机容量1581万kW）。

2013年，完成投产核电机组2台、装机容量221万kW，2012年没有投产的核电机组。

2013年，完成投产风电机组2967台、装机容量5081MW，比2012年投产的3017台、装机容量5340MW，减少50台、259MW。

2. 电网工程

2013年，完成投产交流输电线路25 343km，交流变电设备802台、变电容量18 532万kVA（其中220kV及以上交流线路13 948km，变电容量11 929万kVA），比2012年完成的输电线路23 042km增加2301km，比2012年完成交流变电设备693台增加109台，变电容量14 555万kVA增加3977万kVA，分别增长9.99%、15.73%、27.32%。

2013年，完成投产直流输电线路6929km，换流设备96台，换流容量3102万kW，比2012年的完成的2273km增加4656km，完成换流设备88台增加8台，换流容量2155万kW增加947万kW，分别增长204.84%、9.09%、43.94%。

（孙世杰）

电 源 建 设

中国首座海上漂浮式立轴潮流能示范电站

2013年4月，由哈尔滨工程大学船舶工程学院海洋可再生能源研究所牵头设计的“海能-Ⅰ”号百千瓦级潮流能电站在浙江岱山县龟山水道成功运行。电站采用该校自主研发的总容量为300kW的双机组潮流能发电装置和漂浮式立轴水轮机潮流能发电技术，发电容量国际最大，是中国首座漂浮式立轴潮流能示范电站。

该电站系统突破了漂浮式潮流能发电系统集成设计、高性能立轴可变角水轮机、轻质高强度复合材料叶片、电站浅水大载荷系泊系统、低速直驱永磁发电机、电能稳定变换与控制、动态海底电缆设计铺设等关键技术，形成了潮流发电机组设计理论方法、软件系统，并研制了浮式载体、锚系、立轴水轮机、低速发电机、电能变换等潮流能电站关键设备。电站的示范运行，实现了通过海底电缆、海上发电装置向岸上电力负荷供电，使电站系统在海上自动运行。经项目专家组鉴定，该示范系统的设计技术与装置研制达到国际先进水平。

大唐集团嘉陵江亭子口水利枢纽项目

项目位于四川省广元市苍溪县境内，水库正常蓄水位458m，总库容40.67亿m^3，装机规模110万kW（4×27.5万kW），项目预计总投资1 658 248万元。项目采用500kV电压，经1回500kV出线接入达州500kV变电站，另预留一个500kV间隔的接入电力系统方式。供电范围是优先考虑供电四川主网，并在丰水期参与四川水电的外送。亭子口水利枢纽工程是国务院确定的长江防洪体系的重点工程之一，以防洪、灌溉及城乡供水、发电为主，兼顾航运，并具有拦沙减淤等作用，是大唐集团积极履行央企社会责任的重要体现。大唐亭子口水利枢纽工程被评选为2013全国有影响力的十大在建水利工程之一，是四川唯一入选的水利建设项目。2013年8月，亭子口水电项目实现1号、2号机组投产。

大唐集团安徽淮北虎山“上大压小”项目

项目位于安徽省淮北市区东南宋疃镇境内，距淮北市区约22km，属于“上大压小”异地新建项目。本期建设规模为132万kW，安装2台国产66万kW超临界凝汽式机组，以2回220kV电压接入500kV濉溪变电站。2009年5月11日，获得国家发展改革委能源局核准，项目计划总投资474 663万元，2013年9月实现全部投产。

江苏华电句容发电有限公司一期工程

2013年11月1日，江苏华电句容发电有限公司一期工程两台百万千瓦超超临界燃煤发电机组全面实现“双投”。该项目总投资约86.1亿元，采用超超临界燃煤发电技术，同步安装脱硫、脱硝装置，年发电量将达到120亿kWh。该项目是目前中国单机容量等级最高、效率最优、各类设计参数均达国内领先水平的机组，设计供电煤耗低于280g/kWh，处于国内领先水平。作为国家能源局选定的国产化示范项目、超超临界火电机组关键阀门国产化示范项目，机组改变了高端阀门采购和应用长期依赖进口的历史，可降低造价上千万元。在国内首次应用“移动电极”技术的除尘系统，使烟粉尘排放浓度降低到20mg/m^3，每年可减少烟尘排放量370t有余。同时，该项目充分利用周边大型建材、化工企业对供热、粉煤灰、脱硫石膏等需求，实现灰水零排放和发电副产品100%循环利用，开创并形成句容临港煤炭—发电—供热、其他副产品能源综合利用的特色产业规模，实现了多赢。

中国华电乌江梯级沙沱水电站

沙沱水电站位于贵州省铜仁市沿河县境内的乌江干流上，为乌江干流贵州境内规划开发的九个梯级电站的最后一级，是国家“西电东送”第二批重点开工项目“四水”工程之一。电站总装机容量1120MW（4×280MW），工程总投资107亿元。该电站前期建设于2006年5月启动，2010年12月获得国家发展改革委核准，前3台机组分别于2013年5月11日、14日和26日建成并正式投入商业运行。2013年6月13日，沙沱水电站第4台水轮发电机组顺利通过72h试运行，正式转入商业运行。

中国华电云南金沙江中游阿海水电站

云南金沙江中游阿海水电站位于云南省丽江市玉龙纳西族自治县与宁蒗彝族自治县交界的金沙江中游河段，是金沙江中游河段“一库八级”（“一库”指龙盘水库；“八级”指龙盘、两家人、阿海、梨园、金安桥、龙开口、鲁地拉、观音岩八个梯级水电站）规划的第4个梯级电站。电站总装机容量为2000MW，水库正常蓄水位1504m，总库容8.82亿m^3，年发电量89.92亿kWh。具有开发条件好、水库淹没和环境影响小、技术经济指标优越的特点。电站自2006年8月开始筹建，2010年12月正式通过国家核准。2012年10月，输电送出工程全线恢复施工。2012年12月13日，首台机组带电调试。2012年12月21日，1号机组顺利通过72h试运行。2013年5月13日，3号机组顺利通过72h试运行。2013年6月24日，4号机组顺利通过72h试运行，进入商业运行。作为金沙江中游公司全资开发并第一个投产发电的项目，阿海水电站创造了“两个世界第一、六个全国第一”：拥有世界第一高筒阀，高度达到2638.5mm；成为世界第一个采用自关闭式电气筒阀控制系统的水电站；国内同规模同类型电站碾压混凝土取芯长度第一，取芯长度19.28m；单月混凝土浇筑强度第一，达到27.9万m^3；第一个实施移民“长效补偿”机制，率先实施推广“16118”移民安置方式；第一个在电站下闸蓄水前完成水库淹没区移民搬迁工作；第一个邀请民间环保组织参与环境影响报告书技术评估会。

国电集团革什扎河吉牛水电站

大渡河革什扎吉牛水电站位于四川省甘孜藏族自治州丹巴县革什扎河干流上，是革什扎河“一库四级”水电开发方案的最后一级。吉牛水电站引水隧洞长22.377km，为亚洲最长的引水发电隧洞，首尾高差超过了500m。

吉牛水电站为低闸引水式电站。水库正常蓄水位2378.00m，总库容197.5万m^3，具有日调节性能。引水隧洞全长22.377km，额定引用流量60.28m^3/s。吉牛水电站装机2台，总装机容量240MW，为单一发电工程，并兼顾下游环境景观用水要求。

吉牛水电站于2005年开始前期工作；2007年10月9日通过初步设计报告审查；2007年10月19日通过四川省发展改革委核准；2009年5月正式开工；2013年12月首批两台机组投产发电。

国电集团哈密大南湖煤电一体化2×660MW工程

国电集团哈密大南湖煤电一体化2×660MW工程是疆电外送、哈密南—郑州±800kV特高压直流输电线路的配套大型电源项目。

厂址位于南湖乡南部戈壁滩，距哈密市约98km。厂址位于徐矿煤田勘察范围内，距徐矿西五矿井口约0.5km。厂区占地面积约35hm^2。电厂规划容量为2×660MW+2×1000MW，本期工程建设2×660MW超超临界空冷燃煤发电机组，按照煤电一体化坑口电站模式建设，同步建设烟气除尘、脱硫、脱硝装置。该工程是哈密南—郑州±800kV特高压直流输电线路的配套电源之一，以500kV一级电压接入系统，接入厂区东北约44km的哈密换流站，由哈密南—郑州±800kV特高压直流输电线路送河南电网。

哈密大南湖煤电一体化2×660MW工程项目于2011年3月取得新疆维吾尔自治区发展改革委同意开展前期工作的“路条”，2012年10月17日获得国家能源局“路条”，2013年10月取得国家发展改革委核准文件。项目于2013年12月28日开工，计划2015年底1号机组投产，2016年上半年2号机组投产。

国电集团内蒙古电力有限公司商都县50MW生态牧业光伏电站

国电集团内蒙古电力有限公司商都县50MW生态牧业光伏电站项目位于内蒙古自治区乌兰察布市商都县十八顷镇境内，距离商都县政府所在地约32km，距乌兰察布市区约90km。项目经5回35kV直埋敷设集电线路接入场内新建110kV升压站，然后以1回110kV线路接入任家村110kV变电站，由此接入内蒙古电网。

项目于2013年3月6日取得内蒙古自治区发展改革委核准批复，2013年9月正式开工建设，同年12月1日并网发电。

国电集团泰州电厂二期工程

2013年6月26日，由中国国电集团投资、中国能建江苏电建一公司承建的泰州电厂二期2×1000MW机组工程正式开工建设。该工程为扩建2台1000MW超超临界二次再热机组，并同步建设烟气脱硫、脱硝装置，为国内首个2×1000MW二次再热机组。机组采用百万千瓦级世界最先进的二次再热机组，属科技创新项目。该工程计划于2015年6月30日投产，工期为24个月。

中国三峡集团溪洛渡水电站

（1）概况。2013年是溪洛渡水电站工程蓄水发电决胜年，全年以蓄水验收为中心开展各项工作，按时实现蓄水发电，完成和超额完成年度生产经营目标。各节点目标完成情况：4月28日，枢纽工程蓄水验收正式获得批准，5月4日顺利实现下闸蓄水，5月10日大坝实现首仓封顶，6月23日成功蓄水至540m，12月8日实现第一阶段高程560m蓄水目标，全年共有12台机组投产。

（2）质量管理。2013年，溪洛渡水电站共评定土建、金结单元工程3089个，合格3089个，优良2998个、优良率97.1%。

（3）投资。溪洛渡水电站工程全年计划投资101.88亿元，实际完成投资219.87亿元，占计划的215.82%。其中：建安工程完成投资14.43亿元，比计划投资16.45亿元减少2.02亿元；设备费完成投资23.17亿元，比计划投资23.61亿元减少0.44亿元；建设征地和移民安置完成投资50.14亿元，比计划投资39.99亿元增加10.15亿元。

截至年底，溪洛渡水电站工程自开工累计完成投资756.26亿元，其中：建安工程完成投资221.1亿元，永久设备完成投资84.19亿元，建设征地及移民安置费完成投资204.77亿元，其他费用完成投资92.93亿元，贷款利息153.27亿元。

中国三峡集团向家坝水电站

（1）概况。2013年，向家坝水电站工程如期实现右岸机组全部投产发电、左岸首批机组投产发电，枢纽工程抬高至高程370、380m水位运行的目标。各节点目标完成情况：4月12日，大坝主体工程混凝土浇筑全线至设计高程 384m，7 月 5 日、9 月 12 日枢纽工程分别成功蓄水至 370、380m；1 号机组、2 号机组、5 号机组分别于 10 月 24 日、12 月 21 日、5 月 30 日完成 72h 试运行。

（2）质量管理。2013 年二期厂坝工程、右岸地下电站等重点项目共评定单元工程 3090 个，一次合格单元 3090 个，优良单元 2924 个，优良率 94.63%。

（3）投资。向家坝水电站全年计划投资 77.49 亿元，实际完成投资 148.88 亿元，占全年计划投资 192.14 %；其中：建安工程完成投资 13.77 亿元比计划投资 19.05 亿元减少 5.28 亿元，设备费完成投资 13.43 亿元比计划投资 16.36 亿元减少 2.93 亿元。建设征地及移民安置费完成投资 36.43 亿元比计划投资 29.86 亿元增加 6.57 亿元。

截至年底，向家坝水电站工程自开工累计完成投资 668.88 亿元，其中：建安工程完成投资 153.17 亿元，永久设备完成投资 52.4 亿元，建设征地及移民安置费完成投资 303.41 亿元，其他费用完成投资 59.08 亿元，贷款利息 100.82 亿元。

（4）翻坝转运。翻坝转运系统全年安全运行 282 天，转运总量 114.47 万 t，其中磷矿 93.89 万 t，占转运总量的 82%，煤 20.58 万 t，占转运总量的 18%。日均转运量 4059.24t，最高日转运量 9603.21t（4 月 28 日）。全年共有 25 艘货船参与翻坝转运工作；全年船舶翻坝 761 艘次，其中磷矿 623 艘次，煤 138 艘次。

截至 12 月 31 日，翻坝转运系统已累计安全运行 1441 天，累计转运货物总量 543.62 万 t。

神华四川白马 60 万 kW 循环流化床示范电站

2013 年 4 月 14 日，世界首台 600MW 循环流化床机组在神华四川白马电厂建成投产，通过 168h 满负荷考核投入商业运行。

该机组是目前世界上投运的单机容量最大、技术最先进的超临界循环流化床机组，标志着中国具有完全自主知识产权、世界上的容量最大、发电效率最高的循环流化床燃烧及发电技术达到世界领先水平，是中国电力工业史上取得的又一重大突破。该项目在白马 300MW CFB 机组示范工程的成功建设、示范推广的基础上，积极联合国内知名专家学者提出了启动自主研发世界第一台 600MW 超临界循环流化床锅炉的课题并积极开展项目争取工作。2006 年 8 月启动工程投资策略研究，规划选厂和装机方案比选顺利完成；2008 年 8 月，项目获得国家发改委批复的“路条”；2011 年 7 月，项目核准并开工建设。2013 年 4 月 14 日，机组通过 168h 试运转成功投入商业运行。工程实现了厂用系统受电、锅炉整体水压、锅炉点火、汽轮机冲转、机组并网、带满负荷等节点一次成功；机组从首次点火到通过 168h 试运仅历时 49 天，期间节约燃油 2500t 以上，机组各项指标均达到或超过设计值。

锦屏一级水电站

2013 年 6 月 14～17 日，世界第一高双曲拱坝雅砻江锦屏一级水电站枢纽工程顺利通过第二阶段蓄水验收，坝前水位蓄至 1800m；2013 年 8 月 30 日，电站首批两台机组（2×600MW）投产发电。锦屏一级水电站是国家实施核准制后第一个获准建设的特大型水电建设项目，是国家西部大开发战略“西电东送”、“川电外送”的重要电源点，具有规模大、投资省、移民少、调节性能好等特点，是四川省百万千瓦水电站中经济效益最好、动迁人口最少的水电站。

锦屏一级大坝是世界上截至 2013 年底在建的最高双曲拱坝，坝高 305m。锦屏水电站建设场地狭窄，地质情况复杂，技术难度极高。

淮南煤电基地田集电厂二期工程

淮南矿业集团与上海电力股份有限公司均股投资建设、中国能建集团旗下安徽电力建设第一工程公司和浙江省火电建设公司承建的、国家“皖电东送”首选项目和“煤电一体化”示范项目——安徽淮南煤电基地田集电厂二期 2×660MW 超超临界机组工程，于 2013 年 12 月 22 日实现首台机组建成投运，总工期 16 个月，比原计划工期提前了 5 个月；机组关键性能指标达优良水平，其中机组振动仅为 41.1μm、供电煤耗 278g/kWh、厂用电率为 4.1%、真空严密性为 0.2kPa/min。项目建设过程中实现了 DCS 受电、厂用电倒送电、锅炉水压试验、锅炉酸洗、汽轮机扣盖、锅炉点火、汽轮机冲管、脱硝脱硫系统投运、并网发电、168 试运等 10 个“一次成功”。

安徽淮南平圩发电厂三期工程

2013 年 5 月 26 日，世界唯一一座“三百工程”（百万千瓦机组、百万特高压线路、百万等级变压器）——平圩发电厂三期 2×1000MW 机组工程开工建设。平圩发电厂三期工程是国务院批准实施的《皖江城市带承接产业转移示范区规划》中带动区域整体协调发展的重大项目和安徽省“十二五”能源规划重要项目，是“皖电东送”二期工程的 4 个电源点之一，该工程由中国电力国际发展有限公司和淮南矿业（集团）有限责任公司共同投资建设，中国能建集团安徽电建二公司承建，计划于 2015 年 2 月 1 日竣工。

电　网　建　设

新疆与西北主网联网 750kV 第二通道工程

新疆与西北主网联网 750kV 第二通道工程（简称二通道工程）是国家电网公司落实国家西部大开发战略、加快西部能源资源优化配置、服务地方经济社会发展，全面加快西北 750kV 骨干网架建设，推进西北坚强送端智能电网发展的重要工程。

二通道工程于 2012 年 5 月 10 日核准，由江苏电力公司投资，新疆与西北主网联网第二通道工程建设指挥部负责建设管理，62 家设计、监理、施工单位参与建设。工程于 2012 年 5 月 13 日开工建设，2013 年 6 月 27 日投入商业运行。工程总投资 95 亿元，包括 7 站 12 线，线路工程从新疆哈密至青海格尔木，途经 3 省 7 个市县，全长 2×1079km，新建哈密南、沙州、鱼卡 3 个 750kV 变电站（开关站），扩建 3 个 750kV 变电站。

二通道工程的建成投运，使疆电外送和甘肃、青海新能源外送能力由 430 万 kW 提高至 700 万 kW，将加强西北 750kV 主网架，有利于区域水火风光互济，提高西北电网资源优化配置能力，满足“疆电外送”以及甘肃酒泉、青海柴达木地区新能源开发外送需要。

（徐志军　吴至复　张友富　鄂广全）

青海玉树与青海主网 330kV 联网工程

1. 工程概况

青海玉树与青海主网 330kV 联网工程（简称玉树联网工程）是玉树灾后重建重点工程，它的建成对改变玉树地区长期缺电状况、加快当地的经济发展及促进少数民族地区稳定和谐具有重要的意义。工程结束了玉树孤网历史，将玉树州电网最高电压等级由 35kV 提升至 330kV，并与青海主网相联，优化了电网结构；丰富了电网工程建设技术，作为世界上海拔最高的 330kV 输变电工程，在线路冻土分布及勘察评价应用、冻土基础监测以及高原地区设备外绝缘研究、系统稳定控制研究等多方面，取得一批拥有自主知识产权、领先国际的技术成果和完善的高海拔 330kV 输电技术标准体系。

2. 工程规模

工程起自青海日月山 750kV 变电站，止于玉树 330kV 变电站，新建唐乃亥 330kV 变电站、玛多 330kV 开关站、玉树 330kV 变电站、唐乃亥—玛多—玉树 330kV 输电工程等 5 项工程，线路全长583.03km，铁塔 1252 基。

工程途经西宁、海南、果洛和玉树“一市三州”，海拔在 3200～5000m，其中穿越海拔 4000m 以上线路 482km，多年冻土区线路 361km，是世界上海拔最高、高寒地区建设规模最大、施工难度最大的 330kV 输变电工程。

工程于 2012 年 6 月 6 日开工，2013 年 6 月 6 日投运。

3. 工程建设管理

强化风险管控，动态调整安全措施。借鉴青藏联网工程相关经验，组织专家制订冻土基础施工方案。细化质量工艺标准，策划应用标准工艺 147 项。基础开挖、灌注桩及锥柱基础混凝土浇制、热棒安装等环节一次成优，确保线路工程质量。重视变电站工程大型架构和设备安装、智能设备试验调试等关键环节，保证工程设备一次投运成功。强化重要工序的旁站监理制度，对每基铁塔基础浇筑实行照片、视频取证留存，保证工程全寿命周期质量。开展质量监督工作，实施隐蔽工程验收全过程质量控制，确保工程安全可靠，高质量、高水平完成。

坚持以人为本，确保“三零”（零死亡、零伤残、零鼠疫传播）目标。构建全员、全过程、全覆盖的现场医疗和生活保障体系，在玛多、温泉、清水河设立 3 个二级医疗站并配备高压氧舱，在沿线建立 7 个一级医疗站，在海南州人民医院、玉树州人民医院开辟绿色通道，在现场为组塔施工人员供氧。确保应急食品、油料、燃煤、棉衣等生活物资的储备及配送。

加强资源投入，确保工期目标实现。优化施工组织方案，抓住有限施工期，加大施工力量投入，优化人力机具配置。各参建单位按照 1.5 倍要求进行施工资源的储备，分层次、分阶段进行工程进度管控。组织各参建单位逐层签订目标考核责任书，推进工程建设进度管理。

工程实施期间，针对塔材供应不及时、设备交货期不确定等困难，多次前往主设备生产厂家，倒排供货计划，加强协调设备生产和运输。设备供货厂家加班加点，确保物资按时供货。交通部门、玉树灾后重建指挥部及沿线地方政府，对物资运输等方面给予大力支持，确保工程沿线物资运输道路安全畅通，为工程物资运送车辆提供便利，营造良好外部环境，工程物资供应得到有效保证。

注重科技创新和生态保护，打造绿色环保工程。广泛开展创新活动，开展线路沿线冻土施工、外绝缘、过电压、空气间隙、系统稳定控制等六大专题研究。投入环保专项资金，限定施工机械在基础周边5m范围内作业，采用草垫或彩条布将机械、砂石、塔材等与草地表面隔离，加大环保、水保现场监督力度，确保野生动物和冻土环境不受干扰，努力建设绿色环保工程。

（徐志军　吴至复　张友富　鄂广全）

川藏联网工程

西藏自治区昌都电网与四川电网联网输变电工程（简称川藏联网工程）是国家电网公司贯彻中央西藏战略工作部署，落实国家西部大开发战略，服务川藏两地藏区经济社会发展和长治久安的重要工程。

川藏联网工程新建乡城至巴塘至昌都500kV线路1009.2km；昌都至玉龙、昌都至邦达220kV线路512km；新建巴塘、昌都2座500kV变电站和邦达、玉龙2座220kV变电站。工程动态投资66.3亿元。

工程平均海拔3850m，最高海拔4980m；高原寒温带季风性气候混杂，日极端温差近60℃；地质构造复杂，地震、崩塌、滑坡、泥石流等山地灾害时有发生，2013年工程沿线区域共发生3级以上地震36次，最强达6.1级，给工程建设带来巨大风险。工程沿线无铁路和高速公路，40万t工程物资需从成都、大理和丽江沿川藏和滇藏公路，超长距离运抵现场。

针对地质灾害和交通运输巨大风险，在国内电网建设中首次开展地质灾害和交通安全专项监理工作；针对施工区域生态脆弱的状况，全过程、全方位开展环保、水保监理监测工作；针对工程沿线通信盲区，装备卫星通信设备，建成覆盖全线的通信指挥系统；针对生命保障难题，在施工沿线建立医疗站点26个，配备4个固定式高压氧舱，建成覆盖全线的三级医疗保障体系；针对道路条件恶劣的状况，建立“兵站式”物资运输和工班制道路保通相结合的物资运输保障体系；针对塔位远离公路等难题，开展标准化索道等17项科技攻关。

（易建山）

新疆凤凰—乌苏—伊犁750kV输变电工程

新疆凤凰—乌苏—伊犁750kV输变电工程是国家电网公司重点750kV输变电工程。根据新疆电网发展规划，2015年将形成以沿天山南北坡经济带为主，东西向展开、南北疆延伸，连接大型电源基地、负荷中心的较强网架，其中在天山山脉西段形成以乌鲁木齐北—凤凰—乌苏—伊犁—库车—巴州—吐鲁番—乌鲁木齐北的大环网架构。新疆凤凰—乌苏—伊犁750kV输变电工程是沿天山北坡向北展开的750kV环网的重要组成部分，能满足伊犁地区及北疆沿线水电、煤电基地电力外送，乌、昌地区负荷中心发展的需要。

工程线路全长411km，起自玛纳斯凤凰750kV变电站，途经乌苏750kV开关站，止于东台伊犁750kV变电站。线路经过昌吉、石河子、塔城、博尔塔拉、伊犁五地州。新建伊犁750kV变电站，建设1组150万kVA主变压器、1个750kV出线间隔，安装一组30万kvar高压并联电抗器；新建乌苏750kV开关站，建设2个750kV出线间隔，安装1组30万kvar高压并联电抗器；扩建凤凰变电站750kV出线间隔1个，安装1组30万kvar高压并联电抗器。工程概算投资20.41亿元。

工程线路长，全线途经的5个地州均位于天山北坡经济带，经过多民族地区，政策处理和民族关系协调难度较大，外部制约因素多，前期协调工作难度大；全线地质地形复杂，部分施工标段位于高山无人区，线路交叉跨越铁路、公路、湖泊、电力线路126处，工程施工难度大，气候条件恶劣，部分线路地处戈壁腹地无水区，酷热严寒，风沙大，单日极值温差达到40℃。乌苏变电站工程是国网新疆电力在建的第一座750kV智能化变电站，设计、设备制造、施工及调试与新疆常规的750kV变电站区别很大，具有新疆750kV智能变电站示范作用。工程获得国家电网公司2012年项目管理流动红旗。

工程于2011年3月15日开工；2013年5月23日投产。

（徐志军　张友富　李明华　鄂广全）

高岭—天马500kV第三回线路工程

为充分利用东北地区的充沛电力产能，缓解华北特别是京津唐地区的用电紧张局面，2012年10月，高岭换流站二期扩建工程建成投产，东北电网与华北电网联网的直流背靠背换流容量提高到300万kW。

在这种情况下，高岭换流站至华北天马的两回 500kV 线路难以满足电力输送需求。为解决这一问题，启动了高岭—天马 500kV 第三回线路工程建设工作。

工程起自辽宁高岭直流背靠背换流站，止于河北天马 500kV 变电站，线路全长 73km，其中辽宁段 26.5km，河北段 46.5km。

工程建设面临诸多难题和挑战。有效施工期短，从开工到投产只有半年时间，且基础施工期正值严冬，天气寒冷，气候条件恶劣，要求更科学高效的进度管理。施工难度大，沿线 70%为丘陵，21%为山地，且基础冬季施工需要进行冻土施工和基础保温养护。电网建设环境差、征地动迁工作难，线路途经秦皇岛经济发达地区及绥中高岭征地动迁复杂敏感地区，动迁赔偿工作难度极大；施工中涉及大量对带电线路和铁路、公路的跨越，同时有 1/3 铁塔需要进行拆旧建新，安全管控任务艰巨。

建设单位加强协同、互相配合，多措并举。国家电网公司牵头成立工程启委会，辽宁、冀北电力公司领导牵头成立工程建设领导小组，属地供电公司领导牵头成立外部工作协调组，省公司基建部，施工、监理单位分管领导常驻现场，及时决策并协调解决工程建设中出现的各种难题。组织设计单位和工程参建各方对路径进行梳理，进行重大技术方案论证，优化设计方案，合理避让了大量民房拆迁问题，避免因拆迁问题阻碍施工、延误工期；设计优化基础施工方案，大量采用掏挖式和灌注桩式基础，降低了冬季恶劣气候对基础施工的影响，降低冬季施工难度，提高施工效率，确保基础混凝土冬季施工的质量。属地供电公司积极推动属地县市政府领导重视工程建设，成立以县长任组长的电网建设领导小组，落实省公司与地方政府签订的《征地、动迁框架协议》，与地方政府签订沿线动迁补偿各项协议。提前组织施工单位制订工程冬季基础施工方案，细化质量工艺标准，组织监理、施工单位结合现场实际进行研讨，将全线分为若干个土建施工段，同步并进；鉴于多次停电切改的客观需求，在工程开工之初，省公司基建部协同各参建单位多次进行专题协商讨论，提前半年确定停电计划安排，为工程的顺利竣工做出合理预判。

工程于 2012 年 12 月 1 日开工，2013 年 5 月 29 日投运。

福建宁德核电厂送出至笠里 500kV 双回线路工程

福建宁德核电厂送出至笠里 500kV 双回线路工程是福建省第一座在建核电厂配套送出关键工程，是构成福建 500kV“南北二通道”和“西电南送”主网架的重要组成部分。该工程加强了福建省电网主干网架结构，提高了电网运行安全可靠性，并对海峡西岸经济区经济发展具有重要意义。

工程起自宁德核电厂 500kV 升压站，止于笠里（福州西）500kV 变电站，线路途经宁德市所属的福鼎市、霞浦县、福安市、蕉城区，福州市所属的罗源县、闽侯县、晋安区等地区，同塔双回线路全长 194km，新建铁塔 410 基。工程地形条件较差，全线以高山大岭为主，山地 50%、高山 45%、丘陵 5%，总体地势较高，山势陡峭，地形起伏大；重要跨越多，跨 500kV 线路 3 次、220kV 线路 16 次、110kV 线路 13 次、35kV 线路 17 次，跨越高速公路 1 次、国道 3 次、省道 2 次，跨越溪流 6 次；工程邻近福建沿海，采取防台风设计，全线基本设计风速均超过 31m/s，最大风速 42m/s，是目前国内最大设计风速值。工程提倡绿色施工，减少开方量。全线 88%的基础采用全掏挖基础、岩石嵌固基础、人工挖孔桩基础、岩石锚杆基础。

工程于 2011 年 9 月 10 日开工，2013 年 6 月 28 日投运。

（徐志军　李明华　鄂广全）

南方电网糯扎渡、溪洛渡直流工程

2013 年 9 月 3 日，糯扎渡水电站送电广东 ±800kV直流输电工程提前实现第一阶段投产。工程横跨云南、广西、广东三省区，线路全长 1413km，输电容量 500 万 kW，最大输电能力将达到 500 万 kW。截至 2013 年底，糯扎渡直流工程低端单极输电容量最大为 125 万 kW。

2013 年 10 月 12 日，世界±500kV 最大容量同塔双回直流工程——溪洛渡右岸水电站送电广东 ±500kV同塔双回直流输电工程（简称溪洛渡直流工程）开始向广东送电。工程起于云南，途经贵州、广西，止于广东，线路全长 2×1251km，输电容量 640 万 kW，相当于半个广州市的用电负荷。该工程是世界最大容量的±500kV 同塔双回直流工程，设备自主化率 100%。该工程在世界上首次采用同塔架设双回直流输电线路，受送两端首次采用换流站合址建设，双回直流首次共用接地极线路和接地极极址，节约土地面积近 1300 公顷。

溪洛渡直流工程和糯扎渡直流工程，合称“两渡”直流工程，均是南方电网公司负责建设运行的国家“十二五”西电东送重大能源建设项目和自主化示范工程。其中溪洛渡直流工程向广东送电是一期工程，输电容量最大为 160 万 kW。“两渡”直流工程将云南金沙江、澜沧江流域的清洁电力输往珠三角地区，对于优化东西部资源配置，有效缓解广东用电紧张局面起到了积极作用。

获奖项目

2012～2013年度国家优质工程奖电力行业工程项目

金质奖

序号	工程名称	施工单位（建设、参建）
1	青海—西藏±400kV直流联网工程	国家电网公司 国家电网公司直流建设分公司 青海省电力公司 西藏电力有限公司 青海送变电工程公司 中国能源建设集团天津电力建设公司 黑龙江省送变电工程公司 中国人民武装警察部队水电第二总队 湖北省送变电工程公司 山东送变电工程公司 甘肃送变电工程公司 西藏电力建设有限公司 贵州送变电工程公司
2	上海临港燃气电厂一期工程	上海申能临港燃机发电有限公司 上海电力安装第一工程公司 上海电力建设有限责任公司 上海市基础工程有限公司 上海宝冶集团有限公司 上海电力建设启动调整试验所
3	浙江嘉兴电厂三期"上大压小"扩建工程	浙江浙能嘉华发电有限公司 浙江省火电建设公司 浙江省二建建设集团有限公司 浙江省建工集团有限责任公司 浙江天地环保工程有限公司 中交第三航务工程局有限公司 杭州意能电力技术有限公司
4	国华徐州发电有限公司2×1000MW机组建设工程	国华徐州发电有限公司 中国能源建设集团天津电力建设公司 中国能源建设集团江苏省电力建设第三工程公司 中国能源建设集团北京电力建设公司 上海电力建设启动调整试验所

续表

序号	工程名称	施工单位（建设、参建）
5	北京"二拖一"923MW燃气热电联产工程	华能北京热电有限责任公司 中国能源建设集团天津电力建设公司 中国能源建设集团北京电力建设公司 上海电力安装第一工程公司 浙江省火电建设公司 西安热工研究有限公司 华北电力科学研究院有限责任公司

国家优质工程奖

序号	工程名称	施工单位（建设、参建）
1	华能金陵电厂二期（2×1000MW）工程	华能南京金陵发电有限公司 浙江省二建建设集团有限公司 中国能源建设集团江苏省电力建设第三工程公司 东北电业管理局第三工程公司 中国能源建设集团江苏省电力建设第一工程公司 上海市基础工程有限公司 中交第三航务工程局有限公司 上海电力建筑工程公司
2	华能上海石洞口第二电厂二期"上大压小"扩建工程	华能上海石洞口发电有限责任公司 中国能源建设集团天津电力建设公司 上海电力安装第一工程公司 上海电力建筑工程公司 上海市基础工程有限公司
3	山东黄台电厂"上大压小"热电联产工程	华能济南黄台发电有限公司 山东电力建设第一工程公司 山东电力建设第二工程公司 河南省第二建设集团有限公司 山东中实易通集团有限公司

续表

序号	工程名称	施工单位（建设、参建）
4	芜湖电厂五期2×660MW“上大压小”工程	芜湖发电有限责任公司 安徽电力建设第二工程公司 上海电力建设有限责任公司 中国能源建设集团安徽电力建设第一工程公司 安徽水利开发股份有限公司 安徽新力电业科技咨询有限责任公司
5	大唐鸡西B厂(2×300MW)煤矸石热电联产新建工程	大唐鸡西第二热电有限公司 黑龙江省火电第三工程公司 黑龙江省火电第一工程公司
6	辽宁中电投清河发电有限责任公司“上大压小”二期工程	辽宁清河发电有限责任公司 中电投远达环保工程有限公司 东北电业管理局烟塔工程公司
7	湖北白莲河抽水蓄能电站	湖北白莲河抽水蓄能有限公司 葛洲坝集团第一工程有限公司 中国水利水电第一工程局有限公司 中国水利水电第八工程局有限公司 中国安能建设总公司（武警水电部指挥部） 葛洲坝集团机电建设有限公司
8	大唐华银南山风电场一期49.5MW工程	大唐华银城步新能源开发有限责任公司 湖南省湘乡市电力建设有限公司 邯郸市邯一建筑工程有限公司 葛洲坝集团电力有限责任公司 湖南德力电力建设集团有限公司
9	中电投北票台吉营风力发电场新建工程	中电投东北新能源发展有限公司 辽宁国际建设工程集团有限公司 朝阳博远电力建设工程公司 中国石化集团第四建设公司 新疆金风科技股份有限公司 北票盛鸿公路桥梁建筑工程有限公司 沈阳东恒防雷工程有限公司

续表

序号	工程名称	施工单位（建设、参建）
10	国电崇礼风电场2×49.5MW工程	国电电力河北新能源开发有限公司 张家口输变电工程总公司 内蒙古第三建筑工程有限公司 上海腾发建筑工程有限公司 沈阳东恒防雷工程有限公司
11	华能通辽努古斯台景观100.5MW风电项目	华能通辽风力发电有限公司 辽宁国际建设工程集团有限公司 北京城建远东建设投资集团有限公司 阜新鼎兴电力安装（集团）有限公司 长春市政建设（集团）有限公司 中电大型设备安装工程有限公司 内蒙古送变电有限责任公司 广东明阳风电产业集团有限公司
12	内蒙古京能翁根山风电场一期49.5MW工程	内蒙古京能巴林右风力发电有限责任公司 江苏省苏中建设集团股份有限公司 中国能源建设集团天津电力建设公司 内蒙古第一电力建设工程有限责任公司
13	笠里500kV变电站工程	福建省电力有限公司电力经济技术研究院 福建省第一电力建设公司
14	500kV六盘水变电站新建工程	贵州电网公司六盘水供电局 贵州电力试验研究院
15	上海新余500kV变电站	上海市电力公司 上海电力建筑工程公司
16	江苏扬州西500kV变电站	江苏省电力公司 江苏省送变电公司
17	祯州500kV变电站	广东电网公司惠州供电局 中国能源建设集团广东省电力第一工程局

续表

序号	工程名称	施工单位（建设、参建）
18	河南焦作东500kV变电站工程	河南省电力公司建设管理中心 河南省第一建筑工程集团有限责任公司 河南送变电工程公司
19	河北滦县500kV变电站工程	冀北电力有限公司电力经济技术研究院
20	山西左权电厂送出500kV输电线路工程	山西省电力公司建设管理中心 山西省电力公司送变电工程公司 山西省电力公司供电工程承装公司
21	河北邢东（宗州）500kV变电站工程	河北省电力公司电力经济技术研究院 河北省送变电公司
22	青海西宁—日月山—乌兰—格尔木750kV输变电工程	国网青海省电力公司电力经济技术研究院 青海送变电工程公司 华东送变电工程公司 山东送变电工程公司 中国人民武装警察部队水电第二总队八支队 甘肃送变电工程公司 北京电力工程公司 吉林省送变电工程公司 陕西送变电工程公司 湖北省输变电工程公司 青海火电工程公司 宁夏送变电工程公司
23	四川绵阳变至广元变500kV双回输电线路工程	四川省电力公司建设管理中心 四川电力送变电建设公司 湖南省送变电工程公司 内蒙古送变电有限责任公司
24	江苏国电谏壁发电厂“上大压小”扩建工程	中国国电集团公司谏壁发电厂 江苏省电力建设第三工程公司 中交第三航务工程局有限公司 北京国电龙源环保工程有限公司 江苏方天电力技术有限公司
25	枣庄电力生产调度中心	山东电力集团公司枣庄供电公司 浙江亚厦装饰股份有限公司 青岛金星科技工程有限公司

续表

序号	工程名称	施工单位（建设、参建）
26	淄博电力综合监控中心	山东电力集团公司淄博供电公司 山东万腾建设有限公司 山东海瑞林装饰工程有限公司
27	成都电力生产调度基地（A楼）	四川省电力公司 深圳瑞和建筑装饰股份有限公司 四川省第一建筑工程公司

2012～2013年度中国建设工程鲁班奖电力行业工程项目（第二批）

序号	工程名称	承建单位
1	国电湖南宝庆电厂一期2×660MW机组工程	中国能源建设集团湖南省火电建设公司
2	辽宁中电投燕山湖电厂“上大压小”2×600MW新建工程	中国能源建设集团天津电力建设公司 东北电业管理局第三工程公司 中国十五冶金建设集团有限公司
3	湖北江夏500kV变电站工程	湖北省送变电工程公司
4	牟平500kV变电站	山东送变电工程公司
5	重庆乌江彭水水电站工程	中国水利水电第八工程局有限公司 中国水利水电第十四工程局有限公司 中国水利水电第七工程局有限公司

2013～2014年度中国安装工程优质奖电力行业工程项目（第一批）

序号	工 程 名 称	承建单位	参建单位
1	中国大唐集团科技工程有限公司	大唐林州2×350MW热电机组烟气脱硫工程	中国大唐林州热电有限责任公司（建设单位）

续表

序号	工程名称	承建单位	参建单位
2	中国核工业二三建设有限公司	广东岭澳核电站二期核岛安装工程	
3	华能北京热电有限责任公司	华能北京热电厂“二拖一”923.4MW燃气热电联产扩建安装工程	
4	中国能源建设集团天津电力建设公司	国华徐州发电有限公司2×1000MW机组（上大压小）建设工程（1号机组）	
5	山西省电力公司送变电工程公司	榆次北500kV变电站新建工程	
6	沈阳华维工程有限公司	核泵国产化研发生产基地建设项目AP1000核主泵试验台工艺系统实施	
7	中国能源建设集团江苏省电力建设第三工程公司	国华徐州发电有限公司2×1000MW机组（上大压小）建设工程（2号机组）	
8	浙江昆仑建设集团股份有限公司 浙江诸安建设集团有限公司	武义县供电局电力调度中心安装工程	金华友邦空调工程有限公司（参建空调安装工程）
9	中国能源建设集团安徽电力建设第一工程公司	安徽马鞍山电厂2×660MW“上大压小”扩建工程（2号机组）	
10	中国能源建设集团安徽电力建设第二工程公司	苏州市垃圾焚烧发电项目二期扩建安装工程	光大环保能源（苏州）有限公司（建设单位）

续表

序号	工程名称	承建单位	参建单位
11	中国人民武装警察部队水电第二总队（江夏水电工程公司）	贵州北盘江董箐4×220MW水电站工程	贵州北盘江电力股份有限公司董箐电站建设公司（建设单位）
12	山东电力建设第一工程公司	华能济南黄台发电有限公司“上大压小”热电联产工程（10号机组）	
13	山东电力建设第二工程公司	华能济南黄台发电有限公司“上大压小”热电联产工程（9号机组）	
14	日照输变电工程公司	稍坡220kV变电站工程	
15	山东五洲电气股份有限公司	220kV福盛变电站工程	
16	淄博齐林电力工程有限公司	蛟龙220kV变电站工程	
17	山东滨州东力电气有限责任公司	山东罗堡220kV变电站工程	
18	山东济宁圣地电业集团有限公司	220kV金威输变电工程	
19	聊城电力华昌工程有限公司	石村220kV变电站工程	
20	中国能源建设集团广东火电工程总公司	宝安区老虎坑垃圾焚烧发电厂二期建筑安装工程（机电安装）	
21	葛洲坝集团第二工程有限公司	湖北汉江崔家营航电枢纽金属结构安装工程	

2013年度中国电力优质工程奖获奖项目

（排名不分先后）

序号	工程名称	施工单位
1	江苏华电戚墅堰热电有限公司2×220MW燃机热电联产工程	中国能源建设集团江苏省电力建设第一工程公司
2	上海临港燃气电厂一期4×400MW燃气-蒸汽联合循环燃煤机组工程	上海电力建设有限责任公司（建筑） 上海电力安装第一工程公司（设备安装）
3	华能北京热电厂"二拖一"923.4MW燃气热电联产扩建工程	中国能源建设集团天津电力建设公司（1号标段主厂房建筑） 中国能源建设集团北京电力建设公司（2号标段BOP建筑） 上海电力安装第一工程公司（3号标段6号主机及其附属设备安装） 浙江省火电建设公司（4号标段7号标段主机及其附属设备安装）
4	大唐鸡西B厂（2×300MW）煤矸石热电联产新建工程	中国能源建设集团黑龙江省火电第三工程公司（1号机组建筑安装） 中国能源建设集团黑龙江省火电第一工程公司（2号机组建筑安装、烟囱和冷却塔建筑安装）
5	中电投辽宁清河发电有限责任公司"上大压小"技改二期1×600MW超临界工程	中国能源建设集团东北电力第一工程公司（主体及输煤系统建筑安装） 中电投远达环保工程有限公司（EPC总承包）

续表

序号	工程名称	施工单位
6	中电投辽宁燕山湖发电厂2×600MW新建工程	中国能源建设集团东北电业管理局第三工程公司（1号机组主体建筑及安装） 中国能源建设集团天津电力建设公司（2号机组主体建筑及安装） 中国十五冶金建设集团有限公司（输煤系统建筑安装）
7	淮南顾桥煤矸石综合利用2×300MW发电机组项目	中国能源建设集团安徽电力建设第二工程公司（1号标段） 中国能源建设集团安徽电力建设第一工程公司（2号标段）
8	华能金陵电厂二期1×1000MW工程二号机组	浙江省二建建设集团有限公司 （主厂房建筑、圆形煤厂建筑、脱硫建筑） 中国能源建设集团江苏省电力建设第一工程公司（辅助生产系统建筑、安装） 上海电力建筑工程公司（烟囱） 中国能源建设集团东北电业管理局第三工程公司（2号机组安装） 中交第三航务工程局有限公司（码头及相关工程）
9	江苏国华陈家港发电厂一期2×660MW超超临界机组工程	中国能源建设集团江苏省电力建设第三工程公司（1号机组及公用系统） 上海电力建设有限责任公司（2号机组及输煤系统） 广东省源天工程公司（循环水泵房建筑、安装） 中交第三航务工程局有限公司（码头）
10	国华徐州发电有限公司2×1000MW机组（上大压小）建设工程	中国能源建设集团天津电力建设公司（1号机组建筑安装） 中国能源建设集团江苏省电力建设第三工程公司（2号机组建筑安装） 中国能源建设集团北京电力建设公司（BOP建筑安装）

续表

序号	工程名称	施工单位
11	华能内蒙古上都电厂三期 2×660MW 超临界工程	中国能源建设集团东北电力第四工程公司（5 号机组建筑、安装） 中建一局集团第二建筑有限公司、内蒙古第一电力建设工程有限责任公司联合体（6 号机组建筑、安装） 河南省第二建设集团有限公司（输煤系统建筑）
12	华能福州电厂三期（2×660MW）超超临界机组工程	中国能源建设集团东北电力第四工程公司（5 号机组安装） 福建省第一电力建设公司（6 号机组安装） 浙江省二建建设集团有限公司（主厂房建筑、脱硫建筑） 河南省第二建设集团有限公司（烟囱、圆形煤场建筑） 中国水利水电第八工程局有限公司（循环水建筑、3 号圆形煤场建筑）
13	中电投江西贵溪电厂“上大压小”2×640MW 超临界燃煤机组工程	中建二局第二建筑工程有限公司（1 号、2 号机组主厂房建筑） 湖北省电力建设第一工程公司（1 号机组及输煤系统安装） 江西省火电建设公司（2 号机组安装） 中国能源建设集团北京电力建设公司（两台冷却塔建筑）
14	江苏国电谏壁发电厂“上大压小”2×1000MW 扩建工程	中国能源建设集团江苏省电力建设第三工程公司 北京国电龙源环保有限公司（脱硫 EPC 总承包） 中交第三航务工程有限公司（PHC 桩基施工及循环水泵房建筑）
15	中电投四川福溪电厂 2×600MW 超临界燃煤机组新建工程	中国能源建设集团天津电力建设公司（1 号机组及化学、燃油公用系统） 四川电力建设二公司（2 号机组及升压站公用系统） 东北电业管理局烟塔工程公司（烟囱、水塔） 四川电力建设三公司（输煤系统）
16	大唐林州 2×350MW 超临界热电机组工程	中国能源建设集团浙江省火电建设公司（1 号标段建筑安装） 河南省第二火电建设公司、河南省第二建设集团有限公司联合体（2 号标段建筑安装） 中国能源建设集团安徽电力建设第一工程公司（3 号标段建筑安装） 河南六建建筑集团有限公司（冷却塔建筑安装）
17	华能山东黄台电厂 2×350MW“上大压小”热电联产工程	山东电力建设第一工程公司（10 号机组脱硫脱硝公用部分、循环水及水处理建筑安装、中水处理系统安装） 山东电力建设第二工程公司（9 号机组升压站建筑安装、输煤系统安装） 河南省第二建设集团有限公司（BOP 建筑）
18	国电湖南宝庆电厂一期 2×660MW 机组工程	中国能源建设集团湖南省火电建设公司（施工总承包） 北京国电龙源环保工程有限公司（脱硫、脱硝建筑安装）
19	湖北白莲河抽水蓄能 4×300MW 电站工程	葛洲坝集团第一工程有限公司（地下厂房工程） 中国水利水电第一工程局有限公司（引水工程） 中国水利水电第八工程局（尾水工程） 中国安能建设总公司（上水库工程） 葛洲坝集团机电建设有限公司（机电设备安装）

续表

序号	工程名称	施工单位
20	重庆乌江彭水5×350MW水电站工程	中国水利水电第八工程局有限公司（大坝土建及金结） 中国水利水电第七工程局有限公司（地下电站Ⅰ标段、通航建筑土建及金结） 中国水利水电第八工程局有限公司机电制造安装分局（机电设备安装） 中国水利水电第十四工程局有限公司（地下电站Ⅱ标段、Ⅲ标段土建及金结）
21	华能云南澜沧江景洪5×350MW水电站工程	中国葛洲坝集团股份有限公司（C1、C3、C4标工程） 中国水利水电第三工程局（C2标工程） 中国水利水电第八工程局有限公司安装分局（C5标工程）
22	贵州北盘江董箐4×220MW水电站工程	中国水利水电第十二工程局有限公司（左岸1号导流洞进口土建及大坝结构） 中国水利水电第九工程局有限公司（右岸2号导流洞进口、放空洞土建及厂房和溢洪道结构） 中国水利水电第六工程局有限公司（引水系统） 中国水利水电第十一工程局有限公司（右岸2号导流洞出口土建、厂房和溢洪道结构） 江南水利水电工程公司（左岸1号导流洞出口土建及溢洪道开挖） 江夏水利水电工程公司（机电安装）
23	四川大渡河深溪沟4×165MW水电站工程	中国葛洲坝集团第一工程有限公司（厂坝枢纽工程） 葛洲坝集团机电建设有限公司（机电安装工程） 中国水利水电第八工程局有限公司（厂坝枢纽施工及导流洞工程砂石加工） 葛洲坝集团三峡实业有限公司（导流洞A标工程） 中国水利水电第十一工程局有限公司（导流洞B标工程）
24	四川大渡河瀑布沟6×600MW水电站工程	中国葛洲坝集团股份有限公司、江南水利水电工程公司、中国水电基础局有限公司联合体 （大坝和导流洞封堵） 中国水利水电第七工程局有限公司、中国水利水电第十四工程局有限公司联合体（地下厂房系统土建及机金属结构） 中国水利水电第五工程局有限公司（泄洪洞） 中国葛洲坝集团第一工程有限公司（溢洪道） 中国水利水电第十一工程局有限公司（放空洞及库首右岸拉裂变形体治理）
25	华能大庆绿源风电一期192MW工程	河北建设勘察研究院有限公司（新立、五棵树风电场风机桩基础施工） 伊春兴安岭风电设备安装有限公司（和平、敖包风电场风机及箱变安装施工标段） 中国能源建设集团黑龙江省火电第一工程公司（敖包风电场风机桩基础承台施工） 黑龙江省二建建筑工程有限责任公司（新立风电场风机桩基础承台施工）
26	华能通辽努古斯台景观100.5MW风电项目	辽宁国际建设工程集团有限公司 （风机及箱变基础） 中电大型设备安装工程有限公司（风机吊装）
27	华能彰北300MW风电场工程	北京城建九建设工程有限公司（场内道路、风机及箱变基础） 阜新鼎兴电力安装工程（集团）有限公司（集电线路、Ⅱ期机电设备安装）

续表

序号	工程名称	施工单位
28	内蒙古京能翁根山风电场一期 49.5MW 工程	江苏省苏中建设集团股份有限公司（风机、箱变基础及升压站土建） 中国能源建设集团天津电力建设公司（升压站安装及风机集电线路） 内蒙古第一电力建设工程有限责任公司（风机吊装）
29	大唐林西 98.25MW 风电项目	中国能源建设集团天津电力建设公司
30	新疆华电十三间房风电场一、二期 99MW 工程	新疆苇湖梁发电厂华源电力安装公司
31	崇礼轿车山风电场 49.3MW 工程	中国二十二冶集团有限公司（风机建筑安装） 河北省电力建设第一工程公司（升压站土建） 张家口输变电工程总公司（升压站设备及线路安装）
32	国电崇礼风电场 2×49.5MW 工程	中铁七局集团第二工程有限公司（风机基础） 张家口输变电工程总公司（升压站、集电线路安装） 上海腾发建筑工程有限公司（风机吊装）
33	国电右玉高家堡风电场 2×49.5MW 风电工程	中国能源建设集团天津电力建设公司
34	龙源如东海上风电场 30MW＋150MW 工程	中国能源建设集团江苏省电力建设第三工程公司（升压站设备及 30MW 风场、150MW 风场 1 标段风机安装） 江苏龙源振华海洋工程有限公司（风机基础、150MW 风场 2 标段风机安装） 江苏永达电力电信安装工程有限公司（海底光缆及电缆敷设） 南通市海洋水建工程有限公司（30MW 风场、150MW 风场 2 标段风机基础） 天津港航工程有限公司（150MW 风场 1 标段风机基础）

续表

序号	工程名称	施工单位
35	中电投江西老爷庙 49.5 MW 风电场工程	江西省水电工程局（土建） 江西水电检修安装工程有限公司（电气设备安装） 江西中电电力工程有限责任公司（机电线路）
36	大唐华银南山一期 49.5 MW 风电场工程	湖南省湘乡电力建设有限公司（升压站建设安装） 邯郸市邯一建筑工程有限公司（风机平台及基础） 葛洲坝集团电力有限责任公司（风机及箱变安装）
37	中电投太阳山光伏并网电站一期 30MWp 工程	特变电工新疆新能源股份有限公司
38	龙源羊八井二期 20MWp 并网光伏电站工程	江苏长安建设集团有限公司（光伏阵列基础、中控楼、升压站土建） 卫辉市电力建筑安装工程有限公司（站内电气设备安装） 深圳安泰科建筑技术有限公司（光伏组件安装）
39	宗州（邢东）500kV 变电站新建工程	河北省送变电公司
40	山西左权电厂送出 500kV 输电线路工程	山西省电力公司送变电工程公司（1、2 标段施工） 山西省电力公司供电工程承装公司（3 标段施工）
41	阳城北（海会）500kV 变电站工程	山西多源电力建筑工程有限责任公司（地基处理及场地平整工程） 山西省电力公司电力建设四公司（建筑） 山西省送变电工程公司（安装）
42	河南焦作东 500kV 变电站工程	河南省第一建筑工程集团有限责任公司（建筑） 河南送变电工程公司（安装）

续表

序号	工程名称	施工单位
43	牟平500kV变电站工程	山东送变电工程公司
44	滦县500kV变电站工程	北京送变电公司
45	福州笠里500kV变电站工程	福建省送变电工程公司
46	江苏扬州西500kV变电站	江苏省送变电公司
47	上海新余500kV变电站工程	上海送变电工程公司（电气安装） 上海电力建筑工程公司（建筑）
48	±400kV青藏直流联网工程	中国能源建设集团天津电力建设公司（格尔木A包土建） 黑龙江省送变电工程公司（格尔木A包安装） 青海送变电工程公司（格尔木B包建安及线路1、5、6标段） 中国人民武装警察部队水电第二总队（拉萨B包土建及线路4标段） 湖北输变电工程公司（拉萨A包安装） 山东送变电工程公司（拉萨B包安装） 甘肃送变电工程公司（线路2标段） 西藏电力建设总公司（线路7标段） 贵州送变电工程公司（线路10标段）
49	四川绵阳变至广元变500kV双回线路工程	四川电力送变电建设公司（Ⅰ标段施工） 湖南省送变电工程公司（Ⅱ标段施工） 内蒙古送变电有限责任公司（Ⅲ标段施工）
50	湖北江夏500kV变电站工程	湖北省送变电工程公司
51	赣州南（雷公山）500kV变电站工程	江西省送变电建设公司

续表

序号	工程名称	施工单位
52	500kV六盘水变电站新建工程	贵州送变电工程公司
53	祯州500kV变电站	广东省输变电工程公司（电气安装、调试） 中国能源建设集团广东省电力第一工程局（土建）
	中小型工程项目	
1	华能塔什店电厂四期工程2×125MW机组	中国能源建设集团山东电力建设第一工程公司（1号机组建筑安装、2号机组安装） 中国能源建设集团山东电力建设第二工程公司 （2号机组建筑和锅炉安装、升压站建筑安装、水处理系统等安装） 江苏省苏中建设集团股份有限公司（D标段） 浙江中成建工集团有限公司（冷却塔、主厂房外循环水系统建筑及安装）
2	华电能源哈尔滨第三发电厂2×600MW烟气脱硫工程	中国能源建设集团黑龙江省火电第三工程公司
3	220kV念荷变电站工程	广西送变电建设公司
4	户县（新盛）330kV变电站工程	陕西送变电工程公司
5	珠海市220kV琴韵变电站工程	珠海电力建设工程有限公司
6	220kV鹅村变电站工程	广东省输变电工程公司
	境外项目	
1	印度嘉佳圣雄甘地电厂2×660MW机组工程	山东电力建设第三工程公司（2号机组施工） 山东电建铁军电力工程有限公司（1号机组及BOP区域施工）
2	亚美尼亚110kV变电站重建工程	黑龙江省火电第一工程公司（EPC总承包）

上海电力设计院荣获“全国质量奖”

2013年9月，被誉为中国质量管理领域“奥斯卡奖”的“全国质量奖”花落上海电力设计院有限公司（简称“上海电力设计院”）。这一质量管理领域最高荣誉的获得，使得上海电力设计院打破了多项纪录：该院为本届全国质量奖唯一入选的电力企业，也是历届评选中首家获此殊荣的电力设计企业，是继上海市电力公司市区供电公司（2006年）、上海市电力公司（2009年）后第三家荣获全国质量奖的电力行业企业。

产业报告

工 作 报 告

2014年全国能源工作会议报告（摘要）

一、2013年能源工作简要回顾

（一）能源供需稳定，能源效率进一步提高

预计❶ 2013年，能源生产总量比2012年增长2.1%。其中，煤炭产量增长1%左右；原油产量约2.1亿t，增长约2%；天然气产量1170亿m^3，增长约9%；发电量5.35万亿kWh，增长7.5%。能源进口量约7亿t标准煤。能源消费总量比2012年增长约3.9%。其中，煤炭消费量增长约2.7%；石油表观消费量增长约1.7%；天然气表观消费量增长约13.9%；全社会用电量增长约7.5%。

预计2013年，全国GDP增速7.7%，能源消费总量增长3.9%、弹性系数为0.506，电力消费增长7.5%、弹性系数为0.974，万元GDP能耗0.737t标准煤，较2012年下降3.7%。

（二）以大气污染防治为抓手，能源结构调整步伐加快

参与拟订并贯彻落实国务院《大气污染防治行动计划》。制订能源行业大气污染防治工作方案，明确增供外来电力、保障天然气供应、提前供应国Ⅴ油品、发展可再生能源和适时启动核电建设等5方面能源保障措施。国家能源局成立大气污染防治工作办公室，全面协调落实大气污染防治能源保障工作。地方政府和能源企业签订任务书，实现联防联动。

稳步压减煤炭消费。预计2013年煤炭消费占能源消费总量的比重达到65.7%，较2012年下降0.9个百分点。

加快发展清洁能源和可再生能源。预计全年新增水电装机容量2993万kW，水电总装机容量达到2.8亿kW，发电量8960亿kWh、增长5%。新开工核电机组3台，在建核电机组达到31台，装机容量3385万kW；新投运核电机组2台，在运核电机组达到17台，核电总装机容量达到1461万kW，发电量1120亿kWh、增长14%。新增并网风电装机容量1406万kW，并网风电总装机容量达到7548万kW，发电量1400亿kWh、增长36.4%。新增光伏发电并网装机容量1130万kW，光伏发电并网总装机容量达到1479万kW，发电量超过80亿kWh、增长143%。生物质发电装机容量达到850万kW，发电量320亿kWh。预计2013年，非化石能源发电装机容量占电力总装机容量的比重达到30.9%，较2012年提高4个百分点；非化石能源消费占能源消费总量的比重达到9.8%，较2012年提高0.4个百分点。

推动能源产业转型升级。全年关停小火电机组447万kW，淘汰落后煤矿1874处、产能约2亿t。全国煤矿企业数量减少1200多家，下降到6300家以内。现代化、规模化、集约化大型能源基地贡献率明显提升，大型煤炭基地产量占全国煤炭总产量的比重达到90%以上，大型煤电基地外送装机规模占全国火电总装机容量的比重达到7.6%。全国跨区送电量约2370亿kWh、增长约17.5%，跨省送电量约7790亿kWh、增长约8.7%。

（三）以落实高访成果为契机，能源国际合作取得重大进展

油气领域。签署一系列油气增供协议或备忘录，俄罗斯将向中国增供原油和天然气，土库曼斯坦将增供天然气250亿m^3。签署了中亚天然气管道D线政府间路由确认会谈纪要和管道过境协议。收购俄罗斯亚马尔LNG项目20%权益，收购哈萨克斯坦卡沙甘特大型油田8.33%权益，竞标获得巴西里贝拉油田20%权益。

核电领域。承建的巴基斯坦卡拉奇核电站2、3号机组开工建设。与罗马尼亚达成合作开发切尔纳沃德核电站3、4号机组意向。中美AP1000、中俄核电等合作取得阶段性成果。

煤炭、电力领域。全年进口俄罗斯煤炭2000万t以上。与美、澳、蒙、印等国的煤炭资源开发合作稳步推进。与周边国家的电力贸易持续增长。大湄公河次区域电力合作取得积极进展。

新能源和可再生能源领域。正式加入国际可再生能源署。与英国、加拿大等国签署谅解备忘或框架协议。与沙特、哈萨克斯坦等国就太阳能领域合作达成重要共识。与丹麦、德国、美国、世界银行、亚洲开发银行等国家、地区和组织的可再生能源合作日益深化。

❶ 2014年1月13日，召开全国能源工作会议，统计数据为预计数据。

（四）以改革创新为动力，能源发展活力进一步增强

积极稳妥推动能源体制机制改革。研究拟订《关于进一步深化电力体制改革的若干意见》及其配套文件。积极推进电能直接交易。以新疆和内蒙古煤制气输送管道为试点，探索天然气上下游直接交易和管网公平接入新模式。制订落实民间投资政策工作方案，加大能源领域向民间资本开放力度。

大力推进能源科技创新。持续实施国家科技重大专项，能源技术装备国产化产业化取得新突破。核电方面，AP1000主泵、爆破阀、大型锻件等关键设备自主研制取得积极进展，CAP1400通过初步设计审查，高温气冷堆示范工程进展顺利。页岩气方面，初步形成自主的水平井钻完井、大型体积压裂技术体系，世界首台3000型压裂车研制成功并投入现场应用，中石化重庆涪陵国家级示范区已投入试采，单井最高日产量达到38万m^3。电力方面，百万千瓦超超临界火电机组关键阀门实现国产化示范应用，燃气轮机高温部件研制稳步推进，特高压输电和智能电网相关技术装备的设计、制造和试验能力达到世界领先水平，相关原材料、关键组件国产化率持续提高。天然气长输管道和LNG方面，国产大型电驱压缩机实现批量订货，西气东输三线东段、泰安60万t/年LNG项目主要设备全部实现国产化。洁净煤技术方面，具有自主知识产权的四川白马电站60万kW循环流化床机组正式投产，标志着中国循环流化床锅炉技术世界领先。

（五）顺利完成国家能源局重组，能源管理体制机制进一步健全

贯彻落实国务院机构改革和职能转变方案，完成国家能源局重组，健全能源管理体制。新的国家能源局成立以来，围绕"三定"规定，突出"两转变、一破解、三服务"，创新能源管理机制。

转变作风，深入开展党的群众路线教育实践活动。

转变职能，简政放权，抓好重大战略、重大规划、重大政策、重大项目、重大举措、重大改革和重大监管。取消和下放行政审批事项21项，占原有行政审批事项的29%。同步强化监管，整合地方能源行业管理部门与能源监管机构力量，部署启动了5个方面、12项能源专项监管。以出台《国家能源发展战略行动计划（2014～2020）》为抓手，拟订了石油天然气、页岩气、煤层气、核电、新能源和可再生能源、煤炭、煤电、能源科技、能源国际合作等10个配套专项发展战略。出台了《南方电网发展规划》和《煤炭物流发展规划》，拟订了大型煤炭、煤电、油气、新能源和可再生能源基地等发展规划及配套能源大通道规划。拟订并组织实施了风电、光伏发电、分布式能源、现代煤炭深加工产业等能源产业政策。着手推动大气污染防治能源领域127个重大项目的落地。

科学论证，努力破解能源发展难题。深入调研论证，明确了影响能源科学发展的十大难题，并积极推动解决。较为妥善地解决了云南水电非正常弃水问题；积极协调解决河北张家口、吉林白城等风电集中开发地区弃风限电问题；研究提出缓解煤炭企业经营困难的对策措施。

服务地方、服务企业、服务民生。出台服务新疆、山西、内蒙古、陕西、甘肃、青海、宁夏、四川、云南等9省区能源科学发展的若干意见，支持能源资源大省将能源资源优势转化为经济优势。建立服务能源企业科学发展工作机制，积极主动为企业排忧解难。出台《全面解决无电人口用电问题三年行动计划》，全年解决150万无电人口用电问题；深入实施人民群众用电满意工程，居民供电质量、服务水平和满意率持续提高；落实5方面措施，全力保障民用和采暖天然气供应；认真做好能源扶贫工作。

二、2014年能源工作任务

2014年能源工作的主要目标是：

提高能源效率。单位GDP能耗0.71t标准煤/万元，比2010年下降12%。能源消费弹性系数0.43左右，电力消费弹性系数0.93左右。

控制能源消费。能源消费总量38.8亿t标准煤左右，增长3.2%；用电量5.72万亿kWh，增长7%；煤炭消费量38亿t，增长1.6%；石油表观消费量5.1亿t，增长1.8%；天然气表观消费量1930亿m^3，增长14.5%。

优化能源结构。非化石能源消费比重提高到10.7%，非化石能源发电装机比重达到32.7%。天然气消费比重提高到6.5%，煤炭消费比重降低到65%以下。

保障能源供应。能源生产总量35.4亿t标准煤，增长4.3%。其中，煤炭生产25亿t标准煤，增长2.7%；原油生产2.1亿t，增长0.5%；天然气生产1310亿m^3，增长12%；非化石能源发电量1.3万亿kWh，增长11.8%。

为实现上述目标，2014年要重点做好以下10个方面工作：

（一）转变能源消费方式，控制能源消费总量过快增长

以提高能源效率为主线，保障合理用能，鼓励节约用能，控制过度用能，限制粗放用能。2014年，单位GDP能耗比2012年下降3.9%左右。

推行"一挂双控"措施。"一挂"，就是将能源消费与经济增长挂钩。"双控"，就是对高耗能产业和过

剩产业实行能源消费总量控制强约束，能源消费总量只减不增；对其他产业按平均先进能效标准实行能耗强度约束，现有产能能效限期达标，新增产能必须符合先进能效标准，促进优胜劣汰。

推行区域差别化能源政策。在能源资源丰富的西部地区，根据水资源和生态承载能力，在节能环保、技术先进的条件下，合理增强能源开发力度，加大跨区调出能力。合理控制中部地区能源开发强度。大力优化东部地区能源开发利用结构，严格控制化石能源消费过快增长。

实施控制能源消费总量工作方案。坚持能源消费总量和能耗强度双控考核，指导各地编制和落实具体实施方案，切实控制能源消费总量过快增长。加强监督检查，确保各地区目标落实到位。

（二）认真落实大气污染防治措施，促进能源结构优化

以大气污染防治为契机，加快淘汰能源行业落后产能，着力降低煤炭消费比重，提高天然气和非化石能源比重。2014 年，京津冀鲁分别削减原煤消费 300 万 t、200 万 t、800 万 t 和 400 万 t，合计 1700 万 t；全国淘汰煤炭落后产能 3000 万 t，关停小火电机组 200 万 kW；力争实现煤电脱硫比重接近 100%，火电脱硝比重达到 70%。

落实大气污染防治行动计划年度重点任务。健全工作协调机制，加强京津冀及其周边地区联防联控，制订出台重点省区市能源保障方案，抓好增供外来电力、保障天然气供应、提前供应国Ⅴ油品等重大项目落地，优化调整能源消费结构和空间布局，促进重点区域空气质量改善。

降低煤炭消费比重。出台并组织实施煤炭减量替代方案。研究制订商品煤质量国家标准，发布煤炭质量管理办法。提高煤炭洗选加工比例。完善差别化煤炭进口关税政策，鼓励优质煤炭进口，限制高灰、高硫劣质煤炭进口。转变农村用煤方式，逐步降低分散用煤比例。2014 年，煤炭消费占能源消费总量的比重降低到 65%以下。

严格控制京津冀、长三角、珠三角等区域煤电项目。新建项目禁止配套建设自备燃煤电站。除热电联产外，禁止审批新建燃煤发电项目。现有多台燃煤机组装机容量合计达到 30 万 kW 以上的，可按照煤炭等量替代的原则改建为大容量燃煤机组。

有序实施“煤改气”。在落实气源、签订供气合同的地区，有序推进“煤改气”，避免一哄而上和供需严重失衡。

加快推进油品质量升级。出台成品油质量升级行动计划（2014～2017 年），大力推进炼油企业升级改造和先进产能布局，确保 2015 年底前京津冀、长三角、珠三角等区域内重点城市供应国Ⅴ标准的车用汽、柴油，2017 年底前全国供应。

提高天然气供气保障能力。结合各省区市天然气需求情况，制订天然气中长期供应计划。增加常规天然气生产供应，加快开发煤层气、页岩气等非常规天然气，推进煤制气产业科学有序发展。加快推进输气管道、储气设施和 LNG 接收站项目建设。完善天然气利用政策，加强需求侧管理，制订有序用气方案和应急预案。

加大淘汰落后产能和节能减排工作力度。停止核准新建生产能力低于 30 万 t/a 的煤矿和低于 90 万 t/a 的煤与瓦斯突出矿井。逐步淘汰 9 万 t/a 及以下煤矿，加快关闭其中煤与瓦斯突出等灾害隐患严重的煤矿，继续推进煤矿企业兼并重组。2014 年，全国淘汰煤炭落后产能 3000 万 t，煤矿企业数量减少到 5500 家以内。完善火电淘汰落后产能和“上大压小”后续政策，更多运用市场手段，促进落后火电机组自然淘汰。科学安排电力行业脱硫、脱硝、除尘改造工程，加大节能减排监管力度，确保相关设施稳定、达标运行。2015 年前，完成京津冀、长三角、珠三角区域燃煤电厂污染治理设施建设和改造。

（三）大力发展清洁能源，促进能源绿色发展

坚持集中式与分布式并重、集中送出与就地消纳相结合，稳步推进水能、风能、太阳能、生物质能、地热能等可再生能源发展，安全高效发展核电。2014 年，新核准水电装机容量 2000 万 kW，新增风电装机容量 1800 万 kW，新增光伏发电装机容量 1400 万 kW（其中分布式占 60%），新增核电装机容量 864 万 kW。

积极开发水电。在做好生态环境保护和移民安置的前提下，加快金沙江、澜沧江、大渡河、雅砻江等大型水电基地建设，抓紧外送输电工程建设。研究制订抽水蓄能发展政策，完善抽水蓄能电站建设运行管理。研究优化流域水电站运行管理，提高水能资源梯级利用效能。推动完善水电环境影响评价标准，探索移民土地补偿费用入股和流域梯级效益补偿机制，研究制定龙头水库征地补偿机制和利益共享机制。

有序发展风电。制订、完善并实施可再生能源电力配额及全额保障性收购等管理办法，逐步降低风电成本，力争 2020 年前实现与火电平价。下达“十二五”第四批风电项目核准计划。优化风电开发布局，加快东中部和南方地区风能资源开发。制订和完善可再生能源发电工程质量监督管理办法，规范风电开发秩序，保障工程建设质量。有序推进哈密、承德二期、乌兰察布、锡林郭勒、凉山等大型风电基地及配套电网工程建设，合理确定风电消纳范围，开展风火打捆外送示范，缓解非正常弃风限电问题。稳步发展

海上风电。

加快发展太阳能发电。贯彻落实国务院《关于促进光伏产业健康发展的若干意见》，加强光伏发电并网服务、保障性收购等全过程监管，确保补贴资金及时到位。重点推进北京海淀区等 18 个分布式光伏发电应用示范区建设，适时召开现场会，总结经验，完善政策，在大型公用建筑、工商企业、观光农业、居民住宅等领域拓展分布式光伏发电。协调地方政府、电网企业和金融机构做好项目建设、并网接入和金融支持等配套服务。探索形成符合实际的分布式光伏商业模式，逐步降低发电成本，力争 2020 年光伏发电实现用户侧平价上网。

积极推进生物质能和地热能开发利用。完善有关政策措施，积极推进生物质能和地热能供热示范工程建设，适时召开现场会，大力推广生物质能和地热能在民用和工业供热中的应用，鼓励生物质热电联产，在资源条件具备的区域优先使用地热能供热。年内新增生物质能民用供热面积 800 万 m^3，新增生物质能工业供热折合 100 万 t 标准煤，新增地热供暖面积 1 亿 m^2。加快非粮燃料乙醇试点、生物柴油和航空涡轮生物燃料产业化示范。

安全高效发展核电。加强在运核电站安全管理，确保核电站安全运行。推动 AP1000 自主化依托工程建设。适时启动核电重点项目审批，稳步推进沿海地区核电建设，做好内陆地区核电厂址保护。加快推进国内自主技术研发和工程验证，重点做好大型先进压水堆和高温气冷堆重大科技专项示范工程建设，加快融合技术的论证，避免多种堆型重复建设。

（四）加快石油天然气发展，提高安全保障能力

按照常规非常规并举、陆上海上并重的方针，加强油气资源勘探开发，提升油气自给能力。2014 年，国内原油产量达到 2.1 亿 t，天然气（不含煤制气）产量达到 1310 亿 m^3，其中页岩气产量 15 亿 m^3、煤层气（煤矿瓦斯）抽采量 180 亿 m^3。

加大油气资源勘探开发力度。做好深层、近海和深水油气田勘探，以松辽、渤海湾、鄂尔多斯、西北、四川和海上 6 大油气生产基地为重点，切实提高油气资源探明率和采收率，努力实现增储上产。推动出台差别化的财税政策，鼓励老油田和低品位油气资源开发。

着力突破页岩气等非常规油气和海洋油气资源开发。总结推广中石化涪陵国家级示范区经验，加快国家级页岩气示范区建设，力争在川渝地区加快勘探开发步伐，在湘鄂、云贵和苏皖等地区取得新突破。加快沁水盆地和鄂尔多斯盆地东缘煤层气产业基地建设，积极推进新疆等地区煤层气勘查开发。按照“以近养远、远近结合”的发展模式，积极推进南海、东海油气资源开发。

稳妥推进煤制油气产业示范。研究制定政策措施，按照最严格的能效和环保标准，积极稳妥推进煤制气、煤制油产业化示范，鼓励煤炭分质利用，促进自主技术研发应用和装备国产化。

加快油气基础设施建设。加快推动西气东输三线、陕京四线、新疆煤制气外输管道、庆铁四线等油气管道建设。完善天然气输配管网，大力推动 LNG 接收站及应急调峰储气设施建设。

积极推进石油和天然气期货贸易。加快上海国际能源交易中心建设，搭建油气现货和期货交易平台，打造亚太地区油气交易中心，探索天然气国际贸易人民币计价和结算。

（五）优化布局，推进煤炭煤电大基地和大通道建设

按照安全、绿色、集约、高效的原则，重点建设 14 个大型煤炭基地、9 个大型煤电基地、12 条“西电东送”输电通道，优化能源发展空间布局，提高能源资源配置效率。2014 年，煤炭基地产量 34.6 亿 t，占全国的 91.1%；煤电基地开工和启动前期工作规模 7000 万 kW，占全国煤电总装机容量比重 8%。

加强大型煤炭基地建设。按照优化结构、扶强限劣，综合施策、挖潜增效，分质利用、抓好示范的方针，推进神东、陕北、蒙东、宁东、新疆、云贵等 14 个大型煤炭基地建设；加强煤炭矿区总体规划管理，发挥矿区总体规划的引导和约束作用，规范煤炭资源勘查开发秩序，稳步推进大中型现代化煤矿项目前期工作和核准工作；以大型煤炭企业为主体，推进煤炭安全绿色开采，推广煤矿充填开采技术；加快煤矿瓦斯规模化抽采利用矿区和瓦斯治理示范矿井建设，提高瓦斯利用水平；稳步推进煤炭深加工产业升级示范，促进煤炭资源高效清洁转化和综合利用。

加快重点煤电基地和输电通道建设。加强科学规划布局，加强重大煤电基地建设，加强电力通道建设，提高“西电东送”能力，提高电力优化配置水平，提高节能减排效率。出台煤电基地科学开发指导意见，在新疆、内蒙古、山西、宁夏等煤炭资源富集地区，按照最先进的节能节水环保标准，建设大型燃煤电站（群）。推进鄂尔多斯、锡盟、晋北、晋中、晋东、陕北、宁东、哈密、准东等 9 个以电力外送为主的千万千瓦级现代化大型煤电基地。鼓励低热值煤发电。加大西电东送力度，加快推进鄂尔多斯、山西、锡林郭勒盟能源基地向华北、华中、华东地区输电通道建设，规划建设蒙西—天津南、锡盟—山东、锡盟—江苏、宁东—浙江、准东—华东等 12 条电力外输通道，提高跨省区电力输送能力。

（六）以重大项目为载体，大力推进能源科技创新

坚持自主创新，鼓励引进消化吸收再创新，以能源重大工程为载体，以政府为主导，以企业为主体，建立政、产、学、研、用相结合的自主创新体制机制，推动能源装备国产化，打造能源科技装备“升级版”。

抓好重大技术研究和重大科技专项。充分发挥国家能源研发中心（重点实验室）骨干作用，重点推进非常规油气、深水油气、先进核电、新能源、700℃超超临界燃煤发电、符合燃机排放标准的燃煤发电、煤炭深加工、煤层气（煤矿瓦斯）开发利用、智能电网、分布式能源、大容量储能、高效节能、新材料等重大技术研究。启动并抓好25项国家能源重大应用技术研究及工程示范专项，力争深海油气、致密油气、页岩气等非常规油气、新一代核能等核心技术取得新突破。

依托重大工程推动关键装备国产化。重点推动页岩气和煤层气勘探开发、海洋油气开发、天然气液化和接收、核电、抽水蓄能等重大装备国产化。推进大型燃气轮机自主研发，加快高温部件研制和验证平台建设。制订出台促进能源装备制造业健康发展的指导意见。加快能源企业及能源装备制造企业自主创新技术平台建设，推进能源装备国产化，提升能源装备自主化水平，形成有国际竞争力的能源装备工业体系，积极支持能源装备企业“走出去”。

加强能源行业标准制定和管理。有序推进环境和安全类重点领域标准体系完善和标准制修订。成立海洋深水石油工程等新兴重点领域标准化技术委员会。

（七）深化能源国际合作

建设丝绸之路经济带和21世纪海上丝绸之路，统筹国际国内两个大局、两个市场、两种资源，进一步提升能源国际合作水平。

全面落实中央领导高访成果。积极推动中俄天然气谈判。加快推进中亚天然气管道D线项目。推进俄罗斯亚马尔液化天然气项目、天津炼厂项目合作建设。

巩固深化能源国际合作重大关系。充分发挥能源国际合作机制的作用，利用高层互访，重点巩固加强中俄（罗斯）、中哈（萨克斯坦）、中土（库曼斯坦）、中乌（兹别克斯坦）等10个重要能源合作关系，巩固和扩大西北、东北、西南和海上四大油气运输通道建设，切实推动油气、煤炭等能源资源引进。加快推进丝绸之路经济带、21世纪海上丝绸之路、中印缅孟经济走廊和中巴经济走廊建设，以能源合作为主线，带动上下游产业、工程建设、技术装备和相关服务业发展。

推动能源企业“走出去”。推动委内瑞拉重油、加拿大油砂和美国页岩油气、巴西深海盐下油等合作项目顺利实施。加快煤炭、电力、新能源等领域国际合作，推动煤炭装备、新能源装备、电工电气、坝工技术等技术装备出口和工程承包。

增强全球能源治理的话语权和影响力。加强全球能源治理形势分析和战略研究，增强国际能源交流的前瞻性和针对性。建立和巩固多边合作机制，加强与国际能源署等机构的沟通协作，积极参与G20、国际能源论坛、国际可再生能源署、金砖国家、上海合作组织等多边机制，广泛参与国际能源事务和规则制定。

（八）加快能源民生工程建设，提高能源普遍服务水平

以逐步推进城乡能源基本公共服务均等化为导向，以解决无电地区用电问题为重点，全面推进能源民生工程建设，满足人民群众日益增长的生产生活用能需要。

加强无电地区电力建设。实施全面解决无电人口用电问题三年行动计划，确保年内全部建成无电地区光伏独立供电工程，基本完成电网延伸工程建设任务，解决100万无电人口的用电问题。

深入推进人民群众用电满意工程。加大城市配网建设和农村电网改造升级力度，提高配网在电网投资中的比重。加强电网安全运行和应急管理，提高电网供电可靠率和居民用户受电端电压合格率，促进电网提高供电服务水平，确保人民群众可靠用电、放心用电、满意用电。

提高民用天然气供应保障水平。加快天然气输配管网和储气设施建设，扩大天然气供应覆盖面，优先保障民生用气，确保居民生活等重点用气需求。2014年，全国用气人口达到2.5亿。

积极推进“新城镇、新能源、新生活”行动。结合新能源示范城市和绿色能源县建设，因地制宜、科学布局城镇液化天然气热电冷三联供、分布式光伏发电、地热能和生物质能供热，促进城乡供能用能清洁化，为推进新型城镇化建设、改善人民群众生活质量提供能源保障。

（九）推进体制机制改革，强化能源监管

鼓励和引导民间资本进一步扩大能源领域投资。继续清理和修订能源领域阻碍民间投资的法规文件，建立健全相关配套政策，积极为民间资本进入能源领域创造制度条件。推出一批有利于激发民间投资活力的煤炭深加工、新能源、生物液体燃料等示范项目，积极探索民间资本参与配电网、购售电、油气勘探开采及进出口、天然气管网等业务的有效途径。

进一步深化电力改革。推动尽快出台进一步深化

电力体制改革的意见。积极支持在内蒙古、云南等地开展电力体制改革综合试点。积极推进电能直接交易和售电侧改革。推动探索有利于能效管理和分布式能源发展的灵活电价机制。推进输配电价改革，加快建立健全电力市场体制机制。

稳步推进石油天然气改革。认真研究油气领域改革方案，促进天然气管网公平接入和开放，推动完善油气价格机制，理顺天然气与可替代能源的比价关系。推动油气勘探、开发、进口等环节的市场化改革，建立规范有序、公平合理的市场准入机制。

加快煤炭改革。推动煤炭税费综合改革，以清费立税为主线，清理整顿涉煤收费基金，加快推进煤炭资源税从价计征改革。修订《煤炭产业政策》。实施煤矿生产能力登记和公告制度，促进煤炭产业平稳运行。推进煤炭市场建设，探索创新煤炭市场监管机制，推动电煤运输市场化改革。

加强能源市场监管。加强能源相关法律法规、规划、政策、标准、项目落实情况监管，确保行业规范有序发展。加强对电网、油气管网等垄断环节监管，确保准入公平、并网公平、交易公平、价格合理、结算及时。加强能源项目核准事后监管。加强电力普遍服务监管，提高用电服务质量。加强监管执法能力和制度建设，切实维护市场秩序。

加强能源安全监管。认真落实中央领导的重要指示精神，深刻吸取青岛黄岛事故教训，按照“管行业必须管安全、管业务必须管安全”的要求，健全能源安全监管工作机制，落实能源企业安全生产主体责任。深入开展安全生产大检查，重点做好供电供热安全、国家石油储备库安全、核电站并网和应急管理、电力建设施工安全、煤矿建设生产、煤矿瓦斯防治、能源企业网络与信息安全等监管和大检查工作。强化安全生产隐患排查治理和危险源管控，突出抓好重点地区、重点企业和重要部位隐患治理，有效防范和坚决遏制重特大事故发生。

（十）加强能源行业管理，转职能改作风抓大事解难题办实事建机制

转变政府职能，减少行政审批，创新能源管理方式，强化战略、规划、政策、措施、监管与服务，切实提高能源管理效能。

推进能源法制建设。推进《电力法》修订。推动出台海洋石油天然气管道保护条例、核电管理条例、国家石油储备管理条例。完善《可再生能源法》《石油天然气管道保护法》配套办法。研究拟订能源监管条例，健全能源监管规章制度。推进能源执法体系和执法能力建设。

强化战略规划政策引导。出台国家能源战略行动计划等重大能源战略规划，启动能源“十三五”规划前期研究和编制工作，拟订实施能源发展年度计划，加强能源政策研究，完善重大能源产业政策。

创新审批（核准）备案机制。创新能源项目管理方式，更多地通过规划、计划、政策和监管“四位一体”实施项目管理。继续取消和下放行政审批事项，凡是能下放的一律下放到地方，凡是能交给市场的一律交给市场。落实《政府核准的投资项目目录（2013年本）》，对于保留的审批、核准、备案事项，进一步优化行政审批程序，简化项目审批前置条件，建立网上公示和审批制度，加快推进阳光审批、限时办结，提高服务效率和透明度。

服务地方经济社会发展。从能源保障的大局出发，紧密结合各地经济社会发展实际情况，针对能源保障方面存在的突出问题和矛盾，主动、有效地为地方分忧解难。充分发挥对口服务联系能源资源大省工作机制和对口服务地方能源工作联络员机制的作用，及时了解和合理解决有关诉求，落实区域差别化能源政策，促进东、中、西部地区经济社会协调、可持续发展。

服务能源企业科学发展。充分发挥煤炭、电力、油气、新能源和可再生能源、核电、“走出去”、科技创新等7个服务能源企业科学发展协调工作机制的作用，每季度召开座谈会，通过形势分析、对策研究，及时帮助企业把握机遇、应对挑战、化解难题，在市场竞争中做强做大。

加强能源统计监测和预警。加强能源行业统计能力建设，研究制订能源行业统计规范，完善能源统计监测预警机制，启动实施国家能源安全保障信息化工程，加快推进全国能源统计监测信息系统建设，为能源科学发展提供决策支撑。

2013年输电、供电监管工作会议报告（摘要）

一、2012年输、供电监管工作成绩

输、供电是电力行业的核心产业环节，输、供电监管是电力监管的重要职责。电监会成立9年来，在输、供电监管方面不断探索，逐步形成一些基本的认识。一是坚持依法监管，努力建设监管法规体系。二是坚持不断探索，不断完善手段扩展内容。电力监管是一项新兴的事业，9年来电监会的职能、机构、编制都在逐步扩展，输、供电监管也从传统的现场检查最早提出向常态化、信息化的非现场监管转变。三是密切联系实际，加强专业监管，不断加大深度提高力度。电力系统有显著的技术经济特性，电力行业发展也有不少内在的客观规律，几年来电网运行方式汇报、工程造价发布、供电检查等很多输、供电监管工

作，都在不断加强监管的专业性与科学性。四是围绕服务大局监管为民，突出重点突出实效。五是做好输、供电监管必须上下一致，真抓实干，对监管工作充满信心、决心与恒心。

1. 依法监管的基础体系更加充实

输电监管方面。一是正式印发了《电力调度机构信息报送与披露办法》，开展了专门的宣贯培训活动，组织编制了一系列配套文件。二是从2012年初开始，完成了《电力调度监管办法》上网公开征求意见等一系列立法程序，现已进入最后的送审阶段。三是继续做好《输电网运营评价》标准制定工作，完成两项相关课题。四是在可再生能源监管方面探索完善法规，研究编制了风电场购售电合同和并网调度协议的示范文本。

供电监管方面。一是研究起草了《供电服务规范》的国家标准，已经通过全国电力监管标准化委员会的审查。二是组织开展了五种不同种类的供用电合同示范文本的研制工作，《高压供用电合同示范文本》已经编制完成。三是继续深入宣贯《供电监管办法》，前后组织了两期供电监管培训。

2. 工作内容与手段不断扩展

输电监管方面。一是组织召开电力调度监管工作座谈会，开始了在南方区域开展电力调度监管的指标试点工作，在实践中不断完善电力调度监管的指标体系和评价方法。二是在第四季度组织开展了《电力调度机构信息报送与披露办法》专项检查，推进新法规的落实与应用。三是研究编制了《电网投资监管工作方案》，进一步扩展监管领域。

供电监管方面。一是研究编写了《农电监管实施细则》，同时大力推动农电“两率”（供电可靠率、电压合格率）测算工作，年底正式发布了全国农电“两率”标准。二是编制完成《电力用户受电工程市场信息与监管系统功能规范》，将系统建设试点的范围扩大到辽宁等十个省区市。三是开展了全国有序用电情况专项统计工作，以日报、旬报等形式汇总上报电监会有关领导，及时掌握用电实况。

3. 监管深度与力度持续加大

输电监管方面。一是在电网运营监管方面，继续完善电网运行方式通气会制度，付出大量精力完成了《“十一五”电网运营情况》以及《特高压输电》两个调研报告，体现了较好的专业监管水平。二是召开了全国电监标委会一届三次会议，上报的5项电监国标制、修订计划全部进入国家计划，风电、核电等一批电力建设标准进入报批程序或获批发布。三是继续电力企业标准化良好行为试点，完成了11家4A级、9家3A级电力企业的确认。四是加强工程造价监管，发布了“十一五”期间投产电力工程项目造价情况及造价控制优秀电力工程项目，在信息发布的同时促进了经验交流，反响热烈、效果良好。

供电监管方面。一是继续加大供电检查及整改检查工作的深度与力度，2012年在检查的内容、范围、形式方面进行了调整，在监管报告体例、内容、特别是对外发布的处理力度都有所完善与强化，促使两大电网企业也相应自我加压、修订“三个十条”及“服务承诺”。二是不断提高供电现场监管的专业性有效性，总结供电检查7年以来的经验教训编写了《供电检查手册》，建立了近200人的供电监管专家库。三是继续推进非现场供电常态监管，研究编制《关于进一步加强供电常态监管的指导意见》，多家派出机构都开展了信息平台建设、优质服务示范单位创建等探索与试点工作。

4. 输、供电监管的成效日益显著

输电监管方面。一是四季度协调恢复了鄂湘500kV联络线输电能力，电网方式监管工作发挥实效。二是积极参与电力形势分析预测、迎峰度夏电网运营监管等工作，印发了《关于加强电力监管切实维护电力安全和有序用电的通知》。三是通过实地调研编制上报了《西藏、新疆及四川四省藏区电力发展调研报告》《可再生能源发电全额保障性收购情况调查报告》等专题报告，积极促进相关工作的开展。

供电监管方面。一是在7、8月迎峰度夏期间，组织开展了有序用电专项督查工作并提交了专题报告，在电力供应紧张时期有针对性地维护用电秩序，保重点单位、重点地区、重点线路。二是从10月开始，积极推动居民用电服务质量监管专项行动，编制发布工作方案，研究下发指标标准，编制《居民用电满意度调查表》，全国各派出机构也积极行动起来做了大量工作，从冬季用电高峰以及春节期间的用电保障情况看，专项行动已经取得初步的成效。三是积极协调落实农网升级改造、风力发电场建设、公路项目上马等定点扶贫任务，直接服务于贫困地区。

二、认真研究电力监管工作面临的新形势与新问题，不断深化对于输、供电监管的认识

1. 满足经济社会发展需要

“十二五”期间，中国依然处于工业化、城镇化、电气化的历史发展阶段，电力行业发展的任务依然十分繁重。加强输、供电监管，一是可以通过参与规划意见，维护电力规划的科学性与权威性，促进电网电源协调发展；二是可以通过农电监管，促进主网/配网协调发展，切实满足经济社会对于电力的需求；三是可以通过工程造价监管，引导电力企业控制成本，提高国民经济整体竞争力。

2. 引导电力清洁高效发展

“十二五”期间，中国节能减排、结构调整的任

务艰巨，电力行业也必须转变到更加清洁高效的发展模式。加强输、供电监管，一是可以通过可再生能源监管，促进风电、太阳能等清洁可再生能源合理发展；二是可以通过电网方式监管，科学协调跨省跨区远距离大规模电力资源配置；三是可以通过电网投资与运营监管，督促提高电力投资效益与电网运营效率。

3. 保障民生用电质优量足

一是可以通过居民用电服务质量监管专项行动等活动，保民生用电，促社会和谐，迎接党的十八大胜利召开；二是可以通过供电监管，促进供电价格、质量、服务全面提高；三是可以通过普遍服务监管，推动解决无电人口、无电地区等问题。

4. 促进电力市场有序竞争

2013 年是电力体制改革的第十年，但由于改革不到位，依然存在市场垄断、无序竞争等问题。加强输、供电监管，一是可以通过用户工程市场监管，规范业扩报装流程，查处“三指定”问题，维护电力用户利益；二是可以通过公平开放电网监管，进一步开放市场，引导公平竞争；三是可以通过督促电力调度机构更好履行信息披露与报送义务，提高信息对称度，维护各市场主体合法权益。

5. 保证电力系统安全稳定

经济社会发展对于电力保障的要求越来越高，但中国电网规模越来越大，元件越来越复杂，系统风险性越来越高。加强输、供电监管，一是可以通过调度监管进一步维护调度机构权威性，加强调度纪律，提高人员素质，统一调度运行指挥，合理安排方式计划；二是可以通过加强电监标准化工作，完善监管标准体系，引导电力企业标准化良好行为，不断提高电力行业的技术与管理水平。

三、2013 年输、供电监管工作

其中输电监管方面的主要工作任务有：紧紧围绕电监会“六项重点监管任务”，深化调度监管，推动法规建设；总结试点经验，加强信息披露；加强方式监管，合理优化调度；深化造价监管，开展投资监管；加强可再生能源监管促进消纳，做好电监标准化工作，推进电力企业标准化良好行为试点确认等等。

供电监管方面的主要工作任务有：以居民用电服务质量监管专项行动为重点，抓好“四项考核”，推动“五项制度”，落实示范点建设，监督保障房用电，加强普遍服务监管，深化用户工程监管，做好宣传工作，完成专项报告；继续开展供电检查与法规建设，推进常态监管，做好定点扶贫工作等等。

做好 2013 年输、供电监管工作的三点具体要求：

1. 紧密围绕中心工作，全面完成各项任务（略）

2. 切实做好“四个突出”

一是突出重点工作。监管工作千头万绪，要抓住主要矛盾；监管职责相对固定，但每年面临的形势与问题各有不同。2013 年应站在全局高度，紧密围绕电监会的六项重点监管工作，找准定位，明确方向，确实弄清楚必须完成什么任务、必须提前思考什么。

二是突出真抓实干。电力监管是一项新兴的事业，更是一项实践性的工作。对于各项任务，都应强化措施，真抓实干，环环相扣，保质保量。对于每项工作，都要抓紧、抓实、抓严、抓细，有始有终，形成闭环。

三是突出实际效果。在扎实工作的同时，应不断总结和思考工作的侧重点，着力于取得更好的实际效果。电力监管工作要围绕着是否服务大局、是否群众满意、是否有利行业来开展，注意多做有用功，不做无用功。

四是突出监管创新。要善于总结，勤于思考，注意引进先进的技术措施，借鉴他人有效的监管成果，要不断改进监管方法，丰富监管手段，完善监管措施，提高监管效率，更有创造性地开展工作。

3. 努力做到“四个加强”

一是加强队伍建设。输、供电监管是一项光荣的使命，也是一项艰巨的任务。要不断提高思想政治素质，时刻不忘廉洁自律；要加强培训，继续提高专业业务素质，在工作中高标准严要求；要进一步加强团队文化建设，不断提高凝聚力和战斗力；要注意搞好干部梯队建设，争取多出人才、多出干部。

二是加强调查研究。“没有调查研究就没有发言权”，输、供电监管既要服从统一部署、完成既定任务，也要不断发现问题、思考问题，提高工作的主动性、自觉性。包括跟踪电网发展新技术、新动态，监测分析电力供需新形势、新矛盾，了解掌握一线监管的新困难、新探索，倾听各个地方各个层面对于监管工作的新评价、新需求，都需要走出办公室，扎实敏锐心系基层，集思广益解决问题，总结提炼试点成果，改进工作强化作风，建言献策发挥优势，系统思考谋划长远。

三是加强沟通协调。输、供电监管是一项系统性的工作，要注意与方方面面的沟通协调，争取更和谐的工作环境。包括输、供电部与派出机构之间，也要条块结合，互相支持配合，发挥各自优势。职能部门对派出机构，要鼓励发挥积极性、尊重各地实际情况，同时加强专业指导与政策支持；派出机构对职能部门，要加强大局观念、服从统一部署，同时积极反馈问题、多提建设性意见。

四是加强宣传工作。电力监管工作要与服务大局、服务民生更好地结合，宣传工作不可忽视。供电监管直接关系电力用户切身利益，要努力争取社会认可、鼓励群众参与，为电力监管事业争取更好的舆论环境。输电监管专业性强并涉及一些电力发展重大问题，不要让各项调查研究成果与监管工作成果留在抽屉中，要设法使监管评价与监管意见产生更大的影响力。既要继续在电力行业内的宣传，更要设法利用好各个地方的社会媒体；既要做好对外宣传，也要加强电监会系统内部交流，及时总结上报好的做法与经验、新的探索与成效。

子产业报告

2012年供电监管报告（摘要）

2012年6～8月，电监会及派出机构在全国范围内选取部分供电企业开展了现场检查。根据此次供电检查情况和日常供电监管工作，形成此报告。

一、基本情况

2012年供电检查采取电监会各派出机构辖区内现场检查和全国重点监查相结合的方式。在辖区内检查阶段，电监会各派出机构选择本辖区部分供电企业开展检查；在重点督查阶段，电监会组成六个检查组，分别对上海、陕西、广东、重庆四省（市）部分供电企业及冀北、蒙东电力公司所属部分供电企业，就《供电监管办法》（简称《办法》）中的部分重点监管内容开展检查。

从检查情况来看，各受检供电企业结合2012年居民用电服务质量监管专项行动的开展，不断加大电网建设投入，不断规范服务和行为，深入实施居民用电满意工程，居民用电保障能力显著增强，供电质量和服务水平明显提升，供电市场行为及执行国家成本规则进一步得到规范，福建、重庆、浙江、湖南等地方政府已将专项行动纳入到当地民生工程中。

在加大电网建设投入方面，各供电企业深入贯彻落实居民用电服务质量专项行动要求，大力加强电网建设投入，城乡配电网供电能力显著提升，无电人口用电问题得到加快解决。2012年以来，国家电网公司220kV及以下电网完成投资1816亿元，同比增长9.1%；南方电网公司220kV及以下电网完成投资376.4亿元，总量与2011年基本持平，在解决无电人口用电方面加大投入力度，已基本解决营业区内无电人口用电问题；内蒙古电力有限责任公司、陕西地方电力（集团）有限公司、广西水利电业集团公司、四川水电投资经营集团有限公司和山西国际电力集团有限公司5家主要地方供电企业220kV及以下电网完成投资总计82.1亿元，同比增长7.2%。

在提升居民服务质量方面，供电企业采取新增交费营业场所、与社会服务渠道合作、增设移动交费车、银行委托代扣和网上银行交费等方式，多措并举解决老百姓交费难问题。针对偏远农村用户交费不便问题，供电企业采取“走收”和“坐收”相结合方式，方便居民交费。2012年以来，国家电网公司、南方电网公司及地方供电企业共增加交费网点4.4万个，全国大部分省份大、中城市地区正在形成“十分钟交费圈”，农村地区正在实现“村村设交费点”。

本次供电检查从全国已取得电力业务许可证（供电类）的2970家供电企业中，选取10家省级供电企业、74家地（市）级供电企业、78家县级供电企业，共计162家受检供电企业开展现场检查，占供电企业总数的5.45%，检查发现各类问题404例。检查中制作原始笔录及事实确认书1270份，发放调查问卷4651份，电话访谈249次。

国家电网公司所属受检供电企业共131家，占全部受检供电企业总数的80.9%，发现问题296例，占问题总数的73.3%。

南方电网公司所属受检供电企业共20家，占全部受检供电企业总数的12.4%，发现问题80例，占问题总数的19.8%。

地方受检供电企业共11家，占全部受检供电企业总数的6.8%，发现问题28例，占问题总数的6.9%。

从检查情况看，大部分受检供电企业能够认真贯彻国家有关法律法规和供电监管相关规定，按照《办法》要求，将保障用户合法权益、提升用户用电服务质量放在工作的中心位置。通过提升供电业务水平，规范供电业务行为，完善相关管理制度，在供电能力、供电质量、供电服务、供电市场行为及供电成本等方面基本满足《办法》要求。主要表现在：

（一）加大电网特别是农村、边远地区电网建设投入，逐步加强城镇和农村地区供电能力

大部分受检供电企业较为重视电网建设，基本能够按照“十二五”电网建设规划进行电网建设和改造，夯实电网基础架构，优化电网运行方式，提升设备运行管理水平，供电能力稳步提高。部分供电企业

着力加大农村边远地区电网建设力度，促进当地无电人口用电问题的加快解决。

从图 1 可看出，国家电网公司 2006～2010 年 220kV 以下电网建设投入均少于 220kV 及以上电网，2011 年和 2012 年 220kV 以下电网建设投入均超过 220kV 及以上电网。在 220kV 及以上电网投资方面，2006～2009 年均逐年递增，2010～2012 年均逐年递减；在 220kV 以下电网投资方面，除 2010 年较 2009 年有所下降外，其余年份均逐年递增。其中，开展居民用电服务质量监管专项行动以来，2011 年 220kV 以下电网相对于 220kV 及以上电网的投入比为 1.29 倍，2012 年 220kV 以下电网相对于 220kV 及以上电网的投入比增加到 1.62 倍。

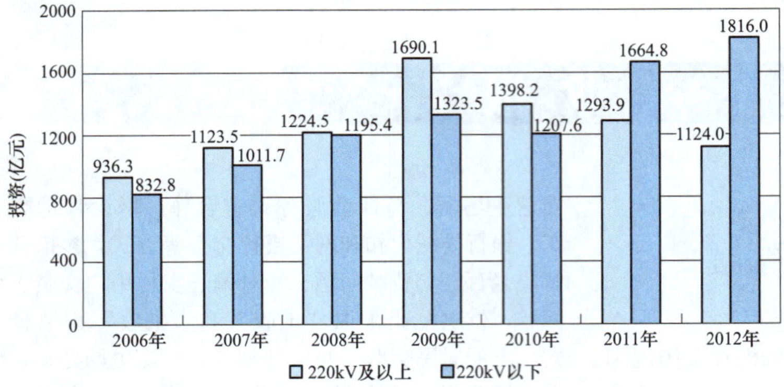

图 1 国家电网公司 2006～2012 年输配网建设与改造实际投资情况

从图 2 可看出，南方电网公司 2006～2008 年 220kV 以下电网投入均少于 220kV 及以上电网投入，2009～2012 年 220kV 以下电网投入均超过 220kV 及以上电网投入。其中，在 220kV 及以上电网投资方面，南方电网公司 2006～2009 年均逐年递增，2010～2012 年均逐年下降；220kV 以下电网投资方面，2006～2009 年均逐年递增，其中，2009 年首次超过 220kV 及以上电网建设投入，且 2009～2012 年 220kV 以下电网相对于 220kV 及以上电网的投入比逐年递增，特别是 2012 年开展居民用电服务质量专项行动以来，投入比达到 1.56 倍，为历年最高。

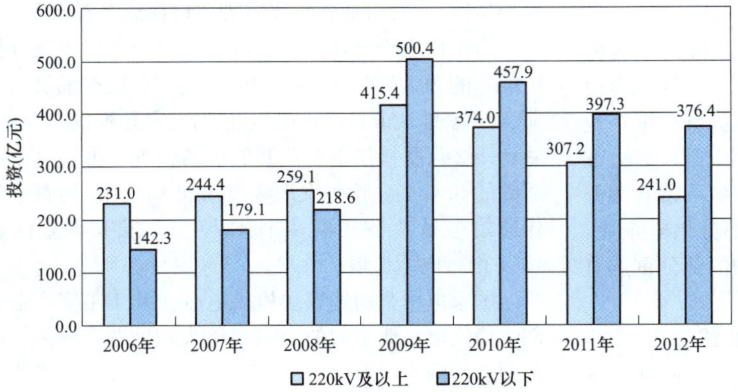

图 2 南方电网公司 2006～2012 年输配网建设与改造实际投资情况

从图 3 可看出，主要地方供电企业 2006～2007 年 220kV 以下电网投入均少于 220kV 及以上电网投入，2008～2012 年 220kV 以下电网投入均超过 220kV 及以上电网投入。其中，2012 年由于开展居民用电服务质量专项行动，主要地方供电企业进一步加大了 220kV 以下电网建设投入。

其中，2012 年由于开展居民用电服务质量专项行动，主要地方供电企业进一步加大了 220kV 以下电网建设投入。

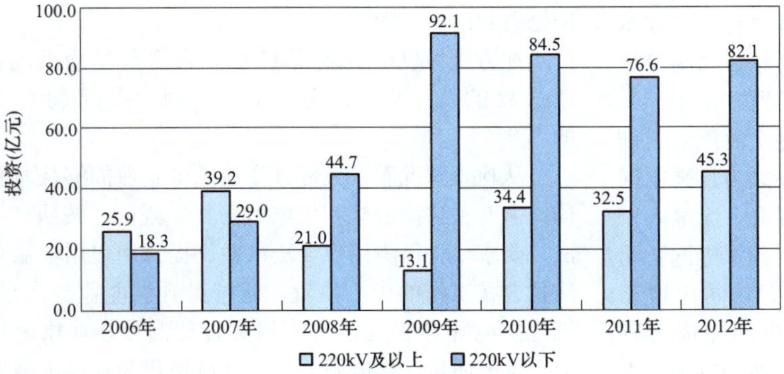

图 3 主要地方供电企业 2006～2012 年输配网建设与改造实际投资情况

注：“主要地方供电企业”指内蒙古电力有限责任公司、陕西地方电力（集团）有限公司、广西水利电业集团公司、四川水电投资经营集团有限公司、山西国际电力集团有限公司这 5 家供电企业。

四川省电力公司全面推进四川甘孜、阿坝、凉山州等民族地区电网建设，2011 年 11 月启动了耗资近 200 亿元的“十二五”四川藏区电网建设项目。2012 年 9 月完成“新都桥—甘孜县—石渠”联网工程，解决了甘孜藏区北部供电问题，今后 4 年规划投入近 110 亿元用于凉山州电网建设。

宁夏电力公司2012年配网建设计划投入资金7.53亿元，完成自治区新农村建设中“塞上农民新居”“危窑危房改造”“设施农业建设”“生态移民”等工程的电网配套建设，解决了112个生态移民工程、142个设施农业项目、120个塞上农民新居用电问题，惠及全区22个县区18.1万移民。

江苏省电力公司针对2012年春节期间部分地区农村电网大面积停电故障问题，组织专题研究，及时调整配网建设规划和建设资金投入计划，解决农村居民负荷高峰时段的用电问题。2012年1～3月份全省配电网建设投入达38.2亿元，同比增长77.96%。

广东潮州供电局2012年安排投资6200万元用于解决配变过载“卡脖子”问题，共解决过载配电变压器250台，满足了8600个用户的用电需求，并彻底解决了该地区春节等特殊用电高峰期供电能力不足问题。

（二）积极推进供电信息化建设，加强供电可靠率和电压合格率指标管理，努力提高供电质量

大部分受检供电企业对供电质量管理工作较为重视，能结合地区和企业实际情况，制定针对性的工作方案，完善管理体系，落实工作责任，规范数据统计，加强低电压整治和电网谐波治理。积极推广应用智能化和信息化技术，提升设备运行可靠率，减少用户停电次数和停电时间，稳定电压质量，各项指标基本符合《办法》规定。

上海市电力公司建成国内首个电网规划信息系统，实现电网规划版本管理，达到各级电网规划的信息共享、统筹考虑和整体优化的目标，为电网规划业务提供全面支持。

浙江绍兴电力局率先开展耐张杆换杆带电作业，拓展带电作业覆盖面，2012年1～5月配网带电作业1458次，同比增加78.46%，提高供电可靠率0.003个百分点，连续3年获得电监会“供电可靠性金牌企业”。

深圳供电局运用管理和技术手段保证可靠性数据的准确性。通过建立常态化可靠性数据检查机制，对可靠性基础及运行数据进行月度离线抽查、季度现场检查，同时在营配一体化系统中开发可靠性工作模块，从GIS系统和营销系统中采集基础数据，从调度日志和班组日志中采集停电信息，实现可靠性指针的自动统计，杜绝人工录入造成的疏漏。

（三）创新服务方式，拓展服务内容，大力提升居民用电服务质量

大部分受检供电企业均能够高度重视供电服务工作，按照《办法》和《居民用电服务质量监管专项行动方案》的有关要求，拓展居民用电服务内涵，创新服务方式，在用电业务报装、故障抢修、投诉处理、停限电管理、用电业务咨询等方面努力提升服务水平，各项指标基本满足《办法》要求。

湖南娄底电业局为方便用户交付电费，努力打造十分钟交费圈，2012年新购置48台拉卡拉交费终端安装于大型社区、商场等人口密集处，编制《居民用电交费手册》，推出16种交费方式，用户可自主选择方式交费。

江西萍乡供电公司开通居民单表报装绿色通道，使绝大多数零散居民报装实现当天申请当天用电，最迟不超过24h。

贵州遵义供电局创新规划设计了“村电共建”服务新模式，将村民委员会、人民群众和企业三者紧密联系起来，让老百姓在家门口就可以交电费，惠及138万农民群众，切实解决了农村边远地区“路费比电费贵”问题。

（四）不断深化公平竞争意识，加强制度建设，供电市场行为有所规范

部分受检供电企业通过加强制度建设，使用户工程管理进一步规范化。同时，在执行国家电力行政许可、电价执行及收费、合同签订及履行、信息公开等方面规范程度进一步提高。

重庆市电力公司制定《用户受电工程“三指定”专项治理整改实施方案》，提出了“三分离、五清晰”的规范工作要求，将“三指定”专项治理纳入企业负责人业绩考核，实行一票否决制，成立了专项稽查工作组，对检查中存在的问题进行通报。

山东东营供电公司积极开展行风和“三指定”治理随机抽检，坚持每月一抽查、每季一通报制度，主动查找和改进服务环节，严肃查处违反行风和“三指定”治理有关规定的行为。

广东珠海供电局认真执行国家有关电力行政许可规定，在用户受电工程中间检查和竣工检验等环节认真执行监管办法规定进行核验，并多渠道积极向用户宣传电工进网作业许可管理的有关规定。

（五）努力加强财务管理，成本核算工作较为规范

大部分受检供电企业能够按照财政部和电监会有关供电成本核算的规定进行成本核算，在成本列支、归集等方面基本符合国家有关要求。

二、存在问题

（一）供电半径过长，变压器和线路重载现象突出，制约供电能力

检查发现，供电能力方面问题65例，占问题总数的16.13%，涉及供电企业51家，占受检供电企业总数的31.5%。主要表现在供电能力不足，新增负荷

无法报装，影响地方社会经济发展；变电站单线单变运行方式过多，形成局部电网安全运行风险，无法保障连续可靠供电；供配电设施建设与改造进度滞后，配电线路供电半径过长、设备重载过载现象严重，配电网可持续支撑能力偏弱。

蒙东兴安供电公司所辖阿尔山地区由于供电能力不足，较大负荷的用电报装受到限制。

冀北迁安市电力公司、蒙东兴安突泉电力公司、吉林松原供电公司、广州供电局、海南三亚供电局、陕西地电咸阳供电分公司等 26 家供电企业存在部分变电站为单电源进线、单主变配置，存在发生大面积停电风险。

山西晋中灵石供电公司城市地区 4 条线路中只有 2 条线路实现了联络，配网互供互联能力不强。

山西交城供电公司、云南宣威供电有限公司等 5 家供电企业部分配网线路供电半径过长，电能质量难以得到保障。

湖北十堰供电公司、云南玉溪供电局等 8 家供电企业存在部分配网设备重载过载现象，用电高峰期间部分区域供电能力受限。其中湖北十堰供电公司城区 128 条 10kV 线路中负载率超过 80%的达到 21 条。

湖南岳阳电业局、广西柳州供电局等 6 家供电企业存在部分变电站主变和输电线路重载或超载运行，部分区域内配网供电能力受限。

（二）供电可靠率和电压合格率指标管理不规范，统计数据不完整、不真实

检查发现，供电质量方面问题 103 例，占问题总数的 25.5%，涉及供电企业 87 家，占受检供电企业总数的 53.7%。主要表现在部分供电企业未能按照国家有关规定有效开展供电质量的监测、统计、分析和改进工作，部分供电企业供电质量监控手段不完善，基础工作不扎实，监控设备缺乏正常维护，监控数据和运行数据存在偏差，少数企业的供电可靠率和电压合格率统计数据与实际偏差严重。

1. 部分供电企业未按规定开展电压质量监测工作

湖南湘西永顺县电力公司、云南保山电力股份有限公司腾冲分公司未按照《办法》要求，安装电压监测装置，开展电压监测工作。

安徽繁昌供电公司部分 B 类用户未安装电压监测装置。

内蒙古锡林郭勒东乌珠穆沁电力局在 D 类电压合格率统计中，将应列为“不合格”的“电压超上限”情况归为“合格”，造成电压质量指标不准确。

2. 部分供电企业供电可靠性数据统计不规范、不完整、不真实

湖北鄂州供电公司未将配电台区和 10kV 支线的临时抢修、事故抢修和计划停电时间纳入可靠性统计，导致供电可靠性数值不真实。

山西晋中供电公司可靠性系统中 10kV 线路条数为 697 条，相关运行图中 10kV 线路条数为 786 条，相差较大，可靠性统计结果不真实。

陕西地电咸阳三原县供电分公司绝大部分单台配电变压器故障、消缺、预防性试验等方面停电事件未录入可靠性管理系统，导致供电可靠性数值不真实。

新疆巴州和静分公司 2012 年 4 月漏录 2 条故障停电事件。

山西地电离石分公司部分新投运变电站的 10kV 出线数据未录入可靠性系统中。

冀北秦皇岛昌黎县供电有限公司、贵州黔南独山供电局等 6 家供电企业部分停电事件中的配变台数统计错误，少于实际停电台数。

山西汾阳供电公司、内蒙古锡林浩特供电局等 10 家供电企业部分停电事件未录入供电可靠性系统。

重庆长寿供电局、福建福州罗源供电公司等 14 家供电企业部分停电事件统计错误，与实际停电时间不一致。

海南屯昌供电局专线用户、分支线、单台配电变压器故障等停电事件未录入可靠性管理系统。

广东河源供电局 2011 年 8 月和 2012 年 5 月有 10 次停电事件、海南琼中供电局 2011 年 8 月有 8 次停电事件和 1460.67 时户未录入可靠性管理系统，造成可靠性数值偏差。

广西崇左水利电业有限公司由 35kV 及以上电压等级电网故障引起的用户停电事件未录入系统。

（三）用电业务管理不规范，供电服务水平有待进一步提升

检查发现，供电服务方面问题 135 例，占问题总数的 33.5%；涉及供电企业 80 家，占供电企业总数的 49.4%。主要表现在用电业务办理各环节时间记录不清，时间节点倒置，与营销系统不对应；用户报装业务环节办理不规范，存在超时限现象；用户工程业务档案不完整、不真实，存在错漏现象；有序用电管理不规范；停电告知不及时、不完整、不准确；欠费用户停电催费程序不符合规定，复电不及时；故障抢修记录不完整，不准确，存在超时限现象；投诉事项分类错误，处理超时限等。

1. 用户受电工程报装业务办理不规范，存在档案资料缺失、时间倒置和超时限等问题

冀北张家口供电公司部分业扩工单记录无用户设计送审时间、申请中间检查和竣工检验时间记录，无法准确验证设计图纸审查、中间检查、竣工检验时限是否符合监管要求。

福建福州电业局在审核某新建住宅业扩项目设计

图纸资料时，图审档案只有结果，没有过程记录，审图答复意见简单，对存在问题未能做到逐一阐明设计修改具体意见及其依据，并以不正式受理审图方式规避图审超期问题和“一次性告知”的相关要求。

福建南平邵武供电公司、甘肃陇南供电公司、海南琼中供电局存在用电业扩办理流程时间倒置情况。

新疆和布克塞尔供电公司存在用户业扩档案资料中缺少设计单位资质相关材料和设计图纸情况。

上海浦东供电公司存在供电方案答复中要求的功率因数考核标准错误。如某用户申请新装1600kV安容量，上海浦东供电公司出具的方案答复要求功率因数考核标准为0.85，实际执行和签订合同执行标准为0.9。

陕西西安供电局城北分局在设计文件审核、竣工检验、用户电工持证查验等环节，存在遗漏或查验不严格的情况；设计图纸中普遍缺少审定人、审核人、日期、盖章等必要信息。

深圳福田供电局竣工检验环节把关不严，部分用户资料中试验报告项目不完整，如存在无接地电阻等试验项目即投运等现象，部分项目竣工检验时未查验试验人员进网作业电工证。

贵州黔南独山供电局业扩档案存在合同容量、报装容量、批准容量不一致现象；设计审查、竣工检验中存在问题未见复验单的现象。

2. 有序用电和停限电管理工作不规范，对欠费用户进行停电催费不规范，复电不及时

蒙东赤峰供电公司与某宾馆用户签订的电网调度协议中规定“安排设备临时检修，赤峰调度应提前2～6h通知宾馆”，此条款与临时检修应提前24h发布停电公告和通知的有关规定不符。

陕西宝鸡凤县供电分局、广东东莞供电局部分计划检修停电信息不满足提前7天公告的要求。

河南开封兰考县电业局停电公示内容不完整，停电区域表述不准确。

广州越秀供电局计划停电信息存在没有达到提前7天公告要求，且通知内容中停电时间和停电类型不准确的情况。

广西来宾象州供电公司在2011年6～9月份供电紧张期间执行错峰用电时出现对居民用户连续限电时间5h以上现象。

3. 故障抢修管理不规范，信息披露不真实

陕西地电咸阳供电分公司“96789”服务热线抢修记录显示，部分抢修事项完成时间早于到达时间；部分抢修事项未形成故障报修业务传递单，无法确定到达现场时间。

蒙东兴安突泉电力公司在各营业网点宣传手册广泛宣传“95598”供电服务热线，但截至检查当日，该公司尚未正式开通“95598”供电服务热线。

4. 投诉事项定性错误，处理超时限

湖南岳阳电业局、陕西宝鸡供电局投诉处理存在超时情况。2011年6月24日，湖南岳阳电业局某用户反映集抄计量出现差错，2011年7月15日完成电量退补工作，直到2011年12月15日才完成全部投诉处理闭环管理；陕西宝鸡供电局某用户2011年5月25日因计量故障出现电费差错95 916.56元，宝鸡供电局未及时处理，用户再次投诉，直到6月22日才作处理。

安徽芜湖、蚌埠、五河、繁昌供电公司、陕西地电咸阳供电分公司个别用户的投诉按照业务咨询处理，定性不当，未列为用户投诉进行管理。

广西来宾象州供电公司存在处理用户投诉不规范情况，受理事件定性不准确，投诉单上填写的处理情况与事实不符。

（四）供电市场开放程度较低，存在关联企业违规收费行为

检查发现，供电市场行为方面问题75例，占问题总数的18.36%，涉及供电企业63家，占受检供电企业总数的38.9%。主要表现在部分供电企业违反市场公平竞争原则，关联企业在用户受电工程市场中占有率高，存在垄断用户受电工程市场行为；违反国家电力行政许可有关规定；未严格执行国家电价政策和收费政策。

1. 关联企业在用户受电工程市场中占有率高

冀北张家口供电公司2011年及2012年1～6月投运的用户工程共计147项，其关联企业承揽了100%的工程设计。

湖北鄂州供电公司关联企业市场占有率较高，其中关联设计企业市场占有率99.65%，关联施工企业98.96%。

云南保山地区用户工程市场开放程度不高，且不具备资质的供电企业承揽了大部分用户工程的设计、施工。2011年1月～2012年5月，云南保山电力股份有限公司所属各分公司在不具备工程设计资质、未取得《承装（修、试）电力设施许可证》的情况下，承接了145个用户工程的设计、施工业务。

2. 违反国家电力行政许可有关规定

湖北十堰供电公司关联企业违规向未取得承装（修、试）电力设施许可证的十堰城郊供电公司分包工程。

海南三亚供电局、琼中供电局在办理部分用户用电业务时未按规定查验施工人员的电工进网作业许可证。

山西地电交口分公司对设计单位电力设计资质查验不严，存在无设计资质承揽用户工程设计情况。

3. 未严格执行国家电价政策和收费政策

湖北鄂州供电公司关联企业在用户工程中违规收取带电作业费。

湖北十堰供电公司关联企业利用其主业优势地位，给用户安装负控装置并收费，且收费按工程预算的形式开展，无固定标准。

湖南湘西永顺县电力公司部分非普工业（目前为一般工商业）用户执行的功率因数考核标准为 0.9，而国家规定的标准应为 0.85。

（五）供电成本存在会计核算不规范、不准确的问题，虚增了供电成本

检查发现，供电成本方面问题 26 例，占问题总数的 6.45%；涉及供电企业 23 家，占受检供电企业总数的 14.2%。其中，违规列支供电成本 15 例，虚增供电成本 3 例，工程项目未及时结转固定资产计提折旧费用 8 例。本次供电检查共查出违规资金 462.35 万元。

蒙东兴安供电公司 2011 年 380V 低压台区大修工程 158.77 万元，按收益性支出列支，未按资本性支出核算，供电成本核算不符合会计准则有关要求。

广州从化供电局 2011 年 9 月从化银付（1）28 号、11 月从化银付（1）43 号、12 月从化银付（1）109 号和化银付（1）111 号等银行付款的会计凭证，支付从化局员工宿舍装修工程款、监理费、招标代理费三项合计 902 052.77 元，在输配电成本大修理费用中列支。

贵州黔南独山供电局通过“生产成本—修理费”科目核算购买相机费用 21 690 元，该相机符合固定资产定义，应通过“固定资产—办公设备”科目核算，违反了会计准则有关要求。

三、整改要求

（一）稳步提高供电能力

蒙东兴安供电公司要科学合理、适度超前规划地区电网布局，进一步推动电网建设和改造，逐步缓解电力供应紧张局面。

冀北唐山迁安市电力公司、广州供电局等 32 家供电企业要加强电网运行风险分析，优化电网运行方式，采取有效措施防范单线单变运行模式带来的运行风险，确保电网的安全稳定和可靠运行。

湖南岳阳电业局、广西柳州供电局等 16 家供电企业要进一步加强电力供需预测工作，科学合理规划电网布局，减小供电半径，按计划做好电网设备的改造工作，有效减少配网设备重载过载现象，有效提升供电质量。

供电能力不足的受检供电企业及存在相同或类似问题的供电企业要制定具体整改计划，并于 2013 年 2 月底前报送当地电力监管机构。

（二）着力改善供电质量

湖南湘西电业局永顺县电力公司、云南保山电力股份有限公司腾冲分公司要按照《办法》相关规定，在 2013 年 2 月底前全面启动供电质量的监测和统计分析工作。

山西晋中供电公司、海南屯昌供电局、陕西地电咸阳三原县供电分公司等 46 家供电企业要进一步规范供电可靠性统计工作，加强数据校核，对存在错误数据和指标要在 2013 年 2 月底前全面还原。对因技术原因无法还原的数据，要形成错误数据统计明细表，于 2013 年 2 月底前报当地电力监管机构。

安徽繁昌供电公司、内蒙古锡林郭勒东乌珠穆沁电力局等 28 家供电企业要按照《办法》要求，进一步规范电压监测工作，确保统计结果真实可靠，统计方法存在错误的要在 2013 年 2 月底前完成本年度数据整改工作，电压监测点数量不足的要在 2013 年 2 月底前完成监测仪增补工作，未开展定期校验工作的要在 2013 年 2 月底前完成首批电压监测仪的轮换和周期检验工作。

（三）努力提升供电服务水平

福建福州电业局、深圳福田供电局等 43 家供电企业要完善用电业务办理流程的各项规章制度，规范业务流程、完善业扩资料，确保办理用电业务各环节符合时限要求；避免发生纸质档案与营销信息系统不对应、业务办理流程各时间节点出现逻辑性错误等情况；规范用户受电工程业扩报装受理，提升设计图纸审查、中间检查和竣工检验管理水平，严格把关，将发现的问题书面一次性告知用户；加强业扩档案管理，消除业扩档中环节、内容缺失现象，并于 2013 年 2 月底前完成整改。

广西来宾象州供电公司要编制科学合理的有序用电方案及停限电序位表并报政府有关部门批准，并严格执行；要优先保障居民用电，不得长时间拉限居民用电。蒙东赤峰电业局、广州越秀供电局等 29 家供电企业要按规定的时限和内容完整发布停限电公告；规范停限电程序，杜绝无故拖延送电、随意停电等侵害用户合法权益的行为；规范停电催费行为，严格按照国家规定的程序和时限进行停电催费，并在用户缴清电费后及时复电。

蒙东兴安突泉电力公司、陕西地电咸阳供电分公司等 17 家供电企业要完善故障报修制度，加强故障报修、投诉热线电话系统的建设和宣传；规范故障抢修记录，加强人员培训，提高技术装备水平，促进抢修效率和服务水平提高，避免抢修超时限情况。蒙东突泉电力公司要在 2013 年 2 月底前开通“95598”供电服务热线，避免虚假宣传。

安徽芜湖供电公司、广西来宾象州供电公司、陕

西地电咸阳供电分公司等15家供电企业要完善投诉处理管理制度，真实记录投诉处理情况，正确定性，妥善处理，及时答复，2013年2月底前完成整改。

（四）切实规范供电市场行为

1. 规范供电市场行为，维护市场公平竞争，切实保障用户合法权益，打破用户受电工程市场垄断，切实维护用户的自主选择权

湖北鄂州供电公司、云南保山电力有限公司等35家存在问题供电企业，必须规范供电市场行为和业务流程，消除用户受电工程市场和服务障碍，杜绝特定关联关系，切实保障用户的合法权益；要杜绝关联企业利用主业在供电市场中的支配地位垄断市场的违法行为，全面开放用户受电工程市场，切实维护用户的自主选择权。

2. 落实责任，认真贯彻执行电力行政许可有关规定

湖北十堰供电公司、海南三亚供电局、山西地电交口分公司等19家存在问题供电企业，要按照供电监管法规要求，在用户受电工程建设中，严格查验相关承装（修、试）电力设施企业及电工进网作业人员的许可类别和范围，杜绝有关企业无许可证、许可证过期及超越许可范围承揽用户受电工程，以及有关电工作业人员未持有效电工进网作业证开展作业，切实落实责任，确保供用电安全。

3. 严格执行国家有关电价电费政策，规范用户工程收费行为

湖北十堰供电公司、湖南湘西永顺县电力公司等26家存在问题供电企业，要严格执行国家有关电价电费政策和收费标准，纠正不规范收费行为。对于检查中发现的电费计收、功率因数调整电费执行错误、无依据收费、关联企业违规收费等问题要于2013年2月底前予以清退。在现阶段，要按照价格有权部门出台的收费政策和标准，进一步规范收费行为，杜绝关联企业借主业名义“乱搭车”“乱收费”，以切实保障用户合法权益，维护市场公平及社会公共利益。

（五）严格执行财政部和电监会关于供电成本核算的规定

蒙东兴安供电公司、广州从化供电局等23家存在供电成本核算问题的供电企业，要严格执行会计制度，准确界定各项成本费用的列支范围，严格按有关成本核算办法规定进行整改，正确归集成本费用；今后要进一步加强成本管理，规范成本核算，合理区分资本性支出与费用性支出，保证成本核算的准确性。

针对以上问题，各单位要在2013年2月底前完成整改，如期无法完成整改的，需制定清退计划。另外，各单位在进行账务调整同时，应加强成本费用的财务监督管理和相关内部控制制度的建设，从管理源头杜绝此类问题的发生。

国家电网公司、南方电网公司、地方供电企业要统一部署、落实责任、明确要求，责成所属各供电企业，针对2012年供电检查发现的问题，比照上述整改要求同标准开展整改，并于2013年2月底前将整改情况报送电监会。

2012年燃气发电安全监管报告（摘要）

一、基本情况

近年来，随着中国天然气资源的大规模开发利用，国家“西气东输”、近海天然气开发和引进国外液化天然气等工作全面展开，燃气发电产业持续发展，燃气发电装机容量不断增加，机组运行总体平稳。

（一）装机容量

据统计[1]，截至2012年底，全国燃气发电企业共有150余家，燃气发电机组600多台（套）[2]，总装机容量4027.8万kW，约占全国发电机组总装机容量的3.52%。其中，E级、F级[3]等大中型燃气机组132台（套），3696万kW，占总装机容量的90%以上，E级以下（B级及轻型）小型燃气发电机组虽然数量多，但装机容量小。

（1）集中式天然气发电。截至2012年，集中式天然气发电167台（套），装机容量3882.6万kW，占全国燃气发电总装机容量的96.4%，主要分布在广东、江苏、上海、浙江、福建、北京等地区，见图1。

（2）分布式天然气发电。中国分布式天然气发电还处于起步阶段，2010年装机容量约200万kW。

（3）非常规天然气发电。截至2012年底，全国煤矿瓦斯发电装机容量约110万kW。页岩气发电随着页岩气开采技术的引进和发展已经进入研究阶段。

（4）煤气化联合循环发电。目前，中国规划和建

[1] 该部分数据由国家能源局派出机构统计汇总。

[2] 含煤层气（瓦斯）发电机组。

[3] 天然气在燃烧室燃烧后进入透平的温度是燃机的主要运行参数，通常以燃机透平入口温度划分燃机级别。其中，G级、H级透平入口温度在1400℃左右，燃机出力通常在30万～40万kW；F级透平入口温度在1300℃左右，燃机出力通常在20万～30万kW；E级透平入口温度1200℃左右，燃机出力通常在10万～20万kW；B级透平入口温度在1100℃以下，燃机出力通常在10万kW以下。

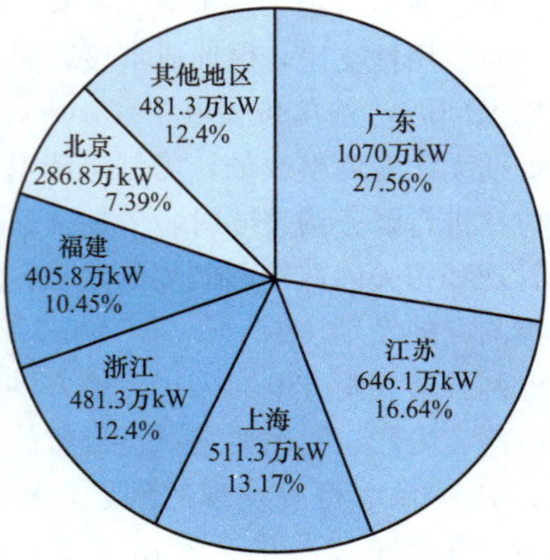

图 1 集中式天然气发电装机分布情况
（截至 2012 年底）

设的煤制气项目约 60 个，总产能接近 2600 亿 m^3；煤气化联合循环发电示范项目已经投入运行。

（二）运行方式

除部分地区供热机组外，中国燃气发电机组多以调峰调频为主，采用昼开夜停的两班制运行方式。截至 2012 年底，调峰调频机组容量约占燃气发电机组总容量的 70%。

（三）年发电量

2012 年，全国 6000kV 以上燃气发电机组发电量为 1092 亿 kWh，同比增长 0.39%，占全国发电量的 2.19%。

（四）利用小时

受调峰调频需要和天然气供应影响，中国燃气发电机组启停次数较多、年利用小时较低，且地区差异较大，见表 1。

（五）等效可用系数

2012 年全国燃气机组等效可用系数为 91.18%，比燃煤机组低 1.17 个百分点。2010～2012 年部分地区燃气机组等效可用系数见表 2。

表 1 部分地区燃气机组年平均启停次数、利用小时

时间 / 地区	2010 年		2011 年		2012 年	
	启停次数	利用小时（h）	启停次数	利用小时（h）	启停次数	利用小时（h）
广东	171	3292	161	3059	137	2663
江苏	92	3349	59	4804	93	4617
上海	54	2279	69	2045	73	2167
浙江	72	2680	83	3192	96	2722
福建	179	2987	224	3601	185	3535
北京	63	5345	52	5012	85	4430

表 2 2010～2012 年部分地区燃气机组等效可用系数 单位：%

年份 / 地区	2010 年	2011 年	2012 年
广东	86	83.63	88.5
江苏	94.09	90.67	96.61
上海	89.56	92.38	89.3
浙江	96.59	92.6	91.91
福建	—	88.6	87.64
北京	88.96	90.54	91.82

（六）非计划停运

2012 年全国燃气机组非计划停运率为 0.22%，比燃煤机组低 0.24 个百分点。2010～2012 年部分地区燃气机组非计划停运情况见表 3，部分机型非计划停运情况见表 4。

表 3 2010～2012 年部分地区燃气机组非计划停运情况

项目 / 地区	2010 年			2011 年			2012 年		
	停运率（%）	次数	时间（h）	停运率（%）	次数	时间（h）	停运率（%）	次数	时间（h）
广东	1.06	1.6	55.78	2.9	1.93	150.98	0.39	0.88	19.45
江苏	0	0	0	0	0	0	0	0.11	0.28
上海	0.8	0.29	24.61	1.23	0.53	41.64	0.73	0.75	22.78
浙江	0.04	0.12	0.9	1.02	0.53	35.29	1.34	0.29	42.9
福建	—	—	—	0.15	0.88	4.73	0.02	0.25	0.77
北京	0.62	2.18	35.1	0.69	1.17	39.27	0.88	0.66	43.54

表 4　　2010～2012 年部分燃气机型非计划停运情况

机型		2010 年 次数	2010 年 时间（h）	2011 年 次数	2011 年 时间（h）	2012 年 次数	2012 年 时间（h）
GE	PG9351FA/B	8	135.27	20	1623.77	14	1198.22
	PG9171E	0	0	0	0	4	103.65
西门子	SGT5-4000F	1	160.23	6	278.71	1	30.23
	SGT5-2000E	6	66.64	1	5.35	0	0
三菱	M701F3/4	3	51.4	4	899.67	0	0
	M701DA	0	0	0	0	0	0

二、存在主要问题

（一）燃气发电核心技术未完全掌握，制约燃气发电产业发展

（1）燃机设计制造中燃烧器、透平叶片等热部件完全依靠进口，发展存在瓶颈。国内制造企业虽然能够制造、组装燃气发电机组，但在整机设计、热部件材料制造以及冷却和隔热涂层等关键技术方面尚未实现实质性突破，燃机燃烧器、透平叶片等热部件仍完全依靠进口。

（2）整机检修维护依赖原厂商，维修费用昂贵。受设备设计制造核心技术不掌握的制约，国内对整机检修维护核心技术掌握不深、不透，机组检修维护、改造升级、部件更换等都依赖原厂商，主要部件发生故障需返厂检修，检修维护费用昂贵。

（3）机组运行中燃烧参数不能自主调整，运行安全存在隐患。燃烧调整为原厂商的核心技术，必须由原厂商进行。燃机发电企业没有掌握整机燃烧调整的标准和参数，运行人员不能通过燃烧自动调整确保机组在燃烧脉动最小和在排放最佳点运行，不利于有效控制安全状况和开展异常诊断、分析。

（二）燃气发电设备设计制造质量存在问题，影响机组运行可靠性

近年来，国内燃气发电机组存在设计制造质量问题，压气机、燃烧器及热通道部件、发电机、燃气系统等故障多发，尤以 F 级机组较为突出。部分型号燃气机组主要故障次数统计见表 5。

表 5　　部分型号燃气机组主要故障次数统计（截至 2013 年 7 月）

机组型号	统计机组数量（台/套）	故障次数（按故障部位） 压气机	燃烧器及热通道部件	发电机	燃气系统
PG9351FA/B	26	18	22	19	10
SGT5-4000F	15	3	4	3	1
M701F3/F4	16	8	2	3	3
总　计	59	29	28	25	14

（1）压气机存在质量缺陷，运行中发生叶片断裂等事故。部分机型压气机由其原机型模化设计而成，缺少必要的试验校核等后续工作，不能适应频繁启停、变工况运行，出现压气机叶片断裂等事故；部分机型压气机转子由于拉杆螺栓与轮盘结合面设计不合理导致三级轮盘出现裂纹。部分 9F 机组压气机故障记录见表 6。

表 6　　部分 9F 机组压气机故障记录

企业名称	机组编号	断裂叶片	裂纹叶片	故障时间	运行小时（h）	点火次数	跳闸次数
戚墅堰电厂	1	S1/S5		2008-9	11 753.9	224	23
		R0		2010-11	—	143	—
	2		R0	2008-2	—	172	—
			S0	2010-3	16 426	409	—

续表

企业名称 \ 项目	机组编号	断裂叶片	裂纹叶片	故障时间	运行小时（h）	点火次数	跳闸次数
余姚电厂	1		R1	2011-6	6400	470	—
			R1	2013-3	10 600	590	—
	2		R1	2012-9	10 900	479	—
			R1	2013-4	11 800	530	—
珠江电厂	2	R0		2008-6	4627	126	11
	1	R1		2013-7	29 798	1289	—
晋江电厂	1	S3		2012-1	10 374	579	28
	4		R0	2012-2	5305	353	13
	2		R1	2012-12	12 517	764	22
张家港电厂	1	S1		2010-2	16 149.4	570	—
上海漕泾电厂	1	S1		2010-6	20 400.4	—	—
望亭电厂	2		R0	2011-3	18 431	498	—

（2）燃烧器及热通道部件存在质量缺陷，实际运行时间缩短。国内引进机组存在燃烧器及热通道部件质量缺陷，实际运行时间普遍达不到原厂家设计值，需提前修理或报废。

（3）发电机存在质量缺陷，多次返厂检修。部分E级燃机发电机和F级国产化燃机发电机存在制造、装配质量问题，发电机返厂检修频繁。

（三）机组性能不能完全适应运行要求和环境条件，影响设备寿命

中国燃气发电机组大部分引进国外技术，不能完全适应国内运行方式和运行环境，设备维修周期和使用寿命相应缩短。

（1）机组启停频繁，缩短设备检修周期。燃气发电因电网调峰需要以及部分地区“照付不议”的供气合同规定影响，机组启停频繁，热通道部件普遍存在涂层脱落、裂纹、烧损，使用寿命缩短。

部分燃气机组维修周期计算原则见表7。

（2）环境条件恶劣，增加设备更换频次。受空气质量及成分的影响，燃气机组易出现进气滤芯积灰、积尘、堵塞现象，过滤器更换周期明显缩短，压气机叶片结垢腐蚀，影响机组出力和效率。

（3）部分机组AGC调节不能完全满足调度规定要求。燃气—蒸汽联合循环机组蒸汽轮机调节较燃机工况变化速度存在迟缓，AGC调节更依赖燃气轮机出力调整，其响应速度受到影响，不能完全满足个别地区调度机构规定要求，且机组在负荷大幅度频繁变化时热部件寿命也受到影响。

表7　部分燃气机组维修周期计算原则

机型	设计检修周期	计算原则	折合计算
三菱 M701F3	小修：运行8000h或启停机300次（2年） 中修：运行16 000h或启停机600次（6年） 大修：运行48 000h或启停机1800次（12年）	以折合EOH运行小时和实际启动次数先达到者计算的	在计算时，EOH＝实际运行小时＋等效启停次数×一次启停等效运行时间 正常启停一次时，等效运行时间为20h 满负荷跳闸相当6次正常启停
GE PG9351 9FA	小修：运行8000h或启停机450次（2年） 中修：运行24 000h或启停机900次（6年） 大修：运行48 000h或启停机2400次（12年）	以折合运行小时和折合启动次数先达到者计算的	对于零负荷时跳闸等效次数为2次，而对于60%～100%满负荷时跳闸等效次数为8次。 每天调峰运行，必然是以启动次数计算检修周期
西门子 SGT5-4000F	小修：运行8300h（2年半） 中修：运行25 000h（6年） 大修：运行50 000小时（12年）	以EOH等效运行小时计算	在计算时，EOH＝实际运行小时＋等效运行小时。 正常启停一次时，等效运行时间为10h。 满负荷跳闸相当于100h的EOH

（四）燃气发电并网运行存在薄弱环节，影响安全生产

（1）机组在非安全区域运行，增加停机概率。部分燃气发电企业和调度机构对机组非安全区域不掌握，运行方式安排不合理，机组运行负荷没有远离燃烧模式切换点，极易造成机组强迫停运和燃烧室部件损坏。

（2）二次系统安全防护管理不完善，存在安全漏洞。部分企业二次系统安全防护管理工作不到位，存在问题整改不及时、不彻底，安全防护策略不符合规定，安全防护装置不符合要求。

（3）分布式和非常规天然气发电还需要不断总结提高。分布式天然气发电以及非常规天然气发电还处于起步示范阶段，关键零部件制造、系统集成还不够成熟，有关组织设计、施工安装、运行维护和安全管理等工作需要不断总结、分析。

（4）燃机专业技术力量不足，不能适应燃机产业快速发展需要。中国燃气发电专业技术人才短缺，且流动性大，尤其是掌握燃机运行维护经验的专业技术力量储备不足，专业技术力量不满足燃机快速发展需要，给电厂安全生产带来隐患。

（5）安全管理基础不牢固，长效机制尚未有效建立。部分燃气发电企业安全生产工作机制不健全，规章制度和作业规程不完善，安全生产管理不规范，运行维护水平不高，技术监督管理不到位，隐患排查治理工作不深入。

（6）风险管控措施不完善，事故防范不到位。部分燃气发电企业反事故措施落实不到位，危险源辨识与风险评估不深入，人身事故防范措施不完善，风险管控能力不强。

（五）燃气发电无序发展问题较为突出，天然气供应与发电不协调

有关项目审批单位、天然气供应企业、电力调度机构、燃气发电企业在燃气机组装机容量与天然气供应量、发电用气量与发电量、供气方式与电网调峰等方面没有有效衔接，发电、供气存在不协调现象。

（1）部分地区燃机规模不断增加，天然气供应量不足。部分地区没有根据燃气供应能力和电网结构等因素，统筹考虑燃气发电规模、布局和建设时序，存在无序发展、区域布局不合理、气源难以支撑等问题，气电协调难度大。

（2）天然气需求季节性不平衡，部分时段气电供需存在矛盾。中国天然气消费和电力需求季节性特征明显，冬季社会用气量大且处于用电高峰，春秋季发电供气有保障而电力负荷相对较低，存在气电供需矛盾，部分地区部分时段存在有气时无电力需求、需要发电时又缺气的现象。

（3）天然气供气方式不灵活，燃气发电机组调峰能力受限。天然气供应通常按照“照付不议”合同签订，没有考虑发电调峰和电力供应的需要，将年供气量平均分配至每日向燃气发电企业供气，燃气发电机组只能按“以气定电”原则运行，限制了燃气机组调峰能力。

（4）部分地区气电应急机制不完善，安全风险潜在。部分地区天然气供应企业与燃气发电企业之间未建立应急沟通协调机制，应急预案不能相互衔接，如因灾害、故障、检修或外力破坏等造成天然气管道泄漏或阀门关闭，将出现大量燃机停运，影响电力系统稳定和燃气发电机组安全。特别是单一管道供气地区，还将影响到城市热力供应和居民供暖。

（六）相关配套政策和有关标准规范需要进一步完善

（1）天然气发电面临气价不断上涨的压力。管道天然气和电力均由行政定价，价格政策直接关系天然气发电企业经营状况。近年来天然气价格大幅上涨，按当前天然气发电上网电价机制和部分地区补贴政策标准，企业经营压力日益加大，影响到安全生产投入和燃气发电产业发展。

（2）天然气发电调峰补偿机制不够完善。燃气发电机组在为电网调峰调频做出贡献的同时，也增加了设备检修、维护成本。但部分地区未充分考虑燃气机组调峰调频成本，燃气机组参与电网调峰调频未获补偿或补偿标准偏低，天然气发电调峰补偿机制需进一步认证、完善。

（3）安全技术标准和规程规范制定滞后。中国燃气发电只有部分类型的设计规定、验收试验等技术规范和部分机型的运行维护规程，缺少天然气发电厂规划建设导则、设备安装施工规范、运行管理规范和操作规程等规程规范，标准体系不健全，技术标准制定滞后，不能满足燃气发电安全运行需要。

三、监管意见

（1）落实安全生产主体责任。燃气发电企业要切实加强安全生产工作的组织领导，完善责任体系，健全工作机制，落实主体责任，进一步提高安全生产能力和水平。

（2）深化隐患排查治理工作。燃气发电企业要落实《电力安全隐患监督管理暂行规定》，吸取燃气机组事故教训，深入开展隐患排查治理工作，查找和治理各类安全生产隐患，强化风险管控，确保安全。

（3）优化燃气机组运行方式。电力调度机构要根据电网运行、天然气供应情况和机组运行特性，科学安排燃气机组运行方式，在满足负荷需求和调峰需要的前提下，合理分配机组负荷，尽量避免机组频繁启停和深度调峰，确保机组安全运行。

(4) 提高机组设备可靠水平。燃气发电企业要加强设备技术资料管理，加强设备状态监测、诊断和分析，监控机组运行参数和曲线，开展机组性能和设备状态评估，做好易损部件的监测和维护，提高机组运行可靠性；积极组织同类型机组“家族性”设备缺陷的升级改造，提高机组设备健康水平。

(5) 加强应急管理工作。燃气发电企业要建立健全应急管理体系，完善事故应急预案并加强培训和演练，建立和完善与有关部门、天然气企业、电网企业应急协联动调机制。完善燃气系统特别是燃气管线、调压站等主要部位的防火防爆应急管理工作，防范火灾或爆炸事故。

(6) 加强专业技术教育培训。燃气发电企业要总结运行、维护、检修经验，加强对专业技术人员尤其是基层运行维护人员的教育培训，加强专业技术人才梯队建设，加大对优秀青年人才和专业技术带头人的培养力度，提高专业技术水平。

截至2012年底，全国并网燃气发电机组情况见表8，主流大中型燃气机组装机情况见表9，主要企业燃气装机情况见表10。

表8　全国并网燃气发电机组情况表（截至2012年底）

地区	机组数量［台（套）］	容量（万kW）	占全国比例	F级		E级		E级以下	
				机组数量［台（套）］	容量（万kW）	数量［台（套）］	机组容量（万kW）	数量［台（套）］	机组容量（万kW）
广东	47	1085.63	26.95%	13	507	30	551.03	4	27.6
江苏	25	646.1	16.04%	10	359.8	15	286.3	—	—
上海	20	511.26	12.69%	9	350.4	11	160.86	—	—
浙江	17	481.28	11.95%	10	427.98	2	23.4	5	29.9
福建	12	405.8	10.07%	10	374.6	2	31.2	—	—
北京	8	286.8	7.12%	3	209	2	50.8	3	27
河南	4	156	3.87%	4	156	—	—	—	—
山西	372	82.42	2.05%	—	—	—	—	372	82.424
海南	7	52.96	1.31%	—	—	2	27.76	5	25.2
山东	39	45.96	1.14%	—	—	—	—	39	45.962
内蒙古	2	39	0.97%	—	—	2	39	—	—
青海	2	39	0.97%	—	—	2	39	—	—
湖北	2	36.15	0.90%	—	—	2	36.15	—	—
辽宁	1	30	0.74%	1	30	—	—	—	—
陕西	9	26.4	0.66%	—	—	—	—	9	26.4
天津	2	24.7	0.61%	—	—	1	17.1	1	7.6
四川	29	23.12	0.57%	—	—	—	—	29	23.12
新疆	4	19.45	0.48%	—	—	—	—	4	19.452
西藏	1	18	0.45%	—	—	1	18	—	—
宁夏	2	12.8	0.32%	—	—	—	—	2	12.8
吉林	1	5	0.12%	—	—	—	—	1	5
总计	606	4027.84	100.00%	60	2414.78	72	1280.6	474	332.46

表 9　国内主流大中型燃气机组装机情况（截至 2012 年底）

型号＼厂家		通用电气（GE）	西门子（SIEMENS）	三菱（MHI）
F 级	型号	PG9351FA/B	SGT5-4000F	M701F3/4
	数量［台（套）］	26	16	16
	容量（万 kW）	1078.3	641.9	652.6
E 级	型号	PG9171E	SGT5-2000E	M701DA
	数量［台（套）］	60	8	2
	容量（万 kW）	1020.2	161.2	44.6
合计	数量［台（套）］	88	24	19
	容量（万 kW）	2098.5	813.1	697.2

表 10　主要企业燃气装机情况（截至 2012 年底）

企业名称	燃气机组数量［台（套）］	装机容量（万 kW）
华能集团	13	432
大唐集团	4	77
华电集团	24	621
国电集团	1	8
中电投集团	6	180
中海油集团	11	305
深能集团	14	318

电力工程典型项目造价情况通报（摘要）

一、基本情况

（一）工作开展情况

本次工作共选取电力工程典型项目 28 项，其中电网工程 13 项、火电工程 6 项、水电工程 4 项、风电工程 5 项。电网工程的选取综合考虑三种类型，即跨区域输电工程、标准化设计应用工程、概算超估算和决算超概算工程；发电工程的选取综合考虑工程地域、装机容量、造价指标、建设条件等因素，其中火电工程在装机容量上涵盖了 300、600、1000MW 级机组，水电工程涵盖了大型和中型水电站并兼顾了常规水电站和抽水蓄能电站，风电工程从建设条件上兼顾了戈壁平原、沿海滩涂和山区，有一定的代表性。

本次工作分三个阶段开展：第一阶段，有关电力企业按要求报送可研估算、初设概算和竣工决算等造价资料信息；第二阶段，电监会组织有关派出机构、电规总院、水规总院及中电联有关人员、专家成立电网、火电、水电和风电调研组，重点对其中 14 个有代表性的项目进行实地调研；第三个阶段，对电力企业报送信息及实地调研情况进行分析总结。

（二）典型项目造价控制情况

本次工作选取的典型项目单位造价与“十一五”投产电力工程单位造价平均水平相比，13 项电网工程中有 6 项高于平均水平，3 项低于平均水平，1 项持平，另有 3 项因无“十一五”平均指标故不作比较；6 项火电工程中有 2 项高于平均水平，4 项低于平均水平；4 项水电工程中有 1 项高于平均水平，2 项低于平均水平，另有 1 项因无“十一五”平均指标未作比较；5 项风电工程中有 4 项高于平均水平，1 项低于平均水平。

在各类典型项目中，电网工程中部分项目概算超估算、个别项目决算超概算，火电工程基本上概算低于估算、决算低于概算，水电工程普遍决算超过概算，风电工程大体上决算低于概算。

本次工作对各类典型电力工程的投资比例尤其是征地费、移民投资占比情况进行了统计分析，发现个别水电、电网线路工程移民投资和拆迁征地费用占比较大。水电工程移民投资费用占工程总投资 5.17%～54.51%，电网线路工程征地费占工程投资 5.03%～75.65%，电网变电工程征地费占工程投资 0.5%～3.60%，火电工程征地费占工程总投资 0.9%～3.3%，风电工程征地费占工程总投资 0.56%～2.81%。

1. 电网工程

（1）概算投资与估算投资偏差情况。13 个电网项目中有 5 个项目批准概算投资超出核准估算投资。上海外高桥电厂三期送出 500kV 线路工程概算比估算增加 50.15%，主要原因是居民动迁安置量增加及房价上升影响场地费用增加；青海热水 110kV 变电站工程增加 37.83%，主要原因是方案和设备选型发生变化；广东海门电厂送出 500kV 线路工程和云广±800kV 直流工程分别增加 13.93%和 12.29%，主要原因是可研阶段与初设阶段时间跨度较长，工程设备、材料价格上涨幅度较大；贵州黎车220kV线路工程增加6.97%，主要原因是可研阶段工程量估算不准确。

其余项目的概算投资均在估算投资范围内，但部分项目下降偏差较大。辽宁高岭背靠背换流站工程概算投资较估算投资减少19.69%，主要原因是设备购置费减少；浙江徐洋110kV变电站工程和团桥110kV变电站工程概算投资较估算投资分别减少24.26%和26.53%，主要原因是设备购置费和场地费减少。

(2) 决算投资与概算投资偏差情况。13个电网项目中有1个决算投资超过概算投资。黎车220kV线路工程超出18.83%，主要原因是2008年抗冰改造，塔材用量增加，材料价格大幅上涨。

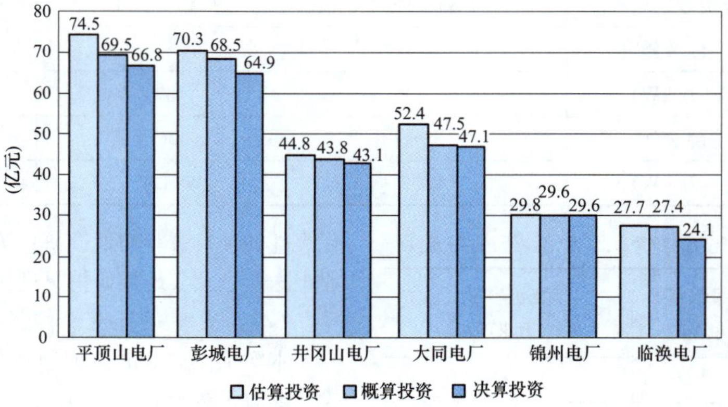

图1　火电工程各阶段投资比较

13个电网项目中有6个决算投资较概算投资结余较多。德宝±500kV直流工程结余20.15%，主要原因是2008年冰灾后设计规范不明确引起工程量发生变化；向上±800kV直流工程（抵扣增值税前）结余11.02%，主要原因是直流设备国产化，设备购置费减少；贵州黔西220kV变电站工程、贵州六盘水北郊220kV变电站工程、徐洋110kV变电站工程和团桥110kV变电站工程分别结余13.08%、13.72%、28.73%和13.03%，主要原因是设备购置和安装费用结余较多。

其他6项电网工程决算投资均在概算投资下浮10%范围内，属于正常的施工费用结余。

2. 火电工程

6项火电工程批准概算投资均低于核准估算投资，决算投资均低于概算投资，单位估算投资为3397～4962元/kW，单位概算投资为3317～4938元/kW，单位决算投资为3245～4937元/kW。概算投资相比估算投资降幅为0.5%～9.4%，决算投资相比概算投资降幅为0.03%～11.8%。

火电项目各阶段投资比较情况见图1。

(1) 概算投资与估算投资偏差情况。6个火电工程概算投资均合理控制在估算投资范围内。其中下降幅度较大的有山西大同二电厂三期工程、河南平顶山二电厂一期工程和江西井冈山电厂二期工程。大同电厂、平顶山电厂分别降低了9.41%、6.76%，主要原因是设计优化；井冈山电厂降低了2.34%，主要原因是市场因素引起设备购置费下降。

其余3个项目概算投资与估算投资相比下降幅度较小。

(2) 决算投资与概算投资偏差情况。6个火电工程决算投资均低于概算投资。其中下降幅度较大的是安徽淮北临涣煤泥矸石电厂和江苏彭城发电厂三期工程。临涣电厂、彭城电厂分别降低了11.84%、9.56%，主要原因是经设计优化使建筑和安装工程量下降较多。其余4个项目决算投资与概算投资相比下降幅度较小。

3. 水电工程

水电工程总体情况是决算（或预计完工结算）投资普遍超核准概算投资，各阶段投资比较情况见图2。

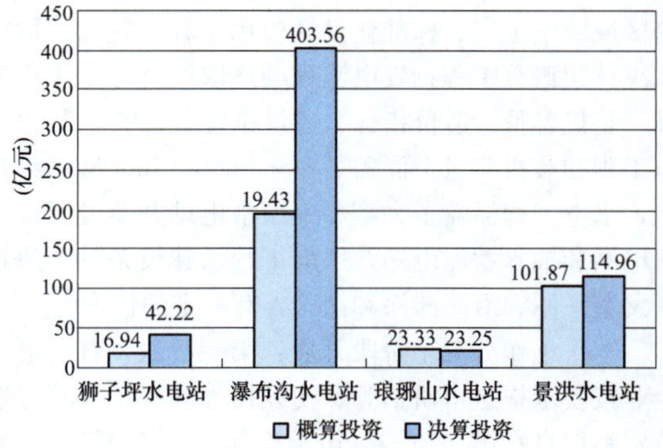

图2　水电工程各阶段投资比较

其中：狮子坪水电站投资增加 25.28 亿元，增幅 149.14%，主要原因包括建设征地和移民安置补偿费用增加、“5·12”汶川大地震影响、工程变更以及物价上涨等因素；瀑布沟水电站投资增加 204.13 亿元，增幅 102.36%，主要原因是建设征地和移民安置补偿费用增加及物价上涨；景洪水电站投资增加 13.09 亿元，增幅 12.85%，主要原因是建设征地和移民安置补偿费用增加。

琅琊山抽水蓄能电站投资基本持平。

4. 风电工程

大部分风电工程决算投资控制在核准概算投资范围内，个别项目决算投资超出核准概算投资。各阶段投资比较情况见图 3。

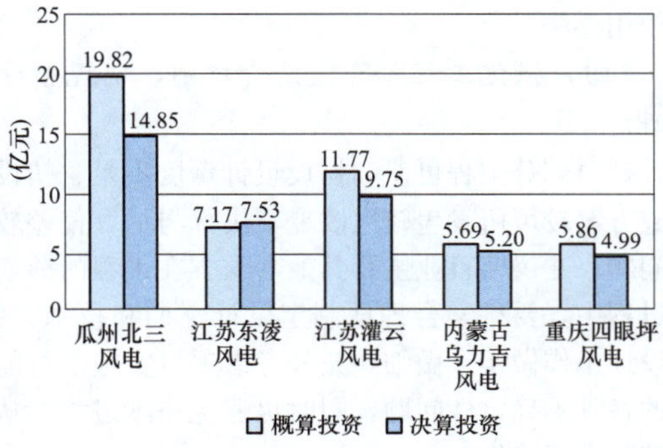

图 3　风电工程各阶段投资比较

其中：甘肃瓜州北三风电减少 4.97 亿元，降幅 25.08%，主要原因是设备价格降低和设计方案优化调整；江苏灌云风电和内蒙古乌力吉风电分别减少 2.02 亿元和 0.49 亿元，降幅分别为 17.18% 和 8.69%，主要原因是设计方案优化调整；重庆四眼坪风电减少 0.87 亿元，降幅 14.85%，主要原因是地质条件导致工程装机规模减少。

江苏东凌风电增加 0.35 亿元，增幅 4.91%，主要原因是设备价格上涨和设计方案调整。

二、造价控制经验

（一）管理机制不断完善有效加强工程投资控制

电力企业内部组织机构、管理制度的不断完善，成为控制工程造价的重要手段和有效途径。从典型项目调研情况来看，电网企业积极采用造价分析手段，通过健全机构、充实造价管理人员、组建专家库等方式，使得工程造价管理工作更加规范、透明、公正，取得了控制投资的良好效果。一些发电企业在工程项目建设期间聘请专业的造价咨询机构为工程结算、决算工作提供造价咨询服务，发挥专业优势，对投资控制起到较好的监督作用。

（二）技术进步明显促进单位工程造价降低

近年来，随着火电工程技术进步以及国家节能减排政策的实施，采用大容量、高参数的机组越来越多。在提高发电效率、降低煤耗的同时，单机容量的增大使得单位火电工程造价降低。电网方面，直流特高压输电技术的采用不仅使大容量长距离输电成为可能，而且较常规直流输电技术大大降低了单位容量长度造价，降幅达 20%左右。若考虑运行期间的损耗情况，直流特高压工程更具输电经济性。

（三）市场竞争有力促进发电工程造价下降

自 2002 年电力体制改革以来，厂网分开，发电侧形成了充分的市场竞争，发电企业在加强工程造价控制方面积极性较高。绝大部分火电工程的投资方、设计方、设备供货商和施工方分属于不同的企业法人，不存在隶属或关联利益关系，能够反映市场竞争因素。

（四）应用标准化设计有效降低电网工程造价

标准化设计的应用，统一了电网工程建设标准和设备规范，有效降低了电网工程造价。在安全、可靠、经济、实用、技术适度超前的基础上，应用标准化设计不仅可以体现工程设计的统一性、适应性和可靠性，而且还可以减少设计、评审、招标、施工及运行维护的工作量，从而提高电网工程建设和运营的效率，降低电网工程的全寿命周期成本，实现综合经济和管理效益的再提高。

三、存在问题

（一）工程造价管理机制存在弊端

电力工程核准后，业主自行批复初步设计方案和概算，而竣工决算审计以初步设计概算为审计依据，因此项目核准意见在有些方面失去了约束力。

从掌握情况来看，部分工程在可研核准后技术方案发生重大变化，概算超估算幅度较大；也有部分工程可研与初设审批之间的时间跨度长，物价变动过大导致概算偏离估算较多。发生这些变化后业主均未进行核准方案和核准投资的调整，致使工程投资估算、概算失衡。

（二）工程补偿费用控制问题突出

部分线路走廊拆迁工程量大、赔偿标准高，特别是城市近郊区和人口稠密地区赔偿和拆迁费用甚至超过本体投资，而且呈现快速上涨趋势，对电网工程造价造成很大影响。另外，各地拆迁赔偿标准不一，政府出台的文件赔偿标准与实际差别较大，给工程建设工作带来困难，如上海地区政府文件规定的集体所有制土地房屋赔偿单价在每平方米 2500 元左右，实际赔偿单价在每平方米 5000 元以上。

水电工程中建设征地和移民安置补偿费用突破概算问题突出。一是建设征地和移民安置项目的前期规划设计深度不够，导致在实施过程中出现重大方案变更，同时部分项目存在扩大建设规模和提高建设标准的现象；二是随着经济发展以及拆迁安置相关规定的逐步完善，补偿标准大幅度提高，补偿费用增幅较大。

（三）计价标准及费用使用办法有待完善

“十一五”期间，工程建设领域技术标准不断更新，但是技经标准尤其是火电建设工程定额未及时调整，造成了技经标准与技术标准有一定程度的脱节，调研中发现现行的火电建筑工程定额钢筋含量不足问题突出。

另外，还存在预备费使用办法不合理、列支手续复杂造成部分电力工程项目基本预备费未使用等问题。

（四）工程设计管理的精细化程度亟待提高

部分电力项目的工程设计管理精细化程度不高，在可研和初设阶段由于系统方案变化或者设计深度不够，在实施阶段设计变更较多、工程量变化较大，最终导致决算、概算与估算偏差较大。

（五）个别火电项目资本金到位不足

个别火电项目存在主要股东方资本金不到位的现象，影响了项目的资产质量，一方面增加了项目的利息负担，另一方面也影响了其他股东（投资方）的利益。

四、监管意见

（一）完善工程造价管理机制，实现造价全过程管控

针对电力工程核准投资约束不足、个别项目大幅度突破核准投资的问题，建议有关部门要完善项目核准后的造价管控程序，保证项目得到常态化、全过程管理；对有的工程项目因时间跨度长或有重大变更而导致概算大幅偏离核准投资的情况，要研究制订管理办法或采取重新报告、复核等方式进行核准投资的调整，以实现项目闭环管理。

（二）加强征地拆迁和移民安置工作的规划和协调，严控补偿费用突破概算

针对水电项目建设征地和移民安置补偿费用决算突破概算较大的问题，建议业主和其他参与方要加强建设征地和移民安置工作的前期规划和勘测设计深度，使规划设计方案稳妥可靠并具有可操作性，避免或减少实施过程中的重大方案变更。同时，建议各级地方政府强化对移民安置的主体责任，在前期规划设计以及项目实施过程中切实履行好相关职责，并加强对建设征地和移民安置补偿费用使用的管理和监督。

针对电网工程输电走廊费用越来越高的问题，建议业主和其他参与方要加强线路路径规划等前期工作，将输电走廊规划与地方市政规划更好结合，避免大面积拆迁；在工程施工期间协调好各方关系，采取技术措施减少拆迁工作量；在走廊大额赔偿费用的列支上加强管控，做到有依有据，符合国家政策、地方法规和当地的实际情况。

（三）及时修订计价标准，完善费用使用办法

针对现行计价体系滞后和技经标准定额含量不足的问题，建议电力行业造价管理部门要加强工程情况跟踪，及时更新技术经济相关标准。

针对电力工程基本预备费列支手续复杂等问题，建议有关部门根据工程实际情况及时研究并完善预备费使用办法。

（四）强化工程各阶段造价控制，实现精细化管理

针对部分工程可研和初设设计深度不足、初设规模或方案较可研发生较大改变、决算与估算偏差较大等问题，建议项目业主及其他参与方在工程的前期工作过程中，要科学合理地制定设计工期和技术方案，将设计工作做实、做细，充分考虑项目实施中可能出现的各种不确定性问题，同时也避免裕度过大，从源头控制工程造价。

针对部分工程在施工过程中发生重大设计变更的问题，项目业主要加强工程施工图及预算的审查，并进一步规范和严格履行重大设计变更的批复管理，实现工程施工阶段的精细化管理。

（五）严格执行资本金制度，确保资本金足额到位

根据国务院国发〔1996〕35号文件《关于固定资产投资项目试行资本金制度的通知》的规定，在项目总投资中，必须拥有一定比例的资本金，由投资者一次认缴，并根据批准的建设进度按比例逐年到位。建议项目投资方要严格执行国务院资本金制度，保证资本金足额按时到位，为项目建设单位提供健康良好的环境，保障工程项目的顺利实施。

（六）完善环保设施的电价补偿机制

为确保“十二五”减排任务顺利完成，一些火电企业积极响应政府号召，主动开启脱硝设施并连续运行。平顶山电厂、井冈山电厂和锦州电厂脱硝装置平均单位运行成本分别为9.5、12、10元/MWh，年运行费用分别为9490万、7920万元和3000万元。这些工程自投产以来均没有享受脱硝电价，建议有关部门在严格执行环保政策的同时，根据环保成本投入，完善电价补偿机制，为火电企业执行环保政策提供相应支持。

电力会议与论坛

国家能源局召开全面解决无电人口用电问题工作会议

2013年7月30日，国家能源局在北京召开全面解决无电人口用电问题工作会议，会议主要任务是落实《全面解决无电人口用电问题3年行动计划》，进一步统一思想，明确任务，细化分工，强化举措，确保“十二五”期间，全面解决无电人口用电问题。

电力是当今社会不可或缺的生活资料，是重要的民生工程。党中央、国务院高度重视解决无电人口用电问题，从1998年到现在十几年间，共解决了3600多万无电人口的用电问题，取得了重要阶段性成果。由于自然条件、经济发展不平衡等因素，到2012年底，全国还有273万人没有用上电，无电人口分布在偏远地区，解决用电问题的难度很大。

为更好落实国家能源局制定的《全面解决无电人口用电问题3年行动计划》，提高电力普遍服务水平，一是一定要明确工作目标和任务。到2015年底，全部解决全国273万无电人口用电问题，其中电网延伸解决154万人用电，光伏独立供电解决119万人用电，项目合计583个，投资计划已落实。二是一定要落实各方责任。有关省区人民政府是解决本地区无电人口用电问题的责任主体，省级政府要成立领导小组，组织落实行动计划。各项目单位负责工程实施以及运行维护管理。三是一定要加强工作协调。无电地区自然条件和经济条件较差，建设工程点多面广，工程实施难度非常大。有关省区发展改革委（能源局）要履行好领导小组办公室的职责，简化管理流程、做好工作衔接、加强监督管理，积极做好组织协调工作，确保工程顺利开展。四是一定要抓好工程实施。企业作为工程实施的主体，要落实行动计划的安排、加强施工组织、严格工程管理。确保工程质量、阳光操作。各单位要注意施工安全，确保万无一失。

2013年两岸可再生能源产业合作及交流会

2013年11月19日，由国家发展改革委能源研究所和台湾工业技术研究院共同举办的“2013年两岸可再生能源产业合作及交流会议”在台湾高雄召开。会议重点围绕两岸可再生能源产业的最新政策、技术创新与应用、分布式能源发展等方面进行了交流，共同讨论了两岸可再生能源发展面临的新形势和新机遇，深入探讨了两岸深化可再生能源产业合作的重点领域。

会议上对深化两岸可再生能源合作提出了4点意见。一是加强技术研发和示范项目合作，特别是先进海上风电机组、海上工程建设、抗台风技术、光电建筑结合、高比例接入配电网等关键装备和技术交流合作，形成两岸联合推动技术创新和产业发展的新格局。二是深化标准检测认证合作，不断推进技术产业标准对接和制定，推动产品标准和认证互认，提高两岸国际标准话语权。三是加强对产业的指导和服务，从更长远、系统的高度研究制定合作规划和年度实施计划，完善沟通协调和信息交流机制，在政策法规方面排除障碍，为两岸产业融合和企业发展创造良好的政策和市场环境。四是逐步深化拓展合作交流领域，结合两岸能源转型需求，深化海上风电和光伏领域合作，拓展海洋能、地热能、生物质能等领域的合作，并延伸推动两岸整体能源合作，不断推动两岸可再生能源合作及论坛进入新阶段。

自2009年以来，在两岸可再生能源产业界的共同努力下，“两岸可再生能源产业合作及交流会议”已成功举办5届，有力推动了两岸可再生能源领域各个层面的合作。一是搭建了合作交流平台，成立了两岸产业合作协调小组，探索了为两岸企业服务的工作机制，为两岸企业的发展与合作搭建了桥梁。二是拓展了合作领域，逐步从光伏产业扩大到风电及整个可再生能源领域，内容覆盖新能源产品贸易和投资、设备制造、技术研发、标准制定、监测认证等各层面。三是产业合作取得实效，已有10多家台资企业在大陆设立设备制造基地，中材科技公司与台湾上纬公司联合研发风电叶片和材料；英利集团、保利协鑫集团、中材科技公司等与台湾企业在光伏电池片、硅片和树脂材料方面的年贸易额达5亿美元左右。四是标准认证合作取得初步成果，共同编制并颁布《垂直轴风力发电机组》标准，鉴衡认证中心已给16家台湾企业颁发了光伏产品认证证书，使这些企业的光伏产品顺利进入大陆市场。

会议在前5年会议交流和合作成果的基础上，进一步深化探讨了海上风电机组研发、低风速风电、规模化光伏发电、分布式能源利用、标准与检测认证、城镇可再生能源综合利用、新能源微电网工程等领域的发展前景和合作机遇。会议期间，两岸产业界围绕能源转型、可再生能源政策、深化合作重点领域、产业融合等充分交换了意见，对下一阶段进一步扩大务实合作达成了共识。

2013 中国清洁电力峰会暨中国国际清洁能源博览会

2013 年 7 月 3 日，2013 中国清洁电力峰会暨中国国际清洁能源博览会在北京国家会议中心开幕。

每年一届的清洁能源博览会，旨在提高电力行业应对气候变化和新能源技术革命的创新能力，扩大中国与国际清洁电力领域的交流与合作，努力实现中国电力工业清洁节约和可持续发展。本次博览会集合了来自 20 个国家和地区的将近 300 家企业参展，展出面积超过 2 万 m^2，美国、欧盟等国家和地区组织了官方的展团来华参展。本次峰会和博览会全面反映了世界清洁能源发展的先进水平，有利于促进中国清洁能源的健康发展，为国内外清洁能源设备制造企业开拓市场、获取供求信息、研发新技术和新产品提供了良好的契机。

第三届中美可再生能源产业论坛

2013 年 7 月 31 日，国家能源局和美国能源部在上海共同举办第三届中美可再生能源产业论坛。论坛围绕双方关心的太阳能和风能产业政策、规划设计、投融资体制、技术标准和规范、并网技术和电力市场机制等议题进行了充分交流，提出了未来的合作方向。

2009 年在中美战略与经济对话框架下，国家能源局与美国能源部签署了《中美建立可再生能源伙伴关系的合作备忘录》，商定定期举办两国可再生能源产业论坛，为两国可再生能源产业交流和合作提供重要平台。2010 年，第一届中美可再生能源产业论坛在中国举行。中美两国在可再生能源领域都取得了长足发展，积累了一定经验，也面临一些共性问题，需要更多的合作交流和扩大共识。

本届论坛上，中美两国合作和讨论进一步深入和务实。美国杜邦公司、亮源公司分别与中国国电光伏公司、中电投黄河水电公司和水电水利规划设计总院等单位就微电网和光热发电等达成合作计划，论坛已形成一批实质性合作成果。论坛主题在前两届基础上有所扩展，城镇可再生能源利用典型案例、总体规划和设计以及与太阳能热发电相关的资源评价、项目设计和建设等内容受到了双方企业的重视。论坛的针对性更强，与会专家代表对电网如何适应大规模可再生能源接入、分布式光伏发电项目融资、中美风电和光伏标准体系、并网技术标准等问题进行了深入讨论。

论坛认为，中美可再生能源产业论坛已成为中美可再生能源产业合作的重要平台，今后要建立长效合作机制，采用论坛、定期交流研究成果、组织政策和技术培训、推动企业直接见面等多种形式，充分利用本平台开展合作。论坛讨论了 15 个合作研究项目，进一步完善后，将作为两国可再生能源产业合作的重要载体和下一阶段重点工作。双方产业界期待通过合作形成一些对两国可再生能源行业具有指导意义的标准、规范和研究成果，促进两国企业无障碍进入双方市场，进一步减少政策、技术和贸易壁垒，实现互利双赢。

全球能源安全智库论坛

2013 年 8 月 10 日，由中国社会科学院主办的全球能源安全智库论坛在北京举行。能源官员与专家认为，页岩气革命正在改变全球能源安全秩序，各国只有进一步加强合作才能保障和促进全球能源安全。

中国社科院数量经济与技术经济研究所所长李平认为，能源安全是全球共同面临的问题，解决全球能源安全的关键在于相互沟通、信任与合作，而不是谋求与国外能源供应脱钩、寻求自身的安全。加强全球能源安全要充分发挥国际能源署等国际组织的作用，中国已成为世界最大的能源消费国，应择机加入国际能源署。建议推动建立东北亚、东南亚、中亚、北太平洋等区域能源市场，这将推动形成各区域新的经济增长极，并保障区域能源安全。

国家能源局总工程师杨昆介绍，推动低碳技术应用，发展循环经济，实现绿色发展，是中国政府保障能源安全，实现可持续发展的重要政策。

国际能源署前署长田中伸男、美国能源部中国办公室主任艾博特等参加了论坛。

光伏绿色生态合作组织成立并签署战略合作协议

2013 年 8 月 22 日，中国六大光伏企业在北京举行大会，发起成立“光伏绿色生态合作组织”，同时签署六方战略合作框架协议。

这六大光伏企业包括招商新能源集团有限公司（简称招商新能源）国电光伏有限公司（简称国电光

伏）、国电南瑞科技股份有限公司（简称国电南瑞）、国电蒙电新能源投资有限公司（简称国电蒙电新能源）、保利新能源科技（北京）有限公司（简称保利新能源）和中国电子科技集团第四十八研究所（简称四十八所）。

按照协议内容，合作各方将以互利共赢、优势互补、全面合作为原则，以推进光伏发电事业健康持续发展为共同目标，就光伏发电项目展开全方位合作。其中，招商新能源作为招商局旗下专业从事投资、开发及运营太阳能电站的平台，将发挥其在投融资和电站经营方面的优势，成为太阳能电站的主要投资方和经营主体；国电光伏在电站开发和一体化建设方面拥有丰富的经验和强大的系统集成能力，负责合作项目的开发和一体化建设以及电站相关技术培训，形成电站设计、安装建设、调试及电站质量规范；国电南瑞、国电蒙电新能源、保利新能源和四十八所将分别负责合作项目的开发，为电站并网和控制管理提供支持，为电站运行提供专业的维护，形成电站运维规范以及提供先进的组件等相关设备和技术。

在未来5年内，各方共同合作，并以招商新能源和国电光伏为主导，计划于5年内开发建成总装机容量为500万kW的太阳能电站。其中，2013年、2014年和2015年分别建成太阳能电站总装机容量40万、60万、100万kW。针对2013年40万kW和2014年60万kW之光伏电站收购，招商新能源与国电光伏单独签署光伏发电项目战略合作框架协议，国电光伏作为EPC总包公司，对双方确认的发电量进行担保，并确保收购方招商新能源全投资内部收益率不低于9%。

2013全球绿色增长论坛

2013年10月21～22日，2013全球绿色增长论坛（3CF）在丹麦哥本哈根举行。

论坛重点围绕绿色增长价值链、电力系统转型、加强公私部门合作、化石燃料补贴改革、绿色融资创新以及绿色增长的思维转变等专题进行了交流讨论，以进一步凝聚全球绿色增长共识，引导并推动全球经济社会可持续发展。

本次论坛充分肯定了全球绿色增长论坛3年来取得的成果，高度评价全球绿色增长论坛在推动全球可持续发展中的作用，介绍了中国在推进绿色增长、能源转型和可再生能源发展方面的情况，并对进一步加强全球合作、推动可再生能源发展、实现绿色增长提出三点建议：一是更加突出能源绿色增长，推动全球能源由化石能源向可再生能源转变。二是更加重视绿色增长标准体系建设，推动绿色增长从理念变成行动。三是加强全球绿色增长论坛的宣传，不断提升论坛及其成果的影响力。

2013上海国际电力设备及技术展览会

2013年10月30日，由中国电力企业联合会举办的2013上海国际电力设备及技术展览会在上海世博展览馆开幕。

电力是推动国民经济发展的重要产业，电力工业绿色发展是建设美丽中国的前提和保障。电力工业要实现绿色可持续发展，就要以科学发展观为指导，坚持电力工业适度超前发展的观念，以保障电力安全供应为前提，大力调整电力结构，不断提高技术设备水平，积极发挥市场经济机制作用，加快绿色发展的步伐，以适应资源优化配置、生态环境保护、应对气候变化的要求，不断满足经济社会发展的需要，承担社会赋予电力行业的责任，促进中国生态文明建设，为实现美丽中国梦夯实基础。

为期3天的展会以“智能、节能、新机遇”为主题，展出面积近35 000m^2。

展会期间，还举办了一系列电力工业技术研讨会及讲座，包括2013智能电网巡回论坛上海峰会、电能质量技术交流论坛和其他输配电技术、绿色能源、电力自动化技术及节能自动化技术等，为行业和企业决策者及专业技术人员提供一个更深层次的交流平台。

科技发展与创新

重大科技奖项

【2013 年度国家科学技术进步奖电力行业项目】

序号	等级	项目名称	主要完成人	主要完成单位
1	一等	电网大范围冰冻灾害预防与治理关键技术及成套装备	陆佳政、蒋兴良、鲁先龙、吴维宁、方　针、李海翔、胡建林、黎祖贤、荆　平、李　波、曾祥君、罗兴赤、王　浩、张红先、蒋正龙	湖南省电力公司、中国电力科学研究院、重庆大学、国网电力科学研究院、湖南省气象台、浙江省电力公司、长沙理工大学、特变电工衡阳变压器有限公司、北京中星微电子有限公司、湖南省汇粹电力科技有限公司
2	二等	输变电装备技术创新平台建设		特变电工股份有限公司
3	二等	高温过程装备结构完整性关键技术及应用	涂善东、轩福贞、陈学东、阳　虹、沈红卫、范志超、梅林波、贾九红、胡明东、周帼彦	华东理工大学、合肥通用机械研究院、上海电气电站设备有限公司上海汽轮机厂
4	二等	特大电网一体化调度控制系统关键技术及规模化应用	辛耀中、翟明玉、周京阳、于　军、尚学伟、高宗和、石俊杰、严剑峰、陶洪铸、王民昆	国家电网公司、国网电力科学研究院、中国电力科学研究院、四川省电力公司、华中电网有限公司、华北电网有限公司、华东电网有限公司
5	二等	大型风电并网运行与试验检测关键技术及应用	郭剑波、王伟胜、刘　纯、秦世耀、迟永宁、李　庆、冯双磊、黄越辉、王瑞明、王　勃	中国电力科学研究院、中电普瑞张北风电研究检测有限公司、中电普瑞科技有限公司、吉林省电力有限公司
6	二等	高效低耗流化床燃煤工业设备关键技术及应用	陈汉平、张世红、刘德昌、陆继东、杨　文、石　虹、任鲁军、黄　琳、吕雪峰、赖育华	华中科技大学、华南理工大学、武汉天元锅炉有限责任公司、黄石市建材节能设备总厂、江联重工股份有限公司、黄石市天达热能设备有限公司、广西华昇节能工程设计有限公司
7	二等	巨型机组水电站建筑结构关键技术	钮新强、杨　清、伍鹤皋、周述达、陈文斌、邬爱清、王小毛、陈又华、林绍忠、冯树荣	长江勘测规划设计研究有限责任公司、中国长江三峡集团公司、武汉大学、长江水利委员会长江科学院、中国水电顾问集团中南勘测设计研究院、大连理工大学、中国水利水电科学研究院
8	二等	高混凝土面板堆石坝安全关键技术研究及工程应用	贾金生、郦能惠、徐泽平、宗敦峰、李国英、郝巨涛、鲁一晖、王君利、吕生玺、米占宽	水利部交通运输部国家能源局南京水利科学研究院、中国水利水电科学研究院、中国水利水电建设股份有限公司、中国水电顾问集团西北勘测设计研究院、甘肃省水利水电勘测设计研究院、中国水利水电第七工程局有限公司、中国水利水电第十二工程局有限公司
9	二等	国家直流大电流计量标准研究建立与应用	邵海明、林飞鹏、屈凯峰、梁　波、李之彬、潘仙林、滑晓欣、鲁云峰、陈万才、苏　红	中国计量科学研究院、云南省计量测试技术研究院

【第三届中国工业大奖电力行业获奖企业和项目】

1. 神华集团有限责任公司（中国工业大奖获奖企业）

2. 国家电网公司：青藏电力联网工程（中国工业大奖获奖项目）

3. 山西平朔煤矸石发电有限责任公司：煤矸石发电产业链延伸综合利用项目（中国工业大奖提名奖）

4. 贵州乌江水电开发有限责任公司：贵州乌江干流水电开发（中国工业大奖提名奖）

5. 上海外高桥第三发电有限责任公司：零能耗脱硫资源综合利用项目（中国工业大奖提名奖）

【2013 年度中国电力科学技术奖获奖项目】

获 奖 项 目

序号	等级	获奖项目	受 奖 单 位
1	一等	±800kV 超大容量特高压直流输电关键技术、设备研制和工程应用	国家电网公司、中国电力科学研究院、国网北京经济技术研究院、中国西电电气股份有限公司、特变电工沈阳变压器集团有限公司、保定天威保变电气股份有限公司、中国电力工程顾问集团公司、许继集团有限公司、西安电力电子技术研究所、北京电力设备总厂、南京南瑞继保电气有限公司、国家电网公司直流建设分公司、国网信息通信有限公司、国家电网公司运行分公司、中国电力工程顾问集团西南电力设计院、清华大学、华北电力大学
2	一等	±800kV 特高压直流输电技术开发、装备研制及工程应用	中国南方电网有限责任公司、中国西电集团公司、南方电网科学研究院有限责任公司、特变电工股份有限公司、西安西电电力系统有限公司、保定天威保变电气股份有限公司、清华大学、西安西电变压器有限责任公司、西安电力电子技术研究所、北京电力设备总厂、西安高压电器研究院有限责任公司、江苏神马电力股份有限公司、华北电力大学、特变电工沈阳变压器集团有限公司、重庆大学、中国电力工程顾问集团公司
3	一等	模块化多电平柔性直流输电关键技术研究、装置研制及应用	上海市电力公司、中国电力科学研究院、国网电力科学研究院、北京网联直流工程技术有限公司、国网智能电网研究院
4	一等	1000MW 超超临界直接空冷机组研制、系统集成与工程应用	中国华电集团公司、华电国际电力股份有限公司、国家电站燃烧工程技术研究中心、西北电力设计院、东方电气集团东方汽轮机有限公司、哈尔滨空调股份有限公司、华电宁夏灵武发电有限公司
5	一等	基于 MicroStation 的地质三维勘察设计系统	中国水电顾问集团华东勘测设计研究院、浙江华东建设工程有限公司、福建华东岩土工程有限公司、浙江华东测绘有限公司
6	一等	潮间带风电新型单桩基础设计与施工关键技术、装备研制和工程应用	龙源电力集团股份有限公司、江苏海上龙源风力发电有限公司、中国水电顾问集团华东勘测设计研究院、江苏龙源振华海洋工程有限公司
7	一等	智能电表关键芯片研发与应用	中国电力科学研究院、北京南瑞智芯微电子科技有限公司
8	一等	高烈度区大型火力发电厂主厂房新型结构体系研究	中国电力工程顾问集团西北电力设计院
9	二等	特大型杆塔真型试验系统的开发与应用研究	中国电力科学研究院
10	二等	输电线路覆冰舞动防治关键技术研究与应用	中国电力科学研究院、国网河南省电力公司、华北电力科学研究院有限责任公司、国网湖北省电力公司、国网北京经济技术研究院、国网山东省电力公司
11	二等	GIS 局部放电检测系统标准化及标定体系研究与应用	广东电网公司电力科学研究院、华北电力大学、清华大学、华中科技大学、北京圣泰实时电气技术有限公司、珠海市伊特高科技有限公司
12	二等	电网建设专用施工装备的研究与工程应用	中国电力科学研究院

续表

序号	等级	获奖项目	受奖单位
13	二等	架空输电线路杆塔覆冰破坏机理及防治技术	中国电力科学研究院
14	二等	电动汽车充换电智能化关键技术、成套设备及工程应用	许继集团有限公司、国网山东省电力公司、国网浙江省电力公司、国网电力科学研究院、国网北京市电力公司、中国电力科学研究院
15	二等	输变电设备状态诊断及寿命延长技术与应用	中国电力科学研究院、北京市电力公司、陕西电力科学研究院、国网山东省电力公司电力科学研究院、浙江省电力公司电力科学研究院、国网河北省电力公司电力科学研究院
16	二等	交直流大电网高拟真跨平台全景实时仿真技术的集成研究与开发应用	南方电网科学研究院有限责任公司、中国南方电网电力调度控制中心、清华大学、华南理工大学、中国南方电网有限责任公司超高压输电公司
17	二等	互联大电网协调控制与优化调度关键技术研究与应用	国电南瑞科技股份有限公司、国家电网公司华北分部、国家电网公司华东分部、国家电网公司华中分部、南京南瑞集团公司、福建省电力有限公司
18	二等	交直流并联大电网安全稳定综合防御系统研究与开发	中国南方电网电力调度控制中心、南京南瑞集团公司、南方电网科学研究院有限责任公司
19	二等	混凝土坝抗震安全评价体系研究	水电水利规划设计总院、中国水利水电科学研究院、大连理工大学、清华大学、中国地震局地球物理研究所
20	二等	超高心墙堆石坝安全监测技术及评价预警系统研究与应用	中国水电顾问集团昆明勘测设计研究院、华能澜沧江水电有限公司、清华大学、武汉英思工程科技有限公司
21	二等	国内首套自主研发的 FCS165 现场总线控制系统及其工程示范	西安热工研究院有限公司、华能南京金陵发电有限公司、华能陕西发电有限公司
22	二等	电站热工优化控制平台（TOP）自主研发与应用	浙江省电力公司电力科学研究院、华北电力大学、杭州意能电力技术有限公司、河北省发电过程仿真与优化控制工程技术研究中心
23	二等	百万千瓦级机组排烟冷却塔相关技术研究与应用	北京国华电力有限责任公司、神华国华（北京）电力研究院有限公司、国华徐州发电有限公司、中国电力工程顾问集团华东电力设计院、西安热工研究院有限公司、同济大学、武汉理工大学、北京科技大学、清华大学
24	二等	大型供热机组双背压双转子互换循环水供热技术研发及应用	华电国际电力股份有限公司山东分公司、华电国际电力股份有限公司十里泉发电厂、山东泓奥电力科技有限公司
25	二等	火电厂循环水系统不停机清洗关键技术研究与应用	河南省电力公司电力科学研究院
26	二等	超超临界机组高效节能协调控制系统的开发与实施	上海明华电力技术工程有限公司
27	二等	集团级火电厂远程集中式仿真系统	中国华能集团公司、西安热工研究院有限公司
28	二等	生物质电站安全经济运行关键技术	华北电力大学、国能电力集团有限公司、国能生物发电集团有限公司、北京国电富通科技发展有限责任公司

【2013 年度水力发电科学技术奖获奖项目】

序号	等级	项目名称	受奖单位	主要完成人
1	特等	水电工程移民管理信息系统研发与应用	中国长江三峡集团公司、长江水利委员会网络与信息中心	林初学、毕亚雄、金和平、梁福林、徐俊新、姚英平、周少林、周竞亮、董　舟、杨　鹏、嵇培欢、龙　畅、张　军、张　扬、廖贵华
2	特等	水利水电工程大型堆积体特性及失稳防控研究	河海大学、中国水电顾问集团昆明勘测设计研究院、中国水电顾问集团成都勘测设计研究院	徐卫亚、石　崇、王环玲、张宗亮、王仁坤、孙怀昆、赵文光、宁　宇、覃建付、王　伟、王如宾、尤　林、张　强、马　威、徐安权

续表

序号	等级	项目名称	受奖单位	主要完成人
3	一等	大水电系统调度方法及自适应软件系统	大连理工大学、云南电力调度控制中心、中国南方电网电力调度控制中心、福建省电力有限公司、华能澜沧江水电有限公司集控中心、国家电网公司华东分部、贵州电网公司电力调度控制中心	程春田、廖胜利、申建建、武新宇、李　刚、蔡华祥、唐红兵、张世钦、郭有安、陆建宇、苏华英、郭希海、李树山、李崇浩、程　雄
4	一等	高坝泄洪雾化计算理论与应用实践	中国水利水电科学研究院、华能澜沧江水电有限公司、中国水电顾问集团昆明勘测设计研究院、中国水电顾问集团成都勘测设计研究院、中国水电顾问集团北京勘测设计研究院、中国水电顾问集团华东勘测设计研究院	刘之平、马洪琪、孙双科、柳海涛、陈五一、喻建清、乔明秋、徐建荣、杨家卫、叶发明、夏庆福、郑铁刚、姜　涵、陆　洋、雷　声
5	一等	混凝土坝抗震安全评价体系研究	水电水利规划设计总院、中国水利水电科学研究院、大连理工大学、清华大学、中国地震局地球物理研究所	周建平、党林才、杜小凯、严永璞、陈厚群、林　皋、张楚汉、陈观福、李德玉、钟　红、徐艳杰、王海波、李建波、王进廷、俞言祥
6	一等	全坝外掺氧化镁微膨胀混凝土新型筑坝技术研究及应用	中国水利水电科学研究院、贵州省水利水电勘测设计研究院、中国水电顾问集团中南勘测设计研究院、贵州中水建设管理股份有限公司	张国新、朱伯芳、冯树荣、杨卫中、杨　波、杨朝晖、赵其兴、徐　江、周秋景、郑国旗、申献平、陈学茂、肖　峰、罗代明、吴龙珅
7	一等	瀑布沟高土石坝建坝关键技术研究与应用	中国水电顾问集团成都勘测设计研究院、国电大渡河流域水电开发有限公司、四川大学、中国葛洲坝集团股份有限公司、江南水利水电工程公司、中国水利水电科学研究院、河海大学	陈五一、刘金焕、付兴友、叶发明、余　挺、张建华、涂扬举、余学明、杨兴国、魏文俊、李虎章、谢定松、朱　晟、郦能惠、严　军
8	一等	变态混凝土自动注浆振捣台车研制与应用	中国水利水电第七工程局有限公司	吴　旭、彭卫平、颜　曦、郑　平、徐绍波、欧阳新群、郑鹏鹏、蔡天福、刘　照、张宏武、杨　愚、肖志怀、江绍春、刘　翔、王　婷
9	一等	京沪高速铁路施工关键技术研究	中国水电建设集团铁路建设有限公司、北京交通大学、中国水利水电第三工程局有限公司、中国水利水电第七工程局有限公司、中国水利水电第十四工程局有限公司、中国水利水电第一工程局有限公司、中国水利水电第四工程局有限公司	杨　忠、蒋宗全、曹玉新、韩志强、午向阳、王　成、赵同生、刘学生、朱浩波、唐　超、王陶昆、陈　祥、沈建平、李兆宇、李　斌
10	二等	广西桥巩特大型灯泡贯流式水电站建设与管理	河海大学、广西方元电力股份有限公司桥巩水电站分公司、中国水利水电第七工程局安装分局、南京河海科技有限公司	黄中良、郑　源、潘雪梅、张德虎、葛新峰、刘晓丽、赵显忠、黄华标、陈新方、程云山
11	二等	水电工程结构数字图形介质仿真技术与应用	华北水利水电大学、中国水利水电科学研究院、中国科学院大学、河南奥斯派克科技有限公司、郑州双杰科技有限公司	魏　群、刘有志、许　琰、魏鲁双、尚宝平、缪青海、张树珺、李永江、高阳秋晔、范业庶
12	二等	糯扎渡心墙堆石坝超大粒径掺砾土料压实特性研究与应用	中国人民武装警察部队水电第一总队	宁占金、黄宗营、方德扬、张耀威、李虎章、韩冬琴、李建国、林海涛、张礼宁、柴喜洲
13	二等	超大型全闭式传动卷扬式启闭机设计与制造关键技术研究	中国葛洲坝集团机械船舶有限公司	李丽丽、陈爱国、张庆军、沈　赓、韩烈彪、廖全勇、覃建青、李孝明、乔长龙、王　娟

【2012年度国家能源科技进步奖电力行业项目】

序号	项目名称	主要完成单位	主要完成人
一等奖（28项）			
1	±800kV超大容量特高压直流输电关键技术研发、成套设备研制和工程应用	国家电网公司、中国电力科学研究院、国网北京经济技术研究院、中国电力工程顾问集团公司、西安西电电力系统有限公司、特变电工沈阳变压器集团有限公司、保定天威保变电气股份有限公司、许继集团有限公司、北京电力设备总厂、南京南瑞继保电气有限公司	刘振亚、舒印彪、郑宝森、刘泽洪、印永华、马为民、高理迎、宿志一、陆家榆、汪建平、肖安全、冷　勇、宓传龙、张喜乐、张　望
2	交直流电力系统多时间尺度全过程仿真建模、软件开发及工程应用	中国电力科学研究院	汤　涌、宋新立、刘文焯、侯俊贤、马世英、卜广全、濮　钧、陶向红、仲悟之、吴国旸、陶向宇、李文峰、王　毅、刘　涛、叶小晖
3	直流融冰技术研发与应用	南方电网科学研究院有限责任公司、南京南瑞继保电气有限公司、贵州电力试验研究院、中国电力工程顾问集团西南电力设计院	傅　闯、饶　宏、李立浧、黎小林、田　杰、赵立进、陈松林、吴怡敏、许树楷、马晓红、张　翔、陈赤汉、余　波、赵森林、张　迅
4	农村电网智能化关键技术研究及示范工程建设	中国电力科学研究院、陕西省电力公司、浙江省电力公司、天津市电力公司、安徽省电力公司、辽宁省电力有限公司、山东电力集团公司	盛万兴、王金宇、孙军平、杨红磊、王金丽、范闻博、梁　英、宋祺鹏、李二霞、姜建钊、樊勇华、李　宁、许保平、史常凯、王　利
5	超大型冷却塔整合设计研究	中国电力工程顾问集团公司、电力规划设计总院、中国电力工程顾问集团西北电力设计院、中国电力工程顾问集团华北电力设计院工程有限公司、中国电力工程顾问集团西南电力设计院	陆国栋、姚友成、王宝福、唐　勇、徐海云、杨平正、刘志刚、李绍仲、侯宪安、王欣刚、廖内平、薛　莉、石　诚、杨迎哲、刘　楠
6	600℃超超临界锅炉关键材料特性研究及工程应用	西安热工研究院有限公司、华能沁北电厂、华能国际电力有限公司玉环电厂	周荣灿、唐丽英、张红军、于在松、郭　岩、范长信、刘鸿国、周　亮、颜廷学、李法众
7	600MW超临界高水分褐煤配中速磨新型锅炉自主研发与应用	北京国华电力有限责任公司、内蒙古国华呼伦贝尔发电有限公司、哈尔滨锅炉厂有限责任公司、中国电力工程顾问集团西北电力设计院、神华国华（北京）电力研究院有限公司、内蒙古自治区电力科学研究院、长春发电设备总厂、黑龙江省电力科学研究院	陈寅彪、袁　丁、陈福春、郭　征、张彦军、黄　立、李　健、孙新峰、孟宪春、耿　群、任世杰、廖海燕、钟晓春、束继伟、李战国
8	岭澳核电二期工程堆芯核设计创新与实践	中国核动力研究设计院	周金满、吴　磊、王　丹、李　庆、卢宗健、张文其、张廷祥、刘冬生、咸春宇、刘晓黎、陈　亮、李向阳、刘启伟、强胜龙、于颖锐
9	中国实验快堆役前检查技术研究	核动力运行研究所、中核武汉核电运行技术股份有限公司、中国原子能科学研究院	周大禹、吴水金、聂　勇、廖述圣、万　欣、桂　正、左　畅、崔坤亮、高　谊、张忠虎、李　生、何　虹

续表

序号	项目名称	主要完成单位	主要完成人
10	高混凝土面板堆石坝施工关键技术研究与应用	中国水利水电第七工程局有限公司、中国水利水电第十二工程局有限公司、中国水利水电第十五工程局有限公司、中国水利水电建设股份有限公司	宗敦峰、向　建、李秋生、何小雄、刘经彪、常焕生、严大顺、张胜利、鲁　电、范亦农、李中方、伍夕国、王建峰、劳俭翁、赵海洋
11	深埋高水头水工隧洞围岩稳定控制关键技术	中国水电顾问集团华东勘测设计研究院、雅砻江流域水电开发有限公司、浙江中科依泰斯卡岩石工程研发有限公司、中国科学院武汉岩土力学研究所	张春生、曾雄辉、冯夏庭、侯　靖、陈祥荣、王　坚、吴旭敏、刘　宁、褚卫江、张忠伟、潘益斌、朱焕春、周　辉、张传庆、张　洋
12	电网友好型光伏并网逆变技术及产业化	阳光电源股份有限公司（原合肥阳光电源有限公司）、合肥工业大学	曹仁贤、赵　为、张　兴、陶　磊、陶高周、杨淑英、谢　震、倪　华、梅晓东、孙龙林、王付胜、李浩源、胡　兵、张彦虎、刘　芳
13	6MW双馈海上风力发电机组设计开发与工程实践	国电联合动力技术有限公司、国电潍坊风力发电有限公司	张滨泉、刘东远、孙黎翔、冯　健、张启应、苏相河、代海涛、蔡安民、潘　磊、韩　锐、王海龙、杨怀宇、李　强、梁　超、王明全
14	大型风电并网运行与试验检测关键技术及应用	中国电力科学研究院、中电普瑞张北风电研究检测有限公司、中电普瑞科技有限公司、吉林省电力有限公司	王伟胜、刘　纯、秦世耀、迟永宁、李　庆、冯双磊、黄越辉、王瑞明、王　勃、郑太一、李　琰、薛　扬、沈宗岩、雷　晰、李金元
15	西气东输二线工程用X80高钢级大口径焊管开发	宝鸡石油钢管有限责任公司	白功利、杨忠文、毕宗岳、苏　琦、牛　辉、牛虎乾、刘耀民
16	第三代核电AP1000主管道成套设备研制	二重集团（德阳）重型装备股份有限公司	刘志颖、宋树康、杨建辉、邓林涛、王　涛、程巩固、陈红宇、郑建能、陈　刚、杜军毅、刘红梅、周　旭
17	±1100kV特高压直流工程用设备关键试验技术研究及试验能力建设	西安高压电器研究院有限责任公司	张小勇、姚斯立、许　钒、刘　朴、李　强、胡治龙、刘　平、党　原、张长春、李　博、黄熹东
	二等奖、三等奖（略）		

【2012年度国家能源局软科学研究优秀成果奖电力行业项目】

序号	申报项目	申报单位	完成单位	完成人
		一　等　奖		
1	我国核能发展的再研究	中国工程院	中国工程院、中国核工业集团公司、清华大学	杜祥琬、钱正英、徐匡迪、周　济、潘自强、叶奇蓁、陈念念、王大中、王乃彦、阮可强
		二　等　奖		
1	我国提高太阳能开发利用效率路线图和政策研究（2012～2030）	国家能源局综合司	国家能源局综合司，中国科学院电工研究所	王思强、许洪华、李立峰、林伟华、吕　芳、都志杰、王斯成、王志峰、孙培军、王一波

续表

序号	申报项目	申报单位	完成单位	完成人
2	我国中长期经济发展对能源电力供需的影响研究	国家电网公司	国家电网公司、国网能源研究院	伍　萱、胡兆光、单葆国、谭显东、桂　衡、朱发根、王永培、霍沫霖、韩新阳、顾宇桂
3	黄河上游水电资源开发环境承载能力评估及对区域可持续发展贡献的研究	中国电力投资集团公司	中国电力投资集团公司、中国科学院生态环境研究中心	夏　忠、吴姜宏、李树雷、谢小平、夏　刚、吴　钢、张俊才、魏显贵、王　岩、张宝华
4	关于启动第二轮电力体制改革的建议	国务院研究室	国务院研究室、中国国际经济交流中心	范　必、景春梅
5	2005年中国能源活动温室气体排放清单研究	国家发展和改革委员会能源研究所	国家发展和改革委员会能源研究所	李俊峰、朱松丽、胡晓强、徐华清、于胜民、郭　元、潘克西、张漫桥、黄　斌、裴　杰
6	清洁煤先进技术应用研究	国家能源局煤炭司	国家能源局煤炭司、煤炭科学研究总院	方君实、王金华、李豪峰、陈贵锋、纪庆磊、吴立新、樊　宁、任世华、罗　腾、于德清
7	中国光伏分类上网电价政策研究	中国资源综合利用协会	中国资源综合利用协会	李俊峰、王斯成、石璟丽、高　虎、李琼慧、谢宏文、唐文倩、彭　澎、李　丹

重点科技项目

【“特高压交流输电技术、成套设备及工程应用”获国家科学技术进步奖特等奖】 2013年1月18日上午，国家科学技术奖励大会在北京隆重举行，党和国家领导人胡锦涛、习近平、温家宝、李克强、刘云山出席大会并为获奖代表颁奖。会上，“特高压交流输电关键技术、成套设备及工程应用”荣获2012年度国家科学技术进步奖特等奖。习近平向项目第一完成人，国家电网公司总经理、党组书记刘振亚颁奖。这是中国电工领域在国家科技奖上收获的最高荣誉，在世界电工领域实现了中国创造和中国引领。

“特高压交流输电关键技术、成套设备及工程应用”项目由刘振亚提出并主持实施。项目涉及180项关键课题攻关、9大类40余种关键设备研制，通过产、学、研、用协同攻关，在电压控制、外绝缘配置、电磁环境控制、成套设备研制、系统集成、试验能力6大方面实现了创新突破，掌握了特高压交流输电核心技术，研制成功了全套关键设备。

项目成果已实现工程应用，建成了1000kV晋东南—南阳—荆门特高压交流试验示范工程，线路全长约640km，投运4年以来一直保持安全稳定运行，有效缓解了华中地区缺电局面。

【世界首个多端柔性直流输电工程】 2013年12月25日，广东汕头南澳±160kV多端柔性直流示范工程正式投产，标志着南方电网公司承担的国家“863”计划课题“大型风电场柔性直流输电接入技术研究与开发”取得了决定性胜利。标志着中国率先攻克多端柔性直流输电控制保护等世界难题，成为世界首个完全掌握多端柔性直流输电核心技术的国家。

多端柔性直流输电系统将多个海上风电场、孤立海岛与大陆连接，构成直流输电网络，打破清洁能源入网难、使用效率低的瓶颈，为风电等大规模间歇性清洁电源接入提供了安全高效的解决方案。在节省投资与减少海域资源占用情况下，满足海岛电力需求，将富余电能送往大陆。

【中国首台550kV柱式复合套管断路器】 2013年12月13日，由平高集团承接的中国首台550kV柱式复合套管断路器研制成功。填补了国内550kV电压等级复合套管断路器的空白，为复合套管在高电压、大容量断路器上的应用做好了相应的技术研究储备工作，为下阶段复合套管断路器的推广应用奠定了良好基础。

为完全掌握高电压等级复合套管断路器核心技术、抢占行业制高点、打破国外企业的技术垄断，平高集团于2012年6月立项启动LW10B-550（F）/YT5000-63型柱式断路器研制项目。项目依托“宁东—浙江卤800kV特高压直流输电工程”，由国家电网公司直流建设部牵头，平高集团为主要实施部门研制和推进国内断路器套管复合化。

【中国首台1MW级微型燃气轮机】 以中航工业南方为主承担的“1MW级微型燃气轮机及其供能系统研制”项目通过科技成果鉴定。鉴定由湖南省科学技术厅组织，来自中国科学院工程热物理研究所、中航工业动研所、清华大学和北京理工大学的院士及专家共同参与了鉴定。

该项目是国家“863”计划项目，2009年由中国南方航空工业（集团）有限责任公司联合其他4家单位共同承担研制任务。科研人员经过4年多的努力，自主研发出中国首台兆瓦级燃气轮机及其分布式供能系统。这一项目采用了该型燃机和余热锅炉等国产设备为主的热电联供系统，将发电后的尾气导入余热锅炉产生蒸汽和热水，实现能源综合、高效和清洁利用。该套系统热效率达到了27.5%，其技术创新点主要是建立了兆瓦级燃气轮机一体化设计、制造与试验技术体系，自主研制出国内首台兆瓦级燃气轮机，提升了中国燃机自主研发和制造能力；建立了燃机热电联供系统，实现了微型燃机的热电可调联供的工程示范，为分布式供能的产业化打下了坚实基础。

【聚光型高效屋顶光伏发电系统】 2013年4月10～14日，在第41届日内瓦国际发明展上，湖北工业大学副教授吕辉团队发明的“聚光型高效屋顶光伏发电系统”获得特别金奖。

聚光型高效屋顶光伏发电系统是利用聚光-分光原理，通过平面菲尼尔镜聚集太阳光，在投射到新型光伏材料上时进行分光，充分利用太阳光能。普通光伏材料对太阳光的利用率在20%左右，而该系统对太阳光的利用率达到44%，同样面积，该系统的发电量比传统晶硅光伏的发电量多一倍。传统晶硅光伏发电的能耗收回周期是6～7年，该发明的聚光光伏发电的能耗收回周期仅仅只需6～7个月，并且无论是电池、菲尼尔镜及其他材料，价格低廉且易获取。

【国家电网公司“863”计划智能电网关键技术研发（一期）课题】 2013年8月5日，“含分布式电源的微电网关键技术研发”课题顺利通过国家科技部组织的专家组的检查。至此，国家电网公司承担的“863”计划先进能源技术领域智能电网关键技术研发（一期）全部15个课题均顺利通过中期检查。

“863”计划先进能源技术领域智能电网关键技术研发（一期）主要集中在大规模集中接入间歇式能源并网技术、高密度分布式电源并网技术、支撑电动汽车发展的电网技术、大容量储能系统、智能配电与用电技术、大电网智能调度与智能输变电技术等6个方向。

【南方电网公司“交直流并联大电网关键技术研究及工程实践”项目】 为贯彻国家西部大开发和西电东送战略，优化南方区域资源配置、解决南方区域能源资源与消费市场“逆向分布”问题，南方电网公司规划建设了交直流并联大电网。交直流并联输电既能充分发挥直流输电远距离大容量、可控性强的特点，又能发挥交流输电的联网功能，是南方区域西电东送历史发展的必然选择，但也存在交直流系统稳定相互影响、机电电磁暂态过程相互交织、多直流落点集中等诸多挑战。南方电网公司从2003年开始，组织下属科研单位、联合高等院校与设备厂家等组成产学研合作团队，进行了一系列的技术攻关，建成了世界上规模最大、技术最可靠、运行效益最好的交直流电网系统。

项目探索实践取得了多个技术突破，首次揭示了多回直流换相失败规律、交直流系统交互作用等交直流并联大电网内在机理，建立了世界上规模最大的交直流电网稳定控制系统；在世界上首次研发了基于多控制中心模型自动拼接的大电网的安全稳定防御系统；投运了世界首套基于广域信息的多直流控制系统；研发了交直流网损优化、跨流域水电群优化、煤耗在线监测等节能与经济运行技术；研发了应对雷电、台风、冰雪凝冻等自然灾害的防灾减灾技术；构建了世界上规模最大的交直流并联电网全景式实时数字仿真平台；形成了保障大规模交直流并联电网安全、优质、经济、环保运营的技术体系。

项目荣获2013年度广东省科学技术奖特等奖。

【大唐集团巨型水电机组国产化励磁系统研制及应用】 项目在广州擎天实业有限公司EXC9000智能化励磁系统的基础上，针对原有ABB公司的UNITROL5000型励磁系统在实际运行中暴露的技术缺陷，通过优化和创新，提出全面、有效的改造解决方案，成功应用于大唐龙滩700MW巨型水电机组进口励磁系统的国产化改造，实现了与原有进口励磁系统未改造部分的无缝对接，提高了系统的智能化及可靠性。成功使用该励磁调节器使龙滩水电站节省了8030万元费用，迫使进口同类设备平均价格下降近50%，为电站建设节省投资。同时降低了对进口设备制造厂家设备、技术和服务的依赖，提高了设备维护及时性和技术升级改造的可行性，降低运行维护费用，有利于电站经济运行和安全稳定。

项目荣获2013年度水力发电科学技术奖三等奖。

【大唐集团500kV/780MVA三相组合式变压器研制及应用】 项目是中国自主知识产权的世界首台500kV/780MVA三相组合式变压器，填补了这一技术领域的空白。该项目可节约能源、新型环保、降低电网运行成本，同时解决了西南等特殊地区单件载重为200t变压器的运输问题。对国内后续水电开发厂房变压器选型具有一定的推广与借鉴意义。项目已应用于岩滩水电站二期工程、三峡集团溪洛渡水电站的主变压器设计、制造。龙滩水电站500kV/780MVA三相组合式主变压器的低压套管连接结构，包括三个单相变压器的单相低压铜排，其特征在于它还包括有管道，每一相铜排分别通过管道内的三相连接铜排联结成角接，并由管道上端的一个升高座引出a，b，c三相。管道之间由波纹管相连接，低压升高座与管道之间通过波纹管相连接，管道内部安装电磁屏蔽。在研制应用过程中，须解决的两大关键技术为：三相间连接和防止局部过热。

项目荣获2013年度水力发电科学技术奖二等奖。

【大唐集团700MW水轮发电机继电保护关键技术研究与优化示范】 项目依托龙滩水电站，对其典型的国产700MW水轮发电机的主保护配置、定子单相接地保护和转子一点接地保护方案进行了重点研究，利用先进的同步电机分析理论和继电保护技术对700MW水轮发电机主保护配置进行了研究。确定了发电机中性点的引出方式，实现了700MW水轮发电机主保护的定量化设计，实现了安全电流限制功能、故障定位，保证了电网的稳定和质量。该成果的成功应用，保证了电站巨型发电设备的安全运行，同时对电力系统的稳定运行发挥了重要作用。研究成果为国内700MW特大型水轮发电机的保护配置设计及应用提供了很好的经验和模式，对同类型工程具有重要指导意义。

项目荣获2013年度中国电力科学技术奖三等奖、2013年度水力发电科学技术奖三等奖。

【大唐集团青铜峡10MW光伏电站集成技术研究与示范】 宁夏青铜峡光伏发电一期10MW工程采用6MW单晶硅电池和4MW薄膜电池组件，逆变器采用单机500kW大容量集中型逆变器。项目是截至2013年底国内首座大规模应用非晶硅电池组件（4MW，分四个发电单元），并已投入商业运营的大型光伏并网电站。该工程的建成投产为后续的光伏发电建设工程奠定了技术基础，为促进当地经济发展发挥了重要作用。年上网电量为1490.4万kWh。每年可节约标准煤5216.5t，减少烟尘排放量约46.4t，二氧化碳约9523.8t、二氧化硫约69.7t、氮氧化物约46.4t。

项目荣获2013年度中国电力科学技术奖三等奖。

【国电集团蜂窝式脱硝催化剂国产化项目】 项目完成单位：北京国电龙源环保工程有限公司、江苏龙源催化剂有限公司。项目获得国电集团科技进步奖一等奖。该项目为了打破国外在蜂窝式脱硝催化剂生产技术上的壁垒，降低催化剂成本，进行创新研究，基于国产原材料，研发高效低成本脱硝催化剂配方及工艺参数，形成国产催化剂混炼、挤出、干燥和烧成工艺，提高产品成品率、降低能耗；实现催化剂生产中核心设备的国产化，形成采用国产设备的催化剂规模化生产线。国产蜂窝式脱硝催化剂的综合指标达到或超过国外同类产品，且成本较进口产品大幅下降。催化剂化学寿命不低于24 000h，产品合格率达到98%以上。实现挤出成型机、混炼机等关键设备的国产化，建成具有自主知识产权的脱硝催化剂工业生产线，产能达到16 000m^3/a，生产线设备国产化水平达到100%，投资额与引进技术时相比降低到原有的40%，自动化率提高90%以上，设备能耗降低20%以上。

该项目成果应用范围包括电站锅炉、柴油机、化工废气、玻璃窑炉等行业。

【国电集团大型燃煤电站机组袋式除尘器项目】 项目完成单位：南京龙源环保有限公司。袋式除尘器及其配套装置的成功研发，提高了对燃煤电厂烟气中PM2.5的控制效果，解决了现有袋式除尘器在大型燃煤机组中应用的技术瓶颈，适应更高的环保要求。

项目开发了蒙特卡诺方法对颗粒相进行模拟追踪的软件，再将颗粒相信息通过UDF融入商业软件FLUENT，在FLUENT内将颗粒相和气相进行耦合运算，采用该方法可以更为真实地模拟除尘器入口烟道及内部的烟气流场，同时提高计算精度及速度；研制了高过滤精度、耐腐蚀滤料，原料配方为面层50%PTFE+50%PPS（面层超细纤维），基布PTFE的滤料，对PM2.5控制的实际应用效果良好，也延缓了含高浓度SO_2烟气对滤袋的腐蚀；研制的大口径脉冲阀，综合喷吹性能优越，可简化除尘器本体结构、节省占地面积、和总投资，方便检修；研制了600MW机组单体结构形式袋式除尘器装置。

【国电集团超(超)临界电站锅炉机组性能分析软件系统】 项目完成单位：烟台龙源电力技术股份有限公司、浙江大学。项目获得国家能源局科技进步奖二等奖。该项目研究成果实现了包含锅炉机组全面性能分析所具备的五大分析计算，即热力计算、水动力计算、壁温计算、烟风阻力计算及磨煤机及制粉系统计算。系统创新性地建立了“统一汽水流程”迭代的超（超）临界锅炉机组热力性能分析计算的通用模型及总体算法，实现了适用于任意超（超）临界及以下参数锅炉机组性能计算的通用模型要求。并首次将“基于环路平差流量调节”法应用于直流炉的水动力计算。在专业领域对标准算法提出了多项改进，对三分仓回转式空气预热器、单排管的算法、国内制粉系统设计计算标准等提出了重要的工程算法。系统基于J2EE标准的多层架构体系，采用软件工程技术领域最新的技术完成系统的软件架构。

该项目已应用于龙源技术的锅炉低氮改造业务，为超过40个低氮改造工程方案的可行性提供了计算分析支持，包含了300、600、1000MW容量等级的各类超临界机组的锅炉性能分析计算。本系统参与国家“863”泰州百万二次再热国家科技示范项目重点课题，将对锅炉设计方案验证提供计算分析依据。该技术推广后能够对锅炉改造设计的合理性提供强大的理论支撑，并对锅炉的实际运行时燃烧调整、燃料配置、性能评估等方面提供强大的分析依据。

【国电集团6MW双馈海上风力发电机组设计开发与工程实践】 项目完成单位：国电联合动力技术有限公司。该项目获得2013年度国家能源科技进步奖一等奖。

该项目自主研制中国首台性能指标达到国际先进水平的6MW双馈海上风力发电机组，并实现工程应用（获得发明专利授权1项，实用新型专利授权14项，软件著作权4项）。

该机组已成功应用于山东潍坊弥河一期风电场的建设，年发电量约1500万kWh，实现年减少12 000t CO_2、60t SO_2、36t氮氧化物排放量。

【国电集团大型风电传动系统全功率负载试验台的研制与应用】 项目完成单位：国电联合动力（保定）技术有限公司。该项目获得2013年度中国机械工业科学技术奖二等奖。

该项目可实现大兆瓦级风力发电机组及其发电机、齿轮箱、变流器等传动系统的全功率并网测试和设计验证。通过全功率负载试验台的联调测试，通过真实客观的试验数据实现对双馈式风力发电机组进行有效的检验和评估。该测试平台可将风电场“搬进”实验室，提供与真实风场类似的测试环境，在实验室即可系统全面地对整机控制系统软硬件开发及测试，大大减少传动链系统的研发周期和成本。该平台可模拟风电机组在现场运行的各种风况，从而对控制系统的可靠性和鲁棒性进行全面测试，避免了现场测试中需要等风的情况；而且该平台可对实际风电机组运行过程中遇到的故障进行“模拟再现”，为机组维护策略的制定提供了重要的设计开发手段。

【国电集团电站锅炉燃烧状态检测及综合优化控制系统】 项目完成单位：北京华电天仁电力控制技术有限公司、华北电力大学、国电电力股份有限公司、国电大同第二发电厂。该项目获第四届全国电力行业设备管理创新成果奖一等奖、2012年度国家能源科技进步奖二等奖。项目研发出一套适用于大型火电机组的锅炉燃烧优化自动控制系统及其装置，实现电站锅炉燃烧状态在线检测以及燃烧经济性和环保性的综合优化控制，在煤粉燃烧阶段有效提高锅炉效率，降低煤耗，同时抑制NO_x的生成。研究成果已成功应用于国电大同第二发电厂600MW机组示范工程项目。经测算，提高炉效0.3%～0.8%，供电煤耗降低1.02～2.72g/kWh；降低NO_x排放16%～25%。

该系统在火电厂燃煤机组应用可有效地降低脱硝成本，提高火电厂的经济效益。以600MW机组年运行小时5500h，计算产生的直接经济效益为：节煤降氮带来的经济效益约为650万元/年；节约脱硝初期成本约300万元。

【国电集团潮间带风电新型单桩基础设计与施工关键技术、装备研制和工程应用】 项目完成单位：龙源电力集团股份有限公司等。该项科技成果获得2013年度中国电力科学技术进步奖一等奖。项目针对海上风电机组传统单桩基础出现的桩体与过渡段之间的灌浆连接滑动、不均匀沉降等失效问题，提出了“无过渡段”的新型单桩基础方案，研究出了过渡段超大直径单桩基础设计、施工装备及工艺，成功实现了无过渡段的新型单桩沉桩，减少了工序、提高了工效，降低了成本，缩短了工期，解决了连接失效问题。

项目在国内外首次规模化使用超大直径“无过渡段”单桩风机基础结构，优化了顶法兰结构，使其可直接耐受沉桩冲击，研制了能够满足6m以下直径钢管桩沉桩精度的大型扶正导向架，研制了集单桩沉桩与风机安装等功能于一体的浅吃水海上风电安装船。

该技术成果可应用于江苏、山东、上海、河北等软土海床海域，上述沿海地区国家规划海上风电容量超过3600万kW。

【国电集团瀑布沟高土石坝建坝关键技术研究与应用】 项目完成单位：中国水电顾问集团成都勘测设计研究院、国电大渡河流域水电开发有限公司等。该项成果获得2013年度水力发电科学技术奖一等奖。大渡河瀑布沟水电站大坝坝高186m，是国内外第一座投入商业运行、建在深覆盖层（近80m）上的最高宽级配砾石土直心墙土石坝。本项目研究采用剔除宽级配砾石土中粗颗粒的级配调整技术、重型击实功能的碾压技术和加强反滤保护的措施，首次将当地黏粒含量平均仅5%的宽级配砾石土用作大坝心墙防渗料，拓宽了砾石土作为心墙防渗土料的适用范围；研究采用两道大间距高强度低弹模混凝土防渗墙作为深厚覆盖层基础防渗，首次采用“单墙廊道式+单墙插入式”作为大坝心墙与坝基混凝土防渗墙的连接；创建了一套宽级配砾石土心墙土石坝防渗体系设计理论和施工技术，在确保大坝防渗安全的条件下极大地节约工程投资，加快施工进度，减少水土流失，保护环境。

该项目成果应用于瀑布沟工程，工程已正常运行4年，并于2011年被国际大坝委员会授予“国际堆石坝里程碑工程”称号。项目研究成果还在硗碛、狮子坪、毛尔盖等工程成功应用。

【中国电建梯级水库群风险等级确定与风险设计】 该课题是国家重点基础研究发展计划（“973”计划）项目“梯级水库群全生命周期风险孕育机制与安全防控理论”课题三，由中国电建所属中国水电工程顾问公司联合中国水利水电科学研究院和成都院共同承担。该课题2013年1月立项，课题围绕梯级水库群风险设计理论与安全防控机制等关键科学问题，以梯级水库群风险孕育机理与灾害链效应为基础，系统开展梯级水库群风险等级确定的原理和方法，影响梯级水库挡水、泄水及其附属设施安全的主要设计变量的变异特性，梯级水库系统可靠性设计理论、分析方法和安全标准，基于梯级水库风险控制的水工建筑物分项系数极限状态设计方法，基于梯级水库群风险控制的水工建筑物安全标准及设计理论体系等5个专题研究。

【中国能建分布式电源微电网技术研究】 “分布式电源微电网技术研究”为中国能建首批立项的科技项目之一。该项目从系统角度出发，通过研究分布式电源（光伏、风电、微燃机等及组合）及微电网接入的关键技术，形成科学的、满足工程实际应用的分布式电源及微电网接入的容量配比、继电保护及自动装置配置、电能质量监控、运行控制、能量管理等多方面的解决方案，最终形成分布式电源及微电网典型方案和技术导则，制定分布式电源接入的电气接口标准和信息接口标准，并根据研究成果开展微电网关键设备及系统研发或集成工作，促进分布式电源及微电网接入的推广和应用。完成8份专题研究报告和《微电网设计技术导则》，申报了“一种基于多目标优化的微电网规划和容量配置方法”等11项专利，其中发明专利9项；自主开发了“DGPO分布式电源微电网规划及容量配置优化软件”并获得软件著作权；发表论文11篇。

【中国能建CPR1000核岛安装技术研究】 “CPR1000核岛安装技术研究”为中国能建首批立项的科技项目之一。该项目系统对CPR1000核岛安装技术进行研究，完成了CPR1000核岛各专业安装技术研究、CPR1000核岛主系统安装技术研究及动画模拟、CPR1000核岛与常规工程施工差异性分析、CPR1000核岛厂房建模及安装进度可视化技术研究等7个子课题。该项目取得的科技成果为广东火电工程总公司中标阳江核电5、6号机组核岛安装工程，提供了技术支撑，使广东火电工程总公司成功进入核电建设核心——核岛领域，实现了核电建设的新突破。

【中国能建城市智能配电网设计技术与相关标准研究】 “城市智能配电网设计技术与相关标准研究”为中国能建首批立项的科技项目之一。该项目采用理论分析与工程实践相结合的研究模式，对智能配电网自愈技术、新能源集成技术和移动充电负荷与储能技术等方面进行了理论分析与工程研究。建立一套与智能配电网紧密结合的配电网风险评估体系，定性定量的分析配电网的运行状态和对风险的抵御能力，为智能配电网的设计提供了有效的参考。该项目发表科技论文14篇，申请专利13项，已授权发明专利1项，形成了《城市智能配电网规划设计导则》等设计标准。

【中国能建褐煤蒸汽管式干燥机及工艺试验线研制】 2013年7月26日，中国能建所属中国能建集团装备有限公司北京技术中心联合北京电力设备厂申报的“褐煤蒸汽管式干燥机及工艺试验线研制”课题实施方案通过了北京市科委组织的专家组论证。该项目首次提出建设国产干燥设备样机和试验线，为干燥设备完全国产化提供切实可行的解决方案。该设备研制成功后，可以打破褐煤干燥设备长期依赖国外进口的局面。

国际合作

【第一次部长级中美能源对话】 2013年10月28日，第一次部长级中美能源对话在北京举行。国家发展改革委副主任、国家能源局局长吴新雄与美国能源部部长欧内斯特·莫尼兹出席会议并致辞。国家能源局副局长张玉清主持会议。双方政府代表分别就两国能源政策、油气和新能源领域有关情况进行了介绍。

会前，吴新雄会见了欧内斯特·莫尼兹，双方就中美油气、核电、清洁能源合作等事宜交换了意见，并共同签署了《中华人民共和国国家能源局与美利坚合众国能源部关于双边能源政策对话的谅解备忘录》。

【中俄能源合作委员会第十次会议】 2013年10月15日，中央政治局常委、国务院副总理、中俄能源合作委员会中方主席张高丽在北京人民大会堂与俄罗斯副总理、俄方主席德沃尔科维奇举行中俄能源合作委员会第十次会议。

张高丽表示，中国新一届中央领导集体高度重视发展中俄全面战略协作伙伴关系。习近平主席2013年3月首选俄罗斯进行了历史性的国事访问，和普京总统的会晤取得了丰硕成果。两国元首共识将推动中俄友好合作发展达到新的阶段和更高的水平。

张高丽表示，能源合作是中俄全面战略协作伙伴关系的重要组成部分，是两国元首和总理高度关注和推动的领域之一，是中俄务实合作的重点方向。双方要发挥好中俄能源合作委员会的作用，积极落实两国元首达成的共识，巩固已取得的合作成果，推动正在商谈的合作项目，开拓新的合作领域。

张高丽表示，中俄能源合作是长期的、全面的、战略性的，双方在地缘、资源、市场、技术等方面互补性强，合作潜力巨大。中方愿全面扩大对俄能源合作。希望双方落实好俄方对华增供原油项目，扩大石油上游合作规模，把天津合资炼厂建成有高效益的下游合作示范项目。积极推进中俄东、西两线天然气领域的互利合作，继续在核能领域扩大开放合作。中方愿进一步扩大自俄罗斯进口煤炭、电力，积极拓展中俄可再生能源和节能等领域的合作。

德沃尔科维奇表示，俄方将扩大对华能源合作作为发展俄中全面战略协作伙伴关系和拓展双方务实合作的重点领域，愿与中方一道，按照两国元首达成的共识，充分发挥双方的优势，推动俄中能源各领域合作不断取得新成果。

会谈后，张高丽与德沃尔科维奇共同签署了《中俄能源合作委员会第十次会议纪要》。

【南方电网公司越南永兴燃煤电厂一期BOT项目】 南方电网越南永兴燃煤电厂一期BOT项目由南方电网公司、中国电力国际有限公司和越南煤炭集团电力公司按照55%∶40%∶5%的比例共同投资建设，该项目（2×60万kW）总投资约17.55亿美元，建设期48个月，特许运营期25年，是中国企业在越投资规模最大的电力项目，已列入越南第七个电力总体规划，是越南重点基础设施项目之一。

南方电网公司已完成项目的国内外审批、合同谈判、融资初步评审等项目前期开发工作，具备投资条件，并于2013年5月31日正式向越南政府递交了投资许可证申请报告。2013年10月13日，越南投资计划部部长裴光荣向中国南方电网有限责任公司董事长赵建国颁发了越南永兴燃煤电厂一期BOT项目的投资许可证。

【华能集团新加坡大士能源登布苏热电多联产项目】 2013年2月27日 华能集团在海外自主开发建设的新加坡大士能源登布苏热电多联产项目一期工程正式投产。该项目是华能2008年收购大士能源公司后，以大士能源为平台在新加坡投资建设的新项目，是新加坡第一座也是目前唯一一座以煤为主要燃料的电厂。项目位于新加坡裕廊岛登布苏石化工业园，是为该工业园的开发而配套建设的热电多联产基础设施项目，共分三期建设，建成后将以具有竞争力的价格向园区内的石化工厂客户提供包括电力、蒸汽、工业用水、污水处理等在内的一系列公共事业产品与服务。项目规划总投资20亿新元（约合人民币100亿元），全部建成后将具有16万kW发电能力（其中10万kW送入电网）、900t/h蒸汽供应能力、7000m^3/h海水淡化能力，以及1000m^3/h工业污水处理能力。

【大唐集团柬埔寨斯登沃代水电站项目】 柬埔寨斯登沃代水电站由大唐集团海外公司控股51%在云南昆明注册成立的云南东南亚经济技术投资实业有限公司投资建设，项目以BOT方式投资，BOT经营期30年。项目位于柬埔寨菩萨省，分两级建设，总装机容量为12万kW，其中第一级2万kW，第二级10万kW，送出线路169km，工程于2009年11月正式开工，于2013年9月进入商业运营。

【大唐集团柬埔寨金边—马德望输变电工程项目】 柬埔寨金边—马德望输变电工程由大唐集团海外公司控股51%在云南昆明注册成立的云南东南亚经济技术投资实业有限公司投资建设，位于柬埔寨金边、菩萨、马德望三省，建设230kV双回路共塔输电线路，线路总长302km，同时建设菩萨、马德望、磅清扬3个230kV变电站工程。工程于2009年11月开工，已于2013年2月进入商业运行。该项目采用BOT方式投资建设，BOT经营期25年。项目投资回收方式为柬埔寨电力公司每年支付电网运行费用给项目公司。

【中国华电罗马尼亚罗维纳里燃煤电厂项目】 2013年11月25～28日，中国华电集团董事长、党组书记李庆奎赴罗马尼亚参加第三届中国—中东欧国家经贸论坛，在国务院总理李克强、罗马尼亚总理蓬塔的共同见证下，与罗马尼亚奥塔尼亚电力集团总裁劳伦特·扎伦签署了罗马尼亚罗维纳里燃煤电厂项目的投资意向协议。罗维纳里项目投资约10亿欧元，装机容量600MW，将创造本地就业岗位400个。

【中国华电柬埔寨额勒赛下游水电站项目】 额勒赛下游水电站是中国华电集团实施“走出去”战略的一项重点工程，也是华电集团境外建设的最大水电项目和柬埔寨境内最大的水电项目。该电站分上下两级电站4台机组，总装机容量338MW，设计年发电量11.9亿kWh。2013年9月30日实现1号机组投产发电；2013年10月25日投产的2号机组成为华电集团水电装机容量突破2000万kW标志性机组；2013年12月25日实现了3号机组投产发电；2013年12月28日，4号机组正式投产发电，标志着总装机容量338MW的华电境外最大水电项目——柬埔寨额勒赛水电项目全面完成。该项目于2010年4月1日启动，2010年12月28日上电站顺利截流，实现了“当年开工、当年截流”的目标。2013年5月31日开始下闸蓄水。1号机组提前近12个月完成了PPA合同工期。额勒赛下游水电站的建成投产，是华电集团海外电源投资建设的一个里程碑。

【中国华电印度尼西亚巴厘岛燃煤电厂项目】 2013年6月25日，中国华电工程（集团）有限公司投资建设的印尼巴厘岛3×142MW燃煤电厂项目顺利实现1号锅炉汽包吊装就位。印尼巴厘岛一期3×142MW燃煤电厂项目是华电工程继巴淡电站后投资＋EPC建设的第二个海外项目，也是该公司最大的海外电厂投资项目。项目地处印尼巴厘岛省北部的爪哇海南岸，首期建设规模为3×142MW的燃煤电站，并留有扩建2×300MW燃煤机组的场地。

【国电集团加拿大风电项目】 该项目位于加拿大安大略省梅兰克森郡，与多伦多市相距120km，装机容量为9.972万kW。该项目已于2010年4月与安大略省电力公司签署了有效期为20年的售电协议。项目平均风速为7.34m/s，投资回收期10年。国电集团所属龙源公司成立加拿大可再生能源公司开展项目前期工作，该项目获得国家发展改革委和商务部的核准批复和加拿大安大略省的环境和项目开工许可，2013年10月正式开工建设，计划2014年10月建成投产。

【国电集团南非风电项目】 2013年8月，中国国电集团参与了南非第三轮风电项目投标；10月，两个投标项目南非德阿风电场一期和南非德阿风电场二期北区成功预中标，中标容量24.45万kW。项目采用联合动力1.5MW风机，带动联合动力风机设备“走出去”。项目计划于2014年7月完成融资，2014年8月开工建设。

【中国电建与国际SOS紧急救援组织签署战略合作协议】 2013年1月18日，中国电建集团与国际SOS紧急救援组织在北京共同签署了双方战略合作协议签约。此次双方战略合作协议确立了中国电建和国际SOS战略合作伙伴关系，国际SOS将利用其全球完善的服务网络和服务体系为中国电建集团公司各成员企业海外业务提供海外项目医疗、非传统安全管理、安全培训、国际安全信息共享和国际救援服务。

【中国电建巴基斯坦萨查尔风电EPC项目】 萨查尔（Sachal）风电场位于巴基斯坦卡拉奇信德省，对外交通便利，与卡拉奇由高速路相连，距离卡拉奇150km左右。中国电建所属中国水电工程顾问集团公司于2013年4月9日同业主巴基斯坦萨查尔新能源发展公司正式签订合同，并承担风电场设计、采购、安装、土建施工、试运行、运行维护的全部工作，并负责协助业主获取融资。项目工期500天。合同还包括2年的质保、运维及3年的延长运行维护。

【中国电建马来西亚沐若水电站项目】 马来西亚沐若水电站工程地处马来西亚婆罗洲岛的砂捞越州，坝址位于拉让河流域源头沐若河上，是拉让河上游四级梯级开发中的第2级梯级电站，距下游的巴贡水电站约70km，距民都鲁市约200km，坝址控制流域面积约为2750km^2。工程的主要任务是发电，是马来西亚推行的第二能源计划中的一个重要工程。电站安装有4台236 MW容量的混流式发电机组，总装机容量944 MW。该工程主要由碾压混凝土重力坝、坝身表孔溢洪道、引水系统（含调压井）、发电厂房、生态流量引水发电系统等组成。坝顶长度473m，最大坝高141m。水库正常蓄水位540m，死水位515m，总库容120.43亿m^3，调节库容54.75亿m^3。

项目于2008年10月1日正式开工，于2010年5月1日实现截流，于2013年9月21日导流洞下闸、库区蓄水，于2013年12月31日完成导流洞封堵。截至2013年12月底，土建工作基本完成，金结安装完成87%，截至2013年底建造收入31.79亿元，占合同金额的92.75%，结算收入31.43亿元，占合同金额的91.69%。

【中国电建加纳布维水电站项目】 布维水电站是

加纳共和国的第二大水电站，合同额约5.7亿美元。2013年11月29日，合同双方签订补充协议，合同总额调整为7.9亿美元。设计装机容量40万kW。2007年8月24日，加纳布维水电站举行开工仪式。2008年12月2日，加纳布维水电站提前合同工期一年实现截流。2009年12月18日，加纳布维水电站大坝首仓碾压混凝土开盘浇筑，正式进入混凝土"大浇筑"施工阶段。2011年6月，加纳布维水电站成功下闸蓄水。电站3号、2号机组分别于2013年4月和7月投产发电，2013年11月28日，电站最后一台机组1号机正式并网发电。2013年12月19日，项目业主举行竣工典礼。截至2013年12月底，累计完成产值108 365万美元，为合同总价的54.54%。

【中国电建老挝南欧江流域梯级水电站项目】 南欧江流域项目是中国电建所属中国水电在老挝获得整条流域开发权控股（85%股份）开发的项目，计划分7个梯级电站进行开发，总装机容量达1282MW；项目一期计划开发二、五、六级电站，总装机容量54万kW，年平均发电量约20.92亿kWh，已于2012年10月1日开始主体建设，三个梯级电站计划完工日期为2016年10月31日。2013年，一期二、五级电站成功实现截流，项目建设进展顺利。

【中国电建尼泊尔上马相迪A水电站项目】 上马相迪A水电站是由中国电建所属中国水电采用BOOT方式控股（90%股份）开发的项目，电站总装机容量5万kW，年平均发电量约3.17亿kWh，已于2013年1月8日开工建设，12月16日成功实现截流。

【中国能建阿根廷基什内尔一塞佩里克水电站项目】 该项目由中国能建所属葛洲坝集团公司承建，2013年10月31日与业主签署合同。项目位于阿根廷圣克鲁斯省。基什内尔（Nestor Kirchner）挡水大坝为混凝土面板堆石坝，大坝长度2780m，最大坝高为75.5m。包括混凝土面板堆石坝坝段、厂房及溢洪道坝段，另外还布置有过鱼道、放空底孔（导流隧洞改建）等。发电建筑物为引水式电站，计划安装6台混流式水轮机，总装机容量为114万kW。两条导流隧道的直径10.65m、长800m，为钢筋混凝土衬砌（厚度0.5m），进场道路约27km。主要工程量为土石方开挖10 200 000m^3、大坝填筑13 800 000m^3、混凝土总量为770 000m^3。塞佩里克（Jorge Cepernic）电站挡水大坝为混凝土面板堆石坝，大坝长度2900m，最大坝高43.5m。包括混凝土面板堆石坝、泄洪坝段和厂房坝段，另外还布置有过鱼道及放空底孔（由导流底孔改建）等。发电建筑物为坝后式厂房，计划安装5台轴流式水轮机，总装机容量为60万kW。主要工程量为土石方开挖量2 413 000m^3、大坝填筑5 180 000m^3、混凝土总量482 000m^3。

【中国能建孟加拉国沙吉巴扎联合循环电厂项目】 该项目由中国能建集团广东火电工程总公司和广东省电力设计研究院联营体共同实施，业主为孟加拉电力发展委员会（BPDB），于2013年5月20日正式签署合同，合同工期为单循环完工540天（约18个月），联合循环完工900天（约30个月）。项目位于孟加拉国沙吉巴扎（Shahjibazar），建设规模为300MW（1±20%），主机配置2台9E级燃机带一台汽轮发电机组，机组最大毛出力约350MW。工作范围包括设计服务、制造、监察、测试、设备供应、全厂建筑、安装、调试和培训等，以及2年质保期内的备品备件和消耗品。

【中国能建格鲁吉亚帕拉瓦尼(Paravani)风电场和光伏电站建设项目】 该项目由中国能建集团所属中国电力工程顾问集团华北电力设计院工程有限公司承建，项目总规模为1000MW，一期工程规模为150MW风电场和30MW光伏电站，合同范围包括第一部分测风工程、第二部分光伏电站工程和第三部分风电站工程。

【中国能建孟加拉国比比亚纳Ⅱ期燃气联合循环电站工程项目】 该项目由中国能建集团东北电力第一工程公司承建，总工期26个月，项目容量为净出力334.908MW。为一拖一多轴联合循环燃气机组，燃机为GE的9F级燃机。该工程厂址位于孟加拉达卡东北部180km处，邻近比比亚纳（Bibiyana）气田北部和Kushiyara河。以完全"交钥匙"和固定总价方式，完成比比亚纳Ⅱ期1×344.908MW（净）燃气联合循环电站工程设计、设备采购、运输（包括海运和工程所在国内陆运输）、施工、安装、测试、调试、可靠性试运行、性能测试及培训等全部EPC工作。电厂用气直接从气田供应，供气由政府提供担保。

【中国能建尼泊尔上崔树里3A水电站项目】 该项目由中国能建所属葛洲坝集团公司承建，由混凝土重力坝（长100m，高25m）、暗渠、低压引水隧洞（长4095m，马蹄形断面，面积约25m^2）、调压井、高压斜井、地下厂房及变电站等组成。项目位于已建崔树里水电站的首部枢纽北部15km处的那苏瓦（Rasuwa）地区，距离上游麦仑支流（Mailung Khola）与崔树里河的交汇处600m。厂房位于努瓦科特（Nuwakot）地区斯迈尔村（Smile）附近，距离首部枢纽工程5km，总装机容量60MW。项目为EPC总承包项目，合同工期35个月，业主于2014年5月批准26个月的工程延期。

【中国能建老挝会兰庞雅水电站项目】 该项目由

中国能建所属葛洲坝集团公司承建，位于老挝南部的波罗芬（Bolaven）会兰庞雅高原（Houay Lamphan Gnai）河流上，电站装机容量为88MW，主要建筑物有挡水坝、溢洪道、入库引流系统、引水系统、电站厂房及输变电线路等。项目采用EPC总承包方式，合同总工期60个月。

【中国能建印度尼西亚巴比巴卢燃煤电站项目】 该电站由中国能建所属葛洲坝集团公司承建，项目工程地位于印尼西加里曼丹省西北部的本卡扬（Bengkayang）市，西临南中国海，东临坤甸（Pontianak）至山口洋（Singkawang）的省级公路，项目工地距离西加里曼丹省省会坤甸市区120km，工地面积约为$40hm^2$。主要内容是两台50MW燃煤发电机组及配套设施（含土建）的设计、采购、施工、调试、试运行及培训与移交工作。合同总工期33个月。

行业管理

中国电力企业联合会

【综述】

1. 严格执行中央“八项规定”，深入开展党的群众路线教育实践活动

中国电力企业联合会（简称中电联）按照国家能源局部署，扎实开展了党的群众路线教育实践活动。紧紧围绕反“四风”，通过各种形式，开门听取理事长、副理事长单位及有关企业的各方意见，共收到意见建议202条，在此基础上，深入查摆问题，开展批评和自我批评，进行认真整改。贯彻执行中央“八项规定”，制订了实施细则和相关制度。通过整治，2013年6～11月，较2012年同期减少会议57个，精简中电联会发文40份，清理评比表彰项目13项，“三公”经费明显减少，切实改进了工作作风。

2. 深入调研，加强沟通，重点工作取得成效

组织开展月度经济运行与电力供需形势分析预测，参与国家有关部委经济运行分析工作，专题汇报电力供需分析预测情况，完成《全国三年电力供需分析预测》研究；对电力工业统一规划机制问题深入调研，形成《电力工业统一规划机制研究报告》；针对电力企业关心的行业改革、电煤运行、节能减排、热电联产、清洁能源发电、“十三五”天然气发电需求等热点问题开展调研，通过向国家有关部门报送研究成果和定期召开新闻发布会等形式积极与社会沟通，有力维护行业企业利益。

3. 夯实基础，创新思路，专业服务能力明显提升

加强行业统计制度建设，统计数据准确性得到提高；完善电力环保议事机制，牵头8家大型发电集团设立了大型发电集团环保联系会，针对电力企业环保共性问题提供服务；通过信息服务、展会服务，促进电力企业交流和“走出去”工作；发布电力标准263项，申请立项智能电网有关标准120项，智能电网综合标准化试点工作获得国家批准；完成年度可靠性数据采集、分析、发布工作，对电网运行有关键影响的设施和电力装备制造的高端设备进行重点专业分析；工程定额管理不断完善，出版实施最新版电力建设工程定额及费用计算规定和工程量清单计价规范；加强电力工程质量监督的制度和平台建设；完成《国家职业分类大典》（电力行业部分）修订工作，完善行业职业技能鉴定三级工作体系建设；推进评审咨询业务稳步发展；开展电力企业生产标准化达标评级业务，落实工业领域电力需求侧管理工作；通过推荐中国工业大奖、国家优质工程奖，评选优秀企业文化成果、管理创新成果，促进了行业企业技术创新和管理创新。

4. 严格管理，规范运作，自身建设进一步提高

加强制度体系建设，强化内部基础管理，完善了行业评比表彰、会议管理、培训中心管理等方面的制度。推进了本部预算管理常态化，严格控制经费开支，实现本部经费管理可控、在控。加强了对分支机构、代管学协会的管理，健全联系沟通机制，进一步完善服务体系。

【组织机构】

1. 2013年中电联机构设置及人员变动情况

（1）中电联本部现设置12个职能部门，2个直属单位，参股1个股份公司。12个职能部门为理事会办公厅、规划与统计信息部、研究室（电力行业应对气候变化中心）、国际合作部、人力资源部（机关党委）、财务与资产管理部、文化建设与对外联络部（新闻宣传中心）、电力定额管理部（电力工程造价与定额管理总站）、电力工程质量监督管理部（电力工程质量监督总站）、标准化管理中心、可靠性管理中心（国家电力监管委员会电力可靠性管理中心）、技能鉴定与教育培训中心（电力行业职业技能鉴定指导中心）。2个直属单位为中国电力企业联合会电力建设技术经济咨询中心（中电联兴业投资发展有限公司）、中国电力企业联合会科技开发服务中心［中电联（北京）科技发展有限公司］。参股的股份公司为华凯投资集团有限公司。

（2）人员变动情况：中电联本部2013底实有职工总数182人，与2012年相比，增加长期聘用3人，减少企业派驻交流1人，退休4人，辞职1人。

2. 干部配置

（1）中电联第五届理事会领导成员。

理事长：刘振亚

常务副理事长、党组书记：孙玉才

专职副理事长、党组成员、机关党委书记：魏昭峰

兼职副理事长：王寿君、王炳华、刘吉臻、乔保平、李庆奎、陈进行、陆启洲、汪建平、吴国潮、张喜武、范集湘、赵建国、贺禹、钱智民、曹培玺、曹

广晶、潘力

秘书长、党组成员：王志轩

副秘书长：孙永安、沈维春、欧阳昌裕

（2）中电联第五届理事会高级顾问：史大桢、柴松岳、汪恕诚、李荣融、张国宝。

（3）中电联第五届理事会顾问：王文泽、叶荣泗、刘宏、李永安、李昌富、宋密、周大兵、贺恭、赵希正、祝新民、袁懋振、翟若愚。

（4）中电联第五届理事会专职顾问：谢振华、王永干。

（5）中电联第五届理事会专家：王信茂、付元初、冉莹、张安乐、周小谦、姜绍俊、胡兆光、黄其励、黄金凯、曾鸣、霍继安、魏光耀。

（6）2013年度部门（中心）领导干部。

理事会办公厅主任：沈维春（兼）

理事会办公厅副主任：田卫东

理事会办公厅副主任：张志锋

理事会办公厅副局级调研员：王利

规划与统计信息部主任：欧阳昌裕（兼）

规划与统计信息部副主任：游敏

规划与统计信息部副主任：梁维列

研究室主任：潘荔

研究室副主任：李士兴

国际合作部副主任：吴添荣

国际合作部副主任：王军

人力资源部（机关党委）主任：孙永安（兼）

人力资源部（机关党委）副主任：李晓霞

人力资源部（机关党委）副主任：张海涛

人力资源部（机关党委）正局级调研员：赵天荣

财务与资产管理部副主任：孙红旗

文化建设与对外联络部副主任：张海洋

文化建设与对外联络部副主任：徐耀强

文化建设与对外联络部副主任：白俊文

文化建设与对外联络部副局级调研员：张晓京

电力定额管理部副主任：郭玮

电力工程质量监督管理部副主任：张天文

标准化管理中心主任：许松林

标准化管理中心副主任：刘永东

可靠性管理中心主任：米建华

可靠性管理中心副主任：陈丽娟

技能鉴定与教育培训中心主任：薛静

技能鉴定与教育培训中心副主任：孙建华

技能鉴定与教育培训中心正局级调研员：徐玉华

中国电力企业联合会电力建设技术经济咨询中心副主任，中电联兴业投资发展有限公司副总经理、党总支副书记：黄成刚

中国电力企业联合会电力建设技术经济咨询中心副主任，中电联兴业投资发展有限公司副总经理、党总支书记：崔照胜

中国电力企业联合会电力建设技术经济咨询中心副主任、中电联兴业投资发展有限公司副总经理：左晓文

中国电力企业联合会电力建设技术经济咨询中心副主任、中电联兴业投资发展有限公司副总经理：褚农

中国电力企业联合会电力建设技术经济咨询中心副局级调研员：朱二苗

中国电力企业联合会科技开发服务中心主任，中电联（北京）科技发展有限公司总经理、党总支副书记：江宇峰

中国电力企业联合会科技开发服务中心副主任，中电联（北京）科技发展有限公司副总经理、党总支书记：胡小正

中国电力企业联合会科技开发服务中心副主任、中电联（北京）科技发展有限公司副总经理：罗勇

中国电力企业联合会科技开发服务中心副主任、中电联（北京）科技发展有限公司副总经理：王慧

中国电力企业联合会科技开发服务中心总工程师、中电联（北京）科技发展有限公司总工程师：尹松

中国电力企业联合会科技开发服务中心副局级调研员：王琪

华凯投资集团有限公司董事长：蒋晓华

【电力行业发展规划与电力发展课题研究】

1．电力行业发展规划

（1）结合2013年国务院转变政府职能和国家电监会与原国家能源局重组的新形势，配合国家能源局开展的“大调研、大讨论、大转变”活动，对电力工业统一规划机制问题进行深化调研和深度思考，完成《电力工业统一规划机制研究报告》（修订稿），正式报送国家能源局。

（2）组织开展电力发展战略调研工作。主动配合国家能源局开展“大调研、大讨论、大转变”活动，组织有关理事单位开展了电力发展战略调研活动，积极反映企业诉求和行业意见。在过去中电联本部已完成研究成果的基础上，收集理事长和有关副理事长单位研究成果，听取各方意见建议，凝聚行业共识，在此基础上完成调研报告报送国家能源局。

2．电力行业发展课题研究

（1）完成《智能电力系统发展深化研究报告》。

（2）完成《清洁能源发电发展机制与政策研究报告》。

（3）完成《分布式电源发展课题研究报告》。

（4）完成《电力系统提高风电消纳技术措施与政策研究报告》。

（5）完成《“十三五”天然气发电需求及政策研究报告》。

【电力统计与经济运行分析】

1. 电力统计工作

（1）年初编制完成《2012年电力工业统计年度快报》。

（2）编制完成《2012年电力工业统计资料汇编（体系版）》和《2012年电力工业统计提要》，在收集整理2012年年报数据的基础上，强化数据审核，完善报表表现形式，更新年报编委名单，完成资料汇编和统计提要。对电力工业年度历史数据进行汇总整理，编制形成《2012年电力工业统计资料汇编（会员版）》。

（3）完成了电力行业统计月度快报和月报的数据收集、整理、审核和报送工作。

（4）强化对电力工业月度运行情况的研究分析，组织编制《电力工业月度运行情况简况》，通过中电联网站和中国电力报公开发布。

（5）积极维护五大发电集团经济效益统计信息平台，切实做好对各集团月度财务数据的整理、审核和共享工作，促进了集团间的横向信息交流和联络。

（6）受工信部委托，开展《工业电力需求侧管理数据库维护和工业运行要素统计分析》研究工作，维护管理煤电油气统计信息平台，跟踪了解煤电油气运运行要素保障情况，形成旬度和月度动态分析报告报送工信部。

（7）在2002年版《电力统计工作指南》基础上，完成了《电力行业统计指标解释（2013年版）》征求意见稿的编制工作，经进一步征求政府有关部门和电力企事业单位意见后印发实行。

（8）对《全国电力行业统计报表制度（2012年版）》进行了修订，增加了对6000kW以下发电和分布式发电的统计内容。《全国电力行业统计报表制度（2013年版）》经国家统计局批复，于2014年起全面执行，对于全口径发电量和分布式发电统计数据的收集汇总提出了明确的规范化要求。

2. 经济运行分析

（1）完成《全国电力市场三年电力供需分析预测报告》。及时收集有关电网企业、发电企业“十二五”规划调整情况；通过调研、座谈会等形式对电力供需现状及发展趋势进行了解，对未来三年电力市场进行分析预测；结合国家近年来对电网、电源核准情况，分析未来电力供应能力与布局。

（2）完成《2013年全国电力供需形势分析预测报告》。

（3）完成季度、半年电力供需分析预测报告研究编制。

（4）每月按期完成电力供需分析材料，全年共完成各种会议材料50余份。参加每月国家各部委召开的电力供需分析预测座谈会，并进行电力供需分析汇报。会领导在3月份国务院马凯副总理组织召开的经济运行座谈会上进行了专题汇报。

【电力国际合作管理与服务】

1. 电力国际合作管理

（1）牵头五大发电集团相关部门，完成“发电企业世界一流指标体系研究”工作。

（2）2013年3月正式启动中国电力企业“走出去”研究课题。课题组组织有关专家赴三峡等集团开展了重点项目调研，赴国家电网等公司进行了深入访谈，并对历次访谈和调研成果进行了总结，对后金融危机时期“走出去”面临的国内外环境和我国电力“走出去”经验及存在的问题进行了深入分析，并对有关政府部门和企业提出了具体建议。

（3）组织召开年度行业国际合作工作会议及联络员工作会议。研讨年度国际合作重点工作，组织学习国际合作相关领域专题讲座。

（4）继续做好、做深《电力国际信息参考》半月刊。在原有信息板块基础上，增加了各国电力数据统计、监管信息和机构介绍三个栏目，及时发布有关数据信息，并拓展服务范围。

（5）为会员企业提供对外投资合作政策法规信息。编写完成《中国对外投资合作政策法规汇编（2012）》。

（6）完成电力国际交流与合作十年工作总结。

（7）编辑出版《2013年中国电力行业技术与管理优秀论文集》。

（8）推荐电力系统三家企业产品纳入中国—东盟知名品牌目录；推荐一家电力企业（全国仅5家）成功当选2013“走进东盟”优秀企业。中电联也被评为2013中国行业协会对接东盟优秀奖。

2. 国际交流及对外宣传

（1）与欧电联、国际能源署等国际组织，加拿大、英国、南非等多个国家的电力企业及行业组织保持日常的沟通联系，接待了来自日本东京电力公司、日本亚洲交流协会、国际水电协会、国际成本工程协会等境外公司和机构代表团来访，发挥了中电联作为中外电力行业交流的桥梁和窗口作用。

（2）举办对外宣传活动，拓展交流渠道。在上海举办了第三届驻华使节“走近中国电力”活动，向各国驻华使馆及国际能源电力机构宣传中国电力行业发展亮点。

（3）与韩国共同组织2013中韩电力技术研讨会。首次在境外与其他国家同业机构共同组织行业交流活动。

（4）加强与亚太电协的沟通联络。积极组织中国区会员参与亚太电协相关事务，并参加在韩国举办的2013年亚太电协CEO会议，体现了中电联在亚太电协事务中的牵头作用。

3. 做强品牌展会

（1）积极优化展览项目方案、联合外部优势力量，努力提高展会质量与规模。成功召开2013中国国际节能与新能源汽车展览会暨第三届2013中国国际新能源汽车、充换电设施及动力电池展览会，2013中国国际清洁能源博览会及第九届上海国际电力设备及技术展览会（EP展）暨智能电网巡回论坛上海峰会。其中，EP展被商务部确定为今年重点支持项目，同时被上海市会展行业协会评为“上海市国际展览会优秀展”。

（2）作为主要参与单位，与其他主办方共同举办了第十届中国—东盟博览会电力展、第五届中国国际新能源大会暨展览会及中国国际绿色创新技术产品展电力展。在中国—东盟博览会上，中电联获得了中国—东盟博览会秘书处授予的10周年支持商协会杰出贡献奖，10周年品牌论坛奖及10周年突出贡献奖三个奖项。

（3）配合国家能源局积极开展第22届世界能源大会大陆区域的组织协调工作。本次大会共有400位中国大陆地区代表参会，13家大陆企业参展，总展示面积超过900m^2，吸引了数十位能源部长和跨国能源企业高管前来参观交流。中国上海太阳能工程技术研究中心张瑞的论文获得了大会设立的“明日能源奖”最高奖，中国留学生赵佳升当选中国未来能源领袖，出席大会未来能源领袖峰会。

（4）举办2013年非洲能源和发电国际展览会。中国电力企业展出面积近350m^2，四大核电公司、三峡集团等企业组织了专业展示。

【电力政策研究与电力节能环保】

1. 电力政策研究

（1）开展电煤价格并轨对发电企业影响研究。持续跟踪企业电煤供需形势和经营情况，密切关注政府部门的有关政策，先后赴大唐、国电、华电、陕西煤化集团等企业调研，共整理电煤并轨情况跟踪专报26期。开展煤电问题相关研究，就《商品煤质量管理暂行办法》组织召开电煤运行形势研讨会，征求企业意见，形成专题报告，上报有关政府部门；开展动力煤期货上市问题的研究，在征求发电企业意见基础上复函中国证监会，反映企业诉求；形成《当前电煤运行中存在的问题及建议》报送国家能源局，建议国家能源局加强对电煤市场监管，清理地方政府出台的干预政策，维护电煤市场正常经营秩序；完成2013年电煤运行形势分析报告。

（2）电力体制改革跟踪及持续研究。根据能源电力管理体制和机制变化的新情况，进一步跟踪研究，形成了25期跟踪专报，并对各方改革观点进行了分类汇总；结合贯彻十八届三中全会精神，召开专家座谈会进行座谈，对电力改革重大问题深入分析，形成电力改革追踪研究分析报告。

（3）开展节能减排问题及政策研究。完成《电力行业节能减排潜力与措施研究》，针对电力行业企业实施节能减排的难度越来越大、不科学的节能减排指标不利于电力行业可持续发展等问题，通过定量分析和国际比较，研究和探讨“十二五”、“十三五”电力行业节能减排工作的潜力；提出政策建议；完成《电力行业节能减排现状、问题及政策建议》《节能减排对电力企业影响诉求反映情况》作为参阅材料提交第一、二次理事长会议。

（4）受原电监会委托，开展《我国大型能源集团发展研究》编制，先后组织召开6次座谈会、5次专项调研，形成报告报送政府有关部门。承担国资委临时委托的《中央电力企业布局和结构调整研究》课题，对各中央电力企业进行了书面调研，召开了3次座谈会，形成报告。完成《中国电力减排研究2012》、《中国电力减排研究2013》报告并出版发行。完成《电力行业环境与经济形势研究》季度、年度报告；完成《电力促进城市低碳发展研究》；完成国家质检总局委托的《电力行业应对气候变化技术标准体系及应急标准研究》课题报告。

（5）完成《电力行业清洁生产推行规划研究》《电力行业清洁生产评价指标体系研究》《火电行业二氧化碳排放目标与措施研究》《电力行业应对气候变化进展2013》《电力需求侧管理项目案例》、《电力行业应对气候变化法规政策选编》《电力行业低碳技术汇编》等。

（6）加强软课题管理。修订了《软课题管理办法》，调整了课题经费的使用比例；印发中电联本部2013年重点软课题计划，8项课题列入重点研究计划，其他有偿服务课题按合同约定执行；编制2012年中电联软课题成果汇编，包括了15项研究成果，印发至常务理事长单位；召开2012年度本部软课题成果汇报会，共12个课题进行汇报，130余人次参加汇报会。组织2012年度国家能源局软科学研究优秀成果奖推荐工作，《电力行业应对气候变化目标、空间及技术路线研究》课题获得国家能源局2012年度软科学研究优秀成果奖。落实《中电联资讯共享管理办法》，组织了有关共享资讯产品订阅工作。

2. 电力节能环保

（1）向国家法制办反馈对环境税法的意见。在召开研讨会听取电力企业意见的基础上，对《中华人民共和国环境保护税法（送审稿）》从总体意见、具体条文、编制说明、编制程序等方面提出约 30 条意见。重点提出了执行国家或地方污染排放标准的应税污染物不应征税、环境税法应规定“税收用途”、暂时缓征二氧化碳税等相关内容，以中电联研究函〔2013〕48 号文报送国务院法制办公室，并跟踪环境税法（送审稿）对意见的汇总和修改情况。

（2）向全国人大法工委反映对《环境保护法》的意见。2013 年 7 月 17 日，全国人大法工委在网上公开征求《环境保护法修正案》（草案二次审议稿）的意见。鉴于该法在电力环保工作中的重要性，联络工信部，组织煤炭、钢铁、石化、轻工、有色、建材、纺织行业协会召开了研讨会，当面向全国人大法工委进行了沟通和汇报，就重大问题达成共识；组织理事长、副理事长单位召开研讨会听取意见，形成《关于对〈中华人民共和国环境保护法修正案（草案二次审议稿）〉的意见》，从立法理念、原则、法律关系、制度设计的理论层面提出了原则意见，对 59 个法条中的 40 个法条分别提出了具体意见。

（3）向政府部门反映电力行业应对灰霾天气的作用和建议。针对 2013 年全国大范围雾霾引起的环境问题，提出以电代煤、输煤输电并举、促进资源优化配置的政策建议，积极促进出台有利于电力污染控制的经济政策。针对燃煤企业普遍反映煤改气投资巨大的问题，组织部分在京企业召开研讨会，听取企业意见，向政府有关部门、媒体等反映了行业意见。

（4）开展特别排放限值对企业影响研究。开展火电厂特别排放限值对发电集团影响研究，联合五大发电集团、神华、粤电、浙能共同开展特别限值的经济测算和技术路线分析，向环保部、发改委、能源局上报了《关于现役燃煤机组执行大气污染物特别排放限值存在问题及意见的函》。

（5）向原国家电监会反映对《2013 年电力节能减排监管工作方案（征求意见稿）》的意见。向工信部反映对《重点工业行业用水效率指南（征求意见稿修改稿）》的意见。向国家统计局反映对国家应对气候变化统计指标体系中有关电力行业指标的修改意见。在面向电力企业征集低碳技术的基础上，向国家发改委推荐火力发电厂烟气二氧化碳捕集技术等十一项技术作为电力行业重点低碳技术，促进行业低碳技术推广应用。承办国家能源局国际司《关于中美谈判协定议题事》函并回复。在征求电力企业意见的基础上，向政府有关部门提出了海水脱硫技术规范、建设项目环评分类管理名录、现行环评技术导则体系等的意见。

（6）参加燃煤电厂烟气污染排放情况监管调研。

（7）发布燃煤电厂除尘技术路线指导意见；开展燃煤电厂烟气脱硫特许经营高级管理人员岗位培训和燃煤电厂烟气脱硝管理人员培训；向政府有关部门提出了海水脱硫技术规范、建设项目环评分类管理名录、现行环评技术导则体系等的意见。

3. 环保工作平台和机制建设

（1）进一步加强电力环保统计工作。加强常规环保统计和筹划应对气候变化统计。增加了机组层面的环保指标统计，数据覆盖范围在上年的基础上有所扩大，报送质量有所提高。完成了 2012 年度火电厂烟气脱硫脱硝产业登记相关信息统计，并在中电联网站发布。参与国家应对气候变化基础统计报表体系中有关电力行业的指标研讨，探索电力行业应对气候变化统计体系的建立方式。

（2）做实节能环保分会，打造企业交流平台。召开中电联节能环保分会 2013 年年会暨燃煤电厂烟气污染治理技术交流会，组织发电企业、环保企业共同就电力节能减排政策、管理、技术等关键问题进行了交流。组织了 3 批 50 项电力节能环保领域技术类应用课题研究，重点针对特别排放限值启动了燃煤电厂烟尘控制技术路线研究。组织开展节能情况调研，开展《电力行业节能标准体系》研究，组织《常规燃煤发电机组单位产品能源消耗限额》研讨。

（3）牵头设立大型发电集团环保联系会。与 8 家发电集团共同设立了大型发电集团环保联系会，秘书处设在中电联环保主管部门，起草了《大型发电企业环保联系会工作规则》，邀请粤电、浙能加入环保联系会，初步形成了火电领域的环保议事机制，并在 6 月、11 月召开了两次会议，分别讨论特别排放限值、除尘技术路线问题。

【电力标准管理与服务】

1. 重点工作

（1）重点安排一批智能电网标准计划项目。在 2013 年能源行业标准计划项目、国家标准计划、工程建设国家标准计划项目筛选上重点安排智能电网领域标准。在标准制修订计划项目中有 120 项智能电网计划项目（其中国家标准 20 项、行业标准 100 项）经国家能源局和国家标准委等部门审定下达。

（2）经标准化中心申报，国家标准化管理委员会印发了开展智能电网综合标准化试点工作文件（国标委工二〔2013〕26 号），决定在新能源并网、智能变电站、智能调度、电动汽车充换电等四个专业领域以及标准国际输出等方面，对国家电网公司、南方电网公司、中国华能集团、华电集团的 12 个试点工程开展综合标准化试点工作。

(3) 完成并报批了包含《智能变电站技术导则》、《分布式电源接入配电网技术规定》、《电力调度数据网技术规范》等65项智能电网重要标准。其中，电力行业标准50项，国家标准15项。有120项涉及智能电网方面的标准列入计划项目，其中国家标准20项、行业标准100项。

(4) 完成标准报批256项，其中国家标准项(含工程建设国家标准项) 29项，行业标准227项。2013年经有关政府部门批准发布的电力标准共260项，其中，由国家标准委批准7项，住房和城乡建设部批准工程建设国家标准14项，能源局批准电力行业标准239项。

(5) 组织申报并获得国家能源局批准2013年行业标准制修订计划项目两批共320项；组织国家标准计划征集、上报工作，2013年住房和城乡建设部批准下达电力工程建设国家标准计划12项，国家标准化管理委员会下达国家标准计划项目76项，还上报2014年工程建设国家标准计划项目21项。组织2014年度电力行业标准制修订计划的征集工作。

2. 体系基础建设和课题研究

(1) 编写并印发《电力标准计划项目验收管理办法》。

(2) 组织对2008年以前颁布的现行有效标准进行了梳理，截至2013年11月底，经过标准复审，提出修订的项目有96项，建议废止的项目34项。

(3) 编制《电力标准制修订委托合同》范本。并与2012年电力行业标准计划、2012年国家标准计划、2013年工程建设国家标准计划项目起草单位签订制修订合同，拨付制修订补助经费。

(4) 国家标准委批准成立了全国智能电网用户接口标准化技术委员会和全国电力储能标准化技术委员会，新标委会的成立为建立健全智能电网用户接口以及电力储能等标准体系，进一步推动标准编制都起到了重要作用。

(5) 为加强风电标委会的管理，国家能源局科技司决定成立秘书处支撑单位，协助秘书处开展日常工作。秘书处支撑单位设在中电联标准化中心，具体承担标委会委员管理、标准计划管理、标准报批管理、标准体系管理和标委会日常管理工作等。

(6) 向国家能源局提出组建电力行业安全工器具标委会申请，向国家标准委提出组建全国功率微电子、需求侧响应和管理、微电网与分布式电源并网等三个标委会的申请。

(7) 有序开展标委会换届与调整，2013年内，根据工作需要，先后对电气施工及调试、继电保护、电站金属材料、电机、电站焊接、供用电、可靠性管理、电能质量及柔性输电、电力变压器、联合循环发电、高压开关设备及直流电源、电力应急等行业标委会以及带电作业、电站过程控制及信息、架空线路等全国标委会进行了换届或委员调整。

(8) 修改并印发了《电力专业标准化技术委员会管理细则》，修订了《电力行业标准化技术委员会章程》等文件。

(9) 完成工程建设标准体系研究，并上报住房和城乡建设部。

(10) 向国家质检总局申请了公益性行业科研专项项目《分布式电源并网及微电网关键技术标准研究》，并初步通过立项审查工作。继续开展国家863(电动汽车) 课题、光伏发电标准体系、常规岛及BOP设备建造标准体系等课题的研究工作。完成课题协作单位经费拨付、中间检查等工作。

(11) 开展《电力标准化法规与文件汇编》的修编工作，完成《中国电力百科全书　综合卷》(第三版) 标准化分支编纂和校审工作。

(12) 完成公安行业强制性标准《电力设施治安风险等级和安全防护要求》的审查工作。

(13) 2013年对现有的标准化管理信息系统进行升级改造，主要针对支撑系统老化、计划库数据和目录库数据不协同、统计内容不能满足现有要求等问题进行升级换代。系统升级已初步完成，进入数据更新调整和系统试运行阶段。

3. 国际标准化工作

(1) 下达2013年电力标准英文版翻译计划。一是住房和城乡建设部下达英文版计划19项。二是中电联下达2013年电力标准英文版翻译计划共19项。主要涉及水电、核电、输变电工程建设标准。三是征集2014年电力标准英文版翻译计划。到2013年底，水电、火电和输变电建设标准英文版体系初步建成。

(2) 向国际电工委员会申请成立大规模可再生能源并网、特高压交流系统标准化技术委员会提案获得批准。

(3) 组织召开IEC/TC技术归口管理工作座谈会，对归口管理的技术委员会进行了调研和摸底，提出加强中国注册专家管理、明确下一步工作重点等要求。

(4) 向国际电工委员会提交《并网光伏逆变低电压穿越检测规程》《电动汽车换电系统　第1部分：一般要求》国际标准提案。

(5) 参加电动汽车直流充电接口国际会议，确定IEC 62196.3采用中国直流充电接口技术方案为国际标准技术方案。

(6) 开展"国际标准化创新示范基地"活动。国家标准委批准了在国家电网公司建设"国际标准化创新示范基地”活动（国标委外〔2013〕42号），由中电联组织协调国家电网公司切实做好国际标准化创新示范基地建设。

4. 企业标准化及注册监理工作

（1）继续开展电力企业“标准化良好行为企业”试点现场确认活动。组织专家对大唐国际电力股份有限公司张家口发电厂、浙江浙能乐清发电有限责任公司、浙江大唐乌沙山发电有限责任公司、重庆大唐国际彭水水电开发有限公司、大唐彬长发电有限责任公司、浙江省电力设计院等7家企业（AAAA级）以及湖北清江水电开发有限责任公司（AAA级）进行了标准化良好行为企业现场确认工作。编纂出版了《电力企业“标准化良好行为企业”创建纪实》。

（2）开展企业标准的备案工作。2013年审查、备案企业技术标准105项。

（3）开展电力标准化知识岗位培训。与中电联科技发展公司共同举办了两批电力标准化岗位人员培训班，先后应国家电网公司、中国大唐集团公司、中电投集团公司等电力企业邀请，开展了电力标准化知识培训。

（4）注册设备监理师工作。一是按照中国设备监理协会工作要求，继续有序开展注册设备监理师注册和管理工作，全年注册设备监理师68人次。二是研究开展继续教育培训工作，拟于2014年开展网上培训。

（5）锅炉及压力容器监管工作。一是锅监培训考核工作顺利开展。年内各考委会先后组织有关活动，700余人次参加。二是加大技术交流活动的开展。主办了新能源、超（超）临界发电设备及特高压电网装备无损检测技术交流会。三是两项锅监管理工作行业标准发布。将原有电力行业焊工考核中心审验管理办法修订为行业标准并由国家能源局批准发布DL/T 1265—2013《电力行业焊工培训机构基本能力要求》。同期发布的还有DL/T 977—2013《发电厂热力设备化学清洗单位管理规定》。

【电力可靠性管理与服务】

（1）2013年6月5日，国家能源局和中电联在北京联合召开2013年电力可靠性指标发布会暨“安全生产月”启动仪式。会议发布了2012年度电力可靠性指标，公布了2012年度火力发电机组和供电企业可靠性评价结果。

（2）在全国范围内组织开展了2012年度火力发电机组和供电企业可靠性评价工作。火电机组评价增加了对百万千瓦火力发电机组的评价，加大了对机组强迫停运次数的考核，供电企业开展了全口径和客观性评价。2012年度可靠性评价产生300MW级、600MW级火力发电可靠性金牌机组各20台，1000MW级火力发电可靠性金牌机组5台；2012年度供电可靠性金牌企业（A级）10个，供电可靠性金牌企业（B级）18个。

（3）完成2012年全国电力可靠性数据的采集、汇总和分析、发布等基础工作，编辑印发年度发电、输变电、供电及直流输电系统等可靠性分析报告、可靠性专项分析报告11册。全国电力可靠性主要指标、趋势分析及同业对标报告等报告已通过发布会、出版物、网络等多种形式向政府有关部门、电力企业及相关单位机构进行了发布和反馈。

（4）编写完成了《全国抽水蓄能机组可靠性运行分析报告》和《燃气轮机组运行可靠性分析报告》，分别对中国抽水蓄能机组和燃气轮机组的基本情况、运行情况、计划停运和非计划停运情况进行了全面分析，并与国外机组进行了对比，提出了机组运行中存在的主要问题和相关建议。

（5）完成对欧洲主要国家供电可靠性管理的调查分析。组织国内供电可靠性专家对英、法、德三个国家的电力可靠性管理体系、供电可靠性监管机制、管理模式、统计评价标准、技术手段等方面进行了深入的调查，并编制《欧洲主要国家供电可靠性管理调查分析》。通过对国内外城市电网供电可靠性水平和管理机制的对比，分析了目前中国城市电网供电可靠性管理方面存在的主要问题，提出了建立可靠性奖惩机制、完善指标体系、提高统计自动识别能力等方面建议，为进一步提高我国供电可靠性管理水平提供了参考。

（6）研究制订了《电力可靠性管理标准五年发展规划》初稿，对发电、输变电、供电三个专业的可靠性评价规程，以及其他相关专项规程进行了前瞻性、系统性的设计和规划。

（7）开展电力可靠性评价规程的制修订工作。开展对DL/T 836—2012《供电系统用户供电可靠性评价规程》、DL/T 793—2012《发电设备可靠性评价规程》的研究修订工作；开展了配电网可靠性评估方法及指标体系研究工作；编制并发布《〈输变电设施可靠性评价规程〉（DL/T 837—2012）实施细则》。

（8）完成2013版《电力可靠性管理代码》修订发布，并启动了发电、输变电、供电可靠性信息系统编码库升级工作；规划设计了满足发电、输变电、供电各专业可靠性管理信息系统数据接口要求的一整套行业数据接口规范体系，并逐步开展制定工作，通过数据接口标准建设，转变工作方式，使可靠性管理成为在标准统一下的开放性工作；完成中心版供电可靠性信息系统和输变电设施可靠性信息系统的升级完善，完成了发电可靠性系统的升级建设准备工作。

【电力行业职业技能鉴定与教育培训管理及服务】

1.《国家职业分类大典（电力部分）》（简称

《大典》）修订工作

负责《大典》电力部分79个职业（其中承担59个职业，参与20个职业）的修订工作任务，截至2013年6月底完成《大典》电力部分的修订任务。

（1）组织近40个职业描述信息采集小组，对各职业（工种）描述信息进行采集和初步整理工作。从汇总、整理的职业（工种）描述信息中，提炼出电力行业新增职业（31个）的信息描述（包括职业定义、岗位职责、工作内容、准入条件、入职培训等）建议。在各调研组采集的职业描述信息有关资料基础上整理汇总，形成《大典》各职业工种描述信息建议表。

（2）多次组织召开《大典》电力部分修订工作专家委员会议，审议、修改各专业职业描述信息建议表。完成职业描述信息建议表（终审稿）定稿工作。

（3）向国家职业分类大典修订工作办公室报送《大典》电力部分职业分类框架结构和职业（工种）目录以及《大典》电力部分修订工作综述、职业描述信息建议表等相关材料。

（4）联系相关电力企业推荐技术专家，参加人社部组织召开的与其他行业交叉的相关职业修订审议会议，对与电力行业相关的职业（工种）修订内容，与人社部联合开展审核工作。

2. 全国电力行业职业技能竞赛工作

（1）召开第九届全国电力行业职业技能竞赛筹备工作研讨会，就竞赛工种、等级、场地等征集会议意见，形成行业共识。

（2）与中国能源化学工会全国委员会协商沟通，征求中电联理事长单位、有关副理事长单位意见，确定了变电站值班员（500kV）、热工程控保护工和水工爆破工三个工种竞赛项目，并请各单位根据自身系统内技能培训资源能力、竞赛有关职业（工种）实训设备设施配置以及生活配套设施情况，推荐竞赛地点。

（3）召开第九届全国电力行业职业技能竞赛三个竞赛项目技术方案研讨会，结合各电力企业的意见和建议，研讨制订各项竞赛技术方案，遴选竞赛承办地点。

3. 技能鉴定工作

（1）明确了13家电力行业职业技能鉴定理论知识网络化考试试点单位，并对试点单位进行了培训。2013年共有15个鉴定中心开展了理论知识网络化考试。并印发了《电力行业职业技能鉴定理论知识网络化考试管理办法》、《电力行业职业技能鉴定理论知识网络化考试试题库改建技术方案》。

（2）研究确定2013年电力职业技能鉴定站质量评估检查表及检查的工作原则和程序、电力行业高级技师鉴定考评质量督导检查表及检查的工作原则和程序。组建了7个鉴定站评估检查组，3个高级技师鉴定考评督导检查组。完成了2009年、2010年成立的13个国家职业技能鉴定站的评估检查工作；完成了对中国华电集团公司职业技能鉴定中心、甘肃省电力行业职业技能鉴定中心、辽宁省电力行业职业技能鉴定中心的高级技师考评督导检查工作。

（3）受人社部委托，本着资源优化与共享的原则，统筹协调、组合安排各电力鉴定中心承办考评员培训，合计举办电力行业职业技能鉴定考评员培训班23期，培训取证人数5200余人。

（4）批准中国电力建设集团有限公司成立中国电力建设集团有限公司职业技能鉴定中心，并撤销中国水利水电建设集团公司职业技能鉴定中心。批准冀北电力有限公司技能鉴定中心更名为国网冀北电力有限公司技能鉴定中心。

（5）完成2012年电力行业特有工种高级技师资格评审工作。共计4617人申报，4432人通过初审，3586人通过了专家评审委员会评审、上网公示及评审委员会审核批准，获得了电力行业高级技师资格，通过率77.7%。

（6）召开2013年全国电力行业职业技能鉴定工作会，就鉴定实施管理、技能竞赛组织机制以及网络化考试等方面，组织进行典型单位的重点交流。

（7）强化对电力鉴定站管理和质量督导，制定并印发《电力行业特有工种国家职业技能鉴定站管理办法》。

（8）部署第十二届中华技能大奖全国技术能手候选人和国家技能人才培育突出贡献奖候选单位候选个人遴选推荐工作。

（9）对2013年拟新增鉴定站进行了现场调研并完成了向人社部申报工作。完成了电力行业职业技能鉴定站许可证到期换证工作。

4. 教育培训工作

（1）开展电力行业仿真培训工作。完成《电力仿真机标准》（能源局立项标准）制修订工作；开展电力行业仿真培训专家评审工作，印发《电力行业仿真培训专家评聘办法（试行）》，经过各单位申报的专家材料审核以及评审程序，新增14名电力行业仿真培训专家，纳入电力行业仿真培训专家库进行管理；开展电力行业仿真培训基地评估认证工作，10家培训机构申报12个基地，有5家培训机构6个基地通过了专家组初审，经实地评估和终审，有5家培训机构评估合格获得6个仿真培训基地资质；开展电力行业仿真培训基地复查评估工作，经实地评估和终审，有6家单位7个仿真基地通过复查评估；开展电力行业仿真培训指导教师培训考试认证及复训认证工作，有206人通过了考试认证，35人通过了复训认证；印发《电力行业仿真培训信息系统管理办法》。

（2）全国电力职业教育教学指导委员会工作。重组了由电力系统内、外以及地方所属职业院校专家组成的全国电力职业教育教学指导委员会（简称电力行指委），建立工作体系架构，制订电力行指委工作规则和日常运行方式，部署年度重点工作。成立电力行指委新能源发电、电气工程、热能动力、电力系统、水力发电和供用电共6个专业委员会。开展教育部部署的高等职业学校电力类专业目录修订工作。确定申报"智能微电网系统安装与调试"项目为2014年全国职业院校技能大赛参赛项目，制定竞赛规则，完成项目申报工作。

（3）开展电力行业人才培训信息统计与汇总分析。调整电力行业教育培训统计报表制度为人才培训信息统计报表制度，开发相应的统计软件，经组织对大型电力企业培训，完成了2012年统计数据的审核、录入、汇总整理。完成2012年度电力人才培训统计年报和相关分析，多年来第一次实现了对大型电力企业人力资源初步情况的了解，并实现了与企业信息与分析情况的共享。

（4）开展电力行业企业技能培训。召开电力行业企业技能培训协作研讨会，成立了电力行业企业技能培训协作网，确定了2014年重点协作项目。

【电力工程造价与定额管理及服务】

1. 定额管理与服务

（1）"2013年版电力建设工程定额及费用计算规定（共14册）"于2013年8月1日获国家能源局批准，以国能电力〔2013〕289号文正式颁布。

（2）"西藏电网工程定额及费用计算规定（共9册）"于2013年9月获国家能源局批准，以国能电力〔2013〕331号文正式颁布。

（3）"电力工程工程量清单计价规范"于2013年7月发布实施。共分三个部分，第一部分是火力发电工程（共3册），第二部分是变电工程（共3册），第三部分是输电线路工程（共1册），属于电力行业标准。

（4）2013年初启动"发电检修工程定额及费用计算规定"的编制工作及"电网检修技改工程定额及费用计算规定"的修编工作。

2. 工程造价与服务

（1）适时调整和发布了《发电安装工程概预算定额价格水平调整系数》《电网建设工程概预算定额价格水平调整系数》《电力建设建筑工程施工机械价差》《20kV及以下配电网工程、电网技术改造工程和检修工程预算定额价格水平调整系数》。

（2）在2006年版电力建设工程概预算定额、电网检修技改定额、20kV及以下电力建设工程预算定额等多种定额的应用过程中，及时以网站、电话、座谈、书面文字等形式对广大用户提出的问题给予解答，指导用户对规程、规范的理解，尽量减少定额在实际使用中出现偏差。

（3）完成2013年度电力建设投资价格指数测算报告。

（4）根据《〈电力工程造价专业资格认证与从业管理办法〉及相关工作细则》（中电联电定综〔2005〕17号）的规定，开展电力工程造价专业资格证书换证工作，积极开展电力行业造价员继续教育工作。

（5）按照中国建设工程造价管理协会授权，根据《电力行业工程造价管理优秀咨询成果评选管理办法》，组织开展了电力行业优秀造价咨询成果评奖活动。

（6）与美国国际成本协会签订合作框架协议，双方同意将在会员推荐与发展、人员的交流与合作、双方高层互访、共同举办学术会议和论坛及出版物、专业人员培训和继续教育等方面开展务实合作。

（7）2013年3月29日，在北京召开了全国电力工程造价与定额管理工作会议，并表彰2012年度全国电力工程造价与定额管理工作先进集体和先进个人。会议总结了近几年来的工作经验，剖析了工作中存在问题，明确了今后的工作思路。

3. 完成政府、企业委托的工作

（1）受住房和城乡建设部的委托，完成了《全国统一安装工程消耗量定额》的第二册《热力设备安装工程》与第四册《电气设备安装工程》送审稿的编制工作。

（2）受国家发展和改革委的委托，完成了《电力建设工程招投标合同示范文本》等8个文本的编制工作。

（3）指导国家电网公司完成《新疆大风地区计价办法》编制，协助中国南方电网有限责任公司完成"清水混凝土计价方法研究"、"配网电子化移交费用计算研究"等一大批工作任务。

【电力工程质量监督管理与服务】

（1）组织召开2013年度电力工程质量监督工作会议。各省（区、市）发改委（能源局）、各电力企业和各质监机构的代表共132人参加了会议。

（2）国家能源局在北京主持召开了《火力发电工程质量监督检查大纲》和《输变电工程质量监督检查大纲》专家审查会，并通过审查。新编《火力发电工程质量监督检查大纲》共包括十章，《输变电工程质量监督检查大纲》共包括十一章。

（3）印发《电力工程质量监督技术委员会管理办法（试行）》《电力工程质量监督检查组工作细则（试

行)》《电力工程质量监督档案管理办法》。

(4) 2013年版《电力建设工程现行标准及管理文件名录》第一次印刷出版发行。

(5) 2013年版《电力工程建设标准强制性条文实施指南》第一次印刷出版发行。

(6) 批准406名专家入选电力工程质量监督技术委员会。其中包括建筑专业80人，热能动力专业65人，热工控制专业19人，化学与环保专业12人，电气专业90人，检测试验专业18人，送电线路专业44人，核电专业6人，工程管理专业72人。

(7) 组织5期电力工程质量监督专业人员复证培训班，来自全国33个中心站，共1200名质量监督人员参加了2013年度的复证培训。按照电力工程质量监督人员分级管理原则，构建了“专家—质量监督师—质量监督员”三级体系，并开发完成了人员管理系统。

(8) 完成电力工程质量监督网站各级页面设计和后台数据库建设工作，正式投入运行。

(9) 受国家能源局委托，牵头承担《电力工业技术监督工作规定》、《电力计量工作管理规定》等4项规范性文件的修订工作。

【电力行业文化建设与对外宣传服务】

1. 电力行业文化建设

(1) 成立“中电联本部舆情应对工作小组”。

(2) 建立媒体联系机制，2013年建立起例行新闻发布会制度，每季度举行新闻发布会，发布行业信息、回应热点关注，2013年已举办3次。

(3) 筹备、创办《当代电力文化》杂志，已连续出刊半年，利用好电力政研会的平台，开展系列课题研究，组织了电力行业思想政治工作双优评选；组织开展了电力行业优秀文化成果评选。

(4) 完成2012年企业文化成果评审工作，对《全国电力行业文化与企业文化优秀成果评审管理办法》进行了修订；召开“全国电力行业与企业文化2013年优秀成果评选启动会及工作座谈会”，完成2013年全国电力行业与企业文化优秀成果评选。

(5) 开展2013年电力行业企业管理创新成果评选工作，重新修订了《电力行业企业管理创新成果评审办法》，2013年共收到各单位申报的管理创新成果325项，评出创新成果261项，其中一等奖59项，二等奖123项，优秀奖79项。

2. 对外宣传服务

(1) 举办7·26“中国电力主题日”活动、定期召开新闻发布会、成立中电联舆情应对工作小组、发布《中国电力行业舆情年度报告》，主动与社会沟通，表达企业诉求。

(2) 召开年度电力行业新闻宣传工作会议。

(3) 编写《中国电力工业现状与展望(2013)》，继续做好为行业“两会”代表委员服务工作。

(4) 召开“中国电力企业管理年会·2013”。

3. 做好信息报送工作，服务政府决策

(1) 2013年正式组建电力行业信息报送联络员队伍，共有25家企业参与其中；搭建起报送平台、奖惩平台和沟通平台三个重要信息报送平台，形成良好的双向互动报送机制。

(2) 在舆情监测范围上增加了微博领域的实时监测。

(3) 完成《2012年电力行业舆情专题分析系列报告》“风电篇”、“火电篇”、“核电篇”的编写工作；完成《特高压交流输电获国家科技进步特等奖专题报告》、《有关国家能源局重组舆情报告》、《全国两会有关电力行业舆情报告》、《电力相关两会代表提案(上下)舆情分析报告》、《中电联发布2013年一季度全国电力供需形势分析报告》、《“上海静安普陀大面积停电事件”舆情专题报告》等重点分析报告。

【党群工作】

(1) 2013年初机关党委办公室制订中电联本部2013年党建工作要点，把传达学习中央精神摆到重要位置，自觉把思想和行动统一到中央决定上来。党办转发《中央国家机关工委关于学习贯彻习近平同志重要讲话和〈八项规定〉的意见》，要求各党总支、党支部结合实际组织学习，做好贯彻落实；组织职工深入学习《电监会贯彻落实中央政治局改进工作作风八项规定的具体措施》，组织学习电监会关于贯彻中央改进工作作风八项规定、厉行勤俭节约反对铺张浪费等措施；召开党组理论学习中心组扩大学习会，开展两会精神专题学习会，观看“两会”精神学习辅导光盘，为职工发放学习辅导读本。

(2) 做好对入党积极分子的教育工作，对列入发展计划的积极分子进行了外调，为党支部党员发展工作提供指导。

(3) 成立技经中心团委及科技中心团委。

(4) 根据部分领导干部职务调整情况，增补党委委员及调整委员分工。

(5) 成立中国电力发展促进会党支部并批复同意支委会选举结果。

(6) 2013年9月开始，中电联参加国家能源局系统党的群众路线教育实践活动。

中电联分会及代管学协会

【中电联供电分会】

（1）围绕大局，履行职责，维护品牌形象。一方面，积极与中电联、国家电网公司、北京市电力公司相关部门加强沟通，争取上级主管领导对供电分会的支持与帮助；另一方面，按照上级领导要求，力所能及做好分支机构的相关工作。按时完成供电分会月、季、年度的工作情况汇报、年鉴编写、有关财务报表和相关材料的报送工作，积极参加中电联组织的各类相关会议。

（2）发挥舆论引导作用，做好信息宣传工作。《供电企业管理》是供电分会信息宣传的主要载体，也是会员信息交流的平台。全年编辑出版发行《供电企业管理》杂志6期。

【中电联火力发电分会】

（1）搭建制度体系，规范分会管理。初步完成分会制度体系搭建，编制《火电分会工作规则》《会长办公会议事规则》《会费缴纳和使用规定》《分会网站管理办法》《信息报送管理办法》六项制度，用以规范分会运作。

（2）搭建信息平台，打造企业之家。完成分会门户网站的顶层设计、资料准备、调研招标、设计搭建，并于7月26日（中国电力日）上线运行。网站设计八大频道、四十个栏目，逐渐成为火电企业的沟通、交流、展示平台，并与中电联网站、大唐国际网站实现对接，“火电企业之家”的作用日益显现。

（3）设计特色活动，提升分会影响力。一是设计火电企业厂长论坛。二是筹划搭建火电企业同业对标平台。对标平台的建设规划为“三步走”模式：第一步，与中电联相关部门、副会长单位合作，研究建立对标指标体系；第二步，采取合作建设模式，以分会网站为依托，搭建对标平台；第三步，同步建立信息收集与维护机制，总原则是会员企业协同参与、信息共享。三是参与火电企业行业管理。四是积极反映企业诉求。五是建设火电企业之家。

（4）积极发展会员，壮大分会力量。一是努力查找、联系原会员单位，建立联系；二是利用各种机会大力宣传火电分会新思路、新做法，有效提升企业认同感；三是面向火电企业，通过多种渠道、多种方式，全面开展会员吸纳工作。

（5）制订发展规划，明晰分会发展方向。设计提出了火电分会三年发展规划。

（6）强化能力建设，抓好日常管理。一是规范财务管理。二是积极开展会费收缴工作。三是规范公文管理。四是分类建立分会的档案台账，抓好基础建设。五是积极参加中电联各项活动、会议，报送材料29份，收发处理文件57份。

【中电联水力发电分会】

（1）规范财务管理工作，科学编制预算，严格执行上级审定的财务预算。按时向中电联财务部报送报表，财务信息透明公开。分会日常基础管理工作进一步加强。

（2）召开特约通讯员工作会议，宣贯党的十八大精神，推广努力实现和建成“美丽中国、美丽电厂”的目标。表彰了优秀通讯员，分享了优秀通讯员从事新闻宣传工作的经验和体会，并展示了企业宣传工作的特色和亮点。

（3）组织了水电发展与生态文明建设两个方面的问题进行交流研讨。制作展出了部分会员单位的生态文明建设的展板16块，16家水电厂就生态文明和企业文化建设方面的做法和经验进行了现场交流，为水电企业推进生态文明与企业文化建设的结合发展探明方向。

（4）编辑《中国水电站》4期，《水电厂信息》24期。编辑出版《效能监察、中国梦国网情》《相依相伴一路同行》《生态文明建设》三期论文专刊。加强水电分会网站安全建设，巩固网站安全。及时更新分会网站信息资料，提升管理水平，积极发挥水电分会桥梁纽带作用。坚持正确的舆论导向，强化细节管理，提高办刊质量。

【中电联电力试验研究分会】

（1）2013年6月28日，在沈阳召开三届三次理事大会暨会长办公会。部署了2013年的重点工作，对召开全国电力科学（试验）研究院生产工作会、技术交流工作会等工作做了安排。会议审议通过《中国电力企业联合会电力试验研究分会2012～2013年财务执行情况》，原则上通过2013年分会财务预算。

（2）2013年8月1日，在内蒙古呼和浩特市召开生产工作会。就机构改制后运行情况、发供电技术监督服务、新能源发电入网后技术监督服务、电力设备状态评价及在线检测设备运行等情况进行交流。

（3）2013年8月28日，在南京召开技术交流会。就同行业对标、科技创新、人才培养等情况进行专题发言，并就如何提升技术水平和创新能力，当前改革发展面临的形势、存在的困难等方面进行了探讨。12

月18～19日在郑州召开电网电源金属技术监督研讨会，探索电网电源金属技术监督工作的体系建设，总结以往的经验，辅助电网生产。

（4）2013年11月6日，在云南召开联络员工作会。国网四川电力科学研究院、广东电力科学研究院分别就国家电网公司、中国南方电网有限责任公司同行业对标指标体系进行了专题发言，参会代表就促进管理提升工作取得的经验和成果进行了充分的交流。

【中电联电力职业安全卫生分会】

（1）首次承担年度全国电力职工技术成果奖（卫生类）评审。在2013年度全国电力职工技术成果奖评审过程中，在卫生类项目的初评、复评和答辩过程中做了大量的工作，取得了明显的成效。2013年，全国电力行业共有8家科研机构和医院申报项目达51项，企业分属电网公司、中能建和中电建集团等单位，分会组织相关专家分别于9月底进行了初评，共有24个项目进入复评阶段；10月底进行了严格的答辩复评，共有21个卫生类项目入围获奖，获得一等奖2名，二等奖6名，三等奖13名。

（2）开展电力行业职业卫生工作调研。2013年3～4月，分会挂靠单位国家电网公司职业病防治院派出一个工作组前往江苏等省市对分属中国华电集团公司、中国国电集团公司及江苏地方能源集团的10余家发电企业职业卫生工作情况进行了调研。调查表明在新的《职业病防治法》修订后，职业卫生管理部分移交至安监部门，各电力企业对从事职业卫生的管理力度有所加强。

（3）DL/T 1200—2013《电力行业缺氧危险作业监测与防护技术规范》正式发布实施。

【中电联电力装备分会】

（1）组织了对电力机具、电站起重机械、牵张设备、电站高压管道等专业的课题调研，并应相关地方政府部门的要求，为有关会员单位提供了电力行业电站起重机械、输变电铁塔等专业的行业发展情况报告。

（2）配合中电联完成了财政部资产清查工作、国家发改委及国家电监会部署的治理规范经营服务性收费及治理规范社会团体收费的工作；组织召开电力装备分会新产品研发座谈会；开展“输变电行业信息”、“电站装备行业信息”的编写发行工作；做好“电力动态双日刊”的转发工作。

（3）做好“全国电力起重机械技术培训中心”、“全国电力牵张设备技术培训中心”、“全国电力牵张设备检测中心”的管理工作，指导其开展工作。

【中电联节能环保分会】

（1）2013年，新吸纳会员单位20家，另有多家正在办理申请入会手续。截至2013年12月底，分会已有指导委员会单位7家，会员单位85家，其中会长单位1家、副会长单位19家、一般会员单位65家。

（2）2013年4月23～24日，分会在南京组织召开了2013年分会年会，同时召开了中电联节能环保分会第一届二次会长会议暨2013年燃煤电厂烟气污染物控制技术交流会。大会重点听取了2012年工作报告，通报了接纳新增会员及会费缴纳情况，发布了2012年度火电环保产业登记信息，五家主要发电集团交流了新形势下“十二五”燃煤电厂污染控制原则与思路。会员单位广泛交流了燃煤电厂烟气污染治理技术。

（3）2013年6月6日，组织编制《燃煤电厂除尘技术路线指导意见》，有利于指导燃煤电厂因煤制宜，因炉制宜，因现有除尘设施情况制宜选择除尘技术路线。12月26日，以中电联研究〔2013〕473号文件向各电力有关单位印发了《燃煤电厂除尘技术路线指导意见》。

（4）2013年2月28日，完成2012年度电力行业环保产业登记工作，统计结果发布于中电联网站。11月下旬启动了2013年度的电力行业环保产业登记工作，在火电厂烟气脱硫工程、脱硝工程、特许经营、袋式（电袋复合式）除尘器、烟气脱硝催化剂等统计范围的基础上，新增了电除尘部分新技术工程应用情况的产业登记内容。

（5）2013年11月下旬，组织相关从事燃煤电厂特许经营产业公司的会员单位进行经验交流与座谈活动，并建立了燃煤电厂烟气脱硫脱硝特许经营工作联系会机制，加强了分会对特许经营产业行业健康有序发展的引导。

电力行业协会

【中国电力发展促进会】

（1）《中国电力年鉴（2013）》于2012年12月25日完成出版工作。

（2）2013年3月11日，召开《中国电力年鉴》编辑部工作会议，经过讨论确定编撰一本记录中国电力改革十年的年鉴特刊。完成了60余万字的《中国电力十年跨越与发展》（中国电力年鉴十年特刊）的编辑工作，并于2013年底出版发行。

（3）分别于2013年5月24日，2013年7月25～26日，2013年10月25日和2013年11月27～29日召开电力运行形势交流分析会和电力竞争情报报告会。政府部门、行业协会、研究机构和电力集团专家分别进行了数十场专题演讲，400余人次参加了上述活动。

（4）2013年5月，接受中电联规划与统计信息部委托开展“我国‘十三五’天然气发电需求预测”、“2030年电力规划若干重大问题研究”等课题研究，并于2013年12月完成研究报告报送国家能源局和中电联相关部门。

（5）应中国—东盟博览会组委会邀请，中国电力发展促进会与中国—东盟博览会于2013年9月3～4日即第十届中国—东盟博览会期间，在广西南宁联合主办召开2013中国—东盟电力合作与发展论坛。本届论坛以“清洁电力绿色发展”为主题，就中国—东盟电力工业发展趋势及电力合作前景进行了深入探讨和交流。

【中国电力建设企业协会】

（1）开展监理行业的调研工作，建言献策，争取多方面的支持。协会结合住建部市场司开展的我国监理体制和制度的研究工作，组织电力工程监理专委会先后两次召开相关座谈会，并实地考察有关电力建设项目的监理工作情况。协会根据调研情况，及时向住建部市场司提出了相关的工作建议，并组织完成了中电联安排的《电力工程监理招标文件与合同示范文本》的修订工作。

（2）开展工程建设方面的咨询服务活动，促进技术进步。共组织专家进行了253次示范工程现场咨询及创优咨询服务活动，19项电力建设工程的达标投产复检工作；经组织专家评审，318项科技成果获2013年度电力建设科学技术成果奖项，其中“T23水冷壁材料焊接及热处理工艺优化技术”等50项获中施企协科技创新优秀成果奖；完成了160项中国电力建设工法的申报、评审工作，其中126项获中国电力建设工法，并向住建部推荐了30项电力建设工法参加2012～2013年度的全国工法评选活动，其中有2项获得国家一级工法，4项获得国家二级工法。

（3）组织优质工程评选活动，促进行业创优工作的开展。依据《中国电力优质工程奖评选办法》，经严格的初审、现场核查、评委会审定等程序，共有59项电力建设工程获2013年度中国电力优质工程奖，其中，“青藏±400kV直流输变电”等6项工程获国家优质工程金奖，“华能金陵电厂二期1×1000MW工程二号机组”等24项工程获国家优质工程奖，“燕山湖发电厂2×600MW新建工程”等5项工程获中国建设工程鲁班奖。

（4）积极开展行业管理服务工作。一是信息统计工作，向国家统计局报送相关信息数据的年报和季报，并对统计信息进行分析。二是信用体系建设工作，组织完成17家电力建设企业信用等级评价工作，32家信用等级复评企业的审核工作，以及85家信用等级企业的年检工作，经动态管理排查，1家企业的信用等级被降级。三是电力建设标准制修订工作，组织完成《火力发电工程施工组织设计导则》《电力建设安全工作规程》等11项电力建设标准的制修订工作。四是质量监督工作，组织专家进行21项电力建设工程项目的阶段性质量监督活动。五是企业安全生产标准化工作，完成《电力建设施工企业安全生产标准化规范及达标评级标准》的编写，并结合试评审进行了相关的修订完善工作。

（5）岗位培训和资格评审工作。一是结合工程监理人员流动大、专业经验少等问题，完善专业培训教材，并采取分区分层、定点培训、送教上门、网络教育等多种形式开展岗位培训工作，提高了培训工作的针对性和实用性，增强了培训工作的质量和效果，有2970人获得了相应的岗位资格。二是针对电力工程调试的专业特点，加强从业人员的业务培训和调试企业的资格认定工作，经组织培训和评审，有2746人获得了相应的电力工程调试岗位资格，5家企业取得相应的调试能力资格。三是加强工程质量评价人员和评价单位的资格管理工作，经培训和评审，有388人取得了工程质量评价岗位资格，13家企业取得了工程质量评价能力资格。

（6）行业争先创优工作。在择优推荐参加的全国性评选活动中，有18家获得全国优秀施工企业称号、3家获得全国优秀监理企业称号，5人获得全国优秀施工企业家称号、8人获得全国优秀建造师称号、27人获得全国优秀项目经理称号、18人获得全国工程建设优秀高级职业经理人称号、4人获得全国优秀总监理工程师称号、5人获得全国优秀监理工程师称号。

（7）自身建设工作。加强制度化建设，完善15项内部工作管理制度和22项业务工作管理办法，强化了管理工作的基础。完善协会网站功能，为行业统计、信息查询、网络教育、动态管理、业务申报等提供了有效的现代化网络技术支持，进一步提升了管理水平和工作效率。安排3位协会本部年轻同志到基层会员单位进行了为期3～6个月的实践学习。

【中国电力规划设计协会】

（1）2013年10月16～18日，在安徽屯溪组织召开了全国除灰设计技术交流会议。介绍了机务专委会有关工作情况，肯定了机务专委会除灰专业近几年的工作成绩，对本次会议有关工作提出了具体要求；传达了协会2013年专委会主任工作会议精神和工作要求，总结了近两年来除灰专业的工作情况，提出了今后除灰专业工作的具体安排和设想。

（2）2013年12月12～13日，中国电力规划设计协会第七届理事会第三次会议在南宁市召开，来自89个理事单位的124名代表参加了会议。会议听取了《中国电力规划设计协会2013年工作报告》和《中国电力规划设计协会2013年经费收支情况及2014年预算报告》，分三个组进行了审议。会议建议，各理事单位要充分发挥协会的各项职能和作用，积极支持协会工作，主动开展行业自律，维护市场秩序，更多开展经验交流活动，以推进勘测设计行业的进步和发展。

【全国电力技术市场协会】

（1）加强制度建设，规范内部管理。加强业务项目管理，实行项目预决算管理；加强内部员工管理，实行员工季度考核；注重内部工作交流和合作，每周至少召开一次工作碰头会，检查、落实工作开展情况，加强工作的协调配合。

（2）2013年6月，组织召开了第五次电力集团科技工作联络会，各电力集团就企业创新体系建设、保护知识产权、科技产业化及其发展思路等科技管理议题进行了总结和交流；会议还就各集团共同关注的研发资金筹措及管理、研发项目合作、成果转让及共享、减少重复立项浪费等问题进行了讨论。

（3）受阿尔斯通（中国）投资有限公司委托，由全国电力技术市场协会主办的“阿尔斯通清洁高效燃煤发电新技术高层论坛”2013年5月在北京召开。论坛就当前超超临界机组的最新发展、大型褐煤锅炉技术、高环保性能的循环流化床锅炉技术、欧美700℃等级先进超超临界机组研发现状及低碳新技术进行了交流；阿尔斯通武汉锅炉股份有限公司新工厂设计、制造能力介绍；以及阿尔斯通发电产品全球统一管理的新理念等。并就提高超超临界机组参数、采用二次再热等热点问题进行了讨论。

（4）组织召开电力行业专业技术交流会。召开2013年全国发电厂热工自动化专业年会，大会交流了火电厂热工专业技术和经验，表彰了热工自动化先进单位和个人，同时还就电力行业热工自动化专业技术工作中热点问题进行了讨论；召开第四届火电行业化学（环保）专业技术交流会，会议精选了150篇论文作为会议交流资料，并就火电行业化学（环保）专业技术开展了交流；召开大中型水电协作网年会，本次会议得到了各发电集团公司的积极响应和支持，会议总结、交流了一年来各水电厂在技术进步领域的新成果及管理创新经验。

（5）2013年11月28日，全国电力技术市场协会第三届理事会第三次会议在北京召开。协会秘书处做了2013年工作总结、2014年工作计划以及相关情况的介绍，与会代表对协会的工作给予肯定并提出希望。

【中国水利电力质量管理协会】

（1）质量管理小组活动硕果累累。一是全面整合中质协诊断师培训、系统内诊断师培训以及基层骨干培训，把固化的培训赋予新的内涵，建立起“上、下”结合，“内、外”互通，“前、后”传承的立体化培训模式，形成培训案例百余项，并出版了《创新与实践》《规范管理到精益》等成果案例。二是在成果评审方面，修订了《中国水电质协QC小组活动成果评审办法》，形成了“全部评审、精品交流、大会点评、共同提高”的QC小组活动成果评审新模式。三是在评委选拔方面，严格选拔聘用机制，创新了“单位推荐、资质审核、业绩考评、能力优先”的模式，同时，还建立了各评委评审考核档案，对评审结果进行考核，保证评审过程的公平、公正、公开。四是在成果推荐方面，突出质量优先的原则，构建“标杆引领、兼顾一般、重在鼓励、择优申报”的模式，引领各QC小组向标杆学习，树立起全国电力行业QC成果的品牌。2013年共计672个小组荣获全国电力行业优秀质量管理小组，2013年度QC小组创可计算的经济效益8678.33万元，84家企业荣获质量管理小组活动优秀企业，101名基层和相关企业领导荣获质量管理小组活动卓越领导者，115名个人荣获质量管理小组活动优秀推进者，27个小组通过行业推荐荣获全国优秀质量小组。

（2）制定了新版的《全国电力质量信得过班组建设管理办法》和《开展质量信得过班组活动实施指导意见》。在全国电力行业开展质量信得过班组活动。2013年有97个班组荣获全国电力行业质量信得过班组，11个班组荣获全国质量信得过班组。

（3）开展质量奖活动。2013年有34家企业荣获全国电力行业实施卓越绩效模式先进企业，3家企业获得全国电力行业质量奖，2个企业再获全国电力行业质量奖，4家企业连续三次获得全国电力行业质量奖。3家企业获全国实施卓越绩效模式先进企业特别奖，2家企业，一个项目经行业推荐荣获全国质量将和全国质量项目奖。

（4）组织开展“四满意”（即用户满意企业、用户满意服务、用户满意产品、用户满意工程）活动，把“用户满意服务”和“用户满意服务明星”作为评审重点，在全系统积极推广。引导广大企业和员工创新服务内涵，实施品牌服务，展示了新时期水电员工的优质服务水平和能力。2013年有52家企业荣获全国电力行业用户满意企业，31项服务荣获全国电力行业用户满意服务，14个产品荣获全国电力行业用户满意产品，8项工程荣获全国电力行业用户满意建筑工程。分别有1家企业获全国用户满意企业，1项服务获全国用户满意服务，一个产品获全国用户满意产品。

(5) 分会根据中国质量协会的部署进行电力行业的TQM统考工作，在2013年中国质量协会九届二次常务理事会上获得全面质量管理知识普及教育优秀组织奖。

【中国电力体育协会】

(1) 中国电力体育协会（简称电力体协）会长扩大会议于2013年4月2日在陕西省西安市召开。会议深入学习贯彻党的十八大精神，传达2013年全国群众体育工作会议精神，总结电力体协2012年主要工作，研究部署2013年电力行业职工体育工作。

(2) 2013年4月21日，第六届全国行业体协在京单位乒乓球比赛在石景山体育馆举行。来自18家行业体协的100多名运动员参加了比赛。

(3) 2013年5月25日，中国电力体协和电力网球协会主办，中国国电集团公司工委承办的2013年在京电力单位网球友谊赛在国家奥林匹克体育中心举行。

(4) 2013年5月27～31日，全国行业体协职工桥牌比赛在山东威海市举行。来自全国行业体协的12支代表队参加了比赛。

(5) 2013年7月30日，中华全国总工会和国家体育总局联合发文，对全国39家职工体育组织健全，职工体育设施完善，职工体育工作成绩显著的单位命名为全国职工体育示范单位。电力行业有6家单位荣获这一殊荣，获命名单位数量列全国各行业第一。

(6) 2013年8月17～21日，全国电力行业职工桥牌锦标赛在湖北宜昌市举行。来自全国电力行业的26支代表队，150多名运动员参加了本次比赛。“宏图高科”杯电力行业桥牌十强赛于11月10～12日在四川省成都市举行，来自电力行业的10支代表队参加了比赛。

(7) 2013年10月11～14日，全国电力行业职工乒乓球比赛在广东省江门市举行。来自电力行业的13支代表队150多名运动员参加了比赛。

【中国电力教育协会】

(1) 开展换届筹备工作。召开中国电力教育协会筹备组会议，介绍了中国电力教育协会换届筹备思路及《中国电力教育协会章程（草案）》和《电力行业技能人才培育突出贡献奖评选条件（讨论稿）》。参会代表推荐了中国电力教育协会换届筹备小组成员；向中国电力企业联合会提交《关于中国电力教育协会换届工作的请示》和《中国电力教育协会重组换届方案》。

(2) 开展“电力教育培训新星奖”评审工作。完成2011年度、2012年度“电力教育培训新星奖”奖金发放工作。完成2010年度、2011年度、2012年度“电力教育培训新星奖”获奖证书发放工作。

(3) 起草《全国电力行业技能人才培育突出贡献奖评选表彰管理办法》。

(4) 开展电力仿真培训协作网相关工作。召开2013年电力仿真培训协作网常委会议。通报2013年电力仿真培训基地申报及2012年基地年审情况，组建评估、复查专家组。讨论仿真培训协作网调整为中国电力教育协会仿真培训委员会事宜。布置第二批电力行业仿真培训专家评选工作。讨论《仿真培训信息系统管理办法》；召开电力仿真培训协作网全体委员会议。审议了协作网2013年度工作报告和2014年度工作计划，研究和布置了电力行业仿真培训指导教师考试大纲、基地评估办法和评估细则的修订工作，研究和布置了仿真培训基地复查办法和细则的制定工作，交流了仿真培训工作经验。

【中国电力职工思想政治工作研究会】

(1) 2013年8月8日，在北京召开2013年中国电力职工思想政治工作研究会会长办公（扩大）会议。会议听取了电力政研会2013年上半年工作总结和下半年重点工作汇报，讨论了《中国电力职工思想政治工作研究会章程（征求意见稿）》《全国电力职工思想政治工作优秀企业、优秀工作者评选管理办法（征求意见稿）》《全国电力行业企业文化成果评审管理办法（征求意见稿）》等3个制度文件以及电力政研会会刊《当代电力文化》的有关发展问题。

(2) 开展全国电力行业思想政治工作优秀单位、优秀思想政治工作者评选工作，2013年11月经中宣部、国资委、中电联、企业评委专家共评出全国电力行业优秀单位家107家，全国电力行业优秀工作者101人。

(3) 不断拓展研究领域。在坚持加强企业思想政治工作研究的基础上，进一步面向基层，把研究工作继续拓展延伸到电力党建、文化建设、生产建设和企业管理等领域，延伸到电力行业的非公有制经济组织和新社会组织。大力推进南方电网“幸福南网”实践体系研究，陕西地电“光谱文化的规律与实效”为代表的课题研究成果的推广和总结。

【中国电力文学艺术协会】

(1) 召开中国电力文学艺术协会（简称电力文协）2013年第一次主席团会议，会议审议并通过了《深入学习贯彻十八大精神促进电力文艺事业辉煌发展》工作报告、《电力文协二级协会管理办法》及《电力文协收费管理办法》；审议了电力文协组成人员调整的议案，明确了电力文协2013年重点工作及要求，分析了电力文协当前工作形势。

（2）在中国摄影家协会主办的第24届全国摄影艺术展览盛会上，电力文协摄影协会获得了一银、一铜、一幅评委推荐奖、四幅优秀的好成绩。

（3）由电力文协书法家协会与江苏中科农业科技发展有限公司联合组建的中国电力书法家宜兴创作基地于5月11日举行揭牌仪式。

（4）6月30日，中国文联九届五次全委会暨全国文联系统先进集体和先进个人表彰会在京召开。中国电力摄影家协会被人力资源和社会保障部和中国文联联合评为全国文联系统先进集体。

（5）为纪念7月26日“中国电力主题日”——中国电力行业的重要节日，进一步展示电力企业形象，增强与社会各界的互动交流，作为“电力主题日系列活动”之一，电力文协在全行业内征集电力题材的《电力之歌》《电力之光》优秀作品，组织专家对报送的近百首《电力之歌》进行评审，评选出电力金曲、银曲、优秀入围作品各10首。

（6）根据全国文联要求编写并报送了《中国文学艺术界联合会年鉴（2012）》电力文协年鉴稿，全面总结了电力文协2012年工作。

（7）为纪念毛泽东同志诞辰120周年，10月29日，“美丽中国、精彩电力”北京2013全国电力行业集邮展览在华电大厦隆重拉开帷幕。征送的参展79部集邮作品共计264框。其中，荣誉类展品7部，竞赛类展品63部；传统类3部，邮政史类9部，邮政用品3部，专题类34部，极限类4部，开放（现代）类9部。

（8）12月18日，电力文协摄影家协会应主办方邀请，参加了首届“中国凤凰国际摄影双年展”，共准备了88幅佳作亮相影展。

（9）2013年度电力作家出版文学专著60余部。老作家曾孟群创作的130余万字反映水电建设的长篇小说《老大这辈子》，安力达的长篇小说《东望》，女作家杜文娟的长篇纪实文学《阿里，阿里》，贾英华的“末代皇族”系列新作，潘飞的报告文学《秦腔精神》，女作家洪梅的散文集《轻描》，刘慈欣的科幻小说《山体》等，受到广泛关注。中国作家协会为杜文娟《阿里，阿里》、贾英华的“末代皇族”系列专门召开了研讨会。

【电力系统人才研究会】

（1）根据电力系统人才研究会第四次会员代表大会精神及《电力系统人才研究会章程》的有关规定，结合中国人才研究会的课题研究要求，开展电力系统人才研究会2013年度课题研究工作，组织会员单位参加2013年科研课题申报工作，搭建电力人才工作的交流平台，促进会员单位之间人事人才成果的交流。

（2）召开第一次电力集团人力资源高管联席会，共同研讨电力企业人力资源开发与管理的难点、热点问题，建立电力集团人力资源高管沟通联系机制。

（3）面向电力行业人力资源管理从业人员举办绩效考核与人才评价培训，得到各电力企业的大力支持，共派出44名学员参加培训。

企业文化

获奖项目

【第十九届国家级企业管理现代化创新成果名单(电力行业)】

等级	成果名称	申报单位
一等奖	以打造国际一流核电 AE 公司为目标的协同管理	中广核工程有限公司
一等奖	以战略为导向的大型电网企业内部对标管理	国家电网公司
一等奖	电网企业提升响应与保障能力的应急体系建设	四川省电力公司 山东电力集团公司
二等奖	大型企业集团涉核保险统筹管理	中国核工业集团公司
二等奖	能源投资企业全面标准化管理体系建设	北京能源投资（集团）有限公司
二等奖	实现可持续发展的火电企业节能改造管理	上海外高桥第三发电有限责任公司
二等奖	以设计为中心的风电建设标准化管理	中国华能集团公司
二等奖	以风险防控为中心的电网企业信息系统安全管理	江西省电力公司
二等奖	促进电网企业变革的执行力管理	福建省电力有限公司
二等奖	施工企业工程物资价差量差管理	中国葛洲坝集团公司
二等奖	大型装备制造集团的无边界管理	上海电气电站集团
二等奖	适应核电安全发展的运营人才培养体系建设	大亚湾核电运营管理有限责任公司
二等奖	基于倒逼机制的水电站建设物资核销管理	贵州乌江水电开发有限责任公司构皮滩电站建设公司
二等奖	以战略协同为导向的能源集团重组整合	山东能源集团有限公司
二等奖	以“三集五大”为目标的电网企业管控体系建设	重庆市电力公司
二等奖	基于先进技术的发电企业设备状态管理	华能国际电力股份有限公司大连电厂
二等奖	打造新能源发电集团的风电开发集约化管理	龙源电力集团股份有限公司
二等奖	境外水电 BOT 项目风险管理	中国华能集团瑞丽江一级水电有限公司
二等奖	水电厂“状态控制字”检修管理	贵州乌江水电开发有限责任公司东风发电厂
二等奖	发电企业以预算为基础的经营风险内控平台建设	国投宣城发电有限责任公司
二等奖	发电企业项目前期优化管理	华能云南滇东能源有限责任公司
二等奖	以客户满意为导向的供电企业精益服务管理	山东电力集团公司淄博供电公司
二等奖	发电企业水火电一体化运营管理	贵州乌江水电开发有限责任公司
二等奖	供电企业服务形象塑造与管理	辽宁省电力有限公司锦州供电公司
二等奖	基于物联网的供电企业生产辅助物资管理	西安供电局
二等奖	电网企业提升服务能力的档案管理	天津市电力公司
二等奖	发电企业提升综合素质的高技能人才管理	北方联合电力有限责任公司海勃湾发电厂
二等奖	以激发活力为目标的人力资源优化管理	山西省电力公司太原供电分公司

【2013年度电力行业企业管理创新成果奖获奖项目】

等级	成果名称	创造单位
一等奖	“631”安全生产管理体系创新实践	大唐甘肃发电有限公司
一等奖	“价值工程”管理技术在发电企业的构建和实践	中国华能集团公司河北分公司
一等奖	“三力合一”打造发电企业“精品人才工程”新模式	浙江浙能嘉兴发电有限公司
一等奖	EVA管理在电网企业的创新与实践	广东电网公司佛山供电局
一等奖	安全管理责任到岗　设备管理责任到人——三峡电站责任体系创新与实践	中国长江电力股份有限公司
一等奖	大企业合并重组后的战略变革与管控体系建设	北京能源投资（集团）有限公司
一等奖	大型电网企业提升响应与保障能力的应急管理体系建设	国网四川省电力公司
一等奖	大型企业集团总部一体化流程管理平台建设及应用	国家电网公司人事董事部
一等奖	电动汽车智能充换电服务网络运营管理	国网山东省电力公司、北京市电力公司
一等奖	电力企业碳资产区域管理体系的构建和实施	中国水利电力物资有限公司
一等奖	电气施工流程化管理模式创新	浙江省火电建设公司
一等奖	电网企业解决特大城市电力紧缺的外购电管理	国网重庆市电力公司
一等奖	电网企业生产人员安全风险管理	吉林省电力有限公司
一等奖	电网企业实施创新驱动战略的班组全员创新管理	河北省电力公司
一等奖	多管理体系融合的企业标准体系建设	国网天津市电力公司
一等奖	多维度人力资源开发的探索与实践	福建棉花滩水电开发有限公司
一等奖	发电企业精益“365”管理法创新实践	国电华北电力有限公司
一等奖	发电企业全员岗位人身安全风险管理模式创新和实践	国电电力发展股份有限公司
一等奖	高标准　全覆盖　突出岗位培训　切实提升员工生产技术技能素质	云南电网公司培训与评价中心
一等奖	供电企业以“五化”为核心的班组绩效管理的创新与实践	广东电网公司
一等奖	供应链管理在电网企业的探索与实践	中国南方电网有限责任公司
一等奖	国华电力公司环境保护管理“一个规定和三个标准”的编制及推广应用	北京国华电力有限责任公司
一等奖	国际化发电企业“OMB法律管理体系”创新实践	中国大唐集团海外投资有限公司
一等奖	国际一流企业对标省级公司评价指标体系的构建与应用	江苏省电力公司
一等奖	国有大型集团公司会议制度规范化管理的研究与实践	中国电力投资集团公司办公厅
一等奖	合同全过程管理系统的开发与应用	西安热工研究院有限公司
一等奖	华电集团电子化采购平台构建与实施	华电招标有限公司
一等奖	火电企业全面运营管理沙盘模拟系统的创新与应用	中国电力国际有限公司、中电投高级培训中心
一等奖	火电企业日利润信息化管理探索与实践	国电安徽电力有限公司
一等奖	火电企业生产运营诊断的探索与实践	中国电力投资集团公司火电部
一等奖	火力发电企业标准成本管理研究与实践	中电投蒙东能源集团有限责任公司
一等奖	火力发电企业运行规范化管理模式创新与实践	华电国际电力股份有限公司山东分公司、华电国际电力股份有限公司邹县发电厂

续表

等级	成果名称	创造单位
一等奖	机组设备参数劣化趋势分析系统应用，实现设备缺陷产生过程监管	江苏核电有限公司
一等奖	基建工程项目均衡投产全过程管控体系的创新与实践	山西省电力公司
一等奖	基于“亮点原则”的机关部门绩效考核应用和实践	葛洲坝集团第一工程有限公司
一等奖	基于新痕迹管理的创新应用	陕西省地方电力（集团）有限公司延安供电分公司
一等奖	基于新技术课题在发电工程中设计管理模式的创新与实践	中国电力工程顾问集团华东电力设计院
一等奖	基于责任、质量、效率的三位一体办公效能提升模型建设	中国广东核电集团有限公司
一等奖	集团公司一体化管理的框架设计与应用	中国南方电网有限责任公司
一等奖	纪检监察与审计“3×3”联动工作法构建企业“大监督”格局	华电山西能源有限公司
一等奖	建立燃料生产监审一体化大燃料管控机制，创建燃料管理标杆电厂体系	华能国际电力股份有限公司
一等奖	精益价值管理模式的创建与应用	华电内蒙古能源有限公司包头发电分公司
一等奖	境外工程紧急医疗救助流程“手机版”的创建与应用	中国水电顾问集团昆明勘测设计研究院
一等奖	境外投资公司跨国并购后的文化融合管理	中国华能集团香港有限公司
一等奖	科学规划　集约发展构建国家电网公司后勤一体化体系管理创新与实践	国家电网公司后勤工作部
一等奖	企业“一流办公室”管理体系的创新与实践	中国大唐集团公司办公厅
一等奖	全流程客户满意度评价体系构建与实践	福建省电力有限公司
一等奖	深化“一线三关”管理，提升成本中心价值创造能力	中国水利水电第十四工程局有限公司
一等奖	实施季度绩效考核推动企业管理提升的探索与实践	华能吉林发电有限公司
一等奖	体现“全流程、全方位、全系统”理念的资产管理过程性指标监控体系构建与应用	上海市电力公司
一等奖	香港上市公司关联交易全过程管理创新与实践	国电科技环保集团股份有限公司
一等奖	以规范化为基础“两翼”培训模式的创建与实施	广东省粤电集团有限公司沙角C电厂
一等奖	以界面管理机制强化海外工程总承包项目风险控制能力	四川电力设计咨询有限责任公司
一等奖	以企业发展需求为导向的后备队伍全素质培养的探索与实践	义乌市供电局
一等奖	优化调整债务融资结构	中国水利水电建设股份有限公司
一等奖	员工群体心理测量体系的构建与实施	大唐国际发电股份有限公司
一等奖	战略性重组整合中央企业民爆资源的创新与实践——以重组攀钢民爆为例	葛洲坝易普力股份有限公司
一等奖	支撑国家电网物力集约化体系建设　打造专业现代物资公司	国网物资有限公司
一等奖	组织绩效管理体系的研究与建立	山东电力工程咨询院有限公司

社 会 责 任

国家电网公司社会责任

社会责任观 深入贯彻党的十八大精神，落实“四个更加自觉”。更加自觉地把推动经济社会发展作为深入贯彻落实科学发展观的第一要义，深入实施科教兴国战略、人才强国战略、可持续发展战略，实现科学发展、和谐发展、和平发展。更加自觉地把以人为本作为深入贯彻落实科学发展观的核心立场，始终把实现好、维护好、发展好最广大人民根本利益作为党和国家一切工作的出发点和落脚点，在实现发展成果由人民共享、促进人的全面发展上取得新成效。更加自觉地把全面协调可持续作为深入贯彻落实科学发展观的基本要求，落实经济建设、政治建设、文化建设、社会建设、生态文明建设“五位一体”总布局，开拓生产发展、生活富裕、生态良好的文明发展道路。更加自觉地把统筹兼顾作为深入贯彻落实科学发展观的根本方法，统筹城乡发展、区域发展、经济社会发展、人与自然和谐发展、国内发展和对外开放，统筹各方面利益关系，调动各方面积极性，形成全体人民各尽其能、各得其所而又和谐相处的局面。

深入贯彻党的十八届三中全会精神，落实“四个深入把握”。深入把握全面深化改革总目标，坚持“完善和发展中国特色社会主义制度，推进国家治理体系和治理能力现代化”。深入把握市场化改革方向，围绕使市场在资源配置中起决定性作用深化经济体制改革，坚持和完善基本经济制度，加快完善现代市场体系、宏观调控体系、开放型经济体系，加快转变经济发展方式，加快建设创新型国家，推动经济更有效率、更加公平、更可持续发展。深入把握国有企业的改革要求，必须适应市场化、国际化新形势，以规范经营决策、资产保值增值、公平参与竞争、提高企业效率、增强企业活力、承担社会责任为重点，进一步深化国有企业改革。深入把握国有资本控股经营的自然垄断行业的改革要求，推进公共资源配置市场化，坚持推动电力市场化改革方向不动摇，进一步加快全国电力市场建设步伐，促进建立公平开放透明的市场规则，推动形成科学的电价体系，激励和保障各类发电主体、用电客户参与市场竞争，主动接受政府监管和社会监督。

立足实际、深化根植，把推行社会责任管理作为贯彻落实党的群众路线的重要载体。深刻理解贯彻群众路线和推行社会责任管理的目标一致性。最大限度地为国家和人民创造经济、社会、环境综合价值，是国有企业推行社会责任管理的根本目标，也是国有企业贯彻落实全心全意为人民服务的宗旨的根本体现。深刻理解贯彻群众路线和推行社会责任管理的方法一致性。坚持内部工作外部化、外部期望内部化，企业决策和活动统筹考虑社会期望和利益相关方诉求，推动利益相关方参与创造综合价值，保障利益相关方的知情权、参与权、监督权，与“一切为了群众，一切依靠群众，从群众中来，到群众中去”的群众路线方法，具有内在的一致性。社会责任管理强调建立保障企业追求综合价值最大化和运营透明度的长效机制，完全符合教育实践活动坚持活动成果制度化，建立健全长效机制的具体要求。

创新探索、大胆实践，把履行社会责任作为企业改革发展的重要内容。坚持履行社会责任与促进企业改革发展相结合，把履行社会责任作为建立现代企业制度的重要内容。坚持引导国有企业在主营业务优势和广泛的社会问题之间找到结合点，把社会责任融入企业的战略、决策、运营和管理中。坚持加强企业内部制度建设，保障职工的合法权益，妥善解决国有企业改革历史遗留问题。坚持加强制度建设和监管监督，推动国有企业在诚信经营、提高产品服务质量、节能减排、环境保护、安全生产等方面加强自我约束。

社会责任管理 （1）全面社会责任管理。发挥26家试点单位的示范带动作用，按照“全员参与、全过程覆盖、全方位融合”管理要求，提炼“试点先行、稳步推广、根植基层”的推进路径，坚持“领导表率、专业融合、班组建设、岗位发动”推进模式。中国社会科学院发布《中国企业社会责任发展指数报告(2013)》，中国企业社会责任发展指数平均分为26.4分，公司社会责任发展指数为89.3分，位居中国企业100强首位，连续5年排名前三位。成为国资委管理提升标杆，7家单位社会责任管理实践荣获国家企业管理创新成果奖。公司荣获“2013中国企业社会责任特别大奖”等12个社会责任重要奖项。

（2）全面社会责任管理试点成果。利用“三集五大”体系建设和管理提升活动为契机，推进社会责任管理融入工作制度、融入管理流程、融入岗位标准。

突出社会责任管理优化和提升企业战略管理、决策管理、绩效管理、公益管理、利益相关方管理及沟通管理的经验和成果，形成了一批具有各地特色和一定影响力的社会责任管理成果。国网山东电力编制《岗位社会责任说明书》，将社会责任融入决策管理；国网辽宁电力指导推动国网辽宁朝阳供电公司开展社会责任“百千万”工程，推动社会责任根植基层；国网重庆电力以“三维·四步”模式创新沟通管理；国网北京电力开展“电靓京城”社会责任推广月活动，探索全面社会责任管理项目制工作模式；国网浙江电力建立公司系统首个社会责任展示厅，展示社会责任管理成果；国网湖北电力主动对接湖北省“一元多层次”发展战略，优化公司发展环境；国网陕西电力通过社会责任管理优化企业营销业务流程等。

（3）社会责任沟通管理。连续 8 年在中央企业中率先发布年度社会责任报告，明确社会责任报告规范，制定并下发《国家电网公司关于明确公司社会责任报告工作规范的意见》，深化社会责任工作集团化运作，塑造统一的“国家电网”品牌，确立“一份报告（国家电网公司年度社会责任报告）、一级发布（总部统一发布）、一贯到底”报告发布规范。组织各省（自治区、直辖市）电力公司、直属单位、大型供电企业、地市及以下供电企业通过媒体见面会等形式，传播企业重大履责活动，展示公司服务地方经济社会发展和人民生活品质提升的行动绩效。国网江苏电力组织 13 家地市公司面向政府开展“履责情况集中汇报”活动。

（4）社会责任根植项目化运作。总部开展了责任采购课题研究，突出社会责任在物资采购方面推进利益相关方的认同。基层以国网北京电力为试点，探索以项目化运作方式推动社会责任根植工作，选取诸如智能变电站建设、智能电能表换装等 33 个社会关注度高的重点项目，明确项目重点、项目责任人、项目实施计划、实施方案、效果评估等开展项目试点工作。组织社会责任大讲堂，组织员工在社会责任方面“人人上讲堂、人人当专家”，加强员工履责能力建设，实现社会责任理念入脑、责任入心、履责入行。组织编制岗位说明书，推动企业社会责任理念融入各岗位，梳理形成符合社会责任理念和要求的工作规范和岗位标准。

品牌建设 包括对外传播、公益事业、品牌管理、工作联动。

1. 对外传播

（1）特高压智能电网建设主题传播。开展“特高压交流输电关键技术、成套设备及工程应用”荣获国家科技进步特等奖主题传播。《人民日报》、新华社、中央电视台等 50 余家媒体进行了报道，中央电视台播出纪录片《国家动脉之高速电脉》。组织“第三届中国电力发展和技术创新院士论坛”“2013 国际智能电网论坛”以及“2013 中国绿色电能高峰论坛”，中外媒体集中报道“以电代煤、以电代油、电从远方来”核心理念，展示公司特高压、智能电网建设成就和国际影响力。围绕疆电外送跨越青海盐湖无人区施工、皖电东送淮河大跨越、皖电东送长江大跨越、哈密南—郑州工程黄河大跨越开展直播报道，展现工程施工场景；围绕浙北—福州特高压工程全面启动、新疆与西北主网联网第二通道工程竣工投运、皖电东送特高压工程投运等组织集中报道。

（2）服务新能源发展主题传播。① 开展公司促进分布式电源并网系列主题传播。召开新闻发布会，向社会发布《关于做好分布式电源并网服务工作的意见》，参与中央电视台《对话》栏目录制，组织记者赴冀北、蒙东等地调研采访，新华社刊发内参，并播发新闻通稿 4 篇，中央电视台新闻联播播发专题报道，新闻频道、财经频道播发系列报道，百余家媒体进行了重点报道。② 开展“风电消纳呼唤特高压”主题传播。《财经国家周刊》刊发封面文章并配发系列文章，《人民日报》刊发重点报道，《中国能源报》头版、专版推出系列文章。③ 开展“走进新国企”主题传播。中央电视台“走进新国企”栏目开篇、新闻联播头条分别播发专题新闻“国家电网：清洁能源助力绿色发展”。④ 召开促进风电消纳新闻发布会。针对冬季供暖期风电并网消纳的严峻形势召开新闻发布会，传播公司工作举措和成果，《人民日报》、新华社、中央电视台等百余家媒体进行了重点报道。

（3）抗灾保电、优质服务主题传播。① 开展春节期间安全供电和优质服务主题传播。围绕公司员工节日期间坚守一线岗位，保障可靠电力供应等主题，协调多路记者赴四川、山东等地采访报道，春节期间，中央电视台《新闻联播》《晚间新闻》等栏目共发稿 20 余篇，时长近 100min。② 开展公司抗灾保电主题传播工作。电视、广播、平面媒体、网络媒体和新媒体围绕公司抗击南方雨雪冰冻灾害、四川芦山地震、甘肃岷县地震、四川洪涝灾害以及东北暴雨等自然灾害，报道公司抢险救灾保供电的情况。③ 开展无电地区电力建设主题传播，围绕公司户户通电工作成果，《人民日报》、新华社、中央电视台等百余家媒体进行了重点报道。④ 开展玉树联网工程投运主题传播。《人民日报》、新华社、中央电视台“新闻联播”栏目组等 30 余家媒体对工程投运进行了重点报道。⑤ 开展迎峰度夏保供电主题传播。围绕公司迎峰度夏保供电工作组织媒体采访报道，在主要中央媒体播发重点报道 50 余篇。

（4）党的群众路线教育实践活动主题传播。①

发挥《人民日报》、新华社、中央电视台等主要中央媒体的辐射作用，报道公司教育实践活动开展情况。② 结合公司共产党员服务队、藏区电网改造、抗灾保电、改善居民用能环境等主题，策划开展系列报道，《人民日报》、新华社、中央电视台等20余家媒体进行了重点报道，展示了公司为民服务的先进典型事迹，树立了公司为民务实的清廉形象。

2. 公益事业

（1）发挥央企表率作用，倡导富强、民主、文明、和谐，倡导自由、平等、公正、法治，倡导爱国、敬业、诚信、友善，热心社会公益事业，促进社会公平进步，为构建社会主义和谐社会贡献力量，公司成为唯一6次获得“中华慈善奖”的中央企业。

（2）运作国家电网公益基金会。按照基金会公信力建设基本要求，把规范化管理作为公司基金会各项工作的基本点。依法合规运作，落实民政部《关于规范基金会行为的若干规定（试行）》等基金会管理文件，完成民政部各项工作任务，严格执行国家财税政策，通过财政部组织的专项审查。修订公司对外捐赠管理制度，推动公益管理一贯到底。运用评级成果，通过民政部社会组织评估委员会组织的社会组织评级工作，按照评估反馈意见，改进提升基金会基础条件、内部治理、工作绩效和社会评价。完善理事会议事决策程序，规范理事会召开、理事更换、项目表决等事项决策流程及报民政部备案手续；实施项目全程管控，强化项目后评估，及时总结项目进展情况，保证项目运行效果。加强基金会信息披露。推进基金会网站建设，按规定在《中国社会报》等公益媒体和网络及时披露基金会运作及资金使用情况，按季向国资委报送对外捐赠信息季度报表，保证基金会运作透明度。有效运作好原始基金。按照“合法、安全、有效”的原则，实现基金会1亿元自有原始基金的保值、增值，实现投资收益532万元。

（3）推进对口援助项目。援助阿里地区措勤县资金2550万元，优先安排改善民生、增强农牧民生产就业技能的援助项目。在西藏完成投资43.2亿元，增长率远超公司平均水平。加快推进全疆13个地州81个县市农网改造升级工程，实施无电地区电力工程建设，解决6.02万户20.66万无电人口用电问题。在新疆完成投资105.9亿元，比2012年增长40.9%，高于公司平均水平。援助青海省果洛州玛多县资金1080万元，建设示范村供电项目、人畜饮水安全工程、河源新村卫生院及玛多县农畜产品交易市场等项目。在青海省加快无电地区电力建设，解决1.28万户5.11万无电人口用电问题。

（4）推进电力扶贫项目。从1995年起，持续19年定点扶贫湖北省秭归县、长阳县、巴东县、神农架林区、青海省玛多县，累计投入21.85亿元资金建设电网的同时，投入专项扶贫资金8826万元，带动地方投入21 346万元。在全国各地实施定点扶贫项目220项，投入资金4145.5万元。

（5）关爱留守儿童。在全国各地实施各具特色的留守儿童项目。国网四川电力从2008年开始，在四川建成200所“国家电网川电留守学生之家”，近13万留守儿童从中受益。国网安徽电力按照统一模式在安徽全省16个地市建立“光明驿站”站点75家，惠及12 000余名留守儿童。国网山东枣庄供电公司组织员工作为留守儿童的“代理妈妈”，开展捐资助学、爱心帮扶活动，带动了枣庄市众多行业和市民参与“代理妈妈”活动。

（6）推进国家电网爱心希望小学项目。自2006年以来，公司累计向中国青少年发展基金会捐赠8000万元，带动地方政府一次性基建投入约1.59亿元，建成190所国家电网爱心希望小学，改善了受助地区的办学条件。2013年，公司累计投入1981.2万元开展助学活动。

（7）推进社会救助项目。加强与民政部、中国残疾人福利基金会（简称残基会）的沟通交流，与民政部共同实施的村级幸福院、老年人日间照料中心建设项目完成，与残基会合作开展“集善工程—知乐助听”项目。按照国资委统一部署，通过基金会向残基会捐赠100万元，与其他中央企业共同设立“中央企业积善工程”基金，联合打造中央企业公益品牌。

（8）青年志愿服务活动。组织开展“青春光明行”志愿服务活动，组织青年志愿者开展“青春建功特高压”“青春光明行——走进光明驿站”“我的中国梦·青春国网情”团员青年主题教育实践，“高原阳光”助学支教等活动，3万余名青年志愿者走进乡村、社区、企业、学校，走进福利院、养老院开展志愿服务活动。2013年，成立260余支青年志愿者突击队，7000余名青年志愿者奋战在川藏联网工程建设、四川雅安地震抢险、抗击台风“菲特”、罕见高温保电等最前线。公司青年志愿者达到近45万名，全年参与志愿服务活动超过71.3万人次。

3. 品牌管理

（1）广告影视等传播项目管理。① 整合公司广告影视等品牌传播资源、提升传播效果，制定《国家电网公司对外联络部关于加强广告、影视等传播项目管理的意见》，建立公司广告影视等重大品牌传播项目审批备案制度，实现项目立项、制作和投放的规范管理。② 结合“三集五大”外联品牌调研工作，分析省公司户外大型路牌广告情况，按照勤俭节约的原则，提出《国家电网公司关于规范各省电力公司户外大型路牌广告管理的意见》，优化整体品牌传播效果。

(2) 规范公司标识应用。① 研究制定《国家电网公司标识应用管理办法》(简称《应用办法》),编制《国家电网公司标识应用手册》(简称《手册》)。控制标识应用范围和应用层级,“国家电网”标识应用项目从7类、158项,调整至6类50项,形成标识应用通用性制度标准,从制度层面规范公司标识应用管理,防止标识使用不当损害公司品牌形象。② 结合清理规范小型基建项目和办公用房工作,9月30日前完成所属单位办公场所“楼顶标识牌”的清理工作,年底前形成户外大型路牌广告由省公司一级投放的格局,每个省公司户外大型路牌广告投放不得超过3块,地(市)、县公司不得投放。③ 强化评价考核,加强工作督导和责任追究,推动标识《应用办法》和《手册》的贯彻落实,促进公司品牌建设再上新水平。

(3) 展览展示工作。建立公司对外展览组织体系、工作流程、工作标准,优化公司展览展示资源配置,推进公司展览资源库建设,实现公司展览统一管理、统一标准、资源共享。2013年,公司组织完成总部一楼“创新发展成就展”“特高压工程建设成就展”“2013年全国科普日北京主场活动展览”“中欧城市博览会展览”等8项展览展示工作,展示了“创新国网、责任国网”的品牌形象。

(4) 品牌推广活动。① 组织开展中央企业精神文明建设“五个一工程”作品征集活动。国网浙江电力申报的广播剧《他心中有座高山》、国网四川电力申报的歌曲《光芒》、英大传媒集团申报的图书《雪域飞虹》等3部作品被国资委推荐参加全国第十三届精神文明建设“五个一工程”评选活动。② 组织开展第四届安全生产电视展映活动作品征集活动。国网山东电力申报的微电影《高空舞者》等2部作品获得二等奖,国网北京电力申报的微电影《生日的等待》等4部作品获得三等奖,国网安徽电力申报的教育警示片《配网10kV带电作业安全教育示范片》等4部作品获得优秀奖。③ 组织开展“新国企·中国梦”摄影和微电影大赛作品征集活动。国网重庆电力申报的摄影作品《绿色穿行》获得一等奖,国网安徽电力申报的摄影作品《援粤抗冰》等2部作品获得二等奖,国网湖南电力申报的摄影作品《银河飞索》获得三等奖,国网浙江电力申报的微电影《守灯》等12部作品获得优秀奖。

(5) 参加品牌价值评选活动。根据世界品牌实验室评估,2013年公司以2356.57亿元的品牌价值,再次名列“中国500最具价值品牌”第二名。品牌价值与2012年相比提升了116.91亿元,连续7年持续攀升。

4. 工作联动

(1) 形成品牌建设工作格局。完成“三集五大”专业建设任务,省公司品牌建设部门统一归集工作职能,配齐配强人员,规范综合服务中心媒体业务部运作,完善地市、县供电企业品牌建设职能。健全四级新闻发言人工作体系,公司系统共有2283名新闻发言人,首次开展统一培训。

(2) 机制建设资源整合。坚持对外宣传联动机制、舆情协同处置机制、社会责任根植机制、品牌统一管理机制,推进集团化、专业化运作,实现整体策划、协同实施。建立品牌建设绩效评价体系,推动各单位提升对“国家电网”品牌贡献度。推进传媒产业化发展,加强与有影响力的外部媒体投资合作。

(3) 重大问题主动回应社会关切。围绕特高压、智能电网、风电消纳、分布式电源并网、电改、雾霾治理、国际化等热点话题,主动沟通交流,全年公司系统组织召开新闻发布会383次。通过参与央视《对话》节目、媒体刊发封面文章、新闻发布会等,系统回应“弃风”质疑,传播公司推动新能源发展的成果。

(林新生　曹瑞瑞　谭同江　丁少中)

中国南方电网有限责任公司社会责任

电力供应

1. 安全生产

公司坚持底线思维,牢牢守护电网安全稳定生命线,在国内重特大安全生产事故多发的严峻形势下,公司系统没有发生设备和电力安全事故,没有发生对社会和公司造成重大不良影响的安全事件,没有发生恶性误操作事件,各级各类电力安全事件总数同比降幅近四成,是近几年来安全生产局面最好的一年。

2. 可靠供电

2013年,全网城市客户年平均停电时间2.31h/户,同比减少28.04%;农村客户年平均停电时间5.77h/户,同比减少27.79%。对应的城市供电可靠率为99.973 6%,农村供电可靠率为99.934 1%。

2013年6月,国家能源局、中国电力企业联合会发布“2012年度供电可靠性金牌企业”名单,公司佛山、广州、中山、东莞、江门供电局荣获全国供电可靠性A级金牌企业,珠海、惠州、湛江供电局荣获全国供电可靠性B级金牌企业。

3. 优质服务

(1) 全面完成供电服务承诺。

(2) 客户全方位服务。公司强化客户全方位服务体系建设,全面实施“客户需求传递、客户服务协同、客户服务评价”三项机制,提升客户满意度。提升客户服务体验。

（3）客户满意度管理。完善客户意见反馈机制。多渠道、多角度开展客户满意度评价。

4. 应急管理

公司依托覆盖供电区域的应急管理平台，确保应急处置机制高效、有序运转，持续提升应急管理水平。

在应对雨雪凝冻、云南迪庆地震及“天兔”、“海燕”等强台风的过程中，公司提前准备，及时发布预警，启动应急响应，全力确保重要客户和场所的供电，灾后有序开展应急抢修，快速恢复受灾地区供电。

5. 电网建设

配合国家能源局编制《南方电网发展规划（2013～2020）》，明确南方电网西电东送技术路线和主网架方案。加强电网建设规范化管理、确保工程安全优质、绿色环保。全年 12 项重点工程全部按期投产。积极与利益相关方就电网建设中的相关问题开展沟通交流，回应期望和诉求，争取获得利益相关方的理解和支持。

6. 科技创新

南方电网集大规模、远距离、超高压、交直流混合运行于一体，已建成“八交七直”、15 条 500kV 及以上的西电东送大通道，电网东西跨度近 2000km，最大输电能力超过 2650 万 kW，网内拥有水、煤、核、抽水蓄能、油、气、风力等多种电源，是世界上最复杂的现代大电网之一，驾驭难度大。公司积极开展科技自主创新，保障电网安全稳定，推动电网向更加智能、高效、可靠、绿色方向转变，2013 年荣获中央企业第三任期科技创新企业奖。

绿色环保

1. 电源侧节能减排

（1）促进电源结构优化。南方五省区水电资源丰富，新能源发展潜力较大，煤炭资源相对缺乏。公司结合区域资源禀赋，提高水电、核电、新能源等清洁能源发电并网比重。截至 2013 年底，南方电网非化石能源装机容量占总装机容量的 46.5%，高于全国 30.9%的平均水平。

（2）加大西部水电东送。西电东送将西部地区的能源资源优势转变为经济优势，实现东西部资源优势互补，对推动区域协调发展、保障区域内电力供应、改善生态环境有重要作用。2013 年，糯扎渡、溪洛渡直流工程提前投产，大幅提升了公司西电东送能力。公司全年西部水电东送电量 920 亿 kWh，相当于减少燃烧 2779 万 t 标准煤、减排二氧化碳7391 万 t、减排二氧化硫 54 万 t。

（3）推动清洁火电发展。公司推动区域内煤电清洁高效发展，减少温室气体和污染物排放。2013 年，全网火电机组累计脱硫 511.8 万 t，同比增加 19%。按计划完成火电厂脱硫、煤耗在线监测系统接入。带动区域火电机组降低发电煤耗。全年南方电网区域火电机组发电煤耗 301g/kWh，同比下降 1g/kWh。推动广东、广西、贵州等地电厂节能，建设电厂用电能效管理系统，开展真空泵系统、大冷端等节能技术改造。

（4）接纳核电上网。为符合条件的新建核电项目提供并网服务。2013 年南方电网区域核电发电量 464.4 亿 kWh，占全国核电发电总量的 41.45%。

（5）节能发电调度。公司连续 3 年全面开展节能发电调度，优先调用可再生能源、核电、高效火电发电，尽可能以最少的一次能源消耗、最低的环境排放来满足经济社会发展用电需求。

2013 年，完成智能化节能发电调度技术支持系统建设。全年节能发电调度减少化石燃料消耗折合标准煤 561 万 t，折合减排二氧化碳 1492 万 t，减排二氧化硫 11 万 t。

（6）支持新能源发展。公司支持新能源开发利用，逐步提高新能源和可再生能源在电源装机中的比重，主动做好配套项目建设，保障区域内新能源发电并网。全年新能源装机 581 万 kW，占总装机容量的 2.86%。

出台支持新能源发展的指导意见、服务指南和配套细则、标准，严格执行可再生能源电价政策，为新能源特别是分布式光伏发电并网提供便捷高效服务。

全年新增光伏装机 30 万 kW，新增风电装机 110 万 kW。全网首个居民投资分布式光伏发电项目在广西桂林成功并网发电。南网能源-美的制冷顺德工厂 35MW 屋顶光伏发电示范项目并网运行，是目前单个厂区亚洲最大的光伏屋顶项目。所发电量主要由美的制冷工厂消纳，少量富余电量送入电网。

2. 电网侧节能减排

（1）建设 3C 绿色电网。大力建设 3C（Computer，Communication，Control）绿色电网，从制度建设、科技研发等多层次实现电网建设的效率最大化、资源节约化、环境友好化。

颁布电网标准设计和典型造价 1.0 版，形成统一的绿色电网建设标准。制定绿色电网建设指导意见和行动指南。选取 74 项工程、345 个样板点开展示范工作建设。

（2）保护生物多样性。公司在电网建设中始终贯彻绿色环保理念，采取多种措施保护线行区的生物多样性，实现电网建设与生态环境和谐共融。

（3）节能环保运行。公司加强线损精益化管理，从规划、管理、技术、运行等多方面努力降低线损。线损率超过 10%的县级供电企业减少 25 家。完成汕头等 14 家地市局线损“四分”达标评审，全网地市局线损“四分”管理全部通过网级达标。采用计量自动化系统，实现全网直供直管区域内厂站、配变、专变“三个 100%”覆盖。全年采购非晶合金配变20 796 台，占总数的 65.8%。优化运行方式，减少蓄能损耗 3.9 亿 kWh、西电东送损耗 2 亿 kWh。

公司在电网运行全过程融入循环经济理念，严格执行国家标准，妥善处理电网运行中产生的废弃物，最大限度实现废弃资源的回收利用。将废弃物排放控制在国家标准以内，减少废弃物对环境的污染。全年变压器废油回收循环利用率接近 100%。对六氟化硫气体进行回收利用，回收率达 100%。

(4) 实施绿色办公。严格控制购买大排量汽车，采购国产车辆，实行定点加油制度。开展办公能耗数据统计和监测，公司系统办公大楼节能改造率 12%，LED 照明灯更换率 25%。空调温度夏季不低于 26℃/冬季不高于 20℃。精简会议文件。公司总部计划内会议减少 15%，视频会议增加 75%；文件减少 10%、简报减少 53%。优先购买国家认证的绿色节能办公设备。

3. 客户侧节能减排

(1) 助力客户全方位节能。公司依托南网能源公司和各级节约用电服务中心，整合国内外先进节能技术，搭建开放的节能服务平台，开展节能减排项目，倾力服务客户节能。全年节能诊断客户 1473 家，走访大客户 200 余家。

(2) 支持电动汽车产业发展。截至 2013 年底，公司共建设运营充、换电站 18 座，体验中心 1 座，充电桩 3256 台。累计提供充换电服务超过 75 万车次，充电电量 2340 万 kWh，支持里程 9440 万 km，可节约替代 944 万 t 标准油，折合减排二氧化碳 1.5 万 t。

(3) 传播节能理念。公司通过多媒体、网络、微博、微信、宣讲会、节能展厅、营业厅等多种渠道，向社会公众传播节能理念。2013 年“美丽中国”主题节能公益广告在中央电视台投放 881 次，与约 1.34 亿人分享了节能理念。

公司打造一站式综合节能服务网络平台“南度度节能服务网”，为节能企业提供节能技术与产品推广、节能产品认证、节能培训等服务，为用能企业提供优化的综合解决方案，促进用能企业与节能企业的共赢合作。截至 2013 年底，已有注册会员 220 家，签约会员 102 家。

4. 金蜜蜂 2020

蜜蜂在地球上存在了 1.2 亿年，它是与环境、社会和谐共生的生物。蜜蜂采花蜜在利己的同时传花粉利他，做到了利己利他的统一，是自然界和谐共生的典范。“金蜜蜂 2020”是诞生在中国土地上的一个内涵丰富、富有远见和抱负的可持续发展行动纲领。

“金蜜蜂 2020”倡议根据公司发展情况和方向列出具体行动，涵盖电源侧、电网侧、客户侧。通过拓展资源优化配置、提升绿色服务品质、助力企业绿色生产以及携手共建低碳产业等措施，着力实现倡议目标。

经济绩效

1. 促进电力市场发展

公司自觉维护电力市场秩序，深入分析电力市场不稳定因素，保证交易公开、公平、公正，构建健康商业关系，推动电力市场持续和谐发展。

2. 服务区域经济社会发展

结合各分、子公司所在供电区域的战略定位，充分发挥资源配置平台作用，统筹兼顾东西部电力供应，为五省区经济社会发展提供电力支撑。

(1) 广东电网公司不断加强电力基础设施建设，以更安全、更稳定、更优质、更清洁的电力，助推广东产业和劳动力“双转移”战略实施，助力广东成为中国首个万亿美元区域经济体。全年完成固定资产投资 237.5 亿元，实现供电量 4097.9 亿 kWh。

(2) 广西电网公司围绕北部湾经济区、西江经济带重点区域和重点客户特点，建立客户分群服务策略，携手各方共同推进广西电源结构多样化与电源布局合理化，努力打造覆盖广西城乡的可靠绿色电网。全年实现供电量 963.4 亿 kWh。

(3) 云南电网公司实施“走出去”战略，配合云南建设“绿色经济强省、民族文化强省、面向东南亚开放的桥头堡”，做好枯期抗旱用电与汛期电力消纳，推进云南“兴边富民”工程，建成中国沿边开放经济区。全年实现供电量 1720.6 亿 kWh。

(4) 贵州电网公司加强西电东送通道建设，支撑煤炭、电力工业稳定增长，推动贵州资源优势向经济优势转化。全年完成供电量 1332 亿 kWh，西电东送电量 324.2 亿 kWh，为贵州经济增速跃居全国第一、提前两年实现“十二五”规划预期目标做出积极贡献。

(5) 海南电网公司为满足海南国际旅游岛建设对电力发展的需求，加快推动城市、农村配网升级改造，不断提升供电可靠性，助推海南实现“坚持科学发展，实现绿色崛起”的战略目标。全年完成固定资产投资 31.2 亿元，实现供电量 186.6 亿 kWh。

（6）广州供电局全力服务广州建设“经济低碳、城市智慧、生活幸福”的国家中心城市，推进电网基础设施建设，持续改进和创新供电服务，用国际一流的供电网络与供电服务助力广州实现转型升级。全年实现供电量 672.6 亿 kWh。

（7）深圳供电局围绕深圳建设现代化国际化城市的目标，分层分区有序推进电网建设，提升供电服务水平，向“卓越的国际先进城市电网运营商”迈进，深度服务深圳经济转型升级，为深圳质量保驾护航。全年实现供电量 713.0 亿 kWh。

（8）促进大湄公河次区域电力合作。公司充分发挥大湄公河次区域（GMS）合作中方执行单位作用，参加电力贸易协调委员会各项工作，加强与大湄公河次区域国家电网互联，实现更大范围内电力资源优化配置。针对当前 GMS 电力合作现状，完成《GMS 电力合作相关问题研究》，有关建议获主管部门采纳。开展将 GMS 电力协调中心（RPCC）永久驻地设在昆明的申请工作。

（9）加强港澳电力合作。公司与港澳建立深层次合作机制，开展高层互访、人员培训与技术交流合作。

社会和谐

1. 社会公益

公司广泛参与贫困地区经济社会建设，注重定点扶贫、对口支援、开发与合作相结合，提高扶贫资源使用效率，持续帮助受援地区提升自我发展能力。

公司组建青年志愿者团队，开展各类志愿者服务主题活动，营造良好活动氛围，持续向社会传递真情和关爱。全年员工参与志愿者活动 50 029 人次，累计服务 153 423h。

在干旱、地震等重大灾害和突发事件面前，公司全力抢险复电，主动捐款捐物，支援灾区重建。

2. 合作共赢

公司与电厂开展深入务实合作，严格落实“公开、公平、公正”调度，持续完善调度交易信息披露，共同保障电力系统安全稳定运行。全年调度满意率 94.8%。

公司加强电建承包商安全管控，电网建设过程引入“5S”管理模式，促使承包商自发强化施工现场管理能力，提升现场安全作业水平，提高工程质量，减少施工过程对周边社区环境的影响。

公司严格执行招投标法律法规，搭建透明采购平台，形成公平竞争、规范高效的市场招投标机制，帮助供应商提升核心竞争力。

公司搭建国际交流平台，与世界知名电力企业和国际机构建立合作关系，加强技术交流，实现信息共享，提升公司国际影响力和软实力。

3. 员工发展

将“建设幸福南网，提高员工幸福指数，形成领导关爱员工，员工关注企业的氛围”作为重点工作，开展“幸福南网”建设研究，评估公司幸福现状，推进“幸福南网”建设。

2013 年，公司开展“幸福南网”第二次测评，结果显示公司层面与个体层面幸福指数较 2011 年分别提高 5 分和 2 分，“幸福南网”提升措施初显成效。

公司遵守劳动合同法等法律法规，尊重人权，保护员工隐私，倡导员工多元化，畅通员工诉求渠道，保障员工权益。全年未发生重大劳动争议。

公司重视员工职业安全健康，注重安全文化建设，为员工提供安全健康工作环境，积极预防员工人身安全事故和职业危害事件发生。全年未发生职业病病例。

公司定期召开职工代表大会，推动厂务公开民主管理制度化建设，保障员工民主决策、民主管理和民主监督权利，充分发挥员工主体作用。

公司加强各级领导班子和干部队伍建设，选拔培养“好干部”，健全干部考核评价机制，适应公司战略实施和科学发展需要。

公司基于员工岗位胜任能力，深化培训与评价体系建设，加大培训基地建设力度，深入挖掘员工潜能。全年培训员工 64.47 万人次，其中培训基层班组长 6112 人次。

公司关心员工生活，开展员工辅导计划，定期组织有益身心健康的活动，打造和谐温暖的“幸福南网——职工之家”，让员工感受特色“家”文化。

责任源泉

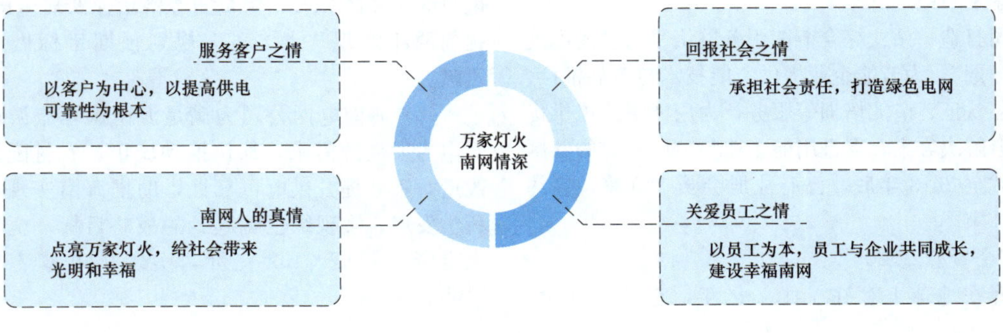

南网文化理念

使　　命　主动承担社会责任　全力做好电力供应

核心价值观　万家灯火　南网情深

战 略 目 标　成为服务好、管理好、形象好的国际先进电网企业

南 网 精 神　辛苦我一人　点亮千万家

生　命　线　电网安全稳定

安 全 理 念　一切事故都可以预防

经 营 理 念　社会效益优先　企业效益为重

服 务 理 念　以客为尊　和谐共赢

行 为 理 念　诚信做人　规矩做事

团 队 理 念　讲原则　重感情　建设幸福南网

责任管理　公司以战略管理方法推进社会责任工作，制订工作规划和管理办法，有序开展责任管理、责任实践、责任融合、责任传播和责任研究，与规章制度管理、责任制考核等工作衔接配合，形成闭环，有效推动企业社会责任工作深入开展，社会责任美誉度和软实力显著提升。

1. 责任治理

健全三级联动的社会责任组织体系。制订《贯彻落实〈中央企业“十二五”和谐发展战略实施纲要〉工作方案》和《社会责任专项领域管理提升战略保障活动工作方案》，有章法地推进社会责任工作。

2. 责任融合

公司认真落实《中央企业“十二五”和谐发展战略实施纲要》，提升社会责任管理，推动社会责任根植基层。各分、子公司围绕可靠供电、优质服务、节能减排等十个关键领域，开展了各具特色的责任实践项目。

3. 责任沟通

公司创新开展主题为“责任接力真情传递”的首个“社会责任周”活动，启动“责任南网行”调研，从可靠供电、优质服务、绿色环保、社会和谐等方面向社会做了全方位展示，通过宣传片、媒体、微博等沟通方式，多层次、多视角、立体地增加公司运营透明度。

中国华能集团公司社会责任

可持续发展宣言

坚持服从和服务于国家利益和发展战略
做促进经济社会全面发展的表率

坚持科学发展和技术创新
做建设资源节约型、环境友好型社会的表率

坚持理性追求企业经营价值
做企业与社会和谐共进的表率

坚持依靠职工群众办企业的方针
做以人为本、利益共享的表率

坚持回报社会、造福百姓
做社会道德实践的表率

可持续发展模式

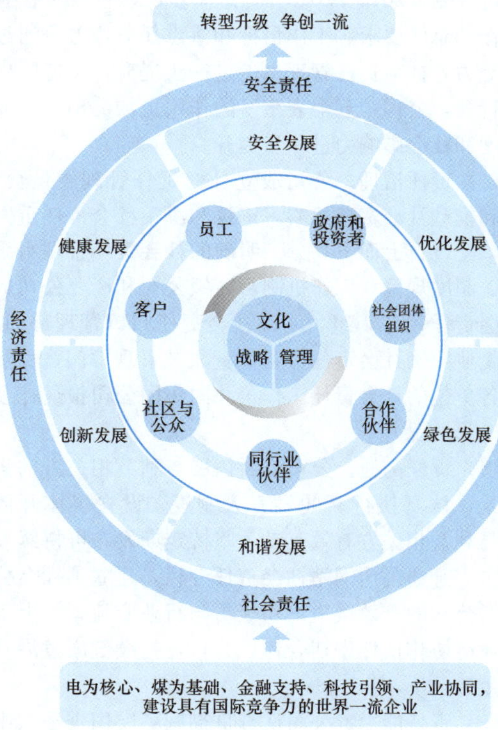

战略与管理

1. 管理体制

秉承“三色公司”的企业使命，中国华能集团公司围绕创建具有国际竞争力的世界一流企业，不断健全完善以集团总部—区域公司/产业公司—基层企业为主体的三级管理体系，以安全、经营、发展、党建为主要内容的绩效考核体系，扎实推进管理提升，不断提高企业科学管理水平。

2. 发展战略

（1）转型升级战略。

（2）科技创新战略。

（3）绿色发展战略。

（4）国际化经营战略。

（5）运营卓越战略。

（6）人才强企战略。

（7）和谐发展战略。

3. 责任管理

（1）责任战略。2013年，公司深入贯彻国务院国资委中央企业社会责任工作会议精神，围绕创建具有国际竞争力的世界一流企业，实施和谐发展战略，扎实推进社会责任管理提升，把履行企业社会责任全面融入公司经营发展的全过程，加强责任战略规划、提升责任管理水平、完善责任沟通机制、加强责任能力建设，进一步提高公司全面履行企业社会责任的绩效和水平。

（2）责任规划。2013年，公司制订《社会责任管理推进计划（2013～2015）》，进一步明确社会责任管理工作的总体要求、工作目标和重点任务，力争通过三年努力，社会责任管理水平进一步提升，保持国内先进行列，公司“五个表率”的作用更加突出，企业美誉度和社会影响力进一步提升。

（3）责任治理。公司成立社会责任管理委员会，制定和推动社会责任战略，审议和决策社会责任重大事项，建设自上而下、分工明确的社会责任管理组织体系、制度规范和工作机制。区域公司和产业公司成立社会责任领导小组，明确社会责任归口管理部门。基层企业明确社会责任分管负责人及管理部门，负责落实各单位的社会责任工作，并向集团公司报送社会责任工作情况。

（4）责任沟通。公司不断拓展与利益相关方的沟通方式，认真执行新闻发言人制度、设立媒体开放日，与利益相关方有效互动。坚持定期发布可持续发展报告，开通公司网站社会责任专栏，建立了社会公众了解公司的有效渠道。积极参与行业交流，与上下游产业链协作伙伴密切合作，为行业持续健康发展贡献力量。

（5）责任能力。公司认真贯彻国务院国资委《中央企业“十二五”和谐发展战略》，扎实开展社会责任管理提升活动，进一步深化理念，完善制度，丰富实践，公司社会责任管理经验入选国资委中央企业社会责任管理经验汇编。

公司坚持每年在系统内开展社会责任培训，邀请专家学者对各部门、各单位社会责任负责人和联络人进行社会责任管理体系、指标体系、关键议题、相关政策、发展趋势等内容的培训，提升社会责任专（兼）职人员的责任意识和工作水平。

公司结合发电行业的具体实践，积极开展社会责任课题研究，参与国内外社会责任标准的制定与研讨。积极支持联合国全球契约、中国社会科学院等社会责任推进机构的活动，为公司深化社会责任实践奠定基础。

安全发展

1. 健全管理体系

（1）制度建设。公司重视加强安全生产制度建设，2013年修订完善《电力安全作业规程》，编制印发《发电企业从业人员安全生产培训管理办法》《电力检修标准化管理实施导则》《煤化工企业安全生产事故隐患排查治理办法》《煤矿瓦斯综合治理办法》等制度标准，进一步提高制度建设规范化、精细化水平。

（2）标准化达标。公司深入推进安全生产标准化达标工作，不断加强组织领导、工作落实和人才培训，努力做好标准化达标工作的政策引导、技术指导和评估向导。各基层企业落实公司《发电企业安全生产标准化达标工作规划》，认真开展自我检查、自我纠正和自我完善，把标准化达标工作与安全生产管理体系建设、安全性评价等工作有机结合，统筹规划、扎实推进，努力建立安全绩效持续改进的长效机制。2013年，大连、漫湾、康定等33家电厂实现一级达标，近40家基层企业完成现场评审。

（3）体系建设。公司扎实推进发电企业安全生产体系建设，严格控制体系文件质量，使体系符合企业人员、设备和管理实际。狠抓体系文件贯彻落实和执行，严格按照体系文件开展安全生产日常管理，充分发挥体系对安全生产基础管理的支撑和保障作用。

（4）应急管理。公司高度重视安全生产应急管理，健全完善应急管理组织体系、制度体系和预案体系，积极推进应急管理平台建设，加强应急演练和应急物资管理，推进煤矿紧急避险系统建设。开展了危险化学品安全检查及液氨使用培训，在海门电厂开展了液氨泄漏专项应急演练。各单位组织开展了应对全厂停电、地质灾害、火灾等应急演练，进一步提升应对生产事故和自然灾害的能力。

2. 夯实安全基础

（1）设备管理。公司围绕设备管理一流和检修质量创优，制定并颁布《电力检修标准化管理实施导则》，全面推行检修标准化管理，加强机组检修现场督查，强化检修全过程控制，把好检修质量关。深入开展“降缺陷、控非停”工作，加强设备日常监督管理，认真做好指标统计分析，强化状态监测和故障诊断，全面开展小指标达标治理，提高设备健康水平。

（2）专项检查。落实国务院安委会及相关部委要求，认真制定安全大检查实施方案，按照“全覆盖、零容忍、严执法、重实效”的原则，扎实开展专项安全生产大检查工作。

（3）班组安全。班组安全是企业安全生产的最基本单元。公司把班组安全建设作为安全生产的重要基础工作，坚持“零违章保零死亡、零缺陷保零事故”

的理念，扎实推进班组安全管理标准化建设，以责任制落实和规章制度执行为突破口，以反违章、隐患排查、作业现场风险分析预控为重点，积极鼓励班组创新安全管理，不断夯实班组安全基础。

（4）外包工程。外包工程安全管理是企业安全生产管理的难点和薄弱环节。公司高度重视加强生产和基建外包工程安全管理，严格执行《外包工程安全管理办法》，严把队伍资质、资格审查关，加强外包队伍安全培训，动态考评外包队伍的安全保证能力，组织开展生产外包工程安全大检查，联合监理、施工、调试等工程建设各方，加强施工现场安全监督检查，重点检查安全措施执行情况和规章制度落实情况，建立外包队伍安全绩效档案，实行安全“一票否决”，有效保证了生产、基建外包工程安全。

3. 加强煤矿安全管理

公司进一步加强煤炭企业安全生产规范化管理，不断深化对煤炭生产安全管理规律性的认识，强化煤炭生产过程管控，提升煤矿安全生产水平。

4. 安全教育培训

公司认真落实《发电企业从业人员安全生产培训管理办法》，不断加大安全教育培训投入，紧密结合专业和岗位特点，扎实开展日常培训和特色培训，提高专（兼）职安全人员、特殊工种和岗位人员的安全生产能力。

优化发展

1. 优化电源结构

公司认真贯彻落实国家能源发展战略，抓住能源结构战略性调整机遇，加快转变发展方式，推进电源结构调整，加强发展全过程管理，出台热电联产、煤电基地、太阳能光伏发电等指导意见，更加坚决地推进有效益的发展和低碳清洁发展，持续提高低碳清洁能源装机比重，提升传统能源的高效清洁利用水平。2013年，公司低碳清洁能源装机容量达3504万kW，占总装机容量的24.5%，同比提高3.5个百分点。

（1）水电。加大水电项目前期工作力度，大力推进云南、四川、西藏、新疆等区域水电开发建设，完成编制“十二五”水电发展三年滚动计划，部署加快推进澜沧江上游、西藏段水电规划进程，并取得积极进展。

1）开发规划。公司获准负责和配合开展雅江下游控制性水库电站相关论证及规划工作。

2）项目前期。苗尾、里底、拉拉山、觉巴、亚让等共241万kW项目获得核准；古水180万kW项目获得“路条”。

3）在建工程。藏木水电站等项目建设有序推进。

4）项目投产。2013年，投产水电机组12台、416.5万kW，糯扎渡、龙开口项目分别实现一年四投，水电总装机容量达到1835万kW。

（2）煤电。2013年，公司投产火电机组8台、共计299万kW，百万千瓦机组达到13台，居全国首位。热电联产和30万kW及以上超临界、超超临界纯凝煤电机组占煤电比重达到71.1%，60万kW及以上火电机组占总装机比重达到47.37%。

（3）风电。公司密切跟踪国家大型风电基地规划编制调整，坚持集中与分散开发相结合，海上与陆上相结合，风电与光伏发电相结合，加强东中部不限电地区低风速、分散式、海上风电项目开发和“三北”高风速地区风场开发建设，努力发展有效益的风电项目。2013年，投产风机763台，装机容量126.2万kW，占投产容量的14.1%，总装机容量突破973万kW，同比增长14.8%。274万kW风电项目获得核准，257万kW风电项目纳入国家第三批核准计划。大丰、乌兰伊力更、赤峰等基地型风电项目获得核准。其中，大丰是公司首个海上风电项目。

（4）核电。核电事业部履行专业化管理职责，按照国际原子能机构相关标准和国家质量环境要求，初步构建了覆盖14个一级管理领域、44个二级管理领域和90余个三级管理领域的管理架构。

稳步推进高温气冷堆核电示范工程项目建设，大力加强核电项目管控、人才培养和核安全文化建设，严格执行安全、质量、进度、投资控制。2013年，高温气冷堆核电项目示范工程进展顺利。

稳妥开展核电项目前期工作，继续推动石岛湾压水堆扩建项目前期准备，做好辽宁、福建等沿海核电项目前期工作及厂址资源保护。

（5）光伏发电。加速推进新疆、云南、青海、宁夏等太阳能利用条件较好地区的项目开发力度。2013年，公司核准光伏发电项目40万kW，投产光伏发电项目18个，装机容量52万kW，新增共和、中卫、西昌等大型集中式光伏电站，光伏发电总装机容量达到60万kW。

2. 加强产业协同（略）

3. 推进国际发展（略）

绿色发展

1. 健全管理体系

公司坚持绿色发展理念，不断加强节能减排管理，深入推进优秀节约环保型企业建设，落实环评制度，扎实开展能耗指标创优活动，通过清洁发展、节约发展和低碳发展，努力提高清洁生产水平，逐步降低单位发电量污染物及温室气体排放强度，实现传统能源开发利用资源节约和环境友好。

2. 深挖节能潜力

（1）公司深入推进节能降耗精细化管理，持续开展小指标达标治理，推广应用先进的节能降耗技术，实施燃煤电厂综合升级改造和合同能源管理，能耗指标创优活动取得明显成效。

（2）节水管理。

1）在淡水资源缺乏地区和濒海地区，公司采取建设空冷电厂、建设海水淡化处理设施等方式，减少淡水消耗。

2）在生产环节，通过污水处理、中水回用、干式除渣、气力输灰、闭式循环等综合节水技术，减少淡水消耗，实现污水近零排放。

3. 达标排放

（1）烟气处理。公司严格执行国家火电厂烟气排放标准，不断加强脱硫、脱硝、除尘等环保设施运行管理，不断加大环保设施改造力度，提高系统设备可靠性和运行效率，推进达标排放工作。

（2）废物利用。公司大力倡导“资源—产品—废弃物—再生资源”的发展模式，对发电产生的粉煤灰、灰渣、脱硫石膏等废弃物，通过粉煤灰分选、磨细加工、石膏加工新型建材等方式，加以综合利用，减少废物排放，实现燃煤电厂物质闭路循环和资源高效利用水平。2013年，公司灰渣综合利用率达到78.14%。

（3）碳资产管理。公司高度重视碳资产管理工作，成立碳资产公司，统一开发、管理和交易碳资产。研究出台公司《温室气体减排管理办法（试行）》等管理制度，从制度上保障温室气体减排及碳资产管理工作的有序开展。

2013年，公司开展了第一批26个碳交易试点自愿减排项目集中开发，完成“五市两省”试点地区10家电厂碳总量盘查工作。杨柳青热电厂成功出售1万t天津市碳排放配额，石洞口一厂购入4000t 2014年上海市碳排放配额。

4. 保护生态环境

公司将项目建设过程与保护生态环境有机结合，积极实施生态环境保护工程。

（1）对水电开发中涉及的珍稀动植物加强保护，移植库区珍稀植物，建立动物拯救站或避难所，采取鱼类增殖放流等措施，切实保护生物多样性。2013年，糯扎渡水电站投放澜沧江土著鱼215万尾。

（2）在露天煤矿开采过程中，利用植树种草的方式对开采活动挖损及压占用地设施生态恢复保护，及时复垦矿区。2013年，魏家峁煤电公司将4062.16万m^3剥离物作为复垦基底，完成了3.72hm^2矿区的生态植被恢复。

（3）加强建设项目水土流失治理和植被恢复，因地制宜建设生态防护林工程，配套建设生活污水处理系统，保护所在地自然环境。

5. 提升节能环保意识

公司不断加强节能环保理念宣贯，培养员工节能减排、保护环境的意识，大力倡导绿色办公、低碳生活方式，积极组织员工参与环保公益活动，努力形成齐心协力、保护环境的良好氛围。

和谐发展

1. 促进员工发展

（1）员工权益。公司遵守劳动合同法等法律法规，依法与员工签订劳动合同，严格按规定缴纳社会保险，加强劳动用工和薪酬福利管理，尊重人权，保护员工个人信息隐私，全年未发生重大劳动争议。截至年末，公司在岗员工137 779人。

（2）员工培训。公司大力实施人才强企战略，通过专题培训、技术讲座、交流研讨、课题攻关、校企联合、技能竞赛等形式，全面提升员工综合素质，为公司又好又快发展提供人才保障。

（3）员工关爱。公司积极构建和谐劳动关系，保障员工基本权益，尊重员工个性发展，注重员工工作生活平衡，完善困难员工帮扶机制，提高员工的工作生活幸福指数。

（4）职业发展。公司建立健全员工职业发展平台，畅通多种形式的职业发展通道，为员工实现价值提供有效途径。

2. 携手伙伴共赢

（1）提供优质服务。保障安全供电，保证安全供热。

（2）打造责任产业链。探索集中采购模式，依托电子商务平台，加强供应商动态管理，对供应商的审核，不仅考察服务、产品质量和履约能力，而且考察环境保护、劳动保护等要素，积极推动供应商履行社会责任，合同履约率达100%。

（3）搭建战略合作平台。先后与青海、海南、内蒙古、湖南、福建、陕西、宁夏、江西、河南等省区以及中核集团、南方电网、国投集团、特变电工等企业签署合作协议，推进互利合作、共同发展。

3. 增进社会和谐

（1）建设和谐企业。部署开展和谐企业示范单位创建工作，选择8家基层企业试点开展创建和谐企业示范单位建设工作，为全面提高企业和谐水平积累经验、奠定基础。

（2）支持社会公益。公司坚持“建设一座电站，带动一方经济，保护一片环境，造福一方百姓，共建一方和谐”的理念，在认真做好援疆援藏援青和扶贫开发工作的同时，组织所属企业积极开展抗灾救灾、爱心捐助等活动，支持社会公益事业发展。

（3）开展志愿服务。公司积极组织开展青年志愿者服务工作，不断扩大志愿者队伍，引导青年参与社区共建、环境保护、爱心助学、扶贫济困等公益活动。2013年组织开展志愿者行动千余次，6万余人次参加。

中国大唐集团公司社会责任

责任理念

调整结构，提升效益，创造价值，推进优化发展
安全生产，可靠供应，保障健康，推进安全发展
绿色发电，降低排放，保护环境，推进清洁发展
节约资源，循环利用，提高效率，推进节约发展
关爱员工，热心公益，共建共享，推进共同发展

治理结构 大唐集团公司（简称大唐集团）总部设有董事会办公室和17个职能部门，拥有大唐国际发电股份有限公司、广西桂冠电力股份有限公司、大唐华银电力股份有限公司、中国大唐集团新能源股份有限公司等4家上市公司；湖南、广西、山西、江苏、安徽、四川、云南、西藏、上海等9家区域分公司；河北、吉林、黑龙江、山东、河南、贵州、陕西、甘肃、新疆、上海等10家发电子公司；物资公司、燃料公司、财务公司、海外公司、煤业公司、资本控股公司、科技产业公司以及技术经济研究院、科学技术研究院等专业公司。

安全发展 2013年，大唐集团保障能力持续增强。保证电力安全可靠供应是中央发电企业最基本的责任。深入开展安全生产大检查，持续深化“打非治违”专项行动，加强隐患排查治理和风险管控，保持了安全稳定局面。发电、供热、煤矿、煤化工生产及基建等均未发生较大及以上人身和设备事故，圆满完成了迎峰度夏、迎风防寒、冬季供热以及重大节日、重大活动期间的保电任务，有效应对了芦山地震、强台风、洪涝等自然灾害。

清洁发展 2013年，大唐集团节能环保再创佳绩。积极履行资源环境责任，加大综合治理和监督管理力度，促进了节能指标的持续优化。供电煤耗同比降低2.3g/kWh，节约标准煤94万t；发电厂用电率同比降低0.22百分点，增加上网电量11.5亿kWh。25台机组荣获全国“能效对标优胜机组”称号，占获奖机组总数的15%。全面完成环保部下达的治理任务，火电机组脱硝装备率达到67%，污染物全部达标排放。

社会公益 主动接受社会监督。以“美丽中国，绿色电力”为主题，举办了“中国电力主题日”暨大唐集团第七届企业开放日活动，自觉接受社会公众的监督。19个省区市29家所属企业及驻柬埔寨企业参与了开放日活动，这也是首次有海外企业参加开放日活动。大唐集团及所属上市公司发布了年度社会责任报告，并利用网站及时披露企业履行社会责任的实践和成果。

企业文化 务实：求真务实，尊重规律，尊重实际，实事求是作决策、抓管理、定措施，用科学发展观去分析、研究、解决企业发展中的问题，真抓实干，谋实事、出实招，抓落实、求实绩。

奉献：顾全大局、服务社会，勇于担当，高效执行，积极履行对国家、对社会、对员工、对环境的责任，保障国家能源安全，满足社会发展对能源的需求，保护和推进生态文明。

创新：善于学习、勇于超越，主动接受新思想、探求新思路、发掘新方法，勇于冲破旧思维、打破旧格局、突破旧技术，持续推进企业管理创新、制度创新和技术创新。

奋进：坚持正确的发展方向，坚定理想信念，凝聚智慧力量，始终保持奋发有为的精神状态和艰苦奋斗的作风，只争朝夕、奋发图强，加快建设国际一流电力综合能源集团。

责任管理 设有社会责任工作领导小组，建立覆盖大唐集团总部部门、分子公司和基层企业“三级责任主体”的工作网络，并根据产业结构调整步伐及时修订完善社会责任指标体系，促进全系统社会责任工作的深入、规范、有序开展。

中国华电集团公司社会责任

发展战略与责任规划

1. 发展战略

（1）发展思路。适应国内外能源发展的大趋势，以创造价值为使命，以可持续发展为主题，以转型升级为主线，以全面深化改革为动力，充分利用国内国际两个市场、两种资源，坚持发电为主体，煤炭、金融、工程技术等产业协同发展，坚持区域布局差异化、产业发展集约化、企业经营最优化，坚持做优主体产业、做强优势产业、做好新兴产业，加快调结构、优布局、补短板、上水平，全面提升发展质量、经营绩效和企业形象。

（2）愿景目标。全力打造“价值华电、创新华电、绿色华电、阳光华电、幸福华电”，实现“国内领先、世界一流”。

2. 责任规划

2013年，结合中国华电集团公司（简称华电集团）今后一个时期总体发展思路和《中国华电集团公司关于履行社会责任的实施意见（修订稿）》，提出企业社会责任规划，力争实现社会责任“国内领先、世界一流”的愿景目标。

责任管理

1. 责任理念

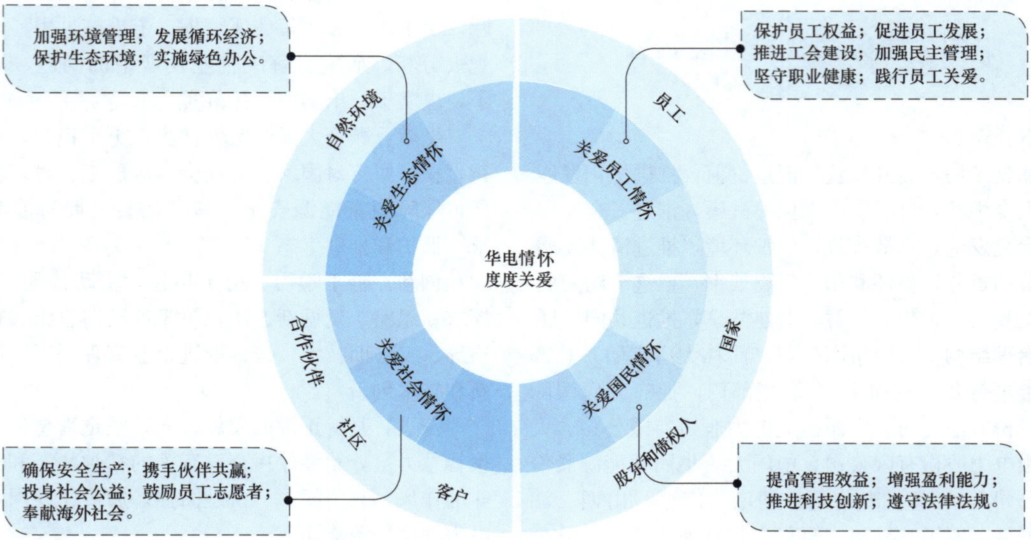

2. 责任制度

(1) 社会责任管理制度。2013年，华电集团继续推进社会责任制度建设，制订了《社会责任实施意见(修订版)》和《社会责任工作指标体系1.0》，进一步完善了社会责任工作体系和指标体系，明确了社会责任工作目标和工作重点。利用指标体系对企业社会责任工作进行自我绩效评估，根据评估结果，优化、改进社会责任工作。积极指导下属企业正确理解和履行企业社会责任，编制发布社会责任报告。重新梳理各部门社会责任工作职责，明确各部门联络员工作职责和要求，加强培训交流，定期对各部门相关工作落实情况进行通报。

(2) 价值链社会责任评估。华电价值链涉及采购、运营、技术研发、人力资源等九个部分，每一部分活动都会对价值链上的利益相关方产生影响，要求企业针对这些影响履行社会责任。

(3) 核心社会责任议题选择。经过近年来开展社会责任实践探索，华电集团形成了独具特色的核心社会责任议题选择流程和标准。

通过利益相关方调查、社会责任专家对话、先进企业社会责任工作交流、电力生产行业影响分析，形成华电集团"利益相关方期待议题"。

结合华电集团战略目标，对"利益相关方期待议题"进行战略一致性分析，形成"核心社会责任议题目录"。

通过各部门调查，最终确定华电集团前五项"年度核心社会责任议题"：生态环境保护、应对气候变化、保护员工职业安全健康、安全生产、绿色电力。

责任推进　成立社会责任工作领导小组，由华电集团主要领导担任领导小组组长，总部各部门领导担任成员，负责华电集团社会责任工作的组织领导，制订华电集团社会责任工作的战略，建设公司社会责任管理体系，部署华电集团重大社会责任活动，决定社会责任报告发布等有关事宜。

领导小组下设办公室，办公厅归口管理，主要职责是：接受公司社会责任工作领导小组的领导，负责华电集团社会责任工作的日常管理和组织实施，负责社会责任报告的编制和发布工作。总部各部室设置社会责任联络人，负责具体推进社会责任工作。华电集团社会责任管理体系逐渐实现规范化、制度化、系统化。

责任沟通　华电集团高度重视社会责任沟通与交流，逐步完善了三维社会责任沟通机制，形成了"三维-两层"利益相关方沟通机制，回应内部、外部利益相关方期望。2013年，中国华电发布国内首份分布式能源报告。

责任能力　2013年，华电集团积极参加国务院国资委举办的中央企业社会责任管理提升专题培训班、社会责任专业机构组织的社会责任专题培训，与韩国三星集团、蒙古国企业社会责任考察团以及驻外使馆机构等进行社会责任工作交流探讨，不断提高社会责任管理专业能力和素质。

华电集团通过召开社会责任工作会议，开展专题培训、责任调研，推进社会责任试点推广、建设等工作，逐步建立了中央企业社会责任工作交流平台，促进公司各部门、公司下属各单位的经验共享，增进企业内部对中央企业社会责任工作的认知、理解和支持，逐步培育起负责任的企业文化。

华电集团积极支持中国特色企业社会责任标准制

定，主动参与企业社会责任课题研究，加入“中国企业社会责任报告编写指南专家委员会”，为《中国企业社会责任报告编写指南（CASS-CSR3.0）》的编制建言献策，参与《中国企业社会责任报告编写指南（CASS-CSR3.0）——电力行业标准》的制定工作，为电力生产企业社会责任报告编写标准的完善提供专业化意见。

华电集团积极与教研机构合作，与中国社会科学院联合成立国内首批社会责任研究基地，公司案例连续3年进入中国社会科学院研究生院MBA企业社会责任课程。

贡献生态文明 坚持“在开发中保护，在保护中开发”。运用先进节能技术，实施机组整体优化改造，全力提升节能降耗水平；积极开展脱硫脱硝技术改造，减少污染物排放；保护生态环境，发展循环经济。

2013年，华电集团厂用电率为5.18%，燃煤机组脱硫装备率为97.95%，火电机组脱硝装备率为50.3%。

1. 加强环境管理

颁发《中国华电集团公司火电厂环境保护监督实施细则》《中国华电集团公司火电建设项目环境保护监督管理实施细则（A版）》《中国华电集团公司水电建设项目环境保护监督管理实施细则（A版）》，建立了环保监督长效机制。2013年，完成联网的火电机组254台7826.84万kW，联网率达92.57%。

（1）节能管理。进一步完善能耗指标管理机制，加强机组关键运行参数的监控调整，逐步建立能源管理体系。继续实施重大节能改造项目，华电集团投入21.07亿元，重点用于汽轮机热力系统节能优化、热力网智能管控技术、超超临界机组节能降耗运行、褐煤掺烧、分布式供能、高效燃烧等先进节能技术研究，降低能耗水平，提高资源利用率。2013年，华电集团供电煤耗完成313.3g/kWh，同比下降3.5g/kWh；燃油单耗0.101g/kWh，同比下降0.026g/kWh；发电厂用电率与去年持平，为5.18%。

加快清洁发展，促进燃煤替代。2013年，华电集团全年投产水电与新能源585.08万kW，其中，水电397.4万kW，风电113.1万kW，太阳能74.58万kW。

（2）减排管理。实施《中国华电集团公司火电厂脱硫设计技术标准》《中国华电集团公司火电厂脱硝设计技术标准》等标准。同步建设脱硫、脱硝、除尘、中水处理站等设施，积极采用新技术、新工艺、新设备，对运行机组实施环保技术改造和综合治理，环保治理取得明显成效。

2013年，单位发电量烟尘、二氧化硫和氮氧化物排放量分别是0.2、2.0、2.6g/kWh，同比下降25.93%、13.04%、10.34%。

进一步完善CDM（清洁发展机制）基础管理，在风电基础上，积极推动水电、热电联产等CDM项目。跟踪国家两省五市碳排污权交易试点工作，2013年全年注册CDM项目40项，CDM累计注册数达到152项，CDM项目年度碳减排量达3200万t，位居行业前列。

2. 发展循环经济

积极发展循环经济，努力建设节约型企业，对煤炭发电、供热产生的灰渣、脱硫石膏、循环水等废弃物进行综合利用，变废为宝。进一步推广粉煤灰利用、海水淡化、脱硫石膏、污泥掺烧、循环水余热余能利用等新技术，促进了电站装备领域的循环经济技术升级，减少了废水、废气、废渣等废弃物的排放，节约了资源、能源，收到了良好的经济效益和环境效益。

3. 锅炉生态环境

加强建设项目环境风险防控，基本形成环保预警和应急机制。完成75个建设项目环境风险排查，颁布火电、水电建设项目环境保护监督管理实施细则，制订并实施环保“三同时”年度计划，建立环保“三同时”月报制度，对项目环境影响进行评估，新建项目全部执行环境和社会影响评估，最大程度降低建设项目对于环境的负面影响。

推动水电生态文明建设，注重水电站周边环境综合治理和生态恢复，在水电工程建设中注重保护生物自然栖息地、湿地，生物多样性得到有效保存。完善水电生态保护指标体系并实现信息化管理，国内首个水电企业生态保护统计系统正式上线运行。2013年，新增1座鱼类增殖放流站，实现珍稀保护鱼类增殖放流311万尾；累计建成7座鱼类增殖放流站，累计放流珍稀特有鱼类841万尾。

2013年，华电集团认真落实国务院大气污染防治十条规定和《“十二五”控制温室气体排放工作方案》，积极响应《联合国气候变化框架公约》《哥本哈根协议》等国际公约及倡议，签署《中国企业界应对气候变化倡议书》，承诺在“坚持绿色、循环、低碳发展理念”“走生态文明与企业发展共赢道路”等七个方面做出努力，应对气候变化，减少污染排放。

4. 实施绿色办公

积极倡导绿色工作方式，在员工中开展环境保护宣传教育，要求员工从点滴做起，节约用水、用电、用纸等办公用品，践行绿色出行，最大限度降低办公过程的环境影响。

致力社会和谐 华电集团以创造经济社会价值为

使命，牢记企业社会责任，落实安全生产，保证发电供热；坚持合作共赢，促进经济社会协调发展；诚挚服务社会，积极参与公益事业；稳步实施“走出去”战略，奉献海外社区；始终致力于营造企业与员工、伙伴、社会友好共融的和谐环境。

(1) 确保安全生产。加强安全管理，以安全质量标准化建设为抓手，深化安全评价，协调安全与生产、安全与效益的有机统一，严格执行“安全生产一票否决制”，建设本质安全型企业。

(2) 携手伙伴共赢。本着“合作共赢”的理念与合作伙伴建立和谐互动的良性战略合作关系，积极推动行业发展，带动供应商履责，实现与利益相关方的共同发展。

(3) 投身社会公益。积极履行社区责任，参与地方经济建设，支援贫困地区发展，支持公益事业，竭诚回馈社会。

2013 年特色实践

(1) 应对雾霾，加快发展清洁高效大火电。加快推进转方式、调结构，句容一期两台百万千瓦机组实现“双投”，至此华电集团百万千瓦等级机组达到 8 台，60 万 kW 及以上机组占煤电比重上升至 46.1%，为解决雾霾问题做出贡献。

2013 年，华电集团煤耗指标完成 313.3g/kWh，100 万 kW 超超临界湿冷、60 万 kW 等级能耗指标在行业中保持领先水平，30 万 kW 等级达到行业先进水平。在全国能效对标竞赛中，30 台机组获得火电机组能效对标竞赛优胜机组，其中获一等奖机组 11 台，获奖数量和比例在行业中居前列。

(2) 完成机组脱硫脱硝改造 101 台。2013 年投入 65 亿元开展环保设施台理，完成机组脱硫脱硝改造 101 台 3766 万 kW，在运脱硝机组容量同比提高 40%。

2013 年，华电集团实现二氧化硫排放绩效 2.0g/kWh，氮氧化物排放绩效 2.6g/kWh，同比下降 13.04%、10.34%。完成烟气脱硝工程 72 台，脱硫旁路取消 56 台，脱硫（增容）技改 31 台。

(3) 水电装机突破 2000 万 kW。10 月 25 日，以柬埔寨额勒赛下游水电站 2 号机组（10.3 万 kW）顺利通过 72h 试运行为标志，华电集团水电装机容量突破 2000 万 kW，位居五大发电集团首位，清洁能源装机比重超过 30%。

(4) 管理效益“双提升”完美收官。2013 年是华电集团管理效益“双提升”活动的收官之年，活动自开展以来，华电集团以“强基固本、控制风险，转型升级、保值增值，做强做优、科学发展”为主题，重点解决企业管理中存在的突出问题和薄弱环节，通过持续加强管理，统筹各项要素，狠抓扭亏增盈，增强盈利能力，在管理水平和经营业绩上实现了新提升，各项工作取得了新成效，保持了持续向好的发展态势。

(5) 累计放流珍稀特有鱼类 841 万尾。

(6) 投资 3 亿三年援疆保供电。为缓解南疆三地州用电紧张的局面，华电集团于 2010 年投资 3 亿元建设喀什、和田两个应急电站，先后抽调 50 余名生产技术骨干远赴南疆，开展两个燃机项目前期建设和运行、维护工作。电站于当年 12 月 30 日竣工投产，截止到 2013 年底，电站作为调峰运行机组，启动并网 154 次，1195 天安全运行无事故。

中国国电集团公司社会责任

责任管理

1. 发展战略

坚持以“大力发展新能源引领企业转型”的战略，深化改革创新，扎实做好“五篇文章”，建设一流综合性电力集团，打造效益国电、绿色国电、创新国电、廉洁国电、幸福国电。

2. 核心理念

核心价值观：严格、高效、正义、和谐

企业愿景：共筑家园·舞台·梦，打造效益国电、绿色国电、创新国电、廉洁国电、幸福国电

职业道德观：诚信尽责、忠诚敬业

企业精神：永无止境、创造一流

3. 国电标识

将中国国电集团公司（简称国电集团）的英文缩写“GD”融入其中，蓝色和绿色表达了企业热情、诚信、细致的服务理念，用优质的产品和服务发展国内外市场。标识的主色调为蓝色和绿色：蓝色象征理性、科技，体现了企业坚持科学发展、以人为本的管理理念；绿色象征环保、健康，体现了企业发展清洁能源、造福社会的宏伟目标。

4. 机遇与挑战

党的十八届三中全会做出了《关于全面深化改革若干重大问题的决定》，全面市场化改革使劳动、知识、技术、管理、资本活力竞相迸发，为国电集团进一步深化改革、推进转型升级提供了新的机遇。

世界经济深度调整，经济增长的新动力还远没有形成，仍将延续缓慢复苏的态势。中国经济稳中向好，正处于经济增速换挡期、结构调整阵痛期、前期刺激政策消化期“三期叠加”阶段，经济运行还存在下行压力，用电量将深受影响。资源环境约束日趋从紧，环保标准越来越高，企业资源环境补偿越来越多，经营发展成本越来越大。中国电力供需总体平

衡，煤电联动电价下调预期依然存在，企业利润空间进一步受到挤压。企业盈利能力、竞争能力和可持续发展能力与创建一流综合性电力集团目标还不完全适应。国电集团内部还存在有思想观念不适应、精细化管理不彻底、行政化倾向和执行力不足、布局结构不尽合理、体制机制僵化等问题，阻碍着企业的可持续发展。

应对措施：强化战略管控，提升发展质量和效益；强化运营管理，提升可持续盈利能力；强化产业协同，提升集团化运作水平；强化创新驱动，提升内生增长动力；强化责任意识，提升安全保障能力；强化人本理念，提升员工幸福指数。

5. 责任推进

（1）明确履责方向。及时优化调整企业社会责任履责方向，不断提升企业社会责任实践成效和价值。

（2）完善工作体系。及时调整充实社会责任工作委员会，健全完善了社会责任工作体系。

（3）持续改进管理。深化社会责任管理提升活动，结合实际、突出履责重点、发挥履责优势，围绕国家生态文明建设总体布局，完善指标体系，确立134项指标，将社会责任管理融入企业战略，涵盖日常运营全过程，重点强化了新能源发展、环保管理和科技创新等领域的管理工作。

华电集团“奉献清洁能源，建设美丽中国”案例入选国务院国资委2013年度优秀企业社会责任实践。

（4）优化沟通途径。积极通过发布企业社会责任报告、新闻媒介、信息报告、企业开放日等形式，向社会宣传国电集团社会责任理念，沟通社会责任实践情况。

强化管理　提高质量

（1）生产管理持续提升。国电集团系统未发生较大及以上人身死亡和设备事故。98%的企业安全生产无事故。完成供电煤耗316.4g/kWh，同比降低2.3g/kWh，厂用电率4.92%，同比下降0.13个百分点。百万千瓦机组和空冷供热机组主要指标保持全国领先。

（2）环保工作大力推进。2013年，国电集团完成二氧化硫排放量74.16万t，同比减少9.58%，完成氮氧化物排放量111.24万吨，同比减少15.1%。单位二氧化硫排放量1.61g/kWh，同比下降16.6%。

加大环保技改工作和投入力度，确保完成环保技改治理任务。安排环保技改资金65.5亿元，脱硫、脱硝和除尘改造机组共186台次，集团脱硫、脱硝装机分别达到火电装机的98.9%和67.1%，脱硝装机率同比增加34个百分点。

印发《燃煤发电企业环境保护管理办法》等4项规章制度，促进环保规范化管理；印发“十二五”后两年环保达标改造技术路线和工作要求，指导做好主要污染物达标排放工作；印发《液氨使用安全管理规定》《脱硫脱硝工程安全管理指导意见》，提高环保设施建设及运行安全水平。举办5期培训班，进行了466人次环保政策标准、规章制度培训和工作经验交流。

（3）燃料管理不断加强。优化燃料采购结构，保持合理库存，加强采运储配全过程管理，入炉标准煤单价同比下降102.4元/t，保持可比较低水平，河北龙山等15家火电厂标准煤单价同比降低150元/t以上，湖北荆门等12家火电厂煤价同区域最低。累计掺烧经济煤种5600万t，节约成本17.6亿元。

（4）工程管理效果明显。全面梳理在建项目，明确推进策略，优化投资配置。严格工程开工标准，落实建设条件、优化投产时序，强化全过程管控。全年投产电源项目656.8万kW。泰州二期等691万kW电源项目开工建设。布连煤电一体化等项目顺利投产，世界海拔最高的那曲风电项目并网发电。

大力开展设计优化，深入开展精细化管理，努力打造精品工程。大渡河猴子岩等13个项目合计节约造价6.9亿元，湖南宝庆和河北尚义工程获“鲁班奖”，谏壁扩建工程获国家优质工程奖，深溪沟水电站等8个项目荣获中国电力优质工程奖。

优化资产　防范风险

（1）电源发展更加优化。火电60万kW及以上机组比重达44.4%，同比提高0.5个百分点，跨省调出关停小火电机组容量37.6万kW。汉川三期取得路条，哈密大南湖、贵州织金等634万kW火电项目获得核准。

风电总装机容量达1732.5万kW，居世界第一。核准风电490.57万kW，位列国内第一。龙源电力成功预中标24.45万kW南非风电项目。

大渡河流域水电开发稳步推进，形成梯级滚动开发格局。取得金沙江上游旭龙、奔子栏等优质水电资源开发权。

（2）资产处置顺利推进。完成长治、榆次等资产重组，完成杨家坪煤矿等股权转让。与中电投股权置换和蒙能投、益阳等重组取得重大进展。天津一热获得土地补偿7亿元。江西公司整合九江三、四期资产，节约税收近亿元。

（3）财务管理不断加强。加强预算执行监控，适时调整预算目标；强化资金集中管理，推进设立资金结算中心，全口径资金归集率超过70%，比年初提高20个百分点；深化产融战略合作，累计取得授信额度8121亿元，较年初增加2500亿元；加快财务信息化建设步伐。

（4）内控体系更加健全。基建财务内控体系在50个新开工电源项目全面推广，6家单位完成内控体系建设试点工作。加强审计、监察和巡视工作，完成7

家分/子公司的巡视检查，积极支持配合监事会开展工作，配合国家审计署完成经济责任审计，开展内部经济责任审计171项、财务收支审计301项、内控审计299项、工程和技改项目审计1054项，及时整改，有效防范风险。

加强党建　创建和谐

（1）作风建设成效显著。开展党的群众路线教育实践活动。严格执行中央八项规定和国电集团24条措施，建立“两审三把关”制度，“三公经费”同比下降25%，会议活动数量下降26%，文件减少16%。

（2）党建工作扎实开展。修订《基层党委换届选举工作管理办法》，出台《加强和改进新能源企业党组织建设的指导意见》。开展党建工作专项提升活动，衡丰公司“精益党建”纳入央企管理提升案例。13个课题研究成果受到中央企业党建政研会等表彰，党委中心组学习和党建、政研工作经验分别在国资委和全国国企党建专委会等会议上交流。

（3）企业文化创新发展。注重巩固“家园文化”的建设成果，采取了编制专题宣传片、培训课件，制订企业文化建设管理和考核评价办法，征集优秀案例等举措，深化企业文化建设。修订了文明单位管理办法，广泛开展道德讲堂活动，进一步弘扬社会主义核心价值观。国电集团荣获全国企业文化建设优秀成果奖，菏泽公司获评全国企业文化建设百佳企业。

（4）新闻宣传内外兼修。在内部媒体报刊开展“聚焦一线”“我是国电，我在坚守”宣传活动，集中报道普通职工先进事迹，增强了职工的自豪感和凝聚力；成功组织了“走进新国企”“节能减排国电行”等对外宣传活动，树立了中国国电的良好形象。

（5）切实维护职工权益。出台了《关于进一步落实全心全意依靠职工办企业方针的指导意见》《中国国电集团公司厂务公开民主管理实施办法》，进一步深化民主政治建设，蝉联了全国厂务公开民主管理先进单位称号。深入实施“惠民工程”。发放高温专项补贴，制定了效益奖励方案。加大培训力度，推进职工素质提升。集团总部、分/子公司、基层企业分别举办培训班22个、570个、7000个。培训职工10.6万人，培训率达到75%。开展专业技术资格评审及技能鉴定，1100余人获得中、高级职称，1900余人参加了职业技能鉴定及考核。

（6）反腐倡廉不断深化。把党风廉政建设和反腐败工作，与企业经营发展同部署、同落实、同检查。全年开展专项检查963次。开展警示教育，先后组成5个宣讲团，连续两年分赴90个基层单位开展宣教活动，共有12 478名职工参加警示教育报告会，占到了职工总数的9%。加大案件查办和责任追究力度，对发生职务犯罪单位的领导人员实施责任追究。围绕“三重一大”决策、燃料和招投标管理等，开展效能监察和综合评价。

（7）和谐共建持续深入。高度重视地企合作，坚持“加强合作，互利共赢”的原则，积极参与地方招商引资。在国际合作中尊重当地法律和风俗，主动参与社区事务，平等对待异国职工，保护当地生态环境。

中国电力投资集团公司社会责任

社会责任管理　集团公司坚持“致力于建设成为可持续的绿色能源供应者”的社会责任理念，不断完善社会责任体系建设，提升社会责任管理的能力和水平，努力实现企业与利益相关方的共同发展，实现企业与经济、社会、环境方面的协调、可持续发展。

（1）责任融合。把社会责任管理融入到集团公司的战略、生产经营和业务管理的各个环节和不同层级，实现全方位、全过程覆盖，更好地回应利益相关方的期望，努力实现经济、社会和环境的综合价值最大化。

（2）责任治理。集团公司进一步加强社会责任管理的制度建设，拟定并发布了《集团公司社会责任管理办法》，成立企业社会责任委员会，负责社会责任相关的重大事项的审议和决策，形成自上而下、分工明确的社会责任管理组织体系、制度规范和工作机制；成立了专门的工作机构，配备专职工作人员，细化了社会责任的管理工作。

（3）责任沟通。集团公司自2009年发布第一份企业社会责任报告以来，连续6年发布企业社会责任报告；在集团公司网站开通“社会责任专栏”；举办企业开放日活动；三级公司伊江上游水电有限责任公司在缅甸发布国别社会责任报告等主动披露企业履行社会责任的理念、制度、措施和绩效，不断加强与利益相关方的沟通并接受社会监督，为确保企业健康可持续发展发挥了积极作用。

推动科学发展

（一）调整结构　清洁发展

1. 清洁高效——优化发展火电

2013年，集团公司新投产火电576万kW，火电装机容量达到6209万kW，火电平均单机容量达到29.43万kW，60万kW及以上机组容量占比达到52.9%。新投产火电中60万kW等级及以上机组容量占比为99.3%。高负荷区大容量、高效率机组的投产进一步优化了集团公司火电布局和结构，增强了火电的市场竞争力。

2. 生态环保——合理开发水电

2013年，集团公司新增水电123.13万kW，水电装机容量达到1925.18万kW，位居五大发电集团第二位。全年水电发电量累计完成691.68亿kWh，实现利润35.30亿元，是集团公司利润主要来源之一。

集团公司负责开发黄河上游河段梯级16级及沅水流域7级水电站，沅水流域7级电站全部投产。

3. 清洁绿色——大力发展新能源

2013年，集团公司新能源新增装机容量359万kW，达到721万kW，同比增长1倍，占全国总装机容量的8.0%，从五大发电集团第五位上升到第四位，其中，太阳能发电总装机规模全球第一。全年新能源发电量累计完成76.7亿kWh，实现利润7.27亿元。

4. 安全清洁——高质量发展核电

截至2013年底，集团公司核电控股运行机组容量112万kW，参股运行机组权益容量108万kW，控股在建机组总容量586万kW。同时取得了一批优质项目资源，项目涵盖了厂址储备、前期开发、开工准备、在建工程、正式运行各阶段，为集团公司核电的可持续发展提供了重要保障。

集团公司控股建设的山东海阳核电项目规划建设6台125万kW核电机组，采用AP1000第三代核电技术，一期工程建设两台机组，是国家第三代核电自主化依托项目之一。

辽宁红沿河核电项目采用“二代加”核电技术路线，规划建设6台百万千瓦级压水堆核电机组，2013年，1号、2号机组顺利投产。

（二）优化布局　协同发展

1. 五大产业集群

集团公司按照“电为核心，煤为基础，产业一体化协同发展”，加快推进建设“可再生能源为核心”的青海产业集群，“循环经济”特色显著的蒙东产业集群，“铝为核心”的宁夏产业集群，“煤炭清洁高效综合利用为核心”的新疆产业集群，“产业协同”效应显著的贵州产业集群。

2. 煤炭与物流产业（略）

3. 铝业（略）

4. 高新产业

（1）光伏产业。光伏产业初具规模，已形成多晶硅产能2500t/a、光伏电池产能400MW/a及组件产能300MW/a，初步打通了从多晶硅到电池组件到光伏并网发电较为完整的晶硅光伏产业链。

（2）环保产业。截至2013年底，集团公司环保公司已累计安装投运185套脱硫脱硝装置，容量7607万kW；脱硝催化剂年产能10 500m^3，产量和质量双增长，产品合格率提升到94%以上。

（3）煤化工产业（略）。

（三）管理提升　稳健发展

1. 深化改革　高效发展

集团公司全面总结管控一体化改革成效，梳理存在的问题，进一步深化管控一体化改革工作。基本建立了符合战略要求的业务管理架构，形成了符合产业特点的价值管理方式，总体完成了符合三级组织定位要求的流程梳理工作，优化了符合大型综合能源集团特点的资源配置方式。

2. 管理标准化　健康发展

制定了集团公司标准化规划。开展创建第二批标准化良好行为企业试点工作。制定发布《标准化良好行为企业指导手册》。收录标准5550项，涵盖电力、煤炭、铝业等各个产业领域。完善火电、水电、电解铝标准成本，新增制定了煤炭、风电等产业标准成本。

（四）科技引领　创新发展

集团公司加快科研院人员队伍和资质能力建设，完善以科研院为核心的科技创新体系，初步形成对集团公司决策和管理的技术支撑。成立了专家委员会，有效发挥专家咨询作用，促进集团公司重大技术决策的科学化和民主化。

2013年，集团公司获得省部级科技奖励12项，其中“电解铝厂生产全过程控制技术研究及系统开发”“节能型SY400预焙阳极铝电解槽研发及应用”分别获得中国有色金属工业科学技术进步奖一、二等奖；“超超临界机组高效节能协调控制系统的开发与实施”获得中国电力科学技术奖二等奖。

保障安全运营

1. 确保核电安全

制订了核电前期项目安全（HSE）管理标准化大纲和大纲程序；开展核电质量领域重点科技项目“AP1000核岛设备监造技术导则与技术规定”，推动了设备监造活动的规范化、标准化；建立了完全适用于AP1000技术路线的设备监造技术文件体系，并荣获“中国核能行业协会科学技术奖三等奖”。全面启动了AP1000核电标准化体系建设工作。

启动核电板块信息化系统建设，认真组织调研和顶层设计，编制了《核电板块信息化顶层设计方案》等文件。全面启动了核应急预案体系及核应急指挥中心建设，全面履行保护公众和保护环境的社会责任。

2. 确保安全生产

建立安全健康环境管理体系（简称安健环体系），是在安全生产领域开展战略性、系统性和全局性管理的重要举措。组建应急管理委员会，设立应急管理委员会办公室、突发事件应急值班室，组建了9个专项应急领导小组。

狠抓二、三级单位应急预案体系建设，督促和指导所属253个生产经营单位制定综合应急预案257项、专项应急预案2804项、现场处置方案4018项，基本建立了覆盖全系统，涵盖自然灾害、事故灾难、公共卫生事件和社会安全事件应急响应且相互衔接的应急预案体系。

不断强化应急演练，提升应急处置能力。集团公司所属二级单位下辖7支专业矿山救护队、5支专职消防队、3支危险化学品应急救援队，各类专业应急救援队员共292人，配备各类抢险救援车辆49台。其中新疆能源化工四棵树矿山救护队、金元集团林华煤矿救护队、能发公司救护队等5个救护中队、1个救护小队均通过三级矿山救护队达标评审。

3. 培育安全文化

集团公司将安全培训工作落实到各三级单位，各单位分别通过视频会议、培训班和现场会等形式，对单位主要领导、安全生产管理人员、体系建设骨干和职工群众等进行全方位全覆盖的安全培训。

集团公司下属各单位通过安全演讲、知识竞赛、安全月签名和安全漫画大赛等方式，强化员工对集团公司安全理念内涵的个人响应与情感认同，使员工自觉养成质疑的工作态度、严谨的工作方法和相互交流的工作习惯。

践行低碳环保

1. 提高能源转化率

2013年，集团公司进一步完善对标考核评价体系，二级单位制定对标考核评价制度，并对三级单位对标工作实施考核评价。全年基本标准和先进标准达标率分别为99.30%、88.20%，基本实现集团公司对标三年行动计划第三年目标。集团公司归属母公司净利润、归属于母公司净资产收益率、EVA继续上升，供电煤耗、厂用电率持续下降，四项指标均排在五大集团较好位置。

年份	2008	2009	2010	2011	2012	2013
供电煤耗(g/kWh)	350.24	343.22	331.75	321.77	317.07	313.5
在五大集团中的位置	第五	第五	第五	第四	第三	第三
综合厂用电率(%)	7.20	7.12	6.73	6.38	6.07	5.91

2. 提高资源利用率

集团公司通过发展循环经济，提高资源综合利用率和可再生能源的就地转化率，最大限度将当地的资源优势转化为经济优势。通过对垃圾、粉煤灰的循环再利用，让废弃物资源化利用，不仅环保且产生一定的经济效益。

在内蒙古东部霍林河地区建设80万kW风电及一定规模的太阳能光伏发电，同步建设2×35万kW以劣质煤为主要燃料的空冷火电机组，配套建设局域电网以及控制中心。截至2013底，该示范项目风电已投产20万kW，部分电网工程及生产运营监控中心已建成投运。该项目建成后，每年可节约标准煤57.15万t。

建设垃圾发电厂既减少了能源消耗、变废为宝，又有效解决当地垃圾处理等方面的问题，具有良好的社会效益和环境效益。

粉煤灰综合利用，是燃煤电厂推行清洁生产，形成低投入、低消耗、低排放和高效率节约型增长方式的重要内容。

黄河公司西宁多晶硅项目是不排放四氯化硅副产品的环保型生产项目，该项目采用冷氢化技术实现四氯化硅的全部回收利用。2013年回收、使用四氯化硅25 750t，冷氢化单程四氯化硅转化率达27.22%。

在内蒙古四子王旗建设风电供热示范项目，该项目装机20万kW，可供热能力为50万m^2，该示范项目建成后不仅为我国风电消纳探索新路径，并且每年可节约标准煤16.45万t。2013年12月，该项目风电工程投产，供热站也已建成。

3. 减少排放　降低污染

(1) 取消脱硫旁路。2013年，集团公司火电厂脱硫装备率达到99.73%，在此基础上，下属火电厂积极取消脱硫烟气旁路，全年共取消脱硫烟气旁路46台，容量1805.4万kW，彰显了集团公司打造绿色环保电厂，勇于承担社会责任的决心。

(2) 加大烟气脱硝改造。2013年，集团公司除新建机组同步上脱硫、脱硝设施之外，加大老机组的脱硝改造力度，全年完成脱硝改造机组34台，合计1526万kW，超额完成了减排目标责任书中要求完成22台脱硝机组改造的目标。截至2013年底，集团公司脱硝机组容量3550万kW，占火电机组容量的59%，同比增加30%。

(3) 协同治理烟尘排放。集团公司所属火电厂主动采用除尘新技术控制烟尘排放，满足了重点地区烟尘排放标准。

(4) 实时公示排放数据。集团公司将环保设施纳入电厂主设备同等管理，不断提高环保设施投入率和环保管理水平，并创新履责方式，多家火电厂主动实时公示排放数据，接受社会监督。目前多家火电厂的污染物排放浓度已达到重点区域排放标准。

4. 推进节能减排

加大环保投入，进行技术创新，并在行业内进行试点和推广，着力打造绿色环保电厂。

中电投远达环保工程有限公司（简称中电远达）是集团公司的环保产业公司。2013年，中电远达成功开发出了蜂窝管式电除尘自有技术；成功开发出了适应不同中毒类型催化剂再生工艺技术；开发出了废弃蜂窝式SCR催化剂回收工艺技术，填补了国内外废弃催化剂资源化利用技术的空白；完成了脱汞催化剂关键生产设备和生产工艺技术攻关，建成了12 000m^3/a脱汞催化剂浸渍生产线；开发出单塔双循环技术，该技术适用于60万kW及以上大机组脱硫，综合脱硫效率可达98%以上；形成了具有自主知识产权的管式湿式电除雾技术，使烟气排放浓度稳定小于10mg/m^3等，引领着行业环保科技的发展，并且建设重大技术示范工程，促进科技成果转化，努力推进电力产业绿色发展。

5. 保护生态

严格执行国家环境保护有关法律法规，认真组织实施批复的环境保护方案，促进发展与环境和谐相融。水电企业积极开展水生生物保护工作，煤炭企业重视土场复垦、污水处理，并不断提高资源回采率。

致力员工发展

1. 民主管理　保障权益

（1）保护员工基本权益，推行平等协商集体合同制度，建立和谐的劳动关系。

（2）深化员工民主管理。强化职代会的监督作用。深化厂务公开民主管理。发挥职工监督作用。加强总经理联络员工作。

2. 关爱员工　助力幸福

建立特重病救助基金。筹集送温暖资金慰问基层一线困难员工、劳动模范、离退休员工。

建立完善的生产组织和管理模式，全过程风险管控机制，为从事高危工作员工提供安全作业条件，全年未发生重大人身伤亡事故。组织员工定期体检、建立健康档案，开展健康风险分析。尊重员工个人感情和心理等方面需求。

3. 搭建平台　促进成长

加大领导人员队伍、专业技术人员队伍和技能人员队伍的培训力度。组织技能鉴定和火电机组持证上岗、集控运行值班员调考工作等培训。

集团公司推进员工职业发展双通道建设，全年评聘技术通道专家及技术带头人97人、高级技能师及技能带头人89人。完善职称管理、技能鉴定管理的制度体系和组织体系。

系统各单位开展各类劳动竞赛。开展技术攻关科技创新285项，参加人数2276人，取得效益17 274.6万元。6名员工在中央企业大赛中获得“中央企业技术能手”称号。

2013年，5名员工获得“全国五一劳动奖章”，9名员工被授予“中央企业劳动模范”。5个集体获得“中央企业先进集体”。

4. 文体活动　凝聚合力

（1）加强精神文明和企业文化建设。不断健全精神文明建设组织领导体系，完善工作机制，强化管理考评，大力开展社会主义核心价值体系宣传教育，深入推进文明单位创建，广泛开展“道德讲堂”活动，努力提升企业的文明程度和职工的道德素养。加强企业文化建设，编印《触摸企业灵魂——中电投集团文化故事》，大力传播中电投企业理念，拍摄《飞扬的青春》励志微电影，连续6年举办青年成长成才论坛，弘扬优秀文化，铸魂塑形育人。

（2）建设“职工书屋”。截至2013年底，集团公司共建立“职工书屋”330个，建立图书阅览室、图书角345个，系统10个单位荣获“全国职工书屋示范点”；16个单位荣获“省级职工书屋示范点”“优秀职工书屋”称号。

（3）开展文体活动。2013年，集团公司共开展各类文体活动1274项，举办丰富多彩的文体活动共2274次数，共有9.72万人次参加。集团公司乒乓球、羽毛球、摄影、书法等文体协会开展了形式多样、丰富多彩的文体活动，增强了广大职工凝聚力，倡导了文明、健康的生活方式，展示了集团公司职工文化建设的丰硕成果。

坚持依法合规

1. 合规经营、诚实守信

（1）依法治企。

强化法律风险防范过程管控。

强化法律工作规范化管理。

强化重大项目法律审核服务。

（2）规范风险管理，实施内部控制。做好审计和风险内控管理，确保经营活动依法合规，及时揭示管理活动存在的各类风险，维护集团公司资产安全。2013年，集团公司组织开展各类审计项目425个，促进增收节支7.47亿元，核减工程费用支出3.88亿元，提出改进建议2476条。风险评估和内控评价监督产业覆盖率100%，单位覆盖率50%以上。

2. 平等合作、互利共赢

（1）加强与供应商的战略合作。

（2）与设计施工企业共同发展。

集团公司全过程质量监控每一个工程项目，与施工企业共同努力，2013年，集团公司有1个项目获得了中国建设工程鲁班奖，2个项目获得国家优质工程奖，5个项目获得中国电力优质工程奖，体现了集团公司与设计施工企业共同发展的理念。

（3）与合作伙伴共赢发展。

3. 正风肃纪、反腐倡廉

(1) 着力转变作风，为民务实清廉。

(2) 强化监督，执纪问责。

(3) 成立巡视机构，完善巡视制度。

(4) 深化廉洁，风险防控。

热心公益事业

1. 保障用电、用热

2013 年，集团公司发电量 3678 亿 kWh，同比增长 9.19%；平均利用小时数 4469h，同比增加 40h。

2013 年，集团公司未发生有社会影响的供热中断事件，供热设备运行良好，各单位均未发生供热降出力运行事件，供热设备的可用系数达到 100%。全年供热量完成 12 386 万 GJ，同比增长 15.88%。

2. 危难时刻勇担责任

在国家遭遇自然灾害的危难时刻，集团公司发挥顶梁柱作用，模范履行社会责任，积极承担抢险救灾的责任，保障人民群众的生命财产安全和国家社会的稳定。

3. 社区参与，共建和谐

为广泛传播核电科普知识，消除公众的“恐核”心理，集团公司下属核电公司加大核电科普宣传，举办公众开放日，提高民众对核电的认识，支持国家核电事业的发展。

南昌发电厂党委在企业转型发展进程中，联合社区开展大党委共建工作，探索出一条以企业助社区建设、以社区促企业发展的社企共建之路。促进企业职工队伍稳定，丰富国有企业党建工作内涵。

南昌电厂与光明社区结对的社企共建目前已成为江西省乃至全国范围内响亮的社企共建品牌。近年来，中央组织部及江西省市领导数次到光明社区调研，均对南昌发电厂社企共建工作给予了充分肯定，央视新闻联播节目以及当地省、市新闻媒体也多次进行重点报道。

4. 扶贫助困，志愿服务

2013 年，集团公司主要的捐资项目包括：向青海省海南州捐赠援助帮扶资金；向云南省“爱心水窖”建设，捐款；向四川省雅安地震灾区捐款；向中国电力科学技术奖捐款；向辽宁省抚顺市洪水灾区捐款。

集团公司积极履行企业的社会责任，广泛参与扶贫帮困、爱心助学、志愿服务等社会公益活动，截至 2013 年底，我们的“映山红”爱心助学公益组织已拥有 24 个爱心助学工作站，筹集爱心助学公益基金 240 余万元，助学活动覆盖全国 28 个省区，累计资助 5432 人，建立“映山红”爱心书屋 33 个。

2013 年“映山红”品牌还走出国门，为缅甸密松移民村学校发放奖学金 6 万余元，进一步扩大了“映山红”爱心助学公益品牌的辐射力和影响力。

5. “走出去”企业积极履责

在项目开发过程中高度重视对当地自然环境的保护，妥善安置搬迁移民，改善当地基础设施，积极开展社会公益活动，认真履行企业社会责任，促进当地经济和社会全面发展。

2013 年 12 月 26 日，伊江上游水电公司在缅甸仰光发布第一份企业社会责任报告，缅甸掸邦和若开邦多名议员、民盟中央执委、中缅企业代表、社会团体、中国使馆代表以及近 50 家媒体共 144 名各界人士见证了发布会。报告真实反映了伊江公司为实现可持续发展，在经济、社会和环境等领域积极履行社会责任的情况，获得了国际专家的认可。

中国长江三峡集团公司社会责任

公司理念

文化宣言：我们是三峡

三峡精神：科学民主、求实创新、团结协作、勇于担当、追求卓越

公司使命：建设三峡、开发长江，奉献清洁能源、共建美好家园

公司愿景：建设国际一流的清洁能源集团

核心价值观：奉献、担当、创新、和谐

水电开发理念：建好一座电站、带动一方经济、改善一片环境、造福一批移民；长期合作、融入当地、平衡兼顾、互利共赢

社会责任管理 中国长江三峡集团公司（简称中国三峡集团）建立了机构完整、权责明确的社会责任组织体系，系统研究和梳理了各相关部门的社会责任职责、范围，逐步实现将社会责任理念逐步融入到发展战略、使命愿景和运营管理当中。2013 年编制了年度社会责任工作规划，进一步推进全面社会责任管理，形成涵盖“责任治理、责任培训、责任融入、责任考核”为一体的社会责任管理体系。

发挥枢纽综合效益 始终将发挥好三峡工程的社会效益放在首位，通过精心运行、科学调度，充分发挥三峡工程的民生保障作用。在金沙江下游水电开发过程中，进一步传承三峡工程运行管理经验，努力实现梯级水利枢纽综合效益最大化。2013 年，三峡工程荣获全国质量奖“卓越项目奖”和“国际百年工程项目奖”。

1. 力保防洪度汛

三峡工程的首要任务是防洪。2013 年汛期，三峡工程成功实施 5 次防洪调度，最大削峰达 14 000m^3/s，累计拦蓄洪水 118 亿 m^3，保障了长江中下游流域人民生命财产安全。同时，通过合理安排蓄水时间，统筹实施三峡、向家坝、溪洛渡三库联调，

三峡工程连续第四年成功实现 175m 试验性蓄水目标。

2. 发挥抗旱功能

在枯水期通过三峡水库为中下游补水，可以有效缓解下游航运用水和人民生产生活用水压力。2013 年枯水期三峡水库累计为下游补水 146 天，补水量 210.5 亿 m^3。

3. 改善航运条件

三峡工程改善了三峡库区和长江中游枯水季节的航道条件，大幅提升了西南地区的水运能力，使长江成为名副其实的黄金水道。2013 年，三峡船闸共运行10 770 闸次，通过船舶 4.6 万艘次，旅客 43.2 万人次，货物 9707 万 t，运行闸次数及上行货运量均创历史新高。

4. 提供清洁能源

2013 年，三峡工程安全高效运行 10 周年；溪洛渡、向家坝两电站创造了年投产装机 1164 万 kW 的奇迹。2013 年，三峡—葛洲坝梯级电站全年发电量为 986.87 亿 kWh；溪洛渡—向家坝梯级电站全年发电量为 295.6 亿 kWh。

倾力打造精品工程

1. 设计世界一流工程

国家授权中国三峡集团投资开发金沙江下游的向家坝、溪洛渡、乌东德、白鹤滩四座世界级电站，总装机容量达 4646 万 kW。在工程规划设计之初就综合考虑经济、技术、社会、环境等因素，严格执行设计标准，优化设计，开展环境风险、社会风险评价，最大限度减少对库区周边社会环境的影响。

2. 全面推行责任采购

坚持透明、公平、公正的采购原则，严格遵守采购流程规范，不断完善健全招标管理采购管理体系，通过电子交易平台形成统一的采购管理、供应商管理的标准体系，并对招标工作全面、全过程监督，确保市场环境的健康有序。

3. 建设卓越品质工程

始终秉承“卓越质量、本质安全”的理念，打造精品工程质量，确保枢纽安全稳定运行，为枢纽综合效益发挥奠定良好基础。

4. 不断强化安全管理

始终贯彻以零缺陷保证“零质量事故”，以零违章确保“零安全事故”的“双零”管理理念，打造本质安全型企业。以“安全管理责任到岗，设备管理责任到人”为核心，完善安全生产责任体系，建立健全安全生产责任制度，保障水利枢纽安全稳定运行。2013 年，中国三峡集团未发生电力安全事故，未发生较大以上设备责任事故，未发生较大以上人身死亡事故。

维护自然生态平衡　在坚持“建好一座电站，带动一方经济，改善一片环境，造福一批移民”“四个一”水电开发理念基础上，注重企业发展与生态环境保护协调发展，将生态文明理念融入到工程建设运营的每一个环节和全过程，努力减少水电开发对生态环境的不利影响。2013 年，中国三峡集团环境保护总投资（包括水土保持）超过 10 亿元，全年未发生环保违规事件。

1. 完善环境管理体系

结合自身实际和业务需求，全面完善水电开发环境管理体系，基本建成了覆盖水电、新能源、国际业务等多业务板块的环境管理体系。2013 年，顺利通过了质量管理体系、环境管理体系和职业健康安全管理体系“三标一体”认证。

2. 大力开发新能源和可再生能源

中国三峡集团致力于清洁能源开发，同时在工程建设运行过程中大力开展节能减排工作。2013 年，集团共生产清洁能源（水电和风电）1320.88 亿 kWh，相当于减排二氧化碳 10 883.99 万 t。截至 2013 年 12 月 31 日，三峡电站连续安全运营 2693 天，累计发电量达到 7119.7 亿 kWh，相当于替代燃烧标准煤 2.2 亿 t，减少二氧化碳排放量 5.8 亿 t，减少二氧化硫排放量 702 万 t。

3. 生物多样性保护

高度重视珍稀动植物和水生生态的保护，采取多种有效措施积极保护陆生生态和水生生态。经过中国三峡集团多年科研攻关，中华鲟全人工繁殖技术全面走向成熟。2013 年，中国三峡集团放流 1 龄以上中华鲟 8000 余尾，历年累计放流中华鲟数量超过 500 万尾。

推动移民可持续发展

1. 配合政府，做好移民搬迁安置工作

2013 年，溪洛渡水电站完成搬迁安置移民 52 871人，向家坝水电站完成水库影响区和新增滑坡塌岸影响区移民搬迁 1264 人。在保证移民顺利迁出的同时，切实保障移民合法权益，高度重视移民的后续发展，确保移民实现搬得出、稳得住、逐步能致富目标。

2. 出谋划策，多途径帮助移民更好发展

坚持按照“长期合作、融入当地、平衡兼顾、互利共赢”的方针，加强与地方政府和社会组织的合作，为移民就业提供专项资金支持，帮助库区政府开展职业教育和技能培训，积极为移民创造就业机会，促进移民脱贫致富。2013 年，中国三峡集团启动首批移民培训试点工作，全年共有 204 人参加了 7 个专业项目培训工作。

3. 关注特殊群体，有力推进移民帮扶工作

2011 年 7 月，中国三峡集团和全国妇联共同发起设立了“水库移民妇女发展扶持基金”，重点针对金沙江下游水电站涉及区域移民及移民村组，开展贫困移民助学、大病救助、移民妇女技能培训、“妇女之

家”建设和“母亲健康快车”配置等工作。截至2013年底，基金共投入资金2661.2万元，贫困助学5727人，大病救助455人，建设妇女之家40个，捐赠健康快车8台。

当好全球企业公民 立足全球视野，通过与国际行业组织、环保组织、具有国际影响力的科研院校开展广泛合作和交流，充分发挥自身品牌、资金、管理、技术、人才等综合优势，推广三峡标准，分享三峡人的水电项目建设、运营、管理经验，深入、广泛参与全球经济发展，助推国际水电开发事业的可持续发展。

奉献爱心回馈社会 高度关注并大力支持社会公益事业。2013年，四川雅安芦山地震发生后，第一时间积极配合有关方面开展抗震救灾，并向灾区捐赠2000万元用于灾区救援和重建。2013年中国三峡集团全年定点扶贫、对口支援、企地共建、社会捐赠等各类支出共计达到1.24亿元，荣获国家民政部授予的“中华慈善奖——最具爱心企业奖”。

国家核电技术有限公司社会责任

责任管理

1. 责任战略

“以核为先，以合为贵，以和为本”是国家核电技术公司（简称国家核电）的核心价值观，也是其社会责任实践的三大构面。2011年，公司制定了社会责任工作“十二五”规划，明确了社会责任工作的指导思想、总体目标、重点工作和推进计划。几年来，公司按照规划，积极推动社会责任工作的开展。

2. 责任治理

成立了由公司董事长担任主任的社会责任工作委员会，出台《国家核电技术有限公司社会责任工作管理办法》，进一步明确公司社会责任工作管理的组织和职责，完善规划管理、实践管理、沟通管理、绩效管理的内容、方式，为公司健全社会责任管理体系，提升履行社会责任的绩效提供有效的制度保障。

3. 责任沟通

利用公司网站、社会责任报告、展览活动等多种渠道传播公司的社会责任理念与实践。在公司网页设置“社会责任”专栏，及时报道在塑造可持续发展的企业、保护可持续发展的环境、奉献可持续发展的社会等方面的履责动态。

核电品牌 创新开发世界领先的核电技术，推动、参与核能基础研究科研体系的建立。设立国家核能研发中心，建成国家核能研发平台，为研发创新服务，同时为核安全监管工作提供技术支持。

带动行业水平整体提升。通过技术引进及分许可、组织培训服务、对接ASME等世界先进标准要求，借助依托项目和示范工程拉动，推动第三代核电设备国产化、自主化，促进中国第三代核电产业链形成。

推动核电标准化、批量化、系列化发展。完善国产AP1000标准设计，为后续AP1000项目建设提供技术和产业支撑；完成CAP1400研发并建设CAP1400示范工程；增加CAP1700研发，推进系列化创新发展，形成产业可持续创新发展格局。

塑造“国家品牌”，推动CAP1400“走出去”。落实中央经济工作会议对核电“走出去”的要求，努力把重大科技专项CAP1400打造成为核电“走出去”的国家品牌，发挥境外投资核电项目对大型成套装备出口的带动作用。

塑造企业

1. 创新核电技术

（1）世界首批AP1000核电机组建设充分发挥“依托”效应。中国引进AP1000技术，在浙江三门和山东海阳分别各建设两台机组，作为三代核电自主化的依托项目。国家核电作为项目总承包方，努力协调各方资源，积极应对建设世界首批机组的各类挑战，稳步推进项目建设。

2013年，首台机组——三门1号机组实现核岛封顶，土建基本完成，已经进入最后的设备安装和调试高峰阶段。建成依托项目机组，是中国AP1000技术成功引进的标志。随着工程推进，我国已基本掌握了AP1000工程设计、设备制造和工程建造与管理技术，步入世界第三代核电建设管理水平的前列。

（2）国产化AP1000标准设计完成。国家核电扎实开展AP1000技术消化吸收，推进国产化、标准化设计。2013年，完成了AP1000国产化标准设计，具备了AP1000核电站自主化、批量化建设的设计条件。

国产化AP1000标准设计将在浙江三门二期、山东海阳二期和广东陆丰项目中开展应用，正在接受国家核安全局“1＋3”模式标准PSAR审评。国产化AP1000标准设计吸收了依托项目在审评、设计、制造、施工过程中的经验反馈，吸纳世界核电发展过程的重要经验反馈，结合本土化考虑，全面落实设备、材料国产化，并且针对日本福岛事故进一步提高了安全裕度。

（3）CAP1400核电初步设计通过国家审查。CAP1400是国家核电在40多年核电研发设计经验基础上，结合AP1000技术消化吸收成果，再创新开发的具有自主知识产权的核电技术，被列为我国16个重大科技专项之一。

国家核电协同国内近百家产学研单位，推进CAP1400研发设计工作。2014年1月，CAP1400初步设计通过国家能源局组织的专家评审。CAP1400施工设计完成65%，6大关键试验以及关键设备研制有序推进。

CAP1400将预防和缓解严重事故作为设计基准，继承了AP1000的非能动安全理念，创新设计了反应堆、主系统、辅助系统及所有主设备，功率增大、效率提高，安全性、可靠性进一步提升，将成为世界上最先进的核电技术之一。

（4）科研基础平台建设进展顺利。试验验证平台：全部建成，试验进展良好。软件开发平台：COSINE软件发布了内部测试版并完成用户平台交互。设备材料鉴定平台：鉴定体系建设通过可研审查。燃料元件包壳材料研发平台：掌握了核级锆材完整核心技术。技术经济研究平台：深入开展经济性研究。

2. 带动行业发展

（1）推进AP1000国内分许可。国家核电从美国西屋联合体引进AP1000技术，并组织国内分许可工作。国内13个集团、33家单位消化吸收AP1000相关技术。深入推进AP1000的培训服务，促进了我国核电技术水平，带动了整个核电产业的能力提升。

（2）带动设备和关键材料国产化、自主化。依托项目关键材料设备基本实现国产化制造，CAP1400核电设备正在实现自主设计制造，CAP1400核电设备正在实现自主设计制造。

（3）开展产业配套建设。为了填补空白及加强薄弱环节，促进中国第三代核电产业链的形成，国家核电在核级锆材、反应堆数字化保护系统等关键领域投资进行产业配套建设。2013年，相关工作取得了重大进展。

（4）深化全方位合作与“走出去”。国家核电在全球30多个国家和地区开展业务，在美国、南非、巴西、印度、菲律宾等国建立了分支机构。国家核电不断加深与相关国际组织的合作与交流，利用更广阔的平台推动世界核能的发展。

3. 培育发展动力

（1）完善科研创新体系。学科体系方面，已经构建起涵盖12个关键技术领域的完整学科体系；创新平台建设取得积极进展，目前公司已拥有4个国家级、7个省部级科研机构，8家单位通过国家高新技术企业认证；建立了核电技术标准管理体系，初步构建公司核电技术标准体系框架，编制修订国家标准28项、行业标准36项。一个以市场为导向，产学研相结合，覆盖核电、常规电、设备与材料等领域，符合现代创新理念和公司具体实际的科技创新体系已经成型。

（2）加强人才队伍建设。国家核电不断加强人力资源管理，建立了一支高素质的经营管理、专业技术和操作技能队伍，截至2013年底，拥有员工8248人。

（3）尊重员工、关爱员工。国家核电严格遵守《中华人民共和国劳动法》《中华人民共和国劳动合同法》等相关法律，推行劳动合同、集体合同制度，依法为员工提供各项社会保险，切实维护员工基本权益。

保护环境

1. 研发、应用高效节能技术

国家核电强化在火电站设计、输变电工程设计等领域的差异化能力，积极研发及应用先进的高效、节能减排技术。2013年取得了新的重大突破。

山东电力工程咨询院设计的农六师煤电有限公司2×1100MW超超临界空冷机组工程是世界上参数最高、单机容量最大的空冷机组，也是新疆地区首台百万千瓦机组。工程于2011年11月完成初步设计，2013年5月完成施工图设计，1号机组于2014年1月建成投产。

进军国际电力市场，展示先进的节能技术设计能力。土耳其泽塔斯三期2×660MW燃煤火力发电项目位于土耳其宗古尔达克（Zonguldak）省，是土耳其单机容量最大的火电机组。

山东电力工程咨询院设计的500kV牟平变电站，创造了7个“国内首次”的纪录，打破了国内同期同规模变电站占地面积最小的纪录，在质量、科技、环保、节能方面取得诸多亮点和突破，荣获中国电力行业优秀工程设计一等奖、中国电力优质工程奖等，荣获国家专利6项、科技成果奖7项等。2013年11月荣获中国建设工程鲁班奖（国家优质工程）。

积极开发新能源技术，助力国家能源结构转型。建设国核电力规划设计研究院光大含山1×30MW生物质发电工程。

2. 强化安全、健康、环境管理

国家核电作为第三代核电技术引进、工程建设和自主化发展的实施者和推动者，致力于和平利用核能，造福人类。

国家核电坚持“本质安全，至高无上”的指导方针，认真落实安全生产责任，深化安全文化建设，完善应急工作机制，切实加强HSE管理。2013年公司系统全年未发生轻伤以上的安全生产事故。

遵循国家法律法规和相关国际公约要求，坚持核事故应急管理常备不懈。对职工进行针对性的核安全、辐射防护和核事故应急教育，同时加强应对自然灾害、公共卫生、公共安全的应急准备工作。2013年，公司获得国家安全监管总局应急救援知识竞赛"优胜单位奖"，《从核安全理念到行为习惯》获得国家安全监管总局优秀课件一等奖。

国家核电编制印发了《核安全文化发展纲要》，并组织部分单位率先开展核安全文化自评估。已初步形成了在意识上重视安全，在程序上满足安全，在执行中遵守安全的核安全文化。

为推动中国核电事业健康发展，国家核电通过多种渠道和方式，向公众普及核能与核电厂基础知识、世界核电发展情况、AP1000第三代核电技术等知识。

3. 开展绿色生产、绿色办公

国家核电成立节能减排领导小组，将节能减排统计监测纳入公司日常管理，不断建立和健全节能减排长效机制。将环境影响分析作为项目评价的重要内容，新建项目环评达标率连续三年达到100%。

在生产线建设设备选型时，国家核电从满足国家关于节能减排的相关规定和技术指标出发，不购买、不借用、不租用高耗能设备。在组织生产和编制工艺时，注重合理的利用能源。对厂房内各照明系统进行统一控制管理，采取"单机单采，多机多开，停机不开"的原则，严格控制，杜绝浪费。积极运用信息化的技术手段，创新办公、沟通平台，减少沟通和交通成本，减少物耗和能耗。在日常工作中，积极倡导节水、节电理念，推行无纸化办公。

奉献社会

（1）带动地区发展。国家核电积极参与所在社区的建设，通过项目建设和大宗材料采购，带动当地相关产业发展，促进当地居民就业和社区的进步。

（2）参与扶贫助困，国家核电始终坚持"参与扶贫救困，力促社会和谐"，继续贯彻实施《国家核电技术公司对外捐赠管理办法》，为贫困地区群众提供力所能及的帮助和支持。

（3）积极支教助学。十年树木，百年树人，国家核电大力开展捐资助学，以教育扶贫的方式回报社会。

（4）开展志愿服务。国家核电大力弘扬"奉献、友爱、互助、进步"的志愿精神，鼓励全体员工积极参与志愿服务活动，力所能及地回报社会。

中国电力建设集团有限公司社会责任

社会责任战略和管理体系

1. 责任战略

中国电建把履行企业社会责任作为一种增长战略，建立世界一流的全面责任管理（TRM）体系，打造集团强大的责任竞争力，大力推进可持续发展和和谐发展，持续提高经济、社会、环境综合价值创造能力，成为促进社会进步、人类未来更加美好的世界一流的优秀企业公民。

集团按照内外部视觉结合的思路构建社会责任模型，围绕综合价值最大化，采取"计划—实施—考核—持续改进"即PDCA循环，细分10个环节，构建履行企业社会责任的逻辑关系。

2. 社会责任管理体制

集团层面侧重于从较为宏观、全面、前瞻的角度进行社会责任管理体系建立、运行和维护，负责组织集团公司社会责任管理工作。业务板块层面根据集团公司授予职责，侧重于从业务专业角度进行本业务板块管理职责范围内社会责任管理工作。成员企业（单位）层面根据各自业务组合和经营管理具体情况，侧重于本企业（单位）经营管理过程中的社会责任管理工作，负责本企业（单位）社会责任管理体系的具体建立、运行和维护。

3. 企业全面责任管理（TRM）

管理目标从追求利润最大化转向追求经济、社会和环境综合价值最大化，创造包容性价值；管理对象从企业内部人、财、物拓展到内外部利益相关方的资源和潜力；管理价值从经济价值延伸到环境价值、社会价值，从股东价值延伸到利益相关方价值，从关注自身价值延伸到创造社会福利；管理机制从注重企业内部资源的优化配置发展到促进社会资源的更优配置。

社会责任管理PDCA循环

1. 计划阶段

（1）责任动力。积极履行企业社会责任，是集团战略目标的应有之义，也是战略目标顺利实现的重要支撑。建立全面社会责任管理体系，提高责任竞争力，是集团加快转变发展方式的重要举措，是集团成为世界一流企业的内在要求，可以提高集团软实力，使集团竞争力不但体现在规模和实力，更体现在形象和品牌影响力。

（2）责任承诺。基于责任动力，集团对履行社会责任做出整体承诺，明确社会责任理念，将社会责任融入集团使命、愿景和核心价值观。集团总部各部门、各事业部、各成员企业（单位）按照各自分工，做出相应责任承诺。

（3）责任战略。为履行责任承诺，集团明确社会责任战略，将社会责任融入发展战略。集团总部各部门、各事业部、各成员企业（单位）的发展规划，充分体现集团社会责任战略，确保集团社会责任战略实现。

2. 实施阶段

（1）建立健全集团全面社会责任管理组织体系。集团成立集团社会责任工作领导小组，集团总经理担任社会责任工作领导小组组长，主管副总经理担任副组长，成员来自集团总部主要部门和事业部，并下设办公室，办公室的日常工作由集团公司办公厅组织开展。

（2）融入运营和文化。建立健全集团全面社会责任日常管理体系，把履行社会责任融入运营和文化。

完善集团总部各部门、各事业部、各成员企业（单位）、各岗位的工作职责、管理要求与行为守则，建立"全面、全员、全过程、全方位"履行社会责任日常管理体系。

（3）责任能力建设。制订和实施企业社会责任培训计划，根据岗位的社会责任影响实施全员社会责任培训，并对管理岗位进行重点培训，同时积极学习、借鉴国内外成熟的企业社会责任实践。

（4）利益相关方参与。集团逐步建立健全利益相关方参与机制，保障利益相关方的知情权、监督权和参与权。促进积极的利益相关方参与，了解和回应利益相关方的期望，把握可持续发展机遇，预防和控制社会和环境风险，促进实现企业的综合价值最大化。

（5）责任沟通。建立、健全企业社会责任信息的披露机制，及时向利益相关方披露社会责任信息和绩效。披露方式包括企业网站、内部刊物等日常信息沟通渠道，定期发布的社会责任报告，以及专项沟通活动。

3. 考核阶段

对集团、总部各部门、各事业部、各成员企业（单位）以及员工个人履行社会责任的行为和结果符合职责要求和考核目标的程度进行具体评价与奖惩安排，建立促进集团履行社会责任的激励与约束机制，是集团业绩考核体系和全员绩效管理的重要组成部分。

循序渐进地推进集团社会责任指标体系建设，制订全面反映集团社会责任业绩的集团整体、总部各部门、各事业部、各成员企业（单位）以及员工个人的社会责任指标体系。借鉴国际惯例与经验，建立经济指标、社会指标和环境指标体系，与现有的统计、业绩考核等相关体系有机衔接，并充分利用信息化建设成果，将集团社会责任指标的收集、汇总与分析程序有机融入集团管理信息系统。

建立和完善监督考评机制，将反映集团重要社会责任绩效的指标与岗位职责绩效相结合并进行考核。定期评估企业运营对社会与环境的各类影响，制定并实施相应的改进工作方案。

4. 持续改进阶段

坚持持续改进是集团提升社会责任业绩的永恒要求。集团总部各部门、各事业部、各成员企业（单位）不断提升集团全面社会责任管理体系，提高管理企业决策和运营对社会和环境影响的效果与效率；不断总结经验，循环改进，持续提高社会责任管理体系的有效性，提升企业把握可持续发展机遇、应对社会和环境风险、推进可持续发展的能力与水平。

十大社会责任

1. 坚持依法经营诚实守信

（1）模范遵守法律法规和社会公德、商业道德以及行业规则。

（2）及时足额纳税。

（3）维护投资者和债权人权益。

（4）尊重知识产权和财产权。

（5）维护行业发展秩序，反对不正当竞争。

（6）杜绝商业活动中的腐败行为。

（7）负责任的政治参与。

2. 不断提高持续盈利能力

（1）完善法人治理，科学民主决策。

（2）优化发展战略，突出做强主业，缩短管理链条，合理配置资源。

（3）强化企业管理，提高管控能力，降低经营成本，加强风险防范，提高投入产出水平，增强市场竞争能力。

3. 推进自主创新和技术进步

（1）建立和完善技术创新机制，加大研究开发投入，提高自主创新能力。

（2）加快高新技术开发和传统产业改造，着力突破产业和行业关键技术，增加技术创新储备。

（3）强化知识产权意识，实施知识产权战略，实现技术创新与知识产权的良性互动，形成一批拥有自主知识产权的核心技术和知名品牌，发挥对产业升级、结构优化的带动作用。

4. 切实提高产品质量和服务水平

（1）在资质等级、政府许可的范围内开展业务。

（2）建立质量管理体系和制度，开展质量管理体系和资质认证，保证产品和服务的安全性，改善产品性能。

（3）设置质量管理机构岗位，负责质量的日常管理。

（4）建立健全教育培训制度，提升员工的质量意识和质量控制技能。

（5）建立健全原材料和设备等的采购制度以及质量检验制度，按照设计要求、技术标准和合同约定，对材料、设备、生产方法和流程等进行检验和检查。

（6）对不同类型的业务，根据合同承担相应的质量责任。严格选择和要求供应商、分包商，并对供应商、分包商的质量进行统一监督和管理。

(7) 优化、创新生产工艺和流程，提高质量和效率。

(8) 完善质量服务体系，提升服务水平。

5. 保障生产安全

(1) 严格落实安全生产责任制，加大安全生产投入，严防重、特大安全事故发生。

(2) 建立健全应急管理体系，不断提高应急管理水平和应对突发事件能力。

(3) 建立工程安全管理制度，设置工程安全管理机构或岗位，负责工程安全日常管理工作。

6. 员工权益与职业发展

贯彻"以人为本"理念，切实维护职工权益，不断改善职工劳动条件和福利待遇，加强职工素质教育和培训，促进职工全面发展，全面创建和谐企业。

(1) 平等和规范雇佣。

(2) 薪酬福利。

(3) 职业健康与安全。

(4) 员工职业发展。

(5) 员工沟通和参与。

(6) 员工关爱。

(7) 维护人权。

7. 客户（业主）权益

秉承"客户至上"的经营理念，高度重视客户意见和建议，致力于为客户提供高品质的产品和服务，努力建设与客户共赢关系。各成员企业（单位）根据生产组织形式和施工特点，在生产、施工过程中采用现代化管理方法和科技手段开展科技攻关，争创名牌工程和名牌产品。

8. 供应链管理

(1) 权益保护。

(2) 责任采购与责任分包。

(3) 本地化采购。

9. 环境保护

(1) 环境管理。

(2) 资源节约与综合利用。

(3) 降污减排。

(4) 生态保护。

10. 参与社区发展和公益事业

(1) 社区参与和沟通。

(2) 就业和培训。

(3) 社区发展。

(4) 文化和教育。

(5) 捐赠和救灾。

三个业务特色实践

1. 清洁可再生能源和水能资源开发

积极开发利用水能、风能、太阳能、地热能、海洋能、生物质能等新能源。与中国南方电网有限责任公司战略合作共同开发可再生能源。2013 年 6 月 27 日，所属水电水利规划设计总院（简称水电总院）作为中国首家机构，与国际可再生能源署（IRENA）正式签署合作协议，加入了 IRENA"全球大地图"数据共享计划。

2. 海外经营

严格遵守所在国法律，尊重所在国的民族文化和宗教习俗，坚持诚信经营，保证产品和服务质量，保护当地环境，抓好安全生产，积极聘用当地员工，维护当地员工权益。坚持多方共赢，发挥企业在资本、技术、品牌、信誉、渠道网络等方面的优势，积极带动当地产业链企业共同发展，实现价值共享。积极参与所在国公益事业，支持社区的文化、教育、医疗等公共服务设施建设，为当地经济社会发展做出应有贡献。

3. 建设项目全产业链

建设项目中履行社会责任的措施，必须与工程同时部署、同时实施、同时考核，把社会责任主题全面融入项目成本、质量、进度、安全、环保、采购和人力资源管理等日常管理中。

三个鲜明专题实践

1. 友好建筑

强调从建筑物的全生命周期中，包括投资、勘测设计、建设、运营、维护、翻新、拆除等每个阶段，都考虑对资源、社会（如水利水电工程的移民）和环境（如节能减排）的不利影响降到最低。

2013 年 12 月 28 日，由集团所属湖北设计院承担设计任务的武汉未来城 110kV 变电站正式投产送电，是全国首批实施的 6 座新一代智能变电站示范工程之一。

2013 年 7 月 25 日，由集团所属水电五局、水电三局承建的国家重点建设项目、西部大开发重点工程黄河海勃湾水利枢纽大坝工程全部完工。

中国水电矿业（老挝）钾盐公司钾盐一期 120kt/a项目取得重要进展，第一批钾盐于北京时间 2013 年 6 月 27 日 13 时 26 分胜利产出。

2. 携手关爱

(1) 抢险救灾。2013 年 10 月 30 日，玉树 3 年重建任务圆满完成。

2013 年 4 月 20 日 8 时 02 分，四川省雅安市芦山县发生 7.0 级地震。中国电建积极参与抢险援建工作，并为支援抗震救灾捐款。2013 年 7 月 21 日，水电十四局参与昆明北站隧道排涝。

(2) 扶贫慈善。委托水电十四局具体负责实施的云南剑川太阳能光伏项目电网延伸改造工程全部完工。由集团所属水电四局捐资 112 万元援建的青海省社会主义新农村项目——海南藏族自治州同德县巴沟乡火角村新建改建工程全面完工，并通过地方政府验收。集团获中央企业扶贫开发工作先进称号。

3. 低碳生活

提倡工作生活中所耗用能量要尽力减少，减低碳特别是二氧化碳排放量。

注意节约用电、用水。采取技术可行、经济合理的措施，减少电能的直接和间接损耗，提高能源效率和环境保护。

管理提升与社会责任管理 加强现有管理模式、管理方法和管理手段的持续改进，适应新形势、新变化的要求，不断探索管理提升的新途径、新方法，通过管理创新全面提升管理水平。

企业社会责任管理要求将社会责任和可持续发展理念融入企业决策和生产经营过程，用社会责任的理念梳理企业的使命、愿景和价值观，审视企业发展战略、经营模式和业务流程，将企业对利益相关方和自然环境的责任纳入管理系统。从某种意义上说，加强企业社会责任管理也是管理创新的重要体现。

中国能源建设集团有限公司社会责任

责任管理

1. 责任战略

集团公司坚持“世界能源，中国能建”的组织使命和“行业领先，世界一流”战略愿景，围绕企业发展战略，紧密结合集团公司改革发展实际和重点工作部署，建立完善社会责任管理体系和制度，加强企业社会责任的宣传教育，将社会责任工作融入企业各项工作中，有效管理企业运营对社会和环境的影响，推动企业发展和履行社会责任良性循环，努力成为履行社会责任的表率，实现企业与职工、利益相关方、社会、环境和谐发展。

集团公司建立了较为完善的社会责任工作体系，成立了由董事长为主任、其他领导和高管为副主任，各部门、事业部主任为成员的社会责任工作委员会，负责领导、推进公司社会责任工作，审批社会责任的工作方针、战略规划、年度工作计划、年度工作预算和重大项目决策。办公厅作为社会责任归口管理部门，具体协调职责范围内社会责任的相关工作，并明确了各职能部门、事业部相关社会责任职责分工。所属单位也成立了相应的领导机构，细化社会责任工作职责，明确社会责任工作归口管理部门，配备了社会责任管理人员。

2. 责任治理

集团公司制定《社会责任管理暂行办法》，明确了集团公司社会责任管理的指导原则，确立了企业社会责任管理的体系、制度与流程，建立了企业社会责任管理与实践的长效机制。建立社会责任信息季度报送制度，以工作简报的形式按期披露所属单位在履行社会责任方面的优秀实践，积极推动集团内有条件的所属单位发布年度社会责任报告。

集团公司组织社会责任管理人员每年参加国务院国资委、中国企业联合会、中国电力企业联合会、中国社会科学院、中国对外承包工程商会组织的社会责任专业培训，不断提升社会责任管理专业素质和能力。

集团公司积极开展员工安全培训、法律和人权培训、环境管理培训、企业社会责任和可持续发展培训，在领导干部、管理骨干等内部培训中，将履行企业社会责任作为培训重点内容，并介绍国内外先进企业社会责任运动和如何把社会责任融入生产经营等，共同推动社会责任融入企业日常管理。

2013 年，集团公司组织开展了企业社会责任优秀实践案例征集活动，经组织评审，从实践的创新性、实施效果和可推广性及材料的规范性等方面进行综合评价，遴选出 10 项“集团公司优秀社会责任实践”。其中葛洲坝集团、中电工程西北院、中能装备南京线材厂 3 家单位获“集团公司最佳社会责任实践”，并上报国务院国资委，中电工程西北院《关注资源节约，践行环境友好型电网设计》荣获国务院国资委“2013 年中央企业优秀社会责任实践”表彰。

3. 责任沟通

集团公司始终与利益相关方保持和谐互信、互惠互利的合作关系，不断加强与利益相关方的沟通与对话，向利益相关方传播集团公司社会责任理念与实践，坚持从利益相关方视角，积极回应利益相关方关注的重要问题，建立顺畅、规范、富有特色的利益相关方沟通机制，不断增进企业内部员工和外部利益相关方的价值创造，努力实现与各利益相关方共同发展、和谐共赢。

品牌价值

（1）集团公司切实承担起国有资产保值增值的责任，以提高国家能源建设领域的国际竞争力为己任和使命，大力实施调结构、促转型、强能力、提效益，构筑权责清晰、治理完善的公司制度，建设“行业领先、世界一流”的“两型两化”（科技型、管理型，国际化、多元化）具有国际竞争力的工程公司，以持续、稳定、健康的业绩回报出资人。

1）积极履行国有资产保值增值职责。

2）加强企业管理，提高管控能力。扎实开展管理提升活动。大力开展年度经济责任审计。积极强化内部控制制度。切实加强内部风险防控。

3）强化信息化建设，现代化水平不断提升。

4）积极开展对外战略合作。

5）不断提高持续发展能力。

6）维护少数股东权益。

（2）集团公司作为中国能源建设领域的“国家队”，在所涉足的各个业务板块，争做行业排头兵，占领行业制高点，引领行业潮流；掌握主要业务领域前沿技术，全面参与相关国际标准制定，为客户提供世界一流的产品与服务。通过提供规划、勘察、设计、咨询、建设、制造、运营、维检等全方位服务，与众多客户建立了长期稳定的合作关系。集团公司积极增强服务能力，坚持将客户作为公司的核心利益相关方，始终致力于为客户提供全生命周期服务。

1）合同履约情况总体良好。

2）科技创新和技术改造硕果累累。

3）加强客户回访，满意度不断提升。

（3）积极推进与供应商、分包商建立风险共担、利益共享、长期稳定的合作关系。

1）合作机制不断完善。

2）广泛参与国际技术交流合作。

3）合作伙伴管理不断加强。

4）积极维护公平竞争的市场环境。

和谐发展

1. 政府认可

（1）积极提供规划咨询服务。

（2）高端咨询业务深入开展。

（3）加强国际合作与交流。

（4）依法守规，诚信经营。

（5）杜绝商业活动中的腐败行为。

（6）依法及时足额纳税。

（7）带动社会就业。

2. 员工幸福

集团公司始终坚持以人为本，按照国务院国资委建设“四个一流”职工队伍的要求，在《中长期发展战略纲要》中提出“企业发展与员工发展并重”的战略部署，通过健全“五大保障”（工会组织保障、工会制度保障、职工生产保障、职工生活保障、民主管理保障），与员工共成长、同发展，努力构建和谐企业。

（1）强化员工培训。

（2）维护员工权益。

（3）保障农民工权益。

（4）落实女职工权益到位。

（5）组织推进职工全面发展。

（6）广泛开展内部劳动竞赛。

（7）深化企务公开，推进民主管理。

（8）捐资助学、扶贫帮困。

（9）丰富职工文体生活。

3. 安全生产

（1）发布一系列规定，完善安全生产管理体系。

（2）采取安全生产保障措施。

（3）应急管理工作有效开展。

（4）开展安全生产标准化建设。

（5）开展安全生产达标评级。

（6）举办安全培训绩效。

4. 社区和谐

积极参与社区建设，鼓励职工志愿服务社会。热心参与社会公益事业，关心支持公共福利事业。承接了陕西省镇巴县和广西壮族自治区西林县的定点扶贫工作。积极参加抢险救灾工作。

集团公司海外业务分布在世界 70 多个国家和地区。积极发挥专业优势，严格遵守当地法律法规，主动融入当地社会，促进当地就业，推动当地经济发展。

生态文明 集团公司始终将节约资源和保护环境作为企业基本责任和神圣使命，以建设资源节约型、环境友好型企业为目标，认真贯彻国家环境保护和节能减的各项法律法规和方针政策，强化节能减排意识，落实环境保护责任，积极推广各类节能环保技术、产品、材料在工程项目和生产过程中的应用。

1. 环境保护

集团公司秉承清洁环保生产、健康快乐生活的思想，将绿色设计、绿色施工、绿色产品的理念融入企业各类生产、服务活动中，既减少环境污染，又提高经济效益。根据工程项目全生命周期整体运营需要，搭建环保科技整体运营平台，实现“开发—设计—建造—运营”全生命周期一体化运作，不断促进环保科技的推广和使用。

（1）实施清洁生产。发挥设计单位在电力工程咨询、勘测设计中的技术领先优势，工程审查、咨询、设计过程中坚持“绿色”理念，积极贯彻落实国家环境保护和节能减排政策，将环保指标作为工程项目的一项基本指标，积极推广应用节能环保技术、装备、材料。倡导绿色环保施工，在工程建设过程中认真编制施工方案，通过优化施工方案和工艺、合理安排工序等最大限度地减少施工对环境的影响，减少施工占地，减少施工现场污染物排放。

所属装备企业和工业企业积极推广应用先进节能环保技术，更新生产设备和工艺，加强环保产品研发。积极改造环保型生产工艺，加强环境监督，按规定程序处理危险废物，污染物达标排放。

（2）环保工作措施。2013 年，集团公司按照《中央企业节能减排监督管理暂行办法》相关要求，节能减排各项工作以“夯实基础、突出重点、落实责任、确保实效”为导向，以教育培训和监督制度执行为抓手，提升管理、加强内控、防范事件，完成了年度节能减排工作目标，杜绝了环境事件的发生。

（3）环保技术研发与应用。2013年，集团公司继续致力于环境保护和节能减排技术的研发和应用，积极抓好技术创新和更新，推广超超临界、能量系统优化、烟气脱硫、生产废水循环利用、工业锅炉污染治理节能改造、资源回收利用等节能减排新技术，带动了环境保护和节能减排工作开展。

（4）环保总投资。2013年节能减排投资共计4.28亿元，主要用于技术改造、教育培训、环境监测。其中水泥公司、热电厂投入占40%以上，主要用于脱硫设备维护、脱硝、低氮燃烧的技术改造；工程施工和项目总承包业务主要用于现场的水土保持、环境保护和防尘、降噪、污油污水处理等；机械制造业务主要用于电机节能改造、节能设备更新、节能减排新产品研发等；咨询设计主要用于新技术、新工艺的研发。

（5）环保履责实践。集团公司在国家电力规划研究、编制国家电力标准导则、咨询审查、技术研发等领域带动行业节能减排。

集团公司加快新能源开发，推动行业整体节能减排。在风电、分布式能源、风光储、太阳能光热发电、垃圾焚烧发电和生物质发电总承包和设计领域正在形成较强的优势。

集团公司加强节能减排技术改造，节约能源降低排放。优化产品结构、改进落后工艺、更新落后设备，降本增效，减少污染物排放。火力发电、水泥生产、装备制造企业积极开展脱硝改造、余热余压回收利用、低碳燃烧、电机系统节能改造等工作。

（6）新投资项目环境影响评估。集团公司在投资项目的选择和实施过程中，主动承担社会责任，确保投资项目与社会、环境的全面协调可持续发展。

2. 节能降耗

集团公司坚持节约资源就是保护环境，节能降耗才能可持续发展的理念，不断健全和完善节能减排统计、监测、考核体系和激励约束机制。加强对重点耗能企业的节能监测，监督重点单位合理用能。

（1）绿色办公。集团公司倡导“低碳节能，环保办公”的理念，强化员工节约意识，尽量采用视频会议形式举办各类会议，减少会议及差旅成本，节水、节电、节约纸张，推进无纸化办公，形成节约能源、环保办公的良好氛围。2013年，集团公司召开会议总数较2012年同期下降28.2%，全年印发纸质文件仅占发文总数的1.8%，减少了资源消耗。会议费、业务招待费和办公费分别较同期减少4739万元、1.2亿元和4789万元，同比分别下降33.1%、23.6%和12.6%。

（2）绿色施工。集团公司充分发挥完整产业链优势，在电力工程的咨询、设计、施工、调试服务中，严格执行国家节能环保政策法规，发挥技术研发优势，积极开展高效发电、热电联产、余热余压利用、新能源、可再生能源、垃圾发电、分布式能源、智能电网等节能技术、设备的研发和应用。

（3）节能降耗。针对不同生产业务板块，分析节能环保重点工作内容，提出差异化管理要求，编制发布了《关于进一步做好环境保护和节能减排工作的通知》，明确节能环保主要工作，要求各单位从降低企业成本和履行社会责任两个方面，将节能环保工作与生产经营紧密结合。集团公司将节能降耗融入生产经营活动中，不断提高能源和水资源的利用水平，节能工作取得了显著效果。2013年集团公司万元营业收入综合能耗为0.125 0t/万元，同比下降1.57%，实现节能6.0万t标准煤。

（4）推动供应商节能降耗。集团公司积极组织开展供应商的环保评级，将“节能减排，环境保护”要求纳入采购合同，主动明确采购物品的加工和运输过程中的环保要求，优先选择带有环保标志的产品，积极与供应商共同开发、推广绿色环保技术，督促供应商推进环境管理体系建设，通过认证审核，促进供应商提升环境管理水平，保证采购物资合格率100%。

3. 降污减排

集团公司秉承“引领推广降污减排技术，积极开发节能减排产品，严格推行清洁生产”的理念，认真贯彻落实国家节能减排政策，建立健全节能减排体系，细化分解各项指标，加强监督管理，推进节能减排工作的开展；发挥完整产业链优势，开展高效发电、热电联产、余热余压利用、新能源、可再生能源、垃圾发电、分布式能源、智能电网等节能技术、设备的研发和应用。同时，集团公司组织开展以“节能低碳、绿色发展”为主题的节能宣传周活动，利用内部报刊、互联网、板报、宣传栏等多种形式，深入开展节能宣传教育。

（1）改进工艺流程。咨询设计企业继续深入开展电力行业减排技术研究和推广应用，在脱硫、脱硝、除尘、低氮燃烧、低碳燃烧等领域，为业主和社会的降污减排提供了强有力的技术支撑和保障。

工程项目施工现场采取混凝沉淀、隔油沉淀处理废水、生活污水，降尘洒水，降低粉尘，减少对项目现场水质环境和大气环境影响，在有条件的项目充分利用建筑拆迁物等固体废物，减少“三废”的产生。

（2）降污减排履责实践。

1）广西水利电力建设集团公司田东电厂按要求完成两台机组的脱硝技改任务。

2）中能装备南京线材厂、广东线材厂、新疆新能公司、鞍山铁塔厂通过镀锌电加热炉自动控制系统改造、锻造炉烟尘治理改造等手段淘汰落后产能，大力发展节能环保产业。南京线材厂 4 台天然气锻造炉改造工程成功投产。

（3）降污减排达到预期目标。2013 年，集团公司未发生环境保护和节能减排违法、违规事件；二氧化硫、氮氧化物、化学需氧量和氨氮的排放总量分别比 2012 年减少 3.52%、3.50%、4.49%和 2.77%。

新闻出版

英大传媒投资集团有限公司

公司概况 英大传媒投资集团有限公司（简称英大传媒集团）是国家电网公司的全资子公司，于 2008 年 8 月 7 日正式成立。

英大传媒集团以新闻宣传、图书出版、战略投资、数字化业务为核心业务，具有优良的新闻宣传、图书出版资质和良好的品牌策划、渠道营销、广告经营能力。旗下拥有《国家电网报》《亮报》等报纸，《国家电网》《能源评论》《英大金融》《供用电》《电力需求侧管理》《脊梁》《水电自动化与大坝监测》《好公司》等杂志，国家电网电视频道（SGTV）、英大网（www.indaa.com.cn）、电网新闻网（内网 news.sgcc.com.cn）、书香网（内网 book.sgcc.com.cn）、《国家电网报》手机报等媒体；年出版发行电力工程、电工电子技术、经管、建筑、机械、外语、少儿等领域各类图书、教材、音像电子产品 4000 余种；同时开展品牌策划、会议展览、广告营销、装帧设计、投资与资产管理及相关咨询业务。英大传媒集团是中国首家企业传媒集团，是新闻出版广电总局新闻出版领域体制改革重点联系单位。

组织机构 英大传媒集团下设《国家电网报》社有限公司、中国电力出版社有限公司、英大传媒投资集团南京有限公司、英大传媒投资集团武汉有限公司、英大传媒（上海）有限公司、国网卓越传媒广告（北京）有限公司等 6 个全资子公司，参股人民网有限公司、体坛传媒集团股份有限公司、北京世纪东方科技发展有限公司等社会化传媒企业。英大传媒集团共设有 7 个职能部门，17 个业务中心，在国家电网公司所属网省公司及相关单位建立了 38 个记者站，在全国设立 40 个图书营销网点。

人力资源 截至 2013 年底，英大传媒集团共有博士研究生 5 人，硕士研究生 149 人，占 34.9%；大学本科 252 人，占 54.9%。员工平均年龄 36.1 岁。专业技术人员中，正高级 25 人，占 8.1%；副高级 55 人，占 17.9%；中级 163 人，占 52.9%。

创新人才选拔方式，利用微博等新媒体技术平台，主动参与市场化人才竞争，完善试用期考核机制。创新干部考核并深化应用，开发干部综合考核测评系统，组织对干部进行 360°测评，通过定量打分和定性分析，深入了解干部素质短板，开展有针对性的中层干部脱产培训班。深化考核结果应用，梳理关键岗位，建立干部交流锻炼机制。21 名干部进行了轮岗交流。创新人才激励方式，加大激励力度，正向奖励与严格考核相结合，印发年度荣誉册，组织评选英大传媒集团“十大传媒之星”，开展领军人才、优秀专家人才、优秀专家人才后备选拔工作。

开展员工教育培训试题库建设，举办多项专业考试、业务竞赛，以考促学。实施成长计划、精英计划、琢玉计划，认真落实公司“三考”工作精神，建立健全全员考试常态机制。全年共举办或参加各类培训 130 项，培训 4820 人次。

获得荣誉 2013 年，英大传媒集团加入中央企业媒体联盟，担任第一届理事会副主席。《国家电网报》和《能源评论》杂志分别入选“全国百强报纸”和“全国百强社科期刊”。45 篇新闻作品分别获得中国产经新闻奖、全国安全生产新闻奖、全国报纸副刊年赛奖、中国电视艺术家协会行业电视节目展评奖等奖项。《±800kV 特高压直流工程技术多媒体教程》荣获第四届中华优秀出版物电子出版物奖，《风力发电与电力系统》荣获图书奖提名奖；《青藏电力联网工程》荣获第三届中国出版政府奖图书提名奖；《高拱坝抗震安全》入选“三个一百”原创出版工程。

经营管理

（1）战略规划与研究。滚动修订并宣贯落实“十二五”发展规划，开展管理提升活动，编制落实年度常规重点工作“二十四节气表”。开展调查研究，推进突破发展调研成果落实，解决一批制约发展的重点难点问题。

（2）精细化管理。加强预算管理，实现经济责任考核指标合理化调整。落实《厉行节约反对浪费条例》，压降可控费用，倡导节俭之风。落实公司通用制度建设工作要求，做好相关规章制度“立改废”工作。完成英大传媒大厦资产划转。

（3）战略合作。加快推进战略合作，与国网山西电力公司等九家公司系统单位建立战略合作伙伴关系。积极稳妥推进传媒产业投资，优化产业布局，提升市场化发展能力，增强了舆论引导和舆情应对能力，有力推动转型升级。

（4）依法治企。做好依法治企综合专项检查整改落实。深化物资集约化管理，提高物资采购计划性和集约率，规范实物管理。加快业务信息系统改造升级，出台新闻工作"三个十条"、出版工作"两个十条"，规范新闻出版工作，优化业务流程。

（5）资源整合。完成《能源技术经济》《电力需求侧管理》《水电自动化与大坝检测》《供用电》《好公司》等刊号变更报批工作。

服务公司软实力建设

（1）新闻宣传。围绕国家电网公司中心工作，开展党的十八届三中全会、公司系统党的群众路线教育实践活动、公司重要会议、智能电网与特高压工程、服务新能源发展等新闻宣传报道和品牌传播，增强服务大局能力。在国家电网公司十年辉煌发展、"三集五大"体系建设、电能替代等主题传播中，推出有高度、有观点、有深度的原创文章、系列报道和评论，传播公司发展理念和工作价值，受到系统内外广泛关注和好评。在应对电改、雾霾、芦山地震灾害等突发舆情、突发事件中，各媒体快速反应、协调联动、主动发声，回应社会关切，有力引导舆论，新闻应急水平明显提高。

（2）品牌传播。组织开展绿色电能高峰论坛、光伏领袖峰会、特高压输电设备制造及应用高峰论坛、中国碳市场高峰论坛、中国最具创新力能源企业TOP30评选活动、影响中国十大能源新闻发布会、能源大讲堂等品牌活动，组建英大传媒研究院，初步建成"五个一批"专家队伍，加强与社会媒体合作，做好重点新闻推送，对外传播成绩突出，各媒体影响力和知名度有效提升。

（3）出版管理。2013财务年度，出书品种、生产码洋较2012年明显提升，发行码洋、销售实洋、回款与2012年基本持平，出版业务指标稳中有升。完成国家出版基金项目《中国重大装备史论》（5册）的出版工作。编辑出版《特高压交直流电网》、"三通一标"系列等一批重点图书。与第三方机构合作对图书产品结构及图书盈利能力、销售状况等进行分析诊断。推行加工业务外委，解放人力资源，提高生产效率。开发"编务、印务成本自动化核算项目"，为实现成本精益化管理奠定良好基础。开展"打击侵权盗版，保护知识产权"活动。

（4）版权输出。充分利用中国电力工业在特高压、大电网自动控制、水利水电建设、新能源利用等方面的技术优势，加强选题策划和有组织的版权输出工作，加强与约翰威立、爱思唯尔等国际知名出版机构合作，成功实现14个项目版权输出，举办《中国电力与能源》英文版首发式。

（5）选题开发。建立完善重大选题论证会制度，加强重大选题策划，《中国电力百科全书》（第三版）、《超超临界发电技术》入选国家出版基金项目。加强新书与活动策划、站店销售信息反馈，编印销联动机制日趋成熟。职工书屋、文化服务平台建设加快推进，书香网在系统内的推广活动取得良好效果。

（6）数字化转型。制订数字化业务"十二五"发展规划，明确数字化业务发展方向、目标和措施。建立数字化产品生产流程，制定具有电力行业特色的分类标准，建成数字资源加工管理系统，自主和外委完成3000余种图书的数字化加工，推动电子书与纸质书同步出版。制订大知识管理系统建设规划，积极推进标准化管理系统内容服务。建设英大数字图书网，实现电子书制作、版权保护、发布、检索、购买支付、计算机及移动终端阅读等全流程管理。完成国家电网公司职工书屋信息化管理系统的立项。

党的建设和精神文明建设

（1）党的建设方面。贯彻中央八项规定和国家电网公司相关要求，制定改进工作作风、密切联系群众的具体措施，抓好落实，强化监督检查，取得明显成效。开展党员承诺践诺活动，充分发挥党员先锋模范作用。落实党风廉政建设责任制，举办为民务实清廉主题党课暨反腐倡廉专题教育活动，强化协同监督，动态管理廉政风险，惩防体系建设进一步加强。

（2）企业文化建设方面。深入做好企业文化建设内外部调研，编制发布英大传媒集团《文化手册》。积极推进企业文化传播工程和落地工程重点项目建设，做好项目跟进和反馈。组织开展英大传媒集团成立五周年"五年·再启程"系列主题活动，加快推进企业文化环境建设，企业文化统一思想、凝聚人心的作用得到有效发挥。组织开展植树、"绿色办公、节能增效"等丰富多彩的活动，营造了健康向上、积极进取、风清气正的企业文化氛围。加强思想动态分析和形势任务教育，确保了队伍和谐稳定。加强离退休工作，关心关爱老同志。

主要事件

1月1日，英大传媒集团下属的国网卓越传媒广告（北京）有限公司顺利通过"中国一级广告企业"资质认定。

3月12日，英大传媒集团第一个劳模创新工作室——《国家电网报》编辑中心“姚雷新闻创新工作室”正式揭牌成立，总经理石玉东、党组书记宗健出席仪式并为工作室揭牌。

6月20日，英大传媒研究院揭牌仪式暨第一期“能源大讲堂”在集团成功举行。中国工程院院士、中国工程院原副院长、英大传媒研究院学术指导委员会顾问杜祥琬等专家出席揭牌仪式。石玉东总经理、杜祥琬院士共同为研究院揭牌。

7月3日，《中国电力与能源（英文版）》首发式暨中国电力出版社与约翰威立国际出版公司战略合作谅解备忘录签署仪式在北京举行。国家新闻出版广电总局副局长、国家版权局副局长阎晓宏，国务院新闻办公室三局局长张雁彬，国家电网公司副总经理、党组成员曹志安，英大传媒集团总经理石玉东、党组书记宗健等出席会议。会议由国家电网公司外联部主任李凯主持。

7月18日，国家新闻出版广电总局公布“百强报刊”评选最终确定的99种报纸、100种社科期刊、100种科技期刊名单，《国家电网报》和《能源评论》杂志分别入选百强报纸和百强社科期刊。

8月7日，英大传媒集团召开成立五周年座谈会。

8月29日，在第20届北京国际图书博览会上，石玉东总经理与爱思唯尔科技图书全球产品管理部总监 Bryan Davies 签署了中国电力出版社和爱思唯尔战略合作谅解备忘录。

10月17日，英大传媒集团入股体坛传媒增资框架协议签约仪式举行。石玉东总经理与体坛传媒集团股份有限公司董事长、总经理张敦南代表双方签署增资框架协议。增资入股体坛传媒是集团开拓投资新领域、进军体育媒体的有益尝试，有利于完善集团传媒产业布局，有利于推动集团传媒产业市场化转型和产业化发展。

11月8日，由英大传媒集团主办的“安全·高效·清洁——2013中国绿色电能高峰论坛”在北京召开。国务院国有重点大型企业监事会主席季晓南，国家电网公司副总经理、党组成员杨庆出席论坛并致辞。英大传媒集团总经理石玉东主持论坛。

11月11日，由中国资源综合利用协会可再生能源专业委员会、中国可再生能源企业家俱乐部、中国光伏产业联盟、国家可再生能源中心、中国机电产品进出口商会太阳能光伏产品分会、英大传媒投资集团有限公司联合主办的“2013光伏领袖峰会”在北京香格里拉大酒店召开。石玉东总经理出席峰会并致辞。

11月26日，英大传媒集团联合上海市环境能源交易所、和讯网共同主办的“突破与成长——2013中国碳市场高峰论坛”在上海召开。会上，石玉东总经理代表英大传媒集团发布了报告《2013中国碳金融展望》。

12月6日，特高压电网发展研讨会暨《特高压交直流电网》首发仪式举行。国家电网公司副总经理、党组成员王敏主持会议。集团总经理石玉东介绍了《特高压交直流电网》的编辑出版情况。来自国家新闻出版广电总局、中国工程院、中国科学技术协会、中国机械工业联合会、中国电力企业联合会、中国电机工程学会及有关大型电力和能源企业、科研院所、高等院校的领导和专家出席了研讨会暨首发式。

中国电力出版社有限公司

公司概况

中国电力出版社有限公司（简称中国电力出版社）是英大传媒投资集团有限公司的全资子公司，主管单位为国家电网公司，是以图书出版为主体，音像制品、电子出版物、数字出版共同发展的大型科技出版企业，出版专业包括电气工程、能源动力工程、水利水电工程、建筑机械工程，以及电工电子技术、自动化技术和经济管理、外语教学等领域。

生产经营　2013年，中国电力出版社共出版各类出版物3450种，1512万册，其中新品1789种、重印1661种，生产规模达到5亿元。

《李鹏论产业经济》《中国非化石能源发展目标及其实现路径》《智慧能源》《综合资源战略规划与电力需求侧管理（英文版）》等一批重点著作的出版，受到社会广泛关注。获得国家出版基金资助的《中国重大技术装备史话》5册图书出版，并通过国家出版基金规划管理办公室验收。

2013年12月，《特高压交直流电网》出版，组织召开“特高压电网发展研讨会暨《特高压交直流电网》首发仪式”，中国工程院院士杨奇逊、邱爱慈，国家新闻出版广电总局、中国工程院、中国科学技术协会、中国机械工业联合会、中国电力企业联合会、中国电机工程学会及有关大型电力/能源和装备制造企业、科研院所、高等学校代表，国家电网公司有关部门和在京单位代表，以及新华社、中央电视台、中央人民广播电台、人民日报、光明日报、经济日报等媒体记者出席仪式。

经评审，2013年度国家电网公司科技著作出版资金共资助30个项目的出版，这些项目均列入中国电力出版社出版计划，将对中国电力科学技术成果的总结和传播产生积极作用。

2013年，中国电力出版社继续深化与新华书店系统合作。加强对电力发行渠道的专业化服务，协助电力发行渠道开拓和维护市场资源，举办业务骨干培训班，加强渠道营销队伍建设，积极推进职工书屋建设、书香网平台建设等，为广大读者提供更加全面的文化服务。

完成“中国电力出版社业务发展建议”专题报告。对2010年至2013年8月全国零售市场及图书业务数据进行梳理，结合图书市场竞争格局及竞争出版社情况，分析中国电力出版社图书产品结构及各类别图书盈利能力、销售状况、新书市场表现等，完成专题报告，为完善“十二五”规划和专业布局提供依据。

国际合作与交流 2013年，中国电力出版社国际合作与交流取得突破，14种图书成功输出至欧美国家，为中国科技“走出去”贡献力量。

2013年5月，《中国电力与能源（英文版）》由约翰威立国际出版公司出版。7月，中国电力出版社与约翰威立国际出版公司联合召开《中国电力与能源（英文版）》首发式暨战略合作谅解备忘录签署仪式。国家新闻出版广电总局、国务院新闻办公室、国家电网公司代表，国际知名的能源和经济学家、哥伦比亚大学客座教授、约翰威立全球副总裁、国家电网公司有关部门和单位代表，《人民日报》、《中国新闻出版报》、人民网、新华网等媒体记者出席仪式。

参加第20届北京国际图书博览会，与爱思唯尔签订战略合作谅解备忘录。双方同意合作出版能源系列丛书，包括中国电力出版社已出版的《特高压输电技术》《微电网技术及工程应用》《地面光伏发电系统及应用》《大规模风电送出与消纳》《太阳能热发电原理及技术》等5部作品，其他由双方共同决定认为适合的作品也将陆续纳入该系列丛书。

获得荣誉 2013年，中国电力出版社获得多项荣誉。《青藏电力联网工程》获第三届中国出版政府奖图书提名奖；《±800kV特高压直流工程技术多媒体教程》获第四届中华优秀出版物奖电子出版物奖；《风力发电与电力系统》获第四届中华优秀出版物图书提名奖；《高拱坝抗震安全》入选第四届“三个一百”原创工程；《风吹电来》等11件作品获中国电机工程学会优秀科普作品奖；《中国电力与能源》等7种图书被评为“2012～2013年度全行业优秀畅销品种”；《并网双馈异步风力发电机运行与控制》获中国机械工业科学技术奖；《污泥无害化能源化热处置技术》获国家科学技术学术著作出版基金资助；《中国水利水电建设集团年鉴2012》获全国年鉴编校质量检查评比特等奖；《大容量电站锅炉可靠性与寿命的设计及评定》获得2013年度国家核电技术有限公司优秀论著三等奖；在第四届韬奋杯全国出版社青年编校大赛中，获得团体和校对个人三等奖以及编辑个人优秀奖。

南方电网传媒有限公司

公司概况 南方电网传媒有限公司（简称南网传媒公司）是中国南方电网有限责任公司（简称南方电网公司）的控股子公司，成立于2010年9月3日，总部设在广州。

南网传媒公司注册资本为6000万元，6个股东分别为南方电网公司、广东电网公司、广西电网公司、云南电网公司、贵州电网公司、海南电网公司。

南网传媒公司主要经营范围包括：传媒产业的投资、资产管理和经营业务；广告设计、制作、发布和代理；企业品牌策划与服务；报纸、期刊出版及影视节目制作；网络、信息技术相关服务及电子商务；出版服务、商业印刷及资料编印；会展、演艺、娱乐、体育赛事类活动承办及服务；文化用品、标识类产品的设计、制作及销售；相关业务的咨询、培训、代理和中介服务。

领导班子 董事长、党组书记、总经理、纪检组组长：李晓彤

副董事长、工会主席：张燕维

副总经理：焦向阳

副总经理：陈向阳

副总经理：雷树华

组织机构 南网传媒公司下设办公室、人事与监审部、传播策划部、财务部、总编室、《南方电网报》社有限公司、《南方能源观察》杂志社有限公司、网络媒体中心、影视中心、媒体运营中心、设计制作中心、文化活动中心12个部门。见南网传媒公司2013年组织机构图。

经营情况 经营项目进一步巩固。设计制作业务通过标准化建设提高质量和效益。文化活动业务加强项目管理节约成本。媒体运营业务着力提高客户服务广度和深度，与重要客户开展战略合作营销，加强广告销售与活动营销的互动。网络信息业务积极承接网站群建设等总部部门重点项目，微博运营和舆情服务业务有新拓展。影视制作业务开发了工程电子影像档案和纪录片等新业务。积极开展文化产业投资市场调研，推动产业链延伸发展。

服务核心业务能力有所增强。品牌传播服务实现了从主要服务营销部门和简单项目执行到为更多业务领域提供品牌咨询和策划的高价值服务转变。

经营资质和能力有了新进展。南网传媒公司荣获“广东广告十强单位”和“广州十佳广告公司”称号，获得中国广告二级、广东广告一级企业资质，第二届“金点奖”活动被国家质检总局纳入国家“质量月”

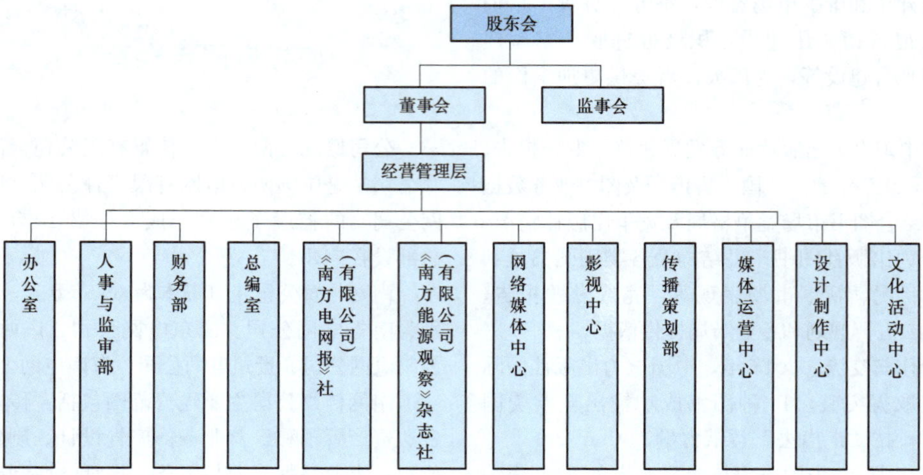

南网传媒公司 2013 年组织机构图

活动计划。

新闻宣传 新闻宣传影响力进一步提升。

（1）强化核心媒体建设。报纸增加了深度报道和评论的分量，报道被新华网等权威媒体转载。杂志以国际化视角开展“世界能源大会”等专题报道，强化高端定位。南网新闻联播实现一周双播，网站开辟南方电网新闻网，进一步提升了新闻传播覆盖面和时效性。

（2）加强资源整合联动。与各分子公司合力开展了“南网梦·创先路”系列报道和党的群众路线教育实践活动主题新闻宣传，打造“抗击台风”等覆盖全网的精品新闻，多个策划在中央电视台新闻联播等名牌栏目播出。积极参与南方电网公司微博扩大试点，运营“感动南网”微博期间，得到了“国资小新”“央视新闻”等权威媒体转发与评论。

（3）媒体品质获业内认可。第三方调查显示四大媒体读者满意度持续提升。央视市场研究公司对南网传媒公司媒体产品的质量、到达率和关注度给予高度评价。报社获评全国电力行业新闻宣传工作“先进单位”“视觉先锋行业报”，部分作品获中国电力新闻特等、一等和二等奖。杂志获评中国可持续能源记者之星社长总编辑荣誉奖、杂志记者获评能源记者之星和中外对话及英国卫报颁发的年度最佳环境报道奖二等奖。部分影视作品获中国电力新闻一等和二等奖。

品牌传播 南网品牌传播有了新拓展。

（1）对外提升品牌传播层次。公益广告首次实现央视和五省区媒体统一投放，创新开展社会责任周活动。与国家级智库机构合作举办全球性智库峰会，开展能源记者促进计划、能源青年行等一系列活动。

（2）对内紧密融入中心工作。协助南方电网公司市场营销部开展服务品牌研究，策划执行首届服务之星大赛。协助法律部开展“法律诊所”品牌化建设，传播南网法治文化。开展“感动南网”人物的长线发掘，在过程中盘点和提炼南网精神财富。

（3）提升全网品牌保护能力。完成舆情技术管理系统升级改造，推动网内 32 个单位启用舆情监测服务，扩大服务覆盖面。2013 年共监测发现和报送全网舆情 4261 起，针对重点舆情提前制订专项工作方案并报送舆情报告。

主要事件

1 月 28 日，南网传媒公司 2013 年工作会议暨一届一次职工代表大会召开。金戈鸣董事长作了题为《坚定方向，迈实步伐，用传播创造品牌价值》的工作报告。

4 月 8 日，中共南方电网公司党组研究决定：李晓彤同志任中共南网传媒公司党组成员、书记、党组纪检组组长。

5 月 10 日，南网传媒公司召开 2012 年度股东会暨第一届董事会第六次会议，全体董事一致表决同意李晓彤出任南网传媒公司董事长、总经理。

5～12 月，由南方电网公司办公厅牵头，南网传媒公司创意制作的南方电网 2013 年公益广告在中央电视台、《人民日报》等媒体刊播。

5 月 22 日，《南方能源观察》杂志社有限公司成立，公司注册资本金为 800 万元。

6 月 29 日，南网传媒公司成功承办第三届全球智库峰会“世界能源新格局”分论坛。

8 月 19 日，《南网新闻联播》实现一周双播。

9 月 7 日，南网媒体价值评估报告正式发布。

11 月，南网传媒公司获得“广东省一级广告企业资质”认证，并荣获“2013 年广东省广告十强单位”称号。

12 月 3 日，南网传媒公司设立总编室，进一步推进新闻宣传资源优化整合，努力构建“上下贯通、左右协同，内外和谐、体系化运作”的新闻宣传服务体系。

长江三峡集团传媒有限公司

公司概况 长江三峡集团传媒有限公司（简称三峡传媒公司）是中国长江三峡集团公司（简称中国三峡集团）全资子公司，2012年9月在国家工商总局注册，12月正式揭牌成立。2013年是三峡传媒公司起步发展的开局之年。三峡传媒公司按照中国三峡集团赋予的使命，科学谋划公司顶层设计，顺利完成公司组建工作，薪酬一体化改革初见成效；高质量完成了中国三峡集团年度常规宣传业务和其他专项工作，服务质量和水平不断提高；经营工作坚持稳中求进的总基调，全年实现营业收入3280万元，利润总额685万元，EVA 239万元，全员劳动生产率39万元/人年，超额完成了中国三峡集团下达的EVA考核指标。

公司组建 三峡传媒公司成立之初，按照精简高效原则设置内部机构，明确了各部门职责。随着业务拓展和职责增加，2013年2月成立了乌东德项目部，5月完成了实业公司文化广告分公司职能和人员划转，6月成立了成都工作站。2013年5月，经中国三峡集团湖北地区党委批准，成立了三峡传媒公司党支部。9月，三峡传媒公司第一届工会委员会经中国三峡集团工会委员会批准成立。

报纸工作 《中国三峡工程报》全年共出版66期，9月由周一刊8版改为周二刊12版，增设了“特别报道”“三峡库区”“金沙江移民”等版面，扩充了要闻版版面，增加了言论栏目，新闻报道时效性增强，报纸内容更加丰富。围绕中国三峡集团重点工作，报纸采编部精心策划推出特刊，2013年4月推出了12版的《向家坝大坝全线到顶特刊》、7月推出了16版的《溪洛渡蓄水发电特刊》、9月推出了32版的《中国三峡集团成立20周年特刊》。

新媒体建设取得实质性进展，创办了报纸数字报和中国三峡手机报，数字报及时上传中国三峡集团网站，手机报共出版100多期，手机报用户达1.3万人。

期刊工作 《中国三峡》杂志出版12期，共刊发文字约160万字、图片约1500张。按照市场化经营思路，提出了杂志改版方案，将杂志定位为江河地理和水文化，主要面向三峡区域发行，努力将杂志打造成高端广告的载体。《中国三峡建设年鉴》2012卷按计划出版发行，2013卷编辑出版工作有序推进，出版进度有所提前。

电力企业

国家电网公司

【公司概况】 国家电网公司成立于2002年12月29日，作为关系国家安全和国民经济命脉的特大型国有重点骨干企业，以建设运营电网为核心业务，承担着为经济社会发展提供坚强电力保障的基本使命。公司按集团公司模式运作，经营区域覆盖26个省、自治区、直辖市，覆盖国土面积的88%以上，供电人口超过11亿人；在菲律宾、巴西、葡萄牙、澳大利亚等国家和地区开展业务。公司保持世界500强排名第7位，连续9年三个任期获得国资委业绩考核A级，获得第三任期业绩优秀企业奖、科技创新企业奖。

(1) 安全供电和服务。公司始终把安全放在首位，在电力装机规模持续扩大、多地负荷连创新高、自然灾害频发的情况下，确保电网安全运行和电力可靠供应。圆满完成全国两会、十八届三中全会、“嫦娥三号”发射等重大保电任务。服务新能源发展，国家电网成为世界风电并网规模最大、光伏发电增长最快的电网。服务新农村建设，推进农网改造升级，加快无电地区电力建设，解决16.7万户70万人通电问题。优质服务水平不断提高。

(2) 电网发展。自主建成投运世界首个同塔双回皖电东送特高压交流工程，累计建成“两交两直”特高压工程。向家坝—上海±800kV特高压直流工程通过国家验收。青藏联网工程荣获国家优质工程金奖。新疆与西北第二通道工程、玉树与青海联网工程建成投产，西北750kV主网架进一步完善。加快电动汽车服务网络建设，累计建成400座充换电站、1.9万个充电桩。

(3) 体制机制创新。推进“五位一体”协同机制建设，发布第一批48项通用管理制度。统筹加快“三个中心”建设，建成功能完整、国际先进的电网调度控制中心，三级运营监测（控）中心投入运行，客户服务中心实现6家省公司全业务集中、21家省公司5项业务集中。

(4) 经营管理。积极应对宏观形势变化，深化经营诊断分析，开源节流、提质增效；坚持依法从严治企，内控体系建设取得新成效；金融、直属产业发展态势良好；国际业务取得突破，加强境外融资，公司获得国际三大评级机构国家主权级评级，实现首次境外发债，国际影响力不断提升。

(5) 科技创新。44项电网发展重大专项研究取得重要成果。±1100kV特高压直流工程穿墙套管等4个项目成功申报国家863项目。公司获得国家管理创新成果一等奖两项、二等奖12项，获得国家科学技术进步特等奖1项、一等奖1项、二等奖3项。公司专利数量和质量同步提升，获得国家专利金奖1项、优秀奖7项，累计拥有专利2.8万余项，累计专利数量、年度发明专利申请数量和获奖数量均为央企第一。主导编制国家和行业标准累计899项。

【领导班子】

国家电网公司董事长、党组书记：刘振亚

国家电网公司董事、总经理、党组成员：舒印彪

国家电网公司副总经理、党组成员：郑宝森

国家电网公司副总经理、党组成员：陈月明

国家电网公司副总经理、党组成员：杨庆

国家电网公司副总经理、党组成员兼直属党委书记：曹志安

国家电网公司副总经理、党组成员：栾军

国家电网公司总会计师、党组成员：李汝革

国家电网公司党组成员，中央纪委驻国家电网公司纪检组组长：潘晓军

国家电网公司副总经理、党组成员：王敏

国家电网公司副总经理、党组成员：帅军庆

【组织机构】 2013年国家电网公司总部分部和各单位组织机构分别见图1和图2。

【电网发展】

1. 基本情况

特高压淮沪工程、天中工程相继投产，清洁能源迅猛发展，电网结构、电源结构、运行特性深刻变化。公司220kV及以上线路长度和变电容量同比分别增长8.14%和10.36%；新增统调装机容量78 810.1MW，同比增长9.41%。大电网资源优化配置与清洁能源消纳成效显著，公司跨国跨区输电能力达53 830MW，同比增长19.2%；并网水电发电量完成5414亿kWh，同比增长5%；风电并网容量超过70 000MW。

华北电网高天第三回线投产，改善了高岭直流华北侧近端交流电网结构，减轻了天马—阳乐—姜家营稳定控制系统的压力；上承第三回线投产，上都送出系统得到加强，可以满足上都电厂6台机组满发。华东电网淮沪特高压交流输电示范工程正式投运，安徽电网送出能力和浙北、上海电网受电能力得到提高；江苏武南脱出工程投产，苏南地区500kV短路电流超标问题得到大幅缓解。华中电网新建500kV中官双回线、中菊双回线，为天中直流提供电力疏散通道；湖

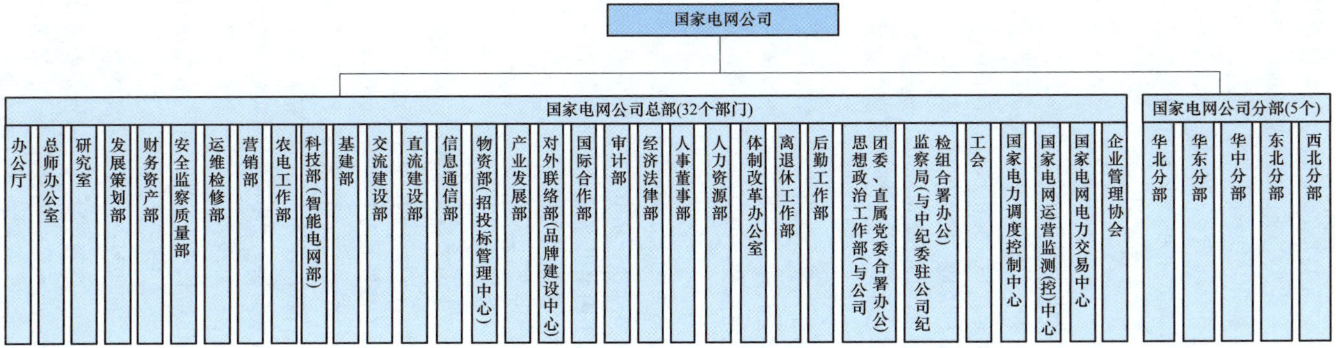

图1 2013年国家电网公司总部分部组织机构图

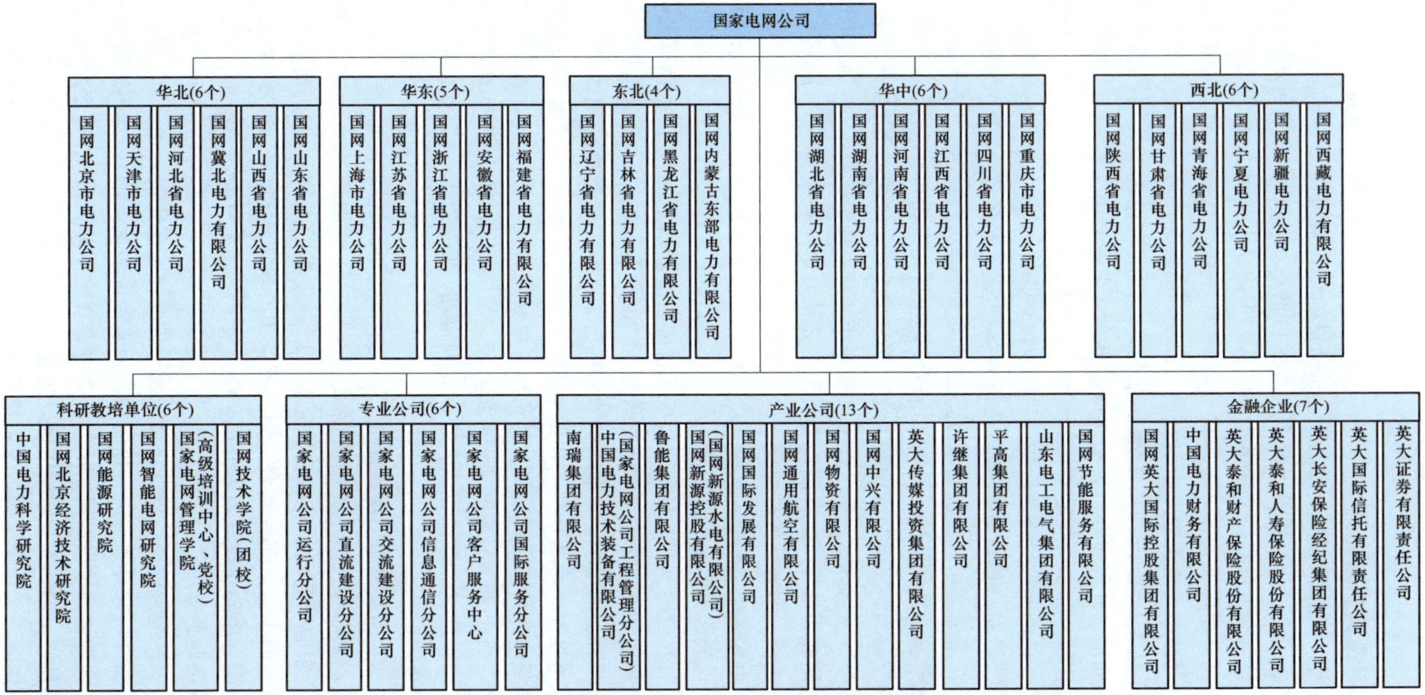

图2 2013年国家电网公司各单位组织机构图

南电网新建500kV牌长Ⅱ回线，加强了湘西南地区水电外送能力；四川电网500kV官地、锦东、锦西、向家坝、溪洛渡水电站及其送出500kV线路相继投运，形成大型水电外送基地；500kV城沐双回线投运，加强了西昌地区与主网联系通道；橄榄变电站Ⅱ接入二普二线，新投石泉一线，加强了攀枝花地区500kV电网结构。东北电网500kV辽中输变电工程投产，500kV辽中变电站、沙岭变电站实现分区供电；500kV蒲抚1、2号线投产，沈阳电网与抚顺电网实现分区供电，沈阳南部电网与辽阳电网实现分区供电；东北第一座核电厂——红沿河核电厂投运。西北电网与新疆电网第二通道建成投产，750kV主网架基本形成；青海电网330kV玉树联网工程建成投产，结束了玉树地区孤网历史；西藏墨竹工卡变电站、旁多水电站等220kV发输变电工程投运，增强了藏中电网电源支撑及电力电量平衡能力。

截至2013年底，公司系统主要电网[1]统调装机容量916 192MW（见表1），2013年新增78 810.1MW（见表2）。主要电网统调220kV及以上交流降压变电容量2 158 272MVA（见表3），2013年新增202 570MVA（见表4）；统调220kV及以上交流输电线路长度433 825.2km（见表5），2013年新增32 641.5km（见表6）；统调换流变电站容量117 767.8MVA。

表1　截至2013年底国家电网公司系统统调装机容量[2]

电网名称	总计		火电		水电		抽水蓄能	
	台数（座数）	容量（MW）	台数	容量（MW）	台数	容量（MW）	台数	容量（MW）
国调直调	68（0）	45 200	14	6900	54	38 300	0	0
华北	883（290）	236 395.5	788	200 137.58	43	2097.9	19	4270
华东	862（77）	220 498	622	190 791	200	8645	30	6980
华中	1416（34）	184 429.83	368	122 606.7	1009	55 691.03	16	3790
东北	486（245）	103 778.69	357	74 100	109	5972	6	1500
西北	798（576）	125 889.94	337	75 716.75	450	21 812.79	0	0
合计	4513（1222）	916 192	2486	670 252.03	1865	132 518.72	71	16 540

电网名称	核电		风电		光伏发电		其他	
	台数	容量（MW）	座数	容量（MW）	座数	容量（MW）	座数	容量（MW）
国调直调	0	0	0	0	0	0	0	0
华北	0	0	289	27 086	1	1590.8	33	1213.22
华东	10	7485	77	5280	0	1317.5	0	0
华中	0	0	33	1462	1	187.2	23	693
东北	1	1118.79	245	20 808	0	43.9	13	236
西北	0	0	167	15 745	409	12 273.1	11	342
合计	11	8603.79	811	70 375	411	15 412.5	80	2484.22

[1] 指国网直调和华北、华东、华中、东北、西北电网。

[2] 风电场、光伏电站按座数统计，其他类型的机组是指地热、秸秆发电等电源。

表 2　　2013 年国家电网公司系统新增统调装机容量

电网名称	总计			火电			水电			抽蓄		
	台数（座数）	容量（MW）	增幅（%）	台数	容量（MW）	增幅（%）	台数	容量（MW）	增幅（%）	台数	容量（MW）	增幅（%）
国调直调	16（0）	10 650	30.82	0	0	0	16	10 650	38.52	0	0	0
华北	23（88）	13 048	5.86	21	7110	3.68	0	0	0	0	0	0
华东	57（18）	16 313.1	7.99	47	11 774	6.58	5	150	1.02	4	1200	20.76
华中	70（15）	8273.6	4.70	14	4918	4.18	52	2313.8	4.3	0	0	0
东北	33（44）	5876.9	5.99	26	3364	4.76	4	32	0.53	0	0	0
西北	61（354）	24 648.5	24.31	32	9101	13.66	29	1025.5	4.9	0	0	0
合计	260（519）	78 810.1	9.41	140	36 267	5.72	106	14 171.3	11.97	4	1200	7.82

电网名称	核电			风电			光伏发电			其他		
	台数	容量（MW）	增幅（%）	座数	容量（MW）	增幅（%）	座数	容量（MW）	增幅（%）	台数	容量（MW）	增幅（%）
国调直调	0	0	0	0	0	0	0	0	0	0	0	0
华北	0	0	0	88	4600	20.5	0	1321	490	2	17	1.4
华东	1	1089	17.03	18	1260	31	0	840.1	176	0	0	0
华中	0	0	0	15	711.8	95	0	105	128	4	225	40.7
东北	1	1119	∞	44	1233	6	0	83.9	839	2	45	23.6
西北	0	0	0	62	4750	43.20	292	9772	384.9	0	0	0
合计	2	2208	34.5	227	12 555	21.7	292	12 122	368	8	287	13

表 3　　截至 2013 年底国家电网公司系统 220kV 及以上统调降压变电容量

电网名称	总计		1000/750kV		500kV		330kV		220kV	
	台数	容量（MVA）	台数	容量（MVA）	台数	容量（MVA）	台数	容量（MVA）	台数	容量（MVA）
国调直调	17	42 000	13	39 000	4	3000	0	0	0	0
华北	2642	579 829	0	0	245	200 610	0	0	2397	379 219
华东	2760	648 823	0	0	266	230 050	0	0	2494	418 773
华中	2223	496 817	0	0	246	206 401	0	0	1977	290 416
东北	1054	204 166	0	0	91	76 281	0	0	963	127 885
西北	605	186 637	38	69 200	0	0	314	79 930	253	37 507
合计	9301	2 158 272	51	108 200	852	716 342	314	79 930	8084	1 253 800

表 4　　2013 年国家电网公司系统新增统调变电容量

电网名称	总计			1000/750kV			500kV			330kV			220kV		
	台数	容量（MVA）	增幅（%）	台数	容量（MVA）	增幅（%）	台数	容量（MVA）	增幅（%）	台数	容量（MVA）	增幅（%）	台数	容量（MVA）	增幅（%）
国调直调	7	21 000	100	7	21 000	116.7	0	0	0	0	0	0	0	0	0
华北	228	51 186	9.68	0	0	0	16	15 100	7.5	0	0	0	212	36 086	9.5
华东	178	42 443	7	0	0	0	11	10 900	5.0	0	0	0	167	31 543	8.1
华中	142	46 041	10.21	0	0	0	25	24 500	13.5	0	0	0	117	21 541	8.3
东北	70	12 377	6.45	0	0	0	2	2004	2.69	0	0	0	68	10 373	8.82
西北	73	29 523	18.79	9	16 000	30.1	0	0	0	22	6060	8.2	42	7463	24.8
合计	698	202 570	10.36	16	37 000	51.97	54	52 504	7.91	22	6060	8.2	606	107 006	9.33

表 5　　截至 2013 年底国家电网公司系统 220kV 及以上统调线路长度

电网名称	总计		1000/750kV		500kV		330kV		220kV	
	条数	长度(km)	条数	长度(km)	条数	长度(km)	条数	长度(km)	条数	长度(km)
国调直调	72	8665.5	8	1943.4	63	6722	1	0.1	0	0
华北	3432	101 673.58	0	0	356	29 691.679	0	0	3076	71 981.904
华东	4037	93 272.2	0	0	434	25 695.1	0	0	3603	67 577.1
华中	3266	110 132.21	0	0	419	34 069.726	0	0	2847	76 062.48
东北	1591	62 916.72	0	0	159	16 449.697	0	0	1432	46 467.025 5
西北	1074	57 165.01	74	12 725.33	0	0	491	23 539.85	509	20 899.83
合计	13 472	433 825.2	82	14 668.7	1431	112 628.2	492	23 539.95	11 467	282 988.3

表 6　　2013 年国家电网公司系统 220kV 及以上新增统调线路长度

电网名称	总计			1000/750kV			500kV			330kV			220kV		
	条数	长度(km)	增幅(%)	条数	长度(km)	增幅(%)	条数	长度(km)	增幅(%)	条数	长度(km)	增幅(%)	条数	长度(km)	增幅(%)
国调直调	17	2440.4	39.2	6	1304.4	204.1	11	1136	19.28	0	0	0	0	0	0
华北	246	5337.14	5.54	0	0	0	12	525.986	1.7	0	0	0	234	4811.158	6.6
华东	396	7751.6	9.06	0	0	0	24	1293.1	5.3	0	0	0	372	6458.5	10.1
华中	262	7209.77	7.01	0	0	0	31	2376.842	7.5	0	0	0	231	4832.93	6.8
东北	100	2862.61	4.77	0	0	0	8	581.336	3.66	0	0	0	92	2281.27	5.16
西北	151	7039.98	14.04	15	2595.43	25.6	0	0	0	38	1323.812	5.9	98	3120.74	17.5
合计	1172	32 641.5	8.14	21	3899.8	36.21	86	5913.264	5.54	38	1323.8	5.96	1027	21 504.6	8.22

2. 电网调度装备和运行指标

公司系统继电保护工作水平和保障电网安全能力进一步加强。截至 2013 年底，国家电网 220kV 及以上系统继电保护装置达到 130 162 台，与 2012 年相比（120 763 台）增加 9399 台，增幅为 7.78%，微机型保护装置 129 793 台，微机化率为 99.78%，同比提高 0.43 个百分点，其中线路保护微机化率为 100%，同比提高 0.02 个百分点。光纤通道在 220kV 及以上系统中得到广泛应用，所占比例达到 86.64%，同比提高 2.66 个百分点。2013 年，国家电网 220kV 及以上交流系统继电保护正确动作率达到 99.924%，高压直流输电系统正确动作率达到 98.78%。

截至 2013 年底，公司系统各级调度建设运行的自动化系统主站系统有：智能电网调度控制系统 90 套（包括 33 套省及以上调度的系统和 57 家地调系统），SCADA/EMS 应用 1352 套（包括网调 2 套、省调 80 套、地调 410 套、县调 836 套），动态稳定监测预警应用系统（DSA）42 套（包括国调 1 套、网调 6 套、省调 31 套、地调 4 套），广域相量测量应用系统（WAMS）49 套（包括国调 1 套、网调 7 套、省调 40 套、地调 1 套），调度计划应用系统（OPS）60 套（包括国调 1 套、网调 5 套、省调 32 套、地调 22 套），电能量计量应用系统（TMR）248 套（包括国调 1 套、网调 7 套、省调 40 套、地调 121 套、县调 79 套），调度员培训仿真系统（DTS）211 套（包括国调 1 套、网调 7 套、省调 33 套、地调 170 套、县调 1 套），调度管理系统（OMS）241 套（包括国调 3 套、网调 11 套、省调 49 套、地调 179 套），雷电定位系统（LLS）20 套（包括国调 2 套、网调 3 套、省调 15 套），保护管理系统 24 套，水调自动化系统 26 套，集控站监控系统 322 套；备调系统建设方面，省级以上调度（除冀北、蒙东外）已全面完成备调系统建设，其中互备系统 10 套，独立备调系统 21 套（含 D5000）；159 地调完成地县备调系统建设，其中建设地调备调系统 150 套（包括天津二备十、青海海南一备二的备调系统）。

2013 年，国家电网公司省级以上电力调度自动化系统总体运行平稳，统计的 9 项运行指标中，有 6 项指标高于 2012 年，3 项降低，其中遥测估计合格率指标得到大幅提升，见表 7。

表 7 2013 年省级以上电力调度自动化系统主要运行指标

指标名称	2013 年	2012 年
子站设备可用率（%）	99.952	99.992
数据通信系统可用率（%）	99.994	99.987
计算机系统可用率（%）	100.00	99.999
事故遥信动作正确率（%）	99.915	100.00
AGC 功能投运率（%）	99.996	99.969
AGC 控制合格率（%）	99.907	99.882
状态估计可用率（%）	99.873	99.920
遥测估计合格率（%）	98.750	94.707
调度员潮流合格率（%）	99.997	100.00

【电网规划与发展】

1. 规划制订

（1）国家电网发展规划。2013 年 5 月编制完成《国家电网发展规划（2013～2020 年）》总报告和《电力需求预测》《国家电网电力流规划》《国家电网规划方案研究》《国家电网配电网专项规划》4 个专题研究报告，报国家能源局。

（2）电网发展重大问题研究。参与国家能源局落实大气污染防治行动计划电网实施方案研究和能源重大战略问题调研，依托特高压电网推进“电能替代”战略，促进“以电代煤、以电代油、电从远方来、来的是清洁电”战略实施。

（3）特高压电网项目前期工作。2013 年 3 月 18 日，获得《国家发展改革委关于浙北—福州特高压交流输变电工程核准的批复》（发改能源〔2013〕552 号）。2013 年 9 月，获得《国家能源局关于同意国家电网公司开展酒泉—湖南±800kV 特高压直流输电工程前期论证工作的函》（国能电力〔2013〕335 号），同意项目开展前期工作。

2013 年 11 月，收到《国家能源局关于加快开展准东—华东特高压直流输电工程前期工作的通知》（国能电力〔2013〕467 号），要求加快开展±1100kV 准东—华东特高压直流工程前期工作。淮南—南京—上海、雅安—武汉特高压交流工程完成评估。

推进特高压交直流工程可研设计工作。靖边—潍坊、蒙西—天津南、张北—南昌、陇彬—连云港 4 项特高压交流，锡盟—泰州、酒泉—湖南、准东—四川、蒙西—武汉、呼盟—山东 5 项特高压直流工程完成可研评审。

（4）常规电网项目可研与管理。2013 年，累计获得核准 330kV 及以上电网项目 200 项，核准线路 1.8 万 km、变电容量 2 亿 kVA；其中常规电网项目 186 项，建设规模为线路 1.5 万 km、变电容量 1.5 亿 kVA。获得核准的常规电网项目中，国家发展改革委核准 25 项，线路长度 2526km、变电容量 1806 万 kVA；地方发展改革委核准 161 项，线路长度 1.2 万 km、变电容量 1.3 亿 kVA。累计取得常规电网项目可研评审意见 176 项、环评批复 121 项、水土保持批复 95 项、节能评估意见 116 项、站址用地预审文件 41 项、线路用地预审文件 83 项、选址意见书 98 项、贷款承诺函 113 项、省级发展改革委意见 72 项、社会稳定风险评估意见 126 项。

（5）配电网滚动规划。印发 Q/GDW 1738—2012《配电网规划设计技术导则》、Q/GDW 1865—2012《配电网规划内容深度规定》、《配电网规划管理规定》、《国家电网公司关于加强配电网规划与建设工作的意见》（国家电网发展〔2013〕1012 号）。组织开展国家电网公司 2013～2020 年配电网滚动规划工作，提升规划质量。

（6）抽水蓄能发展。截至 2013 年底，水电水利规划设计总院会同有关省区市发展改革委（能源局）完成公司经营区域 20 个省区市的选点规划报告审查，国家能源局已全部批复。

本轮选点规划共选出推荐站点 54 个，规划装机容量 6985 万 kW；后备站点 14 个，规划装机容量 1660 万 kW。

2013 年，公司开工建设抽水蓄能工程 2 项（丰宁一期、吉林敦化），总装机容量 320 万 kW；完成核准申请评估 3 项（山东文登、河南天池、重庆蟠龙），总装机容量 420 万 kW；上报核准申请 3 项（重庆蟠龙、山东沂蒙、安徽金寨），装机容量 360 万 kW；完成可研审查 4 项（山东沂蒙、安徽金寨、福建厦门、陕西镇安），总装机容量 520 万 kW；取得开展前期工作的批复 2 项（江苏句容、新疆阜康），总装机容量 255 万 kW；上报“路条”申请 3 项（新疆阜康、湖南平江、丰宁二期），总装机容量 440 万 kW；完成预可研审查 4 项（湖南平江、丰宁二期、浙江宁海、甘肃肃南），总装机容量 610 万 kW。

（7）“节能减排”管理。线损率指标：公司线损率 6.83%，同比上升 0.10 个百分点，比国资委第四任期（2013～2015 年）考核目标（7.25%）低 0.42 个百分点。剔除农电企业上划影响，同口径下降 0.05 个百分点，节约电量 18.9 亿 kWh，相当于节约标准煤 61 万 t、减排二氧化碳 151 万 t。

万元产值综合能耗指标。公司综合能源消费量 3284.94 万 t，万元产值综合能耗 0.1471t 标准煤（可比价），同比下降 11.06%，比国资委第四任期考核目标（0.3t 标准煤）低 0.152 9t 标准煤。

2. 特高压电网

（1）特高压关键技术研究。完成第二代特高压交流杆塔关键技术研究课题、特高压线路导线风偏设计优化研究课题、特高压交流输电电磁环境特性深化研究课题、特高压 GIS（HGIS）设备 VFTO 深化研究课题、特高压线路宽频域电晕电流测量技术及电晕电流特性的研究课题、交流特高压全尺寸绝缘子串污耐压特性及海拔修正研究课题、特高压电气设备抗震评估与减振设计研究课题、1000kV 特高压交流油气套管研究和试制课题、±1100kV 特高压直流深化研究课题、±1100kV特高压直流场设备样机研制课题、特高压直流输电技术研究及核心设备研制课题。

（2）皖电东送淮南—上海特高压交流输电示范工程。2011 年 9 月获得国家核准，10 月开工建设；2013 年 8 月工程竣工，9 月 18 日完成系统调试投入试运行，9 月 25 日正式投运。

开展 100 余项研究攻关，全面掌握同塔双回路特高压交流输电核心技术。在世界上率先研制成功有载调压特高压变压器、额定容量 240Mvar 的单柱特高压高抗等重大设备。突破工程设计、施工安装和调试试验难关，建成世界首个商业化运行同塔双回路特高压交流输电工程。

工程自 2013 年 9 月 18 日投运以来，所有运行指标正常，特高压系统运行稳定。截至年底，特高压系统输送电量超过 50 亿 kWh。

（3）浙北—福州特高压交流输变电工程。2013 年 3 月 18 日，国家发展改革委正式核准建设浙北—福州特高压交流输变电工程，4 月全面开工建设，计划于 2014 年底建成投运。工程起自浙北 1000kV 变电站，经浙中 1000kV 变电站、浙南 1000kV 变电站，止于福州 1000kV 变电站，工程新建浙中、浙南和福州 1000kV 变电站，扩建浙北变电站，变电容量 1800 万 kVA，线路全长 2×596km，其中 435km 采用两个单回路角钢塔架设，161km 采用同塔双回路钢管塔架设（位于浙江境内），全线铁塔 2126 基（双回路塔 330 基）。静态投资 175.5 亿元。至 2013 年底，线路基础浇筑完成 90%，组塔完成 20%；变电站基本完成“四通一平”，土建施工全面展开；完成初步设计并收口，持续推进设计优化，线路基础施工图混凝土用量比可研减少约 47%；完成设备设计审查和设计联络，全面启动制造和监造；在福建境内“无人区”首次实现直升机规模化工业应用，累计安全飞行 653 吊次，完成物资运输 1872t；全面完成 2013 年度里程碑计划。

（4）哈密南—郑州±800kV 特高压直流输电工程（简称哈郑工程）。该工程起于新疆哈密南换流站，止于河南郑州换流站，线路全长 2191km（含黄河大跨越 3.9km），额定电压±800kV，额定输送功率 800 万 kW。工程静态投资估算约 222 亿元，动态投资估算约 231 亿元。工程于 2012 年 5 月 13 日取得国家发展改革委核准，2012 年 8 月开工建设，2013 年 9 月全线架通，12 月 29 日实现双极全压解锁带电，2014 年 1 月 18 日投入运行。

（5）溪洛渡左岸—浙江金华±800kV 特高压直流输电工程（简称溪浙工程）。该工程是金沙江下游溪洛渡水电开发的配套外送工程，线路全长 1653km，工程额定电压±800kV，额定输送功率 800 万 kW。工程静态投资 229.05 亿元，动态投资 238.55 亿元。工程于 2012 年 7 月获得国家发展改革委核准。直流线路 2013 年 12 月全线架通，2014 年 3 月双极低端投运，6 月完整双极投运。

3. 智能电网

（1）智能电网工程建设。截至年底，公司累计安排智能电网试点项目 32 类 313 项，建成试点项目 29 类 298 项，新启动国家级智能电网试点项目 17 项。

公司全年完成 33 项国家级智能电网项目，包括 13 项国家智能电网管理物联网应用示范工程、5 项国家能源局智能电网试点工程、8 项国家能源智能电网研发（实验）中心的分中心建设工程和 7 项风光储输示范工程国家科技支撑计划课题。

（2）新一代智能变电站建设。全年 6 个示范工程建设在北京、天津、上海、重庆和武汉启动，包括 4 个 110kV 变电站和 2 个 220kV 变电站，相关部门、单位优质高效地完成 6 个新一代智能变电站示范工程建设任务，在工程设计、设备研制和模块化建设等方面取得突破。

（3）智能电网综合建设工程。公司全年建成投运江西共青城、浙江绍兴镜湖新区、河南郑州新区、湖南韶山 4 项（累计已投运 7 项）智能电网综合建设工程，立项批复陕西西安高新区等 3 项智能电网综合建设工程，续建实施重庆两江新区等 15 项智能电网综合建设工程。此外，还开展了一系列智能电网支撑智慧城市发展的研究调研工作，印发了指导意见和研究报告，以指导智能电网综合建设工程建设工作。

（4）智能电网关键技术研究。2013 年，公司集中攻关电网发展重大技术难题，取得一批世界领先的高水平成果。大容量柔性直流换流阀、高速阀控及控制保护技术填补了国内空白。自主研制±800kV/6250A 换流阀模块，±1100kV 直流隔离开关、避雷器、电流互感器和支柱绝缘子等设备样机，实现直流输电装备领域的突破。首次实现大电网复杂动态过程监测分析技术的工程应用。在大容量风光储联合发电、广域分布式调控一体化、配用电统一融合通信、非线性测量等核心关键技术领域取得突破，在多直流馈入系统稳定特性、交直流电网建设时序、电网扰动冲击与振荡传播机理等方面取得重要成果。

4. 农网发展

（1）农村电网改造升级。2010年以来，国家累计下达国家电网公司农网改造升级工程投资计划1919.4亿元，截至2013年底，累计完成投资1873.8亿元，占总投资计划的97.6%。2013年计划投资292.9亿元，涉及22个省公司，已完成投资255.5亿元，占计划的87.2%。其中，国网冀北、山东、安徽、福建、湖北、河南、宁夏、新疆电力完成投资计划95%以上，国网山西、湖南、江西、四川、吉林、蒙东电力完成投资计划90%以上。

（2）无电地区电力建设。2013年公司无电地区电力建设共投资53.84亿元，为167 445户699 790人解决了无电问题，比计划多解决无电户18 557户87 334人，国网四川、甘肃、青海和新疆电力均超额完成计划。

（3）农网供电保障工作。新增配电变压器5456台，增容改造配电变压器43 260台。共计排查治理隐患16.36万处。提前部署2014年春节保供电工作。密切跟踪高温旱情变化情况，以保农民生活和农业生产抗旱用电为重，全力以赴组织所属相关单位做好应对高温干旱保电工作。

（4）农网供电质量和“低电压”治理。2013年农网“两率”指标大幅提升，农网供电可靠率达到99.852%，同比提高0.117个百分点；农网客户累计停电时间同比减少10.249h/户，城乡停电时间差距缩小到9h左右。农网综合供电电压合格率达到98.567%，同比提高0.493个百分点；客户端电压不合格时间同比减少133.25h/点。

推进农村“低电压”综合治理。结合农网建设改造升级工程和农村配网技术改造等工作，采取技术和管理措施并举的方式，通过电网建设、加强低压用户需求侧管理、调整配电变压器分接头、提高供电能力等措施，推广应用农村“低电压”综合治理14项典型措施，推进农村“低电压”综合治理工作，提升农网供电质量。2013年，新解决203万户低电压问题，近四年累计完成2070.8万户低电压治理工作。

（5）县供电企业管理体制机制。完成国网江西、重庆、蒙东、四川、湖南、湖北、河南、江苏电力等8个省（市）公司，总计211个供电公司上划，其中上划股份制供电企业124个，上划代管和自供自管供电企业87个。截至2013年底，公司管理县供电企业1713个，其中直供直管县供电企业1337个，占总数的78.05%；股份制县供电企业54个，占总数的3.15%；代管县供电企业322个，占总数的18.8%。

（6）县供电企业和乡镇供电所管理提升。对县供电企业13个方面乡镇供电所6个方面分别制定79项和25项专业、专项管理指标，全面启动县供电企业及乡镇供电所管理提升工程。

（7）公司总部定点扶贫。全年安排扶贫项目28个，总投资3459.6万元，其中投入国家电网专项扶贫资金1880万元，地方自筹1579.6万元；在湖北三县一区投入定点扶贫资金800万元；在玛多县投入定点扶贫资金1080万元。经过帮扶双方的齐心协力，除玛多县申请一个调整项目延后竣工外，其余27个项目均于2013年竣工并通过验收。

5. 工程建设与管理

（1）“大建设”体系建设。按照关于全面推进“三集五大”体系建设的统一部署，落实“完成大建设体系构建任务，开展磨合提升工作”要求，优化方案顶层设计，加快新体系构建，加强体系建设过程指导，梳理分析体系建设难点问题，提炼特色亮点和经验，深入推进“大建设”体系建设和运行。

（2）基建工程管理。2013年，公司圆满完成基建各项工作任务。全年电网建设投资3379亿元，开工110（66）kV及以上交流线路5.9万km、变电容量3.1亿kVA，投产线路4.8万km、变电容量2.3亿kVA；投产直流线路2210km、换流容量800万kW。

（3）基建标准化建设。公司推进基建标准化建设，加强“三通一标”（通用设计、通用设备、通用造价，标准工艺）标准化成果建设工作，提高工程技术、安全、质量和工艺水平。强化输变电工程设计质量管理，发布《标准化建设成果（通用设计、通用设备）应用目录（2013年）》。完善应用机制，建立设计技术问题沟通汇报机制，发布《设计质量控制技术问题清单（2013年版）》，推进通用设计等成果应用。丰富完善标准工艺系列成果，修订管理办法，加强应用经验交流，推动工程建设质量整体水平提升。

（4）基建信息化建设。以满足系统实用化为目标，以大建设信息化顶层设计为导向，研究基建业务需求，设计完善基建信息化系统功能，推进系统应用。

【企业管理】

1. 计划与投资管理

（1）计划管理。2013年公司售电量累计完成35 227亿kWh，同比增长8.3%（扣除规范电量等因素后增长7.5%），增速同比提高3.1个百分点。第三季度受持续高温及工业经济回升拉动，售电增速实现12.2%，其中8月达到全年峰值（14.48%），之后增速有所回调，但总体仍呈回升态势。从售电结构看，大工业、非普工业售电同比增长6.7%、7.4%，增速同比均提高4.3个百分点，是售电增速回升的主要原因；受高温天气影响，居民、商业、趸售快速增长，增速分别为11.4%、10.3%和16.2%。

2013年国家电力市场交易电量完成6019亿kWh，同比增长7.94%。其中，特高压输电交易电量727.75亿kWh，同比增长124.77%。通过跨区交易累计向“三华”地区输送电量2609亿kWh。其中水电、风电等清洁能源分别为1265亿kWh、92亿kWh，相当于为“三华”地区节约标准煤4614万t，减排二氧化碳1.2亿t，减少烟尘排放45万t，减少灰渣排放1292万t；火电1252亿kWh，相当于输送标准煤4258万t，为当地减少烟尘排放42万t，减少灰渣排放1192万t。

截至2013年底，国家电网风电和光伏发电并网装机分别达到7037万kW和1546万kW，是世界风电并网规模最大、光伏发电增长最快的电网。

2013年公司营业收入20 492亿元，同比增长8.8%；公司全年实现利润突破700亿元，同比增加54.8亿元。北京未来科技城智研院工程、济南电工电气产业基地、智能电网科研产业（南京）基地投入使用。

（2）投资管理。全年固定资产投资完成3605亿元，完成年计划的100.3%。其中，电网投资完成3379.1亿元（含调峰调频电源投资57.6亿元、零购39.9亿元），占总投资的93.8%；产业投资完成134.8亿元（含零购5.4亿元），占总投资的3.7%；小型基建投资完成80.6亿元，占总投资的2.2%。

2013年开工110（66）kV及以上交流线路5.92万km、变电容量3.11亿kVA。分电压等级看，开工特高压（1000kV）交流线路1206km、变电容量1800万kVA，750kV交流线路1357km、变电容量1950万kVA，500kV线路8518km、变电容量8410万kVA，330kV线路2909km、变电容量981万kVA，220kV线路2万km、变电容量9681万kVA，110（66）kV线路2.51万km、变电容量8266万kVA。开工的重点项目有浙北—福州特高压交流输变电工程，兰州东—天水—宝鸡750kV输变电工程。

2013年投产110（66）kV及以上交流线路4.84万km、变电容量2.26亿kVA，投产直流线路2210km、换流容量800万kW。分电压等级看，投产特高压（1000kV）交流线路1298km、变电容量2100万kVA，750kV线路2218km、变电容量1180万kVA，500kV线路4993km、变电容量3395万kVA，330kV线路1598km、变电容量573万kVA，220kV线路1.71万km、变电容量8314万kVA，110（66）kV线路2.12万km、变电容量7047万kVA。投产的重点项目有哈密南—郑州±800kV特高压直流输电工程、新疆与西北750kV第二通道工程、玉树与青海联网工程等。

（3）“援藏”投资管理。建设措勤县供电工程。2013年在对口援藏项目中安排建设措勤县供电工程，利用措勤县风、光资源优势，建设光伏发电500kW、风电60kW、储能系统3000kWh。同时，配套建设10kV配电线路和配电变压器、0.4kV低压线路。

2. 统计管理

协调跨部门重复统计的售电量、购电量等28个指标的数据归口。建立涵盖19个业务部门的743个核心指标的指标卡片，形成包括“指标名称、指标释义、责任部门”等12项内容的指标卡片。

组织修订《国家电网公司统计管理办法》，制定《国家电网公司统计信息发布管理规定》和《国家电网公司统计会审管理规定》。

推进“一库三中心”建设，以数据归口为基础，以数据发布展示、深度剖析、应用决策全过程为重点，利用“大数据”技术进行数据整合和价值提升。

3. 人力资源管理

（1）加强领导班子和干部队伍建设。

（2）加强人才队伍建设。2013年，公司新增中国工程院院士1名，享受政府特殊津贴人员18名，“百千万人才工程”国家级人选2名。组织541名十大专业领军人才第二阶段集中培训。开展2013年度公司优秀专家人才遴选工作。产生832名公司级优秀专家人才，组织各单位选拔产生4992名省公司级和10 400名地市公司级优秀专家人才。完善四级四类专家人才选拔培养体系，促进优秀人才的梯队建设。培养引进876名特高压、智能电网等专项紧缺人才。2013年，在公司层面组织开展38期特高压及智能电网紧缺人才培训班。培训人数达2980人。

（3）职工教育培训。组织各类培训340万人次。公司总部直接组织实施党校政治理论、专业管理、专业技术、生产技能及特高压智能电网等培训项目145个425期，培训4.9万人次，组织开展变电设备检修、应急救援、信息通信系统运维等4项竞赛和人力资源、财务、统计等9项调考。

统一组织县供电企业负责人及供电所长培训。制定印发《关于进一步加强现场培训工作的意见》。

每家省公司保留1个（综合性）或2个（1个技能和1个管理）培训中心。地市公司重点建设变电运行、变电检修、配电线路、抄核收、装表接电等技能实训室，满足本单位中级工及以下技能人员培训、鉴定、竞赛的需要。县公司、工区（供电所）建设适量的基本技能训练室和网络学习室。

截至年底，公司系统共有各级培训机构233个，其中公司直属培训中心3个，省公司（直属单位）直接管理的教育培训机构41个，省公司（直属单位）二级单位培训中心189个。省公司层面的培训机构中，综合性培训中心（具有技术、技能和管理培训职能）18个，管理培训中心10个，技术技能培训中心13个。地市公司培训机构兼具管理培训和技能培训两种职能。

4. 财务与资产管理

（1）经营与财务状况。2013年公司完成固定资产投资3605亿元，同比增长9%，其中电网投资3379亿元；售电量35 227亿kWh，增长7.5%；营业收入20 498亿元，增长8.9%；利润总额705.8亿元，同口径同比增加55亿元；资产总额25 701亿元，比2012年末增加2365亿元；资产负债率57%，下降0.02个百分点；经济增加值（EVA）157亿元，同比增加53亿元；净资产收益率4.85%，同口径同比提高0.06个百分点。

（2）财力集约化、信息化管理。推进财力集约化管理，“财力集约化管理体系的战略构建与深化应用”获公司2012年度“十大管理创新贡献奖”第一名。优化完善“横向集成、纵向贯通”的一体化财务信息工作平台。

（3）电价工作。通过下调燃煤机组上网电价，解决可再生能源电价附加、脱硝除尘电价等资金缺口，部分地区适当疏导燃气电价矛盾。

配合国家发展改革委出台了调整销售电价分类结构的实施办法，明确未来几年按供电成本、负荷特性计价的改革方向，将现行7大用电分类简化为居民、农业和一般工商业及其他3大类。

完善上网电价机制：推动国家有关部门出台核能发电标杆上网电价、分布式光伏发电财政补贴支付办法和上网电价补助标准；配合国家发展改革委开展水电标杆上网电价和抽水蓄能电价机制研究。完善销售电价和收费政策机制：推动出台电解铝阶梯电价政策，对其自备电厂自发自用电量全额征收政府性基金、附加和系统备用费，取消电价优惠。新建住宅小区配套费覆盖到23个省级电网，供电延伸服务收费政策按省出台的单位已经达到7家，对一般工商业用户收取配套费的单位已有2家。完善输配电价机制：会同国家发展改革委、国家能源局启动跨省区输电价格传导机制研究和跨省区输电价格核价关键问题研究。

跟踪做好特高压交流输电工程成本监审后续工作，配合价监局做好新建小区电力设施收费政策完善工作。及时报送电价和输配电成本信息，对各单位的报送电价电费信息进行审核。

加强电价薄弱环节管理，印发文件规范自备电厂、新建小区供电配套费、城市公用事业附加费管理，系统清理优惠电价。强化电价管控系统应用，推进营财一体化建设，启动营财一体化建设试点；加强农维费管理，开展月度购售电预算管理。开展电价诊断分析、月度定期分析和特高压电网效益等专题分析，提高决策支持能力。

5. 运营监测（控）中心建设

（1）三级运营监测（控）中心建设。2013年5月，总部、省公司运营监测（控）中心建成投运，并开展二期建设和地市运营监测（控）中心建设工作。截至2013年底，总部、省、地市公司三级运营监测（控）体系初步建成。

（2）运营监测与系统建设。对公司核心业务及关键流程进行梳理，形成关键流程监测业务及详细设计成果，实现对计划与预算管理、项目全过程管理、物资供应链管理、购售电管理、资金收支管理5项关键流程的监测，反映公司业务流程的运营效率及质量。

运营监测（控）中心二期建设选择有条件的省公司先行开展试点工作，鼓励先行先试，待完成试点验证后，再全面推广，快速部署应用。结合整体工作安排，组织开展业绩考核、同业对标、电能质量、资产全寿命周期管理、量价费损、运监系统与营销稽查系统集成、在线监测网络拓扑图研究等多个专题监测项目。

（3）公司级信息通信系统监控。实现公司级信息通信系统监测业务的平稳过渡，以及系统监控与运营监测业务的优化整合，开始对公司10大类千余套信息系统进行7×24h的实时在线监测；开展公司监测支撑系统纵向贯通测试，拓宽监测力度和深度；摸索实践业务系统应用监测相关工作，同步推进工作机制和制度建设，构建业务应用监测模型；开展运营监测（控）明细数据OGG复制监测平台建设；同步建立问题消缺工作机制，提升公司数据接入水平；完成《公司级信息和通信系统监测管理办法》和《公司级信息和通信系统监控实施细则》编制，规范系统异动处置原则和业务流程。

2013年7月，研究社会公布信息采集模型设计，依据国家统计分类和实际需求，确定外部数据采集信息分类和数据来源；8月，形成涵盖435项指标的社会公布数据采集指标体系，常态开展采集工作；9月，完成社会公布信息自动采集工具研发，实现社会公布数据自动采集、统一存储；10月，结合外部数据完成高温期间公司信息通信系统应用分析工作，为公司电网运行及检修等提供参考；11月，编制社会公布信息采集周报，下发各网省公司进行共享，每期选取当前热点专题进行展现分析。

截至年底，数据采集来源网站扩充至200余个，共人工收集社会公布信息3800余条，工具自动采集30万余条，发布社会公布数据采集周报9期。

6. 体制机制创新

（1）主多分开工作。按照依法治企基本精神和国务院国资委相关文件要求，公司自2010年下半年开始，按照先网省层面、后地（市）县层面顺序，开展以清退职工股权、处置多经企业（资产）、分流安置从业人员为主要内容的主业与多经企业分开（简称主多分开）。至2012年底，公司系统基本完成主多分开工作。2013年，公司组织开展主多分开“回头看”工作。

（2）“大规划”体系建设。开展“大规划”体系建设督导和专业评估。完成国网陕西电力等10家第二批建成单位“大规划”体系建设评估验收。重建规划设计支撑体系，组建成立27家省级经研院、248家地（市）经研所。2012年提升咨询资质46家，2013年继续提升64家。

研究制定《“大规划”体系建设调研工作方案》，提出《国家电网公司“大规划”体系建设方案》。

（3）管理创新。2013年形成管理创新成果216项，其中获国家级一等奖2项、二等奖13项；行业级一等奖14项、二等奖25项，优秀奖15项。

（4）对标管理。坚持内部对标与外部对标相结合、指标对标与管理对标相结合，创新对标模型，强化诊断分析，拓展对标的深度和广度，实现对标工作新的突破。表现在：①优化对标体系研究；②公司内部对标；③国际国内对标；④建立健全对标运行机制；⑤开展基层对标工作。

【安全管理】

1. 安全生产与监督管理

全年没有发生一般及以上电网和设备事故；发生生产人身事故4起，死亡4人；发生五级电网事件9起、六级电网事件7起，发生五级设备事件4起、六级设备事件6起。

开展安全大检查、隐患大排查等，组织开展全系统2次“安全日”专题活动。召开季节性安全生产电视电话会议，组织落实“二十四节气表”工作，强化春（秋）检、迎峰度夏（冬）具体措施。组织开展安全管理提升活动督查、评价和考核，按计划完成32项活动主要内容。印发《安全隐患排查治理范例》。组织开展全国“安全生产月”“质量月”活动。

开展专项隐患排查，加强风险预控和隐患闭环治理。开展防误闭锁专项隐患排查，涉及防误主机、断路器和隔离开关、高压开关柜、网门和接地线、防误解锁5个方面。开展电网安全事故隐患排查，安质、规划、运检、营销、调控等专业人员共同参与，梳理各级电网事故隐患和存在的风险。开展重载输电通道和交直流主设备隐患排查，对25个换流站2856台直流主设备、24.85万台（相）220kV及以上交流主设备进行带电检测。

加强基建分包和施工现场管控，开展基建安全专项检查“回头看”，集中整治索道运输、施工现场管控薄弱等问题。

加强应急体系建设，举办首次应急技能竞赛，检验应急队伍建设和实战能力。

2. 安全隐患排查治理与风险管控

编制安全隐患排查治理“二十四节气表”，将安全隐患排查治理融入日常安全生产工作中。公司总部组成7个督导组，分别对国网北京、浙江、四川、重庆、吉林、蒙东、甘肃电力和鲁能集团等单位开展隐患大排查工作督导；公司从电网结构、运行控制、设备运维、施工检修、现场作业、供电安全、信息安全、防汛防灾、交通消防、应急管理等方面，对基层单位、一线班组、乡镇供电所、工程项目部和施工、检修、业扩现场开展安全检查和督导，各级单位检查基层班组和作业现场累计3.5万个，累计排查治理各类问题、缺陷、隐患、违章13.5万余项，改善了安全生产条件。

组织开展防误闭锁隐患和电网条例隐患专项治理。开展“五防”闭锁和开关柜隐患治理，对3.6万座变电站的40.4万套微机防误、电气闭锁、电磁闭锁、机械闭锁装置、449.5万个闭锁点进行排查，评估确定7787条防误闭锁隐患，逐项明确责任单位和治理措施，落实防误技术措施要求，消除误碰柜体带电部位隐患。开展输变电设备防污闪及冰（雪）闪专项隐患排查治理，治理存在不合格设备的变电站292座、线路1305条，保障设备安全运行。

落实国务院安委会专项隐患排查整治要求，开展地下电力管线隐患大排查，重点组织排查地下电力管线设计、运行、标志标识、照明、防水防潮、防火、防毒、防外力破坏以及邻近公共管线等安全隐患，排查认定隐患1690项；对属于公司系统自身责任的隐患，立即安排整改，做到责任、措施、资金、期限和应急预案“五落实”；对属于非公司系统责任的隐患，做到通知、报告、服务、督办“四到位”。

编制《农村配网工程施工安全风险辨识与控制手册》《县供电企业安全性评价》等规范性文件。试点开展信息通信安全性评价。完成9个发电厂安全评价和3个煤矿安全质量标准化评价，完善煤矿安全“六大系统”。

2013年，公司系统所属各级单位排查和治理安全隐患数量同比大幅提高，累计排查安全隐患38 967项，治理38 168项，整改完成率达98%，强化了电网安全风险管控，公司没有发生大面积停电事故，没有发生重特大人身伤亡事故和设备事故，电网和设备安全事件同比减少，保障了公司和国家电网安全发展。

3. 可靠性管理

截至2013年12月底，公司系统城市、农网用户供电可靠率分别为99.956%、99.852%，同比分别提高0.015、0.117个百分点；城市、农网用户平均停电时间分别为3.854、12.965h/户，同比分别下降25.6%、44.1%。220kV及以上电压等级输变电系统可用系数达到99.807%，其中，输电回路和变电回路分别达到99.804%和99.811%。110（66）kV及以上电压等级架空线路、变压器和断路器可用系数分别为99.899%、99.981%和99.988%。直流输电系统全年累计输送电量1404.482亿kWh，同比增加419.778亿kWh，平均能量可用率为93.760%，同比下降1.92个百分点。

修编印发《国家电网公司电力可靠性工作管理通用办法》（简称《通用办法》）。完成100多万条66kV及以上电压等级输变电设备（回路）台账和240多万户中压用户（配电变压器）台账梳理和对应工作。组织国网湖北电力编制《输变电系统可靠性工作指南》，委托国网福建电力对输变电和供电可靠性题库进行梳理汇编，形成公司统一的电力可靠性专业培训题库。

完善输变电系统可靠性统计评价体系，开展输变电系统可靠性评价工作。组织国网湖南和重庆电力分别牵头开展输电网可靠性和配电网评估方法和指标体系研究工作并编制完成初稿。

截至12月底，总部及公司系统全部29家省（市）公司已完成系统上线运行，实现220kV及以上电压等级输变电系统可靠性数据小时级自动采集；7家试点单位完成110kV及以上电压等级输变电系统可靠性数据小时级自动采集；30个重点城市完成中（高）压用户供电可靠性相关数据按天自动采集；相关数据已推送至总部运营监测（控）中心进行在线监控和展示。

4. 资产全寿命周期管理

在“三集五大”体系建设已经明确落实的60项管理业务的基础上，完善补充资产管理策略、资产管理体系改进计划、实施计划统筹、信息体系、合规性评价、审核、管理评审7项关键业务，形成包含67项基本业务，覆盖资产全寿命周期各阶段、各环节的资产全寿命周期管理业务体系。

组织国网上海、福建、青海电力3家单位开展体系建设试点工作，检验资产全寿命周期管理体系研究成果的合理性、适用性。

在公司系统各单位应用统一的资产全寿命周期管理技术方法，开展资产策略制定、电网规划方案比选、“资产墙”风险控制、工程设计方案比选、设备招标采购策略优化、设备检修策略优化、设备退出处置优化7项关键业务试点工作。组织评价审核专家，开展体系建设试点评价验收工作。

组织开展公司电网资产相关技术标准梳理完善工作，形成公司统一、协调的技术标准体系。各单位110kV及以上电压等级主要设备“账、卡、物”一致率由年初的53.3%提高到93.8%。

5. 安全长效机制建设

组织修订《国家电网公司电力安全生产工作规定》《国家电网公司安全生产职责规范》《国家电网公司安全隐患排查治理管理办法》《国家电网公司应急工作管理规定》，修编《国家电网公司电力安全工作规程（配电部分)》，补充《国家电网公司电力安全工作规程》（变电部分）和（线路部分）。组织制定《风电企业和装备制造业安全生产标准化管理规范》《煤矿安全质量标准化查评大纲》《装备制造企业安全设施标准》等产业安全管理制度，规范直属产业安全生产管理工作。

开展反违章，抓好“两票”（工作票、操作票）规范管理和执行。建立安全纵深防御体系，注重从源头抓安全。鼓励班组创新实践，推进企业文化建设在安全管理中的实践。开展“安全管理提升”活动。

落实《关于加强国家电网运行与管理工作的意见》，加快构建大电网安全综合防御体系。

组织举办安全生产管理人员培训班，抓好《国家电网公司电力安全工作规程》（简称《安规》）和“两票三制”的执行，组织开展电网企业“两票”调考，对1620名“三种人”进行《安规》抽考。组织开展发电、煤矿安规抽调考，累计对786名有关安全生产管理人员、工作负责人、工作许可人和工作票签发人进行考试。推行员工岗位安全等级培训、考核和认定工作，提高员工安全操作技能和自我保护能力。首次举办公司应急技能竞赛，开展16项应急预案示范性演练，建立应急处置评估机制，实现四级应急指挥中心互联互通。

6. 工程建设安全管理

修编《基建安全管理规定》《输变电工程施工安全风险管理办法》《输变电工程安全文明施工标准化管理办法》《输变电工程施工分包管理办法》《输变电工程建设监理管理办法》《流动红旗竞赛管理办法》等基建安全通用制度。针对工程建设中长期存在的管理短板，制定印发《施工安全及风险控制方案编制纲要》《新型施工机械安全管理重点措施》和《规范电力建设工程安全生产费用提取与使用管理工作指导意见》。

发布《进一步规范和加强施工分包管理工作指导意见》《施工分包管理十条规定》。

召开基建专题安全会议，组织基建“安全日”活动。每月召开月度安全质量分析点评会，汇总分析各省公司级单位安全工作情况，研究分析基建安全形势、风险和薄弱环节，跟踪问题整改闭环，谋划下一阶段重点工作，强化工作计划落实，形成基建安全定期分析点评的常态机制。每月加强施工安全重大风险管控，全年对569项重大作业风险进行实时监控。

组织开展基建安全大检查活动，明确40条检查要点，排查整治当前基建安全工作存在的问题，堵塞基建安全管理漏洞。开展安全质量管理随机抽查，开展春季安全生产大检查、两次省间交叉互查，两次专项安全检查，组织四次基建安全专项督查、三次重点工程专项安全检查。

组织开发日常安全工作记录标准样式、安全检查发现问题整改闭环、施工安全风险管理动态评估自动计算、年度安全策划方案滚动修编状态跟踪等功能，实现工程建设安全全过程管理。治理基建“安全管理通病”和“习惯性违章”，跟踪整改闭环过程。

组织三次公司输变电工程安全管理流动红旗竞赛活动。

7. 农电安全管理

2013年，农网整体运行平稳，未发生任何考核事故，创造了新纪录。农电未发生县域电网全停、较大及以上人身伤亡、小水电站垮坝、有责任的重要设备损坏等安全事故；未发生对公司和社会造成重大影响的安全事故（事件）和有严重负面影响的供电服务事件。

印发《关于进一步做好农电安全工作的意见》，部署农电安全大检查重点，加强县供电企业和乡镇供电所安全风险管控。组织对县供电企业领导班子成员、乡镇供电所长开展安全基础知识培训和调考。

印发《关于进一步加强农网工程和无电地区电力建设安全管控的通知》。编制《农村配网工程施工安全风险辨识与控制手册》。

组织开展小水电站安全检查和隐患排查，消除防汛隐患76处。深化小水电站防汛管理，对小水电站防汛组织机构、防汛预案的演练、防汛物资的准备、大坝安全检测等工作进行逐一落实。加强水电站评级。组织对县供电企业所属65名蓄水式小水电站管理人员进行防汛管理培训。组织开展大坝安全鉴定工作，完善鉴定工作流程和工作经验，加强中小型水电站水库大坝安全管理隐患治理，推进大坝安全鉴定和注册工作。

完成《农村用电安全共建机制模式研究与探索》。完成《农村住宅电气工程技术规范》等技术标准制定和修编。组织开展农村用电安全宣传，结合农事，进村、进田间开展农业生产用电安全宣传。普查剩余电流动作保护装置安装运行情况，全面了解当前农网配电变压器台区剩余电流动作保护器（含总保护器和分支保护器）的安装、运维及质量状况。组织举办农村用电安全管理培训班，提升管理人员技能和业务素质。

8. 应急体系建设

编制印发公司《2013年应急演练、培训和重点工作计划》，按季度督促落实应急管理工作计划、总结；向国家安全监管总局定期报送季度（半年度）应急工作报表。规范各类报表填报，开展突发事件定期统计分析、总结评估工作，提升应急管理工作常态化、专业化、规范化和标准化水平。

完成总部应急指挥中心搬迁改造。分部、省公司本部建设应急指挥中心32个，完成100%；地市公司建设应急指挥中心328个，已投运302个；县公司建设应急指挥中心1507个，已投运990个。完成已建成应急指挥中心互联互通调试，初步实现公司系统四级应急指挥中心互联互通。

印发《国家电网公司应急救援协调联动机制建设指导意见》。各省公司协调联动建立完成率为100%；350个地市公司中有343个地市公司建立协调联动机制；1261个县公司中有1103个县公司建立协调联动机制。

在成都应急救援培训基地组织公司系统首次应急技能竞赛。分期分批组织开展2期应急管理人员培训班和14期应急救援基干分队培训班，累计培训应急管理人员130人次、应急救援队员1567人次。

研究制定突发事件应急处置评估调查办法，建立应急处置评估调查常态机制。研究建立了供电企业应急管理水平和应急能力评价指标体系，制定评估规范和标准，确定评估手段和方法。针对雨雪冰冻、台风、强降雨等各类自然灾害和其他大面积停电风险，公司发布12次预警通知，制订并落实防范措施，强化应急值守，预防和减少灾害对电网安全稳定运行的影响。

【运检管理】

1. 输变电设备专业管理

2013年公司未发生四级以上变电设备事故。25座直流换流站发生单阀组闭锁2次，单极闭锁9次，双极闭锁1次，平均单极闭锁0.41次/极年。7座特高压交流变电站未发生变电设备故障停运。公司系统330kV及以上变压器故障跳闸率0.480次/百台年，同比降低0.043次/百台年；330kV及以上断路器（含组合电器）故障跳闸率0.077次/百台年，同比降低0.045次/百台年。66kV及以上输电线路跳闸1747次，同比增加245次，跳闸率0.232次/百千米年，同比增加0.011次/百千米年；故障停运429次，同比增加89次，故障停运率0.057次/百千米年，同比增加0.007次/百千米年。

落实《跨区输电线路重大反事故措施》，实施重要输电通道反事故措施三年滚动计划。组织开展天中直流和皖电东送交流线路直升机配合验收工作，发现缺陷1054处。

组织编制《架空直流输电线路运行规程》等企业

标准，修订10种输电线路在线监测装置标准，完成209套装置的质量提升工作。制定《国家电网公司变电专业精益化管理评价规范》。印发《2013年度变电专业精益化管理评价报告》。

开发防雷评估系统，完成国网冀北、湖北电力等4个单位试点工作；试点安装直流线路避雷器9套，完成藏中220kV电网防雷改造。推行线路通道属地化管理，严控线路外力破坏事件发生。建设山火监测预警中心，累计发现输电线路山火9903处，500kV及以上线路一级告警310个；启动建设覆盖沿江九省（市）的覆冰预测预警中心，发布覆冰中短期预报55期；组织修订"十二五"融冰装置规划，建设部分特（超）高压重要输电通道观冰站和气象站。组织国网浙江电力完成220kV及以上10条线路的抗冰改造；组织完成国网冀北、山西电力等公司的紧凑型线路改造。发布输变电设备防污闪补充反事故措施。开展大规模雾霾天气对输变电设备的影响分析，制定并印发《输变电设备外绝缘用防污闪涂料及涂敷质量管理规范》。开展防风偏综合分析、研究与治理工作，组织开展东三三回线防风偏治理。

针对浙北—福州、淮南—南京—上海、雅安—武汉特高压交流工程11座特高压交流变电站开展两期运维技能培训，共培训100人。开展四期直流运维培训班，共培训162人。

组织北京、上海、天津、武汉、重庆5家电力单位对新一代智能变电站前期调试、验收、运维工作进行总结；对上海110kV叶塘变电站、重庆220kV大石变电站、上海天灵开关厂进行实地调研；从人身安全、设备安全、设备可靠性、供电可靠性、运维便利性、招标采购等方面开展运行分析评估，提出22条后续智能变电站设计完善建议。

2. 生产技术改造

2013年，公司共完成生产技术改造项目投资203.9亿元。改造35kV及以上输电线路（含电缆）6812km，变压器42 460MVA，断路器（含高压开关柜）9420台；改造10kV及以下配电线路13 464km，配电变压器5619MVA，柱上开关8452台；改造二次系统设备22 996台套，通信线路7131km。

输电生产技术改造。完成输电线路防雷改造1819.4km。完成输电线路防覆冰、舞动治理572.3km。完成输电线路防风偏改造111.5km。对跨越主干铁路、高等级公路等重要设施的线路进行独立耐张段改造，共改造杆塔1489基；对采用拉门（V）塔线路进行分段改造，共改造杆塔1930基。完成提高电网输送能力线路改造807km。

变电生产技术改造。2013年共更新改造不满足安全运行要求的35kV及以上变压器42 460MVA，更新改造不满足运行要求的断路器（含高压开关柜）9420台。共完成330kV及以上变电站无人值守改造247座；在变电站110kV及以上出线间隔加装避雷器6204台；改造282座变电站高型、半高型装置构支架；为限制接地电容电流加装消弧线圈230台；无功补偿设备改造71 043Mvar；"五防"系统改造更新362套；加装在线监测装置6022套；改造不满足运行要求的电流、电压互感器7597台。

配网改造。改造10（20）kV及以下线路（含电缆）13 464km，其中缩短配网供电半径、优化配网联络、分段比例改造3627.5km，配电线路防雷改造1537.2km，配电线路绝缘化改造2856.3km，线路扩大线径改造2089.1km；改造配电变压器24 840台，其中防过载配电变压器增容改造4581台，高耗能配电变压器更换7562台；更换或改造断路器（含开关柜、柱上开关、环网柜等断路器设备）9866台。

二次系统技术改造。完成更新改造继电保护及安全控制装置5567套，厂站自动化设备改造3547套，调度自动化系统（含调控一体化）改造1608套，通信设备改造10 444套，更新改造通信线路7131km。

发电生产技术改造。启动柘林水电厂121号水轮发电机组改造，国网湖南电力通过对厂站设备在线监测系统改造升级，国网新源公司主要安排富春江1号水轮发电机组、白山一期电站2号机组水轮机改造和十三陵抽水蓄能电厂3号发电/电动机定子技术改造项目。

修订《生产技术改造工作管理办法》和《生产设备大修工作管理办法》，制定印发《生产技术改造原则》和《生产设备大修原则》作为项目编审的基本依据。组织编制《生产技改大修立项辅助决策导则》，应用于2014年项目储备和计划编制。将各级经研院（所）纳入生产技改大修管理支撑体系，并在基层单位明确相关管理岗位。将分部项目可研评审纳入总部统一管理，建立总、分部一体化管理机制。均衡开展储备项目编审工作，于2013年9月底完成公司总部和各单位两级项目储备库，储备项目数量达到7.7万项。研究制定《电网设备退役评价及处置导则》。梳理PMS技改大修管理模块功能需求，对现有PMS1.0系统进行模块改造。

3. 状态检修工作

组织编制9项状态检修标准；发布《国家电网公司电网设备状态检修管理规定》《国家电网公司电网设备状态监测系统管理规定》《国家电网公司电网运检装备配置使用规定》三项通用制度，指导状态检修工作。

制定并发布《运维检修装备配置使用管理规定》。

累计完成40个供应商115套带电检测仪器、38个供应商93台次变电设备在线监测装置试验检测，编制检测报告。建立并完善检测仪器使用管理制度，明确溯源检定周期和操作方法，确保检测数据准确可信。

4. 电力设施保护

建立公司总部、省、地市、县四级电力设施保护工作体系，组织修订《国家电网公司电力设施保护管理规定》等一系列与电力设施保护工作密切相关的制度标准，明确各单位、部门管理职能，规范电力设施保护工作流程。截至年底，公司系统各单位构建电力设施保护机构1126个，设置专（兼）职治安保卫人员5295人；组建专（兼）职巡护队伍4414支，配备队员50 231人。

2013年，在公司系统电力设施保护区内共有5786项施工项目进行了申报并得到许可，同比增加近3000项。

2013年，开展电力设施保护区安全隐患排查治理专项活动，排查并治理隐患9018项，其中重大隐患2592项、严重隐患1188项、一般隐患5238项。公司系统投入电力设施保护资金24 156万元，新增防范设施18 384套，签订联防协议74 220份，组织义务巡护员126 191人。全年共发生输变配电设施盗窃破坏事件2445起，同比减少1070起；造成直接经济损失3351万元，同比减少1492万元。

2013年先后召开4次分析会，对国网安徽、陕西、甘肃、山西、上海、江西、四川、福建、青海、宁夏电力10家公司的电力设施盗窃、外力破坏典型案例进行分析，查找运维单位的管理薄弱环节，切实督导各省级电力公司电力设施保护工作的开展。2013年，公司系统共发生违章施工造成的66kV及以上输电线路跳闸57条次，同比减少22次。

建立了覆盖12个省区的电网山火智能监测预警系统，通过直径4.8m、国内最先进的极轨卫星数据直收装置（跟踪精度0.01°），监测地面火险情况。利用动态阈值火点识别方法和基于数据库引擎的网格索引近邻查找算法，可将火点信息定位到具体线路与杆塔。山火智能监测预警系统投运以来，已监测到公司跨区电网线路山火火点1017处，对500kV及以上线路形成一级告警343个、二级告警153个、三级告警345个。

5. 配电管理

截至2013年底，城网配电线路58万km，同比增长5.8%，配电变压器容量3.5亿kVA，同比增长9.4%。6～500kV电缆线路36.8万km，同比增长17.7%。其中6～35kV配网电缆线路35.2万km，同比增长17.9%。城网电缆化率达到43%，架空线路绝缘化率66%，城网供电可靠率达到99.956%，同比提高0.015个百分点。城网故障停电15 482次，同比下降13.1%；10kV架空线路带电作业20.2万次，同比增长29.5%。

印发《全面开展配电网标准化建设工作意见》和重点工作推进计划。编制完成配电网建设改造标准物料目录、配网设备选型指导意见、标准化配置方案、配网工程典型设计方案大纲及10类配网检修施工工艺规范；制（修）订配网运维规定、电缆及通道运维规定、配网检修规定、电缆及通道检修规定等6项通用管理制度。

完成28家重点城市配电网建设改造与管理提升实施方案的批复，并对石家庄、济南等10个城市进行实地检查，落实里程碑计划、标准执行等。完成天津等9个城市市区和石家庄等14个城市核心区配电网建设改造与管理提升工作验收。编制完成《2013年重点城市配电网示范工程建设评估报告》。

成立公司配电自动化建设应用提升专项工作组和专业工作组，印发《配电自动化建设应用工作方案》和推进计划。组织开展21家单位配电自动化工程验收现场综合测试和23家单位实用化验收离线数据采集分析，并完成15个工程建设项目和7个实用化项目验收。

26家省公司全面完成所属地市单位达标验收，并在直供直管县有序推进配网状态检修，全年共开展18 428条配电线路、157 628台变压器、7191座开关站、20 809台环网柜、54 554台柱上开关设备状态评价；印发《推进电缆不停电作业工作意见》和3类6项电缆不停电作业指导书，组织完成26家省公司配网不停电作业数据核查和现场作业安全督查工作，度夏期间实施配网不停电消缺1.9万次，有效减少故障停电时间；组织开展电缆不停电作业实训基地资质评估，遴选出4家具备开展电缆不停电作业的实训基地；开展重点城市配网抢修专业化梯队建设，加强95598抢修类投诉事件的跟踪整改，强化营配末端业务协同，实施“五个一”标准化抢修，持续提升供电服务质量和水平。

6. “大检修”体系建设

公司系统27家单位各级工区及以上运检组织机构由8122个精简至4093个，349家地市公司全部取消工区设置，县公司层面运检组织机构由5459个精简至2985个，精简1685个工区。

完成剩余10家“大检修”体系建设和所有单位“大检修”体系完善提升工作。组织修订“大检修”体系全面建设方案。

升级构建功能完备的生产管理信息系统，开展设备（资产）运维精益管理系统（PMS2.0）建设。

健全“运维一体化”现场标准化作业、持证上岗和薪酬激励等保障机制，加快培养“一专多能、一岗多能”人才队伍，促进变电运行维护业务的加速融合。加快推进工厂化检修基地标准化建设，健全检修基地运转机制，利用内外部装备制造资源，提高主设备集约化、轮换式、工厂化检修比例；规范运检业务外委（包），培育成熟的业务外包市场，强化外包监督管控，促进运检人员从日常维护型向检测诊断型转变，在保证运检工作质量的同时提高运检劳动效率。

7. 设备隐患排查治理

制定落实《防止特高压直流闭锁工作方案》。完成对复奉、锦苏和天中直流换流站用电、水冷、非电量保护全面排查。完成直流换流站换流变压器检修工艺、换流站事件记录、防污闪等专项隐患排查，共发现隐患1033项，其中可能导致直流闭锁的重大隐患223项，结合停电完成隐患治理379项，剩余654项将结合技改项目在2014年完成治理。

2013年完成污秽等级d级以上、330kV及以上变电站防污闪治理160座，特别是国网甘肃、青海、山西电力等克服年初未列计划、资金紧张、停电困难等问题，分别完成55、16、13座变电站防污治理。

2013年公司系统共排查发现配网设备隐患20 918项，隐患治理率完成84.5%。2013年，公司6～20kV城市配网故障停电数同比减少2323次，降低13.1%。

8. 运维检修信息化建设

编制完成设备（资产）运维精益管理系统业务需求规范和系统概要设计，制定印发系统设备代码、设备参数、数据编码等运维检修信息标准。组织完成生产管理信息系统组织机构、运维检修人员权限、设备台账、业务记录等基础数据清理工作，完善系统常态运维考核机制，开展基础数据质量核查与治理工作，数据准确率达到95%左右。继续组织开展系统应用评价工作，双月发布评价报告。

9. 防汛与大坝安全管理

下发《国家电网公司关于做好2013年防汛和大坝安全工作的通知》。完成公司生产管理信息系统防汛管理模块调试及试运行工作。组织召开公司防汛工作会议。编制完成公司2013年防汛工作手册。

3～6月，公司组织供电和水电共10个检查组按区域开展防汛互查工作，对15家供电单位和14家水电单位进行督查。

在2013年汛期抗灾抢修工作中，公司系统累计投入抢修人员30.3万人次、抢修车辆7.5万台次。

汛期开展大坝巡视检查，加强大坝监测，保证大坝泄洪设施和备用电源安全可靠运行，并定期向大坝中心报送监测数据。

各单位根据公司要求修编和完善应急预案，组建应急队伍，开展应急演练。

印发《国网运检部关于生产管理信息系统防汛管理模块上线试运行的通知》。编制汛情日报、防汛周报及防汛专报，并及时汇报汛情。

10. 直升机作业管理

2013年，国网通航公司机群数量达到17架，巡检作业范围覆盖公司22个省（区、市）公司，巡视输电线路里程87 206.5km，发现严重及以上缺陷668处，安全飞行8319h，以上三项数据同比分别增长130%、102%、153%；作业质量持续提升，航巡缺陷发现率由2012年的11.74条/百千米，提高到2013年的19.33条/百千米；直升机单机作业产能达到8026km，同比上升14.6%。完善直升机作业管理标准体系。总结直升机巡检作业经验，编制完成《架空输电线路直升机巡检作业管理规范》。配合开展特高压交直流线路验收工作。根据特高压工程建设进度，组织国网通航公司配合运维单位分别对1000kV淮南—上海、±800kV哈密—郑州进行验收作业，累计起降197架次，航巡里程6623.54km，发现缺陷1054处，其中严重以上缺陷34处。

2013年，成功完成四川雅安地震灾区输电线路应急灾情普查飞行及灾区伤员救援应急响应工作，起降10架次，超低空安全飞行10.14h，巡查线路里程近700km，发现滑坡3处。

各试点单位共开展107次无人机巡检作业，累计巡线里程达1460.07km，发现缺陷124处。组织开展入网检测手段和平台建设工作，中国电力科学研究院和国网山东电力电力科学研究院已做好开展多旋翼和固定翼无人机检测的各项准备工作。

【电网运行与电力市场】

1. 电网调度运行

（1）电网调度管理。公司各级调度加强全过程安全风险防控，应对自然灾害和恶劣天气，确保电网安全运行和电力可靠供应，完成十八届三中全会等重大保电任务。深化“大运行”体系建设，推动调控业务转型升级，提升调度控制能力。

（2）“大运行”体系建设。第二批单位开展“大运行”体系建设工作。加强专业评估工作组织，印发《关于做好大运行体系建设专业评估工作的通知》和《大运行体系建设无人值守集中监控评分细则》。提前组织专家审查自评估报告并确定查评重点，制订2013年“大运行”专业评估工作安排，组织国网山西、陕西电力等第二批10家单位专业评估，全部通过评估验收。

多轮次开展“大运行”建设及运转情况现场调研、驻点调研、书面调研，召开网、省、地调负责人座谈会，研究构建三级调控管理体系及地县调业务一体化运作、深化调控一体化建设、推进调度业务转型、强化配网调控管理、开展配网故障研判及抢修指挥业务等工作。编制《大运行体系建设及运转情况综合调研报告》。

完成《大运行体系建设实施方案》修订，编制《关于全面建设大运行体系工作的意见》。

集中审查和批复27个省调“大运行”建设实施方案及地县调业务一体化运作、配网故障抢修指挥业务纳入“大运行”体系两个专项操作方案；编制地县公司两个专项操作方案审查要点，组织省调对地县公司操作方案进行审查；开展地县调业务一体化运作、配网抢修指挥业务、配网调控管理、分布式电源管理、开关及继电保护远控操作等“大运行”建设专项试点工作。

（3）节能调度。2013年，国网江苏、河南、四川电力继续实施节能发电调度试点。公司组织试点省份电力公司和科研单位，深化节能发电调度技术支持系统应用，完善“三公”调度、节能调度管理体系，优化节点设置合理、量化安全校核精确的三级协调发电计划编制流程，执行总部、分部、省一体化运作的管理规定及标准操作程序。2013年，公司依托发电能力申报平台，强化执行，实现所有发电数据系统自动抽取，为发电计划“月分析、季调整、年收口”提供数据支撑。国网江苏电力建设完成基于智能电网调度技术支持系统的安全约束机组组合（SCUC）、安全约束经济调度（SCED）功能模块，实现实时发电计划上线运行。

在调度运行环节执行国家政策，通过节能发电调度、发电权交易等措施，体现发电利用与能耗、排放水平的正向激励：大容量火电机组利用小时数相对较高，1000、600MW级机组分别达到5880、5236h，明显高于300MW及以下容量级机组的利用小时数。2013年，配合环境治理工程，统筹发供电平衡，全年完成448台共计1.87亿kW机组的脱硝改造。公司各级调度、交易开展跨区跨省资源调配，发挥特高压交直流跨区输电作用，完成交易电量6473亿kWh，同比增长6.9%，实现了资源大范围优化配置，消纳水电5410亿kWh、风电1290亿kWh，均创历史新高。三试点省节能减排成效显著：2013年，江苏省累计节约标准煤117万t，减少二氧化碳排放292万t；河南省累计节约标准煤103万t，减少二氧化碳排放257万t；四川省累计节约标准煤186万t，减少二氧化碳排放464万t。

（4）跨区电网运行。2013年，华北500kV主网省间互联结构无新投工程。5月，高天第三回线投产，改善高岭直流华北侧近端交流电网结构，解决高天线$N-1$不满足DL 755—2001《电力系统安全稳定导则》要求的问题，减轻天马—阳乐—姜家营稳定控制系统的压力。12月，上承第三回线投产，上都送出系统得到加强，正常方式下可以满足上都电厂6台机组满发。同月，蒙西电网500kV察右中输变电工程投产。其他投产项目基本为破口接入工程。

2013年，华东电网主要投产工程为淮沪特高压及配套工程，武南脱出工程，天目湖、姚江变电工程，句容电厂送出工程，仁王5444线改接工程，福建沿海第二输电通道等。

2013年，华中500kV省间断面无新建工程，500kV盘龙双线串补在技改后恢复运行。湖北电网500kV江夏变电站Ⅱ接入军凤双回线，柏泉变电站Ⅱ接入木孝Ⅰ回线，新建500kV十樊Ⅱ回线，兴隆、道观河变电站各新建一台主变压器，供电能力得到加强。河南电网500kV瀛洲变电站Ⅱ接入陕牡线、陕嘉Ⅰ回线，菊城变电站Ⅱ接入官祥线、祥庄Ⅰ回线；新建500kV中官双回线、中菊双回线，为天中直流提供电力疏散通道。湖南电网新建500kV牌长Ⅱ回线，加强了湘西南地区水电外送能力。江西电网500kV马回岭变电站Ⅱ接入永石双回线，新建500kV梦安线。四川电网500kV官地、锦东、锦西、向家坝、溪洛渡电厂及其送出500kV线路相继投运，形成大型水电外送基地；500kV城沐双回线投运，加强西昌地区与主网联系通道；橄榄变电站Ⅱ接入二普二线，新投石泉一线，加强攀枝花地区500kV电网结构；新建500kV水洛变电站、乡城变电站、丹巴变电站、路平变电站，加强水电通道外送能力。

2013年东北电网500kV主网省间互联无新建工程。辽宁电网的500kV辽中输变电工程投产，辽中变电站Ⅱ接入北渤2号线形成北辽线、辽渤线，辽中变电站2台1000MVA主变压器投产，500kV辽中变电站、沙岭变电站实现分区供电。500kV蒲抚1、2号线投产，沈阳电网与抚顺电网实现分区供电，沈阳南部电网与辽阳电网实现分区供电。东北第一个核电厂——红沿河电厂投运。蒙东电网的大板电厂及两条500kV电厂送出线路投运。

2013年，西北电网迎来750kV网架建设高峰，6月750kV新疆与西北主网联网第二通道输变电工程建成投产，750kV主网架基本形成；10月特高压天中直流双极低端投产，西北电网外送规模增大，外送型电网特征明晰；大规模火电、风电、光伏发电持续接入电网，电网运行特性发生深刻转变，西北电网运行进入深度转型期。青海电网330kV玉树联网工程6月建成投产，结束了玉树地区孤网历史。西藏墨竹工卡变电站、旁多水电站等220kV发输变电工程投运，增强了藏中电网电源支撑及电力电量平衡能力。

截至2013年底，国调中心直接调度范围包括：1000kV长治—南阳—荆门、淮沪特高压交流系统，

±800kV复奉、锦苏、天中特高压直流系统，三峡电站及其交流送出系统，官地、锦东、锦西电站及其交流送出系统，向家坝、溪洛渡电站及其交流送出系统，阳城、锦界、府谷发输电系统，华中—华东直流联网系统（含葛南、龙政、宜华、林枫直流系统），国网—南方直流联网系统，东北—华北直流背靠背联网系统，华中—西北直流联网系统（含灵宝背靠背直流和德宝直流系统），西北—华北直流联网系统，共有直调厂站59座，直流系统12个（其中±800kV特高压直流系统3个、±660kV直流系统1个、±500kV直流系统6个、灵宝背靠背换流站及高岭背靠背换流站）；发电机组70台、总容量4520万kW（其中水电机组56台、总容量3830万kW，火电机组14台、总容量690万kW）；交流线路72条，总长度8590.2km（1000kV线路8条，1940.2km），直流线路20条，总长度25 918km（±800kV线路6条，12 281km）；交流变电容量42 000MVA，直流变电容量107 577.6MVA。

2013年继电保护专业设备水平和风险管控水平提升。国网直调系统220kV及以上交流系统共有继电保护装置1878台，其中微机型保护1870台，微机化率为99.574%。全年直调系统交流继电保护总共动作751次，正确动作率99.73%，故障快速切除率为100.0%。

公司“大运行”体系技术支撑建设，29家省级以上智能电网调度控制系统实现主用，31家省级以上调度实时监控界面具备远程浏览条件，综合智能告警功能实现全面部署，电网调度控制系统实用化应用水平提升，国网华北、华东、华中分中心及国网河北、上海、江苏、浙江、安徽、福建、四川电力调控中心共10家单位按照《智能电网调度控制系统实用化要求》，进入实用化考核期。各单位开展基础数据质量整治，推动电网模型、图形和实时数据的一体化维护，建立了自动化运行日报机制，实施运行精细化管理，基础自动化水平和电网运行数据质量提高。

2013年，公司经营区域跨区跨省交易电量共完成6473.45亿kWh，同比增长6.76%。其中，跨区交易电量完成3527.68亿kWh，同比增长9.38%；跨省交易电量完成2945.77亿kWh，同比增长3.8%。

（5）调度生产运行。2013年，全国发电量累计完成52 904.81亿kWh，日均144.94亿kWh，同比增长7.90%，增幅较2012年提高4.16个百分点。公司电网（含蒙西）调度发受电量累计完成42 877.80亿kWh，日均117.47亿kWh，同比增长8.57%。全国最高日发电量175.19亿kWh（8月6日），同比增长14.65%。

2013年，公司各分区电网调度发受电量增幅同比依次为西北（15.25%）、华东（8.95%）、华中（8.36%）、东北（6.74%）、华北（6.69%）。公司经营区域内27个省级电网发受电量均为正增长，其中新疆（36.68%）、重庆（17.96%）、安徽（14.64%）、青海（13.91%）、湖南（12.64%）、西藏（11.42%）、福建（10.18%）同比增幅超10%。

2013年内西南水电集中投产1198万kW，公司区域内水电量继续增长，累计完成5417亿kWh，同比增长5%。其中，华中3660亿kWh、同比增长8%，西北967亿kWh、同比增长5%，华东522亿kWh、同比减少18%，东北212亿kWh、同比增长43%。公司直调水电站完成上网电量1294亿kWh，同比增长25%，其中三峡820亿kWh、溪洛溪（左岸）—向家坝梯级246亿kWh、锦屏—官地梯级228亿kWh。年末，重点水电站水库总可调水量991亿m^3、总蓄能值215亿kWh，同比分别减少127亿m^3和26亿kWh。

截至2013年底，公司经营区域内风电并网容量达到70 375MW，同比增加14 015MW，增长24.9%，占总装机容量的7.12%。“三北”（华北、东北、西北）地区风电并网容量达63 634MW，占总并网容量的90.4%，其中，冀北、蒙西、蒙东、辽宁和甘肃五个地区风电占比超过20%，且有13个省级电网的风电成为第二大装机电源。2013年公司累计消纳风电量1289.6亿kWh，同比增长37.4%，占公司统调总发电量的3.0%，超过公司经营区域内湖南、甘肃等13个省级电网的用电量。2013年，公司经营区域内风电累计利用小时数达到2046h，同比增加177h。

2013年，公司27个省级电网用电负荷全部创出历史新高。25个省级电网最高用电负荷超过1000万kW，较2012年增加2个；新疆、安徽、西藏、青海、宁夏等17个省级电网最大负荷增幅大于10%，较2012年增加11个。10个省级电网在冬季创出新高，较2012年减少5个。

2. 电力市场建设和运营

（1）电力市场建设和管理。推进能源资源大范围优化配置市场建设。编制网对网中长期合同交易机制等五个交易机制和支撑统一电力交易平台的五个运作机制。组织国网西北分部和国网新疆、青海电力达成（2013～2015年）新疆送青海跨省电能交易，签订中长期交易合同，试点探索中长期合同交易机制。

公司成立全国统一电力市场建设领导小组，部署、协调推进全国统一电力市场研究建设工作。研究制定全国统一电力市场交易平台近期建设方案和技术支撑平台建设方案。

开展淮沪特高压交流、天中特高压直流交易组织调研，编制《皖电东送淮南—浙北—上海特高压交流交易组织要点》《天中直流交易组织要点》等两个新投特高压输电工程的交易组织方案。对新疆与西北主网联网第二通道工程结算模式及交易价格提出建议。编制《国家电网公司电力市场注册及退出管理办法》，并在年底前组织完成 31 家电网企业、14 799 家发电企业（含地方电厂）和 38 家大用户的市场注册工作，首次实现市场成员全口径在线注册。

完成系统升级建设一期功能推广应用。推进系统升级建设二期功能试点上线。强化系统应用与运维管理。开展横向数据集成工作。制定全国统一电力市场技术支撑平台建设方案。

（2）电力市场运营。2013 年，成交电量 632 亿 kWh，市场化交易规模同比增加 2.4 倍。

2013 年，国家电力市场共签订年度合同 707 份，备案率达到 100%。2013 年，西南大型水电集中投产，水电增发较多。公司多措并举做好汛期水电外送和消纳工作。2013 年，公司经营区域消纳风电共 1290 亿 kWh，其中通过跨区跨省交易全年消纳风电 100 亿 kWh，同比增长约 5.5 倍。挖掘输电通道潜力，组织东北风电送华北 40 亿 kWh；组织西北清洁能源与火电打捆外送，送山东风电完成 33 亿 kWh；新疆跨省送青海中长期合同中预留清洁能源份额，风电送出 6 亿 kWh；利用蒙西外送通道低谷富余容量，京津唐电网通过短期交易增加消纳风电 21 亿 kWh。2013 年初，组织跨区跨省电力支援，应对低温天气，缓解江苏、浙江、重庆、京津唐、河北等地用电紧张局面。迎峰度夏期间，送华东最大电力达 2551 万 kW，同比增加 700 万 kW，上海、浙江、江苏外购电力占负荷最大比例分别达到 38%、28%、18%。

跨区跨省电能交易。2013 年，跨区跨省交易电量共完成 6473.45 亿 kWh，同比增长 6.76 %。其中，跨区交易电量完成 3527.68 亿 kWh，同比增长 9.38%；跨省交易电量完成 2945.77 亿 kWh，同比增长 3.8%。

发电侧购电交易。2013 年，公司系统共向发电侧购电量 37 291.51 亿 kWh。其中，总购电量排名前五位的省级公司依次为国网江苏、山东、浙江、河南和辽宁电力，分别为 4411.87 亿、3674.53 亿、3150.67 亿、2605.98 亿 kWh 和 1839.46 亿 kWh。

发电权交易。2013 年，公司经营区域完成发电权交易电量 1138.48 亿 kWh，同比增长 3.74%，实现节约标准煤 785.37 万 t，分别减少二氧化硫和二氧化碳排放 18.24 万 t 和 2012.63 万 t。其中，小火电机组关停发电权交易电量 576.5 亿 kWh，占总交易电量的 50.64%；在役机组发电权交易电量 561.98 亿 kWh，占总交易电量的 49.36%。组织陕西锦界、府谷电厂跨区发电权交易，完成交易电量 4.78 亿 kWh；组织华北、华东、东北跨省发电权交易，完成交易电量 30.91 亿 kWh。

（3）电力市场服务。2013 年未发生对公司利益和形象造成重大影响的事件。修订《电力交易与市场秩序分析评价管理办法》。落实调度交易服务“十项措施”，坚持公开、公平、公正调度交易，依法维护电网运行秩序。各单位自觉接受监管监督，填报电力交易与市场秩序年度、季度监管报表，做好电力交易市场秩序约访座谈工作，向能源监管机构客观反映电力交易情况。

25 家单位开展了“一站式”电力交易服务。2013 年，各单位电力交易大厅来访接待量合计44 187次；问询答复总次数为 17 785 次，问询答复率达到 100%。

落实《国家电网公司电力市场交易信息发布管理规定》要求，规范电力市场交易信息发布工作，统一信息发布的内容、周期、渠道等，做好国家电力市场年度、季度、月度信息发布工作。探索采用短信群发、建立发电企业 QQ 群、每日召开厂网电话例会等方式，开展电力市场交易信息发布，累计发布信息次数达到 7747 次，促进信息公开。

3. 电力市场营销

（1）“大营销”体系建设。第二批 10 家单位通过“大营销”体系建设，管理模式规范统一，效率效益提升，绩效指标提升，机构平均精简 44.6%，供电服务客户满意率达到 97.9%，提高 1.1 个百分点。截至年末，“一型五化”大营销体系在公司系统初步建成，公司“6+21”家单位完成 95598 业务集中上收目标，27 家单位“大营销”体系构建任务完成。建成公司总部“一部一中心”，省级公司“一部二中心”，地市公司“一部一中心”、县（区）公司“一部一中心”的新型营销组织架构，27 家单位营销二级机构减少 77.86%，解决了管理层级多、服务链条长、服务资源分散、工作效率偏低等问题。

（2）电力营销管理。电力销售情况（营销口径）。2013 年公司售电量 35 019.83 亿 kWh，同比增长 8.73%，增幅比 2012 年同期提高 3.78 个百分点。国网新疆、重庆、青海、安徽、江西、江苏、福建、西藏、宁夏、甘肃、湖北电力 11 个公司的售电量增幅超过公司平均水平。

（3）电能替代与市场开拓。截至 2013 年底，公司累计完成替代电量 140 亿 kWh，在用能终端减少直燃煤和燃油二氧化碳排放 822 万 t，减少氮氧化合物排放 4.68 万 t，减少烟尘排放 2.86 万 t。各省公司根据现行宏观政策、财政税费、电价政策因地制宜地实施了一批代表性强的电能替代工程。

2013 年，公司系统预备重点项目信息库吸纳国家和地方重点项目 14 923 个，上门走访大用户84 546家、帮助解决用电问题及提供用电优化建议36 872个，消除各类供电瓶颈 6099 个（其中 35kV 及以下5728个），开展各级家电下乡和农业电气化活动17 799次，治理高损线路 5583 条、高损台区 57 338个，累计增加公司售电量 640 亿 kWh。

超前组织开展 2013 年迎峰度夏、度冬电力供需平衡分析预测，形成《2013 年迎峰度夏（冬）电力供需分析预测报告》，向国家发展改革委、能源局和国资委报告有关情况，并向全社会发布。

（4）优质服务。组织召开公司供电服务提升工程启动电视电话会议，启动部署提升工程。印发《供电服务提升工程实施方案》。

组织开展首次覆盖全公司范围的客户满意度调查。

组织召开强化供电服务确保客户满意电视电话会议，要求各单位吸取《焦点访谈》报道的两起服务事件的教训，自查自省，转变作风。2013 年，公司系统未发生影响服务形象的事件，供电服务“十项承诺”兑现率持续保持在 99.99%以上。

组织开展供电服务检查工作，专项治理服务行为、供电质量等突出问题。全年，各省级公司共计组织检查 23 713 次，共计检查地市公司 469 个，检查县公司 2928 个，检查城市营业厅 4233 个、农村供电所 2.1 万个，走访城市居民小区 5.2 万个、村镇 8.8 万个、客户 81 万户，共计发现各类问题 50 534 个，已完成整改 47 879 个，整改率 94.75%。

推进城市“十分钟交费圈”、农村“村村设点”等便民交费工程建设。全年，公司新增 1344 台电力自助交费终端，5640 台电力交费 POS 终端，并与1800 余家金融、非金融渠道实现电费代收，推广应用支付宝、家用购电宝、95598 互动网站交费等电子化交费方式，交费方式 15 种以上，满足客户多样化交费需求。

2013 年，公司分四个批次对 95598 业务集中单位信息系统进行割接，实现“6+21”95598 业务集中运营模式。

2013 年，公司完成电网投资 2904 亿元，投产110kV 及以上输电线路 5.1 万 km、变电容量 2.3 万 kVA，消除“低电压”用户 2070.8 万户，解决 16.7万户 58.7 万人无电人口用电问题。城市、农村供电可靠率分别达到 99.96%和 99.85%，较 2012 年提高0.02 和 0.12 个百分点；城市、农村综合电压合格率分别达到 99.95%和 98.57%，较 2012 年提高 0.1 和0.5 个百分点。

（5）电能计量。开展计量自动化检定关键技术研究与应用，科技项目《计量集约化运行关键技术研究、设备研制及推广应用》获国家电网公司科技进步一等奖。

建成国内外首个大规模集中检定模式下的计量生产调度平台，于 2013 年 9 月上线运行。组织编制发布 14 个企业技术标准。提出国家标准、行业标准和企业标准外新的试验方法 41 项，提高了电能表质量检测水平。

2013 年，公司系统完成 6586 万用户的采集覆盖，累计覆盖 1.91 亿户，采集覆盖率为 55.8%，采集覆盖用户规模居世界第一位。

2013 年，公司严格项目管控，编制电能表建设应用年度里程碑计划，以月为管理周期跟踪智能电能表及采集设备招标、供货、检测、建设等情况；规范工程管理，把控建设质量、应用进度和作业安全，促进智能电能表应用工作有序推进。加强智能电能表质量监督检测，完成电能表供货前全性能试验 1144 批、供货前样品比对 1144 批、到货后抽样验收 3792 批78.4 万只，完成电能表逐只检定 6059 万只；完成用电信息采集终端全检验收 425.4 万只。对发现质量问题的设备一律禁止安装运行，并监督供应商整改。

（6）电动汽车智能充换电服务网络建设运营。完善智能充换电服务网络。2013 年，公司建成充换电站47 座、分散充电桩 1456 个。累计建成充换电站 400座、充电桩 1.9 万个，建成技术水平国际领先、规模最大、跨区域、全覆盖的智能充换电服务网络运营监控系统，具备 4.6 万辆电动汽车的服务能力，已累计完成充换电服务 275.36 万次，充换电量 1.78 亿kWh，服务电动汽车行驶 2.13 亿 km，减少燃油消耗4.88 万 t，减少二氧化碳排放 12.55 万 t。支撑北京、杭州、合肥等 20 个国家“十城千辆”试点城市和青岛、临沂、新乡等重点城市的电动汽车推广应用。

充换电业务发展研究。完成 9 项研究报告，提出优化建设原则，明确建设重点和发展方向，为公司电动汽车充换电业务开展提供决策依据。

建设运营管控。落实公司“按需建设、经济实用”的要求，强化建设管控，充换电设施建设与电动汽车推广趋于同步，在 2014 年项目可研评审中，核减投资 12%。完成充换电设施计量计费方式与运行效率调研。完成北京等 5 个重点城市充换电设施运营分析。举办 2 期电动汽车智能充换电服务网络建设运营及智能用电培训班，提升管理人员专业素养和业务能力。

“电动汽车智能充换电服务网络运营监控系统关键技术研究及应用”获公司科技进步二等奖。“一种电动汽车电能供给系统”获公司专利二等奖。“国际电动汽车技术与发展战略对比分析及公司电动汽车业务战略研究”获公司优秀管理咨询成果二等奖。“电动汽车动力电池技术及充换电负荷运行特性调研”获公司调查研究优秀成果一等奖。

完善充换电设施标准体系。向国际电工委员会（IEC）提交《电动汽车换电设施 通用要求》国际标准提案，完成IEC国际标准《电动汽车换电设施 安全要求》草案第一稿。完成1项国家标准、6项行业标准和3项企业标准的制定，累计完成13项国家标准、18项行业标准、39项企业标准的制定。

国内交流合作。完成央企电动车产业联盟有关工作，完成共性技术课题中期检查，组建标准化部，基本建成标准化工作体系。

（7）电力需求侧管理。超额完成电力需求侧管理目标责任考核。公司系统各省（自治区、直辖市）电力公司节约电力电量指标计划合计分别为175.7万kW和73.9亿kWh，全年共节约电力308.1万kW，超出计划75%，节约电量138.7亿kWh，超出计划88%。其中电网企业通过实施内部节能项目，节约电量83.2亿kWh，占总量的60%；公司所属节能服务公司实施及推动社会企业节能项目，节约电量55.5亿kWh，占总量的40%。公司系统27个省级电力公司全部完成节约电力电量考核指标。

【科技创新】

1. 科技发展战略

全年开展国家级重大课题研究17项，资金计划和项目验收完成率均实现100%。

落实2013年六个“千人计划”专项支持项目。超前谋划2014年研发方向和计划。2014年各单位科技项目储备超过3000项，储备充足，项目质量高。统筹安排2014年技术服务计划工作量30万人天，支撑25个总部部门和5个分部。根据实际工作需要，增补2013年技术服务工作量2.3万人天，各单位2013年技术服务满意率超过99%。

2. 重大科技攻关

（1）大电网重大专项研究。截至2013年底，大电网重大专项研究累计在国内外期刊、会议上发表学术论文206篇，申请国际、国内专利87项，完成技术报告114份，开发软件17套，在大电网构建、稳定基础理论、仿真技术、优化协调控制、在线评估及紧急控制六大领域取得阶段性突破：提出考虑大规模新能源并网的输电网规划方法；研发适应多形态电源集中接入条件下的运行模拟软件；揭示特高压联络线随机功率波动的本质；掌握电网扰动冲击与振荡传播机理；提出适用于中长期动态仿真的风光储中长期模型，并应用于全过程仿真软件；提出电网送端机组控制系统优化协调控制策略；研发出电网在线趋势分析系统。

（2）特高压输电技术研究及核心设备研制。完成特高压直流场设备、1100kV特高压直流电流互感器、±1000kV/±1100kV直流隔离开关、±1100kV级直流母线避雷器和支柱复合绝缘子等样机研制。开展特高压串补及SVC核心技术研究，提出特高压串补示范工程平台设备优化布置设计方案，提出特高压SVC的订货、试验技术规范和应用导则，完成特高压串补用瓷套管、复合套管MOV、双间隙/三间隙GAP等设备样机的研制和试验。完成500/1000kV油浸式油气套管和干式油气套管的研制和试验，掌握成套制造工艺。研制进行电、热、力性能全面考核的特高压交流油气套管试验考核研究平台。开展特高压交流输变电系统电磁暂态优化研究，提出不同塔型、不同过电压水平、不同海拔下线路空气间隙的要求值。开展±1100kV特高压直流深化研究，确定±1100kV特高压直流换流站和线路的绝缘水平。完成第二代特高压交流杆塔关键技术研究，提出特高压杆塔结构与基础的优化设计方法。完成特高压直流输电系统对地震台站电磁影响研究，建立干扰水平仿真计算模型并在向上工程中得到验证。开展特高压电气设备抗震评估与减振设计研究，提出特高压电气设备（支柱类瓷质设备）抗震评估与减振设计方法，研发出4种新型减振装置。

（3）智能电网关键技术研究及核心设备研制。提出智能电网设计技术体系架构及多维度的智能电网技术发展路线。完成智能变电站二次系统整体模拟、仿真检测技术研究，开发出智能变电站二次系统全景信息与动态模拟仿真检测平台和智能变电站电磁暂态实时仿真软件。完成智能变电站通用设备优化集成及施工图设计标准化应用研究，形成智能变电站一次设备技术规范和二次设备技术条件和接口规范。开展一次设备智能化对智能变电站继电保护影响及对策研究，建立可控电抗器仿真模型和系统仿真模型。

（4）灵活交流输电关键技术研究。完成1000MW/±320kV柔性直流换流阀及阀控设备系统设计与样机研制。完成超高压电网可控移相器关键技术及示范可行性研究，提出国际首台首套500kV电网可控移相器的工程方案。

（5）配用电及分布式电源技术研究。完成分布式电源接入配电网分析评估及规划技术研究，建立分布式电源接入配电网的综合评估指标体系。开展分布式新能源及微网系统继电保护技术研究，首次进行微网的动模试验研究，提出完整的微网保护方案，实现微网内的广域差动保护。完成智能用电实证研究工作，首次提出综合居民和楼宇的智能用电实证方案，并在多个省市完成智能楼宇商业用户、居民用户选取及方案实施工作。完成电动汽车换电池模式充电站与储能站一体化研究及示范。

（6）实用型关键技术研究。开展GIS设备故障仿真检测技术研究，完成国内首套可在实验室内实现额定电压、额定电流下持续运行的GIS设备故障仿真试验系统。完成220～750kV变电站设备降噪技术研究，提出变电站及相关设备的噪声测试方法及降噪平面优化布置措施。开展配电线路完全不停电作业技术研究，制定相关标准、作业指导书。开发出输电线路带电作业三维仿真培训系统，首次建立10～1000kV交直流架空线路全电压等级典型标准化带电作业仿真培训库。开展无人飞行器巡检技术研究，在福建、辽宁、山东、安徽、青海等地开展山区、高海拔地区无人机巡检适用性研究，对不同地区无人机系统选型提供技术支撑。

3．科技创新体系建设

（1）支撑服务与科技创新融合发展。

（2）发挥技术支撑作用。

（3）强化创新和支撑协同。

（4）落实保障措施。

4．技术标准工作

公司研究组建了国家电网规划设计、工程建设、运行与控制、运维检修、电力营销、信息与通信6个技术标准专业工作组（相当于公司的企业级标准化技术委员会）。修订完善公司技术标准体系并印发《国家电网公司技术标准体系表》（2013版），编制《资产全寿命周期管理技术标准体系表》（2013版）并发布实施；发布“五大”技术标准子体系，基本构建完成“1个主体系＋9个子体系”的公司技术标准体系模式。全年共发布公司技术标准133项，完善特高压和智能电网技术标准体系。截至2013年底，累计发布智能电网相关的公司技术标准268项，同时推进151项相关国家和行业标准发布实施，初步完成智能电网8个专业分支、26个技术领域的基本覆盖。完成《坚强智能电网国际标准体系及工作策略研究》等重大研究课题；启动《国家电网安全供电业务连续性标准化研究》项目；提前布局公司技术标准实施评价体系研究、电力物联网之传感器网络技术标准布局研究等研究课题。

自主申请的全国电力储能标准化技术委员会和全国智能用户接口标准化技术委员会获批筹建，秘书处设在中国电力科学研究院。自此，2013年，公司系统单位主导编制的156项全国和行业标准发布；《330kV～750kV智能变电站设计规范》等重要国家标准编制完成；牵头的《高压直流输电工程系统规划导则》等256项标准纳入国家和行业标准制（修）订计划。初步完成新能源发电技术、智能变电站技术、智能调度技术等5个技术领域的标准综合体框架构建。

5．科技成果与奖励

（1）科技奖励。获国家科学技术进步奖一等奖1项、二等奖3项。“电网大范围冰冻灾害预防与治理关键技术及成套装备”项目获得国家科学技术进步一等奖。“特大电网一体化调度控制系统关键技术及规模化应用”项目、“大型风电并网运行与试验检测关键技术及应用”项目、“软土深基坑工程安全与环境控制新技术及应用”项目获得国家科学技术进步二等奖。

获中国专利奖8项。其中，国网山东电力“变电站巡检机器人”项目获中国专利外观设计金奖。“直流输电系统中预测型熄弧角的控制方法”等7个项目获得中国专利优秀奖。

《±800kV特高压直流换流站过电压保护和绝缘配合导则》等64项企业标准项目获中国标准创新贡献一等奖，公司为首家以企业标准获得一等奖的单位。

获中国电力科学技术奖一等奖3项、二等奖12项、三等奖24项。其中，“±800kV超大容量特高压直流输电关键技术、设备研制和工程应用”“模块化多电平柔性直流输电关键技术研究、装置研制及应用”和“智能电表关键芯片研发与应用”项目获得一等奖，获得省级科技进步奖148项，其中一等奖9项，国网山东、上海、四川、重庆、吉林、陕西电力等单位分别获本省科技进步一等奖。

公司科技进步奖共评出126项，其中特等奖4项、一等奖15项、特别奖2项、二等奖42项、三等奖63项。评出公司专利奖共54项，一等奖4项。

（2）知识产权。2013年共申请专利16 969项，其中发明专利7473项，发明专利占比达到当年全部专利申请总量的44%，年度发明专利申请量排名央企第一。

2013年获得授权专利11 126项，其中发明专利1768项，占当年全部专利授权量的15.9%，达到历史最高水平。截至2013年底，公司累计拥有专利28 311项，其中发明专利3962项。累计拥有有效专利量排名央企第一。

2013年申请国际专利213项，获得国际专利授权9项。截至2013年底，公司累计拥有有效国际专利21项。

出版科技论著146部，发表科技论文7013篇，其中发表在SCI、EI、ISTP和ISR源刊上的论文1050篇。

完成《国家电网公司知识产权管理办法》修订工作。

公司成功申报国家专利运营试点企业并成为第二批全国企事业知识产权示范创建单位。

（3）成果转化工作。研究制定《国家电网公司科技成果转化管理办法》。

组织各相关单位申报科技成果信息百余项，内容涵盖特高压输变电等14个技术领域。通过鼓励自主洽谈、专家评估促推等方式，全年共实现32项成果转化。组织修编《国家电网公司科技成果推广目录》，共收录公司系统各单位科技成果103项。制定公司科技成果转化的考核激励措施。

6. 环保工作

完善环保管理制度，修订完成《公司环保监督规定》和《电网建设项目环评、验收管理办法》。加快电网环保管理子系统建设与推广，制定环保专项数据库建设方案，推动业务融合和数据共享。印发环保技术监督年度重点工作计划，分区域开展专题调研，提出完善环保技术监督体系、加强日常监督工作的措施。印发《变电站（换流站）噪声防治技术指导意见》，完成噪声超标数据复核。组织开展变电站废水处理设施运行及废弃物处置专项调查。组织评选2010～2012年度环保工作先进单位、集体和个人，公司系统10家单位、35个集体和60位同志受到表彰。

建立环保部审批的环境影响报告书和验收调查报告内审制度。开展在建重点工程监督检查并形成常态机制，完成哈密南—郑州特高压直流、淮南—上海特高压交流工程环保水土保持专项检查以及溪洛渡—浙江金华特高压直流工程水土保持现场检查，促进工程环保水土保持措施落实。公司系统全年新开工110kV及以上电网建设项目1985项，环评率连续5年保持100%；通过竣工环保验收的110kV及以上电网建设项目1926项，验收率实现100%；取得水土保持方案批复和通过竣工水土保持设施验收的110kV及以上电网建设项目分别为379项和302项。

与环保部及其技术支持机构联合编制完成《电网环保ABC》科普知识手册。国网江苏电力与省环保厅合作开发全国首个输变电设施环境保护信息交流互动平台；国网青海电力配合省环保厅开展“同享绿色能源、共建智能电网”环保主题宣传活动；国网北京电力与环保科普组织“达尔问自然求知社”合作，邀请环保、卫生等领域专家召开输变电设施电磁环境研讨会。各单位也利用世界环境日开展电网环保宣传活动。

举办电网环保监督管理人员培训班，电网建设项目水土保持监理人员培训班。

开展电网环保领域科研和新技术推广。“超/特高压变电站噪声特性及无源降噪技术研究”等一批项目取得阶段性成果；“特高压交、直流并行线路混合电场问题研究”等科研项目通过验收。国网河南省电力公司电力科学研究院“河南省燃煤机组二氧化硫减排保障技术的研究与应用”获得环保部环境保护科学技术二等奖，国网安徽电力“基于多参数监测的电力节能减排优化管控系统”、国网安徽省电力公司电力科学研究院“基于净化处理技术的六氟化硫温室气体减排措施研究及推广应用”、中国电力科学研究院“±800kV直流工程电磁环境关键技术研究及工程应用”获得三等奖。

全面推进省级六氟化硫气体回收处理中心建设，16家推广单位完成回收净化处理成套设备采购。

【信息与通信】

1. 信息化支撑“三集五大”建设

（1）一体化信息平台建设。构建平台两级管控体系。开展平台实用化试点建设。进行平台同业对标，开展宣传培训。开展实用化、串门式调研。四大数据中心全面建成。

人力集约化信息化建设。新建网络大学、福利保障、内部人力资源市场等模块；完成组织管理、员工管理、薪酬管理、教育培训管理、人资管控等模块一级部署的研发和试点验证；完成与运营检测信息支撑平台、财务系统、主数据平台以及相关外围系统的集成建设。

财力集约化信息化建设。完成直属单位供应商主数据和山东电工电气等5家直属单位财务主数据的接入。完成总部和直属单位财务管控标准流程的推广实施，实现公司财务主数据集中管理和标准流程监控系统的全覆盖。完成财务业务稽核的试点及推广实施，实现财务对工程、物资业务数据合规性的准实时在线监控。完成预算全过程监控分析平台和全面预算分析体系搭建。完善与人资、物资、法律、信通、调度等专业系统间的数据共享和业务融合，优化业务流程。

物力集约化信息化建设。完成电子商务平台《电子招投标办法及技术规范》的差异分析，完成9大项电子招投标办法适应性改造，实现总部大批次招标采购无纸化管理。完成物资九大业务领域分析决策主题功能的上线。直属电工装备制造交易平台上线。完成直属单位物资类采购全流程贯通的推广实施工作。通过对省（区、市）公司“一本账”深化应用，提升了仓储管理能力。

（2）“五大”体系信息化建设。完成对10家单位的“三集五大”体系建设信息通信专业评估。完成三轮次的信息通信支撑“三集五大”体系建设调研。编制下发《国家电网公司信息通信业务体系建设方案》，各省（区、市）公司依据总部方案完成本单位信息通信业务体系建设方案；各省（区、市）公司全面启动“三集五大”体系全面建设阶段信息系统集中调整项目建设。

运营监测（控）中心信息支撑系统。完成总部和27家省（区、市）公司运营监测（控）信息支撑系统（一期）建设实施及验收。

客户服务中心信息支撑系统。完成25家省（区、市）公司呼叫平台适应性改造项目技术方案集中编写和技术审核工作；完成21家五项业务集中单位客户档案相关数据复制实施及数据质量核查。完成语音专网建设及设备到货安装。分四批完成25家单位95598业务集中运营信息系统割接，实现“6＋21”全业务集中运营目标，提升95598客户服务能力和运营水平。

集中式信息系统灾备中心。完成国网山西、福建、河南、宁夏电力4家试点单位生产、营销系统应用级灾备的模拟演练和切换演练，以及英大长安应用级灾备切换演练；完成应用级灾备总体设计方案的编制并正式下发。

协同办公系统。升级公司各单位协同办公系统1.9版本。通过国家电子文件管理试点工程项目验收。

综合管理。推广国际业务境外办事处信息化建设；完成ERP业务审计系统在15家直属单位推广实施，在5家分部、25家省（区、市）公司系统完善。完成管控业务审计系统一级部署试点并启动第一批推广单位实施。完成后勤管理系统在总部、5家分部、27家省（区、市）公司和33家直属单位全覆盖。完成舆情监测三期在27家省（区、市）公司实施推广。完成数字档案馆一级部署系统的设计和研发。完成标准化管理信息系统（二期）试点单位实施。完成电力交易系统V2.0研发并在国网华北、东北分部，国网江苏、重庆电力试点实施。完成风险管理与内部控制信息系统研发与并在国网天津、河北、山东、浙江、江苏电力试点上线。

2. 信息化支撑智能电网建设

（1）电能质量在线监测。下发《电能质量在线监测系统建设推广实施工作计划》和《电能质量在线监测系统建设推广实施总体工作方案》，并组织完成数据集成、纵向贯通测试。完成系统主站模块在公司总部、国网新源公司、国网运行公司、27家省（区、市）电力公司的部署。除国网西藏电力外，26家省（区、市）电力公司完成电网频率、220kV及以上电压等级电网电压和输变电系统可靠性数据小时级接入，其中国网北京、天津电力等7家试点单位完成110kV及以上可靠性数据小时级接入，实现对电网频率、电网电压、供电电压、输变电系统可靠性、用户供电可靠性数据的集中在线采集、监测与管理。

（2）输变电设备状态监测。完善输变电设备状态监测异常数据过滤规则、设备告警判断规则及监测数据应用规则等功能；完成在公司27家省（区、市）电力公司的全覆盖，并将系统延伸至国网西北分部。

（3）资产全寿命周期管理。修编《国家电网公司资产全寿命周期管理信息系统典型设计》。优化提升一体化电网规划设计平台、财务集约化、物资集约化、评估决策等功能；组织国网上海、福建、青海电力完成检修计划综合分析、退役设备再利用等功能模块研发，并通过验收。

（4）下一代互联网建设。主要承担国家发展改革委专项下一代互联网技术在智能电网应用关键技术研究与示范工程项目建设。

（5）云计算研究与应用。制定电力云应用指导意见，开展软硬件、公共数据资源池建设，试点应用云终端，同步制定相关标准规范。

（6）物联网研究与应用。制定电力物联网应用总体规划，推进物联网技术在输变电状态监测、用电信息采集、配电自动化和电动汽车运营等智能电网领域应用，研究关键技术，同步制定相关标准规范。

（7）大数据研究与应用。在研究论证基础上，通过外部厂商和内部业务单位调研，开展大数据技术现状及趋势分析，明确业务应用方向和技术路线，推进发展经营、运营管理和营销服务三条主线应用。

（8）移动互联研究与应用。制定移动互联应用总体设计，开展移动应用支撑平台和安全接入平台建设，推进移动终端在公司运检、营销、物资和客服等各专业领域的应用，同步制定相关标准规范，实施已建应用迁移改造。

3. 通信网建设

2013年，全网光缆长度较2012年增长7.6%；220kV及以上变电站覆盖率保持100%，110、66kV和35kV变电站覆盖率提升，分别达99.5%、93%和93.1%。接入带宽大于4Mbit/s的营业厅、供电所比例分别达78.4%、98.4%。完成2784个通信网建设项目。以皖电东送、哈郑特高压为标志的1608项覆盖不同电压等级的输变电配套通信工程按期完成。加强建设管理力度和深度，加大运行维护人员在通信建设全过程的参与力度，提升工程质量，全年通信工程实现建设质量“零缺陷”、施工安全“零事故”的目标。

4. 信息系统深化应用与安全运行

印发《国网信通部关于开展地（市）县基层单位信息系统深化应用提升工作的通知》，分四个阶段在各省（区、市）电力公司开展工作。推荐50家地市级深化应用示范单位、100家县级示范单位。

印发《公司业务信息系统使用情况通报》（简称《通报》），截至年底连续印发23期。协同相关业务部门优化评价算法、量化评价指标、细化评价内容，《通报》的评价体系已趋于完整、成熟。

信息安全督查工作。完善督查组织体系及工作范围和标准，健全督查工作机制。截至10月底，公司常态督查累计发现安全隐患（缺陷）6124个，消除隐患（缺陷）6105个，总消缺率达99.7%；高级督查发现高、中危险安全隐患45个，问题消缺率100%；专项督查累计发现371项安全隐患，问题消缺率100%。

三线管理。累计开展月度、双月度和季度运维厂商服务质量评价工作18次；完成了61家单位的2013年三线运维工作量评估工作，实现对各单位三线运维工作的集中管理、管控。

5. 信息通信安全防护

开展信息安全治理提升活动，加大信息安全工作力度，开展信息安全顶层设计，信息安全工作覆盖规划、设计、开发、测试、实施、运行及下线等各环节，强化信息安全机制的作用，全年未发生重大信息安全事件，未发生因信息安全影响电网生产事件。

6. 信息通信技术与标准

编制并发布《国家电网公司信息通信新技术研究框架（2013）》。筛选出6大类共21项新技术研究课题列入2013年信息通信新技术前期研究计划，组织10家省（区、市）公司牵头、多家研发单位配合，于6～8月开展信息通信新技术前期研究，形成新技术课题可行性研究报告；10月，组织专家进行评审，有18项通过前期研究评审，其中推荐省（区、市）公司科技项目8项、总部科技项目6项、总部信息化专项3项、研发单位立项预研1项。

发布《国家电网公司信息通信标准体系（2012版）》，并在此基础上进行修订，形成《国家电网公司信息通信标准体系（2013版）》。

编制信息通信类标准规范112项。成功申请参加3项非结构化国家标准的编制工作。

完成信息化架构元模型2013版优化设计。组织完成信息化SG-ERP架构设计2013版修编工作，覆盖公司标准流程1205个、各级功能共1082个、系统及平台139个；完成“三集五大”总体架构资产的归集，并依托信息化架构管理系统（EAS）完成了架构设计资产的建模和在线管理。

【国际化发展】

1. 海外资产经营

运营菲律宾国家电网公司。2013监管年度，菲律宾国家电网公司（NGCP）运营指标全部优于菲律宾能源监管委员会（ERC）考核的规定目标值。派出技术专家，指导NGCP开展莱特—棉兰老直流联网工程可研深化研究。

运营国家电网巴西控股公司。2013年，国家电网巴西控股公司推进本地化运营与发展。在运营现有12个输电特许经营权项目的同时，公司推进巴西特里斯皮尔斯水电送出、G标段等绿地输电工程的建设实施工作，做到了“安全好、管理好、效益好、形象好”。

运营葡萄牙国家能源网公司。作为葡萄牙国家能源网公司（REN）的单一最大股东，公司参与REN运营管理，应对葡萄牙能源行业特别税和监管政策调整，维护公司投资权益。公司与REN联合组建的研发中心正式挂牌运营，并开展项目研究工作。2013年，REN再次被英国《新经济》杂志评为“最佳企业公民”。

运营澳大利亚南澳输电网公司。2013年，公司通过董事会参与南澳输电网公司的经营决策，确保有效管控。参与南澳输电网公司2013～2018年5年监管期收入重置和商业计划，实际监管审批结果好于预期。公司增持澳大利亚南澳输电网公司5.45%股份，合计持有南澳输电网公司46.56%股份。

2. 国际重点项目前期工作

2013年公司从俄罗斯购电34.9亿kWh。2013年3月，公司与俄罗斯统一电力国际公司在莫斯科签署了《关于开展扩大中俄电力合作可行性研究的协议》。根据该协议，双方合作开展扩大中俄电力合作项目的前期可研工作。实施新加坡能源公司澳大利亚资产股权投资项目。5月16日，公司与新加坡能源公司签署了股权购买协议。7月22日，项目通过了中国政府审批。12月20日，项目通过了澳大利亚政府审批。

3. 海外工程承包、设备出口及技术咨询

公司拓展南美、南亚、非洲等地区的工程总承包、设备输出及技术咨询服务业务。开展对公司境外工程承包业务的优化整合，实现公司内部各单位之间的优势互补。2013年新签境外工程、装备出口、技术服务项目325个，合同金额26.66亿美元。

与埃塞俄比亚国家电力公司在亚的斯亚贝巴签署了埃塞俄比亚GDHA 500kV输电项目总承包合同，合计金额约15亿美元。这是公司首次以工程总承包方式承揽境外国家级骨干电网项目，建设该项目的设备和施工将全部由中国企业提供。中标波兰国家电网公司400kV变电站及线路总承包项目，合同金额约1.4亿美元。

4. 国际业务管理

6月28日，公司国际合作管理系统上线试运行，系统业务功能覆盖境外项目管理、境外机构管理、全资/参股公司运营管理、外经贸管理、出国管理、国际会议及标准管理、运营展示及监测管理等。

确定公司国际合作工作规章制度体系基本框架和需要新建和修订的规章制度。制定《国家电网公司国际合作工作管理规定》，对开展国际合作工作的基本准则做出全面覆盖和原则性规定。

5. 国际组织和国际标准制定

公司在全球可持续电力合作组织担任储能工作组组长，并加入能效工作组、电动汽车工作组。参与南非路线图、混合发电平台、尼泊尔风电、南部非洲可持续电气化融资项目等，参加“加强公私合营、促进可持续能源和能源效率”高层对话和专家研讨会等，完成全球电力计划电力公用事业公司调查问卷。

公司牵头发起的“大规模可再生能源接入电网”分技术委员会在 IEC 成立，秘书处设在中国。公司承担 IEC 4 个技术或分技术委员会秘书处的具体工作。公司主导的 IEC 标准《高压直流接地极设计通用技术导则》出版。公司发起的《高压直流系统运行导则》《高压直流设备系统测试》《并网光伏逆变器低电压穿越测试规程》3 项 IEC 国际标准立项。主导发起 IEC《物联网之无线传感器网络》白皮书项目。公司专家还参加了 IEC 标准化管理局（SMB）智能电网战略组（SG3）、电动汽车战略组（SG6）、输变电行业咨询委员会（ACTAD）的相关会议，扩大了公司的国际影响力，也为中国开展国际标准制定奠定了良好基础。

由公司发起的两项 IEEE 新标准提案《电力系统暂态过电压实时测量及记录系统导则》和《直流线路及接地极线路参数测试导则》获批立项。

公司参与国际大电网委员会（CIGRE）的工作。由公司专家主导制定的《CIGRE B3.29 特高压变电站现场试验》技术报告出版。发起成立“CIGRE A3.33 串联/并联补偿装置的运行经验”工作组，由公司专家担任工作组召集人和秘书。

5 月 27 日，国家标准化管理委员会（简称国家标准委）批复同意在公司建设国际标准化创新示范基地，2013～2015 年示范期限三年，是中国首个国家级国际标准示范基地。

2013 年，举办两期公司国际标准化战略与操作实务培训班，邀请 IEC、国家标准委、中电联和公司专家授课，对国际标准化战略及国际标准制定程序进行专项培训。

6. 课题研究与国际信息

开展公司国际化业务领域和发展目标研究，梳理企业国际化发展的相关理论和经验、分析公司国际化发展的内外部环境，对公司国际化发展的业务组合和区域布局、发展目标和实现路径以及相关支撑措施与保障机制提出建议。开展公司海外资产运营绩效考核指标体系设计研究，总结调研国内外企业国际业务管控方面的规律和经验，针对公司境外资产运营方面暴露出的问题分类分析，研究公司海外资产运营管理模式，提出解决对策。开展亚欧洲际输电课题研究，深化欧洲受端市场和亚洲送端电源基地研究，通过分析亚欧洲际输电的送端资源与开发外送潜力、开发成本、欧洲受端电力市场空间、输电经济性等，探索亚欧洲际输电初步可行性，提出促进亚欧洲际输电发展的相关建议。

7. 外事管理工作

为加强境外安全的监管、落实责任，增强企业对境外安全管理重要性的认识，发布《关于开展境外中资企业安全生产质量大检查专项行动的通知》（国家电网外事〔2013〕193 号）。

强化国际工程承包业务管理、规避风险，发布《国家电网公司关于加强省公司境外工程承包业务管理的通知》（国家电网外事〔2013〕946 号）。

【党的建设和精神文明建设】

1. 组织建设

截至 2013 年 12 月 31 日，公司系统共有 29 437 个党组织，其中党组 53 个，党委 1806 个，党总支 2006 个，党支部 25 572 个；党员总数 571 022 名，其中在岗党员 453 978 名、离退休党员 114 170 名、学生党员 1959 名、其他党员 915 名。

党建管理提升工作：开展驻点调研；加强分层管控；超前谋划供电服务公司党的组织建设；结合党的群众路线教育实践活动，边学边查边改；县供电企业主要负责人集中培训。进行制度建设：深化“电网先锋党支部”创建；修订完善党建工作流程和职责。

2. 党风廉政建设

公司党组颁发《国家电网公司贯彻落实中央八项规定实施细则》（国家电网党〔2013〕1 号），明确了 8 个方面 30 项具体贯彻落实措施。完善会议管理、“三公”经费管理、因公出国（境）管理等方面规章制度 38 项。公司全年“三公”经费和会议费同比下降。

公司党组颁发《国家电网公司领导干部问责规定》，修订《国家电网公司党风廉政建设责任制实施办法》等反腐倡廉通用制度 14 项，提高反腐倡廉制度的规范性和可操作性。开展 2013 年党风廉政建设责任制暨惩防体系建设检查考核工作，各单位组织自查，纪检组、监察局进行抽查。

以“一书两报告”为载体，强化监督的横向协同、纵向贯通。公司系统共召开监督工作联席会议 4868 次，提出工作建议 9115 个，落实整改措施 10 313项。

组织反腐倡廉教育 2.7 万次，各级领导干部授廉政党课 43 034 次，开展廉洁文化“四进”活动 0.8 万次，党员干部受教育面达到 100%。开展上级纪委负责人同下级党政主要负责人谈话、领导干部任前廉政谈话、诫勉谈话 2.72 万人次，各级领导干部全部报告了个人有关事项。严格执行纪检组长（纪委书记）定期报告工作制度。

组织实施效能监察 1720 项，重点针对停电管理、故障抢修、客户工程管理、废旧物资处置与利旧等方面存在的问题，落实监察建议（决定）12 088 个。

贯彻落实“为民 、务实 、清廉 ”要求，各省（区、市）公司开展自查自纠和明察暗访 1.4 万次，落实建议 8237 个。

3. 思想政治工作

组织干部员工学习贯彻党的十八大、全国“两会”、十八届三中全会精神和习近平总书记系列重要讲话精神。开展中心组集中（扩大）学习 9 次，累计集中学习 8 天；总部（分部）党员干部普遍开展了 10 次以上集中学习讨论。

2013 年 4 月，公司在全体干部员工中开展了“中国梦·国网情”主题学习活动。累计开展集中学习 13 278次；中心组成员撰写理论文章、调研报告 8041 篇，其中 6670 篇在公司内部媒体刊发。

开展公司二届三次职代会暨 2013 年工作会议、二季度工作会议、二届四次职代会暨 2013 年年中工作会议、四季度工作会议以及其他重要会议精神，以及刘振亚董事长重要讲话精神和理论文章的学习宣传，编印学习手册 4 期，制作 Flash 动画，引导干部员工把思想和行动统一到公司党组各项决策部署上来。编印《国家电网公司全面建设“三集五大”体系宣传培训手册》。

加强员工思想动态分析工作规范化、常态化建设，组织各单位每季度或每月定期对员工思想动态进行整理汇总和集中分析，同时围绕电网发展、深化改革、管理提升等中心工作，开展专题分析，及时抓好员工思想的教育引导。

4. 精神文明建设

注重发挥先进典型示范引领作用，发掘选树了一批自觉践行社会主义核心价值观，忠诚企业、奉献社会的身边好人、最美员工，弘扬中国精神，传递团结奋进的正能量。

2013 年，公司各单位共产党员服务队共参与重大保电 16 554 次，开展抢修抢险、排除故障 62 万次，建立社区服务点 29 482 个，直接服务客户 317 万人次，志愿帮扶 27.9 万人次，收到锦旗、表扬信12 242 件。获得省级及以上荣誉 835 个，获得中国好人、劳动模范等省级及以上荣誉的服务队队员 1074 人次。组织开展国家电网共产党员服务队竞赛，经过初选推荐、考察评审、总结提升三个阶段，共评选出 2013 年度国家电网十佳共产党员服务队 10 支、优秀共产党员服务队 40 支、优秀组织单位 10 个，达到了以赛促建、以竞促优的目的。

2013 年，公司各单位举办道德讲堂 8027 次；推广深化“善小”实践活动，教育引导员工以道德模范和先进典型为榜样，从小事做起，从自身做起，立足岗位，小善常为，自觉把“善小”要求融入安全生产、优质服务等工作中。

开展“讲文明树新风”“城乡统筹、文明先行”等主题社会实践活动。加强对各单位文明创建工作的指导，做好省级文明单位备案工作。落实国资委文明办要求，组织开展社会道德现状问题调研，总结公司系统学雷锋和志愿服务活动情况，推动提升文明创建水平。加强“走出去”机构和人员的野生动物保护教育。

5. 团青工作

2013 年，公司团委被团中央授予“突出贡献青年文明号活动组织单位”荣誉称号，公司系统 8 名同志当选共青团第十七次全国代表大会代表，1 名同志当选团十七大中央候补委员；1 名同志被团中央、全国青联联合授予第十八届“中国青年五四奖章”荣誉。在共青团中央组织的寻找“最美青工”活动中，公司 3 名青年员工当选全国“最美青工”。公司系统 10 个集体被授予“全国青年安全生产示范岗”荣誉称号；9 个集体被授予“全国五四红旗团委（团支部）”荣誉称号；5 位同志被授予“全国青年岗位能手标兵”荣誉称号；18 名同志被授予“全国青年岗位能手”荣誉称号；2 名同志被授予“全国优秀共青团员”荣誉称号。

6. 社团组织管理

（1）申报公司发展成果。① 组织申报第三届中国工业大奖。公司“青藏电力联网工程”项目入围第三届中国工业大奖，取得重要阶段性成果。② 组织申报世界 500 强、中国服务企业 500 强等活动。公司位列 2013 年中国企业 500 强第三名，中国服务企业 500 强第一名。这是公司连续三年获得中国企业五百强第三名，连续九年获得中国服务业 500 强第一名。③ 组织申报企业管理创新成果。公司“用户（业主）主导的特高压交流输电工程创新管理”等两项成果获第 20 届全国企业管理现代化创新成果一等奖，“电网调控一体化安全管理”等 13 个项目获二等奖。公司推荐的 50 项成果全部获得 2013 年度电力行业管理创新优秀成果。

（2）规范和加强社团管理。按照《国家电网公司社团组织管理办法》，控制外部社团数量，规范和加强社团组织管理。坚持“集团运作、归口管理、对口联系、协调服务”的原则，统筹协调公司社团组织活动。① 协调组织公司参加上海合作组织睦邻友好合作委员会、亚太经合组织中国工商理事会、中国国际跨国组织促进会等 3 个外部社团。② 做好中国质量协会、中国投资协会大中型企业投资专业委员会等 8 个社团会费管理。公司各部门按专业对口分工协作，建立统一的组织协调机制。

（3）专项技术服务。组织公司经营区域内电力行业统计工作，完成《中国电力行业年度发展报告

2013》公司部分。在重大课题研究、体制改革研究、国际化服务、节能减排及环保研究、职能转变、自律机制建设、重要诉求落实情况、搭建行业对标平台、信用体系建设、社会公益事业典型建设、行业企业现代化管理研究11个专业领域为公司提供专项服务，涉及45个服务项目。

（4）统筹参加社团活动。① 组织公司相关单位参加2013中国清洁电力峰会暨中国国际清洁能源博览会。② 组织公司参加2013年经济形势与电力发展分析预测会。

7. 企业文化建设

2013年，公司在国资委企业文化建设经验交流会上作题为《加强集团文化建设，为创建“两个一流”提供文化支撑》的经验介绍；荣获中国企业联合会、中国企业家协会授予的全国企业文化优秀成果奖；国网山东电力“‘善小’践行先进文化”案例荣获全国优秀案例；国网山东电力荣获中央企业企业文化建设示范单位；国网山东、天津、江苏电力荣获全国电力行业企业文化示范单位。

【工会工作】

1. 职工民主管理

（1）厂务公开民主管理。加强民主管理制度建设，制定和修订了公司《合理化建议制度》《民主议事会议制度》和《职工代表大会专门工作委员会工作制度》。贯彻落实《厂务公开管理办法》。2013年，公司以及63家基层单位荣获全国“厂务公开民主管理先进单位”称号。

（2）职代会决议落实。根据公司《职工代表大会实施办法》规定，建立健全职代会决议事项责任分解、工作督导、情况反馈、检查考核等工作机制，印发会议专辑。加强提案征集、立案、办理、反馈的闭环管理，并按时间节点督办责任部室和责任人员，完成公司二届三次职代会191件提案的答复处理工作。

（3）公司工会通过座谈会、研讨会和培训班等多种方式，宣传解读《国家电网公司职工民主管理纲要》。

（4）总经理联络员培训和管理。先后组织召开3次总经理联络员和职工代表座谈会，反馈89项意见建议。

2. 班组建设

（1）“创建先进班组、争当工人先锋号”活动。开展达标班组考核工作。在2013年公司“两会”上，表彰了110个先进班组和100名优秀班组长。

（2）班组建设诊断分析工作。组织开展了班组建设诊断分析工作，全面梳理班组建设中存在的突出问题。组织各省电力工会，分别对3260个具有典型性和代表性的班组进行诊断分析，通过抽样调查和定性、定量分析，梳理班组建设中存在的突出问题，形成《国家电网公司班组建设诊断分析报告》。

（3）班组建设培训和信息化工作。2013年举办2期班组建设培训班，共有360余名来自公司各单位的优秀班组长和基层班组建设专兼职管理人员参加了培训。完善班组建设信息化管理系统考核体系，明确数量与质量并重的考核方式。

3. 职工劳动竞赛

组织开展皖电东送和哈密南—郑州±800kV直流输电工程立功竞赛。

开展“我为企业献一策”合理化建议集中征集活动。公司共有67万多职工参与活动，提出各类合理化建议22万多条，涉及体制机制、电网建设、安全生产、勤俭节约、经营绩效、科技进步、教育培训、优质服务、企业文化9个方面工作。公司工会评选出优秀合理化建议103条，并编辑成册，促进优秀合理化建议的推广应用。

根据《国家电网公司2011～2015年职工技术创新竞赛方案》，组织开展以“出人才、强素质、出成果、增效益”为主题的职工技术创新竞赛活动，营造创新氛围、调动创新热情、转化创新成果。各单位向公司工会推荐了技术创新优秀成果117项。

组织开展以“书香国网　牵手幸福”为主题的女职工读书征文活动。

4. 弘扬劳模精神

开展劳模精神集中宣传活动。2013年，公司系统20个单位、38名个人荣获全国五一劳动奖状、奖章，63个集体荣获“全国工人先锋号”荣誉称号。

贯彻《关于劳模创新工作室建设的指导意见》，强化劳模工作创新工作室的宣传教育、人才培养和创新创效功能，发挥劳模创新工作室的集聚效应、辐射效应、品牌效应，推动劳模创新工作室规范化、制度化、标准化发展。开展公司劳模创新工作室示范点的评选工作，评选表彰了76个“国家电网公司劳模创新工作室示范点”。

5. 职工文化建设

举办“我们的力量”职代会文艺演出。

举办“国网好声音”职工歌手大赛。

开展职工书屋建设工作，调研公司各层级职工书屋建设情况，起草公司系统职工书屋建设调研报告。举办职工文化建设培训班，承办中国电力体协2013年会长扩大会议和中国电力主题日职工文艺汇演。组队参加2013年全国电力行业乒乓球比赛、组织集邮爱好者参加2013年全国电力行业集邮展览。在公司网站“先进职工文化建设专栏”开通9个专栏和7个专题，宣传公司先进职工文化建设成果，报道公司各单位职工文化活动。

举办公司总部和直属单位羽毛球比赛。

6. 工会组织建设

（1）职工队伍稳定工作。服务全面建设“三集五大”体系，根据公司的统一部署，完成职工参与专业评估工作。通过书面调研、座谈讨论、现场考察等形式，深入基层和一线，开展“三集五大”体系建设专题调研，共召开讨论座谈会 14 个，发放书面问卷 252 份，现场查看 5 个地市公司、12 个县公司和专业单位、22 个班组，听取意见和建议。组织召开职代会审议通过“三集五大”体系全面建设方案和工作意见、员工奖惩规定等，发挥职代会民主管理、民主决策、民主监督的重要作用，保障职工知情权、参与权和监督权。加强改革中职工思想工作，维护企业和职工队伍的和谐稳定。

（2）召开公司工会 2013 年工作会议。

（3）召开第一届委员会第十二次全体（扩大）会议。

（4）工会干部和总经理联络员培训。8 月 12～23 日在国网高级培训中心举办了 2 期工会干部培训班，公司系统各级工会干部和公司总经理联络员共 180 余人参加了培训。

中国南方电网有限责任公司

【公司概况】 中国南方电网有限责任公司（简称南方电网公司）是根据国务院关于电力体制改革的统一部署和国务院《关于印发电力体制改革方案的通知》（国发〔2002〕5 号）、国务院《关于组建中国南方电网有限责任公司有关问题的批复》（国函〔2003〕114 号）和国家发展和改革委员会《关于印发〈中国南方电网有限责任公司组建方案〉和〈中国南方电网有限责任公司章程〉的通知》（发改能源〔2003〕2101 号）等文件精神，由广东省、海南省和国家电网公司在广西、贵州、云南所属电网资产为基础组建的国有企业。经国务院批准，2002 年 12 月 29 日挂牌成立，2004 年 6 月 18 日完成工商注册登记。公司总部设在广州市。公司属中央管理，在国家实行计划单列，财务关系在财政部单列，由国务院国资委履行出资人职责。根据《关于中国南方电网有限责任公司部分权益协议转让有关问题的批复》（国资产权〔2006〕1480 号）和《关于调整国家电网公司所持中国南方电网有限责任公司部分股权有关事项的通知》（国资收益〔2012〕1117 号），公司注册资本为人民币 600 亿元，各方比例为：广东省 38.4%，中国人寿保险（集团）公司 32%，国务院国资委 26.4%（暂时由中国国新控股有限责任公司代持），海南省 3.2%。

2013 年，南方电网公司认真贯彻党的十八大精神，落实党中央、国务院的决策部署，坚持稳中求进，着力保安全、促增长、转作风、强基础，服务南方五省区小康社会建设，各项工作取得了积极成效。电网保持了安全稳定运行，最高统调负荷 1.289 亿 kW，同比增长 7.7%；全系统没有发生设备和电力安全事故，没有发生对社会和公司造成重大不良影响的安全事件。全年完成售电量 7433 亿 kWh，增长 6%；西电东送电量 1314 亿 kWh，增长 5.7%。南方五省区全社会用电量 8945 亿 kWh，同比增长 6.5%，比全国全社会用电量增速 7.5%低 1 个百分点，其中：广东 4830 亿 kWh，增长 4.6%；广西 1237 亿 kWh，增长 7.2%；云南 1460 亿 kWh，增长 10.9%；贵州 1126 亿 kWh，增长 7.6%；海南 231 亿 kWh，增长 9.6%。主营业务收入 4461 亿元，增长 6.5%。利润总额 117.3 亿元，增长 19.7%。EVA 43.4 亿元，增长 21.2%。年底资产总额 5872 亿元，资产负债率 65.6%。公司连续 7 年获得国资委经营业绩考核 A 级，并荣获第三任期业绩考核 A 级以及优秀企业奖、科技创新企业奖、节能减排优秀企业奖。公司第三方客户满意度达到 81 分，提高了 4 分。在广东、广西、云南、贵州以及广州、深圳社情民意机构客户满意度调查中均位列第一名。公司在世界 500 强企业中列第 134 位，上升了 18 位。

【领导班子】

公司党组书记、董事长：赵建国

公司党组成员、董事、总经理：钟俊

公司党组成员、董事、副总经理：肖鹏、王久玲、祁达才

公司党组成员、党组纪检组组长：孙晓毅

公司党组成员、副总经理：王良友、张晓东、贺锡强

公司总会计师：李文中

【组织机构】 南方电网公司总部设有 21 个部门，以及南方电网电力调度控制中心（与系统运行部合署）。下设超高压输电公司、调峰调频发电公司、教育培训评价中心（公司党校、干部学院）、招标服务中心 4 家分公司，广东电网公司、广西电网公司、云南电网公司、贵州电网公司、海南电网公司、广州供电局有限公司、深圳供电局有限公司和南方电网国际有限责

任公司［南方电网国际（香港）有限公司］8家全资子公司，以及南方电网科学研究院有限责任公司、南方电网综合能源有限公司、南方电网财务有限公司、南方电网传媒有限公司和鼎和财产保险股份有限公司等5家控股子公司。见南方电网公司2013年组织机构图。

【安全生产】 完善了安全生产风险闭环管控机制，落实了电网10大运行风险的39项防控工作；针对安全生产65项风险制定了142项预控措施，已完成137项，完成率96%。在世界上首次开展了±800kV直流满负荷孤岛试验，提高了主网安全稳定水平，同时增加了云南电力外送能力70万kW。加强了设备运行维护管理，编制了172项设备维护检修手册，探索建立了设备差异化运维机制。实现了直升机巡线1.9万km。组织74家单位开展了安全风险管理体系结对共建帮扶，全网又有17家生产单位通过了三钻及以上的初审。在佛山供电局的工作基础上，编制了“两册”模板，完成了地县两级供电企业的“两册”应用标杆建设。进一步强化了可靠性基础管理，公司共有5家供电局入选全国供电可靠性A级金牌企业，占了全国的1/2；全网客户平均停电时间下降了13.7%，西部地区下降了24.7%。完善了“灾前防、灾中守、灾后抢”的灾害应急机制，有效应对了“尤特”“天兔”“海燕”等超强台风。协同广州、深圳市政府，举行了大面积停电应急处置功能演练。开展了三次安全生产大检查和常态化隐患排查治理工作，全系统累计出动检查人员17.8万人次，共计发现问题及隐患3.4万个，2013年已整改完成94.7%，其余隐患已落实风险防控措施并按计划整改。

【电网发展】 全面开展了“十三五”电网规划，配合国家能源局出台了《南方电网发展规划（2013～2020）》，明确了南方电网西电东送采用直流输电技术路线，形成规模适中、结构清晰的两个同步电网的主网架方案。编制了农村电网规划指导意见。金中直流等61个项目获得核准。全年完成电网建设投资638亿元，13项重点工程按期投产。其中，溪洛渡送广东直流工程单回单极、糯扎渡送广东直流工程单极低端提前2个月投运，为消纳云南水电发挥了重要作用；3个STATCOM工程按期投产。世界首个多端柔性直流工程——广东汕头南澳柔性直流输电示范工程投产。中国首个基于海岛的兆瓦级“风、光、柴、蓄”智能微电网系统在广东珠海东澳岛投运。编制了南网项目管理标准体系和标准设计、典型造价，找到了基建管理全面提升、与国际接轨的路径。推动广西出台了电网建设促进办法，以及贵州、南宁、海口、梅州出台了新建住宅小区供配电设施建设管理政策。

【保增长工作】 高度重视云南弃水问题，提前开展了专题研究，并做好向国家部委和地方政府的汇报沟通，减少云南弃水电量190亿kWh；购水电比重达到29.8%，进一步优化了购电结构。积极服务地方发展规划，主动做好重大项目用电报装，打造“快通电”服务品牌；全网100kVA以上大客户的业扩报装平均提前了32天，增供电量7.68亿kWh。稳妥推进营配信息集成建设，基本完成了客户信息和配网设备核查工作。开展了用电普查和营销稽查，累计普查1912万户，追收电费3.6亿元。坚持勤俭办企业，全年压缩成本费用14.5亿元。优化了债务结构，低成本发行了600亿元直接融资；加大了资金运作力度，实现资金效益20.5亿元，财务费用首次实现了同比下降。抓住时机疏导了火电脱硝加价等遗留电价矛盾。争取到财政资金57亿元和税收优惠7亿元。认真做好西电东送工程审计的迎审工作；通过内部审计整改，纠正违规资金1.2亿元，促进增收节支1.4亿元。进一步完善了法律风险防范机制，避免和挽回经济损失4.35亿元。超额完成了国资委年度经营业绩考核目标，保增长工作得到了国资委的表扬。

【创先工作】 出台了与南方电网公司中长期发展战略相配套的14个分、子公司子战略，搭建了完整的战略体系。成立了8个综合管理委员会，着力强化顶层设计，构建先进管理体系。各综合管理委员会明晰了思路，细化完善了体系建设方案、推进计划表和路线图；开展了业务梳理及横向协同工作，系统梳理出业务流程1158项、接口1518项，解决重点协同问题41个，打通跨部门、跨领域流程483项，完成了180份业务模型说明书的编制，深化了企业级信息系统设计深度，为全面推进公司管理信息化奠定了基础。公司企业级决策支持系统上线运行。公司在央企信息化水平评价中首次登上A级。继续做好制度的“废改立”，公司制度总体数量同比减少了40%。开展了国际先进电力企业绩效评价对标研究。

【走向海外】 成功收购了香港青山发电公司30%股权。与泰国国家发电局签订了向泰国送电项目的谅解备忘录。老挝南塔河一号水电项目开工建设。越南永兴项目获得越南政府颁发的投资许可证，正式签署了BOT担保协议和合同，成为中国企业在越投资规模最大的项目。

【节能减排】 深化了节能发电调度，全年减少标准煤消耗576万t，减少二氧化碳、二氧化硫排放分别为1532万t、11万t。加强了线损精益化管理，综合线损率7.2%，同比下降0.05个百分点，综合线损率超过10%的县级供电企业减少了25家。颁布了关于进一步支持光伏等新能源发展的指导意见和分布式光伏发电服务指南。做好客户侧节能服务，全年客户侧节约电量4亿kWh。积极发挥自身技术优势，助推社

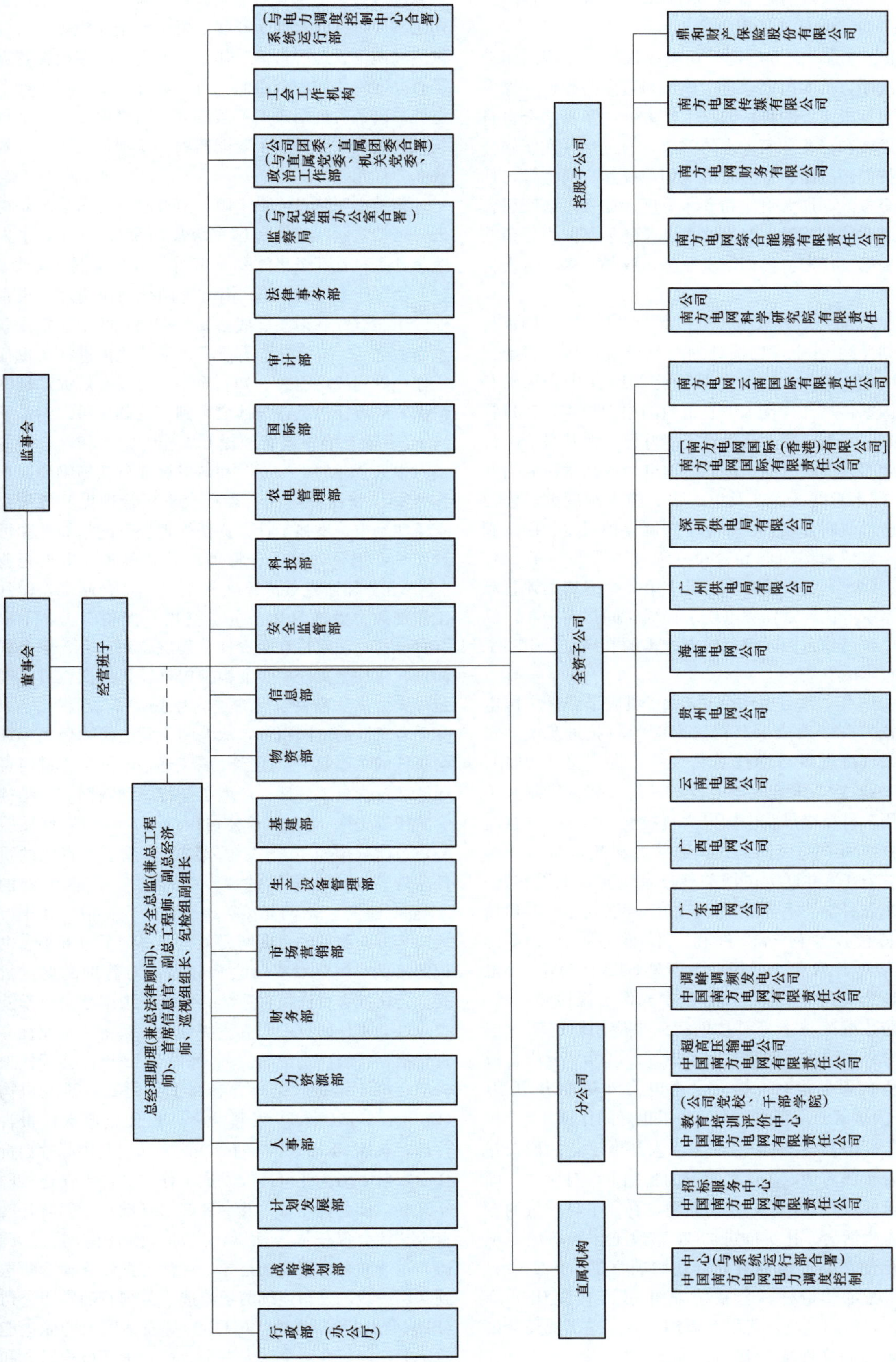

南方电网公司 2013 年组织机构图

会节能减排，配合广东省做好 LED 照明产品推广工作，平均节电率 30%以上。

【技术进步】 南方电网公司坚决贯彻国家创新驱动发展战略，落实国家“自主创新，重点跨越，支撑发展，引领未来”的科技创新工作方针，紧密结合自身经营发展和行业技术进步的需求，通过制订和实施公司科技创新战略、科技发展规划，统筹科研资源，加大资金投入，加大引才和育才力度，加强内部所属各级科研主体的建设，努力提高企业的创新能力，荣获国资委第三任期科技创新企业奖，取得了多项重大科技成果。

2013 年，南方电网公司共承担“十二五”国家科技计划课题 16 个，均按计划顺利推进，其中“十二五”一期 5 个、二期 7 个课题于 2013 年中全部顺利通过国家科技部高技术中心组织的中期检查，项目管理水平、实施进度等获得检查组好评。尤其是 863 计划课题“大型风电场柔性直流输电接入技术研究与开发”，技术难度高、涉及单位多、施工难度大，公司组织产学研联合攻关，攻克了控制保护研发、换流阀研制、直流海缆研制和敷设三大技术难关，于 2013 年 12 月 25 日建成投运了世界上第一个多端柔性直流输电系统，比计划任务书要求完成时间提前一年，标志着中国已抢占国际尖端输电技术的制高点，引领了行业技术的发展。

2013 年，南方电网公司有 10 项成果获得中国电力科技奖，34 项成果获得国家能源科技进步奖，24 项成果获得省级科学技术奖（科技进步奖）。其中，“±800kV 特高压直流输电技术开发、装备研制及工程应用”科技成果获中国电力科技奖一等奖；“直流融冰技术研发与应用”获国家能源科技进步奖一等奖；“交直流并联大电网关键技术研究及工程实践”获广东省科学技术奖特等奖。2013 年公司系统共申请和获得授权专利 2052 件和 1042 件，是 2012 年的 1.56 倍和 1.91 倍。公司在大容量 STATCOM、小电流接地选线技术、电力设备数字成像透视检测技术、电网防冰抗冰技术等科技创新成果应用取得实际成效。另外，通过技术攻关，实现了±800kV 云广直流的满负荷孤岛运行，提升云南电力外送能力 70 万 kW，为缓解云南弃水压力发挥了很好的作用。

【党建工作】 按照中央部署深入开展了党的群众路线教育实践活动，在认真学习的基础上，对照“六面镜子”，聚焦“四风”，查摆问题，召开了高质量的专题民主生活会。扎实推进 28 项整改工作和 7 项专项整治行动，突出落实服务群众四项举措。落实中央“八项规定”精神，全系统业务招待费同比下降 20.5%，出国（境）费用下降 31.5%；总部视频会议增加 75%，文件减少 10%、简报减少 53%。

深入开展了反腐倡廉建设，严肃查处了一批违纪违法案件，有针对性地开展了资金安全大检查、加强供应商诚信管理等整治工作。与五省区检察机关建立了查办案件协作配合机制。对 6 家分、子公司进行了巡视，向各省公司派出了监事会。围绕招投标等重点领域和关键业务开展了效能监察 601 项，创造经济效益 3.6 亿元。

精神文明建设成果丰硕，南方电网公司系统获得五一劳动奖状、奖章等国家级集体荣誉 36 个，个人荣誉 6 个；省部级集体荣誉 66 个，个人荣誉 123 个。

【社会责任】 2013 年，南方电网公司作为《中央企业“十二五”和谐发展战略实施纲要》的十家重点联系企业之一，有章法、有步骤、系统地推进社会责任工作，做到战略引领、知行合一，“万家灯火，南网情深”的责任形象在全社会得到广泛的认可。编制了《社会责任专项领域管理提升工作方案》和《贯彻落实〈中央企业“十二五”和谐发展战略实施纲要〉工作方案》，将国务院国资委社会责任管理提升各项要求落实到位，增强了社会责任管理提升的指导性和可操作性，把公司创先、管理提升和落实《中央企业“十二五”和谐发展战略实施纲要》结合起来，做到工作细致、措施具体、重点突出、推动有力，不搞“两张皮”。注重将社会责任管理融合到业务、融合到岗位，将社会责任由企业精神内核转化为岗位日常规范，大力推广南网文化理念，弘扬“辛苦我一人 点亮千万家”的南网精神，从上到下营造了积极承担社会责任的浓厚氛围。连续开展“感动南网”先进履责团队、履责员工评选，产生了一批感动南网、感动社会的履责先锋。各分/子公司围绕可靠供电、优质服务、节能减排等 10 个关键领域，形成了有特色的责任品牌。如广东电网的“牵手行动”、广西电网的“支部联建”、“南网兄弟”等。其中，扎根广西十万大山为群众服务的“南网兄弟”还得到了习近平总书记的接见。注重发挥社会责任报告对管理的促进机制，公司社会责任报告连续 3 年获得中国社会科学院企业社会责任研究中心五星级评价，获得“企业社会责任报告评级特别纪念奖”。公司 2012 年社会责任报告质量第 3 年蝉联第一。参与了英国专业研究机构（Corporate Register）发起的全球最佳企业责任报告评选，获评 CRRA 十佳创新奖之一，引起国际社会责任专家对中国企业可持续发展工作的关注。在连续两年开展“社会责任日”效果良好的基础上，创新开展首个“社会责任周”活动，启动“责任南网行”调研，邀请知名专家现场指导，将社会责任管理诊断送到基层一线。公司连续两年遴选了英国石油集团公司（BP）、德国意昂集团（E. ON）等发达国家的先进能源企业，创新开展全球先进企业社会责任报告研究和碳信息披露研究。公司赞助学术机构翻译、出版《国外企业社会责任文库（译丛）》，推动中国企业社会责任研究与实践发展。参加了国务院国资委研究局的《中央企业社会责任指引研究》和中国电力企业联合会的《电力行业可持续发展报告编制内容及方法研究》。

【品牌建设】 全方位服务群众，立体打造营销品牌。深入走访城乡低保户、农村五保户，义务开展用电安全检查、赠送节能灯活动。加大免费电量优惠政策的宣传力度，确保免费电量政策落实到位。拓展网上营业厅功能，开通手机缴费业务，客户远程访问累计620万次，远程支付方式累计缴纳电费11.2万笔。为全网重要客户、大客户、重点关注客户配备1.5万名客户经理并提供个性化服务。开展常态化和专项走访工作，共走访21 224户，收集意见及建议1637条，逐一落实整改。组织节能宣传活动775期，接待节能参观和咨询30万人次，组织客户节能技术培训200期，培训人员达7500人次，为1025家企业进行节能诊断。组织关爱宣传推广活动1376次，派发服务宣传资料约168万份。

主题宣传重点突出，再塑品牌影响力。加强新闻宣传策划，数量质量实现“双破”，省级以上媒体、网站刊载报道1.1万多篇次，组织开展了18次新闻策划，央视新闻联播和人民日报、经济日报头版等重点报道了公司建成世界首个多端柔性直流输电工程；央视新闻联播头条报道了公司高压带电作业，中央级媒体集中采访次数为历年最多，公司成为国资委“走进新国企”媒体采访团专题采访的首家央企，“南网兄弟”等3个典型纳入中宣部重点宣传。

拓展创新品牌传播渠道。组织制作投放了“美丽中国”系列公益广告，赢得社会各界广泛好评。组织16家地市供电局完成微博扩大试点工作；广东电网19个地市供电局统一上线官方微博、微信，有效深化了服务、引导了舆论。推送作品参加国资委“新国企·中国梦”影像大赛，获奖作品数量居央企首位，公司荣获最佳组织奖。

【队伍建设】 深入贯彻落实全国组织工作会议精神，按照“信念坚定、为民服务、勤政务实、敢于担当、清正廉洁”的好干部标准，完善了公司选人用人机制，优化了各单位领导班子和干部队伍结构。在各省公司全部建立了法人治理结构，完善了董事会运作机制。加强了技术技能人才培养，首次选聘了8名高级技术专家，选拔了6名高级技能专家，成立了95个劳模（技术能手）工作室及QC攻关小组。首次开展了公司表扬立功工作，举办了第三届“感动南网”人物评选，发挥了基层先进的激励带动作用。强化岗位责任体系建设，组织全员签订了岗位责任书。用工总量实现了“零增长”。完成了县级供电企业的工资分配结构调整工作，形成了全网统一的分配制度体系。完成了十八大精神学习贯彻轮训和地市级、县区级供电企业领导班子成员三年轮训，全年举办各类培训班8324期、培训员工64万人次。

中国华能集团公司

【公司概况】 中国华能集团公司（简称华能集团）是经国务院批准成立的国有重要骨干企业。注册资本200亿元人民币，主营业务为电源开发、投资、建设、经营和管理，电力（热力）生产和销售，金融、煤炭、交通运输、新能源、环保相关产业及产品的开发、投资、建设、生产、销售，实业投资经营及管理。

华能集团致力于建设具有国际竞争力的大企业集团。截至2013年底，华能集团在中国境内外全资及控股电厂装机容量达到1.43亿kW，为电力主业发展服务的煤炭、金融、科技研发、交通运输等产业初具规模。华能集团在中国发电企业中率先进入世界企业500强，2013年排名由2012年的第246位上升至第231位。

【领导班子】

总经理、党组副书记：曹培玺

党组书记、副总经理：黄永达

副总经理、党组成员：张廷克

总会计师、党组成员：郭珺明

党组成员、纪检组组长：马晶

副总经理、党组成员：胡建民、寇伟、刘国跃、孙智勇

【组织机构】 见华能集团2013年组织机构图。

【生产经营】 2013年，华能集团圆满完成各项目标任务，经营业绩创历史最好水平。

（1）安全绩效。未发生重大及以上事故，生产、经营、政治和形象安全得到有效保障。

（2）经营绩效。完成发电量6493亿kWh，其中国内发电量6397亿kWh，同比增长7%；完成煤炭产量7156万t，同比增长4.3%；完成供电煤耗312.89g/kWh，同比下降3.63g/kWh；完成厂用电率4.59%，同比下降0.24个百分点。

总部部门		
办公厅	资本运营与股权管理部	监察部
规划发展部	安全监督与生产部	审计部
预算与综合计划部	科技环保部	思想政治工作部
企业管理与法律事务部	基本建设部	工会工作委员会
运营协调部	国际合作部	
财务部	人力资源部	

直属部位		
中国华能集团公司党校	中国华能集团公司技术经济研究院	中国华能集团公司信息中心

产业公司		
华能国际电力开发公司	绿色煤电有限公司	华能置业有限公司
华能国际电力股份有限公司	华能能源交通产业控股有限公司	中国华能集团清洁能源技术研究院
华能新能源股份有限公司	华能资本服务有限公司	中国华能集团燃料有限公司
华能核电开发有限公司	华能集团技术创新中心	华能煤业有限公司

区域分公司		
中国华能集团公司华北分公司	中国华能集团公司东北分公司	中国华能集团公司江苏分公司
中国华能集团公司湖南分公司	中国华能集团公司浙江分公司	中国华能集团公司重庆分公司
中国华能集团公司华东分公司	中国华能集团公司安徽分公司	中国华能集团公司青海分公司
中国华能集团公司华中分公司	中国华能集团公司福建分公司	中国华能集团公司广西分公司(筹)
中国华能集团公司南方分公司	中国华能集团公司江西分公司	中国华能集团公司贵州分公司(筹)
中国华能集团公司河北分公司	中国华能集团公司河南分公司	中国华能集团公司山西分公司

区域子公司		
北方联合电力有限责任公司	华能吉林发电有限公司	华能甘肃能源开发有限公司
华能澜沧江水电有限公司	华能黑龙江发电有限公司	华能西藏发电有限公司
华能呼伦贝尔能源开发有限公司	华能海南发电股份有限公司	华能新疆能源开发有限公司
华能山东发电有限公司	华能陕西发电有限公司	中国华能集团香港有限公司
华能四川水电有限公司	华能宁夏能源有限公司	西安热工研究院有限公司

直管单位		
华能山东石岛湾核电有限公司	华能海南实业有限公司	中国华能集团公司人才基地建设管理中心

华能集团 2013 年组织机构图

(3) 发展绩效。投产新机组 893.6 万 kW，2013 年底境内外全资及控股电厂装机容量达到 14 329 万 kW，同比增长 6.1%。新增煤炭产能 647 万 t/a，煤炭生产能力达到 8464 万 t/a，同比增长 8.3%。核准电源项目 1212 万 kW。

(4) 党建绩效。认真学习贯彻党的十八大、十八届三中全会和习近平总书记系列重要讲话精神，党和国家的方针政策在公司得到全面贯彻落实；深入开展党的群众路线教育实践活动，干部队伍和作风建设进一步加强；加强基层党组织和党员队伍建设，党建工作科学化水平进一步提高；企业领导人员未发生重大违法、违纪案件；职工队伍保持稳定。

【结构调整】 抓住国家能源结构调整机遇，进一步转方式、调结构，更加坚决地推进有效益的发展和绿色发展。加强发展全过程管理，出台热电联产、煤电基地、太阳能光伏、分布式发电开发指导意见，坚持多点优选，有保有压，停止或缓建一批不符合公司投资收益标准的电力前期项目和煤矿项目。公司低碳清洁能源装机容量达到 3504 万 kW，保持行业领先，占总装机容量的 24.5%，同比提高 3.5 个百分点。新核准、开工和投产项目中，低碳清洁能源分别占47.8%、48.2%和75.4%。水电、风电、太阳能发电装机容量分别突破1800万、970万、60万kW，分别同比增加418万、125万kW和52万kW。水电投产创新高：糯扎渡、龙开口电站实现"一年四投"；古城水电站投产发电；藏木项目建设有序推进，苗尾、里底等项目获得核准；国家能源局印发开展雅江下游水电开发规划论证工作有关事项通知，明确由公司继续负责和配合开展雅江下游控制性水库电站相关论证及规划工作。257万kW风电项目纳入国家第三批核准计划，首个海上风电项目获得核准。金陵燃机项目投产发电，天津燃机等项目开工建设。获得重庆酉阳东块区页岩气项目控股权，山东、福建、辽宁核电项目及煤层气前期工作稳步推进。一批清洁高效煤电机组和煤电基地开发取得新进展，南通三期1号、临沂2号、大庆热电1号和2号机组投产。公司百万千瓦机组达到13台，居全国首位；热电联产和30万kW及以上超临界、超超临界纯凝煤电装机规模占煤电比重达到71.1%。长兴、莱芜电厂建设有序推进；海门3号和4号、沁北6号机组、魏家峁、西宁热电等项目获得核准。北京燃机项目荣获国家优质工程金奖，6个项目获得国家优质工程奖。煤矿、煤化工和港口码头项目开发稳步推进。灵露、高头窑煤矿进入试生产；准东煤制气项目取得"路条"。太仓港、海门港投入试运营，曹妃甸煤码头建设顺利推进，青岛董家口码头二期获得核准。

【资本运营和国际化经营】 坚持信贷为主、债券为辅、多元化产品为补充，创新融资方式，置换高息贷款，全年融资2903亿元。积极盘活重组存量资产股权，共引进外部资金31.7亿元。整合风电和光伏资产，完成海勃湾电厂股权重组、呼伦贝尔公司内部股权划转，以及燃料公司和航运企业股权重组，进一步提高了资产配置效率和效益。

海外可控装机容量达到578万kW，新加坡登布苏一期、大士5号机改扩建工程投产；墨西哥燃气项目建设有序推进。收购柬埔寨桑河二级水电51%股权，并推动获得中柬两国批准建设。出台完善国际化经营管理体制指导意见。公司被列为"中国-墨西哥企业家高级别工作组"成员单位，与俄罗斯恩佳集团、意大利电力公司签订了合作协议。

【科技创新】 推进科技研发平台建设，制订实验室规划；北京人才创新创业基地A、B实验楼投入使用；西安科研试验及产业基地开工建设；煤基清洁能源国家重点实验室建设完成。天津IGCC示范电站长周期运行能力不断提高；25万kW IGCC系统试验和示范等三项"863计划"重大项目课题通过验收；绿色煤电实验室进入施工准备。石岛湾高温气冷堆示范工程建设全面推进；深化与国家核电技术有限公司战略合作，明确了压水堆项目开发模式。

推进重大科技项目课题研究。FCS165总线控制系统、氧化协同脱汞等7项技术通过国家或行业鉴定。700℃超超临界、波浪能发电等技术研发取得进展；中国首套天然气烟气二氧化碳捕集试验装置投入运行；PM2.5等粉尘控制技术研发成功并示范；开展600℃超超临界二次再热机组应用技术研究。加强风电技术研发，新能源公司成立风电技术研发中心。公司牵头成立了国家CCUS产业技术创新战略联盟。全年获得省部级科技成果奖17项，专利授权66项，其中发明专利24项，被国资委列为中央企业技术创新体系建设典型单位。

【企业管理】 华能集团加强创一流工作顶层设计和分类指导，出台了煤炭、金融产业及火电、风电、水电、煤矿创一流工作指导意见，编制创一流指标三年滚动提升计划，强化过程监控和对标分析，动态发布创一流指标对标情况。认真开展国际对标，跟踪世界一流企业发展动态。内部改革有序推进，体制机制进一步完善，建立健全了软科学管理体系，加强形势研判、战略研究、政策分析和管理研究，不断提升决策服务能力。精细化管理更加深入，以风险防范为重点的内控体系建设进一步加强。完善了信息化管理体制，制定了信息化规划和应用规划，公司有85%以上的火电、水电企业上线运行了ERP系统，公司获得国资委2012年度信息化考核A级。

【党建工作】 华能集团将党的群众路线教育实践活动作为一项重大政治任务，按照中央教育实践活动的总要求，坚持"六个贯穿始终"，活动认真抓、抓得实、有成效。领导班子成员带头学习、带头听取意见、深入基层接地气调研，带头把自己摆进去，认真查找"四风"方面的问题；坚持开门搞活动，发动职工群众广泛参与，深入开展交心谈心，认真撰写对照检查材料，诚恳开展批评与自我批评，发扬整风精神，召开高质量的专题民主生活会；制定领导班子整改方案、专项整治方案和制度建设计划，按照"能改的立即改、可改可不改的尽量改、不能改的及时向基层和职工群众进行反馈说明"的要求，狠抓整改落实，结合公司实际开展10项专项整治工作，共"废改立"制度97项，初步建立健全了长效机制。教育实践活动得到了中央第38督导组的充分肯定。

认真学习贯彻十八大、十八届三中全会和习近平总书记系列重要讲话精神，扎实开展"贯彻十八大、奋力创一流"主题活动，确保党和国家的各项方针政策在公司得到全面贯彻落实。全面落实党建工作责任制，深入推进学习型、服务型、创新型党组织建设，实现基层党组织全覆盖，深化"四强四优"创建工作，建立基层党组织晋位升级长效机制，党建工作科学化水平不断提升。15项思想政治研究成果得到中央企业党建政研会表彰，公司被国资委授予课题研究优秀组织单位。

队伍建设进一步加强。完善企业领导班子和领导人员综合考核评价、干部"两化"考核工作，坚持竞争性选拔与直接选拔任用相结合，通过挂职、交流、培训等方式培养锻炼干部队伍。开展教育培训、国际化人才培养、电力企业检修管理、用工管控体制机制课题研究。出台高级技术、技能人才选拔管理办法，以及新疆、西藏等边远高海拔地区人才援助激励政策。

反腐倡廉和作风建设取得实效。认真贯彻落实十八届中央纪委二次全会精神，严格落实党风廉政建设责任制，强化廉洁文化和纪检监察队伍建设，推进《廉洁风险防控手册》实施和巡视工作，开展招标管理、"三重一大"等效能监察284项，避免经济损失7360万元。严格执行中央八项规定精神和华能集团改进作风30条要求，加强督导检查，公司总部会议、发文、"三公"经费分别同比下降14.6%、3%和32.2%，总部机关费用比年度预算下降5%。

中国大唐集团公司

【公司概况】 中国大唐集团公司（简称大唐集团）成立于2002年12月29日，是中央直接管理的国有特大型发电企业集团，是国务院批准的国家授权投资的机构和国家控股试点公司。注册资本金为人民币153.9亿元。集团实施以集团公司、分/子公司、基层企业三级责任主体的管理体制和运行模式，资产分布于境内30个省区市以及境外的缅甸、柬埔寨、老挝等国家和地区；拥有上市公司4家、分公司7家、省发电公司9家、专业公司11家，各级境外单位14家，金融子企业1家；除母公司外共有各级子企业425家。

大唐集团经过11年的发展，资产分布由组建时的以西部省份为主的14个省区市拓展到目前30个省区市，已成为特大型能源集团。大唐集团在发电产业的经营、发展及节能减排工作上积累了丰富的经验，奠定了在行业内的优势地位和可持续发展的坚实基础，具备了规模及布局、电源结构、技术人才、产业协同等方面的核心竞争优势。

截至2013年底，大唐集团员工总数逾10万人，资产总额达6979.97亿元，发电装机规模达到1.15亿kW。2013年全年，集团发电量为5161.7亿kWh，供热量为1.63亿GJ，煤炭产量1108万t。核准电源项目734万kW，其中清洁能源比重达46.8%，东南沿海优质项目达37.5%。2013年，集团连续第4次入选世界500强企业，居376位。同时在国资委考核中蝉联"A"级，并荣获国资委授予的节能减排优秀企业称号。

【领导班子】

董事长、党组书记：陈进行

副董事长、总经理、党组副书记：王野平

党组成员、副总经理：王琳

党组成员、副总经理：蔡哲夫

党组成员、副总经理：邹嘉华

党组成员、总会计师：胡绳木

党组成员、副总经理：王森

董事、党组成员、纪检组长：熊皓

党组成员：曹景山

副总经理：金耀华

【组织机构】 见大唐集团2013年组织机构图。

【经营局面】 2013年，大唐集团全年利润首破百亿大关，达到110.66亿元，同比增加50.42亿元，创历史最好水平；归属于集团母公司净利润8.92亿元，同比增加17.45亿元；国有资本保值增值率104.92%，为2008年以来首次实现年度国有资本保值增值；集团资产负债率84.98%，较2012年末下降2.37个百分点，比历史最高点下降2.81个百分点，2008年以来首次降至85%以下。

大唐集团电力板块累计实现利润113.79亿元，同比增加104.20亿元。其中火电（含热）实现利润107.81亿元，同比增加121.66亿元；水电实现利润−2.35亿元，同比减少20.55亿元；风电实现利润8.61亿元，同比增加3.27亿元。2013年，集团非电板块累计实现利润−3.13亿元，同比减少29.97亿元。在非电板块中，除金融、科技环保板块同比利润增加外，其他非电板块利润都有不同程度的减少（或增亏），以能源化工、燃料经营和煤炭开采三个板块最明显。

在大唐集团运营的30家二级企业中（在湘企业算一家），累计盈利企业21家，其中有4家盈利过10亿元，分别是大唐国际85.06亿元、山西分公司12.52亿元、河南公司11.68亿元、陕西公司11.08亿元；累积亏损企业9家，亏损面30.0%，9家累计亏损二级企业共亏损19.05亿元。

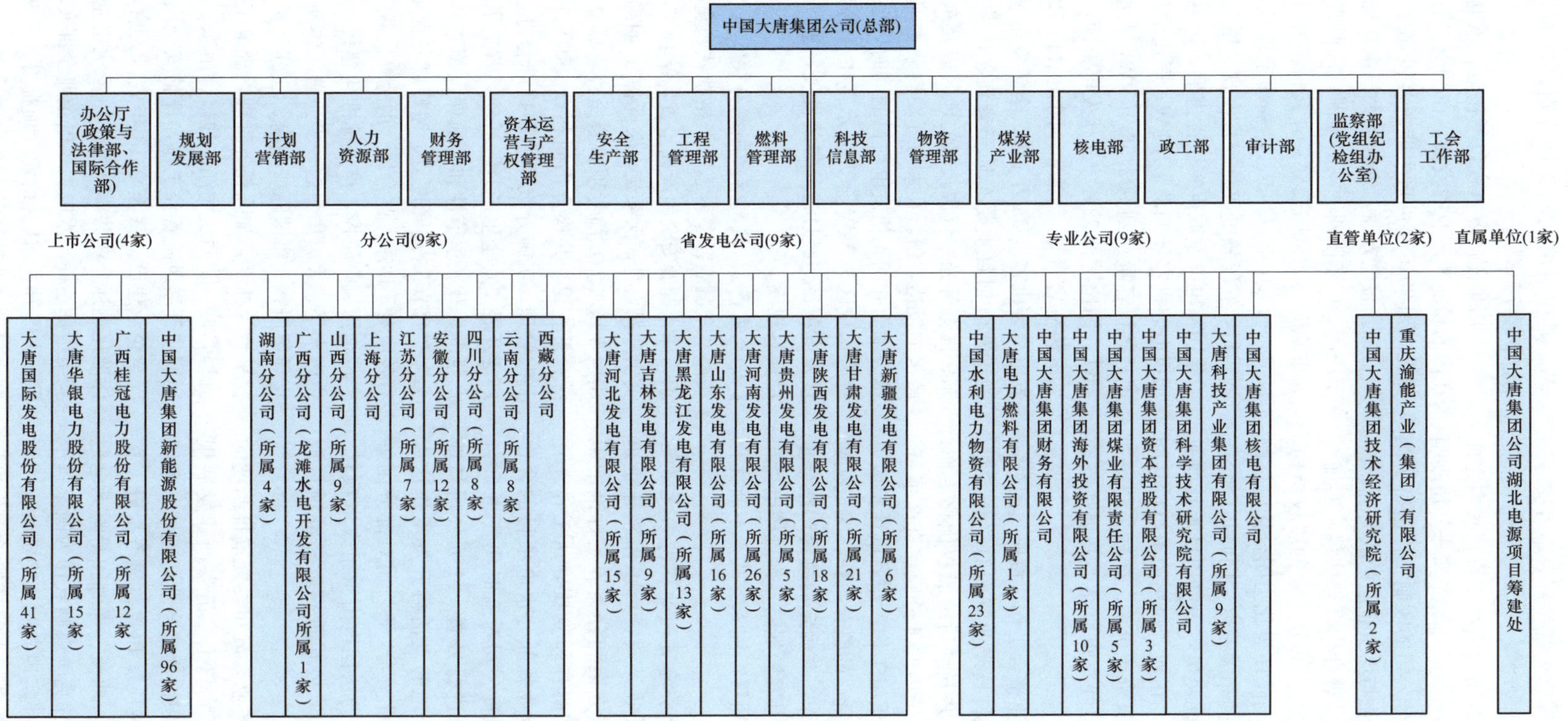

注:湖南分公司和大唐华银电力股份有限公司实行一个机构、两块牌子,广西分公司、广西桂冠电力股份有限公司和龙滩水电开发有限公司实行一个机构、三块牌子。

大唐集团 2013 年组织机构图(二级机构 31 家、三级企业 394 家)

【战略重组】 有序开展分公司改制工作，逐步完善集团公司组织体系，按照国资委统一部署，启动清理和处理低效、无效资产工作。

（1）完成河南分公司改制的后续工作，基本完成安徽分公司改制的基础性工作，启动江苏分公司改制的相关准备工作，对其他分公司的改制工作进行了策划和研究。继续扩大和深化与煤炭企业的战略合作。

（2）与山西焦煤集团签署合作框架协议，实施经营困难火电企业的重组，优化部分企业的股权结构，加强煤炭供应合作。细化与陕西煤化集团合作电厂的规范管理。出台规范运作的相关制度，同时拓展合作领域，启动四川广元、湖北襄樊等火电项目及其他业务的合作。推进华银公司与山西晋煤集团重组攸县能源公司的工作，挖掘、提升资源价值。桂冠公司、甘肃公司等分/子公司积极寻找与煤炭企业开展战略合作的机会。

（3）大力推进内部产业整合工作。按照集团公司整体战略部署，基本完成科技产业资产的整合工作：完成华创公司股权划转，并开展后续股权优化工作；完成环境公司收购大唐系统内的部分脱硫资产项目；启动先一科技公司的资产重组工作。按照审计整改方案开展大唐国际职工持股企业的整合工作，完成接收公司和职工退股的各项工作，并确定后续资产整合重组方案。根据集团公司核电发展战略，推进核电公司的组建，积极研究核电公司资产注入方式，不断优化核电资产重组方案。

（4）全面启动集团全系统清理处置低效无效资产工作。成立清理处置低效无效资产工作领导小组和办公室，完成专项工作方案和分类界定标准的编制，并组织全系统的情况调查和复核确认工作。甘肃公司与部分合作意向企业就部分水电项目的合作进入实质性谈判阶段。物资公司对新时代公司60%股权、闲置粉煤灰罐车等进行处置。江苏公司与地方政府就南京电厂老厂土地的盘活再开发工作达成7.5亿元的补偿方案。河北等分/子公司对部分闲置土地进行处置。大唐国际与法国电力重组火电项目、山东公司与青岛港（集团）公司重组青岛港项目取得实质性进展。

【结构调整】 根据国家产业政策和投资审批制度的变化，精心调整并认真落实“十二五”产业发展规划，加快转变发展方式，积极调整产业、区域、电源及股权“四大结构”，发展质量和效益显著提升。在发展中积极承担社会责任，西藏、青海和新疆无电地区电源项目积极推进，克什克腾煤制气作为国家首个煤制气示范项目成功投运并实现向北京稳定供气，累计供气超过6000万m^3，为首都大气环境治理作出了积极贡献。2013年，核准电源项目734万kW，新开工636万kW，投产563万kW，年末在建2111万kW，其中清洁能源比重分别高达46.8%、52.8%、65.9%、76.3%。

大唐集团高度重视包括核电、风电、太阳能发电在内的新能源产业的发展。在“十二五”规划中，明确提出到2015年可再生能源装机比重超过27%的发展目标。核电方面，继续加大核电厂址保护工作，辽宁庄河、广东阳西、湖南株洲、江西吉安4个厂址作为重点论证厂址进入《国家核电中长期发展规划（2011～2020年）》。3月，福建宁德核电1号机组并网运行，在役核电权益容量实现“零”的突破，标志着集团核电开发取得实质性进展；风电方面，全年新增风电装机容量113.4万kW，同比增长13.82%，风电总装机容量达到933.56万kW，发电量172.27亿kWh，同比增长32%。光伏发电方面，全年新增光伏发电装机容量31万kW，同比增长129.17%，光伏发电总装机容量55万kW，全年发电量4.1亿kWh。光伏发电项目主要布局于青海、内蒙古、新疆、山东、江苏等光照资源较好的地区以及东部有电价补贴政策的发达省份。在大力开发内蒙古阿拉善、山西天镇等地面并网光伏发电项目的同时，也探索开发上海综合保税区30MW金太阳示范工程等屋顶分布式光伏发电项目。经过近几年的发展，集团光伏发电项目已初具规模。

【安全生产】 认真落实国家有关安全生产工作部署，按照“全覆盖、零容忍、严格执法、重实效”总体要求，深入开展安全生产大检查，结合“两落实”督查，突出“保人身，保系统，保设备”，明确了十个方面通用检查和六个方面专项检查重点，成立专业督查组和综合督查组，共检查出问题21 150项，重点加强问题整改管理，实施分级监控和挂牌督办，确保了效果。广泛开展“安全生产月”活动，营造了浓厚的安全生产氛围，开展季节性和专项保电检查，圆满完成“两会”、“两节”、迎峰度夏、迎峰度冬保电和供热任务。有效应对了地震、强台风、洪涝等自然灾害。

加强风险防控，推进标准化建设，提升本质安全生产水平。大唐集团进一步完善了本质安全风险控制指导手册；大唐国际、湖南、江苏公司以本质安全管控平台为抓手，加强任务管理，规范工作标准和推进流程管控；陕西、龙江、甘肃、山东、吉林等多家公司同步开展风险管控工作，评估安全风险，推进本质安全企业建设。截至2013年底，大唐集团通过电力标准化达标企业共110家，58家火电企业实现了本质安全指标达标，水电、风电企业全部实现指标达标。

【管理提升】 认真落实专项提升、管理诊断下基层、制度建设和总结评价4个工作计划，实现了管理提升活动的全方位、全覆盖、全过程、全参与。集团领导亲自带队，对10家基层企业进行联合诊断，帮助企业找管理短板。制度建设取得阶段性成果，梳理修订制度142个、标准61个、流程105个。以降本增效和提高效率为重点，推进优化设计与优化运行制度化、规范化管理和成果共享。积极推进“三个中心”建设，成立了招投标中心，生产、资金、燃料、物资等精益管理水平明显提升。开展了13项专题调研工作，推进部分成果转化，组建核电公司和科技产业公司，初步理顺了管理体制，整合了相关资源。加强领导，提前谋划，配合国家审计署优质高效地完成审计任务。边审边改，立查立改，得到国家审计署的充分肯定，有效提升了依法规范运作水平。

【走向海外】 截至12月，大唐集团在境外投产和建设的项目共有3个，分别为缅甸太平江水电站、金边—菩萨—马德望230kV输变电工程和斯登沃代水电站。集团全年境外投资完成5.79亿元。缅甸太平江水电站于4月18日实现电站恢复供电，结束了长达675日的停产状态，电站全年发电量超过8亿kWh；柬埔寨电网和斯登沃代水电站于2013年先后转入商业运行，运转良好，柬埔寨电网累计输送电量超过5亿kWh；年累计发电量超2.7亿kWh，老挝北本和萨拉康水电项目、印尼马都拉火电项目、缅甸育瓦迪水电项目按计划稳步推进。

对外承包在市场开拓和工程执行等方面取得较大进展，下属的科技产业集团成功签订4个对外承包合同：印度SRM 3×660MW燃煤电站项目、泰国NPP5A 1×98MW汽轮发电机组工程项目、泰国NPS PP9 1×135MW生物质电站工程项目以及印度IL&FS 2×600MW脱硫工程项目。除印度SRM项目由于业主融资原因暂未启动外，其余三个项目均已启动。签订合同金额、产值、回款额、利润，均达到预期指标。

制定《中国大唐集团公司国际业务管理办法》和《中国大唐集团公司境外突发事件应急预案》等管理办法，进一步加强对境外、国际业务的管理工作。

【节能减排】 优化运行，综合治理，各项能耗指标进一步降低。继续深化“优化运行”专项活动，公司系统开展了以降低供电煤耗为主要内容的“达标创优”活动，集团组织20家企业编制攻坚行动方案，对10家企业进行节能综合诊断，选派专家到重点企业驻厂指导，企业节能降耗工作水平得到大幅提升。系统各单位从优化设备升级改造、运行方式、燃料结构、电量结构等方面入手做了大量细致工作，取得显著成效，2013年各项能耗指标进一步降低，发电油耗、厂用电率继续保持行业领先水平。供电煤耗完成316.59g/kWh，同比降低2.3g/kWh；大力推进节能技术改造，全系统共落实通流改造、热泵技术和烟气余热利用等节能改造项目206个，当年实现节约标准煤量约20万t，设备经济性能水平明显提升。有11个项目16台机组被列入2013年国家综合升级改造计划；积极推进水电、风电优化运行，大唐集团完善下发水电、风电运行优化指导意见。广西公司、龙滩公司、大唐国际加强水电集控中心建设，优化水情预报预测系统，积极与电网公司水情会商，实施汛限水位动态控制，增发电量效果显著；新能源公司加强与电网公司沟通协调，推动送出受阻的网架结构建设，使通辽地区风电送出能力提升约40%。

深化“降缺陷、降非停、创金牌”活动，设备可靠性水平进一步提升。以防止汽轮机叶片等主设备损坏事故为重点，进一步完善落实重点反事故措施，组织公司系统全面开展发电主设备专项隐患排查，共查出主设备隐患565条，及时发现并处理了宁德、运城等企业汽轮机通流部分隐患。以技术监控管理为保障，加强专业技术管理，全年解决问题1504项，重点督办190项，有效遏制了主设备事故频发的势头。以提高设备可靠性为重点，积极开展“创金牌”活动，着力提高长周期运行水平，有7台机组实现了全年连续在网运行。在全国“金牌机组”评价中，大唐集团获奖机组数量居五大发电集团之首，“创金牌”以及长周期运行工作得到了国家能源局的肯定。大唐国际深入开展“可靠性管理年”活动，张家口1号机安全稳定运行达到1006天，连续两年被评为金牌机组，创造国内火电大机组长周期运行纪录；陕西公司将“创金牌”固化到生产信息系统；山西公司积极探索供热机组创金牌工作，均取得了明显成效。

加强环保管理，全面完成环保改造及减排任务。加强环保设施的治理，组织专家组对GGH堵塞、除雾器堵塞、石膏雨、增压风机故障等常见问题进行技术攻关并提出解决方案，进一步提高脱硫设施运行维护水平。积极稳妥推进脱硫旁路封堵，将脱硫设施纳入生产一体化管理，全系统有73%的机组脱硫实现无旁路运行，44家发电企业脱硫实现100%无旁路运行，没有发生因脱硫运行导致机组非计划停机的事件。认真落实“十二五”主要污染物总量减排目标责任书任务，按计划完成了76台3296万kW脱硝改造、5台183万kW脱硫增容改造、19台578万kW除尘器提效改造，全面完成2013年环保责任书项目。研究制定静电除尘器改造技术路线，确保全系统除尘排放满足新排放标准要求。建设烟囱防腐改造示范工程，研究制定烟囱防腐改造技术路线。

【科技创新】 入选首批“国家专利运营试点企业”，成为12家试点中央企业中的唯一一家发电集团；科技投入继续保持增长趋势，预计全年投入超过15亿元，约占主营业务收入的 0.8%；年度新增授权专利 657 件（其中发明专利 59 件），累计专利总量达 969 件，专利覆盖面持续扩大，二级企业、基层企业覆盖率分别扩大到 86%、29%；建立日常推广机制，发布推广 30 余项专利；承担 53 项国内外行业及以上技术标准制定，成为首家主导编制 IEEE 国际标准的中国发电企业；32 项成果获国家能源及行业科技奖，20 项成果获行业管理创新成果奖，继续位居五大发电集团前列；科技创新体系不断健全，命名系统内首批 25 家“创新型试点企业”，牵头组建“北京市电力节能环保产业知识产权联盟”。

【资本运作】 大唐集团公司始终以增加“归母利”为主要目标，一方面抓住有利时机，盈利能力大幅提升。另一方面对长期亏损的企业进行资本运作，改善集团持股比例。2013 年国有资产首次实现保值增值。集团以控制资产负债率为目标，按照“一保一降”的要求，严格核定并下达 2013 年资本性预算指标，严格控制负债规模，优化债务结构，加强内部资金调剂，降低对外负债规模，加大对所属企业的负债率考核力度，出台《中国大唐集团公司控制并降低资产负债率的指导意见》，确定集团 2013 年及近段时期控制目标。通过在香港发行人民币债券、广西桂冠资产重组、安徽分公司资产重组、集团公司与山西焦煤集团合作等资本运作项目进一步降低资产负债率。

【党建思想政治工作】

（1）认真组织学习贯彻党的十八大精神，全面推动十八大精神入脑入心。按照中组部要求，连续举办了五期领导干部学习贯彻十八大精神培训班。集团成立了党的十八大精神巡回宣讲团，组织了十八大精神巡回宣讲活动，利用网络开展了十八大精神知识竞赛。

（2）按照中央党的群众路线教育实践活动总体部署，集团总部和 29 家分/子公司本部、直属企业参加了第一批教育实践活动，涉及党员 2113 人，其中厂处级以上党员 832 人。公司教育实践活动得到了中央教育实践活动领导小组和中央第 38 督导组的充分肯定，受到社会媒体的广泛关注。领导人员“当一天普通矿工”、“为民务实清廉”专题辅导报告会、党支部“结对互促”活动等先后被《人民日报》、中央电视台《新闻联播》等媒体进行专题报道。

【大唐国际发电股份有限公司】

公司概况 大唐国际发电股份有限公司（简称大唐国际）成立于 1994 年 12 月，总部位于北京。1997 年于香港及伦敦上市，2006 年于上海证券交易所正式上市。经营产业涉足发电（火电、水电、风电、核电、太阳能）、煤炭、煤化工、交通（铁路、航运、港口）、循环经济等领域，已由单一的发电公司发展为综合能源公司。2013 年，公司连续第 7 次入选普氏能源资讯“全球能源公司 250 强”，综合排名上升至第 116 位，在全球独立发电公司中的排名上升至第 5 位。荣获《财资》杂志评选的“社会与环境责任、投资者关系管理金奖”，是中国唯一获奖的大型发电企业。连续两年入选“中国上市公司资本品牌价值百强奖”，排名上升至第 41 位。在“金紫荆奖”评选活动中，荣获“最具社会责任感上市公司”，并再次入选“最佳投资者关系管理上市公司”。荣获《二十一世纪报道》评选的“中国上市公司治理 TOP10”。

领导班子

总经理、党组副书记：吴静

党组书记、副总经理：王国平

党组成员、副总经理：傅国强

党组成员、副总经理：魏远

党组成员、副总经理：周刚

党组成员、副总经理：王振彪

党组成员、总会计师：王宪周

党组成员、副总经理：付东

党组成员、纪检组长、工会主席：余美萍

党组成员、副总经理：孟繁逵

总工程师：佟义英

总工程师：赵景宽

组织机构 大唐国际 2013 年组织机构见图。

大唐国际本部	专业/区域公司	基层企业
总经理工作部	能源化工公司	京(3家)
(国际合作部)	燃料公司	津(1家)
发展与规划部	(香港公司)	冀(9家)
综合计划部	同舟科技公司	晋(4家)
证券与资本运营部	核电公司	蒙(13家)
人力资源部	内蒙古分公司	辽(4家)
财务部	辽宁分公司	苏(2家)
生产部	浙江分公司	浙(3家)
燃料管理部	福建分公司	闽(2家)
安全环保部	江西分公司	赣(3家)
工程建设部	广东分公司	粤(3家)
企业文化部	重庆分公司	渝(8家)
(思想政治工作部)	(渝能集团公司)	川(2家)
监察审计部	云南电力公司	黔(1家)
	山西代表处	滇(6家)
		藏(1家)
		青(2家)
		宁(2家)
		境外(1家)

大唐国际 2013 年组织机构图

经营业绩 大唐国际合并口径全年实现利润总额 81.03 亿元，同比增长 8.08%。扣除非经常性损益后实现归属于母公司净利润 40.86 亿元，同比增长 86.77%。完成发电量 1918.67 亿 kWh。全年共完成大型基建投资 277.59 亿元。截至 2013 年 12 月 31 日，大唐国际资产总额达到 2933.23 亿元，同比增长 8.16%；资产负债率为 78.08%，同比降低 1.12 个百分点。

发展建设 滚动调整“十二五”发展规划，完成《2013～2015年投资方向和投资能力分析报告》。全年完成电源项目核准20项、总计433万kW。抚州两台百万千瓦机组项目成为国家能源局“三定”方案公布之后正式核准的第一个电源项目。全年投产发电项目12个、总计103.2万kW。彭水水电站获中国建设工程鲁班奖。克什克腾煤制天然气一期荣获“化学工业建设优质工程奖”。吕四港发电项目获得“国家优质投资项目奖”。截至12月31日，大唐国际合并口径已投入商业运营的发电装机规模达到3918.7万kW。其中：火电机组3273.1万kW，占83.52%；水电机组482.8万kW，占12.32%；风电机组155.8万kW，占3.98%；并网光伏发电装置7万kW，占0.18%。

安全生产 作为中国首都北京的保电主力军，再次圆满完成全年各项保电任务，继续保持安全生产“九杜绝”。生产领域开展“可靠性管理年”活动取得显著成效，7台机组被评为“全国火力发电可靠性金牌机组”，较2012年增加2台，占全国获奖总数的15.6%。张家口发电厂1号机组连续在网运行1006天，创造火电机组连续运行时间全国新纪录。吕四港发电厂4号机组再创国内60万kW级超超临界机组在网运行最长纪录。公司系统已有14家企业实现安全生产标准化国家一级达标，位居行业领先水平。扎实推进非电项目“打非治违”问题整改和“依法合规”专项管理，实现非电工程建设和生产运营的总体安全稳定。

管理提升 深入开展内控建设，将内控规范融入具体业务，以内控评价促内控建设。持续优化业绩考核体系，修订业绩考核办法，不断强化业绩考核的科学性和公信力。印发制度管理办法，完善制度管理系统，建立五级制度库，编制完成覆盖10个产业的基层企业制度目录并持续推进制度的立、改、废工作。高度重视审计问题，切实抓好整改落实。进一步加大内审工作力度，全面开展小金库、多经管理、“三重一大”、招投标工作自查自纠。着力完善三级管理体系，成立浙江分公司和青海、宁夏能源公司筹备处，完成了全部11个区域新能源公司的组建工作。创新成果显著增长，入选中电联管理创新成果4项、北京市管理创新成果13项，获得中国电力科学技术奖2项，新获授权专利163项。

党建和精神文明建设 全面贯彻十八大和十八届三中全会精神，自觉用会议精神指导工作实践。深入开展党的第一批群众路线教育实践活动，全面梳理公司领导班子及领导干部“四风”问题，认真召开专题民主生活会，制定整改工作“两方案一计划”并狠抓落实。出台《党务公开工作实施细则》，积极推广党支部样板建设。初步建立了以强化关键岗位防控、规范权力运行规则为主要内容的廉洁风险防控体系。加强舆论引导和舆情监控，完善了新闻应急响应机制。深化厂务公开管理，改进总经理联络员制度，完成公司职代会和工会换届，企业民主管理得到加强。开展“创新创效、管理提升、青年先行”等主题活动。组织首届“大唐国际道德模范”评选。潮州发电公司荣获“全国五一劳动奖状”，公司系统有4个班组荣获“全国工人先锋号”。

社会责任

1. 企业精神

铭记中央企业光荣使命与责任担当，坚持对中国优秀传统文化的传承发扬，弘扬“务实，奉献，创新，奋进”的新时期大唐精神。营造风清气正、昂扬向上、奋发有为的氛围与环境，以文化的落地促进企业的改革发展，推动价值思维和效益导向理念的落地和管理效能的提升，打造国内领先、国际知名的综合能源公司。

2. 企业责任

致力于成为负责任、有实力、可信赖的综合能源公司。通过责任管理与责任实践，将自身的运营与社会繁荣、生态文明有机结合，在保持可持续盈利能力的同时，满足社会发展进步的需求，实现自身与社会的可持续发展。

3. 员工成长

尊重员工权益，落实并完成集体合同平等协商和签订，持续优化薪酬分配机制，激发员工队伍活力。重视人才的培养，多措并举，为公司管理层干部、专业技术人才和生产技能人员搭建培训平台。

4. 和谐共赢

（1）追求合作共赢。与上下游伙伴、科研院所等利益相关方广泛合作，合理开发新能源，共同提高能源利用率，使资源得到可持续利用，推动发电行业和相关产业发展，支持地方经济发展和社会建设。

（2）倡导志愿服务。大唐国际倡导“奉献、友爱、互助、进步”的志愿者精神，围绕教育、社区和环境三个领域开展志愿服务活动，活动遵循“奉献爱心，弘扬正气，服务企业，造福社会”的主题展开。颁布《青年志愿者管理办法》，对志愿者的招募、培训、管理、考核等各项工作进行规范。

（3）热心慈善事业。每年组织下属近百家企业积极响应社会公益活动，通过多种形式赈灾救危、扶贫帮困、支持贫困地区教育事业。大唐国际全年为各类公益慈善活动捐款1368万元。

科学发展

（1）优化发展火电。大唐国际是以火力发电为主业的企业，火电机组装机占比超过82%。优先发展大容量、高参数、低能耗、低排放的节能环保型机组及能源综合效率高的热电联产、燃气机组，不断优化火电机组结构和发电结构，持续巩固火电板块优势。截至年底，公司合并口径已投入商业运营的火电装机规模达到3273.1万kW。

(2) 提供清洁能源。在快速发展清洁高效环保型火电的同时，大力发展水电、风电、光伏等可再生能源泉，力争到“十二五”末实现清洁能源、可再生能源发电装机容量比例达到20%。2013年，公司清洁能源、可再生能源发电量占比10.56%。

(3) 坚持科技创新。坚持提高自主创新能力与企业发展战略相衔接，深化科技管理，逐步建立科技投入稳定增长的长效机制，确立了以企业为主体、市场为导向、产学研相结合的科技创新体系。依托丰富的人才资源和雄厚的科技优势，开展包括国家科技支撑项目、国家863计划项目在内的重大科研项目11项。实现授权专利163项，其中发明专利10项。获得中国电力科学技术奖2项，第五届电力职工技术奖5项，中国资源综合利用协会科学技术奖1项，优秀科普作品奖3项，2013年度电力行业管理创新成果3项。

绿色运营

(1) 推进节能减排。将绿色运营理念融入生产运营全过程，大力推广节能新技术，大规模开展脱硫、脱硝、除尘设备改造，注重灰渣、粉煤灰、脱硫石膏和废水的综合利用。烟尘、二氧化硫、氮氧化物、废水达标排放率均完成100%。

(2) 加强生态保护。将尊重自然、顺应自然、保护自然的生态文明理念融入生产运营中，并在项目前期、基建、运行等不同阶段严格加强环保“三同时”落实情况的管理，在建设过程中注重水土保持和生物多样性保护，努力构建资源合理开发利用与生态环境保护的双赢局面。

(3) 深化环保管理。建立了覆盖各个产业的节能减排工作体系、督查体系和绩效考核体系，持续推进生产环境评价及环境友好型企业管控平台建设，强化环保数据在线监督、现场核查和技术监控工作，推行全程化、数字化、常态化环保管理，不断提升环保工作水平。加强环保制度建设，深化对生产环评、环保核查工作，重点管理并落实污染物排放绩效、环保设施投运率及环保“三同时”，构建日监督、周简报、月点评、季动态、年核查的环保长效监督机制。

【中国大唐集团新能源股份有限公司】

公司概况 中国大唐集团新能源股份有限公司(公司前身大唐赤峰赛罕坝风力发电有限公司2004年9月成立)是大唐集团从事新能源开发管理的专业化上市公司，是国内领先的以风电为主的新能源公司。

公司业务主要以风力发电开发为主，同时涉及太阳能发电、煤层气发电、分布式能源等多个新能源领域。公司拥有经验丰富的前期开发、设备采购、工程建设、运营维护、CDM管理团队，综合检修维护、技术咨询、安装设计等多种产业，拥有风电场群远程集中控制、电网友好型风场建设集成等行业先进技术。拥有世界最大的在役风电场——赛罕坝风电场，中国首个海上示范性风电场——上海东大桥海上风电场，中国首家电网友好型风电场——赤峰东山风电场。

公司从2003年开始风电开发工作。2005年8月，首批机组并网发电，实现了大唐集团风电项目“零”的突破。2006～2007年，先后建成亚洲最大、世界最大的在役风电场——赛罕坝风电场。2008年，风电总装机容量达到88万kW。2009年1月5日，中国大唐集团新能源有限责任公司成立，成为大唐集团发展新能源的专业化平台。2010年7月9日，中国大唐集团新能源股份有限公司改制成立，并于2010年12月17日成功在香港上市。

截至2013年底，公司风电装机容量达到566.5万kW、太阳能光伏发电装机容量11.75万kW。新能源开发项目遍及全国30个省区市142个地级市。在未来十年内，装机规模将超过2000万kW，逐步实现“产业完整、门类齐全、科技领先、跨国经营”。

领导班子 中国大唐集团新能源股份有限公司2013年领导班子如下：

党组书记、总经理：胡永生

党组成员、纪检组长、工会主席：米克艳

党组成员、副总经理：焦建清、胡国栋、孟令宾

党组成员、总会计师：陈嵚

总工程师：赵宗林

组织机构 见组织机构图。

截至2013年底，公司共分2级，除母公司外共有各级子企业162家。

经营业绩 全年主营业务收入为51.89亿元，净利润为2.5亿元。主营业务收入较2012年增加了10.3亿元，同比增长24.77%，净利润较2012年增加了0.93亿元，同比增长59.24%。

全年累计发电量完成108.78亿kWh，同比增加23.36亿kWh，发电量增长率为27.35%，比年度计划超发12.37亿kWh，完成计划的112.83%。全年发电量完成较好的主要原因：①平均容量增长59万kW，多发电量10.2亿kWh；②1～12月限电比同比下降5.65个百分点（2013年1～12月限电比14.88%，2012年1～12月限电比20.53%），使发电量同比增加7.5亿kWh；③1～12月平均风速比2012年同期高0.12m/s（2013年1～12月6.68m/s，2012年1～12月6.56m/s），使发电量同比增加5.7亿kWh。

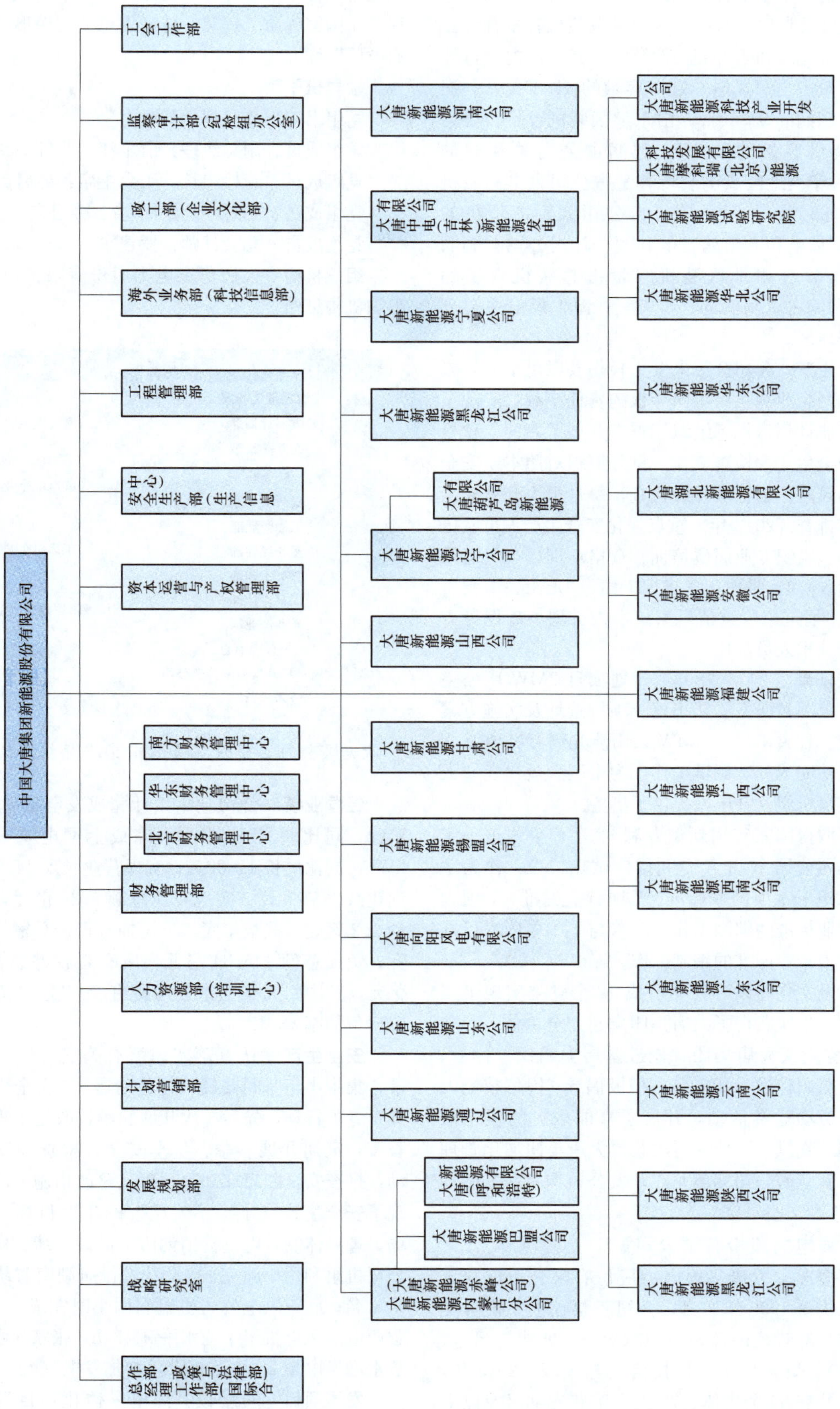

中国大唐集团新能源股份有限公司组织机构图

公司的风电主要分布在内蒙古、吉林、山东、甘肃、黑龙江等地区，这些地区的风电装机容量合计占到公司风电总装机容量的82.45%。其中：内蒙古地区装机容量占公司风电总装机容量的41.80%，利润占公司总利润的91.16%；山东地区装机容量占公司风电总装机容量的9.3%，利润占公司总利润的22.25%；宁夏地区风电装机容量占公司风电总装机容量的4.65%，太阳能项目占公司太阳能项目的42.19%，风电和太阳能发电利润合计占公司总利润的11.92%；甘肃地区装机容量占总装机容量的7.4%，利润占总利润的－3.98%；海上风电主要分布在上海地区。

安全生产 公司全年未发生轻伤及以上事故，未发生被电网企业和大唐集团考核的责任事故，实现了变电站零非计划停机。组织互查组开展了春检、秋检和专项安全生产大检查工作，每月组织对照本质安全性风电场风险评估标准开展自查，每月组织开展安全生产隐患排查。2013年，重点强化安全生产人员队伍培训工作。组织专业岗位培训、资格培训、机组运维技术培训35次，采取了送培训上山，“走出去”到厂家培训，“请进来”邀请厂家技术人员现场授课等方式，提升技术人员素质。

科技创新 国家“863”计划项目2MW压缩空气储能示范项目研发团队组建、项目选址及实施方案编制完成。甘肃矿区1.5MW太阳能光煤互补电站光场部分成功完成安装调试工作，为中国大规模发展太阳能与燃煤机组互补电站提供了借鉴。

全年取得国家实用新型专利32项，公司被确定为大唐集团公司2014年专利推广试点单位。作为主编单位承担了1项国家标准、1项行业标准、7项大唐集团企业标准的编制工作，并参与了1项国家标准与6项电力行业标准的编制工作。

党建及文化建设 公司所属12个党委实现了属地化管理。再次获得了大唐集团党建“全十佳”的殊荣，3个党委获大唐集团“先进基层党组织”称号。基层工会组织建设不断完善，积极倡导“岗位技能大练兵”及劳动竞赛活动，开展了喜闻乐见的娱乐活动。公司“吃风沙”精神再次获得大唐集团文化管理创新奖。新能源公司和黑龙江开发公司均荣获大唐集团2013年度文明单位。

【大唐华银电力股份有限公司】

公司概况 大唐华银电力股份有限公司成立于1993年1月。1996年8月，公司股票在上海证券交易所上市。经营范围涉及发电（火电、水电、风电、垃圾发电）、煤炭开采、科技信息等领域。2013年，公司系统共有60个集体、77人次荣获省部级及以上荣誉。公司（大唐湖南分公司）荣获“湖南省调煤保电先进单位”荣誉称号，新能源公司南山风电一期工程荣获国家优质工程奖，株洲发电公司荣膺“中国美丽电厂”称号。

领导班子

党组书记、总经理：侯国力

党组成员、副总经理：俞东江、罗日平

党组成员、纪检组长、工会主席：吴启良

党组成员、副总经理：周 浩、韩旭东

党组成员、总会计师：罗建军

组织机构 大唐华银电力股份有限公司2013年组织机构见图。

华银电力本部	基层企业
总经理工作部 发展计划部 人力资源部 财务部 安全生产部 工程管理部 多种经营部 党群工作部 监察审计部 矿业产业部 燃料管理中心 （湖南大唐燃料开发有限责任公司） 资本运营部	2家火电企业 3家水电企业 2家风电企业 3家垃圾填埋沼气发电企业 5家非电公司

大唐华银电力股份有限公司2013年组织机构图

经营业绩 公司全年累计完成发电量106.39亿kWh，同比增长11.45%；完成上网电量99.63亿kWh，同比增长11.82%；实现营业收入74.56亿元，同比减少7.98%；实现利润总额0.26亿元，同比减利1.2亿元。截至年底，公司拥有资产总额165.5亿元，负债总额145.84亿元，所有者权益总额19.66亿元，其中归属于上市公司所有者权益14.51亿元，资产负债率88.12%。

安全生产 认真落实国家有关安全生产工作部署，集中半年时间开展“打非治违”“安全生产大检查”专项行动，先后4次开展脱硝技改施工现场安全督查，定期开展春季、秋季安全大检查和安全月活动，排查安全隐患670项，落实整改措施655项，实现了安全生产“十个不发生”的年度目标。把握市场，理顺体制，电量营销创历史最好成绩。株洲发电公司机组利用小时完成4357h，位居湖南省统调火电第1名；欣正风电公司机组利用小时完成2434h，较蒙西电网风电机组平均水平高434h；张家界水电公司节水增发电量2340万kWh，增加发电收入850万元。

发展项目 暂缓攸县煤电一体化项目发电工程建设；停止运营额吉煤矿与褐煤干燥示范装置；退

出怀化石煤发电项目、嘉禾煤矸石综合利用项目投资。推进项目开发及资本运作。与战略投资者完成攸能公司股权重组实施方案谈判，为攸县发电项目开工建设创造了前提条件。完成了城步十里平坦风电项目（4.99 万 kW）、怀化西晃山风电项目（4.95 万 kW）和城步五团风电项目（4.95 万 kW）核准，取得东莞三联热电项目（2×35 万 kW）“路条”，推进雷州“上大压小”项目（2×100 万 kW）、阳江“上大压小”项目（2×100 万 kW）和慈利岩泊渡水电项目（2 万 kW）前期工作，启动了耒阳三期扩建工程初步研究。

工程建设 优化工程设计和施工方案，确保工程提升项目经济效益。南山风电项目二期工程实现年内开工、年内投产，较投产计划提前半年；工程实际投资控制在 3.999 2 亿元以内，较执行概算节支 1783 万元。怀化巫水公司提前完成移民搬迁工作，高椅、长寨电站先后实现了 211、228m 蓄水发电。柳树冲煤矿工程完成年度计划的 100.1%，完成投资1.966 7亿元，为年度计划的 92.8%。攸县煤电一体化项目发电工程进入保护性施工，没有发生成品损坏、设备遗失事件，施工现场整体稳定。截至 12 月 31 日，公司在役发电装机容量为 272 万 kW。

节能减排 积极开展设备改造，加强设备综合管理，提升机组节能减排水平。①降煤耗：完成金竹山发电公司 2 号机组 60 万 kW 机组综合升级改造，投入 1700 万元完成 15 项节能改造；开展火电机组负荷率专项考核，公司供电煤耗同比下降 1.36g/kWh，节约标准煤 1.4 万 t。②减排放：完成金竹山发电公司 2 号机组脱硝技改工程建设，至此，公司所有火电机组均完成脱硝改造；加强环保设施运行管理与维护，二氧化硫、氮氧化物、烟尘、废水保持达标排放。

管理提升 加强预算管控。坚持对标分析，优化预算定额；严格执行预算调整审批程序，严格维护预算刚性，杜绝了可控费用超支现象；清理历史遗留问题，提出预算消化建议，夯实企业经营基础。

加强资金管理。及时回笼资金，电费回收率完成 100%；减少资金沉淀，每月资金归集率超过 95%；防范逾期风险，完成贷款置换 48.11 亿元；拓宽融资渠道，实现票据融资 5 亿元。

突出统一管控职能，优化调运、加强库存管理、开展配煤掺烧，燃料体制改革初见成效。落实基层企业控煤价的经营主体责任，明确厂内涉煤费用定额，积极探索燃料集中管控与配送机制，努力扭转了公司煤价高于湖南省平均值的被动局面。

党建和精神文明建设 以人为本，务实奋进，企业文明建设有声有色。积极开展“宣贯十八大，开启新征程”主题实践活动，建设学习型党组织。推进党的群众路线教育实践活动，征集“四风”问题建议 86 条，制订整改措施 147 项。深化党风廉政建设，开展“倡廉洁、强作风、促提升”主题教育活动，全系统参与 7228 人次，其中副处级及以上领导人员 434 人次。深化“十百千”青年先锋工程建设，与大唐河南公司团委开展“我的追梦故事”青年访谈，开启了大唐集团系统团青工作区域协作的先河。株洲发电公司培训服务中心荣获“全国五一巾帼标兵岗”荣誉称号，燃料质检部化验班荣获“中央企业青年文明号”荣誉称号。

中国华电集团公司

【公司概况】 中国华电集团公司(简称中国华电)是国家实施电力体制改革、由国务院批准组建的五家全国性国有独资发电企业集团之一。2002 年 12 月 29 日，中国华电在人民大会堂揭牌成立，注册资本 120 亿元人民币，主营业务为：电力生产、热力生产和供应；与电力相关的煤炭等一次能源开发；相关专业技术服务。

截至 2013 年底，中国华电发电装机容量11 267万 kW，资产总额 6546 亿元，控股煤矿产能达到 6495 万 t/a，资产主要分布在山东、贵州、黑龙江、四川、福建、江苏等 32 个省（区、市）以及俄罗斯、柬埔寨、印尼等国家。拥有世界首台百万千瓦超超临界空冷机组、国产化程度最高的百万千瓦超超临界机组、国内最大的分布式电源项目、在发电集团中比重最大的天然气发电机组。控股华电福新能源股份有限公司、华电国际电力股份有限公司、华电能源电力股份有限公司、国电南京自动化股份有限公司、贵州黔源电力股份有限公司和沈阳金山能源股份有限公司等上市公司。

【领导班子】

董事长、党组书记：李庆奎

董事、总经理、党组成员：程念高

党组成员、副总经理：任书辉、辛保安、邓建玲

党组成员、华电国际电力股份有限公司总经理：陈建华

党组成员、总会计师：王怀书

党组成员、纪检组长、副总经理：蒋亮平

【价值理念】

公司使命：创造更大的经济、社会、人文价值

公司愿景：打造价值华电、绿色华电、创新华电、幸福华电，建设具有国际竞争力的世界一流能源集团

公司精神：自强求变 厚德求进

核心价值：诚信 求真 和谐 创新

经营理念：管理最优化 价值最大化

员工守则：

忠诚企业，勇于追求，共建华电家园；

关爱社会，乐于奉献，共担华电责任；

严于律己，敏于执行，共守华电规章；

勤勉敬业，敢于创新，共兴华电伟业；

诚实守信，善于合作，共铸华电品牌。

【组织机构】 见中国华电2013年组织机构图。

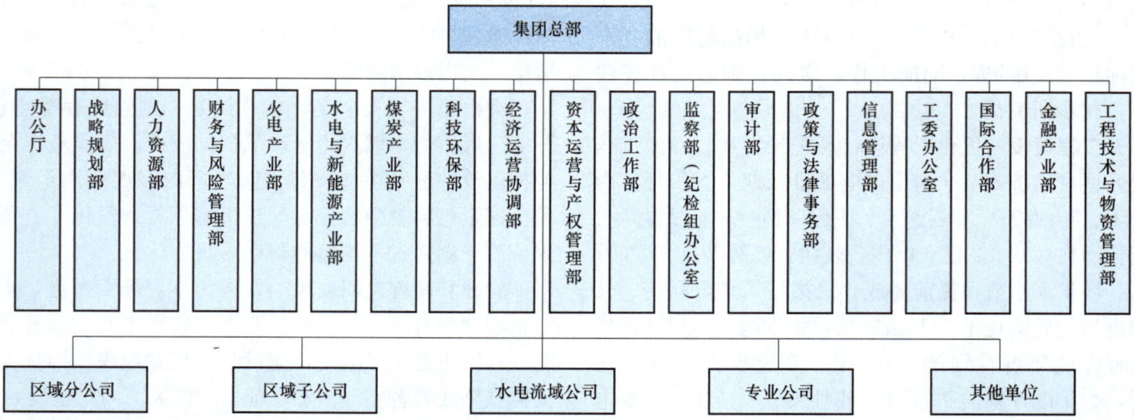

中国华电2013年组织机构图

【治理结构】 中国华电按照《中华人民共和国全民所有制工业企业法》注册，国务院向中国华电集团公司派驻国有重点大型企业监事会，国务院国资委代表国务院履行出资人职责。建立了部门研究、专家咨询和领导决策相结合的决策机制，严格的、可追溯的决策责任追究制度，实行科学决策、民主决策和依法决策。

中国华电实行总分公司、母子公司并存的复合型管理体制，对分支机构实行授权管理，对所属企业实行分级管理，形成集团公司总部、二级机构（分公司、区域子公司、专业公司）、基层企业三级管控模式。

【年度业绩】 2013年，中国华电主要指标创出历史最好水平，经营发展态势持续向好。全年总体保持安全稳定，没有发生较大及以上安全生产事故，没有发生对公司稳定造成不利影响的事件。完成发电量4728亿kWh，同比增长8.1%。煤炭产量3348万t，控股煤矿产能达到6495万t/a。销售收入2118亿元，同比增长14.4%。实现利润151.7亿元，同比增长40.7%。完成供电煤耗313.2g/kWh，同比下降3.6g/kWh。二氧化硫、氮氧化物排放绩效分别完成2、2.6g/kWh，同比分别下降13.04%、10.34%。

【结构调整】 按照企业发展规划，突出发展重点，注重发展质量，加大项目推进力度，一批战略性电、煤项目实现历史性突破，电源结构不断优化，清洁发电装机容量在总装机容量中的比重超过30%，新核准和新投产项目中，清洁能源比重超过1/2。乌江流域开发圆满完成，怒江中下游开发主体地位进一步巩固，水电装机容量超过2000万kW，位居同行业前列；句容一期项目实现一年"双投"，公司百万千瓦等级机组达到8台，莱州二期、可门三期等一批港电一体、煤电一体项目取得积极进展；加大风电和太阳能发电资源获取力度，400万kW的新能源项目获得核准或"路条"。小纪汗、肖家洼煤矿获得核准并投入试生产，隆德煤矿完成800万t/a技改后恢复生产，千万吨级煤矿达到4个。金融产业不断拓展业务领域，系统资金归集率同比提升5个百分点，管理金融资产规模超过2200亿元。工程技术产业在建项目合同额近500亿元，航改机项目顺利推进，脱硝催化剂工厂建成投产，制粉系统细粉分离技术应用取得成功。页岩气中标区块勘探工作有序推进，LNG研究不断深化。加快推展海外业务，巴淡、额勒赛等项目建成投产，捷宁斯卡娅、巴厘岛等在建项目进展顺利，南苏玻雅项目前期工作扎实推进。

【生产经营】 2013年，中国华电销售收入、发电量、利润总额、净利润、EVA等主要经营指标创出历史最好水平，发电和金融板块利润贡献突出。市场营销方面，积极应对用电需求不旺、火电价格下调、电量竞争激烈等不利形势，强化运营协调，优化电量结构，稳发多发电量，全年转移电量224亿kWh。燃煤发电机组利用小时位居同行业前列。抓好自产煤内部购销，完善内销机制，搭建内销平台，全年内销煤炭556万t。加强燃料管理，开展煤炭"阳光采购"、

入厂煤标准化实验室建设以及低质煤掺配掺烧工作，公司入厂标准煤单价同比降低84元/t，12家单位采制化实验室通过国家验收。开展备品配件跨集团联合储备合作，积极推进集中招标采购，有效降低了物资采购成本。合理配置超短融、私募债等融资产品，降低融资成本。推进资本运作，华电国际、华电福新再融资工作获得国资委批准，金山股份完成定向增发。加强负债率和负债规模“双控”管理，负债率连续4年下降。推进全面风险管理和内控机制建设，抓好内控试点单位督导，强化担保项目管理，深化燃煤全过程效能监察，专题开展资产并购、物资招投标等监督管理，抓好“依法规范经营、确保经济安全”专项审计问题的整改落实，提升了依法治企水平。

【管理提升】 认真落实“双提升”“创一流”活动部署，突出抓好17个管理领域专项提升，查找薄弱环节，落实整改措施。组织召开了火电、新能源、煤炭产业“双提升”现场会、5个专项提升会，推广先进经验。对38家基层企业开展管理诊断，选取部分单位开展试点，深入现场提供管理诊断服务，帮助基层企业消除管理短板。进一步完善管理体制机制，优化投资决策程序，提高项目发展质量。推进区域公司改制，组建成立江苏区域子公司，完成物资公司、招标公司整合，调整鲁地拉公司管理关系。继续理顺部分区域公司与专业公司、上市公司的管理关系。抓好乌江洪家渡水电及甘肃、宁夏、内蒙古风电“远程集控、少人维护”管理改革试点，集约化管理取得阶段性成果。加强预算精益化管理，改进经济活动分析方式，抓好月度和季度经济运行分析，深化日经济利润系统应用，提升了经营过程掌控力。加强基建工程管理，优化工程设计，组建乌江水电项目管理公司，开展水电咨询服务，全年有4个工程荣获中国电力优质工程奖。ERP试点项目建设和财务业务一体化取得阶段性成果，建立信息系统运维体系，完成了涵盖财务、人力资源、基建等系统的业务流程与数据对接，信息化水平达到国资委A级。

【安全生产】 深入贯彻上级关于安全生产工作部署，全面落实安全生产责任制，顺利完成了党的十八届三中全会、“两节”、“两会”等重要时段的保电任务。强化基层基础安全工作，狠抓作业环境本质安全管理，深入开展安全大检查、区域间安全评价互查、安全标准化达标等专项工作，规范重大危险源、基建施工等领域安全管理，安全生产形势总体保持稳定。加强设备管理，创新技术监督，推进精密点检与远程诊断，开展机组检修精细化管理试点，实施设备综合治理改造，“四管”泄漏同比降低24个百分点。全年共有7台机组荣获全国大机组竞赛一等奖。突出抓好煤炭安全管理，创新区域安全监管模式，推进煤矿安全质量标准化建设，完善井下紧急避险“六大系统”，深入开展隐患排查治理，加强班组建设和安全培训，煤矿生产建设继续保持“零死亡”。

【科技环保与节能减排】 加快推进科技创新，完善科技研发平台，顺利通过国家创新型试点企业评审。国家能源分布式研发中心二期、高效分离器研制等项目获得国家重大科研专项支持，灵武百万千瓦等级空冷机组项目荣获中国电力科学技术一等奖；新增授权专利153项，累计专利数继续保持同行业领先。推进节能减排，完成50台机组整体优化改造，平均降低煤耗11.5g/kWh，公司30万kW等级以上机组整体能耗指标达到同行业领先水平。落实主要污染物总量减排措施，全年投入65亿元开展环保设施治理，完成机组脱硫脱硝改造101台3766万kWh，在运脱硝机组容量同比提高40%。建立实施环保“三同时”月报制度，推进重点区域和战略性项目环评工作，深入排查建设项目环境风险，国内首个水电生态保护统计系统上线运行。

【党建和队伍建设】 按照中央统一部署，华电集团总部参加第一批党的群众路线教育实践活动，聚焦“四风”问题，开展8个专项整治，健全完善24项作风建设制度，从总部做起，领导带头，从严要求，立说立行，改进作风，做实功、动真格、求实效。通过这次活动，广大党员干部经历了一次彻底的思想洗礼，多年存在的“四风”顽疾得到有效遏制，工作作风得到明显转变，干部员工精神状态保持良好，呈现出风清气正、干事创业的良好局面。完善干部人事制度，推进实施“70、80工程”，在总部层面和部分二级单位开展了市场化人才招聘。推进板块差异化考核，进一步细化火电、水电和风电分类考核指标，金融和工程技术板块新增了个性化考核指标。积极推进按定员组织生产，规范劳务派遣用工，实施跨区域跨专业人力资源优化配置，煤炭企业定员核定工作基本完成。完善人才队伍建设管理机制，初步构建了覆盖各产业的员工职级序列体系。加大人才培养力度，开展学习贯彻十八大精神、中青年干部、生产管理等培训，举办了财务、瓦斯检查、精密点检技能大赛。加强工团组织建设，完善企业文化考评体系。抓好维稳信访，关心员工生活，公司系统保持和谐稳定。

（李成东）

【中国华电工程(集团)有限公司】

企业概况 中国华电工程（集团）有限公司（简称华电工程，英文缩写CHEC）是华电集团下属的全资企业，是华电集团工程技术产业板块的重要组成部分和发展平台。

华电工程主要从事重工、环保水务、电站总承包、清洁能源、能源服务五大板块业务。产品和服务涵盖电力、化工、港口、冶金、矿业、市政、新能源、进出口服务等领域。华电工程拥有国家级企业技术中心，博士后科研工作站，国家分布式能源技术中心等多个科研机构，连续多年获得行业优秀企业和首都文明单位荣誉称号。

领导班子

董事长、党组书记：孙青松

党组成员、总经理：杨勇

党组成员、副总经理：谢春旺、马骏彪、姜学寿、彭刚平、李林威

总工程师：黄湘

党组成员、纪检组长、工委主任：侯佳伟

党组成员：王汝贵

人力资源 华电工程有员工 4777 人（截至 2013 年底），具有中、高级技术职称的 1446 人，占 30.27%，其中享受教授级及以上待遇的 70 人；具有大学本科以上学历的 2884 人，占 60.37%；本部 134 人（不包含重工），具有中、高级技术职称的 93 人，占 69.40%，其中享受教授级及以上待遇的 8 人；具有大学本科以上学历的 119 人，占 88.81%。

机构设置 华电工程本部共设 11 个职能部门，即办公室、人力资源部、市场营销部、工程管理部、安全生产部、财务部、政治工作部、监察审计部、计划发展部、科技管理部、资产管理部。10 个专业分公司包括华电重工装备有限公司、水处理分公司、环境保护分公司、总承包分公司、海外工程分公司、华电新能源技术开发公司、华电分布式能源工程技术有限公司、国际贸易分公司、油气开发分公司、华电工程设计院。

拥有 7 家全资公司（院、所）及控股企业，即华电机械设计研究院（杭州）、电力工业产品质量标准研究所（杭州）、华电郑州机械设计研究院、厦门克利尔能源工程有限公司、华电工程集团创业投资有限公司、北京中电恒基能源技术有限公司、北京华电万方管理体系认证中心。

有合资企业 5 家，即华电通用轻型燃机设备有限公司、厦门 ABB 高压开关有限公司、福斯特惠勒动力机械、豪顿华工程有限公司、西门子（杭州）高压开关有限公司。

资质 华电工程已获得的资质证书有：高新技术企业证书、甲级工程设计证书、甲级工程咨询证书、建筑业企业专业承包证书、安全生产许可证、甲级工程、设备监理证书、AAA 信用等级证书、对外承包工程资格证书；中国钢结构制造企业特级资质、国家特种设备压力管道设计许可证等 21 项经营资质证书，8 项专业设计资质，4 项监理资质；ISO 9001、ISO 14001、OHSAS 18000 体系证书；“CHEC”是北京市著名商标。

主要荣誉 华电工程获中央企业先进集体、中国电力企业联合会全国电力行业优秀企业、中国生产力学会 2013 年中国最佳自主创新企业、首都文明单位、北京中关村科技园丰台园“十佳企业”、华电集团先进企业、华电集团文明单位标兵、华电集团先进工会组织、华电集团宣传思想工作（党建）示范点、华电集团五四红旗团委。

生产经营

1. 结构调整

按照打造一流科工集团的战略目标，稳步推进工程总承包、装备制造和资产经营三类业务，着力提高发展质量，公司业务结构得到进一步优化。一是总承包业务扎实推进。柬埔寨西港、江苏吴江电站总承包项目成功投产，湖北西塞山、陕西榆林项目顺利推进。新疆哈密、青海德令哈和内蒙古四子王旗光伏项目按期实现并网，确保了预期电价的实现，每年为华电集团增加收益超过 5000 万元。新疆八钢仓群系统、喀什空冷系统等项目建成投产，重工全年总承包项目交付金额达 14.7 亿元，21 个项目得到业主表彰。全年执行脱硫、脱硝项目合同总额达到 65.81 亿元，投产机组 112 台，创造历史最好水平。积极推进节能减排，完成华电集团 50 台火电燃煤机组整体优化改造，平均降低煤耗 11.5g/kWh。二是制造基地建设快速推进。航改型燃机项目完成联合厂房、试车站及包装厂房主体施工目标；青岛脱硝催化剂工厂顺利投产；山东节能公司收购当年盈利；水处理超滤膜制造厂项目技术路线等前期准备工作顺利完成；曹妃甸、天津、武汉、郑州四大重工基地产能不断增长，呈现产品高端化、生产智能化的良好趋势。三是资产经营业务成效显著。首次进入欧洲电源市场，在中罗两国总理见证下，成功签署罗马尼亚罗威纳里燃煤发电项目投资意向协议。印尼巴淡项目加强管理，投产当年盈利超过 4000 万元，效益远超预期，主要运行指标达到有关要求；巴厘岛项目顺利完成厂房封顶、汽轮机台板就位等里程碑节点，工程质量得到集团专家组充分肯定，为建设“精品工程”打下坚实的基础；越南沿海二期项目获得集团立项批复，项目转入快车道。华电产业园项目顺利完成，设计与建设水平得到市场广泛认同，实现了品牌和效益双赢。页岩气业务 4 个区块的可研报告通过中国地质调查局评审，野外地质调查、二维地震施工等基本完成，成功获得气体矿产勘查乙级资质。工程承包、装备制造、资产经营三类业务协同发展，为公司实现“十二五”规划和可持续发展奠定了坚实基础。

2. 经营效益

华电工程资产总额、销售收入、利润总额等主要

经营指标创出历史最好水平。其中，重工、海外、环保、创投利润总额超过亿元；电科院利润接近亿元；水处理、新能源利润总额超过5000万元，公司总体呈现良好的发展态势。一是市场营销实现突破。新签合同额达151亿元，其中，重工新签合同80亿元，成功签订京唐港煤炭泊位堆场系统总承包项目，金额超过15亿元，是物料专业成立以来最大合同；热能工程专业核心能力不断提升，成功开拓华电集团外部市场，中标神华国能准东空冷系统、国投哈密间接空冷系统等项目，新签合同额超过12亿元，集团外部合同占比达到86%；煤化工再次实现突破，成功签订了榆林三江能源50万t焦油加氢和新疆昌源180万t兰炭等项目。水处理大力开拓非电及海外业务，签订了伊拉克华事德电厂凝结水、白俄罗斯纸浆厂、厄瓜多尔含油废水处理等项目。环保、新能源等专业合同额大幅提升。二是销售收入创出新高。在建项目规模达到449.17亿元，达到历史最高水平，完工项目107个，销售收入首次突破百亿，6家专业公司的销售收入分别超过15亿元。重工保持稳定增长，销售收入达到51.67亿元；环保达到31.59亿元、新能源达到15.95亿元，同比2012年增长两倍；总承包、海外、机械院销售收入大幅增长，同比2012年增长超过50%。三是成本费用不断降低。着力加强成本费用管理，通过召开月度预算执行会、季度经济活动分析会等方式，狠抓成本费用控制取得成效。所属单位全年经营费用均低于预算指标，其中，总承包、水务、分布式能源费用指标控制较好，低于预算值80%以下。四是政策争取成效明显。深入开展政策研究，密切跟踪国家产业、财税政策，努力争取相关补贴，全力做好税收筹划和出口退税等工作，公司系统全年获取政策性收益达到6.08亿元，其中：获得国有资本预算1.2亿元；科研项目获得资助近亿元，创历史最好成绩。五是经营风险可控在控。推进全面风险管理和内控机制试点单位建设取得初步成效。进一步强化合同商务法律风险管理，加强商法评审，规范外聘律师队伍。确保资金安全，优化配置财务资源，拓宽融资渠道，做好资金平衡，公司短期融资券在中国银行间市场交易商协会完成注册，为成功发行债券奠定基础；鼓励员工跨单位催收逾期应收账款取得成效，收回逾期呆坏账累计3282万元；全年清理完工项目85个，收回资金4.76亿元，有效降低了公司经营风险。积极配合财政部、税务机关开展外部监督检查，抓好专项审计问题的整改落实。

3. 科技创新

华电工程持续加大科技研发投入，加强科技项目研发，加快科技成果总结，加紧科技平台建设，多项工作取得良好效果。一是加大科技研发投入。紧紧围绕国家能源发展战略及国家“十二五”科技发展规划，加大高端制造、节能环保和新能源等领域的科技研发投入工作。2013年公司系统全年科研投入共计3.98亿元，新立科技项目62项，结转项目79项，在研科技项目达到141项，为历年之最。二是加强科技项目研发。修改完善科技项目管理相关制度，进一步加强对科技项目的研发、验收、评价和申报工作。全年授权专利65项，其中发明专利8项。公司系统共持有专利252项，其中发明专利32项，达到历史最好水平，公司获得“北京市专利示范单位”称号。18项科技成果荣获华电集团和行业奖项，其中，11项成果荣获华电集团科技进步奖，2项成果荣获2013年全国电力职工技术成果奖。“百万千瓦级核电机组凝结水精处理装置”获得国家重点新产品证书，“大型散料装卸输送成套设备”获得中国机械工业优质品牌。三是加快科技平台建设。加快推进科技研发平台建设，不断提高自主创新能力，取得突破性进展。“国家认定企业技术中心”顺利通过国家发展改革委年度审核；“国家能源分布式能源技术研发中心（一期）”完成5项实验室建设，承担了多项国家重点课题及国标、行标及集团标准的编制工作；“国家能源分布式能源技术研发中心（二期）”筹建工作顺利推进；“生物燃气高效制备及综合利用技术研发（实验）中心”“火力发电系统能效检测技术实验平台”两个国家级的实验室通过终审。四是新技术应用不断增多。“大型智能化煤炭装卸码头科研项目”成功获得国有资本经营预算重点产业转型升级与发展资金；喀什电袋除尘项目成功调试投运；噪声治理业务成功获得泰州医药城、上海莘庄分布式能源站的总承包合同；海洋风电技术初步具备全面参与市场竞争的条件。

4. 管理提升

按照华电集团统一部署，扎实开展“双提升”、“创一流”第二、三阶段活动。一是强化安全管控力度。完善安全生产相关制度，构建安全生产管理长效机制；深刻吸取各类安全事故教训，认真开展春秋安检和专项检查，强化安全宣传和教育培训，各类违章现象得到有效遏制，公司继续保持了良好、稳定的安全生产态势。二是加强体系管理工作。以公司三体系改版为契机，扎实开展管理评审工作，深入查找管理中存在的薄弱环节，及时落实整改，进一步加强了公司质量管理。公司4项成果获得“中国电力建设科学技术成果奖”和“中国电力建设优秀质量管理（QC）小组成果”，“华电能源哈尔滨第三发电厂烟气脱硫工程”项目获得2013年度“中国电力优质工程奖”。三是规范项目管理流程。强化项目造价管理，加强制度的有效执行，优化采购合同评审流程，扩大专业公司采购合同评审和审批权限，充分发挥技经、采购队伍在分包采购管理、成本管控环节的重要作用，有效保障了各合同项目实现预期效益目标。四是加大专业人才培训。开展“百名项目经理”培训工作，以项目管理内容和工作流程为重点，举办合同和风险管理、三体系、工程造价、安全管理、财务管理、沟通管理等项目经理专题培训450人次，有效提升了项目管理能力和风险防控能力。五是加强信息化管理。优化信息管理体系，建设完善工程项目管理子系统、前期项目管理子系统科技与信息化管理子系统、档案管理系统、绩效考核系统等信息化管理平台，提升了管理信息化水平。

5. 党建和队伍建设

以贯彻落实十八大和十八届三中全会精神为主线，持续加强党建和队伍建设，不断提高党建和队伍建设科学化水平。一是党组织建设全面加强。以学习培训、专家辅导、远程教育等形式，深入落实十八大和十八届三中全会精神。调整优化党的组织建设，完成机关党委换届选举，开展基层党支部季度考评试点工作，促进了党建工作水平持续提高。二是队伍建设水平不断提高。深入开展“四好”领导班子创建活动，认真组织“70、80工程”人才培养、中层后备干部选拔和培训，提高了队伍素质。畅通员工职业发展通道，建立和完善“五大类”“八个层级”的岗位序列，形成以经营业绩和绩效考评为基础的存量人员薪酬正常增长机制。三是反腐倡廉工作扎实推进。全面贯彻中央“八项规定”和华电集团“22条要求”，各级领导干部带头执行，层层分解落实，切实转变会风文风，厉行勤俭节约，严控五项费用，切实把“八项规定”贯彻落实在实际工作中。深入推进“大纪检”，加大反腐倡廉宣传教育，认真开展廉洁风险防控、招标监督、效能监察和内部审计，惩防体系建设工作得到检查组的高度评价和认可。四是和谐企业建设不断深化。完善公司工委组织机构，成立各类文体协会，开展了丰富多彩的文体活动。健全团青组织，召开首届团代会，推进主题教育活动，激发团员青年工作热情。积极推行市场营销、项目执行、设计研发、职能管理、风险防范“五类典型”的选树工作，营造和谐企业文化氛围。

2013年，华电工程成为华电集团唯一一家获得中央企业先进集体荣誉称号的二级单位。

（刘　蔚　杨文春）

中国国电集团公司

【公司概况】 中国国电集团公司（简称国电集团）是经国务院批准，于2002年12月29日成立的以发电为主的综合性电力集团，主要从事电源的开发、投资、建设、经营和管理，组织电力（热力）生产和销售；从事煤炭、发电设施、新能源、交通、高新技术、环保产业、技术服务、信息咨询等电力业务相关的投资、建设、经营和管理；从事国内外投融资业务，自主开展外贸流通经营、国际合作、对外工程承包和对外劳务合作等业务。

截至2013年12月底，国电集团在世界500强排名299位。可控装机容量1.22亿kW，资产总额接近7780亿元，产业遍布全国31个省（区、市）。煤炭产量达到6885万t。新能源发展独具特色，风电装机容量达到1732.5万kW，位居世界第一。以节能环保及装备制造为主的高科技产业在发电行业处于领先地位，累计获批国家级研发平台7个，累计拥有专利1100项，被命名为国家“创新型企业”。

【领导班子】

董事长、党组书记：乔保平

董事、总经理、党组成员：陈飞虎

副总经理、党组成员：于崇德

副总经理、党组成员：张国厚

副总经理、党组成员：高嵩

党组成员、纪检组长：郭瑞廷

副总经理、党组成员：米树华

副总经理、党组成员：谢长军

总会计师、党组成员：陈斌

【组织机构】 截至2013年底，国电集团本部设有18个职能部门、5个中心、2个办公室和1个党组巡视工作办公室。共有二级企业45家，基层企业568家。

1. 本部设置

办公厅、计划发展部、人力资源部、财务管理部、安全生产部、市场营销部、工程建设部、企业管理与法律事务部、资本运营与产权管理部、科技与综合产业部、审计部、监察部（纪检组办公室、招标监督管理办公室、燃料稽查办公室）、工会工作委员会、政治工作部（直属机关党委、团委）、国际合作与海外业务部、燃料管理部、水电与新能源发展部、煤炭与化工管理部、党组巡视工作办公室、新闻中心、信息中心、社会保险中心、招标中心、技术经济咨询中心、专家委员会办公室、核电办公室。

2. 分公司11家（二级企业）

国电上海分公司、国电青海分公司、国电重庆分公司、国电西藏分公司、国电黑龙江分公司、国电吉林分公司、国电宁夏分公司、国电海南分公司、国电山西分公司、国电河北分公司、国电天津办事处。

3. 全资及控股子公司34家（二级企业）

国电华北电力有限公司、国电东北电力有限公司、国电陕西电力有限公司、国电山东电力有限公司、国电河南电力有限公司、国电四川发电有限公司、国电云南电力有限公司、国电贵州电力有限公司、国电新疆电力有限公司、国电江苏电力有限公司、国电江西电力有限公司、国电甘肃电力有限公司、国电福建电力有限公司、国电内蒙古电力有限公司、国电安徽电力有限公司、国电湖北电力有限公司、国电广东电力有限公司、国电广西电力有限公司、国电内蒙古能源有限公司、国电电力发展股份有限公司、龙源电力集团股份有限公司、国电长源电力股份有限公司、内蒙古平庄煤业（集团）有限责任公司、国电物资集团有限公司、国电燃料有限公司、国电资本控股有限公司、国电科技环保集团股份有限公司、国电大渡河流域水电开发有限公司、国电新能源技术研究院、国电能源研究院、国电科学技术研究院（国电环境保护研究院）、国电海外电力股份有限公司、国电置业有限公司、国电湖南电力有限公司（筹备组）。

【经营绩效】

（1）进一步优化布局结构。火电60万kW及以上机组比重达44.4%，同比提高0.5个百分点，跨省调出关停小火电机组容量37.6万kW。清洁可再生能源装机比重达25%，同比增加2.5个百分点。风电总装机容量达1732.5万kW，居世界第一。

（2）发电产业盈利能力实现提升。火电亏损面大幅缩小，19家实现扭亏为盈。风电业务克服CDM收益下降的不利影响，实现盈利。3家单位入围全球新能源企业500强。水电单位千瓦创效能力居可比先进水平。全年累计完成发电量5332.5亿kWh，同比增长8.9%，高于全国平均水平1.4个百分点。完成售热量2.02亿GJ，同比增长10.4%。

（3）相关产业总体企稳。加大内部互保力度，支持相关产业渡过难关。煤炭产业实现稳产和盈亏平衡，产量达到6885万t，高于2012年水平，其中内部供煤同比提高55.6%。环保产业效益大幅提升，利润同比增长23%。风机制造产业努力拓展外部市场，外销比例达33%。光伏制造产业着力提高质量，降低造价，控制亏损。金融产业效益稳步提升，利润同比增长20.5%。积极开展招标服务、设备监造等业务，发挥场储物流产业链优势，进一步整合集团物业资源，保障能力进一步提升。

【深化改革】

（1）深化管理体制改革。抓住董事会建设契机，完善法人治理结构，初步完成董事会制度建设工作。推进企业内部改革，建立完善与董事会制度相衔接的投资决策体系、工作机制和相关会议制度，修订和编制规章制度67项，梳理规章制度562项，废止63项。完善三级管控体系，精简管理层级，整合撤销各级组织机构115家。更加突出质量效益导向，改进完善绩效考核体系，修订考核管理办法，集团公司获得国资委考核工作先进单位。

（2）实施投资管控。坚持有保有压、有快有慢，严格按照计划调控目标管控投资，投资规模控制在800亿元以内。资产负债率比年初下降0.22个百分点。建立健全投资决策和约束机制，完善投资责任体系，修订投资管理办法，制订出台立项、开工、经济评价、风险评估、比选评优等管理办法，强化投资全过程管控。

（3）推进干部人事制度改革。完善竞争性选拔机制，注重干部交流锻炼和基层选拔，全年党组管理干部交流任职42人次，人才结构进一步优化。从系统外引进各类高端人才140余人，实现人才对口支持390余人。重新核定火电、水电企业劳动定员，火电万千瓦劳动定员下降13.4%。培训员工10.6万人，培训率达到75%。

【科技创新】 新能源研究院建成投入使用，“国家能源低阶煤综合利用研发中心”“国家环境保护大气物理模拟与污染控制重点实验室”获批，国家级研发平台7个获得国家科研资金，新增专利近400项，累计拥有专利1100项。组织实施重大科技项目10个，重点项目57个，其中国家级5项。新获中国电力科学技术奖5项、国家能源科技奖5项。世界先进的百万千瓦超超临界二次再热技术进入工程化实施阶段。大型火电辅机单系列布置技术在布连电厂成功应用。脱硝催化剂国产化项目达到国际先进水平。江苏如东海上风电场成功吊装世界最大风机叶片，国内首艘海上风电专业运维船下水试航。自主研发的高效砷化镓电池转化效率达33%。烟气余热深度利用高效节能技术在多个电厂实施。

【强化管理】

（1）加强生产运营管理。深化管理提升活动，开展火电三年对标，持续提升管理水平。完成供电煤耗316.4g/kWh，同比降低2.3g/kWh。厂用电率4.92%，同比下降0.13个百分点。百万千瓦机组和空冷供热机组主要指标保持全国领先。四个机组获全国能效对标竞赛一等奖，三个机组获全国运行可靠性金牌机组称号。扎实开展“拓市场，争电量”活动，水、火、风电机组利用小时均高于全国平均水平。争取直供电、发电权交易、跨区外送等市场电量450亿kWh，获得以热补电等电量100亿kWh。在8省火电机组利用小时均排名区域第一。优化燃料采购结构，保持合理库存，加强采运储配全过程管理，入炉标准煤单价同比下降102.4元/t，保持可比较低水平，15家火电厂标准煤单价同比降低150元/t以上，12家火电厂煤价同区域最低。累计掺烧经济煤种5600万t，节约了成本。

（2）强化财务管理和资本运作。瞄准全年经营目标和保增长任务，加强预算执行监控，适时调整预算目标。深化银企战略合作，取得综合授信额度。加大低成本债券融资力度，融资成本较年初下降0.17个百分点。强化资金集中管理，全口径资金归集率较年初提高20个百分点。推进低效无效资产处置，完成资产重组、股权转让，整合资产节约税收近亿元。

（3）完善内控体系。基建财务内控体系在50个新开工电源项目全面推广。6家单位完成内控体系建设试点工作。加强审计、监察和巡视工作，完成7家分子公司的巡视检查，积极支持配合监事会开展工作，配合国家审计署完成经济责任审计，开展内部经济责任审计171项、财务审计301项、内控审计299项，及时整改，有效防范风险。在审工程项目1054项。加大案件查办和责任追究力度，对发生职务犯罪单位的44位领导人员实施责任追究。重点围绕“三重一大”决策、燃料和招投标管理，开展效能监察和综合评价。

【安全生产】 落实安全责任，深入开展安全生产年活动和安全生产大检查，加强隐患排查治理，本质安全水平进一步提升，公司系统未发生较大及以上人身死亡和设备事故。98%的企业安全生产无事故，189家企业实现连续安全生产1000天以上，20家企业安全运行突破4000天，28家发电企业被评为安全生产标准化一级企业。推进煤矿安全风险预控管理体系建设，8个生产矿井进入国家级煤矿安全质量标准化行列。脱硫脱硝改造任务按期完成，在运脱硫机组达9112万kW，占比98.9%。脱硝装机容量6179万kW，同比增加3097万kW。

【项目推进】

（1）加强前期工作。认真梳理前期项目，加大力度推进战略实施，优化未来发展布局。全年核准电源项目1206.6万kW，获得火电“路条”654万kW。一批重大项目取得积极进展，汉川三期取得路条，哈密大南湖、贵州织金等634万kW火电项目获得核准。金沙江上游旭龙、奔子栏等优质水电资源取得开发权。风电核准490万kW，位列国内第一。广东博罗、江苏兴化等共240万kW燃机项目取得“路条”。察哈素煤矿获得核准，大平滩、银星二号项目取得“路条”。

（2）加强基建管理。全面梳理在建项目，明确推进策略，优化投资配置。严格开工标准，落实建设条件，泰州二期等691万kW电源项目开工建设。优化投产时序，强化全过程管控，全年投产电源项目656.8万kW。布连煤电一体化等项目顺利投产，世界海拔最高的那曲风电项目并网发电。大力开展设计优化，大渡河猴子岩等13个项目节约造价。持续深化精细化管理，努力打造精品工程，湖南宝庆和河北尚义工程获“鲁班奖”，谏壁扩建工程获“国家优质工程奖”，深溪沟水电站等8个项目荣获年度中国电力优质工程奖。

【党建工作】 扎实开展第一批党的群众路线教育实践活动，认真整改“四风”突出问题，总部机关作风形象明显改善，党群干群关系更加紧密。贯彻落实中央八项规定，规范职务消费及“三公”经费支出，集团系统会议活动数量下降26%，会议经费预算削减24%，文件减少16%。提高党建科学化水平，努力创建和谐企业。集团蝉联全国厂务公开民主管理先进单位。强化廉政教育，深入开展反腐倡廉宣传教育基层行活动，扎实开展巡视检查和效能监察，完成了队7个分子公司的巡视。加大信访举报和案件查处力度，全年对54人的违纪违规行为给予党纪政纪处分，近4年首次超过涉法案件。加大党风廉政建设责任追究力度，对发生职务犯罪问题的分子公司及所属单位的44名领导人员实施了责任追究。2013年新增涉法人数大幅下降，涉法案件多发势头得到有效遏制。加强企业文化建设，集团荣获全国企业文化建设优秀成果奖。深入实施“惠民工程”，建立艰苦边远地区津贴，完善工资增长机制，向基层一线职工倾斜，让广大员工共享改革发展成果。

（朱 锋 钟 萍）

【国电电力发展股份有限公司】

公司概况 2013年，国电电力发展股份有限公司（简称国电电力）控股装机容量突破4000万kW，达到4050.03万kW；资产总额同比增长9.29%；净资产同比增长9.01%；全年完成发电量1944.18亿kWh，同比增长19.99%；供热量完成5245.05万GJ，同比增长11.95%；实现主营业务收入同比增长21.72%；资产口径实现利润总额同比增长40.89%；管理口径实现利润总额同比增长21.62%，连续三年创历史最好水平，在国电集团所属企业中排名第一；供电煤耗完成313.1g/kWh，同比下降3.48g/kWh；发电厂用电率完成4.11%，同比基本持平。

2013年，国电电力入围全球新能源企业500强，荣获“中国电力信息化标杆企业”称号；“发电企业全员岗位人身安全风险管理模式创新和实践”获得全国电力行业企业管理创新成果一等奖；被国电集团评为责任制考核A级单位；荣获总经理奖励基金特等奖和一等奖。

企业转型 国电电力切实转变发展观念，始终坚持效益优先，不断提升发展质量效益。全年核准电源项目198.3万kW，取得“路条”397.3万kW，投产170.4万kW。

(1) 投资管控扎实有效。建立项目立项、风险防范、退出和后评价等管理办法，明确责任主体，对前期项目综合评价、优中选优、重点推进，定期盘点项目投资情况，公司投资完成投资计划的97%。

(2) 火电发展力度加大。突出抓好高效清洁火电项目开发，成立五大外送电项目推进工作组，全力推进上海庙、湖东、酒泉二期、长滩一期、布连二期等火电项目前期工作，朝阳热电项目取得核准。加快燃机项目开发，储备燃机项目1020万kW，取得广州博罗、江苏高淳燃机项目“路条”。

(3) 清洁能源发展有效推进。积极开发大中型水电资源，大渡河双江口电站具备核准条件。加快推进优质风电项目开发，深度储备优质风资源300万kW，全年核准风电122.3万kW，取得“路条”181万kW，浙江舟山25万kW海上风电项目取得核准。择优发展太阳能发电项目，全年核准太阳能发电项目6万kW，取得“路条”36万kW。

(4) 煤炭项目开发取得成效。英力特银星二号煤矿获得“路条”，年产1000万t的察哈素煤矿获得国家发展改革委核准；晶阳公司获得2亿t配置煤炭资源，多晶硅项目实现试生产。

(5) 工程建设稳步推进。加强工程建设精细化管理，深入开展“保达标、控造价”活动和对口竞赛活动，努力克服阻工、征林征地等困难，工程质量、造价、进度可控在控，圆满完成全年投产任务。

(6) 河北崇礼风电场、山西右玉风电场项目分获国家优质工程奖和中国电力优质工程奖；察哈素煤矿项目被评为“全国建筑业绿色施工示范工程”。

挖潜提效 2013年，国电电力以“争电量、控煤价、降费用、增效益”竞赛活动为载体，以对标管理为手段，深入挖潜提效。

(1) 争发电量成果显著。各单位坚持从1月1日开始抢发电量，加强市场营销，优化运行方式，公司全年发电利用小时完成4666h，完成发电量1227亿kWh，同比增长7.56%。深入开展发电权置换、电量代发、大用户直供等工作，北仑公司、东胜公司等单位共取得代发、直供电量26.91亿kWh。积极争取合理电价，公司电价平均降幅低于全国平均0.29分/kWh，大同公司电价实现就低调整，和禹公司超发电量全部就高结算。积极推动热价调整，邯郸厂热价一年两次调增，酒泉公司取得29.6元/GJ的临时热价。

(2) 控降煤价效果明显。准确研判市场形势，优化采购策略和库存结构，加强对矿直购，燃料成本有效降低，公司入炉综合标准煤单价完成506.94元/t，同比降低94.5元/t。推进燃料智能化管理，东胜公司投运国内首台全自动制样机，石嘴山公司、邯郸热电等4家单位投运入厂验收无人值守系统。规范燃料杂费管理。加强配煤掺烧，公司全年掺烧经济煤种1360万t，大同公司、庄河公司掺烧比例超过60%。加强协同互保，采购集团内部煤炭338万t。

(3) 能耗指标持续改善。加强能耗指标对标分析，优化机组运行方式，大力实施节能技术改造，主要经济技术指标进一步优化。公司供电煤耗完成313.1g/kWh，同比下降3.48g/kWh；发电厂用电率完成4.11%，同比基本持平；消耗燃油4038t，同比减少1673t。试点优化风电机组参数，单台风机发电能力提升4%。北仑公司、庄河公司、石嘴山公司、东胜公司、大同公司等8台机组在全国火电大机组能效对标竞赛中获奖，创历史最好成绩。

(4) 成本控制扎实有效。加强预算执行过程控制，建立管理费用对标分析和通报机制，严格规范管理费用支出。治亏成效逐步显现。邯郸热电、庄河公司牢牢把握煤价、电量、热价等关键因素，全力开展治亏工作，实现扭亏为盈。

安全生产 2013年，国电电力扎实开展全员岗位人身安全风险管控、安全环保专项检查、季节性安全检查等活动，加强安全生产标准化建设，全年排查治理隐患1500余项，安全管理水平稳步提升。

(1) 生产管理有效加强。加强运行管理，优化运行方式，推广应用智能巡点检管理系统，提高运行维护水平，北仑公司、大同公司、东胜公司等单位被评为集团公司四星级发电企业。加强检修管理，开展锅炉“防磨防爆”互学互查，提升设备可靠性。公司全年一类障碍同比降低8次，北仑公司7号机组荣获“可靠性评价金牌机组”称号。创新新能源生产管理模式，建立三级标准化管理系统，公司在国内率先实现新能源数字化生产集中管控。

(2) 环保治理进展顺利。与火电企业签订环保目标责任书，落实各级环保责任，加大环保设备治理和维护力度，在运火电机组均实现达标排放。有序推进脱硝改造，公司系统32台机组、共1422万kW容量实现脱硝运行，占火电总容量的81.3%。加强脱硫、除尘等设备管理，单位二氧化硫排放量完成0.52g/kWh，同比下降0.17g/kWh。

强化管理 2013年，国电电力强化基础管理，突出特色建设，全面整改管理短板和瓶颈问题。优化整合管理机构，对10家管理机构进行整合，公司直管的集团公司三级机构精简为36家，提高了管理效率。

(1) 对标管理持续深化。完善“十二五”后三年对标规划，明确“2013年基本达到集团公司先进水平、2014年基本达到国内同行业先进水平、2015年部分指标成为国内同行业标杆”的对标目标，健全火电对标管理模式，建立水电、新能源、煤炭、化工、多晶硅产业对标体系，实现了对标管理全覆盖。

(2) 绩效管理趋于完善。推进全员绩效管理，强化绩效导向作用，制定“争电量、控煤价、降费用、增效益”、安全节能环保、项目发展、工程建设等奖励办法，拿出10%工资总额用于专项奖励，有力促进了重点工作。

(3) 内控管理深入开展。加强内控评价，查找各类缺陷803项，制定、完善制度109项。强化领导人员经济责任审计、重大工程项目跟踪审计等，避免了经济损失。完善法律风险防范机制，公司本部法律三项审核率达到100%。

(4) 队伍建设有效加强。加强干部队伍培养锻炼，改进干部竞争性选拔方式，14名领导干部通过竞争性选拔走上领导岗位，干部队伍结构持续优化；在大同公司试点开展技能、技术、管理职业通道建设，拓宽人才成长空间；实施青年英才工程，评选产生百名青年英才；推进全员素质提升工程，领导人员、后备干部、青年英才培训率达100%，员工培训率达85%。

(5) 创新成果不断涌现。加强管理和科技课题研究，取得各类成果40余项。公司“全员岗位人身安全风险管理”等9项成果获电力行业企业管理创新成果奖，北仑公司“回热式背压机驱动引风机技术”获得中国电力科技进步奖。

资本运作 拓宽渠道，创新方式，国电电力资本资金运作取得实效。

成功收购安徽公司345.69万kW发电资产，公司发电装机容量突破4000万kW大关。加强投资者关系工作，积极组织优质项目反向路演，努力促进市值提升。融资渠道有效拓宽。创新融资工具，公司作为国内首家试点单位，获批注册发行27亿元永续中票，首期10亿元已完成发行；成功入围优先股首批试点行列，树立了公司在资本市场的良好形象。大力引进低成本资金，低利率发行超短期融资券、私募债，开展票据融资，资金成本有效降低。资金管理不断加强，推动统借统还，置换高息贷款，减少资金占用，降低财务费用。在全年贷款规模同比增加的情况下，公司财务费用同比降低；资金成本率完成5.78%，同比降低0.25个百分点，节约了利息支出。争取政策成效明显，加强政策研究应用，全年取得财政奖励、增值税返还、保险索赔等收益。资产结构得到优化，宁东煤化工项目股权处置取得重大进展。

党建与和谐企业建设

(1) 党建科学化水平不断提高。深入开展党的十八大精神轮训等多种形式的学习教育活动，对242名领导人员进行了轮训；扎实开展基层组织建设年“回头看”活动，落实整改措施257项，公司机关党委换届探索试行两委委员直选，基层党组织建设有效加强；深入开展“转型升级当先锋，挖潜提效做贡献”主题实践活动，有力促进了中心工作。作风建设有效加强。

(2) 按照中央“八项规定”、国电集团具体要求，制订26条转变作风的具体措施，并抓好落实和监督检查。各级领导干部作风明显转变，各类会议、活动、文件简报数量明显减少，工作质量和效率明显提高。

(3) 反腐倡廉建设深入开展。完善惩防体系，落实党风廉政建设责任制，开展“反腐倡廉基层宣讲”活动，覆盖10个基层单位、600多名干部员工。加大违纪违法惩处力度，加强招标、燃料、资金、工程等重点领域监管，全年效能监察立项101项，提出监察建议304条。

(4) 大力弘扬“家园文化”，整改“四统一”问题81项；创新精神文明载体，开展道德讲堂60多场次；转变新闻宣传视角，报道更加贴近基层，“走进新国企——绿色发展国电行”在央视新闻联播头条播发。落实“惠民工程”，帮扶困难员工1200余名。

(5) 加强民主管理，深入开展技术练兵、技能竞赛和岗位实践活动，技能竞赛成绩斐然，工团组织作用得到充分发挥。

(6) 高度重视信访稳定工作，信访旧案得到有效处理，保持了和谐稳定的企业氛围。

【龙源电力集团股份有限公司】

公司概况 龙源电力集团股份有限公司（简称龙源电力）最早前身为龙源电力技术开发公司，成立于1993年1月，隶属于国家能源部。1999年6月，龙源、中能、福霖三家公司合并重组为龙源电力集团公司。2002年底，公司在电力体制改革中划归国电集团。2009年7月，经国务院国资委批准，公司正式改制为龙源电力集团股份有限公司。同年12月10日，公司在香港成功上市，成为首家在境外上市的国有新能源发电企业，并以177亿元人民币IPO的骄人成绩被誉为“中国新能源第一股”。

龙源电力主要从事风电场的设计、开发、建设、管理和运营。同时，还经营火电、太阳能、潮汐、生物质、地热等其他发电项目；向风电场提供咨询、维修、保养、培训及其他专业服务。截至2013年底，公司控股装机容量达到1407.3万kW，其中风电控股装机容量达到1191万kW，继续稳居亚洲和中国第一、世界第二位。近年来随着风电装机规模的快速增长，各项经营指标均居行业领先地位，公司盈利能力稳步提升。除了装机规模和经营效益，公司率先开拓海外市场、海上风电、高海拔和低风速风电等多个新的发展领域。

龙源电力成功构建了新能源十大技术服务支持系统，形成了前期测风、设计咨询、运行监控、检修维护、技术研发、专业培训等多个领域的独特优势。公司获国家能源局授牌成立了“国家能源风电运营技术研发中心”，引领行业技术升级。经人力资源和社会保障部批准，公司成立了“国电龙源风力发电国家职业技能鉴定站”，培养鉴定风电行业高等专业人才，为公司可持续发展提供了人才保障。

经营管理 面对CDM不利形势，将“争电量、保利润”工作常态化，强化预算引领，加强过程控制，对个别进度落后单位组织专项整改提升，所属20家区域公司全部实现盈利，其中新疆、河北、福建、江苏、蒙西、江苏海上、黑龙江7家公司均超过2亿元。江阴苏龙和南通天生港两家火电企业进一步压降燃料成本等费用，积极争取电量，利润同比增长22.6%。光伏、地热、潮汐等其他新能源发电企业努力争取有利政策，经营状况明显改善。

计划发展 体现在发展布局、市场开拓、可持续发展三个方面。

(1) 发展布局持续优化。一是加快非限电地区项目开发。深入研究电网规划、消纳能力等开发条件，全年核准非限电和限电不严重地区项目30个221万kW，容量占比80.2%，同比增长6.83个百分点。二是积极推进大型整装项目。针对国家项目核准政策调整，加快工作节奏，核准蒙东灯笼河40万kW、蒙西巴音3号20万kW等陆上整装项目共113万kW，取得“路条”45万kW。三是开创合作开发新模式。充分发挥国电各分/子公司在当地的区域优势和龙源电力的专业平台优势，实现共赢合作，已与国电华东、山东、贵州公司共签署45万kW项目合作开发协议，与国电南方、重庆公司等多家单位的合作正积极推进。四是努力填补资源空白点。核准西藏世界海拔最高风电项目并实现首期投产发电，在湖北、上海、江西实现项目核准“零”突破，在湖南取得5万kW项目“路条”，在广西评优中标15万kW项目。

(2) 市场开拓再创佳绩。一是实现海外项目新突破。成功中标南非2个风电项目、24.45万kW，成为首家入驻非洲开发风电项目的国有发电企业。加拿大项目获得风电场开工许可，并实现顺利开工。二是推动海上风电规模化发展。江苏大丰海上特许权20万kW、如东海上试验扩建4.92万kW项目获得核准，福建南日40万kW、江苏蒋家沙30万kW、如东潮间带风电场示范项目扩建20万kW项目取得“路条”，至此获得核准和“路条”的海上项目共计115万kW。三是扩大低风速开发范围。以安徽低风速示范项目为切入点，深度研究低风速风电场发电能力和盈利条件，将开发范围逐步向江苏内陆、江西、湖北、湖南、贵州、陕西等省份延伸，大力培育新的增长点。

(3) 可持续发展能力不断提升。一是加大前期工作深度。制定《关于提高可行性研究质量和深度的指导意见》，充分发挥公司在前期测风、微观选址等方面的专业优势，进一步提高项目经济性评价的准确性，优化开发时序，确保项目收益水平。二是优化考核方式。修订《前期项目核准考核奖励办法》，增加对核准规模在当地占比和排名的考核，加大对项目开发价值的考核权重，进一步挖掘前期工作潜力。蒙东、山西、江苏、宁夏、安徽等公司核准容量和占比均列区域第一。三是充实前期工作力量。针对风电规模尚处劣势或空白的区域，认真分析形势，调用工作能力突出、适应当地工作特点的干部，快速打开工作局面。四是保持资源储备领先。国家能源局下达的第三批风电项目核准计划中，公司列入227万kW，至此前三批核准计划共列入887.43万kW，占比10.7%，稳居同类企业首位。

人力资源 一是优化职能部室设置。按照创建国际一流的定位和要求，优化本部机构设置和部门职能，进一步明晰管理界面，明确责任，完善流程，确保各项工作高效有序运行。二是创新科技工作体制。依托国电新能源技术研究院，大力建设两个研究所，整合科技资源，充实所属技术服务类公司的研发力量，打造一流新能源技术研发平台和团队。三是强化激励约束机制。制定《月度绩效考核兑现管理办法》，修订《目标责任制考核管理办法》和电量、工程、前期三个专项考核管理办法，加大绩效与考核的挂钩力度，突出过程动态激励，全面激发广大员工的主观能动性和关切度。四是创新选人用人机制。深化干部制度改革，坚持德才兼备、以德为先的选人用人标准，深入推进“杰出风电人才工程”，让“想干事的人有机会、能干事的人有舞台”。面对新疆地区严重缺员问题，有效激励动员首批11家公司33名技术骨干踊跃支援，创新了人才配置方式。五是深入实施惠民工程。通过互助基金加大困难员工帮扶力度，通过“阳光惠民福利保障计划”建立相应保障机制。

财务管理 一是强化资金管控。积极拓展境内外融资渠道，通过发行高级债券、私募债券等方式引入低成本资金，年末时点资金成本4.96%，较年初下降0.45个百分点，处于国电集团及行业领先水平，江苏、云南、黑龙江等公司自主融资取得积极成效。通过集中管理平台优化资金使用效率，日均贷款余额减少，节约了财务费用。二是加快资金回收。推进可再生能源补助资金申请及结算工作。在CDM市场低迷、大量买家违约的不利形势下，科学密集开展商务运作，全部回收2008～2013年216个注册项目应收账款。三是努力开源增效。积极争取新能源增值税返还，抓住有利时机出售所持股票锁定收益，获得江苏大丰等多个项目财政贴息，取得各地环保财政补贴。

安全生产 一是深化对标管理。全面拓宽对标范围，强化指标分析，找准差距和问题，有针对性整改提高。风电利用小时数达2111h，同比增加157h，比其他四大发电集团新能源企业平均值高128h，并稳居首位，河北、江苏、安徽、黑龙江、蒙东5家公司均高出当地平均值200h以上。二是创新考核机制。修订《发电量专项考核管理办法》，重点加强对机组发电量及故障水平的考核，实施动态考核管理，变年度考核为日监督、周通报、月度考核兑现，缩短了奖惩周期，有效提高了生产人员的关切度。三是加强设备管理。通过风电运营监控中心实时跟踪每台风机运行状态，有针对性开展故障分析和状态检修，科学组织突发事件紧急处理，根据风资源季节性特点合理安排检修计划，构建布局合理的三级备件管理体系，缩短检修工期，有效提升设备可用率。浙江、福建、海南公司积极组织抗击台风，化危为机，多发、抢发电量。四是开展设备优化。成立课题攻关小组，研究调整切入、切出风速等控制策略，改造优化机组部件性能，有效提升设备发电能力，安徽低风速机组通过性能优化提升发电量5%。五是积极应对限电。落实责任主体，动员一切资源和力量，多措并举降低限电损失。全年风电限电比例12.3%，同比下降4.7个百分点，吉林、辽宁、甘肃、蒙东、蒙西5家公司下降5个百分点以上。六是强化安全保障。狠抓安全生产责任制落实，根据风电、光伏等不同产业的特点，加强危险点评价和分析，有针对性开展安全生产专项大检查，有效防范了各类安全事故的发生。以创建星级企业为载体，树立一批在安全生产方面具有典型示范作用的标杆风电企业，江苏、福建两家单位被集团公司评定为四星级企业。

工程建设

（1）加强工程进度管理。一是强化工期控制。修订《工程建设工期管理办法》，倒排工期，实施周控制、月通报、季考核、年评优，跟踪抓节点、提前攻难点，强化工期对标管理，落实责任制，有效控制了项目建设进度。二是细化现场管理。超前落实开工条件，细化施工组织方案，科学合理安排工序，通过加强沟通协调、增加工作面、交叉作业等方式加快推进工程进展。山东公司突破重重困难贯通送出线路，解决了困扰多年的限电瓶颈。陕西、安徽、天津等公司千方百计解决复杂阻工问题，西藏公司克服高原缺氧等恶劣施工条件，保障了项目顺利投产。

（2）提升基建精细化水平。一是狠抓工程质量。树立精品意识，从设计、招标、施工、验收四个阶段加强精细化管理，深入比选论证施工方案，从源头严把质量关。江苏海上、西藏羊八井项目获得中国电力优质工程奖。二是严控工程造价。在施工招标阶段做紧做严预算，提高参考预算设定的精确性，严控工程概算和设计变更，在征林征地和人工成本大幅上升的情况下，实现平均工程造价同比下降317元/kW。三是着力打造专业化招标平台。根据新能源项目数量多、标的小、节奏快的特点，完善招标工作流程和管理标准，有效控制设备采购成本，有力保障工程进度和质量。

科技创新 全力推进国家863计划“海上风电场建设关键技术研究”等一批重点科技项目，同时加快科技成果转化，获得专利授权40项，“海上风电新型单桩基础及配套安装设备研究与应用”项目获得集团公司科技进步一等奖。牵头组织标准起草工作，其中两项国家标准通过初审，3项行业标准完成报批。中能公司、设计公司、技术公司在风资源评估、风电安全运营保障、风机监测、功率曲线验证等新技术方面加大攻关力度，技术应用范围不断扩大。江苏海上“龙源振华2号”施工船和“龙源运维1号”运维船成功投运，标志着公司完全拥有了潮间带和近海风电全方位施工运维平台，达到行业先进装备水平。

管理提升 一是加强各个层面的沟通。高度重视与集团系统各个层面的沟通协同，充分获得集团公司在政策层面上的支持和理解，同时积极推进与国电各分子公司互助共赢合作，加快公司发展步伐。二是深化民主管理。以“管理提升”活动为契机，实施问计于民，广泛动员全体干部员工积极投身第三次创业，组织开展职工合理化建议征集活动，共征集建议2739条，对公司管理创新、改革发展产生了积极的作用。三是完善内控体系。建立覆盖计划投资、工程建设、生产运营、财务管理等全过程、全系统的内部控制体系，综合运用审计、巡视、效能监察等手段，规范企业经营行为，确保各类风险可控在控。四是强化法律风险管控。建立“法律风险提示”机制，加强对项目开发重点环节的法律风险识别和分析，通过风险提示和专题指引有效防范法律风险。五是提升公司品牌价值。加强宣传引导，通过各种渠道和办法传播利好消息，维护公司在资本市场的良好品牌形象。公司从香港1618家上市公司中脱颖而出，获得2013年中国证券“最具影响力上市公司领袖”和“最佳投资者关系管理上市公司”两项大奖。

党的建设和精神文明建设 通过主题教育、知识竞赛、专题讲座、撰写学习心得体会等多种形式，深入学习贯彻党的十八大和十八届三中全会精神，不断提升党性修养。公司系统认真组织民主生活会，会前认真组织集体学习，通过座谈调研、现场走访、个别谈心等多种方式广泛征求群众意见，各级班子和领导人员认真查找问题，撰写对照检查材料，深刻自我剖析，提出了努力方向和改进措施。

纪检监察 认真贯彻落实中央八项规定和集团公司有关要求，制定《龙源电力关于改进工作作风的具体措施》，以作风建设有力促进各项工作标准的提升，广大干部员工形成了认真敬业的工作态度、雷厉风行的工作作风、开拓创新的工作意识、服务基层的工作理念，营造了风清气正、干事创业的良好氛围。同时，还配套制定了《关于切实加强“三公”经费等八项费用管控的若干规定实施细则》并强化落实，各项费用控制取得实效。

工会工作 搭建职工成长平台，积极开展技能比武，协助全国总工会、集团公司成功举办首届全国风电行业运检技能竞赛，并获得了1个团体一等奖和3个团体二等奖，包揽个人前四名，展现了行业领先的技术水平和良好的精神风貌；进一步加强班组建设，辽宁公司被评为集团公司第一个新能源企业班组建设示范基地。

【国电资本控股有限公司】

公司概况 国电资本控股有限公司（简称公司）是国电集团为贯彻落实科学发展观，实施企业转型战略，加快金融产业发展，构建多元化金融平台而依法设立的具有独立法人资格的全资子公司，公司成立于2009年12月16日。

组织机构 公司设总经理工作部、资本运营（银行业务）部、战略发展（保险业务）部、海外融资（直营业务）部、财务管理部、审计风控与法律管理部、政治工作与纪检监察部；公司依据现代企业法人治理结构，设董事会和监事会并履行相应职责。公司所属企业有国电财务有限公司、长江财产保险股份有限公司、瑞泰人寿保险有限公司、石嘴山银行、国电保险经纪（北京）有限公司、中电资产管理有限公司等。

主要业务 公司主要从事金融投资及资产管理；资产受托管理；投资策划；咨询服务等业务。对所属全资、控股、参股企业的有关国有资产和国有股权行使出资人权利，对有关企业国有资产和国有股权依法进行经管理和监督，并相应承担资产保值增值责任。

2013年，资本控股公司深化产融结合，整体创效能力再创新高。公司资产764亿元，系统外创效比例73.7%，不良资产率0.07%。圆满完成集团公司和董事会下达的各项目标任务。

（1）做强主业，产融结合效果显著。2013年，资本控股公司以产融结合为契机，在开拓外部市场的同时，不断巩固内部市场。财务公司可归集资金归集率达到了98%。长江财险全面推进集团公司业务续保、扩保。瑞泰人寿“阳光惠民福利保障计划”已达到集团公司员工30%的覆盖率。石嘴山银行积极落实在宁夏企业收入账户的开立，为集团系统职工代发工资3000余户。保险经纪通过“划分区域、细分险种、优化结构”，为集团公司提供了更优质的保险服务。产融结合的不断深入，提升了金融产业地位，金融产业已经成为集团公司利润的重要来源。

（2）深化改革，管理水平不断提高。坚持“财务创造价值”理念，资本控股公司完成了内部控制体系建设的阶段性任务。强化信息化管控机制，推动“132”信息化管理体系建设，实现OA自动化办公系统上线运行。推行KPI考核机制，促进了公司各单位经营业绩考核的科学化。加强调查研究，为推行人力资源管理和绩效考核“双轨制”奠定了基础。积极稳妥地推进业务机构的建设和发展。财务公司营业管理中心成立，为成员单位提供更专业的金融服务。长江财险顺利开展湖北省内中支机构建设，机构数已达10家。瑞泰人寿有针对性的支持弱体及新建机构发展，强化整体机构力量。石嘴山银行分支机构已达35家，村镇银行7家，运营状况良好。

（3）提高质量，创效能力大幅增强。财务公司通过打好“创新牌”，与建行、农行等开展短期大额同业资金运作，提高资金运作效率。石嘴山银行通过打好“文化牌”，推广“孝、爱、勤、廉”的理念，不断增强员工的归属感；被银监会评为资产规模500亿以下商业银行综合竞争力第一名，成为行业标兵。保险经纪通过打好“服务牌”，积极拓展外部市场，实现了外部收入的重大突破。长江财险通过打好“政府牌”，深入挖掘政府背景资源，承接了一系列政府项目。瑞泰人寿通过打好“机制牌”，不断健全市场化的用人机制，人员进出、干部任免、薪酬分配均以目标完成情况为主要依据。

（4）防范风险，运营安全持续改进。多渠道审视、防范、控制和化解风险，加强公司系统业务流程、风险控制、审计监督三道风险管理防线建设。建立、修订公司制度共60余项。完善关键环节监察审计程序，公司系统全年共完成内部审计项目37项，完成了办公楼专项审计和效能监察。认真贯彻落实“三重一大”集体决策制度，不断增强领导干部责任意识，加强决策源头管控，有效规避了投资风险。实时跟踪贷款企业的财务状况以及所涉重大事项的变化，确保资金安全顺利回收。公司不良资产率0.07%，比2012年同期下降0.19个百分点。公司系统内没有出现违反监管要求的情况。

党建工作 公司以学习宣贯十八大精神为主线，

围绕“贯穿一条主线，推动四个深入，突出四个加强，实现三个转化”的党建工作思路，扎实开展党建、企业文化和反腐倡廉建设。积极响应落实中央“八项规定”，组织开展廉洁从业承诺活动。推进党务、政务公开，为公司科学发展提供了政治保障。公司荣获“集团公司基层党建特色品牌”荣誉称号，“新媒体高效应用”课题研究被集团公司团委确定为优秀课题推介研究成果，“以新媒体开创精神文明建设新阵地”经验做法成功入选集团公司企业文化与精神文明优秀工作案例。“容融家园”文化品牌已经形成，为公司健康发展提供了文化支撑。

（万柏辰）

【国电科技环保集团股份有限公司】

公司概况 国电科技环保集团股份有限公司（简称国电科环）前身为国电科技环保集团有限公司，成立于2004年11月26日，是国电集团整合所属高科技产业组建的企业集团，是中国最大的常规燃煤电厂节能环保服务商及领先的可再生能源系统服务及设备制造商。国电科环注重科技创新和产业化并举，致力于电站脱硫脱硝、等离子体点火、水处理、电站自动控制、电站空冷、风电设备制造、太阳能电站建设等核心技术的开发推广，形成了强大的技术研发、设备制造、工程实施和资本运作能力，产值和利润迅猛增长。2013年，国电科环圆满完成了国电集团下达的各项经营任务，连续两年入围全球新能源企业500强，排名上升至第18位，荣获“全国五一劳动奖状”。

自2005年中电联开展火电厂环保产业登记工作以来，国电科环所属龙源环保工程有限公司已连续8年名列前茅。

经营管理 国电科环全年实现营业比2012年同期增长12%；新签合同额比2012年同期增长32%。

在注重经济效益的同时，国电科环更加注重产业结构调整和转型升级，发展质量稳步提升。公司注重做强节能环保产业，全年完成投资额，净资产收益率保持在12%以上，实现利润总额占公司整体利润的106.8%，比2012年同期增长34%，行业优势更加突出。增持国电智深6.3%股权；完成合同能源业务和电站总承包业务资源整合，绿色电站总承包业务成为新的业务板块；取得科环电力设计事业部成立批复，业务结构向价值链高端转移。在全系统内完善了售后服务体系，开通了400服务热线和400服务投诉电话，加强对售后服务的技术支持和人员培训，切实提高了服务质量和水平。

深入开展管理提升活动，深化对标管理，管理水平稳步提高。一是风机“四提高”初见成效。联合动力在运风机故障率下降76.3%；发电量与对标风场平均差异下降到5%；1.5MW机型每千瓦成本压降223.6元，2MW机型每千瓦成本压降195.2元；单机故障停机时间降幅达30.8%。二是对标管理全面深化。建立健全对标管理体系，各单位根据主营业务选定行业标杆企业开展对标，设立了18项重点对标专题。通过行业对标，认清了行业发展形势和自身市场地位，理清了脱硫特许经营、风机、水务和光伏产业的发展思路。三是内控体系逐步完善。全年新编和修订内控制度604项，构建了多维度，能闭环的内控管理体系。启动物资采购集中管理平台建设，推行阳光采购，已在三家单位试点运行。完善法律风险防范机制，把法律审核嵌入内部管理流程，全年重要经济合同和重大决策法律审核率100%，积极应对法律纠纷案件，挽回经济损失2945万元。开发关联交易管控系统，荣获中电联“全国电力行业企业管理创新成果一等奖”。

2013年，国电科环搭建了以本部、所属单位为“两层”，以目标责任制、部门考核、全员绩效考核为“三类”的“两层三类”绩效考核机制，对公司所属单位和本部的激励办法进行了梳理，审核制度28项，完善了总经理奖励基金管理办法，强化价值创造、科技研发和市场开拓等激励导向，全年用于市场开拓奖励380万元、科技创新奖励824万元。开展组织机构清查，推进组织机构精简，压缩企业管理层次。继续加大干部竞争性选拔力度，对公司系统5个领导岗位开展了公推比选。

科技创新 国电科环全年参与制定国际标准1项、国家标准5项、行业标准11项，承担省部级以上科技项目23项，新获专利427项，占国电集团专利总数的77%，其中发明专利76项。“国家能源低阶煤综合利用研发中心”正式授牌成立，公司在新能源技术研究院建设的5个专业研究所，全部建成并投入使用。截至2013年年底，公司拥有5个国家级重点实验室、5个省级研发平台、6个企业技术研发中心，具备了较强的自主研发能力。自主研发的双循环脱硫工艺技术解决了燃烧高硫煤排放达标和重点区域电厂排放标准不超过50mg/m^{3}的行业难题。有机胺法脱硫制酸工艺在都匀电厂投入运行。高效捕集PM2.5的大型电厂湿式除尘装置已在宜兴催化剂生产基地投入使用。褐煤提质中试项目完成了整套装置热态试验，具备实现产业化条件。北京国电龙源环保工程有限公司联合清华大学启动了国家科技支撑计划课题——低成本低能耗燃煤电厂烟气二氧化碳捕集技术开发与示范。北京市科技委员会重大项目——废弃脱硝催化剂再生及回收处理技术研究，再生项目中试装置完成投运。脱硫脱硝、等离子低氮燃烧、水务、自动化等先进成熟产品在泰州电厂二次再热示范工程上整体应用实现了集成创新。联合动力超低风速1.5MW-97机型研发成功，发电量比1.5MW-86机型提高25%以上。公司获得了国有资本经营预算资金，获得了中央财政预算拨款。

市场营销 2013年，国电科环积极开拓集团外部市场、非电市场和海外市场，外销比例达到40.7%。联合动力风机全年外单中标120.6万kW。华电天仁向运达风电和远景风电销售变桨系统600套。开工建设齐鲁石化自备电厂烟气脱硝工程，正式进军石化领域。中标华润电力投资额超1亿元的合同能源管理项目，承揽了招标额近1亿元的铁路系统专用线施工和监理招标代理业务。节能环保产品和技术“走出去”取得新成绩，海外新签合同额突破，比2012年同期增长了14倍。其中，签订印尼万丹电厂67万kW海水脱硫项目，国电光伏电池组件分别销往罗马尼亚、比利时和韩国等国家，联合动力配合龙源电力中标南非风电项目24.45万kW，龙源技术等离子体点火技术成功应用于土耳其EREN电厂。

党建工作与企业文化建设 2013年，国电科环深入学习贯彻党的十八大精神，认真贯彻落实国电集团党组《关于改进作风的具体措施》，开展企业文化建设。扎实推进党组织建设。按照党的群众路线教育实践活动安排，围绕做好“五篇文章”，聚焦“四风”，广泛征求意见，深入查摆问题，召开高质量领导人员民主生活会，测评满意率100%。深入开展“重学习、转作风、强服务、促转型”主题实践活动。完善基层党组织建设，坚持“四个同步”原则，正式成立国电光伏、龙源电气2个党委，1个党总支，11个党支部。公司系统有3个基层党组织和7名党员受到了国电集团党组表彰，朗新明员工张志成被国务院国资委评为“最美一线工人”。提升企业文化建设水平，举办“境内外媒体走进科环”活动，使投资者充分了解公司发展战略和经营业绩。创新宣传载体，创办《科环手机报》，宣传公司经营发展成果。“总经理讲座”走进“科环大讲堂”，内容涉及行业形势分析、企业战略思考、品牌营销策略、科技研发成果、资本运营实践等。成功举办首届微电影节，展示了青年员工的朝气和活力。举办“爱心捐赠”和“用知识传递力量”等公益活动，树立公司良好社会形象。

主要事件

4月22日，国内首台单机容量最大且扫风面积最大的6MW风电机组首次成功满功率运行。该机组项目从设计、制造到工程现场施工、吊装、调试等一系列EPC交钥匙工程，全部由国电科环所属联合动力技术有限公司自主完成，12月25日，6MW研发与工程实践项目成功通过国家能源科技进步奖终审。

5月2日，华电天仁基于云平台的远程集中式风电功率预测系统已正式投入运行，标志着国电科环成功涉足风电功率预测领域。

5月3日，中国能源化学工会主席秦鲁隼、副主席王书强一行专程到国电科环，代表中华全国总工会向国电科环颁发“全国五一劳动奖状”。

6月28日，国电科环龙源环保工程有限公司所属宜兴国电精辉环保设备有限公司（江苏龙源催化剂有限公司五六期扩建项目）正式投产，年产能达到16 000m^3。至此，龙源环保催化剂年总产能达到32 000m^3，成为国内烟气脱硝净化设备生产领域最大的企业。

8月22日，国电科环所属国电光伏有限公司联合招商新能源、国电南瑞、国电蒙电新能源、中国电科第四十八所、保利新能源五家企业成立光伏绿色合作组织。国电光伏当选为会长单位。国电光伏依托该组织，开展电站产品业务，全年完成69万kW光伏电站并网任务，有力推动转型升级。

11月6日，《中国能源报》与中国能源经济研究院联合发布“2013全球新能源500强”，国电科环凭借在新能源装备制造等领域的卓越表现，名列“全球新能源500强”榜单中第18位，比2012年上升7位。7月16日，财富中文网发布2013年中国500强上市企业排行榜，国电科环名列第209位，比2012年第215位略有上升。

11月10日，联合动力技术有限公司调试的西藏那曲超高海拔试验风场首批5台风机全部并网，运行情况稳定。该项目为迄今为止世界海拔最高（海拔4700m）的风电项目，实现了西藏高原风电“零”的突破。

12月16日，龙源环保工程有限公司承建的国电都匀发电有限公司有机胺1号脱硫装置顺利通过168h试运，各项指标满足设计要求。这是世界上最大的有机胺脱硫工程，可解决高硫煤利用所带来的二氧化硫排放超标问题。

【国电大渡河流域水电开发有限公司】

公司概况 国电大渡河流域水电开发有限公司（简称大渡河公司）于2000年11月在成都注册成立，是集水电、新能源开发建设与运营管理于一体的大型能源开发公司，为集团公司所属特一类企业。大渡河公司股东分别为中国国电集团公司、国电电力发展股份有限公司、四川川投能源股份有限公司。公司下属21个单位，其中包括6个电力生产单位、12个工程项目建设单位、新能源投资公司、龚嘴电力公司（简称龚电）、教育培训中心，职工近2500人。成立13年来，已累计发电1390多亿kWh。

2013年，大渡河公司有序推进流域自身滚动开发，安全生产和职工队伍保持稳定，超额完成了年度各项任务目标，综合实力和可持续发展能力显著增强。公司再次获得国电集团考核A级，全年获得省部级及以上集体荣誉34项。

2013年，大渡河公司多措并举增发电量，干流四站综合平均发电耗水率同比下降0.65%，增发电量1.46亿kWh。在来水同比减少21%的情况下，加大汛期尼日河引水，增发电量1.28亿kWh。创新性地开展4次流域人工降雨，增发电量6000万kWh。

安全生产 在全国率先开展并实施了流域地质灾害隐患治理，确保了“4·20”芦山地震后汛期未发生地质灾害。制定并落实了安全标准化有关规章，瀑电（即瀑布沟水电站）、龚电达到了安全生产标准化一级企业。编印了防汛应急预案，启动应急指挥系统，实现了全年安全生产和平安度汛。实行每月一安全主题活动和安全检查手册制度，开展各级各岗位安全指标的编制及量化工作，举办安全文化大讲堂等活动，较好地完成了各项安全目标任务，龚电总厂实现了连续安全生产3000天的跨越，公司被评为全国安全生产领域“打非治违”知识竞赛优胜单位和中央在川及省属重点企业安全生产先进单位。

电力生产 全力智慧营销，争取到干流电站242亿kWh电量计划，高出装机占比3.04个百分点。深入开展“拓市场、争电量”活动，优化水库调度，超额完成了集团公司下达的发电任务，机组利用小时数高出四川全网平均水平186h。超前启动直供电政策研究，出台了直购电管理办法。电力生产精益管理更加成熟，龚电总厂实现“运维合一”，瀑深两站（即瀑布沟和深溪沟水电站）实现“无人值班（少人值守），远方集控”。大岗山、枕头坝、革什扎“建管合一”模式全面推行。设备运维和检修水平持续提升，干流四站21台机组实现“零”非计划停机，设备缺陷数同比下降10.27%，获得四川电网“两个细则”补偿。推行库坝精益监测和水工建筑物精益检修，瀑深大坝初始注册达到最高的甲级等级标准。

经营管理 强化“四为”价值链管理，提出了“电量减少经营弥补、收入减少政策弥补、利润减少降本弥补”的经营思路，初步形成利润倒逼机制。建立了月度经营管理例会制度，推行计划、生产、工程、移民和财务经营协调联动。持续优化贷款结构，发行了私募票据，较同期基准利率下浮9.8%。盘活存量资产，签订深溪沟融资租赁合同。吉牛电站提前获得0.308元/kWh的四川水电标杆电价，湖北小河电站电价调升1.8分/kWh。积极争取财税优惠，获得西部大开发所得税优惠政策，获得了基建贷款财政贴息。完成财务集中管控方案和系列管理办法，具备实施条件。严控管理成本，压降管理性费用。开展“修旧利废”、合理化建议、技术革新等活动，节约了成本。瀑布沟电价上调获得国电集团总经理奖励基金一等奖。

工程建设 强化工程“三同步”系统思维，首次签订了工程建设竣工目标责任书，全面推行了第三方技术咨询及质量检查。大岗山大坝浇筑无裂缝，机电安装满足进度要求；枕头坝一级厂坝标施工进入高峰期，首台机进水口浇筑到顶；猴子岩提前完成了基坑开挖，开始大坝填筑；沙坪二级顺利实现截流，开始主体工程建设；吉牛实现双投目标，“建管合一”模式率先实现；瀑深尾工项目全部完工，完成了5项竣工专项验收。枕头坝一级、沙坪二级移民工作接近尾声，金川分散安置移民搬迁近600人。环评工作取得重大突破，完成了流域环境后评估，双江口、金川、二台子、二瓦槽获得环评批复。大岗山送出获得核准，完成了施工、监理招标；枕头坝一级送出完成了可研设计和施工图设计终勘。

转型发展 优化滚动发展规划和2020年远景目标，完成了《大渡河干流水电资源滚动开发研究报告》，并通过集团公司评审。德昌太阳能、汉源清溪风电、二台子获得核准，双江口、金川、二瓦槽具备核准条件。成立西藏帕隆藏布筹建处，签订了勘察设计协议，流域规划稳步推进。双江口、金川引进战略投资者工作取得积极性进展。明确了四大转型平台职能定位，出台了进一步支持四大转型平台发展的措施。检修、工程、物资公司全年完成合同签订额为年度目标的205%。上河坝电站群并购首年实现盈利。枕头坝一级等3个CDM项目在联合国注册成功，深溪沟VER项目通过评估。

移民安置 全力推进瀑布沟移民安置工作，瀑布沟移民调概进入收官阶段，《移民安置实施规划调整报告》获得省政府审批。有序实施移民搬迁安置工作，枕头坝一级、沙坪二级移民搬迁安置工作均已接近尾声，超前于主体工程；大岗山得妥、挖角二期、干海子集中安置点均已开工建设；猴子岩完成孔玉集中安置点移民永久搬迁，专项设施复建有序推进；双江口、金川“先移民后建设”全面启动，双江口红旗桥以下移民搬迁安置取得突破，金川移民分散安置工作情况良好。

科技环保 深入开展环保和水土保持管理工作，实施增殖放流活动，四年来共计放流近200万尾；迎接省级以上执法检查7次，确保了环保、水土保持处罚的零事件；参与国家科技部、四川省环境保护厅等4个科研课题研究，进一步提升了环保、水土保持管理水平。新增国家发明及专利21项，获得国电集团科技进步奖7项，四川省科技进步奖1项，瀑深两站荣获中国电力优质工程奖，提前完成了“十二五”科技发展目标。

基础管理 以对标创标为抓手，深入开展管理提升活动，编印公司系统各专业管理流程1117个，7家基层单位实现年度创标目标，建成发布了20个基建标杆。强化督办管理，制定了5个水电建设精细化管理标准，率先在集团水电系统开展机电工程精细化管理。推进电力安全生产标准化建设，龚电、瀑电建成一级企业，5个在建项目具备达标条件。针对性开展防汛演练月、枯期安全季等活动，编制了安全检查标准化手册，龚电、大岗山连续安全生产突破3000天。首次开展内控评价，开展了合同、安全和“八项规定”等专项效能监察。出台了企地沟通协调管理办法，成立水电技术研究中心、信息中心，加强了科研及信息化统筹规划和归口管理。拓展培训载体和形式，与参建和金融单位签订了人才培训战略合作协议。建成了集团公司水电职业技能鉴定站，完成74人次技能鉴定。

党建及精神文明建设 全面宣贯十八大精神，完成了“实现伟大中国梦，建设美丽大渡河”主题教育等活动，组织开展了基层组织建设年活动“回头看”。抓好重大管理课题和政研会课题研究工作，形成了58项成果。认真落实中央“八项规定”和国电集团党组24条规定，加强党风廉政建设责任制落实，加强干部监督管理。弘扬国电家园文化，加强精神文明建设，新增省级文明单位3个。深入推进惠民工程，落实了21项惠民措施，成立困难职工帮扶中心，帮扶了公司困难职工。开展了职工代表巡视，建立了首个劳模创新工作室，搭建了青年网络交流平台，广泛开展了关心慰问、心理疏导、文体活动等，发挥了群团组织作用。积极履行社会责任，开展了汉源县、丹巴县对口扶贫工作，全年资助贫困学生116名。

抗震救灾 主动担当，积极投身“4·20”芦山地震抢险，第一时间赶赴现场实施道路救援，第一时间组织向灾区捐赠善款，受到了省委省政府和有关方面的高度评价，中央电视台在地震现场对公司进行了采访直播，新华社等60余家媒体100余次报道了公司抗震抢险的义举。

（孙剑炜　明书勤）

中国电力投资集团公司

【公司概况】 中国电力投资集团公司（简称中电投集团）组建于2002年12月29日，是集电力、煤炭、铝业、铁路、港口各产业于一体的综合性能源集团，是国家五大发电集团之一。

中电投集团注册资本金人民币120亿元，在全国唯一同时拥有水电、火电、核电、新能源资产，是国家三大核电开发建设运营商之一。中电投集团实施以电源结构调整和产业结构调整为核心，以清洁发展为特色的“三步走”发展战略，建设蒙东、青海、贵州、宁夏、新疆五大产业集群，形成产业链、价值链，实现跨区域煤电联营，大力发展清洁能源和循环经济，加快“走出去”步伐。

截至2013年底，中电投集团电力装机容量8968万kW，清洁能源比重占34.19%，煤炭产能7410万t，电解铝产能289.3万t，铁路运营里程504km，资产总额6174亿元，归属于母公司净资产412亿元，员工总数12.4万人。中电投集团连续3年进入世界500强，2013年位居408位。

【领导班子】

党组书记、总经理：陆启洲

党组成员、副总经理：孟振平、李小琳、余德辉、余剑锋、苏力、邹正平、夏忠

党组成员、党组纪检组组长：王先文

【组织机构】 中电投集团组织结构为三级，除本部外，二级单位45家，一体化运作10家，实体单位35家，其中：分公司9家、全资/控股子公司33家、直属机构2家、等比例控股二级单位1家。共有三级单位380家，一体化运作79家，其中：火电128家、水电54家、新能源88家，核电10家，煤炭14家，物流18家，铝业21家，高新产业10家，化工2家，其他35家。中电投集团2013年组织机构见图。

【发展状况】 火电全年实现利润78.16亿元，增长了4倍，是集团公司利润最大的板块。水电在来水减少的情况下，依然保持了较高的利润水平。核电、金融利润继续增长，红沿河核电开始为集团公司创造效益。新能源板块经济效益大幅提升，成为新的利润增长点。煤炭、铝业板块受市场影响利润降幅较大，但煤炭板块利润在五大发电集团中最高，铝业板块利润好于央企行业水平。溢价出售了黑麋峰资产，完成了对东方热电的重组，为集团公司贡献利润近20亿元。处置关停小火电机组，清理消化部分低效无效资产，提高了资产质量。

中电投集团火电板块通过有效的考核激励机制，极大调动了生产单位积极性，利用小时相对值达到103.1%，边际收益相对值达到102.7%，利用小时与其他发电集团差距大幅缩小，增幅在五大发电集团最高。煤耗在已经较低的基础上，再次下降3.57g/kWh，厂用电率明显下降，燃料成本大幅降低。水电

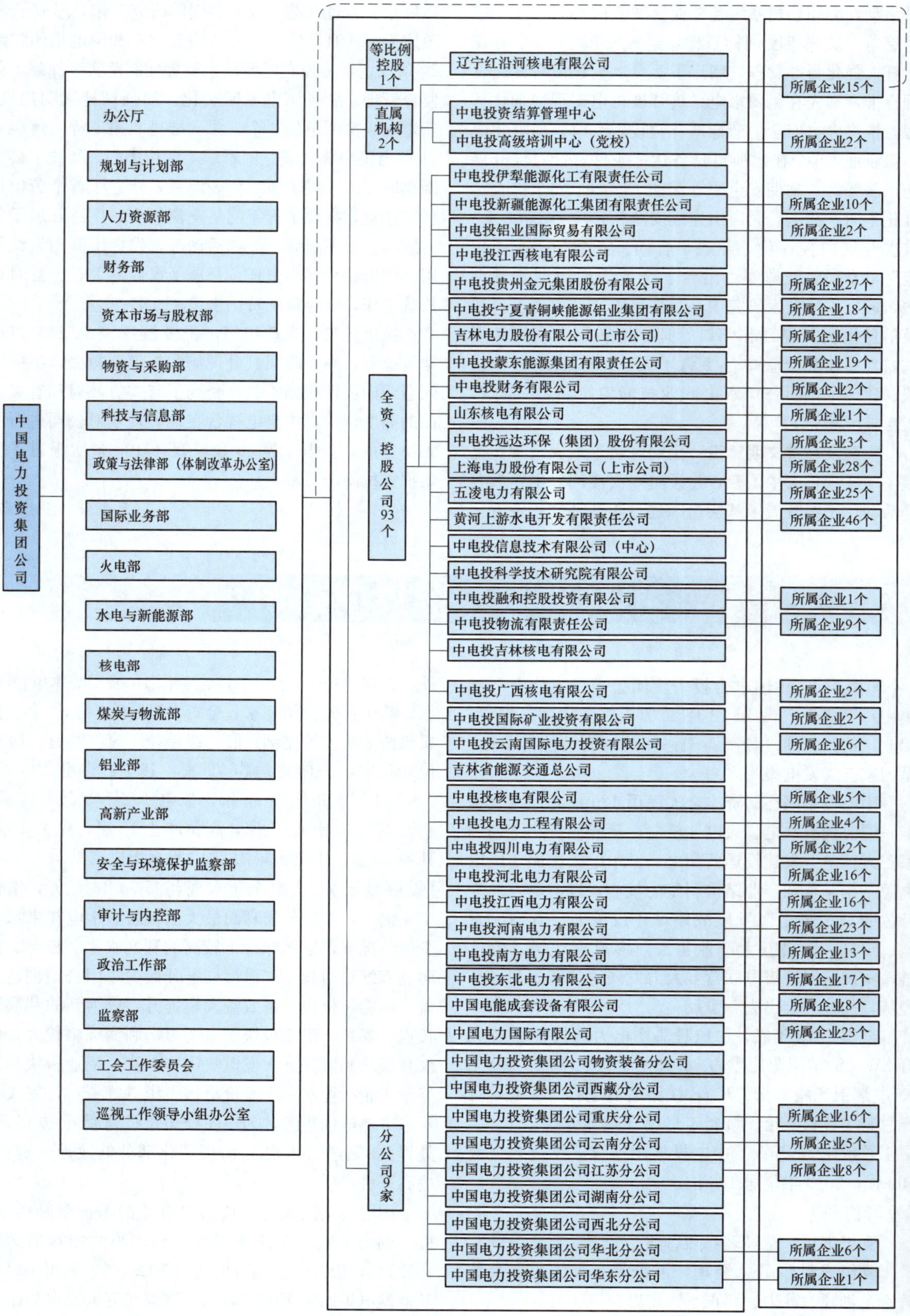

中电投集团 2013 年组织机构图

优化经济运行，提高流域整体效益。风电、光伏发电积极协调外部关系，弃风弃光率明显降低。煤炭销量、铁路运量分别增加806万t和527万t。铝业板块电解铝综合交流电耗降低107kWh/t，完全成本降低763元/t。积极拓宽融资渠道，全集团债券融资842亿元，上市公司再融资20亿元，保证了资金供应，降低了融资成本。

【结构调整】 截至年底，中电投集团清洁能源比重达到34.19%，保持五大发电集团第一位。2013年，火电新增容量793.35万kW，核准容量738.4万kW，创历史新高。水电积极参与雅鲁藏布江中下游开发规划，在金沙江流域获得新的资源开发权。新能源新增容量364.27万kW，核准容量453.56万kW，均创历史新高，装机容量将近翻了一番，光伏发电容量增长了3倍多。适应国家核电重启形势，加快核电发展。

产业集群建设稳步实施。蒙东循环经济项目风电实现并网。新疆霍城煤制气、蒙西煤制烯烃、宁夏红墩子1号矿取得"路条"，新疆肖尔布拉克西等3个煤矿取得探矿权。贵州氧化铝项目取得核准，大竹园、瓦厂坪铝土矿开工建设。煤炭物流加快跨区域营销网络布局，锦白铁路扩能获得"路条"，赤大白铁路扩能过渡工程完工，锦赤铁路、锦州港、滨海港及储配煤中心建设同步推进。加强与地方政府和央企战略合作，与广东、浙能、中船重工、蒙西矿业签署了合作协议，实现了广东核电布局和进入浙江的突破。积极开展对中小水电、新能源、煤矿、环保资产的并购重组，优化发展布局，支持产业集群建设和结构调整。

【核电发展】 截至年底，核电控股运行机组容量112万kW，参股运行机组权益容量108万kW，控股在建机组总容量586万kW。同时取得了一批优质项目资源，项目涵盖了厂址储备、前期开发、开工准备、在建工程、正式运行各阶段，为集团公司核电的可持续发展提供了重要保障。海阳项目一期工程按国家统一部署扎实推进，二期项目正在履行开工审批流程。红沿河项目1号、2号机组顺利投产，3号、4号机组按计划建设。

【国际合作】 截至年底，中电投集团境外业务范围涵盖16个国家（地区）。中电投集团在缅甸的伊江上游规划建设7个梯级电站及1座配套施工电源电站，设计年均发电量约1140亿kWh。11月，施工电源电站实现向其培、密支那、莫高和移民村等地区送电，缓解了当地电力供应紧张局面，促进了缅甸经济和社会发展。9月6日，中电投集团与几内亚政府签署了"中电投几内亚铝业项目特许权协议"。中电投集团在土耳其、坦桑尼亚、日本、越南、马耳他等国家（地区）投资电站项目，开展了电站工程承包、设备监造、运营维护等电站服务，为当地提供清洁、低价、可靠的电力。

【强化管理】 管控一体化改革任务总体完成，五大服务平台能力不断提升。项目前期管理机制进一步理顺，职责更加明确。干部人事和用工分配制度改革继续深化。在部分单位探索实施了市场化的激励机制，员工职业发展"双通道"建设全面铺开。规范用工管理，新建单位严格按定员组织生产，超员单位职工人数实现了负增长，员工混岗问题逐步得到解决。开展管理提升和对标管理、标准化管理。各部门、各专业结合实际开展管理诊断下基层活动。顺利完成对标3年行动计划，对标达标率达到99.3%，先进指标达标率达到88.2%。加强战略规划动态管理，完成了对前期项目的清理，推进非主业项目和终止前期项目处置工作，开展完全成本分析和项目后评价，基本建立了"四位一体"的战略管控体系。加强财务管理，保证资金供应，降低资金成本，控制债务风险。全系统财务费用降低4.3亿元，争取中央财政资金39亿元。决算工作在发电企业中唯一同时被财政部和国资委通报表彰。加强生产和工程建设管理，强化"四大控制"。燕山湖项目获中国建设工程鲁班奖，芜湖、清河项目获国家优质工程奖，田集2号、平圩4号、白鹤1号、大连甘井子2号获全国火电机组竞赛一等奖，鲁阳1号、白城1号、抚顺热电2号获全国可靠性金牌机组。宁东二期一系列、鑫业二期铝电解项目获行业优质工程奖。

【安全生产】 推进和深化安健环体系建设，持续推进安全生产标准化工作，加强安全生产基础建设，强化重点领域工作，完善应急管理机制，实现了安全生产"六不发生"目标。

不断完善安健环体系。依据"安健环"体系指南，对总部涉及"安健环"的管理制度进行了全面梳理，获取、识别了有关法律法规、标准，颁布了涵盖"安健环"理念、方针、承诺和39个"安健环"管理标准的管理手册。研发了安全绩效评价工具，组织对宁夏能源铝业青铜峡铝业分公司、中电国际芜湖发电公司的"安健环"体系建设运行情况进行了试评估。通过开展不同形式的宣贯培训工作，提升员工风险意识，逐步将体系理念与方法运用到安全生产实际中。集团公司下属单位"安健环"体系已分步进入试运行阶段，风险管控措施逐步落实，运行机制逐步完善。

狠抓二、三级单位应急预案体系建设，督促和指导所属253个生产经营单位制定综合应急预案257项、专项应急预案2804项、现场处置方案4018项，基本建立了覆盖全系统，涵盖自然灾害、事故灾难、公共卫生事件和社会安全事件应急响应且相互衔接的应急预案体系。

【节能减排】 火电脱硫装备率达到99.73%，系统内火电厂积极取消脱硫烟气旁路，全年共取消脱硫烟气旁路46台，容量1805.4万kW。

新建机组同步上脱硫、脱硝设施，加大老机组的脱硝改造力度，全年完成脱硝改造机组34台，合计1526万kW，超额完成减排目标责任书中要求完成22台脱硝机组改造的目标。截至年底，中电投集团脱硝机组容量3550万kW，占火电机组容量的59%，同比增加3%。集团公司所属火电厂还主动采用除尘新技术控制烟尘排放，满足了重点地区烟尘排放标准。

将环保设施纳入电厂主设备同等管理，不断提高环保管理水平和环保设施投入率，并创新履责方式，多家火电厂主动实时公示排放数据，接受社会监督。多家火电厂的污染物排放浓度已达到重点区域排放标准。

【科技创新】 加强科技创新体系建设，完善科技工作激励机制。组建了集团公司科研院，统筹系统科研资源。集团公司技术标准信息服务平台投入使用。积极开展新技术应用，在重型燃机、大型空冷、环保技术研究等方面取得积极进展。蒙东循环经济863项目顺利推进。“超超临界机组高效节能协调控制系统的开发与实施”获中国电力科学技术二等奖。上海外高桥15万t褐煤提质成型项目通过中国电机工程学会成果鉴定。电解铝厂生产全过程自动控制技术、宁东400kA电解系列应用新型钢棒技术分获中国有色金属工业科技一等奖、二等奖。成立集团公司信息中心，推进“管控+ERP”。集团公司信息化建设进入国资委央企A级行列。实施节能减排，超额完成脱硫脱硝改造任务和二氧化硫、氮氧化物减排目标。

【企业党建】 深入学习宣传贯彻党的十八大、十八届三中全会精神，积极探索构建与企业发展战略和管控模式相适应的“大党建”工作体系，完善配套机制，发挥党建工作整体优势。坚持围绕中心，服务大局，深入开展“信仰、信念、信心”主题教育活动、“双增长双突破”党员先锋行动，加强政治思想工作，为集团公司改革发展提供强大思想组织保证。大力实施青年人才战略，探索竞争性选拔团干部机制，推动青年成长成才。围绕贯彻执行中央八项规定和集团公司24条实施细则，开展监督检查和“厉行节约、降本增效”效能监察。严格落实党风廉政建设责任制，扎实推进惩防体系建设。以“管控+ERP”建设为抓手，推进“制度+科技”工作，深化廉洁风险防控。积极筹备巡视工作，初步构建起了集团公司巡视工作制度体系。加强企业民主管理，完善职代会制度，推进厂务公开，维护职工合法权益。积极开展职工技能提升和科技创新活动。继续开展援青、援藏、援疆工作，启动定点扶贫，支援无电区电力建设，派出干部，实施项目，为灾区、贫困地区捐款捐物。

积极开展党的群众路线教育实践活动，坚持党组带头、领导率先、自上而下、层层示范，引导各级领导班子、领导干部按照“照镜子、正衣冠、洗洗澡、治治病”的总要求，召开专题民主生活会，开展批评与自我批评，以整风精神深入查摆和解决形式主义、官僚主义、享乐主义、奢靡之风问题。

（王 聪）

【黄河上游水电开发有限责任公司】

企业概况 2013年，黄河上游水电开发有限责任公司（简称黄河水电公司）认真落实中电投集团“质量效益双增长，改革发展双突破”总体要求，优化产业结构，深化内部改革，提高经济效益，全面完成了各项目标任务，呈现出几大亮点：一是新能源发展迅速，电源结构调整成果显著，企业成为全国首个并网光伏电站容量突破百万千瓦的发电企业；风电建设快速推进，企业向新能源先锋企业稳步迈进。二是产业结构进一步优化，取得青海夏日哈木镍矿资源开发权，为培育新的经济增长点打下了坚实基础。三是电站远程集中控制取得重大突破，实现对班多、苏只水电站的集中控制，在实施企业各水电站和新能源电站集中控制方面迈出了重要一步。四是光伏电池及组件项目产量超产能，质量国内领先；光伏电池及组件产量质量双双超设计值，单晶电池转换效率达到19.4%，多晶电池转换效率达到18.2%。五是鑫业炭素系统达产，铝业生产成本大幅降低；西北地区最大的炭素系统达产，产量超过31万t，电解铝成本同比降低477元/t。

领导班子

（1）公司董事会。

董事长：夏忠

董　事：夏忠、王振京、吴金华、谢小平、李固旺、张鸿德、赵显贵、梁军军、怀文明（职工董事）

监事会主席：张大庆

监事会成员：张大庆、曹松林、王兴玉（职工监事）

（2）公司经营班子。

总经理：谢小平

副总经理：李固旺、张俊才（兼总工程师）、张鸿德（兼财务总监）、张军、杨存龙、魏显贵

工会主席、纪检组长：怀文明

有色金属总工程师：于淼

新能源总工程师：刘柏年

（3）公司党组成员。

书记：李固旺

副书记：谢小平

成员：张俊才、张鸿德、张军、杨存龙、魏显贵、怀文明

机构设置 公司机关本部：办公室、计划与发展

部、人力资源部、财务部、物资与采购部、科技与信息部、政策与法律部（体制改革办公室）、水电与新能源工程部、征地移民办公室、水电与新能源生产部、电力营销部、铝业部、高新产业部、火电部、安全与环境保护监察部、审计与内控部、政治工作部、监察部、工会办公室。

公司本部职能中心：核算中心、集控中心、新闻中心、档案中心。

公司下设二级单位：大坝中心、培训中心、班多发电分公司、龙羊峡发电分公司、拉西瓦发电分公司、李家峡发电分公司、公伯峡发电分公司、积石峡发电分公司、陇电分公司（辖盐锅峡、八盘峡水电站）、宁电分公司、中型水电公司、陕西黄河能源有限责任公司（与汉中水电公司合署办公）、西宁发电分公司、兰州新区热电联产项目筹建处、新能源发电部、工程建设分公司、黄河新能源集成公司、电力检修公司、物资公司、鑫业公司、矿业公司、光伏产业技术公司、新能源分公司、太阳能电力公司、创盈公司、增源公司。

主要指标 全年完成发电量 435.32 亿 kWh（其中，水电 426.66 亿 kWh、光伏发电 7.5 亿 kWh、风电 1.16 亿 kWh），完成年计划 418.1 亿 kWh 的 103.5%，同比减少 3.29%。铝产品产量 55.88 万 t，完成年计划 55.11 万 t 的 101.22%，同比减少 0.57%。多晶硅产量 1163.16t，完成年计划 1920t 的 60.58%，同比增加 44.85%。太阳能电池产量 434.03MW，完成年计划 300.2MW 的 144.58%，同比增加 258.05%。电池组件产量 294.64MW，完成年计划 229.25MW 的 128.52%，同比增加 468.58%。

全年完成基建投资 83.13 亿元，同比增长 40.22%。截至年底，公司电力装机容量 1198.09 万 kW，其中水电 1073.56 万 kW、光伏发电 108.78 万 kW、风电 15.75 万 kW。公司资产总额 672.2 亿元，同比增加 9.9%。

归属母公司利润、EVA、产品产销量、项目发展四项指标考核成绩位列中电投集团第一，获得中电投集团总经理特别奖。

项目发展 全年核准电力项目 11 项，总容量 79.73 万 kW；核准新能源电站送出线路 4 项；核准非电项目 1 项。完成集团公司立项 12 项，其中电源项目 11 项，总容量 152.3 万 kW；夏日哈木镍矿资源开发利用项目获准立项。取得国家级和省级“路条” 14 项，总容量 144.18 万 kW。

新能源建设 全年新增光伏发电容量 74.68 万 kW，风电 15.55 万 kW。龙羊峡水光互补 320MW 并网光伏项目投产在国内及世界具有开拓性的里程碑意义。在光伏发电技术前沿进行了高低倍聚光、组串式逆变器等成功尝试。西安航天基地“金太阳”光伏发电项目并网发电，开启了公司分布式光伏发电的有益探索。景泰风电、李家梁风电、中宁光伏一期项目投产，标志着黄河水电公司在甘肃、陕西、宁夏实现了新能源发电的重要突破。

火电项目 火电布局全面推开。西宁火电项目核准所需支持性文件基本办理完毕，建前工程全面铺开。兰州热电热网工程开工建设。武威、旬邑火电项目开展可研工作。

非电产业 非电产业取得新进展。西宁电池及组件项目试生产提前结束，为超额完成全年电池及组件生产任务创造了条件。铝业利用现有富余电源容量与场地，扩大电解铝规模效益，完成新增 20 台电解槽工程，增加 2.1 万 t 产能。夏日哈木镍矿完成资源详查，探明的资源量达 100 万 t，资源储量位居全国第二。矿区采选冶工程预可研报告、产品规划编制完成。

安全生产 实施安全生产标准化管理。建立水电、新能源发电“三大标准”体系，完成了标准、制度、现场“三规一册”修编工作。公伯峡发电分公司正式通过“标准化良好行为企业”AAAA 级现场确认，成为全国电力系统第二家、西北地区第一家正式通过 AAAA 级认证的水力发电企业。龙羊峡电站、李家峡电站、公伯峡电站通过了安全生产标准化一级企业现场评审。

组织开展春季安全检查、消防安全检查、安全生产尽职督查、安全生产基础管理百日督导等专项安全检查和活动，认真组织隐患排查治理，及时查出问题落实整改。发布管理手册，编写作业指导书，安健环体系建设工作有序推进。加强安全事件管理，对发生的安全事件做到了原因分析深入准确，整改措施执行到位，责任追究落实到人。规范应急管理体系。规范安全投入管理，确保了“两措”计划的实施。制定合理的设备检修维护周期，依靠技术监督手段，逐步实现由点检定修向状态检修过渡。

梯级水电站和在建水电工程安全度汛。汛前，全面安排部署和检查落实防汛工作，完成 9 座水电站 17 项水毁工程修复项目和水下检查；汛期定期组织水雨情分析会商，科学指导各电站防汛度汛，组织实施了黄河水电公司成立以来电力板块规模最大、参与人数最多的一次防汛应急演练。

光伏电站管理理念由运行管理转变为维护管理，及时发现设备缺陷并利用夜晚停发期间消缺，确保了发电单元投入率。开展新能源对标，学习先进管理经验，规范生产准备工作，加强新能源启动试运行期间的设备及缺陷管理，有效降低投产初期的故障率，为电站后期安全稳定运行奠定基础。

水电站经济运行 协调相关部门增加防凌期和春

灌期下泄水量；加强与水文气象部门联系，及时掌握流域来水情况并加强来水预测，提出水库运用建议，实现龙羊峡水库汛限水位动态控制。及时提出在不出现大的汛情的前提下龙羊峡不开闸弃水的水库调度意见，得到了黄河防总办支持。到8月末龙羊峡水库水位蓄至2589.41m，水库蓄水量为208.01亿m^3，有效地利用了2588m以上的动态库容，增加蓄水4.98亿m^3，梯级电站约增加发电量8.9亿kWh。

加大资金投入，增加地面和空中增雨作业，提高增雨效率，全年人工增雨增加黄河径流量7.5亿m^3。

综合产业 通过低电压节能技术和异型阴极钢棒新技术的应用，电解铝主要能耗物耗指标明显降低，13项对标指标在集团铝板块处较好水平，基本标准达标率100%，先进标准达标率84.62%，全年铝业各类降本增效共计4.06亿元。多晶硅项目列入工业和信息化部第一批符合《光伏制造行业规范条件》企业名单，积极开拓电子级多晶硅市场，成为国内第一家向下游集成电路企业销售电子级多晶硅的企业。光伏电池及组件实现超产超设，成功研发6×10规格高效直角单晶组件产品，功率达275W/块以上，达到国内领先水平。

经营工作 全力保障企业资金供应，积极开展低成本融资，节约利息支出。争取基建项目贴息、进口设备贴息等补助资金，增强了项目盈利能力。开展税收筹划，努力争取税费减免。完成企业注册资本变更登记工作，实现公司注册资本和实收资本一致。优化公司股权结构，推进辅业禹天监理和安源保险公司股权收购，完成龟都府电站70%股权转让工作。完成车辆统保工作，降低车辆保险费用近30%。及时办理新能源电站并网准入等相关手续，保障了新能源电站按期并网发电。对新能源电站四项送出工程办理了核准手续，每年增加新能源接网工程补贴约2000万元。

体制机制改革 管控一体化工作通过中电投集团检查验收。推行竞争性选拔工作，进一步完善选人用人竞争择优机制。全年对14个中层岗位、90个一般岗位进行了公开选聘。打破身份限制，首次选拔两名新能源分公司身份员工至中层干部岗位。统一社会保险和住房公积金缴存比例，实现公司系统不区分身份的无差别化管理。组建甘肃黄河、陕西黄河能源、青海黄河矿业等子公司，有效加强了甘肃、陕西境内发展，有力推动了矿业等领域工作进展。

基础管理 完成公司事权界定工作，初步建立权责界面和路径更加清晰、管理流程更加流畅、监督更加有力的授权体系。充分发挥干部任中经济责任审计及时有效的监督服务作用，加强工程项目月度报表审计，狠抓审计问题的整改落实，不断规范企业经营行为，促进管理提升。开展规章制度框架体系修编工作，建立了包含19类28部一级制度及二、三、四级规章制度的新制度框架体系。发布《信息化发展规划纲要（2013～2018）》，对信息化建设目标、建设内容和演进路线进行了整体规划；发布2013～2015年信息化“登高计划”，明确了三年信息化建设目标。实施ERP系统建设，公伯峡发电分公司ERP系统试点已经投入运行。

科技项目 全年科技项目立项27项，同比增加235%；总投资8043万元，同比增加24.5%。其中龙羊峡水光互补关键技术研究、并网光伏电站关键技术研究、光伏实验基地研究，为公司领先新能源发电领域奠定了科技应用基础，三个项目成功列入青海省重大科技专项计划。全年共争取到国家及地方科技扶持资金1090万元。参与国家标准、地方标准、行业标准编写，主持修订集团公司标准1项、青海省地方标准3项，参与制定中国光伏联盟标准4项。全年申报并受理专利14项，其中发明型专利5项、实用新型专利9项。“一种新型的三氯氢硅纯度评价装置”等5项实用新型专利获得正式授权。太阳能电力公司获准设立博士后科研工作站。新能源分公司在国内引进首套完整的冷氢化技术，成功解决了制约中国多晶硅行业发展的四氯化硅转化技术难题。年内开展的“低温低电压铝电解技术应用及示范”“冷氢化转化率提高途径研究”等项目，为公司综合产业降低成本近5000万元。

主要事件

1月7日，在青海省财政工作会议上，黄河水电公司被青海省人民政府命名为“2012年度青海省财政支柱企业”称号，这是公司连续第13年获此称号。

1月25日，黄河水电公司2013年工作会议暨三届一次职代会在西宁召开。会议听取并讨论审议通过了总经理谢小平所作的题为《调整结构促发展，提升管理增效益，努力推动公司各项工作再上新台阶》的工作报告和工会主席怀文明所作的题为《服务大局，服务职工，团结动员广大职工为完成全年工作任务作贡献》的工会工作报告。

3月11日，美国杜邦公司来公司交流学习，公司总经理谢小平在格尔木光伏电站接受了杜邦公司的采访。

3月29日，美国斯坦福大学师生一行35人到太阳能电力公司进行访问，双方从项目概况、产品优势、设备配置、质量控制、检测技术、科研项目、发展规划等方面进行了交流。

4月24日，青海省发展和改革委员会核准批复了龙羊峡水光互补320MW并网光伏电站和共和200MW并网光伏电站项目。

4月26日，电力检修公司被中华全国总工会授予“玉树灾后重建‘全国五一劳动奖状’”；该公司总经理王栋被中华全国总工会授予“玉树灾后重建‘全国五一劳动奖章’”。

5月25日，陕西靖边李家梁风电场一期49.5MW工程首台风机顺利并网发电。该项目是中电投集团公司在陕西投资建设的第一个新能源项目，也是黄河水电公司在陕西建成投产的第一个电源项目。

6月25日，公司总经理谢小平会晤了来访的美国亮源公司董事长兼首席执行官大卫一行，双方就进一步加强合作及太阳能光热发电储能技术进行了交流。

7月15日，太阳能电力公司单晶电池最高效率达到19.2%，平均转换效率超18.8%，单晶电池实现量产，标志着该公司已跻身国内同等技术路线的先进行列。

8月13日，黄河水电公司在西宁举办青海省太阳能发电行业协会揭牌仪式。

8月13日，新能源分公司还原分场化工三班荣获由中华全国总工会和国家安全生产监督管理总局授予的2012年度全国“安康杯”竞赛优胜班组荣誉称号。

9月3日，黄河水电公司举行黄河水电光伏产业技术有限公司揭牌仪式暨友好单位合作协议签字仪式。

11月17日，茶卡（切吉）一期风电49.5MW工程29台风力发电机组全部投产发电。

11月22日，景泰红山风电场49.5MW工程25台风力发电机组全部投产发电。

12月6日17时28分，全球最大的水光互补项目——龙羊峡水光互补320MW光伏电站正式并网发电。该电站于2013年3月25日开工建设，项目占地9.16km^2，生产运行期为25年，年平均上网电量约4.83亿kWh。

12月12日，黄河水电公司共和产业园区一期200MW并网光伏电站并网发电。

12月20日，寻找“中国美丽电厂”颁奖典礼暨中国电厂绿色发展之路研讨会在北京举行，拉西瓦水电站和格尔木300MW光伏电站入选“中国美丽电厂”。寻找“中国美丽电厂”大型公益活动由国家能源局倡导，中国能源报主办。

12月22日，格尔木200MW光伏电站330kV线路全部并网发电。

12月23日，李家梁风电二期49.5MW工程首台风机（22号）并网发电。

12月25日，科技部高技术研究发展中心在北京组织召开国家“十二五”863大型光伏（并网、微网）系统设计集成技术研究示范及装备研制科技项目协商会，会议协商增加黄河水电公司为项目合作单位。将“在高海拔地区建设一座百兆瓦级的光伏示范电站的科研”和“光伏系统和平衡部件现场测试与实证性示范研究”两个课题交由公司研究。

12月25日，景泰并网光伏电站二期9.8MW工程并网发电。

12月30日，武威光伏电站二期50MW工程并网发电。

（许为宁）

中国长江三峡集团公司

【公司概况】 中国长江三峡工程开发总公司于1993年9月27日成立，2009年9月27日更名为中国长江三峡集团公司（简称中国三峡集团）。根据国家赋予的“建设三峡、开发长江”的历史使命，中国三峡集团全面负责三峡工程的建设和运营。经过17年建设，三峡工程初步设计建设任务于2009年全部完成，开始全面发挥防洪、抗旱、发电、航运、供水等综合效益。根据国家授权，中国三峡集团于2003年启动了金沙江下游的水电开发。金沙江下游规划有溪洛渡、向家坝、乌东德、白鹤滩四座梯级电站，总装机容量约4300万kW，是“西电东送”的骨干电源点；其中，向家坝水电站已于2012年10月实现初期蓄水目标，11月首批机组投产发电，溪洛渡水电站已于2013年7月实现首批机组投产发电，乌东德和白鹤滩水电站前期工作正在按计划有序推进。

中国三峡集团在做好大型水电开发的同时，积极发展风电、太阳能等新能源产业，稳步实施国际化经营战略。截至2013年底，中国三峡集团风电、太阳能装机总量接近300万kW，国际承包业务遍布30多个国家和地区。

截至2013年底，中国三峡集团总资产4334亿元，集团公司可控发电装机容量4240万kW，其中水电装机容量约占全国水电装机容量的14%左右。

【领导班子】

（1）2013年中国三峡集团董事会：

董事长：曹广晶

董事：陈飞、于文星

外部董事：马之庚、刘治、师金泉、何木云、吴晓根

职工董事：姚元军

（2）2013年中国三峡集团领导团队：

党组书记：曹广晶

党组成员、总经理：陈飞

党组成员、副总经理：林初学、毕亚雄、樊启祥、沙先华、张诚

党组成员、纪检组长：于文星

党组成员、总会计师：杨亚

【组织机构】 中国三峡集团总部设有办公厅（董事会与监事会办公室）、战略发展部、计划合同部、资产财务部、资本运营部、人力资源部、科技与环境保护部、质量安全部、企业管理与法律事务部、市场营销部、审计部、监察部、党群工作部、工会工作部、国际事业部、葡电办公室等16个职能部门；设有信息中心、新闻宣传中心、招投标中心等3个专门业务管理中心；设有三峡枢纽建设运行管理局、工程建设管理局、机电工程局、移民工作局、溪洛渡工程建设部、向家坝工程建设部、白鹤滩工程建设筹备组、乌东德工程建设筹备组、小南海工程建设筹备组等9个工程建设管理部门；设有1个直属机构即中国三峡发展研究院；设有内蒙古、西藏两个分公司。另外，集团公司还设有投资论证委员会、招标委员会、预算委员会、科学技术委员会、安全生产委员会、考核委员会等6个专业委员会，作为公司技术、经济决策咨询机构。截至2013年底，中国三峡集团共有17个全资和控股子公司。

【公司战略】 中国三峡集团的战略定位是以大型水电开发和运营为主的清洁能源集团；发展思路是以“建设三峡，开发长江”为使命，以大型水电开发与运营为核心业务，积极开发风电等其他清洁能源，稳步拓展国际业务；发展目标是为社会提供清洁能源、与生态环境和谐统一、在发挥长江流域综合效益中起重要作用的国际一流的大型清洁能源集团。

【体制改革】 2012年底，国有重点大型企业监事会（简称监事会）正式进驻中国三峡集团，至此中国三峡集团新的法人治理结构基本形成。监事会进驻后，中国三峡集团将董事会办公室更名为董事会与监事会办公室，增加为监事会监督检查提供服务的职责，作为中国三峡集团对口联系服务监事会的工作部门，归口协调支持配合监事会的相关工作。2013年9月，中国三峡集团成立改制办公室，作为集团全面深化改革领导小组办事机构，负责统筹研究集团深化改革的重大问题。2013年，中国三峡集团通过引进川滇两省投资机构，共同组建三峡金沙江川云水电开发有限公司、三峡金沙江云川水电开发有限公司，完成溪洛渡、向家坝、乌东德、白鹤滩4座水电站在建工程资产、债务清理与承接工作，吸收外部股权投资75亿元，既改善了集团资产负债结构，又完善了金沙江水电开发体制；通过增资获得上海勘测设计研究院70%的股权，进一步完善了集团产业链，弥补了在设计方面的短板，提高了集团核心竞争力。

【节能减排】 全年共生产清洁能源（水电和风电）1320.88亿kWh，相当于减排二氧化碳10 883.99万t（按2010年综合煤耗计算）。其中，通过精确预报、科学调度，三峡—葛洲坝梯级水利枢纽全年节水增发电量54.77亿kWh（其中三峡电站节水增发电量44.31亿kWh，葛洲坝电站节水增发电量10.46亿kWh），梯级水能利用提高率达5.7%。另外，三峡工程的节能减排还体现在改善川江航道通航条件方面。水运作为最节能的运输方式，能够节约大量能源、减排大量二氧化碳。三峡工程蓄水后，改善了长江宜昌至重庆河段的航道条件，运输成本可降低35%～37%，单位能耗降低约46%。

【科技创新】 推进水资源高效利用与工程安全国家工程研究中心、勘测设计中心、科学试验中心、机电工程中心、生态环保中心、数字工程中心等六大科技创新平台体系建设。全年科技方面的投入达15.39亿元，占全年营业收入的4%；全年获得省部级以上科技成果奖励13项。其中，荣获国家科技进步二等奖1项；水力发电学会特等奖1项，二等奖1项；大禹奖一等奖3项；湖北省、天津市科技进步一等奖各1项。中国三峡集团与长江勘测设计研究有限责任公司等单位联合申报的“巨型机组水电站建筑结构关键技术”荣获国家科技进步二等奖，与长江水利委员会网络与信息中心联合申报的“水电工程移民管理信息系统研发与应用”荣获中国水力发电工程学会科学技术奖特等奖。全年申报专利236项，获得专利207项，专利拥有数再上新台阶。

【信息化建设】 推进集团信息化建设各项工作，以坝区数字化、工程数字化、流域数字化为重点，优化水电、新能源、海外业务的信息化解决方案，持续深化和扩充应用，进一步推进信息技术和业务的深度融合，为各业务板块高效运转提供可靠的技术支撑。其中，中国三峡集团自主开发的水电工程移民管理信息系统属国内首创，在工程移民管理领域达到国际领先水平，荣获2013年水力发电科学技术奖特等奖；跨区域大型水电站群电力生产管理信息系统荣获全国电力行业信息化优秀成果一等奖。

【国际业务】 国际业务获得稳步发展，海外投资业务基本完成市场布局，全年落实可开发资源超过1000万kW，跟踪可开发资源超过1500万kW。老挝南立1-2水电站和希腊太阳能发电等建成项目运行情况良好；老挝南椰2水电站、尼泊尔上马蒂水电站及巴基斯坦风电一期等在建项目进展顺利；巴基斯坦卡洛特项目完成预可研并获巴基斯坦政府特许经营权证书，科哈拉项目基本完成电价谈判，巴基斯坦风电二期项目完成可研；葡萄牙电力公司全年经营情况稳定，集团连续第二年实现既定收益目标。国际承包业务稳中有进，全年实现营业收入

86.8 亿元，同比增长 5.2%；新签国际承包合同总额 112 亿元，同比增长 21%；马来西亚沐若水电站成功下闸蓄水，全年实现营业收入 11.45 亿元。截至 2013 年底，中国三峡集团在 37 个国家和地区开展业务；国际业务总资产约 354 亿元（人民币），拥有海外权益装机 566 万 kW，正在实施的国际投资和工程承包项目 84 个。三峡品牌影响力进一步扩大，资源整合能力进一步提高。

【党建工作】 中国三峡集团党组及各基层党组织参加了党的群众路线教育实践活动。各级党组织广泛深入听取职工意见，组织专题学习教育，主动把自己摆进去，深刻查摆和剖析“四风”问题，认真撰写对照检查材料，开展自我批评和相互批评，坚持边学边查边改，整治“四风”取得明显成效。全年公用经费同比下降 10%，其中，业务招待费同比下降 25%、会议费同比下降 37%，集团领导职务消费同比下降 21%。中国三峡集团以群众路线教育实践活动和中央巡视“两个整改”为契机，加强党风廉政建设和反腐倡廉工作，为集团科学发展营造了风清气正的良好环境；进一步提高党建科学化水平，为集团公司科学发展提供了坚强的政治保障。

【三峡水利枢纽工程运行管理】 2013 年，三峡工程连续第十年实现安全高效稳定运行，连续第四次成功实现 175m 试验性蓄水目标，7 月 21 日成功拦蓄 49 000m^3/s的最大洪峰，拦蓄洪水约 118.37 亿 m^3，削减洪峰流量 28.6%，有效减轻中下游防汛压力；三峡工程防洪、发电、航运、抗旱、补水等综合效益全面发挥。三峡升船机工程建设取得重大进展，枢纽管理区规划项目实施有序推进，顺利实现质量、安全“双零”管理目标。

试验性蓄水。2013 年试验性蓄水从 9 月 10 日开始，11 月 11 日连续第四年成功蓄水至高程 175m。

梯级电站运行管理。2013 年长江上游来水偏枯，仅为多年平均径流量的 81.6%，全电站达到 2000 万 kW 出力 145.94h、达到 2250 万 kW 出力 32.58h。通过优化调度增发电量，三峡电站全年发电量 828.27 亿 kWh，完成年计划发电量的 94.12%；葛洲坝电站全年发电量 158.6 亿 kWh，完成年计划发电量的 99.13%。

通航运行管理。2013 年，三峡船闸共运行10 775 闸次，同比上升 11.3%；通过船舶 4.57 万艘次，同比上升 3.9%；通过旅客 43.26 万人次，同比上升 79.7%；通过货物 9714 万 t，同比上升 13.1%。三峡枢纽翻坝滚装货物 514 万 t，同比上升 7.7%。

质量管理。升船机土建与金结安装工程质量共评定完成 395 个单元，合格率 100%，优良率 96.7%。

投资。三峡工程全年计划投资 14.19 亿元，实际完成投资 5.58 亿元，占年度计划的 39.37%。其中：建安工程完成投资 1.7 亿元比计划投资 6.84 亿元减少 5.14 亿元，设备费完成投资 0.92 亿元比计划投资 4.85 亿元减少 3.93 亿元。

三峡地下电站计划投资 2.07 亿元，实际完成投资 0.84 亿元，占年度计划的 40.22 %。

截至年底，三峡工程累计完成投资 1692.03 亿元，其中：枢纽工程静态投资 491.43 亿元，占枢纽工程概算 500.9 亿元的 98.11%；库区移民完成静态投资 530.02 亿元，占库区移民静态投资 530.02 亿元的 100%；价差 519.25 亿元；贷款利息 151.33 亿元。静态、动态投资均控制在国家批准的概算及预测的投资范围内。

（乔仁贵）

【中国长江电力股份有限公司】

企业概况 2013 年，三峡—葛洲坝梯级水库来水总量为 3678.13 亿 m^3，平均流量 11 700m^3/s，较多年均值（14 300m^3/s）偏枯 18.5%，为三峡水库建库以来第 3 枯水年份。

在长江上游来水比多年平均值偏枯的不利情况下，中国长江电力股份有限公司（简称长江电力）管理的水电站全年总发电量达到 1282.457 2 亿 kWh，占全国 2013 年水力发电量 8963 亿 kWh 的 14.3%（即 1/7），较 2012 年同期 1163.216 4 亿 kWh 增加 10.25%。其中，宜昌区域的三峡—葛洲坝梯级电站全年累计发电 986.9 亿 kWh，较 2012 年同期减少 16.27%；这其中，三峡电站完成发电量828.268 7亿 kWh（含三峡电源电站4.591 6亿 kWh），较 2012 年同期减少 18.45%；葛洲坝电站完成发电量158.602 5 亿 kWh（含葛洲坝自备电站 1.364 3 亿 kWh），较 2012 年同期减少 5%；金沙江区域的溪洛渡—向家坝梯级电站累计发电 295.586 亿 kWh，较 2012 年同期 15.723 2 亿 kWh 增加了 18.8 倍，这其中，溪洛渡电站当年投产当年发电 111.840 亿 kWh；向家坝电站完成发电量 183.782 0 亿 kWh，较 2012 年同期15.723 2 亿 kWh 增加了 11.7 倍。三峡地下电站于 7 月 1 日成功实现无人值班。10 月 14 日三峡电站累计发电突破 7000 亿 kWh，累计对下游补水超过 900 亿 m^3。

2013 年，长江电力顺利完成溪洛渡电站首批 12 台机组和向家坝 3 台机组共 15 台机组的高强度接机发电任务，溪洛渡左、右岸电站一年内完成装机 12 台，总容量达到 924 万 kW，刷新了三峡电站创造的单座水电站年投产装机容量 500 万 kW 的世界纪录；完成三峡水库 175m 试验性蓄水和金沙江溪洛渡—向家坝梯级水库 4 次蓄水；溪洛渡—向家坝梯级电站成功应用“调控一体化”管理模式，新投产机组实现了“零非停”；三峡—葛洲坝梯级电站管理水平持续提升，三峡地下电站实现无人值班，葛洲坝电站可靠性指标保持行业领先；专业化公司服务工程建设和电力生产，为机组投产发电提供了优质服务；长江电力流域巨型电站群电力生产管理格局基本形成。

长江电力全年经营态势平稳，公司资产总额达到1493.28亿元，净资产达到780.03亿元。全年实现收入总额226.95亿元，比2012年同期下降11.97%；利润总额116.04亿元，比2012年同期下降14.53%；实现营业利润95.71亿元，比2012年同期下降16.42%；归属于上市公司股东的净利润89.42亿元，比2012年同期下降13.63%；基本每股收益0.541 9元，比2012年同期下降13.63%；EVA为49.66亿元，比2012年减少13.86亿元。以上指标变动主要是由于长江上游来水较2012年同期偏枯发电量减少所致。2013年回收电费341亿元（含向家坝、溪洛渡电站），电费综合回收率为104%；日均带息负债余额约753.50亿元，综合融资成本为5.182 9%，财务费用39.05亿元。

三峡—葛洲坝梯级电站全年节水增发电量54.77亿kWh，水能利用提高率为5.70%。其中，三峡电站节水增发电量为44.31亿kWh，水能利用提高率为5.45%；葛洲坝电站节水增发电量为10.46亿kWh，水能利用提高率为7.06%，节水增发和水能利用取得明显成效。向家坝电站节水增发电量6.97亿kWh，水能利用提高率3.94%，充分发挥了流域梯级电站群的综合效益。

截至年底，长江电力运行管理的发电装机总容量达到3927.5万kW，占全国水力发电装机容量28 002万kW的14%。运营管理的机组总台数达到74台（含受委托运营管理机组），其中70万kW及以上级巨型机组已经达到50台。溪洛渡、向家坝电站15台新机组投产发电（其中溪洛渡电站12台，向家坝电站3台），长江电力新增受委托管理机组装机容量1065万kW，占全国水电新增发电装机容量2993万kW的35.6%。

电力生产保持良好运行局面，全年未发生电力安全事故、电力人身死亡事故、设备事故。葛洲坝电站实现了安全生产10周年，通过了电力生产标准化达标复查等既定安全目标，连续安全生产3932天。溪洛渡电厂实现连续安全生产419天，向家坝电厂实现连续安全生产673天。

长江电力居央企上市公司2012年度综合实力第7位，先后获得“2013年度央视财经50成长领先指数样本公司”“法律风险最小20家上市公司”称号；入选“2012年度金牛上市公司百强榜”（2005年以来第5次），位列第71名；荣获“2013中国企业文化管理创新十强”，连续两年获得中国电力行业宣传工作先进单位荣誉称号，荣获“中国上市公司年报奖之优秀年报奖”；荣获“金蜜蜂2013优秀企业社会责任报告环境类专项奖”（第三次），在财富中文网2013年中国企业500强排行榜长江电力位列第186名（2012年度为第201名），在中国电力企业中排名第5位。三峡工程荣获全国质量“卓越项目奖”和“国际百年工程项目奖”。三峡水电站被世界知名《能源》杂志社评为2012年度“Top Plants顶级电站”称号。三峡电厂荣获“第四届全国电力行业设备管理先进单位”荣誉称号。

2013年长江电力设备可靠性指标见表。

2013年长江电力设备可靠性指标

电站名称	机组台数（台）	利用小时（h）	可用小时		停运小时						等效可用系数（%）
			运行小时（h）	备用小时（h）	计划停运		非计划停运		强迫停运		
					次数（次）	小时（h）	次数（次）	小时（h）	次数（次）	小时（h）	
三峡电站	32	3812.59	4057.82	4153.28	1.23	548.00	0.32	0.90	0.23	0.64	93.73
三峡电源电站	2	4591.64	5171.58	3122.58	1.00	465.85	0	0	0	0	94.68
葛洲坝电站	21	6245.53	6690.68	1737.33	0.93	331.87	0.05	0.12	0.05	0.12	96.21
葛洲坝自备电站	1	6821.50	7715.22	352.80	2.00	691.98	0	0	0	0	92.10
溪洛渡电站	12	1260.40	1823.90	411.48	0.75	110.54	0	0	0	0	95.29
向家坝电站	3	1732.75	1927.37	377.77	0	0	0	0	0	0	100

主要事件

1月5日，在第二届中国投资者大会暨中国上市公司年报奖颁奖典礼上，长江电力荣膺“中国上市公司年报奖之优秀年报奖”。

2月3～4日，长江电力召开2013年工作会暨一届四次职代会、三届二次工代会。

4月20日，葛洲坝500kV GIS开关站完成最后一项试验内容，正式投入运行，这是华中电网区域投入运行的第一个500kV智能变电站。2011年7月，葛洲坝500kV GIS开关站现场改造正式动工。

5月4日，葛洲坝电站改造增容机组12号机组结束为期3天的修后试验，进入并网运行。2012年11月7日12号机组改造增容工作开始，将装机容量从125MW增加到150MW。改造增容后的机组每小时增发电量2.5万kWh。

5月30日，向家坝电站5号机组顺利完成72h试运行，正式移交向家坝电厂运行管理，向家坝右岸电站4台机组全部投产发电。

7月1日，三峡水电站被世界知名《能源》杂志社评为2012年度“Top Plants顶级电站”称号。

7月15日，溪洛渡水电站首台投产机组——右岸电厂13号机组正式投产。12月29日，左岸电厂4号机组正式移交溪洛渡电厂管理，溪洛渡水电站左、右岸电厂已各有6台机组投产，全年投产机组达到12台。6个月高密度地投产12台机组，创造了水电行业建设史上的新纪录。7月份溪洛渡电站也创造了单月投产4台77万kW的巨型水轮发电机组新的世界纪录。2013年底，溪洛渡水电站已投产的12台机组均进入商业运行阶段。溪洛渡水电站全年投产装机924万kW，刷新了三峡电站创造的单座水电站年投产装机500万kW的世界纪录。

7月16日，财富中文网公布了2013年中国企业500强排行榜，长江电力位列第186名（2012年度为201名），在中国电力企业中排名第5位。

7月24日，梯调中心成都调控中心顺利实现对溪洛渡右岸电站机组远程调度、监视和控制，标志着金沙江下游梯级电站“调控一体化”管理模式顺利实施。

8月11日，国资委企业改革局对中央企业实际控制的373家境内外上市公司，进行了综合实力排名，长江电力排名第7。

8月26日，由长江电力实施的援藏项目——西藏自治区那曲县罗玛镇水厂修复工程完工。该工程的完工，全面改善了该地区水质安全隐患问题，有效解决了西藏那曲罗玛镇2000名藏民用水困难。

9月7日9时，中国第三大水电站——金沙江向家坝水电站开始实施第三期也是最后一期蓄水计划，库区水位从372m首次抬升至正常蓄水位380m。9月12日8时40分顺利完成蓄水目标，上游库区水位抬升至正常蓄水位380m，用时5天。此次蓄水涨幅8m，控制水位日变幅不大于3m，大坝下泄流量控制不小于2600m^3/s，增蓄库容9亿m^3，水位至380m时的总库容为49.77亿m^3。

10月21日，《安全管理责任到岗 设备管理责任到人——三峡电站责任体系创新与实践》获得2013年电力行业企业管理创新成果一等奖，《大型水电厂4M本质安全量化评价体系建设》和《跨区域大型水电站群电力生产管理信息系统》分别获得二等奖。

10月24日，向家坝左岸电站首台投产发电的机组1号机组顺利完成72h试运行。

11月11日14时，世界最大的水利枢纽工程——三峡水利枢纽工程水库连续第4次成功蓄水至175m水位，历时62天，累计蓄水量153.8亿m^3。9月10日零时，三峡大坝175m试验性蓄水工作正式启动，起蓄时实际运用水位156.69m。由于雨水助力，当日14时，三峡大坝入库流量22 000m^3/s，下泄流量仅为13 000m^3/s，上游水位即涨至157.33m。9月底蓄至167m。

11月21日，长江电力历时3年开发建设的全公司统一的跨地域、多电站电力生产管理信息系统（ePMS）建设圆满结束并投入使用。

12月8日17时2分，世界第三大水电站——溪洛渡水库成功蓄水至560m，圆满完成第二阶段蓄水任务，为第三阶段蓄水至600m水位打下了坚实的基础。

12月13日，在第六届中国上市公司法律风险指数报告发布会上，长江电力被评为“法律风险最小20家上市公司”。

12月16日，溪洛渡电站15号机组顺利完成72h试运行。

12月31日，三峡电站年发电量828.268 7亿kWh，葛洲坝电站年发电量158.602 5亿kWh，向家坝电站发电183.782亿kWh，溪洛渡电站发电111.804亿kWh。至此，溪洛渡、向家坝电站已投产的18台机组全部实现“零非停”。

（谢兴发）

神华集团有限责任公司

【公司概况】 神华集团有限责任公司（简称神华集团）是于1995年10月经国务院批准设立的国有独资公司、中央直管国有重要骨干企业，是以煤炭为基础，电力、铁路、港口、航运、煤制油与煤化工为一体，产运销一条龙经营的特大型能源企业。主要经营国务院授权范围内的国有资产，开发煤炭等资源性产品，进行电力、热力、港口、铁路、航运、煤制油、煤化工等行业领域的投资、管理；规划、组织、协调、管理神华集团所属企业在上述行业领域内的生产经营活动。神华集团总部设在北京。由神华集团独家发起成立的中国神华能源股份有限公司（简称中国神华）分别在香港、上海上市。

2013年，神华集团在煤炭行业经济效益大幅下滑的情况下，全年生产原煤4.96亿t，完成煤炭销量6.54亿t，完成发电量3355亿kWh，自营铁路完成运量3.98亿t，两港完成吞吐量1.97亿t，煤制油化工品完成总产量1369万t；营业收入3678亿元，利润总额785亿元。神华集团国有资本保值增值率处于行业优秀水平，企业经济贡献率连续多年居中国煤炭行业第一，年利润总额在中央直管企业中名列前茅，安全生产多年来保持世界先进水平，在2013年度《财富》全球500强企业中排名第178位。

截至2013年底，神华集团有全资和控股子公司21家，有生产煤矿70个，产能达5亿t以上；投运电厂总装机容量6566万kW；拥有1886km的自营铁路，货运能力达到6亿t以上；有专用煤炭港口、码头3个，吞吐能力达2.63亿t；拥有自营船舶30艘151万t（净载重）；有已投产煤制油化工项目12个，涉及煤制油、煤炭直接液化、煤制烯烃、煤制甲醇、焦炭及煤焦化、活性炭、炭基产品等煤化工领域。全集团资产总额8827亿元，在册员工21.4万人。

【领导班子】

党组书记、董事长：张喜武

党组成员、总经理、董事：张玉卓

党组成员、副总经理、董事：凌文

党组成员、副总经理、总信息师：韩建国

党组成员、副总经理、董事会秘书：王晓林

党组成员、副总经理、总法律顾问：李东

党组成员、党组纪检组组长、直属党委书记、工会主席、职工董事：孙文健

副总经理：郝贵、薛继连、王品刚、王金力

【组织机构】 神华集团2013年组织机构见图。

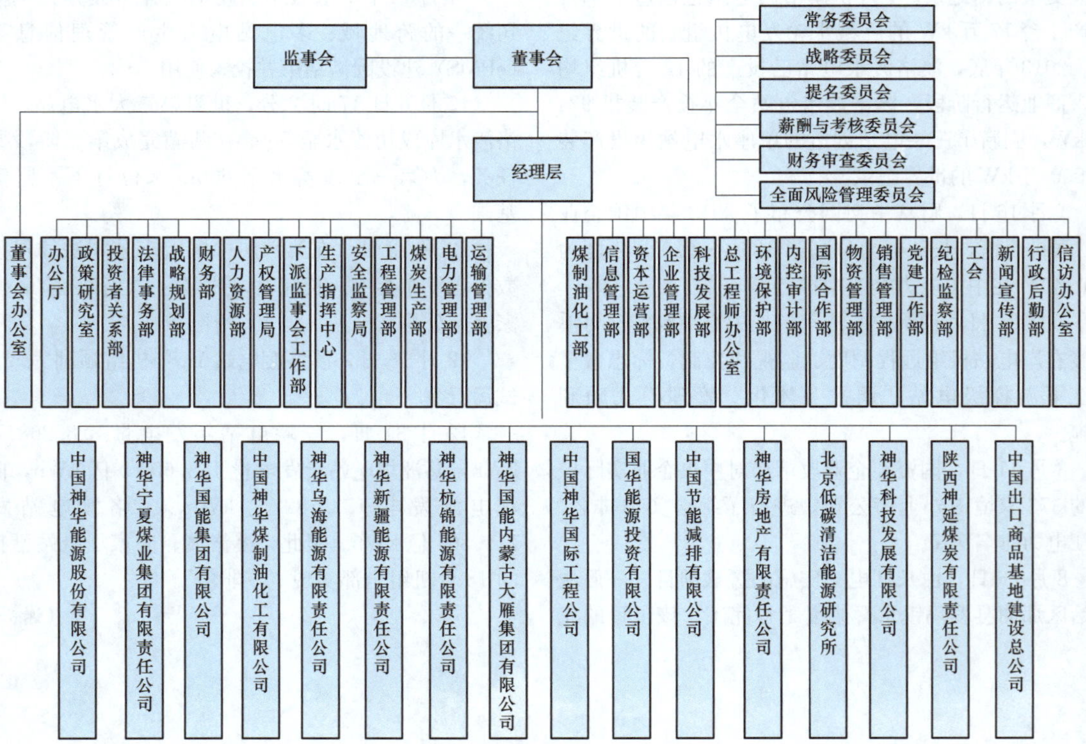

神华集团2013年组织机构

【人力资源】 神华集团坚持“人才资源是第一资源”的人才发展指导思想，致力于打造能源领域一流人才队伍。2013年有2人入选国家“千人计划”，引进的“千人计划”人才总数达到25人；有2人入选“百千万人才工程”国家级人选；有9人荣获国务院政府特殊津贴。

大力培养专业技术及技能操作人才。46人被评为教授级高级工程师，296人获得高级专业技术任职资格，评选出子（分）公司首席专家4人，子（分）公司高级专家、专家48人。评选出首席技能大师5人，技能大师25人，其他各级技术技能人才近2.1万人，占集团技术技能人才总量的13%。积极开展中高层领导人员培训，举办一期高级经理人培训班，两期分子公司正职领导环保培训班。组织11期总部专题讲座，开展8次总部业务类培训，举办一期总部英语达标活动，全年共组织培训8700多人次。

【生产经营】 神华集团的电力产业是煤炭产业链的延伸，是神华一体化模式的重要组成部分围绕坑口、港口、路口和负荷中心，重点建设了一批高效率、高参数、大容量的火力发电项目，基本上分布在华北、东北、西北、长江沿江地带及三角洲、珠江三角洲等电网输送要道，以及经济负荷中心和沿海经济强省。在注重火力发电的同时，大力发展新能源产业，风电业务在河北、山东、江苏、东北及内蒙古等风能资源丰富地区，形成了“六大区域、九大基地”的风电开发建设格局。截至年底，神华集团主营发电业务的公司有国华电力公司、神华国能集团有限公司、神皖能源有限责任公司、神华四川能源有限公司、神华福建能源有限责任公司、国华能源投资有限公司，准格尔能源公司、神宁集团公司、乌海能源公司、煤制油化工公司、神宝能源公司、胜利能源公司、神华大雁集团，均有各自的坑口电站或自备电厂。

截至年底，神华集团公司在运发电设备装机容量达到6562万kW，其中火电6029万kW，台均容量39万kW；水电、风电、太阳能等清洁能源发电设备装机容量为533万kW。30万kW及以上机组占比89.5%，50万kW以上大容量高参数机组容量占比63.5%，煤矸石发电机组占比14%，热电联产机组占比24.6%。在运火电厂总数达到70家，在运火电机组202台，年末火电装机容量达6029万kW。在运水电站5家，在运水电机组18台，年末水电装机容量达12.52万kW。在运风电场41个，在运风电机组3368台，年末风电装机容量达到510万kW。在运太阳能电站5个，在运太阳能发电单元110个，年末光伏发电装机容量达11万kW。全年累计发电3357.64亿kWh，同比增长16.41%；6000kW以上火电机组全年利用小时为5205h，其中火电5438h，高于全国全年火电平均水平426h；6000kW及以上燃煤火电机组供电煤耗为323.25g/kWh，同比下降0.78g/kWh；综合厂用电率6.11%，同比降低0.25个百分点。

【安全生产】 进一步加强安全生产管理工作，安全生产继续保持“总体稳定、持续向好”的发展态势。全年没有发生重特大安全生产事故，98%以上三级单位消灭了死亡事故，实现了安全生产。电力、煤化工、铁路、港口、航运板块安全事故得到有效控制，实现了“零死亡”的安全目标，圆满完成了迎峰度夏和重大保电任务。原煤生产百万吨死亡率为0.004，同比减少0.000 3，下降28%，继续保持国内领先、国际先进水平；有53个煤矿安全生产周期超过1000天，10个煤矿安全生产周期达到10年以上。全年共发生发电机组非计划停运66次，平均非计划停运0.47次/台，同比下降0.28次/台；100MW以上常规火电机组全年等效可用系数为92.25%，同比降低1.06个百分点。等效强迫停运率为0.26%，同比下降0.27个百分点。出力系数为75.11%，同比上升1.96个百分点。

【节能环保】 坚持“高碳企业低碳发展”的方针，通过能力建设、结构调整和工程改造等措施，提高能源资源利用率，降低污染物排放，全面完成年度节能减排目标。集团根据生态文明建设新的形势与任务，以环境安全管控为核心，推进风险预控管理体系、绩效考核与行政问责体系及在线监测预警平台建设，大力开展节能环保专项改造，认真履行监督与服务职能，完成了年度节能环保考核与控制目标，未发生重大环境安全事件。全年共投入减排资金约70亿元，完成了12台火电机组脱硫改造、40台机组脱硫烟气旁路取消、39台机组脱硝改造及3项煤化工废水治理项目；实现工程节能量32万t标准煤，二氧化硫、氮氧化物工程减排量分别达到4.6万t和17.4万t；原煤生产能耗2.65kg/t，达到国际清洁生产先进水平；二氧化硫、氮氧化物和COD排放量同比分别下降6.95%、14.79%和6.07%，顺利完成年度环保任务目标。在煤炭生产、储存、运输及燃用过程中，采取封闭运输系统、安装自动喷雾装置、采用封闭储煤仓等多种针对性措施，有效降低了粉尘。发电业务粉煤灰综合利用率65.3%，脱硫石膏综合利用率达71.8%；煤矸石综合利用发电机组装机容量达837万kW，综合利用矸石759万t，相当于节约标准煤255万t。

【科技创新】 进一步健全完善科技创新体系，创新能力显著提高。神宁煤业集团技术中心通过国家技术中心认定，成为神华集团第一个国家级企业技术中心；国华电力研究院通过北京市企业技术中心认定；新成立了神华国能集团循环流化床（CFB）技术研发中心和神华煤炭伴生资源综合利用技术中心。北京低碳清洁能源研究所、神东煤炭集团公司、煤制油化工公司3个博士后科研工作站通过国家人力资源和社会保障部审批，全集团博士后工作站增加至7家。

全年开展科技创新项目165项，经费预算28.3亿元，研发经费投入达26亿元，投入强度达0.72%，主要用于提高生产效率、环境保护、安全生产、循环经济、设备国产化、管理创新等方面的研究；获国家批复科技项目7项，获国家专项经费8000万元；两项成果获得国家科技进步二等奖；33项获得省部级科技进步奖，其中特等奖1项、一等奖2项；开展知识产权培训25次，参加培训人数800多人次。全年申请专利840件，获得专利授权525件，其中发明专利授权142件，同比增加37%。

【重大项目】 加强重大建设项目的管理，开展“基建管理提升年”主题活动，以“十大重点”工程为代表的主要工程建设项目进展顺利。国能集团白马电厂60万kW超临界循环流化床示范机组和国华能源投资公司部分风电（太阳能）项目投入试生产，新增装机容量100万kW。国神集团重庆万州电厂项目基本完成了年初制订的20项里程碑节点计划；国神集团哈密电厂一期工程主厂房结构到顶，超额完成30亿元的年度投资计划；国神集团焦作电厂，河曲二期，国华电力公司寿光、永州、九江、北海电厂和神皖能源公司安庆电厂二期，神华福建能源公司罗源湾电厂前期工作取得重大进展。

【党建工作】 神华集团深入开展党的群众路线教育实践活动，从7月初到年底6个月的活动过程中，44个基层党组织、475名领导干部参加了教育实践活动，共收集整理了4211条意见建议，组织引导7个专项治理小组集中排查和梳理了一批深层次的问题；较2012年同期精简会议57个，精简文件53个，清理评比达标表彰项目11个，压缩“三公”经费22 272万元，清理超标办公用房550m²，清理超标公务用车17辆。深入开展十八大及十八届三中全会精神的学习与宣传，先后邀请中央党校教授、国家有关部委专家、学者进行了5次集中学习宣讲活动，3500多名副处以上干部参加了学习。坚持以科学的方法为手段，紧扣管理提升活动的主要内容，深入开展“达标、升级、创优”活动，3135个党组织全部实现了“达标”，52%的党组织实现了“升级”，31%的党组织实现了“创优”，党建工作的科学化水平显著提升，成为央企党建工作管理提升活动学标对标典型。神宁煤业集团党建项目化管理经验被中组部和国资委党委在全国推广。

【社会责任】 实施“幸福员工”工程，保护员工的合法权益，关心员工的安全健康，关注员工的发展诉求，解决关系员工切身利益的问题。神宁集团近10年坚持采煤沉陷区治理和棚户区改造，建设住房面积321.66万m²，安置迁居员工39 135户，仅2013年就完成搬迁安置5040户；2013年，神华集团困难职工大病救助基金划拨资金105万元，救助19人；困难职工子女大学助学基金69万元，救助138人。

关注社会整体利益，支持地方经济建设，开展惠民工程，并通过搭建神华公益基金平台支持公益事业。神华集团全年依法纳税674亿元，同比增长16.41%。坚持员工属地化原则，扩大雇佣当地员工比例，带动了当地就业规模。

通过开展定点扶贫、组织灾难救助、提供志愿者服务，开展社会爱心行动等社会公益活动，真诚回馈社会。至年底，神华集团公司登记志愿者968人，参与各类志愿活动1062人次；神华公益基金会累计捐赠22 949.08万元，用于社会爱心行动、神华爱心书屋、神华爱心学校、神华爱心助行、大学生村官创业、神华公益科研等项目，全年共开展医疗公益活动27项、文化教育类公益活动9项、扶贫济困类公益活动9项、其他公益活动4项。在四川雅安芦山县发生7.0级地震后，神华集团公司第一时间向灾区捐款1000万元。积极参与援藏、援疆、援青工作。在西藏投入援藏资金3166万元，实施了牧民安居工程和扶贫助学项目；在新疆投入14 100万元，搬迁安置1164户棚户区居民；在青海援助1200万元，支持刚察县教育、医疗、新农村建设等6大项目。

【神华国华电力公司】

企业概况 神华国华电力公司是北京国华电力有限责任公司和中国神华能源股份有限公司国华电力分公司的统称。北京国华电力有限责任公司成立于1999年3月11日，是神华集团的全资子公司。2005年2月25日，神华集团上市，成立中国神华能源股份有限公司，并设立了中国神华能源股份有限公司国华电力分公司，对纳入上市范围的国华电力公司资产进行统一管理。

神华国华电力公司的主要经营业务是电力项目投资、开发及经营管理；发电、供热及其副产品的生产和销售；新能源项目的开发、生产及经营管理；电力能源项目咨询；环保技术开发、技术转让、技术咨询、技术服务等。依托神华集团“煤、电、路、港、航”一体化的资源优势，按照“点、线、面”相结合的战略部署，重点在坑口、港口、路口和负荷中心建设一批高效率、高参数、大容量火力发电机组，国内发电企业主要分布在华北区域的北京、天津、河北、内蒙古，东北区域的辽宁，西北区域的陕西、宁夏，华中地区的河南、湖南，华东区域的山东、江苏、浙江、江西，华南区域的广东、广西等地，涉及国家电网及南方电网两大电网。境外发电企业为国华印尼（南苏）发电有限公司。截至2013年底，公司拥有21家发电单位、6家在建项目公司，总计控股36家独立法人企业，员工总数17 766人。资产总额1379亿元，发电装机容量3445万kW，其中燃煤机组60台、燃气机组1台（套）和风电机组21台。公司成立15年来，累计发电1.2万亿kWh，累计实现利润755亿元。

领导班子

董事长（存续公司）、总经理、党委副书记：王树民

党委书记、副总经理：夏利

总经理（存续公司）、副总经理：宋畅

副总经理、财务总监：王瑛

副总经理、纪委书记、工会主席：赵世斌

总工程师：陈寅彪

副总经理：耿育

副总经理：王建斌

副总经理：陈杭君

副总经理：李瑞欣

副总经理：许定峰

组织机构 神华国华电力公司本部设有14个部门，分别是总经理工作部、党建工作部（工会办公室、离退休办公室）、内部控制部（法律事务部）、战略发展部、人力资源部（社会保险办公室）、发电部（调度室）、节能环保部、安健环监察部（电力安全监察中心）、纪检监察部、财务产权部（国华国际财务部）、经营管理部、检修维护管理部、项目管理部（国际项目部）、科技信息部。

成员单位 北京国华电力有限责任公司成员单位包括国华徐州发电有限公司、宁夏国华宁东发电有限公司、北京国华环境工程有限责任公司、江苏国华高资发电有限公司、国华荣伟太仓能源有限公司、国华广东分公司、国华浙江分公司、神华国华（舟山）发电有限责任公司。

中国神华能源股份有限公司国华电力分公司成员单位包括中国神华能源股份有限公司国华惠州热电分公司、河北国华定州发电有限责任公司、广东国华粤电台山发电有限公司、河北国华沧东发电有限责任公司、浙江国华浙能发电有限公司、浙江国华余姚燃气发电有限责任公司、珠海国华汇达丰风能开发有限公司、神华国华（北京）电力研究院有限公司、北京杰地动力技术服务有限责任公司、陕西国华锦界能源有限公司、天津国华津能发电有限责任公司、江苏国华陈家港发电有限公司、国华（印尼）南苏发电有限公司、神华国华寿光发电有限责任公司、内蒙古国华呼伦贝尔发电有限公司、神华国华孟津发电有限责任公司、神华国华广投（北海）发电有限责任公司、神华国华（北京）燃气热电有限公司、国华太仓发电有限公司、神华国华永州发电有限责任公司、神华国华广投（柳州）发电有限责任公司、神华国华九江发电有限责任公司。

神华国华国际电力股份有限公司成员单位包括神华国华国际电力股份有限公司北京热电分公司、三河发电有限责任公司、天津国华盘山发电有限责任公司、内蒙古国华准格尔发电有限责任公司、绥中发电有限责任公司。

主要工作 全年发电1926亿kWh，同比增加36亿kWh，同比增长2.6%；实现利润171亿元，同比增加46亿元，增长37%；实现净利润134亿元，同比增加36亿元，增长25%；经济增加值（EVA）92亿元，同比增加26亿元，增长40%；净资产收益率（ROE）18.6%，同比上升1.8个百分点。

（1）改进作风。坚持以“改进作风、厉行节约”为主题，认真贯彻落实“中共中央八项规定”“神华集团二十一条”要求，出台了加强作风建设实施细则以及加强工作作风监督的暂行规定，设立了工作作风督察岗位，聘用了108名员工监督员；通过召开青年员工、一线班组长、营销人员、工会主席以及博士博士后参加的座谈会，面对面听取员工意见，确保作风建设统筹推进、深入人心；严格按照神集团党组统一部署，认真组织开展党的群众路线教育实践活动，以“照镜子、正衣冠、洗洗澡、治治病”为总的要求，以“聚焦反四风、汇集正能量、实现神华梦”为主题，以“为民务实清廉”为主要内容，积极组织开展“七反、七查、九治理”，高质量完成活动宣传动员、教育辅导、征集意见、谈心谈话等各环节工作，结合征集到的202条意见建议，对领导干部“四风”问题进行了深入剖析检查，先后完成3份综合报告及9份专项治理报告，并认真进行整改落实，已立行立改11项，公司领导班子以“边学边改、边查边改、立行立改”的实际行动，持续改进工作作风。

（2）管理提升。坚持“精兵简政、规范高效”的原则，逐步理顺公司管理体制。将公司所属21家发电公司的职能部门从316个减少到152个。在满足公司新建项目增加182人的情况下，全年实现用工总量“零增长”。公司每万千瓦用工4.9人，同比降低6%。劳动生产率年人均178万元，同比提高16%。年度完成7大类20项审计，公司成为神华集团首家实现经济本质安全日常运行单位。公司实施《公开招聘领导人员票决暂行办法》，有7名优秀人才经过公开竞聘走上总工程师岗位。通过实施“青年成才计划”，有390名优秀员工被纳入青年人才库。全年接收引进硕士、博士56名，向神华集团输送业务骨干100余名。

公司出台《研修生研修行动计划实施管理办法》，公开招聘了45名“科技及重点项目研修生”。将国华电力研究院人力资源、财务管理与公司本部合署办公，实现了管理资源的集约共享。深化全面预算管理，搭建日核算和月度滚动的预测模型，实现每日早上8点前完成上一日会计核算工作。公司组织编制的《会计技术标准规程》获得“电力行业管理创新成果二等奖”。全年燃用大雁煤67万t，支持服务集团战略，“双增双节”贡献利润4.7亿元。售电成本降幅8.3%，其中固定成本同比降低0.6分/kWh，降幅5.7%。年度七项费用同比降幅32%，其中业务招待费同比降幅63%。公司制定了《星级班组建设评价标准》及配套的信息系统，有789个班组实现信息化管理。全年组织开展厂级应急演练75次，公司应急管理事前预防、事发应对、事中处置应急保障能力得到提升，成功抵御了强台风等自然灾害的袭击。全年组织各类业务培训21.3万人次，人均学时70h，员工技术技能和管理水平得到提升。公司被神华集团授予“管理提升活动优秀组织单位”称号。在神华集团第十三届（电力）员工技能大赛中，公司荣获“优秀组织奖”，有9名选手获得一等奖，同时被授予“神华技术能手”称号。

（3）安全生产。坚持“以人为本、生命至上、风险预控、守土有责”的安全理念，以“本安品质年”为核心，以“安健环一号文”为主线，严格执行“三票三制”，修编完善《监理项目管理制度》《风险评估管理制度》等规章制度，强化风险预控、过程监督和闭环整改，不断夯实安全基础，顺利完成政治保电任务。将工资总额的65%作为绩效工资用于月度安全、电量、利润奖，实现“激励及时、约束到位”。公司组织开展“市场营销百日大会战”活动，分别取得了100天发电603亿kWh、最高发电负荷3216万kWh、日发电量纪录6.78亿kWh的优异成绩。全年完成发电量1926亿kWh，同比增长2.6%；机组等效可用系数93%；供电煤耗312g/kWh，同比下降3g/kWh；综合厂用电率6.5%，同比下降0.2个百分点；消防设施自动投入率由80%提升到95%。全年未发生人身、火灾和环保事故。公司连续7年被中华全国总工会、国家安全生产监督管理总局授予“全国‘安康杯’竞赛活动优胜单位”称号。有7家发电公司被国家能源局授予“安全生产标准化达标一级单位”称号，有8家发电公司达到神华集团本质安全一级企业评价标准。在国家能源局组织的2013年度全国火力发电机组可靠性评价中，国华电力公司10台机组榜上有名，其中8台机组被评为A级（金牌）机组，2台机组被评为B级（银牌）机组。

（4）战略发展。坚持巩固“点”、延伸“线”、拓展“面”的发展思路，充分依托神华集团战略优势，组织开展“前期项目百日大会战”，项目发展实现新突破。公司在建机组容量1000万kW，前期储备容量7000万kW。寿光一期2台100万kW机组工程项目、九江一期2台100万kW组工程项目、舟山4号35万kW机组工程项目上报国家能源局申请核准；北海2台100万kW机组工程项目取得国家能源局批复同意开展前期工作；锦界三期2台100万kW机组工程项目、高资2台100万kW机组工程项目、宁东二期2台66万kW机组工程项目、惠州二期2台35万kW热电机组工程项目以及清远一期2台100万kW机组工程项目上报国家能源局申请开展前期工作；抓住天津市与区外能源战略合作的机遇，开展了内蒙古及宁夏外送天津项目前期工作；继续深化“走出去战略”的发展成果，公司与印度尼西亚国家电力公司达成南苏二期扩建60万kW机组工程的合作意向；及时完成广西壮族自治区柳州鹿寨2台35万kW热电联产项目合资重组。北海一期工程码头建设项目开始吹填，舟山和北京燃气热电项目实施全封闭、信息化施工管理。加强基建项目管理工作，完成基本建设本质安全管理体系建设，系统上线运行。圆满完成呼伦贝尔2台60万kW发电机组供热改造工程。徐州2台100万kW发电机组荣获2012～2013年度国家优秀工程金质奖。

（5）科技创新。坚持科技创新的探索和实践，建立以电力研究院为主导，院士专家工作站、博士后科研工作站和高效电站设计研究所为载体，各基建单位和生产运营单位为基础，内外部科技资源相结合的科技创新体系，继续强化顶层设计，一批技术创新应用研究课题落地实施。公司召开第三届科技大会，发布、实施“科技创新引领计划”，全年科技研发投入强度达到0.25%，有56项专利获国家授权，有6项成果获得中国电力科学技术奖，其中“60万kW超临界高水分褐煤配中速磨新型锅炉自主研发与应用”项目获得中国电力科学技术奖二等奖”。有5项成果获得电力行业企业管理创新成果奖。国华浙能发电公司“四机一控火力发电厂辅助车间控制系统”与国华电力研究院“海水淡化蒸发器凝结水排出装置”分别荣获第65届纽伦堡国际发明展银奖和铜奖。具有自主知识产权的日产2.5万t国产低温多效海水淡化装置在沧东发电公司顺利投产，台山发电公司100万kW机组FCB功能试验圆满成功。国华电力研究院被认定为“北京市企业技术中心”。

（6）节能减排。坚持以“生态文明”为引领，努力建设“清洁高效、美丽电站”，为贯彻落实神华集团“高碳产业低碳发展、科技创造绿色能源”的理念，积极探索新型的清洁、低碳、高品质燃煤发电之路，组织实施“高品质绿色发电计划”。公司成立节能环保部，配备专职节能环保管理人员，全面落实目标责任制，组织开展发电机组通流增容提效、电除尘器高频电源和脱硫提效改造为主的综合升级技术改造，其中包括绥中发电公司2台原俄制80万kW发电机组增容为主的综合升级改造。对公司系统的15台发电机组进行了能耗诊断，通过组织开展运行小指标竞赛，100万kW机组供电煤耗同比下降2.5g/kWh。公司出台《环境保护检查评价行动方案》，组织对19家发电公司进行检查评价，并组织整改。全年完成18台锅炉脱硝改造、22台锅炉脱硫旁路取消，脱硫装置配置率100%，脱硝装置配置率79.3%。国华电力公司环境保护“一个规定和三个标准”的编制和应用获得电力行业企业管理创新成果奖一等奖。在中国电力企业联合会发布的2013年全国火电机组能效对标及竞赛结果中，锦界能源公司4号机组被评为60万kW级亚临界空冷供电煤耗最优机组，盘山发电公司2号机组被评为俄制机组供电煤耗最优机组。

(7) 党群工作。坚持“党建引方向、纪检促廉洁、工会构和谐、宣传鼓士气”的党建工作思路，继续围绕“抓教育、抓基础、抓融入、抓实绩、抓稳定”开展工作，充分发挥党组织的战斗堡垒作用。组织开展了“党员身边无事故、党员责任区、党员先锋岗”等主题实践活动，企业党建工作“争先进、树表率、做贡献”，进一步发挥作用。深入贯彻领导带班值班制度，领导班子成员以身作则、率先垂范，带领干部员工实现企业发展。重点巡视了8家单位，完成了7大类20项审计。组织基层单位《中华人民共和国工会法》的执行情况检查，有效保障员工权益。推进厂务公开，加强民主管理，积极落实15项员工提案。积极实施员工“幸福工程”，定期安排员工健康体检。积极安排公司系统家属随迁，为符合条件的员工子女解决就业难题。爱心扶困基金收到职工捐款128.759万元，捐款人数14 476人，帮扶困难员工106人，发放爱心扶困基金101.7万元。举办首届“国华电力杯”员工足球赛、第五届员工羽毛球赛和“六一”儿童科普教育活动。组织先进工作者、安全标兵及家属疗养235人次，进一步提升员工幸福感和归属感。国华电力公司被中国电力企业联合会授予“2013年电力行业思想政治工作优秀单位”称号。

主要事件

1月1日，徐州发电公司老厂7、8号机组（容量44万kW）正式退役。至此，原徐州发电厂8台机组（容量143万kW）全部退役。

1月8日，国家能源局印发《关于同意江西神华九江电厂新建项目开展前期工作的复函》（国能电力〔2013〕11号），正式批复神华国华九江煤电一体化项目一期2台100万kW机组建设工程开展前期工作。

2月16日，南苏发电公司按照PPA合同规定正式进入商业运行。

3月16日，《国华电力公司志（1999～2011）》由中国电力出版社出版发行。

3月18日，广西鹿寨“上大压小”热电联产新建工程项目2台30万kW热电机组获得国家发展和改革委员会的核准批复。

3月28日，神华国华永州发电有限责任公司成立。

4月2日，神华集团公司在国华电力公司本部召开干部大会。会议宣布：王树民任北京国华电力有限责任公司董事、董事长，明确王树民职级为神华集团公司总经理助理级，王品刚不再兼任北京国华电力有限责任公司董事长、董事职务。宋畅任北京国华电力有限责任公司总经理。李瑞欣任中国神华能源股份有限公司国华电力分公司副总经理。许定峰任中国神华能源股份有限公司国华电力分公司副总经理。

4月17日，神华集团董事长张喜武拜会广西壮族自治区党委书记彭清华，就落实双方签订的“战略合作协议”，加快建设北海煤电基地项目进行会谈。

6月15日，寿光发电公司举行一期工程项目桩基施工开工仪式。

6月28日，神华国华国际电力股份有限公司第五十一次股东大会暨第三届董事会第三次会议在北京召开。会议选举王树民出任公司董事长；夏利出任公司副董事长；陈寅彪出任公司董事；聘任宋畅出任公司总裁、陈寅彪、陈杭君出任公司副总裁。

7月3日，永州发电公司一期工程建设2台100万kW发电机组可行性研究审查顺利通过。

8月1日，神华国华电力公司第三届科技大会在北京召开。

8月16日，神华国华电力公司与神宁集团、天津能源投资集团签署三方合作框架协议。

9月13日，国家能源局印发《关于同意神华国华广投北海电厂新建项目开展前期工作的复函》（国能电力〔2013〕341号），正式批复神华国华北海电厂新建2台100万kW机组工程项目开展前期工作。

9月17日，神华国华电力公司与天津能源投资集团、鄂尔多斯市人民政府、准格尔旗人民政府签署“合作意向协议”，共同建设内蒙古大路燃煤火电项目。

9月28日，神华国华电力公司董事长王树民与广西投资集团有限公司董事长冯柳江签署合资协议，共同建设广西鹿寨“上大压小”热电联产项目。

9月29日，北京燃气热电公司建设项目浇筑第一罐混凝土。

10月6～8日，余姚发电公司遭遇百年难遇洪涝灾害，全体干部员工按照神华集团的要求，在神华国华电力公司协助下，经过连续奋战，1号和2号发电机组先后于12日、13日顺利并网发电，圆满完成抗险减灾任务。

10月11日，神华国华广投（柳州）发电有限责任公司成立。

10月28日，神华国华电力公司节能环保部成立。

12月13日，沧东发电公司2.5万t/天海水淡化装置整套启动一次成功。

（张长生）

【国华能源投资有限公司】

企业概况 国华能源投资有限公司（简称国华投资公司）成立于1998年3月，前身为“国家计委以煤代油专用资金办公室”，1999年划归神华集团管理，总部位于北京。国华投资公司以风电、太阳能光伏发电等可再生能源的开发、建设、运营为主业，承担了神华“大物业”管理工作，同时涉及房地产、金融等投资业务。国华投资公司密切关注国家新能源产业发展，以开发新能源为己任，大力发展风电业务，在河北、山东、江苏、东北及内蒙古等风能资源丰富地区，形成了“六大区域、九大基地”的风电开发建设格局。在大力发展风电的同时，还积极开展对太阳能光伏发电、生物质能发电等其他新能源的研究和前期开发工作，不断拓宽新能源的开发领域。此外，国华投资公司稳健经营金融投资、房地产开发等业务，取得了良好的经济效益，为新能源业务的发展提供了重要支持。

2013年，国华投资公司实现营业收入44.6亿元，利润23.57亿元，同比增长6.37%。其中，风电利润9.99亿元，同比增加3.66亿元。截至2013年底，国华投资公司资产总额510亿元，同比增长9.81%。累计发电装机容量516.465万kW，并网容量490.415万kW，其中风电479.415万kW，太阳能发电11万kW；并网风机3085台，并网风电场39个。2013年完成发电量75.16亿kWh，同比增长38.92%。风力发电年利用小时为1948h，同比增加142h，增幅为7.86%；全年新增风机591台，新增并网容量111.65万kW，其中风电104.65万kW，太阳能发电7万kW。

领导班子

神华集团总经理助理、国华投资公司董事长兼党委书记：解建宁

总经理、党委副书记：王会娟

副总经理：史颖君

党委副书记、纪委书记：杜维平

副总经理、财务总监：刘江

总工程师：施跃文

副总经理：郝清亮、康明虎、王广群、刘颖

组织机构 截至2013年底，国华投资公司员工总数3194人。总部设有职能部门12个，分别是综合管理部（信息中心）、人力资源部（培训中心）、企业管理部、财务部、项目开发部、项目建设部（造价中心）、生产部、安健环部、资产管理部、风险控制部（法律事务部）、政治工作部、物业管理部。公司系统设立了49家全资、控股子公司，其中综合性管理公司2家、直属风电项目公司41家、五星级饭店公司1家、房地产物业管理公司4家、境外合资企业1家。

重大改革 国华投资公司推进区域管理改革，设立下属分公司。截至年底，成立了国华投资公司山东分公司、河北分公司、通辽分公司、巴彦淖尔分公司、呼伦贝尔分公司、江苏分公司、吉林黑龙江分公司、陕西分公司、新疆分公司和锡林郭勒分公司，并由这10家分公司管理相应区域内的41家项目公司，各区域内风电开发、建设等工作稳步推进。

战略合作 国华投资公司全年签署风电开发协议共计215万kW、太阳能开发协议共计98万kW。其中，签署的风电协议主要包括安徽25万kW，天津10万kW，广东10万kW，江苏25万kW，陕西35万kW，内蒙古100万kW，山东省10万kW；签署的太阳能协议包括内蒙古53万kW、陕西10万kW、山东2万kW、新疆3万kW、河北30万kW。

经营管理 国华投资公司在全面完成各项经营目标的同时，实现了五项新的突破：①哈密风火打捆项目资源得到落实，优质资源储备充足，可持续发展能力增强；②风电装机、并网规模突破500万kW，装机容量保持逐年稳步增长的态势；③发电量突破70亿kWh，电力生产能力进一步提高；④可再生能源业务的经济效益大幅提升，利润首次超过10亿元，对利润总额的贡献率提高了13个百分点；⑤行业竞争能力进一步提升，被神华集团确定为神华绿色发展、低碳发展的品牌。

国华投资公司风险管控工作紧紧围绕“立足监督，强化服务，围绕中心，促进发展”的工作定位，通过审计、法律事务平台、招投标监督等手段，在控成本、防风险的同时，实现了内部审计业务增值效能。

（1）内外部审计有效结合，强化整改落实工作，在监督和服务中促管理提升。配合、协调中介机构开展财务决算审计，获取57项标准无保留意见审计报告。紧跟集团步伐，制定并下发了《国华能源投资有限公司经济责任审计管理办法（试行）》，为明确领导管理绩效和责任奠定了基础，组织实施了4项经济责任审计工作及14个经营主体的年度绩效考核经营指

标审定工作。

（2）多手段闭环审控，强化建设项目审计监督和增值效能。全年共实施了8个风电项目代垫前期费用审计工作，明确了项目费用归属主体和标准；实施了6个项目控制概算核定工作和4个项目的竣工决算审计，提出多条审计整改意见，全面落实建设责任；实施了公司系统146个招投标项目的现场监督，努力践行“三公”原则，确保招标程序合规、结果合理。

（3）优化法律事务平台，防范法律事务风险。全年共审核子、分公司合同3052份，涉及金额38亿元，形成审核意见2000余条；充分发挥合同“范本库”的规范作用，持续推进“范本库”建设和更新，规范公司系统的合同签订行为。

（4）以风险源辨识和风险评估为基础，以风险预控为核心，构建公司经济本安管控体系，为实现经济活动本质安全提供保障。初步完成了国华投资公司经济本质安全管理体系建设工作，形成《国华能源投资有限公司经济本质安全管理指引》及其12个附件，为公司重点领域经济本安管理奠定了体系基础。

生产运行 生产系统打基础、抓管理、促提升，开展了一系列“度电必争”活动，不断提高设备可利用率，通过内部挖潜，全年增发电量超过1亿kWh。

以效益为中心，降低生产运行成本。建立降本增效措施22项，从检修维护成本、技术改造支出和备品备件费用等方面降低成本支出。支持各风电场充分利用合同条款，延长风机质保期，节约维护费超过3000万元。通过振动监测预判设备状态，提前排查故障和安排检修，大幅降低停电维修时间，节约生产费用约2100万元。通过优化集电线路等改造方案，降低技改费近2000万元。通过集中委托开展风机油品化验，单个油品试验费由700元下降到235元，下降了66%。风电可控成本控制在38元/MWh，低于行业平均水平。

安全生产 全年没有发生人员伤亡和重大安全生产事故。自从事风电产业后至2013年底，累计安全生产天数达到4131天。

国华投资公司在认真贯彻神华集团2013年安全1号文件的同时结合实际提出了“人员零伤害、火灾零风险、机组零超停”的安全目标，以继续开展“本安体系提升年”活动为主线，全面推广神华，“五个一”经验，深化本质安全体系建设，结合公司板块和业务特点开展了治违强基、百日安全、本安考核等专项活动；进一步完善安健环管理制度，重视环节安全管控，梳理危险源辨识、风险评估方法，针对95项风机维护检修工作进行了危险源分析，梳理出危险点1099个，并逐项制订了预控措施；制订应急预案，提高了安全风险防范能力，红海湾风电场成功应对了特大台风“天兔”自然灾害，保证了人员无伤亡，最大程度地减少了设备的损失；着手构建统一的物业本质安全管理体系标准，完成评价标准文件的送审稿，形成实施文件框架90项。在年度本安考核中公司所属5家风电场被评为神华集团本安一级、10家风电场被评为本安二级。

基本建设 2013年，国华投资公司共有30个基本建设项目。截至年底，公司累计装机511万kW，累计并网516万kW。其中，竣工的建设项目有23个。正在进行的建设项目7个。全年完成建设投资525 672.28万元。

科技创新 全年完成科研投入金额约2199万元，投入率0.51%。共提交专利申请9项，国家专利局受理项目7项。锡盟公司自主专利产品便携式变桨电池盒在65届德国纽伦堡国际发明展上荣获银奖。

环境保护与节能减排 全年完成风力发电量74.03亿kWh，相当于减排二氧化碳709.5万t、减排二氧化硫4.315万t、节约标准煤270.63万t、节水2230.9万t。截至年底，国华投资公司累计发电量231.87亿kWh，相当于累计减排二氧化碳2381.5万t，节约标准煤820.87万t，节水8029.9万t。

信息化建设 2013年，国华投资公司完成了风电生产管理信息系统二期项目的所有实施工作。实现了国华投资公司总部对风电场数据的实时监视、智能分析与统计等功能，同时对区域集控模式进行了先期技术研究。完成了ERP系统人力、财务、物资及SRM的系统实施工作，于11月12日正式上线运行，同时作为优秀实施单位获得集团表彰。国华投资公司的财务业务一体化初步成型。

党群工作 深入开展群众路线教育实践活动，班子成员深入基层开展调研工作，并通过电子邮件、短信、热线电话、网上问卷调查以及下发征求意见表等多种形式征求群众意见、查找存在问题、制订整改落实方案，对部分突出问题开展立行立改，出台了《国华投资公司关于进一步转变公司本部工作作风的有关规定》，围绕文明办公、改进文风会风、提升服务意识等六个方面提出了22项具体要求。

组织召开了全系统第三届党员代表大会，选举产生了新一届公司党委、纪委领导集体；完成了全系统党员信息系统的整理工作，形成了较完整的党内信息数据库。举办了两次党务工作基本知识及实操培训，并组织部分单位进行了党建工作经验交流；根据党建工作管理提升方案，以完善政治工作制度为重点，完成了对党建、思想政治工作、纪检、工会、共青团等方面37条制度的梳理完善，初步形成了一套基本的政治工作制度。

企业文化建设 通过“员工文化园地”建设引导

员工进行自我教育、自我管理。组织了员工文化园地评比。筹建“道德讲堂”，加强精神文明和企业文化建设，积极推进“道德讲堂”建设。在党的群众路线实践教育活动中，工会通过问卷调查方式对基层单位的文体设施、员工婚恋等问题进行了全面摸底，为下一步工作提供了整改思路。成功举办了神华集团第十三届职工技能大赛风电赛区比赛，山东、河北等分公司精心组织训练，取得了优异的成绩。在“安康杯”竞赛活动过程中，各子分公司结合“安全生产月”，积极开展了员工座谈、培训、安全检查、事故预演、安全知识竞赛等活动76次，通过一系列活动的开展，使“弘扬企业安全文化，加强班组安全管理”“安康杯”活动主题更加深入人心。积极开展文体活动，活跃员工文化生活。成立了书画、摄影协会，举办了书画协会会员作品展和“走进基层”摄影作品展。

【神华国能(神东电力)集团公司】

企业概况 神华国能（神东电力）集团公司是神华国能集团有限公司与神华神东电力有限责任公司管理整合后的统称。国能集团有限公司前身为国网能源开发有限公司，成立于2008年4月，2012年4月从国家电网公司整体重组并入神华集团。神东电力有限责任公司成立于1996年11月，于2007年8月31日整体注入中国神华能源股份有限公司。2012年12月，神华集团决定对两家公司进行管理整合，实行“一个平台、两个公司、一体化运营”的管理模式。

作为神华集团煤电板块的重要骨干企业，国能（神东电力）集团公司致力于开发山西河曲，陕西神府，新疆哈密、准东、和丰，宁夏鸳鸯湖，内蒙古呼伦贝尔、锡盟，黑龙江宝清等煤电一体化产业基地，规划建设了一批大容量、高效环保机组和高产高效矿井，并立足中国前沿技术，开发建设了一大批资源综合利用发电项目。2013年底，国能（神东电力）集团公司在全国16个省（区、市）拥有全资和控股子（分）公司65家。运营火电厂25座、火电机组60台，风电场3个、风机262台，装机总容量1898.35万kW；生产矿井7对、设计（核定）生产能力4680万t/a。在建电源项目8个，装机容量1130万kW；在建矿井5对，产能4250万t/a，正在开展前期工作的煤电项目50余个。

2013年，国能（神东电力）集团公司多项生产经营指标创历史最好水平。全年累计发电量989.87亿kWh，同比增长18.5%；煤炭产量3166万t，同比增长46%；煤炭销量3615万t，同比增长68%。实现经济增加值20.21亿元，同比增长284.96%；营业收入397.24亿元，同比增长30.47%；利润总额58.45亿元，同比增长91.64%；资产总额1165.17万元，同比增长13.4%；资产负债率60.2%，同比下降11.22个百分点。

领导班子

董事长、党委副书记：肖创英

总经理、党委副书记：刘小奇

党委书记：魏建国

党委委员、副总经理：袁德鹏

党委委员、副总经理：国汉斌

党委委员、副总经理、财务总监：许山成

党委委员、纪委书记、工会主席：董云鹏

党委委员、副总经理：徐建杰

党委委员、副总经理：刘永平

党委委员、副总经理：刘志强

党委委员、副总经理：李沛然

党委委员、副总经理：彭广虎

总工程师：陈英

总经济师：周明立

组织机构 公司总部共设17个职能部门，9个直属中心。2013年底，国能（神东电力）集团公司员工总数17207人。

重大改革 2012年12月23日，神华集团党组研究决定对神华国能集团有限公司和神华神东电力有限责任公司实施管理整合。2013年1月22日，公司总部人员全部到岗到位，着力推进管理深度融合，规范各项管理工作。5月，下发《神华国能（神东电力）集团公司总部运行管理办法（暂行）》，建立“一个平台、两个公司、一体化运营”的管理机制，实现各项管理工作顺畅高效运行，确保各项工作开展依法合规。

战略合作 3月14日，国能（神东电力）集团公司与西北电力设计院签订战略合作协议。西北电力设计院将发挥在电力系统、电网、电源规划及电站设计等方面的优势，为推动国能（神东电力）集团公司产业结构优化，加快新技术应用，促进电源产业健康持续发展提供技术支持。同时，评聘中国科学院、清华大学、浙江大学、东南大学等科研院所130余名外部专家。

经营管理 国能（神东电力）集团公司经营管理工作以“五型企业”建设为统领，以提升企业管理水平、提高经济效益为宗旨，以经济本安体系建设为抓手，超额完成了神华集团下达的年度考核指标。

(1)“五型企业”建设。年初，国能（神东电力）集团公司与45家基层单位签订经营业绩责任书，下发《神华国能（神东电力）集团公司“五型企业”建设年度绩效考评办法（暂行）》，并组织开展半年“五型企业”建设绩效考评模拟考核和年度“五型企业”建设绩效考评工作。2013年度国能（神东电力）集团公司绩效考评结果为A级。

（2）企业管理。国能（神东电力）集团公司根据管理整合后的实际情况，扎实开展了管理提升活动，梳理形成1790项提升措施，新增、修编236项管理制度、26个标准化业务流程，制定并下发了《神华国能（神东电力）集团公司2013度“专项提升、协同推进”暨“治违强基”行动方案》，完成了秦皇岛发电公司精益管理典型经验总结并在全公司系统推广。不断加强人力资源管控，认真贯彻执行《神华集团关于加强劳动定额定员管理的指导意见》，结合公司实际，形成了发电单位“三定”工作指导意见和办法，优化组织结构，全面提高人工工效。深入开展降本增效活动，通过利率置换、短期融资等方式降低财务费用1.99亿元；积极做好全面预算管理，可控成本同比下降1亿元。

（3）经济本质安全建设。围绕企业运营管理重点环节，开展内控督查和专项审计，积极探索内部审计前沿模式和方法，全年共完成审计15项，后续审计10家。完成了经济本质安全体系框架的搭建，建立了经济本质安全体系模块。建立并完善公司重点业务领域风险信息库，确立风险控制关键点和应对措施，全面开展风险监控预警。制定了13项内控审计制度，通过强化培训，提升了审计人员的业务水平。

生产运行 国能（神东电力）集团公司全年发电量989.87亿kWh，同比增长18.5%；供电煤耗338.86g/kWh，同比降低2.25g/kWh；综合厂用电率8.48%，同比降低0.13个百分点；发电水耗0.85kg/kWh，同比降低0.10kg/kWh；机组平均利用小时5300h，平均非计划停运次数0.38次/台。

（1）生产管理。修订完善了40项生产管理制度，完成了生产管理平台及数据整合，建立了政令畅通、协调统一的生产调度指挥系统。生产组织管理注重前期策划、强化过程管控和后期评价。通过开展外委队伍、消防、环保和证照办理4个专项治理活动，以及设备无渗漏治理、锅炉四管防磨防爆等工作，进一步提升了生产管理水平。

（2）设备检修。全年共实施了C级以上计划检修49台次，其中A级检修15台次，在检修过程中推行检修标准化作业，深化应用信息化管理平台，A级检修时间平均缩短3～5天。合理优化检修时间，充分利用机组停备期进行消缺，8台机组取消计划检修或延期到2014年，为完成全年发电量任务创造了有利条件。

（3）技术改造。全年完成技改项目415项，其中大型技改项目32项，共计发生费用19.4亿元。

（4）指标对标。建立国内先进指标台账，广泛开展对标管理活动。在神华集团电力板块对标活动中，大港电厂获30万kW机组安全文明长周期优胜电厂称号，神东热电公司获循环流化床机组安全文明长周期优胜电厂称号，米东热电厂获循环流化床机组成本管理优胜电厂称号。在中国电力企业联合会组织的机组竞赛活动中，秦皇岛电厂3号机组获全国30万kW等级金牌机组第一名，府谷电厂2号机组获全国60万kW等级机组竞赛一等奖。

（5）技术监督。建立健全技术监督管理机制，确定了“1项管理制度、5项管理标准、13项技术标准”的管控体系。加大技术监督检查，充分利用属地电科院等技术监督服务单位力量，强化各电厂技术监督管理工作；发挥西安技术研究院专业优势，每月对技术监督重要指标进行专业分析，提出异常告警和整改措施。深入开展技术管理专题工作，出台《亚、超（超）临界锅炉高温受热面氧化皮防治技术标准》，下发了《规范机组检修前、后热力性能试验工作的指导意见》。

安全生产 国能（神东电力）集团公司全年安全技措投入1960.38万元，全年未发生人身伤亡事故、火灾事故、一般及以上设备事故。

（1）安全管理。强化监督检查，采取“四不两直”、公司领导带队现场跟班检查等形式，深入现场、深入班组，全面了解基层单位安全生产现状。修订各级岗位人员安全生产职责，逐级落实安全责任。修订完善《应急管理办法》和20项公司级应急预案，组织各单位进行应急演练147次。制定《安全文化建设管理规定》《安全文化建设方案》，完善安全文化宣示系统，总结安全文化成果。

（2）生产本安体系建设。健全组织机构，明确目标，落实责任，全面推进生产本安体系建设。在神华集团生产本安体系考核中，24家企业达标，达标率89%，其中一级企业5家，二级企业4家，三级企业10家，四级企业5家。

（3）风险预控。编制了作业和区域风险评估样本，选取两家试点单位，运用内外因综合风险分析法，进行危险源辨识和风险评估工作，为全面推广内外因分析法奠定了基础。推广应用隐患管理信息系统。神华集团挂牌督办的24项重大问题及隐患，整改完成23项，整改完成率95.8%。

基本建设 2013年，国能（神东电力）集团公司基建项目7个，共计完成投资886 253.3万元。

四川白马公司60万kW CFB示范工程于2013年4月14日投产。重庆万州港电2×100万kW燃煤发电工程及千万吨级储煤中转基地工程于1月28日正式开工，截至年底，已完成1、2号锅炉钢架吊装，1号汽轮机基座交安，1号汽轮机房断水，烟囱施工到顶，输煤隧道贯通，大件码头具备大件设备吊装条件等里程碑节点。哈密煤电公司4×66万kW工程3月

12日正式开工，截至年底，已完成主厂房结构到顶、烟囱结顶、2号及3号锅炉钢架吊装、集控楼交安等里程碑节点。焦作电厂2×66万kW“上大压小”工程。于4月25日正式开工，截至年底，已完成主厂房基础出零米以及1、2号锅炉钢架开始吊装等里程碑节点。河曲电厂2×35万kW工程。于8月23日正式开工，截至2013年底，已完成1、2号机组主厂房出零米以及1、2号锅炉钢架开始吊装等里程碑节点。

科技创新 全年完成科技投入7599.29万元，承担国家级科研项目1项，神华集团级项目6项，公司级项目98项。全年申请专利89项（其中发明专利25项），受理41项，同比增加12项，取得专利授权21项，发表论文216篇。

（1）新技术应用。全年实施重大技术成果应用8项。

（2）科技成果。在30万kW CFB示范工程成功建设和示范的基础上，具有完全自主知识产权，技术水平世界领先的白马60万kW CFB示范机组于4月14日顺利完成168h满负荷试运，取得全国电力行业关注的重大科技成果，成为神华集团科技创新工作新亮点。积极开展国家级CFB企业技术中心的筹建工作，推动60万kW CFB机组技术成果转化，积极申报国家、行业科技奖项。

环境保护与节能减排 全年顺利完成12台机组脱硝改造，7台机组脱硫改造，14台机组烟尘治理和16台机组旁路封堵改造，超额完成了神华集团下达的21项年度改造任务。深入开展CFB机组脱硫、脱硝技术研究，积极探索CFB机组的环保技术改造工艺。全年未发生环境污染事故和较大以上环境群体性事件。二氧化硫排放绩效0.55g/kWh，同比降低15%；氮氧化物排放绩效1.01g/kWh，同比降低25%；废水处理达标率95%，工业废水重复利用率90%。

信息化建设 编制完成信息化三年滚动规划（2014～2016年），组织开展公司信息化企业架构（EA）研究，从业务、应用、数据、技术4个领域构建了信息化总体蓝图，做出规划系统与现有系统融合、改造、替代或过渡安排，深入推进信息系统建设。开展神东电力公司所属单位ERP财务、物资、销售模块推广工作，完成国能集团公司所属单位人力资源全覆盖；大力推进SH217工程建设，完成财务管控系统与神华集团财务系统对接，完成协同办公系统与慧点OA系统对接；完成122个生产实时数据向神华集团的传送，及神东电力公司所属单位生产实时数据向国能（神东电力）集团公司总部的传送；组织完成运营监控系统建设方案编制，开展业务指标梳理和系统设计工作。

党群工作 截至年底，国能（神东电力）集团公司党委下辖35个基层党委，294个党支部（总支），党员6824人。公司以构建学习型、服务型、创新型党组织为目标，创新开展党建品牌项目化管理活动，深入开展“五好四有”党支部建设和“达标、升级、创优”活动，推广使用《基层党组织工作一本通》，规范基层党支部工作流程。加强“电子政工”和“网上党校”平台建设，进一步拓展学习交流平台。国能（神东电力）集团公司党委荣获2013年“神华集团公司先进基层党组织”称号，6家基层党组织和11名先进个人荣获神华集团党组表彰。

印发《关于深入推进2013年度政治本安体系建设的实施意见》，在国能（神东电力）集团公司系统内推广运行《政治本质安全体系管理手册（试行版）》《政治本质安全风险管理表（试行版）》等9个体系文件，为企业健康发展提供政治保障。进一步加强舆情管控，修订《网络舆情管理与处置实施办法》等管理制度，成功应对金马退市等重大事件，指导基层单位妥善处置了20余起舆情隐患。积极开展网络舆情研究，“网络舆情管控机制研究”成果荣获神华集团优秀政研成果三等奖。

工会工作。修订《厂务公开管理办法》等7项制度，民主管理工作不断深化。下发《职工技能大赛管理办法》，举办公司首届职工技能大赛，承办并组织参加了神华集团第十三届职工技能大赛，获得7个一等奖、22个二等奖、37个三等奖，并获得优秀组织奖。印发《进一步加强班组建设的实施方案》，全面加强班组建设，规范了8大类74条考评内容和评分标准。进一步推进女工素质达标工程，组织巾帼建功立业和巾帼文明示范岗、书香“三八”读书征文、女性心理健康讲座等活动。

共青团工作。2013年，国能（神东电力）集团公司召开了第一次团代会，选举产生第一届团委会。健全完善《共青团品牌争创活动管理办法》等3项管理制度，出台《团干部工作手册（一本通）》。表彰2013年度45个先进青年集体和115名先进青年个人。积极组织青年志愿者活动、“力争零死亡、追求零伤害”演讲比赛、“青春·责任·梦想”辩论赛、团青品牌特色活动征集等主题实践活动。开展青年婚恋工作调研和青年思想状况调查，基层组织广泛开展青年读书、青年创新创效、青年突击队、青年联谊交友、青年文体等活动。

企业文化建设 研究制订《企业文化建设管理办法》，认真梳理企业文化建设优秀成果，初步形成了企业文化建设理念内容。成立了职工思想政治工作研究会，积极组织开展课题研究，共形成122篇理论研究成果，其中《党建品牌项目化管理的探索与实践》

《网络舆情管控机制研究》两篇成果分别被神华集团评为一等奖和三等奖。加强新闻宣传工作，在神华网站发稿量进入前10名，在《神华能源报》《神华能源》杂志发稿130篇，在国资委网站、《中国电力报》等主流媒体发布信息128篇（条）。

国家核电技术有限公司

【公司概况】 国家核电技术有限公司（简称国家核电）成立于2007年5月22日，是中央管理的重要骨干企业之一。国家核电是受让第三代核电技术，实施相关工程设计和项目管理，通过消化吸收再创新形成中国核电技术品牌的主体；是实现第三代核电技术AP1000引进、工程建设和自主发展的主要载体和研发平台；是大型先进压水堆核电站重大专项的牵头实施单位和重大专项示范工程的实施主体。国家核电同时也是一流的火电站、输变电工程、新能源电站的设计、咨询和EPC承包商。

国家核电拥有一支8000多人的专业队伍，建立了较为完整的核电科研体系，拥有13家全资控股子公司、3家参股子公司，设有国家重点实验室、国家能源研究中心和国家认定的企业技术中心。主营业务包括：核电的技术研发、应用、推广和服务；电力工程承包和相关服务。经营范围包括：从事第三代先进核电技术的引进、消化、吸收、研发、转让、应用和推广；第三代核电工程勘察、工程设计、工程管理服务、工程监理、工程承包、环境评价、放射防护评价及放射性污染源的监测、核工程及相关领域的服务、新产品的开发研制和试销以及与工程有关的设备采购和材料订货，为核电站建设及运营提供技术支持和咨询服务；受有关部门委托，提出编制核电发展规划及实施计划的咨询建议；业务范围内的国内外投资业务；进出口业务、国际合作、对外工程承包和对外技术等业务。

【领导班子】

党组书记、董事长：王炳华

党组成员、董事、总经理：顾军

党组成员、副总经理：曲大庄、孙汉虹、马璐、时家林、魏锁

党组成员、总会计师：王益华

党组成员、纪检组长：和自兴

总工程师：王俊

总经济师：盖其庆

首席信息官：郭宏波

总法律顾问：吴爱红

【主要工作】 2013年，国家核电认真贯彻国家第三代核电自主化战略部署，第三代核电自主化依托项目4台AP1000核电机组建设深入攻坚推进，AP1000技术引进与国产化工作成效明显，具有自主知识产权的大型先进压水堆CAP1400核电研发设计和示范工程取得突破，公司超额完成年度经营指标，企业实力和能力稳步提升。

1. 依托项目建设总体可控

三门1号、海阳1号机组先后实现了环吊可用、核岛顶封头及穹顶就位等重大里程碑节点，系统移交与调试准备工作按计划有序实施。

目前，依托项目工程建设不存在颠覆性因素，总体可控。

2. CAP1400重大专项研发及示范工程

大型先进压水堆重大专项技术研发课题的质量进度总体符合计划要求，进展和成果在中国工程院组织的重大专项中期评估中得到肯定。非能动堆芯冷却系统性能验证试验（ACME）等六大关键试验台架均已建设完成并进入正式试验阶段，取得的试验数据有力地支撑了CAP1400的设计验证和安全评审。NuPAC平台原理样机研制已向美国核管会提出取证申请。

CAP1400示范工程获得国家发展改革委批准开展前期工作。CAP1400初步设计通过国家审查，施工图设计完成过半。汽轮发电机等20项长周期设备研制进展顺利，屏蔽电机主泵已启动样机试制，压力容器、蒸汽发生器、稳压器等核岛主设备均已开工制造。蒸汽发生器用690U形管国产化研制完成。示范工程厂址前期工作有序推进。

3. 设备和材料国产化

除主泵、爆破阀的国产化工作正按计划推进外，AP1000设备已基本实现国产化，CAP1400关键设备逐步实现自主设计与制造。

依托项目主管道、稳压器、钢制安全壳等关键设备完成国产化制造；压力容器、蒸汽发生器、堆内构件等首台国产设备即将完成；屏蔽主泵国产化工作有序推进；爆破阀国产化研制采购合同正式签订；AP1000壳内电缆研制成功。公司核级锆材生产线全线贯通，掌握了锆铪分离、核级海绵锆产品加工等多项关键技术，填补了国内空白。

AP/CAP核电设备供应体系逐步完善，已有109家企业通过公司的合格供应商认证，面向全球的三代

核电设备供应链体系正在形成。

持续深化与 ASME、IEEE 等国际标准组织的合作，积极参与有关国际标准的制定，提升了中国在世界先进核电标准制定上的话语权。

4. 产业基础与平台建设

以推进“七大基础、五大平台”建设为重点，围绕第三代核电产业链的关键环节和主营业务重点领域能力提升，进行了总体规划和全面部署，公司核心技术实力和创新发展能力不断加强。

第三代核电自主化、批量化建设能力已经形成。完成国产化 AP1000 标准设计的核岛施工设计，并在国内后续 AP1000 项目中开展应用。加强了与美国 AP1000 项目之间建设经验反馈，项目建设、施工数据和管理经验得到及时总结。依托海阳一期项目，初步建立了较为完整的 AP1000 核电常规岛工程设计技术体系。

常规电力业务能力不断提升。国核电力院承担了 11 项特高压工程，乌兰 750kV 开关站获国家优质工程奖。山东院获得两项鲁班奖，技术水平和项目管理能力赢得行业高度认可。上海成套院在火电节能减排和准东煤燃烧技术上取得突破，带动了业绩提升。

公司科技创新体系日渐成熟。协同 100 多家核电企业、装备制造企业、科研院所，构建起涵盖 12 个关键技术领域的完整学科体系。公司系统 11 个技术中心获得国家级或省部级资质认证。一个以市场为导向，产学研相结合，覆盖核电、常规电、设备与材料等领域的科技创新体系已经成型。

重点生产、基建项目建设按计划推进。上海核工院三期工程、国核运行青浦基地、国核研究院未来科技城、上海成套院 EQ 中心等项目建设陆续进入竣工阶段。

5. 经营工作

全年实现收入 100.8 亿元，利润 7.46 亿元，分别同比增长 20%和 16.9%，超额完成国资委的考核指标，经营业绩位居科技型央企第二名。成本费用控制有效，盈利质量进一步提升。公司期末资产总额 271 亿元。

核电“走出去”步伐有力。与西屋合资成立国核维科核电技术服务公司（国核服务），为打造 AP1000、CAP1400 全球设备供应链体系搭建了平台。公司已在美国、南非、巴西、土耳其等 10 个国家设立了海外分支机构或办事处，海外市场开发与信息网络初具规模。

常规电力市场全年累计签订合同额超百亿元。其中，山东院在激烈的市场竞争中连续中标国内 2 个最大火电 EPC 总承包工程。国核电力院、上海成套院连续中标土耳其、埃塞俄比亚、菲律宾等国火电站及输变电工程，海外项目与合同额保持良好上升态势。公司系统常规电海外项目分布已拓展至 25 个国家。

6. 企业管理基础进一步夯实

公司系统全年未发生目标控制的安全生产事故、职业病事故、环境事件和质量事故。

完成总部部门职能职责和岗位设置优化，科学构建多元化职业发展通道，三支人才队伍结构进一步优化。开展职能管理序列岗位任职资格认证，年度培训计划和重点培训项目稳步实施。

持续推进信息化集中统一管理，信息编码系统、文档系统、合同管理系统等上线运行，进一步规范了各级业务管理的整体业务流程，公司信息化继续保持了国资委评价 A 级水平。

全面推进内控与风险管理体系建设，确定重点联合监督项目，“大监督”工作机制初步形成。发布并实施《2013 年预算编制手册》，全面预算管理进一步深化。资质建设成效显著，有效支撑了公司各业务板块的领域拓展。商业机密管控体系完成构建，并在开展信息安全攻防演练。

7. 党建工作

认真贯彻中央要求，深入开展党的群众路线教育实践活动，公司党组广泛征求意见建议，形成整改方案，制定了整改措施，提出制度建设计划，扎实推进了专项整治及建章立制工作。推进党风廉政建设和作风建设，进一步落实“八项规定”，在文件、会议、接待、出国管理等方面进行严格规范，业务招待费、会议费等同比有较大幅度的下降。

【重大项目】 国家核电作为大型先进压水堆核电站重大专项的牵头实施单位，积极组织有关单位向国家申报压水堆重大专项研发项目（课题）。全年获得国家批准立项 14 项，申报并承担国家其他科研项目（课题）2 项。

压水堆重大专项的实施取得重要进展。全面掌握了 AP1000 设计技术。攻克了 AP1000 核岛钢制安全壳、AP1000 一体化堆顶组件成套制造技术、核级锆材国产化关键制造技术等数十项关键技术。CAP1400 完成了已结题 10 个课题的预验收，得到了国家科技重大专项中期评估专家组的充分肯定。

CAP1400 关键试验台架全部建成，并完成部分试验。六大台架试验的台架已全部建成并投入使用。已完成 9 项试验任务，6 大试验课题作为压水堆重大专项科研的重要组成部分，有力支持了 CAP1400 关键设备设计定型和安全评审工作。

全年共获得国家和地方各类科技成果奖励 129 项，申请专利 320 项，获得专利授权 188 项，获得软件著作权 64 项，编制国家标准 28 个、行业标准 36 个，发表学术论文 715 篇。

【国际合作】 国家核电积极把握全球核电发展机遇，深化与西屋及国内核电企业在国际市场开发方面的合作，与西屋合资成立国核维科核电技术服务公司（国核服务），为打造AP1000、CAP1400全球设备供应链体系搭建了平台。积极推进先进核电技术“走出去”，重点加强了南非等潜在国的市场推介。

在国家能源局的协调下，国家核电与中广核组建了中国核电联队，积极开拓南非核电市场。2013年10月份，向南非提供了一揽子的建议方案。

公司已在美国、南非、巴西、土耳其等10个国家设立了海外分支机构或办事处，海外市场开发与信息网络初具规模。

【技术创新】 结合第三代核电自主化实践，加强技术创新，开发具有自主知识产权、安全性、经济性和环境相容性达到世界领先水平的CAP1400核电技术。与AP1000核电技术相比，CAP1400的技术创新主要有：研发采用基于FPGA技术的反应堆保护系统，提高仪控系统可靠性；优化主管道、主蒸汽管道和蒸汽发生器设计，减少可能的流动加速腐蚀和蒸汽发生器满溢概率；优化CV参数和ADS第四级设计，安全系统具有更大裕量；优化模块设计和模块化施工方案，进一步提高经济性；优化电厂整体布置，具有更好的可达性和可维护性；吸取福岛核事故经验教训，增强对地震、外部水淹等极端自然灾害设防；优化放射性废物处理系统，进一步降低放射性废物排放。

【管理创新】 加强科研体系机构建设。初步形成以4个国家级、7个省部级和15个所属单位技术中心及重点实验室为依托的科研组织体系。发布了《公司学科体系建设报告》和《公司学科体系规划纲要（2013～2020）》，梳理出全公司涉及的一级学科25个，二级学科86个，三级学科224个，全面分析了公司12个关键技术领域的发展状况和需求，为公司学科体系建设规划和布局提供了指导。

加强科研与重大专项关键环节的管理，明确了重大专项在创新体制、型号技术、产业化推广三个方面共15个领域的示范目标、重大专项总体目标、综合目标和课题目标。建立了压水堆重大专项科研项目（课题）质量控制体系，实现了科研项目（课题）全过程质量管理和关键环节质量控制。构建了重大专项风险管理体系，将系统性的风险管理方法引入科研课题管理。

【企业文化】 发布2013年度社会责任报告，主要包括履行国家赋予使命，带动行业发展；应用高效节能技术，保护自然环境；积极融入在地建设，助力经济社会发展；做好与利益相关方沟通等。

中国广核集团有限公司

【公司概况】 中国广核集团，原中国广东核电集团，是由核心企业中国广核集团有限公司（简称中广核）及30多家主要成员公司组成的国家特大型企业集团。1994年9月，中国广东核电集团有限公司正式注册成立，注册资本102亿元人民币。2013年4月，中国广东核电集团更名为中国广核集团，中国广东核电集团有限公司同步更名为中国广核集团有限公司，进一步丰富了中广核的发展内涵，拓展了中广核的发展空间。

中国广核集团以“发展清洁能源，造福人类社会”为使命，以“成为国际一流的清洁能源企业”为愿景。截至2013年底，中国广核集团完成上网电量753亿kWh，其中，核电上网电量553亿kWh，非核能源上网电量首次达到200亿kWh。拥有在运核电装机容量833万kW，占全国在运核电装机容量的56%，在建核电机组16台，装机容量1880万kW；拥有风电投运装机容量达470万kW，太阳能光伏发电项目发电装机容量60万kW，水电控股在运装机容量147万kW，在分布式能源、核技术应用、节能技术服务等领域也取得了良好发展。

2013年，中国广核集团深入贯彻落实党中央、国务院的各项方针政策，在国务院国资委的领导下，牢牢把握稳中求进的总基调，认真落实“保增长”要求，坚持“安全第一、质量第一、追求卓越”的基本原则，以提高发展质量和效益为中心，努力践行“三实两基”，积极倡导“一次把事情做好”的核心价值观，加快转变，着力提升，核电安全业绩持续创优，核电工程建设稳步推进，业务经营、市场开发、科技研发等各方面取得令人振奋的进展，体制机制、管理方式和思想作风初步转变，为顺利实现中广核“十二五”规划目标，确保中广核可持续发展奠定了坚实的基础。

2013年，中国广核集团首次在国务院国资委央企负责人任期经营业绩考核中获得A级，同时获得“业绩优秀企业奖”和“节能减排优秀企业奖”；在国务院国资委2012年度中央企业班子考核中，中广核领导班子被评为“好班子”“好领导”。

【领导班子】

党组书记、董事长：贺禹

党组成员、总经理：张善明

党组成员、副总经理：谭建生

党组成员、总经济师：岳林康

党组成员、纪检组组长：李有荣

党组成员、副总经理：郑东山

党组成员、副总经理：张炜清

党组成员、副总经理、总会计师：施兵

党组成员、副总经理、首席信息官：高立刚

【组织机构】 中国广核集团拥有10个职能部门、7个业务部门、5家分公司、2个事业部。

1. 分公司

5家分公司：新疆分公司、湖北分公司、浙江分公司、青海分公司、云南分公司。

2. 事业部

2个事业部：核电运营事业部、核电工程事业部。

3. 成员企业

核能板块：广东核电投资有限公司、广东核电合营有限公司、岭澳核电有限公司、岭东核电有限公司、阳江核电有限公司、辽宁红沿河核电有限公司、福建宁德核电有限公司、台山核电合营有限公司、广西防城港核电有限公司、咸宁核电有限公司、中广核陆丰核电有限公司、湖北核电有限公司、惠州核电有限公司、安徽芜湖核电有限公司、岭湾核电有限公司、韶关核电有限公司、浠水核电有限公司、中广核核电运营有限公司、大亚湾核电运营管理有限责任公司、中广核工程有限公司、深圳中广核工程设计有限公司、中科华核电技术研究院有限公司、苏州热工研究院有限公司、北京广利核系统工程有限公司、大亚湾核电环保有限公司。

核燃料板块：中广核铀业发展有限公司。

非核清洁能源板块：中广核风电有限公司、中广核能源开发有限责任公司、美亚电力有限公司、中广核太阳能开发有限公司、中广核节能产业发展有限公司。

金融及综合服务板块：中广核财务有限责任公司、中广核保险经纪有限公司、中广核产业投资基金管理有限公司、中广核服务集团有限公司、中广核（北京）核技术应用有限公司。

【核电安全生产】 2013年，中广核核电安全运营管理水平稳步提升。随着福建宁德核电站1号机组、辽宁红沿河核电站1号机组相继商运，中广核正式进入核电运营多基地管理新阶段。依托标准化、专业化、集约化的核电运营平台，中广核在运核电机组实现了成熟机组高端稳定、新机组顺利投产、各基地业绩保持一致的目标，8台机组全年没有发生非计划停机停堆。在世界核营运者协会衡量核电机组安全运行水平的指标（简称WANO指标）中，大亚湾核电基地6台机组在总共54项（每台机组9项）WANO关键指标中有33项达到世界先进值（前1/4），28项进入世界优秀值（前1/10）。截至2013年12月31日，大亚湾1号机组、岭澳1号机组分别连续安全运行4022、2941天，在全球64台同类型机组中名列第一和第二。辽宁红沿河核电厂1号、福建宁德核电厂1号两台新机组投运当年没有发生非计划停机停堆，在9项WANO关键指标中各有6项达到世界先进值（前1/4）。

【核电工程建设】 2013年，宁德核电厂1号机组、红沿河核电厂1号机组两台机组商运，红沿河核电厂2号机组、阳江核电厂1号机组两台机组并网，阳江核电厂5号和6号机组两台机组开工。截至12月31日，中广核在建核电机组16台，总装机容量1880万kW，在建核电装机规模占全国同期在建总体规模的57%，居全球核电企业首位。宁德核电厂、阳江核电厂、台山核电厂、防城港核电厂各在建核电机组工程建设进展顺利，有序进入土建、安装、调试高峰。

2013年，中广核核电工程建设总工时数为1.5亿工时，安全、质量、环境绩效可控。中广核积极实施"AE战略"，致力于打造AE平台、整合全产业链资源，进一步完善了"大工程管理"模式，通过设计主导、系统集成、资源统筹与组织协同，保障了多项目建设顺利推进。

【核燃料业务】 2013年，中广核实现了全球第三大铀矿——纳米比亚湖山铀矿项目的开工。控制铀资源总量为30.77万t，锁定贸易量7.9万t。经初步测算，可满足30台百万千瓦级核电机组运行30年的天然铀需求。

【非核清洁能源】 在运控股非核新能源电力装机达到910万kW，占中广核在运电力装机容量的52%，成为中广核发展的第二增长点。全年进入国家核准计划的风电装机容量达到193万kW，当年新投运150万kW。光伏发电全年在运、在建容量达到60万kW，在国内同行业排名保持在前五名。水电控股在运装机容量达147万kW。

【科技创新】 大力推进ACPR1000+研发，中广核与中核集团合作研发的"华龙一号"，完成初步设计，在中国核电发展30年历史中，首次形成了具有完全自主知识产权的第三代核电技术。研发完成中国首个具有完全自主知识产权的核级数字化仪控系统产品平台Firmsys、百万千瓦级核电站全范围模拟机、核反应堆专用机器人等一系列重大科研成果，并投入应用。其中，核级数字化仪控系统产品平台Firmsys全面适用于第三代压水堆及第四代高温气冷堆等先进核电机组，打破了美国、法国、日本等核电强国对核级数字化仪控系统产品的长期垄断，将首次应用于阳江5、6号机组建设。

【市场开发】 在国内市场开发方面，一是推动阳江5、6号机组正式开工建设，两台机组首次采用自主开发的ACPR1000技术，完全满足国家“十二五”核安全规划要求。二是陆丰核电站获得福岛核事故后国家批准的首个“路条”。三是推动国家出台了核电标杆电价定价机制。四是续签大亚湾核电站20年内销电合同，保证了长期稳定收益；增加核电送香港电量，开创了核电供港新模式。

在国际核电市场开发方面，中广核已与罗马尼亚国家核电公司签署了关于合作开发切尔纳沃德核电站3、4号机组的意向书；与法国电力公司就合作投资英国核能项目签署了战略合作协议。英国政府明确表示欢迎中广核投资欣克利角C项目。

【党建工作】 坚持以深化“三实两基”作风建设为抓手，党组带头、上下联动，聚焦“四风”方面的突出问题，扎实开展党的群众路线教育实践活动，得到了国资委第3督导组的充分肯定。各级领导干部深入基层察实情、出实招、办实事，广泛征求意见，严肃认真对照检查，增强群众路线的自觉性；中广核党组成员先后45人次跑现场、进班组、到社区，与干部员工、离退休老同志、社区居民进行沟通交流。中广核党组提出整改措施29项、成员公司提出整改措施687项。

修订完善党建发展规划，推动“五好”工程建设，充分发挥党委在企业发展中的政治核心作用及基层党组织和广大党员的先锋模范作用，标准化党支部建设达标率超过70%。推动党员干部带头贯彻落实“三个提倡、三个反对”，努力解决干部作风短板问题，成员公司“三实两基”作风建设任务完成率超过90%。成立集团党校，初步建立了党建工作教育、理论研究平台。组织召开职代会，审议通过薪酬管理规定等涉及员工切身利益的重大事项，推进企业民主管理。

【企业文化建设和管理提升】 以传承大亚湾优秀文化为起点，首次确立了中广核企业文化理念体系和行为规范，树立了“一次把事情做好”为核心价值观的文化理念体系，以及“率先垂范、善于经营、关爱员工、公正廉洁”的管理人员行为规范和“诚信透明、专业规范、有效执行、团队协作”的员工行为规范。

顺应市场化改革的要求，按照“治理管控为主，行政管控为辅”的公司治理目标，制订了成员公司治理改进实施方案，进一步强化了中广核管控手段，提升了成员公司董事会管理水平。初步完成板块化运作的顶层设计，确立了核电、新能源、铀资源、金融共四大板块发展方向。建立了健康发展的中广核内部人才市场，打破壁垒，拓宽了员工的职业发展空间。

【环保效益】 截至12月31日，中广核在运电力装机容量1743万kW（全部为核电和非核新能源装机容量），同比增长36.5%。全年完成上网电量753亿kWh，同比增长31%。全年清洁能源上网电量等效减少标准煤消耗2250万t、减排二氧化碳5533万t、二氧化硫54万t、减排氮氧化物35万t，减排效应相当于15万hm^2的森林。

【企业运营透明度及社会责任】 中广核坚持公开透明的原则，以提高企业自身运营透明度、建立社会公众对核电安全的理性认知为突破口，持续推动核电公众沟通、参与机制的升级。在确保大亚湾核电基地核与辐射安全信息及时公开的同时，开通了福建宁德、辽宁红沿河两个新建核电基地核与辐射安全信息公开平台，维护了公众对核电机组运行情况的知情权。各在运核电基地及时公开了5起0级运行事件，每月及时在外网核与辐射安全信息公开栏目公开运行指标、环境监测、三废管控、辐射防护等数据，全年通报生产、应急、管理等领域相关信息超过100次。

2013年，中广核发布了国内核电企业首份安全发展白皮书，全面阐述了中广核推动核电安全发展的理念、措施和成效。全年召开了6场新闻发布会，及时向社会各界通报核电安全生产建设信息、核电重大科技研发成果以及和参与社会公益捐助等情况。

2013年，中广核不断创新开展核电公众沟通和参与机制，创新开展核电科学知识普及工作，将每年8月7日确定为各核电基地统一的“公众开放体验日”。全年组织开展了8次“微旅游”“微体验”活动，通过微博、微信，选取来自社会各界的400多位公众代表到各核电基地参观、体验、交流，亲身感受核电安全。

2013年，中广核在全国各核电基地及其周边建设8个核电展厅，年接待公众超过20万人。推动核电科普进入31所中小学教材，已覆盖项目周边社区学生6800人。与国内知名科普网站——果壳网联合建立了“核里的宇宙”网络科普专区。

2013年，中广核建立了由中国广核集团、大亚湾核电、宁德核电、辽宁红沿河核电等7个官方微博组成的微博矩阵，开通了“中国广核报”公众微信。

中国电力建设集团有限公司

【企业概况】 中国电力建设集团有限公司（简称中国电建）经国务院批准，于2011年在中国水利水电建设集团公司、中国水电工程顾问集团公司和国家电网公司、中国南方电网有限责任公司所属的14个省（区、市）电力勘测设计、工程、制造企业基础上组建，是国家出资并由国务院国资委代表国务院履行出资人职责的国有独资公司，是经批准的国家授权投资机构。中国电建是提供水利电力工程及基础设施投融资、规划设计、工程施工、装备制造、运营管理为一体的综合性建设集团，水利电力建设一体化（规划、设计、施工、制造、运营、维护）能力和业绩位居全球第一。

中国电建注册资本金300亿元，员工20万人，资产总额3474亿元。主营业务为：建筑工程（含规划设计和工程承包）；电力、水利及其他资源开发与经营；房地产开发与经营；相关装备制造与租赁。2013年实现营业收入2257亿元，实现利润91亿元，位居《财富》世界500强企业第354位、中国跨国公司100大企业第16位、全球最大225家国际工程承包商第14位和全球工程设计公司150强第15位。在国务院国资委组织的2012年和2010～2012年任期考核结果均为A级，获得国务院国资委“业绩优秀企业”称号。

中国电建拥有工程设计综合甲级资质、水利水电工程施工总承包特级资质、公路工程施工总承包特级资质、工程勘察综合甲级资质及进出口贸易权、对外工程承包经营权等资质权益，拥有世界一流的综合工程建设施工能力、世界顶尖的坝工技术、世界领先的水电站机电安装施工技术、世界先进的地基基础处理技术、世界领先的特大型地下洞室施工、岩土高边坡加固处理、砂石料制备施工等技术，具有大中型水利水电工程设计、咨询及监理、监造的技术实力，具备水利水电及相关领域工程总承包（EPC）项目、BOT项目和BT项目的建设能力。集团所属的全资、控股子企业分布于国内各大区域，业务范围遍及全球90多个国家和地区。

【领导班子】

董事长、党委副书记：范集湘

党委书记、副董事长：晏志勇

董事、总经理、党委常委：马宗林

党委常委、副总经理：王民浩

党委副书记、纪委书记：陈永录

党委常委：孙洪水、王斌

副总经理：袁柏松、姚强、李跃平、王首丽

总会计师：孙璀

【组织机构】 中国电建总部设有办公厅/董事会办公室、党委工作部、人力资源部/企业领导人员管理部、财务资产管理部、战略发展部、市场经营部、科技部（技术中心）、安全质量环保部、投资管理部、资金管理部、审计与风险管理部、监察部/纪委办公室、法律事务部、信息中心、海外事业部/外事局、勘测设计事业部、电力工程事业部、房地产事业部、装备制造事业部、工会工作部、西藏分公司等共21个部门和分支机构。

中国电建旗下拥有中国水利水电建设集团公司（简称水电建设集团）/中国水利水电建设股份有限公司（简称中国水电）、中国水电工程顾问集团有限公司（简称水电顾问集团）、水电水利规划设计总院以及50余家从国家电网公司、中国南方电网有限责任公司划转分离的勘测设计、施工、修造企业。其中，中国水利水电建设集团公司/中国水利水电建设股份有限公司、中国水电工程顾问集团有限公司是中国水利水电施工、设计行业的领军企业。中国电建集团包括成员企业、单位（含子集团及子集团全资、控股企业、事业单位）共105家。

【主要业绩】 水利水电设计建设领域。中国电建以设计建成和在建规模、技术能力稳居世界第一。承担了国内大中型以上水电站65%以上的建设任务和80%以上的规划设计任务，设计建成了国内大中型水电站200余座、水电装机容量超过2亿kW。先后设计建设了长江三峡、南水北调、龙羊峡、小浪底、二滩、龙滩、小湾、广州抽水蓄能电站、天荒坪、溪洛渡、向家坝、锦屏一级、拉西瓦等举世闻名的水利水电工程，创造了具有中国特色的国内国际先进和领先的设计和建造技术，成就了中国成为世界第一水电大国的辉煌。

火力发电及新能源开发领域。先后设计建设了平顶山二电厂、新密电厂2×1000MW超临界机组，单机容量最大的110万kW火电机组——新疆农六师煤电公司二期五号机组，国内首个10万kW级EPC光伏发电项目——华能共和县光伏发电项目，世界最高500kV输变电工程——四川藏区乡城500kV变电站项目，向家坝—上海±800kV、晋东南—荆门1000kV特高压输变电等多项工程，建设了广东大亚湾等多项核电工程。组织完成中国风能资源普查和国家及行业技术标准制修订，规划设计建设甘肃酒泉等9个1000万kW级风电基地，设计建成河北张北坝上100万kW风电场、江苏如东海上风电场分别是中国最大陆地和海上风电场。设计建成中国首座潮汐电站——浙江江夏电站。

海外工程承包和投资领域。中国电建已形成了以亚洲、非洲为主，辐射美洲、大洋洲和东欧的多元化市场格局。截至2013年底，公司各企业在92个国家和地区执行在建项目1021个。承建的苏丹麦洛维水电站、马来西亚巴贡水电站、埃塞俄比亚泰可泽水电站、巴基斯坦巴罗域水电站、印度嘉佳火电厂、安哥拉本格拉体育场、摩洛哥伊阿高速公路、伊朗塔里干水利枢纽、卡塔尔多哈新国际机场等全球瞩目的重点大型工程多次荣获海外工程金质奖、境外工程鲁班奖。投资建设的柬埔寨甘再水电站、老挝甘蒙塔克水泥厂、老挝万象平原钾盐矿及刚果（金）铜钴矿资源开采工作，均取得可喜成绩。

大型基础设施建设领域。承建京沪高铁等多条高速铁路，成为掌握具有世界领先水平高速铁路技术的企业之一。以BOT方式投资建设福建武邵和四川邛名两条高速公路，以BT方式投资建成四川成都至简阳高速公路。参与设计建设了北京西客站、国家大剧院、天津市政基础设施建设、德州新湖治理工程、曹妃甸填海造地工程、济南市政综合改造工程、昆明市污水处理厂等国家大型基础设施建设项目，赢得了社会的广泛赞誉。

装备制造领域。中国电建是电力及其他建筑工程专用设备的研发者，是中国长江、黄河、大渡河、雅砻江、澜沧江及巴基斯坦、泰国、伊朗等国家多座大中型水电站金属构件和专用机电设备、火力发电及电网配套设备制造商。公司生产的锅炉给水泵、风机、磨煤机、阀门等火力发电关键辅机国内市场占有率位居全国前列。自主开发和合作研制的水利水电工程金属结构、闸门启闭机和升船机等专用设备，多次荣获国家和部委的科技进步奖。

科技领域。截至2013年底，共有4个国家级研发机构，21个省级研发机构，4个博士后工作站，18家企业被认定为省级高新技术中心，2家企业被认定为科技部火炬计划重点高新技术企业；获得国家、省部级科技进步奖600余项，获得专利1203项（其中发明专利149项），软件著作权203项；制（修）订国家及行业标准460项。

中国电建承建的多项水利电力工程及基础设施建设项目获得了中国建筑工程鲁班奖69项、中国土木工程詹天佑大奖16项、国家优质工程金（银）奖126项、全国优秀工程设计金奖、优秀工程勘察金奖、优秀工程设计软件金奖、优秀工程标准设计奖94项。

【生产经营】

1. 开拓市场

（1）市场营销业绩显著。年内先后与8家重要客户签订战略合作协议、实现产业对接，涉及大型项目350余项，金额1.5万亿元；通过搭建营销平台、加强资源整合和市场协同，集团化营销体系进一步完善，年内成功签订多项重大合同，新签合同金额、合同存量均实现25%左右的增长。

（2）合同履约能力稳步提升。中国电建承担设计、施工、安装任务的溪洛渡、向家坝等大型水电站均实现大容量机组“一年多投”，连创全国纪录；南水北调中线一期主体工程、加纳布维水电站等一批国内外重大项目顺利投运，其他项目均有序推进，各业务板块全部完成收入计划。

（3）企业效益稳步增长。中国电建成本管控效果明显，资产负债率同比降低，职务消费、“三公”经费实现负增长。“一企一策”、结对帮扶成效显著。各业务板块实现全面盈利，水电建设集团、勘测设计与装备制造板块均超额完成营收和利润指标，水电顾问集团营收与利润实现两位数增长，电力工程板块整体经营质量持续改善。全年主要指标实现两位数增长。

2. 推进国际业务发展

（1）国际业务稳步发展。中标科特迪瓦苏布雷水电站、巴西输变电工程等一批大型综合性项目，巴基斯坦、尼日利亚、沙特等国的多个项目高端营销取得了重大进展。

（2）国际业务发展质量进一步提高。发布了《国际业务管理指导手册》，集成国际业务知识和管理规范，全面促进海外项目经营管理、风险管控和资源要素全球配置能力的持续提升。积极开展对外战略合作，与通用、西门子等全球领先企业的战略合作进一步加深，实现在多个市场共享资源；收购了TLT公司，成功迈出海外并购战略性的第一步；编译出版中国电力行业标准，成为中国水电行业的首套英文标准。母品牌统领下的多品牌经营模式初具雏形，中国电建统筹营销与法人主体自主营销、平台公司带动营销与子企业自主营销、市场营销与项目履约相互促进的“三结合”形式初步形成。2013年，中国电建跨国经营指数达到28.61%，名列央企第四位、建筑类央企第一位，国际经营比较优势继续保持。

3. 结构转型

（1）业务结构调整成效明显，非传统业务继续迅猛增长。电力、房地产等投资类业务利润贡献显著增强。投资业务的营业收入贡献占比与利润贡献占比达到1∶3，与世界一流综合类建筑企业的比例相当。

（2）转型升级步伐加快。以产业链一体化为核心的工程总承包模式成为公司承揽业务的重要方式，全年以BT、BOT、EPC、PPP等新型商业模式承建的较大规模项目达到62项，合同金额近650亿元，最大单项合同超百亿元，部分子企业通过签署紧密型战略合作协议、专业对接、内部市场挖潜，初步建立了项目管理一体化协调机制和利益共享、风险共担的合作机制。

（3）金融支撑服务作用持续放大。截至年底，集团公司获金融机构综合授信额度近6000亿元，增强了融资能力。推进“总对总”授信额度分配使用模式，以集团公司资信和影响力为子企业提供融资担保，降低了融资门槛和成本。积极探索资产证券化盘活BT项目应收账款，成简项目采用“股权回购＋债务承接”方式，大大加速回购进程；武清项目通过债权转让方式一次性回收回购款12亿元，有效规避了投资风险。2013年，中国电建承建的BT项目通过种种方式实现了回收款全额回收，得到了国务院国资委的高度肯定。

4. 体制机制改革

（1）多项重大改革深入推进。水电顾问集团及其所属全民所有制企业按期完成公司制改建，整体改制上市工作取得阶段性成果。火电勘测设计、施工和装备制造板块相关企业的改制工作全面启动。初步完成两级总部整合，界定了四大主业和八大业务板块。稳妥推进了厂办大集体改革、关联企业清理规范工作，在部分改革试点企业开展了国有产权界定工作，并购了部分关联企业，规范了关联交易。

（2）三项制度改革继续推进。中国电建出台9项配套办法，从政策层面重点解决了人员分类管理和退出机制等关键问题。部分子企业构建形成了业绩和能力导向的干部选拔任用体系，市场化、规范化的劳动用工体系和“业绩升薪酬升、业绩降薪酬降”的收入分配机制。强化了对子企业领导班子和领导人员的约束激励，考评结果成为班子调整和人员升降、奖惩、分配的重要依据，不同程度做到了干部能上能下、收入能高能低。采用竞争性选拔方式补充调整了部分子企业领导岗位，提高了选人用人公信度。

5. 专项管理

（1）专项管理提升扎实推进。子企业普遍健全了项目管理体系，制定了项目索赔、绩效评价、分包商管理等专项制度；强化了项目管理责任制和绩效考核，对项目收入、成本、利润和质量、安全、工期六大要素的管控普遍加强。三级对标体系基本形成，开展了运营、盈利、偿债、发展等多领域多维度的对标，着力查找短板并持续改进。加强了对重点指标的刚性约束和动态监管，全面预算管理得到有效强化。积极开展风险与内控体系建设，开展了EPC、BT项目风险管控模板研究，建立了多层级的投资项目评审流程和科学的决策机制。

（2）综合管理水平稳步提高。认真开展安全生产大检查，强化隐患排查治理，推进安全生产标准化建设，有效提升地质灾害防治及应急能力，确保安全生产形势总体趋好受控，全年没有发生重大及以上安全生产责任事故。质量管控体系进一步完善，质量管理制度进一步健全，全年获得国家级优质工程（产品）奖11项、省部级优质工程（产品）奖40项。京沪高铁三标段工程项目经国家检查鉴定并通过了两年的试运行，被评价为“优质工程”；单标170亿元的深圳地铁项目在2013年深圳市政府组织的综合评比中位列第1名。开发建设了“采购电子商务平台”，初步实现集中采购管理信息化。完善总法律顾问制度，加强法律管理标准化建设，妥善处置了一批重大专项事务和当期风险。审计、监察工作重点加大对子企业领导班子履职监督力度，加强了对公司投资项目的效能审计和后评价。完成玉树重建、四川雅安抗震救灾任务，援藏工作有序推进；完成年度定点扶贫任务。

6. 技术创新

（1）科技实力得到进一步增强。中国电建全年获国家级科技进步奖3项、省部级科技进步奖215项；获得专利授权942项，同比增长46%。一批关键技术实现了重点突破，部分首创技术填补了国内空白；数字流域、智能电厂等先进理念和技术在工程设计建造中获得应用，效益显著。完善科技创新体系，建立各类研发平台，完成国家创新型企业试点第二阶段各项目标任务。

（2）信息技术与业务融合度显著提高。初步建立了集团决策支持系统“一库四平台”的总体架构，信息化“311”平台建设初具规模。信息技术、业务发展和应用需求形成良性互动，三维数字化系统集成设计、P3等项目管理软件、现场视频监控系统等先进工具在生产管理一线得到广泛应用。

7. 教育实践活动

贯彻执行中央“八项规定”。深入扎实开展党的群众路线教育实践活动，查摆以“四风”为重点的影响和制约企业改革发展、领导班子能力发挥、生产经营管理、群众利益保障等方面的问题，分析产生这些问题的体制机制、管理制度、责任落实等方面的原因，以严格的责任制抓整改、促落实、保成效。把握“五位一体”党建要求，以学习型党组织建设为抓手，组织全集团党员干部深入学习贯彻党的十八大、十八届三中全会及习近平总书记系列讲话精神。狠抓反腐倡廉建设，完善反腐倡廉制度体系，坚持落实领导人员责任承诺和廉洁谈话制度，丰富廉洁从业教育形式，整合监督资源形成监督合力。

【体制机制改革】

1. 改革发展

10月，中国电建集团全面启动集团公司总部、子集团总部（包括水电建设集团/中国水电总部、水电顾问集团总部）整合工作。制定《中国电建集团两级总部整合方案》，有序推进两级总部整合的各项工作。通过两级总部整合，进一步缩短管理链条、提高管控效率、调动成员企业积极性，使集团公司的体制机制更加适应现代企业制度、整体改制上市、一体化产业链整合和转型升级的要求。

9月底，水电顾问集团及其所属全民所有制企业全部按期完成公司制改建工作，按照公司法整体改制为有限责任公司并取得了新的企业法人营业执照。

完成了福建承包公司和福建一公司、成都金具总厂和四川启明星公司的重组整合，调整了山东电建三公司的产权层级和管理层级，实施了对华东发展、德国 TLT、山东电建铁军等企业的并购重组，组建了装备技术研究院，以结对帮扶等形式强化了成员企业之间的合作、帮扶机制。

推进厂办大集体改革和清理规范关联企业、自然人持股工作。批复了河北院、华东院、山东三公司、山东一公司、湖北装备、上海电建、河北一建等实施有关改革规范工作。

2. 并购重组

10月15日中国电建签署协议收购德国西门子 TLT 公司。

所属房地产公司以协议转让方式收购南国置业股份公司 29.57%股份，于1月25日完成全部交割。

10月，所属水电顾问集团华东勘测设计研究院有限公司完成收购浙江华东工程科技发展有限公司、舟山市六横水务有限公司工作。

2013年12月31日，所属山东电力建设第三工程公司完成收购颐杰鸿泰发展集团有限公司所属山东电建铁军电力工程有限公司等三家企业工作。

【国际经营与投资】

1. “走出去”战略实施

全年共实现海外营业收入约 581.94 亿元人民币，同比增长 3.2%；海外新签约合同额约 1152.40 亿元人民币，同比增长 17.2%；年末海外业务合同存量 2598.20 亿元，较 2012 年同期 2336.10 亿元增长 11.2%，占全集团合同存量的 45.2%；年末在境外人数 32 232 人，比 2012 年同期26 339人增加 22.4%。

中国电建在 76 个国家设有 159 个驻外机构，在 92 个国家（其中以自主品牌经营的有 85 个国家）执行工程承包/设计咨询合同 1021 项。

在 2013 年美国工程新闻纪录即 ENR 全球最大 250 家国际工程承包商排名中，中国电建所属中国水电名列 20 位、山东电建三公司位列 54 位、山东电力基本建设总公司位列 61 位。ENR 2013 年 250 家最大国际设计企业排名中，中国电建所属水电顾问集团排名第 59 位，在全球 150 家最大设计企业中位居第 15 位。

2. 对外投资与经营情况

中国电建全年在境外 9 个国家实施投资项目 16 项，完成投资 17.19 亿元。

已经正式运营的项目共有 4 项，包括 1 个矿产资源类项目（老挝甘蒙塔克水泥厂）和 2 个水力发电项目（柬埔寨甘再项目和老挝南俄 5 项目）和 1 个股权收购项目（哈萨克斯坦水利设计院有限公司）。

在建项目共 4 项，其中水力发电项目 2 项（尼泊尔上马相抵水电站和老挝南欧江一期工程），矿产资源项目 2 项（老挝钾盐矿项目和刚果金铜钴矿项目）。

前期工作项目共 8 项，包括 6 项水力发电项目、1 项风电项目和 1 项海外并购项目。包括赞比亚下凯富峡水电站、缅甸哈吉水电站（BOT）、缅甸孟东水电站、柬埔寨西山水电站、老挝芭莱水电站、老挝南欧江二期和巴基斯坦大沃风电项目。海外收购项目 1 项一由中国电建和下属企业成都电力机械厂以 70%：30%的股权比例联合收购德国 TLT 公司 100%股权。TLT 公司为全球领先的电站风机研发、设计、服务专业供应商。收购价约 9518 万欧元，于 2013 年 10 月 15 日签署买卖协议。

【中国水利水电建设股份有限公司】

企业概况 根据 2013 年美国工程新闻纪录（ENR）的排名，中国水利水电建设股份有限公司（简称中国水电）营业总收入位列全球最大 250 家工程承包商第 14 位，与 2012 年持平，在上榜的中国企业中名列第 7 位。公司海外营业收入位列全球最大 250 家国际工程承包商第 20 位，较 2012 年提升 3 位，在上榜的中国企业中名列第 2 位。

1. 生产经营

2013 年，中国水电实现营业收入 1448.37 亿元，为年度营业收入计划的 100.86%，同比增长 13.99%；实现净利润 52.00 亿元，同比增长 18.35%；实现归属于上市公司股东的净利润 45.56 亿元，同比增长 10.39%。2013 年，国际业务收入 370.25 亿元，同比增长 5.16%，占主营收入的 25.80%。公司主营业务综合毛利率 14.47%，同比增长 0.63 个百分点，保持行业较高水平。2013 年，公司新签合同总额达到 2101.53 亿元，超额完成年度营销计划，同比增长 22.28%。合同存量达到 3668.09 亿元，同比增长 19.53%。资产总额达到 2314.64 亿元，同比增长 25.53%；国内新签合同额 1364.41 亿元，同比增长 27.61%；国际业务新签合同额 737.12 亿元，同比增长 13.51%。中国水电进一步落实“大集团、大土木、大市场、大品牌”的营销策略，在巩固传统水利水电市场份额的基础上，大力拓展国内基础设施业务，加强与地方政府战略合作的落实力度，积极稳妥推动BOT、BT业务的发展。加强国际市场自主营销能力建设，优先配置海外资源，深度开发重点国别市场，通过专业互补、产业整合，打造产业链一体化设计施工能力，积极承揽EPC总承包项目。进一步创新商业模式，加快培育公司在新兴业务领域的市场竞争能力，促进公司现有施工能力、传统竞争优势向新的市场领域拓展。

2. 核心竞争力

（1）“中国水电”已经成为工程建筑领域的全球知名品牌。中国水电在全球工程建筑领域的品牌知名度和影响力进一步提升和彰显，市场竞争地位持续巩固，并逐步在铁路、公路、房地产开发等领域树立起优质的品牌和形象。

（2）中国水电在建筑行业尤其是电力建设行业继续保持领先的技术优势。在水利水电建设领域，中国水电代表着中国水利水电工程建设的最高水平并不断开发和掌握水利水电建设的关键核心和领先技术，引领行业技术发展。在非水利水电建设领域，中国水电持续开展技术研究，在高速铁路施工关键技术、盾构施工控制技术、燃气电站施工技术等方面达到国内领先水平。中国水电拥有国家级企业技术中心，水利水电工程施工总承包特级资质，水利行业工程设计甲级资质，以及众多公路、市政、房建、港口、隧道施工等一级资质。2013年，中国水电新取得房建总承包一级资质2项、市政总承包一级资质2项、公路总承包一级资质1项，还取得矿山、冶炼、机电、化工石油等二级总承包资质10多项。2013年，新获得专利授权194项，其中发明专利17项。截止到2013年底，中国水电共获得授权专利达570项，其中发明专利77项，共取得软件著作权8项。中国水电立项的科技项目共有65项完成验收，较2012年大幅增加，其中，被专家鉴定为国际领先11项、国际先进34项、国内领先9项、国内先进11项。一批依托大型、特大型工程项目开展的课题（如京沪高铁、南水北调、溪洛渡、向家坝、锦屏一级水电站等）较好地支撑了工程的质量、安全与进度，实现了集成创新。

（3）已形成全球市场营销网络，国际化比较优势明显。中标乌干达卡鲁玛水电站、科特迪瓦苏布雷水电站等一批大型综合性项目，新增吉尔吉斯斯坦等9个新国别市场，巴基斯坦、尼日利亚、沙特阿拉伯等国的多个项目高端营销取得了重大进展。

截至2013年底，中国水电已在72个国家和地区建立了95个驻外机构，执行项目合同486个。国际业务以水利水电专业领域为核心业务向相关专业多元化发展，涉及火电、新能源、电网、交通、房建、市政等其他基础设施领域，在国际上承建了很多地标式的工程。同时大力进行融资模式创新，紧跟国家对外经济合作政策及国家发展战略。逐步形成了国际业务市场、人才、管理、资金、技术和品牌优势，国际化经营程度较高，比较优势明显。

（4）产业链优势凸显，高端市场营销能力增强。中国水电依托中国电建集团，拥有从设计、施工、监理到设备制造的电力工程建设全产业链的资质和能力，大大增强了公司工程承包业务的全产业链服务水平（如承揽综合性的EPC工程）。

（5）产业结构优化，主业协同发展。实施大集团、大土木、大市场、大品牌战略，在继续巩固传统水利水电建筑核心业务优势地位的同时，不断加大对非传统业务的发展力度，在公路、铁路、市政、轨道交通、港口航道、房屋建筑等业务领域的市场竞争能力明显增强，市场占有份额不断提升。

3. 企业转型，市场开拓

深入推进结构调整优化产业布局，不断完善工程总承包产业链，以产业链一体化为核心的工程总承包模式成为公司承揽业务的重要方式。还积极探索并持续推进EPC、BOT、BT等新型商业模式。基础设施市场开拓成效显著，电力投资类业务利润贡献显著增强，房地产业务在国家宏观调控力度不断加大的情况下，逐步完善投资拓展模式，保持了持续良性发展。水利水电建筑业务传统主业优势地位继续巩固，基础设施建筑市场开拓成效显著。

4. 人才强企战略深入实施

截至年底，中国水电中高级专业技术（技能）人员占全体员工的比例超过24%。房地产、铁路、地铁等非水电业务领域的人才力量进一步增强。进一步加强了绩效考核和薪酬分配管理，完善了岗位职务序列及配套薪酬体系。

5. 投资者关系管理

成功实施大股东增持计划、30%比例现金分红计划、促使水电顾问集团主动延长限售股份锁定期等维护公司全体股东利益的措施。协助中国电建集团积极探讨现行政策许可的实现资产注入的各种可能方案，并在该事项取得阶段性成果的关键时点，持续披露事项的进展情况，及时召开投资者见面会，向监管机构、资本市场积极沟通事项进展。2013年，中国水电被上海证券交易所评为“上市公司信息披露工作年度评价A类公司”。

国际经营

1. 新签合同

2013年以中国水电品牌新签合同额106.7亿美元，同比增长31.6%；合同存量213亿美元，同比增长7.2%。

实施集团管控下的集中营销和自主营销相结合的营销方式，将大部分成熟市场委托给工程局自主营销，工程局参与国际营销的热情和能力得到大大提高，出现了港航公司在毛里塔尼亚小国做出大市场的喜人景象。市场进一步扩大，新开辟国别市场9个，目前在建项目480余个，分布在70余个国家。中标多个具有历史意义的项目，包括阿尔及利亚总装机容量233MW的光伏电站、新加坡地铁项目、马其顿公路项目、马来西亚康诺桥联合循环电站和乌干达卡鲁玛水电站等。

新签合同额和生效合同额双双创历史最高纪录，全年开具履约和预付款保函共14.72亿美元，创历年新高。

2. 营业收入和利润

水电国际全年营业收入约260亿元；利润总额8.2亿元。截至年底，水电国际资产总额268.6亿元，同比增加7.8%。

3. 创新营销模式

推动小比例投资带动EPC，该模式已获得集团认可，并写入2014年工作报告。

推进全球合作，继续深化和法国Coyne et Bellier、Alstom、美国GE等公司的战略合作伙伴关系，成果显著；和法国Bollore、GDF，美国Aecom、Sathe等公司探索联合开发特许经营项目，获得初步进展；国内积极推进和中广核、中石油管道局、招商国际等公司的战略合作，初见成效；集团内和顾问国际、电力设计院及电力施工单位合作进展较快。

4. 融资类项目竣工

2013年是EPC和融资项目密集完工的一年，包括赤道几内亚吉布洛水电站和巴塔电网、加纳布维水电站、安哥拉燃油电厂、赞比亚卡里巴北岸电站扩机、加蓬布巴哈水电站、委内瑞拉紧急电站、马里费鲁水电站等。这些项目大多是中国水电第一批融资项目，第一批EPC项目。公司初步具备项目EPC能力，成为中国机电设备出口的主力军之一，也使公司利润达到了一个高峰。

（1）继续完善风险管理体系，完善报告制度，制定敏感经济信息周报制度，继续实行“双五”等重点项目的监控与巡查制度，及时制定应急预案和相应的管理制度等。重点处理了博茨瓦纳航站楼、卡塔尔CP1等项目风险，成功化解了蒙古国铁路项目、尼日尔阿泽里克铀矿项目履约保函危机。对最大的在建项目厄瓜多尔CCS水电站，公司从早期开始全面介入和领导了设计、采购管理和施工过程的重大问题处理等。

（2）继续完善国际业务财务分析报告制度。对国际业务经营状况进行及时分析，对已经形成和具有潜在风险的项目进行警示。

（3）继续完善法律、技术及合同专家团队体系。尝试建立公司内部技术、商务专家体系（库），法律审核工作得到进一步加强。

（4）设备物资管理工作进一步加强。制定了《承包业务供应商管理办法》等制度，组织编写了《货物清关手册》，完成了项目单位在线支付申请和信息系统，配合营销部门完成多个项目的投标报价工作。

（5）安全管理进一步加强。安全生产形势较2012年明显改观，安全状况总体受控。

5. 管理提升

中国水电基于自身管理体系现状和经验撰写的《大型水电企业以集中管控为主导的海外业务管理》获第二十届全国企业管理现代化创新一等成果，中国水电创建的海外工程项目管理平台营销系统荣获中国电力企业联合会“电力行业信息化成果”一等奖，共有15个海外项目获股份公司优质工程奖，中国水电再次被评为2013～2014年北京市纳税信用A级企业。

（1）重新梳理修订多项公司和业务管理制度，对各项事务的审批权限进行了明晰和下放，进一步规范了三重一大事项的审批权限和流程，建立了总经理办公会制度，明确了党政联席会和总经理办公会的责任划分；对岗级和薪酬方案进行重新设计，重新发布了公司基础工资、驻外津贴、员工绩效年奖及相关待遇管理规定，体现了向营销部门倾斜和向海外一线员工倾斜；编发《自主营销简明指导手册》，加强了对自主营销业务的指导和支持；组织国内外专家编制“安健环”管理体系文件。

（2）主动指导埃塞等多个自主营销市场的各个工程局理清境外税务工作，对重点市场和重点项目开展前期税收筹划。高度重视出口退税工作和对外投资合作专项资金申报工作。

（3）加强与境内外金融机构的合作关系。形成以中行、口行、开行和工商行为主，其他境内、外金融机构为辅的银企合作体系。

（4）协助上级相关部门共同开展对委内瑞拉紧急电站等多个项目的审计和效能监察。

（5）全力做好外事工作，积极为公司业务提供保障服务。根据外交部公布的2013年数据，中国水电完成签证量位列全国第七，在对外承包类工程企业中位列第一。

（6）成立海外员工人文关怀工作领导小组，发布了工作细则。制定《帮扶救助工作实施细则》，并提取工会帮扶救助专项费用72万元。

（7）公司主要领导带队，历时约2个月，逐一到14个自主营销单位就国际业务主动进行全面对接，落实深化优化国际业务优先发展战略具体措施。

（8）在企业社会责任和社区关系等方面的力度和能

力持续加强和提高，中国水电品牌美誉度大幅提升。公司资助的首批18名安哥拉学生在武汉大学毕业，同时成功出资组织了“中安文化交流”演出活动等。

（冯有维　王立鹏）

中国能源建设集团有限公司

【企业概况】 中国能源建设集团有限公司（简称中国能建）于2011年9月29日挂牌成立，是由国务院国有资产监督管理委员会履行出资人职责的国有独资公司，是国内领先、国际先进的特大型能源建设企业。2013年完成签约同比增长30.4%，实现营业收入同比增长13%，实现利润总额同比增长16.47%。年末资产总额达到1872.24亿元，同比增长16.28%。

【领导班子】

董事长、党委书记：汪建平

总经理、党委副书记、董事：丁焰章

党委常委、副总经理：张羡崇、赵洁、聂凯

党委副书记、纪委书记：户海印

党委常委：吴春利、唐红键

副总经理：向永忠、于刚、兰春杰

副总经理、总工程师：周厚贵

【组织机构】 中国能建2013年组织机构见图。

截至2013年底，中国能建本部共设置15个职能部门和2个事业部。包括：办公厅（党委办公室）、战略与投资部、人力资源部、资产财务部、企业管理部、市场开发部、国际业务部（外事办公室）、生产管理部（安全质量环保部）、科技信息部、证券事务部、审计部、法律事务部、党建工作部（直属机关党委）、纪检监察部、工会工作部；设计事业部、工程事业部。

成员单位名单：

（1）中国葛洲坝集团（股份）公司。

（2）中国电力工程顾问集团公司。

（3）电力规划设计总院。

（4）中国能建集团装备有限公司。

（5）设计企业（14家）：黑龙江省电力勘察设计研究院、辽宁电力勘测设计院、天津电力设计院、山西省电力勘测设计院、江苏省电力设计院、浙江省电力设计院、安徽省电力设计院、湖南省电力勘测设计院、陕西省电力设计院、甘肃省电力设计院、新疆电力设计院、广东省电力设计研究院、云南省电力设计院、广西电力工业勘察设计研究院。

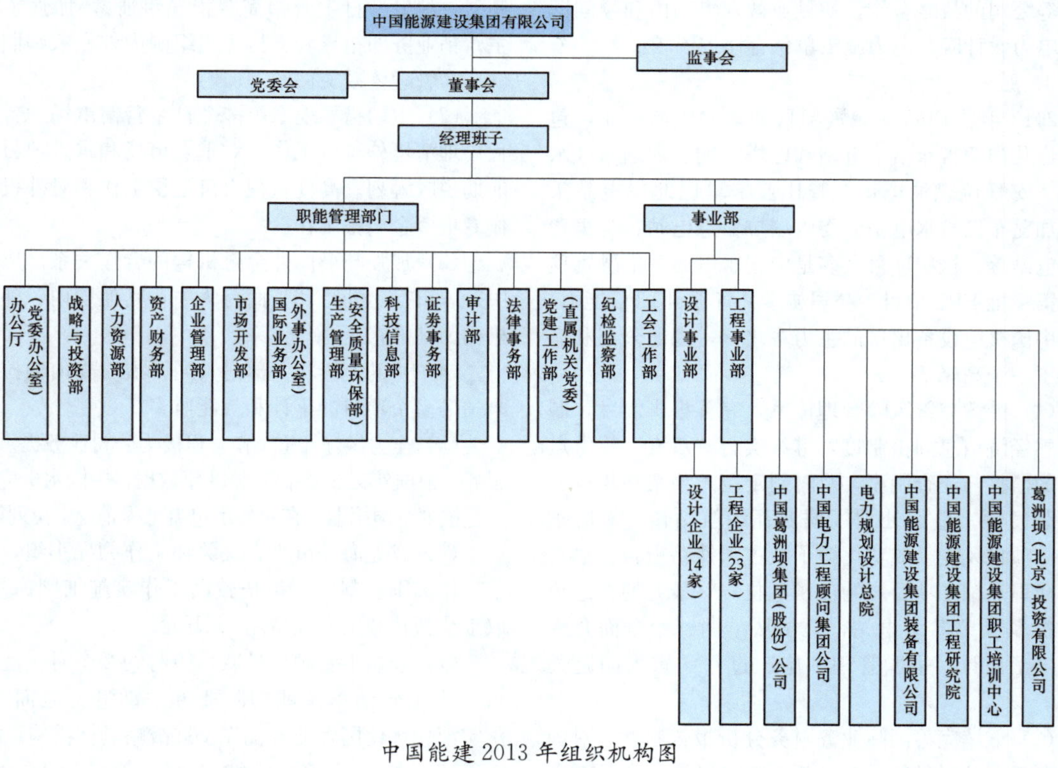

中国能建2013年组织机构图

(6) 工程企业(23家):黑龙江省火电第一工程公司、黑龙江省火电第三工程公司、东北电力第一工程公司、东北电力第二工程公司、东北电力第三工程公司、北京电力建设公司、天津电力建设公司、山西省电力建设一公司、山西省电力建设二公司、山西省电力建设三公司、山西省电力建设四公司、江苏省电力建设第一工程公司、江苏省电力建设第三工程公司、浙江省火电建设公司、安徽电力建设第一工程公司、安徽电力建设第二工程公司、湖南省火电建设公司、西北电力建设工程有限公司、广东火电工程总公司、广东省电力第一工程局、云南省火电建设公司、广西水利电力建设集团有限公司、广西水电工程局。

(7) 中国能源建设集团工程研究院。

(8) 葛洲坝(北京)投资有限公司。

(9) 中国能源建设集团职工培训中心。

【体制改革】 一是整体改制取得积极进展。完成385家全民所有制企业尽职调查工作和115家全民所有制企业改制方案的审核。中国能建整体改制方案获得国务院批准。二是企业重组整合稳步推进。进行了18家企业的战略性重组整合。部分企业加大内部资源整合力度,优化了组织结构,减少了管理幅度。三是集体企业改革扎实推进。中国能建成为首批得到国有资本支持厂办大集体改革的6家中央企业之一。实施34户集体企业改革,已妥善安置集体职工985人,占集体职工总数的22%。四是职工投资企业规范工作深入开展。完成82户职工投资企业股权收购和39户职工投资企业的规范工作。五是三项制度改革不断深化。完善企业综合评价制度,充分发挥引导和示范作用,确立了第一批企业层级。严格控制用工总量,规范劳动用工管理,全年清理和规范劳动用工3500余人。健全薪酬分配机制,将效益工资与利润总额、营业收入、签约挂钩,较好发挥了激励约束功能。六是产权管理更加规范。全面完成产权重新登记工作,理清了各级产权关系,明确了国有产权管理边界。严格规范进场交易,在股权转让进场交易的基础上,着力推进实物资产处置进场竞价交易,保证资产处置的公开公平公正。通过产权基础工作和资产处置盘活,促进了国有资产保值增值和企业改革发展。

【国际合作与交流】 中国能建致力打造“两型两化”(科技型、管理型、国际化、多元化)、具有国际竞争力的工程公司,大力实施国际业务优先发展战略。所属单位已在65个国家设立了145个境外分支机构,在建项目700余个,业务领域涉及水利、水电、火电、电网、新能源、路桥、房建、市政、港航、铁路和供排水等十几个基础设施建设领域,初步形成多元化市场格局。2013年,中国能建国际业务签约同比增长25.9%,国际业务营业收同比增长16.7%。企业影响力和知名度不断提升,所属中国葛洲坝集团股份有限公司在全球最大250家工程承包商、全球最大250家国际工程承包商排名分别上升至第42位和第56位;中国电力工程顾问集团公司已连续10年进入美国工程新闻纪录250家最大国际(ENR)全球150家最大设计企业和设计企业行列,分别上升至第43位和第97位;荣列中国工程设计企业60强第2位。

中国能建积极开展多项外事活动和对外交流活动,全年共邀请外国人来华并发放邀请函145批,共350人次到集团公司访问。

中国能建所属单位继续保持与本行业国际组织的紧密合作,积极参加国际会议。先后参加第五次中美洁净煤技术研讨会、国际能源署洁净煤中心第六届洁净煤技术国际交流会议、国际能源署洁净煤中心执委会2013年第一次会议及FIDIC百年华诞年会。

中国能建所属单位依托国际项目积极与所在国高层政府开展交流活动。2013年2月,加纳总统约翰·德拉马尼·马哈马专程视察了由中国能建所属葛洲坝集团承建凯蓬供水扩建工程。6月,巴基斯坦新一届政府总理谢里夫视察由葛洲坝集团承建的尼鲁姆—杰卢姆水电工程。

中国能建所属单位还多次派员赴国外进行访问及国际市场环境考察,进一步打造中国能建国际品牌。

【中国电力工程顾问集团公司】

企业概况 中国电力工程顾问集团公司(简称中电工程)于2002年底在原国家电力公司所属中国电力工程顾问(集团)有限公司基础上组建,现为中国能源建设集团有限公司的全资子公司。

中电工程下属东北、华东、中南、西北、西南、华北六大区电力设计院和中国电力建设工程咨询公司、科技开发有限公司、北京洛斯达科技发展有限公司、新能源有限公司共10家全资子企业,注册资本6亿元。

中电工程是面向国内外市场,为政府部门、金融机构、投资方、发展商和项目法人提供电力工程一体化解决方案的服务商,主要从事电力规划研究、咨询、评估与工程勘察、设计、监理、工程总承包,电力项目投资与经营及相关专有技术产品开发等业务。

中电工程在电力勘察设计技术上处于国内领先地位。在百万千瓦级超超临界燃煤机组、核电常规岛、洁净煤发电、空冷机组、特高压交直流输变电设计等前沿技术方面具有国内领先优势。中电工程承担了全国电力市场分析、电能消纳、电源电网规划、西电东送、全国联网、电力产业结构优化升级等电力发展规划研究工作；完成了国内大量发电工程和输变电工程的勘察设计工作，承接了几十个国家的数百项电力工程。中电工程开创了“以设计为龙头的 EPC 建设模式”，完成中国首台 60 万 kW 级、100 万 kW 级机组电站等一批 EPC 总承包工程。中电工程在中国电力勘察设计行业的科研、标准化工作中发挥着主导作用，承担了全国约 90% 的电力勘察设计科研、标准化任务，承担着电力新技术研究和国外先进技术的引进、消化和创新等工作。

截至 2013 年底，中电工程在职人员 9140 人，其中勘察设计大师 11 人，历年享受政府特殊津贴的专家 117 人，高、中、初级专业技术人员 7523 人，取得各类注册执业资格的注册师 2121 人次。

2013 年，中电工程凭借良好的经营业绩，连续 11 年入选美国工程新闻纪录（ENR）国际排名，分列 2013 年全球最大的 225 家国际设计企业、全球最大的 150 家设计企业第 97 名和第 43 名，分别比 2012 年前进 11 名和 9 名。连续 9 年入选中国承包商和工程设计企业双 60 强，荣膺 2013 年“中国工程设计企业 60 强”第 2 名，并被主办方授予“中国建筑业行业标杆”荣誉称号。

领导班子

总经理、党组书记：吴春利

副总经理、党组成员：迟宝德

副总经理、党组成员、纪检组长：沈融

副总经理、党组成员、总工程师：张明光

机构设置 内部主要设有总经理工作部、人力资源部、财务与产权管理部、企业发展部、工程管理部、国际事业部、科技信息管理部、监察审计部、党群工作部、机关工会、资金结算中心、工程技术中心、规划研究中心、发电工程分公司、电网工程分公司、技术经济中心、工程技术中心、核电技术中心、IGCC 技术中心、空冷技术中心、高压直流技术中心、智能电网技术中心、电站冷却塔技术中心、信息技术中心。

主要经营指标 全年实现营业收入 173 亿元，同比增长 10.69%。实现利润总额 14.8 亿元，同比增长 4.8%。全年成本费用总额占主营业务收入比重 92.86%。技术投入比率 4.25%。实现经济增加值（EVA）9.97 亿元，同比增长 2.68%。

截至年底，中电工程资产总额 192.3 亿元，所有者权益 75.37 亿元，同比增长 12.55% 和 16.03%，确保了国有资产保值增值，中电工程综合实力稳步提升。

生产经营 全年完成新签合同 407.76 亿元，同比增长 25.19%，其中：国内 317.82 亿元，同比增长 19.05%；国际 89.94 亿元，同比增长 53.07%。

（1）勘察设计咨询业务。2013 年新签勘察设计合同 63.85 亿元，占全年新签合同额的 15.66%，与 2012 年基本持平。2013 年，中电工程国内签约 49.3 亿元，国际签约 14.5 亿元。中电工程签订 100 万 kW 级发电机组的可研项目 11 个 20 台，初设项目 9 个 17 台；60 万 kW 级发电机组的可研项目 16 个 26 台，初设项目 19 个 30 台；签订特高压交流项目 20 个，特高压直流项目 22 个。中电工程签署了福清核电 5 号和 6 号机组常规岛及 BOP 设计分包合同、巴基斯坦卡拉奇核电厂 2 号和 3 号机组常规岛设计和技术服务分包合同，国内外核电市场开发始终保持领先优势。

（2）总承包业务。全年新签总承包合同额 337.95 亿元，同比增长 33.24%，占全年新签合同额的 82.88%，连续 8 年占比超过 50%。其中国内签约 262 亿元，同比增长 29.71%；国际签约 75 亿元，同比增长 48.57%。签订火电项目 206.89 亿元，输变电项目 2.86 亿元，新能源项目 98.25 亿元，非电项目 29.05 亿元。着力开发大型 EPC 项目，签订了安庆电厂二期 2×100 万 kW 扩建工程、皖能铜陵发电有限公司六期扩建 2 号机组 1×100 万 kW 工程、中泰化学托克逊 2×33 万 kW 动力站等一批总承包合同。

（3）国际化步伐不断加快。2013 年国际业务合同额明显提升，占全年新签合同额的 22.05%，比 2012 年增长了 31.18 亿元。

主动完善国际市场开发运营组织体系，合理统筹海外机构布局，全年在海外成立了 16 个办事机构。加大市场前期开发力度，立项跟踪 88 个国际项目。

积极整合国际业务资源，在成功收购了立陶宛 ETI 公司股权，初步建立中东欧业务实施平台之后，收购俄罗斯 NEPDI 电力工程有限责任公司的工作正在进行之中。

增强独立开发国际市场能力，签订了格鲁吉亚风电场和光伏电站建设项目总承包、安哥拉输变电工程设计等项目合同。积极加强与国内窗口单位、国外重点国别大型电力企业的合作，签约坦桑尼亚 1×30 万 kW 电站设计、印度 2×30 万 kW CFB 电厂设计等多个项目。承接了伊拉克燃气联合循环电站等项目设计任务。

（4）新能源业务快速发展。中电工程在风电、太阳能发电等领域全面推进，全年签订新能源业务合同 100.57 亿元，同比增长 9.67%，占全年新签合同额的 24.66%。

承接华能西藏太阳能热发电工程和国家风光储输示范工程设计大型项目、华电江门分布式能源 2×11.5 万 kW 电站工程、中国第一个离网新能源项目——中广核青海玉树 7.2MW 光伏电站等项目设计任务。

全年签订风电总承包 84.85 亿元；太阳能发电总承包 13.4 亿元。其中国内总承包 75.39 亿元，国际总承包 22.85 亿元。

(5) 非电业务稳扎稳打。在风险可控的前提下，中电工程努力探索和开发非电业务市场。全年新签非电业务合同 29.55 亿元，占全年新签合同额的 7.25%。成功获得尼日利亚住房总承包项目，迈出了非电业务国际化的一大步。继续围绕工业、民用建筑等领域，开发专项市场，签订了市政道路总承包、工程勘察、地质灾害评估、工业生产基地设计等项目合同。

科技创新 科技研发组织体系不断健全。中电工程整合研发中心和技术中心资源，增强工程技术中心科技创新功能，优化完善管理模式。创新实践产学研有机融合模式，与河海大学联合成立“新能源研究中心”；与教育部、环境保护部、北京师范大学联合创建“中国绿色发展协同创新中心”；与中国科学院电工所合作组建“太阳能热发电工程设计研究中心”，开展了“风力发电和海水淡化联合技术研究及工程示范”等一批科技合作项目。修订了《科学技术奖励办法》和《技术成果评价规定》，启动了科技信息管理平台改造工作。

科技引领能力不断增强。全年共获得国家、省部级及行业各种科技类奖励 119 项；获得专利授权 198 项，其中发明专利 13 项；新增软件著作权 5 项，新增专有技术 17 项。“特高压交流输电关键技术、成套设备及工程应用”获得国家科技进步特等奖；“煤中取水高效褐煤发电工程技术研究”成果标志着在褐煤发电领域取得重大突破；“混合式凝汽器间接空冷排烟冷却塔技术研究及应用”等 10 项获得中国电力科学技术奖；“哈密—郑州±800kV 特高压直流工程可行性研究”等 16 项获全国优秀工程咨询成果奖；“火力发电厂数字化设计集成平台”等 11 项信息化成果获得省部级奖；“智能变电站应用技术研究及概念设计”等 21 个项目获得中国能建科技奖。

科技成果应用能力不断提升。“1000kV 晋东南—南阳—荆门特高压交流试验示范工程”等 6 个项目工程实践效益明显，荣获 FIDIC 百年工程提名。依托大唐淮北虎山项目，推进发电工程数字化设计应用，实现了设计全流程数据贯通。完成三维平台下相关程序开发和安庆总承包工程数字化电厂移交平台选型和应用。开发全国能源监测预警系统，为国家能源主管部门分析决策提供了有力的支撑。

企业管理 及时研究制订深入开展管理提升活动工作方案和重点工作安排，将管理提升活动同企业的生产经营紧密结合，逐级明确责任，推动了活动深入开展，形成了一批固化成果和长效机制，有效加强管理的制度化、流程化、信息化，提高了企业规范运行能力。认真落实降本增效的细化方案，进一步强化费用预算意识和成本责任意识。研究推进开源节流的方法和步骤，努力堵塞漏洞，不仅保持了增长，还有效控制了成本。

通过内部选调、外部招聘、人才引进等多种渠道，逐步完善人力资源配置，优化梯级人才结构。加强专家队伍和专业技术队伍的建设，推荐优秀人才参加国家、行业各类优秀专家评选 32 人次。举办中电工程第一期青年干部培训班、总部中层干部培训班，各种在职培训达 8300 人次。

制定《“三重一大”决策实施管理办法》，编制完成《2013 年集团公司全面风险管理报告》《内部控制手册》《内部控制自我评价手册》，基本完成以全面风险管理为导向的内控体系建设。优化预算管理流程，完善全面预算管理工作体系。完成货币资金管理办法等 11 项制度。设立了勘察设计和总承包资金集中使用专项账户，实现了按项目、分层次资金集中管理，有效规避资金风险。建立健全企业法律风险防范和监控机制，经济合同和重要决策法律审核把关率达到 100%。强化监督检查和效能监察，全年没有发生安全生产、质量、环保责任事故。

制定《涉密测绘地理信息安全管理实施细则》，完成了保密技术防护系统的安装与配备工作，进行保密和信息安全专项检查。进一步规范网站运行管理，进行中英文网站改版及《信息报送制度》《网站管理办法》修订工作。着力做好信访维稳工作，全年信访数量同比大幅下降。

党建工作 扎实开展党的群众路线教育实践活动。组织开展了以“走群众路线、促企业发展”为主题，以为民务实清廉为主要内容，以各级领导班子和领导干部为重点的党的群众路线教育实践活动。严格按照“学习教育、听取意见，查摆问题、开展批评，整改落实、建章立制”三个环节的要求，统筹兼顾，严格组织实施。组织召开高质量的领导班子专题民主生活会，认真查摆问题，开展批评与自我批评，狠抓整改落实，切实把教育实践活动成果转化为企业增长动力。

党建工作不断深化。加强基层党组织和党员队伍建设，把党的建设融入企业中心工作，认真开展创先争优活动总结。华北院等 3 个党委荣获中国能建“先进党委”称号；华东院机务部等 4 个党（总）支部荣获“先进党支部（党总支）”称号。华东院电网分公司荣获中央企业先进集体称号，康贺仁荣获中央企业劳动模范称号，肖钦等 3 人荣获中国能建劳动模范称号。

反腐倡廉建设深入推进。扎实开展反腐倡廉建设，及时贯彻落实党的十八大精神和中国能建反腐倡廉会议精神。不断完善党风廉政建设责任制实施办法、考核办法和责任追究制度，形成闭环管理。开展了反腐倡廉建设工作监督检查和廉洁教育，认真执行三项谈话制度。贯彻落实中央“八项规定”，旗帜鲜明地反对“四风”问题，制订相应措施，加强督促检查和效能监察，确保落到实处。规范出访活动，切实改进文风会风，坚持开短会、讲短话，提高会议效率，全年减少会议 36 次。精简文件简报，提高运转时效，全年减少文件简报 646 件。

主要事件

1 月 14 日，中电工程与河海大学签署共建新能源研究中心合作协议。新能源研究中心的建设任务是围绕风力发电、太阳能发电、海洋能发电及新能源综合利用等领域，建立长期合作新格局，将中心建设成为支撑中国新能源产业可持续发展的科学研究和人才培养基地。

1 月 18 日，国家科学技术奖励大会上中电工程参与完成的“特高压交流输电关键技术、成套设备及工程应用”项目获得 2012 年度国家科学技术进步奖特等奖。

1 月 29 日，波黑 Ugljevik Ⅲ 2×300MW CFB 燃煤电厂工程 EPC 总承包项目 EARLY WORK 合同签字仪式在北京举行。波黑 Ugljevik Ⅲ 2×300MW CFB 燃煤电厂是 Comsar 能源集团在波黑境内投资的一揽子项目中的关键工程，已被列入波黑国家重点建设项目，是中电工程目前在波黑承建的最大电力工程成套项目。

2 月 26～27 日，中电工程在京召开 2013 年工作会议暨一届五次职代会。会议深入贯彻落实中国能建 2013 年工作会议精神，在全面总结 2012 年各项工作和客观分析 2013 年面临的新形势的基础上，明确提出了中电工程 2013 年重点工作。

8 月 15 日，中国电力工程顾问集团新能源有限公司在北京正式挂牌成立，公司注册资本金 10 000 万元，成为中电工程旗下第 10 家全资子公司。

8 月 20 日，中电工程东北院联合上海机易电站设备有限公司和电力规划设计总院研发的重大科研课题“煤中取水高效褐煤发电工程技术研究”在京通过专家评审。评审结论指出：该技术创新性地提出了采用炉烟干燥、乏气水回收、风扇磨仓储式制粉系统的高效褐煤发电技术方案，全部工艺在锅炉岛内完成，流程简洁清晰，国际首创，拥有整体自主知识产权。

9 月 10 日，中电工程与 Comsar 能源输配电公司共同开发波黑塞族共和国电网工程的框架合作协议签字仪式在波黑塞族共和国首府班加卢卡举行。本次框架协议的签署标志着双方的合作进入到更高层、更深入的新阶段。

9 月 10 日，中电工程与波黑塞族共和国重点基础设施建设项目战略合作协议签字仪式在波黑塞族共和国首府班加卢卡总理府举行。此次战略合作协议的顺利签署标志着双方建立了更为紧密深入的合作关系。

9 月 10 日，中国能建党委常委、中电工程党组书记、总经理吴春利一行在波黑塞族共和国首都班加卢卡总统府拜访了波黑塞族共和国总统米洛拉德·多迪克。双方就塞族共和国能源、电力等基础设施建设领域的合作发展等内容进行了会谈。

9 月 24 日下午，中国能建党委常委、中电工程党组书记、总经理吴春利在中电工程总部会见到访的波兰前总理瓦尔德马·帕夫拉克（Waldemar Pawlak）一行。双方主要就中电工程同波兰政府及企业的合作等进行了交流探讨。

12 月 31 日，甘肃华电敦煌 40MW、民乐一期 9MW、民乐二期 50MW、阿克塞 9MW 并网光伏发电项目 EPC 总承包合同签字仪式在北京举行。根据合同，中电工程所属新能源公司分别与咨询公司和华东院组成联合体承担四个项目的设计、设备采购、建筑安装及调试工作。

中国核能电力股份有限公司

【企业概况】 中国核能电力股份有限公司（简称中国核电）是中国核工业集团公司（股比 97%）、中国长江三峡集团公司（股比 1%）、中国远洋运输（集团）总公司（股比 1%）、航天投资控股有限公司（股比 1%）共同出资设立的股份制公司。经营范围涵盖核电项目的开发、投资、建设、运营与管理，核电运行安全技术研究及相关技术服务与咨询业务。拥有控股子公司 13 家，包括中核运行等，以及 12 家核电项目公司（包括秦山一核、秦山二核、秦山三核、江苏核电、三门核电、福清核电、海南核电、辽宁核电、三明核电、桃花江核电、河南核电、漳州能源），平股公司 1 家（中核浙能），参股公司 1 家（山东核电）。

【组织机构】 中国核电 2013 年组织机构图见图。

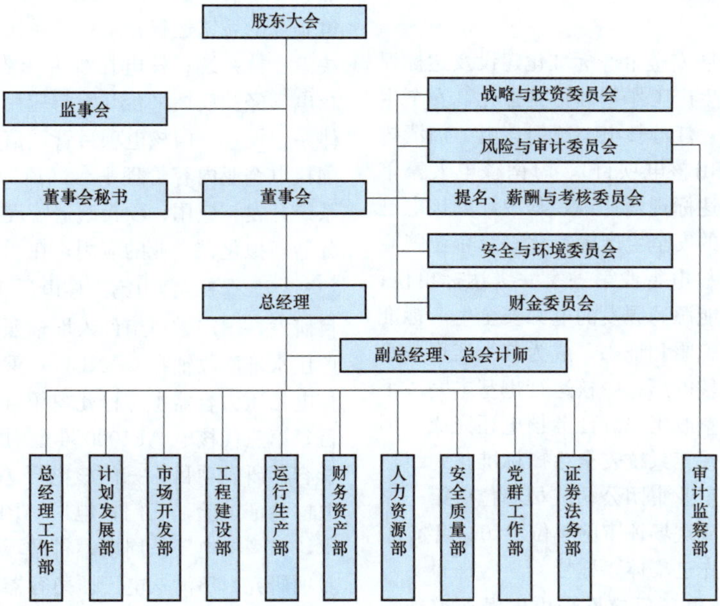

中国核电 2013 年组织机构图

【经营管理】

1. 生产经营

2013 年中国核电生产经营数据见表 1。

表 1　2013 年中国核电生产经营数据

指标名称	单位	指标	
		2012 年	2013 年
可控发电装机容量	万 kW	651.6	651.6
其中：核电	万 kW	651.6	651.6
可控发电装机的发电量	亿 kWh	508.75	512.77
权益发电装机容量	万 kW	343.26	334.30
其中：核电	万 kW	342.256	333.576
权益发电装机的发电量	亿 kWh	269.76	262.64

注　1. 为加强与浙江省的战略合作，2013 年秦山一期增资扩股引入浙能电力。增资控股后，中国核电、浙江电力分别持有秦山一期的 72% 和 28% 的股权。2013 年预算中未考虑秦山一期股改工作。

2. 秦山一期核电机组额定功率按照 31 万 kW 计算。

2. 业务发展

中国核电主营业务是发电和工程建设管理，上下游无其他产业。

从核电站技术研发和品牌创立、到核电工程建设总承包，再到燃料元件的生产、核电厂址资源的前期开发、乏燃料后处理等，中国核电的上下游供应商基本都来自中国核工业集团公司（简称中核集团）。未来中国核电将着力打造以下核心竞争力：技术安全经济性领先水平；管理规范化、标准化水平；管理模式与管理标准输出能力；关键岗位人才储备水平；厂址资源开发与储备水平；供应链管理能力，成本控制能力，战略同盟组合能力；大规模投融资能力；市场营销能力与品牌影响力。

【电力安全管理】　2013 年，中国核电各运行核电厂和核电工程项目安全管理、质量保证、环境保护、应急准备等管理体系运作良好，未发生 INES1 级及以上事件，未发生重大安全质量事故、重大火灾事故、环境污染事故及放射性超标排放事件，安全环保设施“三同时”（同时设计、同时施工、同时投产使用）执行率达到 100%，特种作业人员持证上岗率达到 100%。

完善并推进安全总监巡查工作。发布了《安全总监巡查年度计划》《安全总监巡查工作细则》，按照巡查计划组织开展了对中核运行和江苏核电的运行机组，以及方家山、福清、三门、昌江等核电工程项目的安全总监巡查工作。

中国核电各成员单位的日本福岛事故后整改工作总体进展顺利，运行电厂实体整改工作基本完成，其余项目正在按计划开展整改工作，整改项目完成进度基本符合国家核安全局的要求。

中国核电各成员单位在质量管理方面取得了突出的成绩。中核运行被中国质量协会授予全面质量管理知识普及教育先进单位的荣誉称号；江苏核电在“第十三届全国追求卓越大会”上荣获中国质量协会颁发的“全国质量奖”和“全国实施卓越绩效模式先进企业”，成为全国核电行业迄今为止唯一一家获此殊荣的企业。

中国核电通过开展安全生产标准化建设及达标评审，各成员单位安全生产工作基础得到强化，安全生产管理水平得到提升。江苏核电、三门核电、福清核电、秦山核电（方家山核电项目）、海南核电五家单位已完成常规岛一级达标现场评审，其中江苏核电已获得国家能源局颁发的安全生产标准化一级企业牌匾及达标证书，是国内核电行业第一家一级达标单位；福清核电已获得国家能源局颁发的电力安全生产标准化一级工程建设项目牌匾和证书，成为首个实现一级达标认证的全国在建核电厂；中核运行也基本完成了安全生产标准化自评整改工作。江苏核电还完成了国家科工局系统组织的军工系统安全生产标准化一级达标评审，成为中国核工业集团公司成员单位中第一家依据集团公司标准完成现场评审的单位。2013 年，中国核电获“中央企业先进集体”称号。

【科技成果】 田湾核电厂反应堆壳内电缆通道绝缘技术开发及新型 1E 级电缆连接装置研制，获中核集团二等奖、中国核能行业协会三等奖、全国电力行业设备管理一等奖、全国电力职工技术成果二等奖、连云港市一等奖；田湾核电厂反应堆压力容器辐照监督样品盒切取装置验证及性能优化和改造，获中核集团二等奖、中国核能行业协会三等奖；田湾核电厂 VVER 机组一回路硫酸根升高原因查找及控制工艺，获中核集团二等奖；田湾核电厂换料机在线燃料组件破损检测系统技术开发及应用，获中核集团三等奖；田湾核电厂改进调节阀模件抗干扰能力试验，获中核集团三等奖；提高主泵径向止推轴承运行可靠性自主化创新与应用，获中国核能行业协会二等奖、全国电力职工技术成果三等奖、连云港市科学技术进奖二等奖；田湾核电厂 WWER 反应堆压力容器检验技术研究，获中国核能行业协会二等奖；新型凝汽器泄漏监测装置的研制与应用，获中国核能行业协会三等奖；田湾核电厂蒸汽发生器在役传热管寿命评估，获中国核能行业协会科学技术奖、三等奖；俄罗斯型核电厂专用焊接材料国产化替代研究，获中国核能行业协会三等奖；AP1000 核电厂设备可靠性分级与应用，获中国电力设备管理协会一等奖；福清核电福岛后改进项安全壳内消氢及氢气连续监测系统设备管理，获第四届全国电力行业设备管理创新成果奖（技术奖）二等奖；秦山第三核电厂利用核电重水堆生产钴 60 技术研发及产业化工程，获一等奖；重水堆核电厂生产钴－60 同位素设计技术，获上海市科学技术奖三等奖；秦山第三核电厂中国首座乏燃料干式贮存设施，获中国核能行业协会科学技术奖二等奖。

【信息化成果】 财务业务一体化管控系统；基于核电企业的系统运行档案管理系统；江苏核电有限公司决策支持系统；核电在线生产数据分析和展现系统；核电厂经验反馈平台开发与应用；信息技术服务管理体系建设；三门核电项目管理信息系统（SPMS）；中国核电企业内容管理平台（ECM）；核电厂在役检查系统开发与应用；项目改造管理系统；IBM Power 服务器虚拟化在企业的应用；在线学习管理系统。

【重大工程】 秦山第二核电厂 1、2 号机组长循环项目研发，国产燃料组件入堆辐照考验，秦山第三核电厂压水堆回收铀在 CANDU-6 重水堆全堆应用，三门核电站压力容器主螺栓孔视频自动检查仪联合研发项目，第三代核电 AP1000 堆型中等水平放射性废物处置容器研发项目，三门核电厂 AP1000 堆型烟囱单点取样验证试验，三门核电厂 AP1000 屏蔽主泵维修技术，田湾核电厂长周期燃料循环和新型燃料组件引入专项研究，田湾核电厂压力容器辐照监督，换料机控制系统优化，田湾核电厂 1、2 号机组严重事故管理导则 SAMG 开发，田湾核电厂 1、2 号机组提升功率专项研究，利用首炉堆芯备用燃料组件提高反应堆燃料安全性的办法，福清核电厂 1、2 号机组提高换料燃料富集度项目论证，福清核电厂低功率和停堆工况 PSA 的优化，福清核电厂福岛事故后改进项安全壳内氢气监测系统改进，ARABELLE 型汽轮机转子主轴环焊缝在役超声检测技术开发，中国核电 N1-EAM 海南推广项目，中国核电 N1-ECM 一期项目，中国核电 N1-ERP 项目建设筹备。

【国际合作】 2013 年，WANO 主席、WANO 莫斯科中心主席分别来访，分别表达了对中核集团核电发展的关注。

8 月 1 日，中核集团副总经理俞培根率团赴俄罗斯与 ROSATOM 集团公司副总经理科马洛夫举行了工作洽谈。这是中核集团与 ROSATOM 集团公司第二次联合工作组会议，旨在探讨并扩大两集团在核能领域的项目合作。

11 月 13 日，日本海外电力调查会代表团 2013 年度协商会议在海盐召开。代表团在华期间与中国核电商谈了 2014 年度交流项目，并听取中国核电关于 2012 年度访日研修和访华项目交流的成果介绍。

11 月 25 日，中国核电与 SAP 公司举行高层会晤。中国核电陈桦总经理会见了德国 SAP 公司全球高级副总裁、中华区总裁 Mark Gibbs 先生一行。双方就中国核电 N1-ERP 项目进行了深入交流，同时表达了双方在后期加强合作的意愿。

2013 年，中国核电加入的国际组织及参加的活动见表 2，参加的国际展览见表 3。

表 2　加入的国际组织及参加活动情况

序号	2013 年加入的国际组织名称（中/英文）	2013 年参加活动	加入单位
1	美国电力研究院（Electric Power Research Institute，EPRI）	（1）NMAC（核电维修应用及设备管理）、NDE（在役检查）两个模块的有关技术交流。（2）联合举办技术研讨班	中国核能电力股份有限公司
2	法玛通业主集团（Framtome Owners Group，FROG）	（1）FROG 运行程序工作组第 15 次会议。（2）FROG 第十八届蒸汽发生器技术委员会会议。（3）FROG 第 10 届风险监测器工作组会议。（4）FROG 第 11 届大修优化工作组会议。（5）FROG 第 45 届执行委员会会议	中国核能电力股份有限公司（中核核电运行管理有限公司）
3	世界核营运者协会（WANO）	WANO 理事会议 3 次，WANO 东京中心理事会 2 次，并组团参加了 WANO 双年度大会	中国核能电力股份有限公司

注　加入单位含公司总部及其下属单位。

表 3　2013 年中国核电参加的境内外国际展览

序号	展览名称	主办方	举办时间	举办地点	参展企业
1	第十届中国国际核电工业展览会	中国核能行业协会	5 月 23～25 日	上海世博展览馆	中国核工业集团公司
2	2013 年俄罗斯国际核工展	俄罗斯原子能工业协会	6 月 26～29 日	俄罗斯圣彼得堡	中国核工业集团公司
3	中国海峡项目成果交易会	福建省发展改革委	6 月 18～21 日	福建福州	中国核工业集团公司

注　“参展企业”指参加展览活动的公司总部和下属单位。

国投电力控股股份有限公司

【企业概况】　国投电力控股股份有限公司（简称国投电力公司），英文名 SDIC Power Holdings Co.，Ltd，前身是中国石化湖北兴化股份有限公司（简称湖北兴化），主营业务为石油化工。国投电力公司是由湖北兴化与国家开发投资公司（简称国投公司）于 2002 年进行资产置换后变更登记设立的股份有限公司，主营业务变更为电力的生产和供应。至此，国投公司成为国投电力公司第一大股东。

国投电力公司成立于 1995 年 5 月 5 日，是国务院批准设立的国家投资控股公司和中央直接管理的国有重要骨干企业之一，注册资本 194.7 亿元，截至 2013 年末，资产总额 3481 亿元。2013 年实现经营收入 986 亿元，利润 115 亿元。在国务院国资委年度业绩考核中，连续 9 年获得 A 级，并在连续 3 个任期考核中成为“业绩优秀企业”。

截至 2013 年底，国投电力公司控股投资企业及国投公司委托国投电力公司管理的电力企业共计装机规模 2721.3 万 kW，其中水电 1252 万 kW，火电 1409 万 kW，风电、光伏发电等新能源 60.3 万 kW。

截至 2013 年底，国投电力公司及国投公司委托国投电力公司管理的电力企业共计资产总额 1838 亿元，经营收入 366 亿元。实现利润 73 亿元，同比增长 130%。

2013 年度国投电力公司新投产装机容量 603 万 kW，其中雅砻江水电 540 万 kW（包括锦屏一级 240 万 kW、锦屏二级 240 万 kW、官地 60 万 kW）、国投伊犁 33 万 kW、国投盘江 30 万 kW。在建装机容量 771.8 万 kW，其中火电 332 万 kW，水电 420 万 kW，新能源 19.8 万 kW。

2013 年内国投电力公司新核准装机容量 332 万 kW，分别是国投北疆（2×100 万 kW）和新疆哈密项目（2×66 万 kW）；还获得湄洲湾二期（2×100 万 kW）、盘江二期（1×30 万 kW）、牙根一级（4×6.5 万 kW）、牙根二级（4×27 万 kW）、孟底沟（4×60 万 kW）、卡拉（4×24，5 万 kW）等项目的“路条”

以及哈密风火打捆送出 60 万 kW 风电的开发权。

【领导班子】

董事长：胡刚

总经理：黄昭沪

副总经理：金锋、曲立新、李俊

董事会秘书：杨林

总法律顾问：敬山

总经济师：赵风波

【组织机构】 国投电力公司设有综合部（法律事务部）、人力资源部、计划财务部、业务发展部、生产经营部、安健环管理部、燃料管理部、证券部、监审部、雅砻江项目部等 11 个职能部门，拥有投资企业 33 家，其中全资企业 12 家、控股企业 15 家及参股企业 6 家。国投电力公司 2013 年组织机构见图。

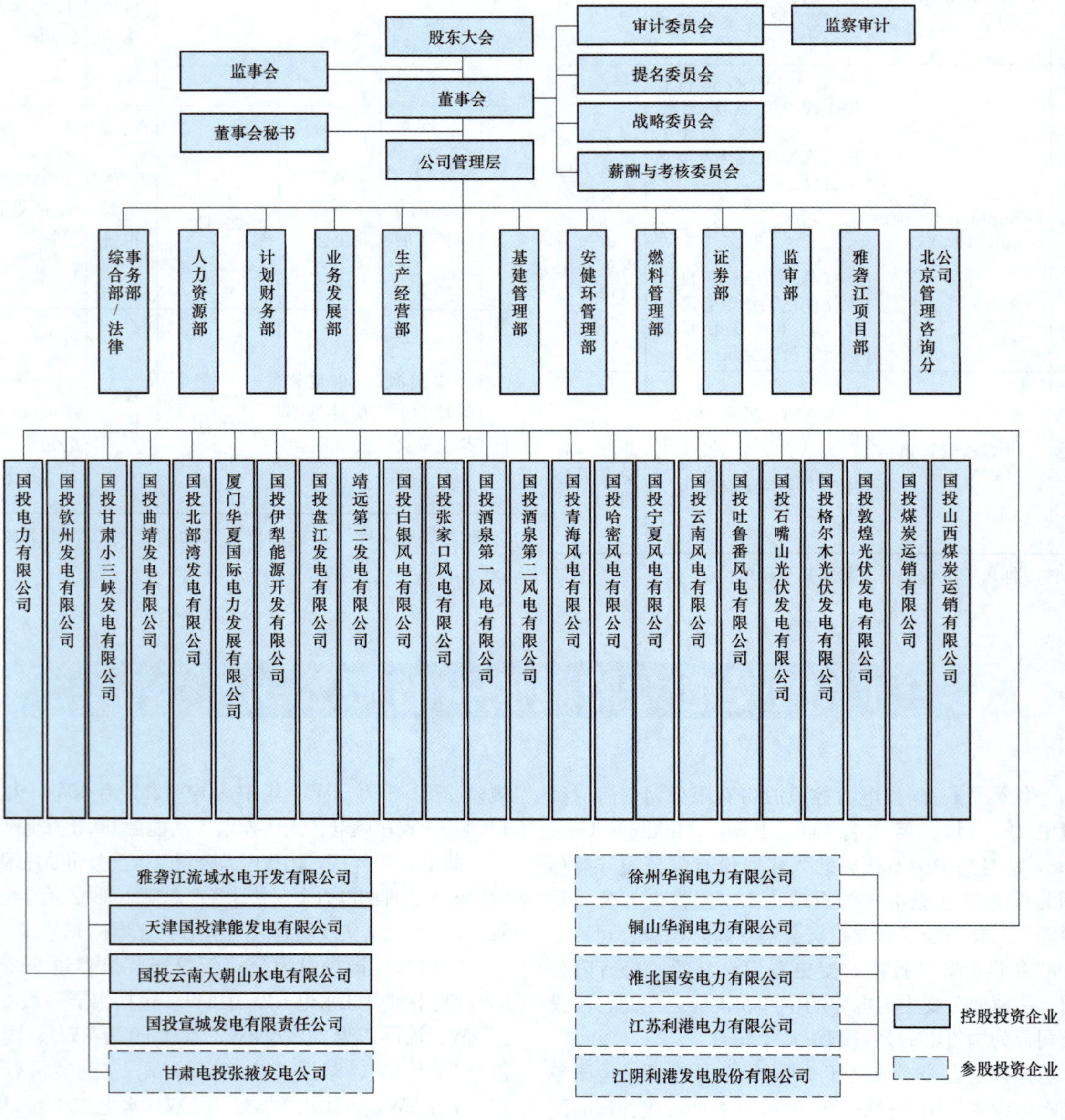

国投电力公司 2013 年组织机构图

【经营管理】 安全生产体系建设进一步夯实。全年安全生产形势稳定，未发生一般及以上人身伤亡责任事故。推进安全生产标准化与 NOSA 体系建设，加强节能减排和技术改造。截至 2013 年年底，共有 11 家投资企业达到安全生产标准化一级，7 家企业达到二级；二滩电厂成为全国首家获 NOSCAR 级认证的企业，9 家企业获 NOSA 五星级认证。

节能减排形势良好，年度节能减排各项指标创历史最高水平。其中供电煤耗 320g/kWh，二氧化硫排放量 2091 万 t。年内公司各投资企业共有 10 台机组完成脱硝改造，6台机组完成电除尘改造以及2台机组完成脱硫改造。国投北疆电厂完成2号机组凝结水泵变频技术改造，年节约标准煤1632t。敦煌光伏二三期、哈密风电和青海风电分别在1月29日、2月5日和2月7日获联合国批准注册为CDM项目。至此国投电力公司已开展的新能源CDM项目注册成功率100%，并且全部在《京都议定书》第一期结束日（2012年12月31日）之前完成注册。这意味着国投电力公司所有CDM项目所产生的碳减排量均可以在国际最大碳减排市场——欧洲市场进行交易。

电力营销保持成效，应对社会用电需求持续低迷的不利形势，各企业加大营销力度，积极与电网公司沟通，大力开拓外送电量、直供电量、替代电量等市场电量，努力提高发电利用小时，从而使公司完成利润目标得到了保证。在全国性电价调整中，雅砻江水电电价保持了原有水平。全年电力板块获得脱销电价补贴、除尘电价补贴等各类财政优惠1.63亿元。

加强燃料管理，严控燃料成本。积极开展配煤掺烧，嵩屿电厂全年印度尼西亚煤采购同比增长45%，节省燃料成本9000万元；钦州电厂通过印度尼西亚煤采购，同比节约燃料成本1100万元；北海电厂下半年通过掺烧神华煤，入炉标准煤价格下降40元/t。

基建管理工作再上新台阶，积极开展基建项目集中采购工作，全年完成9个项目，19各批次共171个标段的集中此案够招标工作，总概算134.32亿元，节省投资25.68亿元。雅砻江锦屏水电枢纽工程锦屏山隧道工程获得第十一届“中国土木工程詹天佑奖”。

国投电力公司改善资本结构，拓展融资渠道，实现经营自我良性循环。年内完成15亿元私募债的发行，节省财务费用6000万元。年内完成34亿元可转债转股和提前赎回工作，转股率达到99.7%，有效降低公司负债水平。11月22日，中国证监会印发《关于核准国投电力控股股份有限公司公开发行公司债券的批复》（证监许可〔2013〕1477号），核准公司向社会公开发行面值不超过35亿元的公司债券。12月2日，公司重新调入上证180指数，巩固了市场形象。

随着专业化管理水平的提高，制度建设进一步加强。国投电力公司出台印发了《国投电力管理制度汇编》，固化了涵盖三级构架、159项制度流程的内控体系。

【发展战略】 重点开发水电，优化发展火电，稳妥发展新能源，加强节能减排与技术创新，确保公司持续健康稳定发展。

火电：一是利用沿海经济发达、抗风险能力强的优势，布局大容量、高参数火电机组。二是合理扩建，实现规模效益。三是利用西部资源优势，落实消纳能力，布局煤电一体化项目及资源综合利用项目。

水电：有序推进雅砻江中上游开发，形成投产、在建、核准、前期准备的良性滚动开发态势。

新能源：争取资源条件好、送出有保障的新能源资源，根据政策和市场择机开发建设。

地区电力

华 北 地 区

【国家能源局华北监管局】

基本情况 根据《中央编办关于国家能源局派出机构设置的通知》和《国家能源局派出机构主要职责内设机构和人员编制规定》，2013年11月21日，原国家电力监管委员会华北监管局变更为国家能源局华北监管局，12月10日正式挂牌。国家能源局华北监管局（简称华北能源监管局）是国家能源局在华北区域的派出机构，负责北京、天津、内蒙古（西部地区）、河北等四省（区、市）的能源监管工作。

华北能源监管局接受国家能源局的垂直管理，依据法律法规的规定和国家能源局的授权履行区域能源监管职能。主要职责是：①监管电力市场运行，规范电力市场秩序；②监管电网和油气管网设施的公平开放；③监管电力调度交易，监督电力普遍服务政策的实施；④负责电力等能源行政执法工作，依法查处有关违法违规行为，监督检查有关电价；⑤负责除核安全外的电力运行安全、电力建设工程施工安全、工程质量安全的监督管理以及电力应急和可靠性管理，依法组织或参与电力事故调查处理；⑥负责组织实施电力业务许可以及依法设定的其他行政许可；⑦负责协调有关跨省、跨区能源监管业务；⑧负责法律法规授权以及国家能源局下达或交办的有关事项监管。

华北能源监管局内设综合处、市场监管处、行业监管处、电力安全监管处、资质管理处、稽查处、监察室（机关党委）7个部门和天津、河北、内蒙古3个业务办公室。

华北能源监管局现任领导：党组书记、局长李廷勇；党组成员、副局长杨子江、张学先。

主要工作

（1）华北能源监管局揭牌。12月10日上午，国家能源局党组成员、纪检组长戴晓曙同志莅临华北局指导党组民主生活会，同时为国家能源局华北监管局揭牌。

（2）市场监管。

1）持续推进电力市场化体制机制改革。做好内蒙古电力多边交易市场建设和运行工作。制定《京津唐电网并网发电厂调峰辅助服务补偿实施细则（修订稿）》并组织模拟运行。

2）积极参与内蒙古电力综合改革试点文件起草。主持起草试点方案框架，并对电力体制综合改革试点面临的风险进行深入分析，对改革可能面临的电力运行机制转变风险、电网企业职工稳定风险和社会舆论风险等主要风险进行详尽阐释，并提出了初步解决方案。

3）完善“两个细则”考核管理机制。修订《华北区域风电场并网运行管理实施细则（试行）》，通过市场机制引导风电企业加强自身管理。及时审核、发布“两个细则”月度结算情况，确保“两个细则”结果的公开、透明。

4）研究制订大规模风电上网消纳方案。制定短、中、长期相结合的《风电大规模消纳工作方案》《冀北电网实施大规模风电消纳示范工程方案》；开展可再生能源全额保障性收购专项监管。

（3）电力安全监管。

1）组织开展电力安全生产大检查。深化隐患排查治理工作，印发《华北电监局关于2013年度华北区域电力安全生产大检查工作情况的通报》，提出整改问题494项。

2）切实保障重大活动期间电力安全，完成迎峰度夏安全监管。确保了全国“两会”、十八届三中全会、第六届东亚运动会等重大活动期间首都北京及华北区域的电力安全，北京全年重大活动保电达313天。

3）扎实开展四项安全监管专项工作。扎实深入开展燃机运行安全专项监管，电网安全风险管控专项监管，防范电力生产、建设施工人身伤亡事故专项监管工作及区域内贮灰场的检查工作。

4）启动电力一次系统抵御自然灾害能力建设专题研究。针对华北电网特别是京津唐地区主网架系统遭受自然灾害的深层次原因，从防灾、抗灾、灾后恢复等方面提出华北电网电力一次系统在规划设计、建设施工、运行管理、应急管理等环节中的综合技术措施和管理措施，以提高华北电网主网架系统抵御自然灾害的能力。

（4）电力业务许可。

1）积极探索开展省级调度发电企业的发电许可制度综合评价工作。细化电力建设工程备案流程，督促企业严格遵守各项监管规章。

2）建立风电许可考核制度。对风电企业未及时取得许可、未及时开展备注整改的进行电费考核，切实解决风电申办发电许可不积极的难题。

3）启动超期服役机组评估工作。按照火电机组寿命评估导则，研究建立超寿命运行机组的许可延期制度。

4）成立工程协会促电力施工市场健康发展。积极推动北京、天津、内蒙古、河北四地相继成立电力工程协会，印发《关于华北区域各电力工程协会业务工作的指导意见》，进一步明确了协会的业务范围，为其下一步工作提供了政策依据。

（5）电力稽查。

1）继续做好12398投诉举报热线接听处理，完善12398工作制度及信息分析制度。保证重要节日和重大活动期间24小时人工值班。全年记录12398投诉举报共52 865人次，处理有效信息3360件。实施12398和95598联动制度；通过约谈、调解、核查、责令整改、通报等方式，加大投诉举报事项处理力度。全年共处理涉及供电质量、供电服务、电费结算等方面投诉举报事项69件，全部按照处理时限办理完毕，办结率达到100％。

2）进一步深化用户受电工程市场开放情况专项监管。掌握市场开放现状，针对调研发现的主辅分离不彻底、业扩报装档案管理不规范、多经企业市场占有率偏高等问题，提出针对性的监管建议。

3）推进保障性安居工程电力供应与服务工作。先后与北京、天津、内蒙古等省（区、市）住建厅、电力公司联合下发通知，建立常态沟通机制和联席办公制度，积极组织协调保障性住房建设过程中遇到的供电难题。

4）圆满解决内蒙古无电人口通电问题。落实国家能源局《全面解决无电人口用电问题三年行动计划（2013～2015）》，11月20日，蒙西地区圆满完成无电地区全面通电任务，全年解决无电户9708户，涉及用电群众33 978人。

（6）大气污染防治行动。一系列监管措施促进实现北京市发电企业二氧化硫、氮氧化物、烟尘排放绩效平均值分别达到全国最低值。坚决贯彻国家大气污染防治行动计划，按照《京津冀及周边地区落实大气污染防治行动计划实施细则》要求，积极做好区域内各省（区、市）电力供需形势预警预测，开展电力调度专项监管；完善监管措施治理弃风、弃光问题，在更大范围内优化协调电量平衡方案，促进冀北、内蒙古风（光）电的跨区域消纳；制订相应措施努力提高高效环保机组利用小时数；督促燃煤电厂按时完成脱硫脱硝、除尘设施改造和投运计划；利用燃煤机组污染排放在线监测系统，强化对燃煤机组污染物排放的日常监管；针对北京机组“煤改气”后可能带来的各种隐患提出专业监管建议。

【国家能源局山西监管办公室】

基本情况 国家能源局山西监管办公室（简称山西能源监管办）是国家能源局在山西省设立的派出机构，成立于2006年5月，内设综合处、市场监管处、行业监管处、电力安全监管处、资质管理处、稽查处等6个职能处室。2013年，根据国家能源局机构调整要求，原“国家电力监管委员会山西电力监管专员办公室”更名为“国家能源局山西监管办公室”（简称山西能源监管办）。

主要工作

（1）全力保障电力安全稳定供应。把电力安全监管作为首要的政治任务和全年的工作主线，及时贯彻国家能源局和山西省政府指示精神，落实安全生产主体责任，扎实开展专项安全监管行动，健全完善应急管理体系，落实重大活动保电机制，深入开展宣传培训工作，配合推进电力设施保护工作。全年未发生电网大面积停电事故，继续保持了全省电力安全生产形势总体稳定。

（2）加强电力市场运行监管。密切关注发电经营、电煤储运、电网运行和电力供需情况，深度分析电力运行形势。同时完善考核管理，建立经营分析制度；建立《山西省火电机组深度调峰交易办法》，有效避免弃风；制订《山西省发电权交易规则（试行）》《山西省电力用户与发电企业直接交易规则（试行）》《山西送华中特高压电能交易基本规则》三个规范市场秩序文件，探索市场化交易方式，营造了公平的市场环境。

（3）提升电力公共服务水平。始终把提升电力公共服务水平放在重要位置，扎实开展供电常态监管及业扩报装行为监管，制定《山西省居民用电服务质量监管实施细则（试行）》，大力推进居民用电直供到户改造和人民群众用电满意工程，及时处理电力投诉举报事项，有效促进供电服务水平和质量不断提升，保障人民基本用电权益，促进市场公平无歧视开放。山西省2013年全面实现无电人口通电，共解决87个村（均为自然村）992户3245人的用电问题，彻底告别“无电户”时代。针对小区合表用电存在的诸多问题，联合相关部门广泛调研、征询各方意见，制订实施方案，大力推进居民用电“一户一表”直供到户改造。

（4）积极服务转型综改试验区建设。积极贯彻落实省委省政府关于综改试验的有关精神，制订《山西电网燃煤机组备用管理及有序调停实施办法（试行）》《山西省抽水蓄能电站运行管理实施细则》和《山西省风电场样板机选定办法（试行）》等规则，重点加强对系统运行方式、电力调度、电网规划、风电消纳、低热值煤发电、监管统计等方面的监管，为综改试验区建设提供坚强电力支撑。

（5）强化市场准入和后续监管。不断完善电力市场准入制度，健全管理职责，推进许可工作实现制度化、规范化、程序化。加强对持证企业的信息管理，规范电工进网作业许可，加强工程领域监督管理，专题研究历史遗留的审批核准手续不完善机组，强化了许可的后续监管。全年完成新颁发发电类许可证20家；新颁发承装（修、试）电力设施许可证24家；新颁发电工进网作业许可证6297个和其他变更、注册、豁免等若干。

（6）扎实推进电力行业节能减排。为落实“十二五”大气污染防治工作，实现“绿化山西、气化山西、净化山西、健康山西”的目标，山西能源监管办加强电力行业节能减排工作的组织和监管，优化节能调度，扩大发电权交易，开展机组能耗对标管理，全省供电煤耗下降6g/kWh，全年节约原煤近260万t；会同相关部门对14家火电企业的脱硝设施和在线监测系统组织了验收；开展在线监测系统运行情况专项督查，不断增强烟气在线监测系统运行监管。

【国家能源局山东监管办公室】

基本情况 国家能源局山东监管办公室（简称山东能源监管办）于2013年12月2日正式挂牌成立。

机构设置 内设综合处、市场监管处、行业监管处、电力安全监管处、资质管理处和稽查处。

现任领导 山东能源监管办党组书记、专员郑玉平；山东能源监管办党组成员、副专员付海波；山东能源监管办党组成员、资质管理处处长孙永成。

主要工作

（1）电力安全监管。扎实开展安全生产大检查。先后开展了安全生产大检查、迎峰度夏、迎峰度冬等4次综合检查和“两会”、十艺节、十八届三中全会等3次保电专项督查，深入全省67家电力企业和电力建设施工现场，查出各类隐患1500多项，对涉及的57家单位下达了整改通知书，对5项重大隐患实施挂牌督办，对3家安全管理不力、事故隐患较多的企业进行了约谈，强化了安全主体责任的落实，确保了重要时段、重大活动期间电力安全稳定。

针对重点安全领域，开展了防范人身伤亡事故、电网安全风险管控、燃气发电机组运行安全和电力工控信息安全等4个专项监管工作，完善了管理制度和措施，有效治理了隐患，提高了电力安全生产水平。

完成了13家发电企业、1家供电企业一级安全标准化达标创建，12家发电企业完成了二级安全标准化创建，15家发电企业完成了三级安全标准化创建。

在原来对统调大机组实施并网安评的基础上，为提升小机组的安全运行水平，2012年山东能源监管办专门制定出台了《山东省50MW以下发电机组并网安全性评价标准》，将地调、县调小火电机组纳入并网安评范围，全年共对35家发电企业、64台机组实施了安评，有力保障了电网安全稳定运行。

完成防范人身伤亡事故安全监管课题。针对全国电力系统历年来发生的人身伤亡事故进行统计分析，研究事故发生规律，圆满完成了国家能源局交办的防范电力人身伤亡事故课题，编制了《全国电力生产、建设人身死亡事故统计报告（2005～2012）》，制定了《关于防范电力人身伤亡事故的指导意见》，已由国家能源局正式下发，在全国执行。

山东省电力安全生产保持了持续稳定局面，全年未发生较大及以上电力人身伤亡和电力设备事故，未发生电力安全事故，未发生对社会造成重大影响的事故。

（2）电力市场监管。对“两个细则”的调峰补偿、临时检修、自动化设备管理和免考核项目设置等13条18款内容进行了修订和完善，优化了“两个细则”的考核与补偿，调动了发电企业加强管理、提供服务的积极性。1～11月份，全省共发生辅助服务补偿费用2.32亿元，同比降低9.38%，并网运行考核费用1.17亿元，同比增长82.81%，发电机组的调峰能力和运行可靠性明显提高，为保障电网安全稳定运行奠定了基础。组织开展了《风电场并网运行管理细则》实施工作，对部分早期建设风电场存在的设备、技术缺陷进行分析论证，制订了专门的管理措施；指导建成了风电运行考核与结算系统，组织实施了试运行。对“两个细则”实施情况进行了全面分析，编制发布了2012年和2013年上半年《山东省发电厂辅助服务与并网运行管理情况通报》。

积极推进发电企业与用户电力直接交易工作。按照省政府部署，作为牵头部门会同有关部门研究制定了《山东省电力用户与发电企业直接交易试点工作方案》和《山东省电力直接交易规则》。完成全省输配电价的测算并提出了初步意见。

以电量计划执行和发电权交易为重点，加强交易合规性审查，加大交易信息披露力度，完成发电权交易43亿kWh，机组发电量计划执行进度、偏差均在规定范围，保证了发电市场的公平、公正。加强发电机组转商业运营管理，严格审核机组建设、调试、并网制度落实情况，完成6台发电机组、1个风电场转商业运营手续，分配新机调试差额资金1523万元。认真落实厂网联席会议制度，召开了两次厂网联席会议，对会前征集的议题进行了研究讨论，提出了处理意见，发挥了议事协调功能，促进了厂网交流，协调了厂网关系。

对发电企业自建电源项目配套送出工程进行全面统计和分类梳理，监督电网企业落实回购政策，完成了3个送出工程、4428万元资产的回购工作，1个工程进入资产审计阶段，促进了电源公平接入和电网无歧视开放，减少了厂网双方在线路维护、线损等方面的矛盾纠纷。

组织专家分析评估调度机构提出的电力系统年度

运行方式，优化电力资源配置，优化运行方式安排，确保电力系统安全可靠；针对迎峰度夏、春节等用电高峰季节和特殊时段，协调有关部门和调度机构制定专项调度预案，确保了用电需求和电网安全运行。强化调度信息公开监管，对电力电量平衡、发电设备利用情况等重要数据进行分析，对全省151台统调公用火电机组的发电利用小时与负荷率完成情况每半年进行一次通报，以信息公开促进公平调度。

密切跟踪电力供需、电煤储备、电网运行、企业生产经营等情况，坚持做好日调度、月分析工作，认真分析全省电力供需形势，准确把握煤、电、运等发展趋势，针对发现的问题及时提出了政策措施建议，按月编制了12期电力监管简报，编写、上报了4篇分析报告。

（3）供电监管。制订《山东省人民群众用电满意工程实施方案》，对供电企业提出“两个不准、五个提高”的工作要求，并重点对有序用电、计量收费、农电服务等七项工作进行监管。发布了2012年居民用电服务质量专项监管报告。

组织开展了全省用户受电工程市场开放情况调研，召开座谈会4场，实地调研供电企业12家、走访民营电力施工企业14家、受电工程用户27家，针对调研发现的问题向供电企业提出了整改要求，促进了用户受电工程市场的开放。制定了进一步规范用户受电工程市场工作方案，督促供电企业健全规章制度、完善工作流程、消除市场障碍，建立了承装（修、试）电力设施企业信息联络员制度，初步形成了用户受电工程市场常态监督机制。

制定了《山东省重大节假日期间居民生活用电保障专项监管工作方案》，从负荷分析预警、加强调度与应急管理等五个方面，对节假日期间居民生活用电保障做出全面部署。

（4）电力业务许可。严格执行各项许可管理制度、标准和工作流程，加大申报材料审查和现场核查力度，确保许可质量。截至12月份，共颁发发电类电力业务许可证45个、承装（修、试）电力设施许可证122个，新考试电工17 711人，续期电工21 736人，对448家承装（修、试）电力设施企业、116家供电企业、71家发电企业进行了年度审查。

开展县调发电企业执行许可制度专项监管工作。配合局资质中心对山东省接入县调发电企业许可证持有情况进行了摸底排查，掌握了县调发电企业的机组类型、机组性质、并网运行等情况，对未取得许可证的企业进行了分析梳理。与局资质中心联合组成3个检查小组对14家发电企业进行了现场检查，到3家发电集团进行专题调研，形成了现场检查报告，针对发现的问题提出了政策措施建议，为进一步规范发电企业资质管理提供了支持。

对电力企业执行许可制度情况进行现场核查，对未取证发电企业未取证原因、环保法规执行情况、污染物排放情况、燃煤机组脱硫、脱硝、除尘设施投入运行情况等进行重点检查，对检查中发现的违反许可制度行为，按规定进行处理。

加大对农电工和社会电工的持证监督力度。对全省各市县农电工持证情况进行全面排查，要求各级供电企业农电工必须做到全员持证。将进网作业电工的持证情况与安全检查等工作相结合，加大检查力度，丰富监管手段，促进了电工持证率的进一步提高。截至12月，全省持证电工已突破13万人。

（5）电力节能减排监管。加强燃煤电厂脱硫设施运行监管。联合省环保厅对全省燃煤机组2012年度及2013年上半年烟气污染排放情况以及脱硫设施投运情况进行了在线核查，并对莱芜、临沂等地燃煤发电机组进行重点抽查。对检查发现的问题提出了限期整改意见，对投运率不达标的42台机组扣减了脱硫电价。督促电力企业严格落实国家大气污染防治计划和节能减排政策，全年全省发电机组共完成脱硫改造17台、容量541.5万kW，脱硝改造36台、容量1518万kW，除尘改造9台、容量300万kW，累计投入资金40.36亿元。

加强节能发电调度监管。充分发挥高效环保机组在节能减排中的主力作用，监督调度机构优先调度高效、环保机组。深化可再生能源监管，落实《风电场弃风电量计算办法》，督促电网企业优先调度和全额收购可再生能源发电上网电量。1～12月，全省60万kW及以上高效机组发电利用小时平均高于常规机组300h，可再生能源发电量63亿kWh实现了全额上网和足额结算。

加强节能减排监管能力建设。充分发挥燃煤机组烟气自动在线监测系统的作用，加强对在线监测数据的监控与分析，提升二氧化硫排放实时在线监测能力。进一步完善了节能减排信息报送和披露机制及信息员制度，及时掌握电力企业节能减排动态。

（6）电力稽查和行政执法。认真处理12398投诉举报。加强12398投诉举报热线值班工作，畅通投诉举报渠道；认真处理投诉举报事项，深入10多个市县进行案件调查，确保了群众的投诉举报事项尽快得到解决。1～12月，12398电力监管投诉举报热线登录有效信息1972件，全部进行了处理和回访，做到了“件件有答复、事事有回音”。

加大行政执法和争议调解力度。严肃查处了在电力业扩工程、农网改造、电费收取等环节中侵害消费者利益的案件9起，约谈违规企业11家，并对潍坊和能电力设备有限公司无证施工进行了行政处罚。针对烟台电厂瞒报事故信息的行为，依法对企业处以100万元罚款，并在全省进行了通报，并针对该企业过火房梁存在的重大安全隐患，依法下达了重大隐患挂牌督办通知书，责令企业限期整改，树立了监管权威。对年初以来特别是春节期间反映频繁停电、电压低、农网改造透明度差的投诉举报进行梳理，加大调解和督查力度，共调解各类涉电纠纷12起。

（7）党的群众路线教育实践活动。坚持开门搞活动，深入基层和一线，广泛听取各方面的意见建议。普遍开展谈心谈话，深入查摆班子及自身存在的问题。严肃开展批评与自我批评，明确了今后努力的方向和改进措施。12月6日，召开了教育实践活动领导班子专题民主生活会，国家能源局第三督导组到会指导，给予高度评价。

【国家电网公司华北分部】

分部概况 国家电网公司华北分部（简称国网华北分部）与华北电网有限公司实行一体化管理，主要负责监督、检查国家电网公司重大决策在华北区域内的贯彻实施，负责华北区域电力调度、安全质量监督、电力交易、审计业务的管理与协调。内设安全监察质量处、国家电网华北电力交易分中心、国家电网华北电力调控分中心、综合管理处（社保中心）、财务处、审计处、党群工作处、离退休工作处8个部门，下属物业分公司、管理人员培训中心、北京电力医院3家二级机构。

电网概况 华北电网以500kV“七横三纵”电网为主网架，山西、内蒙古电网为电源送出地区，东部京津唐电网、河北南网和山东电网为受电地区。华北电网与东北电网通过直流背靠背互联，华北电网通过特高压长南Ⅰ线、南荆Ⅰ线与华中电网联网运行，华北电网与西北电网通过银东直流互联。华北主网网内电力走向为西电东送、北电南送、南北互供，多方向、多通道、多落点的网架格局。截至2013年底，华北电网装机容量24 596万kW，位居区域电网首位，最大负荷18 450万kW；500kV变电站112座，变压器244台，变电容量19.98万kVA；500kV输电线路356条2.97万km。京津唐电网装机容量5822万kW，最大负荷5358万kW，500kV变电站30座，变压器73台，变电容量6.65万kVA；500kV输电线路100条1.04万km。

电网调度 加强运行方式分析，梳理电网运行薄弱环节并制定相应的控制措施；统筹优化电网设备检修安排，加强多级检修计划的统一执行；协调开展各省网间联络线互济，缓解电力平衡紧张局面；提升应急处置能力，正确处理风偏引起的500kV沙岭子—张南双回线$N-2$等重大电网事件，完成全国“两会”、党的十八届三中全会等重要保电任务。开展“三华”电网联合安全校核计算分析，加大D5000系统实用化工作力度，日内滚动计划功能正式上线运行。推动山西神头一电厂500kV升压站关停及神雁Ⅰ线改接，降低电网运行风险。协助开展蒙西—天津南特高压交流工程（内蒙古部分）、北京房山—天津南蔡、蔚县电厂送出、张南—昌平Ⅲ回等前期有关工作。开展安全大检查，排查电网安全隐患，完成华北区域电网安全性评价等安全质量监督工作。统筹协调输变电设备检修，组织完成岱海—万全一回、浑源—霸州双回紧凑型线路部分区段常规线路改造。配合山西省政府重点民生工程建设，完成同煤电厂送出工程启动投运。优先安排绿色煤电调试运行，支持IGCC（整体煤气化联合循环发电系统）并网运行。“大容量风光储联合发电关键技术研究及示范应用”获国家电网公司科技进步奖特等奖。

电力交易 开展跨区跨省电力交易，建立华北电网电力平衡“日跟踪、周分析”滚动分析机制和平衡信息共享平台，京津唐电网、河北南网、山西电网跨省电力交易协调机制进一步完善。建立京津唐电网年度发电量计划协调机制，强化电力电量统一平衡管理，开展短时电力交易，确保华北区域电力供应，提高各方经济效益。京津唐电网统调电厂年度发电计划完成率优于考核指标，购电均衡率考核指标在国家电网公司系统名列前茅。完成国家电力市场交易电量2454.62亿kWh，同比增长4.33%；完成售电量1919.66亿kWh，同比增长0.85%。推进华北区域跨省低谷富余风电消纳，累计消纳清洁能源214亿kWh，节约标准煤706.21万t。开展“以大代小”替代发电交易，交易电量36.68亿kWh，节约标准煤21.45万t。

分部管理 强化成本管控及经营诊断分析，开展16项低效无效投资清理，充分利用存量资金，提高资金使用效率，实现盈亏基本平衡。完成总部审计项目6项，提出审计处理意见建议139条。完成“西电东送”工程和2011年信息化项目审计迎审工作。严格执行脱硝、除尘电价政策，完成对各省公司脱硝电费疏导工作。与有关省公司及国家电网东北分部签订《封闭结算业务服务协议》，正式开展资金封闭结算，减少资金在途时间，加快总部资金回收。强化分部综合计划和预算管理，严控“三公”费用，完成总部下达的压降指标。完成9家已分离企业社保属地移交及蟒山度假村移交工作。

按照“边建设、边运营、边发展”要求，北京电力医院改扩建一期工程历经33个月的建设，于10月建成投运；在保证“诊疗服务不间断”的前提下，完成门急诊和病房搬迁，新楼试运行平稳有序。规范房产、设备租赁管理。完成调度大楼19层改造工程。

加强班组标准化等基础管理工作，严格生产区和生活区安全管理，开展“安全大检查、隐患大排查”，提升服务保障水平。

党的建设和精神文明建设 学习贯彻党的十八大和三中全会精神，开展群众路线教育实践活动，召开专题民主生活会和组织生活会，制订7方面33条整改措施。定期召开协同监督联席会，层层落实党风廉政建设责任制，与所有处室和员工签订党风廉政责任书，加强对物资招标、人员招聘等关键领域的过程监督。开展专项治理，对照国家电网公司公务用车管理办法，重新统计和核实分部公务用车使用情况，进行自查自纠。

举办建党92周年庆祝活动，以文艺表演、诗歌朗诵、新党员宣誓等形式，庆祝党的生日。举办“学习·提升·健康”大讲堂系列讲座，十八大、十八届三中全会和国家电网公司“两会”精神知识竞赛，以及“中国梦、国家电网情”征文等各类活动。坚持党组中心组学习制度，共编发17期200余篇理论文章作为学习资料供领导参阅；各处室支部开展“党员干部讲一课”和“支部书记带头讲党课”活动。

组织国家电网公司“两会”职工代表的提案征集工作，开展“管理提升我为分部献一策”活动，参与“三集五大”“总部分部一体化运作”调查研究，听取职工群众的意见建议。开展“两节”和“迎峰度夏”慰问，实施“三八”妇女节、“五一”劳动节、“八一”建节、“九九”重阳节、“金秋助学”、“生日祝福”6项关爱行动。建立机关职工书屋，成立机关足球、篮球、羽毛球、乒乓球、网球、舞蹈、摄影等七个协会，坚持举办年度长走、广播体操或趣味运动会。

（李　斌）

【华北电网有限公司】

见国家电网公司华北分部。

【国网北京市电力公司】

企业概况 国网北京市电力公司（简称北京公司）是国家电网公司的子公司，前身是1905年创建的京师华商电灯股份有限公司。2003年以前作为华北电力集团公司的直属单位，按地市公司实施“收支两条线”管理；2003年成为华北电力集团公司授权经营、独立核算的分公司，由国家电网公司按省公司直接管理；2008年成为独立法人企业。

北京公司作为首都最大的公用事业单位，负责北京地区1.64万km^2范围内的电网规划建设、运行管理、电力销售和717万客户的供电服务工作。

北京公司下设29个单位，包括16个供电公司、10个业务支撑单位和3个其他单位，资产总额761.22亿元。2013年，完成售电量824.85亿kWh，营业收入530.97亿元，实现利润15.31亿元。

北京公司现有35kV及以上变电站459座，变电容量77 160MVA，输电线路8662km、电缆1597km；全年最大负荷1776万kW，负荷密度约1000kW/km^2；城市供电可靠率达到99.985%，处于国内领先水平。北京电网已经形成六大分区相互支持的坚强结构，具备较强的资源配置能力和抵御风险能力。同时，北京电网又是一个典型的受端电网，本地发电仅占全部用电负荷的30%，其余70%的电力依靠山西、内蒙古等地输入。

北京公司2013年荣获国家电网公司综合标杆、业绩标杆、管理标杆，安全管理、人力资源和规划管理进入专业管理标杆行列；公司连续6年获得全国“安康杯”竞赛优胜企业，保持全国文明单位和首都文明单位标兵荣誉称号；在第六届“北京影响力”评选中，公司荣获传媒大奖“人文共享奖”。

电网概况 截至年底，北京地区共有发电厂23座，发电机组172台，总装机容量7684MW；其中火电厂10（含燃气）座，发电机组38台，装机容量6446.4MW；水电厂（含抽水蓄能）6座，发电机组18台，装机容量1013MW；风电厂1座，发电机组100台，装机容量150MW；垃圾、沼气及核电厂6座，发电机组16台，装机容量74.6MW。110kV及以上变电站436座，变压器1081台，变电容量98 384.4MVA。110kV及以上架空线路516条，共6369.2km；110kV及以上电缆线路849条，共1515.7km。

华北500kV主网七横三纵通道中，西电东送七横中四个通道、三纵中一纵为北京电网外受电通道；北京电网500kV层面由9座变电站形成扩大双环网结构，西北部和南部分别外扩至张家口和河北南部地区，通过500kV 10个通道20回线路与外网联络，为北京电网3/4的负荷提供外送电源支撑；220kV层面由7座500kV变电站的220kV母联开关作为分区点，形成昌城、城顺朝、朝顺通、通安兴、兴房门、门昌6个相对独立的供电分区，各分区之间通过联络线互为备用；110kV及以下电网除并网线路外，全部开环运行，形成辐射状电网覆盖全市。

人力资源 截至年底北京公司共有全民职工8466人，其中研究生及以上学历955人，本科学历3511人，专科学历2059人；高级职称952人，中级职称1621人；技师及以上职业资格3083人，高级工2959人，中级工416人。人力资源同业对标在国家电网公司排名第3位，获得人力资源专业管理标杆。人才引进指数达到1.2564，在国家电网公司系统省级公司中排名第一；人才当量密度达到1.034、人事费用率实现4.54%，均在国家电网公司系统省级公司中排名第三。

（1）“三集五大”体系全面建设工作取得阶段性成果。组织完成1个总体方案和19个专业方案修订，并获国家电网公司批复。完成公司机构、职责与人员优化调整，优化业务界面与业务流程。围绕建设要求，组织制订公司及各单位专业操作方案。

（2）加强定编定岗定员管理。规范各层级机构设置，理顺职责界面，调整本部21项管理职责。供电公司内设班组数量降低6.6%。开展客服中心、物资公司等业务支撑单位内设机构优化调整，搭建经研院分、子公司合署办公模式。完成各层级机构更名工作。依据国家电网公司标准岗位名录，规范本部、基层单位岗位名称，设置供电公司典型岗位193个。修订劳务派遣用工岗位名录，新增仓储配送等服务类岗位序列。贯彻落实《国家电网公司员工奖惩规定》，制订公司员工奖惩实施细则，加强公司员工队伍管理。

（3）规范薪酬管理。理顺收入分配关系，依据业绩情况、人才结构适度拉开薪酬水平差距。规范福利保障管理。规范福利管理流程，细化分项考核标准，提升福利管理水平。

（4）加强全员绩效管理。印发《全员绩效管理工作考核评价细则》，明确公司、下属单位、部门、岗位四个层级绩效管理评价标准，全面推进职能部门目标任务制和一线员工工作积分制建设。建立企业负责人业绩考核季度看板，加强绩效评价的过程管控。

（5）加强人才队伍建设。开展全员培训；开展岗位业务竞赛活动；参加国家电网公司15项调考竞赛。推进专家人才队伍建设，编制公司人才队伍培养实施方案，制订人才培训培养三年规划，搭建专业化、系统化、结构化培训标准体系。完成各级各类专家选拔工作，评选省、地市级专家90人，入选国网公司级专家18人，形成三级专家人才梯队。

（6）加强保险管理。参加北京市6个社会强制保险和住房公积金等。企业自办保险包括企业年金、补充医疗保险、重大疾病医疗保险、意外伤害保险共4个险种。修订企业年金方案，根据企业年金机构管理运营情况，结合投资业绩评估结果，实行末位淘汰，引入业优绩强的新机构，不断提升管理服务和投资收益水平。

电网建设与发展 10月，全面启动北京电网“十二五”规划滚动修编，11月完成修编。此次修编的内容针对220kV及以上主网部分，共调整电网项目19项，新增6项。创新性开展“网格化”配电网规划，按照“自下而上”的方式，基于城市控规将北京地区细分为4.4万个基本规划单元，延伸优化110kV变电站空间布局，规划10kV站点20121座、配电线路19 136km。

（1）促请市政府协调国家能源局，将北京东、北京西特高压外受电通道建设纳入“大气污染防治能源保障方案”和“大气污染防治行动计划电网实施方案”。落实“网格化”配电网规划成果，完成166项管线综合会签、213km管道规划，完成重点地区270个开发项目接入系统方案。实施81项配电网升级改造工程，10kV架空线路联络率达到96.7%，同比提升2.5个百分点；更换高损变压器921台、油断路器128台，高损变压器和油断路器比率分别由13.9%、1.6%下降到12.5%、1.3%。

（2）开展“大规划”体系建设调研，梳理5类16项建设问题并及时完成整改。110～220kV项目可研评审和110kV项目可研批复权限由总部调整至公司发展策划部。自体系建设运行以来，累计完成电网规划和专题研究94项、电源接入系统设计135项、工程可研评审1151项；电网规划编制效率提高30%，可研、电源及客户接入系统方案评审效率提高50%。

（3）联合市发展改革委、规划委完成《北京电网中长期发展规划》和《北京电网空间布局规划》，将186座变电站和44个输电走廊资源纳入城市控规；配合市政府制订并启动“2013～2017年清洁空气电力行动计划”，有序开展以电代煤、以电代油、电从远方来、新能源并网四类工作任务。多渠道争取前期工作支持，无偿获得建设用地约9万m^2，折合2.7亿元；促成36项输变电工程纳入市政府重大项目审批绿色通道，将串行审批改为并行审批；突破线路走廊环评拆迁范围20m的惯例，利用现有走廊的改扩建工程环评拆迁范围降低到5m。

北京公司全年共计新开工输变电工程44项，新建35kV及以上变电容量656万kVA、线路642.47km。投产输变电工程23项，新增35kV及以上变电容量298.3万kVA、线路183.92km，建成35kV及以上电力隧道28km；完成19项电力设施迁改工程，6项充电站工程，4项架空线入地工程，5项配迁工程。完成城区范围4.4万户以及农村地区4514户“煤改电”工程。220kV桃园输变电等13项度夏工程按期投产；海淀500kV电缆隧道全面贯通，电缆敷设及220kV线路切改全面启动；东北、西北热电中心配套电力工程有序推进；怀柔雁栖湖APEC会议配套电力工程全部开工。

经营管理 固定资产投资完成78.71亿元，售电量完成824.85亿kWh。依托电网联合共建机制，落实外部渠道资金17.11亿元；完成涵盖各专业的全口径项目储备7961项，储备率达306%。对重大投资项目开展专项评审，节约项目投资8911万元。

完成电价调整工作，争取到市财政延长城市附加费返还政策，每年可获财政补贴约3亿元，专项用于架空线入地建设。财务集约化年度排名国家电网公司第五名。全面实现资金一级管理，荣获国家电网公司资产经营对标最佳实践单位。

完成321m^{2}的运营监测大厅建设，全面开展运营监测（控）核心业务工作。截至年底，接入指标1409项，涵盖14个业务职能部门，总计接入指标数据1415.73万条，明细数据5659.85万条。

围绕电网建设等关键领域，组织完成战略课题10项、专项课题25项和基层课题154项。出台重大经营决策法律论证管理制度，建立决策论证工作机制，深度参与业务委托等决策事项和重大投资项目的法律论证。全面完成国家电网公司法律风险防范体系建设试点任务。开展合同管理专项提升活动，督促各单位对薄弱环节逐一落实整改。建立公司周例会通报案件和风险反馈机制，强化案件全过程管理，形成闭环管理。深入推进分层次普法工作，健全规章制度管理机制，推进与国家电网公司通用制度对接。

强化内部审计监督力度，持续加强对领导干部、工程建设、物资管理、社保资金等重点领域的审计监督。深化审计成果运用，全面推动问题整改落实，健全监督管控机制，防范和化解经营风险。

全年共完成采购计划84个批次，完成集中采购金额74.94亿元，签订采购合同2641份，完成10～35kV主要设备及装置性材料类供应商资质业绩现场核实7批次127家供应商，共监造发现质量问题153起。制订科学合理的仓储定额，加快库存周转。启动仓储网络优化工作，完成北京公司仓储网络规划方案。构建公司物资督察工作体系，对招投标及物资管理开展常态化督察工作。

国家电网公司发布的2013年度对标指标评价结果，北京公司综合排名第5，业绩对标排名第4，管理对标排名第4。获得国家电网公司综合标杆、业绩标杆、管理标杆，以及安全管理、人力资源管理、规划管理专业标杆；获得华北区域管理标杆、安全管理专业标杆。发布技术标准7项、管理标准8项。北京公司被评为北京市管理创新工作优秀组织单位。“省市级电网调控一体化的安全管理”获得国家级管理创新成果二等奖，13项成果获得北京市级奖项，行业及国家电网公司级奖项各4项。6个QC小组荣获“全国优秀质量管理小组”荣誉称号，7项QC小组活动成果获得国家级奖项，13项成果获得行业级奖项。

全面开展本部作风提升年活动，深化本部全员监督考核，创新开展“协同工作考核”和“年度作风测评”。持续推进土地确权工作和非生产型房屋清理整顿工作。开展车辆清理整顿、加强车辆管控。

安全生产 以“大运行”“大检修”体系建设为主线，完成全年安全生产任务，安全生产形势总体保持平稳。全年未发生人身安全事件，未发生五级及以上安全事件。完成迎峰度夏（冬）和防汛任务，完成十八届三中全会等重大保电任务186项。全面实现了政治供电“零闪动”、安全生产“零死亡”目标。

SOP深化应用向地调延伸，实现市地两级调控同质化管理。建立状态操作管理体系；建设地调配网抢修指挥中心；完成开发智能调度技术支持系统10项核心功能，AVC、WARMS系统建设管理稳步推进；完成检修公司28类生产业务外委工作。完成7座变电站无人化改造工作，应用超声波、高频超高频等10项检测技术，编制完善18项带电检测技术导则。

强化监督检查，综合应用3G单兵、工业电视和现场检查等手段，累计检查工作现场9099个，巡检覆盖率达到70.26%。完成4685名生产员工安全技能等级评价和3233名关键岗位人员安规普考；修订完善工作票填写执行规范和专业典型示范工作票。建立隐患重点排查工作机制，修订公司隐患排查治理实施细则，规范过程评价，实现过程管理量化考核。建立保安稽查队，强化保安工作质量监督检查，全年外力破坏事故下降7.6%。健全应急工作体系，构建三个层级的应急队伍，成功举办应急联合实战演练，有效应对大风、大雨等恶劣天气。

积极应用直升机巡线等新技术、新装备，大力推进500kV兴都等变电站标准化建设，制订完善输电线路差异化运维巡视标准，以十八项反事故措施为依托开展全过程技术监督。充分利用红外、紫外灯带电检测手段，修编完善带电作业技术标准，全年整体不停电作业率达到83%。

7月16日，北京公司在通州西集应急培训基地举办2013年应急技能竞赛暨应急救援故障抢修联合演练。

两级调控中心强化电网运行管理，针对重大检修方式开展专项校核73次。对1056户重要客户外电源逐一进行风险评估，开展四大热电中心并网和轨道交通供电安全分析。停电计划管理逐步完善。综合基改建、检修和业扩工程需要，将一、二次设备，同一间隔设备相结合，合理安排停电计划，有效缩短停电时间。规范运行管理，将事故情况下，两级调控远方操作范围扩展至关键隔离开关，实现生产值班和调控运行工作的融合互补。开展二代智能变电站二次专业全过程技术监督，重新明确智能站二次专业分工分界要求，多角度掌握二次设备运行状态，不断提升二次设备状态检修水平。

营销工作 年内新增用电客户36.46万户，新增容量879.08万kVA，同比增长8.57%；完成售电量824.85亿kWh，同比增长4.14%；500kV及以下线损率完成6.77%，较年度指标低0.02个百分点；节约电力11.68万kW，节约电量5.16亿kWh。

推广热泵项目应用242项，应用面积667.49万m^2，推广分散式居民电采暖应用增加用电量4.86亿kWh，全面完成电能替代及电力销售市场“百日攻坚”活动；累计受理客户申请报装容量1478.8万kVA，同比增加48.64%。

加强电费回收管控，开展高压客户分次划拨电费、分次抄表结算电费及电费担保等协议的签订工作。通过运用律师函、诉讼等法律手段赢得债权支持449万元。大力开展智能电表换装工作，全年换装智能表170万具，超额完成全年140万具的计划任务，收集客户信息开通短信服务80万户。制订换装标准化作业流程及质量监督考核管理办法，开展6600名施工人员全员上岗培训取证，全年抽查施工现场435次，回访95598热线反馈问题185次，下发督查整改单32份，有效提升现场作业质量。

开展微功率无线互联互通及新型插接式计量箱研究试点，形成国家电网公司企业标准。完成163万卡表客户巡视检查，发现计量故障隐患18.6万户，追补电费约0.65亿元。组织开展营业普查和打击窃电专项工作，通过信息化管理系统，对客户用电情况进行远程监控和深入分析，全年追补电量1574.95万kWh，追补电费及违约使用电费4151.16万元。

推动电动汽车充换电服务网络建设。建设完成77座充换电站、2995个充电桩。已投运的充换电站服务电动汽车4070辆，累计提供充换电服务61.13万次，充电量2075.81万kWh，服务里程4324.81万km，实现二氧化碳终端减排1565.43t。签订电池租赁合同73项和充换电服务合同15项。建成投运北京最大的电动公交车充换电站四惠充换电站和全国规模最大的、首个实现“快充+慢充”的纯电动出租车充电站通州小圣庙出租车充电站、北京市首个出租车分散补电快充站顺义奉伯充电站。

建成“大营销”业务质量管理体系，开展重点稽查监控主题95个，常态监控281项数据质量问题，日均监控数据量高达10亿条，2013年累计整改问题数据479.50万条。

全年共签订23份购电协议，其中签订了1份跨区跨省协议、2份发电权交易协议、20份年度购售电合同。合同签订率100%，合同备案率100%。完成电量交易与结算，全年累计购电量878.88亿kWh，同比增长4.44%。

农电工作 不断加大农网规划建设力度，梳理完成35kV电网规划，明确了远郊40座35kV变电站增容改造或增加联络规划；首次获得北京市节能补贴60万元，更换高损变压器921台、油断路器128台，全网高损变压器和油断路器比率分别由13.9%、1.6%下降为12.5%、1.3%；依托农村电采暖工程，实施农村配电网分倒路12条，加装配电变压器137台，13个村4514户的户均用电负荷由3kV提升至9kV。

北京地区农电涉及10个远郊区（县）及4个近郊区的部分农村地区，截至年底，公司有乡镇供电所139个，基本实现一镇（乡）一所（含分所），负责182个乡镇、3783个行政村、331万农村用电客户的供电服务工作，以及1.88万km 10kV线路、3.35万台10kV配电变压器、1231座0.4kV低压配电室、2.12万km农村低压线路的运行维护、事故抢修等工作，负责农村安全用电、供电优质服务及农村电气化建设工作。

完成农村供电所定员测算工作。制订“以岗定薪，以能定薪，按绩取酬”的效能薪点工资制度，建立了以工作积分制为主的绩效考核体系。编制下发《农村供电所人力资源管理暂行办法》，对农村供电所机构岗位设置、岗位任职条件、人员晋升调动、重点岗位轮换、员工信息变更、重大事件上报等六个方面进行规范。

实施农电人员薪酬调整工作，实现了农电人员薪酬水平全面增长；完成农电人员1520人劳动合同续签工作，其中签订无固定期限劳动合同661人，全面完成2520名农村供电所班组长及以下人员的全员培训；组织1200多名农电人员专业技术资格（职称）的社会评定工作。

科技与信息化 开展科技方向培育和项目顶层设计，组织成立电网技术、输变电技术、配用电技术等5个领域专家组，开展9个专题技术研讨，编制并发布2014年科技项目立项申报指南，形成了电网仿真、状态检测、配用电、电动汽车等领域持续研究方向。加强公司外部项目的组织策划。成功牵头申报“主动配电网关键技术研究与示范”国家863计划课题1项，获得首个国家级实验室“国家能源主动配电网技术研发中心”授牌。获得北京市科技进步奖5项；获得国家电网公司科技进步特等奖、一等奖1项、二等奖1项、三等奖3项；获得中国电力科学技术奖三等奖3项。专利申请695项，其中发明专利申请317项；专利授权314项，其中发明专利授权34项；海外专利申请6项。

开展信息化建设任务95项。完成一体化平台、业务应用与集成、运营监测（控）信息支撑系统等重点建设任务。完成人资、财务协同办公等7大类系统150余份调研问卷的分析工作。延庆公司荣获国家电网公司2013年度地（市）县单位信息系统深化应用示范单位称号。完成“三集五大”专业体系建设。开发GIS系统管道断面功能，开展低压GIS试点应用和配变台区采集信息深化集成工作。强化对互联网出口和重要信息系统的管控力度，有效抵御对公司的互联网出口攻击。实现全国“两会”“三中全会”及“神州十号”等政治供电信息通信保障。承担国家电网公司信息系统状态检修试点工作，研究设定监测指标84项，对营销、生产等重要信息系统进行评估，主动开展状态检修6次。组织完成57个信息专业应急预案的两轮修编，开展专项演练12次，通过系统数据级灾备演练，将数据库恢复时间由4h缩短至30min。公司荣获国家电网公司首批四星级信通调度称号和第三期信通调度运行流动红旗。

2013年，先后完成部分地区光传输网改造、数据网二期二阶段、山区供电所视频会议系统等项目的建设。形成了以光纤为主，微波、电力载波为辅，兼有会议电视电话系统、应急通信装备等通信业务的通信网。所管辖通信站点共计1306个，同比增加129个，增长9.88%；各类通信主设备4543台套，同比增加352台套，增加7.76%；光缆总里程9532.821km，同比增加462.581km，增长5.10%。110kV及以上站点光缆覆盖率达到100%，35kV站点光缆覆盖率约100%，覆盖全部公司二级生产单位，部分运行工区、供电所。

优质服务 开展供电服务提升工程，研究制订《北京市电力公司供电服务提升工程实施方案》，制订加强电网规划建设、规范供电服务行为、加强服务队伍建设等8个方面的推进计划，定期组织召开供电服务提升工程调度会，编制《供电服务提升工程工作简报》。

严格履行重要客户服务、通知、报告、督导“四到位”工作要求，完成了十八届三中全会、神州十号航天飞船发射等各类重要活动用电安全服务保障任务，创造了保障期间电气设备“零故障”、供电服务“零投诉”、供用电安全100%可靠、客户100%满意的优异成绩。

研究制订北京公司95598五项业务办理管理办法，实施95598热线日分析、周通报、月评价制度，发布95598热线日报365期。11月23日，95598五项业务平稳集约上划至国网公司客服中心，全年受理客户投诉584起，全部按时限要求及时处置。

全力推进收费电子化工作，在公司自有网点、银行机构缴费方式的基础上，开通支付宝购电业务和电费充值卡业务。全市售电网点达20 760个，城镇地区基本建成“十分钟交费圈”。

编制保障房供电方案232份，完成59个保障房项目的外电源工程和8项轨道交通配套受电工程。完成4.85万户“煤改电”工程。推进老旧小区配电设施改造，解决并实施41处老旧小区用电问题，惠及百姓4.4万户。编制北京市南水北调工程建设项目22份，报装容量5.55万kVA，完成送电项目1项。

制订服务队“菜单式”服务内容和工作指导书，持续开展“六进三送”活动780次。建立“社区客户经理”服务模式，在300个社区实现社区经理挂牌服务，构建居民用电社区服务新平台。

加强电力市场服务管理。努力搭建政府、电厂、电网三方和谐沟通的平台；做好市场主体的问询与答复工作，及时将答复意见反馈问询人。针对新建并网机组购售电合同签订、北京地区分布式光伏发电购电结算，交易中心编制了《购售电合同签订工作指南》《北京地区分布式光伏发电购电管理指导意见》，进一步提高了购电管理工作效率。

党的建设和精神文明建设 北京公司党委在全体党员中开展“带头学习、带头宣传、带头行动、带头做贡献，争做政治素质优、岗位技能优、工作业绩优、群众评价优的优秀共产党员”主题教育活动。根据深化“五大体系”建设，建立健全基层党组织，开展庆祝建党92周年创先争优表彰活动。深化共产党员服务队标准化、专业化、常态化建设，将其定位为公司党委“抓党建、践宗旨、提服务、促成长、塑文化”的平台。深入开展“六进三送”活动，服务队在全市341个社区、单位实现了挂牌服务。扎实开展公司党员服务队竞赛活动，在国家电网公司党员服务队竞赛中城区分队荣获“国家电网十佳共产党员服务队”称号，大兴分队荣获“国家电网优秀共产党员服务队”称号。深化精神文明建设，全员开展“强作风、塑文化、靓形象”主题实践活动，组织“中国梦·国网情”先进事迹报告团在所属单位巡回宣讲，连续第十年开展精神文明创新暨企业文化优秀成果评选发布。公司全年与市42个村镇、街道建立了文明共建对子。公司共有3个团队8名个人荣获北京市“身边雷锋”称号。

2013年11月29日，北京公司成立窦珍志愿者服务队，传承和发扬“扫桥爷爷”志愿服务的精神。

北京公司团委围绕企业中心，开展第七届“五四青年月”系列活动，举办“立足岗位靓青春”故事会。举办“微梦想　靓青春”青年微电影大赛，41部作品参评。开展“少年中国梦　青春光明行”关爱农民工子女流动展厅进校园活动，团中央志工部郭美荐部长亲临活动并给予充分肯定。

加强纪检监察工作，印发《加强八项规定实施细则落实情况监督检查工作意见》，按季度开展八项规定明察暗访联合检查。荣获国家电网公司2013年度党风廉政建设优秀单位；在连续3年获得北京市行风民意测评公共服务行业桂冠基础上，又连续第3年被列为免测评单位；《廉洁从业重点岗位人员监督防控》管理创新项目获得国家电网公司管理创新成果三等奖。工会共组织建立基层职工创新工作室 31 个，基本实现了基层单位全覆盖。

贯彻落实《国家电网公司新闻发布工作管理办法》，建立新闻发言人管理体系，对所属各单位新闻应急人员、农电供电所负责人进行了专项培训。以“电靓京城　美丽生活”为主题，对外传播量平均每天达到 22 篇次。编制《2013 清洁首都空气电力行动》白皮书，做出推进“电靓蓝天”行动承诺。在国家电网公司系统内率先提出社会责任项目制管理的方法，实施 33 个社会责任管理项目。

【国网天津市电力公司】

企业概况　国网天津市电力公司（简称天津公司）隶属于国家电网公司，担负着整个天津地区的电网规划、建设和供电服务任务。供电面积 1.19 万 km^2，供电营业户数 520 万户，供电服务人口超过 1400 万人。

2013 年，天津公司新增变电容量 273 万 kVA、输电线路 599.75km；售电量完成 650.32 亿 kWh，同比增长 7%；线损率完成 6.61%；公司同业对标位列国家电网公司综合标杆第三名，企业负责人业绩考核被评为国家电网公司 A 级，并获评全国供电可靠性 A 级金牌企业。

领导班子

总经理、党委副书记：钱朝阳

党委书记、副总经理：葛正翔

副总经理、党委常委：屠强

党委常委、纪委书记：刘琳

副总经理、党委常委：闫卫国

副总经理、党委常委：王迎秋

副总经理、党委常委：万长江

总会计师、党委常委：潘培立

党委常委，滨海供电分公司总经理、党委副书记：董天仁

党委常委、工会主席：尚锦山

总工程师：赵洪磊

副局级调研员：段志刚

组织机构　截至 2013 年底，天津公司本部设职能部门 20 个，并设置工会、企协分会。职能部门分别为办公室、发展策划部、财务资产部、安全监察质量部（保卫部）、运维检修部、营销部（农电工作部）、科技信通部（智能电网办公室）、建设部、物资部（招投标管理中心）、对外联络部（品牌建设中心）、审计部、经济法律部（体改办）、人力资源部（社保中心）、离退休工作部、后勤工作部、思想政治工作部、监察部（纪委办公室）、电力调度控制中心、运营监测（控）中心、电力交易中心。

截至年底，天津公司共设基层单位 22 个。其中公司层面业务支撑与实施机构 9 个，分别为国网天津市电力公司经济技术研究院、国网天津市电力公司电力科学研究院、天津送变电工程公司、国网天津市电力公司检修公司、国网天津市电力公司信息通信公司、国网天津市电力公司物资公司（国网天津招标有限公司）、国网天津市电力公司客户服务中心、国网天津市电力公司培训中心、国网天津市电力公司综合服务中心。供电单位 10 个，分别为国网天津市电力公司滨海供电分公司、国网天津市电力公司城东供电分公司、国网天津市电力公司城南供电分公司、国网天津市电力公司城西供电分公司、国网天津市电力公司东丽供电分公司、国网天津市电力公司蓟县供电分公司、国网天津武清供电有限公司、国网天津静海供电有限公司、国网天津宁河供电有限公司、国网天津宝坻供电有限公司。公司层面集体企业 1 个，为天津三源电力集团有限公司。其他单位 1 个，为天津电力医院。代管地方单位 1 个，为天津市路灯管理处。

电网概况　天津电网是典型的受端电网，500kV 主网架已形成“日”字形环网，构成了盘山—北郊—吴庄—板桥—滨海—芦台—盘山环网结构。天津电网通过 8 回 500kV 线路与北京电网、河北南网及冀北电网联络。220kV 电网已形成西部（北郊—吴庄甲）、中部（东丽—吴庄乙）、东部（芦台—滨海—板桥）及北部（蓟县）共 4 个供电分区，各分区间保持一定的联络通道。天津市中心区已普遍采用 220kV 变电站直接深入供电方式。2013 年，天津电网年最高负荷达到 1301.5 万 kW，售电量 650.32 亿 kWh，同比增长 7%。截至年底，天津电网共接入各类电厂 54 座，发电装机容量 1137 万 kW，其中火电厂 46 座、装机容量 1111.9 万 kW；水电厂 1 座、装机容量 0.5 万 kW；新能源发电厂 12 座、装机容量 32.74 万 kW。华北电网统调 420 万 kW，天津公司统调 717 万 kW，其中企业自备电厂 70 万 kW。主变压器总容量 6286.65 万 kVA，输电线路长度 14 877.69km。

人力资源　持续优化机构设置和人员配置，进一步明确各体系职责界面，合理调整人员编制，理顺“大检修”、“大营销”体系管理关系；优化各体系岗位设置，科学制订标准岗位名录；推行技术岗位，加强基层技术力量；设立综合服务中心（综合服务班），完善后勤保障体系；率先建成直辖市特色鲜明的“五更”架构体系。

不断优化领导班子结构，调整领导干部 57 人次，选拔 12 名优秀同志加入干部队伍，跨单位（部门）、跨专业交流 33 人次。加快人才梯队建设，举办 4 期领导干部培训班、1 期区县副职培训班、1 期中青年

干部培训班和 2 期科级助理培训班，共培训 316 人次，选拔 45 名优秀青年干部到国家电网公司和公司本部挂职（岗）锻炼学习。

制定全员绩效管理工作实用化验收标准，推进全员绩效由建设向运行转变。健全业绩考核过程管控机制，完善过程监控指标体系，开发监控数据填报系统，并与业绩考核看板集成，将 60 项过程纳入业绩考核看板监控，按月在门户网站发布。建立健全本部、基层两级评价机制，本部月度发布分析报告，季度进行分析点评；基层月度发布指标排序并进行点评。试点整合业绩考核、同业对标、运营监控、经济活动分析、综合计划等管控体系，实现同组织、同分析、同布置。梳理分析公司行政处分及经济处罚规定等 13 项制度，细化形成 5 类 53 项行为处分标准，制定并全面落实员工奖惩实施细则。

作为国家电网公司试点单位，率先开展内部人力资源市场建设，以人力资源供需分析为基础，应用内部人力资源市场信息平台，合理使用岗位竞聘、人才帮扶、挂职（岗）锻炼等配置方式，统筹人力资源配置，逐步解决结构性超缺员，为公司发展提供人力资源支撑。

深入开展全员培训考试，全年开展业务竞赛 26 项，专业调考 24 项，各级各类培训 1870 项，比 2012 年同期增加 54%；加强人才培养和选拔工作，22 人当选国家电网公司优秀专家人才，入选率居省公司前列；遴选公司级领军人才、优秀专家人才及后备 350 人，46 名职工当选天津市“131”创新型人才；开展 2010 年入职高校毕业生技能竞赛，评选青年“技能新星”15 人，营造了青年员工立足岗位成才的良好氛围。建成公司首个国家级技能大师工作室和首个院士专家工作站，获批成立博士后科研工作站。

电网建设与发展 智能电网规划建设取得新进展。修编完成电力空间布局规划，2013～2020 年配电网滚动规划首家通过总部评审。蒙西至天津南等特高压线路、站址调整取得同意函，西郊、南蔡 500kV 工程提前 3 个月获得核准。完成生态城智能电网二期工程，光纤入户率达到 100%。智能配电网实现城市核心区全覆盖。

全年开工静海 500kV 变电站等 54 项工程，投产高新园 110kV 新一代智能变电站等 48 项工程，均衡投产率位居国家电网公司第一。东韩 220kV 线路工程获国网华北区域“安全管理流动红旗”。津门湖充换电站建成投运。21 项 110kV 及以上输变电工程取得国家电网公司优质工程称号，19 项 35kV 输变电工程取得国家电网公司优质工程称号，实现优质工程率 100%。工程质量管理水平持续提升，工程全过程设计质量管理水平不断提升，开展依托九园 110kV 变电站工程全寿命周期建设专题研究，3 项成果入选国家电网公司专题集；积极组织优秀工程设计申报，6 项工程获得国家电网公司优秀工程设计奖，开展“变电站清水砼预制构件研究”获得中国电力建设科技进步三等奖。“基建队伍建设年”活动扎实开展，在国家电网公司十八项反事故措施调考中，公司取得基建专业团队第三名、个人第一名的好成绩，在国家电网公司业主项目经理调考中，取得 500（750）kV 工程业主项目经理第四名。率先启动“大建设”体系全面建设，强化经研院技术支撑能力建设，进一步提升资本类、成本类技经业务支撑能力；强化送变电能力建设，成立作业型输电分公司，提升电缆接头制作等特种工艺施工能力；深化基建信息化应用，被评为国家电网公司 2013 年信息化应用评价优秀单位，基建管理信息化应用率保持国家电网公司 A 段水平。智能电网建设纳入《美丽天津建设纲要》，电网发展环境进一步改善。

经营管理 经营管理综合业绩创历史最好水平。推进重难点任务“双十工程”，强化同业对标、企业负责人业绩考核管理，全面完成各领域争先目标。获得国家电网公司 5 个专业管理标杆，“五位一体”岗位责任体系等 6 个项目入选、银行账户管理等 9 个项目入围国家电网公司典型经验。获得国家电网公司管理创新成果一、二、三等奖各 1 项。狠抓经营绩效管理，完成接电容量 730.6 万 kVA，市场占有率同比提高 0.77 个百分点，25 个业绩指标好于 2012 年。完成可再生能源电价疏导、农业电价普查和打击窃电专项行动。清理土地权属 166 宗、三年以上长期挂账项目 114 项。建成集体企业经营平台 15 个，重组整合集体企业 45 家。ERP 集中部署进度保持国家电网系统领先。

“三集五大”建设继续走在前列。落实“五更”要求，启动全面建设工作，完成机构优化和人员调整，率先实现体系新模式运转。加强“五大”核心资源统筹，优化调整业务流程，进一步推进业务深化和磨合运转。深化配套机制建设，开发上线“五位一体”协同管理平台，构建覆盖全业务、全岗位的流程体系，形成标准流程 1191 条。全面宣贯应用国家电网通用制度，实现 1251 个关键运营指标、4 个关键业务流程在线监测和运营分析。加强基层基础管理，初步建立全面推进班组建设的新格局。新体系在资源调控、专业管理、提高效率方面的成效不断显现，全员劳动生产率同比提高 12%。

高度重视依法治企工作。坚持开展“两抓一建”活动，促进审计成果运用转化。以历年检查发现问题为基础编印审计案例，开展形势任务宣讲。对审计问题实行跟踪督办，问题整改实行双重责任制，运用审计专报、重点约谈和企业负责人业绩评价等手段，促进审计问题整改。坚持审计工作创新，编制三年审计规划、建立审计项目储备库、创新审计项目过程管理，促进审计质量不断提升，审计信息化管理经验入围国家电网公司管理对标典型经验库，被评为2013年度国家电网公司审计工作先进单位，《信息化环境下PDCA循环理论在审计项目中的运用》等3项成果分获中国内部审计协会理论研讨二、三等奖和提名奖。

安全生产 安全生产实现全年“零事故”。开展“安全管理提升”活动，深入排查各类隐患，计划整改完成率达到100%，全年未发生6级及以上安全事件。建立全景智能多维度调度管理体系，成功开展主、备调切换演练。

首批通过国家电网公司状态检修达标评价，检修公司和10家供电单位全部通过安全生产标准化达标评审。全面开展220kV及以上主变抗短路能力校核，提出解决措施，完成79台220kV开关因拒动可能导致电网失稳风险的传动。有序推进输电线路精益化提升和标准化线路建设工作，开展500kV变电站精益化管理评比。深入开展设备隐患排查治理，排查出220kV及以上输变电设备隐患224条，并逐一制订了风险管控措施。完成配电网建设改造与管理提升工程，并通过国家电网公司验收。在全部供电单位建成投运配网智能抢修指挥平台，初步建立“五个一”抢修工作模式。拓展第三、四类带电作业项目，积极实施电缆不停电作业，强化过程管理，作业次数大幅增加。圆满完成东亚运动会等97项重要保电任务。完成“大检修”体系机构、人员、职责、业务界面划分以及生产管理信息系统的调整，试点开展了54项运维一体化项目，提前一年完成国家电网公司运维一体化工作目标。积极开展专业化检修，完成178台变电设备和150台配电变压器专业化检修工作。

首次获得全国供电可靠性A级金牌企业。天津电网经受了历史同期高温持续时间最长、负荷增长最快考验，平稳渡过1301.5万kW历史最大负荷。截至2013年底，天津电网连续8年没有拉路限电，滨海新区电网实现安全运行10周年，公司安全生产始终保持平稳局面，为变革发展提供了坚强支撑。

营销工作 天津公司营销工作首次进入国家电网公司同业对标营销专业管理标杆单位。年售电量完成650.32亿kWh，线损率完成6.61%。供电服务承诺兑现率100 %。市场开拓效果明显。深入开展市场调研分析，对3000kVA及以上项目实施全过程管控，完成津秦高铁留庄牵引站、大众汽车等重点项目电力配套。实现了接电容量730.6万kVA。降本增效成效显著。开展了线损专项治理，组织反窃电百日活动，查处违约用电741户，查处窃电15 042户，扎实开展农业用户专项普查，积极争取预购电和降低通讯资费等政策，极大降低运营成本。有效降低电费回收风险。采取签订三方协议、预收、担保和发展集团缴费等措施，加大与用户签订预收分次协议工作力度，有效降低电费回收风险。提高智能电能表采集成功率。计量中心“四线一库”建设项目取得国家电网公司专家验收组“国际领先水平”的评价。计量生产调度平台上线，完成计量资产的数据清理。研究开发智能表自动分拣处理系统，提高自动检定系统效率和质量监督管理水平。采集系统深化应用取得成效。提升系统机房主站性能，扩容采集通道，提高数据并行处理能力。完善系统主站设计功能与交互界面，优化应用功能，编写实用化应用流程及问题操作手册。以城南公司等为试点，尝试将大量抄表人员转岗为系统监控和在线运维，形成了以“数据分析管理”为核心，各专业协同配合的新型营销管理工作模式，为下一步非核心业务外包工作打下坚实基础。充换电服务网络建设加快。稳步推进津门湖和京津高速城际互联充换电站工作，已建成的投运充换电设施累计充换电服务55 050次，充电量535.5万kWh。全面启动电能替代。推动电蓄能8000kW、地源热泵62万m^2等，完成电能替代电量2.21亿kWh。节能服务有限公司通过国家发展改革委第五批备案审核，完成20家高耗能企业的初步能效诊断工作，国内首个风光互补居民项目用户董强等5户并网，容量4099kW，当年累计发电21.98万kWh。

农电工作 农电工作重点围绕国家电网公司关于县供电企业和乡镇供电所管理提升工作要求，通过开展县供电企业和乡镇供电所对标、供电所标准化建设，深化专业一体化管理，规范农电各项业务。同时，结合天津市农村区域小、城镇化比例高的特点，积极发挥专业管理优势，在国家电网公司农电工作中积极争取先行先试，积极创新和实践农电工作新模式。

2013年，天津公司农电未发生大面积停电事故，未发生人身死亡和误操作事故，未发生重特大设备损坏事故，未发生对公司和社会造成较大影响的安全事件。农村售电量完成157.9亿kWh；农村综合线损率指标完成2.65%。农网综合电压合格率完成99.434%，农网供电可靠率RS-1完成99.892%。

将县供电企业管理提升工程作为完善提升“三集五大”体系建设效果的重要手段，坚决执行国家电网公司工作要求，将县供电企业管理提升工程作为年度重点任务列入2013年度重点督办工作。一是管理提升工程与风险管控工作紧密结合。认真梳理县供电企业各专业686项业务流程、1235个业务风险点和2568个控制点与评价测试点，优化管控和业务操作模式。强化部门内部控制职责，将风险管理纳入日常经营管理，从事后处置转变为事前预防，形成“风险有防控、内控有制度、操作有流程、过程有监督”的风险管理常态机制，实现全员、全面、全过程管理，县供电企业业务管理规范化、专业化水平显著提升。

2013年农电工作以供电所同业对标和标准化建设为抓手，积极发挥农电综合协调管理和专业一体化管理优势，加强对工作过程的管控和工作结果的考评，促进各项工作争先。两区三县供电分（有限）公司全部进入国家电网100强县供电企业，宁河公司通过国家电网公司科技进步县验收，静海公司、武清公司被评为国家电网公司管理标杆供电企业，宝坻大口屯供电所、蓟县下营供电所、滨海生态城供电所被评为国家电网公司标杆供电所，宝坻公司3项工程被评为国家电网公司农网“百佳工程”，蓟县绿色农网示范项目初步建成。

科技与信息化 实施国家863计划项目“智能配用电园区技术集成研究”，通过国家科技部年度考核，“智能微电网关键技术研究与示范”通过科技部专家组立项评审，公司国家“863”计划项目增至2项。“面向智慧城市的智能电网园区能源优化管理关键技术研究与应用”成功申报国家电网公司总部2014年重点科技项目。全年共获得国家电网公司2013年度科技进步一、二、三等奖各1项，天津市2012年度科技进步一等奖1项、二等奖2项、三等奖1项，中国电力科学技术奖二、三等奖各1项。完成国内专利申请911项，其中发明专利353项。获得国内专利授权400项，其中发明专利36项。完成国际专利申请2项。

优质服务 优质服务工作赢得广泛赞誉。落实“心连心工程”年度12项优质服务举措，服务大项目建设、民计民生和新能源发展。完成大众汽车等196项重点工程电力配套任务，改造491片老旧楼区电力设施，140万群众受益。累计安装415万具智能电表，全市用电信息采集覆盖率达到82%。发布“美丽天津绿色电力”行动方案，完成国内首家居民风光互补发电项目并网，英利产业园等6个光伏发电项目投运，全年实现电能替代2.2亿kWh。落实18项保障措施，顺利完成阶梯电价年度结算。基本建成蓟县绿色农网示范窗口，武清等4个区县实现村村电气化。开展供电服务行为和工单处理超期治理行动，打造标准化服务窗口，加强正面传播和舆情管控，深化行风建设，公司获得全市行风民主评议第一名。

党的建设和精神文明建设 党建和精神文明建设成果丰硕。公司党委把握大局，融入中心，加强基层党组织建设，健全党员教育体系，创新共产党员服务队管理，建立35个示范点、100个联系点，提供安全用电、咨询服务5000余次。深化核心价值观培育工程，开展“转作风、强管理、铸卓越”等7个主题活动，评选出十大“卓越实践项目”和十大“职业道德榜样”。严格执行“八项规定”，改进调查研究、整顿会风文风、厉行勤俭节约，全年会议数量下降10%，“三公”经费下降60%，没有发生作风问题引起的舆情事件。开展廉政党课“讲评展”活动。建成21个“劳模创新工作室”，实现工作室在基层单位全覆盖。组织开展以“智能电网建设与改造”为主题的“五比一创”劳动竞赛，并成为天津市启动年度劳动竞赛、推进示范项目建设的标志性工程。征集778项群众技术创新项目。先后已有6个劳模创新工作室荣获全国能源化学工会、国家电网公司和天津市示范劳模创新工作室，8项成果获得天津市、国家电网公司级优秀职工创新成果。3个班组荣获国家电网公司“工人先锋号”，2个班组被推荐为“全国工人先锋号”。加强青年建功引领，深化“青春行动、建功卓越”主题实践。实施健康人生工程，建成11个健康食堂，挂牌成立9个文体活动基地，成功举办第十届职工运动会。健全组织、制度、服务三个体系，更好地服务离退休人员生活。落实信访维稳责任制，深化思想动态分析，关心关爱员工工作生活，保持了企业和谐稳定。

天津公司工作得到各级领导和社会各界的充分肯定。中共中央总书记、国家主席、国家军委主席习近平视察生态城智能电网示范工程，对智能电网发展和公司管理充分肯定。公司党委理论学习中心组获评天津市国资系统优秀中心组，滨海公司获评“中央企业先进集体”，共产党员服务队获评国家电网公司“十佳服务队”，张黎明、罗朝辉等同志分别荣获“全国五一劳动奖章”、全国特别关注“最美青工”等荣誉称号。

主要事件

2月8日，天津市委书记孙春兰等领导到天津公司调研慰问，听取公司工作汇报，充分肯定公司工作成绩，要求为天津经济社会发展作出新的更大贡献。

3月20日，天津公司成功实施首次500kV变电站开关遥控实传试验，进一步夯实了500kV变电站无人值守工作基础。

4月22日，天津市劳动竞赛“十大示范工程”推动会在天津公司召开。天津市总工会主席邢明军为“十大示范工程”项目负责人授旗。公司总经理张宁、党委书记葛正翔出席。

4月28日，天津公司3个单位获得天津市五一劳动奖状先进单位称号，23人获得天津市五一劳动奖章。

5月14日，中共中央总书记、国家主席、中央军委主席习近平考察中新天津生态城智能电网综合示范工程，重点了解坚强智能电网概念以及电价政策执行、清洁能源利用、节能减排等情况，对天津公司工作给予高度评价，特别指出国家电网公司管理很好，电力服务工作做得很好。

5月30日，天津市总工会组织全市各区、县、局和集团公司女工工作负责人在中新生态城智能电网营业厅开展社会实践活动。

6月6日，天津公司获得全国供电可靠性A级金牌企业。

6月6日，天津市首批个人分布式光伏发电客户并网。

7月16日，天津公司“孙伯伟创新工作室”、“李宝年创新工作室”和“冯世运创新工作室”荣获国家电网公司劳模创新工作室示范点称号。

8月16日14点39分，天津电网负荷突破1300万kW大关，达到1301.5万kW，刷新历史纪录，较2012年夏季增长16.7%。

9月23日，天津公司首个“院士专家工作站”在国家电网天津电科院成立。中国工程院院士、天津大学余贻鑫教授作为首位受聘专家，签署“院士专家工作站”协议。

9月24日，中央办公厅督查室现场督查天津公司贯彻落实习近平总书记视察天津重要讲话和指示精神情况，对近一时期智能电网建设取得的成绩给予充分肯定，要求再接再厉，加快推进坚强智能电网建设。

10月15日，第六届东亚运动会在天津落下帷幕。天津公司圆满完成赛会供电保障任务。

11月7日，国家电网天津滨海公司和城南公司员工张华分获中央企业先进集体、劳动模范称号。

11月20日，由天津公司牵头申报的国家“863”计划课题“基于先进能效管理的智能微电网关键技术研究与示范”通过国家科技部专家组评审。

11月20日，中共中央政治局常委、国务院副总理张高丽参观由天津公司参与布展的国家电网公司中欧城市博览会展区，对坚强智能电网发展情况给予充分肯定。

12月3日，天津公司召开全国“最美青工”事迹报告会暨公司“技能新星”表彰会，学习“最美青工”罗朝辉同志先进事迹，表彰2010年入职高校毕业生技能竞赛获奖选手。

12月20日，国家电网公司党组调整天津公司领导班子。钱朝阳任公司总经理、党委副书记，免去张宁公司总经理、党委副书记职务（另有任用）。万长江同志任公司副总经理、党委委员、常委，免去刘宏新公司副总经理、党委常委、委员职务（另有任用）。

12月22日，天津地区首座新一代智能变电站——高新园110kV新一代智能变电站投产送电。

【国网河北省电力公司】

企业概况 国网河北省电力公司（简称河北公司）是国家电网公司的全资企业，主要负责河北省南部地区电网规划建设、运行管理和电力交易。营业区包括石家庄、保定、衡水、沧州、邢台和邯郸6市102个县（区、市），营业面积8.38万km^2，服务人口约5017.61万人。至2013年底，资产总额732.59亿元，管理员工89 680人，其中长期职工52 175人，其他用工37 505人。

本部下设23个职能部门，直属供电、施工、科研、物资、培训和信息通信企业14个，经营区域内县级供电企业100个。

截至2013年底，河北公司资产总额707亿元，资产负债率59.58%。全年完成总投资109.94亿元，其中电网投资83.8亿元，投产110kV及以上线路1234km、变电容量907万kVA。完成售电量1421亿kWh，同比增长4.71%；市场占有率98.68%，同比提高1.75个百分点；线损率7.88%；电费回收率100%。实现营业收入842亿元，同比增长5.29%，利润总额7.09亿元，上缴税费40.83亿元。电网运行、检修管理专业进入国家电网公司标杆行列。

领导班子

总经理、党组副书记：刘克俭

党组书记、副总经理：陈修言

副总经理、党组成员：白林杰

副总经理、党组成员：范振华

纪检组长、党组成员：董双武

副总经理、党组成员：邢晨

副总经理、党组成员：王延芳

工会主席、党组成员：赵社宏

党组成员、石家庄供电公司总经理、党委副书记：李生权

总会计师：夏俊

总工程师：苑立国

组织机构 河北公司下设23个职能部门，分别为办公室、发展策划部、人事董事部、人力资源部（社保中心），财务资产部、安全监察质量部（保卫部）、建设部、运维检修部、营销部（农电工作部）、科技信通部（智能电网办公室）、物资部（招投标管理中心）、审计部、监察部（纪委办公室）、思想政治工作部（直属党委办公室、团委）、经济法律部（体改办）、对外联络部（品牌建设中心）、后勤工作部，

离退休工作部、运营监测（控）中心、电力调度控制中心、电力交易中心、工会、企协分会。

电网概况 河北南部电网以500kV和220kV构成主网架，北部通过500kV房保双线、保霸双线、骅桥双线与京津唐电网相联，西部通过500kV神保双线、阳北双线、潞辛双线与山西电网相联，南部通过500kV辛洹线与华中电网相联，东部通过500kV辛聊双线、黄滨双线与山东电网相联。2013年底，河北南部拥有500kV变电站15座，变电容量2776万kVA，线路4209km；220kV变电站170座，变电容量5296万kVA，线路9876km。

人力资源 河北公司公平公正、积极稳妥地完成干部调整工作。全年提拔正处级干部6人、副处级干部13人；交流干部38人，其中跨单位交流30人。

河北公司“三集五大”体系建设全面推进，组织完成各层级单位名称规范变更工作。用工精细化管理力度进一步加大，建立全口径规范化用工管理体系，圆满完成581名毕业生招聘考试工作。薪酬分配和福利保障管控工作进一步规范，顺利通过国家人社部等四部委工资内外收入专项审计以及国家电网公司依法治企综合检查工作。业绩考核和全员绩效管理全面深化，实现绩效合约签订全员化。坚持全员培训与重点培训相结合，全年公司系统举办培训班7801项、培训29.1万人次；评选认证各级兼职培训师403名，技能鉴定考评员456人；在国家电网公司竞赛调考综合成绩取得第四名，30名员工获得个人表彰。评选出公司优秀专家人才340名，推荐国家电网公司优秀专家人选43名；完成1.26万人次的鉴定考试工作，新增技师307名，推荐高级技师153名。加强社保政策研究，提前完成2013、2014年退休人员档案预审工作，顺利完成代管的发电、辅业单位工伤保险业务分离工作。

电网建设与发展 河北公司积极协调省政府向国务院行文请求加快特高压电网建设，成功取得靖边—潍坊特高压交流工程河北段支持函。启动市、县配电网统一规划编制，完成涵盖主、配网全业务需求的通信规划和“十二五”电网规划调整。完成110kV及以上项目可研142项、500kV及以下项目核准105项，分别超过全年计划的37%和33%。

强化基建全过程管理，深化业主、施工、监理项目部建设，开展优质工程竞赛，均衡完成全年开工投产任务，建成投运石西500kV和桥西220kV等重点工程，成功解决部分地区报装受限问题。邢东和石西500kV变电站项目分获国家优质工程奖和国家电网公司质量管理流动红旗，实现了国家级工程建设质量奖和国家电网公司流动红旗竞赛两个“大满贯”。石家庄核心区配电网建设改造与管理提升高质量通过国家电网公司验收，提前完成农村春节保供电过负荷设备治理，9项工程入选国家电网公司农网百佳工程。推进电网智能化发展，建成投运公司首座500kV智能变电站，完成国家电网大容量骨干光传输网、县域光传输网改造工程。新装智能电表170万只，发展电力光纤用户2.5万余户。加强科技创新，获得省部级及以上科技奖21项、专利奖2项，取得专利授权698项，申请国际专利4项。强化信息化支撑应用，“七大五小”信息系统市县公司覆盖率达到100%。

经营管理 河北公司积极应对宏观经济形势变化，开展经营诊断分析，及时调整经营策略，成功疏导电厂脱硝、除尘加价垫支资金，促成出台临时接电费政策和电气化铁路标杆电价，税收减免政策取得预期成效。加强综合计划和预算管控，资金完成率和项目竣工率均创历史最好水平。开发“二十四节气表”信息管理系统，与全员绩效管理系统对接，工作计划性和时效性明显提升。加大市场开拓力度，创新开展“岸电入海”等电能替代项目，实施电网与大客户同步检修，增售和减少电量损失8.57亿kWh。推行高压客户日抄日核、电费保理、自动扣划等措施，有效防范电费回收风险。建成反窃电研究中心，查处窃电9462户，追补电费和违约使用电费7248万元。初步建立购电交易一体化管理体系，促成“以大代小”退役机组替代交易政策延续执行。

坚持依法从严治企，完善内控体系，顺利完成“西电东送”工程审计等迎检工作，开展集体企业和供电所车辆整顿，清理规范小型基建项目和办公用房。深化标准化和班组建设，推行现场标准化作业指导文件，班组全员创新课题荣获全国企业管理现代化创新成果二等奖。

安全生产 河北公司扎实开展“安全管理提升”活动，全方位推进安全大检查和隐患大排查，输电网安全性评价顺利通过国家电网公司查评。扎实开展输变电设备精益化评价和反事故措施落实情况核查，持续推进“三抓一控”活动，农网10kV线路跳闸次数同比降低23%。成功开展省级主备调切换演练和区外电源黑启动演练，与周边4省建立应急协调联动机制，安全风险防控能力进一步增强。加强电网调度运行管理，圆满完成全国“两会”、十八届三中全会等重大保电任务。全年未发生六级及以上人身、电网、设备和信息系统安全事件。

认真落实政府大气污染防治部署，接入风力和光伏发电22万kW，消纳清洁能源20亿kWh，完成发电权交易39亿kWh，“外电入冀”290亿kWh，减少省内煤炭消耗1421万t。扎实开展供电服务提升工程，优化业扩报装流程，高、低压客户接电时间分别缩短 20 天和 3 天。开发应用 95598 故障抢修智能分析及指挥平台。设立行政村缴费网点 2 万余个，“村村设点”进度达到 79%。公司夺得河北省民主评议活动“十一连冠”。

营销工作 河北公司紧紧围绕国家电网公司全年营销工作部署，实施五项主题活动，加强专业精益化管理，营销工作取得新的进展。在外部产业结构调整的不利条件下，完成售电量 1420.74 亿 kWh，同比增长 4.71%，并完成电费回收率 100%。

深入推进“一型五化”大营销体系建设。一是完成邯郸、邢台、衡水、石家庄 46 个新上划县公司“大营销”体系建设，调整部门和单位 849 个，档案资料信息 65 万户，离线售电 9726 笔，实现了人员调整平稳过渡，设备档案有序移交，营销系统顺利割接，对外服务不间断切换。二是省级计量中心全面投运，实现 6 个地市、100 个县公司计量器具集中检定配送，建设进度、自动化水平在国家电网首批试点单位中处于领先水平，得到国家电网公司充分肯定。三是统一市县公司营销机构设置和业务管理模式，完善营销专业 415 个标准和 26 项制度，初步实现城乡业务流程、管理标准和供电服务一体化。

针对河北产业结构调整，售电量增速回落的情况，采取快接电、少停电、电能替代等措施，拉动市场增长。针对大客户报装，实行特事特办，对文安钢铁、长城汽车等多个用电项目实行挂牌督办制，各部门通力配合，促进项目提前送电 20 天以上，增供容量 38.4 万 kVA。针对中小客户报装，优化业扩流程，开展城镇居民“1+1”（一次受理、一天接电）以及低压非居民“1+2”（一个项目，现场勘查、竣工验收两次现场服务完成接电）服务，低压客户平均接电时间缩短 3 天。积极推广居民电采暖、地源热泵、岸电入海等电能替代工程。推广电采暖用户 3.5 万户，热泵面积 140.77 万 m^2、双蓄设备容量 3 万 kW，电能替代电量完成 6.57 亿 kWh。推行电网与大客户同步检修。共协调 235 户客户调整年度检修计划，累计减少客户停电时间 3980h，减少电量损失 4000 万 kWh。

农电工作 河北公司加强农网改造升级工程管理，优质高效完成建设任务。一是明确发展原则，按照全网规划最优原则，把提升供电能力放在首要位置，打破县域界限、城乡壁垒，在衡水阜城、沧州泊头交界处开展跨区供电试点。二是编制印发《村级电网典型设计》，实现村级电网项目可研、施工一体化设计，推进农网项目模块化、标准化建设。三是配合完成农网 2013 年项目审查及下达，以实际需求为出发点，统筹项目计划，使县公司 31.5 亿元农网项目需求、预算、计划一一落实。四是加快推进农网工程建设，制定印发农网改造升级工程和农村配网工程里程碑节点计划安排，明确工程设计、施工、物资招标、开工、竣工、结算、决算等各环节期限要求。五是组织开展农网改造升级工程整体验收工作，编制印发工程验收办法和验收细则。六是开展农网工程“百问排查”和资金使用及管理情况专项检查活动，明确相关部门工作职责、检查内容及检查标准，组织 100 个县公司对 2010 年以来的 15 450 项单项工程进行全面自查，涉及工程 4 个批次、资金 55.16 亿元，省公司抽查项目 193 个，发现问题 321 项，已全部完成整改。七是规范工程资金拨付和物资招标管理，有效防止挪用、挤占和滞留建设资金问题的发生，杜绝不合格设备材料进入农网工程。八是实施保定“7·21”灾后重建工程，制订工作任务分解表，实行项目负责人制，每周进行数据统计和评价，对工程实行全过程管控。在水损路段提高主电源供电可靠性等 5 方面采取差异化设计，优化设计方案，保证新开工项目全部采用标准化设计。2013 年完成 937 项工程，投资 3.4 亿元，累计改造 35kV 变电站 2 座，容量为 40MVA；改造 35kV 线路 37.98km；新建改造 10kV 配电变压器 1573 台，容量 181.715MVA；新建改造 10kV 线路 848.3km；改造低压线路 734.197km，安装户表 51 561 块，完善了供电网络，提升了重建区的供电可靠性。九是根据河北省委省政府要求，积极开展了 3360 个帮扶村和 2043 个农村面貌提升重点村安全稳定用电建设工作。帮扶村安全稳定用电投资 6.41 亿元，新建改造 10kV 线路 832km、低压线路 4223km，新增变压器 4034 台，容量 562.7MVA。面貌提升重点村建设落实资金 1.03 亿元，新建改造 10kV 线路 137km，新建改造低压线路 567km，新增改造配变 987 台，容量 164MVA。

科技与信息化 河北公司深化用电信息采集系统应用，提升经营管理效益。一是深化采集系统建设，克服信道、天气、现场环境等因素影响，处理故障台区 431 个、电表 25 752 只，日均采集成功率连续 3 个月突破 98%。二是全面开展采集实用化标准台区建设，制定 12 项台区实用化评价关键指标，解决复杂环境台区采集难点 2520 个，建成标准化台区 13 863 个。三是深化国网标设 38 项扩展功能应用，建成有序用电管理系统，推广开展高压专变用户远程费控和低压用户远程费率控制应用，开发电费余额不足、电费预警等提醒服务、终端停复电上报等功能，不断拓展采集实用化广度。购供售一体化采集与监控系统应用评审，得到了国网公司的高度评价。四是建立采集监控体系，完善了涵盖营销各专业的 8 类采集监控标准化业务流程。

优质服务 河北公司以“服务民生 情暖燕赵”

为主题，深入开展优质服务系列活动，居民用电满意度大幅提升。一是组织开展供电服务提升工程，从电网运行、供电服务等 8 个方面提出要求，明确 25 个目标，提出 47 项措施。提升工程开展以来，累计排查和整改各类供电服务问题 2408 个。二是强化投诉突出问题治理。印发《加强投诉突出问题治理工作方案》，制定规范供电服务八项措施。通过实施投诉量化考评和突出问题治理，投诉数量下降 40%。三是强化供电服务窗口管理，开展一线服务人员业务技能和服务规范培训，加大明察暗访力度，市区 32 个营业厅实现远程视频全监控，窗口服务管控力度进一步加强。四是建立供电服务明察暗访周通报机制。每周暗访和通报排查业扩报装、电费电价、计量管理、专业协同、服务行为等问题，营业人员服务行为、服务意识明显提升。五是 95598 投诉举报等五项业务按期上收。上收以来，业务运转正常，工单反馈及时率等指标处于南方分中心前列。

党的建设和精神文明建设 河北公司深入学习贯彻党的十八大和十八届三中全会精神，认真做好党的群众路线教育，严格执行中央“八项规定”和国家电网公司 28 项实施细则，“三公”费用、会议费分别压降 56%和 72%。开展领导干部“下基层体验式”培训，选派 272 名干部高质量完成 102 个村的驻村帮扶任务。加强党风廉政建设，建成省市县三级反腐倡廉教育体系。开展“中国梦·国网情”主题学习和企业文化“四进四送”活动，推进道德建设“双优工程”，建成道德教育基地，1 名退休员工荣获“全国雷锋奖”，6 名员工当选“河北省道德模范”。深化青年志愿服务活动，3 个基层团委被评为国家电网公司和河北省“五四红旗团委”。建立对外宣传联动机制，国家电网公司品牌形象进一步彰显。

加强员工教育培训，河北公司在国家电网公司竞赛调考中获得团体 2 项第二、2 项第三，11 个项目进入团体前十，30 名员工获得个人表彰，19 名员工被评为国家电网公司优秀人才，7 名员工获河北省能工巧匠称号。严格落实国家电网公司员工奖惩规定。畅通职工意见表达和沟通渠道，队伍凝聚力有效增强。关心关爱离退休老同志，“比、学、看”主题实践活动取得阶段性成效。加强保密管理，未发生失泄密事件。强化信访源头治理和舆情监测处置，公司系统保持了和谐稳定的良好局面。2 名员工获得全国五一劳动奖章，3 个集体获得全国工人先锋号称号，1 个单位被评为中央企业先进集体，7 名员工分获中央企业和国家电网公司劳动模范。

（刘富长）

【国网冀北电力有限公司】

企业概况 国网冀北电力有限公司（简称冀北公司）隶属国家电网公司，肩负着保障首都安全供电和服务冀北地区经济社会发展的双重职责。营业区域包括唐山、张家口、秦皇岛、承德、廊坊 5 市，43 个县，面积 10.41 万 km^2，人口约 2277 万人。

截至 2013 年底，冀北公司本部设置 23 个职能部门，所属二级单位 19 个，职工总人数 25 663 人，用工总量同比保持负增长；投产 110kV 及以上线路 888.68km、变电容量 490.36 万 kVA；实现售电量 1362 亿 kWh。

电网概况 冀北电网属于“西电东送、北电南送”的受电方，主要由河北省北部的唐山、张家口、秦皇岛、承德和廊坊 5 个地市电网组成，其中秦皇岛地区还承担着北戴河暑期保电的任务。截至年底，冀北电网总装机容量 2484 万 kW，其中火电占 62.1%，风电占 34.3%，水电占 1.7%，太阳能和储能占 1.9%；运维 500kV 变电站 23 座，容量 4883 万 kVA，线路 9981km；220kV 变电站 105 座，变电容量 4116 万 kVA，线路 8629km。

人力资源 “三集五大”体系机构建设。完成“三集五大”体系全面建设阶段机构调整和人员配置工作，全面建成地市公司运营监测（控）中心，初步形成科学的组织架构和新型管控体系。人力资源实现有效配置。健全选人用人机制，拓宽干部发展平台，加大干部交流力度，注重年轻干部选拔培养，领导班子结构进一步优化、活力明显提升，供电单位交流干部比例达 45%；公开竞聘 12 名本部副处长，开展 61 名竞聘上岗人员试用期满考核，本部能进能出的人员流动机制逐步建立；加快内部人力资源市场建设，开展两批本部挂职（培养）锻炼、两批跨单位岗位竞聘和五批基层单位岗位竞聘，322 人充实到本部和部分基层单位空缺岗位。队伍整体素质稳步提高。着力打造“四级四类”人才队伍，38 人入选国家电网公司优秀专家人才。首次开展管理人员、县供电企业负责人、供电所长全员轮训，干部员工队伍能力素质显著提升。

电网建设与发展 深化电网规划研究。坚持科学规划引领和带动电网发展，滚动调整“十二五”电力需求预测，持续深化电网规划论证，500kV 承德东、青龙输变电工程等重点项目纳入国家电网公司电网项目规划库。前期工作取得重要进展。廊坊南、昌黎—乐亭输变电工程获国家电网公司可研批复，2014 年计划开工建设的 220～110kV 项目全部获得核准。强化物资供应、施工监理等关键环节管控，顺利完成风光储二期风电 3 万 kW、光伏 6 万 kW 投产目标，500kV 高天三回、220kV 后湖等 31 项工程按里程碑计划投产，500kV 御道口、上承三回和 220kV 御道口—如意河、御道口—华御 4 项工程提前投产，500kV“三站四线”等 51 项工程顺利开工。建设完成冀北电网首座昌黎500kV智能变电站。滦县500kV变电站工程荣获国家优质工程奖，御道口—承德西线路工程获得国家电网公司项目管理流动红旗，110kV及以上输变电工程优质率达到100%。

全面落实国家能源战略和节能减排、大气污染防治措施，积极研究新能源多边交易模式，开展新能源调度技术研究与检测，督促加快风电机组性能改造，2013年未发生风机大规模脱网事故。优化电网控制策略，建立全过程服务机制，积极落实风电、光伏发电优先上网、全额保障性收购政策，累计收购电量128.52亿kWh，同比增长9.43%，节约标准煤419万t,减排二氧化碳1089万t。

经营管理 全面建成地市公司运营监测（控）中心，初步形成科学的组织架构和新型管控体系。落实“二十四节气表”，创新运营监测机制，对325项核心指标实施阈值监测、分析和协同改进。坚持以提高利润水平为工作主线，在电价上做文章，在管理上下功夫，打赢了经营管理的翻身仗。全力以赴争取电价政策，在可再生能源补贴、环保电价、购网电价和电铁还贷电费政策落实等方面取得重要进展。积极应对“营改增”，及时落实电网新建项目所得税优惠政策，深化土地权属清理。加快购电管理体系建设，加大购网交易力度，购网电量同比增长14.8%，高于购电量增速7个百分点。扎实开展盘活利库工作，完成积压物资利库及报废处置，实现库存物资“零积压”。

持续深化全面风险管理，推动在线稽核向工程、物资领域拓展，内控体系的监督和制约作用充分发挥。全面对接国家电网公司总部制度标准体系，加大宣传培训和执行考核工作力度，清理废止现行制度标准394项。加强合同管理，加大案件管控力度，有效防范法律风险。圆满完成集体企业重组整合和主多分开工作。

制定同业对标指标三年升段规划，落实303项提升措施，建设管理指标取得第五名的好成绩，获得国家电网公司专业标杆；运行、物资、财务、规划、人力资源管理指标位列国家电网公司系统前十名。2项管理创新成果分获国家电网公司二、三等奖，1项成果获电力行业二等奖，6项成果获北京市一等奖。大力实施县供电企业和乡镇供电所管理提升工程，5家县公司、7个供电所入选国家电网公司标杆单位。

安全生产 始终坚持“安全第一”，深入开展安全大检查，全方位加强质量监督，全过程防控安全风险，持续强化应急体系建设，在大风、雾霾、强降雨等恶劣天气频发，电网建设、检修任务繁重的情况下，确保了电网安全稳定运行。迎峰度夏、度冬期间，冀北地区多地负荷连创历史新高，公司细化运行分析，科学安排电网运行方式，强化电网调度管理和运维监控，加大重载设备、重要设备和重要输电线路巡检力度，积极推广带电作业，强化电力设施保护属地管理，为经济社会发展提供了可靠电力供应。统筹安排检修计划，开展全过程技术监督和隐患排查治理，深化状态检修，完成源霸双、海万一线紧凑型线路及热河等智能变电站二次改造任务，输变电设备健康水平和抵御恶劣气候能力大幅提升。扎实推进反违章工作，推行现场标准化作业，实施基建作业现场在线视频监控，加大基建工程安全管控力度，安全管理水平显著提高。圆满完成全国两会、北戴河暑期和十八届三中全会等重要保电任务。

营销工作 大力实施增利奖励管理办法，严厉查处内部违规行为，深入开展电价执行和自备电厂专项检查，全面推进节能服务体系建设。启动电能替代工作，开展业扩“提质增速”行动，公司系统通过规范管理、市场开拓等多重手段增利，所属单位全部实现增利。明晰“大营销”体系建设各部门的职能，强化工作过程中的横向协同、纵向贯通，通过制定9项市场开拓指标、26项市场开拓措施，圆满完成市场开拓电量57.61亿kWh，增加收益4572.97万元，实现管理和技术增效。编制落实营销基础数据普查和专项治理方案，全面梳理营销系统5大业务类、26个业务项、76个监控主题涉及的486条校验规则和约束，程序修改60余项，营销信息基础档案异常数据由同期的3700万下降至目前的801条。营销稽查数据可用率提升至99.999 9%。

农电工作 2010～2012年农网改造升级工程、1640个帮扶村和986个重点村电力保障工程顺利通过河北省发展改革委验收，2013年农网改造升级工程投资完成率位居国家电网公司系统先进行列。5项农网改造升级工程入选国家电网公司“农网百佳工程”。实现县供电企业主要业务系统全覆盖，35kV变电站及供电所光纤全覆盖。修编并正式出版冀北公司农网通用设计和施工工艺手册，加强宣贯培训。加大内部审计检查力度，采用相关专业综合检查、联合会诊等方式，创新开展县供电企业经营情况交叉审计，完成21家上划县供电企业综合检查，输配电成本检查、财务税收联合检查覆盖面达到100%。

科技与信息化 加大重点项目攻关力度，有序推进两项863计划课题研究，承担的4项科技支撑计划课题顺利通过国家科技部验收。全面开展信息安全治理，扎实推进外部网站清理工作，圆满完成自建信息系统50%下线任务。高质量完成95598业务集中系统割接和一体化电视电话会议系统上线工作。科技创新体系日趋完善，对公司和电网发展的支撑服务作用显著增强。2013 年，共申请专利 648 项，获得专利授权 263 项，专利数量和质量大幅提升。9 项信息化成果入选中国电机工程学会“信息化支撑智能电网优秀案例和解决方案”，“大容量风光储联合发电关键技术研究及示范应用”荣获国家电网公司科技进步特等奖。

优质服务 深入开展“社区光明同行”活动，1025 个窗口全部对接社区，供电所示范事迹覆盖率达到 100%。持续深化“社企和谐兴冀”活动，主动对接冀北五市政府，签订“共同推进电网建设、促进经济社会发展”战略合作协议，开创了互信、互利、互惠的良好战略合作新格局。扎实开展供电服务提升工程，解决 134 项突出问题，客户满意度明显提升。实现 95598 呼叫平台省级集中，5 项业务上划国家电网公司集约管理。加强服务窗口明察暗访，不断规范员工服务行为。深入开展电力交易服务品质提升专项活动，主动走访发电企业，及时发布交易信息，构建和谐共赢的厂网关系。

党的建设和精神文明建设 超前做好党的群众路线教育实践活动工作准备，建立领导班子成员联系点 22 个，公司领导深入基层调研 45 次，参加基层专题民主生活会，指导帮助解决实际问题。成立公司党校和机关党委，召开第一届团代会。落实党风廉政建设责任制，深化“三学三思”主题教育活动，加快构建科学的管控和惩防体系，反腐倡廉取得明显成效。坚决贯彻“八项规定”，整顿会风文风，厉行勤俭节约，严格公务接待和会议管理，“三公”经费、会议费等大幅减少。

弘扬统一的企业文化，开展“中国梦·国网情”主题学习活动，持续巩固乡镇供电所企业文化建设排查治理成果。“强经营·增效益”、“京津冀高校媒体走进国网冀北电力”等主题传播活动成效显著。《唐山供电“三位一体”推动感恩教育常态化》入选新华社《内参选编》，检修公司朱亚林入选国资委系统“最美一线工人”事迹展播。

完善职代会、厂务公开等制度，民主管理进一步加强。举办首届“价值之旅·冀北之光”职工文化体育艺术节、职工技能运动会和“三比三创”劳动竞赛。统筹后勤资源，改善员工工作生活条件。组织开展职工疗休养和离退休老同志“同心共筑中国梦”活动。加强员工思想动态分析，建立信访预警机制，完善领导包案制度，保持了和谐稳定的发展局面。1 名同志被评为国家电网公司特等劳动模范，2 名同志被评为中央企业劳动模范，1 名同志荣获全国“五一”劳动奖章；风光储公司荣获全国“五一”劳动奖状，香河县公司工会荣获“全国模范职工之家”称号，承德、廊坊公司的 3 个创新工作室被评为“国家电网公司劳模创新工作室示范点”。

【国网山西省电力公司】

企业概况 国网山西省电力公司（简称山西公司）是国家电网公司全资子公司，属国有特大型企业，以电网规划、建设、运行管理及电力调度、经营等为主营业务；下设 11 个市供电公司、99 个县级供电公司；供电区域覆盖全省除 12 个趸售县以外的 108 个县（区、市），肩负着山西省 3580 万人民电力供应的基本使命，承担着向京津唐、河北、江苏、湖北、山东等地外送电力的重要任务；服务客户约 822 万户，拥有资产 588 亿元，员工 3.01 万人。

截至年底，山西公司共有 220kV 及以上电压等级变电站 188 座，主变压器 414 台，变电容量 85 631.574MVA。其中，特高压变电站 1 座；500kV 变电站 17 座（含榆社开闭站）；220kV 变电站 170 座。共有 220kV 及以上输电线路 576 条，线路长度 16 953.779km（不含跨省输电线路）。跨省输电线路 29 条，长度 3433.739km。截至年底，山西电网总装机容量 58 230.7MW，接入 500kV 系统机组 59 台，容量 28 570MW；接入 220kV 系统 123 台，容量 23 696.5MW；接入 110kV 系统 44 台，容量 2473.74MW；接入 35kV 系统 4 座，容量 65MW。全年售电量 1735.28 亿 kWh，外送电量 303.65 亿 kWh，同比增长 7.2%。

扎实推进安全大检查，变电站全停隐患排查整治，大规模风电有序并网，电网风险分析全面强化，省地运行方式协调联动，确保了特高压大电网安全运行和电力可靠供应。生产、基建、农网、营销作业现场安全有序，集体企业、信息系统、保密、消防安全保持平稳，未发生人身伤亡事故，重大及以上电网、设备事故和误操作事故。进一步实现健全完善应急体系，省际特高压应急救援联动机制有效运转，电力应急指挥中心三级全覆盖，主备调 48h 切换、区外电源黑启动和迎峰度夏联合应急实战演练，增强大面积停电防控能力，省调调度运行安全超过 1 万天，“一户一案”供用电抢险救援成为全国典型范例。

电网建设与发展 3 月 14 日，时任国家电网公司总经理、党组书记刘振亚在北京与山西省委副书记、省长李小鹏一行举行会谈。双方表示将进一步加强合作，加快特高压等电网项目建设，推动山西综合能源基地转型发展，实现互利共赢。4 月 28 日，山西省政府召开第 11 次常务会议，研究讨论《山西省人民政府关于加快推进全省电力建设的若干意见》，逐一确定项目核准、建设进度、晋电外送、新能源发展、体制改革等各环节目标措施，落实责任部门，举全省之力加速推进电力建设。9 月，山西省公布《关于继续取消和下放一批行政审批项目等事项的决定》，要求简化 500kV 输变电项目核准流程，缩减审批时限。12 月，在中央经济工作会议期间刘振亚董事长与袁纯清书记、李小鹏省长共同表示对特高压外送通道互相支持、加快建设。电网前期工作全面提速，在国家电网公司首个完成“十二五”规划的全部500kV项目核准，五寨—兴县等4个“十三五”初500kV电网项目取得“路条”，施工受阻、变电站土地手续等多项难题得到有效解决。

建设进度质量管控有力，全年完成固定资产投资84.86亿元，110kV及以上交流线路开工2908.56km，投产2841.59km；变电容量开工1158.55万kVA，投产1157.7万kVA，继续保持各季度均衡开工投产，项目全过程管控获电力行业企业管理创新成果一等奖。±800kV哈密南—郑州特高压直流输电线路工程（山西段）按期竣工进入试运行，500kV榆次北等一大批输变电工程建成投运，太原城市配网提升和2010～2012年农网改造升级工程通过验收，无电人口通电问题圆满解决。500kV左权电厂送出工程荣获国家优质工程奖，220kV荫城变电工程获得国家电网公司质量管理流动红旗，110kV及以上优质工程率实现100%。

经营管理 面对经济增速放缓、用电市场疲软的不利局面，山西公司以“线损管理年”活动带动提升管理精益水平，依托特高压大力拓展外送电市场，挖潜增效、内生外拓，实现经营逆势上扬，创出历史最好水平。截至12月底，建成用电信息采集线损综合管理平台，累计安装智能电能表655万只，省市县关口采集全覆盖，3286个台区采集线损双达标，综合线损率比计划下降1.97个百分点。灵活组织月度增供交易，同比增长17亿kWh，增幅达55%，公司外送电量首次突破300亿kWh。严格落实中央“八项规定”，厉行勤俭节约，积极整改“四风”问题，大力压缩非生产经营性支出，公司系统会议费、业务招待费、差旅费、办公费同比平均下降均超过33%。初步建成公司内控体系，创新开展基建、农网改造工程在线审计，实施供电服务、盘活利库等效能监察，依法规范水平不断提升。深入推进县供电公司、乡镇供电所管理提升工程，公司领导“抓两头、带中间”对口帮扶，完成县供电企业（副职）负责人和供电所长培训，基层管理进一步夯实。

安全生产 山西公司安全工作认真贯彻“安全第一、预防为主、综合治理”的方针，以杜绝人身事故、防止大面积停电、防范重大设备损坏为首要任务，深入开展“安全管理提升年”活动，不断强化安全生产基础管理，努力践行“九个一”工作要求，扎实开展“安全大检查”，着力推进安全生产标准化和精益化，全力保障“三集五大”体系顺利建设。坚持“三遵循、两减少”，推进“综合大检修”，圆满完成春(秋)检、迎峰度夏(冬)及各项生产、建设任务，安全生产局面保持稳定，实现无重大设备事故5217天。山西公司研发应用的高危及重要客户供用电安全管理移动作业管控平台成功上线试运行，实现了供用电安全精益管控向客户现场的穿透，实现了全公司用检工作人员现场作业标准统一、行为规范、项目齐全。按季开展煤矿等高危及重要客户供用电安全隐患排查，持续强化客户隐患治理整改的专业指导、跟踪服务，督导客户做好隐患整改消缺，动态修订和完善客户事故应急抢险保电“一户一案”，持续增强应急预案的针对性、实效性和可操作性。全年现场巡检煤矿等高危及重要客户4532户次，组织编制客户事故应急抢险保电应急预案1027例，滚动修订“一户一案”2319户次，巡检率、“一户一案”制定率、全年滚动修订率均达到了100%，发现客户责任隐患1579条，做到“通知、报告、服务、督办”4个100%。新华社专题报道公司“一户一案”管理经验，“一户一案”供用电抢险救援成为全国典型范例。

农电工作 全年农网改造升级工程投资17.5亿元，新建和改造35kV变电站2座、线路14km，10kV线路2820km、配电变压器3700台，低压线路3395km。通过4年（2010～2013年）的农网建设与改造，在全省范围累计投资82.55亿元，所辖11个地区98个县域的农村电网结构、设备水平、供电能力、供电可靠性和抵御自然灾害能力得到提高，有力促进了农村经济社会发展。

朔州平鲁区、原平市、大同市新荣区、潞城市、古县、闻喜县、阳城县、孝义市、介休市、阳曲县等10个县（市）供电公司全面完成新农村电气化县建设任务。共建设120个电气化乡，2400个电气化村。截至2013年底，山西省共建成34个电气化县，361个新农村电气化乡（镇）、6800个新农村电气化村。闻喜县、阳城县等十县（市）荣获山西省“新农村电气化县”称号。积极配合政府开展电力科技扶贫活动，按照地方政府经济转型发展整体思路，投资300余万元，对偏关县高寒、高效反季节蔬菜基地的供电设施进行改造，提高了生产率，降低了人工成本，促进当地农民脱贫致富。

营销工作 2013年，山西公司以“示范引领、手段创新、品质提升、协同运作”为主线，推进服务创新，丰富服务手段，强化服务措施，促进优质服务水平持续提升。组织开展“投诉处理质量提升年”活动，加强供电服务品质评价与监督，对照新“三个十条”，认真查找当前供电服务工作中存在的差距和不足。开展居民用电“片警式”供电服务及“供电所规范化服务对标”活动，推进抄表员、低压用电检查员向片区客户经理转型，努力消除农电一线存在的服务难点、热点问题。持续开展客户回访、明察暗访、工作通报，按照“三个必须”（每件必须分析原因，每件必须总结措施，每件必须考核到人）的原则，加大对投诉事件的处理与考核力度，对典型事件、突出问题做到发现一起、整改一类。制定全流程客户满意度评价常态化工作管理办法，统一评价运作，统一评价指标。

电能替代工作全面启动。贯彻“以电代煤、以电代油，电从远方来”发展战略，对全省各地区能源消耗总量、产业电气化特点、冬季供暖基本情况、农村电气化应用等进行全面调研摸底，协助政府出台相关文件，制定了有针对性的电能替代实施方案，统筹安排部署公司电能替代工作。开展电能替代示范项目，在山西耀华电力节能供热有限公司研发出谷期电集中供暖及分户控制系统的基础上，促成太原市4个新建小区约43.1万m^2安装该系统实施电采暖，通过发热电缆与蓄能管结合的发热体，在电网低谷时段将电能转换为热能，报装总容量达3.488万kVA。

山西公司积极与省、市政府相关部门沟通，争取政府对电动汽车产业及应用的支持，大力推动电动汽车产业在山西省的发展。助力太原市和晋城市申报新能源汽车推广应用城市。11月26日，财政部、科技部、工信部、国家发展改革委四部委联合下文，山西省太原市、晋城市被列入国家第一批新能源汽车推广应用城市或区域名单。推进电动汽车充换电设施建设与运营工作，建设完成7座充换电站，新开工建设临汾侯马、晋城高平2座充换电站。

科技与信息化 山西公司以重点领域攻关为突破，加快科技创新，智能用电小区建设模式研究等12项重点科研项目取得重大进展，特高压与环境兼容性评估等21项成果获国家电网公司及以上科技进步奖。山西公司参与的“1000kV特高压交流输电系统与环境兼容性评估及工程应用”、主导研发的“碳纤维复合材料在山西电网中的应用研究”、国网山西电科院的“直接空冷机组冷端性能诊断及优化关键技术研究与应用”、省检修公司的“超特高压输电线路带电检修技术实用化研究”等4个项目分获国家电网公司科技进步二、三等奖，国网长治供电公司参与的“农村电网智能化关键技术研究及示范工程建设”、公司参与的“宁东—山东±660kV直流输电示范工程”、省电科院参与的“大型空冷电站给水泵汽轮机排汽新型冷却方式研究及工程示范”等3个项目分获中国电力科学技术奖二、三等奖。国网大同供电公司“输电线路安全运行在线监视和现场作业管控技术的研究及示范”获山西省科技三等奖。“输电线路基础施工专用钻机”“灰土智能加湿系统”等11个项目分获电力建设科学技术成果二、三等奖。

全年共申请专利960项，其中发明专利278项，发明专利申请量国家电网公司排名第12位。专利授权687项，其中发明专利46项，发明专利授权量国家电网公司排名第11位。截至2013年底，累计拥有有效专利1166项，其中发明专利83项，发明专利拥有量排名12位。2013年公司系统共发表科技论文1247篇，其中EI等检索或收录的高等级论文36篇，出版论著6部，登记软件著作权51件。通过扶持群众性创新和知识产权培育，鼓励全员参与“小创造、小发明、小改进、小成果、小创新”科技创新，加大对创新成果、专利的奖励力度，将技术创新、科研攻关成果，作为晋升职称、入党提干、评先树优的重要依据，极大激发了员工的参与热情。全年科研项目验收完成率100%，技术标准任务完成率100%。

【内蒙古电力（集团）有限责任公司】

企业概况 2013年，内蒙古电力（集团）有限责任公司（简称内蒙古公司）完成售电量1386.91亿kWh，同比上升8.39%，完成年度计划的105.07%。内蒙古地方完成售电量1120.08亿kWh，同比上升11.38%，完成年度计划的106.47%。东送华北电网电量266.83亿kWh，同比下降2.57%，完成年度计划的99.56%。线损率完成4.42%，低于年度计划0.01个百分点。完成固定资产投资118.34亿元，资产总额达到507.69亿元，资产负债率56.18%，较年初下降3.7个百分点。2013年，内蒙古公司排名中国企业500强198名，内蒙古自治区30强企业第1名。2013年，公司逐级推荐的优秀QC成果37项，其中5项QC成果及2个QC小组获得国家级质量管理荣誉，12项QC成果获得全国电力行业质量管理荣誉，获全国电力行业质量管理活动优秀企业称号。截至2013年底，公司拥有盟（市）级供电企业10个，旗（县）级供电企业51个。供电面积69.83万km^2。内蒙古西部电网统调装机容量4671.56万kW，直调装机容量4427.07万kW；最大发电负荷2616.5万kW（11月24日）；最大供电负荷1942.4万kW（11月9日）。2013年，共投产新火电机组186.95万kW，风电137.4万kW，光伏发电并网装机107.2万kW。截至2013年12月底，内蒙古电网风电容量为1104.49万kW，有风电场109座，风电发电量219.77亿kWh，同比增长23.34%，约占全国风电发电量的16.1%。光伏发电并网装机129.8万kW，发电量5.81亿kWh，同比增长247.79%。2013年，火电、风电设备平均利用小时数分别达到5230h和2184h，分别比2012年增加104h和200h。2013年底，公司共有500kV线路59条，长度5085.79km；500kV变电站20座，容量3255万kVA；220kV线路367条，长度11 649.6km；220kV变电站116座，容量3856.5万kVA；110kV线路510条，长度11 373.4km；

110kV 变电站 265 座，容量 2155.35 万 kVA。

内蒙古公司所属二级单位 27 个，长期职工 20 871 人，全员劳动生产率完成 467 276 元/人年，人才当量密度 0.897，人才密度 89.92%，高技能人才比例 57.01%。

内蒙古公司有 3 个集体获全国工人先锋号称号，3 名员工获全国五一劳动奖章，4 个单位获自治区五一劳动奖状，9 个集体获自治区工人先锋号称号，19 名员工获自治区五一劳动奖章，1 个单位荣获全国能源化学系统五一劳动奖状，1 名员工获全国能源化学系统五一劳动奖章，3 个职工创新工作室被授予全国能源化学系统创新工作室。公司所属 8 个单位获全国“安康杯”竞赛优胜单位、6 个班组获全国“安康杯”竞赛优胜班组、1 名员工获全国“安康企业家”，公司连续第 12 年获全国“安康杯”竞赛优秀组织单位。公司被自治区政府纠风办确定为 2013 年度行风免评单位。

领导班子

党委书记、董事长：刘锦(5 月免党委书记职，6 月免董事长职，8 月免董事职)、王玉成(蒙古族)(5 月任党委书记职，6 月任董事长职，8 月任董事职)

总经理 党委副书记 董事：张福生(6 月免总经理职，8 月免董事、党委副书记职)、于立新(蒙古族)(6 月任总经理职，8 月任董事、党委副书记职)

副总经理、党委委员、董事：高野(8 月免副总经理、党委委员职，任董事职)

纪委书记、党委委员：张日成

副总经理、党委委员、党委副书记：耿白(8 月免副总经理职，任党委副书记职)

党委委员、工会主席、副巡视员：李燕(女)(8 月免党委委员、工会主席职，任副巡视员)

副总经理、党委委员：鲁当柱、郝智强(8 月任职)

总会计师、党委委员：孙文彪(8 月任党委委员职)

党委委员、董事：李普强(8 月任职)

工会主席、党委委员：白振英(8 月任工会主席职)

副总经理、总工程师、党委委员：魏哲明(蒙古族)(8 月任职)

副总经理、总经济师：侯生明(8 月任职)

副总经理：蔺蒙(8 月任职)、牛继荣(8 月任职)

副巡视员：托克(蒙古族)、杨泓(12 月免职退休)

组织机构

(1) 二级单位。包头供电局、呼和浩特供电局、乌兰察布电业局、巴彦淖尔电业局、鄂尔多斯电业局、锡林郭勒电业局、薛家湾供电局、乌海电业局、内蒙古超高压供电局、阿拉善电业局；苏里格燃气发电有限责任公司、内蒙古电力物资供应公司、内蒙古电力科学研究院、内蒙古电力公司培训中心、内蒙古电力信息通信中心、内蒙古蒙能招标有限公司、内蒙古电力供用电稽查局、内蒙古国合电力有限责任公司、内蒙古电力公司驻京联络处；内蒙古第一电力建设工程有限责任公司、内蒙古第三电力建设工程有限责任公司、内蒙古送变电有限责任公司、内蒙古康远工程建设监理有限责任公司、内蒙古电力勘测设计院、内蒙古满都拉电力房地产公司、内蒙古电力机关事务管理局、内蒙古满都拉资产管理有限责任公司。

(2) 机关部室。办公室、机关工作部（机关党委)、发展策划部、市场营销部、生产技术部、安全监察部、基建部、财务部、人力资源部、农电部（农电资产管理公司)、企业管理部、审计部、干部管理部（组织部)、监察部（纪律检查委员会)、离退休管理部、特高压及跨区电网工作部、电力调度通信中心、电力交易中心，党委工作部、电力工会。

(3) 挂靠单位。电力新闻中心、住房资金管理中心、质监站、电力行业协会、政研会(文协)、内蒙古电机工程学会、老干部(职工)活动中心、人才中心。

安全生产 2013 年，供电可靠性完成 99.802%，同比升高 0.06 个百分点，完成了年初制定的目标(99.46%)。主网电压合格率为 99.53%，同比提高 0.11 个百分点；综合电压合格率为 98.26%，同比提高 0.19 个百分点。2013 年，共发现电网设备缺陷共计 18 365 项，同比减少 5.83%。其中：危急缺陷 905 项，消除率 100%；严重缺陷 2958 项，消除率 93.00%；一般缺陷 14 502 项，消除率 93.15%。全网缺陷消除率 93.47%，同比提高了 0.62 个百分点。截止到 2013 年 12 月 31 日，内蒙古电网实现安全运行 5972 天。

2013 年生产技改工程全年下达投资 93 141 万元(不含信息化工程)，完成投资 75 629 万元，投资完成率 81.2%。2013 年生产大修工程下达项目共计 1755 项，下达资金 38 846 万元；因现场情况发生变化等原因申请取消项目 26 项，取消资金 1100 万元；其他 1729 项，竣工 1729 项，竣工率 100%，已完成资金 37 773 万元，资金完成率 100%。

2013 年，下发了《电网和设备事件技术分析工作规范》和《新技术新设备入网试运行管理办法（试行)》。修编下发了《公司变电站标准化管理条例》，完成了沙河 220kV、永圣域 500kV 标准化示范站试点建设工作。完成了鄂尔多斯电业局、乌兰察布电业局、巴彦淖尔电业局、阿拉善电业局调控一体化的实用化验收工作。除锡林郭勒电业局、内蒙古超高压供电局外，各供电单位调控一体化均已正式投入运行，健全了公司状态检修体系建设。制定了适应状态检修模式的《电网设备状态检修管理标准》《电网设备状态检修工作标准》6项、《电网设备状态检修技术标准》60项。深化状态检修支持系统应用。开发了基于10kV及以上电压等级全类型设备的《公司状态检修辅助决策系统》，分别建成了“公司输、变电设备在线监测系统”。配置了422套技术成熟、运行稳定的输变电设备在线监测装置，初步实现部分电网设备运行状况实时监测和安全预警。制定了《电网输变电设备缺陷标准知识库》，规范了设备缺陷管理，统一了设备缺陷流程，为开展设备缺陷统计分析奠定了基础。完善带电检测装备配置。重点推广应用带电红外、紫外成像检测、SF_6 气体分解物检测、GIS超高频局放检测技术等。公司电网10～500kV输变电设备全部实施状态检修模式。

开展内蒙古西部地区输电线路鸟类活动、鸟害故障分析研究，收集相关资料，绘制涉鸟区域分布图，编制公司防鸟害技术标准。开展2013年度输电线路直升机巡检工作。累计巡检500kV输电线路44条次，飞行110架次，杆塔9345基，线路长度3970.871km。安排科技项目计划，对阿拉善沙漠无人地区220kV输电线路开展直升机巡检作业进行探索研究。

提前下达了生产大修和技改计划。按照“一条线路全年只安排一次停电计划”的原则，制定了《2013年电网输变电设备检修计划》。春查期间，主网共完成169座变电站、312条输电线路的春检预试工作，共发现各类缺陷4916项，消除3912项，处理率100%，消除率79.58%。完成了“天宫一号/神州十号”交会对接任务内蒙古落区、党的十八届三中全会、自治区“两会”和春节、元宵节、国庆节等保电工作。

电网建设 2013年初，按照国能电力〔2013〕15号文件要求，形成了《内蒙古电网规划主网架方案研究》《内蒙古电网220kV电网规划研究》《内蒙古电网配电网专项规划》等3个研究报告。编制完成《蒙西电网向蒙古国南部供电规划设想》和蒙西电网向陕西榆林地区供电规划方案的研究工作。编制印发了蒙西《电网建设项目规划设计原则》。

按照保障自治区经济发展的需求，在投资方面加强向重点产业园区供电及提高外送能力，投资总规模109亿元。按照2013年固定资产投资调整计划安排电网建设项目共209项。累计取得191项110kV及以上工程核准，项目核准率91.4%，核准投资1 649 194万元。前期储备项目核准18项，核准投资162 376万元。

2013年固定资产投资计划共下达电网基建项目221项，其中500kV工程19项，220kV工程82项，110kV工程120项。2013年全年投产基建项目91项；其中500kV投产项目3项，新增500kV变电站1座，新增变电容量585万kVA，新增500kV线路2条，线路长度115km；220kV项目投产33项，新增变电容量576万kVA，新增220kV线路37条，线路长度670.81km；110kV（包括35kV）项目投产55项，新增变电容量344.52万kVA，新增110kV（包括35kV）线路39条，线路长度578.73km。建设了察右中旗、武川、乌拉特后旗等地区的500kV风电汇集站，以保证巴彦淖尔市、包头市、乌兰察布市以及呼和浩特市武川地区风电的送出和满足后续风电发展的需求。

全面落实“以现场保人身，施工保电网，项目保系统”为重点的基建安全管理思路，实施安全目标管理活动，现场以防范人身安全为重点，加强分包和大型机械管理，规范安全监理行为。利用春查、工程分包专项检查等活动，加大对各项目的安全督导检查。针对各工程实际进展情况，设专人对存在重大安全风险和重要工序的施工作业进行全过程监控。实现隐患排查治理、反违章工作常态化。以内电基〔2013〕24号文下发了《基建投资费用使用的有关规定》，采取“依法合规、统一管理、监督制约、谁使用谁负责”的原则，进一步强化各个参建单位造价费用的管控。全年完成施工招标34项，设计招标43项，监理招标44项。

经营管理 9月25日，国家发展改革委启动了调整上网电价政策，经过认真测算、反复沟通，最终蒙西地区上网电价每千瓦时下调1.05分，解决了可再生能源资金垫付风险，争取了环保电价调价空间，缓解了公司垫付资金的压力。按照自治区发展改革委要求，测算并完成了2013年趸售电价，通过趸售电价解决“同网同价”明补及涉税问题。2013年，内蒙古公司累计承担“同网同价”成本6.67亿元。将地调电厂由公司本部统一结算，完成上划后电量的核对与考核，督促签订购售电合同并对以前年度购电费进行清算，统一解决了遗留的厂网电费结算问题。

加强工程资金管理，强化资金集中统一支付。截至2013年12月末，当年累计资本性支出87.69亿元。积极向金融机构取得项目融资承诺函，截至2013年12月末，当年共向银行申请取得58个项目的融资承诺函。

对《财务指标考核办法》进行第5次修订。完善修订《公司固定资产管理办法》《关于进一步规范和加强资产管理的通知》《存货管理暂行办法》。按照《企业集团财务公司管理办法》及《申请设立企业集团财务公司操作规程》有关规定，完成筹建申报材料的编制工作。内蒙古银监局同意内蒙古电力集团发起筹建内蒙古电力集团财务有限责任公司，并正式向国家银监会上报了筹建申报材料。

人力资源 2013年，内蒙古公司有享受国务院特殊津贴1人，获得中电联“全国电力行业技术能手”

4 人，获得华北电网公司优秀工程师和优秀青年工程师 35 人，公司级专家 197 人。有高级专业资格 2011 人（含正高 32 人），中级专业资格 3087 人，初级专业资格 5699 人；高级技师 490 人，技师 919 人，高级工 3576 人，中级工 2404 人，初级工 1230 人。公司有博士 32 人，硕士研究生 962 人。

编发《供电企业标准岗位名录》。测算下达非正式用工计划和费用控制计划，指导各单位开展劳务用工清理规范工作，涉及人员 1139 人，非正式用工初步纳入常态化管理。

开展了以“大培训大练兵”活动为主题的培训工作，计划用 3 年时间对公司全体员工进行一次系统的培训和全面的考核。2013 年完成了输电运检、配电运行、变电检修、变压器检修、变电运行等五大生产专业班组长以下人员 3373 人的培训工作；完成了油务化验、电测仪表等两个专业 100 多人的培训考核；完成了行政管理、党群管理、生产管理三大类管理人员和生产专业班组长 18 期 1147 人的培训考核工作；完成了公司系统财务人员 700 多人的调考工作。2013 年全年培训量达到 431 902 人·天，全员培训率达 98%。在培训中心建成标准化考试基地，能够容纳 240 人同时进行标准化考试。

编制《关于 2013 年人力资源配置的指导意见》，2013 年实际引进博士生 1 人，硕士生 123 人，本科生 687 人，大专生 170 人。接收复转军人为 163 人，完成了上级下达的安置任务。

努力推动人才工作，加强党对人才的培养和管理。申报高层次人才创新创业基地 2 个，产业创新创业人才团队 5 个，“草原英才” 8 名。广泛开展“职工创新工作室”创建活动及合理化建议、先进操作法评选活动，已共命名创新工作室 58 个，24 项合理化建议获奖，31 项经济技术创新成果获奖。

营销工作 营销工作继续实施“稳现量、促增量”措施，稳定和拓展电力市场。全年完成交易电量 320.75 亿 kWh。当年电费回收率完成 99.92%。直接追收违约使用电费等资金 2969.55 万元。协调华北电网增加后夜低谷风电交易，开拓蒙古、榆林电力市场，全年外送电量 299.87 亿 kWh（送华北电网 266.83 亿 kWh，送蒙古 7.68 亿 kWh，送榆林 25.36 亿 kWh）。对自治区的 22 个重点工业园区超前介入，对有增量的优质客户重点服务。提高《供用电合同》的签订质量。要求必须在营销信息系统中完整、规范地录入供电方案。正确录入用电性质、工程类别、供电电压、核实容量、计量方式。同时，按照文件给出的供电方案范本规范地在系统内描述供电方案、计量装置情况；正确填写受电点方案、计量点方案，正确绘制供电方案简图；正确签订供电方案协议。加强客户工程管理质量。加强设计资质、施工资质的审核和开、竣工报告的审核。出台了《电力客户受电工程中间检查和竣工验收管理办法》。杜绝体外循环票，业扩报装业务全过程纳入营销信息系统管控。为促进分布式新能源发电项目快速发展，下发了《内蒙古电力公司分布式新能源发电项目并网服务管理细则（暂行）》。成立线损管理工作领导小组，依据 2012 年度配电线路线损完成情况，下达 2013 年度分线分台区管理目标和降损目标。依托营销信息系统，在开展采控终端在线监测统计、分析、核查工作的同时，规范了配电线路线损报表上报及查询功能。统一了 10kV 配电线路线损统计分析模式。2013 年，严格按照自治区经信委审核公示符合条件的前 15 批 479 户企业执行临时扶持政策，临时扶持企业用电量 663.46 亿 kWh，公司让利 15.88 亿元。按月及时上报《关于自治区生产用电临时扶持企业用电量情况报告》，为政府补贴资金的及时足额返还提供可靠保障。

电能计量网络管理系统的推广工作在各供电单位全面展开。截至 11 月底，各供电单位共绘制各级计量图 19 737 张，绘制匹配各类设备计量点 103 万个，基本完成了电网级、厂站级和配电级的计量网络图的绘制和匹配工作。加强客户自备电源管理，出台《内蒙古电力公司电网客户自备应急发电机管理办法》。下发了《关于建立健全自备电源客户档案的通知》。严格自备电厂的征费工作，2013 年共计征收系统备用费 11.78 亿元，政府性基金 4.98 亿元，2013 年，电网共计申请报装接电 33.5 万户、容量 935.3 万 kVA，总接电 25.59 万户、容量 765.9 万 kVA。

科技与信息化 2013 年下达科技计划项目 143 项，费用 15 559.67 万元。主要技术领域包括智能电网建设、清洁能源并网及运行技术、电网安全稳定运行、试验能力提高、电动车示范项目以及电网常规技术研究和推广应用、群众性自主创新等。

2013 年延续实施信息化工程 16 项，新增信息化工程 4 项，储备信息化工程 4 项。组织完成了信息系统鄂尔多斯容灾中心建设工程、信息通信机房建设及搬迁等工程验收工作。举办了生产 GIS 系统 CORS 站及巡检设备 PDA、Oracle 数据库技术和信息安全技术等三个赴厂培训班和 SAP solution manager 原厂培训、ERP 系统推广实施前驻呼单位关键用户培训、协同办公系统使用培训、信息安全技术讲座等培训。

修编并下发了《内蒙古电网通信系统运行管理规定》《通信运行管理系统资源数据运行维护与核对管理办法》等。组织完成公司通信骨干网 10Gbit/s 二期及波分复用工程初步设计审查工作。

组织赴国家电网公司学习调研提高调控一体化视频辅助监控技术手段先进经验。组织研究制定了《公司调控一体化远程视频监控系统技术功能规范（试行）》，并在巴彦淖尔电业局开展调控中心远程视频主站试点建设。

农电工作 内蒙古公司所属趸售农电企业完成售电量 161.6 亿 kWh，同比增长 7.5%。综合线损率 4.62%。全年排查和消除安全隐患 18 085 处，消缺率 94.5%，重大缺陷消缺率 100%。组织三次较大规模的现场检查，对存在的问题及时进行了通报。公司农电系统未发生重大生产责任事故、主要设备事故。投资 52 121 万元，解决了“十二五”无电地区电力建设规划中最后 10 485 户 36 715 名农牧民通电、用电问题，提前两年实现户户通电目标，并通过国家和自治区两级能源局验收确认。完成了 2010～2012 年 3 个年度的农网改造升级和无电地区电力建设工程的建设、结算、审计工作，通过了自治区发展改革委整体工程验收。推进 38 个趸售农电企业清产核资工作。深入推进星级标准化供电所、变电站建设，目前共完成了 32 个星级供电所、48 个星级变电站的标准化建设，覆盖了 65 个乡（镇、苏木）、532 个行政村（嘎查）、2799 个自然村。通过缩小供电半径、降低线路损耗等方式，改善了 38 万户 99 万人口用电质量和用电水平。全面推行同网同价工作，全年为农牧民减轻各类用电负担近 10 亿元，为地方经济发展和农牧民生产生活用电提供优质服务并做出了贡献。完成了 38 个趸售旗县的定员测算工作。编制完成《内蒙古电力公司农电工优秀人才考核选拔实施方案》。不断推进信息化建设，在用电、安全生产、人力资源、协同办公 4 个子系统实用化验收的基础上，重点加强项目管理、物资管理、综合管理 3 个子系统的试点建设工作。盟市农电信息化管理系统已在包头供电局、乌兰察布电业局上线试运行。公司趸售旗县全部实现调控一体化管理，70%以上变电站具备无人值守条件。趸售旗县电力公司集抄率达 50.8%，约 110 万用电客户实现集抄。

国际合作 OT 项目（中蒙边境奥尤陶勒盖铜金矿开发项目）完成了 220kV 开闭站检修楼及其附属工程的施工任务并投入使用。从 2013 年起享受“三免三减半”的企业所得税优惠备案申请已经过玉泉区国家税务局的审核。2013 年，OT 项目累计完成售电量 76 052.60 万 kWh，完成年度预算 6 亿 kWh 的 126.75%。最大供电负荷 14.73 万 kW，最大日供电量 338.7 万 kWh。截至 2013 年 12 月 31 日，已收回出口退税款 2696 万元。

优质服务 2013 年，对《营销服务行为规范手册》《服务营销文化提升项目手册》进行了修订。实现对 A、B、C 三级客户服务中心外部标识及内部功能区域的划分管理。对营销信息系统的短信平台技术架构和功能进行了升级。扩充了 5 个供电单位“95598”客服系统容量。完成了营销用电地理服务系统一期的推广建设。开发设计了营销移动业务查询系统。完成了营业厅综合服务平台和一体化缴费平台硬件系统安装联调试和软件系统试点应用工作。

党的建设和精神文明建设 继续加强学习型党组织建设，在全系统举办 6 期“蒙电高端讲坛”专题讲座，累计培训公司系统管理人员 13 320 余人次。组织参加各级各类业务培训班、讲座累计 574 期，受训人员 21 474 人次，全年共举办 8 期企业管理人员培训班，累计培训 483 人次。选派 100 名公司各级领导人员参加自治区党委组织部、自治区国资委举办的各类讲座、培训班。

在党的群众路线教育实践活动中，各级党组织书记讲党课 371 次，党员干部撰写心得体会 7118 篇；举办各类专题讲座 94 场次，8780 人次观看传统教育片和廉政警示片 241 场。开展“深入基层、深入群众、转变作风”主题调研活动，广泛征求和梳理“四风”、经营管理等八个方面意见建议 169 条。针对公司领导班子对照检查材料中反映出的“四风”方面问题，梳理汇总出 17 个方面整改项目、82 条整改措施，并将整改任务分解到责任领导和部门，限定时间完成。

制订《开展“中国梦”学习宣传教育活动实施方案》，深入推进“尽责圆梦”主题教育实践活动、“中国梦·蒙电人”征文活动和“我是蒙电人”网上形象宣传与展示活动。举办了“爱岗敬业·实干圆梦”——“风采·蒙电人”故事会。

全年共慰问困难职工 1222 人、大病职工 52 人，发放补助资金 428 万元。资助生活贫困大学生 66 人，资助 37.4 万元。组织开展“博爱一日捐”活动，公司系统职工捐款 206 万余元，支持四川芦山县、内蒙古科左后旗抗震救灾，捐款 10 万元救助残障儿童。继续做好公司对兴安盟代钦塔拉苏木吉力花嘎查的定点帮扶工作，完成帮扶工作量 347.7 万元。

主要事件

1 月 17 日，内蒙古公司 2013 年工作会暨四届三次职代会在呼和浩特市召开。公司党委书记、董事长刘锦做题为《建设坚强电网建设一流企业为自治区全面建成小康社会做出更大贡献》的讲话。公司总经理张福生做《坚持改革创新全面强化管理努力推动公司各项事业持续健康发展》的工作报告。

2 月 22 日，按照内蒙古公司《科学技术进步奖励管理办法》要求，公司科技进步奖评审委员会评出 2012 年公司科学技术进步奖 42 项，其中特别奖 1 项、一等奖 6 项、二等奖 7 项、三等奖 28 项。

4 月 25 日，内蒙古自治区在呼和浩特市新城宾馆隆重召开庆祝“五一”表彰大会。内蒙古公司系统共有3名个人荣获全国“五一”劳动奖章、1个集体荣获全国工人先锋号称号，3家单位获得自治区“五一”劳动奖状，9人获得自治区“五一”劳动奖章。

5月10日，内蒙古国合电力有限责任公司通过呼和浩特海关审核，在海关系统正式取得适用A类企业管理的资格。

5月17日，中共内蒙古自治区委员会以内党干字〔2013〕179号文件任命王玉成为公司党委书记。

5月27日，内蒙古公司就做好“天宫一号/神舟十号”交会对接任务内蒙古落区保电工作做出部署。对接任务共涉及公司8个供电单位和信通中心，共同做好自治区中西部6个盟市11个旗县的保电工作。6月26日，神舟十号飞船返回舱成功降落在位于内蒙古中部的主着陆场预定区域——乌兰察布市四子王旗阿木古郎牧场，公司圆满完成“神十”保电任务。

6月2日，内蒙古自治区人民政府以内政任字〔2013〕75号文件任命王玉成为公司董事长、于立新为公司总经理。

7月25日，内蒙古公司向社会发布《内蒙古电力（集团）有限责任公司2012社会责任报告》。

7月30日，乌兰察布市商都县玻璃忽镜乡遭受罕见龙卷风和暴雨袭击。该地区电力设施遭到严重破坏，直接经济损失约400多万元。

7月，由内蒙古电力科学研究院首次独家调试的国电建投内蒙古能源有限公司布连电厂一期2×66万kW超超临界燃煤空冷机组2号机组运行状态良好。该机组为蒙西电网首台超超临界机组，是国内首次采用全辅机单弄布置的创新项目。

7月，内蒙古公司当月东送电力两项指标A1、A2越限点数均在合格范围内，实现自2008年5月15日500kV汗沽双回二通道贯通以来东送电力首次“零扣减”。

9月15日，由内蒙古送变电有限责任公司承建的哈密—郑州800kV特高压直流工程导、地线展放全部顺利完工，标志着哈郑特高压直流工程山西（晋2）标段贯通。

10月，内蒙古自治区企业家联合会和企业协会公布2013年自治区30强企业，公司以5 657 556万元年销售收入位居榜首。此外，在中国企业联合会、中国企业家协会发布的2013中国企业500强榜单上，公司位居第198位。

12月18日，“内蒙古自治区全面完成无电地区户户通电工程”仪式在鄂尔多斯市鄂托克旗敖伦其日嘎嘎查牧户呼毕斯哈拉图家举行，这标志着内蒙古自治区在四川、西藏、青海、甘肃、新疆等6个偏远省区中率先完成国家能源局制定的全面解决无电人口用电问题3年行动计划，内蒙古基本解决了无电人口用电问题。

【国网山东省电力公司】

企业概况 国网山东省电力公司（简称山东公司）是国家电网公司全资子公司，负责山东电网的规划、建设、运营，为山东经济和社会发展提供安全、可靠、优质的电力供应。截至2013年底，本部设置23个部门，下属17个市供电公司及检修公司、鲁能体育文化公司等31家企业和单位，管理97个上划县供电公司，1个代管县供电公司，服务客户3620万户，供电人口9500万，供电区域15.7万km^2。

2013年，全省全社会用电量4083亿kWh，同比增长7.6%；全年售电量完成3486.08亿kWh，同比增长7.69%，市场占有率完成99.99%，同比提高1.95%；线损率完成6.37%。

电网概况 截至2013年底，山东电网拥有220kV及以上变电站352座，其中500kV变电站31座，变电总容量1.61亿kVA，输电线路总长2.59万km，形成了500kV双回路四点与华北电网联网、以±660kV银东直流深入负荷中心、500kV为主网架、220kV为市域主网架，发、输、配电网协调发展的现代化大型电网。

全省发电装机容量7717.9万kW，其中火电装机容量7094.0万kW；风电装机容量500.2万kW，占6.48%；电网统调公用电厂装机容量4816.8万kW，占62.41%。全省发电量3597.46亿kWh，同比增长8.8%，其中风电发电量89.0亿kWh，全省发电机组平均利用小时数4807h。

人力资源 截至2013年底，山东公司职工75 237人。其中，中专及以上学历60 611人，本科及以上学历24 459人。

发挥人力资源在“三集五大”体系全面建设中的先导作用，落实供电企业劳动定员标准，完成劳动定员测算，科学编制机构设置和人员配置操作方案。严格执行“三定”管理，完成单位机构名称规范，开展岗位分析，合理确定岗级方案，加强岗位责任体系建设，初步建成核心业务流程、标准岗位序列、岗位分类标准，完成三级机构人员配置调整，建成新型组织架构和管控体系。深化全员绩效管理，全员签订绩效合约，严格绩效等级评价，提高绩效薪金占比，扩大考核结果应用范围。推进县公司全员绩效管理。连续两年获国家电网公司业绩考核A级。实施《员工奖惩办法》，违规违纪行为及处罚标准由国家电网公司的51项细化分解为205项，完善考勤管理常态机制。

实施ERP人力资源信息系统平台转换、SG-ERP人资系统二期项目通过国家电网公司验收。荣获国家电网公司信息系统实用化评价第一名，被评为国家电网公司人力资源信息统计工作先进单位。

全年举办各类培训6961期、培训考试26万人次。完成乡镇供电所所长持证上岗培训、“三无”人员素质提升培训等五大重点培训班276期、2.7万人次、技能鉴定1.77万人。健全全职业生涯培养体系，开展专业领军人才、技能大师工作室和电科院“四站”建设，新增324名省公司级及以上优秀人才，“四级四类”优秀人才总量达到3575名。

电网建设与发展 电网建设速度与负荷需求协调发展。投产35kV及以上变电容量2143万kVA，线路长度4260km，配合山东省发展改革委完成总投资82.9亿元的农网改造升级项目建议计划，有力保障了经济社会发展的用电需要；完成售电量3486亿kWh，同比增长7.69%。结合大气污染防治行动计划，向山东省政府汇报山东电力供需形势和实施“外电入鲁”战略对节能减排的贡献，推进特高压电网入鲁。推进省内“两交两直”特高压工程，完成可研编制和路径协议办理工作。

开展“基建队伍建设年”活动，开工35kV及以上线路8125km、变电容量3443万kVA，较2012年同期分别增长38.7%和20.6%；投产35kV及以上线路4260km、变电容量2143万kVA，分别占国家电网公司系统总量的7%和9.1%。重点基地顺利完成“一封顶、一竣工、两投运”建设目标。全年建设实现“零事故”，110kV及以上优质工程率100%，114项工程被评为国家电网公司优质工程，烟台牟平500kV变电站夺得中国建筑行业国家优质工程最高奖项——鲁班奖。

推进智能电网建设。建立、完善智能电网管理制度，新建变电站全部采用智能站，实现全省直供区配电自动化全覆盖，建成国内规模最大的用电信息采集系统。完成济南市区、青岛城市核心区配网示范工程建设任务，用户平均故障停电时间分别降到22.3min和4.9min。完成国家物联网应用示范工程东营智能园区建设，德州高铁新区综合工程纳入市政府智慧城市建设规划并完成6个子项建设，分布式发电及微电网接入控制项目开工，在威海建成气候小区。青岛薛家岛充换储放一体化示范电站入选国家智能电网综合标准化试点工程，成为全国12个入选项目中唯一一项电动汽车充换电技术领域的试点工程。山东电力科学研究院成为“国家风电技术与检测研究中心”首批分中心。开展“低电压治理”专项行动，完成农网改造升级工程投资60亿元，改造942个贫困村，农村户均配电容量提高到1kVA以上，农网供电可靠率、电压合格率同比分别提高0.084和0.395个百分点，8个项目入选国家电网公司年度“农网百佳工程”。建成投运充换电站28座，服务车辆累计行驶里程5062.05万km、充换电量5353.26万kWh。组织编写《充换电站安全管理细则》等管理制度、技术规范、现场作业指导书共27项。智能充换电服务网络运营管理获得全国电力行业管理创新一等奖。

经营管理 开展“三集五大”体系构建回头看，查找问题168项，提出解决措施373项。组织全员宣贯培训172期。11月1日，“三集五大”体系全面建设工作正式启动；12月11日，转入组织实施阶段；12月24日，各单位主要机构人员基本调整到位。国网山东电力6个专业进入国家电网公司系统标杆行列。

深化项目和资金一体化管理，加强对项目实施各环节的跟踪监督和业务指导；开展多轮次效益测算，实现预算动态综合平衡。启动会计基础管理创优，试点实施原始凭证电子化，配合完成审计署宁东直流工程专项审计，组织开展农网工程财务检查。扩大两部制电价执行范围，出台电铁还贷标杆电价，完善省内可再生能源补贴政策，居民小区配套费政策实现全覆盖。加大县公司融资扶持力度，推进高息贷款置换和县公司之间委贷工作，合理控制融资成本；建设资金监控平台，资金实时管控能力大幅提升；开展账户清理和担保清理解除，账户总量压降13.92%，外部担保减少91.4%。加强股权投资清理整合，整体产权级次压缩至三级。推进工程项目法人管理费用预算管理，规范工程造价管理。推进内部控制建设，完成差异分析、标准实施、自查评价等各项任务。

开展“规范提效年”主题活动，深化物力集约化精益管理。将技改、大修、零购等纳入集中招标，物资集中采购率达到100%，工程服务集中采购率90%以上。建成投运调配平台、配送管理信息系统，确保物资配送按期到货率98%以上。

开展管理提升工程整改活动。加强县公司同业对标和综合实力评价，29家县公司入选国家电网公司独立核算企业综合实力百强县，10家县公司入选国家电网公司标杆单位。

强化依法从严治企，抓好依法治企综合检查，加强县公司、建设施工企业、集体企业及供电所监督管理。规范合同管理，依法妥善处理各类纠纷案件，维护企业合法权益。开展集体企业强化管理、强化素质、强化服务、创造效益“三强一创”工程，完善管控体系和制度体系，促进依法治企、规范管理。深化应用信息系统规范制度管理工作，补充制度法律审核率达100%。强化合同全过程管理，合同法律审核率达100%。

安全生产 全面落实“安全管理提升”活动二十四节气表，推进104项重点工作。开展隐患排查治理深化年活动，推行省市县隐患排查工作体制，组织开展防误闭锁、电网安全、地下电力电缆通道等专项隐患排查治理。出台《防人身伤害特别措施30条》，组建省市县三级118支安全督察队，严查各类违章和隐患。强化作业现场风险管控措施检查督导，开展安全承载力分析。开展“县公司安全监督管理规范与提升研究”，提升县公司安全监督管理水平。围绕12个方面102项重点内容，开展覆盖所有专业的安全大检查。完成迎峰度夏和中国第十届艺术节等重大保电任务，确保了全省电力安全可靠供应。出台《提升电力可靠性工作措施(20条)》，电能质量在线监测系统上线运行。

完善应急管理体系，安质部保留应急管理处，成立应急管理中心，完成本部应急指挥中心改造建设，综合应急基地建成启用。组建18支供电单位彩虹应急服务队，建立四级应急救援协调联动机制，成功举办首次重点城市政企联动演练和大规模防汛抢险演习，莱芜、德州等9个市政府出台大面积停电应急预案。面对罕见飑线风、雷暴雨等极端灾害和突发事件侵袭，山东公司应急体系迅速响应，累计投入抢修人员3.1万人次、车辆5043台次，以最短时间恢复供电。应急体系建设成果获得国家级企业管理现代化创新成果一等奖和山东省重大创新成果奖。

强化电力设施保护及交通消防安全监督。开展消防安全“基层基础提升年”活动，狠抓消防安全隐患排查治理。开展“交通安全反违章百日”活动，实现GPS车辆管理系统覆盖率、车辆终端在线率实现100%。深化警企联手长效机制，会同山东省公安厅开展夏季反窃电专项行动，共查处窃电及违约用电5569户，追补电费和收取违约金共计1.02亿元。

营销工作 加强电力市场开拓，落实市场流失问责制，市场占有率完成99.99%，同比提高1.95个百分点，带动电量增长70亿kWh。加强企业自备电厂管理，推动淄博博汇、昌邑柳疃等孤网机组并网运行、规范结算。推广高压业扩“契约式”服务，主动对接2042个省市重点项目。完成用户报装186.89万户，新装增容2962.72万kVA。分布式电源并网服务取得突破，出台分布式电源并网服务实施细则，受理分布式光伏电源并网177户、容量21.57万kW，累计发电1218万kWh。

建成国内最大、国际先进的电能计量中心，全年检定能力超过700万只，仓储能力180万只。加快用电信息采集系统建设应用，建成用电信息采集大集中主站系统，超额完成800万只智能表安装任务，采集覆盖率达到74.5%，采集成功率达到98.7%。加强信息化及新技术在营销服务中的推广应用，营销GIS率先在国家电网公司系统实现全面应用。

山东电力节能公司签订合同能源管理项目241个，节约电量5.02亿kWh。宣传“以电代煤，以电代油，电从远方来”能源消费模式，完成电能替代9.2亿kWh。

农电工作 以农村用电安全“强基固本”工程为主线，开展“美丽乡村、和谐电力”农村用电安全示范建设活动，推进新农村电气化建设，累计建成电气化县90个、电气化乡镇1049个、电气化村44 600个。开展农村“安全用电大整顿”活动，加强低压电网排查，狠抓线路走廊清理、临时用电治理和三线搭挂整治。强化农村居民户用剩余电流动作保护器管理，指导基层单位借鉴好的做法，配合地方政府出台有关文件，提高户用剩余电流动作保护器安装率、投运率，提升农村安全用电水平。开展科技先进县创建，昌乐、肥城、阳谷公司获得国家电网公司科技进步县命名。组织商河、青州、沂水公司开展县域电力通信网试点工程建设，提高农网科技支撑能力。

加强供电所管理，全面启动乡镇供电所管理提升工程，印发《乡镇供电所管理提升工程实施方案》，细化分解25项指标，明确工作重点、年度目标和推进措施计划。制定各供电所三年提升目标、措施和时间节点计划。开展供电所同业对标，加强标杆选树，抓住安全、线损、“两率”等关键绩效指标，带动供电所管理水平整体提升，10个供电所入选国家电网公司标杆单位。开展供电所管理突出问题排查，围绕96项重点内容，排查治理问题203项。

开展“三集五大”体系下供电所管理问题研究，明确供电所作业组织模式向专业化、集约化管理发展的方向。落实4.88亿元资金补充供电所生产服务装备，改善基础设施老旧、服务能力不足的现状。简化合并供电所基础资料目录。

科技与信息化 坚持以创新促发展，着力加强科技项目顶层设计，在智能电网、新能源、大电网安全稳定运行等重点技术领域，推进技术创新。全年共获得省部级及以上科技奖45项，“大规模省域智能配电网关键技术研究及工程应用”项目荣获国家电网公司和山东省科技进步一等奖，7项成果达到国际领先水平，15项重点课题通过国家电网公司验收。“变电站巡检机器人”荣获中国专利外观设计金奖，“机器人团队”被命名为国家电网公司科技攻关团队，“电力机器人产业推广”入选第三批省级战略性新兴产业项目。主持制定电力行业标准12项、国家电网公司标准7项，12位专家入选国家电网公司技术标准专委会。

以信息化企业建设为抓手，推进一体化企业级数据、软硬件及应用功能资源池建设，其中统一视频平台建设、物资集约化、人力资源信息平台转换3个项目被评为国家电网公司信息化建设优质工程。3项成果获得全国电力行业信息化成果奖。开展信息安全等级保护测评工作，荣获山东省公安厅及网络安全协会

“信息安全管理先进单位”称号。荣获国家电网公司“十八项反措”调考信息专业团体及个人第一名，信息化架构调考团体第二名、个人第一名及第三名。2人考取国家人力资源和社会保障部“高级企业信息管理师”。

深入推进群众性创新，在国家电网公司系统内首次开展职工技术创新成果推广工作。“±660kV架空输电线路带电作业研究及应用”项目获得全国职工优秀技术创新成果奖，10项优秀成果在全省电力系统推广应用。强化群众性专利培育，全年共授权专利1158项，申请专利1630项，2项发明专利获得海外授权。

优质服务 开展为民服务“风雨彩虹”行动。建成覆盖全省的服务包保体系，设立2.5万多名电力顾问、客户经理，推行40项“善小”服务举措。开展供电服务突出问题排查整治，排查整改问题976项。制定供电服务事件调查处理办法，规范调查处理程序。组织对32个市县公司、60个服务窗口进行服务暗访。实行客户投诉“即时通报”，对53件典型投诉进行重点督办，客户投诉（同口径）同比下降67.53%。按期完成95598投诉、举报、意见、建议、表扬共5项国家电网集约任务。国网山东电力在国家电网公司首次第三方测评中客户满意度位列第一，连续5年获得全省行风评议公共服务类第一名。

交费渠道建设与应用。统一电费充值卡，新增支付宝、购电宝等5种新方式，缴费方式超过20种。加强缴费渠道差异化推广，低压客户离柜交费比率位居国家电网公司系统第一名。

完善客户侧应急服务体系，做好客户服务应急工作。成功应对雷暴雨、飑线风等罕见自然灾害和黄岛输油管道泄漏爆炸特别重大事故。

党的建设与精神文明建设 学习贯彻党的十八大、十八届三中全会精神，认真落实党建工作责任制考核办法和评价标准，实施党组织活力工程，巩固拓展创先争优成果。做好党的群众路线教育实践活动准备工作。不断深化“国家电网共产党员彩虹服务队”建设，119支党员服务队亮身份、亮职责、亮承诺，深化“风雨彩虹”活动。开展共产党员服务队技能竞赛活动，枣庄、泰安公司党员服务队，分别被评为国家电网公司十佳和优秀共产党员服务队，山东公司获评优秀组织单位。开展廉洁高效供电所建设，建立1707个领导干部联系点，设立297个重点建设单位。建立22个反腐倡廉教育基地，组织168场次廉洁教育活动。

制定实施年度《统一的企业文化实施方案》。借鉴项目化管理和“彩虹工程”经验，开展“美丽彩虹·光明服务”、“美丽彩虹·共享平安”和“美丽彩虹·文化育人”系列实践活动，推进“五统一”要求融入安全生产、优质服务和队伍建设等工作。强化企业文化省市县一体化建设管理，完成211项重点项目建设，山东公司被评为中央企业首批企业文化建设示范单位。实施“善小”品牌推广示范工程，连续3次在全国文明办主任培训班上介绍“善小”经验，“善小”践行先进文化获得全国企业文化建设优秀案例，山东公司成为中国志愿服务联合会唯一企业理事单位。山东公司及所属4家单位被评为“德耀齐鲁”道德示范基地，138个集体、个人荣获各级道德模范称号。开展“善小青春建功”主题实践，评选表彰“十大杰出青年”，1人当选山东省“特别关注最美青工”，16人当选山东省“最美青工”，12个集体荣获山东省青年突击队。推进离退休老同志学习活动阵地建设，鼓励老同志心系企业、老有所为。开展“安康杯”竞赛和技术比武，推进创新工作室建设，山东公司连续9年被评为全国“安康杯”竞赛优胜企业。

（郝爱军）

【国电华北电力有限公司】

企业概况 2013年，国电华北电力有限公司（简称国电华北公司）全面完成了集团考核目标，荣获国电集团目标责任制考核A级，优化产权结构项目获得国电集团奖励基金特等奖。公司系统继续保持了安全生产的稳定局面，未发生七类安全事故和环保考核事件；发电量完成418.04亿kWh，同比增长18.9亿kWh；燃煤机组利用小时完成5220h，同比降低190h；供电煤耗完成326.06g/kWh，同比降低3.29g/kWh；入炉综合标准煤单价完成575.61元/t，同比降低121.26元/t；综合厂用电率完成7.49%，同比降低0.47个百分点；供热量完成2592万GJ，同比增长94万GJ；利润总额完成11.58亿元，同比增长8.47亿元；投产风电20万kW、光电1万kW。续建火电70万kW。核准风电45万kW、光电7万kW。取得路条，气电90万kW、风电10万kW、光电1万kW。实施资产优化，转让长治控股权，减少发电装机容量66万kW。党建思想政治工作和反腐倡廉建设全面加强，和谐稳定的良好局面进一步巩固。

安全生产 全面强化安全管理。全面落实安全生产责任制，加强隐患排查治理，深入开展安全生产年及安全大检查和专项督查活动，强化外包工程管理，深化班组安全生产标准化建设，所属企业均完成年初确定的目标。衡丰、龙山、滨海三家企业实现了安全生产2500天以上。着力加强环保工作。全年完成3台机组脱硫增容和7台机组脱硝改造，在运脱硫、脱硝机组占比分别达到100%和90%，清洁生产水平不断提高。重视环保设施运行维护，将环保设备纳入主设备管理，环保设施投运率实现100%，未发生环保通报考核事件。认真实施设备治理。强化重要节点验收和质量考核，全年共完成20台次机组检修。狠抓非停管理，按照“四不放过”原则严格考核奖惩，有效提升了设备健康水平。推进设备节能提效改造，技术经济指标持续改善。

燃料管理 强化市场研判，优化采购结构，合理调整库存，加强了采运储备全过程管理，入炉综合标准煤单价同比降低121.26元/t。实施区域对标，制定《标煤单价奖励管理办法》，针对对标排名、燃料成本控制、入厂标准煤单价同比、环比降幅4个方面进行综合考评，有效提高了各单位控煤价、降成本的积极性。推进经济煤种掺烧，制定《推进燃料采购、配煤掺烧精益管理的指导意见》，在保证设备安全的前提下推广掺烧经验，经济煤种掺烧率达43%，节约了燃料成本。推进燃料智能化建设，怀安作为国电集团5个燃料智能化项目试点单位之一，先行先试，燃料智能化管理系统已正式投入运行，起到了良好的示范作用。认真做好集团公司互保煤炭采购工作，累计采购108.48万t。

市场营销 面对电力市场下滑的不利局面，紧紧围绕“拓市场、争电量”主题，全力抢发电量，完成发电量418.04亿kWh，同比增长4.74%。积极争取基数外电量，所属主要火电企业年度电量计划均高于同类型机组平均水平，其中，怀安、衡丰分别争取到137.5h和100h的电量增加值；榆次、承德获得机组容量认证。努力争取交易电量，滦河替代10亿kWh；太一置换2.1亿kWh；霍州争取到大用户直供电4.2亿kWh。完善电量奖励办法，结合各单位电量计划完成情况和利用小时同比增长情况综合评定电量营销业绩，按季度动态考核，有效调动了各单位抢发电量的积极性。完成售热量2592万GJ，同比增长3.78个百分点。

财务管理 加强预算执行监控，适时调整预算目标，促进企业增收节支，总资产利润率同比增加5.11个百分点。细化资金管理，抓住火电经营改善的有利时机，加大折旧还贷力度，实施票据化结算，优化贷款结构，降低资金成本，火电存量资产财务费用同比降低。积极争取有利的税费政策，获得财政补贴和税收减免，减少所得税支出，争取到国有资本预算。

非电收益 转让滦河关停容量指标，获得了收益；处置天一关停资产；推进粉煤灰综合利用，实现主业收入；深化物资管理，集中采购配送完成，节约了成本。

资产优化 利用火电利润中心回归的机遇期，持续优化公司资产结构，形成战略清晰、主业突出的业务结构，资产质量和经营效益取得新突破。剥离不良资产，对长期扭亏无望且资产负债率高达102.12%的长治热电实施控股权转让，华北公司持股比例由86.09%降至20%，降低资产负债率1.85个百分点。协调受让方收购了龙源环保在该厂的脱硫资产，并将长期未取得路条、预期效益不确定的高河项目及其前期费用转让受让方，实现了集团利益“颗粒归仓”。优化企业股权结构，转让了榆次热电25.81%的股权，华北公司控股比例降至51%，吸收了资本金，降低了资产负债率0.51个百分点，有效解决了小股东资本金长期不到位的问题，年节约了财务费用。转让滦河热电49%股权。通过股权收购和吸收合并，将预期收益较好的廊坊热电由控股企业变成内核电厂。统筹推进太一搬迁，研究制定了“异地建厂、土地开发、人员安置、平稳过渡”的总体工作思路，在抓好太一搬迁过渡期安全环保和稳定工作的基础上，积极协调地方政府，认真比选重建项目厂址，争取土地开发和过渡期环保相关优惠政策，找到了从根本上解决太一问题的方向和方法。

前期发展 结合各省区资源禀赋特点，择优推进优势项目。火电方面，在继续推进东北郊二期和保定热电项目的同时，完成了太一搬迁重建项目厂址初选、投资论证分析及项目在集团公司立项工作。风电方面，河北围场二期、天津大港四期等8个项目（共67.8万kW）获集团公司立项；山西太岳山、神池、天津北大港一期等5个项目共45万kW获得核准；内蒙古朱日和二期、天津北大港二期2个项目共10万kW取得路条。气电方面，河北石家庄项目（90万kW）取得路条。其他新能源方面内蒙古乌拉特后旗一期、二期及青山3个光伏项目共7万kW获得核准（备案）；河北张家口光伏项目（1万kW）取得路条；完成河北省小型堆核电项目（30万kW）厂址普选报告的编制工作。

基建管理 严格开工标准，落实建设条件，深入开展“精细化、标准化、专业化、数字化”管理，确保了安全、质量、进度和投资可控在控。北塘项目已完成锅炉水压试验、汽机扣盖，具备厂用带电条件；通过设计优化，廊坊项目的供电煤耗、厂用电率等指标达到集团同类机组先进水平，环保指标达到行业先进水平；围场、巴盟、太岳山一、二期等3个风电项目共20万kW实现并网发电；固阳光伏项目（1万kW）投产实现了华北公司光伏“零”的突破。

创新型企业建设 推进火电企业对标。深化管理提升活动，开展火电三年对标，持续提升管理水平。形成了存量机组按财务、营销、生产及燃料4大类、16项指标开展对标，在建机组按供电煤耗、建设工期、工程造价及投产后连续运行天数4项指标开展对标的管理体系。按照“三同”对标要求，组织企业按月分析，针对落后指标制定专项解决措施、持续改善。将对标结果引入总经理奖励、月度绩效考核、标准煤单价和电量单项奖励中，实施奖励22次，充分调动了干部员工争先创优的积极性。创新精益管理方法。坚持“以精益思想引领管理提升”，倡导“消除浪费、创造价值、持续改善、精益求精”理念，举办了23场精益管理报告会，参培人员1900余名。树立了衡丰、怀安、榆次三个样板企业，组织各单位实施精益改善14 600余项，实现了管理和效益双提升。深化体制机制改革。按照集团精简整合新能源项目的要求，以内蒙武川风电为管理主体与白旗、朱日和、巴盟风电整合成立华北内蒙古新能源公司，对山西洁能、山西兴能进行管理整合，以承德热电为管理主体对华御风电进行管理整合，共减少5个管理单位。充分发挥调剂薪酬激励作用，向岗位技能要求高、工作难度大、风险大、条件艰苦、对企业安全稳定和经济效益影响大的关键岗位予以倾斜，全年调剂薪酬。完善内控体系。做好重点领域和关键环节的审计工作，开展内部经济责任审计8项、财务审计12项、内控审计7项，及时整改，堵塞了漏洞。重点围绕“三重一大”决策、燃料和招投标管理，开展效能监察和综合评价，扩大了监督工作覆盖面，有效防范了风险。

党群工作 扎实推进党建工作。认真开展基层组织建设年“回头看”活动，各单位党建基础工作规范化、标准化水平得到提升。积极推进党建品牌建设，衡丰“精益党建”纳入央企管理提升案例，太一“两有两找”、龙山“五个一”被国电集团命名为基层党建特色品牌。深化反腐倡廉建设。紧紧围绕公司中心工作，以燃料监管效能监察为重点，进一步加强惩治和预防腐败体系建设，推进效能监察和专项治理，全年未发生违法违纪事件。以廉洁文化落地为抓手，创新反腐倡廉教育形式，组织开展了具有华北特色的“以案为鉴、拒腐防变”系列教育活动，营造了风清气正的工作氛围。不断强化作风建设。认真贯彻中央八项规定和国电集团党组24条措施，制定了八项费用管控细则，通过逐级落实，细化要求，边学边整边改，干部作风出现明显转变。按照“两审三把关”要求，强化对八项费用的预算管理、审批管控和监督检查，未发现违反八项规定现象，公司系统作风建设初见成效，八项费用总额同比压降32.95%，会议活动、文件数量同比分别下降32%和21%。加强干部人才队伍建设。严格执行干部任免民主集中制，所有涉及干部任免问题都经过个别酝酿、集体研究后做出决定，选人用人工作满意度不断提高。组织了两期处级领导人员十八大精神脱产培训班，提高了运用政治理论解决实际问题的能力。实施员工素质提升工程，全年培训员工12 000余人次，培训率91%，为企业可持续发展提供了人才支撑，衡丰马路鹏获得了国际焊接技能大赛个人第二名，霍州宋晓莉获得集团煤质化验技能竞赛个人一等奖。巩固和谐稳定局面。坚持职工思想动态分析制度和稳定工作月报制度，针对热点问题释疑解惑，及时做好宣传引导工作。坚持以人为本，积极推动“惠民工程”落实，努力改善职工生产生活条件，完善工资增长机制，实施艰苦边远地区津贴，让职工群众共享改革发展成果。工团组织围绕中心工作，深化民主管理，推进职代会标准化建设，开展青年创意活动，进一步增强了企业和谐稳定的凝聚力。

主要事件

1月29日，国电集团朱永芃总经理赴太原一热调研慰问。

2月26日，国电华北公司召开一届五次职代会暨2013年工作会议。

3月4日，天津洁能智能风力发电扩能改造项目被列入天津市新一批重大工业项目。

3月16日，国电国资委党建局专题调研衡丰公司党建工作。

3月21日，国电华北公司召开2013年党建思想政治工作暨反腐倡廉建设工作会议。

4月22日，国电集团调整华北公司领导班子，李恩仪不再担任总经理、党组副书记职务；张广宇主持行政全面工作。

5月7日，龙山公司率先成为河北区域首家完成脱硝改造电厂。

5月13日，榆次热电两机组通过额定容量核定。

5月14日，山西兴能沁源太岳山25万千瓦风电项目获得核准。

6月4日，国电集团乔保平董事长赴华北公司调研。

7月23日，国电华北公司召开2013年年中工作会。

7月26日，国家能源局到长治热电检查安全生产情况。

8月5日，国电集团乔保平董事长赴太原一热进行群众路线教育实践活动调研。

9月16日，国电集团反腐倡廉宣讲团到公司部分企业开展警示教育活动。

10月18日，国电华北公司召开2013年第三季度政工例会。

10月21日，国电怀安公司2台330MW机组脱硝系统全部投运。

10月23日，国电华北公司召开三季度经济活动分析会。

10月29日，承德热电2号机组脱硝技改顺利通过168试运行。

11月7日，国电集团陈飞虎总经理到华北公司调研。

11月20日，与山西晋能集团签订《资产交易合同》，转让长治、榆次热电股权。

12月5日，国电集团调整充实华北公司领导班子。张广宇任执行董事、总经理、党组副书记；赵连陟任党组书记、副总经理；杨同贺不再担任副总经理、党组成员，任国电山西分公司总经理、党组副书记。

（汪　宏）

【国电山东电力有限公司】

企业概况　国电山东电力有限公司（简称国电山东公司）成立于2003年8月。2007年12月26日，中国国电集团公司以在山东区域拥有的全部资产和股权组建国电山东公司，主要从事电力及相关产业的开发、投资、建设、经营和管理。截至2013年底，国电山东公司装机容量786.35万kW，运营管理容量811.35万kW，占山东省统调机组容量的15.86%。其中在运火电装机容量764万kW，风电装机22.35万kW。30万kW及以上火电机组所占比例100%，平均单机容量42.44万kW。公司拥有1个发电运营公司、1个中外合作公司、6个火电公司、7个风电公司、1个区域检修公司、1个技术咨询公司，参股管理1个区域燃料公司和1个区域物资配送公司，拥有胜利国电（东营）热电有限公司49%股权、联合动力技术（潍坊）有限公司40%股权、陕西煤业集团黄陵建庄矿业有限公司30%股权、国电财务公司2.44%股权。

组织机构　国电山东公司内设总经理工作部、法律事务办公室、计划经营部、人力资源部（含社保中心）、财务产权部、安全生产部、规划建设部、监察审计部（纪检办公室）、政治工作部（工委办公室）、燃料管理部、团委11个部门。

经营业绩　2013年，国电山东公司完成发电量423.86亿kWh，安全生产实现“八不发生”。供热量完成658.7万GJ，同比增长50%。完成供电煤耗318.09g/kWh，同比降低1g/kWh。核准1个火电项目70万kW，核准1个风电项目4.95万kW，投产风电4.95万kW。公司全年实现营业收入，利润总额同比增加11.22亿元，经济增加值同比增加9.66亿元，全面超额完成集团公司考核目标，荣获集团公司A级企业和总经理奖励基金一等奖。

安全生产与节能环保　认真开展“安全生产基层基础提升年”和安全生产大检查，加强隐患排查治理，巩固安全生产基础，未发生较大及以上人身和设备事故，实现了“八不发生”，荣获全国安全生产月活动先进单位。蓬莱公司全年未发生非计划停运，蓬莱1号、石横4号机组达到创金牌机组条件。加快推进安全生产标准化建设，菏泽、石横、蓬莱公司被评为安全生产标准化一级企业，潍坊风电公司通过了安全生产标准化二级企业验收。

全年完成14台次机组检修工作，重点实施了机组揭缸提效及汽封改造等技改项目，进一步提高了机组安全经济运行水平。聊城4号机组获全国能效对标竞赛二等奖。潍坊3MW风机性能提升初见成效，可利用率提高1.5%。蓬莱风机耗电率从7%降至2%左右。投入了环保改造资金，完成了8台机组脱硝改造、4台机组低氮燃烧器改造、2台机组脱硫增容改造、1台机组电除尘改造，聊城2号等6台机组脱硝改造工程通过山东省环境保护厅验收。加强环保设施运行维护，基本满足达标排放要求，未发生环保违规和环境污染事件。

管理提升与经营效益　全面落实国电集团管理提升活动第二、三阶段工作部署，重点实施燃料、物资、招投标、工程建设、资金管理等10个领域的专项提升。深入开展火电3年对标工作，查找短板，分析原因，细化措施，狠抓落实，进一步缩小了与标杆企业和标杆值的差距。完善一体化平台建设，公司节能实时在线调度系统荣获全国电力行业信息化优秀成果二等奖。

千方百计争取电量计划，火电机组利用小时保持山东省可比企业首位，全年共争取储煤奖励电量26亿kWh，完成替代电量4.79亿kWh，大用户直购电1.8亿kWh，优化转移电量3.63亿kWh，增加边际收益4.8亿元。蓬莱1号、石横3号4号、菏泽6号机组脱硝电价、泗水风电电价及时得到批复。公司“拓市场、争电量”活动成效显著，荣获国电集团总经理奖励基金一等奖。注重市场分析，优化供煤结构，把握采购节奏，实施长期合同价、敞开收购价和最高限价的煤炭采购机制，控价保供能力显著增强，到厂标准煤单价降幅在区域可比企业领先。全年掺烧褐煤等经济煤种283.5万t，节约了成本。积极推进燃料智能化建设，皮带采样、计量远传等部分功能已经投入使用。管理费用同比降低10%，业务招待费同比降低30%以上。成功发行私募债券，引入低成本资金，节约了财务费用。积极争取财政补贴和税收优惠政策，增加了非经常性收益。

转型发展与工程建设　泰安2×35万kW热电项目于3月18日实现核准。聊城二期2×65万kW取得“路条”，博兴2×100万kW申请“路条”工作稳步推进，胜利三期第二台66万kW机组、菏泽四期2×66万kW上报省发展改革委，巨野综合利用项目上报国家能源局。济南燃机项目获得核准，成为山东省第一个核准的燃机项目。滨州仝家河、泗水泗张风电项目列入国家能源局第三批核准计划，泰安东平、长清马山、费县凤凰山、临朐丹崮山、泗水泉林5个风电项目初步列入国家能源局第四批核准计划，临港朱芦、泗水泗张风电项目获得核准。乳山光伏项目获得核准。"走出去"工作取得新进展。印度卡玛朗加1号、2号机组顺利通过336h可靠性运行，3号机组进入整套启动阶段。完成了新疆金晖兆丰人员培训，签订了印度古德罗尔2×600MW机组调试期运行操作和印尼占碑、泗水运行指导合同。粉煤灰、石膏、炉渣等利用率达99%以上，加大市场开拓力度，积极开展检修、技术咨询、环保工程业务，开展煤炭经营、实施物资集中采购，相关产业稳健发展。

严格开工标准，落实建设条件，泰安热电和莒南涝坡、济南长清、临朐九山风电项目开工建设。积极开展设计优化，风电项目升压站标准化设计，降低工程造价1280万元。进一步加强招标管理，完成55批次打捆招标工作，降低了成本。加强协调督导，强化过程控制，泗水圣水峪风电项目于12月25日并网发电。

体制机制创新与人才队伍建设 进一步修订完善工作规则，全面落实"三重一大"决策制度。不断创新管理模式，对新能源项目组织架构进行整合，合并、撤销4个，提高了组织效能。加大审计监督力度，开展了多形式、多领域的审计，完成了各项审计整改工作。加强对关键岗位和重点环节的监督，开展八项规定、"三重一大"决策制度、燃料管理等效能监察16项，提出监察建议243条。经济合同法律审核率保持100%。

加大竞争性选拔干部工作力度，分两批对公司本部监审部主任、电厂行政副职等6个领导人员岗位进行了公推比选。组织举办了重大事故预防措施、安全环保节能、融资管理和燃料管理基础知识培训班，组织了公司首届风电技能竞赛和钳工技术比武，进一步提高了人员素质。聊城公司仪控检修部DCS班被授予全国"安康杯"竞赛优胜班组，石横公司锅炉队劳模创新工作室获得"全国能源化学系统劳模创新工作室"荣誉称号。菏泽公司汽轮机本体系统检修青年突击队荣获"2013年山东省优秀青年突击队"称号。聊城公司DCS班工作组长李雪云被推选为全国"最美一线工人"。

党的建设与精神文明建设 开展基层组织建设年"回头看"活动，推动了党建工作再次提升。不断创新党建特色载体，菏泽公司的"'一支部一特色'活动"和聊城公司的"以'技术党课'为载体，提升基层党员组织生活实效"被集团命名为党建特色品牌。贯彻落实中央八项规定和国电集团党组24项措施要求，制订了改进工作作风实施办法，建立了本部管理人员一对一联系基层班组制度，各级干部作风有所改进。中央党的群众路线教育实践活动第38督导组，对石横公司开展的"转变作风、联系基层、服务一线"主题活动给予了充分肯定。研究制订公司党风廉政建设及预防腐败若干规定，进一步完善党风廉政建设长效机制。深入开展反腐倡廉宣传教育基层行活动，编写案例材料，推行"案件剖析、以案释法"，在本部和蓬莱、菏泽、费县公司举行了主题教育报告会。加大案件查办和责任追究，对发生职务犯罪单位的6名领导人员给予了党纪政纪处分、12名领导人员进行了诫勉谈话。

组织策划了国电山东公司成立10周年系列活动，进一步增强了公司的凝聚力和向心力；企业文化展厅建成投用；菏泽公司被授予"全国企业文化建设百佳企业"荣誉称号。深入实施惠民工程，所属火电企业全部实施运行五值轮班制度，上调了工龄、运龄工资标准。开展了职工代表巡视、艰苦岗位调研和关爱员工活动，全年走访慰问212人（户）。加强民主管理，聊城公司荣获全国厂务公开民主管理先进单位。发挥工、青、妇等群团组织桥梁纽带作用，加强信访维稳工作，保持了职工队伍和谐稳定。

（石　平）

东　北　地　区

【国家能源局东北监管局】

基本情况 国家能源局东北监管局（简称东北能源监管局）于2013年12月13日正式挂牌，是国家能源局在东北区域的派出机构，负责辖区内电力等能源的监督管理和行政执法工作，以及电力安全监管工作。

东北能源监管局内设9个职能处室，包括综合处、市场监管处、行业监管处、电力安全监管处、资质管理处、稽查处、综合监察室（机关党委）、吉林监管业务办公室、黑龙江监管业务办公室。全局编制48人。

领导班子：党组书记、局长王恩志；党组成员、副局长戴俊良；党组成员、副局长吴大明；党组成员、副局长宋宏坤。

主要工作

（1）机构改革。坚持以"确保机构改革有序推进为中心"，统一思想、因势利导，努力确保改革期间人心不乱、队伍不散、工作不断。针对改革期间干部职工容易出现的思想浮躁、纪律涣散、工作不稳定等问题，局党组坚持把做好机构改革期间的人员思想稳定工作作为全年一项重点工作来抓，做到早参与、早准备、早沟通、早协调，多次利用周一例会、专题会议等形式介绍机构改革最新动向，不断加强思想政治工作，引导广大干部职工正确对待机构改革，正确对待组织安排，正确对待个人得失。全局上下迅速适应新形势、进入新角色，各项监管工作责任到位、措施到位、落实到位，树立了监管队伍的良好形象。

（2）“保供电、保供热、保民生”工作。继续组织开展火电厂最小运行方式核查工作；对电力调度机构合理安排电网运行方式提出明确要求；严格控制供热期大容量机组并网；利用辅助服务补偿机制鼓励各类型机组进行深度调峰和启停调峰；主动与地方政府相关部门建立联合工作机制；召开东北区域“保供电、保供热、保民生”工作会议等措施，确保东北区域冬季电力行业“三保”工作取得实效，尤其在调峰及供热压力大的春节期间，东北地区没有发生大面积停电和城镇热网停热事故。

（3）行政稽查工作。一是落实12398知晓度及投诉举报当事人满意率专项监管；及时公布投诉举报事项处理情况通报及转办事项办理情况通报；加大解决投诉举报热点、难点问题的力度，12398投诉举报中心有效信息办结率达到83.58%。二是坚持依法行政。对锦州供电公司在用户受电工程中存在的有关问题、大连供电公司招投标文件中增设二次许可的问题进行区域通报。对丹东宽甸供电分公司在欠费停电、超容用电方面，沈阳新民供电分公司无故停电和兴安供电公司存在的漏报安全事故信息等方面的问题，下发了责令改正意见。对电力工程建设中违反法律法规将电力工程项目违法转包、应招标而未进行招标，非法从事承分包活动的2家企业进行了行政处罚和通报批评。

（4）风电监管工作初见实效。组织起草了《东北电网富余风电送华北电量交易组织暂行办法》，东北富余风电送华北市场机制正式建立；开展风电全额保障性收购工作调研；风电节能调度入选辽宁省“最佳实事”，这也是抚铝直购电交易、陈欠电费结零工作被评为最佳实事后，东北能源监管局第三次获得此项荣誉。

（5）积极开展行业监管工作。积极配合国家能源局市场监管司，起草《新建电源接入电网监管办法》；认真开展用户受电工程开放情况调研。在深化居民用电服务质量专项行动、供电企业信息公开、重大项目电力业扩报装行为监管、电力调度监管、电力工程造价监管等方面积极开展工作。

（6）发电权交易及电量优化开展活跃，节能减排效果显著。东北能源监管局联合地方政府，规范发电权交易市场，落实国家相关政策，扩展发电权交易种类，利用制度设计和政策引导，充分调动电力企业参与发电权交易及电量优化的积极性。2013年，东北地区全年共开展发电权交易104.6亿kWh，电量优化63.53亿kWh，可节约标煤89.2万t，减少二氧化硫排放1.93万t，节能减排效果显著。

（7）东北电力直接交易工作再上新台阶。2013年以前，东北地区的电力直接交易都是点对点方式，2013年初黑龙江省电力直接交易试点的启动，是东北第一个省级多边交易平台，标志着东北电力直接交易工作再次取得重大进展。积极推进辽宁和吉林省电力直接交易工作。东北能源监管局分别召开两个专门协调会，指导、协调抚铝和吉炭两个直接交易试点签订2013年直接交易合同。

（8）电力市场秩序得到进一步规范。组织开展年度电力市场秩序约访座谈以及东北区域厂网联席会，推动建立和谐的网厂关系；加强并网运行考核及辅助服务补偿工作的日常监管；严格按照东北能源监管局新机并网、转商业运营、临时运营相关规定开展业务，全年共受理并完结新机并网70家、转商业运行申请8家、临时运营17家，共计615万kW装机容量；做好富余风电送华北电量交易的核准工作，累计核准300家风电场进入送华北市场，合计准入容量1760.6万kW。

（9）加强电力安全监管工作。认真落实国务院电视电话会议和全国电力安全生产工作会议精神，以防范人身事故、电网大面积停电事故、电厂垮坝事故作为工作重点，以安全标准化达标评级、安全专项活动、隐患排查治理工作为抓手，深入推进安全大检查活动，全面督促落实企业安全生产主体责任，健全电力企业应急预案体系，积极开展信息安全监管，加大事故调查处理力度，较好地完成了“十二运”期间的保电工作。东北区域电力安全生产事故起数和人身伤亡数连续4年同比下降，持续保持了安全生产局面。在全国率先组建了省级电力安委会即吉林省电力安全生产委员会和黑龙江省电力安全生产委员会。

【国家电网公司东北分部】

分部概况 国家电网公司东北分部（简称国网东北分部）于2011年4月成立，与东北电网有限公司实行两块牌子、一套机构和人员，在此基础上，实行总部和分部一体化运作。负责管理协调东北区域内的电网运行、安全质量监督、审计监督、电力交易等业务，同时做好自身的党群、综合行政管理工作；负责中朝水力发电公司中方电厂的管理。内设综合管理处、财务处、安全监察质量处、审计处、党群工作处、电力调控分中心、电力交易分中心和中朝水力发电公司理事会中方业务局8个处室；下设机关事务管理中心，直管中朝鸭绿江界河上的云峰和太平湾两个水电厂，以及临江电站筹建处和望江楼水电站工程建设局。

电网概况 东北电网覆盖辽宁、吉林、黑龙江省及内蒙古东部地区，供电面积127万km^2，供电服务人口1.21亿。东北电网以500kV线路为骨干、以220kV线路为主体，由多个电压等级组成。电网北起内蒙古东部的呼伦贝尔电厂，南至大连的雁水变电站，跨度2000km。东北电网在北部500kV黑河换流站通过直流背靠背系统与俄罗斯远东电网联网；在东部通过中朝界河水电站与朝鲜共享鸭绿江水力资源；在南部500kV高岭换流站通过直流背靠背系统与华北电网联网运行。东北地区的电力负荷集中分布在沿哈尔滨至大连及沈阳至山海关铁路沿线附近的大中城市，这些地区的负荷占全区总用电负荷的60%左右，是东北电网的主要受端。而电源基地主要分布在内蒙古东部和黑龙江东部。东北地区电源和负荷分布的特点决定了东北电网"西电东送，北电南送"的格局。

截至2013年底，东北电网总装机容量为1.13亿kW。其中，火电装机容量8296万kW，占全网装机72.96%；水电装机容量847万kW，占全网装机7.45%；风电装机容量2081万kW，占全网装机18.36%；核电装机容量112万kW，占全网装机容量的0.99%。全网发电量累计完成4060亿kWh，同比增长5.89%。

东北电网共有500kV输电线路159条，线路长度16 449.3km，较2012年新增500kV输电线路8回，新增线路长度745.1km；220kV输电线路1432条，长度46 467.0km，较2012年新增220kV输电线路91回，新增线路长度1843.5km；500kV变电站53座，变电容量7628.1万kVA，较2012年新增500kV变电站1座，新增变电容量300.6万kVA；220kV变电站499座，变电容量12 788.5万kVA，较2012年新增220kV变电站25座，新增变电容量814.0万kVA。

电网调度 加强电网安全运行管理，强化对500kV主网的安全控制，落实重大反事故措施，编制并落实年度、季度及重要时段运行方式，完成重要政治活动和节假日等特殊时期保电任务。推进电磁环网解环与分区供电，电网结构得到优化。

辽宁省净受入电量434.63亿kWh，同比增长5.77%；吉林省净送出电量117.30亿kWh，同比增长51.74%；黑龙江省净受入电量0.88亿kWh，同比下降106.41%；蒙东地区净送出电量432.95亿kWh，同比增长16.80%。东北电网向华北电网净送出电量179.31亿kWh，同比增长64.14%；东北电网从俄罗斯购电21.83亿kWh。

近年来，东北电网电源增长速度远大于负荷增长，全网电力供大于求的矛盾较为突出。同时，由于风电的迅猛发展、火电供热机组比例的逐年增加以及夏季水电大发，都给全网的电力电量平衡增加了难度。针对这种情况，调度运行部门加强负荷预测管理和电力电量平衡工作，合理安排系统运行方式，发挥安全校核系统的作用，对冬季、夏季大负荷期间的电源情况进行预判，提出消纳风电的合理化建议和措施。加强沟通协调，根据电网负荷需求合理安排联络线计划，确保电网安全稳定运行。根据《电力企业信息报送规定》《电力企业信息披露规定》《电力调度机构信息报送与披露办法》，做好调度信息报送与披露工作，健全调度交易信息发布常态机制。

落实节能发电调度办法，安排高效节能机组优先发电。加强火电机组调峰管理，合理安排电网运行方式和备用水平，提高发电机组运行效率。合理安排各发电厂发电量执行进度，做好发电机组辅助服务调用工作。发挥跨区域电网调节能力，开展风电送华北工作。全年东北风电送华北40亿kWh。推进风电供热项目的实施，在弃风再利用方面进行有效尝试。建设覆盖通辽电网19个厂、站的智能稳控系统，提高通辽电网风电送出能力约90万kW。滚动校核安全稳定控制限额，提高风电基地外送能力。加强网省调峰互济，组织跨省调峰支援800余次，增加风电上网电量约4.82亿kWh。发挥抽水蓄能机组调峰能力，全年网内抽蓄机组抽水用电量23.32亿kWh，是2012年同期的两倍多。建设特性各异电源优化调度系统，提高风电接纳技术水平。

全网风电发电量累计完成371.54亿kWh，占总发电量的9.15%，同比增长34.37%。全网风电平均利用小时数为1911h，同比增长268h。减少燃煤1300万t，降低二氧化碳排放3250万t。

电力交易 深化电力交易，继续扩大交易品种。开展富余风电跨区交易、风火发电权交易和在役机组发电权交易。完成跨国、跨区送电和跨省交易电量962.82亿kWh；通过交易平台组织各种交易电量283.06亿kWh。加强全网电力供需形势预测，全程控制和动态调整联络线计划和购电计划。推进电力市场建设，实施风电挂牌交易模式。启动辅助服务市场建设的前期准备工作。完成同省和跨省风火替代交易电量1亿kWh，在役机组发电权交易电量39.13亿kWh，达成跨省发电权交易电量3.4亿kWh。

节能降耗工作。以500kV变电站站用电竞赛为载体，组织节能竞赛活动。开展500kV输变电安全经济化调度研究工作。促进发电企业对所属发电机组年度电量进行内部优化，全网共开展 27.34 亿 kWh 火电机组节能发电替代工作，节约标准煤约 13.54 万 t，减少二氧化碳排放量约 32.8 万 t，减少二氧化硫排放量约 530t。

中朝界河电厂 2013 年，云峰发电厂完成发电量 21.94 亿 kWh（50Hz 发电量 14.01 亿 kWh，60Hz 发电量 7.93 亿 kWh）；太平湾发电厂完成发电量 19.28 亿 kWh（50Hz 发电量 16.98 亿 kWh，60Hz 发电量 2.30 亿 kWh）；中朝水力发电公司总发电量完成 98.68 亿 kWh；中朝双方电量差 8.233 亿 kWh，其中溢流期电量 0.87 亿 kWh，边境供电量 0.864 亿 kWh，偿还中方电量 3.250 亿 kWh；中方机组的节水增发电量完成 1.602 亿 kWh。

完成大修工程计划项目 103 项，完成技改工程计划项目 95 项。其中，云峰大坝右 F15 断层治理、4 号机组整体改造、溢流闸门改造、水丰水电站防洪设施改造 4 项重点跨年工程全部竣工。

2013 年，云峰和水丰水库多次发生 6 年一遇中等洪水，累计洪量达到 25 年一遇大洪水标准。汛期，云峰水库来水总量 65.03 亿 m^3，溢流总水量 16.60 亿 m^3，闸门启闭操作 26 次；太平湾水库来水总量 163.78 亿 m^3，溢流总水量 47.12 亿 m^3，闸门启闭操作 151 次。闸门操作全部一次成功。

党的建设和精神文明建设 采取党组（党委）理论学习、中心组集中学习、“双提高”素质提升工程专题报告会、分部专兼职党群干部专题培训班等形式，学习贯彻党的十八大和十八届三中全会精神。7 月以来，按照中央和国家电网公司党组决策部署，开展党的群众路线教育实践活动。

启动并组织实施党支部标准化建设工作，按照强化基础、提高素质、健全机制、加强保障的总体安排，采取调研立项、方案制定、示范实施、督导反馈、评估检查、推广提高等方法步骤，推动“六位一体”党支部标准化建设工作。

贯彻中纪委十八届二次全会以及国家电网公司反腐倡廉建设工作会议精神，落实党风廉政建设责任制，加强制度建设和机制创新。严格执行中央八项规定和国家电网公司制定的实施细则，强化风险点分级管理，从源头上制定和实施相应的预警防控措施，开展八项规定落实情况专项巡视检查。

以“中国梦，劳动美”为主题，开展“送温暖、送健康、送文化”活动，把温暖送到困难职工家中，把健康送到偏远地区职工身边，把文化送到基层一线班组。实施职工文化工程活动，组织职工喜闻乐见的文体活动，倡导文明健康的生活方式。

（王生龙）

【东北电网有限公司】

见国家电网公司东北分部。

【国网辽宁省电力有限公司】

企业概况 国网辽宁省电力有限公司（简称辽宁公司）成立于 1999 年，是国家电网公司全资子公司。辽宁公司以建设运营辽宁电网为核心业务，承担着为辽宁省经济社会可持续发展提供安全、可靠、优质、清洁电能供应的责任。截至 2013 底，本部设 23 个部门，下属 14 个市供电公司及送变电公司、电科院等 15 家企业和单位。供电营业区域 14.8 万 km^2，服务人口 4380 余万人。2013 年，辽宁公司售电量 1682.16 亿 kWh，同比增长 8.68%。荣获全国“五一”劳动奖状、全国文明单位、辽宁省用户满意企业等多项荣誉。

领导班子

总经理、党组副书记：燕福龙

党组书记、副总经理：梁旭

副总经理、党组成员：张印明、薛建伟、陈兆庆

副总经理、党组成员兼国网沈阳供电公司总经理、党委副书记：牟景旭

党组成员、纪检组长：林则学

副总经理、党组成员：张国威、王芝茗

党组成员、总会计师：池源

党组成员兼国网大连供电公司总经理、党委副书记：于晓辉

党组成员、工会主席：路俊海

电网概况 辽宁电网是东北电网的重要组成部分，是东北电网与华北电网连接的枢纽。东北部经 4 回 500kV 线路与吉林电网相联；西北部通过 6 条 500kV 线路、1 回±500kV 直流线路（呼辽直流）与蒙东电网相联，承担着吉林、黑龙江省及内蒙古东部能源基地电能外送的接纳工作；西南部通过 500kV 高岭背靠背换流站与华北电网实现跨区相联，肩负着支援三华电网的重要任务。

截至 2013 年底，辽宁电网总装机容量 3965.72 万 kW，其中火电装机容量 3027.53 万 kW，占 76.34%；风电装机容量 563.37 万 kW，占 14.21%；水电装机容量 272.50 万 kW，占 6.87%；核电装机容量 100 万 kW，占 2.52%；光伏发电装机容量 2.33 万 kW，占 0.06%。

截至 2013 年底，辽宁电网拥有 66kV 及以上输电线路 4.9 万 km，变电容量（含换流容量）1.76 亿 kVA，变电站（含换流站）1647 座。

人力资源 截至 2013 年底，辽宁公司职工人数 45 405 人，其中经营类 508 人，管理类 5816 人，技术类 3387 人；大学本科及以上文化程度 19 963 人；具有副高级及以上职称 4362 人，中级职称 7141 人；

人才当量密度0.956 2，高技能人才比例87.55%，技师、高级技师占生产技能人员比例27.06%。

开展“能力素质提升年”活动，打造出“领导干部上讲堂”“专家讲堂”“读书年”“青年领军人才”等一批亮点工程。产生辽宁省“百千万”人才10名、国家电网公司优秀专家人才36名。辽宁公司获得“全国职工教育培训优秀示范点”荣誉称号。

电网建设与发展 加强电网建设与改造，推进各级电网协调发展。完成2014～2018年电网滚动规划，确立“内涵式”和“精益化”发展方向。辽宁中部500kV外环网全面建成。网架结构、供电能力、资源配置、抵御自然灾害、清洁能源消纳能力和智能化水平大幅提升。

辽宁公司完成固定资产投资123.54亿元；66kV及以上输电线路开工2336.79km、投产3105.22km，变电开工2000.85万kVA、投产1270.6万kVA。新增发电装机容量158.71万kW，其中风电87.78万kW，水电0.41万kW，核电100万kW。与辽宁省交通厅签订《相互配合支持公路与电力基础设施建设工作协议》，破解共性难题67项。

重点工程建设有序推进。500kV高天3号线工程实现6个月内建成投产目标，鹤乡、长岭、西海、利州等输变电工程按期开工，辽中变电站、薄辽线等工程顺利投产，里程碑计划执行准确率达100%。

全面推广141项智能电网项目，三项试点示范工程按期竣工，全年安装智能电表305.57万只。何家智能变电站通过国家电网公司验收，整体技术达到国内领先水平。

经营管理 完成东北送华北电量55.92亿kWh，其中风电9.13亿kWh，有效缓解了电网风电接纳能力不足问题。联合国CDM（Clean Development Mechanism）试点项目全部完成，全年更换高损耗配电变压器1916台，第一个子项目通过联合国减排量签发。

加强盈利能力管理，以年度预算控制月度预算、月度预算控制资金支付，确保“无预算不开支”。全面建成资产管理信息平台，实现资产全寿命周期动态跟踪。建立标准流程优化完善和效能监控机制，提高管理流程执行合规率。强化资金管理，优化融资结构，合理降低财务费用。积极推进内控体系建设，搭建业务流程标准化、内控责任岗位化、控制手段信息化、监督评价常态化特征的内部控制体系。

工程与服务类项目实现电子商务平台线上采购，非物资采购规范化研究成果在国家电网公司系统推广。清理处置库存积压物资2亿余元，实现库存物资“零积压”。完成两级质量检测能力提升发展规划。

加强企业合同管理，梳理合同审核、签署、检查与考核等流程，建设一体化合同信息管理平台，实现合同信息化管理全覆盖。合同法律审核把关率100%。

开展管理提升活动，实施系统诊断，找准关键问题，做实专项提升，总结经验成果，构建长效机制，企业质效得到提高。诊断检查的问题覆盖了电网发展、经营管理、安全生产等方面，将102项工作任务纳入国家电网公司管控系统，按时完成结项任务。发布工作简报12期，定期通报管理提升重点任务进展情况。

安全生产 开展“安全管理提升”“安全隐患排查治理”等活动，消除一般隐患570项，治理缺陷2054项。强化作业计划管控，实行省市县三级作业计划审查、风险等级划分、执行情况反馈闭环管理。组建违章稽查队，组织开展区域循环安全监察。完成电能质量在线监测系统（一期）建设，资产全寿命周期管理“账卡簿”对应率99.95%。加强运行方式滚动校核及薄弱方式预警，强化设备特巡特护，确保电网安全运行。针对供暖期电网调峰能力不足问题，提前制订应急停备预案，确保低谷调峰安全。完成春秋检、迎峰度夏、全运会保电、“8·16”抗洪抢险及省调主备调切换演练等任务。全年未发生考核事故，实现安全生产目标。在第十二届全运会保电过程中，细化落实12类、192个保障方案，建成78项全运会供电配套工程，实现了准备工作零差错、处置操作零失误、电网运行零闪动、涉运服务零投诉的目标。

营销工作 开展“大营销”体系回头看，深入现场调研，梳理营销问题，落实整改率100%。编制“大营销”体系建设方案，落实“五个”阶段任务，召开5次专题会议，超前完成机构调整，实施“五位一体”机制建设，“大营销”体系延伸覆盖乡镇供电所，实现深度磨合提升、高效运转。

整合用电采集系统和一体化催费平台信息资源，创新推行集中装表、分户送电及无人工抄表、无人工催费的“一分双无”管理模式。“双无”覆盖153.34万户，采集成功率97.51%，抄表时间月均缩短6天；首次催费成功率92.75%，资金归集速率平均缩短10天。分户送电客户信息完整率100%。建立制度和优化业务流程12个，组织专题宣传120余次，客户认知度普遍提高。

深入“营销精益化管理年”活动，全面诊断和内控管理，编修12个管理制度，梳理优化86个业务流程，减少23个工作节点。组织营销大普查，核查数据340万条，整改问题1166条次，编发12期营销工作简报，纳入对标和业绩考核评价。

加快省级计量中心建设，“四线一库”主体封顶，计量生产调度平台第一批试点上线。拓展盐雾试验、整箱跌落试验等检测项目，电能表全性能试验检测项目符合率100%。强化关口电能表现场检验质量管控，计划完成率、合格率100%。

农电工作 农网改造升级工程按计划实施。配合辽宁省发展改革委完成2010～2012年农网工程整体验收，3项工程被国家电网公司评为“农网百佳工程”。投入9300万元开展“低电压”专项治理，覆盖用户24万户。完成6个县、75个乡（镇）、519个村的新农村电气化建设任务。推进县供电企业的延伸供电所管理提升工程，ERP等13个信息系统实现在县供电企业的延伸覆盖与深化应用。

“两个提升”工程深入推进。成立“两个提升”工程领导小组，制订管理提升实施方案，明确重点工作目标，细化分解考核指标。开展乡镇供电所管理问题排查，排查问题104项，整改率90.38%。建立农网10kV及以下运行评价考核机制，深化PMS整体应用，规范农网生产运行管理。梳理管理中的薄弱环节，建立共同推进工程管理协调机制，农网改造升级工程建设进一步规范。

开展县供电企业同业对标和综合实力评价，选树标杆，引导县供电企业管理持续提升，国网铁岭市清河区供电公司、抚顺县供电公司被评为国家电网公司综合管理标杆。9个乡镇供电所获得综合、专业标杆。

科技与信息化 辽宁公司承担在研国家项目3项，国家电网公司总部项目52项，均按计划实施。国家863项目“储能系统提高间歇式电源接入能力关键技术研究与开发”取得重大进展，配套工程卧牛石储能电站于3月正式投运，7月通过了国家科技部组织的中期检查。国家科技重大专项课题“面向智能电网的安全监控、输电效率、计量及用户交互的传感器网络研发与应用验证”项目，已完成输变电和配用电技术领域的示范工程建设，进入验收准备阶段；光纤复合相线（OPPC）光缆及接续装置研究与示范应用项目在国内中低压线路中率先得到应用。承担智能电网试点示范工程7项，其中，国家级2项，国家电网公司级5项；承担国家电网公司信息化试点项目15项，1项被评为优质项目；完成新技术推广111项。

2013年，辽宁公司共有24项科技成果获得省部级及以上奖励，其中14项获得国家电网公司科技成果奖、9项获得省政府科技进步奖、1项获得中国电力奖。共申请专利1134项，其中发明专利589项；专利授权488项，其中发明68项。承担国家电网公司技术标准制定、修订工作8项，申报2014年电力行业标准11项，申报国家电网公司技术标准27项。

2013年，辽宁公司完成38套统推信息系统、53个流程、1449个功能点的适应性调整和82个新增功能点的部署。建立以调控中心为枢纽，调度、运行、检修、客服融合发展的信息通信一体化运行模式。开展信息系统隐患排查及安全治理，通过国家能源局东北监管局对辽宁公司的信息安全专项检查。

优质服务 辽宁公司践行“四个服务”宗旨，充分发挥电网的资源配置平台作用，通过优化开机方式、消纳清洁能源、执行差别电价等举措，促进全社会节能减排。推动社会节约电量1936万kWh，节约标准煤0.64万t，减排二氧化碳1.59万t。

完善业扩报装“一口对外”服务机制，出台8项制度，规范32项业务，提高问题一次解决率。在国家电网公司系统率先实现95598全业务集中，高质量完成抢修工单派发方式试点任务。与辽宁省政府民心网联合推出客户诉求解决机制，解决诉求427余件，共有713名供电企业员工受到客户的点名表扬。

开展供电服务明察暗访，纠正“习惯性违章”行为。2013年，组织检查93次，检查14个市供电公司，72个县供电公司，871个供电所，1217个营业厅，走访客户1235户，累计排查问题1663个，问题整改率100%。辽宁公司被评为辽宁省用户满意企业，行风民主评议连续四年获得“免评”资格。

党的建设和精神文明建设 完善制度夯实党建工作基础。健全党组织机构，对5个新设、任期届满和委员出缺的党组织进行选举。理顺组织归属关系，所属单位按“三集五大”体系建设机构设置要求，100%完成基层党组织调整工作。

完善党校三级培训体系，应用网上党校在线培训系统，举办各类党团培训班6次，全年累计培训党员25 491人次，参培率99.7%，促进党员和政工队伍能力素质全面提升。

深化党员干部直接联系群众机制，确定28个基层班组联系点，帮助解决生产、生活实际问题112个。创立18个基层“党建示范点”，规范310支共产党员服务队建设，开展党员服务队竞赛，选树14支标杆党员服务队，搭建党员发挥示范作用的平台。

推进企业文化传播落地工程，开展“辽电雷锋行动”主题实践活动，涌现出“第四届全国劳动模范”提名奖获得者刘龙、国家电网公司特等劳动模范杜雷等一批先进典型。

健全青年科技创新“四项机制”，深化“青年科技促进费”核心载体，“辽电青工创新工作模式”初步建立。2013年，辽宁公司青年员工获得省部级先进数量为31人（个），同比提高41%。

品牌建设 围绕“讲好国网故事、传递国网声音，塑造创新国网、责任国网”工作主线开展以“五个一”系列活动贯穿全年，圆满完成“十二运”保电、“8·16抗洪保电”等重大主题传播，新华社内参重点报道9次，中央电视台累计报道23次，电网工程建设首次在中央电视台一套和新闻频道进行3天现场直播。网络传播取得良好社会反响，“供电救助哥杜雷”“海岛活雷锋刘龙”成为网络热词。

连续第二年向社会发布年度社会责任实践报告，首次发布《服务富庶文明幸福新辽宁建设白皮书》。国网朝阳供电公司试点工作持续走在国网公司系统前列，国网鞍山供电公司试点案例入选全国MBA教育“百篇优秀管理案例”。

主要事件

1月18～19日，辽宁公司三届五次职工代表大会暨2013年工作会议在大连召开。

2月17日，红沿河核电站1号机组并网试运行，标志着辽宁电网进入火电、风电、水电、核电共同运行的新时代。

2月27日，辽宁公司召开《2012年社会责任实践报告》及《服务富庶文明幸福新辽宁建设白皮书》发布会。

同日，沈阳市国家税务局和沈阳市地方税务局为公司颁发了“2010～2011年度纳税信誉等级A级纳税人”牌匾和荣誉证书。

2月，辽宁公司荣获国家电网公司2011～2012年度品牌建设先进单位、物资工作先进单位、年度农网改造升级工作先进单位荣誉称号。

3月20日，辽宁公司新闻中心暨辽宁记者站荣获国家电网公司英大传媒投资集团有限公司“十佳记者站”荣誉称号；董北一荣获“十佳记者”称号。

4月22日，辽宁公司召开干部任免宣布会议。路俊海任中共辽宁省电力有限公司党组成员、工会主席，免去张力中共辽宁省电力有限公司党组成员、工会主席职务；张力任辽宁省电力有限公司副局级调研员。

5月10日，2013中国锦州世界园林博览会在锦州开幕，辽宁公司完成保电任务。

7月3～5日，辽宁公司首届应急救援基干分队技能竞赛在锦州举行。

7月24日，辽宁公司深入开展“十二运”供电保障主题传播活动，邀请人民日报、新华社等21家新闻媒体记者“走进国家电网看供电保障”，展示公司十二运保电工作成果，展现“责任国网、创新国网”的品牌形象。

8月5日凌晨，营口供电公司输电运检班班长赵伟在抢险保电中突遇山洪不幸遇险，以身殉职。8月13日被追授“辽宁五一劳动奖章”荣誉称号；8月30日，被追授为国家电网公司劳动模范。

8月16～17日，辽宁省内大部分地区普降大雨。降雨造成了辽宁电网500kV线路跳闸3条次；220kV线路跳闸14条；66kV线路跳闸60条；10kV线路跳闸304条。停电影响到84个乡1040个村3542个配电台区，267 580位用户的用电。

8月31日～9月12日，第十二届全运会在沈阳举行。全运会期间，全省电网保持安全稳定运行，公司圆满完成全运会保电任务。

8月，辽宁公司获得了“全国群众体育先进单位”称号。中共中央总书记、国家主席、中央军委主席习近平在辽宁友谊宾馆亲切接见了全国群众体育先进及全国体育系统先进代表。

同月，辽宁公司工会被中华全国总工会授予“全国模范职工之家”称号。

8～9月，在国家电网公司英大传媒投资集团有限公司2013年度优秀电视作品评选活动中，辽宁公司选送的作品《大爱无言》荣获电视专题类一等奖；《公司承建项目首次登上央视直播平台》《大鹿岛上的夏天》荣获电视新闻类一等奖。

9月22日，朝阳利州500kV输变电工程获得辽宁省发展改革委核准，成为审批权限下放后首个取得核准的500kV电网项目。

10月21～27日，辽宁公司全面开展“安全周”活动。

11月4日，辽宁省人民政府召开专题会议，省长陈政高听取了辽宁公司工作汇报并对公司工作给予充分肯定。

11月23日，辽宁公司正式实现95598全业务集中。

12月3日，辽宁公司与辽宁省交通厅签订《关于相互配合支持公路与电力基础设施建设的工作协议》，建立便捷顺畅的工作机制，营造良好的外部建设环境。

12月6日，国家电网公司下发任免通知，王芝茗同志任国网辽宁省电力有限公司党组成员、副总经理，免去其国网辽宁省电力有限公司总工程师职务。

【国网吉林省电力有限公司】

企业概况 国网吉林省电力有限公司（简称吉林公司）是以建设、运营电网为主营业务的国家大一型企业，是国家电网公司全资子公司，对所属企业和单位的国有资产承担保值增值责任，依法对省内及相关电网实施调度管理，承担着保障安全、经济、清洁、可持续的电力供应的使命。公司供电营业面积18.74

万 km^2，拥有供电客户 1229.56 万户，供电服务人口 2700 余万人。公司本部设置职能部门 21 个并设置工会、企协分会，省公司层面业务支撑和实施机构 8 家，地市供电公司 9 家，公司资产总额 407.16 亿元，职工人数 26 215 人。

2013 年，吉林公司完成固定资产投资 50.18 亿元；售电量 514.01 亿 kWh，同比增长 3.44%；当年电费回收率 100%，连续实现第 8 个安全年。

领导班子

总经理、党组副书记：闫少俊

党组书记、副总经理：杨俊文

党组成员、副总经理：王国春、赵振伟、朱教新

党组成员、副总经理、长春供电公司总经理、党委副书记：辛国良

党组成员、纪检组长：张成军

党组成员、工会主席：李长林

党组成员、总会计师：李随东

副总经理：徐焜耀

总工程师：马明焕

电网概况 吉林电网位于东北电网的中部，北连黑龙江电网，南接辽宁电网，西临内蒙古东部电网，在满足全省电力供应的同时，还是东北电网北电南送的重要通道。截至 2013 年末，吉林电网有 500kV 变电站 10 座，变电容量 1580.9 万 kVA，线路长度 2605.24km；220kV 变电站 77 座，变电容量 1905.9 万 kVA，线路长度 10 064.57km。初步形成以梨树—金城—合心—龙嘉—包家—东丰为枢纽，向四周辐射覆盖全省 9 个地市州的 500kV 坚强电网，并分别与辽宁、黑龙江、蒙东电网相联，电力交换能力和资源优化配置能力显著提高，电网供电能力和运行可靠性明显增强。

吉林省电源分布特点是水电主要分布在东部，西部以风电为主，火电以城市热电联产机组为主。2008 年以来，吉林省电源建设快速发展，新增发电装机容量近 1300kW，超过吉林有电百年来电源建设总量之和。截至 2013 年末，吉林省全口径装机容量 2517.72 万 kW，其中：水电装机容量 445.35 万 kW，占 17.69%；火电装机容量 1693.65 万 kW（其中热电装机容量 1302.84 万 kW），占 67.27%；风电装机容量 377.43 万 kW，占 14.99%；生物质能装机容量 0.29 万 kW，占 0.01%；太阳能装机容量 1.00 万 kW，占 0.04%。

电网建设与发展 以解决电网“两头薄弱”问题为重点，加快建设坚强智能电网。加快电网规划和前期工作，完成配电网滚动规划和“十二五”全部 500kV 项目可研。超前开展电网大中型项目研究，完成 2014 年迎峰度冬（夏）等电网项目安排。充分利用审批权下放有利时机，最大限度简化审批流程。加快 500kV 骨干网架建设。长春变电站移址新建等一批重点工程顺利投运，长春—四平电磁环网实现安全解环，电网运行压力有效缓解。实施配电网提升工程，完成长春、吉林核心区配电自动化建设，满足城镇化快速发展需要。2010～2012 年农网改造升级工程全部完工并通过省发展改革委验收，农村供电能力和运行可靠性明显增强。完成 265 万块智能电表安装，直供直管地区智能表采集实现全覆盖。“新农村”智能电网示范区等工程进展顺利。66kV 及以上输变电优质工程率连续两年达到 100%。大力开展科技创新，获得专利授权 113 项，省部级科技进步奖 23 项。

经营管理 积极应对用电需求低迷形势，大力开展业扩报装“双提”活动，增供扩销，累计增加售电量 13.67 亿 kWh。连续 7 年实现电费收缴“双结零”。积极争取联络线外送电量 66 亿 kWh，同比增加 8 亿 kWh，增效 2100 万元。强化综合计划和预算管理，继续推行预控成本举措，计划和预算的约束力进一步提高。加强资金归集和管控，清理回收应收款 6.3 亿元，回笼货币资金 3.93 亿元，应收款项零余额单位达 80%。多样化开展集约化采购，集中采购率达到 97%，节约资金 3.12 亿元。积极推进盘活利库工作，利用和处置积压物资 2460 万元。线损指标实现动态监控和异常预警，地区线损率和农电线损率分别下降 0.20 和 0.50 个百分点。服务民营经济发展十项举措，得到省委书记充分肯定。开展节能业务，节约电量、电力分别完成年度指标的 164%和 162%。

深入推进管理提升，强化管理诊断和问题整改，将管理提升工作纳入本部绩效和各单位企业负责人业绩考核，建立工作长效机制，实现成果共享推广。不动产权证完善取得突破性进展，土地有证率从 22%上升至 89.7%，房屋有证率从 24%上升至 87.2%。圆满完成集体企业重组整合和主多分开“回头看”工作。顺利通过法定计量机构整体授权。认真开展县供电企业及乡镇供电所管理提升工程，农电“专业一体化”实现全业务、全口径覆盖，农电发展能力明显增强。强化督察督办推动作用，建立工作通报机制，公司年度重点工作分解表、“二十四节气表”等所列 308 项重点工作全部完成。

安全生产 认真贯彻落实国务院、国家电网公司各项安全工作部署，深刻吸取本省及系统内外重特大安全事故教训，深入开展安全大检查和隐患大排查，整改问题隐患 2575 项。全面开展“安全管理提升”活动，强化 100 条重点举措，安全管理水平显著提高。加强电网运行方式统筹，有效落实预控措施，大电网驾驭能力明显增强。深化设备状态检修，严格停

电作业计划管理，执行现场标准化作业，圆满完成春、秋检预试工作，设备健康水平持续提升。针对煤矿等高危重要用户建立“一户一案”，做到“服务、通知、督办、报告”四到位。超前研究落实迎峰度冬举措，努力推动富余电力消纳和外送，电网调峰与供热矛盾得到有效化解。城市电网安全性评价和安全生产标准化达标评级工作顺利完成。500kV吉林东变电站工程获国家电网公司流动红旗竞赛安全管理第一名。“电网企业生产人员安全风险管理”获中电联管理创新一等奖。公司参与的“大型风电并网运行与试验检测关键技术及应用”项目获得国家科学技术进步二等奖。成功应对历史罕见的暴风雪、洪水、地震等自然灾害，圆满完成两节、两会、十八届三中全会等重要节日、重大活动期间保供电任务，电网始终保持安全平稳运行，得到省委省政府高度评价，电网抗灾能力和公司社会形象显著提升。公司连续实现第8个安全年。

依法治企 深入贯彻落实中央“八项规定”和公司党组1号文件要求，将作风建设要求量化为32条具体规定，扎实改进工作作风。积极配合国家电网公司依法治企综合检查，针对发现的问题标本兼治、举一反三、即查即改，发现问题的数量和性质明显下降和减轻。制定下发廉洁过节“七不准”，开展作风建设专项检查4次，发现并整改问题42个，全员做到会员卡“零持有”“零报告”。严格“三公”消费等事项管控，所有公务招待活动均安排在公司内部宾馆，“三公”费用支出下降49%。加强会议计划管理，严控会议规模和时间，会议费用同比下降52%。认真开展车辆清理整顿，依法合规处置超编和严重超标车辆393台，公务及应急抢险车辆加装GPS定位系统，实现车辆的全过程信息化管控。深化巡访监察，纠正9家单位89个问题，有效遏制各类风险发生和蔓延。严肃查处违规违纪问题，通报典型违纪案件，党政纪处分7人，较好地发挥了案件警示教育作用。

队伍建设 深入推进“四好”领导班子建设，开展所属单位领导干部精神面貌、工作状态检查考核，领导干部作风进一步改进。坚持德才兼备、以德为先的干部标准，选配、调整干部33人，选人用人机制不断完善。强化干部梯队建设，推进岗位交流和青年员工培养，选拔19人到本部挂岗锻炼，后备干部培养、管理力度不断加大。严把员工入口关，妥善接收安置复转军人，择优招聘高校毕业生316人，新入企员工质量显著提高。制订员工奖惩实施细则，推行岗位绩效工资和薪点工资，激励员工提升素质和岗位奉献。加大干部员工培训力度，举办各类培训班272期，全员培训率达到93.13%，员工队伍整体素质显著提升。

党的建设和精神文明建设 宣传贯彻党的十八届三中全会精神，超前准备党的群众路线教育实践活动。认真履行党风廉政建设责任制，深入开展反腐倡廉宣教，党员干部“一岗双责”和廉洁自律意识进一步增强。深入推进精神文明创建，公司本部和7家供电公司顺利通过全国文明单位年度审核。吉林桦甸吕清森共产党员服务队荣获国家电网公司“十佳共产党员服务队”称号，吕清森获全国道德模范提名奖。

深入推进“五统一”企业文化落地，吉林公司价值理念得到高度认同和广泛践行。与媒体建立常态化沟通合作机制，在中央主流媒体刊播公司亮点工作150余篇，打造良好的正面传播态势。妥善处置各类舆情风险50余起，全年舆情保持总体平稳。坚持职代会和厂务公开制度，创新开展员工诉求服务中心建设，民主管理水平不断提升。加强基层班组建设，开展向偏远班组“三送”活动，450个班组通过国家电网公司达标班组验收。积极推进“文化养老”，本部退休人员实现归口管理，离退休服务管理水平切实增强。积极推进信访突出问题源头防控和风险评估，全面落实主要领导维稳责任，确保和谐稳定发展局面。切实排查和治理失泄密隐患，保密工作服务保障作用持续加强。

（马大庆）

【国网黑龙江省电力有限公司】

企业概况 国网黑龙江省电力有限公司（简称黑龙江公司）是国家电网公司全资子公司、国有特大型企业，负责建设、运行维护黑龙江电网和全供电区安全可靠供电。供电营业区域面积47万km^2，占东北供电区域总面积的59%。截至2013年底，公司资产总额529.59亿元。直接管理单位26个，共有职工26806人，其中地（市）级供电企业13个，业务支撑和实施单位9个，其他单位4个。代管66个县级农电企业和65个农垦、森工供电企业。

领导班子

总经理、党组副书记、党组成员：周安春

党组书记、副总经理、党组成员：卜劲松

副总经理、党组成员：王明波、张满洲

副总经理、党组成员，国网哈尔滨供电公司总经理、党委副书记：褚艳芳

党组成员、纪检组长：陈晓东

副总经理、党组成员：李运灵

党组成员、工会主席：吴德义

总会计师、党组成员：许毅蒙

副总经理、党组成员：张成松

总工程师：王志伟

组织机构 见组织机构图。

国网黑龙江省电力有限公司2013年组织机构图

电网概况 黑龙江电网地处东北电网的最北部，通过四回500kV线路与吉林电网相联，通过500kV伊冯甲、乙线与蒙东电网相联，通过中俄500kV阿黑线和黑河换流站从俄罗斯电网购电。截至年末，黑龙江省电网共有500kV变电站13座，运行容量为12 166.0MVA；220kV变电站118座，运行容量为24 975.0MVA；500kV线路34条，线路总长度为5032.926km；220kV线路313条，线路总长度为13 042.34km。并网运行电厂257座，总装机容量为23 828.14MW，其中：火电厂141座，装机容量为18 926.15MW；水电厂59座，装机容量为975.14MW；风电场56座，装机容量为3916.95MW；光伏电站1座，装机容量为9.9MW。2013年吉林省统调最大负荷为10 142MW，最大峰谷差为4438MW，电力盈余多，调峰难度大。

人力资源 黑龙江公司所属27家直管单位、131家代管单位、166家集体企业的用工总量66 633人。人才当量密度0.885，教育培训投入6027万元，全员培训率95.34%。

开展劳动定员复核测算。完成公司各层级单位机构名称规范工作。开展公司关键岗位梳理工作。实现五家支撑机构人力资源报表系统合并管理。将牡丹江市郊农电局、黑河爱辉农电局两个代管县供电企业纳入国网系统管理。

强化入口管控，组织完成高校毕业生参加国家电网公司统一招聘考试工作。代管企业首次实现高校毕业生公司统一招聘考试录用。平稳做好直管和代管单位存量复转军人安置接收工作。规范社会化用工管理，完成集体企业、劳务派遣用工调查上报。持续清理劳动关系，强化人力资源信息管控，加强借用人员管理，清理在编不在岗人员，直管单位长期职工净减545人。制订公司员工奖惩实施细则。公司荣获“黑龙江省劳动保障诚信示范单位”荣誉称号，被推荐申报省诚信示范单位。

修订企业负责人业绩考核管理办法，实施分级分类考核，加强量、价、费、损考核以及管理创新和农电管理提升考核，建立业绩考核看板和预警机制。落实国家电网公司全员绩效管理考核评价办法，制订公司全员绩效管理考核实施细则。完善“三集五大”体系绩效指标库，推广供电企业典型岗位绩效指标体系。全员签订绩效合约，加强考核结果应用。全员绩效管理继续向代管企业延伸。本部绩效管理经验在国家电网公司信息平台交流。

执行工资“双控”政策，实行工资增量与经营业绩挂钩。开展工资检查和薪酬调查，刚性执行工资总额计划。巩固规范薪酬管理成果，及时纠正部分代管企业工资计划执行偏差。规范福利性补贴管理。完善福利保障管理办法，强化福利计划执行管控，逐步规范代管企业福利保障管理。按照国家电网公司要求完成住房公积金、企业年金规范调整工作。职工收入实现以业绩为基础的合理增长。

全年举办培训班1948次，开展竞赛调考16项，培训员工76 596人次。组织培训代管企业副职和农村供电所长1687人。完成年度专业技术职称资格评定，推进职业技能鉴定工作，“三无”人员减少1200人。评选公司优秀人才62人，入选国家电网公司优秀人才12人。完成对藏和公司内部人才帮扶工作，公司被评为国家电网公司对藏人才帮扶工作先进单位。

电网建设与发展 完成电网建设投资15.88亿元，新开工线路341.6km，变电容量1912.5MVA。建成投产220kV抚远、富裕、绥滨等输变电工程11项，110(66)kV五大连池、乌伊岭、肇州等输变电工程17项。

投产66kV及以上线路1607.41km、变电容量2385.5MVA（含农网），其中电网输电线路投产991.28km，电网变电设备投产1483.0MVA。投产火电机组16台，新增容量1531.0MW，无关停火电机组。新建、扩建风电场15座，新增容量688.9MW。

全年未发生基建安全事故。齐齐哈尔220kV冯甘线路、哈尔滨66kV江湾1号变电站等4项工程在国家电网公司核检中取得较好成绩，输变电工程优质工程率达到100%。东风220kV变电站、大庆110kV肇州甲乙线路工程获得国家电网公司区域项目、安全管理流动红旗。

取得19项220kV输变电工程、20项110(66)kV输变电工程核准批复，500kV永源变电站扩建工程获得国家发展改革委核准，冯屯—齐南—庆南—哈尔滨500kV输变电工程获得省发展改革委核准。

持续完善“十二五”电网规划，科学调整规划项目建设时序，制订符合黑龙江实际的配电网发展技术路线图，贯彻差异化原则，促进各级配电网协调发展，完成《黑龙江省2013～2020年配电网滚动规划》系列报告的编制工作。编制完成《黑龙江省“十二五”电网发展滚动规划（2013年版）》。

经营管理 优化购电结构，降低购电成本，消纳网间低价水电电量33.5亿kWh。实现了全省大工业和一般工商业及其他用电城乡同价。刚性执行综合计划和预算，狠抓关键指标监控考核，实现当年扭亏为盈。出台营销业绩激励方案，促进增供增收。严格发电量计划管控，开展销售电价普查和趸售分类比例专项核查，落实城乡用电同价政策，配合完成大用户直接交易试点，维护了公司权益。落实经营诊断整改措施，优化投资结构和时序，严格控制投资规模，疏导当年东北输电服务费，争取税率、利率政策，加强资金集中运作，节约资金成本1.7

亿元。强化物资计划和招标采购管理，全年招标22.4亿元，节资率达6.56%。规划整合仓储资源，节约费用2200万元。完成依法治企综合专项检查，问题整改面达100%。加大产权清理力度，完成未建资本纽带关系企业清理和产权整合，土地权证登记率超过90%。规范用户移交资产管理，合规处置逾龄资产，防范资产管理风险。加强驻京办事处等费用单位管理。开展集体企业和乡镇供电所车辆清理整顿。从严规范职务消费、业务招待费、会议费、薪酬福利和社保管理。组织“三公”消费专项检查，相关费用大幅度下降。

安全生产 开展“安全管理提升”活动，积极应对黑龙江省1998年以来的最大汛情，公司荣获中共黑龙江省委、黑龙江省人民政府授予的“全省抗洪救灾先进集体”称号。完成“两会”、迎峰度夏、重要节日、重要活动等供电保障任务。深化完善“大检修”体系，全面完成“大检修”体系建设“回头看”和专项调研工作。高质量完成春秋检、黑河换流站年度检修等作业项目。推进变电站无人值守工作，35kV及以上变电站全部具备无人值守条件。加快推进变电运维一体化，已开展31项运维一体化项目，提前并超额完成工作推进目标。2013年未发生生产人身死亡事故；未发生电网稳定破坏、电网瓦解、大面积停电及重大设备损坏事故；未发生误操作事故；发电企业没有发生重大级以上发电设备事故。截至12月31日，省网实现连续安全运行11 790天。城市供电可靠率99.940%，综合电压合格率99.883%。

营销工作 售电量完成662.98亿kWh，同比增加22.8亿kWh，增长3.57%。销售收入完成383.7亿元，同比增加14.7亿元，增长3.99%；全口径售电平均单价完成578.77元/MWh，同比上升2.36元/MWh。应收用户电费余额完成1.28万元，同比下降100.38万元；营业外收入完成2835万元，比年初指标增加35万元。市场占有率完成92.26%，同比提高1.13个百分点。供电服务“十项”承诺兑现率100%。

推进“大营销”体系建设，编制了《“大营销”体系建设实施方案》，建成新的“一型五化”营销管理模式。在代管农电企业没有上划的情况下，提前将95598业务覆盖农电客户，完成95598全业务国网集中。初步实现计量装置省级集中检定、集中仓储、统一配送。全面实现电费核算账务集中，清理归并电费资金账户，电费资金账户由原来的199个下降到95个。实现业扩报装分层集中，以制度形式固化业务职责，对各电压等级的业扩报装流程进行了梳理和集约再造。研究建立故障抢修横向协作机制，统一调配抢修队伍，实施营配抢修末端业务融合。

制订了《2013年电力市场开发工作实施意见》，在《营销业绩激励方案》中以电量激励为重点，激发全员增供的主动性。坚持有量才能有利的理念，对西林钢铁等大客户改变基本费发行方式，避免了企业因入不敷出而关停；主动服务石化企业联合检修，缩短工期力求多供电量。探索大用户直接交易试点，开展富余清洁风电、低谷火电直供集中式电采暖商业运营模式可行性研究。严格报装接电考核，实现业扩报装五大环节周管理。抓住国资委在黑龙江省试点央企“三供一业”分离机遇，务实推进摘转供工作，确保十项摘转供任务按期完成。修订并下发了《住宅工程管理办法》，规范工程管理，全年下达工程计划8批次。黑河工业园区对俄购电矛盾问题获得有效解决。

强化电费管理，应收用户电费余额和应收用户电费余额比重两项指标取得国家电网公司同业对标排名A段的优异成绩。通过“客户实名制”，创新了电费收缴管理新手段；在公司大客户龙煤鹤岗分公司连续发生两次矿难，大汛、暴雪多发的极端环境下，靠真情、意志和厂网协同确保电费回收实现结零，有效化解了电费风险。

加快智能电能表推进，累计推广智能电能表120万只，智能电能表覆盖率达到99%。建立健全高效运行维护机制，重点提高专变采集成功率，确保数据一致率达到100%，日均采集成功率达到98%以上。开展非统调关口采集建设，两个月内完成372个非统调关口计量点电能量自动采集接入。加快“四线一库”自动化检定流水线建设，提高检定效率和装备水平，基本完成“四线一库”自动化检定流水线安装调试工作，初步实现省计量检定全自动化。完成计量生产调度平台与营销业务应用系统的32个接口调试，测试系统功能117项。开展了全方位的计量资产数据清理工作，订正数据74万条，清理垃圾数据37.2万条。

推进代管供电企业SG186系统延伸工作，完成营销业务应用系统在绥化供电公司试点。完成95598呼叫平台、网络和基础环境建设改造、95598数据准备、业务系统适应性调整等基础工作，11月实现95598全业务上划割接至国家电网客户服务中心。以佳木斯供电公司为试点，实施“用电服务一卡通”项目，充分利用用电信息采集系统远程阀控功能，以法律合同约束解决客户恶意欠费停电问题。截至12月末，佳木斯供电公司已与37.2万户居民客户实名制签约，签约率达93.3%。

农电工作 农网改造升级工程完成投资7.5亿元，占计划总额的50%。完成了省发展改革委对黑龙江省2010、2011年和2012年三年农网改造升级工程的验收工作。强化农网改造升级优质工程创建工作。齐齐哈尔泰来县35kV佰兴输电工程和绥化庆安县10kV久旭线路工程获得“国家电网公司2013年度农网百佳工程”称号。启动并实施代管供电企业和乡镇供电所两个管理提升工程，结合依法治企检查供电所管理问题和排查工作，分步骤分阶段治理管理中的风险隐患。完善综合协调机制，加强督导检查，各专业部门协同完成各自承担的阶段提升任务，各单位有序推进工作开展。坚持求实效的管理举措，相关指标得到明显提升，银行账户管控标准达标率提高55%，工程竣工决算编制完成率、县供电企业信息网络连通率、终端安全防护率、会议电视系统覆盖率均达到100%，完成了年度任务目标。牡丹江东宁县电业局等8个单位和供电所被评为国家电网公司标杆单位、标杆供电所。及时应急响应，跟踪落实50年一遇抗洪防汛供电保障和灾后恢复供电工作，在受灾严重的佳木斯、鹤岗、宝泉岭、大庆等地区，农电职工克服困难，持续奋战在抗洪防汛保供电一线，圆满完成了抗洪保供电任务。全力推进农村用电收费“村村设点”工作，总结推广国网佳木斯供电公司试点成功经验，各单位创新管理手段，合理利用社会资源作为交费平台，拓展农村居民电费交纳方式，全面完成9045个行政村农村用电交费“村村设点”工作，受到国家主要媒体的专题报道，得到社会广泛关注和充分肯定。强化精益管理，农网供电可靠率、电压合格率分别提升0.12个和1.68个百分点，农网综合线损率同比降低0.05个百分点。加快实施信息化工程建设，67个县局和5大农垦电业局实现与公司信息联网，协同办公和ERP项目上线运行。20个县局应用实施了财务管控系统，为专业化延伸做好信息平台支撑。深入开展专项调研，充分反馈意见和建议。制定实施农垦电业局“三集五大”体系适应性建设，完善提升代管县供电企业适应性调整指导意见。

科技与信息化 完成2014年黑龙江公司科技项目储备库建设；加强科技项目全过程管理和统筹协调，定期开展所承担的国家电网公司和公司科技项目实施情况检查，协调解决遇到的问题和困难，提出相关措施建议，“高纬度地区输变电设备低温运行技术试验研究”等国家电网公司重点科技项目及公司科技项目全部按期高效完成；组织完成57项公司管理科技项目的验收工作，项目全部通过验收。

黑龙江公司作为参与单位的3项科技成果分别获得2013年度国家电网公司科技进步特等奖、二等奖和三等奖各1项；2项专利均获得2013年度国家电网公司专利三等奖；公司作为第一承担单位的3项科技成果分别获得2013年度黑龙江省科技进步二等奖1项，三等奖2项；完成公司2012年度科技进步奖和专利奖的评选工作，共评出科技进步奖70项、专利奖26项。

完成专利申请255项，其中发明专利122项；获得专利授权168项，其中发明专利23项，取得历史最好水平。截至2013年底，公司累计拥有专利416项，其中发明专利39项。完成“电能表动态计量周期电能序列比例分配校验法”海外专利的申请，实现了公司海外专利申请零的突破；获得软件著作权2项；出版论著2部，发表科技论文50篇，其中有11篇发表在EI源刊上。

作为第一承担单位完成国家电网公司技术标准《110（66）kV～750kV架空输电线路技术监督导则标准》的制定任务，作为参与单位完成2项国家标准的制定任务；发布《国网黑龙江省电力有限公司技术标准体系（2013版）》，纳入各级标准4331项。

优质服务 推进供电服务工作，出台了《国网黑龙江省电力有限公司供电服务考核办法》，按月统计、分析、考评、通报全省供电服务情况。定期组织明察暗访，全面梳理供电服务方面存在的问题，规范员工服务行为。规范营业窗口标准化建设，积极开展“服务诚信评价”以及“营业厅巡检”活动。开通“国家电网黑龙江95598”官方微博。加强用电安全检查服务工作，组织开展首次高危及重要客户失电应急演练，积极开展综合治理，全年共完成262次保电任务，出动人员13 941人次，出动发电车670台次，未发生电网责任的客户安全事故，供用电安全管理得到加强。拓展客户缴费渠道，全年银行及非金融代收机构收费金额占居民总购电金额的69.32%。电费充值卡共充值24.87万笔，充值金额2912万元。累计发送电费提醒短信3429万条。

党的建设和精神文明建设 全面加强学习型党组织建设，创新中心组学习方式、推广领导干部上讲坛和道德讲堂，公司党组荣获全省学习型领导班子标兵荣誉称号。深入开展共产党员服务队“十二走进”活动，组织共产党员服务队竞赛，开展教育培训、督导检查、“四比一创”等载体活动，122支共产党员服务队参赛，评选出32支公司优秀共产党员服务队，其中两支服务队荣获国家电网公司优秀共产党员服务队荣誉称号。

开展“电网先锋党支部创建”活动，营销岗位的“党员服务队”、基建岗位的“党员突击队”、科研岗位的“党员全优岗”、后勤岗位的“党员示范岗”等行之有效的创建活动，促进了支部建设的深化，形成了围绕中心抓创建、抓好创建促发展的良好局面。

组织开展“百人上百课”企业文化传播工程和“统一的行为规范在员工行为中的落地实践”两个重点项目建设。精选79篇优秀课件形成“百人上百课”

企业文化传播优秀课件光盘集，编制并推广《国网黑龙江省电力有限公司班组员工行为准则》，将统一的企业文化全面融入公司中心工作。

深化精神文明单位创建，组织各单位创新开展精神文明单位创建工作。表彰黑龙江公司2013年度文明单位标兵，进一步巩固和扩大文明单位创建工作成果。

主要事件

1月16～18日，黑龙江公司召开三届三次职代会暨2013年工作会议。

1月29日，黑龙江公司举行保障春节、全国"两会"安全供电新闻发布会。

2月1日，黑龙江公司召开2013年安全生产工作电视电话会议。

2月8日，黑龙江省省委书记吉炳轩到哈尔滨供电公司调研。

3月7日，黑龙江公司召开2013年同业对标工作电视电话会议。

3月12日，黑龙江公司召开2013年思想政治工作暨品牌建设工作电视电话会议。

3月21日，黑龙江公司召开2013年审计工作会议。

4月3日，黑龙江省电力用户与发电企业直接交易试点签约仪式在省电力交易中心举行。

4月28日，黑龙江公司在哈尔滨供电公司群力220kV变电站春检现场举行"坚强智能电网，服务美丽中国"青春光明行主题实践活动启动仪式。

5月21日，黑龙江公司组织本部参观哈尔滨市反腐倡廉警示教育展。

6月18日，黑龙江公司启动"送文化、送经验、送艺术""三送进基层"活动。

6月28日，黑龙江公司直属机关党委开展了"永远跟党走，共筑中国梦"宣誓仪式。

7月17日，黑龙江公司党组理论学习中心组开展党的群众路线教育实践活动专题学习活动。

7月30日，黑龙江公司召开黑龙江电网2013年年中网厂座谈会暨电力市场交易信息发布会。

7月31日，"国家电网哈尔滨供电""国家电网大庆供电""国家电网绥化供电""国家电网黑龙江95598"官方微博在新浪微博认证开通。

8月15日，黑龙江公司召开2013年防汛工作紧急电视电话会议。

8月30日，黑龙江公司召开积极支持分布式光伏发电项目发展新闻发布会。

8月31日，黑龙江公司参加由省委省政府纠风办、黑龙江人民广播电台、黑龙江电视台主办的《行风热线》直播节目。

9月12日，黑龙江公司举行黑龙江电网2013年联合反事故演习。

9月18日，黑龙江公司举行2013年黑龙江电网大面积停电事件应急处置联合演练。

9月24日，2013年黑龙江电网主备调切换演练在省电力调度控制大厅圆满结束。

10月30日，黑龙江公司举行"读书成就梦想"职工演讲汇报会。

11月29日，黑龙江公司召开加强电力设施保护、保障电网安全运行新闻发布会。

12月20日，黑龙江公司召开舆情分析暨官方微博启动会议。

12月27日，黑龙江公司官方微博@国家电网黑龙江电力在新浪微博认证上线。

（岳　赢）

【国网内蒙古东部电力有限公司】

企业概况　国网内蒙古东部电力有限公司（简称蒙东公司）成立于2009年6月，是国家电网公司的全资子公司，负责投资、建设和运营管理赤峰、通辽、兴安、呼伦贝尔四盟市电网，供电面积47万km^2，占内蒙古自治区（简称自治区）总面积的40%；供电人口1200万，占自治区总人口的50%。

2013年，蒙东公司坚决贯彻国家电网公司党组和自治区党委、政府决策部署，加快电网发展步伐，持续规范生产经营管理，供电能力、服务水平大幅提升，各方面工作取得显著成效。2013年完成固定资产投资45.4亿元，完成售送电量746亿kWh，同比增长10.8%，其中内售电量255亿kWh，同比增长3.8%；外送电量491亿kWh，同比增长14.7%。

电网概况　蒙东电网位于自治区东部地区，全网以500kV网架为骨干、220kV网架为主体。截至2013年底，全网拥有35kV及以上变电容量3197万kVA、线路27001km，其中500kV变电站7座，变电容量900万kVA，线路2113km；220kV变电站60座，变电容量1268万kVA，线路10 144km。

蒙东四盟市电网相互独立，呼伦贝尔电网通过2回500kV线路与黑龙江电网联网，通过500kV伊穆直流与辽宁电网联网；兴安电网通过2回500kV线路与吉林电网联网；通辽电网通过2回500kV线路与辽宁电网联网，通过3回220kV线路与吉林电网联网；赤峰电网通过4回500kV线路与辽宁电网联网。

蒙东电网是典型的"大电源、小负荷"外送型电网，已形成12回500kV交、直流联络线外送通道，最大外送能力1060万kW。网内发电装机容量2344.06万kW，其中火电装机容量1553.05万kW，风电装机容量747.87万kW。

人力资源　蒙东公司本部设置21个职能部门，

79个内设机构，管理10家直属单位和42家旗（县）农电企业，其中盟（市）供电公司4家，业务支撑与实施单位6家，全资旗（县）供电公司19家，代管旗（县）供电公司23家。用工总量21 644人，其中研究生学历249人，大学本科学历3861人，大专学历4114人，合计占职工总数的38.0%；高级专业技术资格576人、中级专业技术资格1768人，合计占职工总数的10.8%。推荐3名优秀年轻干部到国家电网公司总部或直属单位挂职（培养）锻炼。举办2013年度处级干部、本部与驻呼直属单位科级干部及首期青年干部培训班。加强人才培训与开发，累计培训各级各类人员65 000余人次。加大人才培养力度，1名员工荣获国家电网公司优秀生产技能专家称号。

电网建设与发展 优化完善滚动规划，开展电网发展诊断分析，完成2013～2020年主网架及配电网滚动规划。加强前期管理和外部协调，500kV岭东变电站等8项输变电工程、15项66～220kV输变电工程获得核准批复。

加快重点工程建设，2013年新开工110（66）kV及以上交流线路1219.8km，变电容量276.15万kVA，220kV赤峰阿旗北、林西（铜都）、奈曼开发区、开鲁开发区、兴安盟科右前旗等15项输变电工程开工建设；2013年投产110（66）kV及以上交流线路2341km、变电容量244.25万kVA，220kV扣河子、兴安盟乌兰哈达至德伯斯至阿尔山、海东工业园区、伊敏至罕达盖至阿木古郎等13项输变电工程建成投产。220kV经西变电站等57项工程通过国家电网公司创优核查、110（66）kV及以上优质工程率达100%。

服务清洁能源发展 坚持"依托大电网，发展大风电"的思路，采取打通风电打捆外送通道、合理调度电网运行方式、实施分布式电源试点、风电供暖试点等措施，为清洁能源并网消纳创造有利条件，蒙东电网风电装机、风电发电量等发展与消纳指标居省级电网前列，《人民日报》《中国能源报》等媒体客观报道了蒙东风电发展成就。2013年，蒙东地区并网风电场80座，风电装机占地区总装机容量的32%。风电发电量144亿kWh，同比增长41%。风电平均发电小时数实现2010h，同比提高405h。风电单日最大发电电力占当日最大供电电力的117%。成功投运通辽扎鲁特旗、赤峰林西县风电供热项目，实现利用电网低谷蓄热向居民供热。积极组织风电送华北跨区电力交易。2月，蒙东公司第一笔风电送华北电量交易完成，标志蒙东地区风电首次实现跨区域外送。蒙东地区第一条风电专送大通道——500kV开鲁输变电工程全面开工建设。

支持光伏等新能源发展，统一工作流程、技术规范和服务标准，加强光伏并网、交易、消纳全过程管理。印发《分布式电源并网服务实施细则（试行）》，分布式光伏发电项目并网服务程序正式投入使用。2013年，蒙东公司共受理101件分布式光伏发电并网服务咨询、正式受理并网服务申请3户。加快配套电网建设，提升新能源并网服务水平，增强技术支撑能力。9月，第一家光伏发电站—赤峰大于营2万kW光伏电站投运，拉开蒙东地区光伏发电规模化发展的序幕。截至2013年底，蒙东地区拥有光伏电站3座，容量5万kW，发电量1139万kWh。

经营管理 贯彻国家电网公司决策部署，积极应对供电面积大、网架薄弱、人才匮乏等挑战，围绕"集约化、扁平化、专业化"的目标，全面实施"三集五大"（人力、财力、物力集约化，大规划、大建设、大运行、大检修、大营销）体系建设。通过方案制订、宣传动员、新模式导入、磨合改进等阶段，各项任务顺利完成。完成赤峰、通辽、兴安地区23家代管农电企业产权无偿划转工作，取得国务院国资委和国家电网公司的批复，35家农电企业全部成为全资子公司，农电管理关系全面理顺。规范机构名称，完成营业执照变更工作。深化预算集约管理，强化资金集中运作，实施会计集中核算。物资集中采购比例100%，设计、施工、监理等非物资全部纳入电子商务平台采购，库存物资实现"零积压"。蒙东调度技术支持系统基本建成，95598五项业务顺利移交国家电网公司集中运营，完成两级运营监测（控）中心建设。各层级计量机构顺利通过自治区检定授权复核。

安全生产 扎实开展安全管理提升活动、本质安全建设，开展春秋两季安全大检查及"回头看"活动，强化安全风险管理，落实各级安全主体责任，防范和遏制各类安全事故。实现国家电网、省、盟（市）公司应急指挥中心三级互联互通，提高应急指挥能力。组织开展兴安地区大面积停电应急演练和应急救援基干队员集中培训，提升突发事件应急处置能力。在国家电网公司2013年应急技能竞赛中荣获团体三等奖。面对呼伦贝尔地区重大洪涝灾害、科尔沁右翼中旗地震等突发灾情、险情，全力抢修恢复电力供应，确保了蒙东电网安全稳定运行，得到自治区主席巴特尔等领导的充分肯定。

科学安排电网运行方式，保障电力安全可靠供应，圆满完成全国"两会"、十八届三中全会等重要时期保电任务。开展全过程技术监督和状态检修，配电网状态检修通过国家电网公司验收。35kV及以上变电站全部实现无人值守。开展配电设备抽检、优质服务质量专项督查，提高各环节质量管控意识。有序推进电能质量在线监测系统建设，实现电网频率、电压等指标在线监测。

营销工作 营销体制机制建设取得新成效。全面整合“一部三中心”和城区供电分公司营销业务，实现了营销组织架构扁平化。建立营销“一口对外”协同服务机制，启动计量中心小型基建建设，节能服务公司通过国家级备案。营销精益化管理水平稳步提升。努力实现增供扩销，积极开展电能替代工作，开拓节能服务市场。开展电价专项检查，规范电价执行。建成一体化缴费接入管理平台，实现缴费系统全面整合。推行电费分次划拨、购电制，高风险客户实行“一户一策”回收策略，电费回收实现双结零。推行按线按台区承包考核，开展高损线路台区和反窃电专项治理。

农电工作 农网工程、农电安全生产、科技、调控、信息通信等全面实施专业化管理，农电管理与供电管理实现全面接轨。农网改造升级工程扎实推进，2013年农网改造升级工程投资计划完成18.2亿元，新建扩建变电站72座，新建改造10kV及以上线路4575km、安装更新配电变压器3597台，治理低电压用户12万户，安装应用智能电能表42万只，累计实现111万户用电信息自动采集。满洲里智能电网试点项目投入运行。为分散居住的农牧民安装较大功率的“风光互补”发电装置，解决2361户10 577人偏远地区无电人口的用电难题。10月，蒙东地区无电地区电力建设通过国家能源局验收，蒙东电力实现供电区域内“户户通电”目标，比国家发展改革委、国家电网公司要求分别提前2年和1年。2010～2012年度农网改造升级工程通过自治区发展改革委整体验收。

科技与信息化 信息通信系统运行稳定，设备运行率及业务保障率均100%；未发生信息通信安全事件，未发生环保事件。完成科技、信息、通信、智能电网项目114项，项目计划完成率100%。申请专利27项，获得国家电网公司科技成果特别奖1项、二等奖2项。110kV及以上变电站光纤覆盖率达到100%，主要营业网点信息网络覆盖率100%，110kV及以上电网建设项目环评率100%。开展企业资源规划系统（ERP）及管控系统集中部署、云终端、满洲里综合建设项目等试点工程建设。完成国家电网公司大容量骨干通信网、数据通信骨干网、一体化电视电话会议系统、通信管理系统等重点项目建设，建成覆盖呼伦贝尔、兴安地区的10G骨干通信网。实现“七大五小”（“七大”指ERP、财务管控、企业门户、人资管控、生产管理、协同办公、营销系统，“五小”指安监、班组、政工、纪检、农电统计系统）系统县供电企业应用全覆盖，逐步消除数据重复录入，实现运监支撑系统数据全部自动接入，建成非结构化、统一视频、统一权限、海量平台、电网地理信息系统（GIS）等公共服务平台及一体化缴费平台，实现公司互联网统一出口。

优质服务 坚持“你用电、我用心”，深入开展供电服务提升工程和群众满意用电工程。全面整治电网规划建设、电网运行维护、供电服务行为、乡镇供电所管理、专业协同联动、服务队伍建设、监督考核机制等方面突出问题。基本建成城市“10min交费圈”和农村“电费村村设点”，推广应用银行代扣代缴、电费充值卡、手机、网上银行等27种缴费方式，制作电子交费地图和百度交费地图，方便客户交纳电费。推行客户欠费先行复电服务，满足客户紧急用电需求。健全业扩报装“一口对外”协同服务机制，简化手续，优化流程。开辟保障性住房等民生工程“绿色通道”，实现业扩报装“提质提速”。针对客户服务诉求新特点、新变化，实施“6＋6”创新举措（构建六个服务平台、开展六项营销创新服务），构建“渠道多样化、覆盖普遍化、响应实时化、内容丰富化”的现代化互动服务体系，为客户提供灵活定制、多种选择、高效便捷的服务。在地方组织的行风民主评议中，4个盟（市）供电公司有2个荣获第一名，2个为免评单位。

党的建设和精神文明建设 学习贯彻党的十八大和十八届三中全会精神，严格落实中央八项规定及国家电网公司30条实施细则，整顿文风会风，改进调查研究，全面打造“两好两高”（团结协作好、服务基层好、工作效率高、质量标准高）本部。组织开展纪念建党92周年系列活动。规范公司本部及驻呼直属单位党组织设置，印发党建工作制度11项。扎实开展群众路线教育实践活动准备工作。

蒙东公司党员服务队受到自治区社会各界赞誉。出台蒙东公司共产党员服务队建设意见，成立105支共产党员服务队，授予4支服务队“国网蒙东电力共产党员服务队示范点”称号。十八届三中全会期间，以展现蒙东电力共产党员服务队事迹的MTV作品《旗帜》在内蒙古电视台全频道播出31次；赤峰哈拉道口服务队事迹在中央电视台四套播出，并获“2013年度国家电网公司优秀共产党员服务队”称号 。

企业文化、感性传播取得突破。举办“最美蒙东·放歌草原”原创歌曲大赛，制作MV结集出版原创歌曲专辑《风光》。组织参加自治区举办的“劳动托起中国梦”演讲比赛并荣获特等奖。出版系列丛书展示公司发展成就。积极参与社会公益活动，组织开展“凝聚国网情·助力求学梦”等捐资助学、助贫活动。2月26日，蒙东公司通过内蒙古自治区政府新闻发布平台，率先向社会公开发布《国网内蒙古东部电力有限公司2012年社会责任实践报告》。

9月3日，新华网·国网蒙东电力网正式上线运行。2013年，蒙东公司先后被授予“内蒙古自治区诚信企业”、“内蒙古自治区杰出贡献单位”、内蒙古自治区“五一”劳动奖状等荣誉称号。

（崔文亮）

【国电东北电力有限公司】

企业概况 国电东北电力有限公司（简称国电东北公司）是中国国电集团公司于2006年12月18日在国电东北分公司管理基础上组建的首家区域性全资子公司。主要从事电源、热源、煤炭、水资源的开发、建设、经营和管理，组织电力（热力）生产销售、设备检修、科技开发以及投资等相关业务。截至2013年末，公司下辖20家所属单位，员工总数12 246人，可控装机容量874.30MW，产业涵盖火电、风电、水务、热力、煤炭等领域，发展遍布辽吉黑三省和内蒙古自治区。

2013年，国电东北公司认真贯彻集团公司年初工作会议要求和各项决策部署，按照“转折年”工作安排，积极应对经营发展面临的诸多困难，抢抓煤炭市场回落的有利机遇，全力增供扩销，降本增效，圆满完成了各项任务。全年发电量完成316.40亿kWh，同比增长3.06%；供热量完成5126.61万GJ，同比增长8.94%；供电标准煤耗完成323.26g/kWh，同比降低5.07g/kWh；入炉综合标准煤单价完成583.05元/t，同比降低58.83元/t；新增装机61.75万kW；热网供热面积突破9600万m^2，实供面积8115万m^2；完成污水处理量41 711万t；完成煤炭产量1358万t，销量1466万t；主营业务收入完成143.29亿元，同比增加2.05亿元，超额完成国电集团公司下达的考核利润目标，安全生产形势总体平稳，员工队伍保持稳定。

安全生产 认真落实安全生产责任制，强化过程监督和考核，开展隐患排查、应急预案演练、备案和专项治理活动，排查安全隐患794项，严控各类事故。公司系统连续安全生产1350天，实现“七不发生”目标。指标管理不断优化。深入开展节能评价、经济性能诊断和对标分析，落实提效整改措施，供电煤耗同比降低5.07g/kWh。江南公司两台机组经济指标在国电集团排名前列，分别获得中电联全国火电机组能效对标及300MW级湿冷供热机组竞赛一等奖和二等奖。设备管理更加精细。强化综合治理和非停、非降考核，新机设备健康水平和经济指标得到显著提高，非停非降大幅降低，少影响电量25 153万kWh。严格机组检修管控和修后评价，消除了长春一热1、2号机推力瓦温度高、高压转子弯曲等重大隐患。供热安全得到保证。完成了吉热11号机组综合节能升级改造，供热期发电煤耗下降100g/kWh，增加供热能力200万m^2。开展供热安全隐患排查治理，加强供热管网、设备检修维护和改造，全面消除供热安全隐患，避免了停、限热事件的发生。

经营管理 市场营销取得成效。拓展增供扩销渠道，全面落实发电权争取工作，龙华公司高于容量比1.24个百分点；康平公司排在同类型机组前列。内部发电权置换优化15.79亿kWh，增效152 76万元。争取大用户直售电5.04亿kWh，取得效益4044万元。双鸭山关停机组补偿电量18亿kWh。积极开拓热力市场，供热面积同比增加1454万m^2。获得了供热补贴。煤电互保战略得到充分落实。坚决执行集团公司煤电互保战略部署，全年消纳自有煤炭815万t，同比增加134%。锡林河公司完成煤炭销量1466万t，消化原有潜亏后实现利润。燃料精细化管理效果明显。实施燃料总费用预控，加强燃料采购监管和指标监控，厂内费用同比压降2.1元/t，节约了燃料成本。累计掺烧经济煤种427万t，褐煤燃用比例同比增加8%以上。康平公司作为集团公司燃料智能化和信息化建设试点单位，基本实现了入厂煤炭验收智能化。财务管控能力不断增强。积极开展贷款置换、跨省银团贷款、发行私募债等工作，全年置换高息贷款，提前还贷本金，降低了财务费用。争取各类税费减免。完成沈阳华发娱乐项目及双鸭山3、4号机组报废资产的交易所挂牌工作。强化投融资管控，防范各类风险。

企业转型 项目发展更加理性。坚持效益优先原则，深度梳理投资项目，保留了8个项目，暂缓了14个项目，主动放弃52个项目。电源结构和布局持续优化。成功收购了彰东5个风电场（24.75万kW），新能源装机同比增加2.8%。双辽井岗风电取得电网接入许可，完成风机吊装；龙虎山水电正在开展移民征地和效益论证；朝阳喀左光伏项目获得辽宁省发改委核准；鞍山热电项目已向国家能源局申请“路条”；吉热“上大压小”已取得除环评外核准所需支持性文件。相关产业稳步发展。沈阳西部25万t/日污水处理项目已开工建设；贺斯格乌拉煤矿1500万t/年项目可行性研究报告通过集团公司内审、完成修编；黑河煤电项目勘探设计通过集团公司内审，目前煤田勘探工作已开始。积极淘汰落后产能。按期关停了长春一热、龙井、吉热11台共计37万kW机组。

管理提升 全面完成整改提升工作。严格按照集团公司“四定四落实”原则，对各单位整改提升方案所列项目和措施落实情况进行跟踪督导，公司各部门、直属各单位共计完成基础管理整改措施497项，完成专项管理整改措施550项。组织修订完善管理制度。截至2013年12月末，公司各部门新建和修订规章制度72项，所属各单位新建和修订规章制度684项。抓好典型管理选树推广。各单位共申报典型管理项目56项，经过推荐遴选，确定康平公司燃料管理、哈尔滨公司基建财务管理、双鸭山公司生产成本管理、双辽公司运行管理和吉热厂综合管理5项典型管理作为公司第一批重点推广项目，通过召开公司系统典型管理推进会进行推广宣传。深入开展管理诊断下基层工作。以康平公司作为管理诊断对象，确定创建安全信息化工作平台、设备利用小时数对标、燃料智能化建设和人力资源优化配置四个管理诊断方向，制订长期性整改措施，撰写完成管理诊断报告。扎实做好“转段”工作。全方位、多角度对第二阶段工作情况进行分析、总结和自评价，科学制订第三阶段实施方案，并组织落实开展。

工程建设 基建项目进展顺利。哈平南1号机组高质量完成168h试运，移交生产；吉林江南等5个已投产项目专项验收取得突破，结算报告已上报集团公司审查。在集团基建项目全年三次大检查中，哈平南项目均获得总分第一名。

科技环保 环保责任有效落实。在建项目严格按照环评批复文件和新标进行设计施工，为专项验收奠定了良好基础。开展环保隐患排查治理，杜绝了环境污染和造成不良社会影响环保事件的发生。环保改造稳步推进。对照环保新规要求，统筹实施“十二五”环保改造治理项目，完成了双鸭山、双辽、吉热、康平等4个企业8台次机组脱硫、脱硝改造任务。减排水平明显提升。加强在运环保设施维护、监测，实现达标排放，同比减排二氧化硫1.08万t，氮氧化物0.68万t，烟尘1.98万t。江南公司获得中电联“中国美丽电厂”称号。环保整改取得突破。落实集团公司火电工程环保专项验收要求，吉林江南、长一热、沈西等新投产机组环保验收进展顺利，白城、延吉项目完成环评专项验收。

党的建设与精神文明建设 作风建设切实改进。紧密联系群众路线教育实践活动有关要求，落实中央八项规定和集团公司党组《关于改进工作作风的具体措施》，公司业务招待费等“三公”经费同比大幅压降。创先争优活动不断深化。紧紧围绕企业中心任务，开展党员示范工程、献礼活动等，总结提炼创先争优实践经验，形成党建特色品牌23项。基层组织建设成效显著。完善党建目标管理考评机制，深化基层组织建设年“回头看”工作，落实整改措施，解决实际问题118项，对248名基层党务人员进行了系统培训。成立辽宁省企业直属党委，康平公司等3家基层单位完成党委换届和党委成员增补工作。反腐倡廉工作深入推进。加强领导人员及燃料、工程、财务等关键部门和岗位人员的廉政教育和监管，丰富监督审计手段，针对“三重一大”等内控制度执行情况提出监察建议47条，避免经济损失887.36万元。深化企业文化建设，畅通民主管理渠道，紧扣扭亏增效中心工作开展主题建功活动。积极落实惠民举措，完善信访维稳机制，保持了公司和谐稳定的良好局面，公司获得“全国模范职工之家”的荣誉称号。

主要事件

1月11日，锡林河煤化工有限责任公司召开了2013年第一次股东会暨四届一次董事会。

3月19～21日，中国国电集团公司副总经理、党组成员谢长军赴东北区域调研。

4月10日，“彰东风电场五家公司股权转让交割仪式”在辽宁彰武举行。国电东北新能源公司此次收购的彰东风电场5个已投产风电项目分别为中国风电集团有限公司下属的阜新千佛山风力发电有限公司、阜新聚合风力发电有限公司、阜新巨龙湖风力发电有限公司、阜新聚缘风力发电有限公司四家公司各60%股份，阜新华顺风力发电有限公司50%股份及上海申华风电新能源有限公司1%股份，总容量为24.75万kW。

6月4日，国家环保部东北督查中心一行2人赴国电沈阳热电有限公司和东北环保集团检查指导工作。

6月19日，中共国电辽宁省企业直属委员会第一次代表大会在沈阳召开。辽宁省国资委副主任郭澍应邀出席会议并做重要讲话。会议审议通过了代表资格审查报告、选举办法，以无记名投票方式，差额选举产生第一届党委委员和纪委委员。

8月13日，国务院派驻中国国电集团公司监事会赴东北区域开展监督检查工作。检查范围涵盖公司机关本部及辽吉黑三省12家直属企业，重点检查企业生产经营情况，特别是2009年以来投资政策执行情况。

8月14～15日，中国国电集团公司董事、总经理、党组成员陈飞虎率调研组赴国电东北公司开展群众路线实践活动调研。调研组宣贯了集团公司开展教育实践活动的总体要求和重点任务，传达了集团公司年中工作会议精神，听取了东北公司和沈阳热电公司的工作汇报，同干部职工就作风建设、经营发展等问题进行了座谈交流。

8月20日，内蒙古自治区副主席王波赴锡林河公司调研指导工作。

10月10日，中国国电集团公司董事、总经理、党组成员陈飞虎赴黑龙江分公司调研。在哈尔滨期间，陈飞虎出席了2013中国黑龙江—俄罗斯远东区域合作暨大型企业项目洽谈会，与央企负责人集体会见了黑龙江省省委书记王宪魁、省长陆昊。

11月12～14日，中国国电集团公司总工程师张宗富赴东北公司调研新投产及在建火电工程环保专项验收情况。

12月2日，东北公司以“提高发展质量和效益，扎实做好‘五篇文章’”为主题，召开2013年度党员领导人员专题民主生活会。

12月5～6日，中国国电集团公司副总经理、党组成员米树华赴公司重点供热企业调研。

12月27日17时39分，哈尔滨热电公司1号机组圆满通过168h试运。

（王德利）

华 东 地 区

【国家能源局华东监管局】

基本情况 经中央编办批准，国家能源局华东监管局（简称华东能源监管局）于2013年12月5日正式挂牌成立，由原国家电监会派出机构转变成国家能源局派出机构，直接负责上海、安徽的能源监管各项工作。

华东能源监管局内设综合处、市场监管处、行业监管处、电力安全监管处、资质管理处、稽查处、监察室（机关党委）和安徽业务办8个职能处室。

领导班子：局党组书记、局长丘智健；局党组成员、副局长何昌群；局党组成员、副局长兼安徽业务办主任徐文强；局党组成员、副局长杨梦云。

主要工作

（1）坚持市场化改革方向，围绕电力交易中心建设，电力市场化改革探索深化、规模扩大。

1）深入研究并提出独立电力交易中心建设方案，为推动电力市场化改革建言献策。根据国家能源发展“十二五”规划确立的电力市场化改革路径，在总结华东电力市场建设实践经验教训的基础上，提出了一套完整的独立电力交易中心建设方案，起草了独立电力交易中心组建方案、交易中心资金结算管理办法、电能交易基本规则、电力交易流程等配套文件，全面设计了电力交易中心的机构性质、组织形式、运营模式、机构职能和主要功能，并对交易中心独立后的交易规则、电能交易流程和结算流程进行了顶层规划，为进一步推进电力体制改革提供决策参考。

2）不断推进华东区域交易平台的运作，跨省集中竞价交易电量不断扩大，交易品种不断丰富，为全面推进电力市场化改革积累经验、创造条件。组织开展了月度跨省集中交易8次，成交电量23.54亿kWh，同比增长174.68%。特别是在2013年迎峰度夏期间，面对多年不遇的极端高温天气，华东交易平台多次组织临时交易，充分挖掘了华东省市间电力调剂余缺的潜力，体现了配置资源的基础性作用，最大限度地满足了人民群众的用电需求。

（2）不断探索能源监管方法，建立专项监管闭环管理机制。

1）在完善事故应急响应机制的基础上，强化了后续整改督办跟踪机制，实现了安全监管闭环管理。上海“6·5”停电、安徽凤阳“6·18”停电等多个事件发生后，能做到第一时间赶赴现场，快速组织故障隔离和恢复送电工作，及时开展调查分析。在此基础上，深入剖析事件发生的原因，约谈企业负责人，加强后续督办工作，以点带面，全面推动电网安全水平的有效提升。针对“6·5”事件暴露出的500kV三林—静安输电系统高抗建设滞后、局部配电网存在“串供”和“假双回”等问题，结合“上海配电网专题调研”中发现的薄弱环节，及时向上海市政府提交了《关于上海电网“6·5”停电事件调查分析情况及相关工作建议的报告》，约谈了上海市电力公司领导班子，有力推动了500kV三林—静安输电系统高抗建设及85座串供变电站（110kV 28座，35kV 57座）、200多个单电源的10kV变电站和一批老旧变电站的升级改造工作。通过对安徽凤阳“6·18”停电事件的督查督办，推动安徽省电力公司在全省范围内制订实施事故预想、特殊运行方式调整、现场操作监控等9项治理管控措施。

2）在强化事后监管的同时，关口前移，建立了过程性监管工作机制。对部分处于报装接电过程中的用户受电工程项目开展了全过程监管，主动做好监管服务工作。从用户咨询用电申请开始至报装接电结束，通过全程跟踪相关业务办理和服务情况，及时发现和协调解决供电企业在用电业务办理过程中的问题，并督促相关供电企业举一反三、落实整改措施，提高了监管效能。

在全国范围内率先建立了“用户工程”与“资质业务”一体化监管的模式，通过在统一电子平台上增加用户工程招投标信息发布、受电工程进展情况查询、资质查验、工程实施情况监控等功能，有效整合了监管信息，为实现过程性监管创造了便利条件，并在全国范围推广。

3）组织学习能源领域专业知识，积极探索能源监管方法。在全局范围内组织开展了能源监管知识专题讲座，每期围绕一个主题确定一位主讲人，全方位交流能源监管相关知识，探讨派出机构在能源监管工作中应当承担的角色和应该发挥的作用。共举办了12讲，内容覆盖了整个能源领域，充分挖掘了干部职工的学习潜力，激发学习的主动性和积极性，实现了全局整体提升。

结合上海在全国能源发展中的定位，联合上海电力学院开展了“华东区域电力能源发展战略研究”等三个重大研究课题，重点从电力与经济的关系、电力需求与环境承载能力的关系、安全性和经济性的关系等方面，开展战略性和方向性的研究，为能源监督管理工作提供了重要理论依据和支撑。

学习型机关建设成果得到了上海市的充分肯定，被评为上海市级机关“优秀学习型组织”。

(3) 坚持点面结合，突出监管重点，专项监管工作取得突破、体现特色。

1) 开展并网电厂电力二次系统安全重点监管，整合全行业技术力量开展隐患排查，推动老旧设备的改造升级。先后调集了电力调度机构、电科院等专业技术力量，对上海15家主力发电厂的继电保护、安全自动装置等电力二次系统进行了集中检查，对11大类130项工作进行了全面诊断，共排查问题124项，督查电力企业落实了超过2100多万元资金开展系统改造升级。

2) 开展电网安全风险管控重点监管，总结提炼工作成果，为风险管控相关制度建设夯实基础。组织辖区电力企业开展电网安全风险排查，累计排查出电网安全风险105项（安徽93项、上海12项）并逐一提出了管控措施。督促指导电网企业做好日常运行风险管控，明确专人负责风险的建档、分析和监视，对电网企业报告的32项电网运行风险及防控措施落实情况逐一进行了跟踪监视。在此基础上，认真总结风险管控经验，会同华东电网有限公司等单位共同完成了国家能源局交办的“电网安全风险管控机制研究”课题任务，提出了包括风险识别、风险分级、风险监视、风险控制四个环节在内的风险管控机制，顺利通过了国家能源局安全监管司组织的项目验收，为风险管控暂行办法的出台提供了基础支撑。

3) 开展节能减排监管工作，建立节能减排长效机制。在《上海电网节能发电调度工作实施方案》中，增加了按照污染物排放因素的权重，提高高效环保机组的发电比重；建立电力节能减排信息报送和披露制度，不断探索电力节能减排监管方式方法；建立了电厂烟气污染排放专项监管制度，重点对厂用电率、供电煤耗、脱硫脱硝设施投运率等指标完成情况进行监管，督促电力企业进一步提高节能减排水平。

(4) 坚持寓服务于监管，着力转变工作作风，“转职能、改作风”措施具体、成效显著。

1) 以电子业务许可政务系统为依托，着力打造行政许可“一站式”服务，实现了阳光许可和政务公开，为申请人提供高效、便捷、规范的服务。所有的许可准入工作实现网上申请及受理，网上公开行政许可的条件、时限、流程和结果。一次性告知行政许可条件，并通过系统逐一对许可条件实行强制检验。记录并公开各环节的受理人员、受理时间和审核意见。通过提供“一站式”服务，有效防范了人为因素的作用，达到了用系统管人、管事的效果，使许可行为运行在阳光下、运行在社会监督中，大大提高了许可的透明度和服务效率，得到了广大申请人的普遍肯定。通过编制发放《资质业务百问百答手册》、建立许可及时服务QQ群、建立“许可和市场服务”网站等方式，不断丰富服务手段，提升服务水平。200家电力施工企业加入了QQ群并大部分每天在线，1200名电工通过电工服务网站求职成功并及时变更了注册单位。

2) 以开展专题调研为抓手，深入了解电力工业发展现状，通过强化调研成果的应用，促进监管服务质量和水平的有效提升。开展了为期半年的上海、安徽分布式光伏发电现状的调研，了解掌握了产业发展中存在的瓶颈问题，形成了《关于促进安徽省光伏发电发展有关建议的报告》，从完善产业布局规划、研究制定财政补贴和税收优惠等扶持政策、制定完善光伏发电相关管理规定和技术标准、加强舆论宣传等四个方面提出相关建议，为解决安徽省光伏发电发展遇到的补贴政策不足、并网存在瓶颈等问题建言献策。

深入开展了上海燃气分布式电源发展现状的调研，从并网和电量消纳、价格机制、政策法规等三个方面分析了发展中存在的问题，提出了价格机制、体制建设、监督管理三方面的意见建议，形成的“华东电监局开展上海市燃气分布式能源发展瓶颈问题专题调研”被国家能源局《能源工作》采录。

3) 转变政府职能，扶植行业协会，推进行业自律，不断提高电力施工企业的素质，规范电力工程市场行为。响应国家转变政府职能的号召，成立了没有任何经济利益关系的上海市承装（修、试）电力设施行业协会，致力于强化行业自律，加强行业人才的培养和行业行为的规范，为会员单位提供资质延续服务。

取得了上海市人力资源与社会保障局行业职业技术鉴定的授权，并促成上海市政府新增“输配电工程”专业中级职称评定，解决了会员单位呼声最强烈的电力施工企业技术人才少、职称培训和评定渠道不畅的问题。

督促行业协会先后就民营施工企业平等进入电力工程市场、劳务分包和分公司资质管理、上海电力工程企业专业人才情况、电力施工企业经营状况及市场环境等进行了专项调研。

(5) 深入开展群众路线教育实践活动，落实“八项规定”初见成效。

1) 对照“八项规定”要求，改进文风、会风，提高监管效率。一是集中梳理了全年的调研、检查、会议、课题和监管报告，在有效归并的基础上确定年度工作计划，装订成册，人手一本，全年遵照执行，每月通报考核。集中召开了上海、安徽两地的电力监管工作会议，将原来的市场监管会议、安全监管会议和供电监管会议合并，会议时间压缩到1.5h，规模压缩到100人左右，减少会议4次，减少会议支出6万元。二是建立了公文短信传输机制，通过发挥短信平台作用，传递文件信息，减少文件转发，防止了文件转发中的形式主义，提高了监管效率。三是精简了简报种类，全局只保留《华东电力监管信息》一份简报。同时，提高了对简报的内容、篇幅和质量的要求，按照国家能源局的要求加大对监管工作的总结，已有5篇文章被国家能源局《能源工作》录用。

2) 及时响应群众呼声，敢于直面矛盾和问题，着力解决社会反响强烈的问题，发挥监管作用。对群众反映较多的地下变电站和箱式变电站“一刀切”问题、非居民用户受电工程定额收费问题进行了专题研究，提出了明确的监管处理意见，并及时向电力企业进行了沟通与反馈，既有效避免电力企业的政策风险，又维护了广大电力用户的利益。

针对安徽省农村电网薄弱的问题，开展了农网建设改造情况专题调研，摸清现状，分析存在的主要困难和症结，提出针对性的意见和建议，促成政府有关部门出台相关政策，从根本上解决长期困扰企业发展的难题。

3) 着力于为群众办实事，切实维护人民群众的切身利益。成功协调处理了安徽省首例家庭分布式光伏发电项目纠纷，实现了该项目顺利并网发电并保障全额收购，在保障了群众利益的同时，将国家支持分布式光伏能源项目发展的政策要求落实到实处。经多次协调磋商，帮助上海某居民用户解决了因住宅拆迁周边电力通道被拆除造成的长期无法用电的难题，为此用户送来“为民解忧，匡扶正义”锦旗表示感谢。

进一步减少了案件转办、督办，提高了直接办理比例，提高了办案效率和质量。通过12398投诉举报电话，共接到上海、安徽有效投诉举报信息1895件，受理633件，受理数同比增长60%，查证属实396件，直接办理105件，按时办结率和回访率均达到100%。

【国家能源局江苏监管办公室】

基本情况 国家能源局江苏监管办公室（简称江苏能源监管办）是国家能源局在江苏省设立的派出机构，依据国家能源局的授权，履行江苏省能源监管和行政执法职责。2013年10月单位名称由“国家电力监管委员会江苏省电力监管专员办公室”变更为“国家能源局江苏监管办公室”。下设综合处、市场监管处、行业监管处、电力安全监管处、稽查处和资质管理处等6个处室，时任专员为顾瑜芳、专员助理为郑逸萌。

主要工作

(1) 电力安全监管。有序推进电力安全监管专项行动，开展电网安全风险管控专项行动，防范电力人身伤亡事故专项行动，燃气发电机组运行安全专项行动和工控系统信息安全专项行动，针对发现的主要问题进行分析研究，严格落实整改。圆满完成亚青会安全保电任务，出台《南京亚青会电力安全保障工作方案》，成立电力安全保障工作协调领导小组，会同省有关部门开展联合检查，督促电力企业做好重要电力设施更新改造和隐患排查治理，确保设备健康和主网运行稳定。进一步提升电力应急管理水平，加强应急预案管理，创新应急演练方法，开展全省电力企业应急资源普查，加强电力应急物资储备、应急救援队伍以及电力应急指挥体系建设。

(2) 市场建设与市场秩序监管。继续推进电力直接交易试点工作，对部分大用户进行调研，了解企业的生产经营情况以及对直购电工作的意见建议。修订《江苏省电力用户与发电企业直接交易试点暂行办法》和《江苏省电力用户与发电企业直接交易扩大试点工作方案》，并向省政府领导汇报，为进一步扩大试点做了准备。积极推进送出工程回购处置工作，召开电源项目自建送出工程资产处置协调会，深入基层发电企业开展实地调研，并约谈江苏省电力公司负责人，提出监管要求。加强价格财务监管，开展燃机经营情况调研和电网企业输配电成本调研，出台加强发电企业财务监管八项规定，加强电力企业财务经营情况分析，及时向省政府报告电力企业经营情况，提出工作建议。

(3) 节能减排监管。加强燃煤电厂除尘监管，在全国率先开展除尘设备在线监测系统建设，要求新建、扩建的燃煤发电机组必须配置并运行烟气除尘设施，所有已完成除尘设施改造的燃煤机组应在2014年4月1日前接入江苏能源监管办“燃煤机组除尘实时在线监控系统”。做好发电企业脱硫脱硝核查工作，对部分电厂进行飞行检查，对新建机组和完成脱硝改造机组进行在线监控系统验收。积极开展节能调度，与省经信委联合下发《2013年度江苏电网节能发电调度工作指导意见》，通过替代发电，降低能耗，节约煤炭，减少污染物排放。

(4) 电力市场准入监管。规范市场准入监管，认真落实市场退出制度，促进市场有序竞争。进一步优化审查流程，开通电力业务许可“办证之窗”网上咨询服务平台，实行申报材料“首接负责制”，提高办事效率，促进许可事项审查效率和行政管理能力双提升。主动加强对电力业务许可申报企业业务辅导，举办资质管理培训班，专题讲解资质申报有关事项，受到企业的广泛好评。进一步明确跨区作业有关要求，严厉打击挂靠、转借许可证行为，全年共完成64项跨区作业备案。加大电工持证上岗监管力度，明确工作要求，并会同供电企业联合开展多种形式的用电及安全检查。创新电工培训管理模式，开发建设了江苏省进网作业电工培训网，丰富电工继续教育方式方法，实现电工教培便捷性、教考标准统一性、学习方式灵活性和教育形式的科学性。

（5）电力消费者权益维护。畅通投诉举报渠道，督促供电企业加强12398投诉举报热线宣传和普及工作，全面更新网站12398栏目主页，实现网上咨询、投诉、举报功能，切实做到为民、便民、利民。完善稽查与营销联动机制，召开稽查联动工作季度例会，加强信息沟通，促进投诉举报问题的及时、有效解决。全年共受理有效信息1491件，投诉107件，举报5件，处理答复满意率100%。严格行政执法，分别对一家出借资质的和一家超越资质施工的企业进行行政处罚，有效规范承装修试企业行为，维护市场的公平公正。不断完善诫勉约谈机制，先后对12家企业的负责人进行监管约谈，有效防止问题的发生和扩大。

【国家能源局浙江监管办公室】

基本情况 国家能源局浙江监管办公室（简称浙江能源监管办）是国家能源局的派出机构。2013年，国家能源局和国家电力监管委员会重组成立新的国家能源局，并于当年11月根据中编办有关批复文件重新组建派出机构。浙江能源监管办主要职责是：监管电力市场运行，规范电力市场秩序；监管电网和油气管网设施的公平开放；监管电力调度交易，监督电力普遍服务政策的实施；负责电力等能源行政执法工作，依法查处有关违法违规行为，监督检查有关电价；负责除核安全外的电力运行安全、电力建设工程施工安全、工程质量安全的监督管理以及电力应急和可靠性管理，依法组织或参与电力事故调查处理；负责组织实施电力业务许可以及依法设定的其他行政许可，组织开展电力业务许可持续性监管以及相应的市场准入监管；负责法律法规授权以及国家能源局下达或交办的有关事项监管。

领导班子：党组成员、副专员周志明（主持工作）；党组成员、综合处处长郭昌林；行业监管处处长倪孟平；电力安全监管处处长黄瑞意；稽查处处长应华泉；市场监管处副处长赤旭；资质管理处副处长金华征。

内设综合处、市场监管处、行业监管处、电力安全监管处、资质管理处和稽查处。

主要工作

（1）电力安全监管。始终把安全生产监管放在头等重要的位置来抓，在进一步加强安全生产法规宣传教育和培训，督促企业建立健全安全生产规章制度，完善应急救援体系的基础上，重点在“抓安全生产大检查、抓安全隐患大排查、抓专项行动”等方面下功夫。一是对有代表性的十多家供电企业、发电企业和电力建设工程项目进行了暗访和突击性大检查。二是继续加大了安全隐患综合排查治理力度，对典型隐患排查治理情况开展了分析和技术交流，并将隐患排查治理与安全大检查、专项检查、标准化达标、并网安全性评价、技术监督、电网运行方式分析等相结合，确保隐患排查“全覆盖”。三是组织开展了电网安全风险管控专项行动，对电网企业55项电网运行风险进行了分析，对有关预控措施进行了讨论，梳理排查了影响系统安全的突出问题，制定了落实整改措施，全年没有发生大面积停电事故和电力设施安全事故。四是进一步强化电力建设施工安全生产监管，开展“打非治违”专项行动，有效预防了工程建设领域的坍塌事故和重大人身伤亡事故。五是面对低温雨雪冰冻灾害和台风等恶劣天气的影响，及时启动应急预案，到岗到位应急响应，加强安全应急值守，及时报送灾情信息，确保了安全生产应急指挥工作顺畅有序。特别是在抗击“菲特”台风灾害的过程中，有关人员深入抗灾一线了解灾情，积极协调和指导温州、宁波余姚等地电力和天然气企业抗灾抢险，慰问抢险职工，有力地支持了抗台抢险，保障了电力等能源安全。

（2）市场监管。紧密结合监管工作实际，加强了有关突出问题的调查研究。一是继续开展电力供需形势的分析研究，积极为地方政府保障电力供应，为电力企业健康发展建言献策，提出了不少有价值的意见和建议。二是多次组织人员深入光伏企业、供电企业、电力用户以及地方政府有关部门调查了解太阳能光伏发电存在的问题，提出了取消小型光伏发电项目并网审批、简化流程，规范设计等方面的意见和建议。对促进光伏产业发展提出了大力推行居民家庭光伏发电，实行电价补贴、改进电费结算办法，鼓励民间资本投资光伏发电项目等意见和建议。三是深入天然气热电联产抢建项目现场调查了解情况，积极向地方政府和有关部门反映企业生产经营中的困难，并根据省政府建立省级电力综合调控机制的要求提出了若干建议。四是及时与电力调度交易机构研究“两个细则”考核中出现的问题，实事求是地对有关考核指标进行调整，及时解决企业反映的突出问题，调动了发电企业加强辅助服务的积极性。

（3）人民用电满意工程监管。深入实际、深入基层，加强调研，加强现场指导，加大民生用电满意工程有关政策落实情况的监管，进一步提升了居民用电服务质量监管专项行动的有关工作。一是深入温州瓯海区的6个小水电自供区了解居民用电情况，实地指导解决自供区供电能力、供电质量和供电服务等方面的难题，深得当地政府和企业好评。二是积极采取措施保障了迎峰度夏期间居民生活的安全可靠用电。面对持续高温干旱和电力供应不足的严峻形势，及时向省电力公司发出了监管建议书，对供电企业提出了强化有序用电工作、加大电网建设改造力度、加强95598电力服务热线管理和电力应急抢修服务、检查梳理配电网负载和电源等设备运行技术指标、消除供电瓶颈和低电压问题等要求，充分发挥12398热线服务功能，及时处理人民群众用电服务方面的投诉举报，确保了“百分百”不拉限居民生活用电，较好地保障了人民群众安全用电、满意用电的基本权益。三是对影响居民生活用电的小区电力配置等问题开展调研，起草了《居民住宅小区电力配置规范》并进行了多次讨论修改，对节约能源、实现资源优化配置，保障和提升居民用电服务质量进行了深入研究，对居民小区电力建设市场提出了规范要求。四是继续抓好供电企业信息公开和供电检查发现问题的整改落实，督促有关电力企业加强和改进供电薄弱环节，进一步提高了浙江省的供电保障能力和供电服务水平。

（4）市场准入监管。在继续抓好资质许可审查办证工作的基础上，不断提升监管工作质量和效率，进一步强化了许可后监管等有关工作。一是完善了资质许可证注销办理流程、承装（修、试）电力设施企业备案管理细则、承装（修、试）电力设施许可证资质对位工作机制等制度，进一步规范了市场准入和退出行为，对挂靠借用许可证等违规行为加大稽查力度，强化行政执法和行政处罚措施，保护了各市场主体的合法权益。二是结合实际研究起草了承装（修、试）电力设施许可证施工机具设备参考标准，提出了统一的施工机具设备的配置种类及技术规格要求，进一步规范了许可准入条件和行为。三是对电工进网作业许可管理系统、厂网许可与运行结算管理系统、承装（修、试）电力设施管理系统等信息系统进行了升级改造，提高了监管工作效率和信息化水平。四是在《浙江日报》等媒体公布资质许可情况，创建资质管理网上办事厅，公开许可审核标准和许可申请填报指南，全面实现许可在线办理和许可信息公开，进一步推动和完善了“网上审核、阳光许可”等监管工作。五是出台《浙江能源监管办资质管理办事厅服务规范》，加强和规范行政许可服务行为，提高工作人员服务意识、服务质量和服务水平，切实转变工作作风。

（5）节能减排监管。统筹协调各方力量，注重建立监管工作机制，进一步加强了电力行业节能减排监管工作。一是充分发挥全省电力行业节能减排领导小组的作用，强化企业自身节能减排的主体责任。定期召开企业联络员和专家小组会议通报节能减排情况，交流先进技术和经验，促进企业间相互学习、相互借鉴，有效推动了全省电力企业节能减排工作的深入开展。二是定期对浙江省电力行业的节能减排情况进行统计分析和通报，并提出监管意见和建议，得到省政府领导的充分肯定。三是积极抓好电力行业节能减排在线监测监管系统的开发建设。全省已有62台统调燃煤机组纳入在线监管系统进行实时监控，极大地提高了监管信息化水平和监管工作效率。四是积极开展火电企业减排设施改造的监管。对火电厂脱硫脱硝除尘等减排设施改造建设和运行过程中出现的问题进行分析，及时向省能源、环保等有关部门提出了政策建议。五是加大节能减排有关政策落实情况的监管。积极开展差别电价政策执行情况调查，推动发电力权替代交易，全年发电权交易电量达到120亿kWh，充分发挥了高效节能环保机组在节能减排中的积极作用。

（6）电力稽查。一是加强12398系统建设和热线宣传力度，建立了12398与95598衔接机制建设，完善了转接、转办和反馈、回访制度，更有力地维护了人民群众的合法权益。12398有效信息和投诉举报数量增长较快，1～10月份记录12398电力监管投诉举报19 970人次，其中有效信息741件、举报7件、投诉21件，举报和投诉案件均已受理。二是依法开展投诉举报处理和行政处罚工作，投诉举报事事有处理，件件有回音。三是开展了用户受电工程市场规范化建设的调研，对用户受电工程建设中存在的“三指定”问题进行了检查处理，遏制了“三指定”问题的反弹，维护了电力用户的合法权益。

【国家能源局福建监管办公室】

基本情况 国家能源局福建监管办公室（简称福建能源监管办）是国家能源局派驻福建、对能源行业实施统一的专业化监管的正局级管理机构。福建能源监管办的前身是国家电力监管委员会福建省电力监管专员办公室（简称福建电监办），根据国务院机构改革的要求和中央编办发〔2013〕130号文件精神，于2013年11月变更为现名。

机关设党组，党组书记一人，党组成员两人。党组书记和党组成员由国家能源局任免。内设6个处，即综合处、市场监管处、行业监管处、电力安全监管处、资质管理处、稽查处。

领导班子：党组书记、专员邱水录；党组成员、稽查处处长朱文毅。

主要工作

（1）安全监管。准确定位，与福建省安监局协调配合做好电力安全监管工作。强化电力安全监督管理，以防范人身事故、电网大面积停电事故、电厂垮坝事故、设备事故为工作重点，以安全标准化达标评级、反违章专项行动、隐患排查治理工作为抓手，突出做好电力安全监督管理。开展安全大检查，共组织41个督查组，332人次对82家电力企业进行了安全生产检查督查，发现问题398项，下发整改通知书64份，检查覆盖电网企业、发电企业和在建电力工程，从省级集团公司一直延伸到一线班组。开展《福建省电网大面积停电事故风险防范机制研究》，深化电网安全风险辨识与电网脆弱性评估。做好2013年四个台风正面袭击福建省的电力安全防御工作。

（2）市场监管。会同相关部门指导督促供电企业适时开展汛期或峰谷省间电力余缺调剂。2013年是送华东交易电量历年来电能外送最多的年份。做好电力企业电费结算监管工作，合同电量电费结算及时率100%。按季度组织召开省级厂网联席会议和火电企业经营分析会，提高厂网会议协商、议事、决策的功能。进一步规范机组并网调试、安评、发电证办理、商业运行确认等业务办理流程，做到公开、公正、高效。做好统调发电厂调试、并网考核及辅助服务调用监管。按规定将新投运核电机组纳入“两个细则”运行，将部分调试差额资金兑现辅助服务补偿费用。深化人民群众用电满意工程专项监管。落实2013年春节保居民用电监管工作，开展福建省居民用电满意度第三方调查和居民用户“两率”季度抽查，持续推进用户受电工程市场开放监管，协助解决民生用电问题。

（3）输供电监管。积极推动闽粤电网联网工程，并取得实质性进展。积极主动协调各方，组织实施福建省电力交易试点第二批方案，10家电力用户与5家发电企业形成11对交易，自9月份实施结算，成为全国参与市场主体最多的试点省份。加强按季度高质量开展电力运行形势分析、运行走势预测和重点监管工作建议，形成3期的形势分析报告，得到省政府领导的充分肯定。围绕省领导关注的、福建电力运行新出现的问题开展工作。根据福建首台核电机组和抽水蓄能电站已于2012年底并网的形势，分析福建电力系统运营面临的新问题并结合实际提出相关意见和建议，专报省政府；会同电网企业研究特高压投产后电力外送问题；参与协调解决省政府高度关注的重点行业、重点企业用电问题，向省政府提出相关对策建议；开展110kV及以下电网供电能力及电网抗御台风灾害能力专题调研，提出有关监管意见和建议；密切关注平潭综合实验区电网建设、运行与管理，平潭电网综合供电能力提升明显，220kV变电站比原计划提前一年建成投运。推动《福建省新建住宅小区供配电设施建设和运行维护监督管理办法》制订和完善。针对国家层面政监合一的能源管理体制新格局，研究如何落实好国家能源局下放权力的同时加强事中、事后监管，探索建立福建能源监管办与省发展改革委能源监督管理工作沟通协调机制。

（4）电力稽查。强化投诉举报受理和处理，全年12398热线共受理监管职责范围内的有效信息2485件，同比增长151.77%，其中投诉举报17件、有效咨询事项2468件，办理时限均符合规定要求，办结率99.96%。其中，对10起电力违法违规案件进行了调查核实，对存在问题的电力企业责令限期整改；对1家承装（修、试）电力企业实施撤销承装（修、试）二级许可证变更，并处罚金1万元的行政处罚；对1家电工培训单位处以撤销进网作业电工培训考试点资格的处罚，并在全省进网作业电工培训考试点范围内进行了通报；对6起电力纠纷，进行调解，使用户反映的问题和诉求得到较为圆满的解决。

（5）电力业务许可。发挥许可准入功效，开展接入县调发电企业持证情况排查和承装（修、试）企业安全生产大检查，落实省外承装（修、试）企业跨区作业报告和承装（修、试）企业非法人分支机构备案等规章制度，进一步优化电工进网作业、承装（修、试）电力设施许可政务平台，实现许可准入的网上申报受理、许可条件强制效验、实时预警提示、信息公开反馈等功能。全年共完成220家发电企业、16家承装（修、试）电力设施企业、16 075个进网作业电工新证培训、12 206人进网作业电工续期注册工作。

（6）节能减排监管。强化节能减排监管工作，电力节能减排成效明显。推进火电企业合同电量优化、发电权交易，实现替代电量34.2亿kWh，节约标煤43.0万t。督促制订、发布《福建电网燃煤机组备用管理及有序调停实施办法》，做好有序调停办法实施情况的评价工作，试行3个月全省燃煤机组的平均负荷率相对提升了11.05%，按平均煤耗水平测算，共节约10万t标准煤，减排二氧化碳26万t，二氧化硫2000t，氮氧化物740t。加强对水电风电光伏发电等可再生能源电力全额保障性收购监管，及时协调厂网相关问题，努力提高福建可再生能源发电消纳水平。开展燃煤机组烟气在线监测系统运行情况专项监管，对福建华电永安发电有限公司等5家燃煤电厂烟气污染排放情况进行现场调研督查。督促电网企业、电厂做好数据传送和监测系统维护，落实月度考核监测数据报备。

【国家电网公司华东分部】

分部概况 国家电网公司华东分部（简称国网华东分部）与华东电网有限公司实行两块牌子、一套机构和人员合署办公，承担总部赋予的区域内管理、协调、监督职能，确保国家电网公司重大决策部署在华东区域内的贯彻落实。内设综合管理处、财务处、安全监察质量处、审计处、党群工作处、离退休工作处、国家电网华东电力调控分中心、国家电网华东电力交易分中心8个处室，下属华东电网公司物业公司（上海海光房地产发展有限公司）1家二级机构。

电网概况 华东区域电网供电范围包括上海市和江苏、浙江、安徽、福建省，供电区域面积47.1万km^2。华东电网形成了以长三角都市群为中心的网格状受端电网格局，其中上海、苏南、浙北和皖南构成华东500kV主环网，苏北、皖北、浙东南沿海和福建成为华东四大电源基地，潮流走向整体呈现从苏北、安徽、浙东沿海、福建向长三角地区中心送电的格局。同时，通过±800kV向家坝—上海、锦屏—苏南特高压直流和林枫、宜华、龙政、葛南等4回±500kV超高压直流与华中电网相联。2013年，馈入华东电网的跨区直流共有6回，其中±800kV特高压2回、±500kV超高压4回，总受电能力超过2300万kW。9月，世界首条同塔双回1000kV特高压交流线路——皖电东送特高压交流输电工程正式建成投运，华东电网成为特高压交直流混合运行的特大型电网，并跻身于世界最大区域电网的行列。

截至2013年底，华东电网统调500kV线路共434条25 695.1km，500kV厂站共176座，其中变电站116座、开关站4座、电厂56座，500kV变压器共266台230 050MVA。2013年底，华东电网装机容量25 007万kW，其中：火电装机容量20 929万kW，占83.69%；水电装机容量2667万kW，占10.67%；核电装机容量749万kW，占2.99%；风电及其他装机容量662万kW，占2.65%。华东地区全社会用电量13 049.07亿kWh，同比增长7.97%；华东电网累计发电量12 085亿kWh，同比增长5.93%。

电网调度 受宏观经济形势和夏季大范围持续高温影响，全网最高用电负荷和用电量增速均有所恢复。华东电网最高用电负荷20 909.4万kW，同比增长13.3%。上海、江苏、浙江、安徽、福建最高用电负荷分别为2935.8万kW、7748.5万kW、5452.2万kW、2657.6万kW、2657.6万kW，同比增长分别为13.4%、13.3%、5.6%、17.3%、10.2%。

迎峰度夏。迎峰度夏期间，华东地区出现大范围持续高温天气，全网负荷迅速攀升且长期居高不下，网内机组和部分设备长期重载，发用电平衡形势异常严峻。国网华东分部滚动修正发用电平衡，优化安排电网运行方式，启用抽水蓄能机组“两抽三发”日运行方式，安排核电、水电等机组满出力发电，加强电网运行备用管理和需求侧管理，确保电网安全和有序供电。

淮沪特高压交流工程投运。皖电东送淮南—上海特高压交流输电示范工程于9月25日10时正式投入商业运行，实现1000kV特高压输电系统与华东500kV电网的顺利衔接。

华东电网调度新大楼搬迁。4月26日，华东电网调度新大楼正式启用，国网华东分部办公场所迁入新址。为确保新大楼调度系统搬迁、安装调试及试运行等工作的顺利开展，国网华东分部制定了详细的搬迁方案，并组织专家进行评审，实现华东电网实时调度运行业务在搬迁期间“核心业务零中断”和设备的零损坏。4月25日15时，华东电网实时调度运行业务先行在新大楼投入运行，华东电网调度权正式移交。

“世界一流调度”建设。1月18日，“世界一流调度建设方案研究及应用”项目在上海通过验收。该方案将原先297个指标精简成更能体现管理水平的重点指标，同时为体现不同期间的管理重点，通过对自适应管理有关职责分工设计、详细工作流程设计以及相关技术支持系统功能的完善来实现自适应管理机制落地。

“大运行”体系建设。编制并印发《华东电网500kV变电站无人值守模式调度运行管理规定》《华东电网异常及故障处理规范化实施细则》《华东电网500kV无人值守变电站集中监控核查实施细则》，规范无人值守变电站集中监控核查程序。启动大运行体系“抓协同、建流程、控风险、促提升”安全专项活动，制订全年实施计划，完成自查工作；配合国调中心完成“大运行”体系全面建设实施方案审查工作。

电力交易 促进电力资源在更大范围内优化配置，完成国家电力市场交易计划，全年跨区交易电量达1018亿kWh，同比增长43.4%；跨省交易电量986亿kWh，同比增长7.3%；接受区外最大电力达到2542万kW，同比增长37.2%。推进跨省集中交易平台建设，全年集中交易电量达28.13亿kWh，执行跨省发电权交易1亿kWh，并首次组织年度跨省集中交易，创新跨省集中交易品种。

组织跨区跨省电力交易支援省市用电。全年计划外共增购区外来电117.33亿kWh，其中：长期交易电量32.83亿kWh（浙江购西北年度），短期交易电量84.50亿kWh。在迎峰度夏期间，增购四川水电、河南火电，6～9月共组织短期临时跨区交易26笔，累计增购电量37.68亿kWh，使跨区直流送华东电力达2542万kW的最大限额。全年共执行省间交易电量173.10亿kWh，同比增长20.36%。上海、江苏、浙江跨区跨省外购最大电力分别占用电负荷的38.04%、17.88%、28.13%。

消纳清洁能源。根据省市购电需求、负荷特性和输电通道能力等情况，创新性地对汛期四川水电进行分时段细分交易。早峰和腰荷支援浙江用电，晚峰支援江苏和安徽，低谷电力由江苏和安徽消纳，并按照市场化原则对电价进行峰谷浮动。全年共消纳四川水电455.59亿kWh，其中短期增购42.01亿kWh。区外来电中水电占比75.82%。

跨省关口计量管理。建立健全跨省关口计量标准和信息管理，全年完成华东跨省232只关口电能表周期检测任务；完成关口电能表备品备件招标采购，并组织开展跨省关口电能表周期轮换工作；与总部相关部门和相关单位进行沟通，解决1000kV皖电东送特高压工程关口计量装置遗留问题；跟踪浙北—福州1000kV交流特高压工程和溪洛渡—浙西±800kV直流特高压工程500kV配套工程的计量初设方案；开展皖电东送二期送出工程计量方案的审查、计量点设置以及竣工验收工作。

电力市场服务。完善交易联络员工作机制，开展电力交易服务满意度调研；规范开展不同周期不同形式的信息发布，加强电力交易与市场秩序自律管理和内部监督；做好电力市场交易信息发布网站数字证书延期工作；组织开展直调电厂新投产机组转商运工作；结合市场、交易、注册、电煤管理等专项业务组织开展相关培训。

科技与信息化 “分布式状态估计技术的应用”等2项成果获上海市科学技术奖二等奖，“平行输电线路对电网运行影响关键技术的应用”等2项成果获上海市科学技术奖三等奖；“一体化电网调度技术支持系统关键技术研发与应用”获中国电力科学技术奖一等奖；“互联大电网协调控制与优化调度关键技术研究与应用”获国家电网公司科技进步奖一等奖，“大电网安全稳定在线防御智能化关键技术研究与应用”获国家电网公司科技进步奖二等奖、“多落点直流受端电网实时仿真平台建设及应用”获国家电网公司科技进步奖三等奖；“区域电网事故下共享控制区损失分摊及评测的方法和系统”“一种分布式录波装置的同步方法”分别获国家电网公司专利二等奖和三等奖。

信息系统运行良好，未发生七级及以上信息系统事件，未发生重大信息安全事件；信息系统网络平均可用率100%；华东信息系统平均可用率99.98%。配合开展华东区域2013年迎峰度夏调度联合反事故演习、国家电网2013年迎峰度夏通信联合反事故演习、华东分部应急指挥系统（车）演习及预演共13次。开展信息通信隐患排查，完成信息通信应急预案滚动修编。开展信息安全治理提升专项活动等。

党的建设和精神文明建设 党的群众路线教育实践活动。组织开展党的群众教育实践活动三个环节的工作，先后组织12次党组中心组专题学习，贯彻落实中央八项规定和国家电网公司30条实施细则，坚持边查边改，开展“三公”经费管理和精简文风会风的专项治理工作，规范调研、会议、接待、外事等工作流程。分部领导班子广泛听取意见，查摆“四风”方面存在的问题，剖析产生问题的原因，反复修改班子和个人对照检查材料，召开专题民主生活会，制订落实10个方面25项整改措施。

企业文化建设。探索分部宣传思想工作的新机制、新方法，组织召开宣传思想工作季度交流会，开展员工思想动态调研分析及意见梳理和反馈工作；拍摄纪录片《此地华年——华东电力大楼纪实》；开展“团结治网”调研课题研究；宣传道德模范、身边道德典型和在迎峰度夏、特高压建设以及教育实践活动中表现突出的一线员工等，在人民网、《解放日报》等媒体发布、转载相关报道90余篇，策划专题通讯报道9篇。组织开展职工文化大讲坛、“青年沙龙”“博士论坛”等系列活动。初步建成华东电网历史展示厅，完成“陈建民劳模创新工作室”创建工作。

反腐倡廉工作。组织召开年度纪检监察工作会议和分部反腐倡廉工作季度联席会，推进“廉洁文化示范点”工作，组织开展内控制度廉洁性评估。通过拍摄四集廉洁微电影、组织培训班、参观调研等形式加强反腐倡廉教育，推进廉洁文化进家庭活动，公布分部作风建设群众监督举报电话和邮箱，发挥群众监督作用。

（李　曼）

【华东电网有限公司】

见国家电网公司华东分部。

【国网上海市电力公司】

企业概况 国网上海市电力公司（简称上海公司）隶属于国家电网公司，是上海地区电力输、配、售的特大型企业，负责统一调度上海电网，参与制定、实施上海电力、电网发展规划和农村电气化等工作，并对全市的安全用电、节约用电进行监督和指导。截至2013年底，上海公司下设23个部门，直接管理24家单位，其中包括11家地市级供电公司以及检修公司、信通公司、上海电力医院等13家专业公司和机构；代管市属企业路灯中心。服务客户942.7万户，供电区域覆盖整个上海市行政区。

2013年，上海公司售电量达1155.54亿kWh，同比增长5.4%。成功打赢迎峰度夏“攻坚战”并首获市政府通报表扬，连续13年市政风行风测评排名第一，且 11 家供电公司均位列所在区（县）第一；连续 8 年市窗口行业社会公众满意度测评排名第一；连续 4 年蝉联“全国供电可靠性金牌企业（A 级）”第一名。

电网概况 上海电网全面进入特高压时代，已形成“四交四直”市外来电通道新格局。500kV 电网已建成上海市双环主网和南外半环，通过 1000kV 练塘变电站和 500kV 徐行、黄渡、三林变电站与华东主网连接，又通过宜华、葛沪、林枫 3 回 500kV 直流线路及 1 回复奉 800kV 直流线路同华中电网相联。220kV 电网是上海电网主要供电网络，已实现杨行、徐行、亭卫、远东等 12 个分区运行。截至 2013 年底，上海电网拥有 35～1000kV 变电 880 座，变电容量 13 996.87万 kVA，线路长度 18 266km（其中电缆 9076km）。电压合格率达 99.977%，供电可靠率达 99.985%。

人力资源 深化人力资源集约化管理，完成公司机构和人员现状、差异分析，制订、上报和实施“三集五大”机构设置和人员配置方案，平稳顺利完成公司实施方案的落地，制订并组织实施公司“三集五大”体系建设总体培训方案。完成崇明、长兴 2 家上划公司的三集五大机构和人员调整工作。全面加强“三考”管理，进一步完善全员绩效管理体系，开展全员培训考试，覆盖管理、技术、技能各专业，涉及公司所有专业部门。加强人才培养和管理，23 名业务骨干入选 2013 年国家电网公司领军人才。155 人、237 人分别获得高级、中级专业技术职称；767 人、1470 人、1289 人分别评获高级技师、技师、高级工。

电网建设和发展 投产 110（66）kV 及以上交流线路 84.96km，变电容量 760 万 kVA。皖电东送特高压交流工程成功投运，特高压复奉直流送出加强过渡工程提前建成并满负荷送电，建成“四交四直”市外来电通道新格局；500kV 虹杨站平稳推进，7 个老站改造工程全部开工。新余 500kV 变电站工程获得 2013 年国家优质工程奖，18 个 110kV 及以上输变电工程全部获得国家电网公司优质工程称号。电网现有 110kV“串供”改造项目全部完成，128 个 10kV 主干线路加强联络工程全面竣工，57 个 35kV 配网结构优化工程基本完成。

经营管理 深化经营诊断分析和管理提升，大力实施开源节流、提质增效。大力实施营业普查和反窃电整治。结合国家电网公司资产管理试点认证和 ERP 系统升级建设工作，深入推进制度标准一体化建设，新增技术标准 20 条，管理标准 24 条；修订管理标准 18 条，工作标准 1937 条；替换技术标准 152 项，废止技术标准 6 项。持续深化管理创新，2013 年获上海市管理创新成果奖 47 项，其中一等奖 2 项，二等奖 16 项；获全国优秀 QC 小组 5 个，电力行业优秀 QC 小组 6 个，质量信得过班组 2 个。完成《电力法》修订第一阶段任务以及《上海市供用电条例》草案初稿和立项论证报告编制上报。公司合同法律审核率、重大决策法律审核把关率、公开招标法律保障率均达 100%。

安全生产 坚持“责任重于泰山，细节决定成败”的安全理念，依托“努力超越，追求卓越”的企业精神，以“四强化、四到位”为抓手，以“五个不发生、五个防止、两个下降”为目标，全面、全员、全方位、全过程开展安全保障工作，实现公司安全生产管理“五个进一步”。以“安全管理提升活动”为载体，围绕“梳理流程、防控风险、夯实基础、推进创新”主题，统筹推进 71 项重点工作任务，以持续深化风险管理和隐患治理为抓手，牢固树立“大安全”理念，提升安全工作科学管理水平，推进全面质量监督管理，创建安全标准化企业，提升应急管理能力，深化企业安全文化建设，较好地完成了全年安全工作任务。2013 年荣获上海市政府颁发的优秀应急管理单位称号；连续 5 年荣获“上海市安全生产优胜单位”荣誉称号。

深入开展全系统“安全日”活动和“三不伤害、四负责”主题安全活动，精心编制全覆盖的风险质量管控作业手册和管理手册 1688 份，修订颁布最严厉的安全工作奖惩规定，完成“三种人”安全意识提升轮训。全力应对极端高温、台风、雾霾等恶劣天气，圆满完成“两会”、十八届三中全会、“嫦娥三号”发射、外滩迎新年倒计时等重大保电任务。顺利通过输电网、城市电网安全性评价验收。健全电网安全风险辨识和预警预控机制。组建全国首支电力保安支队。

营销工作 完成售电量 1155.54 亿 kWh，增长 5.4%。线损治理成效明显，查处窃电行为，追缴违约电费。用电信息采集系统新增采集用户 405 万户，采集覆盖率 100%。加强与政府、媒体、客户的沟通工作，强化迎峰度夏各项有序用电措施，并将办公楼及商业用户纳入有序用电管理范围，有序用电总体执行率超过 98%。大力推广“以电代煤、以电代油”，抓住本市燃煤锅炉清洁能源替代工作的重大机遇，抓紧落实建设电锅炉替代燃煤锅炉示范项目。大力支持分布式光伏并网服务。累计投运风电、光伏等发电装机容量 32.3 万 kW，全年消纳区外水电和全部清洁能源发电 265 亿 kWh，同比增长 75%。

农电工作 实施县供电企业管理提升工程，新上划供电企业管理水平显著提升。进一步深化推进相关政策、管理制度和工作标准、技术标准、业务流程的全面梳理，实行对崇明公司、长兴公司业务工作同标准、同管理、同考核。平稳实现各项业务的全面顺利对接，切实提高上海农电工作质量和服务水平，真正促进城乡一体化管理和服务。实施供电营业站管理提升工程，农村供电管理和优质服务水平显著提升。以国家电网公司“乡镇供电所管理问题排查活动”为契机，启动供电营业站管理提升工程，进一步健全完善供电营业站组织机构、规章制度、业务流程和人员配置，加强关键岗位和重点业务管控，不断提升供电营业站综合管理水平和服务水平。实施农村电网改造工程，供电能力和供电质量显著提升。加大农村地区和中低电压电网投入，台区低电压数、故障抢修数在极端高温情况下反而大幅下降。扎实推进安全强基固本工程，农村用电安全服务水平显著提升。依托营业站的专业力量，开创了网格化、常态化和制度化的农村社区用电服务模式，将“农村用电安全强基固本”活动与公司安全重点工程和安全专项活动相结合，全面系统地夯实农网安全强基固本基础，促进供电服务与社会发展同步。履行服务“三农”社会责任，供电服务品牌形象显著提升。推广“大服务”理念，逐步形成了管理制度化、服务网格化、监督常态化、部门联动化“四化一体”内部服务链。

科技与信息化 科技创新取得丰硕成果。公司参与的“软土深基坑工程安全与环境控制新技术及应用”项目获得2013年度国家科技进步奖二等奖。获上海市科技奖励9项，获中国电力科技进步奖3项，获国家电网公司科学技术进步奖11项，获国家电网公司专利奖2项；发表论文210篇，其中EI/SCI/ISTP源刊14篇。国家863项目“电动汽车智能充放储一体化电站系统及工程示范”技术研究与设备研发成果具备工程应用条件。智能电网项目取得重要成果。110kV园海、兴邦等两座“标准配送式”变电站及110kV叶塘新一代智能变电站成功投运。松江110kV电网自愈系统示范工程成功建成。信息化建设取得新成效。高质量完成ERP系统优化升级工程。电能质量在线监测系统、通信管理系统（TMS）上线试运行。

优质服务 服务质量全面提升。供电服务提升工程取得实效，突出问题整改率、“十项承诺”兑现率100%，居民客户满意率达99.95%。自贸区服务优质高效。第一时间入驻自贸区成立专属供电服务机构，与自贸区管委会签订战略合作协议，实行高级客户经理制，建立入驻企业“微信群”，开辟业扩报装、电网配套“绿色通道”，提供“零距离”“零障碍”“零延误”的“一门式”供电服务。精心服务重要用户、重大项目和民生工程。推动重要用户安全管理纳入了全市安全管理范畴。为商飞、迪士尼等重大项目配套提供优质服务。上海中心110kV变电站正式送电并受到专函致谢。坚持“你用电、我用心”，坚持卓越管理、创新进取，开展“保民生、暖民心”供电服务提升工程，连续18年荣获上海市“夏令热线”市民满意行业荣誉称号。

党的建设和精神文明建设 认真组织学习贯彻党的十八大和十八届三中全会精神，全面开展“中国梦·国网情”主题学习活动。严格落实中央八项规定，领导干部带头深入基层一线开展调研活动，有效改进工作作风。全面加强公司共产党员服务队建设，建立全覆盖的51支党员服务队，组织开展共产党员服务队竞赛，“青浦爱蓉共产党员服务队”荣获“国家电网十佳共产党员服务队”称号。开展党员安全责任区活动，确保党员自身及身边“无隐患、无违章、无事故”。开展与崇明、金山三个经济薄弱村新一轮城乡党组织结对帮扶共建工作，积极援建青海玛拉驿村“党政军企共建示范村”。加强党风廉政建设和责任制考核，梳理廉政风险防控重点岗位，举办廉政建设成果巡展，打造“电力清风”廉洁文化品牌。

主要事件

1月23日，上海公司获得国家电力监管委员会居民用电服务质量监管专项行动“省级先进企业”。

4月11日，上海市电力保安支队正式揭牌成立，将与公安部门形成合力进一步打击电力设施偷盗行为。

4月16日，上海公司与上海市内19家发电企业签署了购电合同，为可能出现的极端高温恶劣天气或突发情况做好充分的准备。

4月25日，上海公司《社会责任实践报告》发布，将进一步提升优质服务水平、推进重大项目电力配套建设，开展电能替代工作。

5月8日，国网上海市崇明供电公司、长兴供电公司正式揭牌，“三集五大”体系建设取得了阶段性成果。

5月20日，上海公司获得第七届（2011～2012年度）上海市文明行业称号，连续12年保持该项荣誉。公司下属28家基层单位获得第十六届（2011～2012年度）上海市文明单位称号。

6月5日，上海公司荣获“全国供电可靠性金牌企业A级第一名”，成为全国唯一连续4年获此殊荣的电力企业。

9月25日，世界首个商业化运行的同塔双回路特高压交流输电工程——皖电东送淮南至上海特高压交流工程正式投入运行。

11月9日，根据国家电网公司2013年工作部署，包括公司在内的7家单位95598投诉、举报、意见、建议、表扬等五项业务正式上收至国网客服中心南、北中心。

11月13日，上海公司受到上海市政府关于迎峰度夏保供电的最高褒奖，成为全市公用事业单位中唯一获此荣誉的企业。

12月18日，上海公司赴菲律宾救灾重建技术支持团队在圆满完成任务，获得了菲律宾国家电网公司的高度肯定和感谢。

【国网江苏省电力公司】

企业概况 国网江苏省电力公司（简称江苏公司）隶属于国家电网公司，从事江苏省境内电网建设、运行与管理，经营江苏电力销售业务。公司现辖13个地市供电公司、51个县（市）供电公司及11个业务支撑实施单位，服务全省3500余万电力客户。公司现有职工4万人、农电工4.4万人；管辖35kV及以上变电站2800余座、输电线路8.4万km。

2013年，江苏公司资产总额同比增长10.0%（其中固定资产原值同比增长14.1%）；资产负债率同比上升2.27个百分点；当年电费回收率100%；售电量4189.63亿kWh，增长10.28%；线损率5.95%，下降1.04个百分点。获得国家电网公司同业对标“综合标杆”“业绩标杆”两项第一，“管理标杆”第二；获得8项“专业管理标杆”，其中6项名列第一。

领导班子

总经理、党委副书记：单业才

党委书记、副总经理：胡玉海

党委委员、纪委书记：甘和全

副总经理、党委委员：潘震东

副总经理、党委委员，南京供电公司总经理（兼）、党委副书记：李作锋

副总经理、党委委员：李斌、张龙

党委委员、工会主席：黄志高

党委委员，苏州供电公司总经理（兼）、党委副书记：韩冰

总会计师、党委委员：刘岳华

副总经理：陈庆、夏勇

总工程师：陈刚

组织机构 本部设有22个职能部室：办公室、发展策划部、财务资产部、安全监察质量部（保卫部）、运维检修部、营销部（农电工作部）、科技信通部（智能电网办公室）、建设部、物资部（招投标管理中心）、对外联络部（品牌建设中心）、审计部、经济法律部（体改办）、人力资源部（社保中心）、离退休工作部、后勤工作部、思想政治工作部（直属党委办公室、团委）、监察部（纪委办公室）、电力调度控制中心、运营监测（控）中心、电力交易中心、工会和企协分会。下辖13个地级市供电公司、51个县级供电公司及11个业务支撑实施单位。

电网概况 2013年末，江苏省内电网形成了“四纵五横”的500kV主干网架格局，即拥有4个500kV“北电南送”输电通道（南京大胜关、南京三江口、镇江五峰山、江阴桃花港过江）和5个500kV“西电东送”输电通道（江北2个、江南3个）。并通过1条800kV特高压直流线路引入四川水电，通过1条500kV直流线路与华中电网相联，通过3条500kV专线接纳山西阳城电厂电力，通过10条500kV省际联络线分别与上海、浙江、安徽电网相联。与500kV电网的发展相适应，2013年底220kV电网分成21个片区运行，有力保障了电网的安全运行。110kV及以下电网因地制宜，配电网络结构分区优化，配电网工程设计和装备水平统一协调，分布式电源得到可靠接入和消纳，电网可靠运行水平全国领先。

2013年末，江苏电网拥有统调电厂107座，统调发电设备总容量7411.26万kW（含新投产294台、62.75万kW风电机组）；±800kV输电线路65.15km，换流容量817.92万kVA；500kV变电站、换流站（开关站）42座（含1座±500kV换流站），容量8415.44万kVA（其中换流容量340.44万kVA），输电线路长度9704.03km；220kV变电站（开关站）448座（不含用户变电站），容量14 741.5万kVA，输电线路长度24 651.2km。

江苏省统调发电量4032.50亿kWh，同比增长5.74%；最大日发电量14.2亿kWh，同比增长13.7%；统调用电量4562.46亿kWh，同比增长8.35%（全年全社会用电量完成4956.62亿kWh，同比增长8.20%）；最大日用电量16.9亿kWh，同比增长15.3%；统调最高负荷7775.6万kW，同比增长13.40%。江苏电网频率不合格时间0秒、电压合格率100%、220kV及以上继电保护正确动作率100%。

人力资源 江苏公司职工总数40 273人，用工总量连续15年保持负增长。全员劳动生产率达到122.61万元/（人·年），同比增长1.3%；人才当量密度达1.042，同比增长4.56%。

持续稳妥推进“三集五大”建设。加强建设部、省经研院建设管理中心的特高压建设力量，在运维检修部、省检修分公司、省送变电等单位设置特高压运维机构和岗位。做优省公司，做实市公司，规范本部相关部室职责界面，组建市运营监测（控）中心，实现市县调控业务一体化，优化撤县建区后县级供电企业管理模式。推进后勤业务社会化改革，撤销主业后勤单位，实现主业机构和人员逐步退出后勤实施业务。构建大数据管理组织体系，研究和确立大数据管理、研发、分析、应用全流程工作机制。试点开展内部人力资源市场建设，通过内部人力资源市场开展员工跨专业、跨部门流动，实现人员优化近900人次。

人才培养成果突出。全力推进企业大学建设，构

建苏电大学组织体系，开展学习地图、学习动力圈等课题研究。网络学院建设不断深化，全面上线13个专业分院、“知识援助系统”和“苏电文库”等。公司竞赛调考成绩突出，总成绩位列国家电网公司第一。双元制大比武活动成效显著，岗位竞赛实现检修、营销、运行班组全覆盖，变配电值班电工工种成功申报江苏省第二届技能状元大赛竞赛项目。组织开展电力工程等5个专业的正高级职称评审工作，逐步将农电、集体人员纳入职称评价范围。截至2013年底，公司拥有高级技师3354人，技师12 129人；正高级职称34人，副高级职称2506人；国家级人才11人，国家电网公司级人才292人。

创新人力资源专业管理。提炼典型助力优化提升，完成8篇调研报告，修订和出台26项规章制度，4项典型经验入围国网典型经验库，4项重点工作进展录选国网工作动态，并在《企业软实力》《人力资源管理》等期刊发表文章10余篇。全面诊断分析配网人力资源管理现状，加强配网机构和岗位设置，提高配网人力资源配备。创新高校毕业生招聘模式，引入冰山理论模型，综合运用笔试、面试、心理测验及专家评价等人才测评技术，有效提升新进人员质量。

优化管理人员考评体系，完善领导班子和处级干部考评体系，开展本部全员民主测评。推广一线员工积分系统，实现积分系统在运检、营销、调度等一线班组应用全覆盖，科学量化工作积分。出台全员绩效管理工作考核评价办法，深化绩效考核结果应用，将考核结果作为职务、职称、技能等级晋级和公开竞聘、后备干部选拔依据。

电网建设与发展　江苏省各级电网统筹协调发展。国家电网公司与江苏省政府签署战略合作协议，共同推进特高压和智能电网建设。省政府书面请示国务院核准锡盟—南京、陇彬—连云港等特高压项目。江苏、内蒙古两省区政府签订《能源战略合作协议》。完成《2015～2020年江苏输电网发展规划》和《2013～2017(2020)年配电网滚动规划》、“苏南现代化建设示范区世界一流电网”发展规划和电网专项规划。协助政府主管部门完成《江苏省500kV电网发展专项规划(2013～2017年)》，服务苏北振兴、苏中崛起、沿海开发战略，制定苏北电网补强工程总体实施方案，全面提升苏北电网供电能力和电能质量。

锦苏特高压直流最大受电484万kW，全年累计送电量211亿kWh。特高压入苏顺利推进，配合皖电东送南环特高压交流工程施工，积极参与皖电东送南环、浙北—福州等特高压交流和哈密南—郑州、溪洛渡左岸—浙江等特高压直流工程建设。500kV项目前期工作完成率100%，全年共核准500kV电网建设项目11个，变电容量1200万kVA，线路608.8km，动态总投资38.32亿元。完成87项220kV，153项110kV项目可研和核准工作。

完成电网基建投资301亿元，新开工建设110～500kV交流线路3899km、变电容量2271万kVA；投产110～500kV线路3145km、变电容量1773万kVA。500kV伊芦变电站等86项迎峰度夏重点工程顺利投运。500kV扬州西、句容东变电站等工程获得国家优质工程、国家电网公司流动红旗等荣誉。110kV及以上152个新建输变电工程优质工程率为100%。瞄准世界先进水平，分别在重点城市核心区、城市中心区、市区、城镇和农村等5类区域开展“一流配电网”示范项目建设，提升城乡电网供电能力和供电质量。扬州配电网示范区项目已通过整体验收。江苏公司通过一流配电网建设，主动对接国家《苏南现代化建设示范区规划》，深入推进“苏南世界一流电网”建设，将电网投资向发展热点和重点地区倾斜，高效满足江苏刚性电力需求。

智能电网建设实现突破。建成国家电网公司首座标准配送式智能变电站110kV陵口变电站。全省累计已建成500kV智能变电站2座、220kV智能变电站18座、110kV智能变电站135座。完成智能电网调度技术支持系统、南京等地区配电自动化系统试点项目、扬州经济开发区智能电网综合示范工程建设。建成充换电站24座、充电桩1230个，助推江苏电动汽车产业发展。句容仑山抽水蓄能电站已获路条，正在开展可研工作，装机容量135万kW，投资75亿元。

经营管理　深入探索“两个一流”在省级公司的创新实践，推动“三集五大”体系深度磨合，新体系在公司扎实落地，实现和谐运转。在国网系统内率先构建“五位一体”管理体系，实现公司制度标准、管理流程、标准岗位、绩效指标、风险控制一体化管理。落实国家电网公司党组决策部署，顺利完成省属电网资产划转。开展依法治企综合专项检查、“主多分开”回头看，完善审计监督常态机制，狠抓“三指定”等专项治理。完成国家电网公司通用制度体系建设试点任务，第一阶段通用制度全面覆盖基层组织和末端业务。健全以集体资产经营平台为中心的决策执行监督体系，完善集体企业管控手段和内控机制。

强化综合计划和预算管控。深化资源统筹配置，对接苏南、苏中、苏北地区差异化发展需求，加大对特高压、农配网等关键发展领域的资源投入。研究制订《项目财务审核规则》，加强成本项目立项审查，推进项目储备库建设，夯实资源优化配置的基础。积极开展前瞻研究，及时总结先进经验，“财税筹划管理”“电网投资能力测算”两项管理经验获评国家电网公司管理标杆，“银行账户管控”获评华东区域标杆。全面推进“以省直管库为枢纽、市县周转库为支撑”两级仓储配送网络的规划与建设工作。盘活库存资源，建立“日监控、周分析、月通报”机制，完成积压物资消减工作。运营监测（控）中心实现公司运营全过程闭环监测，深化研究从顶层到操作层各个管理层级和关键节点的在线管控模式，构建“运营管理在线监测网络拓扑图”。13家地市运监中心年底前建成投运，总部、省、市三级运监中心体系初步建立。

认真落实精益化管理要求，完成500kV变电站精益化管理评价工作，制订标准化线路建设方案，完成标准化线路创建2062条23 159km。健全设备状态诊断集中会诊工作机制，完成19类输变电设备定期评价。全年全省开展配网不停电作业55 642次，同比增长18.3%。总结配电自动化建设运行经验，建立配电自动化全过程运维体系。

强化管理创新，统筹推进20个重点领域的管理提升。注重培育和实施重大管理创新项目，“电网企业以流程为基础的‘五位一体’管理体系构建”获得国家级管理创新一等奖；“‘国际一流’配电网运营模式的构建”获得国家电网公司管理创新一等奖；3个项目分获国家电网公司管理创新二、三等奖；2个项目分获中国电力行业管理创新一、二等奖；7个项目获得省级奖项，表彰数量在江苏省大型企业中位居第一。广泛开展质量管理小组（QC）活动并取得优异成绩，其中20项获得全国优秀质量管理小组成果，23项获得全国电力行业优秀质量管理小组成果，69项获得江苏省优秀质量管理小组成果。

安全生产 扎实开展十项主题安全活动，强化安全监督管理，实现了“六个不发生”安全目标。

强化安全工作管控，优化定期安全会议制度，完善了“到岗到位”和“三联系三促进”制度。完善规章制度体系，修编了16项制度和33项管理流程。深化全面风险管控，坚持首保人身安全，开展了全员人身风险隐患查纠、“四不伤害”专题讨论等5次专项活动。初步搭建了涵盖电网运行、高危作业、电力短缺等各类风险的预测预警工作格局，开展了专业公司风险隐患排查治理，初步完成外包管理组织体系和总分制度体系建设，有序开展季节性安全检查、专项排查治理。全面建成省、市、县三级应急指挥中心，建立跨省、跨地区、跨专业的应急联动机制，推广开展无脚本演练。深化迎峰度夏反思，出台了《关于进一步加强和提升安全生产工作的意见》，提出了88项工作措施。开展专题调研，从16个方面对作业现场安全进行了调查摸底。

健全工作体系，逐步强化领导干部、专业人员、安监人员工作职责，以“三联系三促进”、到岗到位、专业检查、季节性安全检查，以及“常规现场巡回监督、重要现场全程监督、重点工作专项监督”和“飞行检查”为主要形式。年内累计督察7万余次，查纠隐患8117次。完善工作规范，修编了电网检修、基建，及小型基建和办公场所改造安全督查细则。实践安全“严”文化，加大“飞检”和专项监督力度。省公司层面开展了6次飞检和10次专项监督。开展电网质量管理提升专项活动，健全了质量管理工作体系和制度体系，开发及完善了2个管理平台。组织开展“安康杯”竞赛、安全生产月、安全日等活动。完善重要客户安全预警机制，建立短信预警平台，协助客户提前做好防范措施；依托政府部门，重点整治一批存在较大安全用电隐患的客户。精心编制错避峰方案，充分发挥负控系统、有序用电监控平台的技术优势，全省累计实施有序用电21天，最大错峰728万kW，实现迎峰度夏期间电力供应的平稳有序。圆满完成神州十号、“嫦娥三号”发射任务、亚青会、南水北调江苏段试运行等重大活动电力保障工作。定期开展职工思想动态调研，切实落实维稳责任，超前排查化解矛盾。完善舆情处置联动机制，强化舆情监控与应急处置。加强治安保卫、消防、信息、车辆安全管理。

营销工作 江苏公司累计业扩报装申请202.72万户，容量5745.28万kVA，同比增长4.26%；累计用电营业户数达到3505.7万户，比年初增长3.5%。安装智能电能表980.5万只，累计推广应用2606.5万只，覆盖率达76%。未发生电网责任客户安全事故，供电服务承诺兑现率100%。营销业绩考核和同业对标指标连续两年位居国家电网公司系统第一，51个县供电企业全部进入国家电网公司县供电企业综合实力评价前100名。建成国网江苏电力客服大厦，开发并启用客户服务监控指挥平台。

推进社会金融和非金融机构委托代收代扣业务，非居民收费电子化达99%，居民收费电子化达到54%；贯彻国家调整销售电价分类结构政策要求，协助物价部门出台农村社区服务设施用电、农产品初加工用电等多项电价政策。规范自备电厂管理，严格并网接入审查，提升市场占有率0.59个百分点。严厉打击违法、违约用电行为，累计查处各类窃电及违约用电行为为2.46万户次，挽回经济损失1.93亿元，同比增长74.4%。主动响应国家取消大用户直接交易试点审批权限等政策变化，积极稳妥开展大用户直购试点。出台《业扩全过程管理实施细则》，配套开发业扩全过程管控系统，实现业扩报装全过程工作质量及时限的实时跟踪与督办。建立业扩项目差异化服务体系，对重点、民生项目建立电网工程动态储备库，推广高压业扩项目集约化服务方式，实施居民业扩“1+1”服务。优化运管模式，累计检定配送计量器具1100.5万只；依托用电信息采集系统，开展运行异常装置现场核查、评估，累计追补电量 1300 万 kWh；以计量资产全寿命周期管理为切入点，实施电能表质量和采集系统建设全过程管控，规范计量现场和营销项目管理；建立省、市、县三级“分级管理、量化考核、闭环监督”技术监督体系。省计量中心被命名为国网系统计量专业唯一的重点实验室。

建成客户服务监控指挥平台，成为集营销业务系统、用电信息采集系统、营配调信息集成、营销 GIS、有序用电管理、营销用电大数据管理、能效服务互动平台、移动作业平台、OTT 平台、计量生产调度系统、省 95598 系统、视频系统之大成的集成信息管理系统。深化省、市两级营销稽查监控业务工作，系统监控问题数较 2012 年减少 30%以上，实现各类稽查主题的全面应用。发起稽查任务 61.09 万项，共计挽回电量损失 1674.65 万 kWh，挽回经济损失 16 312.11 万元。针对性开展超容量用电、台区线损等专项现场稽查，编制营销稽查典型案例库。累计实现用电信息采集 3120 万户，总体采集覆盖率 94%，基本建成国内最大的省级用电信息采集系统。全面推进营配信息集成和业务协同，营配数据清理完成率 99.99%。积极研究开发营销用电大数据平台，开展基于用电信息采集的各项高级应用，自动化抄表率达 99%以上；研发智能化核算程序，完成 6 个地市上线，大幅提高核算效率和质量；大力拓展营销移动作业的应用，完成装表接电、用电检查、采集运维等现场应用和管理监控业务，运行移动终端 2130 台。

开展“电代煤（油、气）”专题技术推广，实现替代电量 8.78 亿 kWh。部署完成国家级、省级电能服务管理平台，初步实现节能项目在线填报、节能效果自动测算等功能；结合节能服务公司技术特点，创新拓展节能服务业务模式，发挥能效服务小组网络优势，积极与国际知名节能机构合作，完成节约电量 24.77 亿 kWh，节约电力 43 万 kW，完成量居国网首位。统一招投标技术规范和充换电设施运维取费标准，牵头完成国家电网公司《电动汽车充电站建设典型设计》等 5 项技术规范的编制。加快青奥配套充换电站建设，在南京率先实现同城异地换电功能。全年应用各类电动汽车 95 辆，累计行驶里程达 323 万 km，充电 401 万 kWh。整合服务资源、精简业务流程、开辟绿色通道，受理分布式电源并网项目 320 个，新增申请容量 55.92 万 kW；新增并网项目 87 个，新并网装机容量 21.67 万 kW。

农电工作　江苏公司创建 78 个电气化乡镇、1431 个电气化村，累计建成 51 个电气化县 913 个电气化乡镇 12 107 个电气化村，电气化县、乡、村的覆盖面分别达到 100%、80%、71%。全省农村低压电网共投资 62.44 亿元，实施农村低压电网项目42 577 个，建设改造低压配电设备 15 648 台，低压线路 33 086.4km，接户线 31 487.54km、185.76 万户，农村户均配电变压器容量提升至 3.02kVA/户，农网低压绝缘化率提升至 37.9%。农网供电可靠率达到 99.922%，同比增长 0.038 个百分点；农网综合电压合格率达到 99.735%，同比增长 0.029 个百分点；农网综合线损率 5.23%，同比降低 0.43 个百分点。大力推动“小城镇典型供电模式”试点工作，完成张家港地区、溧水地区的联调联试。

实施县供电企业和乡镇供电所管理提升工程，推进专业化管理向末端延伸。全面开展乡镇供电所同业对标工作。全省共有 64 个供电所实现“零投诉”。强化市县公司领导干部挂钩联系供电所制度的执行，及时发现和解决供电所管理中存在的问题和困难。投资 3.5 亿元加大乡镇供电所房屋维修和班组生产生活条件改善力度。积极推进农电管理信息化，深化应用营销、生产管理信息系统和农电综合管理系统。试点建设农电抄表中心，并在金坛、江阴、宜兴、沛县等公司投入实用化运行。

组织农网项目通用设计编制工作，规范统一农村低压电网的设计和工艺要求，精简了农网项目使用的物料种类。开展四轮农村低压电网基础数据核查和统计，全面掌握全省农村地区配电台区、低压线路、设备、接户线等基础数据和分布情况。

持续加强农电队伍建设，连续 7 年组织开展农电技能竞赛活动，以技能竞赛为平台，推动农电队伍整体素质提升。对 247 名县供电企业负责人和 1833 名供电所所长进行集中培训。组织 120 名农电管理人员培训、600 名供电所兼职培训员培训和 4000 余名农电员工参加的优质服务知识调考。

科技与信息化　不断加强科技创新和信息化建设，共投入科研经费 5.78 亿元。开展国家级重大课题研究 2 项，承担国家电网公司总部科技项目 20 项。申请专利 1033 件（其中发明专利 569 件），国际专利 16 件；获授权 1028 件（其中发明专利 214 件）。获省部级科技进步奖 29 项（其中国家电网公司特等奖 1 项），信息化成果奖 4 项。共获得国家电网公司专业技能竞赛和华东技能竞赛 3 项团体第一，1 项团体第二。

制订发布了“信息化企业”建设三年行动计划，确立了四大平台、十大应用工程建设任务。“营配调业务一体化提升工程”在扬州试点开发建设成功，并在无锡、苏州、南京扩大试点应用，有力支撑了一流配电网示范建设；建成了“全面监测、运营分析、协调控制、全景展示”的运营监测平台，完成了所有 1251 个业务指标的实时接入，实现了对重要资源、核心业务的在线监测和分析，GIS 平台、移动作业平台有力支撑了配电报修抢修、故障研判、微信客服等业务应用，信息化企业建设已初见成效。信通运维体系更加集约，在省信通、镇江、南通公司创新实施省级信息通信集中调度并全面推广，率先建成了“一级调度、二级管理、三级运维”的省级电网企业信息通信运维管理体系，促进了资源优化配置和业务专业化管理，得到国家电网公司充分肯定，入选年度典型经验。信通支撑能力全面增强，启动了一流通信网建设，制订了三年建设计划，完成了省级OTN骨干通道建设项目设计并启动实施，309个农村供电所信息通信网络得到整治，提升了网络末端接入及处理能力；完成了主机、存储云计算平台试点建设，增强了基础设施可靠性；建成了国家电网公司一体化会视通系统，构建了专业公司异地会议会商平台。信息系统深化应用，全面开展数据治理，营配数据清理工作成效显著，运营监测数据自采率、及时性、完整性、准确性大幅提升；拓展系统应用指标监控手段，完善系统应用考核机制，强化信息系统性能调优，促进了系统实用化水平提升。

科技创新成效显著。对接国家电网公司科技创新体系架构调整，研究确定江苏公司科技创新工作目标思路，制订了《关于加强公司科技创新体系建设的意见》。加强组织策划，召开“新技术、新工艺、新材料”应用座谈会与创新工作大会，举办了“国际一流配电网和新能源发展”创新论坛。制定实施科技创新、智能电网三年行动计划，加强项目顶层设计方向引领，开展重大项目整合策划，组建优势研究攻关队伍，成功申报总部2014年指南项目10项。牵头承担的两项863课题顺利通过国家中期检查，省电科院电能计量实验室成功晋级为国家电网公司重点实验室，GIS设备运维检修实验室获得国家电网公司授牌。智能电网工程进展顺利，“智能用电客户互动服务平台”等试点项目取得了阶段成果，扬州智能电网综合示范工程高水平通过整体验收，风电检测江苏分中心获总部认证。

优质服务　实施供电服务提升工程。开展争创“供电服务提升标兵”竞赛活动，加快突出问题整改，组织省市县三级现场诊断评价，对13家地市公司的74个服务窗口进行明察暗访，发现问题及时督促整改。落实为民服务要求，推出“亲情服务 在您身边”十项行动和“城乡一体 亲情惠民”新八条。

充分发挥95598集中运营成效，以“三零三一”为目标（处理环节“零差错”，工序衔接“零退单”，工单办结“零超时”；一个诉求、一张工单、一次满意），构建以“工单超时”“工单回退”“一次办结率”“回访满意度”等4个维度为关键指标的95598工单考核评价体系，对95598工单办理质量进行全方位管控和评价。建立营业窗口视频巡访和业扩报装100%回访制度，注重工单深度分析和问题挖掘工作，每月召开95598分析例会。

不断创新服务手段。开发手机APP客户端，完善公司微博，推出公共微信服务平台“国网江苏省电力公司”，关注人数已超百万，基本建成集“网站、短信、彩信、客户端、微博、微信”六位一体的互动服务平台。在全国率先开通广电“云媒体”电视电力营业厅，完善全省电子缴费地图；与银联合作将POS机终端布设“进小区、进超市、进家庭”，并实现城乡供电营业厅POS机收费全覆盖；与江苏移动全面建成“移动城市”上的手机支付电费功能，满足客户足不出户“零距离”交费需求。

党的建设和精神文明建设　开展“全员学习周”和“中国梦·国网情”主题教育活动，开发应用“苏电政工家园”网络平台，扎实推进理想信念扎根工程；制定落实国家电网公司党组1号文件实施细则，积极做好群众路线教育实践活动各项准备工作，帮助基层解决实际问题175个。

建立“快速响应、持续优化、和谐运转”党员服务队“金陀螺”管理模式，完善标准化工作手册和管理办法，有效提升服务队建设管理水平，荣获国家电网“十佳共产党员服务队”“优秀共产党员服务队”称号；创新党员思想教育模式，开发应用“苏电先锋”网上党校，建立“支部书记一年一党课”工作机制，开展“原创精品党课”网上观摩活动，国网江苏电力党委被表彰为省首届学习型党组织建设先进单位；深化供电与农电党支部“项目化”结对创先，试点开展基层党组织与农村、社区以及劳务派遣单位党组织结对共建；开展党建特色品牌创建工作，培育党建工作创新典型。

规范“苏电好人”道德讲堂建设，推行“5+X”流程，建立45个实体讲堂，制作52个精品课件，道德讲堂荣获国家电网公司企业文化优秀案例一等奖，被列入国资委典型案例在全国推广；选树宣传“苏电排头兵”先进典型，建立先进典型储备库，广泛宣传优秀团队和先进个人事迹；开通“卓越之路”微信公众平台，编发《卓越》电子杂志，引领员工价值取向；制订《公司员工基本文明礼仪》，规范员工日常行为；开展企业文化示范点建设，制订示范点创建管理办法；深化文明创建工作，国网江苏电力连续六届14年蝉联“江苏省文明行业”称号，5家市供电公司被表彰为“江苏省文明单位标兵”，74家所属单位被表彰为“江苏省文明单位”；改进员工思想调研方式，开展“三集五大”体系建设青年员工思想动态专题调研，全面了解青年员工思想状况和主流诉求，增强思想政治工作的针对性。加大班组建设力度，精益化管理标杆班组达163个。组建29个职工服务中心，确定10项常态服务项目。认真落实离退休老同志“两项待遇”，推进后勤一体化建设，全心全意为员工办实事。

加强品牌管理和价值输出，江苏公司在新华社、《人民日报》、中央电视台等中央权威媒体发稿428篇；在其他中央媒体发稿723篇；在新华网、人民网等主要网络媒体发稿15 994篇；在江苏电视台、《新华日报》等省级主要媒体发稿2830篇；在国家电网公司媒体发稿4303篇；在《中国电力报》等行业媒体发稿6844篇；《江苏电力报》出版100期，发稿4920篇。制作电视专题片20部，成片总计时长510min。举办新闻发布活动13次，开展主题传播45次，实施社会责任工程10项。国网江苏电力系统没有发生重大品牌危机事件。22件报纸作品在江苏和行业报刊协会举办的好新闻、好作品竞赛中获奖，33件电视作品在全国电力行业优秀电视片展评中分获一、二、三等奖。江苏公司荣登2012年度“金蜜蜂企业社会责任中国榜”。

以开展青年素质提升六大工程为主线，着力打造“青春苏电”团青品牌；深入开展“与祖国共奋进、与电网同发展”学习教育活动，通过“青年道德讲堂”、青春梦想微博分享汇、“青春志愿微电影”等载体，汇聚青春正能量；积极选树典型，一大批青年集体和个人受到上级表彰，韩克勤荣获江苏省十大杰出青年；创新开展“全民星周末”网络竞技挑战赛，广泛开展青年“五小”实践和创新创效活动，试点建设青年网上创新工作室，激发青年创新力；深化青年志愿服务工作，开发应用信息管理系统，加强“国家电网·希望来吧”建设管理，开展“走进希望来吧·助推实现微心愿”主题团日活动和“弘扬雷锋精神·青春志愿微行动”活动，累计各类活动近千场，参与青年近万人次，助力国家电网品牌价值提升。

主要事件

1月7日，在国家电网公司二届三次职代会暨2013年工作会议上，江苏公司被表彰为“国家电网公司‘三集五大’体系建设示范单位”，被评为“国家电网公司2012年同业对标综合标杆单位”“业绩标杆单位”“管理标杆单位”，并全部位列第一名，在9个专业管理对标中获得7项“专业管理标杆”。同时，苏州、南京供电公司还被评为“国家电网公司2012年大型供电企业业绩标杆单位”，并分别位列第一、第三名。

1月8日，江苏公司首个专家工作室——李海峰专家工作室挂牌。

1月16日，江苏公司第五届职工代表大会第三次会议暨2013年工作会议在南京开幕。

1月18日，江苏公司召开新闻发布会，集中发布《2012年社会责任实践报告》《践行民生责任2012十项行动白皮书》。

2月7日，江苏省内首个分布式光伏发电项目——常州佳讯公司1.57MW光伏发电项目正式按照国家电网公司关于分布式光伏发电并网管理规定验收并网。这标志着江苏省中小型光伏发电项目已正式步入免费并网时代。

2月18日晚间起至19日早晨，江苏省遭遇2008年以来的最大雪情。在暴雪袭击中，江苏主电网运行安全，未发生110kV及以上线路、设备事故；大雪压断树枝导致全省182条中压线路跳闸，全省供电员工及时出击抢修，至19日14点恢复了全部受损线路的正常供电。

3月13日，全国人大代表、江苏省电力公司总经理单业才做客人民网，接受人民网关于加快构建坚强智能电网的访谈。“两会”期间，单业才提出了“大规模建设特高压电网”的建议。

3月20日，江苏公司召开“美好苏电 幸福民生”优质服务主题活动启动会，同期发布《服务“两个率先”点亮美好生活　江苏省电力公司服务地方经济社会发展白皮书2013》。

3月22日，江苏省首座500kV“两型一化”智能变电站（溧阳变）建成投运。

4月2日，国家电网公司在南京举行第二批“风电检测分中心”授牌仪式，国家风电技术与检测研究中心江苏分中心正式挂牌成立。该分中心挂靠江苏省电力公司电力科学研究院。

5月6～10日，全国政协副主席马培华一行在江苏就“大力推动我国清洁能源发展、促进新型城镇化过程中环境保护”课题进行了调研。调研组走访考察了江苏盐城大丰20万kW风力风电场、盐城振发2万kW太阳能光伏电站、龙源南通如东23万kW海上风力风电场。

5月7日，江苏公司总经理单业才会见国网技术学院院长赵建国、副院长费耀山一行，双方就进一步加强合作、更好地推进技能培训工作进行了深入交流。

5月10日，江苏省环保厅组织召开了江苏电网2013年第一批220kV输变电工程竣工环保验收技术评审会，江苏公司2012年10月以来投产的57项220kV输变电工程全部通过竣工环保验收。

5月23日，江苏公司开展江苏电网迎峰度夏系统反事故演习，有效验证了“调控一体化”模式下异常事故处理的准确性和高效性。演习首次使用了基于D5000的调度员培训仿真系统联网技术。

6月5日，第八届企业社会责任国际论坛暨“2012金蜜蜂企业社会责任·中国榜”发布典礼在北京隆重举行，江苏公司获颁2012“金蜜蜂企业社会责任中国榜·责任采购奖”，江苏公司企业社会责任实践案例同时入选《2012金蜜蜂责任竞争力案例集》。

6月18日，位于江苏丹阳市陵口镇东梅庄的110kV陵口变电站正式投运。该变电站是国家电网公司首批5个标准配送式智能变电站项目之一，也是全国首个建成投运的配送式智能变电站项目。

7月25日，江苏最高用电负荷达到8141.3万kW，成为国家电网系统首个负荷超8000万kW的省级电网，比2012年同期最高负荷增长12.6%。

8月6日上午，江苏公司召开干部任免宣布会议。甘和全同志任中共江苏省电力公司委员会委员、中共江苏省电力公司纪律检查委员会书记；肖开进同志任江苏省电力公司副局级调研员，免去其中共江苏省电力公司委员会委员、中共江苏省电力公司纪律检查委员会书记职务；免去马苏龙同志的江苏省电力公司副总经理、中共江苏省电力公司委员会委员职务。

8月12日，“国网江苏省电力公司”微信公众服务平台正式上线投入运行。

8月16日，第二届亚洲青年运动会在江苏南京奥体中心体育馆拉开帷幕。江苏公司、南京供电公司周密部署，全力以赴做好供电保障工作。

10月15日上午，英大传媒投资集团有限公司与江苏公司战略合作协议签署仪式在南京举行。

10月25～27日，国家环保部在南通组织召开南通北升压输变电工程、斗山—常熟南线路增容改造工程和岷珠变电站扩建等3项500kV输变电工程竣工环保验收技术评审会，同意这3项工程通过竣工环保验收。至此，江苏公司提前完成国家电网公司下达的2013年500kV输变电工程竣工环保验收工作。

10月29日，江苏公司与南京南瑞集团新能源与节电环保技术合作框架协议签署仪式在南京举行。

11月3日，国家电网公司董事长、党组书记刘振亚在江苏南京与江苏省委副书记、省长李学勇举行会谈。双方在会谈中充分肯定了江苏电网发展取得的成就，并达成战略合作协议，进一步深化合作，共同推进特高压和智能电网建设，为江苏经济社会可持续发展提供坚强的电力保障。

11月14日，江苏公司青年员工韩克勤获“江苏省十大杰出青年”称号。

11月15日，江苏公司被授予江苏省文明行业称号，公司连续六届14年保持省文明行业称号。

11月26日上午，江苏公司举行最佳履责实践发布会，集中发布了9个社会责任最佳实践案例。

12月20日，党委书记胡玉海宣读了国家电网公司党组关于调整国网江苏省电力公司领导班子的决定：经国家电网公司党组研究，并征得中共江苏省委同意，决定陈庆、夏勇两位同志任国网江苏省电力公司副总经理，陈刚同志任国网江苏省电力公司总工程师；钱朝阳同志不再担任国网江苏省电力公司副总经理、党委委员职务（另有任用）。

【国网浙江省电力公司】

企业概况　国网浙江省电力公司（简称浙江公司）是国家电网公司的全资子公司，负责浙江电网的建设、运行、管理和经营，为浙江省经济社会发展和人民生活提供电力供应和服务。供电营业区域10.18万km^2，供电服务人口5477万人。2013年末，公司下辖11家地市供电企业、64家县供电企业、8家业务支撑和实施机构，本部设23个职能部门。

2013年，浙江省全社会用电量3453亿kWh，同比增长7.55%，统调最高用电负荷5463万kW，同比增长5.57%；公司全年完成固定资产投资524.8亿元，其中电网投资522亿元；110kV及以上输电线路开工3583km、投产3918km，变电开工3870万kVA、投产2937万kVA。完成售电量2990亿kWh，增长7.22%；营业收入1967.73亿元，增长6.43%。资产总额1689.5亿元，资产负债率65.28%。全员劳动生产率104.43万元/（人·年）。

浙江公司先后荣获中国一流电力公司、全国“五一”劳动奖状、电力行业AAA级信用企业、全国电力供应行业排头兵企业、浙企常青树、浙江省文明单位、浙江省和谐企业和文化建设示范点等称号，第4次入选“浙江省最具社会责任感企业”。

领导班子

总经理、党组副书记：李卫东

党组书记、副总经理：姜雪明

副总经理、总会计师、党组成员（正局级）：赵元杰

副总经理、党组成员：陈安伟、石华军

副总经理、党组成员，国网杭州供电公司总经理、党委副书记：于金镒

副总经理、党组成员：孔繁钢

副总经理、党组成员：杨勇

工会主席、党组成员：王幼成

党组成员，国网宁波供电公司总经理、党委副书记：吴国诚

纪检组长、党组成员：商全鸿

副总经理、党组成员：阙波

组织机构　浙江公司本部职能部门23个，分别为办公室、发展策划部、财务资产部、安全监察质量部（保卫部）、运维检修部、营销部（农电工作部）、科技信通部（智能电网办公室）、建设部、物资部

（招投标管理中心）、对外联络部（品牌建设中心）、审计部、经济法律部（体改办）、人事董事部、人力资源部（社保中心）、离退休工作部、后勤工作部、思想政治工作部、监察部（纪检组办公室）、电力调度控制中心、运营监测（控）中心、电力交易中心、工会、企协分会。

地市供电公司 11 家，分别为国网浙江省电力公司杭州供电公司、国网浙江省电力公司嘉兴供电公司、国网浙江省电力公司湖州供电公司、国网浙江省电力公司绍兴供电公司、国网浙江省电力公司衢州供电公司、国网浙江省电力公司宁波供电公司、国网浙江省电力公司金华供电公司、国网浙江省电力公司温州供电公司、国网浙江省电力公司台州供电公司、国网浙江省电力公司丽水供电公司、国网浙江省电力公司舟山供电公司。

浙江公司层面业务支撑和实施机构 8 家，分别为国网浙江省电力公司经济技术研究院、国网浙江省电力公司电力科学研究院、浙江省送变电工程公司、国网浙江省电力公司检修分公司、国网浙江省电力公司信息通信分公司、国网浙江省电力公司物资分公司、国网浙江省电力公司培训中心、国网浙江省电力公司综合服务中心。

浙江公司层面其他机构 5 家，分别为国网浙江省电力公司电动汽车服务分公司、国网浙江省电力公司紧水滩水力发电厂、国网浙江省电力公司综合服务分公司、浙江华电器材检测研究所、国家电网公司职业病防治院。

电网概况 截至 2013 年底，浙江省共有特高压输电线路 623km，变电站 1 座，变电容量 600 万 kVA；500kV 输电线路 7262km，变电站 34 座，变电容量 7265 万 kVA；220kV 输电线路 14 726km，变电站 263 座，变电容量 10 236 万 kVA。浙江统调总装机容量 43 253MW，同比增长 6.82%。浙江电网通过 9 条 500kV 线路与上海、江苏、安徽及福建电网相联，已投运的向家坝—上海特高压直流、锦屏—苏南特高压直流线路途经浙江。皖电东送特高压交流工程于 2013 年 9 月投产，浙江电网正式迈入特高压时代。浙江省 6000kW 及以上发电装机容量 5957 万 kW，其中火电 4684 万 kW、水电 776 万 kW（抽水蓄能 308 万 kW）、核电 440 万 kW、风电 44 万 kW。

人力资源 抓住队伍建设这一根本，坚持控制总量、优化结构、提升素质，机构设置和人员配置操作方案典型内设机构延伸到班组，职责细化到职能部门和业务机构。截至 2013 年底，浙江公司系统职工人数39 261 人，同比减少 703 人。

开展专家和通道人才“师带徒”行动，1067 名专家人才与 1394 名员工结对授艺。提高新进毕业生素质，在国家电网公司首批新员工集中培训中综合考评第一。设立 8 个劳模培训工作站，跨地区培训 374 人次。3 个劳模工作室入选国网劳模创新工作室示范点，2 人获中央企业劳动模范称号。在国家电网公司调考和技能竞赛中表现优异，基建质量管理知识竞赛获团体一等奖和 2 名个人一等奖；财务调考获团体和个人第一名。52 人入选国家电网公司优秀专家人才。

电网建设与发展 110kV 及以上输电线路开工 3583km，投产 3918km；变电开工 3870 万 kVA，投产 2937 万 kVA。

围绕打造坚强智能电网，加大电网建设力度，建设规模创历史新高。2013 年全国在建 4 个特高压工程，在浙江落点的有 3 个。公司全面加强特高压工程的组织协调，建立指挥部负总责、项目部实施、地市公司抓属地政策处理的工作机制，创立分层分区模块化、阶段性验收的特高压全过程技术监督模式，保证了工程安全、质量和进度有效管控。溪洛渡—浙西直流工程化解了大量征迁补偿、大件运输涉及航道疏浚和道路桥梁加固等难题，在沿线五省中率先架通境内线路，浙西换流站全面开展设备安装。浙北—福州交流工程克服 50%以上线路在高山峻岭施工、涉及大量房屋拆迁等困难，线路基础施工完成 90%，浙中站、浙南站完成场地平整开始土建施工。对世界首个同塔双回皖电东送特高压交流工程，公司全力做好停电配合，提前介入设备监督，及时发现消除缺陷，确保工程提前 4 个月竣工，并实现浙江省首座 1000kV 浙北变电站一次投运成功，宣告浙江电网正式进入特高压时代。

全面完成“十二五”规划项目可研工作，衔接 500kV 电网项目审批权下放，完善前期工作流程，14 项 500kV 项目获得核准，创历史之最。按计划建成特高压、电厂配套送出和补强主网架的 4 个 500kV 输变电工程。国家电网系统首座 220kV 标准装配式智能化变电站袍南变电站，仅用 4 个月高标准建成。建成海岛洞头县与大陆联网 110kV 工程，实现所有县 110kV 及以上电网联络。完成 52 座 110kV 变电站改造，消除了 98%“单线单变”问题。在国家电网公司系统率先发布配电网典型供电模式，完成 99 个配网“三双”工程，全省累计建成高可靠供电（供电可靠率 99.999%）面积 101km^2。全面完成农网改造升级工程，实现县县电气化。严格入网设备质量监督，地市公司设备送检率 100%、检测合格率 95.8%，华电检测所检测及时率 100%。实现电网建设优质工程率 100%，5 个工程获钱江杯，500kV 吴宁变电站、三门核电—回浦输电工程分获国家电网公司质量、安全管理流动红旗，2 个项目获国家电网公司输变电工程设计竞赛一等奖。

全面建成绍兴镜湖新区智能电网综合建设工程。国内首家实现年自动检定配送和应用智能电表双双突破500万只，全省累计安装智能电能表1566万只。用电信息采集系统实现城镇用户全覆盖，远程抄表结算应用率99.66%。创新电费抄核收模式，在国家电网系统率先实现"集抄集收"实用化，抄催人员减少31%。建成电动汽车充换电站（配送站）25座，国内最先实施动力电池梯次利用，成组电池寿命1600次以上。

企业管理 落实"强基固本、奋力争先、接轨国际"的工作思路，完善"三集五大"体系机构设置和人员配置，加强财务管控实施省市县财务一体化管理，大规划、大建设、大运行、大检修、大营销等体系高效运转。建成省、市两级运营监测（控）中心，形成省市县三级运营监测业务体系并初步发挥作用，促进公司提升运营效率与效益。

深化全面计划全面预算管理，加强综合计划全过程闭环管控，推进财务预算与业务融合，大力压降非生产性费用，经济效益创历史最佳。努力增供扩销，建立省市县三级负责人联系大客户制度，推动67个重点项目提前送电，年增售电量12亿kWh；推广冰蓄冷等电能替代项目1116个，年增售电量21亿kWh；积极争取电价政策，燃煤机组标杆电价下降2.5分/kWh。建成浙江电力积分商城，销售电费充值卡4.2亿元。全面推行柔性催费等举措，公司历史性地实现全口径当年和陈欠电费"双结零"。

实现全面全员绩效管理全覆盖。县公司资金100%集中管理，盘活存量资金40亿元。在国家电网系统率先发布配网典型设计，通用物资种类压减85%。盘活利用库存资源，库存量由34.14亿元压降到10.18亿元，实现库存物资"零积压"。国家电网系统首家实施物资统购统配，确保通用物资一周内到货，建成杭州、宁波、温州、金华4个中心库。

推进县供电企业一体化管理，建立浙江公司专业垂直管理、综合协调和市公司全面管理的工作机制。深化县公司同业对标，开展"抓两头、带中间"帮扶，整体提升县公司管理水平，33家县公司位列国家电网独立核算县供电企业百强、数量排名第一，7家县公司入选国网同业对标标杆单位。完成9家县公司子改分工作。优化供电所设置，统一职责、岗位及业务流程，780个供电所整合为418个；9个供电所入选国网公司同业对标标杆单位。开展集体企业重组整合，从年初582户下降到331户。

坚持"以防为主"，常态化排查经营和廉政风险，梳理关键领域、重点环节风险点710个，出台防控预警措施809条，有效防范了各类风险。完成国家电网公司内控建设试点任务，开展内控体系优化提升，优化业务流程2254项。建立领导干部问责制度，坚决查处违纪违规问题。严格落实关键岗位人员定期轮换制度，做到应交流必交流，完成关键岗位轮换交流1632人。推行分包商定期退出制度，清退分包商339户。国家电网系统首家实施评标专家定期资格终止制度，终止所有连续5年担任同专业评标专家218人。建立一体化法律服务保障体系，法律审核覆盖所有重大决策、经济合同和规章制度。公司荣获省依法治企先进单位。开展信访风险评估和法律鉴定，积极化解疑难信访问题，来公司上访人数下降30%。

深化立体审计，实施地市、县公司依法治企综合检查，促进增收节支4.11亿元。严控小型基建规格，落实超标办公楼封存和综合利用措施，杜绝了豪华装修。规范车辆管理，完成集体企业和乡镇供电所车辆清理整顿，推广车辆集约化管理模式，实现公务车辆GPS全覆盖。

安全生产 坚持把安全放在首位，全面落实安全责任，全方位全过程管控安全风险。针对"两交一直一柔"电网建设2万余人同时施工、抗灾救灾多时近万人协同抢修、高温期间日均上万人进行生产作业和供电服务，公司安全巡查组、安全质量监察大队动态开展安全巡回检查，各单位强化日常安全监督和稽查，累计查处现场违章2.7万余起；3G移动视频监控全面覆盖到10万个现场，各层面定期通报违章情况，推行员工安全积分制等考核，健全反违章常态机制。针对全年主网配合停役上千条次、运行方式频繁调整的情况，强化事故预想和人员不间断巡视、直升机巡检等措施，巡视主配网设备76万余次，排查治理隐患和缺陷1.25万项；110kV及以上输变电设备在线监测全覆盖。实时监测发现隐患145处，避免了六级以上事故51起。将安全监督管理全面延伸到集体企业和分包队伍，完成92家电力施工集体企业安全认证，清退不合格分包队伍47支。公司确保了电网、设备和人身安全，没有发生一起安全考核事故。

科技与信息化 加强自主创新，获得国家电网公司级以上科技成果奖励40项，专利授权921项，申请国际专利4项。8项成果获中国电力科学技术奖，其中一等奖1项，二等奖2项，三等奖5项；5项成果获浙江省科学技术奖，其中二等奖1项，三等奖4项；8项成果获国家能源科技进步奖，其中二等奖3项，三等奖5项。推广应用118项群众性创新实用新型工器具，产生经济效益上亿元，建成职工技术创新成果展示馆。全面推进国家863课题，"含分布式电源接入与微网"科技攻关团队获国家电网公司命名；舟山多端柔性直流输电示范工程关键技术研究项目顺利推进。连续两年成为国家级工业化信息化深度融合示范单位，是全国唯一获此殊荣的省级电力公司。

优质服务 浙江用电需求快速回升，又逢62年以来最为严重的高温干旱，全省统调用电负荷10次创历史新高，最高达5462.6万kW，夏季连续限电36天，最大错避峰电力457万kW，缺电时间和受限电量为全国之最。公司科学调度，保证省内机组稳发满发；超前谋划、不遗余力外购电力电量，全年外购电量836亿kWh、增长23%，最大外购电力1584万kW，9条500kV省际联络线满负荷送电，把电力缺口降到了最低限度。在用电紧张时期，运用首创的分层分区需求侧管理系统，精心实施分档有序用电，精准实现"停机不停线"，促进了"能源双控"，倒逼工业企业转型升级。全年做到了"不拉电、少限电"，没有一户居民、没有一家重点企业用电受影响，切实履行了电力保障职责，省政府专门嘉奖公司的突出贡献。

围绕提高供电质量和服务效率，大力整治配电网，创新营配管理模式。国内首家实现公用变压器终端全覆盖，做到超载过载配电变压器治理不过周，更换超载过载配电变压器4611台和全部高耗能配电变压器，消除配网设备和进户线隐患1.9万项，完成1.2万户低电压治理。国内率先实现四类不停电作业在地市公司全面推行，完成配网带电作业13万次，减少停电时户数1149万个，户均年停电时间减少37min。实现客户报修响应、配网抢修指挥和配网调度一体化运作，创新建成市级供电抢修服务中心，全面开展故障表计综合抢修，抢修效率提高了35%。建成营配贯通业务平台，全省配变、表计可用率100%。

倡导"五星级"服务理念，实施供电服务提升工程，整治供电服务突出问题275个，第三方客户满意率达到86.8%。完成供电所与2.15万个村级便民中心对接，为农村居民在家门口办理用电事项18.3万次。积极服务新能源发展，为198个风电、光伏项目提供并网专属服务，总装机容量82.8万kW。开展供电服务"无投诉"劳动竞赛，客户投诉处理时间由5.2个工作日降至3.2个工作日。省供电服务中心获2013年度中国最佳呼叫中心运营奖。公司在省政府"优环境促发展"考评中列公用服务行业第一；全省群众满意基层站所10个示范单位中公司占5个，96个先进单位中占15个，均居30个行业首位。

党的建设和精神文明建设 认真学习贯彻党的十八大、十八届三中全会和习近平总书记系列重要讲话精神。按照早学早查早改要求，做好党的群众路线教育实践活动准备。严格落实八项规定实施细则，公司文件和本部会议分别减少30%、31.6%，业务招待、会议和公务用车三项费用下降69.2%。大政工工作格局基本形成，实施"树立大安全观"大政工专项活动，推行一体化考评，促进思想政治工作与专业业务有机融合。开展共产党员服务队竞赛，2支队伍获国网公司优秀共产党员服务队称号。

加强"四好"领导班子建设，全面开展处级、科级干部考评和后备民主推荐，干部选拔满意度99.2%。实施"追求卓越"工作，完成283个公司重点项目，产生众多优秀成果。

深化"制度管事、文化管心"建设，组织员工思想动态调查和心理健康分析，举办"中国梦·国网情"主题活动，员工自创的一批微电影引起社会良好反响，评选产生10名"最美员工"。规范农电用工党（团）员管理，理顺县公司工会组织关系。加强班组建设，100个班组成为公司"五星级班组"，12项成果获全国电力行业和省企业管理创新成果奖，26个QC小组获全国优秀质量管理小组称号。中央媒体正面宣传发稿数位居国网系统第一，首次发布年度舆情报告，开展新闻发言人培训和实战演练，保持舆情平稳。11家地市公司、25家县公司和5家直属单位通过"健康食堂"验收。实施"阳光成长导航"，激发青年员工正能量。离退休工作"美丽夕阳"暖心帮扶模式取得良好效果，纳入国家电网公司试点项目。浙江公司荣获"全国模范职工之家"、浙江省"十大善美企业"和省"企业文化建设示范单位"称号，8家单位获省"文明单位"称号，金华义乌公司荣获全国"五一"劳动奖状，嘉兴公司获"中央企业先进集体"称号，3个集体获"全国工人先锋号"称号。

主要事件

1月11日，浙江省副省长毛光烈到省电力公司调研工作，并慰问电力员工。

1月16日，浙江省副省长毛光烈到溪洛渡左岸—浙江金华±800kV特高压直流输电工程金华换流站调研。

1月17日，浙江公司四届五次职工代表大会暨2013年工作会议在杭州开幕。

2月5日，浙江省智慧城市建设示范试点部省联席会议在北京召开。会上，国家电网公司与国家工业和信息化部、国家标准化管理委员会、浙江省人民政府就共同推进电动汽车智能充换电服务网络和嘉兴智能电网建设示范试点达成合作协议。协议明确，四方将建立联席会议制度和工作协调推进机制，共同推动由省电力公司承担的浙江"电动汽车智能充换电服务网络"和"嘉兴智能电网"示范试点建设、标准化建设和专项研究。

2月27日，浙江盛达铁塔有限公司和浙江盛达江东铁塔有限公司整体移交山东电工电气集团有限公司签约仪式在杭州举行。

2月28日，葡萄牙教育科学部部长努诺·克拉托（NunoCrato）带领代表团来浙，实地考察杭州市古翠电动汽车换电站，详细了解杭州市电动汽车应用情况。

3月15日，世界第一个五端柔性直流输电工程——浙江舟山±200kV多端柔性直流重大科技示范工程总承包合同在杭州签订。作为工程建设投资方的浙江公司，分别与中国电力技术装备有限公司、北京网联直流工程技术有限公司签订总承包合同

3月29日，浙江省经信委、省电力公司联合在湖州德清召开现场会，全面启动浙江省农村农用电力线路改造移交工作。

4月11日，浙北—福州特高压交流输变电工程动员大会在浙江杭州举行。国家电网公司副总经理舒印彪、浙江省副省长毛光烈等出席动员大会并讲话。

4月11日，国家电网公司副总经理、党组成员舒印彪在杭州与浙江省副省长毛光烈会谈。双方就进一步加强战略合作，推动特高压电网建设，促进浙江经济社会发展等达成共识。

5月，浙江公司在全省"优环境促发展"工作考评中，以总分110分列全省公用服务行业第一名。

7月1日，"浙江供电服务微博"正式在新浪、腾讯的微博平台上线运行。

7月9日，国家发展改革委价格司副司长李才华一行到浙江公司调研指导工作。

7月16日，溪洛渡左岸—浙江金华特高压直流输电工程浙江段在衢州龙游开机架线。

8月22～23日，在国家电网公司2013年基建质量管理知识竞赛中，浙江公司代表队获团体一等奖和土建、电气专业个人一等奖。

9月25日，首个落点浙江的特高压——皖电东送淮南—浙北(安吉)—上海特高压交流输变电工程投产。

10月23日，国网浙江省电力公司、国网通用航空有限公司与浙江省德清县人民政府在杭州举行《关于加快推进国网通航华东中心基地建设合作框架协议》签约仪式。

10月24～25日，国家电网公司信息通信系统运行维护技能竞赛总决赛在江苏举行。经过激烈角逐，国网浙江省电力公司参赛队脱颖而出获得佳绩，以总分第二名的成绩获得团体二等奖，1人获信息业务运维专业个人第一名（一等奖）；2人分获信息平台运维专业第三（二等奖）、四（三等奖）名；1人获通信运维专业第四名（三等奖）。

10月31日，溪洛渡左岸—浙江金华特高压直流输电工程浙江段线路全线贯通。

10月31日，龙泉、庆元、云和和景宁四县被命名为"新农村电气化县"，标志着浙江全省实现"县县电气化"。

12月4日，在由浙江省企业家联合会与省内权威媒体共同主办的评选活动中，浙江公司被评为浙江省"十大善美企业"。

12月8日，浙北—福州特高压交流输变电工程浙江段开始架线施工。

（郑洪华）

【国网安徽省电力公司】

企业概况 国网安徽省电力公司（简称安徽公司）是国家电网公司的全资子公司，主要负责安徽省域电网的建设、管理和经营工作，具有电网建设、电力经营、电力施工、电力设计、电力科研和教育培训等综合功能，承担优化全省能源配置、满足经济社会发展电力需求供应的重要职责。

安徽公司本部设21个职能部室（中心）、1个电力工会委员会，另设国家电网企协安徽分会1个机构。下设97个单位，其中16个市级供电公司，72个县级供电公司，9个直属单位。

全年安徽省全社会发电量为1977.73亿kWh，同比增长9.4%；全社会用电量1528.07亿kWh，同比增长12.27%；完成省内售电量1194.8亿kWh，同比增长11.9%；统调最大用电负荷2658.35万kW，同比增长17.04%；向华东电网净送电量449.66亿kWh，同比增长0.65%；线损率7.87%，下降0.68个百分点。

电网概况 安徽电网基本建成以1000kV和500kV线路为骨干、220kV线路覆盖全省的较为坚强的电网。截至年底，安徽电网拥有1000kV变电站2座，变电容量900kVA，输电线路长度896km；500kV变电站17座（含开关站1座），变电容量2185万kVA，输电线路长度4192km；220kV变电站163座，变电容量4633万kVA，输电线路长度12 220km；110kV变电站479座，变电容量3776万kVA，输电线路长度13 656km。全社会装机容量为3933.13万kW，统调装机容量3662.16万kW，其中省内统调机组装机容量3424万kW，皖电东送机组装机容量890万kW，华东网调抽水蓄能装机容量160万kW。

人力资源 推进"三集五大"体系全面建设工作，高效完成公司各层级机构、岗位调整和人员优化配置工作。加强人力资源管理，将集体企业用工纳入统一管控，初步实现劳动用工全口径管理。试点建设内部人力资源市场，进一步规范薪酬福利管理，持续深化全员绩效管理。加强干部队伍建设，推荐1名处级干部、4名年轻干部到国家电网公司总部和直属单位挂职锻炼。加大干部教育培训力度，制订处级干部3年培训规划，组织20名正处级干部、146名县公司正职参加国家电网公司培训班，完成县公司副职培训工作。加强干部后备梯队培养，建立110人的副职后

备干部队伍，举办1期党校青年干部培训班。组织基层单位46名青年骨干到本部挂职，从中择优录用20名优秀人员补充到本部各部门。完成公司各类优秀专家人才遴选工作。强化全员教育培训，举办各类培训班2914个，培训11.9万人次，公司三级兼职培训师队伍全面建立。截至年底，安徽公司所属单位本科及以上学历12 547人，具有中级及以上职称6005人，高级技能人才比例81.534%，人才密度达0.931 5，110人被评为国家电网公司优秀专家人才。

电网建设与发展 修订安徽公司“十二五”发展规划，提出2020年发展展望，完成2014～2018年电网规划编制及评审工作。准东—皖南特高压直流工程获得路条。淮南—南京—上海特高压交流工程、宁东—浙江特高压直流工程取得各项省级支持性文件，满足核准进度要求。广德变电站等6项500kV工程获核准、釜山变电站等7项500kV工程获可研批复；154个220kV及以下项目全部获可研批复。扎实推进配网前期工作，健全配网项目前期机制，完成16个批次、40亿元配网项目可研交叉评审。

全力推进皖电东送淮上线特高压工程建设任务和生产准备工作，工程于9月25日正式投入运行，安徽电网迈入特高压时代。按期投运500kV众兴变电站、皋城变电站、濉溪变电站扩建及24座220kV变电站、48座110kV变电站等新扩建工程，有序推进500kV阜二变电站、孔店变电站等重点工程建设。500kV繁昌变电站增容改造等38项重点技改工程顺利完成。积极参与国家电网公司智能电网支撑智慧城市、新一代智能变电站等项目建设工作。

经营管理 全面强化综合计划和预算管理，企业核心资源管控能力进一步增强。深化经营诊断，努力挖潜增效，经济增加值（EVA）迈上亿元台阶。开展内控体系建设，基本建成公司内控体系。多方筹措低成本资金65亿元，保障公司发展资金需求。强化资金集中管理，资金归集比率100%，压缩财务费用2.1亿元。

顺利完成管理提升活动第二阶段任务，3项成果入选国家电网公司典型经验库。全面实施工程标准成本及竣工决算分级审批管理，合理控制110kV及以上新建工程成本。物资管理全面实现电子商务平台采购，完成各类物资采购94.91亿元，集中采购率98.2%，节约资金10.11亿元。积极开展库存物资盘活利库，实现“零积压”目标。高质量建成省级运营监测（控）中心，运营监测（控）业务实现常态化运作，16家市公司运监中心监测大厅建成投运。

坚持依法从严治企，认真分析并整改内外部检查发现的问题，努力构建依法治企长效机制。配合国家电网检查组完成依法治企综合检查，配合审计署完成“西电东送”工程审计。严格落实集体企业管理要求，推进集体企业监管体制机制建设，及时启动集体企业重组整合工作。完成“三公”消费专项检查。

安全生产 扎实开展安全大检查，深刻吸取各类事故教训，全面落实事故整改及防控措施。科学调度电网运行，合理安排机组出力，积极争取省外电力支援，成功应对持续高温、强对流天气等自然灾害挑战，圆满完成迎峰度夏保电任务。认真落实“安全管理提升”活动等12项重点工作，强化省市县一体化安全监督，现场安全管控进一步加强。推行隐患整改闭环管理，隐患整改计划完成率100%。扎实推进20项《电力安全事故应急处置和调查处理条例》专项隐患治理，累计完成18项隐患治理。建立省际、省内区域协调应急联动机制，完成浙江抗冰抢险支援任务，在国内首发城市内涝电力应急预案，开展地震、大面积停电、新闻发布等应急演练，公司应急处置能力得到提升。全面建成省市县三级电力执法队伍，内外部防控联动机制进一步完善。

营销工作 积极应对外部经济形势变化，全面实施电能替代工程，千方百计增供扩销，全年开拓电量28亿kWh，公司售电量增速位居国家电网公司系统前列、华东和中部第一。大力推动跨省双边电量交易，完成交易电量32.2亿kWh。积极争取电价政策，全额疏导年度脱硝、除尘、垃圾发电、抽水蓄能等电价矛盾。加大电费回收力度，应收电费余额203万元，较国家电网公司考核指标下降96.88个百分点。开展反窃电专项行动，挽回经济损失3224万元。积极推进合肥滨湖综合建设工程实施，完成电力光纤到户和智能小区试点工程验收。加快电动汽车充换电设施建设，合肥3座公交车充换电站完成竣工验收，4座电动出租车充电站开工建设。

农电工作 截至年底，全省县公司售电量615.39亿kWh，占安徽公司全口径售电量51.50%，同比增长8.82%。农网供电可靠率99.871%、综合电压合格率98.697%。深入开展县公司、供电所管理提升工程，农电专业化管理持续深化。扎实推进供电所管理问题排查和农网工程涉农问题整治。农网改造升级工程扎实推进，完成投资23.7亿元，建成4个电气化县、50个电气化乡镇、583个电气化村。公司2011、2012年农网改造升级工程通过省能源局整体验收，9项工程获国家电网公司2013年度农网“百佳”工程称号。完成50家新上划县公司综合检查工作。积极推进农场电力资产移交工作，普济圩农场电网资产顺利移交。

科技与信息化 投入研发费用1.61亿元，申请专利498项，获得专利授权247项，1项成果获国家电网科技进步一等奖，1项成果获省科技进步二等奖，2 项成果获国家环保科技三等奖。推进信息化项目建设，完成电子文件系统建设年度任务；班组建设信息系统在 1958 个班组上线应用，使用率达 98%。深化信息系统应用，PMS 系统实现全覆盖，启动县公司电网 GIS 平台推广建设。全面建设推广电视会议系统，顺利通过验收。组织开展自建系统清理下线和数据重复录入治理工作。1 家县公司荣获国家电网公司“科技进步先进县供电企业”称号。强化信息通信运维管理，公司网络与信息系统运行总体平稳，未发生国网考核的信息系统安全事件，公司获国家电网信息通信运维技能竞赛团体第三名。

优质服务 全面建设供电服务提升工程，开展 95598 服务质量管控专项行动，建立明察暗访常态机制，切实整改服务中的突出问题。95598 五项业务集中顺利上划。与省邮政公司、农村信用社、利安电子商务开展电费代收合作，进一步拓宽客户交费渠道。平稳实施居民阶梯电价，“五保户”、“低保户”免费用电返还政策稳妥落实。积极开展分布式电源并网服务，专题协调 11 个风电项目送出工程建设，完成风电项目并网 14.85 万 kW、光伏项目并网 6.3 万 kW。认真制定各类保电方案，顺利完成春节、“两会”保电工作。

党的建设和精神文明建设 深入学习十八届三中全会和习近平总书记系列讲话精神，认真做好党的群众路线教育实践活动相关准备工作。加强发展党员和党员管理，严格党内组织生活管理，制定公司相关实施意见，基层党建工作进一步加强。深化共产党员服务队建设，两支党员服务队被评为国家电网公司优秀党员服务队，公司获得优秀组织奖。

制订关于改进工作作风密切联系群众有关规定的实施办法，积极开展监督检查，组织多种形式宣传教育活动，全面落实“八项规定”和反腐倡廉各项要求。加强会议计划管理，视频会议比例提高至 31%，会议费用同比下降 53%。坚持勤俭办企业，大力压降“三公”费用，同比下降 47%。强化廉洁从业教育，深化协同监督与廉政风险防控机制建设，发挥职能部门的纵向监督作用，公司党风廉政建设持续加强。

实施国家电网公司企业文化重点项目，积极打造统一道德讲堂平台，“光明驿站”获全国优秀志愿服务项目。学习宣贯《国家电网公司员工奖惩规定》，制订员工奖惩实施细则。2 个单位获全国“五一”劳动奖状，3 个班组获得全国工人先锋号，1 个单位获中央企业先进集体。关心员工生产生活，全面开展迎峰度夏和困难职工慰问活动。认真落实离退休老同志两项待遇。严格落实维稳责任制，建立舆情处置协同机制，稳妥处置各类突发事件，切实维护公司品牌形象。

主要事件

1 月，安徽公司组建跨省支援抗冰抢险支援工作组赴浙江，圆满完成抗冰救灾任务。

2 月 21 日，安徽公司召开干部大会，宣布吕海平任安徽省电力公司党组书记、副总经理。

3 月 26 日，安徽公司运营监测大厅正式启用，运营监测（控）信息支撑系统上线运行。

6 月 20～21 日，安徽公司与蚌埠、马鞍山市政府联合开展地震与大面积停电事件联合应急演练。

6 月，根据国家电网公司名称规范工作统一部署，安徽省电力公司改名为国网安徽省电力公司，并相应更换营业执照、机构代码证等。

8 月，国家电网公司、安徽省政府安全大检查督查组分别到安徽公司检查指导工作。

8 月 14 日，安徽电网统调最大用电负荷达 2658 万 kW，同比增长 17%，当年第 11 次刷新历史纪录。

9 月 25 日，皖电东送淮南至上海特高压交流工程正式投入运行，安徽电网跨入特高压时代。

9 月，安徽公司 95598 五项业务集中顺利上划，主多分开任务全面完成。

10 月 11～13 日，安徽公司开展省调主备调切换实战演练。

10 月 23 日，安徽公司提前实现国家电网公司变电站无人值守工作年度目标。

12 月，国家电网公司党组调整公司领导班子，周建同志任国网安徽省电力公司党组成员、工会主席，裴江淮同志任国网安徽省电力公司副局级调研员。

（时　伟）

【国网福建省电力有限公司】

企业概况 国网福建省电力有限公司（简称福建公司）是国家电网公司全资子公司，以电网建设和运营为核心业务，担负着为福建经济社会发展提供安全可靠优质电力保障的重要使命。经营区域覆盖全省 9 个设区市和平潭综合实验区，供电客户 1418.4 万户。福建公司下辖 9 个供电公司和 62 个县公司。2013 年，福建省全社会累计用电量 1700.7 亿 kWh，比增 7.68%；累计完成省内售电量 1463.9 亿 kWh，比增 8.09%；省电网发电最高负荷为 2968 万 kW，比增 10%；福建省电网用电最高负荷为 2802 万 kW，比增 10.4%。

福建公司牢牢把握国家电网公司与福建省全面深化战略合作的重大契机，加快转变公司和电网发展方式，各方面工作取得新进展、实现新突破。福建公司蝉联三届全国文明单位，荣获全国“五一”劳动奖状、全国模范职工之家、中国企业信息化 500 强等称号；实现全省文明行业创建“五连冠”，行风评议“九连冠、六年免评”，连续五届获得省党建先进单位。综合业绩连续两年保持国家电网公司A级，三个专业获得标杆。

电网概况 福建电网通过2回500kV线路与华东联网；省内形成以500kV全省大环网为主网架、220kV和110kV地区电网为分区网架、城市和农村配电网为终端的坚强电网，福建电网的资源配置和抵御自然灾害能力全面提升。截至年底，福建电网110kV及以上变电站751座，变电容量1.162 8亿kVA，输电线路2.9万km，其中500kV变电站18座，变电容量2523万kVA，线路4094.5km。

人力资源 福建公司继续贯彻“六统一”，深入推进集约化，基础管理工作全面加强，“三定、三考”工作取得新成绩，用工总量持续下降、队伍结构不断优化、人工成本有效控制、劳动效率稳步提高，人力资源管理水平不断提升。

进一步强化“三定”管理。根据国家电网公司统一部署，结合公司实际，科学编制“三集五大”体系全面建设机构设置和人员配置实施方案。推进集体企业“三定”规范工作。深入研究农电服务公司、能源服务公司运作管理优化调整工作。出台业务外包管理办法，加强了业务外包统一归口管理。

全面加强员工管理。2013年研究生和电工类毕业生的占比均达到往年最高，公司人才引进指数进一步提升。制订《公司内部人力资源市场管理暂行办法》，并在三明地区内试点运行。深化用工规范化工作，下发《关于进一步规范劳动用工管理的通知》等文件，重点梳理规范不在岗人员和混岗问题。进一步深化人力资源基础信息规范，2013年公司人力资源管理信息系统实用化评价列国家电网公司第一名。

加强薪酬规范管理。推进全面薪酬体系项目的研究，提出岗位绩效工资制度和相关配套制度的优化方案；组织开展岗位评价工作，优化岗位评价指标体系，并将市场化用工纳入岗位评价范围。修订企业负责人薪酬管理办法；修订福利性补贴管理办法，进一步规范各单位福利性补贴的发放行为；优化福利保障制度体系，建立福利项目执行预警机制和福利规范化管理核查机制。

全面推行全员绩效管理。出台《企业负责人副职绩效考核实施细则》《省公司本部全员绩效管理办法》；开发“福建电力绩效管理系统”并于3月份投入运行，公司系统全民职工、集体员工、农电员工共4.6万人上线使用，各级领导通过绩效系统开展全员绩效管理，绩效管理体系渐趋完善。履行民主决策程序，出台《国网福建省电力有限公司员工奖惩实施细则》，规范员工行为。

持续强化人才培训培养工作。积极组织各类竞赛调考，全年累计开展竞赛调考32项，其中国家电网竞赛4项、调考9项，省公司竞赛11项、调考8项；加大人才开发评价力度，推荐49名国网优秀专家人才候选人，其中有43人入选国家电网优秀专家，入选率达87.8%；选拔一至三星级农电工1468名，全年完成1282人专业技术评定和4184人技能等级鉴定工作。

电网建设与发展 完成特高压、北部电源与主干网架适调性研究；实现500kV及以上项目“十核准”。浙北—福州特高压工程完成变电“四通一平”，线路基础浇筑615基、铁塔组立145基，占比分别为87.1%、20.5%。投运500kV园顶变电站、福清核电送出等沿海二通道重点项目。建成柳城等3座标准配送式智能变电站。500kV笠里变电站获评国家优质工程，4个项目获得国家电网公司流动红旗，110kV及以上项目全部获评国家电网公司优质工程，取得历史最好成绩。

组织县域配网发展诊断分析；开展23个扶贫开发重点县电网现状调研和专题分析；分类梳理农村配网低电压成因；编制山区配网差异化规划设计技术原则，推行35kV配电化和农配网典型供电模型。配电协同设计平台上线运行。优化配网应急项目管理；限下项目比例提高至60%以上。新建及改造配网线路6120km，配电变压器6369台，减少低电压问题6.92万户；完成“一户一表”改造2.75万户。实施配网带电作业10 279次，比增41.3%。福州、厦门重点城市配网建设改造及管理提升工程通过验收，厦门岛27条馈线实现自愈功能。4个农网升级改造项目获评国家电网公司“农网百佳工程”。

经营管理 扎实推进“三集五大”体系建设。统一规范机构名称，完成省公司层面机构设置和人员配置；建成地市运营监测（控）中心。建立全业务、全口径绩效管控系统；推进全面薪酬试点体系建设；明确业务外包范围和标准。所有市公司实现区域会计集中核算；累计清理土地权属2374宗，完成率90.96%。平稳完成居民阶梯电价第二阶段调整。成功化解脱硝、可再生能源补助资金垫付风险。物资集中采购比例达98.6%，建立物资统一调配平台。

推行“二十四节气表”，建立年度重点工作推进机制。组织规章制度和规范性文件清理，废止和宣布失效270项。基本建成内部控制体系。完成依法治企综合检查整改工作；实施集体企业经营审计和县公司内控审计。开展主多分开“回头看”。优化整合集体企业67家；省公司层面集体企业实现人财物集约管理。实施县公司和供电所管理提升工程，3个县公司、2个供电所获国家电网公司综合标杆。

深入推进班组减负和信息系统整合。26项班组减负措施落实到位，优化整合记录、录音和工作流程

15项，取消手工报表23份，报表数量减少20份。推广供电所易用化信息门户；省公司集中部署的信息系统由94套减少至51套，基层自建系统下线199套，比例达87%。

安全生产 福建公司严格按照贯彻国家安全生产法规制度，认真落实国家电网公司和公司党组决策部署，认真做好安全生产工作，全面提升管理水平。截至2013年底，电网连续安全运行6812天，公司系统安全生产基本平稳。

强化安全监督，全面推进安全管理提升。执行“三级预警”制度，对安全整改不落实的单位追究管理责任；开展安全管理访谈，对部分下属企业的领导层、管理层和执行层开展口头访谈；进一步完善“四结合”隐患排查、“三重”隐患评估定级、“三联动”治理隐患、“三级制”隐患验收等隐患排查治理机制。

深入开展春、秋季安全大检查，执规检查，安全性评价。加大日常安全管理及作业现场的执规检查力度，2013年公司组织检查直管单位46次、县公司97次，供电所195个，并对185个重大检修项目现场进行了检查，重点督查各单位日常安全管理、“安全大整顿”活动、供电所“十查十严格”等工作开展情况，发现并反馈问题768项，查纠违章13 534起；有序开展安全性评价专家复查评、电力安全生产标准化达标评级和安全设施标准化建设验收工作。

强化安全教育培训，全面提升员工业务技能。组织编制下发《福建省电力有限公司现场作业安全要领》，提炼出11个专业33类作业的安全要领，提出“五查、五不干”，引导一线员工养成良好的作业习惯；编制下发“一工种一手册”，内容覆盖25个主要工种的《安规》应知条款，使员工学习、掌握《安规》更具针对性；共组织了33 645人参加《安规》培训考试。

全面强化应急、电力设施保护和综合治理工作。成功应对了1月闽西北雨雪冰冻灾害，“苏力”“西马仑”“潭美”“菲特”等台风，厦门“5·16”突发特大暴雨处置工作等突发事件，开展了“清剿火患战役工作”，整改火灾隐患1128处。

营销工作 牢固树立以客户为导向的全流程营销服务理念，开展营销管理工作。

不断夯实营销基础管理。开展营业核查补档，完成现场核查1099.05万户，完成率99.83%；开展箱户关系专项核查，累计核查5.22万个台区，完成率80.28%；推进营配信息集成共享，实现配电、营销、调度等多专业的信息同步与异动共享，支撑9大功能应用；强化用电安全管理，按周发布重要用户供电服务风险预警。

大力创新营销管理模式。实施计量资产全寿命周期管理，完成智能化二级表库试点建设，上收供电所批量备表及旧表退库权限，自主研制电能表智能周转柜并推广至供电所；省级集中检定180万只电能表，超额完成年度目标；深化采集系统建设及应用，实现采集1083户，采集覆盖率76.3%，日均采集成功率98.9%，直供区高低压客户实现全采集，自动抄表核算率95%以上；投运智能营业窗口平台，优化营业厅8大业务流程，简化39项纸质填单手续。

积极推动新型业务发展。稳妥开展直接交易试点，推动政府同意出台临时输配电价，采取发电侧、用电侧集中竞价模式；配合省政府申报第一批新能源汽车推广应用城市，并获批复；配合省经贸委促成工信部支持福建省参照第一批工业领域电力需求侧管理试点开展工作；建立分布式电源技术咨询、业务办理等并网服务机制，受理分布式光伏并网申请91户，发电容量7.72万kW。

农电工作 全面完成农网资产优化调整工作。在完成县公司地方政府股权上划后，为解决农网资产所有权与收益权之间的矛盾，公司统一部署，将由省网投资且在县公司使用的农网资产有序划转到资产运营所在县公司，截至10月底，公司已全面完成农网资产优化调整工作。

大力实施农网升级改造，建成较完善的输配电网络。分类梳理农村配网低电压成因；编制山区配网差异化规划设计技术原则，推行35kV配电化和农配网典型供电模型。4个农网升级改造项目获评国家电网公司“农网百佳工程”。“一户一表”改造计划的顺利实施，改善城镇用户用电环境，拓展了售电量增长的潜在空间。居民阶梯电价改革的顺利实施，促进实现城乡用电同价。

科技与信息化

1. 抓好重点项目研发，突出科技自主创新特色

电力运检技术获得突破。牵头组织山东、安徽、辽宁公司及3家军工研发单位共同研发的“无人飞行器巡检技术”项目，已完成验收。牵头研发的“移动式电池储能装置及其在季节性符合侧的应用示范”已完成3台集装箱式装置的研发，已在安溪投入应用。

基建技术推陈出新。承担国家电网公司“GIS不停电安装棚研究与应用”“智能变电站间隔层二次设备集成优化设计研究”等5项施工、设计类依托工程基建新技术研究工作，在节约环保、智能化、标准化等方面取得创新成果。担任“架空输电线路运输专用货运索道标准化”“掏挖钻机”“接地用定向旋挖钻机”等3项专项研究攻关组组长单位，通过提升施工机械化水平，努力提高施工效率、节约施工成本、促进环境保护。

电力调度技术研发成果立竿见影。全省18座500kV变电站完成无人值守改造，实现“省调集中监控，现场无人值守”；开展变电站断路器、隔离开关遥控调试，遥控调试率，500kV电压等级达100%，200kV及以下电压达99.58%；全省县调均完成“调控一体”改造，35kV及以上变电站无人值班化率达100%；断路器远方遥控操作，应急情况下操作率达85%，成功率达99.38%；厦门、福州的设备冷备用遥控操作研发取得阶段性成功。

2. 全面推进信息化建设

为全面支撑“三集五大”、保障“两中心”和智能电网建设，高质量完成“十二五”信息化规划滚动修编工作；在国家电网公司信息通信流动红旗评选中，先后获得信息系统建设管理、深化应用和优秀基层单位（班组）流动红旗。

全面开展下线信息系统历史数据迁移工作。根据公司实际需求开展调研与分析工作，试点完成电子文件系统“腾退系统管理模块”功能设计与研发工作，并通过该模块完成了合同管理等下线系统的数据迁移工作。

积极开展信息化管理制度和标准编写工作。完成《福建省电力有限公司管理信息系统运维项目管理办法》《信息设备技术鉴定原则与标准》《信息设备腾退再利用管理办法》《地市县信息设备配置规范和机房建设标准》送审稿的编制工作，有效提升了信息化规范管理水平。

基建管理信息系统应用实现所有里程碑项目的全覆盖。工程项目现场业主、施工、监理项目部的主要管理工作流程通过系统流转，基本实现基建项目全过程工期管理、全过程图形化跟踪、全过程工作质量跟踪。系统日常运行状态良好，网省部分用户注册数2083个，现场部分3233个，成功处理任务数71 092项，上传文件总数为79 698份。

圆满完成特殊时期公司信息通信系统调度运行保障工作。未发生信息通信系统安全生产责任事故。累计消缺196起，消缺率100%，网络设备可用率达100%。共执行信息一级检修206次，信息二级检修510次，检修合格率100%，共受理17.13万个电话，及时接通率为99.85%，坐席平均应答时长为5s，平均通话时长为1min59s。

优质服务 落实用电满意提升工程二十项措施，拉动电量增长12.7亿kWh。顺利完成95598五项业务向上集约；集中整治抄表催费等突出问题，每10万客户投诉比例下降48.36%。

深化服务快速响应体系建设，完成快响平台营配信息集成，形成持续改进提升的工作机制；加强故障研判和专业化抢修，努力实现“一张工单、一支队伍、一次修好”。

推行供电能力发布制，实行低压业扩“一岗制”，低压有工程、无工程、零散居民报装接电分别提速38.1%、48.2%、41.7%；高压业扩报装实行标准化全程式服务。49户分布式电源并网发电，在运容量3.6万kW。

党的建设与精神文明建设 福建公司深入贯彻落实党的十八大精神和为民务实清廉要求，围绕公司年度工作会议确定的目标要求，改进作风，突出重点，创新推进，在维护安全稳定、塑造党建品牌、提升文明形象、增强文化引领、凝聚队伍合力等方面取得新成效。

思想教育方面。加强形势任务教育。深入学习贯彻党的十八大精神，各单位先后组织辅导报告30场次，学习交流座谈会53场次；深入推进“中国梦·国网情”主题学习活动，各单位组织学习讨论会176场次，设置“中国梦·国网情”网络专栏，开展征文活动；深入开展“四比四看”主题活动，落实15项推进措施，重点培育81个党员“一带二”小组，举办优质服务行为大赛，重点评选46名“四比四看”活动明星进行宣传展示；加强思想作风建设。制订落实公司党组关于贯彻落实《改进工作作风、密切联系群众八项规定》的实施细则。

党的建设方面。修订完善公司党建标准化管理规定和考核办法，开展年度党建标准化达标评星考评。做好公司直属机关党委按期换届工作，首次采用“公推直选”方式选举直属机关党委和纪委班子；结合公司实施用电满意提升工程，组织开展共产党员服务队竞赛，部署“亮旗·表率”主题实践活动，积极参加国家电网公司共产党员服务队竞赛；围绕“苏力”“西马仑”“潭美”“天兔”“菲特”等台风，组织各级党团组织主动作为、发挥作用，积极投身抗台保电工作；围绕中心确定并实施55个2013年度党建“三级联创”项目。党建“三级联创”经验做法编入《国家电网公司管理提升典型经验汇编》。

文化建设方面。贯彻落实公司统一的企业文化建设实施方案，全面推进“三集五大”体系建设企业文化17项措施，开展省市县企业文化网络传播阵地一体化建设；开展3批企业文化建设调研，开展集体企业企业文化建设情况专题调研，举办2场企业文化交流研讨，开展5批县供电企业企业文化建设督察整改；推进年度企业文化重点项目建设，完成国家电网公司下达项目2项，省公司层面33项，培育并推荐上报优秀成果4项。

【浙江省能源集团有限公司】

公司概况 浙江省能源集团有限公司（简称浙能集团）成立于2001年2月，在历届浙江省委、省政府的正确领导下，在省有关部门的关心支持下，坚持

“发展能源为浙江”的宗旨，把保障浙江省能源安全供应作为企业的根本使命，着力推进“以电为主，多业发展”的大能源战略。

截至2013年底，浙能集团资产总额达1554.73亿元，所有者权益716.61亿元，总资产、净资产双居省属国有企业第一，实现了国有资产保值增值。全年实现销售收入775.40亿元，实现利润119.34亿元，占省属国资系统企业利润总额的48.5%。

成立13年来，浙能集团累计实现利润总额596亿元，累计上缴各项税金507亿元；为浙江省提供电力10 083亿kWh，占全省统调发电量的53%；采购煤炭4.3亿t，约占全省电煤需求量的40%；供应天然气247.45亿m^3，占全省管输天然气的100%。企业赢利能力、生产管理等各项经济技术指标位居全国发电企业前列，控股管理电厂平均供电煤耗降到306.9g/kWh，保持业界领先水平。

浙能集团已成功构建了大能源产业格局。电力产业：截至年底，集团控股管理发电装机容量2452.25万kW，占全省统调发电装机容量的50.13%；年发电量1179.12亿kWh，占全省统调发电量的49.83%。煤炭产业：2013年完成煤炭供应4660万t，同比增长11.8%；投资掌控煤炭资源42亿t，另有新疆准东30亿t资源有望获得探矿权；舟山六横煤炭中转码头年吞吐能力3000万t，同等规模的嘉兴独山港煤炭中转码头建设中；拥有三家海运公司，总吨位181万t，海运能力达4000万t/年。油气产业：全年完成天然气供应55.45亿m^3，占全省天然气消费量的90.6%；目前建成、管理省级天然气管网718.72km，在建1610.5km；经营城市燃气公司21家，在建嘉兴清洁油品生产储运基地。可再生能源产业：滩坑水电站等10座水电站总装机85.146万kW，洞头风电场装机1.35万kW，在建龙泉生物质发电厂装机3万kW。能源服务产业：环保产业完成脱硫工程建设超2000万kW，实施33台机组脱硝工程（其中2011年和2012年已完成24台，2013年上半年完成9台），建材产业年处理固废量700万t，年生产加气砖约50万m^3。

浙能集团还积极开展房产、财务公司、资产管理、海洋围垦等业务，着力培育金融地产板块，积极开发西部能源项目，着力培育区外能源板块。

浙能集团共有控股、管理企业180家，集团直接管理的全资、控股（含参股代管）企业、分公司（项目单位）73家，发电企业30家，企业员工16 000余人（全口径）。集团先后获得全国“五一”劳动奖状、全国国有企业创建“四好”领导班子先进集体、最具社会责任感企业、浙江省“十一五”节能降耗工作先进集体、浙江省减排工作先进单位、浙江和谐企业等荣誉称号。位列中国企业500强第171位，中国企业效益200佳第81位。

领导班子

董事长、党委书记：吴国潮

副董事长、总经理、党委委员：童亚辉

副董事长、党委委员：毛剑宏

董事、党委副书记：耿平

副总经理、党委委员：范小宁

副总经理、党委委员：柯吉欣

纪委书记、党委委员：张荣博

副总经理、党委委员：孙玮恒

副总经理、党委委员：楼晶

董事、工会主席、党委委员：徐小丰

总工程师、党委委员：朱松强

党委委员、组织（人力资源）部部长（主任）：黄伟建

组织机构 见组织机构图。

主要工作 浙能集团全面完成全年各项预算目标和工作任务。全年未发生较大及以上设备事故。未发生责任书考核范围内的人身死亡事故。控股管理电厂平均标准供电煤耗306.9g/kWh，比预算指标下降2.2g/kWh，厂用电率4.85%，比预算指标下降1个百分点。全年实现销售收入715.4亿元，实现利润119.34亿元。完成有效投资454亿元，其中完成控股项目投资246.2亿元。

截至年底，浙能集团资产负债率保持在53.6%的良好水平。

安全生产和工程管理再创新业绩。设备可靠性进一步提升，机组平均非计划停运次数0.34次/（台·年），同比下降0.13次/（台·年），煤机平均等效可用系数保持在91.58%。5台机组荣获“金牌机组”，获奖比例稳居全国发电集团首位；省级天然气主管网连续安全运行1850天，继续保持历史最好业绩；嘉兴7号机组连续运行553天，创国内百万机组连续安全运行记录；嘉兴三期获得国家优质工程金质奖，工程建设质量管理迈上了新的高度。

进一步强化“安全第一”思想，全面落实各级安全生产责任制，修订完善安全生产管理制度805项。改革安全检查模式，全年开展各类安全监督检查319次，排查隐患5828条，完成整改5433项。进一步加大节能环保技术改造力度，深化目标控制、过程监督和技术措施管理。全年共安排节能环保技改项目151项，总投资19.69亿元，完成7台机组通流节能增容改造，可获增容量21万kW，完成16台机组脱硝改造，22台机组除尘提效改造。加强环保设备运行维护和专题攻关力度，单位电量二氧化硫、氮氧化物及烟尘排放量分别下降18.5%、33.4%和14.9%。

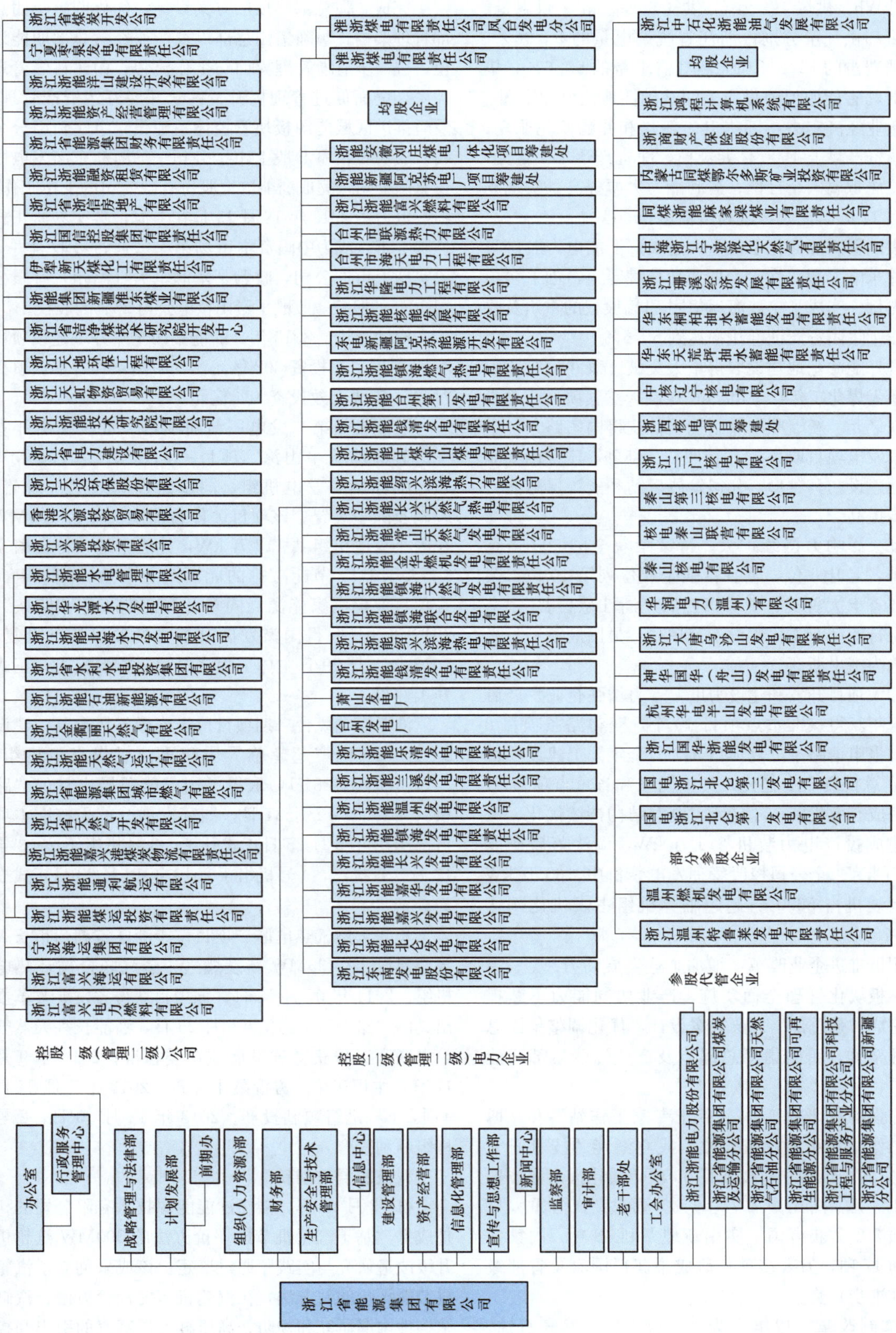

浙能集团 2013 年组织机构图

能源供应保障能力进一步增强。全年新增供电43亿kWh、供煤493万t、供气8.2亿m^3。供电量、供煤量和供气量分别占浙江省统调电量的53.96%、煤炭消费量的31.3%和天然气需求量的90.6%，集团在浙江省能源保障供应上的基础性地位更加牢固。

企业经济实力不断提升。新建和并购双轮驱动，集团总资产攀上1500亿元规模，净资产达714亿元，双双位居省属国企首位；盈利能力大幅提高，实现利润总额119.34亿元，盈利增幅达59.6%。

集团资产证券化取得重大进展。浙能电力股份吸收合并东电B股，在上交所成功挂牌上市，创下多项全国先例。完成了宁波海运集团51%股权的重组及收购工作。集团资产证券化率达到60.6%。

省外能源基地建设取得重大突破。兼并控股新疆伊犁新天煤化工年产20亿m^3煤制天然气项目，总投资165亿元。新疆准东煤制气项目获得国家路条，宁夏枣泉发电项目取得51%控股权。新疆、宁夏两大能源基地建设初具雏形，公司发展后劲和能源保障能力进一步提高。

社会影响力持续扩大。持续荣获全国500强企业，排名上升6位，全省百强企业位列第10位，荣膺浙江省十大善美企业，第四届"浙江慈善奖"，全国电力行业企业文化建设示范单位，吴国潮董事长光荣当选为杰出浙商。

加大项目开发和建设力度，着力增强企业发展后劲，全年获得核准重点项目10个，获得路条项目8个，上报申请路条批复项目3个。全年开工建设项目39个，总投资802亿元，其中国家和省重点项目21个，完成有效投资454亿元。电源结构持续优化，全年新建成投产电力装机219万kW，淘汰落后产能28.1万kW。全公司控股管理发电装机中，60万kW及以上装机占56.0%，超超临界机组占煤机比例达到23.28%。

积极推进企业改革，增加企业发展动力。"一主四辅"板块化管理全面实施，产业协同能力不断提高。完成"强总部"顶层方案设计，优化调整集团总部管理架构，明确集团总部以及产业经营总部职能地位。

加强科技研发工作。"院士专家工作站"和"博士后工作站"相继获准设立，成立浙能"技术研究院"。集团全年新立科技项目50项，共计投入科技费用1.4亿元，同比增加71.61%。列入浙江省重大科技专项2项，获得国家实用新型专利18项，国家发明专利17项，另有多项科研成果获得国家及省部级科技（进步）奖。

体制改革 以电力为主，煤炭、天然气石油、可再生能源、能源服务业为辅的"一主四辅"板块化管理全面实施，产业协同能力不断提高。

完成"强总部"顶层方案设计，优化调整集团总部管理架构、明确集团总部以及产业经营总部职能地位。进一步清晰管理界面与工作流程，构建科学管理关系，全面促进管理提升。科学开展海运资产管理。及时推进区域能源板块管控体系建设，组建新疆分公司。成功吸收原B股上市子公司——浙江东南发电股份有限公司，完成浙能电力股份有限公司的上市工作。浙能电力于2013年12月19日在上海证券交易所正式挂牌上市，成为中国资本市场第一家通过吸收合并B股实现上市的公司，收购了华润电力（温州）有限公司10%的股权。收购了秦山核电公司28%的股权。

电力建设 2013年，浙能集团全年开工建设项目39个，项目总投资802亿元，其中国家和省重点项目21个，完成有效投资454亿元。

浙能台州第二发电厂新建项目厂址位于浙江省三门县浬浦镇牛山涂。项目一期建设2×1000MW超超临界燃煤发电机组，同步建设高效烟气脱硫、脱硝及除尘装置。该项目关停台州电厂4台135MW在内小火电机组共113万kW，异地新建，符合国家"上大压小"、节能减排的能源产业政策。2010年8月项目取得国家能源局同意开展前期工作"路条"，2012年8月取得国家发展改革委的项目核准批复。2013年8月29日主体工程浇筑第一方混凝土，正式开工建设。

淮浙煤电凤台二期项目位于安徽省凤台县，建设2×660MW国产超超临界中间再热燃煤发电机组。2011年09月26日，取得了国家能源局出具的"路条"；2012年12月31日，国家发展改革委核准本项目。2012年5月25日正式开工，3号机组于2013年12月9日投产，4号机组于2013年12月23日正式投产。

长兴天然气热电联产项目位于浙江省湖州市长兴县，建设2×435MW新型燃气—蒸汽联合循环热电机组。2011年07月13日，该项目获得省发展改革委出具的"路条"，2012年6月25日，浙能长兴天然气热电联产工程获得省发展改革委核准；2012年9月17日，主厂房第一方混凝土浇筑。2013年7月25日9时，1号机组顺利投产。2013年12月30日，2号机组顺利投产。

科技发展与创新

（1）2月20日，浙江浙能能源技术有限公司的科技成果"基于汽轮机节能评价方法的300MW汽轮机升级改造研究与实践"通过鉴定。该成果创立了汽轮机节能评价的新方法，在汽轮机节能评价方法、汽缸结构性内漏研究和预防、高压缸夹层蒸汽的引出和控制、汽封优化配置等方面取得多项突破。提出了高压缸夹层蒸汽引出和控制的方法，根据机组负荷变化自动切换和控制高压缸夹层蒸汽流量，解决了机组启停快速响应的适应性和正常运行经济性对夹层蒸汽不同需求的矛盾。提出了各种汽封的是否能够根据机组运行状态，自动调整间隙的新型分类方法。为汽轮机汽封配置和选型制定了工作标准，为汽轮机组汽封改造提供了汽轮机组各部位汽封配置选型最佳组合方案的标准。由浙能集团组织的300MW国产引进型汽轮机组的节能降耗增容改造项目应用了该科技成果，分别于2011年、2012年在浙能嘉兴发电有限公司1号、浙能温州发电有限公司5号等六台机组上实施，供电煤耗平均下降6.34g/kWh，达到改造预期的节能目标。鉴定委员会认为，该项目研究成果达到国际先进水平，建议将该成果转化为汽轮机组节能改造的工作导则，加大推广应用力度。科技成果荣获2013年浙江省科学技术二等奖、2013年浙江电力科学技术一等奖、2013年全国电力职工技术成果三等奖。

（2）2月18日，浙江天地环保工程有限公司的科技项目成果“无旁路的脱硫装置工程化设计与应用”通过鉴定。该项目通过一系列的调研、研究、工程应用，形成了一套完整及系统的涵盖无旁路脱硫装置设计、建设、调试和运行维护等全过程的技术。采用该研究成果后，脱硫装置的可用率可以从95%提高到98%以上，截至2012年底，项目的研究成果已在多个火力发电厂得到应用，其中已投运总装机容量达6625MW（其中改造机组容量达4625MW），机组数量达到12台，对脱硫装置取消旁路的改造和新建工程提供了可靠的技术支撑。该项目形成了自有的专利技术，对“十二五”期间完成浙能集团所有工程的取消脱硫旁路改造提供了保障，并提升了浙江天地环保工程有限公司在脱硫市场的综合竞争力。科技成果荣获2013年浙江省科学技术二等奖、浙江电力科学技术一等奖。

（3）6月，嘉兴发电公司的“1000MW超超临界机组热控系统基建生产无缝对接的研究”项目继获浙江电力科学技术三等奖后又被中国电力建设协会评为2013年度电力建设科学技术成果二等奖。该项目首次提出了1000MW超超临界发电机组热控系统基建生产无缝对接目标，通过对发电机组热控系统与设备的过程控制措施深入研究与实施，在热控专业基建管理理念、管理模式、管理方法和采取的技术措施方面进行了大量的探索和研究，消除了基建过程薄弱环节，实现机组从安装、调试、整组启动、168试运行、投产后两年多未发生由于热控原因引起的非计划停运。研究成果达到了国内领先水平，具有独创性和推广应用价值。

（4）6月，嘉兴发电公司的“超（超）临界机组锅炉启动系统研究”被中国电力建设协会评为2013年度电力建设科学技术成果二等奖。该项目通过对超（超）临界机组启动系统选型及实际应用技术的研究，对启动系统及关键设备的选型、安全性、经济性进行深入分析，提出了超（超）临界锅炉启动系统的选型建议。通过实测数据的计算，量化了带BCP启动系统的经济性，提出了启动速度的优越性。该课题成果可以为超临界、超超临界机组锅炉启动系统的方案选型比较、优化运行方式、降低系统故障率提供技术指导，并具有显著的经济效益和社会效益。

（5）12月，嘉兴发电公司的“发电厂并网运行和辅助服务管理考核智能分析决策系统”继荣获2013年浙江电力科学技术二等奖后又荣获全国电力职工技术成果一等奖。该项目主要在电厂侧建立了开放、可扩展的考核管理系统平台，对省调发布的《辅助服务管理细则》和《电厂并网管理细则》（简称“两个细则”）考核数据进行对比验证，方便责任人员分析有疑问的数据，避免因为数据源的不同时性、数据接口中断等因素造成不必要扣罚。通过数据钻取和智能挖掘技术分析各项考核指标，及时发现考核中存在的问题、易发时间以及薄弱点，通过相关性指标分析，帮助技术人员及时采取有效措施，提高电厂对两个细则考核的适应能力。

（6）12月，浙江浙能乐清发电有限责任公司的“基于状态融合策略的智能控制系统在超临界直流锅炉中的应用研究”继荣获2013年浙江电力科学技术二等奖后又荣获全国电力职工技术成果二等奖。该项目通过基于状态融合的非线性智能控制技术闭环控制氧量修正偏置以及锅炉配煤、配风，提高磨煤机出口温度相结合来使锅炉运行在经济欠氧状态和最低NO_x排放状态，从而提高机组的经济性。通过第三方测试，投入系统后较投入前，锅炉效率平均提高了0.32%，NO_x平均下降了22.2%，节能效果显著，环保效果显著。项目的成功实施为大型电站锅炉燃烧优化技术、汽温优化控制技术等积累了大量的控制经验，通过对控制系统的进一步优化完善，并推广到其他同类型机组，能够进一步降低企业成本。

（7）12月，浙江浙能温州发电有限公司的“提高中速磨煤机出口温度研究及应用”继荣获2013年浙江电力科学技术一等奖后又荣获全国电力职工技术成果二等奖。该项目根据电厂常用煤种，在系统理论与实验研究的基础上，分析提高磨煤机出口温度的可行性和可以在确保制粉系统安全前提下确定磨煤机出口温度的范围。在300～1000MW机组上应用，磨煤机出口温度提高20℃左右，排烟温度可降低6～7℃，发电煤耗约下降1g/kWh。受本技术研究成果的影响，新版标准DL/T 5145—2012中已取消了对磨煤机出口温度的限制。

国际合作

（1）越南瓮安（Vung Ang 1）电厂工程。该电厂建设两台600MW亚临界燃煤机组，位于越南河静省奇英区肯塔基莱公社海防村东面，瓮安港口工业区内，与海南三亚同纬度，直线距离仅300海里。本工程业主单位为越南油气总公司（PVN），项目由越南机械安装总公司利拉马（Lilama）公司总承包建设，北京巴威公司负责锅炉岛合同包，汽轮机及发电机由日本东芝供货，浙江省电力建设有限公司作为北京巴威的分包商负责锅炉岛内的BOP合同，提供锅炉辅助系统的设计、供货和现场服务。1号机组已于当地时间2013年12月27日18点18分顺利并网发电，成为越南首台成功并网发电的600MW机组。2号机原计划于2014年4月投产运行。

（2）越南沿海电厂一期工程，2×622 MW亚临界燃煤发电机组，业主为越南电力公司（EVN）。位于茶荣（Tra Vinh）省沿海（Duyen Ha）i区Dan Thanh社Mu U村，距茶荣（Tra Vinh）市约45km。厂址距胡志明市约250km。一期工程由东方电气集团以EPC形式承包建设。受东方电气股份有限公司委托，浙江省电力建设有限公司为东方电气股份有限公司提供全过程工程建设管理服务，于2011年3月9日，与东方电气股份有限公司签订了越南沿海电厂一期工程项目管理服务合同。管理服务内容包括项目总体策划管理、工程设计管理、工程物资管理、工程土建施工、设备安装及调试管理及合同管理和服务。

企业文化建设　浙能集团随着大能源战略和“三个一体化”发展思路的深入实施带来的跨越式发展，面对板块化管理改革和“强总部”建设的深入推进，对企业文化体系建设不断进行优化完善与提升。浙能集团开展了企业文化咨询和全面诊断工作，确立了浙能文化建设的未来发展方向和框架规划，架构起板块化管控模式下符合浙能实际并适应企业长远发展的企业文化建设体系，丰富了浙能文化的主要内涵，编制了一系列行为规范，明确了下一阶段培育提升浙能文化的具体措施。同时，重点做实“安全”和“廉洁”子文化，通过制定“安全战略”、提炼“安全理念”、健全“安全机制”、丰富“安全活动”、营造“安全氛围”五方面举措，打造具有浙能特色的企业安全文化；推广廉洁文化建设示范点单位经验，提炼集团层面的廉洁文化理念，进一步完善浙能廉洁文化体系。

主要事件

1月2日，《中国纪检监察报》在第四版整版以《浙能集团：积聚反腐倡廉建设“正能量”》为名报道了浙能集团反腐倡廉建设工作后，浙江省委常委、纪委书记任泽民做出重要指示，激励浙能集团系统做好新年反腐倡廉工作。

1月14日，浙能集团召开纪委会和反腐倡廉工作监督联席会，传达上级精神、通报有关情况，并研究部署相关工作。

1月15日，浙江省工商局正式发布公告，浙能集团所拥有的“浙能”商号被认定为“2012年度浙江省知名商号”。

1月中旬，经浙江省人力资源和社会保障厅批准，浙能集团获批成为省博士后工作站试点单位。

1月22日，浙能集团召开电力板块启动会，电力板块集中了浙能电力股份公司及其控股和参股的集团全部火电、油电、气电、核电、热电企业，板块资产占整个集团70%左右，作为集团“一主四辅”五大板块中最主要的电力主业板块就此拉开正式运营的帷幕。

1月23日，浙能集团召开第一届第一次职工代表大会暨2013年工作会议。

2月18日，住房和城乡建设部公布2012年度全国物业管理示范住宅小区（大厦、工业区）名单，浙能大厦获“全国物业管理示范大厦”称号。

3月11日，浙能集团与中国石油集团渤海石油装备制造有限公司在杭州签订了战略合作协议。这是继2012年10月与中石油管道局建立了战略合作关系以来，浙能集团与中国石油集团所属单位签订的第二项战略合作协议。

3月18日，浙能首个生物质发电工程在龙泉市查田镇开工建设。

3月21日，浙能集团与国投新集能源公司在合肥签订了阜阳煤电项目口孜西井田煤炭资源作价协议。这是继淮浙煤电公司之后，浙能集团在安徽合作的第二个煤电一体化项目。

3月26日，浙能集团与中国建设银行在杭州签署全面战略合作协议。根据合作协议，建设银行将为浙能集团提供总额350亿元的意向性授信和融资，保障集团在省内、宁夏、新疆、安徽和香港等地项目建设的融资需求。

4月9日，浙能集团与中核集团在杭州签署了合作协议。

4月17日，浙江浙能节能环保技术研发基地（浙能“海创园”项目）举行开工仪式。省委组织副部长姚志文，省国资委企领处处长郑伟，浙能集团总经理童亚辉等应邀出席开工仪式，并慰问一线职工。

4月22日，浙能集团机关工会组织了“情系雅安，情满人间——向地震灾区人民献爱心”的捐款活动。截至5月3日，浙能集团工会共收到所属40家单位捐款158.715 1万元。

4月27日，在浙江省“411”有效投资行动计划暨重点建设项目推进大会上，浙能集团被评为2012年度省重点建设项目推进工作考核优秀单位。

6月5日，国家能源局在北京召开2012年度电力可靠性指标发布会，浙能集团5台机组荣获“2012年度全国火力发电可靠性金牌机组”称号。2013年，浙能集团又有5台机组荣获“全国可靠性金牌机组”。至此，集团“金牌机组”总数达22台次，管理机组获奖比例稳居全国各发电集团首位。

6月8日，浙能集团与新汶矿业集团签署项目合作开发协议，浙能集团正式控股新天煤化工公司，该公司负责新天煤化工20亿m^3/年煤制天然气项目。在准东红沙泉煤制气项目推进上，集团获得开发建设20亿m^3/年的“路条”。参股的新粤浙长输管线在今年获得了国家发展改革委“路条”。浙能新疆阿克苏电厂项目初步设计、总评规划等也在逐步推进中。

6月9日，浙能集团组织召开2013年迎峰度夏动员会，全面部署集团公司2013年迎峰度夏及防汛防台工作。

6月18日，浙江省委书记、省人大常委会主任夏宝龙在新华社题为《高速发展下何以能保持清廉风气——国企预防腐败的“浙能现象”调查》上做出重要批示，认为在国企预防腐败上，“浙能”做得好。

6月26日，浙能集团公司与新疆能源（集团）有限责任公司签署了战略合作框架协议。双方商定，要加强在能源领域的合作与交流，实现互惠互利、共赢发展；要通过双方的努力，实现浙江省能源保障、促进新疆经济社会跨越式发展。

7月11日，浙能集团党的群众路线教育实践活动正式启动，紧紧围绕为民务实清廉，多措并举，狠刹“四风”问题。陆续开展了“八查八看”“六大专项行动”以及正风肃纪等一系列专项作风整治活动一系列规范内控管理的规章制度。对集团本级129项管理制度涉及的业务流程进行了初步梳理，进一步提高了预防工作的制度化和规范化水平。

7月18日，浙能集团所属的浙江天然气开发公司日天然气进气量达到2508万m^3，再创历史新高。集团迎峰度夏期间共完成发电量359.4亿kWh，同比增长17.3%，最高发电出力和最高日发电量分别达到2167万kW和4.64亿kWh，同比分别增长7%和4.5%。10月，抵御强台风“菲特”期间，集团所属余姚输气站在全城70%被淹成为“孤城”的情况下，排除万难保供气，保证了被围困在家中的百姓能够正常使用燃气设备，吃上热饭，喝上热水，为余姚的救灾作出了积极贡献。

7月25日、12月30日，浙能长兴天然气热电联产工程1、2号机组投入商业运营，实现年内“双投”目标。该工程建设两台43.5万kW机组，在机组参数、建设进度、工程造价等方面均达到了国内同类型机组领先水平，是省内首家通过基建工程安全生产标准化达标评级的项目。

8月16日，在浙江省政府出刊的《媒体有关报道摘要报》上，报道了中国网刊用的《浙能11个水电站开闸放水》的稿件。副省长黄旭明在该报上做出指示，肯定浙能集团社会责任感强。

8月28日，2013浙江省企业领袖峰会在浙江省人民大会堂召开。大会颁布了2013浙江省综合百强、制造业百强和服务业百强企业名单。浙能集团以6 714 550万元的营业收入，名列“2013年浙江省百强企业”第10位，并列省服务业百强第3位。

8月31日，中国企业联合会发布了中国企业500强、中国制造业企业500强和中国服务业企业500强榜单。浙能集团公司荣列中国企业500强第171名，中国服务业企业500强第59位，位居浙企第八（不计中石化镇海炼化与浙江石油分公司）、省属国有企业第三。

9月初，浙能集团通过浙江省国资委网站正式发布了2012社会责任报告。该份报告为浙能集团公开发布的第二份社会责任报告。

9月5日，浙能集团首台百万机组超低排放改造工程拉开帷幕。浙能集团对嘉电三期7、8号燃煤机组实施烟气清洁排放改造，对现有的脱硝、除尘、脱硫系统进行提效，采用高效协同脱除技术，使机组烟气的主要污染物排放浓度达到天然气机组的排放标准。工程投资约3.7亿元，计划在2014年7月建成投产。

9月22日，浙江省国资委以浙国资任〔2013〕10号文，任命童亚辉、毛剑宏为浙能集团副董事长；省国资委以浙国资党委通〔2011〕25号文，提议毛剑宏不再担任浙能集团副总经理。

9月24日，嵊泗1号海上测风塔完成竣工验收，浙能集团可再生能源板块第一座海上测风塔进入测风期。

9月26日，浙江副省长熊建平在浙能大厦主持召开天然气金丽温输气管道项目省级联系服务领导小组第一次会议，协调金丽温输气管道工程建设。

9月27日，浙江省国资委检查组到浙能集团公司进行省属企业执行规章制度情况专项检查，对浙能集团开展“六大专项行动”的情况和执行规章制度的成效给予了充分肯定。

10月14日，浙能集团入围“善美浙江”企业榜样评选。

10月24日，浙能集团“强总部”建设方案正式出台，于2014年1月1日起在集团范围内正式施行。

10月26日，在主题为“国企民企手牵手、合心合力强浙江”的第二届世界浙商大会上，浙能集团董事长吴国潮获“杰出浙商奖”，是省属国企里唯一获奖者。

10月27日，在第二届世界浙商大会国企民企对接会上，浙能集团共推介了投资达100亿元的8个能源项目拟与民企合作，涉及天然气热电联产、城市燃气等项目。

11月5日，宁夏枣泉发电有限责任公司2013年度第一次股东大会确定，浙能集团以51%股比控股宁夏枣泉发电有限责任公司。

11月25日，浙能集团获“2013年浙江省社会责任优秀报告企业”。

11月27日，浙能集团在第九届“中电传媒杯”全国电力行业优秀电视片展评颁奖会上捧回多个荣誉奖项，获得组织奖和1个一等奖、3个二等奖、5个三等奖、1个优秀奖。

12月6日，浙能集团旗下规模最大发电厂的嘉兴发电厂迎来绿色跨越的里程碑一刻。下午17时16分，嘉电1号机组脱硝改造系统顺利完成168h试运行正式移交生产。至此，嘉电一期2台33万kW机组、二期4台60万kW机组全部完成烟气脱硝改造，加上2台100万kW机组于2011年基建同步建设投产脱硫脱硝装置，实现了全厂8台机组全部脱硫、脱硝投入运行，总装机容量506万kW，提前完成“十二五”脱硝减排目标。

12月9日上午，嘉电8号机组超低排放项目首根钢结构开吊。

12月9日，浙能集团以浙能人〔2013〕637号文，免去毛剑宏的浙能集团副总经理职务。浙江省国资委以浙国资党委任〔2013〕8号文，任命黄伟建为浙江能源党委委员。

12月9日、23日，国家“皖电东送”重点工程——淮浙煤电凤台发电分公司（由淮南矿业集团有限公司和浙能集团均股建设）二期3、4号机组（66万kW机组）相继投产，成功实现了一月“双投”。工程从2012年开工建设以来，只用了18个月25天的时间完成建设，比全国同类型火电机组建设定额工期缩短了约5个月，刷新了全国同类型电厂建设的新纪录。

12月19日，浙江浙能电力股份有限公司A股在上海证券交易所挂牌上市，成为首家B股转A股的公司。

12月23日，浙能集团董事长、党委书记吴国潮，副董事长、总经理童亚辉在杭州会见了山东能源新汶矿业集团董事长、党委书记、总经理张文一行，双方就落实伊犁能源项目合作进程、加快项目建设步伐、谋求更广泛领域合作等事宜进行了友好会谈。

12月25日，温州发电公司6号机组完成脱硝改造。至此，2013年浙能集团完成16台机组的脱硝改造工作，总装机容量662万kW，每年可减排氮氧化物超过4万t。

华 中 地 区

【国家能源局华中监管局】

基本情况 国家能源局华中监管局（简称华中能源监管局）是国家能源局在华中区域的派出机构，接受国家能源局的垂直领导，依据国家能源局的授权履行区域电力等能源行政执法职能。

经中编办批准，华中电监局于2013年11月更名为华中能源监管局（2014年1月正式挂牌），设于武汉市，目前主要负责湖北、江西、重庆、西藏四省（市、区）的电力等能源监管工作。

领导班子：党组书记、局长黄学农；党组成员、副局长罗毅芳；党组成员、副局长葛才胜；党组成员、副局长王笃奎（兼任江西业务办主任）；党组成员、副局长银车来（兼任重庆业务办主任）。

主要工作

（1）安全监管。

1）针对华中电网作为“西电东送、南北互供、全国电网互联”的枢纽这一关键地位，把加强电网安全风险管控作为有效防范电网大面积停电和坚决遏制电力安全事故的重要抓手，高度重视电网安全风险管控工作，及时部署，将风险管控与电力安全监督检查、电力安全生产标准化和隐患排查治理等工作有机结合；注重与电力企业的沟通交流，采用监管约谈、座谈等形式深入剖析安全生产管理隐患，找出安全生产中存在的薄弱环节和危险因素，制订有针对性的整改措施，确保了华中电网的安全稳定局面，为全国电网生产安全做出了贡献。

2）深入开展安全生产大检查活动，在部署安排企业自查的基础上，采取“四不两直”的方式，对湖北、重庆、江西、西藏的17个电力企业进行了突击督查、暗访，并对存在问题较为突出的电力企业进行严格的专项督查，确保排查有实效、治理有成效、风险降低有功效。

3）针对年初国电长源荆门热电厂发生220kV变电站全停事件，进一步完善隐患排查治理闭环管理机制，实施重大隐患挂牌督办，会同厂网双方多次研究，制订了新建变电站、从源头上消除此重大隐患的整改落实措施。同时，还多方协调，力促湖北省电力公司、地方政府及有关部门推动220kV新建变电站尽快开工建设，该变电站已于2014年7月份建成投产。

4）完成60家电厂240台发电机组的并网安全性评价，装机总容量达1491万kW，共查出问题3578项，提出整改建议和要求3583项；完成40家发电企业和8家供电企业的电力安全生产标准化达标评审，查出问题1718项，提出整改建议和要求1891项，并完成全国首家电网企业安全生产标准化审核。

5）认真开展西藏地区电力安全监管，高度重视电力应急管理工作。在青藏直流首次年度检修、羊湖水位逼近最低发电水位、迎峰度冬电力短缺等西藏电网面临困难时，多次由局领导带队奔赴西藏指导帮助电力企业采取有效措施保障电网安全；采取措施规范西藏电力企业电力安全信息报送工作，采用送教上门等形式不断强化电力安全宣传教育培训。

6）积极推进大面积停电事故应急联合演练工作。4月，华中网调、湖北省调、荆门宜昌荆州三个地调、荆门热电厂联合举行了处置荆门热电厂全停事故应急演练，华中能源监管局全程指导了此次演练。

7）荣获"湖北省安全生产先进单位"称号，荣获"湖北省安全生产红旗单位"殊荣。

（2）市场与价财监管。

1）积极协调跨省跨区交易，全力消纳四川富余水电。一是鼓励开展灵活交易。迎峰度夏期间，在四川水电大功率外送条件下，四川电网出现高峰电力不足、低谷电力有余状况，为减少四川电网高峰火电开机，更好地促进资源优化配置和实现节能减排，积极建议和鼓励电力交易机构开展省间峰谷互剂交易，一方面组织河南、湖北电网高峰电力支援四川（电量约1.9亿kWh），另一方面组织湖北、河南电网消纳四川低谷富余水电（电量近9亿kWh）。二是坚持电能交易会商制度，及时了解跨省跨区交易形势，指导交易机构根据电力供需实际形势调整交易计划。适时调减购西北电计划，为消纳富余水电腾出了空间。三是密切关注跨省跨区输电通道利用情况，发现问题及时督促电网企业采取措施提高输送能力。7月7～18日，受多种因素影响，川渝联络线最大输送功率一度出现下降，最低只有280万kW，低于川渝联络线稳定限额（360万kW），制约了四川富余水电外送。及时掌握这一情况，立即与多方联系和沟通，督促电网企业采取措施提高省间联络线输送能力。汛期通过川渝联络线多送出四川水电近5亿kWh。

富余水电消纳工作成绩突出，弃水损失大幅减少，富余水电得到了较为充分的利用。迎峰度夏期间，四川省外送最大电力达到1646万kW，较2012年高近50%。1～10月，四川省水电外送共计604亿kWh，创历史新高。弃水调峰损失电量约17亿kWh，同比大幅减少约40亿kWh，减幅约70%，也大大低于年初预计值（100亿kWh）。

2）以"五项制度"为抓手，认真开展电价执行和电费结算监管工作，深入推进电力调度机构信息报送与披露，积极构建和谐厂网界面。

3）加强电力供需形势分析，积极做好持续高温下的电力供应保障工作。迎峰度夏期间，在持续高温天气影响下，及时督促电力企业组织四川、湖北、河南、江西四省共同支援重庆，最高送入电力达到重庆用电负荷的44%。7月、8月，四川、湖南、江西、重庆用电负荷接连创历史新高，电力供应十分紧张，专题研究应对华中区域持续高温天气的具体监管措施，加大跨省余缺调剂力度，通过开展省间电力调剂、早晚峰电力置换、临时电力支援、高峰挖点、调整跨区输送功率等一系列措施，有效实现了电力资源跨省优化配置，确保了四川、湖南、江西、重庆等省（市）的电力供应，平稳度过用电高峰，全区域实现连续两年未出现拉闸限电情况。1～10月，华中区域累计实现跨省交易电量94.3亿kWh，同比增加3.9亿kWh。

4）依法监督检查并网运行管理和辅助服务调用或免考核管理的有关情况，对湖北电网水电旋转备用补偿算法、重庆电网平均电价算法提出监管意见。

5）出台《湖北电网非统调发电企业辅助服务管理实施细则（试行）》，有助于利用经济杠杆挖掘小水电调峰潜力，有利于维护电力企业的合法权益，对于建立公开公平公正的电力市场环境和进一步规范电力市场秩序具有重要意义。

（3）输供电监管。

1）关注人民群众用电情况，切实做好节日期间居民用电保障工作。有针对性地对供电企业重大节日保电技术措施、管理措施和应急处置等方面开展重点监管，对企业负荷预测预警、设备巡查消缺、应急处置等工作落实情况进行督查。

2）搜集整理专项行动中的典型材料和好的经验做法，组织召开湖北、重庆居民用电服务质量监管专项行动总结电视电话会，对专项行动工作经验进行交流座谈，促进长效机制建设。

3）开展电压质量年度监测数据现场采样和统计分析，进一步掌握电压质量的总体情况，总结分析电压质量方面存在的问题及其原因，并提出了4项建议和措施。

4）开展用户受电工程专项监管，分别对江西、湖北、重庆三省（市）的9家供电企业市场开放情况进行了深入了解，组织座谈，了解掌握民营承装（修、试）电力设施企业经营、业务开展等方面的困难，总结分析“三指定”行为多发的4个环节和10种主要表现形式，针对这些问题提出治理措施。

（4）电力稽查。

1）12398电力监管投诉举报热线2013年共接到各类信息6727件，其中有效信息2107件，受理177件，累计办结投诉举报事项166件。

2）针对12398热线投诉举报较为集中的低电压及用电卡口等问题，加大调查处理力度，积极开展投诉举报案件调查，对多起案件进行现场协调处理。对荆门京山和黄石大冶用户关于供电企业“三指定”投诉、宜昌夷陵用户对供电企业业扩报装收费投诉、荆州监管办利用户对供电企业线损电费收费投诉等，均依法依规进行了现场调查和处理，同时帮助当事人积极协调解决相关问题，确保人民群众生活用电需求。

3）积极协调小水电企业并网纠纷，对江西武宁县大寺里水电站接入系统投资主体纠纷的相关问题进行了调查了解，帮助该电站取得了江西省能源局的支持性文件，解决其并网、结算方面的困难。

（5）电力业务许可。

1）严把市场准入关，全面规范许可审批工作，加大许可后续监管力度，认真组织开展承装（修、试）电力施工许可证定期检查工作，对发现问题的企业下发整改通知，并按照规定注销了一批不合格企业的许可证。

2）积极研究简政放权后行政许可工作的延续，认真开展县调发电企业持证情况调查，督促企业持证经营，并妥善处理好机构改革期间的办证问题。

3）共颁发各项业务许可证32401张，其中，发电类电力业务许可证84张，承装（修、试）电力设施许可证184张，新申请电工进网作业许可证15 102张，续期注册电工进网作业许可证17 031张。

4）华中电监局2012年度承装（修、试）电力设施许可证定期检查工作完成，湖北、江西、重庆三省（市）共411家企业参加了定期检查。

5）完成湖北、江西、重庆三省（市）接入县调发电企业持证情况调查工作。

（6）综合工作。9月，华中能源监管局西藏业务办实现了与局本部综合监管信息系统内网联通。

主要事件

1月10日，华中电监局重庆业务办获评“重庆市2012年安全生产目标考核优秀单位”。

2月27日，西藏电力有限公司等七家电力企业正式纳入到华中电力安全生产委员会，华中电监局发布《电力安全监管年度报告（2012）》。

3月3日，华中电监局发布《电力可靠性监管年度报告（2012）》。

3月30日，西藏华泰龙公司甲玛矿区发生山体滑坡并引发泥石流，华中电监局积极协调西藏电力企业紧急投入应急救援。

4月23日，华中电监局审批通过西藏职业技术学院举办的第一期高压类电工进网作业许可证的申请，电力业务各项监管工作在西藏自治区全面开展。

5月8日，国家能源局吴新雄局长到湖北调研。

5月23日，华中电监局分别召开党组会议和处级以上干部参加的学习讨论会，就国家能源局如何简政放权以及如何做好能源监管工作展开学习讨论。

8月12日，西藏自治区昌都地区左贡县、芒康县交界处发生6.1级地震，华中电监局督促西藏电力公司在做好相应抢险救援工作的同时及时跟进和汇报相关工作。

9月16日，华中电监局举办了中青年干部学习小组能源监管报告会。

10月18日，华中电监局综合监管信息系统全面上线。

10月25日，华中电监局制订《华中电监局教育实践活动征集意见建议整改任务分解表》。

11月6日，华中电监局对湖北省经信委关于推进湖北省电力用户与发电企业直接交易试点有关事宜提出了意见并进行回复。

11月11日，国家能源局党组成员、纪检组长戴晓曙莅临华中电监局视察。

11月28日，国家能源局信息中心与华中电监局就综合信息系统基础版（含阳光政务）的推广事宜进行了协调沟通。

12月3日，华中能源监管局发布《湖北省电压质量监测年度分析报告》。

12月15日，华中能源监管局西藏业务办和西藏自治区住建厅在拉萨联合举办首期安装工长培训考试班，填补了西藏自治区无安装工长关键岗位证的空白。

【国家能源局河南监管办公室】

基本情况 国家能源局河南监管办公室（简称河南能源监管办），于2013年12月正式挂牌成立。国家能源局河南监管办公室是国家能源局派驻河南省的正厅级监管机构，根据国家有关法律法规和国家能源局的授权，履行对全省能源行业的监管职责。其前身是国家电力监管委员会河南省电力监管专员办公室（简称河南电监办）。

国家能源局河南监管办公室内设综合、市场监管、行业监管、电力安全监管、资质管理、稽查等6

个处室。

领导班子：党组书记、专员匡宝珠；党组成员、专员助理阎俊超；党组成员、综合处处长刘建华。

主要工作

（1）电力安全监管。

1）抓好电力安全生产大检查。按照“全覆盖、零容忍、严执法、重实效”的要求，认真组织全省电力企业开展安全生产大检查，深入河南省电力公司等22家电力企业开展安全生产现场检查和督察，针对安全生产大检查中发现的各类问题、隐患，对涉及的22家单位下达了整改意见函，明确整改时限、资金、责任人、整改措施等内容，督促认真整改。

2）开展电力安全专项监管工作。开展了防范电力生产、建设施工人身伤亡事故专项监管、电网安全风险管控专项监管、防范发电设备损坏事故专项监管、电力工控信息安全专项监管等专项监管工作，有效治理了隐患，堵塞了工作中的漏洞，提高了电力安全生产水平。

3）抓好安全生产隐患排查治理。建立健全隐患排查治理工作机制，加强监督检查，将安全生产关口前移，有效防范各类电力事故的发生。

4）加强电力应急管理。组建全省电力企业应急管理专家库，督促电力企业完善应急预案、开展应急演练。

5）认真开展电力事故调查处理。作为副组长单位全程参与了“4·10”华润登封有限公司物体打击人身伤亡事故、郑州裕中电厂“8·14”烫伤事故、大唐信阳（华豫）发电有限责任公司“9·3”人身伤亡事故的调查处理。

6）认真开展电力安全监管基础工作。积极组织开展新建和运行电厂的并网运行安全性评价工作。认真开展网络信息安全和电力二次系统安全防护监督管理、电力基建安全监管、电力可靠性管理等工作。配合开展打击盗窃破坏电力、电信、广播电视设施工作。

2013年全年，全省保持了电力安全生产的稳定局面，未发生较大及以上电力人身伤亡事故，未发生较大及以上电力安全事故，未发生较大及以上电力设备事故，未发生对社会造成重大影响的事故。

（2）市场与价财监管。

1）加强跨省区外送电能交易和发电权交易监管。积极推进和规范跨省区电能交易，鼓励和支持高效能大容量火电机组开拓省外电力市场。加强机组发电权交易监管，鼓励大容量、低能耗机组替代高耗能、高污染小机组发电，鼓励发电集团内部、发电企业之间和跨集团企业之间开展发电指标交易。

2）积极发挥抽水蓄能电站作用。协调省发展改革委、省能源局，全面征求电力企业意见，制定《宝泉抽水蓄能电站容量电费和运行费用招标交易监管办法》，指导和监督省电力公司组织开展宝泉抽水蓄能电站电量公开招标。

3）加强电力“三公”调度监管。做好电力交易信息报送与披露监管，定期发布河南电力交易监管通报。做好全省电力企业厂网联席会议工作，协调解决厂网界面问题。加强发电机组电量计划安排和调度执行监管，跟踪掌握全网运行方式，定期对发电机组利用小时、负荷率和旋转备用进行分析，督促电网企业优化调度，维护公平。特别是针对供热机组电量和调度问题，严格按照“以热定电”原则，进行现场察看，确保供热机组热负荷在线监测装置稳定可靠。

4）积极推进“两个细则”实施。每月定期汇总整理数据，梳理考核和补偿项目，调整和优化条款，有效维护了河南省电网和系统的安全稳定运行。

5）积极研究探索油气管网企业公平开放监管。组织召开油气企业座谈会，全面掌握河南省范围内油气企业情况和油气管网设施情况，听取企业对《油气管网设施公平开放监管办法（征求意见稿）》的意见和建议，积极探索油气管网企业公平开放监管。

6）积极探索电力企业成本价格监管有效途径。利用信息通报形式，全面掌握电力企业经营和成本情况，定期发布全省电力企业经营情况通报。

7）认真开展成本价格有关监管工作。积极配合国家能源局对晋东南—南阳—荆门特高压线路输电价格复核调研。配合省发改委做好哈密—郑州800kV直流输电工程电价研究工作。开展电源项目送出工程回购情况调研，督促电网企业加大回购力度。

（3）输供电监管。

1）开展农业灌溉资金和设施利用情况调研，了解粮食核心区农业灌溉打井、配套水利及电力设施使用情况、存在的问题，并提出相关意见和建议。督促河南电力企业整合各种资金来源，加强粮食核心区电网改造和建设力度，提升供电能力和质量。

2）积极开展供电检查，分析确定重点问题和重点地区，深入现场进行供电服务明察暗访，限期督促整改。同时，高度关注迎峰度冬、度夏期间的有序用电、错避峰、拉闸限电、电煤储备、热力供应等情况，确保全省电力安全稳定供应。

3）完善供电社会监督员制度，定期召开会议听取监督员的意见和建议，逐项办理解决。

（4）电力业务许可。

1）抓好许可制度执行情况现场核查。对全省18个市供电公司及其关联多经集团开展了电力许可制度执行情况的现场核查，重点核查了供电公司及其关联企业在用户受电工程管理、工程发包和分包管理、进网作业电工持证管理、跨区作业备案、施工现场管理等方面的情况。

2）积极探索深化资质许可后续管理。深入开展各持证主体的年度自查和许可证审验工作，逐步深化非现场监管的工作机制。全面开展电力建设工程备案工作，对部分备案工程组织开展了现场检查。加强现场检查，督促发包单位和监理单位严格资质审核，切实加强异地施工企业跨区作业管理。加强持证主体的变更管理，落实退出机制，依法实行市场退出。

3）认真开展调研。开展县调发电企业持证情况调研、用户受电工程市场开放情况调研，了解掌握全省县调发电企业及机组的持证情况及全省市级供电公司用户受电工程市场开放情况和新建住宅小区配套工程管理情况，为下一步加强监管打下坚实基础。

4）认真做好电力业务许可颁证工作。截至2013年11月上旬，为15家发电企业进行了预许可，为2家发电企业出具了同意临时运营意见；颁发发电业务许可证14家，全省持证发电企业累计达254家；颁发承装（修、试）电力设施许可证101家，全省持证企业累计达682家；颁发电工进网作业许可证9932人，续期15 327人，全省持证电工累计达到14万人。

（5）电力稽查。

1）认真做好行政处罚工作。不断完善行政处罚工作程序，深入现场进行案件调查，完善案件调查取证、询问等工作制度，不断提高行政处罚的工作质量。

2）加大12398投诉举报处理力度。加强12398投诉举报热线值班工作，畅通群众投诉举报渠道，努力使群众的投诉举报事项在最短时间内得到解决。开展投诉举报现场调查，深入10多个县市进行实地案件调查，使群众反映的问题得到了圆满解决。加强与供电企业的沟通交流，建立健全12398热线与95598热线衔接联动机制。

3）完善电力争议纠纷调解工作机制。积极宣传贯彻《电力争议纠纷调解工作程序规则》和《电力争议纠纷调解员管理办法》，及时充实调整电力争议纠纷调解专家库。积极开展电力争议纠纷调解，共调解洛阳、驻马店争议纠纷2件。

（6）积极推进大用户直购电试点工作。积极协调省发展改革委、省能源局，研究制订《河南省大用户与发电企业直接交易试点暂行办法（征求意见稿）》，积极推进林州市林丰铝电与华润登封电厂、洛阳中硅高科与华润首阳山电厂开展大用户直购电试点交易。预计通过大用户直购电交易，可为两家用户企业减少用电成本4.5亿元，有力地促进了地方经济社会的发展。

积极落实省委省政府关于取消河南县级农电“代管体制”的各项工作部署。支持河南加快新一轮农村电网升级改造和城网改造工程建设，不断优化配网结构，着力推进城乡电网协调发展。

配合国家能源局开展河南农村地区供电情况专项调研，反映农村地区电力供应紧张的情况，积极争取国家农网改造资金向河南倾斜，争取国家对河南农村电网发展的扶持政策。配合国家能源局在河南开展农村春节期间用电情况驻点监管，做好农村春节期间用电情况问题梳理分析，形成河南现场监管报告。

【国家能源局湖南监管办公室】

基本情况 原国家电监会湖南电力监管办公室（简称湖南电监办）于2006年4月26日挂牌成立；机构改革后，变更为国家能源局湖南监管办公室（简称湖南能源监管办），于2013年11月1日挂牌。

湖南能源监管办下设综合处、市场监管处、行业监管处、电力安全监管处、资质管理处、稽查处。

领导班子：党组书记、专员陈建长；任党组成员、副专员夏旭；任党组成员、综合处处长陈显贵。

主要工作

（1）电力安全监管。共对50余家电力企业开展了专项督查、检查、复查。下达整改通知书4份，约谈企业3家，责令停产整顿企业1家，复查企业2家。积极组织开展燃煤贮灰场安全评估自查和检查工作，及时将金竹山电厂老厂灰坝外力破坏严重的情况请省“三电”办挂牌整治，并积极配合有关单位开展督办，使破坏行为得到及时制止，确保了灰坝安全。

扎实推进安全隐患排查治理常态化工作。全年全省电力企业共排查出一般隐患10 941项，已经整改10 012项，整改率91.5%；累计落实整改资金9642.6万元。认真做好重大隐患督办工作。配合国家能源局安全司和白云水电站大坝中心形成《湖南白云水电站大坝渗流问题现场调研报告》；同时，落实各项应急防范措施，建立了水位和渗漏量等情况“日报告”和日志制度，严格要求其控制上限水位和渗漏量，防范垮坝事故发生。

制订了《全省电力安全生产大检查暗访工作方案》，明确15项重点检查内容。采取“四不两直”的方式，对全省电力企业开展了安全生产大检查暗访督查工作。共暗访企业42家，覆盖了全省电力安委会所有成员单位，联合国家能源局安全司督查企业2家。以大检查中发现问题较多的地方电力企业和民营新能源发电企业为重点开展“回头看”，共复查企业6

家。对督查和复查中存在的问题，除下达整改通知书限期整改外，对大检查工作开展不力，存在问题突出的企业，开展监管约谈。全年约谈企业6家，下达整改通知书7份，责令山西省送变电工程公司停产整顿1天，责令湖南新裕洮水电站对涉网设备重新调试并责成株洲供电分公司重新开展验收工作。对暗访督查情况进行全省通报1次。

稳步推进标准化达标和发电机组并网安全性评价工作。全省全年累计完成11家电厂59台机组的并网安评工作，合计容量2287.2MW；完成标准化达标评级企业（包括正在开展中的）34家。针对风电并网安评评分标准开展专题讨论，形成《关于湖南实施〈风力发电厂并网安评条件及评价规范〉的补充通知》。

对电力安全基础数据库进行完善，完成《小型发电企业安全生产标准化达标管理办法》初稿草拟工作，配合国家能源局完成《电力安全监督培训管理办法》等法规的修编工作。

（2）市场监管。

1）成功实现直接交易试点。推动国家发展改革委出台直接交易输配电价。制定下发了交易规则，推动直接交易在四季度成功开展，8家用户8家电厂达成12对交易，交易电量15.87亿kWh，交易电量及其占比在全国首屈一指。并制定了电费结算暂行规定等多个有关市场运行的规范性文件。

2）认真实施“两个细则”。按月审核公布考核补偿信息，按季发布信息衔接省电力公司财务结算；针对考核与补偿不对等的情况，督促调度机构公正依规考核。

3）围绕“三公”抓市场监管。针对火电运行环境问题，起草《关于改善火电企业经营环境促进健康发展的若干意见》；加强火电发电进度监管，实现年度总体平衡偏差控制在±3%，大部分电厂年度偏差控制在±2%以内的预期目标；通过厂网联席会等形式与机制，定期向电力企业公开相关信息，促进公平公正。

4）开展火电企业成本专项监管，2013年6月正式对外发布火电企业成本专项监管报告。

5）开展2012年度电力企业财务经营分析，编制发布情况通报。

6）组织初查并复核省电力公司输配电成本、推算复核输配电价，深入分析销售电价、上网电价执行情况，形成《2012年湖南省电价执行情况分析报告》。

（3）市场准入监管。

1）进一步贯彻落实许可制度退出机制。对湖南省2011～2012年关停小火电有关情况进行了梳理核实，全省应关停小火电已全部关停，相关持证企业均已办理许可变更或注销手续；对有效期届满未申请延续及未达到正常经营条件的企业严格实施退出机制，注销了24家承装（修、试）企业许可证。

2）开展了接入县级调度发电企业持证情况调查工作。下发了《关于开展接入县级调度发电企业持证情况调查的通知》，基本摸清了全省接入县级调度发电企业的基本数据和持证情况。

3）下发《关于建立跨区作业承装（修、试）企业信息报送制度的通知》，并组织湖南省电力公司相关部门召开了专题会议，明确了有关沟通联系机制、统一报送机制、审查和发布制度。

4）积极做好了行政许可各项工作。上半年严格按照各项规定开展行政许可审批，准予了150余家企业各类行政许可、变更或延续，颁发电工证2941个，准予2823名电工续期注册；下半年行政许可工作暂停期间，继续做好申请材料的受理和审核工作，并及时为需参加招投标的企业出具相关证明材料，保障了改革期间企业和个人的合法权益。

5）对创元、耒杨、桑梓3家未核准电厂有关情况进行了核实上报；按原电监会有关要求进行严格审查，准予上述3家电厂临时运营延期至2014年6月30日。

（4）输供电监管。将《湖南省居民用电满意工程实施方案》发布的10项工作目标逐项细化，分解到市州、落实到项目、锁死在年末，实现了年初规划部署，年中持续督促，年底总结提高的真正闭环管理。

深入瑶族山区，实地了解群众用电诉求和施工难度，直接与当地村委会、瑶族群众建立定期沟通机制。建立当地政府、省县供电企业实施通电工程协调联动机制，组织召开了施工现场协调会。

完成2012年创建供电优质服务示范单位推广评分验收工作；完成创建宣传片制作；重新制订《湖南省创建供电优质服务示范单位管理办法》。

编写《湖南电网2013年度运行方式监管分析报告》和《湖南省2013年窝电情况预测与分析》，并向原国家电监会输电部做专题汇报。

（5）电力稽查和行政执法。及时办理12398投诉举报事项，加大案件调查处理力度。全年登录12398电力监管投诉举报热线共计25 339人次，受理投诉举报事项196件。截至年底，已办结其中的191件，占受理量的97.4%，另有5件投诉举报事项正在办理中。坚持“从细调查、从快办结、从实问责”和“四不放过”（事件不调查清楚不放过，错误不深刻纠正不放过，当事人不受到教育不放过，投诉举报人不回访不放过）的调查处理原则，着力加大直接调查力度。截至12月底，在受理的196件投诉举报事项中，直接调查76件，较2012年同期提高了10个百分点；

先后赴炎陵县、武岗市、汨罗市、沅陵县、溆浦县、新宁县、永兴县等地现场直接调查处理投诉举报事项，走访群众，了解实际情况，为老百姓解决了实实在在的困难，赢得广大人民群众的称赞。

针对2013年之前实施的农网改造工程项目，各地各部门借农网改造名义集资收费情况较多的现象，认真组织调查，联合当地政府责成村支两委无条件退款到位（退赔款项总计超200万元），就其他发现存在的诸多问题约谈电力企业，并提出整改意见和要求，促成湖南省电力公司下发关于农网改造升级10kV及以下工程施工组织有关问题的补充通知，进一步规范施工行为，基本杜绝集资收费问题的发生；针对群众对智能电表和阶梯电价的质疑，通过调查，联合举行媒体通报会，为社会公众答疑解惑，得到了群众的理解和支持；通过对网架薄弱、电能质量差等问题投诉的调查处理，2012年半年此方面的投诉数量较上年同期有所下降。

依法依规，扎实开展行政执法工作。全年办结行政处罚案件6件，下达行政处罚决定书6份，罚没收入17.94万元。

积极调解电力争议纠纷。典型案例是调解株洲炎陵县黄草村某村民与当地供电企业就农网建设工程施工过程中损害其林地有关赔偿问题的争议，为老百姓维护了合法权益，同时为农网升级改造工程营造了良好的环境。

稳步推进节能减排工作。建立了湖南省电力企业节能减排信息报送机制，按时、保质完成信息的统计和报送工作，为政府相关决策提供政策依据。同时建立电力企业节能减排工作动态跟踪机制，遇突发情况及时向国家能源局及政府相关部门汇报。向全社会发布《湖南省2012年电力行业节能减排情况通报》。

（6）能源调研。将监管工作由电力监管向能源监管延伸发展，积极组织开展能源调研。从能源需求与平衡的角度对湖南煤电油气等方面能源进行了调查分析；并开展石油、煤炭、天然气、新能源等专题调研。组织集中研究讨论调研方案，明确责任分工，细化调研措施，确保调研工作有部署、有计划、有措施、有分工、有目标、有期限。走访协调省能源局等相关单位，深入调研煤油气等相关企业，基本了解全省能源行业基本情况和发展现状。先后形成《湖南电力发展战略研究》《湖南省天然气产业调研报告》《湖南省新能源产业调研报告》《湖南煤炭产业调研报告》《湖南省石油工业调研报告》《湖南省能源供需调研报告》等调研报告。

（7）着力做好新老机构运行交接和能源监管开局工作。组织新机构挂牌和运行准备工作，实现新老机构机关运行保障工作的无缝衔接。贯彻落实国家能源局关于近期重点专项监管工作的通知精神，结合湖南能源监管实际，部署开展5项重点专项工作，就农村春节期间用电保障、用户受电工程市场秩序专项监管、深入推进大用户直接交易、电网安全风险管控、县调发电企业许可制度执行情况专项监管等五个方面组织制订实施方案，组织精干力量抓好落实。积极拓展煤油气等新领域的监管工作。及时与省能源局、省住建厅和相关油气企业建立了工作联系与对接机制。12月初，开展组织省内天然气供应企业落实冬季和春季天然气供应及违规用气日报工作；在煤炭监管方面，深入湘煤集团等煤炭企业调研，摸清情况，了解诉求，着力构建监管平台。

【国家能源局四川监管办公室】

基本情况 国家能源局四川监管办公室（简称四川能源监管办）是国家能源局派驻四川的机构，是根据《中央编办关于国家能源局派出机构设置的通知》（中央编办发〔2013〕130号）、《国家能源局关于印发〈国家能源局派出机构主要职责内设机构和人员编制规定〉的通知》（国能人事〔2013〕438号），在原国家电力监管委员会四川电力监管专员办公室基础上设立，于2013年12月16日正式挂牌。

内设综合处、市场监管处、行业监管处、电力安全监管处、资质管理处、稽查处。

领导班子：党组书记、专员张健；党组成员、专员助理马军杰；党组成员、综合处处长高晓楠。

主要工作

（1）市场监管。加强监测分析，针对丰水期可能出现的富裕电力情况，向省政府提出了制定水电消纳政策和争取直购电试点政策的建议，并在有关政策制定中得到采纳；积极开展电力企业和大用户调研，在征求省政府有关部门和市场主体的意见后，会同省经信委印发了四川省直购电交易规则，切实推进直购电试点，全年直购电交易完成73亿kWh；为维护市场公平秩序，在开展电源项目自建配套送出工程回购情况摸底调查后，约谈省电力公司提出整改要求，推动了电源公平接入和电网无歧视开放；跟踪和掌握全省火电企业财务经营情况，解剖全省燃煤火电企业上半年经营情况好转的原因，分析火电企业下半年经营形势，建议不下调四川火电上网电价；进一步加强供电监管，完善了供电监管信息系统，供电监管信息系统基本覆盖了四川省县级以上供电企业，并与多家来办考察派出机构交流了经验；在督导检查四川省供电企业上一年度年供电检查整改工作情况中指导企业举一反三、全面自查整改，并抽查了部分供电企业学习、整改工作的落实情况；加强信息监测预警机制建设，在原有的四川电力供需情况监测预警分析机制基础上，建立了四川省今冬明春天然气供需情况日报送制度；加强节能减排工作，积极推动四川电力行业节能减排监管平台建设，加快了四川火电厂烟气脱硫脱硝系统改造进度。

（2）电力安全监管。四川能源监管办以防范电网大面积停电、开展地质灾害防治和水电站大坝安全以及防范电力生产建设施工人身伤亡事故专项监管为重点，通过加大对电力建设项目标准化和应急预案编制的指导力度，深入开展安全性评价和可靠性管理工作，开展迎峰度夏、防洪度汛、打非治违、安全大检查等专项活动。全年四川电力系统未发生电网事故、水电站垮坝、漫坝事故。全省发生各类电力生产安全事故、电力工程建设事故、自然灾害、电力生产设备事故共5起，死亡和失踪10人，同比事故起数减少2起，死亡和失踪人数减少56人。其中电力生产安全事故1起，死亡1人，同比事故起数与2012年持平，死亡人数减少2人；电力工程建设事故2起，死亡（失踪）5人，同比事故起数减少2起，死亡人数减少7人；自然灾害引发的电力人身伤亡事故1起，死亡4人，同比事故起数减少1起，死亡（失踪）减少47人；一般电力生产设备事故1起，同比事故增加1起。

（3）资质管理方面。增强服务企业意识，主动向“承装（修、试）电力设施许可证”即将到期的企业发出提示，告知续期申请的相关要求，对企业提出异议的会计师事务所无条件更换，要求各培训机构做好对企业的上门培训等服务；在因机构改革暂停行政许可情况下，坚持做好接件、审查工作，为行政许可再次启动后的迅速到位做好充分的准备工作，同时，为帮助暂时无法续期的企业开展正常生产经营活动，根据企业提交续期材料的审查情况，分类出具相关证明，并接受企业监督；加强许可证后续监管，摸清了全省2934家县调发电企业的基本情况，对496家企业未取证原因进行分析统计、发出整改通知；启动了500kV在建项目许可制度执行情况专项监管工作，做好了对项目业主、建管单位、承包单位、分包单位和监理单位开展监管约谈的准备工作；探索利用许可促进地方经济发展，以全国最大的输变电劳务输出县岳池县为典型，与当地政府、企业进行深度沟通，挂靠借用资质的现象得到遏制，促进了企业管理；优化许可审批流程，从制度上预防腐败，积极探索按许可流程来开展资质管理工作，即许可管理按照接件、初审、复审、现场核查、证后监管来进行，各环节人员原则上不交叉，建立相互配合，相互制约的工作机制，对办理过程中的廉政风险点实现制度防范。

（4）稽查执法。认真组织开展用户受电工程市场调研，制定四川省用户受电工程市场的工作方案，从强化信息公开、提供实时查询、规范业扩办理、拆清二次许可、清理不合理收费、推动主辅分离、建设监管平台等七个方面着手，推动建立和维护用户受电工程市场秩序的长效机制；加强与省发展改革委、环保厅等地方政府部门的工作衔接，参与制定大气污染防治等政策文件和开展联合执法；努力畅通投诉举报渠道，加大了12398热线的宣传力度，在全省供电企业营业窗口悬挂12398热线标识牌，按月发布投诉举报情况通报，健全投诉举报联系人制度，强化了现场调查能力建设，提高办理投诉举报工作质量；耐心细致地做好争议调解工作，圆满处理了内江市内糖社区的电网改造事件和国家能源局、国家信访局交办的有关信访事项，有关当事人非常满意并赠送锦旗致谢。全年共受理投诉举报241件，办结258件（含2012年转结的32件），人民群众的用电权益得到保障，供电企业的服务意识进一步提高。

（5）机关建设。以党风廉政责任制为抓手，以教育实践活动、领导干部廉洁从政和报告个人事项制度、干部选拔和监督、贯彻落实党的十八大三中全会精神和八项规定等为重点，深入开展活动，自觉接受群众监督，取得良好效果；切实推进学习型机关建设，认真落实干部培训制度，组织全办职工参加各种政治理论和业务培训学习，密切联系群众，前往革命老区巴中，听取地方诉求，出谋划策，帮助地方经济社会发展；结合教育实践活动，进一步健全完善规章制度，严格执行预算，规范财务管理，并请第三方帮助查纠存在问题；加强保密工作和后勤服务管理，认真落实政府信息公开，分别在门户网站、中国电力新闻网、《中国电力报》、四川信用网公开政务、党务信息，为监管对象提供便捷服务，接受社会监督；自觉加强监管能力建设，到能源企业开展调研，征求对能源监管工作的意见和建议，积极探索四川能源监管机制和方式。

（6）党的群众路线教育实践活动。自2013年6月中央决定开展教育实践活动以来，组织全办党员干部扎实开展“学习教育、听取意见”“查摆问题、开展批评”“洗澡治病、建章立制”各环节活动。在活动中，坚持将学习教育贯穿始终，全体党员干部集中学习16次，并自学了《论群众路线——重要论述摘编》等书籍和国家能源局加强党员干部作风建设十条等重要文件。以书面、座谈、结合调研和业务工作等形式向69个政府部门及企事业单位征求到对四川能源监管办机关、党组和党组成员“四风”方面问题的意见和建议共32条。根据各方面的意见和建议，四川能源监管办形成了责任到人、任务明确、时限清楚的办党组和党组成员个人整改方案，顺利进入“洗澡治病、建章立制”环节。

(7) 抢险救灾工作。“4·20”芦山地震发生后，组织开展电力受损情况统计汇总，协调电力抢险救灾的有关事宜，做好信息报道和宣传工作，并与省能源局建立了联合工作机制。承担了能源基础设施电力部分的受损统计职责，牵头会同省能源局、省水利厅对电网、发电基础设施受损情况进行调查统计，审核评估电力受损情况。督导“4·20”芦山地震灾区应急供电和灾后电力设施恢复重建，现场检查安置点用电安全管理工作，有效防止了供电引起的火灾和触电人身伤亡事故的发生。四川能源监管办安全监管处处长李利勇被省委、省政府授予四川省“4·20”芦山强烈地震抗震救灾先进个人称号。

【国家电网公司华中分部】

分部概况 国家电网公司华中分部（简称国网华中分部）负责管理、协调华中区域内的电网运行、安全质量监督、审计监督、电力交易等业务，同时做好自身的党群、综合行政管理等工作。内设综合管理处、财务处、安全监察质量处、审计处、党群工作处、离退休工作处、国家电网华中电力调控分中心和国家电网华中电力交易分中心8个处室。

电网概况 华中电网供电范围包括湖北、河南、湖南、江西、四川和重庆六省（市），供电区域面积约130万km^2，供电区域常住人口3.77亿人。华中电网是以湖北电网为中心，东西连江西、川渝，南北接湖南、河南的辐射状跨省电网，在“全国联网、西电东送、南北互供”的战略格局中具有重要地位。华中电网通过1回1000kV特高压交流线路与华北电网相联，通过1回±800kV直流线路、1回±500kV直流线路和1座背靠背换流站与西北电网相联，通过2回±800kV和4回±500kV直流线路与华东电网相联，通过1回±500kV直流线路与南方电网相联。

截至2013年底，华中电网统调发电装机容量22 219万kW（含三峡电站，下同），其中，水电占44.0%，火电占54.8%，新能源及其他占0.48%；统调发电量9562亿kWh，其中，水电占38.28%，火电占61.42%，新能源及其他占0.3%。华中地区全社会用电量、调度用电量和调度年最高用电负荷分别为9608亿kWh、8811亿kWh和14 915万kW，同比分别增长7.18%、8.06%和7.57%。

华中电网1000kV输电线路总长640km，1000kV公用变电站2座1200万kVA；±800kV直流线路总长6203km，±500kV直流线路5423km；500kV输电线路总长37 999km，500kV公用变电站139座20 790万kVA。

2013年，华中电网新投产统调发电机组96台（座）、总容量1860万kW，其中：火电13台、容量491万kW；水电68台、容量1296万kW。新增风能与生物质能发电容量之和所占比率约3.95%。新增单机容量在60万kW及以上机组21台、容量1457万kW，占新增总装机容量的78.32%。

新投产±800kV特高压换流站1座，换流变压器容量904万kVA。新投产220kV及以上变电站79座、变压器138台、容量4254万kVA，其中：500kV变电站9座、变压器21台、容量2100万kVA；220kV变电站70座、变压器117台、容量2154万kVA。新投产±800kV特高压直流输电线路1条，华中境内长度147km；新投产500kV输电线路42条3494.929km，220kV输电线路231条4832.93km。

电网调度 组织华中电网春季安全省（市）间交叉检查。督导六省（市）公司开展电网安全事故隐患排查，共查出隐患83项。牵头完成对河南、湖南、四川3个省级电网和长沙、南昌、成都3个城市电网的安全性评价工作。参与全面质量管理体系建设，配合总部开展设备质量、电能质量等专项监督73项。

修编分部应急工作管理规定、总体应急预案和10项子预案，编制特殊时段电网事故处置预案9项，开展华中电网大面积停电综合应急演练、迎峰度夏联合反事故演习以及消防、交通安全等应急演练22次。完成分部直属电网资产技改项目84项、大修项目169项。

针对电网运行方式变化频繁等特点，加强风险评估和安全校核，强化重要输电断面功率监控，严禁超稳定极限和设备能力运行。开展百万千瓦级大机组控制问题研究，促进网源协调运行。适应“大运行”体系要求，制订《直调变电站调度监控管理办法》及调度规程补充规定。

安排检修计划和运行方式，保障国家电网公司重点工程建设，配合完成哈密南—郑州直流工程双极低端投运、溪洛渡—浙西直流工程跨越施工、特高压交流扩建工程大功率南送以及向家坝—上海直流输电工程过负荷试验等任务。全年共完成500kV及以上主要设备检修743项，执行倒闸操作票1537份，无一差错。

电力交易 跟踪分析用电需求变化特点，及时优化电力资源配置方案，全力保证六省（市）电力正常供应，华中电网连续第二年没有拉闸限电。迎峰度夏期间，华中电网负荷屡创新高，通过跨区跨省调剂余缺，缓解重庆、江西电力供应紧张局面。利用联络线输送能力，最大组织567万kW电力支援重庆，其中华中分部紧急调剂电力达407万kW。

首次将3.6亿kWh新疆风电输送湖北。最大组织 236 万 kW 电力支援华东、70 万 kW 电力支援西北，缓解华东、西北夏季高峰用电压力。

四川水电外送最大电力 1697 万 kW，华中分部组织外送交易 261 亿 kWh。全网全年累计节水增发电量 102.6 亿 kWh。

配合国家能源局电力交易秩序专项监管工作，及时通报电网运行重要信息，自觉接受监督。召开厂网联席会议，主动走访发电企业，听取意见建议。完成“三公”调度目标，全年各省火电机组发电计划完成进度偏差小于 1%，60 万 kW 及以上机组利用小时数高于 30 万 kW 级机组。

分部管理 对照总部分部一体化建设方案要求，逐项梳理职责、界面和工作流程，对接总部工作，完成物资管理、电力燃料管理等职责跨处室交接。推进财务一体化运作，全面应用集中部署财务系统，执行财务政策标准体系。

完成总部下达的审计项目 5 个，后续审计项目 7 个，发现问题 113 项，提出审计建议 65 条。克服时间跨度长、机构人员变动大等困难，多方搜集资料，反映实际情况，配合西电东送工程审计。

落实中央八项规定要求，严格规范公务活动。开展通用制度、品牌标识、“三公”消费、信息系统等领域专项清理，清理失效和废止规章制度 204 项。加强综合计划和预算管理，建立预算月度分析通报制度，分部各项成本费用均控制在总部批准的预算额度以内。组织 2 次集中招标，采购项目 187 项，项目招标节约率达 7%。在中超公司注销前，完成 500kV 塔祥邵Ⅱ回输电线路等 31 项工程尾款支付工作。

严格执行分部《后勤六项费用管理办法》，规范后勤费用管理。统筹优化后勤资源配置，对存量房产、公务用车、办公用房等进行清理。加强小型基建项目和非生产性技改大修项目管理，按期完成调度楼楼顶防水、卫生所危房改造等工作。

科技与信息化 研开专项计划共 21 项，其中，承担总部管理项目 5 项，分部管理项目 16 项。“特高压大电网、大电源和‘大运行’条件下华中电网调度运行和安全控制方式研究”“华中电网新一代继电保护整定计算程序关键技术研究及开发”“量测高冗余高质量条件下大电网状态估计和调度员潮流优化算法研究”“基于无线传感技术的多频段变压器故障在线诊断预警系统研究”等科技项目在大电网安全分析与规划技术、电网安全控制与保护技术、电力系统自动化技术、输变电设备运行及管理技术方面填补了国内外相关研究领域空白。新申请发明专利 2 项，授权专利 3 项。21 项新技术应用于专项工程中。

主持研发的“信息安全终端区域督查技术实用化研究与应用”项目荣获电力行业信息化成果一等奖；主持研究的“华中区域水电减弃增发应急交易机制研究与实践”和“电力交易在线闭环管控研究与应用”项目分别荣获国家电网公司 2013 年度科学技术进步奖二等奖和三等奖；参与研发的“一体化电网调度技术支持系统关键技术研发与应用”项目荣获中国电力科学技术奖一等奖，参与研发的“互联大电网协调控制与优化调度关键技术研究与应用”项目荣获国家电网公司 2013 年度科学技术进步奖一等奖，参与研发的“网省协调多时序发电计划管理系统研究与应用”项目荣获国家电网公司 2013 年度科学技术进步奖三等奖。

2013 年，华中信息设备和系统整体运行状态良好，未发生信息安全事件，信息系统运行率为 99.987 9%，分部互联网边界总体运行稳定，未遭受有组织、有规模的网络入侵或攻击。

开展信息安全治理提升工作，消除各类隐患 36 个。开展待报废信息设备清理、自建系统清理及设备腾退再利用工作。实施信息内网网络改造项目，实现万兆主干和千兆桌面的网络办公环境。分两次完成管理信息大区时间同步体系实施工作。完成信息外网国际互联网出口归集改造工作，将分部国际互联网出口归集到湖北省电力公司。

党的建设和精神文明建设 开展党的群众路线教育实践活动，做好学习教育、查摆问题、整改落实等工作。召开专题民主生活会，针对“四风”问题，制定并实施整改落实方案。各支部召开专题组织生活会，开展批评和自我批评。严格执行党风廉政建设责任制，加强协同监督，廉政风险防控取得明显成效。

组织开展华中电网 500kV 变电站劳动竞赛，扩大活动覆盖面，激励一线员工立足岗位、建功立业。开展“爱电网、走基层、改作风”活动，促进青年员工了解基层，接地气、知网情、强素质。成立“柳焕章劳模创新工作室”，为青年员工技术成才搭建平台。组织（参加）各类培训 114 项，参培人数合计 2513 人次，全员培训率超过 96%。成立《国家电网报》华中记者站。

（李国柱）

【华中电网有限公司】

见国家电网公司华中分部。

【国网河南省电力公司】

企业概况 国网河南省电力公司（简称河南公司）是国家电网公司的全资子公司，国有特大型企业，担负着服务河南省经济社会发展和保障逾 1 亿人口可靠供电的重要任务。截至 2013 年底，河南公司直管单位30家，县级供电企业107家。用工总量17.4万人，其中直管单位5.4万人，县级供电企业12万人。完成售电量2510亿kWh，居国家电网公司系统第4位。

电网概况 河南电网位于华中、华北、西北联网枢纽位置，在“西电东送、南北互供、全国联网”格局中处于重要位置。晋东南—南阳—荆门1000kV特高压交流试验示范工程落点南阳建站运行，哈密南—郑州±800kV特高压直流输电工程于2014年1月正式投运。截至年底，河南电网110kV及以上变电站1087座、变电容量1.83亿kVA、线路长度4.52万km。河南500kV电网已形成“两纵四横”梯形主网架，全省各市实现220kV环网供电，全部县域实现110kV双电源供电。截至年底，全省发电装机容量6051.84万kW，其中统调装机5679万kW。全年全省全社会用电量2899亿kWh，同比增长5.51%；发电量2811.32亿kWh，同比增长8.26%。

人力资源 严格实施全员计划和入口管控，用工总量持续负增长。举办10期省市县公司领导班子培训，参培1550人。探索领导班子综合评价考核机制。严格实施各类用工计划管控。深化全员绩效管理，在本部实行职员职级制度。宣贯《国家电网公司员工奖惩规定》，细化制订员工奖惩实施细则。规范劳模、班（站）长工作室管理，实施班组标准化建设。开展普法、技能、文体“三联赛”活动，组织开展岗位练兵和技术比武，全员培训率达到94.5%。选拔相关专业领军人才，遴选省公司级优秀专家人才310人。新增国务院津贴专家1人、省部级技术能手21人、国家电网优秀专家人才26人。

电网建设与发展 滚动优化2014～2018年河南电网发展规划，完成郑州航空港区电网专项规划。完成宁东—浙江、蒙西—长沙两项特高压省内前期工作，以及4项特高压工程可研阶段任务。核准110kV及以上项目135项。深化与省交通、林业、住建等部门战略合作。全省超过100项新开工项目落实无偿用地政策。完成公司承担的哈郑特高压直流工程输电线路、电气安装和试验调试等各项任务，按期投产开封西等500kV“五站十线”配套工程。全年新开工110kV及以上输电线路3040km、变电容量1633万kVA；投产110kV及以上输电线路2862km、变电容量1824万kVA。110kV及以上工程国家电网优质工程率100%，500kV焦作东变电站工程被评为国家优质工程。全年农网改造升级工程投资达到44亿元，2011～2012年度工程通过省级验收。

经营管理 落实国家电价政策，疏导电价矛盾，脱硝、除尘电价垫支风险得到有效化解。实施跨区跨省电量交易，增加边际收益。深化资金集中统一运作，低成本融资减少利息支出。加大应收款项清欠力度。会议费、“三公”经费同比分别下降56%和57%。强化集中招标采购，严格废旧物资管理，加强盘活利库工作。推进“三集五大”体系建设，通过国家电网公司专业评估及综合验收。开展“回头看”和全面调研，持续改进。宣贯国家电网公司全面建设方案，编制国网河南电力“1+19”方案并通过总部审核批复。完成基层单位操作方案审核工作，开展市县公司专题培训。完善“三集五大”支撑体系，省市两级运营监测（控）中心投入运行。发布河南公司基础标准、技术标准体系表，完成国家电网公司首批48项通用制度、23项新标准、26项标准化作业指导书的宣贯培训。配合国家审计署“西电东送”工程审计和国家电网依法治企综合检查、农网改造升级工程审计等工作，认真整改发现问题，审计成果运用常态机制初步建立。强化内部审计，组织开展乡镇供电所和住宅小区配套工程专项审计，以及农网工程和重点小型基建项目在线跟踪审计。开展非生产性房产、小型基建项目和办公用房的专项排查清理及问题整改工作。土地、房屋产权办证率分别完成94%和87%。推进集体企业规范重组。平稳完成商丘天宇酒店和商厦的资产处置、人员分流等任务。通过国家电网公司主多分开“回头看”自查自纠复查验收。

安全生产 开展安全管理提升活动，开展各类安全隐患排查治理。落实电网度夏、度冬和有序用电方案，合理优化系统资源，科学安排电网运行方式，开展主备调切换等实战演练，电网经受住夏季4801万kW大负荷的考验，以及各种恶劣天气、自然灾害的冲击。全年没有发生上级考核的安全责任事故，保持了长周期安全稳定局面。加强技术监督和设备运维管理，全面质量管理和资产全寿命周期管理取得实效。完成特高压南阳站、灵宝换流站年度检修，“两站”运维指标达到国家电网公司先进水平。变电站无人值守及运维一体化建设取得突破。健全电力设施保护联动机制，开展线路通道专项治理和外力破坏风险辨识。完善省内6个应急协作区体系，与7家省公司建立应急救援协作联动机制。

营销工作 动态跟踪全省13个重点产业和379个重点项目用电需求，主动跟进供电服务，在河南省产业结构不断调整的情况下，国网河南电力售电量增幅好于预期。优化业扩报装流程，重点用户项目报装平均天数压缩11天，业扩报装服务时限达标率100%。实现95598系统五项业务上收国家电网。完成107个县供电企业的营销信息系统建设。强化分布式电源并网管理服务，受理分布式电源用户143个、并网发电用户32个；推动电能替代工作，完成热泵推广面积130万m^2。强化电费回收，全面实现结零。

配合政府制定大客户直购电市场规则，维护公司合理权益。

农电工作 推进县级供电企业国有产权无偿划转工作，配合河南省政府出台《关于深化农电体制改革的指导意见》，完成清产核资、权证办理、人员安置等重点工作，首批24个县供电企业国有产权划转方案顺利通过国务院国资委审查。

完善农电综合管理与专业管理相结合的工作机制，农电“三集五大”建设取得实质进展。以人财物核心要素资源为重点，全面加强计划审批、程序监督、过程控制、量化考核等闭环管控。全面启动实施供电所管理提升工程。开展供电所专业化管理。推进标准化供电所建设，全省12个农村供电所通过国家电网公司标准化示范供电所验收，新乡卫辉唐庄供电所等8个供电所被国家电网公司命名为供电所同业对标标杆单位。开封县、孟津、长葛、温县、陕县等5家县公司被国家电网公司命名为农电管理标杆单位，林州、获嘉等8家县公司被命名为一流县供电企业。

科技与信息化 完成国家电网大容量光传输网等4项重点工程建设，“输电线路舞动防治技术实验室”进入国家电网公司重点实验室行列，获得22项省部级科技进步奖、6项省部级管理创新奖、1项国家专利优秀奖。推进县供电企业信息化一体化建设，建成云计算平台。河南公司一体化高清电视电话会议系统在国家电网公司率先建成。

优质服务 实施供电服务提升工程，出台供电服务五项制度。开展供电营业厅服务品质提升月活动，健全供电营业厅服务监控体系。完成国家电网公司“一体化缴费平台”和河南省“十分钟交费圈”一期建设，同步推进县域“十分钟交费圈”和“村村通”工程建设，推出基于用电信息采集系统的电量电费资讯手机软件。开展供电服务明察暗访和整改规范工作，行风评议保持公共服务行业前列。

党的建设和精神文明建设 认真学习党的十八届三中全会精神，开展党员承诺践诺、“中国梦·国网情”主题学习、共产党员服务队竞赛等活动，党建协作区建设、“两带三保”和“三级联创”电网先锋党支部活动富有成效。严格落实“八项规定”，出台加强思想道德作风纪律建设实施细则。突出“作风建设、本部先行”，组织开展“两公开、两评议、两考核”工作。坚持边学习、边调研、边整改，开展党的群众路线教育实践活动筹备工作。组织评选河南公司“道德模范”。“电力雷锋”品牌荣获河南省优秀志愿服务品牌。健全协同监督体系，强化重点领域的风险预警预控，党风廉政建设责任目标任务全面完成。落实国家电网公司职工民主管理纲要，坚持职代会和企务公开制度，国网河南电力荣获全国厂务公开民主管理工作先进单位称号。加大对外联络沟通和宣传力度，组织开展特高压、迎峰度夏等主题传播。信息安全和保密工作进一步加强。全面落实老同志的各项待遇。健康食堂创建工作不断深化。《家的牵挂》荣获第十届中国艺术节“群星奖”。

（胡宏伟）

【国网湖北省电力公司】

企业概况 国网湖北省电力公司（简称湖北公司）是国家电网公司全资子公司，以电网建设、管理和运营为核心业务，直接为地方经济发展和人民生活提供电力保障。至2013年底，湖北公司有直属单位31家，直供直管县级供电企业77个，用工总量97 933人。有用电客户2004.69万户，其中，专用变压器客户16.47万户，居民客户1822.08万户。完成电网建设投资114亿元；完成售电量1284.95亿kWh，同比增长8.71%；线损率6.68%，同比下降0.4个百分点；全员劳动生产率46.22万元/（人·年），完成年度计划的104.12%。按照国家电网公司“三集五大”体系全面建设统一部署，湖北公司人财物集约管控、五大业务集中运作的新型管理架构和运转模式初步形成，支撑保障能力明显增强。

领导班子

总经理、党委副书记：尹正民

党委书记、副总经理：梁国庆

党委委员、副总经理兼国网武汉供电公司总经理、党委副书记：畅刚

党委委员、副总经理：杨光糯、赖平、李政

党委委员、副总经理、工会主席：王文桃

党委委员、纪委书记：侯春

党委委员、总会计师：杨桂荣

副总经理：傅景伟

总工程师：王传庆

副局级调研员：周世平、宋飞宇、胡毅

电网概况 湖北电网地理位置特殊，是三峡外送的起点、西电东送的通道、南北互供的枢纽、全国联网的中心。经过多年发展，湖北电网已经成为全面承接特高压输送电能、以500kV电网为骨干、以220kV电网为主体、110kV及以下电网覆盖全省城乡、供电人口达到6100多万的现代化大电网。截至年底，全省全口径装机容量5896.11万kW（含三峡2240万kW），同比增长1.88%，居全国第9位；全年发电量2235.16亿kWh（其中三峡发电量823.78亿kWh），同比下降0.44%，居全国第10位；全社会、工业用电量分别为1629.75亿、1106.00亿kWh，同比分别增长8.08%、6.04%。2013年湖北电网规模见表1。

表1　2013年湖北电网规模一览表

指标名称	计量单位	2012年	2013年	增幅(%)
全口径发电设备装机容量合计	万kW	5787.55	5896.11	1.88
水电	万kW	3595.49	3615.74	0.56
火电	万kW	2173.88	2239.89	3.04
风电	万kW	16.52	35.13	112.65
其他	万kW	1.66	5.35	222.29
110～1000kV公用变电站合计	座	791	841	6.32
110kV	座	634	668	5.36
220kV	座	136	150	10.29
500kV	座	20	22	10.00
1000kV	座	1	1	0.00
110～1000kV公用变压器容量合计	万kVA	11 728.17	12 768.04	8.87
110kV	万kVA	3987.87	4272.34	7.13
220kV	万kVA	4057.2	4372.2	7.76
500kV	万kVA	3083.1	3523.5	14.28
1000kV	万kVA	600	600	0.00
110～1000kV输电线路回路长度合计	km	42 212	44 711	5.92
110kV	km	19 159	20 617	7.61
220kV	km	12 118	12 741	5.14
500kV	km	10 755	11 173	3.89
1000kV	km	180	180	0.00

注　输电线路统计包括架空线路和电缆线路。

湖北电网发展步伐进一步加快。交流特高压“西纵”“中纵”“南横”工程（湖北境内）正式纳入全省经济和社会发展“十二五”规划，省内“南横”前期工作顺利完成。完成湖北省2014～2018年电网发展滚动规划，全省及14个地市76个县配电网滚动规划通过国家电网公司评审。全省及所有地市电力设施布局规划全部通过地方规划部门专项评审。雅安—武汉特高压交流工程取得全部省级支持性文件，蒙西—湖北等3项特高压工程前期工作正常推进。500kV卧龙变电站等202个输变电工程项目通过核准，500kV随州变电站等43个220kV及以上项目可研获得批复。全年投产110kV及以上变电容量777万kVA，110kV及以上输电线路1741km。500kV兴隆变电站扩建、110kV未来城新一代智能变电站示范工程等一批重点项目相继投运。加快中低压电网建设步伐，110kV及以下电网投资占比首次超过70%。农网改造升级工程进展顺利，调剂资金集中解决配电网“卡口”、低电压等问题。深化“基建队伍建设年”活动，电网基建工程设计、施工质量和管理水平全面提升。500kV江夏变电站以全国电力行业第一名的优异成绩荣获“中国建设工程鲁班奖”。220kV神农架变电站等7项工程荣获国家电网公司输变电工程优秀设计奖项。99项110kV及以上输变电工程全部被评为国家电网公司优质工程。

安全生产　安全生产保持稳定。严格落实党中央、国务院关于开展安全大检查的工作部署，深入推进隐患排查治理，发现各类安全隐患1810处，全部完成整改。制订110项重点措施，深入开展安全管理提升活动。加大作业现场安全管控力度，强化“四不两直”工作方式，稽查作业现场7538次，处理违章1363起，保持反违章高压态势。建立日会商生产协调机制和风险管控联动机制，发布六级及以上电网风险预警279次。积极应对51天超长高温、负荷9创新高的严峻形势，湖北电网实现平稳度夏。加强应急保障能力建设，组织1.77亿元应急物资，出动4万余人次，圆满完成抗旱保电任务。高效完成援川抗震救灾工作。推进生产专业三年培训计划，启动“双基”培训工程试点，组织《安规》普考。完成110kV及以上350座变电站、244条输电线路精益化管理评价。电能质量在线监测系统提前2个月上线运行。全面实现500kV变电站无人值守，特高压站具备少人值守条件。持续推进运维一体化管理和工厂化检修。首次全面完成特高压和直流换流站全年度运维检修工作。强化班组长安全责任，深入推进农电基础管理提升，开展农村配网运维劳动竞赛，农电安全局面保持稳定。全面完成各项安全工作目标，湖北电网实现安全稳定运行31年。

经营管理　经营绩效稳步提升。强化综合计划和预算的统筹控制功能，充分发挥运营监测（控）中心信息支撑作用，加大各项经营指标的预测、监控、分析、改善力度，湖北公司经济效益稳步增长。灵活开展各类电力交易，多吸纳低价水电和优价火电，首次将新疆电力引入湖北，全年外购电量68.83亿kWh。深入开展“报装动车组”活动，及时跟踪督办重点报装项目，整治供电“卡口”241个，简化“新居配”项目审批手续，大力实施电能替代，多措并举增供扩销18.5亿kWh。开展年度营业普查和农业用电专项检查，深化违规行为清理整顿，查处问题8.75万户。加快用电信息采集系统建设，专变、低压自动化抄表核算率同比分别提高30%、27%。同步实现新上划供电企业销售电价同价。引入竞价模式争取低利率贷款，合理使用循环贷款，降低财务支出。全面应用电子商务平台完成物资集中招标采购。110kV及以上电网项目全面应用标准成本管理，基建工程造价平均降幅3.5%。

依法治企持续加强。开展中央八项规定执行情况自查自纠，制订33条实施细则，落实整改意见280

条。严格“三公”消费管理，“三公”经费大幅下降。全面规范和加强公务车辆管理。开展劳务派遣用工专项清查，探索建立农电用工退出通道。建立农电用工住房公积金缴纳机制。健全集体企业监管制度，全面推进重组整合，减少集体企业 66 家。扎实开展管理提升活动，顺利转入第三阶段。科学编制“二十四节气表”，常规重点工作有序推进。制订《重点督办事项效能监察工作规定》，跟踪、督办重要事项 187 件次。组织行风暗访和供电服务专项督导 77 次，开展标准营业窗口建设，优质服务水平不断提升。加快后勤工作一体化建设，探索物业市场化运作，试点推行区域一体化物业管理模式。以国家电网公司依法治企检查为契机，认真开展自查自纠，整改问题 84 项。信息系统清理和数据质量提升工作取得阶段成果，退运自建系统 105 套。加大内审力度，完成审计项目 4618 项，采纳审计建议 1609 条。“省—市—县”三位一体的内控体系初步建立。《电力设施建设占用土地补偿办法》纳入湖北省 2013～2017 年立法规划。发起成立全省首家电力司法鉴定中心。

党的建设和精神文明建设　“三个建设”成绩斐然。深入学习贯彻党的十八大、十八届三中全会和习近平总书记系列讲话精神，开展“学习贯彻十八大精神，争创发展新业绩”主题实践活动，学习型、服务型、创新型党组织建设全面深化。认真筹备党的群众路线教育实践活动，制订前期准备工作实施方案。加强和改进“三集五大”体系下党组织、工会组织建设。积极开展电网先锋党支部“红心结”结对共建活动和共产党员服务队竞赛。落实党风廉政建设责任制，组织廉政巡讲 15 次，严肃查处违纪违规行为，协同监督机制进一步完善。深化“四好”领导班子创建，加强干部考核结果运用，干部队伍结构得到优化。加大干部培训力度，举办 5 期处级干部、10 期科级干部轮训班和 1 期年轻干部素质提升班。公开选拔 2 名科技副县长。完成“十大”专业领军人才后备遴选工作。公司系统 37 人当选国家电网公司专家。开展供电所长轮训、优秀班组长选训和农电用工普考，全员培训率达到 95.11%。加强企业文化建设，深化统一企业文化 360°传播，实施县级供电企业文化“安家”工程。加大对外宣传力度，保持密集正面传播，完善舆情风险协同防控机制，公司品牌形象全面彰显。开展第二届“感动湖北电网”十大人物评选工作。李元成荣获“全国道德模范提名奖”和“中央企业道德模范”称号。左光满事迹得到中宣部、国家电网公司领导批示。全面推进职工民主管理，加强“六型”班组建设，成功举办公司第五届职工技能运动会。开展“厉行节约”合理化建议活动，征集建议 433 条。加强离退休工作，关心关爱老同志。组织开展“走进基层、问计青年”调研实践活动。

全社会用电　全年湖北省全社会用电增长 8.08%，增幅同比回升 4.15 个百分点。第一、三产业和城乡居民生活用电占全社会用电的比重同比分别上升 0.05、0.69 和 0.38 个百分点，第二产业用电比重同比下降 1.12 个百分点。第一、二产业用电增幅分别较 2012 年回升 13.73、6.49 个百分点，增幅较快；第三产业和城乡居民生活用电在 2012 年较高增幅基础上，2013 年增幅有所回落，分别下降 0.93、5.74 个百分点。2013 年湖北省全社会用电构成情况见表 2，三次产业及城乡居民生活用电所占比重如图所示。

表 2　2013 年湖北省全社会用电构成情况一览

项　目	单　位	2012 年	2013 年	增幅（%）
全社会用电量	亿 kWh	1507.85	1629.75	8.08
第一产业用电量	亿 kWh	18.85	21.24	12.69
第二产业用电量	亿 kWh	1060.22	1127.6	6.36
第三产业用电量	亿 kWh	183.3	209.46	14.27
城乡居民生活用电	亿 kWh	245.48	271.45	10.58
城市	亿 kWh	167.50	183.28	9.42
乡村	亿 kWh	77.97	88.16	13.07
人均用电量	kWh/人	2609.19	2810.40	7.71
人均生活用电	kWh/人	424.78	468.10	10.20

注　2013 年湖北省常住人口数 5799 万人。

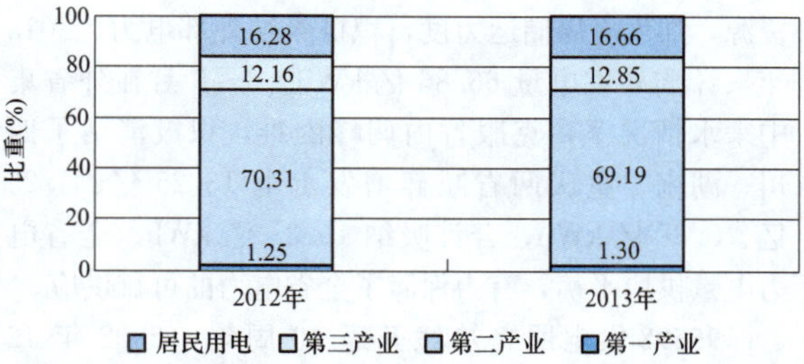

2013 年湖北省三次产业及城乡居民生活用电占比

行业用电方面，全省工业用电 1106.00 亿 kWh，同比增长 6.04%，增幅环比提升 6.33 个百分点。其中，轻工业 146.52 亿 kWh，增长 1.35%，重工业 959.48 亿 kWh，增长 6.79%，轻重工业比重 13.25%∶86.75%，重工业较 2012 年回升 0.61 个百分点，说明 2013 年重工业总体呈现恢复性增长，并成为当年拉动工业增长的主要动力。制造业用电量同比增长 4.91%，四大高耗能产业中，非金属、化工用电增幅为 8.47%、4.81%，黑色金属经过一年的恢复性增长，累计增幅回正，为 0.08%，有色金属进一步萎缩，同比下降 11.26%；石油加工业由于武汉乙烯的投产，实现了 77.76%的大幅增长。此外，医药（19.49%）、家具

(15.99%)、橡胶(15.01%)、服装(12.82%)、通用及专用设备制造(13.72%)、交通运输电气电子设备制造(13.22%)等行业也保持较快增幅。

湖北省14个地市州全社会用电均同比增长，其中增幅较大的有神农架(23.30%)、随州(19.96%)、咸宁(12.00%)，武汉全社会用电量437.23亿kWh，占全省26.83%。

电力环保 实施绿色电力调度和发电量计划转移替代发电工作，电力行业节能减排取得突出成绩。严格落实国家节能减排政策，在电量计划上优先向低能耗、低排放大容量火电机组倾斜。全省60万kW机组及以上比30万kWh及以下机组利用小时高677h，60万kW机组及以上机组多发电量63.17亿kWh，按照两者之间平均发电标准煤耗差值22.33g/kWh计算，减少标准煤消耗14.11万t，减少二氧化硫排放1.06万t，减少二氧化碳排放35.17万t。优先安排水电、风电、光伏等可再生能源发电计划，从源头上落实减排目标。湖北生物质、垃圾发电、风电、太阳能发电装机容量同比分别增长23%、18.4%、113%、300%，全省已建成并网清洁能源电厂47座，装机总容量85.38万kW，当年发电量26.57亿kWh。开展小火电机组向高效率机组电量计划指标转让工作，全年转让电量计划指标32.94亿kWh，节约标准煤26.72万t，减排二氧化硫2.01万t，减排二氧化碳66.60万t。合理跨区购电，充分吸纳外省水电电量。全省采取有力措施，合理调配发电资源，加大电煤储运力度，积极吸纳外部电力，2013年累计购外省电量66.86亿kWh。6～9月在外省集中来水情况下，克服省内调峰困难，积极消纳了四川、湖南、重庆两省减弃增发水电13.25亿、1.25亿、0.87亿kWh，合计吸纳15.37亿kWh。全省电力电量供应平衡，有力保障了全省电力的可靠供应。

95598供电服务热线开通10周年 2002年12月，湖北95598供电服务热线在黄石率先开通。至2013年，历经10年，为全省2000多万电力客户提供24小时不间断的故障报修、咨询查询、用电业务、投诉举报、停电信息公告等服务。10年来，95598工作站从14个地市级发展到96个县级，坐席代表由90名扩充至三级工作站690名，年话务量从80万攀升至800万。在95598运行管理中，国网湖北省电力公司在全国率先推行95598扁平化闭环管理、服务全过程监控、工单100%回访等制度办法。2013年，国家电网公司客服中心成立，湖北95598投诉、举报、意见、建议、表扬等五项业务在国网客服中心呼叫平台集中上线运行。同期成立湖北省95598客服中心，承担全省95598服务监管、运营分析职能，是国网客服中心与地市公司之间服务协同的桥梁。

电能替代 为贯彻落实国务院《大气污染防治行动计划》，尽快解决全国严重雾霾天气问题，国家电网公司积极倡导“以电代煤、以电代油、电从远方来”的电能替代战略，提高社会电气化水平，引导社会主动选择电能，淘汰高污染、低效率的用能方式。湖北公司积极在城市集中供暖、商业、工农业生产等领域大力推广热泵、电采暖、电锅炉、双蓄等电能替代工程。在居民生活领域推广“家庭电气化”，在城郊结合部、农村地区大力推广“煤(气)改电”。结合全省电气化铁路和武汉市城市轨道交通建设规划，积极助力推动交通领域电气化。全年全省通过实施电能替代，实现电能替代电量0.54亿kWh。

主要事件

1月14日，湖北公司与襄阳市政府签署《“十二五”电网建设战略合作协议》，湖北公司实现与湖北“一主两副”城市及鄂州、荆州等城市电网建设战略合作。

1月17～18日，湖北公司召开四届五次职代会暨2013年工作会议。会议提出“持续推进‘两个转变’，为全面建成‘一强三优’现代公司而努力奋斗”的任务目标。

2月，湖北公司在全省首次组织开展农村电压实测工作，实测数据为农村低电压整治提供决策依据。

4月26日～5月5日，湖北公司应急救援队伍在四川芦山县双石镇参与恢复重建地震受损供电设施，完成10kV供电线路56km、公变台区42个。

5月21日，湖北省第一位居民个人分布式光伏发电项目成功并网。

6月9日，湖北公司向社会发布全省首部服务湖北“一元多层次”发展战略白皮书。

7月，受持续晴热高温天气影响，湖北省出现严重旱情。至8月5日，省内受灾农田852.6万亩，46.3万人、10.3万头牲畜饮水困难。湖北公司全力保障抗旱用电，累计配合灌溉农田720万亩，抗旱排灌用电量4.2亿kWh。

8月1日，湖北省全面开通网上支付宝缴纳电费业务。

9月初，湖北公司本部及所属30家直属单位全部跻身省级文明单位行列，实现“十二五”精神文明建设规划“满堂红”目标。

9月5日开始，湖北电网首次经华中—西北联网灵宝直流购入廉价新疆电，通过电力丝绸之路实现湖北电网与新疆电网跨省跨区电力交易。

10月15日，湖北公司员工李元成被国务院国资委授予“中央企业道德模范”称号。

10月，湖北公司获“全国职工职业道德建设先进单位”称号。

11月5日，国网湖北检修公司员工胡洪炜获全国“最美青工”荣誉称号。胡洪炜13年坚守同一个岗位，最终成长为进入±800kV特高压直流输电带电作业的世界第一人。

11月6～7日，湖北公司举行第五届职工技能运动会。自2009年以来，湖北公司持续举办职工技能运动会，建立了具有湖北电力特色的职工岗位练兵和技能比武常态机制。12月，中华全国总工会党组书记、副主席陈豪，副主席李世明分别就国网湖北电力职工技能运动会经验做出重要批示，肯定职工技能运动会活动经验。

11月9日，湖北公司95598投诉、举报、意见、建议、表扬等五项业务正式上收国家电网公司。

11月21～22日，根据中共中央宣传部和省委宣传部的统一部署，中央、省直等12家媒体单位17名新闻记者，在国网随州供电公司全面采访报道左光满及光满服务队先进事迹。15年来，党的十八大代表、百姓电工左光满和光满服务队开展故障抢修服务45 300多次，实现供电服务零投诉、安全供电无事故，受到中共中央总书记、国家主席习近平等中央领导同志的亲切接见。

12月5日，500kV江夏变电站工程荣获2012～2013年度中国建设工程鲁班奖。

12月28日，110kV武汉未来城新一代智能变电站工程投产送电，标志着国内最袖珍的110kV户外AIS智能变电站工程正式投运。

2013年，湖北公司承担的国家电网公司重大科技项目——“±1100kV特高压设备现场试验技术研究”年内取得实质性应用。

（杨　倞）

【国网湖南省电力公司】

企业概况　国网湖南省电力公司（简称湖南公司）是国家电网公司全资企业，主营业务为湖南省电网的规划、建设、运行、检修和营销。截至2013年底，国网湖南电力在职职工34 767人，资产总额819.69亿元。

湖南公司共辖二级单位43个，控股县级供电企业6个，全资县级子公司9个。二级单位中，市州供电公司14个（下辖67个全资县公司），省公司支撑实施单位14个。另有代管县级供电企业26个。

全年，湖南公司完成国家电网公司下达的资产经营考核任务。其中，全年售电量1005.4亿kWh，同比增长4.52%；主营业务收入627.45亿元，同比增长7.96%。电网冰灾防治项目获国家科技进步一等奖。

电网概况　截至年底，湖南省拥有发电装机容量3365.57万kW。其中水电1400.65万kW，占41.62%；火电1929.12万kW（含并入广东电网190万kW），占57.32%；风电等33.8万kW。湖南电网拥有特高压线路2条509km；500kV变电站17座、变压器27台、变电容量2150万kVA，线路50条4791km（含江城直流湖广段）；220kV变电站139座、变压器241台、变电容量3663万kVA，线路423条12 878km；110kV变电站647座、变压器1043台、变电容量3494万kVA，线路1411条20 949km；35kV变电站867座、变压器1414台、主变压器总容量687万kVA，线路1924条215 53km。

全省发电量完成1278.13亿kWh，比2012年增长5.16%。其中，水电428.03亿kWh，增长－4.49%；火电435.09亿kWh，增长10.52%；全年外省净收入电量145亿kWh，增长10.63%。全省社会用电量1423.09亿kWh，增长5.69%。其中，城乡居民生活用电281.34亿kWh，增长8.35%；第一产业用电79.62亿kWh，增长－24.57%；第二产业用电886.53亿kWh，增长7.50%；第三产业用电175.61亿kWh，增长13.08%。全年电力需求继续保持增长，省网统调最大用电日负荷2168万kW。

人力资源　继续推进“三集五大”体系建设，不断深化人力资源集约化管理。

通过国家电网公司“三集五大”体系建设的专业评估和综合验收。开展体系建设的“回头看”，组织相关单位开展成效分析，总结提炼出58项特色亮点工作申报国家电网公司最佳实践。持续开展人力资源诊断分析，加强全资、控股、代管县公司人力资源管控，全口径全业务的人力资源集约化管理体系初步形成。规范定编定岗定员管理。完成湖南公司本部、9家公司层支撑机构、14家地市电力企业、76家县电力企业的机构设置和人员配置，规范3家水电厂的机构编制管理，并妥善处理了农电、财务、运检、营销等业务流程优化和相应机构设置问题。严格审核员工信息变更、岗位异动和退休手续办理等，确保人员正向流动和优化配置。提升人力资源管理科学化水平。首次将“全员劳动生产率”“人才当量密度”“人事费用率”等指标分解到各单位，并考核指标报送偏差率。完善人力资源计划和招聘、企业负责人考核、福利保障等模块建设，优化人资ERP与人资管控系统接口，通过国家电网公司SG-ERP人力资源管理信息系统实用化评价。制订“月度报表审核标准”，提升报表质量，实时分析ERP信息系统数据，开展专题纵深分析，提出改进措施，防范企业经营风险。

电网建设与发展　开展规划分析评估和项目库优化排序，拓展规划广度深度，“十二五”电网规划稳步实施。编制完成《2013～2020年配电网滚动规划》。获得110kV电网项目可研批复和110～220kV电网项目可研评审资格。加强项目前期工作和投资计划管理，实现电网建设年度目标。特高压电网建设取得重要进展，酒泉—湖南±800kV直流工程获得路条，溪浙线（湘黔段）全线竣工。星沙输变电工程、沪昆客运专线供电工程等重点项目有序推进，牌长Ⅱ回线路、长沙城市配网、韶山智能电网建设等重点工程竣工投产。加强配电网建设改造，增强供电能力。开展农网工程“百问排查”，加强专项督查，全力整治“搭车收费”等问题。2010～2011年农网升级工程通过整体验收。开展“基建队伍建设年”活动提升，工程安全质量水平和电网建设实力。优质工程率100%，溪浙线（湖南段）工程获国家电网公司质量管理“流动红旗”。

经营管理 开展管理提升活动，推进资产全寿命周期管理，加强同业对标工作，编制实施“二十四节气表”。加强综合计划、统计分析和全面预算管理，严格规范“三公”消费。开展经营诊断分析整改，制定落实77条措施。落实各环节降损责任，加强线损管理。强化法律风险防范，梳理生产、营销领域法律风险点56个。加大诉讼纠纷案件办理力度，主动维权取得新的进展。加强审计工作，开展依法治企综合检查和深入整改，建立涵盖各层级各专业的内控体系。加强物资集中采购、供应保障、质量管控。加强“三公”调度交易，积极服务发电企业，网厂关系更加和谐。科学优化水电调度，水能利用率提高9.8%。加强购电管理，直购电试点工作稳妥开展。

安全生产 开展安全大检查，狠抓习惯性违章整治。全年没有发生六级及以上人身、电网、设备、信息事件，实现连续第四个“安全年”，荣获国家电网公司系统安全管理标杆单位。推进“精益生产年”活动，严格执行“五类制度”和现场标准化作业，深入实施全过程技术监督，开展检修管理模式创新实践。成功应对雨雪冰冻和山火台风，连续48天的高温干旱，供电负荷、日电量七创新高的考验，加强科学调度、运行维护和应急建设，确保电网安全和电力供应。截至年底，湖南电网安全稳定运行32年零8个月，东江水电厂创国家电网公司发电企业最长安全运行纪录。

营销工作 “大营销”改革模式全面导入，组织机构更扁平。建成“一部两中心”、地市公司“一部一中心”、县公司“一中心”管理机构，全省营销管理人员减少11.4%，中层干部减少34.8%，营销业务用工减少4.8%。完成业扩报装、电费抄核收、服务协同、故障抢修、营销项目管理等业务流程优化，构建营销服务反违章新机制，业务质量明显提升。及时完成95598五项业务向国家电网公司集中，全省计量器具检定和配送向省计量中心集中、地市电费核算和账务向地市公司集中等业务集约，供电服务承诺兑现率达到100%。服务协同更顺畅。针对协同重点业务，整合服务资源，健全业务衔接机制和横向协同机制，形成“客户导向型”和“服务协同化”的大服务格局。制度标准更完备。完善标准制度，梳理、新建和修订57项管理标准、82项技术标准、296项工作标准、66项规章制度、142项业务流程、774项业务操作手册。推进城乡营销业务一体化运作，业务全面接轨。实现农电组织机构、业务流程、制度标准、系统应用与营销管理统一。2013年完成农电集镇地区低压集抄261万户，集镇地区全部实现集抄集收。推广建设“村村有缴费网点”，加强与邮政、电信、农村信用社、农业银行等机构合作，实施无现金缴费。围绕“量费价损”核心指标，强化营销精益化管理，提升经营效益，电费回收连续5年“双结零”，电价执行日趋规范，台区线损持续降低。

农电工作 全年完成农网改造升级工程投资约31.7亿元，农网优质工程率达到91.1%，4项35kV及以下农网工程被评为国家电网公司“农网百佳工程”；完成省委、省政府“为民办实事”2000个行政村配电改造工程，获得“湖南省为民办实事数据评估认定先进单位”称号；建成新农村电气化县3个；完成1个县域电力通信无线专网工程建设；创建国家电网公司一流县供电企业7个。

规范农网改造升级工程管理。颁布《农网10kV及以下工程施工作业票》，固化作业流程，确保施工安全及施工质量。组织制订农网35kV及以下工程里程碑节点计划，并实行定期考核。制订《农网优质工程创建实施细则》，前移优质工程创建工作重心，重点抓实施过程质量管理。强化农网工程检查督导力度，组织开展农网工程施工安全专项检查、农网工程“百问排查”、农网工程资金使用及管理情况检查等多项专项检查活动。严肃工程纪律，防范涉农事件，实行农网工程“一单一牌”公示制度，在施工所在地张贴“农网改造监督单”，设置流动“农网改造监督牌”，公示纪律事项，接受群众监督。制订《湖南省电力公司提升供电企业管理实施方案》和《湖南省电力公司提升县供电企业管理工程专业、专项指标》。开展县供电企业问题排查，问题整改率近80%。印发《关于实施乡镇供电所管理提升工程的意见》，确定25项专业工作提升指标。将年度计划分解到每个乡镇供电所并逐所制定管理提升方案。排查整改乡镇供电所管理问题，累计整改突出问题52项，整改率99.2%。建立供电所管理协同机制，各专业部门加快专业管理延伸覆盖。规范农电员工管理。制订《关于加强当前农电管理的若干意见》，加强农电用工薪酬、福利、社保和考核管理，确保队伍稳定。完成农电用工信息管理功能完善和人员数据审查、录入工作，启动薪资、社保和住房公积金账户及月报表，加强对基层单位业务承揽费预算执行情况的管控。组织供电所长集中培训，组织编写供电所培训PPT教学模板，为农电员工培训提供实用的参考材料。推进农电体制改革，实现江华县电力公司代管并正式签订代管协议，稳步推进桃源电力公司、大圳电力的代管改革。按国家电网公司统一部署，启动了5个控股县公司上划改革，与当地政府达成一致意见，并正式签订了上划协议。先后对张家界、怀化、邵阳等供电公司进行调研，及时了解代管公司管理现状。加强对农村小型地方电网接管的调研和指导，规范接管程序，先后接管了邵阳市新宁水头镇和衡阳市耒阳、常宁等多个农村小型地方电网。

科技与信息化　完成国家电网公司下达的年度智能电网建设任务。完成韶山智能电网综合工程。完成景区110kV智能变电站、韶山配电自动化及生产抢修指挥平台、用电信息采集系统和绿色分布式智能电网展示系统的建设任务，并于年底通过国家电网公司验收。科技环保工作方面，“电网冰灾防治项目”获国家科技进步一等奖，“110～500kV输电线路带电作业新方法及新工具”等2个课题获湖南省科技进步二等奖。连续3年获“全国质量管理小组活动优秀企业”，获国家电网公司“2010～2012年度环境保护工作先进单位”。

信息通信工作方面，推进信息与通信深度融合，加快通信网建设，在国家电网公司系统率先完成县供电企业信息化建设延伸覆盖。印发《国网湖南省电力公司通信技术改造及设备大修项目管理实施细则（试行）》和《国网湖南省电力公司通信系统运维工作专业分工暂行规定》，细化通信技改大修项目全过程管理，提升项目专业化管理水平，梳理通信系统运维分工界面与跨专业检修流程，解决以往通信运维工作中的推诿和死角现象。制订《国网湖南省电力公司信息通信工作评价指标体系表（2013版）》，从专业管理、项目建设、系统运行、业务应用、信通安全等五个方面进行工作评价。

优质服务　建立常态沟通协调工作机制，加强投诉举报重点整治，完善95598业务管理制度体系和知识库。出台《国网湖南省电力公司供电营业厅建设与运营管理办法》，强化营业窗口服务，推行窗口“三化”（即系统化、精细化、规范化）管理。开创服务渠道，已建成覆盖全省的微信公众服务平台，实时便捷为居民客户提供电量电费查询、停电信息查询、一对一缴费提醒等在线服务，微信平台用户已过10万。打造共产党员服务队，开展“四走进”活动。全年共计走访专变客户623家，量身定做用电方案120个，为5216户特色生态农业发展解决用电问题，为18 536户农村五保户、留守儿童等弱势群体家庭开展用电安全检查，涌现出常德壶瓶山供电所“电骡子”共产党员服务队、湘潭“周呈午”共产党员服务队、娄底“浩平”共产党员服务队等一批先进集体。开展“供电服务提升工程”活动，建立供电服务明察暗访和专项检查机制，加大供电服务突出问题整治力度，配套出台相应监管措施，组织供电服务类检查867次，范围覆盖全省106个县公司688个乡镇供电所，累计发现和整改问题1248个。强化服务协同，推行停电管理“四联动”，故障报修“五个一”，实现城市供电可靠率99.9%，抢修时限达标率100%。

党的建设和精神文明建设　学习贯彻党的十八大和十八届三中全会精神，加强学习型、服务型、创新型党组织建设，深化“共产党员服务队”和“电网先锋党支部”建设。开展“中国梦·国网情”主题实践和“诚信、责任、创新、奉献之星”争创活动。落实中央八项规定和国家电网公司党组实施细则，大力改进作风。做好群众路线教育实践活动准备工作。推进反腐倡廉建设，严肃查处违规违纪行为，党风廉政建设责任制、协同监督、廉政风险防控机制不断深化，行风建设实现年度目标。建设“道德讲堂”，加强综合治理。获得全国厂务公开民主管理示范单位、全国“五好”关工委先进集体等荣誉；永州公司荣获“全国五一劳动奖状”；检修公司荣获“中央企业先进集体”。

（汤日成）

【国网江西省电力公司】

企业概况　2013年，国网江西省电力公司（简称江西公司）是国家电网公司的全资子公司，是以电网建设、管理、运营为核心业务的国有特大型能源供应企业，承担着为江西省经济社会发展和人民生产生活提供电力供应与服务的重要使命。江西公司经营区域覆盖江西全省，供电客户1584万户，供电人口4504万人。本部设有24个部门，所属地市供电公司12家，直属单位10家，县级供电公司97家。2013年，江西全社会用电量947.11亿kWh，售电量788.65亿kWh。

电网概况　江西电网现已形成500kV双回路主干网架，中部、西部实现环网，通过3回500kV线路与华中电网联网，所有县域电网实现110kV线路双电源供电。截至年底，拥有110kV及以上变电站526座、变电容量7123.98万kVA，输电线路1337条、长度2.6万km；统调发电装机容量为1540.27万kW，其中火电1384万kW（占89.85%）、水电140.97万kW（占9.15%）、风电15.3万kW（占1%）。2013

年全网统调最高负荷1510万kW、同比增长7.4%。

实施昌九一体化等电网专项规划。±800kV溪洛渡—浙西特高压直流工程（江西段）全线架通，全国首个县域城市智能电网综合示范工程在共青城顺利建成；全力推进重点项目建设，500kV梦山—安源线路、马回岭变电站，220kV祥符—上高线路、蒋巷变电站等工程按期投产，有效缓解了局部区域供电瓶颈问题，确保了度夏度冬高峰时期的可靠供电；500kV瑞金红都、石钟山—洪源等128项输变电工程获得核准，为构建全省500kV大环网奠定了基础；加大中低压电网投资倾斜力度，优化项目安排，配电网薄弱问题进一步改善；全力支持赣南等原中央苏区振兴发展，完成赣州农村现有“低电压”治理，惠及农户35.11万户；加强工程质量管理，500kV赣州南变电站荣获中国电力行业优质工程奖，110kV及以上新建项目优质工程率达100%，6个中低压工程获国家电网公司“农网百佳工程”；加大科技攻关力度，获得国家专利授权143项，省部级科技成果奖8项。

江西电网开展了“安全管理提升”活动，严格落实各级安全责任，全过程防范安全风险，全年未发生一般及以上人身、电网、设备事故。江西电网扎实开展安全大检查，重点整治无票无计划作业行为，有效控制了现场违章作业；实施线路防雷差异化改造，加大涉鸟故障治理力度，220kV及以上线路跳闸率同比下降14.2%；推进城乡配电网一体化运维，开展树障清理等“五项集中整治”，10kV线路跳闸率较整治前平均下降50%以上；农村10kV配电网逐步纳入县调统一管理，配变监测率达83.47%、线路达92.05%；组织开展大面积停电等事故演练，应急处置能力得到提升；加强电网科学调度，有效应对持续晴热高温天气，确保了1510万kW历史最高负荷未拉闸限电，保证了全省电力可靠供应。

人力资源 加强“三集五大”体系建设，优化人力资源配置。完成县公司“三集五大”体系构建、提升阶段督导和验收，县公司二级机构精简574个，精简率43.75%；中层干部精简881人，精简率34.33%。精简乡镇供电所76个，精简率8.18%。合理配置人力资源，组织人员有序正向流动，完成省经研院、省物资公司、省综合服务中心财会岗位的公开招聘。

深化“三定”工作，加强信息化建设。开展2013年全员定员测算与核定工作，首次开展后勤服务、学历教育等业务定员测算；推进定员达标管理，发挥薪酬杠杆作用将农电用工收入与劳动定员挂钩。通过国家电网公司SG-ERP人力资源信息管理系统二期建设。

规范劳动用工管理。完成2013年毕业生招聘考试录用工作。完善修正员工信息，130人身份信息等历史问题得到有效解决。

完善薪酬分配体系。完善工资总额挂钩模式，深化细化企业负责人收入与省公司负责人业绩考核、员工收入与本企业负责人绩效考核结果的关联。发挥薪酬引导作用，完善基于企业类别管理的薪酬差异化分配机制，规范调整县公司负责人薪酬结构，优化省技术支撑机构工资分配方式。出台《新入职员工薪酬管理办法》，规范统一新入职员工收入标准。针对依法治企检查发现的问题，整改跟踪落实。

强化全员绩效管理。修订完善《江西省电力公司企业负责人年度业绩考核管理办法》，整合地市、县级单位企业负责人业绩考核，实现业绩考核一体化。建立供电公司三级（基层单位、二级机构、班组）关键绩效指标库，涵盖“三集五大”15个专业部门、业务实施和支撑机构以及41个专业班组。贯彻落实国家电网公司员工奖惩规定，制订《国网江西省电力公司员工奖惩实施细则》。

开展全员培训考试。组织182名县供电企业主要负责人到国家电网公司培训。举办6期县供电企业副职培训班，共培训371人。组织2095名供电所长集中培训。完成306名新入职员工培训和683名兼职培训师选拔、培养与认证，完成输配电、用电检查、基建、特高压运维、人力资源管理等专业人员岗位资质认证，1185人取得职业资质证书。推行各专业远程监控网络考试，2013年共组织11 340人次远程监控网络考试，增设2家培训分中心，加快省培训中心变电检修实训基地建设。全员培训管理提升做法入选国资委中央企业《国家电网公司管理提升典型经验汇编》。参与国家电网公司4项竞赛、9项调考，团体进入前三名的有3项（基建质量管理知识竞赛团体第三、人资专业调考团体第二、十八项电网重大反事故措施调考调控专业团体第一），个人进入前3名的15人次。竞赛调考综合排名国家电网公司第5位。参加国家电网公司网络大学试点工作，完成网络大学课件制作。

组织技能培训和职业技能鉴定，系统“三无”人员从847人降为59人，137人获得高级技师资格，2326获得技师资格；250人获得高级技术职称，664人获得中级技术职称，人才当量密度达到0.905 9。4人获“全国电力行业技术能手”称号，新增26名国家电网公司优秀专家人才。国网南昌供电公司“曾庆汇技能大师工作室”被授予“国家技能大师工作室”。

电网建设与发展 全年开工建设110kV及以上线路1398km、变电容量519万kVA；投产110kV及以上线路1244km、变电容量546万kVA。赣州南500kV变电站获得国家行业优质工程和国家电网公司质量管理先进单位。

推进“安全管理提升”活动，组织全省各参建单位、在建项目部开展六轮安全大检查，及时消除隐患，防患于未然；强化工程分包管理，严格分包商准入，组建省公司层面的电网建设分包信息平台，并开展分包管理和一线作业人员的专题培训，成效显著；注重安全质量教育培训，举办三期基建安全质量培训班，近三百人参加了培训；开展“安全知识学习季”活动，提高各级人员安全知识水平；推进溪洛渡—浙江金华±800kV 特高压直流线路工程（江西段），提前完成全线架通任务。推进梦山—安源 500kV 线路工程建设。500kV 马回岭、鹰潭开关站扩建，220kV 九电四期外送、七昌线Ⅱ入南昌变电站、祥符—上高、寻乌长宁、接渡、蒋巷、峡江水电外送以及 110kV 红谷滩等一批重点项目顺利投运，有效提升电网供电能力。

重点工程建设。江西公司共青城智能电网综合示范工程于 2013 年 7 月建成投运，该工程以智能电网可视化平台为核心，涵盖配电自动化、智能小区、互动化营业厅、电动汽车充换电设施、物联网应用及通信网络、电能质量监测、用电信息采集等 9 个子项工程。项目总体达到国内领先水平，是全国首个具有“智慧城镇”概念的县域城市智能电网综合示范工程，对县域城市智能电网建设具有较强引领示范作用。

经营管理 加强综合计划和全面预算管理。争取电价财税政策，盘活存量资金，有序接收客户资产。坚持勤俭办企业，“三公”费用同比大幅下降。加大集中招标采购力度，工程设计、施工、监理全部纳入电子商务平台统一招标，全年完成招标金额 42.46 亿元。改造智能电能表 232 万户，智能电能表覆盖率达 39.63%。开展百日反窃电专项行动。组织开展医务所和大修技改专项审计，依法治企综合检查实现全覆盖。以同业对标为抓手，全面促进管理提升，运行管理获国家电网公司和华中区域专业标杆，财务管理获华中区域专业标杆；1 个项目入选、5 个项目入围国家电网典型经验库。统筹推进各项资产经营管理，被国家电网公司评为华中区域财务专业管理标杆单位。

安全生产 围绕“零事故”安全目标，制订“安全管理提升”活动等实施方案，制订有序推进活动 94 项重点措施以及无票、无计划作业专项核查和现场反违章稽查，强化作业现场安全管控，累计分析风险 76 项，提出管控措施或建议 93 条。组织开展春节前安全大检查、春（秋）季安全大检查、电力管线大排查、安全隐患大排查、溪浙特高压直流线路江西各标段施工高峰期现场风险管控监督、500kV 梦安线施工安全监督等各类监督检查 8 次，开展隐患排查治理，持续推进施工作业四级风险管控，安全生产总体保持良好局面，未发生六级以上人身、电网、设备事件。固化月度安全分析管控机制，每月分析电网运行、运维检修、基建农电施工作业安全风险，提出管控措施并监督执行；制订《10kV 配电网作业安全管控流程》，规范县公司配电网作业调度许可，实现作业现场风险管控水平提升。发布《2013 年江西电网事故风险及重点防范措施》，梳理一般及以上事故风险 30 项，制订防控措施 145 条，落实“挂牌警示”督办工作机制，实现电网风险预警水平提升。开展变电站防误闭锁装置专项隐患排查，发现隐患 382 项、整改 317 项；建立省市县公司三级隐患排查治理常态工作机制，累计排查隐患 3165 项，计划整改率 100%。开展（6 月 15 日和 11 月 29 日）“安全日”活动，3000 余个班组、430 个二级机构（含县公司）认真组织活动；开展安规调考，累计调考 13 510 人次，以考促学，以学促用，实现全员安全意识提升。

营销工作 全年完成售电量 788.65 亿 kWh，同比增长 8.48%；综合线损率 7.36%，上升 0.15 个百分点。

营销基础工作。业扩报装服务提质提速。建立重点业扩项目应急响应机制，落实三级客户经理制，实施“三优”（优先勘查、优先施工、优先送电）服务。完成向莆电气化铁路、杭南长电气化客运专线、九江亚东水泥厂等重要用户的用电报装服务。实施业扩报装提质增速工程，推广应用居民客户业扩报装 24 小时办结制。配合电力监管部门开展“三指定”检查。以高压业扩报装为重点，强化业扩报装 5 个时限管控。对新装、增容用户，季节性用电、临时用电、承包租赁性质非产权用户，特别是政策性限制或淘汰类高耗能行业用户，以及有过违章窃电记录的用户采取购电预结算方式。与主要商业银行共同建设电子到账通知系统，实现到账资金与收费业务信息匹配后的账务自动处理。应用用电信息采集系统建设、客户电话号码收集、短信平台建设等工作的成果，在部分市、县开展低压用户远程停复电试点工作。加强市场调研，建立电费预警机制。已形成以 POS 机便民服务点代收为主、金融及非金融机构代收为辅、自办营业厅满足大宗用户缴费的电费收缴体系，截至 10 月底，江西公司低压居民用户离柜缴费率已达 93.64%。

推进用电信息采集建设。开展用电信息采集系统智能预警平台建设，实现用电信息采集台区、户表及关联线路实时运行分析，对用电信息采集不够稳定的情况进行自动判定，提高工作效率。用电信息日均采集成功率达 100%。开展营销信息系统建设与深化应用。开发远程费控模块，初步实现欠费自动停电、复电功能。编制 95598 语音平台改造可行性方案、信息系统割接实施方案和应急预案，改造呼叫平台，完成 95598 信息系统割接。组织编制营销 GIS 平台地理信息采集方案，开展系统功能测试，开发现场数据采集校验程序。优化营销业务应用系统功能和完善系统之间数据接口，保障营销业务正常运行。

农电工作 落实农电工作部署，以控股县公司“三集五大”体系构建为契机，不断深化农电统一管理。以“抓两头、带中间”和同业对标为载体，助推县供电企业、乡镇供电所管理提升。抓好农网升级改造工程和赣州农村低电压治理，推进县公司地方股权划转，完成全年各项目标任务。全面完成74家控股（全资）县公司“三集五大”体系建设和73家控股县公司股权划转工作任务；年度农网工程投资计划完成91.14%。完成赣州35.11万户业已存在的长期“低电压”治理，解决赣州瑞金、上犹县共23户土坯房返迁用户无电问题，妥善解决了赣州寻乌等县小水电网前供电用户枯水期居民低电压等问题。完成中央、省委省政府下达的任务。强化农网工程管理，连续4年确保农网改造升级工程安全，未发生人身死亡等重大安全事故和工程管理问题，全面实现“零事故、零缺陷、零违纪、零投诉”的工作目标。九江德安县公司获国家电网公司科技进步先进县供电企业称号。南昌青山湖区公司10kV罗城双回线路改造工程、吉安永丰丁家山配电台区新建工程等6个中低压工程获国家电网公司“农网百佳工程”。南昌奉新县、鹰潭月湖区公司获得国家电网公司综合管理标杆单位，南昌青山湖区、湾里区公司、赣西高安市公司分别获得国家电网公司安全生产、优质服务、资产运营专业管理标杆单位。赣州南康金鸡供电所、吉安郊区富滩供电所，宜春上高蒙山供电所获国家电网公司供电所综合管理标杆，吉安万安宝山供电所、泰和澄江供电所、赣州崇义铅厂供电所、九江德安郊区供电所获国网公司供电所专业管理标杆。

科技与信息化 科技管理工作。设立科技攻关团队专项建设经费，组建江西公司首支科技攻关团队（输变配电设备状态评价及故障诊断技术科技攻关团队）。滚动修编公司科技三年重点发展计划、科技中长期发展规划。强化科技项目精益化管理。汇编公司2010～2013年以来的科技成果，并首次在公司系统成功试点应用PMU现场检测装置、多波长物理隔离以太网交换机、变电站除湿装置等一批优秀科技成果，取得了良好经济效益。加大技术革新投入。10kV带电作业硬质绝缘遮蔽工具、分片式自升自锁拉线抱箍装置、拉线回头防盗管等一批经济实用的小发明、小创造作为科技推广项目在公司系统得到广泛的应用。新建大电网数字仿真实验室（ADPSS）和输电线路防雷技术试验室，建立冲击加直流雷电联合仿真试验系统和瞬态电场测量系统，实现光学观测系统与电学测量系统的同步观测，为开展防雷技术试验研究提供有效手段。

科技成果与知识产权。江西公司共获省部级科技进步奖11项，其中“便携式三相电压互感器智能检定装置研制”获第四届全国职工优秀技术创新成果奖三等奖，“基于可关断器件的移动式直流融冰装置研制与应用”“自适应外部环境的电网安全稳定智能防御系统”两个项目获中国电力科学技术奖三等奖，“自适应外部环境的电网安全稳定智能防御系统”和“基于光纤传感技术的输电线路无源在线监测系统”分别获江西省科技进步奖二等奖和三等奖，“生态经济区输电线路防鸟害技术研究及应用”“基于光纤传感技术的输电线路无源在线监测系统”“便携式三相电压互感器智能检定装置研制”“高渗透率分布式光伏电源智能并网技术研究”四个项目获国家电网公司科技进步奖三等奖，“基于电压互感器负荷误差曲线外推法的三相电压互感器检定方法”“一种基于IEC 61850的电能质量监测装置模型”两个项目获国家电网专利奖三等奖。

已申报专利211项，其中国际专利1项、发明专利90项、实用新型专利120项。专利授权：已获得专利授权161项，其中发明专利25项，实用新型专利134项；公司累计拥有专利375项。已发表论文85篇，其中SCI论文2篇、EI论文24篇。获得软件著作权4项。

信息化工作。完成运营监控中心支撑系统建设、业务审计管理系统试点推广、电网地理信息平台（GIS）系统建设、95598呼叫平台适应性改造及五项业务集中建设、信息网络第二汇聚点建设、县公司“七大五小”信息系统延伸覆盖等各项信息化建设任务。加强信息安全防护能力，不断优化完善信息系统功能，开展自建信息系统清理及设备腾退再利用工作，下线自建系统73套，腾退PC服务器35台，解决80%数据重复录入问题。开展信息安全治理提升专项活动。厘清互联网与信息外网边界、信息外网与信息内网边界、信息内网接入边界、管理信息大区与生产控制大区边界，完善了43个边界、20套业务系统、278个主机设备、912个网络设备、89个安全设备和9740办公终端的备案信息。完成73家县公司“三集五大”信息系统适应性调整。涉及信息系统共21个，调整了各类组织机构28 432项，人员岗位106 657项，角色权限10万余个，业务流程3650条，各类业务数据1350万条。

优质服务 开展“服务年”活动，全面推行部门服务承诺制和居民客户（无工程）业扩报装24小时办结制，试点低压客户远程费控停复电，统筹开展综合检修和带电作业，强化三级远程工作站管理，努力缩短客户停电时间和故障抢修时间，强化部门间协同配合，严格服务事件考核，加大暗访和通报力度，集中整治“门难进、脸难看、事难办”等突出问题；服务新能源发展，主动对接全省“十百千万”光伏示范工程，光伏发电并网容量达 8.53 万 kW、同比增长 412.7%；全力支持风电发展，风电并网容量达 29.85 万 kW、同比增长 93.2%。截至 11 月底，江西公司共受理分布式电源并网申请 656 个，发电容量 124MW，其中万家屋顶光伏发电示范项目 588 个，发电容量 2.8MW；申请并网项目数量占整个国网系统的 28%，位居第一。已并网项目 167 个，发电容量 31MW。推进电能替代和节能调度，完成发电权交易电量 57.66 亿 kWh，节约标准煤 45.08 万 t。开展为民服务活动，初步形成“大服务”格局。

党的建设和精神文明建设 深入贯彻落实中央八项规定精神，做好党的群众路线教育实践活动准备。加强基层党组织建设，294 个党支部实现晋位升级，基层党支部书记公推直选试点取得有益经验，党的工作荣获省直机关特别优秀奖。完善协同监督运行机制，推行纪检监察巡察。深化“四好”领导班子建设，提升各级领导干部的责任意识和履职能力。优化人才培养机制，整合培训资源，全员培训率达 96.06%。开展岗位练兵、技术比武，竞赛调考综合成绩在国家电网公司系统排名第五。大力弘扬优秀企业文化，“三品工程”理念深入人心。举办先进事迹巡回报告会，发挥先进典型示范引领作用。强化品牌传播和舆情防控，统一规范机构名称和国网江西电力标识。健全职工民主管理体系，有效落实职代会决议。深化青年志愿服务活动，发挥团员青年生力军作用。加强后勤保障工作，12 家市公司本部食堂全面达标。重视离退休工作，关心关爱老同志。加强思想动态分析和形势任务教育，逐级落实维稳责任，员工队伍总体保持稳定。

（孙目元　李丰富）

【国网四川省电力公司】

企业概况 国网四川省电力公司（简称四川公司）是国家电网公司的全资子公司，主要负责四川境内国家电网的规划建设、运营管理和电力供应。四川公司作为四川电力市场供应主体，经营区域涵盖全省，由 21 个市级供电公司承担绝大部分地区的供电任务，并通过控股、代管、趸售等方式对地方电网供电，省内市场占有率 97.2%。

2013 年，完成电网投资 277 亿元，投产 110kV 及以上变电容量 1142 万 kVA、线路 3817km。完成省内售电量 1633 亿 kWh，营业收入 1004 亿元，成为四川全省两个收入跨千亿企业之一，资产负债率 75.26%。

领导班子

总经理、党委副书记：王抒祥

党委副书记（主持党委工作）、副总经理：葛兆军

副总经理、党委常委、工会主席：胡柏初

副总经理、党委常委：李华

副总经理、党委常委：张伟

副总经理、党委常委，国网成都供电公司总经理、党委副书记：董京营

副总经理、党委常委：丁燕生

总会计师、党委常委：潘贤芝（女）

纪委书记、党委常委：周群

副总经理、党委常委：刘勇

副总经理：陈云辉

总工程师：石俊杰

正局级调研员：甘德一

副局级调研员：王平

组织机构 截至年底，四川公司本部职能部门 26 个，下属二级单位 36 个（其中发供电企业 22 个、直属单位 14 个）；上市公司及控股公司 6 个；县级供电企业 155 个（其中全资 98 个，控股 35 个，代管 22 个）。

供电企业 21 个：国网成都供电公司、国网乐山供电公司、国网攀枝花供电公司、国网德阳供电公司、国网眉山供电公司、国网雅安供电公司、国网达州供电公司、国网绵阳供电公司、国网宜宾供电公司、国网阿坝供电公司、国网西昌供电公司、国网内江供电公司、国网广元供电公司、国网泸州供电公司、国网南充供电公司、国网自贡供电公司、国网广安供电公司、国网资阳供电公司、国网遂宁供电公司、国网巴中供电公司、国网甘孜供电公司。发电企业 1 个：国网四川映秀湾电厂。

直属单位 14 个：国网四川省电力公司应急中心（国家电网公司应急培训基地）、国网四川省电力公司综合服务中心、国网四川省电力公司电力经济技术研究院（国网四川省电力公司建设管理中心、四川电力工程建设监理有限责任公司）、国网四川电力科学研究院［国网四川省电力公司客户服务中心、国网四川省电力公司计量中心、国网四川节能服务有限公司、国网四川省电力公司电源技术中心（四川省电力工业调整试验所）］、四川电力送变电建设公司、国网四川省电力公司检修公司、国网四川省电力公司信息通信公司、国网四川电力物资公司、国网四川省电力公司管理培训中心、国网四川省电力公司技能培训中心（四川电力职业技术学院）、四川电力医院（国网高原病防治中心）、四川电力进出口公司、四川启明星物业管理有限公司（机关事务服务中心）、四川蜀盛源资产管理有限责任公司。

上市公司 4 个：四川岷江水利电力股份有限公

司、四川明星电力股份有限公司、乐山电力股份有限公司、四川西昌电力股份有限公司。

控股公司2个：四川峨眉山电力股份有限公司、四川启明星铝业有限责任公司。

本部有职能部门28个：办公室、运营监控中心、发展策划部、财务资产部、运维检修部、安全监察质量部（保卫部）、营销部、建设部、农电工作部、电力调度控制中心、审计部、经济法律部（体改办）、人事董事部、人力资源部（社保中心）、电力交易中心、物资部（招投标管理中心）、科技信通部（智能电网办公室）、离退休工作部、后勤工作部、思想政治工作部（直属党委办公室、团委）、监察部（纪委办公室）、对外联络部（品牌建设中心）、证券管理部、工会、企协分会、国家电网成都援藏办、四川省公安厅直属二分局、四川省电力公司社保中心。

电网概况 四川电网是国家电网与地方电网并存的省份之一。四川公司不断加大四川电网的投入，坚持“以特高压电网为骨干网架，各级电网协调发展”的思路，以实现“大电网、大枢纽、大平台”为发展目标，全力打造安全可靠、经济高效、清洁环保的坚强智能大电网。使四川电网成为中国能源综合运输体系的重要组成部分和西部电力高地，实现由局部电网、传统电网向枢纽电网、现代电网的升级和跨越。

全年，四川电网全社会用电量1948.9亿kWh，同比增长6.4%。其中：第一产业用电量11.7亿kWh，同比增长4.8%；第二产业用电量1397.1亿kWh，同比增长5.5%；第三产业用电量230.9亿kWh，同比增长12.2%；城乡居民生活用电309.1亿kWh，同比增长6.9%。全社会最大负荷3550万kW，同比增长8.2%。

四川电网通过南部洪沟—板桥双回和北部黄岩—万县双回2个通道、4回500kV线路与重庆电网相联，并通过万县—龙泉双回和张家坝—恩施双回共4回500kV线路与华中东四省联网，形成“川电外送”交流通道；通过德阳—宝鸡±500kV直流输电工程与西北电网联网，实现与西北电网水火互补、丰枯互济；通过向家坝—上海±800kV直流输电工程、锦屏—苏南±800kV直流输电工程与华东电网联网，保证了四川水电外送。交直流特高压工程的规划建设是“十二五”期间重点建设工程之一。整个川渝交流特高压网架在“十二五”期间将有较大发展，到2015年川渝电网将形成雅安—乐山—重庆—长寿—万县—荆门2回交流特高压送电线路，其中四川省内规划了雅安和乐山2座特高压变电站，从而满足川西富余水电东送华中东四省和华东电网的目标。

全年，四川电网累计完成省内网供电量1488亿kWh，同比增加8.09%；日最大上网电量6.79亿kWh，比2012年增加0.14亿kWh，增幅2.05%；日最高网供用电负荷2666.3万kW，比2012年增加206.3万kW，增幅8.39%；日最大网供用电量5.21亿kWh，比2012年增加0.40亿kWh，增幅8.2%，四川电网电力、电量均创历史新高。

四川电网全口径装机容量6862万kW，其中，水电装机容量5266万kW，占76.7%，火电装机容量1582万kW，占23.1%，风电、太阳能装机容量14.3万kW，占0.2%。四川电网经营区域（含控股、代管公司）拥有±800kV直流换流站2座，换流容量1360万kWA，线路672km；±500kV直流换流站1座，换流容量300万kVA，线路240km；500kV变电站39座，开关站2座，变电容量6400万kVA，线路10 999km；220kV变电站184座，开关站2座，变电容量5520万kVA，线路18894km；110kV变电站689座，变电容量5042万kVA，线路长度23 186km。

全年，四川电网外送电量691亿kWh（含向家坝、溪洛渡、雅砻江梯级、二滩等大型电站），购入电量25亿kWh。完成无电地区电网建设投资35亿元，实现3.2万户、14.5万无电人口通电；累计建成智能变电站55座，安装智能电表900万只；建成充电站15个、充电桩1010个，全年充电930万kWh。

人力资源 四川公司全口径用工总量117 337人。技师、高级技师占生产人员比例20.18%，全员培训率96.2%，12 171人次提升了学历、职称或技能等级（其中技能等级提升8805人，职称水平提升1529人，学历水平提升1837人），人才当量密度达到0.896 5。完成11个省本级单位、25个地市单位、143个县级单位及乡镇供电所机构名称规范。

结合“三集五大”相关要求，形成《国家电网公司“五位一体”协同机制建设方案》。以四川岗位体系为基础，修订形成国家电网公司“三集五大”体系正式下发的标准岗位体系和典型岗位名录。各专业梳理的示范流程和管理要素，成为国网总部各专业方案机制建设的重要参考。

按照企业大学“人资统筹，专业负责”的方式，校企联合完成9个专业411名“双千人才”集中培养和导师培养；实施“三无”人员素质专项提升计划，在初、中级职鉴中首次引入网络化考试，成效明显，得到全国电力职鉴中心高度评价。人才评价和技能鉴定规模创历史新高，全年共有8871人在学历、职称和技能等级方面获得素质提升；制订藏区运维人员培养方案，新招收44名藏区大专生，完成8期274人“四基”轮训，增派53名“521”计划帮扶人员支援无电地区电力建设。

累计举办各类培训班3244期，培训227 299人次，完成“三集五大”各类人员培训67 857人次，培训考试率达到100%。35人入选国家电网公司优秀专家人才，形成由23名国家电网专业领军人才后备、55名国家电网优秀专家人才、840名省公司优秀专家人才构成的人才队伍，带动整体队伍素质提升。全年共有14 260人次提升了能力素质，其中提升学历、职称、技能等级分别达到1837人、1529人和10 894人，减少“三无”人员1074人。

电网建设与发展 完成电网投资277亿元，累计开工110kV及以上项目69项，线路长度3958km、变电容量779万kVA；投运76项，线路长度3817km、变电容量1142万kVA。溪洛渡—浙西特高压直流、雅安—武汉特高压交流、川藏联网、“电力天路”、锦屏水电送出等重点工程均按照国网公司里程碑计划顺利推进。溪洛渡—浙西特高压直流工程双龙换流站场平施工顺利完成，直流线路四川段已全线架通，雅安—武汉特高压交流工程前期手续办理完成，上报国家发展改革委核准。西藏昌都与四川电网联网工程正式启动，线路基础开挖已经超过70%，变电站场平进入尾声。甘孜“电力天路”新开工建设500kV工程6项，220kV工程2项，110kV工程12项，35kV工程39项。溪洛渡左岸、锦屏电站、亭子口等500kV送出工程建成，四川电网水电外送和电力保障能力进一步提升。

积极树立“样板工程”，大力推进缺陷整改和通病治理工作。强化工程建设全过程质量管理，加强验收管理和质量检查监督，严格执行优质工程建设与考核标准，110kV及以上工程优质工程率达到90%以上，绵广线路工程获得国家优质工程，溪洛渡—浙西特高压线路工程荣获国家电网公司项目管理流动红旗，温江北变电站新建工程获得华中区域变电工程质量管理流动红旗。

四川电网节能减排成效显著，减少标准煤消耗2184.68万t，减少二氧化碳、二氧化硫排放5664.15万t和62.71万t。一是按规则优先调用水电、减发火电，全年川电外送685亿kWh水电清洁能源，相当于使整个国家电网减少标准煤消耗2160万t，减少二氧化碳、二氧化硫排放5600万t和62万t。二是丰水期，组织实施水火替代5.82亿kWh，相当于节约标准煤18.33万t，减排二氧化碳47.65万t，二氧化硫0.53万t。三是通过有序调用各能耗级别火电机组，增加了高效率火电机组利用小时数，全年火电机组平均标准煤耗324.62g/kWh，较传统调度方式降低1.46g/kWh，相当于节约电煤6.35万t，减少二氧化碳、二氧化硫排放16.5万t和0.18万t。

经营管理 四川公司完善提升财务集约化管理，扎实开展经营诊断分析，依法从严治企，着力开源节流，大力降本增效，公司经营状况保持平稳。资产负债率75.52%，比预算降低1.03个百分点；流动资产周转率15.33次，比预算增加7.99次。

强化账户集中管控，加强安全备付余额管理，提高资金集中运作效率，有效减少银行贷款。坚持成本预算总额控制与重点单项预算管控相结合，严格控制一般性和非生产性支出，确保“三公”经费、会议费等强控费用实现同比下降。

制订《工程标准成本管理实施方案》，工程标准成本转入常态化管理；制订竣工决算管理考核办法，明确工作职责、落实考核责任，保障了工程竣工决算的及时性；深入开展土地权属清理，加大土地权证办理力度，土地权属清理完成率97.32%，强化资本集中运作，完成成都彭州、崇州等31家控股县公司及成都新都、温江等4家代管县公司地方国有产权无偿上划，清理处置10项低效无效股权投资，持续优化公司产权结构。

积极争取电价政策，促请省发展改革委出台丰水期外送电价格鼓励政策、自备电厂备用费收费政策、水电调试电价等政策，以及上调汶川地震灾区销售电价，进一步疏导输配电价矛盾，缓解公司经营压力。配合省发展改革委积极稳妥推进城乡居民用电同价工作，南充营山等7家地方电网实现城乡居民用电与省级电网同价，全省实现居民用电与国家电网同价的控股县公司达到28家。制订公司税收工作规则，编制《增值税实用手册》《企业所得税实用手册》，加强财税业务过程管控，有效防范企业涉税风险。

安全生产 四川公司全年未发生电力生产人身伤亡事故，未发生一般及以上电网、设备、火灾事故，未发生负同等责任的特大交通事故，成功处置各类突发灾害，确保了四川电网安全稳定运行，安全生产保持平稳局面。

以“大安全”理念为引领，按照“全覆盖、零容忍、严执法、重实效”的要求，组织开展全面、全员、全过程、全方位的安全生产大检查，确保问题隐患的整改闭环以及各项措施落到实处。组织对“电力天路”、无电地区电力建设项目、外省施工企业在川承揽工程项目等重点项目进行专项安全巡查，有力促进重要作业、较大风险作业安全风险管控措施的落实。编印《四川省电力公司基建施工安全考试题库》，规范和加强基建施工管理、作业人员入场安全考核。深入推进控股县供电公司安全管理标准化评价工作，完成对攀枝花等8个地市单位56个控股县公司的专家组查评工作，进一步提升控股县公司安全管理水平。

以“建机制、查隐患、抓治理、防事故”为主线，围绕事故隐患“排查发现、评估定性、防控治理、督办考评”等主要环节，总结出具有指导作用和推广价值的工作方法和经验，并在公司系统推广。修编《四川省电力公司质量监督工作实施细则》《四川省电力公司2013年全面质量监督实施方案》等规章制度，梳理各部门质量监督职责，建立质量监督评价机制，强化质量监督考核。以资产全寿命周期管理指标提升为导向，对资产全寿命的基础数据进行重点整治，加强资产全寿命周期管理培训工作，确保电网资产全寿命周期内安全、效能、成本综合效益最优。

四川公司根据突发事件实情，及时发布《抢险应急安全工作令》及应急安全工作要求，督促各抢险单位按照“抢险不冒险”的原则切实加强安全管理，严格落实保证安全的各项措施，确保抢险工作安全有序开展。积极应对各类自然灾害，特别是全力做好“4·20”芦山地震抗震救灾工作，及时恢复灾区电力供应。

营销工作 全年完成四川省内全口径售电量1633.12亿kWh，同比增长5.78%，实现了年度售电计划目标，母公司售电量累计完成1478.89亿kWh，同比增长6.21%。

四川公司全面开展“大营销”体系运行状况的大调研和后评估工作，结合四川实际，精心编制深化建设方案。增设了成都、自贡公司客户服务分中心，有效解决了服务不到位问题。争取到对甘孜、阿坝县级公司电费核算、发行业务的属地化管理政策，解决了藏区营销机制的运行问题。明确了业扩报装、停电信息发布、故障报修等方面的各部门职责，有效推进了服务协同工作。顺利完成25家县级供电公司营销业务系统的上线工作，共有83个供电所、146万用电客户纳入系统运行，极大地加强和提升了县级供电公司的管控能力。全口径累计完成智能电能表安装907.49万只，智能电能表累计接入用电信息采集系统782.92万只，接入率为86.27%，全省完成基于CATV的采集建设共计42.63万户，用电信息采集系统日均采集成功率达到91.74%。开展计量司法鉴定工作，6月完成了首例客户窃电司法鉴定业务，为企业挽回经济损失80多万元。

多措并举，积极开拓售电市场，完成专变新装增容1012万kVA；实施直购电70.74亿kWh；积极开展“电能替代”工作，开展以蓄冷、蓄热、电动汽车、家庭电气化为主要形式的电能替代工作，完成热泵、蓄能、电采暖等市场开拓电量5.92亿kWh，实现国家电网公司“电能替代”任务目标。

全年实现节约电量9.73亿kWh，节约电力16万kW。与川威集团合作的5万kW余热发电项目于5月顺利投产，年发电量达3.5亿kWh。完成《射洪曜辉金属有限公司节能服务合同》《甘孜跑马山水泥余热发电项目合作框架协议》的签订及乐山路灯改造项目对接。继续推进电动汽车充换电设施建设与运营工作。截至年底全省已累计建成12座充电站、12座换电站（其中9座配送站）、1010个交流充电桩，形成了环绕成都市区的充换电服务圈；为成都市41条电动公交示范线路的343辆电动公交车和300余辆电动市政专用车及其他电动车辆充电量919万kWh，服务车次7.6万次。

农电工作 无电地区电力建设项目全面开工建设，年内完成投资32.43亿元。在建农网工程累计完成投资41.44亿元，占总计划投资的49.97%，2013年完成投资38.68亿元。绵阳江油市等3县通过验收考评，全省新农村电气化县总数达到30个。

深化“农网工程和检修施工监控平台”应用，发布现场施工2.36万次、涉及施工人员30万人次，农电生产安全形势保持总体平稳。完成3735个低电压台区、18.6万户新增低电压客户治理。推进农村D类电压监测系统上线运行，实现公司农村全面覆盖。指导农网灾后重建，完成“4·20”芦山地震、遂宁洪灾等灾害农网抢修工作，开展震后小水电站安全隐患专项排查，消除安全隐患176个。启动无电地区、藏区电网“电力天路”工程建设，开展藏区对口帮扶，累计帮助藏区县公司建立规章制度650项，完成24个营业窗口和85座变电站的建设改造和综合治理，建立专业集中帮扶机制，优化帮扶人员配置，缓解藏区人才缺口。

31家控股和4家代管县公司地方国有产权上划工作取得国家电网公司批复。甘洛、会东县电力公司股份制改造工作完成，布拖县电力公司职工股权全部清退。年末公司109家农电企业中，全资县公司增至53家、代管公司减少至4家。阿坝、甘孜州28家全资县公司组建全部完成。

开展“农网供电可靠性与电压质量提升管理”项目研究，在成都供电公司建立农网配变电压超限典型应对措施库，试点台区电压质量提升1.9个百分点。在眉山供电公司开展农网故障快速复电项目试点，平均抢险时间缩短23%以上。完成县供电企业综合实力评价、同业对标和乡镇供电所同业对标工作，2个县公司、8个供电所获国网公司管理标杆荣誉。成都新都、德阳什邡重新创建为国网公司一流县供电企业。

科技与信息化 立足于构建“东接三华（华中、华东、华北）、西纳新藏（新疆、西藏）、北联西北”的跨省区、跨流域“水火互补、丰枯互济、购送灵活、交换方便”的全国电力交换大枢纽与资源配置大平台的特点和企业发展的需求，围绕溪洛渡、瀑布沟等大型水电集群的投运对四川电网的影响，开展智能化输电断面极限管理及在线动态校核系统研发、以保证电网的安全稳定，提升驾驭大电网的能力。

获国家科技进步奖1项；自主研发和参加的6项科技成果获国网公司科技进步奖；获四川省政府科技进步奖6项，其中一等奖2项，二等奖1项，三等奖3项，获奖等级和获奖数量创公司最好水平。国内专利申请943项，专利授权646项，海外专利申请进入国际阶段3项，国际专利授权1项，完成率300%。

四川公司提出的“直流输电线路及接地极线路参数测试导则”“电力系统暂态过电压在线测量及记录系统导则”两项IEEE标准提案获批立项，这是国家电网公司系统内由总部统一组织发起、由省（市）公司提出并首次获准立项的IEEE标准。

截至年底，有500kV智能变电站1座，220kV智能变电站20座，110kV智能变电站39座。

优质服务 全面启动供电服务提升工程，从“规划建设、电网运行、供电服务、供电所管理、队伍建设、体制建设、协同联动”等方面着手，详细制订了“供电服务提升工程实施方案和推进计划”，明确了43个工作目标，细化了158项工作措施，确保供电服务提升工程常态化。

全面梳理收费项目。加强过程管控，落实时限考核。对投诉、信访的问题逐一清理并做好回复和回访工作。严格执行催费停电程序和复电时限，95598做到接入顺畅，答复及时、准确，停送电信息公布及时、故障报修反映迅速、投诉事件处理快速。滚动修订完善各项应急预案，合理配置及优化抢修资源，落实“首问负责制”，严格遵守员工服务“十个不准”，消除服务违章现象。完善智能电能表配套服务，加强夜间应急售电服务，每个区（县）至少设置有一个24小时人工收费营业厅售电充值点，重点保障节日期间用户正常购电充值。排查各类供电服务问题556个，已完成问题整改508个，整改率91.37%。

完成21个地市95598系统割接，实现了21个地市业务省级集中，7×24小时受理全省2000多万客户的信息咨询、业务查询、故障报修、投诉举报、业扩报装等业务。完成95598五项业务向国家电网公司集中。进一步精益化95598热线的流程管理、时限控制、过程管控、数据分析等功能，在夏季用电高峰时，与四川电力职业技术学院携手，实行校企合作，储备95598人工坐席，在给学生提供社会实践平台的同时，保证95598热线的畅通，为全省电力客户提供有力、可靠的服务保障。利用“95598供电服务热线”“共产党员服务队”“电博士”“星星点灯”等品牌资源，采用群众喜闻乐见的传播形式，持续打造颇具特色的服务形象品牌、服务栏目品牌、服务班组品牌和典型先进人物品牌，持续提高95598热线服务各指标表现，有效助推公司服务品质持续提升。

秉承“便民、利民”服务原则，积极开展第三方代收电费业务。摸清代收机构、手续费、网点分布、网点地理坐标等情况，为下一步代收网点统一、规范建设打下基础。加大与邮储银行在农村电费代收的力度，逐步取消农村走收，目前在绵阳江油已全部取消农村走收。开展工商银行ATM机刷卡缴纳电费在达州的试点工作，并做好全省推广准备。

主要事件

1月11日，四川公司“智能巡检机器人技术在四川±500kV德阳换流站及500kV交流变电站的应用研究”通过公司专家组验收，智能巡检机器人正式在±500kV德阳换流站和500kV尖山变电站“上岗”。

2月26日，“身边雷锋时代榜样——感动四川十大人物”出炉，国网德阳供电公司员工鲁鹏获得“感动四川十大人物”荣誉称号。

4月16日18时30分，由国家电网公司开展的向家坝—上海±800kV特高压直流输电示范工程（简称向上工程）满负荷试验圆满完成，首次实现双极满负荷运行，成功将640万kW电能高效输送近2000km，刷新了单回输电线路输送功率的世界纪录。

4月20日8时2分，四川省雅安市芦山县发生7.0级地震，地震造成天全、芦山、宝兴三县电网全部瓦解，四川公司立刻启动应急预案。截至当天10时45分，四川雅安电网总计220kV输电线路跳闸12条、220kV母线跳闸7条。宝兴电网、芦山电网、天全电网垮网，初步统计共损失用电负荷20万kW。

同日，雅安芦山“4·20”地震发生当日下午16：50，国务院总理李克强抵达雅安芦山，来到芦山县医院看望慰问当地受灾受伤群众和抗震抢险救灾人员。李克强表示“我们要求必须今天晚上通电。”当晚21时20分，芦山县抗灾救灾指挥部、医院、学校、灾区群众安置点等重要部门及场所恢复供电。

同日，正在雅安芦山县开展震后电网抢修的国网德阳供电公司员工黄模健，受到了中共中央政治局委员、国务院副总理汪洋的亲切慰问。

5月2日，四川公司共动员18个单位5843人，在抗震救灾第一线的有2410人。调集抢险车405台，移动发电车20辆，发电机329台，圆满完成“4·20”芦山地震应急抢险和保供电任务。

5月16日，西藏自治区昌都电网与四川电网联网输变电工程正式启动。四川公司供电区域内有无电农户14万户，是所有单位中最多的，主要位于甘孜、阿坝、凉山三州和巴中南江县。实现这些无电农户通电，电网规划投资达74亿元，包括建设5座110kV变电站、74座35kV变电站，以及大量10kV线路、配变、低压线路和户表。

同日，四川公司以川电人资〔2013〕110号文发出通知，规范公司各层级电网机构名称，公司所属电业局全部更名为供电公司，其他单位、机构的名称也相应变动。

6月17日，国家电网川藏联网工程建设指挥部在国网公司总部成立。

6月18日16时，由国家电网公司开展的特高压直流工程过负荷试验——±800kV向（家坝）上（海）直流输电工程704万kW过负荷试验圆满完成。

6月28日，四川公司与四川省部分县签订城乡居民用电同价协议。积极配合省发展改革委推进地方电网城乡居民生活用电由国家电网公司直供，每年减轻老百姓电费负担4.8亿元以上。

8月12日，四川公司统调发电厂年度累计上网电量达到1001亿kWh，同比增长7.45%。

8月28日，新华每日电讯以四川“电力110”十年来受理电话咨询70多万次、上门服务50多万次为题，报道了四川省电力公司“党员服务队”面对群众琐细、庞杂的个体诉求，在“电力”服务的基础上，不断拓展服务领域、提升服务品质，从“电路抢修”到“围困救助”、从“应急充电”到“紧急送医”，在服务群众过程中，四川“电力110”不断拓宽电力专业服务领域，主动承担起帮扶贫困群众的社会责任。

12月2日，国网四川电力天府供电公司挂牌成立。天府新区在成都范围内的面积有1293km²，分为双流片区、高新片区和龙泉驿片区，约占整个天府新区规划面积的81%。天府供电公司由成都供电公司代管，专门负责天府新区的供电服务工作。

12月8日，四川35kV桑堆变电站主变冲击合闸试验成功，位于甘孜藏族自治州稻城县海拔4000m的变电站顺利投运，四川藏区无电地区首个电力建设项目收官。

12月12日，溪洛渡左岸—浙江金华±800kV特高压直流输电线路工程（四川段）全线贯通。四川段起于四川宜宾县双龙换流站，止于贵州习水县（川黔省界）总计184.153km，铁塔369基。

（程彦韬）

【国网重庆市电力公司】

企业概况 国网重庆市电力公司（简称重庆公司）1997年6月6日随重庆直辖市成立，是国家电网公司所属的省级电力公司，担负着重庆地区的电网规划建设、运营管理和供电服务工作。重庆公司供电区域覆盖全市38个区县，面积7.9万km²，服务人口约3000万人。公司本部设置23个部门，下辖10家供电分公司，25家供电子公司，10家业务支撑实施单位。

2013年，实现售电量629.2亿kWh，同比增长16.5%，增速排国家电网系统第2位；全年电网投资86亿元，投产110kV及以上线路1139km，新增变电容量546万kVA，资产总额551亿元；综合线损率6.93%。2010～2013年连续4年列重庆服务业企业100强第2位。

重庆电网是全国互联电网重要组成部分，是国家西电东送的中枢通道。重庆电网共有110kV及以上输电线路17 308km，110kV及以上变电容量7799万kVA；拥有500kV变电站12座（含1座串补站）、220kV变电站79座。±800kV特高压复奉直流输电线路经过重庆北部，500kV已建成日字形双回路环网，220kV及以下形成分层分区供电格局，城乡配电网供电能力和供电可靠性水平逐年提高，构建了各电压等级协调发展的统一电网，满足了重庆经济社会发展对电力的需求。

重庆公司坚持求真务实、变革创新，深入推进“两个转变”，克服严峻经营压力，各项工作取得了新的成绩。“三集五大”体系持续提升，迅速完成组织机构调整和人员配置，推进供区整合，业务深度融合，效率效益明显提升。通过狠抓营业普查、大力增收节支、争取政策资金等举措，实现了由预测严重亏损到最终盈利的转变。生产、营销等各专业协同配合，配网故障率下降25.7%、平均故障抢修时间下降24.5%、计划停电时户数下降27.6%、低电压台区存量下降86.5%、营销业务类投诉量下降31.4%，实现了“五个明显降低”目标。争取并实施新建住宅小区配套费、弃管小区电力设施移交改造等政策，与涪陵等4家区县签订战略合作协议，17个区县政府出台支持电网发展文件，公司工作得到各方面肯定，发展环境更加和谐。

领导班子

总经理、党组副书记：孟庆强

党组书记、副总经理：王政涛

副总经理、党组成员、工会主席：柳杨

副总经理、党组成员：莫文强、曹宁、吕跃春、彭永华

党组成员、纪检组长：刘晋军

总会计师、党组成员：朱立

副总经理：孙铁群

总工程师：刘昌盛

副局级调研员：孙渝江

电网概况 重庆电网作为川电东送通道上的特大城市受端电网，是华中电网的重要组成部分，承担了西部唯一直辖市的供电任务。重庆电网拥有±800kV线路575km；500kV变电站11座，串补站1座，变电容量2051万kVA，输电线长2672.3km；220kV变电站79座（含用户站及220kV铁路牵引站），变电容量2943万kVA，输电线长6061km。重庆电网直调电厂38座，总装机容量1116.27万kW，其中：火电

654.60 万 kW，占总装机容量的 58.64%；水电 441.85 万 kW，占总装机容量的 39.58%；风电 9.62 万 kW，占总装机容量的 0.86%；其他 10.2 万 kW，占总装机容量 0.91%。

重庆电网已形成 500kV 日字形双回路环网，具有以 500kV 网络为骨干、220kV 分 6 大片区向低电压等级辐射供电的分层分区运行特征。其中 500kV 思源—陈家桥—板桥—圣泉之间，石坪—巴南之间，长寿—张家坝之间分别构成 500/220kV 电磁环网。500kV 隆盛、万县和九盘变电站分别独立供部分地区负荷。重庆电网对外分别通过 4 回 500kV 线路“东联湖北、西接四川”，南部电网与贵州电网相邻，是华中区域电网的组成部分，也是“西电东送”中通道的重要环节，接受二滩、三峡、官地、四川、华北、华中、西北的电力支持。

重庆电网网内总体呈现出骨干网络相对坚强、局部网络相对薄弱的特点。500kV 奉节串补站改造完毕投入运行，重庆 500kV 主网架结构维持不变；张秀东西线路投运，加强了渝东南电网结构，消除了黔江、酉阳、秀山多个 220kV 站串供的电网薄弱环节，提高了渝东南片区供电可靠性；两翼电网结构逐步加强，220kV 聚城线路的投运，形成了万县片区 220kV 环网供电，解决了渝东北电网城口、聚宝站单线供电的电网薄弱问题。

2013 年天气较常年偏高 1℃，重庆电网夏季用电负荷总体态势呈现“来到早、势头猛”，并具有“持续较长时间、累积效应明显”的特点。由于网内装机容量不足，加上水电来水偏枯，重庆电网电力供需形势总体紧张。重庆地区用电量和负荷比 2012 年有较大增长，通过增加外购电，确保全年电力供应正常，没有限电。

重庆电网日最高负荷 1405 万 kW，较 2012 年增长 18.07%；日最大用电量 28 230 万 kWh，同比 2012 年增长 17.79%；全年统调用电量 666.16 亿 kWh，同比 2012 年增长 17.51%。最大峰谷差 530.52 万 kW，较 2012 年增加 22.05%。平均峰谷差 318.56 万 kW，较 2012 年增加 9.04%。责任频率不合格时间（±0.2Hz）0s，与 2012 年持平。220kV 及以上电压考核点累计合格率为 100%，与 2012 年同期持平。继电保护正确动作率 99.821%，同比 2012 年下降 0.179 个百分点。220kV 及以上系统网损率 1.45%，较 2012 年减少 0.02 个百分点。平均负荷率 83.50%，比 2012 年增加 1.04 个百分点。

人力资源 截至年底，重庆公司系统全民职工 25 063 人，同比减少 751 人，人才当量达到 0.949 8，同比提升 0.028 9。通过内部人力资源市场，规范用工与薪酬初见成效，简单依靠增加用工、增加收入推动工作的观念得到扭转，刚性减员 1861 人，完成 3716 名农电工用工方式转变，组织 488 名员工有序流动，公司人力资源配置更趋合理。

全面落实“十二五”人才发展规划，深入实施人才强企工程，培养适应“三集五大”体系和智能电网建设需要的高素质人才队伍。

按照“大体系、全覆盖、多层次、重能力”的理念，以“实用实效”为导向，开展大规模技能培训、生产经营专业技术培训和核心骨干人才培养；强化培训中心平台建设，健全配套激励约束机制；创新组织方式，整合培训资源，加强效果评价，切实提升员工素质和岗位履职能力，满足电网和公司发展的需要。成立运检、营销、调控等 7 个专业教研室，做实 5 个区域培训分中心；在 36 家供电单位设立技能培训工作站，拓展培训中心场地设施，缓解培训资源严重不足的现状。

开展培训并进行岗位胜任能力考评；建立 4 个骨干培养工作站，成立委托培养项目组开展骨干培养。完成主营一线运检、营销、调控类 7 个专业共 6802 名生产技能人员的实用培训及考评，考评合格率为 96.93%；完成调控、营销类 13 个专业 613 名管理和技术人员的岗位从业资格培训及认证考评，考评合格率为 97.72%；完成运检、营销、调控、基建等 14 个专业工种共 197 名核心骨干的培养考评工作，优良率为 99.49%。全年共完成 4.68 万人次的技术技能培训，6334 名员工达到国家电网公司岗位胜任能力Ⅰ级标准。

组织开展优秀专家人才遴选工作，重点面向基层和生产一线，注重选拔青年人才；充分考虑各单位主营业务类别和员工队伍素质差异，侧重三集五大相关专业；坚持遴选条件和程序，保证选拔质量，杜绝暗箱操作。通过考试考核，层层选拔，逐级推荐，公司全年遴选产生地市公司级优秀专家人才 258 名，省公司级优秀专家人才 115 名，推荐国家电网公司级优秀专家人才 31 名，入选 18 名。

按照“三集五大”体系全面建设的要求，对公司机构设置及人员配置进行了重调和优化重组，基本建立起与“三集五大”体系相适应的劳动组织管理体系。公司本部设置 23 个部门 98 个专业处，供电企业推进供区整合，组建经研院，建成功能完整、集约高效的电网调控、运营监测（控）和客户服务中心，完成调控一体化建设，顺利割接转换 95598 服务业务，龙头寺基地实现营销全业务受理。建立内部人力资源市场，组织市区公司向江北公司、供电单位向物资公司人员流动，开展直属单位与供电单位专业合作，为破解总体冗员与结构缺员矛盾积累了有益经验。

电网建设与发展 编制完成《重庆公司“十二

五”电网发展滚动规划》《重庆电网2013年～2020年配电网滚动规划》；滚动修编《三峡库区电网规划（2013～2015）》，将上报国务院三峡建委批准后实施；在《重庆电网专项规划》基础上，完成《两江新区电网专项规划》，已通过了市规划局组织的初审，力争纳入城市控规。大唐武隆四眼坪风电场、国电石柱狮子坪风电场共计9.63万kW装机的新能源成功并网。

特高压建设稳步推进。雅安—武汉1000kV特高压交流输变电工程，重庆境内将新建变电站两座（重庆、万州）、线路428.2km；酒泉—湖南±800kV特高压直流工程，重庆境内新建线路116km。为顺利推进特高压工程，成立了由政府主导的工作保障体系，依托属地化机制发挥整体合力；创新“一塔一档”前期工作机制，提前避免工程建设阶段风险；加强特高压工程建管人员培训，保持“实战”状态，为工程建设和管理蓄备了力量。雅安－武汉1000kV特高压工程取得国家能源局路条后，取齐了全部核准支持性文件，按时完成该工程社会稳定风险分析委托函及工程社会稳定风险分析评估报告。酒泉－湖南±800kV特高压直流工程前期工作推进迅速，有望年内核准开工。

智能电网建设取得实绩。建成国家电网首座220kV新一代智能变电站——220kV大石变电站，成功开展了以“集成化智能设备＋一体化业务系统”为特征的新一代智能变电站的建设实践。开展智能电网推广项目建设，推进13类166项智能电网工程，两江新区智能电网综合项目12个子项按计划全面建成投运，首个全户内220kV智能变电站—龙头寺智能站建成投运，新开工建设22座智能变电站。至此，公司220kV智能变电站6座，110kV智能变电站11座，110kV及以上智能变电站所占比例达到4.6％。在江北和南岸核心区36.4km^{2}城市示范区内全面实现配电自动化，用电信息采集新增158万户，累计达到470万户。

促进低碳发展。坚持履行环保低碳责任，服务新能源发展，完成6个分布式光伏发电项目并网发电，并网总容量18.78kW。推动电动汽车产业发展，建成大竹林电动客车充换电站1座，累计建成电动客车充换电站5座、插电式混合动力客车充电站8座、交流充电桩200台；成功突破电动汽车底盘换电技术，研制完成纯电动底盘换电轿车；重庆市电动汽车充电站布点规划正式纳入城市建设总体规划平台，有效支撑重庆“十城千辆”示范工程。

重点工程按期投运。2013年开工110kV及以上输变电工程80项，输电线路710.87km、变电容量763万kVA；投产110kV及以上输变电工程87项，输电线路1139.33km、变电容量546.05万kVA。投资及开工、投产指标完成率均达到100％。按期投运220kV大竹林主变压器扩建等9项迎峰度夏工程，渝利铁路（重庆段）等5项电铁供电工程，220kV沙坪坝桐子湾等2项迎峰度冬工程及220kV聚宝至城口线路等8项重点工程。开工建设500kV万州神华电厂送出、两江天然气冷热电三联供送出、陈家桥变电站扩建二期等重点工程，有序推进二郎电厂送出等工程前期工作。建成投运涪陵白塔至焦石35kV线路等33项农网工程，其中35kV垫江白家变电站荣获“国家电网公司农网百家优质工程”称号。

经营管理 全面加强经营管理，开展经营诊断分析，制订落实营业普查、线损压降、优化购电结构、合理检修计划、政策争取等各项挖潜增效措施，圆满完成年度经营任务。

深化“三集”管理，应用企业级项目编码器，新开工项目应用率100％；开展项目编码清理，规范续建项目2014个，完善项目信息183项。规范业务前端系统操作，完善需求订单提报规则，设置订单与合同金额差异预警，业务预算数据规范性100％，抽取完整性100％。完善业务预算考评机制，优化业务预算分月进度目标，按月考评进度偏差，强化业务预算过程管控。加强成本精益管控，修订电网和非电企业标准成本。扎实开展县供电企业和乡镇供电所管理提升活动，完成15家供电有限公司地方股权无偿划转。

落实“八项规定”要求，严格控制管理性费用，规范车辆管理，“三公”经费同比压降43％。优化购电结构，减少成本支出3.9亿元；加强资金运作，节约财务费用7200万元。

完成审计署、财政监察专员办、电监会及国网依法治企综合检查和复审督改。规范职工食堂、健康管理中心、驻京办管理，全面解决主多分开遗留问题，涉农收费问题全部整改完毕。围绕供电服务、库存物资、线损管理等领域开展效能监察105项。规范发展集体企业，成立小额贷款公司，通过注销、吸收合并等方式压减13家集体企业。

安全生产 认真贯彻各级电力安全法律法规和国家电网公司安全规章制度，以安全管理提升活动和“二十四节气表”为主线，加强安全工作研究，拓展安全管理思路，强化安全风险管控，加强应急能力建设，构建科学高效的安全管理体系。获得国务院安委会2013年全国“安全生产月”活动先进单位和公安部等八部委授予的全国电力电信广播电视设施安全保护工作成绩突出集体等称号。

加大安全隐患排查治理力度，全面加强风险管控。抓主体安全，紧扣人身、电网、设备“三大主体业务”，反违章、治隐患、防风险、重应急、抓质量，推动安全形势持续向好。抓过程监督，立足于查找问题、立体监督、综合治理、文化引领，以创新驱动安全监督全过程管控。抓管理提升，紧贴“梳理流程、防控风险、夯实基础、推进创新”活动主题，开展安全调研，组织专项活动，加强安监力量，围绕效率提升，推进管理升级。

扎实开展安全生产月等专项活动，诊断分析11家单位，治理突出问题236项，完成723个生产班组和310个供电营业所安全工器具标准配置。成立两级安全质量督查队，巡查发现问题1084个，发放整改通知单41份，强化安全管理执行力。

2013年，重庆夏季高温负荷来得早、势头猛，统调最大负荷达1405万kW，同比增长18.07%。面对装机容量不足、机组临停频繁等带来的困难，公司超前开展夏冬迎峰工作，精益电力电量平衡，依托大电网优势，加大区外购电力度，全年外购电量202亿kWh，日最大外购电力581万kW、日最大外购电量1.2亿kWh，成功应对四轮高温大负荷考验，确保了电网安全和电力供应，兑现了“不拉闸限电”的承诺。四川雅安“4·20”地震后，迅速启动应急响应，援川抗震救灾，成为国家电网公司系统首支进入灾区的省外救援保电队伍，发电车保电329h，发电机保电1926h，占宝兴县全部应急供电电源的80%。重庆潼南“6·30”洪灾期间，仅用3天全面恢复11个镇130个村供电。

营销工作 重庆公司以集约化、扁平化、专业化为方向，深入推进“大营销”体系建设，营销资源调控能力、专业化管理水平、协同服务效率大幅提高。按照国家电网公司“6+21”业务集中工作要求，完成1个市级远程工作站和35个区（县）远程工作站设置，完成95598呼叫平台优化和信息系统调整；11月23日，一次性成功割接上线，成为国家电网公司首批完成全业务集约的六家单位之一。营销业务市级集约持续推进，将25家县级供电公司电费账务集中统一处理，实现全市跨区缴费功能。按照“两头属地、中间集约”的模式，将35kV及以上业扩报装业务集中统一办理。两中心支撑能力不断增强，客服中心龙头寺新基地建成投运，实现全业务受理；计量中心完成“四线一库”系统建设。完成生产调度平台与用电信息采集系统、“SG186”系统之间的数据共享与业务集成，通过国家电网公司实用化验收。

持续开展营销信息系统建设，SG186营销业务应用系统实现全覆盖。营销GIS应用上线运行，完成10家分公司专变客户地理信息采集；完成手机APP、微信平台、家庭有线电视平台上线；电动汽车充换电服务网络运营监控系统投入正式运行；完成小电量客户不核算、完善数据校验规则、配套费、账务处理过程管控等9个专题共22个需求变更；开展营销信息系统完善提升，整改功能93项；组织培训960人次，运维服务电话量12月较8月下降56.26%，系统性能大幅提升，登录界面时间降低到5s。

重庆公司全年实现售电量629亿kWh，同比增长16.47%，增速居国家电网公司系统第二位。大力增供扩销，深化与地方电力公司战略合作，新增趸售地方电力公司电量11亿kWh，规范自备电厂按公用模式结算电量22亿kWh。新增客户75.62万户，新增装接容量1029.86万kVA，市场占有率达到97.29%。提升业扩报装效率，高压客户业扩报装时间同比缩短5个工作日，增加售电量0.72亿kWh。深化与三家地电合作，实现220kV两点并网；与乌江电力在黔江、酉阳、秀山三个区域逐步实现35kV和110kV联网；稳步推进与三电集团110kV并网和供区移交事宜。公司市场占有率同比提升4.16%。

开拓电动汽车充电服务市场，新增纯电动汽车和混动汽车460辆，合川五洲龙、恒通混合动力电动汽车充换电站投入使用，完成电动汽车充电54362车次，充电电量195万kWh。节约电力5.93万kW，节约电量2.49亿kWh。

扎实开展营业普查，35家供电单位普查范围覆盖100%的高压客户和5%以上的低压客户，完成4.4万户高压客户、239.7万户低压客户营业普查，整改抄表、计量等各类问题2.7万件（次），追补电量1.63亿kWh，金额1.48亿元。

加强电费风险防范，大力推广预存/分次付费，紧密跟踪风险客户，逐户制定电费回收策略，公司连续8年实现电费回收“双结零”。规范电价执行，开展供电公司分时电价整治，14家供电有限公司完成分时电价整改和统一变损计收。开展电价执行检查，整改810户客户电价执行差错；严格执行居民阶梯电价，全年阶梯电价净增收4.08亿元。开发税控一体化平台，实现了增值税发票开具全过程实时在线监控。

农电工作 大力推进农网改造工程，完成投资17.2亿元，实现重庆市国家电网公司供区农网改造全覆盖。新建及改造35kV变电站6座，90.4MVA，35kV线路689.81km；新建及改造10kV线路3620km，配电变压器5157台，633.31MVA，新建及改造低压线路11 647.4km。开展农网工程“五化”（设计标准化、物料成套化、采购超市化、施工装配化、工艺规范化）建设，促进农网工程“三通一标”，4项农网改造升级工程获“国家电网公司2013年度农网百佳工程”称号。

全面开展县级供电企业管理提升工程和乡镇供电所管理提升工程，细化指标，明确责任。开展职能部门与渝东南、北6家县供电公司对口帮扶工作，开展深度调研，制订帮扶措施，“抓两头带中间”，促进农电管理规范化、精益化。合川区供电公司被评为国家电网公司供电服务标杆单位；长寿供电分公司江南供电所被评为国家电网公司综合管理标杆所；市区供电分公司青木关供电所被评为国家电网公司安全生产标杆所；江津供电分公司德感供电所被评为国家电网公司营销管理标杆所；江北供电分公司石船供电所被评为国家电网公司供电服务标杆；武隆县供电有限责任公司羊角供电所被评为国家电网公司队伍建设标杆。明晰农村供电所“营配合一”等农电安全生产管理界面和责任主体。分析改革中人力资源调配、新流程梳理、关键节点运转中的安全风险，编制安全风险管控方案。加强农电全员安全基础培训和“三种人”专业培训，25 家县供电公司 520 人参加安全知识调考。各基层单位开展农电人员《安规》普考，安全培训率 100%，考试合格率 96%。

深化农网“低电压”治理，纳入企业负责人和企业经营责任制指标评价体系。开展供电单位和乡镇供电所供电质量两级对标，每月发布低电压台区治理工作评价通报。实行低电压问题日监控、周通报、月分析。建成台区电压监测系统，覆盖 2.4 万个重点关注台区。全年治理低电压台区 5631 个，治理率 91.4%。农网用户供电可靠率 99.901%，同比提高 0.16 个百分点；农网综合电压合格率完成 98.792%，同比提高 0.78 个百分点。

按照国务院国资委批复文件，15 家供电有限责任公司地方国有股权无偿划转，公司所属 25 家供电有限责任公司均成为全资子公司，为深化农电“三集五大”体系建设奠定了基础。

科技与信息化 全面推进科技兴企战略。加强科研立项顶层设计，健全创新机制，合理布局技术研发领域，开展科技攻关，完成一批重大（重点）科技项目。布局科技研发重点，开展 16 个技术领域的研究框架编制。整合优势实验室资源，形成国家电网公司、市公司两级实验室体系。“SF_6 电气设备运行状况评估实验室”获得国家电网公司第三批实验室命名。整合公司科技人才资源，构建两级科技攻关团队，“电能计量装置可信性与检测技术科技攻关团队”被命名为国家电网公司科技攻关团队。深化与“两院一校”战略合作，全年参与中国电科院牵头项目 10 项，参与南瑞集团牵头的项目 2 项。与重庆大学联合申报国家自然科学基金项目“瞬变电磁法电阻率成像的接地网故障诊断基础研究”并获得批准。

获得重庆市科技进步一、二、三等奖各 1 项，国家能源局科技进步三等奖 2 项，国家电网公司科技进步奖一等奖 1 项、二等奖 3 项、三等奖 1 项，国家电网公司专利奖三等奖 2 项。南川公司获第四届全国职工技术创新成果优秀奖，张毅、詹宏、席世友劳模工作室被授予“国家电网公司劳模创新工作室示范点”称号。全年授权专利 370 项（其中发明专利 33 项），获得软件著作权 10 项，出版专著 7 部。牵头编制国家电网公司技术标准 3 项，参与编制国家电网公司技术标准 4 项。

信息化服务“三集五大”体系建设，完成人财物集约化信息系统的网络大学、项目预算全过程管控、仓储移动作业等一批功能模块建设。实施生产管理信息系统（PMS）等完善提升项目，开展所有统推信息系统适应性调整；建成运营监测（控）中心信息系统，实现 1558 个指标数据实时提取和在线监测、在线计算、在线分析；建成集中统一的 95598 客户服务信息系统和呼叫平台，完成相关系统割接；实施运营监测（控）二期等 8 个国家电网试点项目建设；海量历史/准实时数据平台实现调度、输配电状态监测数据集中管理；电网统一视频监控平台接入 2439 个前端视频监控点位；123 个站点自建光纤升级到 8Mbit/s 及以上，40 个生产场所租赁带宽进行了升级，系统常规操作访问速度达到 5S 以内。实现了公司下辖所有县供电企业信息系统的延伸覆盖。

优质服务 坚持“你用电、我用心”，大力实施供电服务提升工程，不断提升服务品质。全面开展供电服务突出问题整治，建立稽查监控、95598 投诉受理和专项检查“三维一体”的监控体系，发现问题 1070 个，全部完成整改，营业网点平均服务规范达标率 93.40%。新增 145 个缴费服务点，打造城市“十分钟缴费服务圈”和农村“村村都有缴费点”，缴费网点达到 8709 个，实现与“易极付”合作，缴费服务方式达到 17 种。开发并建成家庭有线电视平台，实现电量电费、停电信息、缴费等智能互动，为客户提供全新的服务体验。对重钢等高危及重要客户，成立专家组上门坐诊，帮助客户查找安全隐患，提供技术支持；组织集中授课 3 次，互动答疑 328 条，坐诊帮扶客户 82 户。实施有序用电精益化管理，成功应对四轮极端高温大负荷考验，兑现了“不拉闸限电”的承诺，圆满完成两会两节、渝洽会等重要活动保电任务。市区公司打造以客户为导向的“五型”供电服务提升工程入选国家电网公司典型经验。

致力践行民生责任，对接重庆五大功能区定位，科学修编电网规划和三峡库区电网规划。落实重庆市委、市政府集中力量办好事关群众切身利益的 22 件民生实事要求，完成 65 个弃管小区电力设施改造。

加强行风监督检查，自觉接受各方监督，积极参加行风评议。公司系统行风评议优良率达 98.5%，各单位行风评议名次在当地名列前茅。聘请 800 名行风监督员，开展现场专项监察 66 次，提出监察建议 27

条，督促问题整改。

党的建设和精神文明建设 深化创先争优，制定关于建立健全党员承诺践诺评诺制度的实施意见，推动创先争优常态化、长效化。建立“三亮三比三评”制度，组织供电单位党组织和党员长期持续开展亮标准、亮身份、亮承诺，比技能、比作风、比业绩，群众评议、党员互评、领导点评，巩固和扩大创先争优成果。深化党员责任区建设，明确规定基层和一线党员要从工作职责、业务范围、时间空间等范畴，确定责任区。将党员责任区内七项责任完成情况，纳入本单位党内创先争优考核评比，实施月点评、季考核和年奖励。持续深化公司基层党组织建设，22个单位的25个党支部开展党建示范点创建工作。

落实党风廉政建设责任制，坚持完善科学的管控与惩防体系，突出专项工作治理和效能监察，坚持查究违纪违规行为，深化廉政风险防控。完善专业管控制度172项，重要岗位人员交流轮岗1514人。公司获得国家电网公司党风廉政建设考核优秀单位，荣获国家电网公司2013年度落实八项规定实施细则效能监察优秀项目一等奖，供电服务管理效能监察优秀项目二等奖，“清廉好人一动漫”获国家电网公司廉洁文化优秀作品。

大力加强统一企业文化建设，深化“平凡人·闪光事”主题传播。制订建设统一企业文化实施方案，创建13个企业文化示范单位（区、点）；征集故事143个，开设专栏专题，编印《平凡人·闪光事》图书；建立先进典型库集体126个，先进典型库个人150名；成立企业文化兼职师队伍47人，组织专题培训，为新进大学生、农村供电所长、支部书记宣讲企业文化；修改《企业文化环境建设应用手册》，完善文化环境建设；开展“中国梦·国网情”主题活动，组织讲坛、讲堂288期，征文878篇，调研报告214篇，参加主题知识竞赛18 071人；开展“小毛说违章”、“行动后反思”主题实践，公司编制的《蓝天琴弦》情景剧参加“市国资委创新微视频比赛”荣获二等奖。

荣获重庆市国有企业“企业文化示范单位”称号，荣获国家电网公司企业文化优秀案例一等奖、成果三等奖、论文三等奖各1项，荣获中电联企业文化优秀成果一、二、三等奖、案例一等奖、论文优秀奖共6项。公司系统有5家单位获重庆“五一”劳动奖状，8名员工获中央国有企业和重庆“五一”劳动奖章，3名员工获国家电网公司劳动模范。

认真学习党的十八大、十八届三中全会和习近平总书记系列讲话精神，提前开展党的群众路线教育实践活动准备。落实领导干部带案下访等制度，化解突出信访问题56项。成立离退休工作部，开展离退休党支部“三靠前”活动，举办离退休职工迎春文艺调演。

积极融入重庆发展大局，服务民生改善，开展电网建设、优质服务、绿色发展等6项专项行动，实施“富民兴渝、电力先行”社会责任主题实践，努力建设一个负责任的可靠可信赖的电网企业。编制《政企沟通手册》，与各级政府共商电网发展，同4个区县签订战略合作协议，累计签订协议区县18个；建立向各级政府、有关部门及行业监管机构沟通汇报常态机制，配合各类媒体及时全面披露公司电网建设、优质服务等重大决策和举措。人民日报头版和央视焦点访谈对公司服务民生改善进行专题报道。

履行企业社会责任，开展“走基层、送爱心”“为梦想助力”“‘手’护爱”等活动。关爱留守儿童，建立100所“国家电网春苗之家”，2.4万余名留守儿童得到帮助。开展“金秋助学”“重阳敬老”，定点扶贫等助学、助老、助残、扶贫活动，青年志愿服务时间近1.9万h，捐赠国家电网爱心基金149.8万元。组织“我与企业共发展”青年论坛。助力特色农业，支持特色农业生产用电，安排2000万农网专项资金解决2500座烤烟烤房用电问题，帮助8000余户烟农户均增收3000元。

主要事件

1月25日，重庆市人民政府颁发《重庆市新建居民住宅小区供配电设施建设管理办法（试行）》（渝府办发〔2013〕39号），从2013年4月1日起执行。该办法明确了居民住宅小区供配电设施收费标准及实施建设的相关规定，有利于保障居民小区安全可靠供电。

2月22日，重庆公司向社会发布《国家电网重庆市电力公司2012年社会责任实践报告》。

4月20日8时，四川雅安芦山7.0级地震造成宝兴、芦山、天全三县电网全部瓦解，重庆公司立即启动援川抗震救灾应急响应，集结8台发电车、11台后勤保障车、35台发电机，共计73名抢险队员星夜奔赴灾区，成为川外第一支到达宝兴县的供电救援队伍。4月27日，重庆公司援川抗震救灾队伍顺利完成任务凯旋返渝。

5月15日，重庆公司承担的国家电网公司科技项目《重庆电网接入特高压安全稳定评估及综合防御对策研究》荣获重庆市科技进步一等奖。

5月16日，第十六届中国（重庆）国际投资暨全球采购会（简称渝洽会）在重庆开幕，国家电网公司再次以全新形象亮相本次渝洽会。国家电网公司总经理助理谢明亮带队参加并出席开幕式。中央政治局委员、重庆市委书记孙政才莅临国家电网展区，并与谢明亮进行了交谈。

6月18日，重庆第一座220kV全室内式智能变电站——220kV龙头寺变电站成功投运。

6月30日晚～7月1日，重庆西部出现大暴雨，潼南县最大降雨量达到210.4mm，电力设施严重受损。重庆公司迅速实施抢修，于7月3日全面恢复供电。

7月25日，中央电视台《焦点访谈》栏目播出“烈日下的坚守”，报道了重庆公司员工在40℃以上高温下带电抢修，践行着“你用电 我用心”的庄严承诺，歌颂战斗在一线的“最美国家电网人”。

7月31日，重庆公司被中央宣传部、安全监管总局、公安部等七部委授予2013年全国“安全生产月”活动先进单位称号。

8月15日14点33分，重庆电网最高负荷1405万kW，同比增长18.07%，创历史新高；最大日电量27 490万kWh，同比增加17.28%。

9月4日，重庆公司落实为民办实事要求，渝中区电视塔村13号弃管小区电力设施移交改造开始实施，标志着重庆市三年完成1424个弃管小区的电力设施改造正式启动。该工程是市委市政府办好22件民生实事之一，惠及30万户居民、100万人口。截至年底，公司已完成65个弃管小区电力设施改造，惠及居民用户1.08万户、3.24万人。中央电视台、新华社等主流媒体，对弃管小区电力设施移交改造进行重点报道。

10月12日，全国政协副主席、科技部部长万钢在重庆考察新能源汽车及充换电设施发展情况，参观了国网重庆渝北空港电动客车充电站。

11月1日，国家电网公司批复公司“三集五大”体系建设方案，重庆公司“三集五大”体系进入全面建设阶段。

11月5日，重庆首例工业分布式资源综合利用电源项目，总装机容量1500kW沼气利用及生产余气发电的背压式汽轮机组正式并入重庆电网。

11月23日凌晨3：00，重庆公司推进国家电网公司客户服务中心“6+21”业务集中运营，顺利完成95598割接上线，成为首批实现95598全业务集中运营的省（市）公司。

12月3日，重庆公司与黔江区政府、乌江电力公司签订战略合作协议，实现国家电网与乌江电力220kV联网。为此公司已先后与涪陵、巫溪、武隆、黔江4个区县签订战略合作协议，进一步深化政企合作，促进地方经济社会长期可持续发展。

12月9日，重庆公司启动南岸、綦江、永川3个供区的3家分公司对3家子公司的吸收合并工作。

12月15日，国家电网公司首座220kV新一代智能变电站——大石变电站在重庆合川建成投运。该站是国家电网公司6座新一代智能变电站示范工程中唯一一座采用户外AIS布置方式的220kV变电站。

12月22日，人民日报头版以《重庆以钉钉子精神抓整改》为题报道重庆群众路线教育实践活动开展情况，文章以重庆公司启动弃管小区电力设施移交改造为例，肯定了重庆集中力量办好22件民生实事，全面推进民生改善的工作。

12月24日，重庆公司选送的社会责任图片《绿色穿行》荣获国务院国资委“新国企·中国梦”网上影像大赛摄影作品一等奖。

12月，重庆公司实现地市公司各级变电站光纤覆盖率100%，县级供电公司各级变电站光纤覆盖率达到92%。

12月，重庆公司全面推进“大运行”体系建设，按地县调控一体化评估标准进行专业评估，调控一体化全面建成。

西 北 地 区

【国家能源局西北监管局】

基本情况 国家能源局西北监管局（简称西北能源监管局）于2013年12月12日正式挂牌成立。

内设处室有综合处、市场监管处、行业监管处、电力安全监管处、资质管理处、稽查处、监察室（机关党委）。同时向青海、宁夏省（区）分别派驻监管业务办公室。

领导班子：局党组书记、局长王天才；局党组成员、副局长雷金娥、薛浒、仇毓宏。

主要工作

（1）深入抓好安全监管不放松。①贯彻落实原国家电监会、国家能源局电力安全生产工作要求和安排，开展了西北区域电网安全风险管控、电力安全生产隐患排查治理、贮灰场专项整治等专项工作。②分3次对36家电力企业开展暗查暗访和督查，共发现各类问题383项，在区域内及时进行了通报。③多措并举加强光伏安全监管。开展了格尔木地区并网光伏电站涉网二次系统安全普查、光伏电站并网安评、现场检查督查等工作，督促光伏企业整改安全问题和隐患1000余项，确保了光伏电站大规模集中平稳接入。④电力应急及时有效。有效处置陕西延安迎峰度夏期间局部地区供电中断事件，第一时间赶赴灾区指导企业救灾保电、协调电力抢修恢复，为延安防汛减灾和灾后重建创造了良好的电力供应环境。配合环保部应急中心和宁夏环保部门，积极应对石嘴山电厂灰水外排事件。⑤依法对陕西德源府谷能源有限公司“11·16”设备事故和瞒报行为作出了罚款115万元的行政处罚决定，有力促进了区域安全信息的及时报送。全年累计通报安全大检查、储灰场检查、光伏电站安全普查、脱硫脱硝安全检查、并网安评发现问题8次。

（2）培育市场，依法维护市场秩序。①组织人员多次深入榆林地区政府相关部门、有关企业和用户，研究解决难点问题，摸清了榆林的电源结构、用户情况和电网现状。并配合陕西省发展改革委完成了《陕西省电力用户与发电企业直接交易实施办法（征求意见稿）》。在前期研究论证的基础上，与宁夏经信委、发展改革委、物价局联合印发了《宁夏电力用户与发电企业直接交易试点实施办法》。按照办法，1家发电企业与3家用户自主协商签订了12月3400万kWh交易电量，结算价格下浮0.005元/kWh。②完成了辖区内5家省级及以上调度机构的评价复核工作。通过完善可再生能源信息报送与披露、电量消纳监管调研、分布式光伏发展调研、弃风电量统计、协调纠纷等措施，确保了可再生能源的健康发展，编写了《西北可再生能源发展调研报告》。③提出制度建设与个案监管齐头并进的监管举措，建立协调制度，及时解决了人民网、华商报等媒体报道的西安周至县停限电频繁等用电难题，陕西两家电网接入取得新进展。至年底，陕西两家电网已实现110kV变电站接入8项，35kV接入41项，完成上下级电网间56条35（10）kV线路保护整定值调整工作，极大地提升了地区供电能力。④修订调整了《西北电网跨地区送电集中挂牌交易办法补充规定》中外送电量分配权重，将600MW级机组的电量权重由1.25提高到1.35，降低了部分热电联产机组非供热期出清电量比例，对促进节能减排意义重大。⑤认真组织跨省跨区交易。依法依规，及时批复了西北电网三次送华中（华东）集中交易和跨省集中交易，以及陕西电网2013年配网外送周边集中挂牌交易。⑥认真思考，积极探索实现市场化的具体路径，完成了《设置独立电力调度交易平台，促进我国能源工业科学发展》调研报告。选取区域内5家电网企业、11家发电公司开展约谈约访，掌握了市场运营和电力交易等情况，解决了个别企业反映的承兑汇票率偏高、新能源电量送出受限等问题。⑦组织召开了2012年第四季度和2013年前三季的西北、陕西、宁夏、青海电网厂网联席会议和厂网议事委员会会议，协调解决了青海个别光伏电站电费结算不及时、电源送出工程回购等问题。特别是在了解到青海水利水电集团水电厂与青海省电力公司的电费结算问题后，通过积极协调，电费结算正常，有效缓解了发电企业的资金困难。⑧搜集信息，细致分析，及时完成并发布了区域年度电价电费及每季电费结算、电网企业财务经营等分析报告；探索开展以成本为核心的专项监管工作，完成了国网西北分部，陕西、宁夏电力公司输配电成本检查，检查共发现超范围列支、虚增提前或滞后列支输配电成本、关联交易不规范等5个方面的18类问题，发出了《监管意见书》，督促企业认真落实整改；对陕西、宁夏电力公司2011年以来的销售电价执行情况进行检查，提出了整改意见；配合大用户直购电工作的开展，对陕西省输配电价进行了测算。

（3）维护好老百姓合法权益不放松。①全面总结居民用电服务质量监管专项行动取得的效果。通过制订具体实施方案，开展“宣传月活动”、用电满意度调查等举措，在区域内深入开展了人民群众用电满意工程。②关注热点问题，印发《关于做好用电高峰期保障电梯安全运行工作的通知》，要求各供电企业切实执行好各类停电公告，加强城市配电网故障抢修管理，加强居民和物业小区管理人员的安全用电宣传，切实保障老百姓人身安全。③制订方案，开展业扩报装行为专项监管。组成督察组深入厂矿和农村，通过明察暗访，摸查了供电企业处理用户用电业务的现状；面对面征询了电力用户的意见和建议。总体来看，通过专项监管工作的不断深入，供电工作水平有了较大提升，尤其是基层供电企业服务质量改善明显，业扩报装规范化程度有所提高。④建立电网输供电信息周报机制，及时把握电网动态，确保了区域电网迎峰度冬、迎峰度夏的安全可靠供应。⑤坚持群众观念，及时解决群众合法用电诉求。开展了12398知晓度及投诉举报当事人满意率专项监管。采取现场调查、稽查约谈等方式及时解决群众的用电诉求，努力化解社会矛盾。全年登录12398热线总量25 022起，依法查处供电服务、电力安全、市场准入类事项投诉举报事项121件，结案率100%。⑥巩固三指定专项治理成果，在三省（区）扎实细致开展用户受电工程市场公平开放情况调研，对报装接电重点环节开展检查，对存在的问题约谈了相关单位。⑦通过暗访、现场实测、选定典型用电单位驻点调查，召开座谈会等方式，积极开展供电“两率”调查。摸清了陕西供电“两率”整体水平、春节期间农村地区用电等情况，对指导配电网投资建设，保障老百姓正常生产生活用电需求起到重要作用。

（4）围绕重点，持续做好节能减排监管。①对陕西和宁夏两省（区）8家燃煤电厂二氧化硫、氮氧化物、烟尘等污染物排放、监测、治理等情况开展监管调研，针对调研中发现的9类问题，向国家能源局提出了6方面的意见和建议。②落实与当地政府的协调机制，积极配合陕西省工信厅开展了淘汰落后产能专项整治等工作。

（5）依法依规做好资质许可各项工作。①严格准入条件，持续依法做好各类资质颁发工作。共完成23家发电企业、63家承装（修、试）电力设施企业许可证的核发，2529名各类电工通过进网作业电工考试。②开展了小水电运行经营状况及许可证申办、县调发电企业情况调研。③处理好机构改革期间资质许可暂停审批带来的矛盾，依法受理许可资料的申报，对符合条件的企业开具了有关证明，确保企业能够正常开展市场交易，没有因为机构改革影响企业的正常经营。

（6）认真完成好能源局交办的事项。①坚决落实中央领导和国家能源局指示精神，抽调精干人员组成调查组，由分管领导亲自带队，依法对陕西府谷清水川低热值煤发电项目违反国家项目建设程序，未批先建问题开展现场调查，迅速向国家能源局报告，提出了处理意见和建议。②配合国家能源局调查组，深入一线，调查了陕西华电蒲城电厂因历史政策原因造成经营困难的基本事实，多次参与国家能源局组织的协调会议，从监管角度提出了解决困难的建议。③按照要求，依法对宁夏自治区今年初出台的有关优惠电价问题进行了调查，查明宁夏以《关于火力发电企业承担相关企业电价补贴的通知》形式，要求电力企业筹资3.6亿元，扶持电解铝等传统行业的基本事实，及时向国家能源局进行了专报。④按照国家能源局的要求，完成了陕西榆林打造低电价区的调查，形成专题报告，及时向国家能源局进行了专报。

【国家能源局甘肃监管办公室】

基本情况 根据《中央编办关于国家能源局派出机构设置的通知》（中央编办发〔2013〕130号）和国家能源局《关于印发〈国家能源局派出机构主要职责内设机构和人员编制规定〉的通知》（国能人事〔2013〕438号），2013年12月起，原国家电力监管委员会甘肃省电力监管专员办公室更名为国家能源局甘肃监管办公室”（简称甘肃能源监管办）。

机构设置：甘肃能源监管办行政编制19人，下设综合处、市场监管处、行业监管处、电力安全监管处、资质管理处和稽查处等六个职能部门。2009年12月，经甘肃省编办批复组建甘肃电力咨询服务中心，处级建制，隶属甘肃能源监管办管理，核定编制8人。

领导班子：党组书记、专员康安东；党组成员、专员助理顾平安；党组成员、综合处处长谢康。

主要工作 甘肃煤炭、石油、天然气、水能、风能和太阳能等资源种类齐全，特别是河西走廊新能源资源和陇东地区煤炭资源赋存优良，具有建设大型新能源基地的独特优势；甘肃风电装机容量全国第三，光伏发电装机容量全国第一。甘肃油气管网输送综合性通道地位突出，穿过甘肃境内的油气干线管道长度约8000km，包括西气东输一、二、三线，兰成渝、兰郑长、西部原油成品油管道等，涉及输气能力约千亿立方米，输油能力4000多万t。甘肃750kV电网初步形成，通过省间14回750kV线路、15回330kV线路与陕西、青海、宁夏、新疆联网运行，是西北骨干网架，在西北电网“四室一厅”中扮演“一厅”的核心位置，承担着东西部电力交换和能源基地电力外送的重要使命，是西部大开发能源发展战略的关键节点。

截至2013年底，甘肃发电装机容量3500万kW，同比增长18.89%，其中火电装机容量1588.40万kW，水电装机容量775.00万kW，风电装机容量702.90万kW，光电装机容量433.70万kW。甘肃电网统调总发电量1051.67亿kWh，同比上升8.88%；全社会用电量1073.25亿kWh，同比上升7.91%；年累计最大统调用电负荷1454.00万kW，出现在11月12日，同比上升24.70%。

（1）电力安全监管。甘肃电力系统全年安全形势相对较好，发生1起建设工地人身死亡事故，死亡1人；同比事故起数减少1起，死亡和失踪人数减少5人。未发生一般及以上电力生产安全事故、环境污染事故，未发生水电站大坝垮坝、漫坝和其他造成重大社会影响的事故。

开展燃煤发电厂贮灰场安全监督管理，加强汛期和灾害天气下对贮灰库的巡检和监测。开展处置电网大面积停电事件应急联合演练，做好岷县、漳县地震灾区以及天水、陇南暴洪灾区应急响应和灾后恢复重建，确保灾民安置点、医疗救治点等重点部位和重要设施的安全用电。组织甘肃电力系统安全风险和脆弱性自评估报告评审，对甘肃电力系统安全状况、薄弱环节和面临的安全风险提出对策建议。会同省公安厅开展电力设施安全保护工作联合督查，检查电力企业开展电力设施安全保护以及落实电力行业反恐怖工作情况。开展甘肃电力安全生产大检查及“回头看”，实现电网企业、火力、水力、风力、光伏发电和电力建设项目全覆盖，受检企业58家，发现问题414项。

（2）电力市场监管。9月，甘肃省政府批转印发《甘肃省电力用户与发电企业直接交易试点方案》（简称《方案》），自10月1日起试行。《方案》旨在破解全省电力供求矛盾，促进消纳新能源等富余电力，提高发电企业发电效率，降低电力用户用电成本，加快结构调整和产业升级。国电靖远电厂、华能平凉电厂等7家发电企业与金川集团股份有限公司、方大炭素新材料科技股份有限公司等省内11家大工业及高新技术电力用户签订了直接交易合同，总合同电量超过10亿kWh。

采取“一对一、背靠背”形式，对甘肃电力交易执行情况、厂网界面工作情况、电力市场准入情况、发电机组并网运行情况、非常规电源运行情况等开展约谈。批复兰州电网并网小水（火）电调度管理规定及其考核细则，规范并网运行管理；快捷高效办理发电机组进入商业化运营审查批复，多次就地方局域电网建设、煤电互保、优惠电价等提出监管意见。会同甘肃电力交易中心对电煤管理进行综合排名，完善火电企业电煤预测预警机制，避免发生缺煤停机事件。

关注甘肃能源基地建设，开展风电、太阳能发电消纳情况调研，关注全额收购可再生能源电量情况。按月统计风电企业受限电量、受限原因、受限时段，督促电网企业按照“三公”调度原则和可再生能源保障性收购办法保证风电送出，甘肃省风电弃风电量由年初的12.35%下降至9.94%。

（3）资质许可监管。完成全省小水电专项整治活动，通过限期整改、限制电量、吊销许可证等措施，治理违法违规水电站建设。制定《甘肃电力建设工程备案实施细则》，规范电力建设工程备案工作。强化许可证持证后续管理，对县调发电企业许可制度执行情况、承装（修、试）持证企业许可制度执行情况、电工持证率及续期注册率进行专项督查。

全年共颁发电力业务许可证（发电类）14家，（发电类）豁免证1家；变更电力业务许可证（发电类）登记事项5家，豁免登记事项1家，许可事项6家；变更电力业务许可证（供电类）6家；发放承装（修、试）电力设施许可证32家；变更承装（修、试）电力设施许可证登记事项26家，许可事项13家；新发电工进网许可证4762人（其中高压4127人，低压12人，高压试验228人，继电保护229人，电线电缆166人），续期注册3828人。

（4）电力稽查。推广12398、95598、电力用户三方联系机制，印制“12398热线指南”下发辖区电网企业，方便电力用户查阅；电力稽查中严格执法程序，为投诉举报人提供了投诉书、举报书范本。打造12398热线和行政许可的窗口形象，加强窗口管理，公示服务流程，承诺办理时限。连续第6年开展供电检查和复查，开展用户受电工程市场开放情况调研，规范省内供电质量、服务与市场行为。开展居民用电服务质量监管专项行动，密切关注农村地区、“物业弃管小区”等薄弱环节的电力供应与服务，活动开展以来特别是在春节等节假日期间，投诉举报数量较往年明显下降。

（5）党的群众路线教育实践活动。积极开展党的群众路线教育实践活动，制定实施细则，落实中央八项规定，在监管工作中严守纪律，令行禁止，规范调研检查工作，压缩会议规模经费，精简公文简报，帮助企业解决实际问题。查摆出涉及“四风”的22条意见建议，涉及监管业务的17条意见建议，对照“为民务实清廉”的要求，坚持边学边查边改，办党组还就坚决戒除“四风”提出了8项整改措施。

（6）定点扶贫。开展扶贫考察调研，召开清水县扶贫工作启动会、通渭县扶贫工作座谈会，构建“专业扶贫、行业扶贫、社会扶贫”的新格局；会同国家能源局和中国电力报社，组织通渭县寺子川乡郑阳小学13名优秀师生代表赴北京参观学习。组织开展全省无电地区和无电人口调研，摸清了675个无电村、11.6万无电人口的现状，建立工作协调和计划推进机制。落实甘肃省委“1236”扶贫攻坚行动，会同有关电力企业分解落实“加快农网升级改造、解决无电户和易地扶贫搬迁安置区用电、解决游牧民和居住偏远分散农户用电”等3项任务；结合甘肃省委双联办要求，巩固推进郑阳村“联村联户、为民富民”帮扶项目发挥效益；组织党员干部进村入户、驻村蹲点调研，使扶贫行动成为培养锻炼干部、转变机关作风的有效途径。

（陈孝健）

【国家能源局新疆监管办公室】

基本情况 国家能源局新疆监管办公室（简称新疆能源监管办）于2013年11月6日经中央编办批准正式成立（中央编办发〔2013〕130号）。新疆能源监管办于2013年11月21日经国家能源局授权（国能人事〔2013〕438号），依照《电力监管条例》等法律法规，在新疆自治区范围内履行能源监管和行政执法职能。

国家能源局新疆监管办公室内设6个处室，分别是综合处、市场监管处、行业监管处、电力安全监管处、资质管理处和稽查处。

领导班子：党组书记、专员曹继耀；党组成员、专员助理刘健；党组成员、综合处兼市场监管处处长张燕军。

主要工作

（1）开展机构改革期间各项许可政策的意见征求。新疆能源监管办所提意见——“在国家能源局出台新规定前，原国家电监会以会、办、中心名义印发的各类许可文件继续作为核发及证后监管的依据”，被国能综合〔2013〕448号文件第三条全文采纳。

（2）执行国家节能减排政策，优先为风电、光伏等新能源发电企业办理电力业务许可证相关事项，在申报资料满足基本要求的基础上为140余家发电企业出具公函，协助其办理并网调度协议和购售电合同，使企业办事少跑趟，提高办事效率。

(3) 在转变政府职能、加快行政审批改革、激活市场活力方面主动进取，大胆突破，将承装（修、试）电力设施许可证初审工作和年检工作委托给协会，并加强监督和指导。

(4) 试行联席会议制度，每两周召开一次，资质处、培训中心和电力承装修试企业协会信息共享、群策群力做好资质管理工作，已就简政放权、用工、培训点管理等重大问题做出部署。

(5) 以电力安委会为主要形式，安全生产组织体系日趋完善。3 月 7 日，新疆能源监管办召开了 2013 年新疆区域电力安全工作会议暨成立电力安委会会议和年中安全生产委员会联络员会议，充分发挥了电力安委会和安委会办公室在安全工作中的重要作用。电力安委会在宣贯国家安全生产规章制度、传达上级关于安全生产工作的精神、通报新疆区域电力安全生产和监管工作情况、指导电力安全生产工作、开展安全生产管理经验交流、分析安全生产工作面临的形势、协调解决安全生产工作中的重大问题、研究部署安全生产和监管工作等方面发挥了重要作用。

(6) 开展安全生产大检查工作。8 月 12 日，新疆能源监管办深入贯彻落实国家能源局《国家能源局关于开展电力安全生产大检查的通知》（国能综合〔2013〕231 号）文件精神，组织对新疆和田、阿克苏、奎屯、准东地区 12 家电力企业（其中电网经营企业 8 家、火电企业 2 家、水电企业 1 家、电力施工企业 1 家）开展安全大检查工作。

(7) 全面完成电力迎峰度夏、度冬和防洪度汛工作。6 月 5 日，为保障新疆区域夏季、冬季大负荷时期电网安全稳定运行，新疆能源监管办组织电力安全生产专家组对新疆区域电力企业开展工作情况进行督查，现场督查了新疆电力公司及所属部分供电企业、华电新疆发电公司、国电新疆公司、华能新疆公司、新疆石河子天富公司等 16 家企业。

各电力企业高度重视迎峰度夏和防洪度汛安全生产工作，积极贯彻落实全国电力迎峰度夏工作电视电话会议精神的各项要求，积极组织开展迎峰度夏和防洪度汛安全大检查、春季安全大检查、安全生产月等活动，采取有力措施，实现了电网安全稳定运行，扎实有效地开展了迎峰度夏和安全度汛工作。全区范围内未发生因迎峰度夏、度冬对社会造成重大影响的停电事故，未发生因防洪度汛造成电网、电源稳定破坏事故。

(8) 建立联动机制，提高 12398 热线知晓度，加强投诉举报当事人满意率专项监管。3 月，加强建立 12398 与 95598 联动机制，快速解决居民用户诉求。根据新疆电力公司机构改革情况，积极与新组建的新疆电力公司供电服务中心接洽共同确立 12398 与 95598 联动机制方案，对于部分用户不知用电申请程序、用电业务等类型造成误解的投诉事件，与当地 95598 联系直接解决，第一时间快速解决居民用户诉求，减少中间环节，提高群众的满意度。

6 月，开展 12398 热线知晓度及投诉举报当事人满意率专项监管。加强宣传力度，进一步提升 12398 热线知晓度；提高 12398 热线投诉举报当事人满意率；完善存在问题隐患的排查制度，及时排查化解矛盾纠纷。

(9) 开展供电整改检查工作。从供电企业供电能力、受电工程收费、对用户受电工程方案制定及提供等环节的办理时限、用户受电工程的市场开放情况几个方面开展对哈密电业局、阿克苏电力有限责任公司、博州电业局供电整改检查工作，促使供电企业强化责任意识，不断提高居民用电服务质量，强化用户市场管理，为积累供电稽查工作经验创造条件。

(10) 积极参与自治区政府《推进新疆低电价有关情况》的报告编制工作。编制《2012 年度电力成本与价格监管报告》和《2012 年度电力交易与市场秩序监管报告》。编制并向自治区党委、人民政府上报了 2013 年上半年电力形势分析及下半年电力发展对策建议，为自治区党委、人民政府的决策提供依据。制定《推进新疆电力直接交易工作方案（初稿）》，会同自治区相关部门讨论并研究形成工作方案初稿。

(11) 新疆能源监管办积极主动投身党的群众路线教育实践活动。

【国家电网公司西北分部】

分部概况 国家电网公司西北分部（简称国网西北分部）主要负责实施西北电网（含西藏藏中电网）统一调度运行管理，履行黄河上游水库水量统一调度职责，指导、协调、监督西北电网安全生产和经营管理，组织西北跨省（区）电力电量交易等。

截至 2013 年底，西北电网共有资产 2040 亿元，统调装机 9376 万 kW。运行 750kV 变电站 31 座、变电容量 6920 万 kVA，750kV 线路 74 条、线路长度 12 725km；330kV 变电站 179 座、变电容量 7993 万 kVA，330kV 线路 484 条、线路长度 23 540km。

近年来，国网西北分部先后荣获全国“五一”劳动奖状、全国精神文明建设工作先进单位、全国首批模范劳动关系和谐企业、全国模范职工之家、全国厂务公开民主管理先进单位，陕西省先进集体、陕西省文明单位标兵、陕西省慈善明星企业、陕西推动力善德企业等多项荣誉称号。

领导班子

国家电网公司总经理助理、国家电网公司西北分部主任、党组书记、西北电网有限公司执行董事、总

经理、党组书记：陈晓林

国家电网公司西北分部副主任、党组成员、西北电网有限公司副总经理、党组成员：左玉玺

国家电网公司安全监察质量部副主任、国家电网公司西北分部副主任、党组成员、西北电网有限公司副总经理、党组成员：曹福成

国家电网公司西北分部党组成员、纪检组长、工会主席（正局级）、西北电网有限公司党组成员、纪检组长、工会主席（正局级）：魏海平

国家电力调度通信中心副主任、国家电网公司西北分部副主任、党组成员、西北电网有限公司副总经理、党组成员：张磊

国家电网公司审计部副主任、国家电网公司西北分部副主任、党组成员、西北电网有限公司副总经理：穆银安

国家电网公司西北分部副局级调研员、西北电网有限公司副局级调研员：申宝峰

电网概况 截至2013年底，西北五省（区）（含藏中电网）系统统调装机1378台（座）、容量125 029.32MW,其中水电21 812.79MW，占总装机容量的17.45%；火电75 716.75MW，占总装机容量的60.56%；风电15 649.85MW，占总装机容量的12.52%；其他11 849.93MW，占总装机容量的9.48%。

西北电网600MW及以上大容量机组共计35台，容量23 760MW，占统调总装机容量的19.0%。

直接接入750kV及以上输电网络的机组15 220MW，占总装机容量的12.0%；直接接入330kV输电网络的机组43 096MW，占总装机容量的34.47%；直接接入220kV网络的机组34 286MW，占总装机容量的27.42%。

截至年底，西北五省（区）（含藏中电网）系统统调220kV及以上降压变变电容量18 664万kVA，其中750kV变压器容量为6920万kVA（31站38台），330kV降压变变电容量为7993万kVA（179站314台）。西北电网220kV及以上交流输电线路长度57 165km（1067条），其中750kV线路长度为12 725km（74条），330kV线路长度为23 540km（484条）。直流线路长度为2076km（2条）。

人力资源 国网西北分部内设综合管理处（离退休工作处）、财务处、安全监察质量处、审计处、党群工作处、国家电网西北电力调控分中心（黄河上中游水量调度委员会办公室）、国家电网西北电力交易分中心7个处室（分中心）。下属单位1家：西北电网有限公司物业公司。

截至年底，国网西北分部在职职工234人。其中分部本部205人（国网含二线领导1人，不占编人员18人），物业公司29人（含不占编人员4人）。234名员工中，女职工59人，占25.2%；中共党员190人，占81.2%；具有中级及以上职称者123人，占52.6%；具有大学本科及以上学历者202人，占86.3%。

国网西北分部高度重视干部员工队伍建设，积极组织完成干部挂职（培养）锻炼工作，选送4人到国家电网公司总部轮岗锻炼，选派4人去区域省（区）公司挂职培养锻炼。积极开展员工培训与人才评价工作。制订和实施了2013年度培训计划，举办各类专业培训班21期，培训2356人次。举办了十八大精神解读、周边安全形势分析等政治经济形势系列讲座8期，参加人员1280人次。组织召开西北区域2012年度中级职称评审会，完成西北区域五大专业共1213人的中级专业技术资格评审工作。组织完成分部优秀专家人才推荐、参加国家电网公司统一考试等工作，完成国家电网公司科技领军人才、“百千万人才工程”候选人推荐工作。

电网调度 电网保持安全稳定运行。合理安排电网运行方式，坚持大电网运行方式年、月、周会商制度和日方式协调制度。提升预案、演练针对性。制订重要反事故预案63项，开展联合演练6次、专项月度演练10次，根据西北电网的特点，开展迎峰过冬反事故演习。高度重视柴拉直流运行管理，针对出现的不安全情况，开展专题分析8次。积极调整直流及相关电网运行方式，升级柴拉直流系统保护软件，保证柴拉直流安全运行。扎实开展全网保护及安全自动装置、自动化、通信信息系统大检查及隐患排查治理活动，累计排查隐患56条，完成智能变电站合并单元及智能终端隐患排查及发电机励磁调速系统参数核查。

重点工程如期投运。按期完成新疆与西北联网二通道工程调试工作，制订专项方案10项，完成试验项目75项。深入分析二通道大容量、多FACTS装置投运对系统的影响，分析可控高压电抗器变参数对继电保护定值的影响，制订保护应用方案及多FACTS装置协调运行控制策略，提高了通道输送能力。配合完成天中直流双极低端系统调试，完成了天山站调补变电站保护配置和TA改造方案，编制了电力组织方案，配合开展哈郑直流送端安控系统研究实施工作。协助青海完成玉树联网工程的启动调试工作，完成系统调试方案和安控策略编制。顺利完成750kV 15线9变新设备启动任务。

有效应对新形势下西北电网安全稳定问题。配合总部开展新形势下西北电网安全稳定问题调研及应对措施的制订工作，系统梳理了未来几年西北电网安全稳定运行的风险，提出6个方面、121条具体建议。

完善2～3年运行方式滚动分析计算工作机制，完成2～3年西北电网安全稳定计算分析报告，对未来电网输送能力、短路电流水平、电磁环网解环、调峰能力等进行详细的分析，并提出相关措施。积极推进西北电网安全自动装置集中监控工作，完成21个750kV站、2个750kV上网电厂共50套安控装置的信息接入，750kV安控系统全面实现在线监控，确保安控装置的可靠运行。投运柴达木二次谐波阻尼滤波器，完善西北电网大型主变压器充电方案，确保直流系统安全运行。

稳步推进“大运行”体系建设与实用化工作。完成8站集中监控业务评估工作，9月24日正式开始对8座750kV枢纽变电站实施集中监控。结合省（区）调变电站集中监控实施计划，统筹安排省（区）调330kV及以上变电站集中监控工作。完成西北分部“大运行”应用功能实用化工作计划25项，消除系统缺陷200条。完成D5000系统转主用工作，实现陕西、宁夏、新疆等省（区）调与西北调控分中心的联合在线计算分析，综合智能分析与告警准确率达到97%，同比增加77.78%，故障告警推送率100%，同比增加93.33%，状态估计收敛率99.25%，同比增加2.85%。完成新OMS及SOP上线应用，阶段完成基础数据录入和校核工作。顺利完成主、备调切换演练，并完成甘肃、青海省调主备调切换演练相关技术支持工作。

确保水电与新能源安全、优先消纳。紧密跟踪流域水情、凌情、汛情变化，有效应对刘家峡、龙羊峡水位分别突破1727、2588m的汛限水位，圆满完成年度防凌、防汛调度任务。完成酒泉风电低电压穿越试验数据分析，进一步掌握风机及动态无功补偿设备特性。加强风电机组机网协调工作，积极挖掘机组能力，合理调整运行参数，提高对电网异常的适应性，编制完成《风电场继电保护配置及整定技术规范》（行标送审稿）。完成13个风电场的风电AVC系统建设，在西北电网首次实现了风电机组及风场SVC的AVC自动控制。完成直调风电场及调度端短期功率预测统计、分析，校核实际功率和预测功率的相关系数，风电发电预测准确率80%，同比增加6%。落实风电优先调度工作要求，统筹全网调峰资源，最大限度消纳新能源。风电等新能源发电量快速增长，完成风电优先调度技术支持系统建设与试运行工作。

面临的形势与问题。青藏直流“大直流、弱受端”有关问题有待解决。同时，随着天中直流的投运，“弱送端、大直流”的格局已经形成，送端电压控制较难，设备和系统安全运行风险较大。全网安全自动装置覆盖面较广，装置控制策略复杂、运行维护工作量大，电网安全稳定运行对安全自动装置依赖性高。随着750kV网架的进一步发展，局部电磁环网解环条件成熟，电网运行安全稳定运行策略面临较大变化。

电力交易　电力交易水平进一步提升。西北分部充分利用总部分部一体化交易平台优势，从广度和深度上积极推进集中交易，集中交易范围由西北送华中年度交易扩展到送华东、山东及区域内跨省交易，电力交易工作更加公平公正和阳光透明。完成跨区跨省交易582.4亿kWh，完成年初综合计划的103%，同比持平。其中跨区交易电量489.7亿kWh，完成年初计划的100%，同比下降3%；跨省交易92.7亿kWh，完成年初计划的120%，同比增加19%。

中长期交易机制实现突破。西北分部与新疆公司、青海公司三方在西安签订疆电外送青海2013～2015年中长期交易合同，合约电量100亿kWh。标志西北电能交易由过去单一的省间余缺调剂向跨省资源优化配置开始转变。

促进新能源电量大范围消纳。在银东通道电量中直接打捆16.2亿kWh风电送出；在新疆与青海三年长期交易合同中组织20亿kWh风电送青海；以黄河梯级水电可调节库容为载体，通过跨省水、火、风、光电互济短期电量库交易，支撑大规模风电和光伏的上网消纳。

全面完成水电消纳任务。会同陕西、甘肃、青海、宁夏四省（区）交易中心协调地方政府及火电企业支持水电消纳，完成水电消纳合同的签订。坚持周交易协调例会，及时解决问题，全面完成水电和谐消纳。

有效解决青海缺电问题。针对青海电价承受能力脆弱的实际，优化电量库交易结构，实现灵活的电网输电价格，组织区域内甘肃、宁夏、新疆分别向青海送电20亿、25亿、30亿kWh，跨区青海购入四川水电14亿kWh，解决了青海缺电问题。

开展短期交易，扩大外送规模。利用灵宝通道低谷时段的空闲容量、反转过渡期及冬季德宝通道空闲容量，组织新疆、陕西、甘肃火电共计9.46亿kWh送华中，增加了西北外送电量，提高了发电环节利用小时数，优化西北电网调峰运行方式。

开展电力交易重大问题研究。完成“西北光伏科学发展研究”“新疆与西北联网第二通道电力交易机制研究”管理咨询课题，研究并提出哈郑直流过渡期交易方案建议。进行“电力供需平衡指标体系及定量分析研究”“西北送端市场交易机制与联络线调度模式研究”科技项目研究。

深化区域售电市场营销分析。在按月开展西北区域售电市场营销分析通报的同时，主动适应国家销售电价分类改革和大用户直接交易形势，深化西北及五省（区）居民、农业生产、大工业、工商及其他售电市场和前20位大用户电量电价分析，受到总部营销部的好评。

安全生产 电网保持了长周期安全稳定运行。持续深化分部“大运行”体系建设，8座750kV枢纽变电站全部实现集中监控。顺利完成电网安全稳定和输变电设备事故预防等8项“大反措”。成功举行西北电网主备调切换演练。积极开展新形势下西北电网安全稳定问题调研，提出6个方面121条建议。积极推进新能源优先调度，加强入网安全管理，风电和光伏并网装机分别同比增长41.36%、480.60%，发电量同比增长50.72%、144.54%。在电网安全稳定风险增大、用电负荷屡创新高的情况下，确保了西北电网长周期安全稳定运行，实现安全调度5576天。不断完善青藏直流运行控制方案，全年未发生功率损失事件。牵头开展青藏直流大负荷试验，向藏中电网最大输送功率提升到21万kW。新疆与西北第二通道工程提前建成投运，系统运行稳定。配合开展特高压天中直流系统调试，为工程如期投运奠定了基础。有效应对黄河上游洪峰和甘肃地震等自然灾害影响，确保了黄河防汛防凌安全。圆满完成全国“两会”保电、“神十”发射保电和十八届三中全会保电等重要保电任务。

“安全管理提升”活动取得实效。国网西北分部全面落实国家电网公司制订的安全工作要点，切实履行安全监督职能，强化现场事故调查，预防同类事故发生；精心组织西北区域安规调考工作，提高了基层员工的安全意识，确保安全生产保持良好局面。开展区域电网风险分析预控和现场作业点管控，及时发布电网检修风险预警。组织召开分部安全月度例会，分部安全管理水平稳步提高。开展重点基建工程专项安全监督，保障了新疆与西北主网联网第二通道工程等重点工程顺利推进。

深入推进安全风险管理和隐患排查治理。开展西北电网事故隐患排查集中督导工作。组织开展分部隐患排查，督促调度、物业相关班组对分部安全大检查中查出问题加快整改。

全面完成电网安全性评价工作。完成青海、西藏输电网和西宁、乌鲁木齐、拉萨城市电网安全性评价专家查评工作。每季度督促各省（区）公司对安全性查评发现问题的整改，形成季度督查报告上报总部。

开展安全、质量监督检查工作，质量监督体系初步建成。开展春秋季安全大检查、柴拉直流年度检修、基建重点工程监督检查等专项安全活动。组织分部开展“安全日”活动和安全大检查；同时，开展专项质量监督，完成了配电变压器及电力电缆设备专项质量监督工作，供电服务及电能质量专项督查工作，初步建立了质量监督体系。

组织召开西北区域输变电设备运维专业交流会。认真梳理分析近年来750kV和330kV输变电设备、直流输电线路和换流站设备故障原因，促进了专业管理工作水平的提高。配合总部运检部完成了西北电网安全稳定运行设备运维管理专项调查。

建立区域应急联动机制。完成了西北分部应急指挥中心建设工作，实现与国家电网公司、各省（区）电力公司应急指挥中心互联互通。建立西北区域应急联动机制，夯实应急管理基础工作。召开西北区域应急管理座谈会，部署了下阶段重点研究的应急工作。

科技与信息化

1. 科技方面

国网西北分部承担国家电网公司总部管理科技项目共5项。其中国家电网公司总部管理验收的牵头项目3项，调增的转移支付项目1项、参与项目1项。3项总部管理验收的牵头项目及完成情况为：

（1）750kV电气主设备故障原因分析及预防措施研究。5月29日，国家电网公司科技部已组织专家在西安对该项目进行了验收。

（2）750kV同塔双回检修作业实用技术研究。11月12日，国家电网公司科技部已组织专家在西安对该项目进行了验收。

（3）750kV敞开式变电站低噪声关键技术方案研究。该项目已完成现场测试，计划2014年验收。

其他两项完成情况为：

（1）青藏直流投产后西藏电网安全稳定问题及对策研究项目，已于年底完成。

（2）大电网稳定基础理论研究项目为结转项目，年底已配合完成中国电科院项目研发的全部工作。

国网西北分部管理新开科技项目2项，分别为“基于扰动试验的酒泉千万千瓦级风电基地系统特性研究”和“UPFC（统一潮流控制器）在西北与新疆联网输电通道的应用研究”，已完成项目研究的相关内容，按计划项目于2014年验收。

结转项目9项，均已完成项目验收，获得专利1项。具体项目如下：

（1）750kV输电线路复合横担工程应用可行性研究，主要内容是复合材料在750kV输电杆塔中的应用。

（2）西北750kV电网谐波分布特性分析及对青藏直流工程的影响研究。

（3）超特高压输电线路耐张复合绝缘子研制。

（4）西北电网安全运行辅助决策系统研究与设计。

（5）电力供需平衡指标体系及定量分析研究。随着西北外送规模的扩大，以及影响电力电量平衡不确定性因素的增多，现有工作内容和方法需要调整。课题主要研究：电力供需平衡工作内容及工作目标研究；现有指标体系分析研究；对指标体系进行重构（含发电侧一次能源供给、电源结构、发电效益、发电及用电侧经济效益等等各项指标）；用建立的指标体系进行实际预测分析并检验效果。

（6）复合光缆架空地线（OPGW）接线方式优化研究。

（7）西北送端市场交易机制与联络线调度模式研究。随着青藏联网以及青海“十二五”期间严重缺电局面的形成，西北送端市场交易机制需要创新。为此，课题主要研究：当前电网环境研究（主要研究青藏联网及各断面、各通道对交易的影响）；当前市场环境研究（考虑青海缺电、省内用电与跨区外送协调、丰枯期不同需求、发电企业固定价格等因素对交易的影响）；西北送端交易机制研究；跨区跨省联络线电量计划编制和调度模式研究。

（8）800kV组合电器局部放电在线监测应用技术研究。

（9）输变电设备状态监测代理装置（CMA）的研究开发。

2. 信息化方面

信息安全管控水平再上新台阶。结合国家电网公司安全大检查、信息安全治理提升专项活动和落实国家能源局信息安全检查等重点工作，完成4个方向43项工作任务，通过信息安全专项治理，强化隐患缺陷闭环控制和维保厂商管理，建立技术联络会机制，开展应急演练，加强特殊时期安全保障，全年信息系统运行安全稳定。

加强信息调度能力建设，强化巡检执行效率。通过检修平衡会制度，加强检修的全过程管理，对检修计划的制定、上报严格把关。组织召开检修平衡会12次，调度执行各级信息检修197次，其中147次一级系统计划检修与50次二级系统计划检修，累计耗时700h以上，检修合格率保持100%；细化巡检步骤和告警等级，执行信息系统各级巡检11 100余次；严格遵守故障处理流程，调度处理信息系统各级别告警262起，确保系统安全稳定运行。

强化应急管理工作，开展实战性的信息系统应急演练。组织开展信息系统应急预案修编与演练专项工作，总计修编预案56个，开展多岗位联合实战性应急演练15次，覆盖数据中心核心网络、重点应用、核心数据库、灾备复制等系统。通过实战性演练，发现了PMS配置、财务管控HA切换、核心数据库数据源配置、IMS展示页面连接超时、应急管理系统数据库连接超时等5个重大缺陷，根据演练结果及时制定整改计划并予以消缺。

积极开展技术攻关工作，解决安全运行中的重大问题。针对信息系统安全运行、应急演练中发现的重大问题，及时组织技术骨干人员开展创新与攻关工作，通过下发桌面终端管理系统协议防火墙、本地安全组策略、黑洞路由等组合安全策略，杜绝了桌面终端非法外联、私自修改IP地址的行为。对数据中心和生产中心网络系统、各边界防火墙配置进行多次优化，消除了局域网波动隐患，解决了数据库灾备复制多次异常中断的重大问题。

优质服务 优质服务水平进一步提高。强化电力交易合规和内部监督。执行电力交易与市场秩序分析评价制度，定期开展内部分析、评价和整改落实等工作。在电量安排、开机方式、启停调用、辅助服务等方面公平对待市场主体，保证“三公”调度交易，促进电力交易全过程合规管理。提升电力市场服务水平。加强与发电企业及政府部门的沟通联系，及时了解市场服务新需求。运用新兴技术手段，提升信息发布的及时性和有效性。应用电力交易平台信息发布功能，整合各单位信息资源，建立统一的信息发布管理机制，努力提供更加优质的信息服务。

跨地区消纳新能源总量创新高。推进新能源跨地区大范围消纳，为新能源发展创造了有利条件，全年跨地区消纳新能源电量39亿kWh，同比增长85倍，节约标准煤136万t。

在国家电网公司系统首次建立中长期合约交易机制。在完成西北送华中、华东集中交易送端组织工作的基础上，将集中交易方式引入山东直流交易组织过程中。

党的建设和精神文明建设 深入开展党的群众路线教育实践活动。严格按照国家电网公司统一部署和活动方案，以为民务实清廉为主题，以党员领导干部为重点，按照“照镜子、正衣冠、洗洗澡、治治病”的总要求，贯彻落实中央八项规定和公司党组实施细则，通过组织学习、征求意见、谈心谈话、查摆“四风”问题、剖析检查、边查边改、撰写对照检查材料、开展批评和自我批评、整改落实、“回头看”等一系列动作和实招，扎实推动了教育实践活动。

完善党组织建设，加强党员教育。根据干部员工岗位变动情况，及时调整完善了机关党委和党支部等机构人员组成。“七一”前夕，开展了“学党章、温誓词”活动。深入创建学习型党组织，四季度启动开展了支部书记讲党课活动；开展了全员读书学习活动，推荐了48册优秀图书，许多员工还主动提交了理论研讨论文。

加强党风廉政建设。年初组织各处室负责人签订了党风廉政建设工作责任书。印发了《反腐倡廉及作风建设制度规定汇编》；举办了网络知识竞赛、理论征文等活动，共收到论文104篇；节假日前发布廉政警示短信，全年编发24期《反腐倡廉半月读》。组织召开2次协同监督工作会议，开展了落实中央八项规定和国网公司党组1号文监督检查工作。开展了会员卡专项清退活动。

加强学习宣传和思想政治工作，统一思想，维护稳定。全年共组织了12次集中学习，重点学习了中央及国家电网公司重要会议、重要文件及主要领导讲话精神。每月安排各处室政治理论学习，同步发布学习资料。精心设计制作了6期共50块宣传展板。

上半年开展了员工思想动态调研及合理化建议征集活动，汇总梳理出12条意见建议；下半年通过教育实践活动征集汇总群众意见23条，均已协调有关处室予以办理或答复。

深化职工民主管理。组织召开了国网西北分部（西北电网有限公司）二届三次职代会。审议通过了总经理工作报告、职代会工作报告等文件，形成了5项决议，协调职工代表提案落实。

组织开展各类主题活动。组织全体员工参加了“中国梦·国网情”知识竞赛答题活动。组织团员青年开展了春季义务植树活动。组织干部员工赴爱国主义教育基地开展革命教育活动。组织党员和入党积极分子赴陕西扶眉战役纪念馆，开展纪念建党92周年活动。举办了协同办公知识竞赛、“弘扬雷锋精神、改进工作作风”理论研讨征文活动。组织参加“国网好声音”职工歌手大赛。开展职工系列健身活动。开展“夏送清凉、冬送温暖”系列慰问活动，彰显人文关怀。

精心组织国家电网公司十大书法美术摄影家深入新疆二通道、玉树联网工程一线创作实践暨慰问演出，组织16名优秀职工作家和摄影家深入新疆与西北联网二通道各施工现场进行文化采风，编辑出版了报告文学集《丝路阳光》和摄影集《丝路飞虹》，弘扬了公司“努力超越、追求卓越”的企业精神。

主要事件

1月16日上午，国家电网公司西北分部、西北电网有限公司第二届职工代表大会第三次会议暨2013年工作会议隆重召开。

2月14日，春节期间，新疆与西北主网联网第二通道工程指挥部率全线4000余名建设者坚守施工一线不间断作业。中央电视台派出18人的直播报道组，专题进行了跟踪采访。在当晚新闻联播节目《新春走基层》栏目播出。

4月2日，国网西北分部召开干部任免宣布大会。国家电网公司总经理助理陈晓林任国家电网公司西北分部主任、党组书记，西北电网公司执行董事、总经理、党组书记；免去喻新强的国家电网公司西北分部主任、党组书记，西北电网公司执行董事、总经理、党组书记职务。

4月20日8：02，四川雅安发生7.0级地震，陕西、甘肃陇南等地区均有震感，西安城区震感强烈。

5月9日，新疆与西北主网联网750kV第二通道工程全线贯通，为工程上半年竣工投运奠定了基础。

5月24日，国家电网公司组织专家对新疆与西北主网联网第二通道工程新技术、新材料工程应用项目进行了专题评审验收。

6月6日，玉树电网与国家电网330kV联网工程投入试运行。工程结束了玉树电网孤网运行的历史，从根本上解决了玉树地区电力短缺的问题。

6月27日，新疆与西北主网联网第二通道工程举行竣工投运仪式。

7月5日，国网西北分部召开党的群众路线教育实践活动党员大会。

7月11日，国网西北分部捐助建设的“爱心食堂”在甘肃省敦煌市黄渠乡中学落成，该校1100名学生因此受益。

8月16日，受高温天气影响，陕西电网负荷达1612万kW，创历史新高，受其带动，西北五省（区）电网负荷达到6521万kW，创历史新高。

9月11日，历时3个月的西北电网2013年迎峰度夏工作圆满完成。迎峰度夏6～8月期间，西北全网日均用电量增长率分别达到21.61%、27.60%、20.89%。风电、光伏最大出力分别达到733万kW和289万kW，均创历史新高。

9月29日，±800kV天山换流站站系统调试工作顺利完成，其中天山换流站750kV联络变及500kV交流场的启动调试工作由国家电网西北电力调控分中心负责。

10月14～16日，国网西北分部圆满完成西北电网主备调切换演练。设在兰州的西北调控分中心备调完成值守48h的任务。

10月26日00：00，随着德宝直流功率从西北受入100万kW调整至送出40万kW，西北电网圆满完成2013年四川水电消纳任务。自6月5日德宝直流进入西北受电方式以来，西北电网成功接纳四川富余水电35.59亿kWh，充分发挥了区域电网互联优势，实现了清洁能源跨区优化配置，节能减排效益显著。

11月14日，西北电网举行2013年迎峰过冬联合反事故演习。西北电监局及国网陕西、宁夏、青海、甘肃、新疆、西藏电力公司相关负责人在现场及分会场观摩演习。

12月19日，国网西北分部牵头青海省调、西藏区调、中国电科院等单位顺利完成了柴拉直流大负荷试验。试验期间，柴拉直流双极功率首次突破200MW，最大达到210MW，各项测试任务均顺利完成，为后续柴拉直流大功率运行积累宝贵数据和经验。

12月23日，受陕西连日来的降温和雾霾天气影响，陕西电网用电负荷和日用电量分别达到1682万kW、34 186万kWh的历史新高，同时也带动西北电网用电负荷创历史新高，达到6865万kW。

【西北电网有限公司】

见国家电网公司西北分部。

【国网陕西省电力公司】

企业概况 国网陕西省电力公司（简称陕西公司）是国家电网公司的全资子公司，是陕西省电力建设、输送、销售的独立法人，是全省电网规划、建设和运营的公用事业企业，承担着为陕西经济社会发展和城乡广大电力客户提供安全可靠电力供应的重要职责。2013年公司内设24个部门，辖有直属单位22个，管辖县级供电企业28个，2013年售电量834.45亿kWh。

截至年底，陕西公司拥有职工2.33万人，资产总额495亿元。陕西电网总装机容量2230万kW，电力外送能力771万kW，电网最大负荷1651万kW；境内110kV以上变电站481座、容量6947万kVA、线路269 96km，其中750kV变电站5座、容量1470万kVA、线路1687km。

领导班子

总经理、党组副书记：吕春泉

党组书记、副总经理：潘玉明

副总经理、党组成员：邬捷龙、王成文

党组成员、工会主席：王向红

党组成员、纪检组长：刘文洪

副总经理、党组成员：何晓英、许子智

党组成员、副总经理、西安公司总经理、党委副书记：罗检仔

总会计师：曹海东

总工程师：周军义

组织机构 截至年底，陕西公司本部内部设置24个部门，分别是办公室、发展策划部、财务资产部、安全监察质量部、运维检修部、营销部、农电工作部、科技信息部（智能电网办公室）、建设部、物资部（招投标管理中心）、对外联络部（品牌建设中心）、审计部、经济法律部（体改办）、人力资源部（社保中心）、离退休工作部、后勤工作部、思想政治工作部（直属党委办公室、团委）、监察部（纪检组办公室）、电力调度控制中心、运营监测（控）中心、电力交易中心、工会、企协分会、公安保卫部。

电网概况 陕西电网位于西北电网最东部，是西北电网的重要组成部分，是一个水火并济、以火电为主的电网，陕西电网最高电压等级为750kV。750kV电网宝鸡—渭南—延安—榆林的L形主网架已经形成，对关中和陕北电网起到重要支撑作用；330kV电网东起华阴，西至宝鸡，北至府谷，南到安康，覆盖全省10个地市，在关中继续环网运行。省际间有两回750kV线路和四回330kV线路与甘肃电网相联，分别为乾县—平凉双回、宝鸡—秦安、宝鸡—天水、宝鸡—眉岘、桃曲—丰乐各一回。

陕西电网已形成3个外送输电通道，即陕西关中东部罗敷（信义）—灵宝直流背靠背工程、关中西部宝鸡—德阳±500kV直流输电工程，实现与华中电网联网；陕北神木—忻州双回和庙沟门—忻州一回500kV交流线路，实现陕北“点对网”向华北地区送电，外送规模总计771万kW。

陕西电网全年发电总装机容量2230万kW（不含点对网外送容量），其中：水电251.46万kW，占11%；火电1913.34万kW，占85.78%；风电59.2万kW，占2.65%；太阳能6.32万kW，占2.65%。其中，统调电网装机容量2186.95万kW，占98%。

公司直属750kV送电线路15条，1687km；500kV送电线路3条，270.62km；330kV送电线路177条，8150km；110kV线路940条，16 121km；35kV线路386条，4633km；±800kV直流线路1条，167km；±660kV直流线路1条，307km、±500kV直流线路1条，294km。拥有750kV变电站5座，变电容量1470万kVA；330kV变电站50座，变电容量2733万kVA；110kV变电站430座，变电容量2902万kVA；35kV变电站170座，变电容量176万kVA；500kV换流站1座，换流容量351.12万kW。

人力资源 陕西公司认真开展“回头看”，公司领导带队督导调研，专业部门开展专项调研，选派本部12位副主任到基层驻点调研，整理形成19万余字的调研报告，回收“三集五大”调研问卷1.38万份，系统梳理整改87项问题，形成了40项最佳实践，巩固了新体系构建成果。

将内部市场建设工作与劳动定员管理、“三集五大”体系建设、规范社会化用工、建立健全规章标准四项工作相结合，积极盘活人力资源存量，市场化配置人员共计355人，其中：岗位竞聘98人，临时借用158人，挂职挂岗锻炼6人，组织调配93人。提升人员配置效率。对具有财务类专业本科以上学历68名优秀人员开展统一考试，为提升优化财务人员配置储备专业人才。指导汉中公司建立“交流锻炼人员储备库”，分层分专业采取遴选和自愿的形式，选拔56名高技能人才作为市场配置后备人才重点培养。

整合公司层面规划评审、信息通信机构及业务，完成了信通公司与信息公司、经研院与规划评审中心

的合并重组和人员调整。精心编制公司机构设置和人员配置方案，与国家电网公司密切沟通、反复对接，公司的差异化问题和困难得到了总部的充分理解与支持，实现了批复方案整体最优。

首次以资格审查、素质评价、综合笔试、结构性面试、人才考察等形式，多维度开展优秀专家人才遴选，累计完成公司、地市级专家考试考察 544 人次，遴选公司级优秀专家人才 48 位、地市公司级优秀专家人才 81 位。组织开展营销稽查监控业务技能竞赛等技能竞赛 4 项、专业普调考 16 项，共计 7399 人次，以考促学，不断提高人员素质。

电网建设与发展 积极推进战略合作，与西安国际港务区签订战略合作协议，共同促进园区电网规划建设。积极构建与陕西地电公司协调合作机制。加强电网规划，完成地市电网规划落地集中工作，编制完成公司 2013～2020 年配电网滚动规划，西咸新区、三星工业园等园区专项规划编制有序推进。积极应对国家审批权限下放等政策变化，健全属地协调机制，750kV 西安南等 18 项 330kV 及以上项目获得核准，44 项 110kV 电网项目获得核准，实现 110kV 新开工项目提前一年核准的目标。加快电网建设，±800kV 哈郑线（陕西段）、750kV 榆横电厂送出、330kV 西宝客专供电工程等 6 项 330kV 及以上工程建成投运。750kV 西安南输变电、天宝线，330kV 旬阳输变电工程等 6 项 330kV 及以上工程按期开工。2010～2012 年农网改造升级工程通过省发展改革委验收，2013 年农网改造升级工程超额完成里程碑计划。330kV 户县变电站工程荣获中国电力行业优质工程奖，750kV 天宝线工程荣获国网安全管理流动红旗，110kV 汉中机场变电站工程荣获国家电网公司西北区域安全管理流动红旗。

关中地区首个风电项目建成并网。国电龙源电力凤县风电发电项目为关中地区首个风力发电项目，规划容量为 20 万 kW，一至三期共 15 万 kW，已列入国家第三批核准计划。一、二期工程于 2013 年 6 月开工建设，共安装 66 台单机容量为 0.15 万 kW 风电机组，年上网电量为 23 824 万 kWh，配置 100MVA 升压变压器一台。

经营管理 陕西公司努力挖潜增效、增收节支。建成精益化投资管控平台。开展营业普查、趸售检查和营销稽查，堵漏增收 1.36 亿元。努力争取电力交易份额，跨区外送电量 52.67 亿 kWh，外购四川水电 21.23 亿 kWh。争取国家电网公司低成本资金支持和外部贷款利率优惠，全年节约资金成本 0.98 亿元。出台电气化铁路还贷标杆电价政策，落实电力需求侧资金 1.67 亿元。抓住榆林电网电价调整机遇，解决公司多年未解决的问题，增加公司收益。西安、渭南、商洛等地市公司分别实现政策争取新突破。加强高损馈路线损治理，分台区线损管理比例达到 97%。累计推广应用智能电能表 124.5 万只，接入用电采集系统 134.86 万户。实现 35kV 及以上建设项目设计、施工、监理招标采购上电子商务平台。开展盘活利库工作，总体库存水平降低 68.14%。持续加强依法治企，配合完成国家审计署西电东送工程审计和国家电网依法治企综合专项检查。

安全生产 陕西公司系统全年未发生人身、质量、交通、火灾、信息安全事件。公司各类安全事件明显下降，未发生 1～4 级人身、电网、设备安全事件，未发生信息和交通安全事件，5～8 级安全事件同比下降 17.2% 。全力应对强降雨、雾霾等自然灾害和恶劣天气，努力克服水库来水偏少、部分主网断面稳定受限等不利因素，全过程加强电网安全管控，在电网建设检修、无人值守改造任务十分繁重的情况下，确保了电网安全稳定运行，圆满完成节日和重大活动保电任务。全力组织抗灾，支援四川芦山大川镇受损电网恢复重建，及时恢复延安百年不遇洪灾和榆林“8·4”飓风等受损电网，得到了政府和社会各界好评。不断深化安全大检查，开展隐患中期评估和再排查，累计排查隐患 32 032 条，治理隐患27 629 条，治理率 86.25%。开展 110kV 及以上变电站二次设备图实相符核查，核查图纸 11.3 万余张，核查率 83.6%。开展两轮变电站精益化运维查评，实施输电通道综合治理，在国家电网公司系统首次开展直流站阀塔电极清洁检修。建成 36 个市县应急指挥中心，与河南、四川等 4 个周边省公司、省内 13 个单位建立应急联动机制。积极推进科技创新，建成“国网接地工程技术实验室”，获得中国电力科技奖、国家电网公司和陕西省科技进步奖 21 项，其中“农村智能配电网营配调管理模式优化关键技术研究与示范工程建设”获得省科技进步一等奖。

营销工作 陕西公司全年完成售电量 834.45 亿 kWh，同比增长 6.03%；完成跨省区交易电量 73.9 亿 kWh。新增客户 34 万户，新增容量 1060 万 kVA；应收电费 509.33 亿元，同比增长 7.06%，应收电费余额 5078.44 万元，应收电费余额比重降低 0.36 个百分点；售电到户均价 610.38 元/MWh；完成电能替代电量 2.86 亿 kWh；安装智能电表 88.4 万只，累计实现了 124.5 万只智能电能表推广应用，采集成功率 99.64%；供电服务承诺兑现率 100%；“农村智能配电网营配调管理模式优化关键技术研究与示范工程建设”获陕西省科技进步一等奖，“农村低电压综合治理技术研究与应用”获国家电网公司科技进步特别奖；2013 年农网改造工程超额完成里程碑计划，2 项工程获国家电网“农网百佳工程”称号；陈仓、兴平分公司取得“国家电网公司一流县供电企业”重新命名；商洛古城供电所荣获“中国最美供电所”荣誉称号；农电工宁启水被评为商洛市道德模范，被中央电视台、人民日报誉为“铁腿电工”；农电工年度人均薪酬收入增长20%。

建成省级95598呼叫平台，加强地市95598热线运营管理，95598人工接通率由51.9%提升到88.2%，有效降低了客户越级投诉。克服缺乏省级坐席集中运营经验的困难，于9月14日首批顺利实现95598五项业务向国家电网公司集中。积极构建主动服务工作机制，确保五项业务集中后投诉数量保持较低水平。建立定期信息传递和分析通报机制，完善督导检查机制，95598主要运营指标和热线服务能力快速提升，达到国家电网公司系统中上游水平。

“大营销”全面建设磨合运作。严格按照方案扎实落实大营销建设，高标准通过国家电网公司验收。加快推进“大营销”体系建设完善提升工作，逐级贯彻“大营销”体系建设新方案，按时完成了省地两级实施方案编审和22项核心业务流程优化。加快计量业务集中，做好“四线一库”建设准备，计量生产调度平台在国网第二批推广单位中首个上线。省级“两个中心”业务顺畅开展，省计量中心实现计量器具集中检定、集中仓储、统一配送、统一监督的一体化管理，省供电服务中心有效支撑营销业务开展。深化营销业务集中在线稽查监控，开展全过程、全方位集中在线监控与稽查，提升营销执行力。

农电工作 陕西公司全年农电安全形势平稳，安全生产运行目标实现；农网低压线损率累计完成9.29%，同比降低1.45个百分点；电费回收率完成100%；农网综合电压合格率累计完成98.583%，同比提高0.192个百分点；农网供电可靠率（RS1）累计完成99.868%，同比提高0.122个百分点；农村供电服务承诺兑现率100%；未发生有严重负面影响的供电服务事件。

组织开展“反违章、防人身”活动，强化农电现场违章整治，全年排查各类隐患2316条。加大农网工程和农电生产安全检查，深化推进“零缺陷”台区创建活动，全年创建治理555个。农电应急处置能力显著提升，特别是延安地区遭遇百年一遇大范围持续强降雨，引发的山洪、泥石流、塌方等对电网设施造成严重损害，公司克服持续下雨、抢修现场多、地理环境复杂等重重困难，第一时间完成农网受损抢修恢复供电和灾民安置点供电保障工作，受到了延安市委、市政府和社会各界的一致好评。统筹安排农网技改和农网升级改造工程项目，集中开展了686台重载配电变压器轮换以及304台配电变压器分网工作，动员动力用电客户错峰、避峰用电，执行省公司、供电局、县局、供电所农电“四级”值班，圆满完成“春节”“两会”以及抗旱保供电期间的农网供电保障工作。

严格执行施工工艺标准、严把工程质量关，近千个农网工程中未发现一条重大质量缺陷，2项工程获国家电网公司“农网百佳工程”称号，工程质量优良率达到99%。全面推进工程建设依法管理，深入开展了农网工程“三乱”清理、“百问排查”活动和农网工程资金使用及管理情况专项检查，为服务“三农”打下良好的电网基础。积极配合地方政府陕南移民搬迁集中安置点电力配套设施建设，完成商洛、安康、汉中三地市安置点电力配套项目的全面对接。

陕西公司承担的“农村低电压综合治理技术研究与应用”项目被评为国家电网公司2013年科技进步“特别奖”；宝鸡陈仓分局的“农村‘低电压’综合治理关键技术研究及示范应用”“电能质量监控与辅助管理决策支持平台建设研究及应用”项目和西安蓝田分局“配变分接开关管理”项目分别获得国家电网公司2013年科技进步三等奖。

科技与信息化 陕西公司全年科技投入3893万元，完成率100%。获8项国家电网公司科技进步奖，2项国家电网公司专利奖，6项中国电力科技奖，将取得7项陕西省科技奖。申请国际专利1项，专利申请100项，专利授权90项。330kV及以上电网建设项目计划完成环评项目12项，环评完成率100%；110kV电网建设项目计划完成环评项目49项，完成信息化建设投资14 696万元，工程项目75项。完成通信网建设投资6341.7万元，工程项目63项。全年未发生六级以上信息事件，信息通信系统运行保持安全平稳，保护、安控、调度电话等通信核心业务保障率均为100%。

科技成果推广应用成效显著。“配电自动化的系统测试技术研究”成果在国际上首次实现了配电自动化系统的现场测试，用于北京、上海等33个城市配电自动化试点项目的工程验收和实用化验收，并被中国电科院、北京公司等单位引进，成效显著，获得国家电网公司高度评价。具有独立自主知识产权的“配电自动化系统测试技术”，已按《国家电网科技部关于面向公司系统公开征集新技术的通知》（科研〔2013〕82号）文件要求，完成了新技术推广项目的申报。

环保工作进一步细化和规范，为实现全过程环保管理奠定了坚实基础。建立环保工作机制、采取多种措施协调解决环保问题；积极沟通联系省环保厅、省水土保持局，输变电工程环保验收工作克服各种困难向前推进，水保验收工作按照新的审批程序全面启动。

开展“三集五大”建设通信保障，提升通信支撑保障能力。完成变电站无人值守改造及“大运行”“大检修”“大营销”等通信系统建设。完成公司“一体化”视频会议系统改造；完成国家电网公司统推TMS系统全覆盖建设和实用化；组织开展信息通信运维人员普考与技能竞赛；建立通信评价考核体系。

在全部完成国家电网公司试点推广建设项目的基础上，智能变电站、电动汽车充电站、配电自动化、输变电在线监测、用电信息采集、新能源发电并网、智能调度系统等方面按规划计划全面展开建设。在西安高新区开通了电动公交专线。完成智能电网规划滚动修订。积极组织开展智能电网专题培训，国家电网公司批复西安高新区智能电网综合建设工程建设方案，公司开展了电动汽车等新领域运营模式研究。智能电网建设向全方位、深入化、实用化发展。

优质服务 积极服务新能源发展，研究制订分布式电源并网服务实施细则等4项制度，配合编制陕北新能源发展规划，累计接入风电59.2万kW、光伏发电6万kW、分布式电源0.89万kW，累计消纳新能源电量8.23亿kWh，替代燃煤27.16万t，减排二氧化碳69.9万t。扎实开展供电服务提升工程，加强95598投诉分析和改进提升，大力拓展缴费渠道，全面推进省级银电联网，积极运用手机在线支付、POS机售电等缴费新手段。农电管理水平持续提升，凤县、洛川分公司被命名为国家电网公司县供电企业标杆单位，贾村等9个供电所被命名为国家电网公司标杆供电所。

党的建设和精神文明建设 陕西公司共产党员服务队建设成果突出。印发国家电网公司《关于深化共产党员服务队建设的实施意见》，采取“两考一评”方式，组织开展服务队竞赛。延安张思德电力服务队获国家电网公司十佳称号，西安共产党员服务队获国家电网公司优秀称号。创新教育载体和培训形式。采取专家辅导、交流研讨、现场体验式教学等形式，举办处级干部集中轮训5期300人、党支部书记轮训3期180人。为进一步做好党员干部特别是领导干部政治理论、党性修养、思想教育等方面的培训，积累了经验。落实中央关于开好民主生活会的新要求，以“深化管理提升，全面建设‘三集五大’体系”为主题，班子成员到联系点参加基层单位民主生活会，取得良好效果。

实施引导青年工程，依托各种载体，在公司各级团组织建立起13个形式各样的团青实体阵地，实现引导青年思想、服务青年成长、助力青年成才三位一体化。创新实施“四步法”循环、打造“三大阵地”、搭建“五彩青春”平台的引导青年特色做法得到了中央企业团工委的高度肯定，并形成典型经验在国家电网系统交流。组织“最具活力团支部”评选展示，涌现出15个优秀的基层一线团支部，在促进基层团组织建设方面起到了很好的示范引领作用。1名员工当选团的全国十七大代表，微电影《秦巴父子》荣获国家电网公司展评二等奖。公司团青系统分获全国荣誉2项，省部级（含国家电网公司）荣誉13项。

积极开展创先争优活动诊断分析，总结推广实践经验。实行《党支部工作一本通》，进一步规范党支部组织生活。印发了实行公开承诺、“三亮三比三评”的若干规定和《基层党委党务公开实施办法》《基层党委党建工作考核办法》等制度规定，初步形成规范的党建工作制度体系。落实中央新时期党员发展“控制规模、提高质量”的工作要求，确定年度党员发展计划298人，压缩35%，实际发展269人，比2012年度减少207人。

细化了80项考核定级标准，完成了382个党支部“调查摸底、分类定级”工作，130个党支部定为A级，144个为B级，总满意率达98%以上，“电网先锋党支部”创建活动不断深化。建立结对帮扶机制，积极开展“整改提高、晋位升级”工作。

深入开展员工思想动态调研。共召开座谈会219次，参与调研总人数9020人，走访职工1175人次，发放问卷8714份。先后建立了维稳工作发现机制、工作例会制度及稳定工作报告制度。制订了安全年活动、“五大”体系建设、党的十八大维稳工作实施方案和稳定风险管控手册，逐项分解稳定指标，制订考核标准。提升优秀企业文化的认同感，多视角把握了员工的思想动态，宣传了公司改革发展思路和政策，增强了思想政治工作的针对性，全力抓好维护稳定工作。

主要事件

4月1日，陕西省国家税务局正式对外发布2012年度陕西省纳税50强单位，陕西公司被评为陕西省2012年度纳税50强。从2004年开始连续被省国家税务局、省地方税务局共同评定为陕西省A级纳税人。

4月15日，陕西省省长娄勤俭主持召开专题会议，专题研究加快陕西省电力发展相关问题，常务副省长江泽林参加。要求加快建设已纳入国家规划的陕北神府、横靖、关中彬长、陕南安康4个“西电东送”煤电基地，加速推进“西电东送”特高压输电通道建设，扩大电力外送规模。同时，提出在榆林等地区研究开展低电价区域改革试点，力争年内取得重大突破；研究省内电源点布局，以全额消纳新能源电力为目标，科学规划协调电源建设和市场需求。

4月16日，陕西首个分布式电源项目正式并网，陕西中天佳阳新能源开发有限公司1000kW屋顶光伏发电项目，以10kV电压等级正式并网发电。

4月26日，陕西公司抗震抢险突击队赴四川芦山支援电网恢复重建。共46人，下设3个抢修小组和1个后勤保障组，配备抢险工程车辆8台，以及发电机、照明及动力电缆、便携式配电箱等应急抢修物资、通信设备31种。

4月30日，陕西省首个太阳能示范村在渭南韩城建成并网，项目位于渭南韩城市龙门镇东白矾村，首期20户村民统一集中联排规划建设，以单相220V电压分户接入，年总用电量约7万kWh。渭南局对东白矾村配电网进行改造，新增100kV安配电变压器1台，移位改造160kV安配电变压器1台，改造10kV线路0.6km、0.4kV线路1.2km，确保满足安全可靠并网需求。项目结合城镇化和新农村建设思路，其供能系统采用一体化设计，主要由分布式光伏发电、太阳能热水、太阳能路灯等组成，设备总投资约150万元。

5月4日，陕西公司完成芦山抗震抢险所有任务。完成大川镇6条10kV，共计56.6km线路的巡视排查，确认隐患缺陷8处，共出动抢险人员260余人次，抢险车辆83台次，运送材料物资8t，行驶里程5120km。更换50kV配电变压器两台，加装变压器油50kg，更换丝具两组，加装低压隔离开关1组，挖杆坑3处，新立12m电杆3基，加固杆根18处，紧固拉线20余处，补打拉线5套，扶正电杆6基，加工横担15根，放紧70铝芯导线30档，4800余m；组装横担20副，更换、加装绝缘子43支。砍伐修剪树木96棵，拆除危急线路运行的废弃线路100m，拆除废旧丝具1组，手绘线路草图4份，涂写杆号165基。

5月11日，陕西省首个家庭光伏发电项目杨凌农业高新技术产业示范区居民夏保国的家庭光伏发电项目并入电网。项目共安装太阳能光伏玻璃板50块，接入电压380V，总功率12kW，预计年发电量1万kWh，发电量单独计量并全部上网送出；自用电量（约2千kWh/年）按照正常用户接入电网并单独计量收费。

5月24日，陕西公司首座110kV户外智能变电站——周原110kV变电站建成投运。周原输变电工程是虢镇变电站异地新建项目。2012年5月正式开工建设，工程总投资6507万元。本期安装5万kVA主变压器2台、110kV出线4回、35kV出线6回、10kV出线16回；远期扩建5万kVA变压器1台、110kV出线2回、10kV出线23回，可满足陈仓地区未来10～15年经济发展用电需求。

6月29日，一期马头滩风电场5万kW机组正式并网发电。该项目一、二期建成后，弥补了关中地区风电开发的空白，每年可提供清洁绿色能源2亿kWh，每年节约标准煤6.88万t，节约发电用水35.31万t。

8月15、16日，陕西统调负荷分别创出夏季新高，先后达到1561万、1566万kW（调度口径负荷先后达1609万、1612万kW），较2012年夏季统调最高负荷1380万kW分别增长13.1%、13.5%；日用电量先后达3.2亿kWh（同比增长12.8%）、3.24亿kWh（同比增长14.1%），连创历史新高。

9月12日，陕西、浙江两省能源局签订加强电力合作的初步协议。依托榆林丰富煤炭资源，规划建设900万kW左右的输浙煤电一体化项目，同步配套建设陕北—浙江±800kV特高压直流输电工程，分别将其纳入两省电力发展规划，并积极促进企业间合作，实现双方经济社会的共同发展。

9月19日，汉中市强降雨造成汉中电网局部故障停电，共停运10kV干线2条、10kV支线4条、10kV配电变压器175台，受影响用户13 000余户。国网汉中公司当日立即启动暴雨三级预警，人员、物资等各项应急措施及时到岗、到位。截至9月21日18时，全部恢复供电。期间，累计出动抢修人员380余人次，抢修车辆46台次。

9月27日，陕西公司建成西北首个输电带电作业实训基地。项目位于陕西公司培训中心咸阳分部实训基地，由110kV和330kV两个电压等级的升压站、一基330kV直线铁塔和部分带电作业工器具组成。

10月24日，330kV咸林（丰塬）变电站首次按照无人值守模式建成投运。站址位于渭南市华县瓜坡镇华县开发区（工业园）境内，占地面积34.52亩，是陕西公司第50座330kV变电站，是陕西电网建设重点项目。

11月6日，宝鸡供电公司一项创新成果获国家专利。“一种SF_6（六氟化硫）压力表、密度继电器校验连接结构”创新项目获国家专利。

（原增光）

【国网甘肃省电力公司】

企业概况 国网甘肃省电力公司（简称甘肃公司）是国家电网公司的全资子公司，以投资、建设、运营甘肃电网为核心业务。本部设24个职能部门，下属单位25个。代管69个县供电公司。2013年末，甘肃电力全资单位职工人数19 374人。

领导班子

2013年1月～2013年9月

总经理、党组副书记：黄强

党组书记、副总经理：张世才

副总经理、党组成员：张建伟

纪检组长、党组成员：张柯

副总经理、党组成员：王永平

副总经理、党组成员：毛光辉

副总经理、总工程师、党组成员：王多
工会主席、党组成员：刘晋军
党组成员、兰州供电公司总经理：周凯
副总经理：李晓辉
总会计师：张治强
2013年9月～2013年12月5日
总经理、党组副书记：黄强
党组书记、副总经理：张世才
副总经理、党组成员：张建伟
纪检组长、党组成员：张柯
副总经理、党组成员：王永平
副总经理、党组成员：毛光辉
副总经理、总工程师、党组成员：王多
党组成员、兰州供电公司总经理：魏琦
工会主席、党组成员：王海涛
副总经理：李晓辉
总会计师：张治强
2013年12月6日～2013年12月31日
总经理、党组副书记：黄强
党组书记、副总经理：张建伟
纪检组长、党组成员：张柯
副总经理、党组成员：王永平
副总经理、党组成员：毛光辉
副总经理、党组成员：王多
党组成员、兰州供电公司总经理：魏琦
工会主席、党组成员：王海涛
副总经理：李晓辉
总会计师：张治强
总工程师：杨列銮

电网概况　甘肃电网地处西北电网地理位置中心，是西北电网功率交换枢纽，通过多条750kV和330kV线路与陕西、宁夏、青海、新疆联网运行，发挥着水火互济、跨省功率交换的重要作用。全年外送电量127.86亿kWh，其中，供华中61.6亿kWh、山东38.4亿kWh、青海27.03亿kWh、四川0.83亿kWh，全年跨省联络线电量交换132.86亿kWh。截至12月底，甘肃电网有750kV变电站7座，主变压器8条，容量15 600MVA；750kV开关站1座；330kV变电站49座，主变压器107台，容量28 020MVA；220kV变电站8座，主变压器22台，容量2850MVA；220kV开关站1座。甘肃电网有750kV线路30条，省内长度5313.879km；330kV线路151条，省内长度8197.95km；220kV线路41条，长度783.01km。

截至12月底，甘肃电网统调（五级调度）装机容量34 963.332MW。其中，水电7599.592MW，火电15 864MW，风电7075.5MW，光伏4333MW，其他机组91.24MW。

人力资源　甘肃公司对所属各单位进行“四好”领导班子考核工作，首次从基层单位选调新提任副处级干部参加本年度考核工作。强化年轻干部的培养，组织优秀青年干部培训班，注重中青年干部跨专业、多岗位双向挂职交流实践锻炼。深化全员绩效管理，强化绩效合约阶段性诊断分析，“网省公司本部全员绩效考核体系实践”创新成果通过国家电网公司评审。以“七个一”活动为载体，深入推进本部效能提升，梳理确定本部关键岗位90个，对关键岗位人员进行交流轮岗。梳理完善《领导干部管理办法》和《领导干部选拔任用管理办法》等32项干部人事管理制度，拓展县供电企业干部成长通道。

完成培训资源整合，组建甘肃公司培训中心。加大现场培训力度，以甘肃电力新实训楼投运为契机，开展技能员工轮训工作。

组织人力资源计划编制和劳动定员测算，制订甘肃公司“三集五大”体系机构设置实施方案，完成机构名称、职责、定员的优化调整，明确机构、职责以及人员配置。通过内部市场实现优化配置1376人，缓解了部分单位和专业超缺员矛盾。全年直管单位招录高校毕业生206人，其中电工类专业181人、研究生学历41人；代管县公司招录高校毕业生184人，其中电工类专业96人、本科及以上学历128人。

电网建设与发展　重点工程建设按计划顺利实施。酒泉300万kW风电二期送出、330kV月牙泉、金昌热电厂送出等110kV及以上49项工程开工建设。新疆与西北联网750kV二通道、330kV天祝、高台、灵台、黄泥湾、皋兰等51项110kV及以上工程投产。投产线路2788km，变电容量682万kVA。核准55项110kV项目，提前储备项目核准8项。新开工项目核准率100%。

5项330kV及以上电网工程纳入省重大项目，酒泉二期300万kW风电送出、兰新二线电气化铁路供电等2项群体重点工程前期工作与可研同步并行开展。酒泉—湖南±800kV特高压直流输电工程取得路条，省级核准支持文件按计划取得。衔接兰州市政规划，兰州新区配电网规划通过甘肃省发展改革委评审。针对电网在地震、洪灾中的损毁情况，开展配电网线路差异化设计调研，完成《配电线路防灾设计指导意见》和《岷县灾后重建规划》，提高电网抗灾能力。落实省和省政府关注的改善民生措施，编制《农村三相动力用电解决方案》，解决无电人口供电问题。组织答复甘肃省“两会”人大、政协代表提案28项，现场办理《加大对渭源县农网改造升级投资力度的建议》提案。

智能电网建设与规划。围绕解决750/330kV电网电磁环网运行、“$N-1$”通过率低、电网转供互供能

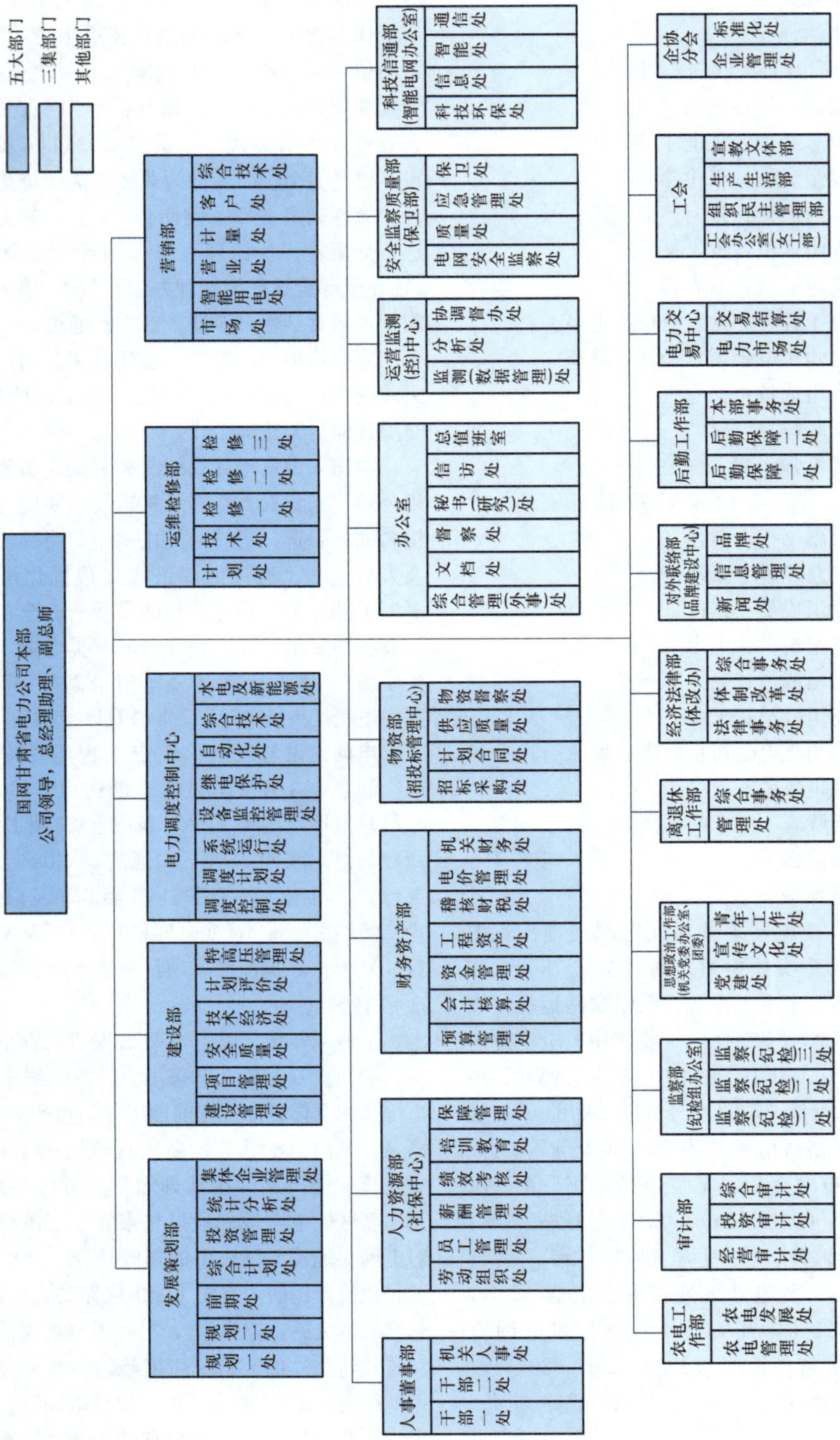

国网甘肃省电力公司2013年本部组织机构图

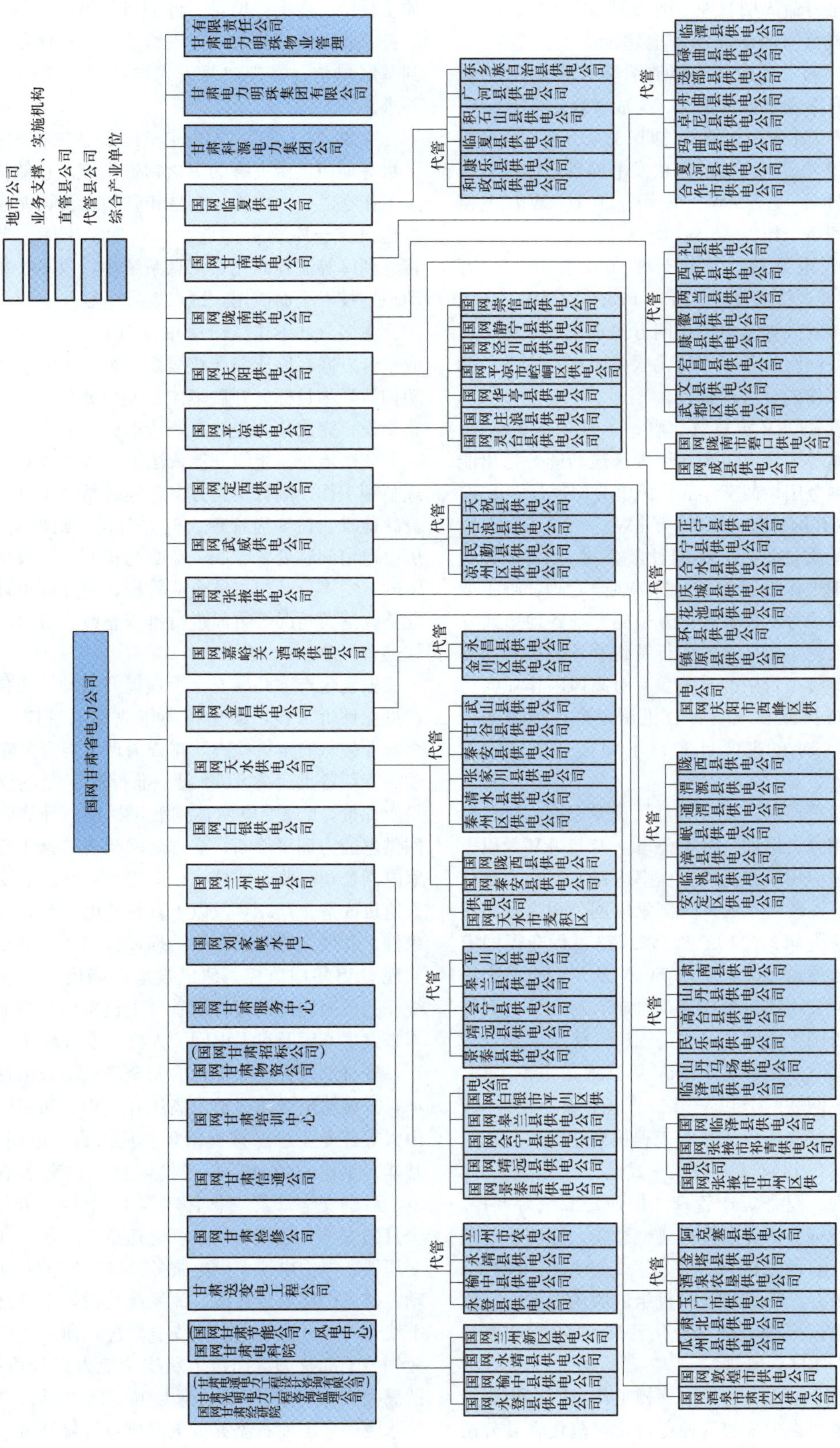

国网甘肃省电力公司2013年组织机构图

力不足等问题，开展主网及配电网规划滚动优化调整工作。完成全寿命周期管理主网架规划方案比选。

编制完成《河西新能源基地建设2013～2015三年实施方案》和《甘肃新能源消纳能力研究》，为新能源规范、有序发展提供依据。完成敦煌100万kW、酒泉肃州100万kW、金昌市二期132万kW、嘉峪关88万kW等9项577万kW光伏发电项目总体接入方案研究以及环县40万kW、华家岭20万kW风电接入系统设计评审工作。

上报光伏电站接入评审计划100项499.95万kW，评审新能源接入设计126项635.7万kW。从区域电源整体接入规划及单项接网方案审查、送出工程复核、电源并网验收等环节简化服务流程，实现新能源接网服务工作的全过程管控。

开工建设330kV黄草营变电站、月牙泉变电站、红沙岗变电站等输变电工程，增强区域新能源送出能力，拓宽消纳范围。截至年底，风电并网容量702.81万kW，光伏并网容量429.84万kW。

基建安全质量管理。编制甘肃公司2013年基建安全质量管理工作策划方案。制订风险管理、脚手架搭设、数码照片等6项管理提升措施。在各地市建立一站一线标准化示范工地，实行基建管理标准和制度在不同电压等级项目中的全覆盖。对高风险作业实行手机短信报告提醒和现场督查机制，重点项目实行“挂牌督查”，对在建项目实行不间断巡查，实时跟踪。

组建甘肃公司基建安全质量管理专家库。对“标准工艺”应用宣贯培训。甘肃公司全年110kV及以上工程标准工艺应用率和优质工程率达到100%。“多分裂导线紧线、调线”工法入选国家电网公司《特高压工程典型工法专辑》，110kV西张线路工程夺得国家电网公司区域质量流动红旗，750kV沙州变电站工程夺得国家电网公司项目管理流动红旗，750kV兰天宝线路工程夺得国家电网公司质量管理流动红旗。

新疆—西北主网联网750kV第二通道重点工程。新疆与西北主网联网750kV第二通道工程、±800kV哈密南—郑州特高压直流线路工程按期建成并分别于2013年6月、2014年1月投入正式运行。

经营管理 财务资产管理。加强资源统筹调控。统筹安排内外资金，资金管理典型经验入围国家电网公司前六名，获西北区域标杆称号。争取电价政策，完成脱硝改造并经环保局验收机组的脱硝电费，完成趸售电价调整。推进财务专业化管理，实现69家县公司财务“一本账”管理。

物资管理。加强采购集中管控工作。所有物资纳入总部和省公司集中采购管控范围，规范代管县公司使用自有资金采购物资的行为。服务类设计、施工、监理项目全部纳入电子商务平台实施集中采购，并延伸至科研、咨询等项目。将110kV及以下物资的现场服务、收发货、出入库等履约职责由省物资公司调整到基层单位，实现“两级采购，三级履约”的工作要求。

完成“4·20”四川雅安抗震救灾、岷县地震、天水等地市洪涝灾害的应急物资供应。仓储信息化试点工作在兰州、白银、金昌和省物资公司龙泉仓库试点建设。仓库物资的验收、入库、出库、盘点、周转、利库等流程固化在信息系统中，PDA、条码等自动识别技术全面应用，试点效果明显。

主多分开工作。19家单位161户集体企业制订完成整合方案，以压缩产权级次，突出主营业务，产业架构清晰为目标。开展集体企业财务预算决算、信息化建设；完成集体企业车辆清理整顿工作。

依法治企。组织开展依法治企专项自查自纠和治理整顿工作，制订实施方案，同时结合审计项目开展督导检查。在工程管理、电力营销、财务资产管理、历史遗留问题处置、职工薪酬与福利、招投标与物资采购、主多分开与集体企业管理、内外部审计检查问题整改落实情况等方面进行排查整改，有效防范了潜在经营风险。

安全生产 开展安全管理提升活动，强化安全生产量化评价考核，细化各类作业现场管控。开展11个专业领域安全大检查，排查治理各类安全隐患5368项。查纠各类违章6150起。推行输变配电设备管理星级评价，6座变电站达到五星标准。开展农村配电网供电能力调研诊断。全省配网状态检修工作通过国家电网公司验收。实施11座220kV及以上变电站无人值班改造，750kV及以下直管变电站具备无人值守条件。开展交通安全专项治理，公司系统机动车全部实现GPS集中监控。建成投运电能质量在线监测系统。完成西北网调与甘肃省调主设备调切换演练。全年未发生6级及以上电网、人身、设备事件。

安排部署为期3个月的安全隐患排查治理专项行动，开展输电线路通道、高压开关柜、防汛防洪、防山火等各专业隐患排查治理。从人身、电网、设备、基建、供电、信息通信、集体企业、交通消防、农电、后勤安全以及应急管理等11个专业开展为期3个月的安全大检查工作，严查违章340起。开展配电变压器、电力电缆、供电服务及电能质量专项监督行动。推进电能质量在线监测系统建设，于9月份正式上线运行；开展农电企业安全状况调研，制订农电企业领导干部及关键岗位人员安全能力提升培训计划；圆满完成“7·22”岷县漳县6.6级地震、“7·25”天水陇南暴洪泥石流灾害电网应急抢修任务。完成西北区域内陕西、青海、宁夏及新疆应急救援协调联动协议签署，建立地市层面的应急联动救援机制。

试点开展线路通道环境治理及防外破属地化管理。开展输电线路直升机航巡作业，实现三维立体巡线模式。建成水电站生产管理信息系统、第二代雷电定位系统、移动作业平台等4个应用系统。开展低压动力用电调研和农村配电网供电能力诊断分析等3项配网精益运维专项工作。兰州公司配电自动化系统、核心城市配电网示范工程分别通过国家电网公司实用化考核收验，不停电作业化提升率达238%。

实施11座220kV及以上变电站智能化改造。消除设备缺陷7856项，开展设备巡检35 486次。组织河西750kV输变电设备状态检修。完成哈郑直流、二通道、黄泥湾等8个输变电工程交接验收和生产准备工作。

营销工作 开拓市场，增供电量16亿kWh。营销同业对标综合排名国家电网公司第12名，成为西北地区标杆单位。95598五项业务集中国家电网公司南中心。"城市十分钟缴费圈""农村村村缴费点"建设进一步畅通缴费渠道，全年电费回收完成100%。深化稽查监控业务应用及营销基础数据整治，完成59个代管县公司营销系统推广上线，一体化交费平台系统上线运行。采集系统建设成效显著，完成52.3万户建设任务，日均采集成功率98.02%，自动抄表核算率95%，在国家电网公司组织的智能电能表质量管控检查中，获得西北地区第二名。智能用电持续推进，节约电量完成41 138万kWh、节约电力4.46万kW。农电营销管理全面延伸，95598覆盖全部代管县公司。通过代管县营销信息系统，对营销业务管理全面延伸，报装、用检、电价电费、优质服务等专业进行管理、指导和监督。

农电工作 编制完成《国网甘肃省电力公司农电诊断分析报告》，从县公司及供电所管理模式、人财物和专业管理等10个方面进行分析，提出53项改进建议，整改率达75.47%。制订"农电专业化管理延伸年"活动方案，各专业部门将农电专业管理纳入各自专业管理体系。组织开展《在代管县供电企业实施专业化管理延伸工作的研究》课题研究。

实施县供电企业管理提升，乡镇供电所管理提升工程（简称"两个提升"）。编制"两个提升"工程实施方案，对县供电企业管理提升13个方面69项指标和供电所管理提升6个方面25项指标进行层层分解，督导各市（州）、县公司按要求全面推进。组织开展乡镇供电所管理问题排查治理。实施"抓两头、带中间"管理帮扶活动，在甘肃公司层面选树5个县公司标杆单位定点帮扶5个管理较差的县公司，同时由各市（州）公司业务部门对所辖至少1个县公司开展专业管理帮扶。组织开展县公司和乡镇供电所同业对标工作，对财务、生产等方面118项指标进行综合实力评价。

农网改造升级工程。年初与各单位签订农网工程里程碑责任书；每月召开农网改造升级工程协调会；完成2010～2012年农网工程项目法人验收。2013年工程项目按计划顺利开展。开展2010～2012年省级整体验收工作。开展农网工程资金使用及管理情况督查工作。开展农网工程涉农收费排查，制订《甘肃省电力公司农网改造升级工程管理"十不准"》；完成三相动力电实施方案修订工作。开展农网工程"百问排查"工作。开展农网优质工程评选工作，2项35kV工程获得"国家电网公司2013年度农网百佳工程"称号。

科技与信息化 开展智能电网技术指标体系研究。首个智能电网大型综合性工程兰州新区建设方案通过国家电网公司评审。建成国家物联网重大应用示范工程智能园区。首批获国家级风电检测分中心牌照，完成31座风电场现场检测。建立电网环保绩效评价体系。

5项成果获国家电网公司科技进步奖，首获国家电网公司科技一等奖和二等奖。1项国家电网实验室、1项省重点实验室和1项省重大专项获批。1个科技攻关团队获国家电网公司命名。专利申请222项，取得授权70项。

承担国家电网10项信息化试点任务。建成运营监测等21个系统。直管县公司信息系统覆盖率100%。数据共享率达到97%。开展信息系统调运检新模式，信息系统可用率、检修合格率均达100%。完成25套信息系统168台设备89TB业务数据搬迁。在西北首家完成数据级灾备演练，成功支撑95598割接。信息系统安全评价进入国家电网公司A段，"安全运行月"典型案例入选国家电网公司信息化报告，信息安全治理提升专项活动成为西北唯一典型示范单位。普考通过率100%，并取得"十八项反措"调考个人第1名的成绩。信息调度、安全专业进入国家电网公司前3名。信息系统应用水平提升10名。

强化通信安全检查，建立覆盖11大类41项要点的安全量化评价体系，构建移动应急体系。完成104个35kV及以上站点光纤化改造，光纤覆盖率达到84%。完成哈郑直流10个站点、大容量29个站点和骨干数据通信网建设。完成一体化会议电视系统104个站点建设，实现省地县全覆盖。

优质服务 消纳清洁能源。加强电力电量平衡分析，准确预测全省电力余缺和清洁能源发电量。开展清洁能源消纳机制研究，优化消纳方案，合理安排发电计划，提高风电发电利用率。高低搭配、风火打捆组织外送电交易。全年组织外送风电19.35亿kWh。

"三公"交易工作。加快推进交易制度建设，制定下发《甘肃电网电力交易工作管理办法》和《甘肃电网电煤奖励电量分配规定（试行）》等，推进购电业务集约化、专业化管理。理顺地方公用电厂管理职责，率先完成413家地方电厂注册，建立地（市）公司、县公司与省公司一体化运作的购电管理体系。开展购电经营决策分析。建立全口径统计、分析工作机制，对交易核心业务和关键指标开展事前预判决策、事中跟踪控制、事后分析反馈的全过程管控。规范购售合同管理。全年累计签订直购发电企业购售电合同231份，签订跨省区交易合同38份。在发电集团内部推进"以大代小"发电权交易，组织高能效大型机组替代低能效的小型机组发电14.68亿kWh，节约标准煤5.3万t，减排二氧化碳13.8万t，减排二氧化硫962t。

95598五项业务集中国家电网公司南中心。针对95598五项业务集中后投诉爆发问题，强化整改措施落实，严格治理投诉。明察暗访全省营业厅服务工作，纠正服务偏差。落实2014年元旦春节保电措施，开展服务风险排查，排查农村供电缺陷。

高危及重要客户安全管理工作。建立634户高危及重要客户的电子档案，"服务、通知、报告、督导"达到100%。开展用电检查专业互查和营销安全大检查，强化报装接电、采集施工现场安全管理，严格执行工作票制度。顺利完成岷县漳县、地震救灾、天水抗洪救灾恢复供电工作，圆满完成神十、兰洽会、伏羲文化节等重要活动保电。

推进智能用电。节约电量完成41 138万kWh、节约电力4.46万kW。编制完成节能服务公司3年规划。编制"十二五"电动汽车发展规划，谋划争取兰州新区发展电动公交车。

农电营销管理。上划县公司全部按照公司直供区模式进行专业化管理，对营销系统数据进行全面核查整改。对代管县营销业务管理全面延伸，报装、用检、电价电费、优质服务等专业进行管理、指导和监督。

党的建设和精神文明建设 推进党建联建机制，组织基层单位与省外兄弟单位结对联建，提高综合管理水平。总结"党旗飘扬"系列活动的经验和成果，组织编印《党建工作标准化丛书》，包括《党务工作简明手册》《党组织生活创新设计优秀案例》《"党课展评"优秀课件》。建立片区活动机制，开展8项片区交流活动，推广应用各单位的好经验、好做法。4支共产党员服务队进入国家电网公司党员服务队百强名单，2支服务队入围前40名；"'党课展评'四维度提升党建工作水平"获国家电网公司管理提升典型经验。企业文化成果"'四力协同'确保企业文化在大营销工作全面落地"获中电联企业文化优秀成果一等奖，"以6S管理促进员工行为规范落地工程"获优秀案例一等奖。青年员工张庆龙获国家电网公司第一届"青年五四奖章"；"青春故事"DV作品《传承》获国家电网公司二等奖。公司系统3人荣获国家电网公司劳动模范称号，2人荣获全国五一巾帼标兵称号，1人获全国五一劳动奖章，4个集体荣获省五一劳动奖状，6人荣获省五一劳动奖章。

主要事件

1月6日，甘肃公司负责编写的国网公司《750kV电力设备交接试验规程》《750kV电气设备预防性试验规程》《电力设备备品备件管理标准》《高压电气设备电晕放电紫外检测技术导则》等技术标准通过审查。

1月9日，甘肃省委、省政府召开舟曲特大山洪泥石流灾后恢复重建总结表彰大会，甘肃公司被命名为"舟曲山洪泥石流灾后恢复重建先进集体"。

2月1日，甘肃公司召开"甘肃省电力公司助推甘肃省经济发展和新能源发展新闻发布会"。

3月，兰州市人民政府国有资产监督管理委员会、永登县人民政府先后致函甘肃省电力公司，分别同意将兰州供电公司代管的兰州市农电公司、永登县农电管理局两家代管县供电企业无偿划转，一次性整体移交公司统一管理。兰州供电公司于3月8日和3月12日分别与两家政府签署了资产整体划转协议。至此，甘肃公司系统69家代管县供电企业已有68家完成上划协议签订工作。

3月，甘肃省检修公司组织检修专业人员，对亚洲最长的GIS设备母线进行消缺。

3月，甘肃省委、省政府印发通知，命名表彰第十一批全省精神文明建设先进单位和先进工作者，公司22家单位和2名个人获得荣誉称号。

3月，甘肃尚慧新能源公司电动汽车产业园项目举行奠基仪式，甘肃省首个新能源汽车生产线启动建设。

4月1日晚23时07分，甘南州气象部门发布玛曲县暴雪预警信号。玛曲县电力公司共出动抢修人员26人，车辆5台，成功消除接地故障2次，在最短时间内恢复正常供电。截至4月2日11时，甘南玛曲电网安全稳定运行，电力供应安全可靠。

4月，甘肃省委召开2013年全省联村联户为民富民行动工作会议，通报了全省双联行动2012年考核评价情况，甘肃公司被评为"全省双联工作优秀单位"。

同月，甘肃省政府以《甘肃省人民政府重大项目建设管理办公室关于印发甘肃省2013年省列重大项目投资计划及工作责任表》（甘政重大〔2013〕1号）

下发了2013年省列重大项目投资计划。甘肃公司5项330kV及以上工程列入重大建设项目计划。

4月16日，西北电网举行2013年跨区跨省交易合同签订仪式，现场签订2013年发电企业直接参与跨区跨省交易的三方合同。

5月9日，新疆与西北主网联网750kV第二通道输变电工程（甘肃段）全线贯通。

6月11日，神舟十号胜利发射，甘肃公司圆满完成保电任务。

6月，甘肃送变电公司诚信电力机具制造有限责任公司研制的SAZ-90×2智能化张力机发往贵州铜仁并正式交付现场使用。

6月27日，新疆与西北主网联网第二通道工程竣工投运仪式，在国家电网公司总部主会场以及新疆哈密南变电站、甘肃沙州变电站、青海鱼卡开关站3个分会场同时举行。

7月8日，陕甘宁新四省（区）电力应急救援协调联动协议签约仪式在甘肃公司举行。

7月22日上午7时45分，定西市岷县、漳县交界处（北纬34.5°，东经104.2°）发生6.6级地震，震源深度20km。地震发生后，甘肃公司高度重视，成立抗震救灾领导小组，组织职能部室负责人前往现场核查受灾情况，抢险人员、车辆、物资准备工作同步进行。

7月23日，甘肃风电发电出力和日发电量再创新高。23日5：00甘肃风电发电出力达到376.6万kW，占当时用电负荷比例达到43.2%，比历史次新高高出13.8%。23日全网风电发电量达到7231万kWh，分别占当日发电量和用电量的20.1%、25.3%。

7月24日，因岷县漳县地震导致供电受影响的6个乡镇、64个村全部恢复电网供电。跳闸的35kV主变压器，5条10kV线路全部恢复正常运行。因灾停电的17 590户用户中，已恢复和保障供电16 387户。

7月24日至25凌晨，陇南八县一区遭受暴雨袭击。截至7月31日18时，甘肃公司共出动抢修人员2904人次，车辆328台次，3座35kV变电站、3条35kV线路、56条10kV线路、1727个变台、180基倒断杆、105基0.4kV线路倒断恢复。

8月，甘肃电网CC2000老EMS系统数据采集专线通道向D5000系统割接工作顺利完成。

8月25日，哈密南—郑州±800kV特高压直流输电线路工程（甘肃段）全线贯通。

同月，根据2013年度国家电网公司科学技术进步奖拟授奖项目公示，公司牵头申报的"河西新能源基地送出及消纳关键技术研究"获二等奖，"750kV输电线路带电作业用绝缘子检测器研制"获三等奖，公司联合申报的"青藏电力联网工程"获特等奖，公司联合申报的"750kV可控并联电抗器关键技术研究、成套设备集成及工程示范"获一等奖，本次获奖是公司成立以来联合申报首次获特等奖，牵头申报首次获两项科技进步二等奖。

10月，公司荣获了由中纪委、中组部、国资委和中华全总联合颁发的全国厂务公开示范单位荣誉称号。

11月，由省发展改革委牵头组织，9家用电企业和6家火力发电企业达成了大用户直购电交易，2013年4季度交易电量0.33亿kWh，2014年交易电量6.8亿kWh，甘肃省电力用户与发电企业直购电试点工作进入具体实施阶段。

11月以来，瓜州、敦煌地区相继刮起了6～7级大风，检修公司酒泉分部所辖敦煌、沙州、瓜州、红柳变电站设备区内黄沙漫漫，能见度不足20m。为确保电网安全稳定运行，该分部立即组织各站当值人员开展迎风特巡，对设备进行全面排查。

同月，中国施工企业管理协会发布2012～2013年优质工程奖，送变电公司参建的青海－西藏±400kV直流联网工程荣获2012～2013年度国家优质工程金奖，送变电公司、监理公司参建的青海西宁—日月山—乌兰—格尔木750kV输变电工程获国家优质工程奖。

同月，甘肃公司推荐上报的刘家峡水电厂"大型发电机定子槽楔防松动技术的研究与应用"荣获第六届甘肃省职工优秀技术创新成果一等奖，检修公司"实施变电站智能化改造推进超高压电网集中运维管理"、武威公司"10kV配网变压器烘干箱的研发与应用"、白银公司"新型绝缘杆试验支架的研制"等3项创新成果荣获第六届甘肃省职工优秀技术创新成果三等奖。

11月，在厦门举办的第九届"中电传媒杯"全国电力行业优秀电视片展评暨2013年度"中国电力新闻奖（电视）作品评选活动中，金昌公司选送的电视新闻作品《国内最大斜单轴跟踪光伏电场在金昌顺利并网发电》喜获新闻类二等奖。刘家峡水电厂选送的微电影《传承》获得三等奖。

12月，第七届中国产学研合作创新大会颁发了"2013年产学研合作创新奖"，甘肃公司风电技术中心荣获第七届中国产学研合作创新奖，成为甘肃省唯一获得该奖项的单位。

（赵艳玲）

【国网青海省电力公司】

企业概况 2013年，国网青海省电力公司（简称青海公司）坚决贯彻国家电网公司党组和青海省委、省政府的决策部署，秉承"四个服务"理念，坚持推动电网发展方式和公司发展方式转变，各项工作取得显著成效。

截至年末，青海电网发电装机总容量为1695万kW，同比增加245.5万kW。其中水电装机容量为1124万kW，占总装机容量的66.31%；火电装机容量为238万kW，占14.04%；新能源装机容量333万kW，占19.65%。全网发电量为588.56亿kWh，同比增长0.21%，其中：水电426.64亿kWh，同比下降6.61%；火电132.91亿kWh，同比增长14.77%；新能源29亿kWh，同比增长97.9%。电网统调电厂发电利用小时数3796h，同比21 215下降8.51%。电网内35kV及以上变电站255座，变电总容量（不含用户）3809.6kVA；输电线路642条，总长21 215km。其中：750kV变电站3座，变电容量1440万kVA；线路总长2717.3km；330kV变电站24座，变电容量1473万kVA，线路总长5147km；110kV变电站106座，变电容量762万kVA，线路总长8516km；综合线损率完成3.46%，与2012年持平。全年完成工业总产值201亿元，实现全员劳动生产率为73.99万元/（人・年），同比增长9.74%，连续20年蝉联全省财政支柱企业称号。

青海电网覆盖全省六州两市，供电面积51.5万km^2，占全省总面积的71.3%；售电量达615亿kWh。摘掉了自2000年厂网分开以来的累计亏损帽子。资产全寿命周期管理体系试点率先建成，科技成果实现历史最好水平，电网保持长周期安全运行。先后荣获“五一”劳动奖状，全省文明单位荣誉。

青海公司所辖22个下属企业，其中供电企业7个，送变电施工、信息通信、科学研究、培训、检修、物质等企业15个，共有员工7305人，公司资产总额307亿元，固定资产净值240.51亿元。

领导班子

总经理、党委副书记：李葛明

党委书记、副总经理：全生明

党委委员、副总经理：李生海、祁太元、韩悌、金炜

党委委员、工会主席：张智民

党委委员、纪委书记：李生

党委委员、西宁公司总经理、党委副书记：赵大光

党委委员、总会计师：高浦

副局级调研员：陈永浩

组织机构 青海公司本部设办公室、发展策划部、人力资源部（社保中心）、财务资产部、安全监察质量部（保卫部）、运维检修部、建设部、营销部（农电工作部）、科技信息部（智能电网办公室）、物资部（招投标管理中心）、审计部、监察部（纪委办公室）、思想政治工作部（机关党委办公室）、后勤部（离退休工作部）、经济法律部（产业部）、对外联络部（新闻中心）、运营监测（控）中心、电力调度控制中心、电力交易中心、工会、国网企协青海分会等部室。

电网概况 青海电网已覆盖西宁市、海东地区以及海南、海北、黄南、海西四个州和果洛、玉树州大部。截至年底，青海电网发电总装机容量1694.9万kW，110kV及以上变电容量3616.4万kVA，110kV及以上输电线路18 396.3km。

“十二五”青海电网750kV骨干网架得到逐步加强，750kV电网与西北主网形成双环网，通过六回750kV联络线与甘肃电网相联，通过一回±400kV直流线路与西藏电网相联，青海电网由西北电网的末端电网变成东联甘肃、西接新疆、南通西藏的西北枢纽电网。省内东部750kV网络形成拉西瓦—西宁—官亭三角环网，并向西部延伸至柴达木地区；330kV与750kV环网运行，网架结构得到进一步加强。

2011～2013年，青海电网共计完成投资217.6亿元，新建110kV及以上线路6027.7km，变电容量1223.2万kVA。解决了2.17万户9.34万无电人口用电问题。

通过“十一五”及“十二五”前三年的电网建设，各级电网联络日趋紧密，青海电网与西北电网的联络进一步加强，供电范围进一步扩大，输变电设备水平进一步改善，配电网供电能力和可靠性进一步提高，电网和电源以及负荷保持了协调发展，输变电设备容载比、利用率趋向合理，基本满足了地区经济的发展。

人力资源 截至年底，青海公司职工人数7305人。其中，长期合同职工7305人，无短期职工。在岗职工7185人，占职工总数的98.36%；不在岗职工120人（其中内退职工41人），占职工总数的1.64%。

公司职工队伍中，研究生及以上学历148人（其中，博士2人），占职工总数的2%；大学本科学历3048人，占职工总数的41.7%；大学专科学历2534人，占职工总数的34.7%；中等职业教育学历1000人，占职工总数的13.7%；高中及以下学历575人，占职工总数的7.9%。高级职称588人，占总数的8%；中级职称1215人，占总数的16.6%；初级职称3727人，占总数的51%。高级技师208人，占总数的2.8%；技师878人，占总数的12%；高级工1836人，占总数的25%；中级工1118人，占总数的15.3%；初级工288人，占总数的3.9%。

青海公司人才当量密度为0.934 9，同比增长0.023 6；公司高技能人才比例为82.029%，同比增长3.194%；公司技师、高级技师占生产技能人员比

例为15.30%，同比增长0.63%。

青海公司全年教育培训投入总额为2237.21万元，培训31 933人次，全员培训率94.09%。

全面建设“三集五大”体系，完成青海公司组织机构、岗位调整和人员调配工作。择优招录高校毕业生286名，电气专业学生比重89.51%，“211”以上院校学生比重32.87%。

青海公司遴选、聘任了16名省公司级专业管理专家、16名省公司级工程技术专家、18名省公司级生产技能专家、14名地市公司级专业管理专家、13名地市公司级工程技术专家、12名地市公司级生产技能专家。经公司推荐和国家电网公司评选，产生了11名国家电网公司级专家。

电网建设与发展　青海电网建设取得重大突破。玉树与青海主网330kV联网工程按期建成，圆满完成新疆与西北主网联网第二通道工程、柴达木变电站扩建工程等建设任务，青海电网“一横三纵”750kV骨干网架初步建成；积极推进玉树灾后重建工作，投资11.82亿元，建成结古、称多等5座110kV变电站和隆宝、巴塘等8座35kV变电站，实现玉树州东部三县110kV联网，落实了省委省政府确定的跨越20年的目标；开展玉树330kV联网工程“高海拔空气间隙、设备外绝缘、安全稳定控制、冻土特性、环境保护”等专题研究，并在工程建设中得到有效应用，成果荣获2013年度青海省科技进步一等奖。

调整完善青海电网2013～2017年电网发展规划和三年配电网规划建设实施方案，完成了西宁市核心区配电网示范工程建设；扩大农网升级改造面，将冷湖、芒崖行委电网并入主网，实现经营区县级区域全部联网；加强县域电网的改造升级，解决了7个边远县域电网与主网联系薄弱、单线单变供电问题。截至年底，青海公司新开工110kV及以上线路663km，变电311万kVA；新投产110kV及以上线路规模900.85km，变电容量520万kVA，全面完成2013年电网建设开工100%、投产100%的目标任务。青藏直流联网工程获得国家优质工程金质奖，西宁—柴达木750kV输变电工程获得国家优质工程奖。

积极推进无电地区电力建设，编制完成全省无电地区电力建设规划，通过最大限度延伸电网，完成9600户3.92万人的通电任务，解决了公司经营区无电地区人口用电问题。

积极服务新能源发展，引导光伏有序发展，并网光伏装机容量107万kW，全省新能源装机容量达到333万kW（其中光伏310万kW，光热1万kW，风电22万kW），得到国家能源局和省委省政府高度评价。

稳步推进标准配送式智能变电站试点及新技术应用工作，依托南朔330kV变电站工程开展基建新技术研究工作，“智能变电站光缆规范化标识研究”和“站用非晶合金变压器工程应用研究”两项新技术研究通过国家电网公司组织的专题验收；依托黑嘴（多巴）110kV变电站、汉东330 kV变电站，试点开展标准配送式智能变电站建设工作，为国家电网公司2014全面实施标准配送式设计建设提供了方向和依据。

经营管理　青海公司努力开拓电力市场，力促青海鑫恒等22家重点项目、100万kW负荷陆续投运；电网最大负荷达到881万kW、日供电量突破2亿kWh，创历史新高。着力优化电网检修安排，减少停电损失4.1亿kWh。灵活调整电力交易策略，优化水库运用，控制购电成本。推动政府出台城市新建房屋供电设施配套费政策。通过配售加价等弥补外购电价差。取得15%企业所得税优惠税率，减免税金1.42亿元。完成库存资源盘活利库，实现库存物资零积压。扎实推进管理提升和管理创新工作，公司本部67项、基层单位505项管理提升措施全部实施完成；8项管理创新成果分获中国企业联合会、中国电力企业联合会和国家电网公司管理创新奖。强化配网线损管理和技术手段提升，10kV线路关口自动化抄表率达到33.89%，有304条配网线路实现自动化抄表；台区关口表自动化抄表率达到70.26%，有9070个台区实现自动化抄表。加快业扩报装办理，全年报装负荷372.82万kVA，投运负荷100万kVA。电费回收连续99个月实现“月结月清”。

全面建设“三集五大”体系，开展了8个重点问题调查研究，编制完成1＋16个操作手册并组织实施，机构调整和人员配置到位；省、市两级运营监测（控）中心全面建成投运。初步建成资产全寿命周期管理体系，编制资产管理体系文件51个，贯通三级业务流程301个，账卡物对应率达到99%，首家通过国家电网公司评价验收。持续推进内部控制体系建设，公司实现了由条块化管理向体系化管理、由多标准多形式管理向统一规范管理的转变，内部控制体系全面进入推广应用阶段。加强人力资源“三定”“三考”，实施全员绩效管理，规范福利管理，初步建立了省、地两级内部人力资源市场。优化资源配置，突出核心业务，集体企业重组整合基本完成。

安全生产　青海公司认真开展安全管理提升活动和“安全日”活动，全面完成了资产全寿命周期管理建设试点任务，推进了“大检修”“大运行”体系完善工作，玉树、青新联网工程提前建成并顺利投产，百万千瓦光伏电站集中并网，深化了安全风险管控工作，圆满完成青洽会、环湖自行车赛事等重大保电任务，确保了电网安全稳定运行。全年没有发生国家电网公司考核的一至四级安全事件，没有发生五级信息系统事件，全面完成国家电网公司下达的安全目标。

全年累计排查电网风险211项，设备缺陷和隐患5310条，完成16个变电站GIS裂纹等家族性缺陷、重大隐患的全过程跟踪整治，整改完成率87.24%。通过开展全面作业风险管控工作，将所有作业工作纳入计划管理，实施计划作业风险管控，减少重复停电26次，发布电网风险预警48项。通过狠抓现场违章检查，检查作业现场6059个，查处违章198人次，达到公司稽查覆盖率86%、各基层单位稽查覆盖率91%，基本杜绝了运检现场一、二类违章现象。

建成青海电网省市县三级应急指挥中心，实现10个地市级和10个县级公司应急指挥中心的互联互通，组织开展了西宁电网等重要区域的停电应急演练，强化灾害预警、设备监控和重要线路巡视，避免了大面积停电事故的发生。组织70人参加了国家电网公司应急培训，选派9人参加了国家电网公司首届应急技能竞赛。组织开展安全生产法律风险防范活动，青海首个电力行政执法机构——西宁市节能和电力监察大队挂牌成立。

营销工作 青海公司深化大客户前期服务，超前介入、主动对接，力促青海鑫恒等22家重点项目100万kW负荷早投快用。主动沟通协调，进一步优化杨乐、康城、阿兰等330kV变电站检修方式，减少客户故障和检修停电损失4.1亿kWh。利用政府扶持政策，提出“一厂一策”应对措施，六家10.55万kW停运负荷恢复运行。青海公司全年售电量完成615.28亿kWh，同比增长12.91%，增幅列国家电网公司第三位，西北地区第二位；节电量完成38 750万kWh，完成年度目标的237.73%；完成节电力7.53万kW，完成年度目标的328.82%。

青海公司持续推进用电信息采集建设，构建了以电科院、计量中心为主体的“省级集中监控、现场限时消缺”采集运维体系，实现用电信息采集全覆盖、全采集建设目标，公、专变客户日均采集成功率提升至98%以上。全面整合营销信息化、自动化资源，建立了以“营销、采集、费控”三大信息系统为核心，以95598短信平台、95598互动网站、一体化交费管理平台、无线掌机操作平台为辅助的费控应用系统；加强向政府部门汇报沟通，取得推行“购电制”管理批复文件；为奠定费控业务推广基础，大力推行离柜交费业务，全公司离柜交费率较年初提高50.3%；实现远程费控客户29.6万户，费控业务全面开展。深化应用用电信息采集建设成果，开展台区线损精细化管理，线损达标台区占比达70%以上。率先通过国家电网公司计量生产调度平台（MDS）实用化验收，并将资产全寿命周期管理理念贯穿到计量设备全过程管理中，实现计量资产账卡物的一致，有效确保了智能电能表管控质量。积极推进“一户一表”改造工程，编制的《2013～2016年户表改造工程规划方案》通过省发展改革委评审，完成11.71万户的改造任务，有效解决了人民群众关心的合表用电突出问题。

农电工作 青海公司全年未发生农电人身、电网和设备事故，安全生产局面稳定。农网供电可靠率99.654 3%，同比提升0.061 5个百分点，农村综合电压合格率98.41%，同比提升0.336个百分点，完成综合线损率8.19%，同比降低0.42个百分点，县供电企业完成售电量27.6亿kWh。开展供电所管理问题排查，逐县、逐所分解专业专项提升指标，加强过程管控，深入基层下乡进所、分片连点、蹲点指导，遴选创建“标杆示范供电所”。累计排查管理问题276个、整改263个，开展“两个提升”工程督导检查127次，发现和处理问题253个，创建“标杆示范供电所”两个。强化农村用电安全管理基础，促请4个县政府出台政策文件，在6个县试点推行共建机制，完成26万户户用漏电保护器排查建档工作。印发《青海省电力公司委托业务管理指导意见》，制订管理关键指标体系。开展供电所基础设施建设，编制《供电所建设维修可研报告》《供电所建设维修规划》《供电营业所典型设计方案》，投资4469万元对19个县营业厅、42个供电所房屋进行维修。加强供电所规范管理，撤销供电所下设营业点22个，成立西宁供电公司客服分中心，规范管理郊区供电所。

科技与信息化 青海公司全年科技创新任务完成率100%，公司信息通信建设任务完成率100%，通信系统保障率100%，信息系统运行率99.86%，未发生信息通信系统安全事件，信息系统深化应用排名进入国家电网公司前10名。

研究开发任务高质量完成。完成由公司牵头承担的国家科技支撑项目“含大型光伏电站的多种能源发电联合运行控制关键技术研究及示范”研究课题的年度研究目标；青海公司承担的“高海拔地区输电线路无人巡检技术的应用研究”经鉴定达到国际领先水平。组织或参与的科技成果荣获国家电网公司科学技术进步奖8项，其中特等奖1项、一等奖2项；“青藏±400kV直流联网工程关键施工技术研究”获2012年度青海省科学技术进步二等奖；“高海拔地区750kV输变电工程关键施工技术研究”获中国电力科学技术奖三等奖。

技术标准和知识产权工作取得成效。公司完成行业技术标准一项，国家电网公司技术标准两项，制定青海省地方技术标准两项，制定公司技术标准22项。公司8名专家被聘为国网标委会专业工作组委员。共申请专利79项（其中发明专利31项），取得专利授权52项（其中发明专利9项），申请海外专利3项。截至年底，公司累计拥有有效专利109项，其中发明专利16项，连续3年实现有效专利拥有量翻番。

电网环保和智能电网工作有序推进。公司完成电网建设项目竣工环保验收20项，其中110kV 17项、330kV 2项、750kV 1项。智能电网建设方面，西宁市核心区配电自动化建设按计划完成了52条线路改造工作，120万户用电信息采集改造工作全面完成，鱼卡750kV智能开关站和三座330kV智能变电站按期建成投运，110kV及以上智能变电站比例达11.68%。

信息通信项目建设全面完成。青海公司结合资产全寿命周期管理体系建设，完成7项业务主题信息系统的开发完善和上线试运行；完成电网地理信息系统的数据采集、平台实施、质量评估和上线试运行工作；按照总部统一部署，完成运营监测（控）系统二期、地市公司95598呼叫平台、下一代互联网关键技术研究与示范工程等总部统一推广实施信息化项目的建设推广部署；完成大容量骨干网、青藏交直流联网进站光缆改造、海南地区2.5G环网升级改造等通信技改大修项目建设。

信息通信安全保障水平切实提高。深入开展“安全大检查”和“信息系统安全治理提升”活动，完成公司信息系统及设备的安全备案工作；组织开展了保密与信息系统安全工作整改及自建信息系统的清理工作；组织进行了信息安全专项督查和信息通信系统深度隐患排查工作，加大了信息安全漏洞扫描及现场督查力度。

信息通信运行管理有效加强。建立了设备缺陷消除、隐患整改和计划检修联动机制，严格控制信息通信系统非计划中断；建立了“日统计、周分析、月评价”的运行机制，有效提高信息通信运行管理水平；组织开展了信息通信联合反事故演习，提高了信息通信应急处置能力。青海公司在国家电网公司信息化标准架构调考中获得第6名，信息通信运维竞赛中获得第13名。

优质服务 青海公司优质服务再上新台阶。积极践行“你用电、我用心”服务理念，以供电服务提升工程为主线，建立重要客户“一口对外”服务机制；真诚处理客户诉求，热点问题和客户投诉同比下降47%。完成户表改造11.7万户。新增18.2万用电信息采集用户，实现信息采集全覆盖；完成29.6万户远程费控业务推广应用，在国家电网公司系统5家试点单位中率先完成年度建设任务。计量生产调度平台首家通过总部实用化验收。拓展95598互动网站缴费方式、新增交通银行等收费机构，全省电费代收点达到3164个，离柜交费率达87.78%，基本建成城镇十分钟交费圈。规范农电委托业务，深入开展两个提升工程，农电管理进一步规范。

青海公司出台《供电服务提升工程实施方案》，着手排查、消除供电服务隐患，供电服务中存在的突出问题得到不断整治，服务水平不断提升。践行承诺、履行义务，公司制订的《“十二五”无电地区电力建设规划》通过省发展改革委评审，全面完成国家电网公司与省政府签订的无电地区电力建设协议配合保障工作。深入开展普遍服务，组织实施的“高原春雨抗旱保春耕”“农牧区用电安全共建机制典型经验推广”等八大供电服务主题活动，得到社会和媒体广泛关注和认可，人民网、新华网、新浪网等多家社会媒体报道转载。全面完成95598五项业务国家电网公司集中管理和系统割接上线工作，95598受理客户反映热点问题同比减少46.03%，客户满意率大幅上升。

党的建设和精神文明建设 青海公司大力弘扬“为民务实清廉”的作风建设，积极营造“活力、快乐、健康”工作氛围，党建工作和精神文明建设实现新进展、取得新成绩。

党委核心作用有效发挥。增强广大员工在“两个转变”中建功立业的积极性和主动性，战胜玉树与青海主网联网、新疆与西北主网联网第二通道工程建设中的种种困难，推动了坚强智能电网建设步伐；“三集五大”体系建设、资产全寿命周期管理体系建设试点等工作取得重要进展，公司管理水平和发展能力进一步提升，圆满完成各项目标任务。

“三个建设”全面加强。梳理党建标准化项目建设成果，加大重点实施项目过程指导，试点推行“党支部工作一本通”。强化共产党员服务队过程管控，两支服务队被评为国家电网公司“优秀共产党员服务队”，公司被评为“十佳组织单位”。深入开展党员“三亮三比三评”活动，细化“我承诺、我负责”措施。

加强干部队伍建设，举办4期科级干部轮训班和2期县公司副职培训班，培训科级干部258人，公司各级各类优秀专家人才达到170名，向国家电网公司推荐优秀专家21名。

建设和弘扬统一的企业文化，学习“中国梦”、认知“国网情”，增强员工责任感。举办两个联网工程建设先进事迹报告会与巡回宣讲，祁萍服务班荣获首届“最美青海人”称号。公司系统29个单位和集体分获省级文明单位、标兵、窗口等称号，西宁公司获“中央企业先进集体”称号。

廉政建设持续强化。坚持“三化三有”、“三严一常”的工作要求，继续保持党风廉政责任制考评优秀单位称号。加大办案工作力度，经济处罚四人，调整岗位一人，始终保持反腐的高压态势。

工会工作成果丰硕。举办第七届职工职业技能大赛，开展“六赛一创”与百日攻坚主题竞赛活动，搭建职工建功立业平台，促进员工成长成才。发挥劳模带动作用，“钱建华创新工作室”“祁萍工作室”被评为国家电网公司“劳模创新工作室示范点”。

和谐企业深入推进。两级党委深化为民服务理念，深入基层一线调研487次，解决员工工作生活中存在的困难及问题967个。针对员工健康状况，实施关爱员工健康项目，开展前期调研咨询，与国内高水平、专业化机构建立合作机制，制定关爱员工健康项目实施方案，对全员进行健康知识培训。开展全员身心健康调查，形成《员工健康调查报告》《员工思想及心理状况调查报告》，准确掌握员工身心健康状况，建立了员工健康档案信息系统。

主要事件

1月7日，在青海省财政工作会议上，青海公司连续19年获得“2012年度青海省财政支柱企业”称号。

1月8日，青海省人民政府授予青海公司“2012年度工业运行先进单位”称号。

1月31日，青海省海南藏族自治州共和县光伏园区配套设施——330kV江明变电站顺利投运，为青海第二座330kV光伏汇集站，是光伏发电送出的重要电力枢纽。

3月13日，由青海公司和中国电力科学研究院完成的“青海电网大规模光伏发电并网规划及运行控制关键技术与应用”科技成果顺利通过青海科学技术厅组织的成果鉴定，并认为该项目成果整体上达到国际领先水平。

3月，2013年农网改造升级和无电地区工程建设启动，该工程投资1.54亿元，惠及22 330户农户。

4月16日，青海、新疆签订2013～2015年《新疆送青海长期电能交易购售电合同》。

4月26日，青海省总工会组织召开“青海省庆五一暨全国五一双奖表彰大会”，青海公司多个集体和个人荣获殊荣：玉树电网灾后重建筹建分公司荣获全国五一劳动奖状；公司副总经理全生明、检修公司西宁输电运检中心带电二班长翁钢、经研院建设管理中心专责李益宁荣获全国五一劳动奖章。

4月，取得2013年企业所得税15%的优惠税率，并减免2012年企业所得税1.42亿元。积极与青海省地方税务局协调，争取到配套设施费执行零税率或免税政策。利用“营改增”税收政策，采取多项措施，加大抵扣力度，做到发票“应抵尽抵”最大限度享受“营改增”税收政策。

5月10日，±400kV青藏直流联网工程获得“2013年度中国电力优质工程奖”。

5月17日，国家电网公司董事、总经理舒印彪与青海省委书记骆惠宁，青海省委副书记、省长郝鹏举行会谈，就深化合作深入交换意见，表示要进一步加快电网建设，满足青海经济社会快速发展对电力的需求。

6月6日，玉树与青海电网主网330kV联网工程投入试运行，彻底结束了玉树电网弧网运行的历史，从根本上解决了玉树地区电力短缺的问题。

6月25日，由青海公司承担的“含大型光伏电站的多种能源发电联合运行控制关键技术研究示范”课题正式启动。这是列入国家科技支撑计划项目——风光小汽多种能源发电联合运行控制关键技术研究及示范中的一项重要课题。

6月27日，新疆与西北主网联网第二通道工程（青海段）竣工投运。

7月5日，青海中控德令哈50MW塔式太阳能热发电站一期10MW工程顺利并入青海电网。此举标志着中国自主研发的太阳能光热发电技术向商业化运行迈出了坚实步伐，填补了中国太阳能光热站并网发电的空白。

7月19日，集计划、检定、仓储、配送等全过程管理为一体的省级计量中心生产调度平台（MDS系统）通过国家电网公司验收，并当日在青海公司正式上线运行，这是全国首个省级计量中心生产调度平台。

8月2日，化隆110kV开关站等10项输变电工程荣获“国家电网公司2013年度输变电优质工程”。

9月10日，兰新电铁330kV供电工程、汉东330kV输变电工程等重点工程开工建设。

9月，在火电降价幅度不足以满足调价资金需求，以及国家发展改革委不同意下调大中型水电上网电价的情况下，争取到青海省政府同意使用已有的0.3分钱电价空间进行疏导的政策，降低青海公司垫付标准，年解决资金为1.58亿元。

10月22日，青海省召开全省精神文明建设表彰大会，青海公司继2007～2009年度之后，再度荣获“省极文明行业”称号。

11月1日，国家电网公司批复青海公司“三集五大”体系建设方案，核定公司定员11 749人（含农电业务定员），省、地（市）、县三级单位共48家。

11月15日，青海公司资产全寿命周期管理体系建设顺利通过国家电网公司评价专家组验收，成为国家电网公司三家试点单位中首家通过验收的公司。

11月22日，青海公司召开干部任免宣布大会，宣布：李葛明任青海公司总经理、党委副书记；全生明任青海公司党委书记、副总经理；免去王宏志青海公司总经理、党委副书记职务。

11月25日，青海—西藏±400kV直流联网工程获得“国家优质工程金质奖”，西宁—日月山—乌兰—格尔木750kV输变电工程获得“国家优质工程奖”。

12月19日，取得青海海东佑宁750kV输变电、青海玛尔挡水电站750kV送出及青海海西750kV开关站扩建等工程“路条”，至此青海公司“十二五”电网规划拟建的29项330kV及以上项目已全部取得国家发展改革委“路条”。

12月19日，国家电网公司党组决定：高浦任青海公司党委委员。

12月25日，“祁萍服务班”荣获“最美青海人”称号。

12月26日，原青海电力物业公司正式更名为“青海电力集体产业管理公司”，标志着青海公司层面集体企业经营平台搭建完成。通过重组整合，完成了对青海万立电气公司、青海万立建设公司、青海三新水电公司和华益建安公司等4家集体企业的股权收购，至此产业管理公司与9家子公司完全建立了产权纽带关系，管理层级压缩至2级，形成了青海公司层面产权清晰、层级精简、管理高效的集体企业管理体系。

12月31日，玉树330kV变电站、鱼卡750kV开关站等30项输变电工程获“国家电网公司2013年度输变电优质工程”。

12月31日，青海省新能源装机累计达到333万kW，连续3年实现青海省委、省政府每年新增100万kW光伏电站并网发电目标。

12月31日，青海全省并网光伏电站达到131座，发电总容量达到了356.8万kW，光伏发电量超过24.6亿kWh，大规模光伏电站并网技术研究获得省部级科技成果和多项专利。

（尹兰英）

【国网宁夏电力公司】

公司概况 国网宁夏电力公司（简称宁夏公司）是国家电网公司全资子公司，属国有特大型能源供应企业，主要从事宁夏回族自治区境内电网的建设、运行、管理和经营，为宁夏经济社会发展和人民生产生活提供电力供应和服务。

截至2013年末，宁夏电网有750kV变电站3座，变电容量7800MVA；330kV变电站23座，变电容量10 060MVA；220kV变电站36座，变电容量13 260MVA。220kV及以上线路196条，长度8304km。其中，750kV线路10条，长度663km；330kV线路69条，长度2704km；220kV线路115条，长度2267km；±660kV直流线路2条，长度2670km。宁夏电网并网总装机容量21 925.03MW，电力外送能力800万kW。其中，火电机组48台，总容量16 924MW；水电机组15台，总容量422.3MW；风电场34座，总容量3017.9MW；光伏电站62座，总容量160.83MW。

2013年，宁夏公司蝉联宁夏回族自治区“百强企业”之首。同时，首次以100分的满分荣膺自治区“百强企业”社会责任评价第一名。荣获自治区政府质量奖，在自治区群众评议作风工作中连续第7年荣获公共服务行业第一名，连续第15次受到自治区政府的表彰。

组织结构 宁夏公司现行的组织结构采用以行政区划设置各级供电企业和以专业化管理设置分公司（机构）相结合的组织模式。公司本部共设置22个职能部室，下辖6个地市级供电公司（国网银川供电公司、国网吴忠供电公司、国网石嘴山供电公司、国网中卫供电公司、国网宁东供电公司、国网固原供电公司）、9个专业化分（子）公司、18个县级供电公司。

领导班子

总经理、党委副书记：张福轩

党委书记、副总经理：刘劲松（2013年12月22日调离）

党委书记、副总经理：赵亮（2013年12月22日调任）

副总经理、党委委员：郭少锋

副总经理、党委委员：房喜

副总经理、党委委员、工会主席：马家斌

副总经理、党委委员：佟卫东

党委委员、纪委书记：靳昶

副总经理、总工程师、党委委员：葛俊

党委委员：马林国

总会计师、党委委员：李英

电网建设 2013年完成电网建设投资35.04亿元，新开工110kV及以上线路1003.32km、变电容量1175.35万kVA，新开工线路长度、变电容量实现了“双过千”（线路长度超过1000km、变电容量超过100万kVA）目标；投产110kV及以上线路900.24km、变电容量615.95万kVA。哈密南—郑州±800kV特高压直流输电工程宁夏段提前建成，沙湖、贺兰山—黄河Ⅱ回、黄河主变压器扩建、贺兰山主变压器扩建4项750kV超高压工程取得国家发展改革委核准并顺利开工，标志着宁夏750kV电网发展取得历史性突破。

服务宁东能源化工基地 围绕宁夏回族自治区建设宁东能源化工基地的战略部署，积极配合，主动融入，助推自治区资源优势向经济优势转化。于2011年2月建成投运的宁东—山东±660kV直流输电工程，累计向山东送电顺利突破800亿kWh，成为中国远距离跨区输电新的里程碑，为推动宁东能源化工基地在国家能源“金三角”版图中率先发展作出积极贡献。为进一步落实自治区能源转化战略部署，扩大宁夏外送电规模，全力推动建设电力外送能力达800万kW的宁夏电力外送第二通道——宁东－浙江±800kV直流输电工程。通过积极协调，在沿线各省份率先取得该工程全部支持性文件。

服务地方城乡发展 加强城市配电网建设和农村电网改造升级，支持自治区“两区”建设、区域中心城市和大县城建设以及各地设施农业、特色种（养）殖产业等一系列重点工程项目。围绕“三农”，开展农网过负荷、低电压台区排查，彻底解决了全区近8000户的“低电压”问题，实现了农网安全生产和供电服务质量的“双提高。”围绕沿黄经济区建设发展和中南部地区扶贫攻坚重点任务，建成投运了一批与“生态移民”“塞上新居”“危房改造”“慈善园区”相配套的供电工程。投资5亿元完成2013年农网改造升级工程，超额完成自治区十项民生计划30件实事中涉电基础设施建设任务。

推动新能源发展 落实国家电网公司和自治区党委、政府决策部署，积极助推宁夏自治区创建全国首个能源综合示范区，及时为区内已建成的新能源发电项目建设配套接入工程，全额收购新能源上网电量并及时足额支付上网电费。新能源发展迅速，风电和光伏装机同比分别增长15.36%和190.62%。收购新能源电量71.2亿kWh，同比增长60.83%。全区新能源实现了全接入、全收购、全消纳，宁夏成为全国仅有的几个对新能源实现全接入、全收购、全消纳的省份。发挥大电网作用，积极开展发电权交易，全年交易电量23.59亿kWh，节约标准煤9.76万t，减少二氧化碳排放25.36万t。

保障电网安全运行 始终坚持“安全第一、预防为主、综合治理”的方针，全面落实习近平总书记“要建立健全安全生产责任体系，党政同责、一岗双责、齐抓共管”的指示要求，持之以恒强化安全基础管理，科学有序安排电网运行方式，为地方经济社会发展和群众生产生活提供可靠电力供应。圆满完成了首届中阿博览会等重大活动及国庆节、古尔邦节、开斋节等重要节日的保电任务。宁夏电网经受住了1126万kW历史最高用电负荷考验，截至年底，宁夏电网实现长周期的安全运行4960天。

主要事件

5月29日，新修订的《国网宁夏电力公司考核奖励管理办法》通过公司九届三次职代会第三次代表团（组）长联席会议表决。

6月，宁夏公司员工虎志文作为全区10名候选人之一被自治区推荐参评第四届全国道德模范，最终获得第四届全国道德模范提名奖。

8月22日，重大科研项目“快速开关型零损耗330kV电网限流装置研制”科技成果通过自治区科技成果鉴定，该项目率先开展了快速开关型零损耗330kV电网限流装置研制，填补了该领域国际空白，快速限流技术居于国际领先水平。

10月12日，在《宁夏日报》发布的2013年“宁夏企业100强”名单中，宁夏公司再次位居“百强企业”之首。同时，以满分100分荣膺宁夏回族自治区“百强企业”社会责任评价第一名。

12月6日，国家电网公司董事长、党组书记刘振亚与到访的宁夏回族自治区党委书记、人大主任李建华会谈，双方肯定了宁夏电网建设成就，就进一步加大宁夏电网建设投入，促进自治区资源优势向经济优势转化深入交换意见，表示将共同推进宁东—浙江±800kV特高压输电通道建设。

12月中旬，在2013年自治区公共服务行业中，宁夏公司再次获得行风评议第一名，实现了行风评议七连冠。公司4项750kV输变电工程获国家核准，坚强智能电网建设步伐加快。

12月22日，宁夏公司召开干部大会，宣布关于调整领导班子的决定。经国家电网公司党组研究并征得宁夏回族自治区党委同意，决定赵亮同志任宁夏公司党委书记、副总经理。

12月底，宁夏公司318座35kV及以上变电站全部实现无人值守。

12月28日，宁夏回族自治区政协副主席、总工会主席左军率总工会领导班子到公司调研，对宁夏公司工会、电业工会在自治区工会工作中所发挥的旗帜、引领作用和取得的示范效果给予充分肯定和赞扬。

（田风廷）

【国网新疆电力公司】

企业概况 国网新疆电力公司（简称新疆公司）是国家电网公司的全资企业，是以经营新疆电网为核心业务的国有企业。公司本部设23个职能部（室、中心），所属供电企业13家，建设、科研、培训和集体企业等单位8家。

电网概况 截至2013年底，新疆公司拥有750kV线路6条1633km，变电站5座950万kVA；220kV线路328条16 935km，变电站87座2400万kVA；110kV线路665条18 968km，变电站322座1944万kVA。统一调度的新疆电网已覆盖自治区全部14个地州（市）。

领导班子

总经理、党组副书记：刘劲松

党组书记、副总经理：杨玉林

党组成员、副总经理：沙拉木·买买提

党组成员、副总经理兼乌鲁木齐电业局局长、党

委副书记：谭洪恩

党组成员、副总经理：施学谦、叶军

党组成员、纪检组长：开赛江·阿不都如苏里

党组成员、副总经理：许传辉

党组成员、工会主席：孙涛

副总经理：赵青山

总工程师：白伟

总会计师：涂海江

组织机构 新疆公司设办公室、发展策划部、人力资源部（社保局）、财务资产部、安全监察质量部、运维检修部、基建部、营销部、农电工作部、科技信通部（智能电网办公室）、物资部（招投标管理中心）、审计部、监察部（纪检组办公室）、思想政治工作部（机关党委）、离退休工作部、经济法律部（企协分会）、对外联络部（品牌建设中心）、后勤工作部、运营监测（控）中心、电力调度控制中心、电力交易中心、工会、公安保卫部（武装部）共23个部、室、中心。

人力资源 规范机构编制和用工管理，完成“三集五大”体系机构设置和人员配置工作。试点岗位绩效工资制度，全面推行一线员工工作积分制考核。培训6.93万人次，全员培训率达92.5%；新增高技能人才1164人，技术技能无证人员减少1736人。重视员工队伍能力素质培养，6个专业在国家电网公司竞赛调考中取得了历史最好成绩。积极推进员工（劳模）创新工作室建设，创建员工（劳模）创新工作室32个。员工加沙来提·卡斯木获全国“五一”劳动奖章，1人获国家电网公司特等劳模称号，2人获国家电网公司劳模称号，2家单位获开发建设新疆奖状。

电网建设与发展 组织完成“十二五”主网、配电网、配电自动化及通信规划滚动修订工作。加大项目前期工作力度，750kV库车—巴音郭楞、凤凰—西山—东郊、乌北—五彩湾输变电工程，巴音郭楞、凤凰、乌北变电站增容以及哈郑直流配套电源500kV线路送出工程等7个项目获得核准；750kV三塘湖—哈密输变电工程，准北、五家渠、吐鲁番变电站增容等4个项目取得路条。取得220kV及110kV项目核准113项，同比提高1.12倍。完成135项电源接入系统审查和65项大客户供电方案编制。建成全国首项风火打捆外送±800kV哈密南—郑州特高压直流输电工程，新疆电网跨入了特高压“疆电外送”时代。750kV新疆与西北电网联网第二通道工程、凤凰—乌苏—伊犁工程、凤凰和乌北变电站增容工程，220kV甘泉堡南、木纳格、阿克陶、铁厂沟—额敏Ⅱ回等102项重点工程顺利投产，为保障电力“内供”和“外送”奠定了坚实基础。全年完成固定资产工程量投资109.4亿元，投资额位居国网系统第9位。97项110kV及以上工程获国家电网公司优质工程，优质率达到100%。

经营管理 坚定不移推进“三集五大”体系建设，分解任务530项，梳理制度597个，完善流程842个，编制标准2981项，发放宣传资料4万余份，比原计划提前一年完成了新体系构建工作，顺利通过国家电网公司综合验收。进一步提高集约化管理水平，用工效率提升13.21%，财务在线稽核覆盖率、账户授权监控率、资金归集率、电费账务集中率、会计凭证集成率均实现100%。运营监测系统建成上线，数据分析和信息应用初显成效。“三集五大”全面建设方案获得国家电网公司批复。财务管理方面，强化业务预算全过程管控，预算执行水平位居国网系统前列。促请自治区政府出台全疆水火电标杆电价、自备电厂收费、“疆电外送”电价等政策，争取了有利的经营条件。将北疆3家地州子公司改制为分公司，进一步理顺了经营管理体制。物资管理方面，加大签约和履约工作力度，保障重点工程物资供应。深化物资产品质量监督和供应商绩效评价，建成覆盖全疆的仓储网络。严格落实“三重一大”制度，确保决策事项与程序的合法合规。完善协同监督机制，定期召开专题会议研究落实重点任务。督导5家单位核查内控辅助系统61个督办事项整改情况，提升了协同监督工作实效。加强对重点环节的监督，完成工会经费、线损管理、集体企业、“三公”经费、招标管理等专项审计检查，全年未发生重大违纪违法事件。

安全生产 大力开展“安全管理提升”活动，夯实了安全管理基础。全力应对负荷迅猛增长、新能源大规模接入、电网项目集中投产等挑战，电网调控能力显著提升。及时修订应急预案并组织演练，跟踪应对21次气象灾害事件，提高了应急保障的有效性。高质量完成了中国－亚欧博览会、神十发射等重要保电任务。全年未发生电网和设备事故，发生1起人身伤亡事故。深化设备带电检测和状态检修，完成35kV及以上变电站5.2万台设备的状态评价，及时发现并处理了750kV高压电抗器油色谱超标、烟墩变电站断路器内部局部放电、吐巴二线塔腿断裂等重大隐患。完成1961项样品检测任务，实现了入网设备质量抽检全覆盖。开展电力设施联合行政执法61次，协调消除各类隐患345处，有效防范了电网外力破坏。

营销工作 售电量同比增长40.4%，增速位居国家电网公司系统第一位。挂牌督办重点业扩项目156个，满足了重点用户的用电需求。转接农九师、农十师等部分负荷，收回奎西、北塔山等近360 km^{2}营业区，市场占有率同比提高3.92个百分点。完成智能电能表安装260万只，提前两年实现直供直管户智能电能表全覆盖。强化降损提效工作，线损治理水平明

显提升，全年损失电量比预定目标减少 10.67 亿 kWh。外送电量 65.3 亿 kWh，同比增长 98.3%。

农电工作 在全国各省区中率先完成了 2011、2012 年农网工程验收，超额完成 2013 年农网工程项目建设任务。累计完成农网工程投资 34.29 亿元，完工项目 543 项，全疆 7 个地州、6.02 万无电户告别无电历史。

科技与信息化 完成科研项目 16 项，申请专利 127 项，获得授权专利 68 项，科技创新水平持续提高。积极开展业务系统建设，提升了系统应用水平。组织开展信息安全保密等专项治理活动，信息安全水平稳步提高。

优质服务 开展电价检查及自有收费项目清查，电价执行正确率提升至 97%。开展“零购电、零走码”及供电服务专项稽查等活动，异常数据下降 97.8%，挽回电量损失 1.9 亿 kWh。95598 实现省级集中运营，营销核心资源管控和服务效率显著提高。组织行风明察暗访 13 次，进一步规范了服务行为。着力整治供电服务突出问题，发现问题 6132 条，已整改 5543 条。积极拓展缴费渠道，开展电力服务进社区，全面提高了客户满意度。

党的建设和精神文明建设 开展“学十八大、谋新思路、定新举措”学习教育活动。176 支天山雪莲共产党员服务队奋战在全疆各地，融入中心做贡献，践行承诺为党旗添光彩。“中国梦·国网情”主题活动获得国家电网公司优秀组织奖。公推直选了 34 名党支部书记。狠抓党风廉政建设，严格贯彻中央“八项规定”，“三公”费用同比减少 75%。命名 10 个企业文化示范点，3 项企业文化成果在国家电网公司获奖。强化外部宣传，对外刊发稿件 2933 篇，充分展示国家电网品牌形象。公司本部及所属 16 家地（市）级单位获得自治区文明单位称号。员工艾尼瓦尔·芒素荣获全国道德模范提名奖，赛力别克荣登“中国好人榜”，4 名员工获得“最美新疆人”殊荣。

主要事件

2 月 22 日，新疆公司荣获国家电网公司“2012 年度农网改造升级工作先进单位”。2012 年，公司提前 1 个月完成了自治区下达的民生电网建设任务，超额完成国家电网公司确定的农网工程投资计划，解决了 63 529 户 259 361 人的无电问题。4 个 35kV 及以下项目被国家电网公司命名为农网“百佳”工程。

3 月 4 日，中央政治局委员、新疆维吾尔自治区党委书记张春贤在北京与国家电网公司副总经理郑宝森等，就进一步加强合作、加快推进特高压及疆电外送通道建设、加快新疆电网发展、服务新疆经济社会发展等进行会谈。

4 月 16 日，新疆公司作为售电方，与输电方的国网西北分部和购电方的国网青海电力公司签订《西北电网中长期跨省电能交易合同(新疆送青海)》。2013～2015 年，新疆电网将分别向青海电网送电 30 亿、30 亿、40 亿 kWh。外送电量中风电等新能源打捆占 20%，将进一步拓宽清洁能源的消纳空间。其余 80% 由高效、节能、脱硫、脱硝、环保的大型火电机组承担，相当于外送标准煤 272 万 t。

4 月 30 日，750kV 凤凰—乌苏—伊犁输变电工程投入试运行。工程 2011 年 5 月开工建设，总投资 20.96 亿元，起于玛纳斯县凤凰变电站，途经乌苏开关站，止于尼勒克县苏布台乡伊犁变电站，线路全长 416km，是“疆电外送”工程的重要组成部分，将进一步补强新疆电网结构，满足伊犁地区大型煤电水电开发，增强北疆电网输送能力。

4 月，按照《国家电网公司关于规范公司系统单位机构名称的通知》要求，新疆公司及所属业务支撑实施机构、地市供电公司及所属业务支撑实施机构、县供电公司至乡镇供电所相继更名，统一冠以“国网”字号。电业局更名为供电公司，电力有限责任公司更名为供电有限责任公司。

5 月 6 日，新疆维吾尔自治区党委副书记、自治区政府主席努尔·白克力，自治区党委常委、自治区政府副主席库热西·买合苏提等，在哈密地委书记刘剑、公司副总经理沙拉木·买买提陪同下，视察 ±800kV哈密南换流站和 750kV 哈密变电站建设和运行情况。

6 月 6 日，±800kV 哈密南—郑州特高压直流输电工程 166km 的新疆段线路工程全线贯通。该工程是“疆电外送”首个特高压项目，起自新疆哈密，经甘肃、宁夏、陕西、山西省（区），止于河南郑州，线路全长 2210km，工程投资 233.9 亿元。

6 月 17 日，新疆公司以地州公司培训中心为依托，设立 13 家公司培训中心分中心，业务由电力培训中心统一管理和指导。

6 月 22 日，新疆公司所属乌鲁木齐供电公司输电运检专业首次尝试带电更换混凝土杆，作业时间 21.61h，减少电量损失 59.4 万 kWh，填补了公司此类作业项目的空白。

6 月 27 日，新疆与西北主网联网 750kV 第二通道工程竣工投运。该工程是实现“疆电外送”的重要通道，线路西起新疆哈密，途径甘肃敦煌，东至青海格尔木，全长 2158km，变电容量 360 万 kVA。工程总投资 95.6 亿元，2012 年 5 月 13 日开工建设。

6 月 29 日，新疆公司建设的 110kV 安迪尔、35kV 亚瓦通古孜输变电工程竣工投运，和田地区最后 2 个无电乡通电，796 户 2601 人结束了使用煤油灯和蜡烛照明的历史。

8月7日，新疆公司在和田策勒启动新一轮包括捐资助学、新建幼儿园、打机井等13项扶贫帮困项目。

8月12日，新疆公司召开无电地区户户通电攻坚誓师大会，要求确保2014年底解决电网延伸区域内无电人口的用电问题。据新疆“十二五”无电地区电力建设规划统计，全疆共有27.54万户107.53万无电人口。公司“十二五”期间规划总投资48.1亿元，承担利用电网延伸工程解决24.5万户95.1万无电人口的用电问题，占全部无电人口的88%。“十二五”前两年，公司投资53.65亿元，先后解决了7.61万户28.2万无电人口用电问题。

8月21日，国网新疆节能服务有限责任公司成立，为新疆公司全资子公司，纳入新疆电力科学研究院进行管理，业务接受公司本部有关职能部门指导。

9月13日，±800kV哈密南—郑州特高压直流输电工程启动验收委员会第一次会议在北京召开，提出确保工程2013年实现双极低端投运、力争实现双极高端投运的目标。该工程新疆段由公司负责建设管理和运维，线路全长165.6km，新建铁塔327基。2012年5月13日工程开工，11月基础工程完成，2013年4月铁塔组立完成，6月初架线工程完成，9月在全线6个省区中率先完成各级验收。

10月17日，新疆国家电网公司在河南郑州换流站召开±800kV哈密南—郑州特高压直流输电工程双极低端系统调试启动会。30日，特高压直流双极低端通过大负荷及过负荷试验，完成第一阶段系统调试。

10月26日，新疆公司95598“投诉、举报、意见、建议、表扬”五项业务割接入国家电网公司95598系统，实现集中管控运行。

11月26日，新疆中共中央政治局委员、自治区党委书记张春贤前往哈郑特高压直流工程±800kV天山换流站实地考察，了解特高压“疆电外送”相关事宜。

11月，新疆公司建设的哈密地区哈密市星星峡35kV变电站工程、巴州和硕县乌什塔拉35kV线路工程，巴州博湖县工业园10kV线路工程、巴州和硕县北山10kV线路工程，伊犁察布查尔县纳达齐乡配电台区等5项工程被评选为2013年度国家电网公司“农网百佳工程”。

12月19日，国家电网公司在新疆哈密召开±800kV哈密南—郑州特高压直流输电工程双极高端系统调试启动会。

12月23日，新疆公司召开领导干部大会，宣布调整国网新疆电力公司领导班子的决定：刘劲松任国网新疆电力公司总经理、党组副书记（12月6日任命），赵青山任国网新疆电力公司副总经理（11月29日任命）。

12月，国家电网公司发布同业对标标杆单位，新疆公司所属阿拉山口市供电公司被列为县供电企业供电服务标杆单位，乌苏市供电公司西湖镇供电所被列为C类供电所综合管理标杆单位，富蕴县恰库尔图镇供电所被列为D类供电所综合管理标杆单位，阜康市供电公司九运街镇供电所被列为B类供电所安全生产标杆单位，吐鲁番供电公司恰特卡勒乡供电所被列为C类供电所营销管理标杆单位，乌鲁木齐市西郊供电公司头屯河供电所被列为D类供电所供电服务标杆单位。

（旷路明）

【国网西藏电力有限公司】

企业概况 国网西藏电力有限公司（简称西藏公司）是国家电网公司和西藏自治区人民政府根据国家发展改革委员会《关于组建西藏电力有限公司有关问题的批复》（发改能源〔2007〕61号）文件，2007年7月在原西藏电力公司基础上成立的由国家电网公司控股、西藏自治区人民政府参股的西藏电力有限公司。按照国家统一规划、合理有序开发西藏电力资源，投资或参与投资建设相关电源项目，促进国家规划电源基地的开发和前期工作的开发，制订并组织实施公司的发展规划和重大生产经营决策，开展电力建设项目前期及其他工作。

西藏公司经营管理范围为西藏中部（包括拉萨市、日喀则市、山南地区、那曲地区、林芝地区）、昌都、阿里狮泉河三个地市电网。截至2013年12月31日，西藏公司完成、发电量2327亿kWh，售电量2587亿kWh。完成固定资产投资4348亿元，新开工110kV及以上线路2598km、变电容量89.12万kVA，投产110kV及以上线路906km、变电容量325万kVA，西藏公司管理机组完成发电量20.84亿kWh，青藏联网工程送电738亿kWh，完成售电量2587亿kWh。

截至12月31日，西藏公司员工人数为3570人。公司本部设立21个部门，下辖正处级建制基层单位22家，其中分公司18家、子公司3家，分、子公司合署办公单位1家；正科级建制子公司3家（作为分公司的二级机构管理）。

电网概况 西藏电网由藏中、阿里、昌都三部分构成，其中藏中电网覆盖拉萨、山南、林芝、日喀则、那曲5个地区。通过±400kV直流和青海电网相联，经由2条220kV和4条110kV双回线连接林芝、日喀则、山南、那曲和拉萨，中部220kV网络形成拉萨—林芝—日喀则环网运行，阿里、昌都地区孤网运行的“一大两小”电网格局。

截至2013年底，西藏电网总装机容量为11 208

万 kW，比 2012 年增加 7.55 万 kW，增长率为 7.30%。其中水电 5786 万 kW、占比 51.62%，燃油机组 39.15 万 kW、占比 34.93%，其余 13.45%为光伏、地热等机组。藏中电网装机容量为 100 万 kW，其中水电 50.1 万 kW、占比 50.1%，燃油机组 34.9 万 kW（其中 9E 燃机为 18 万 kW）、占比 34.9%，其余 15%为光伏、地热等机组。昌都电网装机容量为 9.64 万 kW，其中水电 7.12 万 kW、占比 74%。燃油机组 2.52 万 kW、占比 26%。阿里电网装机容量为 3.368 万 kW，其中水电 0.64 万 kW、占比 19.0%，燃油机组 1.728 万 kW、占比 51.31%，其余 1 万 kW 为光伏机组、0.75 万 kW 为风力发电机组。

人力资源 截至年底，西藏公司职工 3750 人，其中：汉族职工 1966 人，藏族职工 1699 人，其他少数民族职工 85 人；大专及以上学历 2478 人，人才当量密度 0.750 2，高技能人才比例 46.45%，人才引进指数 0.942 1。

集约化管理。强化人力资源计划控制和监督执行，制订《西藏电力有限公司人力资源计划管理暂行办法》，加强人力资源计划流程管理。结合西藏公司总量缺员与结构性缺员并存实际，开展人力资源需求预测与诊断分析，制订 2013 年各层级人员预控编制，合理编制高校毕业生招聘计划并组织落实，2013 年共招聘高校毕业生 232 人。推进“三集五大”建设，印发《国网西藏电力有限公司本部机构设置和人员配置方案》，指导基层单位编制全面建设“三集五大”体系人力资源集约化管理实施方案，完成本部、公司层面业务支撑单位、地（市）供电单位的机构调整、人员调配和业务移交等相关工作。推进机构设置和人员编制统一，认真落实国家电网公司“三集五大”体系定员标准，构建全覆盖、全口径定员管理体系。建立健全激励约束机制，印发《国网西藏电力有限公司员工奖惩实施细则》。组织编制各层级岗位名录和工作标准，加强内部管控。

人才队伍建设。编写、开发自治区级技能鉴定题库，分为电力调度员、运行方式员、电网调度自动化维护员三个工种。组织开展西藏公司第四届职业技能竞赛活动，136 名选手分别参加变压器检修、配电线路和用电客户受理三个工种的技能竞赛活动。19 人通过中级职称复审、18 人通过高级职称复审。424 人参加技师、高级工、中级工和初级工四个等级涉及 79 个工种的职业技能鉴定活动，30 人获得技师资格、147 人获得高级工及以下资格。全年共举办培训班 652 个，全员培训率为 92.58%。

推进全员绩效管理。重点突出效益效率、核心业务两类指标，全员绩效合约签订率达 100%。加强绩效管理闭环管控，加强考核结果反馈，深化考核结果在收入分配、职位晋升、培训教育、评优评先等方面的应用，实现收入与绩效同升降的业绩导向型分配制度。强化工资管控，规范福利保障管理，加大收入分配与效益效率指标挂钩力度，薪酬分配注重向生产一线、艰苦岗位员工合理倾斜。加大收入分配诊断分析，配合中央“八项规定”落实情况和依法治企检查工作，排查出各类问题和隐患 30 余项，组织逐项制定整改落实方案进行限期整改。

电网建设与发展 根据国家电网公司总体安排完成《西藏自治区 2013 年～2020 年配电网滚动规划》和《“十二五”西藏电网发展滚动规划（2013 年版）》，提前启动“十三五”规划编制工作。根据电网发展需求，完成《藏中电网供需形势分析报告》《配电自动化》等 8 个专题报告，完成拉林铁路供电方案、新能源规划和接入等工作。取得藏木、旁多水电站送出工程、藏中 100MW 光伏电站送出工程及西藏老虎嘴—墨竹工卡—曲哥Ⅱ回 220kV 输变电工程可研批复。昌都电网与四川电网联网输变电工程、藏中电网 220 kV 网架输变电工程、藏中四地市 110 kV 输变电工程完成可研评审并上报。农网项目上报自治区发展改革委可研请示 37 份，取得可研批复 26 项，其中无电地区电力建设项目全部获得可研批复并完成可研交底。

全年新开工 110 kV 及以上线路 2958km，变电容量 89.12 万 kVA；投产 110 kV 及以上线路 906km，变电容量 32.50 万 kVA；老虎嘴电站 220 kV 送出第二通道提前投运，墨竹—拉萨换流站、旁多—拉萨换流站、直墨线 π 接入墨竹变电站等一批重点工程建成投产，建成西藏首座 220 kV 墨竹工卡智能变电站，提前完成阿里应急电源建设任务并投入运行。加快无电地区电力建设，主电网覆盖面由 40 个县增加至 45 个县。积极支持光伏、风电等新能源建设，“十二五”规划的 10 万 kW 光伏全部并网运行，那曲试验风电场顺利投运。城网设计提升评价及招标工作全面完成。大修技改项目实现 100%完成目标，52 个 35kV 及以上变电站全部实现无人值班。

严格按照基建管理流程，规范城网及农网 35kV 工程项目管理。加大督查，规范作业流程和作业行为，推进全过程质量管理工作。采取联合随机检查、质量阶段验收等活动，严格质量通病的防治，实体质量得到稳步提升。山南 220kV 变电站、藏木送出等工程工艺质量水平显著提升，藏木—山南 220kV 双回线路工程在国家电网公司 2013 年西北区域输变电工程项目管理流动红旗竞赛中给予通报表扬，昌都益青乡配电台区获得国家电网公司 2013 年度“农网百佳工程”。

经营管理 争取各项政策，缓解经营压力。推进电价政策调整。推进电力普遍服务补偿机制的建立。

加强预算执行控制，以年度预算控制月度预算、月度预算控制资金支付。加强项目预算管理，推动财务参与业务工作的深度，强化工程其他费用专项预算管理。加强预算执行过程控制，建立预算分析通报和财务考核机制。

强化资产管理，提升资产质量。根据国家电网公司要求，完成青藏直流联网工程西藏代建部分的决算编制及上报工作，并通过总部初审。完成总部移交青藏直流工程资产的入账。清理历史遗留打包资产。截至年底，完成藏中四地市110kV输变电工程、藏中电网过渡电源送出工程、应急电源工程决算初稿，完成公司系统114个技改项目的决算编制。加大土地、房屋权证办理工作力度。落实资产保险责任，较好地发挥了资产保险的补偿和保障职能。

强化工程全过程财务管理。理顺工程财务管理界面，完成了110 kV及以上输变电工程财务、在建工程及往来款项移交工作。加强工程全过程财务管理，将工程财务管理向前端业务延伸。完成小型基建项目自查清理工作。

组织开展内控建设调研，根据国家电网公司标准流程，梳理出流程759套，对财务、营销等15类风险信息进行比较分析，整合形成风险基础信息库。部署内控流程标准实施与应用工作，开展内部控制建设自查和自验收工作，完成全年建设任务。

依法治企工作。配合完成国家电网公司“依法治企”综合专项检查和综合检查工作，对日喀则定日县2010～2013年农网工程专项审计调查工作。配合国家电网公司主多分开“回头看”检查工作。配合区国税局税务检查工作。深化在线稽核，组织开展现场稽核，先后对经研院、日喀则、山南、那曲供电公司等单位开展基建财务专项稽核。落实公司干部管理要求，全面实施经济责任审计，完成了原物流中心、物资公司（招标公司）、沃卡发电公司、昌都供电有限公司、阿里供电有限公司、经济技术研究院离任审计工作以及那曲供电公司任中经济责任审计。加强工程项目专项审计，规范工程管理，截至10月底完成电网建设工程、技改大修工程共33个项目审计。

加强招投标管理，深化物资集约化。实施集中规模招标“两种模式”。将35 kV及以上主要设备材料纳入总部统一组织集中招标范围，物资集中采购率达98%。开展协议库存、超市化采购。将10kV农网物资纳入协议库存采购范围，进行协议库存采购。应用电子商务平台采购功能模块，运用电子商务平台模块开展招标采购业务，提高电子商务平台采购批次覆盖率。

优化运营监控体系，创新监控运作机制。2月成立区级运营监控中心，顶层设计运营监控中心全面监测、运营分析、协调督办、全景展示与数据资产管理发展定位五项核心业务。确立电网运营监控指标体系，形成覆盖国网西藏电力业务部门的3个核心要素、21个关注维度、76个关注点、579项指标（一类指标142项，二类指标437项）、1286项数据需求的指标体系，覆盖电网运营的全过程、全流程，涵盖公司各业务部门和各级运营管理单位及作业单位。

安全生产　全年未发生人身伤亡事件、重大电网和设备事故，未发生信息、消防、交通安全事件。电网频率合格率99.9976%；城市综合电压合格率98.92%；城市供电可靠率99.69%。顺利完成国家电网公司业绩考核指标。

强化电网运行管理。柴拉直流累计向西藏输送电力7.4亿kWh，同比增长13.32%，缓解了藏中电网的供需矛盾。完成柴拉直流大负荷试验。加强继电保护装置运行维护。强化主力发电厂、枢纽变电站、重要线路的安全管理，制订相应的技术措施和事故预案。重视昌都、阿里两个孤立电网安全运行工作，加强各专业指导和督促检查，组织实施阿里应急电源和光伏接入工程建设，有力地保证了两个电网的安全运行和电力有序供应。

加强设备运行维护。完成技改大修项目116项，计划完成率100%。完成9E燃机B级检修和柴拉直流年度检修项目，9E燃机消除设备缺陷67项，大幅度降低9E燃机的故障率。柴拉直流年检，共完成拉萨换流站常规检修项目15 475项、消除缺陷46条，在直流线路西藏段新安装鸟刺80 774支、消除缺陷420处。组织开展“开关防拒动”等多次专项整治和集中消缺，进行输电线路防雷击、防风偏、防鸟害、树障整治及配电线路“卡脖子”整治。完成防洪度汛、大坝安全度汛和发电厂安全设施标准化建设。

开展安全管理提升活动。贯彻落实管理提升年活动30条重点措施，推进166项重点工作开展。组织对检修等现场进行督查，督促各单位强化现场安全管理，严格落实安全措施。加强基建安全管理，开展“一站八线”等输变电工程安全督查。开展全国第12个“安全生产月”活动，认真向群众宣传解释电力有关安全知识。开展交通消防安全大检查。组织参加国家电网公司“两票”调考。举办2013年“反违章”劳动竞赛。组织国家电网公司专家对西藏输电网和拉萨城市电网的现场查评工作。

组织开展“大检修”体系建设和安全保障工作调研，编制完成“大检修”体系建设方案和“三集五大”安全保障方案，实现52座变电站撤人或少人值守，顺利通过国家电网公司“大检修”和安全保障专业的专家评估和综合验收。完成应急救援、保供电工作。完善应急管理体系建设，组织修订完善《国网西藏电力有限公司突发事件总体预案》等19个应急预案和地市公司层面的274个突发事件现场处置预案。加强应急队伍建设，购置基干分队单兵装备，参加国家电网公司应急理论技能培训和应急技能竞赛。开展应急演练活动，共组织应急演练4次、参演人数达168人。完成山南、林芝应急指挥分中心建设，实现与本部应急中心的互联互通。完成十八届三中全会、“两会”和三大节日的供电保障工作，完成“3·29”墨竹工卡县山体滑坡地质灾害应急救援和供电保障任务。

营销管理 全年完成售电量25.87亿kWh，同比增长10.32%；综合线损率13.58%，同比上升0.13个百分点；电费回收再次实现结零目标；95598五项业务实现与国家电网公司集中管理。构建区级“一部二中心”，市公司层面“一部一中心”的新型营销组织架构，计量器具检定和配送业务实现统一集中运作，中部电网五地市电费核算业务向区级集约，实施业扩报装全过程集中管控，95598五项业务在国家电网公司客户服务中心集中运营。制订电费风险管控措施，建立健全电费风险预警体系、强化回收责任，大部分地市公司电费回收实现月结月清，当年电费回收率100%。开展稽查主题应用，建立常态的日监控、周通报、月评价工作机制，开展抄表工作质量监控分析、加强零度户治理、分析业扩工单超时限问题、实时在线监控营业窗口服务质量，订正客户档案完善用户信息4858户。开展反窃电工作，实施专变用户防窃电负荷监测系统建设。全年累计检查各类用户11 472户次，查处违约用电窃电案件44户次，查出计量装置故障和其他159户次，补收电量119.069万kWh，补收电费和违约使用电费292.642万元。查出存在安全隐患248起。开展客户档案及台区线路数据治理工作。梳理、完善台区档案信息，共有104个公变台区具备开展线损统计、分析工作。开展采集成功率整改提升工作。截至年底，智能电能表接入系统达到6.14万户。组织开展变电站采集建设、用户档案数据清理，完善自动抄表和线损分析模型搭建，自动抄表入账电量比率达到70%，其中42条公共线路和98个公变台区实现采集全覆盖并纳入线损自动统计分析管理。95598工单接派及时率100%，五项业务处理及时率100%。建立95598业务运营情况周报制，定期通报95598业务运营情况。深化供电服务提升工程，开展供电服务大检查活动。全年累计发现各类供电服务问题295个，已完成整改270个。与运检部建立配网运行和供电服务信息日报机制，营配协同，信息共享；与监察部共同开展供电服务提升工程效能监察活动，组织开展明察暗访5次，及时将结果在系统内进行通报；开展业扩规范工作，新装及增容户数同比增幅108%，供电方案答复及时率达到97.84%，同比提高3.4个百分点；装表接电及时率达到97.75%，同比提高53个百分点。组织人员对重要用户和重要场所的用电安全检查工作，建立健全高危及重要客户联系机制。深入推进营销信息化建设，对营销业务系统开展两轮大规模评价分析与完善优化工作，治理功能缺陷300余项，实现业务需求40余项；完成95598呼叫系统改造工作；建设计量生产调度平台，推进计量资产规范管理；基本完成一体化缴费平台建设。开展有序用电能力排查，编制《藏中电网今冬明春有序用电方案》，取得自治区政府的批复；加强与重要用户的沟通协调，签订负荷调控责认书；落实柴拉直流停电检修期间藏中电网有序用电工作方案，有效平抑电网电力缺口。

农电工作 加大农网工程建设力度。完成农网投资18.52亿元；新开工110 kV以上线路1477km、变电容量42.41万kVA；投产110kv及以上线路285.9km、变电容量2.456万kVA。解决和改善47.27万户、202.3万无电人口的用电问题。加快农电代管工作。根据国家电网公司《关于西藏农电代管有关工作的批复》（国家电网农〔2013〕119号）要求，组织编制《关于西藏自治区国家电网覆盖区域农电代管框架协议》，明确农电代管的原则、经营范围、管理责任和要求，通过自治区人民政府的审查。组织国家电网公司5名帮扶专家分成两组深入到7个地区8个代管试点县，了解县政府、电管机构人员对农电代管的意见，宣传自治区关于农电代管的精神。与农电代管试点县政府达成共识；核查县电管机构人员构成、经营管理等方面的基础数据，编制《农电代管县试点工作方案（总方案）》《农电代管企业规范用工指导意见》《农电代管企业清产核资指导意见》《西藏自治区国家电网覆盖区域县供电有限公司代管协议》等各类文件25个。截至12月30日，8个试点县（墨竹工卡县、堆龙德庆县、南木林县、隆子县、林芝县、聂荣县、察雅县、噶尔县）供电企业全部签订代管协议工作。

科技与信息化 开展智能电网试点工程建设。实施并完成“西藏大规模光伏发电并网智能化试点”项目建设任务。规范科技管理工作，编制印发《西藏电力有限公司科技项目管理办法》等多项办法，完成管理流程的梳理及编制。

编制技术标准，组织编制并发布《西藏电力有限公司技术标准体系表（2012版）》，组织编制完成发电环节作业指导书40余项。西藏公司“气体绝缘组合电器局部放电超高频测量技术研究”项目获自治区2010～2011年度科学技术进步三等奖；1个群众性创新项目荣获国家电网公司“职工技术创新优秀成果奖项二等奖”；2个群众性创新项目荣获“职工技术创新优秀成果三等奖”。完成旁多水电站送出工程、藏木水电站送出工程、藏中电网220kV主网架工程、川藏联网工程、农网升级改造项目工程环境影响评价报告编制并取得环保主管部门的批复意见。完成西藏公司所辖110kV及以上变电站（换流站）废水处理及废弃物处置情况调研工作。开展电网环保管理子系统的培训及应用工作，完成西藏电网变电站、换流站等数据录入。按照拉萨市环境保护局和发展改革委的要求，在羊八井地热发电公司开展在线监控项目的实施工作。

信息与通信业务。完成涉及大规划、大建设、大检修、大营销、人财物集约化、一体化平台、协同与综合28套在运信息系统的适应性调整工作；完善数据中心建设，实现不同系统信息的统一整合与共享；推进运营监测数据共享和业务融合，提升数据采集和处理频度，改善源系统数据支撑情况；完成信息支撑系统建设，实现对运营动态、关键流程等板块的集中展示，完成运营监测（控）中心信息支撑系统建设工作。随着墨竹220 kV输变电工程、山南隆子农网升级改造等基建配套通信项目的建设和通信技改项目的建设，新增光通信站点29个，光通信覆盖站点达到114个。

信息通信安全防护工作。开展信息安全治理提升专项活动。开展信息安全治理工作，强化业务系统、终端系统、防护边界的安全检查，完成重要节日、敏感时期和“两会”等重要时段信息通信安全保障任务。开展信息通信系统隐患排查工作，完成通信系统安全运行评价和220 kV线路保护单通道整改工作。组织开展信息通信联合反事故演习，完善信息通信系统应急处置预案。开展重要管理信息系统风险评估和安全测评工作，完成248台服务器、3080台终端的病毒木马检测。

优质服务 “大营销”组织体系已基本形成，服务资源集中优势初显成效。强化客户服务中心服务监督作用，加强服务过程管控力度，规范95598运营管理和服务。建立基本涵盖供电服务“十项承诺”的关键指标评价体系。加强投诉、举报管理，严格执行客户满意的闭环管理。以95598服务为平台，加强对服务的跟踪管控，建立供电服务日跟踪、周通报、月考核机制。组织开展供电服务提升工程，基本摸清服务短板和瓶颈，及时修订新建部分管理制度。完成95598五项业务集中工作，截至年底，系统运行稳定，业务流转畅通。开展营销安全和供电服务大检查，组织排查治理隐患，狠抓用电安全管理。完成十八届三中全会、中央领导在藏视察等重大活动保电任务，共完成保电工作836次。加强需求侧管理，科学实施负荷管理，在电网特殊时段和迎风度冬期间，实现电力有序供应。

党的建设和精神文明建设 落实党建工作责任制。同西藏公司各单位党组织签订《西藏电力有限公司2013年度党建工作目标责任书》，组织各党支部签订2013年度党建工作目标责任书，实现党建工作闭环管理，健全党员信息管理系统，按时完成党内统计工作。落实党员党性分析、民主评议、“三会一课”等制度，推进党务公开，形成党建管理标准11项、工作标准3项、工作流程15个。

深入学习贯彻习近平总书记系列重要讲话精神和党的十八届三中全会精神。加强党务干部队伍和党员教育培训管理。认真贯彻中央“八项规定”。培训基层党支部书记，做好党务干部配备、培训、锻炼、使用、考核工作。举办党务工作者培训班和入党积极分子、新党员培训班。

开展党建专项活动，组织公司本部各党支部认真开展“学习十八大、党员在行动、机关展新貌”活动。开展各党支部分类定级、整改提高和基层党组织公开承诺践诺、党员公开承诺践诺工作。深化党员服务队活动，参加国家电网公司党员服务队活动竞赛。国家电网西藏电力（林芝）共产党员服务队获国家电网公司2013年度优秀共产党员服务队称号。落实党风廉政建设责任制，修订完善党风廉政建设和“一岗双责”目标责任书，组织公司系统逐级签订廉政责任书和承诺书1259份，各单位领导班子和班子成员反腐倡廉建设民主测评满意率分别达到92.99%和96.87%以上。

开展效能监察，围绕供电服务提升工程、库存物资盘活利库、“八项规定”落实等重点，统一组织实施效能监察3项，基层单位自选实施效能监察项目21个。2个效能监察项目获得国家电网公司表彰。

深化协同监督，开展“三公”消费管理和主多分开“回头看”等重点工作，提出并督促落实整改工作建议67条；共召开监督工作联席会议58次，提出工作建议21个，研究解决突出问题24个，落实整改措施19项。

精神文明建设。积极践行“四个服务”企业宗旨和“你用电，我用心”服务理念，严格落实“三个十条”。开展“文明城市”“卫生城市”“文明单位”“文明窗口”“文明员工”“青年文明号”等创建活动，树立良好的行业形象。开展“我推荐、我评议身边好人”活动。开展文体活动，开设员工阅览室。林芝供电公司被评为全国“安康杯”优胜企业；拉萨供电公司运维检修部实验化验组被评为全国“安康杯”优胜班组；拉萨供电公司黄丽英同志被评为全国“安康杯”优胜组织个人。深化民主管理，荣获2013年度“全国厂务公开民主管理示范单位”。

（马蕊娜）

南方五省区

【国家能源局南方监管局】

基本情况 根据《中央编办关于国家能源局派出机构设置的通知》(中央编办发〔2013〕130号)的规定，国家能源局在南方设立区域监管局，即国家能源局南方监管局(简称南方能源监管局)，于2013年12月20日正式挂牌运作。

南方能源监管局是国家能源局派驻南方区域的监管机构，根据国家有关法律法规和国家能源局授权，依法履行对广东、广西、云南、贵州、海南五省(区)电力等能源行业的监管和行政执法，以及电力安全监督管理职责。

内设机构有综合处、市场监管处、行业监管处、电力安全监管处、资质管理处、稽查处、监察室(机关党委)。同时向广西壮族自治区、海南省分别派驻监管业务办公室。

领导班子：局党组书记、局长郭智；局党组成员、副局长张良。

主要工作

(1)电力安全监管。

以保电力系统安全为主要任务，突出抓好三项专项监管，深入开展安全大检查，安全生产形势平稳，电力事故、事件总体呈下降趋势，未发生电力安全事故和较大及以上人身、设备、火灾及水电厂垮坝事故。

1)推动三项专项监管。抓好电网安全风险管控专项监管。督促电网企业认真做好安全风险分析和管控，全面排查治理安全隐患，提高电网安全运行水平。针对南方区域电力系统结构特点，组织开展电网交直流混联运行稳定课题调研，形成电网交直流混联运行稳定问题研究报告。抓好防范电力生产、建设施工人身伤亡事故专项监管，深入开展"打非治违"专项行动和脚手架、起重机械专项检查行动，加强对建设工程现场督查；组织召开南方区域基建安全监管现场会议，发布防范人身伤亡事故专项监管报告。突出抓好燃气发电机组运行安全专项监管，解决燃气发电安全生产深层次问题。

2)提高行业安全水平。开展电力企业迎峰度夏和防洪度汛、工程建设领域预防坍塌事故专项整治、"安全生产月"活动、消防特种设备及重大危险源安全整治等六方面的现场督查、突击检查和暗访工作，先后检查了75家单位和电力生产建设场所，发现问题200多个，发出整改通知书37份，并将检查有关情况在全区域通报。

3)强化可靠性监督。开展电力可靠性"柔性监管"专项行动，先后到辖区15个基层电力企业帮助解决问题，提高电网规划建设及运行水平。2012年，南方区域共有8家供电企业和3台发电机组获得全国电力可靠性金牌称号，其中A级金牌供电企业数量占全国总数的1/2。

4)落实应急管理。联合广州市政府举行国内首次大面积停电事件应急处置功能演练，国家能源局组织派出机构现场观摩，给予高度评价。指导区域4家发电企业举行液氨泄漏事故演习。圆满完成广西东盟博览会、海南博鳌论坛等重大活动保供电工作。严格执行信息报送和24小时专人专岗应急值守制度，实时监测电力系统运行及涉电舆情，成功应对"尤特""天兔""海燕"等超强台风，共编发应急专(快)报170期。组织编写珠三角地区重要用户专项应急操作手册。

(2)市场建设。

1)大用户直购电取得突破，广东扩大试点顺利实施。制订并印发了《广东电力大用户与发电企业直接交易暂行办法》、配套合同样本以及《广东电力大用户与发电企业直接交易监管实施办法(暂行)》，于8月份正式启动广东大用户直购电扩大试点工作。启动以来，广东大用户直购电交易规模累计签订直接交易电量22.52亿kWh，平均交易电价降低约0.01元/kWh。

2)西电东送交易机制进一步完善，交易秩好量增。加强"十二五"中后期云南水电消纳困难、水火矛盾突出等问题等的研究，提出解决富余水电跨省送出及减少对受电省火电机组影响的建议，并报国家能源局和相关省份政府。做好西电东送合同履约率的监管，优化高峰时段省间运行方式，在贵州省主要流域来水严重偏枯的情况下，确保了广东迎峰度夏期间高峰时段电力供应。1～10月份，西电东送累计交易电量1083.23亿kWh(受入端)，同比增加2.40%。

3)东莞"电力超市"试点择机启动。指导地方政府制订广东东莞用电企业参与竞争性高峰电力电量交易实施细则，完善技术支持系统，择机启动。

(3)市场准入监管。

1)许可业务量大幅增加，及早部署，妥善应对。受机构改革和许可证集中到期双重因素影响，发电、承装(修、试)和电工许可业务同比分别增长662.86%、120.62%和72.82%。为有效地应对办证压力，通过三项措施提高许可效率。一是尝试向社会组织购买服务，解决力量不足，服务水平明显提高。就资质管理中辅助性、事务性的工作试行向社会组织购买服务，努力实现人力、物力效能最大化。二是实行并网安评、发电许可和新机商转“一站式服务”，深受好评。针对新建发电机组发电业务许可、并网安评、转商业运行等业务设在不同处室的情况，为方便企业，实行首问负责制，优化工作流程，将三项业务归口安全口统一受理，大大地提高了业务办理效率，得到发电企业的好评。三是开辟预受理延续申请业务快速申报通道，分期、分批、有序受理申请，实现许可业务办理效率和办理量双提高。

2）研究、完善电力行政许可证后监管机制。开展电力工程市场容量和市场主体数量匹配课题研究；开展接入县调发电企业许可制度执行情况专项监管和220kV及以上在建项目许可制度执行情况专项监管，组织开展承装（修、试）电力设施企业年度自查、动态抽查和集中检查，对持证企业许可条件保持情况及转包、分包、挂靠、借证等行为实施监管，发出整改通知书224份，规范了市场秩序。

（4）市场秩序监管。

1）及早预测预警，主动作为。监测电力供需形势，开展电力与经济的相关性分析及省间的比较分析，主动为地方政府决策提供专业信息。完善电力企业财务成本排序监管规则并开展监管，及时发现企业运营中存在的问题。

2）创立调度和输电监管新机制，监管效果初现。完善向调度机构派驻调度监管代表制度，每周参加调度例会，全面、及时掌握调度运行信息，协调解决突出问题，实现调度动态监管。开展抽水蓄能专项监管，建立现场调度监管信息周报制度。开展省及以上调度机构年度定点监管暨调度监管指标评价工作。协调广东、福建政府有关部门，推进闽粤联网工程。密切跟进糯扎渡、溪洛渡送出工程建设，确保工程按时投产，解决云南富余水电消纳问题。开展海南电力发展中长期规划调研，提出建议11条，形成专题报告报国家能源局。

3）用电满意工程继续深入，服务机制常态化，人民群众更满意。开展人民群众用电满意工程“回头看”活动，充分听取供电企业和基层群众的意见和建议，指导供电企业进一步改进服务质量。约谈电网企业，督促采取有效措施，杜绝2013年春节期间广东农村电网过载问题。开展广东部分地区用电报装受限情况专项监管，分析原因并提出监管意见，协调解决存在问题，促进电网建设，提高供电能力，满足用户用电需求。

4）完善评价考核机制，电能质量继续领先。完善并网考核和辅助服务补偿规则，实现海南风电场参与“两个细则”模拟运行。1～10月，全网并网考核费用5593万元，辅助服务补偿费用8.65亿元，大幅度提高机组运行水平及企业提供辅助服务的主动性。主网联网系统（50±0.2）Hz频率合格率保持世界领先水平。

5）加强无歧视开放监管，促进电网和谐发展，共建共赢。督促广西落实《构建和谐电网备忘录》，广西水利电业集团26座未接入主网的变电站已接入13座，构建和谐供用电环境。

（5）电力稽查。严格执法，公平调处，人民群众对电力监管信任度进一步提高。密切关注涉电投诉举报，妥善处置湖南、江西等地小水电与广东供电企业上网电价争议，严防涉电群体事件。截至11月底，12398投诉举报热线共受理有效投诉举报并处理513件，投诉举报人满意率达100%。联动业务监管部门开展12次联合稽查执法，调解9起电力争议，责令整改4家电力企业，监管约谈17家，约访8家电力企业，发出监管意见书3份。对公安部挂牌督办的三电问题突出地区进行专项督查，确保有关省份年底前实现摘牌。

（6）节能减排。发挥专业监管作用，创建监管手段，促进行业减排效果呈现。开展节能发电调度和可再生能源全额保障性收购专项监管，定期公布燃煤发电机组等效负荷率，建立水电弃水、风电弃风数据统计监测机制。制订电力行业珠三角大气污染防治监管实施方案和在线监测系统运行监管工作方案，开展珠三角燃煤电厂脱硫设施取消烟气旁路专项监管工作。开展广东省节能发电调度优化课题研究，全面、系统对各种电源的运行方式进行优化，力求实现整体运行的节能、环保排放指标最优。开展现役燃煤电厂烟气污染物排放情况督查并加强在线监控，督促电力企业对15家违法排污或淘汰类企业采取停电措施。指导、督促燃煤机组加快低氮燃烧、烟气脱硝设施以及除尘设施的建设、改造和升级。

（7）监管方式创新。结合实际，以信息化为导向，创新监管方式，取得成效。建立了南方区域电力监管评价指标体系，开展了2012年度全口径评价工作，评价对象涉及所有省级电网公司、县级及以上供电企业、省调直调发电企业及省级调度机构，提高了监管工作的针对性和有效性。推进能源监管信息系统建设工作，完成系统设计建成电力监管指标体系评价及行政许可等模块。制订了南方电监局行政效能监察办法，开展电工考点、并网安评中介机构年度检查考核及廉政回访（回访企业186家），全程监督行政许可行为。建设电力监管信用体系，与广东省386家电力企业签订了《广东省电力行业“诚信电力”共建承诺书》，并跟踪落实情况。

【国家能源局云南监管办公室】

基本情况 国家能源局云南监管办公室（简称云南能源监管办）于2013年10月31日组建，是国家能源局派驻云南省的正厅级行政机构。按《中央编办关于国家能源局派出机构设置的通知》（中央编办发〔2013〕130号）规定，负责云南省行政辖区内电力等能源的监督管理和行政执法，以及电力安全监管等工作。

内设综合处、市场监管处、行业监管处、电力安全监管处、资质管理处和稽查处。

领导班子：党组书记、专员李现武；党组成员、专员助理周光灿；党组成员、综合处处长杨新红。

主要工作

（1）安全监管。按照国家能源局机构改革职能转变要求和年初工作部署，始终坚持“安全第一、预防为主、综合治理”方针和“科学发展、安全发展”理念，深入开展迎峰度夏防洪度汛安全检查、电网安全风险管控、防范电力生产建设施工人身伤亡事故等专项监管，全力防范电力生产人身伤亡事故和电网大面积停电事故的发生。同时，将安全监管重点工作与水电站汛前安全检查、发电机组并网安全性评价、电力安全生产标准化建设、电力安全隐患排查治理等日常监管工作有机结合，督促电力企业继续深入开展安全生产“夯实基础年”和安全生产月活动，全面彻底开展电力行业安全大检查，着力消除设备缺陷，排查治理事故隐患，严密管控安全风险，切实落实电力安全生产主体责任。通过不懈努力，云南省电力安全生产形势持续稳定好转，全年未发生较大及以上电力安全事故，实现了全省电力系统安全稳定运行和电力可靠供应，并顺利通过了省安委会2013年度安全生产责任考核。

1）开展电力安全生产大检查。6～9月组织实施了全省电力企业开展电力安全生产大检查。通过每周进行明察暗访、督查等方式，全面深入排查治理安全生产隐患，强化安全生产责任制落实。进一步督促电力企业落实安全生产主体责任，建立健全并督促落实安全管理各项规章制度，严格执行安全技术规程和标准，严厉打击非法违法建设施工和生产经营行为，强化安全生产基础建设，加大事故查处和责任追究力度，增强全体电力职工安全生产意识，进一步提高安全生产保障能力，有效防范和坚决遏制了各类事故的发生。

2）开展电力迎峰度夏检查，确保电力系统安全度汛。督促全省电力企业做好迎峰度夏和安全度汛的各项准备工作，5～7月，对2个供电企业、4个大型已投或在建水电站迎峰度夏防洪度汛工作进行了现场抽查。通过听取汇报、查阅文件、询问员工、现场查看等方式，重点对水电站大坝安全职责落实、水库调度运用计划编制和报批报备、大坝安全监测、防灾避险、应急准备、现场作业等重点内容进行了深入的现场检查。督促各有关单位明确职责，完善机制，制定计划，保证投入，把防洪度汛各项工作落到实处，确保了今年省内大江大河水电站安全度汛，确保了全省电力系统安全稳定运行。

3）有效管控电网安全风险，保障电网安全稳定运行。专题研究、部署云南省电网安全风险管控专项监管工作，制订并实施《云南省电网安全风险管控专项监管工作方案》。深入分析主干电网运行风险，以电网安全风险管控为抓手，严格督促落实电力企业安全生产主体责任，逐级明确安全目标，层层落实安全责任，不断强化电力安全监管。继续深化隐患排查治理，加强电网安全风险管控。开展发电机组并网安全性评价，对全省67家发电企业开展并网安全性评价，进一步夯实了安全基础，防止发生破坏电力系统稳定事件和电网大面积停电事故，保障全省电力系统安全稳定运行和电力可靠供应，为云南省经济社会发展提供安全可靠的电力保障。

4）狠抓电力生产建设安全监管，有效防范电力人身伤亡事故。制订《云南省防范电力生产建设施工人身伤亡事故专项监管工作方案》，结合安全生产年、安全生产月、迎峰度夏和防洪度汛、贮灰场专项安全检查、安全大检查、打非治违、隐患排查治理等重点安全部署，对相关电力企业防范电力生产、建设施工人身伤亡事故专项行动开展情况开展现场督查。督促电力企业加强对专项行动的组织领导，细化落实方案，彻底开展隐患排查，加强风险管控，强化防灾避险应急能力，确保电力系统安全稳定运行。严格执行约谈警示制度，对发生事故的责任单位逐一进行督查和约谈，督促事故责任单位切实提高对安全生产工作重要性的认识，深刻反思和查摆安全管理存在的漏洞和薄弱环节，充分吸取事故教训，全面彻底、深入细致地开展电力安全大检查工作，努力消除安全隐患，有效管控安全风险，坚决防止类似事故再次发生。通过努力，全省电力人身伤亡责任事故呈大幅下降趋势，事故起数和死亡人数与2012年相比分别下降71%和83%。

5）推进电力安全生产标准化建设，开展隐患排查治理。积极推进电力安全生产标准化建设，督促企业深入开展安全生产标准化达标评级工作，夯实电力安全生产基础，不断提高安全生产管理水平。同时加强对评审机构的管理工作，规范评审人员行为，督促评审机构严格标准，客观公正地开展工作。通过云南能源监管办、省安监局和各电力企业的共同努力，目前已完成电力安全生产标准化达标评级现场查评有35

家发电企业，15 家供电企业，10 家企业正在开展现场评审。

（2）市场监管。认真实践“围绕中心、服务大局”理念，认真做好电力经济形势分析，积极服务地方党委、政府决策。严格落实市场监管“五项制度”，扎实做好“两个细则”考核和新机商转工作。积极开展电价执行情况督查及电力企业成本监管。进一步加强稽查工作力度，依法开展节能减排监管。不断加强电力监管统计工作。遵循公开、公正和效率的原则，依法维护云南电力市场正常运行秩序。

1）突出工作重点，抓好专项监管。研究下发《云南省电监办关于做好电力余缺调剂专项监管工作通知》，建立了电能交易信息报送制度和交易会商会议制度，利用市场化手段促进电力余缺调剂，努力解决电力供需中的突出问题，督促有关电企深挖市场需求和发电能力，提高资源优化配置效率；开展电力企业输配电成本和发电成本监管，涵盖云南电网公司及其所属州市级和县级供电企业，以及省内部分重要发电企业。掌握目前云南省电力企业成本管理工作的现状和问题，为进一步深化电力成本监管打下基础；开展云南省电力企业节能减排暨燃煤机组烟气在线监测系统运行情况专项监管，有效促进电力企业节能减排，发挥烟气在线监测系统在行业节能减排中的作用；组织开展 12398 知晓度及投诉举报当事人满意率专项监管，以加大 12398 热线知晓度、提高当事人满意率，畅通市场主体投诉、举报渠道。

2）加强电力市场监管，规范市场主体经营行为。加强厂网间电力交易监管，组织开展电力交易与市场秩序约谈约访；召开厂网联席会议，协调解决厂网生产经营过程中出现的问题，促进电力信息的公开、透明；积极督促电力企业报备 2013 年《购售电合同》和《并网调度协议》，合同和协议的签订率和备案率均达到 100%；认真开展“两个细则”考核。火电机组获得大部分补偿费用，一定程度上有效弥补了汛期火电提供系统旋转备用的成本；积极开展新机商转工作。认真梳理了今年以来并入地调及以上电网发电的机组，规范市场运行秩序，维护市场主体的合法权益，促进云南电力系统平稳、健康发展。全年共批准 34 台共计 382.9 万 kW 的机组进入商业运营。

3）关注电力企业经营状况，做好电力企业财务成本情况监管。认真分析省内主要电力企业财务经营情况，逐步完善电力企业经营情况监测预警预测机制，及时报送有关信息。针对云南省火电企业连续 3 年亏损，企业融资困难、现金链断裂、职工队伍难以稳定等情况，专题向国家能源局和省委、省政府报送相关情况。组织开展云南电网企业及主要发电企业成本监管检查，有效规范企业会计核算行为。

4）做好稽查工作。不断加强 12398 热线日常管理，持续完善 12398 热线运行管理制度，认真受理人民群众对电力违法违规行为的投诉举报，对群众关心、社会热议的重点问题建立跟踪督办制度；加大对投诉举报事项的分类和汇总，坚持投诉举报信息日报送制度，建立投诉举报信息披露制度。“12398”电力投诉举报热线接到有效电话 1463 个，同比增长 74%。

5）加大与电力企业及人民群众的沟通和联系，及时解决问题。深入开展居民阶梯电价检查，联合省物价局对云南电网公司及其下属部分供电企业开展了居民生活用电阶梯电价执行情况检查，及时了解居民生活用电阶梯电价政策、城乡同网同价政策及城乡低收入用户减免部分电费政策执行状况。建立投诉举报跟踪督办制度，着重解决供用双方的矛盾和问题，通过开展投诉举报案件跟踪督办，解决了一批长期无法得到解决的困难和问题，有效维护了电力投资者、经营者、使用者的合法权益和社会公共利益。

6）开展用户受电工程市场开放情况调研，巩固“三指定”专项治理成果。制订下发云南省用户受电工程开放情况调研专项工作方案，组织召开了现场座谈会，与部分基层供电企业进行约谈约访。结合其他现场检查工作，对供电企业的用户受电工程进行了明察暗访。进一步规范云南省内的客户受电工程市场，进一步增强各供电企业依法经营意识，使业扩报装管理制度和业务流程得到了进一步规范，关联单位市场占有率明显降低，市场开放程度进一步提高。

7）加强节能减排监管，加大弃风弃水监管力度。突出抓好电力调度监管，优化调度方式，加强节能发电调度监督，努力减少弃水、弃风，提高电网经济运行水平。突出抓好可再生能源发电全额收购监管，着力解决可再生能源发电发展快与消纳能力不足的矛盾，积极推进云电外送，努力提高节能高效清洁机组发电利用小时数。突出抓好电力落后产能淘汰。要求供电企业严格执行政府及其授权部门依法做出的停限电决定，加大关停小火电机组政策落实情况的监督检查，及时注销其电力业务许可证。突出抓好节能减排在线监测平台建设，按要求开展节能减排暨燃煤机组烟气在线监测系统运行情况专项监管，及时督促企业整改，充分发挥烟气在线监测系统在电力行业节能减排中的积极作用。

（3）加强居民用电服务质量监管：遵照原国家电监会和国家能源局的统一部署，扎实开展居民用电服务质量监管、供电整改检查、输电监管等专项工作，贴近一线、贴近群众、贴近农村有序开展输供电监管工作，着力规范供电企业行为，维护供电市场秩序，切实维护城乡居民合法用电权益和社会公共利益。

1）做好居民用电服务质量监管工作。结合云南实际按照“一个维护”“四个保障”“六个落实”的相关要求，广泛深入开展居民用电服务质量监管专项行动，着力提高居民用电服务质量，取得了良好的效果。人民群众用电满意工程的深入开展，切实保障了云南省城乡居民生活基本的用电需求，进一步提高了供电服务水平，让人民群众享受到了更加优质、高效、便捷的供电服务。

2）开展输电监管工作，服务地方经济社会发展。认真开展2012年电力供需情况和2013年电力供需形势分析，着眼于促进电网安全稳定运行、保障电力供应和加强电力三公调度监管，着力于加强对电网运行的监管力度，从电网年度运行方式制订环节开始实施事前、事中和事后全过程监管。认真开展输电常态监管工作。定期查看调度周方式安排、周完成情况、调度日报及各电厂开机信息，收取调度月报，分析云南电力调度控制中心“三公”调度执行情况。开展云南省统调风电场月度弃风电量监管统计工作，认真督促电力调度机构按照要求开展电力调度监管指标自评工作。要求供电企业及电力调度机构在工作中认真落实各项监管意见和要求，切实保障电网安全运行，保障电力供应，努力避免和减少汛期窝电及弃水弃风，为云南经济社会发展做出更大的贡献。

3）做好农村地区供电服务监管工作。认真组织完成云南省2012年农村地区供电可靠率和居民用户受电端电压合格率指标完成情况以及无电地区无电人口用电问题解决情况统计汇总。认真梳理、督查农村地区返乡人员用电服务情况，农村地区停限电和供电抢修恢复情况；95598供电服务热线畅通情况，农村用户报修、咨询和反映问题的处理情况；农村地区电网薄弱、设施老化情况，用户供电可靠性情况，包括供电可靠率、农村用户受电端电压合格率等情况，全面履行电力普遍服务监管职责。

4）规范用户受电工程市场，开展业扩报装行为专项监管。进一步规范云南省用户受电工程市场，建立定期汇报制度，要求各供电企业报送相关信息。制订《云南省供电企业业扩报装行为专项监管工作方案》，对云南省供电企业对用户受电工程，特别是对保障性安居工程和产业集聚区提供服务的情况开展监管，细致核查了供电企业供电能力、受电工程收费、用户受电工程方案制定及提供等环节的办理时限、用户受电工程的市场开放情况等，有效规范供电企业业扩报装行为。

（4）市场准入管理。牢牢把握“规范、高效、便民、务实”原则，不断完善电力市场准入监管，严把电力市场准入关，以保护电力市场多元群体合法利益为工作重点，努力提升服务质量，持续加强市场准入监管工作的常态化、规范化、制度化，切实规范市场主体行为，维护市场秩序。

1）严把市场关口，切实提升服务水平。根据行政许可相关法律法规要求，以“严把市场准入关、规范市场秩序”为主线，积极有序推进电力业务许可各项工作。不断优化工作流程，完善审批制度，细化审查内容。完善信息技术手段，提高审批效率，持续完善电子政务平台功能。坚持政务公开，不断完善电子政务平台基础作用，及时公示许可决定。切实提高工作效率，免费发放办证指南和宣传手册，方便来访企业及办事人员。

2）全面掌握接入县调发电企业基础情况。结合辖区实际情况，对接入县级调度的发电企业开展了调查摸底工作。截至7月末，云南共有各类发电站1839座，其中南网总调、省调直调、省地共调和地调直调的发电站427座。此次工作将接入县调的电站（地方调度和县调直调）1412座列为调查范围，总装机容量441.03万kW。持有发电类电力业务许可证依法经营的共有783座，装机容量285.99万kW，占总装机容量的64.85%。其中水电站782座，装机容量285.80万kW；其他类型1座，装机容量0.2万kW。

3）继续做好承装（修、试）电力设施许可及电工进网作业许可相关工作。不断完善持证单位信息报送统计工作，认真评审181家持证单位的报送信息，出具评审意见，为企业进行年度综合评估提供重要依据。认真开展许可制度执行情况专项监管，顺利完成已持证企业资质达标核查，扎实开展许可等级资质条件对标及整改达标工作，及时掌握相关企业整改达标工作完成进度，规范企业经营行为，维护电力施工市场秩序，实现公平、公开、动态监管。继续开展省外在滇承装（修、试）电力设施许可证持证施工企业资质条件登记管理工作。经过努力，云南省持证电力施工企业基本符合国家规定的资质等级条件。

【国家能源局贵州监管办公室】

基本情况 国家能源局贵州监管办公室（简称贵州能源监管办）是国家能源局在贵州设立的派出机构。2013年11月21日单位名称由“国家电力监管委员会贵州省电力监管专员办公室”变更为“国家能源局贵州监管办公室”。

贵州能源监管办下设综合处、市场监管处、行业监管处、电力安全监管处、资质管理处、稽查处等6个职能处室。

领导班子：党组书记、专员向海平；党组成员、专员助理潘军；党组成员沈军。

主要工作

（1）电力安全监管。

1）开展重点安全专项监管。制定《贵州电网安全风险管控专项监管工作方案》和《加强人身安全风险管控强化电力施工企业安全生产监管方案》，编制《局部薄弱电网反事故措施研究——贵州毕节电网反事故措施研究报告》，对贵州毕节电网存在的风险进行了系统梳理分析，提出了反事故措施，对其他薄弱电网的风险管控和制定反事故措施具有借鉴作用。

2）开展电力行业安全生产大检查。按照“全覆盖、零容忍、严执法、重实效”的总体要求，对全省梳理出的65家重点输供电、发电、设计和施工企业开展安全生产检查，共检查出一般隐患51项，整改51项，整改率100%。

3）开展“安全生产年”活动。配合国家能源局在贵州成功召开“加强电网抗冰能力技术经验交流会”，开展安全生产月主题活动，被国务院安委办等部门授予2013年全国安全生产月活动“先进单位”荣誉称号。

4）开展汛前防汛安全检查。要求全省各发电、电网企业切实履行企业安全生产主体责任，落实相关安全措施，确保汛期防洪度汛和电力安全生产。

5）开展贮灰场安全监管工作。印发《关于进一步加强贵州省火电企业贮灰场安全管理工作的通知》，督促企业落实安全生产主体责任，完善贮灰场各项管理制度，确保贮灰场安全运行。

6）开展电力安全生产标准化达标评级工作。通过一级达标企业12家，二级达标企业8家，三级达标企业6家。

7）完善各级各类应急预案。强化电力应急处置的社会联动机制建设，完善各类电力应急预案的制订、修编、评审、备案，有针对性地开展各级各类应急演练。

8）加强外部沟通协调。与省安监局、省水利厅等相关政府职能部门建立密切沟通会商机制，加大电力安全监管工作覆盖面，形成电力安全监管部门、政府相关管理部门及电力企业“三位一体”工作机制，综合治理，齐抓共管，共促电力安全生产。

（2）电力市场与价财监管。

1）有序推进电力大用户直购电工作。深入贯彻落实国务院国发〔2012〕2号文，推进贵州省大用户直购电工作实现零的突破，受到贵州省委省政府充分肯定。

2）做好电力供需形势分析。认真研判形势，深化电力供需形势分析，及时提出意见建议。积极参加省经济监测预警厅际联席会，与省有关部门共商贵州省经济社会发展有关工作，提出意见与建议。

3）稳步推进实施统调发电厂辅助服务补偿及并网运行考核实施工作。充分发挥“两个细则”的机制性作用，成效显著，考核费用明显下降，补偿金额总体上升，电厂机组运行水平显著提高，电网运行质量显著提高，强化非计划停运考核管理，从制度上规范了并网机组非计划停运管理。

4）服务电力企业发展。及时为新建机组办理商转手续，既有利于企业的正常生产经营，又在一定程度上促进发电企业提高发电能力。

5）强化成本监管。对辖区内受检火电企业成本管理违规事项进行后续整改督办，督促相关企业规范成本管理。

6）按照省委省政府的要求牵头协调鸭溪电厂体制纠纷。12月31日，中国国电集团公司与中国电力投资集团公司签订了《鸭溪电厂—元宝山电厂股权无偿划转项目框架协议》，标志着鸭溪电厂管理体制理顺工作取得实质性效果，既理顺了鸭溪电厂管理体制，也使两集团另外两家电厂的管理体制得到一并理顺。

7）充分发挥电力行业厂网联席会议桥梁纽带作用。针对现实面临的紧迫形势以及热点难点问题的进行研究讨论，提出解决办法，促进厂网互相支持、和谐发展。

（3）输供电监管。

1）加强调度监管。通过门户网站、月度调度会等方式向政府有关部门及各有关电力企业、统调发电厂开展信息披露工作。加强可再生能源调度消纳监管，2013年未发生调度原因的弃风弃水情况。

2）大力推进供电监管机制建设。制订了《贵州省用户受电工程监管实施细则（试行）》。6月1日正式实施后，供电企业、电力用户、设计（施工、试验）企业、招标代理机构的市场行为进一步规范、有序，用户受电工程质量稳步提高，保障了市场主体的合法权益。

3）强化供电能力和供电质量监管。贵州电网“两率”指标持续提升，2013年，贵州省全口径城市供电可靠率99.955 3%，同比提高0.078个百分点，全口径城市用户平均停电时间为3.92小时/户，同比下降63.68%；全口径农村供电可靠率99.831 6%，同比提高0.314 1个百分点，全口径农村用户平均停电时间14.75小时/户，同比下降65.19%；城市居民端电压合格率、农村居民端电压合格率分别优于监管指标4.71和6.75个百分点。

（4）电力稽查。

1）做好12398热线投诉举报处理工作。全年12398电力监管投诉举报平台共接到各类涉电有效信息1801件，其中咨询类事项1736件，投诉类事项65件，投诉事项办结率100%，投诉事项当事人满意率100%。全年共发布《12398热线投诉举报处理情况通报》12期，向电力企业提出监管要求20余条。

2）做好行政处罚工作。按照“依法行政、程序合法”的原则对张某某等9人未依法取得电工进网作业许可证、违规从事进网作业的行为做出行政处罚。配合公安机关开展打击“三电”犯罪专项行动，参加规范废旧金属物资回收管理工作调研，做好打击“三电”犯罪专项行动各项宣传工作。

3）开展贵州省用户受电工程市场开放情况调研。广泛听取多方意见，进一步了解掌握用户受电工程市场开放情况，为扎实开展专项监管奠定了坚实基础。

（5）电力节能减排监管。

1）协调建立乌江全流域优化调度机制。与华中电监局重庆业务办、贵州电网公司、贵州乌江水电开发公司、重庆市电力公司、大唐重庆公司进行深入沟通交流，对现有工作机制在发电计划、全流域来水匹配、错峰发电和提高水能资源利用率存在不足等方面，现场进行研究协调，进一步推进乌江全流域优化调度和雨情、水情信息共享工作，减少大量弃水，促进节能减排。

2）督促火力发电厂加快烟气脱硝装置建设进度。与省环保厅、监察厅、住建厅共同组成督查组，对六盘水市和毕节市辖区内5家燃煤火电厂烟气脱硝设施、3家水泥厂烟气脱硝设施、17家污水处理厂项目建设及工程进度情况开展现场督查，对各重点项目工程建设进度和运营情况进行确认，对个别尚未开工建设和建设进度缓慢的重点项目提出督查整改意见。2013年需完成烟气脱硝改造的15台总容量540万kW火力发电机组，已全部完成建设任务。

3）监督电网企业严格执行国家节能环保电价政策。督促各级供电企业对全省水泥、铁合金、炼铁、焦碳、电石、黄磷、造纸等11个行业共计133家淘汰落后产能企业停止供电，落实永久性停止供电措施，确保惩罚性电价和差别电价执行到位。

（6）电力业务许可监管。

1）认真开展电力业务许可工作。2013年新颁发电类电力业务许可证10家，新颁承装（修、试）电力设施许可证22家，依法注销发电类电力业务许可证2家，依法注销5家电力施工企业的承装（修、试）电力设施许可证。按照原国家电监会第28号令要求，完成15家电力施工企业新政换证工作。新颁2326个电工进网作业许可证。

2）积极协调解决部分企业在机构改革过渡期间无法取证带来的问题。为华电乌江公司沙沱电厂、国投盘北煤矸石电厂等15家发电企业出具同意其临时运营或试运行的函。针对贵州省多数小水电企业地处偏远山区的实际情况，为减轻企业负担，将6000kW以下发电企业的年检周期由一年一检调整为两年一检，完善市场退出机制。

3）认真开展接入县级调度发电企业许可制度执行情况专项监管。收集、梳理企业对许可制度管理和风险管控的意见及建议，共排查963家，总装机容量1827MW。

4）完善电力建设项目备案制度。2013年共完成823个电网建设项目和27个发电建设项目的备案登记工作。更加全面地掌握辖区内新建、改建和扩建的电力建设项目的具体情况，进一步理顺发电类电力业务许可证申报、并网安评、转商运营三个环节的衔接工作，夯实电力市场准入监管工作基础。

【广东电网公司】

企业概况 广东电网公司（简称广东公司）前身是广东省广电集团有限公司。2002年12月29日，国家电力体制实施重大改革，广东省广电集团有限公司划归中国南方电网有限责任公司。根据《国务院关于组建中国南方电网有限责任公司有关问题的批复》（国发〔2002〕5号）和国家发展改革委批准的《中国南方电网有限责任公司组建方案》规定，并经广东省人民政府同意，2005年3月31日广东省广电集团有限公司完成工商登记注册，更名为广东电网公司，4月18日正式挂牌并运作。

广东公司负责广东电网的统一规划、统一建设、统一管理。依法对所辖电网以及并网的电厂实施统一调度，负责电网的安全、稳定、经济、优质运行；经营管理广东电网，经营广东省内外和境内外的电力购销，经营电力过网和电力交易等服务业务；通过产权转让、资产收购、兼并、租赁、股份制改造等方式开展资本经营；经营电力工程的建设，包括工程总承包、设计、施工、调试、物资供应、工程监理及造价咨询等；经营依托电力通信网发展的有关信息产业的业务，电力设备、电力物资器材的修造和销售；经批准开展国内外融资、投资和国际合作业务，同时从事科研开发、技术贸易、进出口、房地产开发经营、信托、金融、证券、保险、咨询服务、培训等业务和其他第三产业经营。

截至2013年底，广东公司直管19个地市供电局，60个县区供电局（分公司）、51个县级供电局（子公司）、57个供电分局，1087个乡镇供电所。供电面积16.84万km^2、供电客户2750万户。

领导班子

董事长、党委委员、书记：廖建华

董事、总经理、党委副书记：江毅

董事、巡视员、党委委员：张卓

董事、巡视员、党委委员、纪委书记：赵树华

董事、副总经理、党委委员：王江、罗辑、吴宝英、张文峰、陈山

董事、党委委员、工会主席：顾广平

总会计师：莫锦和

总法律顾问：唐远东

电网发展 截至年底，广东电网共有35kV及以上输电线路（含电缆）约61 454km，变电站1866座、变电容量28468万kVA。其中：500kV线路7031km，变电站33座、容量6526万kVA；220kV线路17 089km，变电站246座、容量10 193万kVA；110kV线路28 362km，变电站1301座、容量11 464万kVA；35kV线路7365km，变电站286座、容量285万kVA。

组织机构 广东公司本部设有办公室（与党委办公室合署，增挂外事办公室牌子）、人事部、人力资源部、财务部、企业管理部、计划发展部、市场营销部、生产设备管理部、基建部、物资部、信息部、安全监管部、科技部、农电管理部、审计部、法律事务部、监察部（与纪委办公室、直属纪委办公室合署）、政治工作部（与直属党委办公室、团委合署）、工会、系统运行部（与电力调度控制中心合署）共20个部门，以及防范窃电与电力设施保护中心、社保（年金）中心、节约用电服务中心、离退休管理中心共4个挂靠机构，下辖佛山、东莞、惠州、珠海、中山、江门、韶关、汕头、肇庆、湛江、茂名、梅州、清远、阳江、揭阳、潮州、河源、汕尾、云浮供电局等19个地市供电局，广东电网公司电力调度控制中心（与系统运行部合署），广东电网公司电力科学研究院（广东电网公司器材检验中心、广东电网公司计量中心）、广东电网公司电网规划研究中心、广东电网公司信息中心、广东电网公司物流服务中心（广东电网公司招标服务中心）、广东电网公司管理科学研究院（广东电网公司安全生产风险管理体系建设指导中心）、广东电网公司教育培训评价中心（广东电网公司党校、广东省电力工业职业技术学校、广东省电力技工学校）、广东电网公司新闻中心、广东电网公司服务中心等9个直属中心机构，以及广东电网发展研究院有限责任公司、广东省电力工业局设备制造厂、广东省输变电工程公司、广东省电力物资总公司、广东电力投资有限公司、汕特广南电力工程公司、广东省电力通信有限公司、汕头万丰热电有限公司、广东广华实业进出口有限公司等单位。

人力资源 截至年底，广东公司共有职工102 628人，其中拥有博士129人、硕士1984人、本科23 533人、专科24 170人，拥有正高级职称41人、副高级职称2320人、中级职称7656人、初级职称16 217人，以及高级技师763人、技师4237人、高级工26 570人、中级工28 769人、初级工3134人。

电网规划与建设

（1）电网规划。完成规划工作体系研究，加强规划阶段投资决策管理，提出5大方面14项管理提升举措。统一防范电网运行风险的规划运行标准，在年度滚动规划中予以运用。首次完成各地市规划选址选线报告。全面开展“一镇一册”镇级配电网规划，初步建立配电网规划数据日常维护机制。制订广东公司加快农村电网建设工作方案，完成广东省“十二五”农网改造升级规划优化。完成广东电网远景目标网架研究、中长期负荷规划及广东省电力工业发展战略研究。印发了进一步推动政府支持电网规划建设的意见，梳理22条需政府出台的政策建议，10个地市政府共出台18个相关的制度或政策；针对广东省政府出台的支持基础设施建设和大型骨干企业的意见，梳理出配套建设的电网项目并督促推进，协助南网推动广东省政府支持构建电力产业持续健康发展长效机制。签订广东公司与珠海、肇庆、云浮、东莞的战略合作协议。完成转让大亚湾核电站电量份额至中华电力的合同谈判及协议草签，取得广东省政府的批复同意。

（2）项目前期工作。规范管理界面，制订项目前期工作指导工期、前期工作细则、可研审批手册等管理制度。首次开展500kV项目的环评、水保编制单位的框架招标，试行220kV输变电项目选址选线、可研、初设、施设的捆绑招标。出台设计企业评价考核管理办法，每季度发布设计单位考核评分情况，并将考核结果应用于设计招标。全面铺开“十二五”规划电网项目前期工作，35kV及以上项目完成前期工作共129项，其中41项以核准批复的形式完成行政审批，88项以备案形式完成行政审批（其他支持性、文件均全部取得）；其中500kV 7项、220kV 57项、110kV 65项，共有主变压器容量1487万kVA、线路长度3198km、动态投资129.9亿元。修订小型基本建设项目管理办法，建立小型基建重点项目里程碑进度监控制度，针对建设管理不规范问题提出整改方案并跟踪各项工作的落实。

（3）投资计划管理。投资计划管理更加完善，印发电网建设投资计划建议书范本，对投资需求进行多方位的分析论证，提升主配网新建项目的计划准入水平。进一步完善公司固定资产投资计划编制、上报、审查、下达和调整的标准管理体系，细化地市和县区层级的计划管理流程。投资计划管理信息系统持续升级完善，实现配网基建计划明细化管理、二级单位编制计划等功能。小型基建管理逐步规范，全面梳理近年来小型基建违规问题，提出整改方案，破除管理瓶颈；规范小型基建规划基础资料信息管理，组织完成东莞农电遗留5项小型基建项目的可研批复；完成县级子公司供电所综合楼项目建议书、可研和征地批复40余项；清理广东公司在建小型基建项目，编制出台广东公司关于停止新建楼堂馆所和清理办公用房的工作方案。

(4) 工程建设。重点工程进度良好，截至年底，4项网公司重点工程已投产2项，500kV水乡变电站加装STATCOM工程和500kV糯扎渡直流受端配套交流工程（Ⅰ期）分别于6月和7月投运；500kV糯扎渡直流受端配套交流工程（Ⅱ期）和500kV东莞东纵输变电工程进度受控，现场管控良好。

全年电网建设共投产35kV及以上项目134项，其中：500kV项目5项、220kV项目31项、110kV项目90项、35kV项目8项。新增35kV及以上输电线路（含电缆）1967.24km，新建35kV及以上变电站35座，新增主变压器118台、变电容量1133.53万kVA。其中：500kV线路135.93kV，主变压器3台、容量250万kVA；220kV线路618.68kV，变电站7座、主变压器23台、容量446万kVA；110kV线路1125.56km，变电站26座、主变压器85台、容量431.90万kVA；35km线路87.07km，变电站2座、主变压器8台、容量5.63万kVA。

(5) 工程质量评优。500kV祯州变电站工程获“国家优质工程银奖”“中国电力优质工程奖”和省档案局“金册奖”；220kV鹅村变电站工程、220kV琴韵变电站工程获“中国电力优质工程奖”；500kV玉城变电站工程、220kV利铁（东岸）变电站工程、110kV中坑变电站工程、110kV纪豪（纪家）变电站工程获“广东省建筑行业优质工程奖”；110kV黄塘变电站工程、110kV鹅埠变电站工程、桂城新增林岳市场二区Y42解决林岳市场Y03台区配变重载工程、肇庆封开罗董镇辟力配变过载换大变压器工程、新增上围2号台区解决原110kV太和站10kV迳口干上围台区低电压工程、新增辛厝寮大堀北大堀工业区1号配电站解决大堀箱变重载等12项工程获“中国南方电网公司优质工程奖”。

(6) 物资管理。坚持深化创先工作，不断强化物资供应链核心能力建设。需求计划准确率99.94%，继续保持全网领先。采购与供应商管理进一步规范，完善广东公司招标采购管理架构及管理体系，优化招标及非招标业务流程，完成一、二级物资采购109亿元；完成24个标的329家供应商评估，总体通过率为79%，同比下降3%，排除了71家不合格供应商，严格了入网关口。合约与品控管理不断加强，110kV及以上基建工程物资合同实现统签统付，合同签约及时率100%。首创项目物资JIT供应主动管控模块，实现物资供应准时供货率99.99%。连续两年实现质保期内在运主设备“零故障”。

电网运行与安全生产

(1) 电力供应。全年全社会用电量4830.13亿kWh，同比增长4.56%。统调最高负荷8407万kW（8月12日），同比上升5.02%。组织编制《迎峰度夏电力平衡应对措施及预案》，并采取优化机组检修、协调省内燃机按最大能力发电等措施，确保度夏期间全省电力供应满足需求。协调政府、供电局优化通明、丰达、前湾等燃气电厂的气量及燃料补贴安排，全年未发生因缺燃料停机导致的局部网络错峰。在节假日及强对流天气等特殊时期，累计安排机组停备233台次，最大停机容量1109万kW，累计安排核电减载22台次。编制调峰应急方案11份。主动服务大型骨干企业等项目，增加电量9.5亿kWh。建立中低压配电网报装受限及低电压问题解决协作机制，及时解决客户用电难题2391个。配合政府做好大用户直购电扩大试点工作。与4家发电厂签订调度协议4份，与3家大用户签订并网调度协议8份，并网调度协议签订率达到100%。累计完成7台共613.2万kW的新机组并网启动投产工作。

全面完成省公司和19个供电局生产应急与保供电等生产协调职能交接工作，发布了应急和保供电工作指引。扩展应急平台实用范围，推广至11个灾害多发县区，建立应急能力评价指标体系，试点开展了应急队伍标准化建设，全系统组建413支共1.6万人的应急队伍；编制应急生产物资定额，开通调拨供应绿色通道和24小时热线，确保应急物资充足可用；推广“双盲”演练。

提升电网及设备抗灾能力，扎实做好防风防汛隐患排查工作，发现并整改隐患552项；对风灾频繁区域内的5回主网和125回配网线路进行了抗风加固改造；印发公司抗风抢修复电工作指导意见，从日常工作、应急支援、应急处置和安全保障等四个方面提出了27项工作规范；首次建立以公司领导负责的前线指挥部机制，加强与政府的沟通联动，形成抢修复电合力。

全省全年共发生24场暴雨过程，广东公司系统共发布各级应急预警90个，启动各级应急响应189个，累积出动抢修人员71 442人、抢修车辆10 723辆、应急发电车136辆和应急发电机562台，出色应对各项突发事件，第一时间恢复供电。

(2) 安全管理。启动地区供电单位“五钻”建设探索。所有19个地市局顺利实现标准化达标，其中10个局达到一级，9个局达到二级，四钻单位增至6个。修编完善了防风防汛应急预案及工作手册。完成公司系统有史以来启动预案最多、规模最大的检验性实战演练，并首次采用移动3G视频进行现场直播。编制应急队伍工作标准和管理实施细则，开展防风防汛应急队伍标准化建设试点工作并通过网公司验收；全系统组建了内部和外部应急队伍413支共16 115人的应急队伍。

优化基于风险的安全监督套路。修编了《现场安全督查工作指引》。完善安全生产风险预警机制，及时发出《安全生产风险预警通知单》对安全生产不良情况进行预警，并着重强化了对各单位风险来临前管控措施落实情况的督查，进一步前移了风险管控关口。完成节前和春季安全大检查、防风防汛专项检查等多次安全大检查。

安全自主管理文化建设稳步推进。编制安全文化建设评价细则并完成试点评价。组队中山、江门局代表广东省获得第七届粤港澳安全知识竞赛企业组冠军和工会组亚军，东莞、江门及汕头局获得广东省安全文化建设示范企业。持续开展形式多样的“安全生产月”活动。

（3）供电可靠率。制订了《可靠性和电能质量领域深化创先工作专项方案》，明确以2020年实现国际先进为总体目标，规划2013～2020年6大领域23项关键举措。母公司用户平均停电时间下降29%，综合电压合格率提升1.76个百分点，供电可靠性金牌企业数量和质量取得新的突破，佛山、东莞、江门、中山供电局获得2012年全国供电可靠性A级金牌企业称号。

加大投入并实施差异化提升策略。安排70.06亿元资金进行配电网结构优化，D类及以上供电区配网可转供电率达到79%；组织调研县级子公司配网基础现状，开展提升县级子公司供电质量专项资金需求申报工作，争取5.02亿元专项资金，下达1896项修理项目，对重点线路和台区进行针对性整改，提高了农村地区居民供电质量；在全面分析各单位可靠性管理现状基础上，对各地市局制订了差异化的提升策略，其中在佛山、东莞等10个供电局投资4.4亿元开展配网自动化建设；在韶关、云浮等9个粤东西北供电局，加大综合停电、带电作业和转供电措施的推广力度。全年带电作业累计实施14 724次，同比增加39.6%，减少用户平均停电时间3.3h；转供电累计实施10 471次，同比增加8.9%，减少用户平均停电时间2.6h。

强化可靠性提升工作的基础管理。开展可靠性管理内外帮扶。全部119名地市局和县区局可靠性管理人员进行持证上岗培训考核，1220名可靠性专兼职人员完成综合停电、转供电等管理措施交流培训。编制供电可靠性和电压管理典型实践案例集。完成安全生产系统输变电设施可靠性管理模块功能开发和验收。广东公司电压监测系统与南方电网公司平台实现对接。通过基建、技改及修理项目完成了7743个低电压台区改造。

（4）资产全生命周期管理。编制印发了资产全生命周期管理深化创先专项工作方案。

推进资产信息系统实用化。基本实现了主网存量资产的“账、卡、物一致”，并通过资产信息系统固化了主网资产“账、卡、物一致”的长效机制，实现了三者联动。推进资产全生命周期管理辅助决策支持系统建设，完成了资产规模、资产使用寿命、资产使用效率分析等功能的设计，完成设备分析、缺陷分析模块系统的开发。

深化专项工作成果应用。建立了基于电网风险、健康状态和价值的设备风险评估模型，建立了设备健康值的计算模型。从管理和技术两方面细化了设备状态评价技术导则，完善了变压器、断路器、架空线路等18类设备的状态评价表。完成线圈类、开关类、线路设备状态评价。编制了基于风险评估的设备运维策略，制订了基于状态评价的主变压器试验和检修策略，规范了检修维护、在线监测和带电检测等技术手段的周期和内容。在佛山、江门等10个供电局的151座变电站和376回线路开展试点应用，实现设备状态评价、隐患排查和风险评估的一体化、设备运维策略的差异化、设备运维工作的标准化，提高设备资产精益化管理水平。

建立110～500kV断路器技改修理准入模型。开展生产性设备资产退役报废分析，针对提前报废重点影响因素，制订管理提升举措，降低资产报废净值率，提高设备使用寿命。

（5）技术措施。全面完成31974台（套）设备预试定检，及时发现并消除NGK套管、惠州站主变压器套管介质损耗超标等设备缺陷18项。对308相500kV主变压器（含高压电抗器）开展局部放电和绝缘油普查，完成防止500kV断路器防拒动带电检查和7596面大电流开关柜红外和局部放电检测，对发现的46项隐患逐一制订并落实了防控措施。全面完成66条220kV及以上重要输电线路的交叉跨越和对地距离的校核、1486条线路33 894基杆塔接地电阻的测量、570条线路3341基杆塔地网的开挖检查和4条线路28基杆塔1578片绝缘子的零值检测，及时处理741基杆塔接地电阻不合格缺陷。完成向重要用户供电的1228条10kV线路和1733个配电站、开关站3958台开关的带电测试；完成2746台运行超过15年的重载配电变压器绝缘油试验，对全部77台试验不合格配变进行改造。

对76座500、220kV重要变电站和66条500、220kV重要线路编制了特殊运维工作方案，完成5978条次重要输电线路和132 071台次重要变电设备特维特巡。对电网检修方式下的运行风险，组织各供电局按照重要设备分级原则和特维工作指导意见要求编制特殊运行维护工作方案，成功化解省网风险44项，地区电网风险1236项。

全面排查设备缺陷和隐患，完成465台存在家族性缺陷的SAS550互感器的检查。深入研究配电设备状态检测技术，在干扰识别、判定标准、测试周期等方面进行数据分析验证，修编完善开关柜局部放电和电缆振荡波测试作业指导书，组织开展技术培训，缺陷检出率提高 9.8%。及时清理紧急、重大树障隐患点 5259 个，清理隐患树木 861 768 棵。共处理主网设备紧急、重大缺陷 967 起，配网设备紧急缺陷、重大 2428 起，消缺率和及时率均达 100%。

全面核查 2006 年以来网、省公司发布的反事故措施落实情况，制订了《广东电网公司反事故措施实施计划》，需执行反措设备数量 3181 台（套），已全部执行。全面完成 106 台平高东芝断路器液压机构、ABB 公司 110kV GIS 29 个伸缩节小蝶簧、159 根北开 GIS 隔离开关拉杆、8 组三菱公司 500kV 主变压器气体继电器和 8 组 500kV 西门子隔离开关缺陷连杆的整改。开展输电线路防风偏、防雷能力核查，对 110kV 及以上线路杆塔进行防风偏改造 669 基、防雷改造 2704 基，整改计划完成率 100%。

制订输变电设备在线监测装置运行管理规定，规范在线监测装置维护，在线监测装置接入远程诊断中心接入率达 95%。强化监测数据跟踪分析，通过设备监控运行周报等形式，对设备异常状态及时预警消缺，成功发现 500kV 惠州站 1 号主变压器 B 相高压套管介质损耗异常、佛山乐从站 GIS 局部放电异常、中山宝山站 GIS 局部放电异常等 5 起缺陷。制订输变电设备在线监测装置通用技术规范，完善变压器油中溶解气体在线监测装置等技术规范，制订变压器套管在线监测及变压器局放在线监测装置技术规范并开展入网检测，进一步提升装备水平和准入门槛。

制订了 2013～2014 年冬春季节防冰抗冰 15 项设备管理工作计划，完成了 110kV 关梅线、贵水线的地线融冰绝缘改造，完成了 110kV 贵龙站、慧光站加装直流融冰装置工作，修编了线路融冰“一线一策”、地线拆解“一线一策”、人工观冰工作计划等多项技术方案，完成了 8 套固定式直流融冰装置和 4 套车载直流融冰装置带线路升流试验，完成了 24 套覆冰在线监测装置消缺，覆冰在线监测装置消缺率、在线率均达 100%。全年没有发生因冰雪凝冻造成的用户停电事件，全面完成 2013～2014 年冬春季节防冰抗冰准备工作。

（6）技术指标。公司全年安全生产技术指标完成情况良好，电网频率合格率 100%；综合电压合格率 99.64%，城市居民端电压合格率 99.92%，农村居民端电压合格率 98.64%；城市用户平均停电时间 1.55h，农村用户平均停电时间 3.57h，全口径用户平均停电时间 6.55h；500kV 架空线路可用系数 99.952%，500kV 变压器可用系数 99.999%，500kV 断路器可用系数 99.998%；220kV 架空线路可用系数 99.979%，220kV 变压器可用系数 99.997%，220kV 断路器可用系数 99.998%；220kV 及以上电压等级保护正确动作率 99%，500kV 保护正确动作率 99.96%；生产实时控制业务通信通道平均中断时间 1.271min。

（7）安全事故。连续 2 年杜绝了包括承包商在内的人身伤亡事故事件，连续 4 年未发生恶性误操作事件，未发生一级及以上电力事故事件，发生二级事件 4 起，三级事件 7 起，四级事件 45 起，同比四级以上事件总数下降 31 起，连续安全运行 6590 天。

科技创新 顺利完成国家“863”计划课题“大型风电场柔性直流输电接入技术研究与开发”示范工程建设任务，成为世界首例投入运行的多端柔性直流系统。注重平台建设，信息化评测实验室通过鉴定成为第二批网公司重点实验室。荣获中国电力科技奖 4 项、国家能源科技进奖 5 项；荣获网公司科技奖励 51 项，其中科技进步一等奖 2 项，技改贡献一等奖 1 项，一等奖获奖数占南方电网公司总授奖数的 50%。成功举办题为“科技主导电网智能发展”的广东电网技术论坛，多媒体、全方位展示公司近年科技成果；启动职工技术创新活动，鼓励和引导一线员工立足本职岗位，通过技术创新解决实际问题。自主创新能力持续提高，新增专利授权数 381 项，其中发明专利 70 项；出版专著 10 部，发表 SCI/EI 检索论文 105 篇，连续 3 年获得南方电网公司“科技先进管理单位”的荣誉称号。

信息化建设 开展现有系统升级完善，深入推进营配信息集成建设和应用，实现主营业务支持度 100%，主要业务系统平均无故障运行率 99.97%。着力解决基层班组系统应用问题，启动班组作业工作台建设。推进信息系统性能调优工作，实现营销系统整体延时减少 42%，GIS 系统的使用耗时降低了 60%。夯实数据质量管理，全省主要业务系统数据准确率达 99.22%。深化企业驾驶舱应用，有力支撑业务部门科学决策。强化信息化建设各个阶段的管控，切实提高了公司信息化规范管理水平。顺利完成“两会”、台风等重要时期信息安全保障任务，实现网络与信息安全事件“三个零”。全省 IT 运维服务情况良好，事件一线解决率 52.62%，来电呼损率 1.7%，问题成功解决率 100%。

市场营销

（1）经营指标。全年完成全口径购电量 4098 亿 kWh，同比增长 4.74%；售电量 3907 亿 kWh，同比增长 5.05%。全口径第三方客户满意度 81 分，同比提高 5 分。全口径客户平均停电时间 6.24h，同比下降 0.82h。全口径当年电费回收率 99.99%，高于年度计划 0.11 个百分点；1 年、2～3 年及 3 年以上陈欠电费回收率分别为81.95%、46.41%和15.30%，分别高出年度计划21.95、6.41和5.30个百分点。

（2）客户服务。建立了客户需求传递、客户服务协同、客户服务评价三项机制，细化了23项措施，对12项指标进行监控。试点打造“易升级”全方位服务品牌。完成全省155家大型骨干企业电力需求摸查，解决客户问题183个，结合电网规划优先满足16家企业共24万kW新增负荷需求。开通网上缴费服务，启动居民预付费电能表试点，推出统一微信服务。其中“广东电网”微信服务号关注人数和绑定人数分别突破14万人和2.9万户。进一步延伸客户服务，落实4.13亿元（原值）小区用户资产接收，惠及用户4.7万户。连续5年获得广东省地方政府公共服务评价桂冠。

（3）绿色环保创先。统一规范了需求侧管理项目的节电量统计，其中客户侧部分计算方法被国家发展改革委采纳并推广。推进节能服务逐步向用户用电设备延伸，提升节能服务信息化水平，建设企业能效监测系统，初步实现了客户在线能效的实时监测与评估。切实提高节能工作效率，制订客户节能诊断及潜力客户筛选标准，建立潜力客户跟踪机制，主动跟进协调客户项目改造，共促进节能改造项目212个，实现节电量3.66亿kWh。编制了光伏发电项目并网服务指引等规范性文件。有序开展电动汽车工作，建成了涵盖省、市、站三级电动汽车运营管理系统，实现全省所有充电站数据实时远程监控，有效支撑了珠三角公交电动化工作开展。

（4）营销基础管理。完成省级集中计量自动化系统功能开发，最大程度实现数据资源共享和提高管控能力，逐步实现计量管理向电能量数据管理的转变。建立“分级分类、全面客观、评价可量化、故障可分析、质量可追溯”的计量设备质量跟踪管理体系。

（5）市场营销信息化。完成营配数据核查、数据同源工作，营销数据、配网数据完整率分别提高近20个百分点。完成“9+4”共13项功能在19个地市局的上线运行，9项基本功能已实现普遍应用。支持了业务线间、省地间在停电应急中的协同互动，确保了“1+3”客服应急工作机制落地，并在多次台风洪涝等灾害天气中得到实践检验。线损“两个比对”工作进一步深化，公司提炼了管理线损“七步法”，实现线损异常闭环管理。

（6）营销风险管控。省地两级开展常态化营销稽查。累计稽查样本数56万个，纠正营销业务差错2674件。试点开展了在线稽查，对异常数据及稽查对象准确定位及自动监控。编制重、特大营销风险库，加强对梳理出的21条营销重、特大风险进行管控和防范，全年未发生特大、重大营销责任事故，风险防范能力逐步加强。为重要用户编制“一户一册”档案，开展“应急包”建设，确保用户用电安全。查处窃电及违约用电行为6412宗，追回电费及违约金1.06亿元。

人力资源管理

（1）干部队伍建设。调整处级干部131人（其中提拔50人）。调整县级供电企业党政正职67人次（其中副处级16人次、科级51人次）。组织各级班子对话142次、领导上讲台授课133次，实现了互学共进。全面开展领导班子“混合式”培训。首次面向网公司系统广州地区单位开展管科院科级干部竞聘。建立年轻干部交流挂职常态机制。全年共交流挂职干部179人次，公司本部、地市级单位机关本部与县级供电企业干部双向挂职锻炼61人次。首次发布领导班子和领导人员考核结果和“一报告两评议”结果分析报告，量化分析各单位领导班子整体运作情况。逐级签订了领导岗位责任书，探索建立“定责、履责、考责、问责”闭环管理机制。修编公司《关键岗位人员交流轮岗办法》，开展领导班子及领导人员差异化考核。

（2）人才队伍建设。制订了《广东电网公司各级技术技能专家岗位管理实施细则（试行）》，首次将技术技能专家纳入公司岗位管理体系。新增各级技术专家68人（高级1人），累计选聘207人，新增各级技能专家69人，累计选聘181人。成立技术、技能专家工作站，初步搭建了培养高级技术技能人才和技术攻关的平台。全面开展领导班子“混合式”培训，逐步树立“通过培训解决实际问题”的培训理念。开展领导班子班子诊断和制订班子学习计划。举办2期中青年干部培训班；引入“哈佛在线”和行动学习课程，加强年轻干部的后续跟踪培养和学习管理。累计选派542名干部参加南方电网网公司的各类培训班，组织4期十八大精神轮训视频报告会，承办3期县区领导班子轮训班。举办4期班站长管理能力提升示范班，建立“统一课程设置、统一师资配备、统一管理模式”的培训模式并在基层供电局全面实施，推进班站长绩效激励机制，共有111名班站长享受激励。积极推荐拔尖技术人才参评政府荣誉，江门供电局冯普俊获受政府特殊津贴。

（3）劳动组织管理。持续优化组织机构和劳动组织形式，重点优化了生产管理、财务管理、辅业管理等机构设置；试点开展区域配电运维中心的配网集中管理模式及中心供电所模式。加强定员与定编管理，建立常态化的定编管理机制。开展直属供电企业岗位定编工作。

（4）用工管理。人员配置向生产经营一线岗位倾斜，向薄弱专业倾斜，调剂余缺；加大公司对优秀毕业生录用的统筹力度；加大电力中专中技毕业生招聘力度，充实生产一线技能岗位。通过竞岗、组聘、培训转岗等有效措施，激发员工队伍活力，缓解冗员与结构性缺员矛盾。

（5）薪酬管理。全面完成县级子公司工资分配结构调整，形成了统一的分配制度体系。逐步解决各单位历史遗留问题，逐步提高低收入人员工资水平。

（6）绩效管理。员工按岗位类型不同采取差异化的考核模式。建立基于工作数量、工作质量和行为规范考核的一体化班组员工绩效管理模式。

（7）教育培训。推动“三基”工程，组织“两册”“十个规定动作”培训，广泛开展普及中职学历教育和送教送培。完成佛山、东莞、惠州、潮州等供电局19个技能实训室建设，在南网率先自主研发建成作业安全体感中心，获得国家专利4项。整合优化精品课程课件1000多门，选聘内训师3000多人，挖掘现有培训资源，搭建培训服务平台。

经营管理

（1）创先工作。广东公司中长期发展战略作为公司今后发展的指导性文件，并于2013年9月正式印发。各地市局相继出台了深化创先实施方案。组织召开5场创先典型实践视频交流会，发布典型实践31个。组织开展创先典型实践和管理基础提升优秀成果的推评选工作，共评选出创先典型实践奖9例，管理基础提升奖9例。印发推动区域联动创先指导意见，制订了63项具体工作举措。先后制订了公司管理制度修编立项计划、公司党的群众路线教育实践活动建章立制专项工作方案。

（2）财务管理。制订广东工商业用电同价方案。配合国家发展改革委上网电价调整，解决了垫支脱销电价等历史遗留问题。加快推进新建住宅供配电设施建设维护工作并取得突破，梅州率先出台地方管理办法，珠海管理办法已原则通过。全力优化购电结构，加大西电的吸纳力度，西电吸纳增长4.73%；优化电网运行方式，精心调度抽水蓄能用电损耗和网损电量，节约成本1.9亿元。

完善预算管理模式和流程。完成年度经营目标。安排了5.02亿元修理费专项用于治理农村低电压地区电能质量，组织了应急资金4.28亿元，用于台风、洪涝等抗灾抢修项目。将售电单价纳入经营业绩考核，提升售电平均单价，全年平均销售净电价为618.98元/MWh，剔除调价因素后，实现了销售电价增长。

对外筹措资金218亿元；全年精确调度6500亿元的资金流，全力保障生产经营资金需求。确保了资金安全零事故。

开展“节省每一分钱”活动。资产报废净值率严控为16%，比预算19%降低了3个百分点，节约了7000万元成本。

编制内控管理手册及评价手册。出台了《关于执行农村电网维护费免征增值税有关问题的公告》，每年都将增加约6亿元利润。

探索试点开展债权性账销案存资产处置，盘活存量资产。强化财产保险的风险控制作用，完善财产保险管理机制。探索物资统付财务管理模式，形成涵盖操作流程、会计核算等内容的管理办法并试点试行。编制了财务一体化工作手册。

（3）县级供电企业规范化建设。研究界定供电所营配核心业务，优化工作流程，明晰规范化建设途径，真正实现“规范、简单、真实、有效”管理。完成了对广东电网公司供电所和台区规范化建设管理办法的梳理和修编。召开惠州龙门规范化建设现场会，以3家示范窗口和6家示范县局为全省标杆，总结推广各标杆单位的做法、经验。全年共有21家县级供电企业、386家供电所达到规范化建设标准。镇级供电所规范化建设当年完成率为35.84%，累计完成率达62.3%。深入开展县级供电企业管理评价工作，完成2012年度和2013年半年期县级供电企业管理评价报告的编制发布工作，建立了整改责任传递机制。组建农电管理评价专家团队，集中开展评价培训。

（4）审计管理。全年累计审计各项工程、科技等项目4932个，累计审计金额111.48亿元，完成审计项目387项，纠正违纪违规金额8977万元，促进增收节支2643万元，提出审计建议2620条。对2011、2012年审计发现的1425个问题的整改情况进行全面检查，督促整改，截至年底整改完成率达93%。开展“内部控制监督评价工作体系研究”和“信息化条件下内部审计信息化应用研究”课题研究。深入推进审计信息化工作，以“两系统一网站”为开展审计业务的支撑平台，实现审计日志、取证表等现场审计资料同步电子化及归档，应用率达100%。

（5）法律事务。办结案件210宗，胜诉203宗，胜诉率96.7%，避免或挽回经济损失4.59亿元，未发生因自身违法违规引发的新的重大法律案件；审核规章制度36份，提出修改意见15条；审核经济合同103 035份，标的额1021.09亿元，参与合同谈判148次；审核重要经营决策94项，提出法律意见73条，确保了公司重大改革改制事项稳妥推进。组织开展各类型法制教育100余场，累计培训近2万人次。

农电改革与农网改造 2013年，理顺了韶关市仁化县长江、扶溪、闻韶、红山、城口等5个趸售镇的趸售关系，完成了县镇电力一体化改革工作。完成了五华县岐岭镇、怀集县中洲镇根枝村、连州市东陂镇江夏村、连州市瑶安乡大营村、阳山县阳城镇陈屋墩和迳墩村、连山县太保镇山塘村和屋地冲村等6个小水电自供自管区接收工作。推进新一轮农村电网改造升级，全年投入农网资金51.56亿元，技改大修专项投资5.02亿元，农网基建年度投资计划完成率102.40%。全年完成老旧农网改造项目3454项，完成投资14.09亿元，重点解决较为严重的过载和低电压问题。通过加大对农网建设和改造的投入，进一步解决县级子公司电网线损高、电压合格率低、设备安全隐患多等问题；优先对农村电网中电能损耗严重的10kV线路、配电变压器、低压线路主干线等进行更新和改造，逐步优化农村110kV及以下主干网架结构，提高配网可转供电率及典型接线率。

党的建设和精神文明建设

(1) 党的建设。开展党的群众路线教育实践活动，贯彻落实中央“八项规定”。领导班子成员在活动中集中学习23次，通过多种方式征求意见建议3600余条，查摆16个“四风”方面问题近70种问题表现，党政正职主持撰写对照检查材料，针对存在问题制订了95条整改措施、7个“四风”突出问题专项整治方案和作风建设规章制度修编计划。

全年共新增党委3个，党支部122个。截至年末，广东公司系统共有127个党委、46个党总支、1957个党支部。全年共有18个党委和439个基层党支部完成换届选举。全年共发展党员707名。

实施基层党建创新“书记项目”，建立由28个项目组成的“书记项目”库。

(2) 宣传思想政治工作。组织15次公司党委中心组集体学习，编印教育实践活动简报53期，党建与企业文化简报25期，《学习参考》13期。积极开展思想政治调研，先后撰写了《政工干部职业发展通道状况》《基层员工心理健康状况》《青年员工流失情况》《基层班组“忙”现象》等专题报告。围绕创先目标，开展“中国梦”大讨论，共发布“中国梦”有关内容180则，累计被转发693次，评论855次。

(3) 党风廉政建设。组织辅导报告254次，各级党委中心组和基层党组织开展理论学习681次，全员平均接受教育11天。组织选拔12个直属单位开展案例分析演讲会。

牵头组织修编《“三重一大”实施细则》，对31个直属单位教育实践活动开展情况实时督查指导，审查领导班子及成员自我剖析材料499份。

3个效能监察项目获得南方电网公司优秀项目一、二等奖。推广应用《工程建设效能监察作业指导书》和《客户服务效能监察作业指导书》，修编完善《县级供电企业纪检监察工作规范》。牵头制订《社会行风监督员管理办法》。重点跟进涉及农网改造、老城区线路改造等需要持续改进的问题。

定期编写《纪检监察信访及案件分析》。启动“借调轮训”培养基层查办案件人员。

(4) 和谐稳定。广东公司及直属各单位全年共召开职代会及职代会联席会议166次、开展职工代表巡视活动262次、征集职代会提案546件、通过涉及职工切身利益的重大事项和规章制度203项、解决职工群众普遍关心的问题437个。

(5) 企业文化建设。7～10月，先后举办“梦想的召唤”“节约的理念”“文化的交融”等主题文化沙龙。组建30人的企业文化宣讲师团队，深入县级子公司、一线班组宣贯南网文化理念、交流班组文化建设经验，共计38场次。举办“榜样的力量”特色党日活动。首次开展员工表扬立功评审工作，公司1名职工获评南网个人一等功、6名职工获个人二等功、41名职工获个人三等功，5个团队获评南网集体二等功、22个团队获集体三等功。2013年公司系统共选树各类典型356个，涵盖各专业领域和业务线条。制订公司《企业文化建设示范单位、专业文化示范基地考评办法》。

(6) 共青团工作。荣获“2012～2013年度全国五四红旗团委”称号。完成了公司团委与815个基层团组织、团干微博的实名认证，搭建起省、市、县三级微博矩阵群，囊括机构微博188个，团干微博627个，35岁以下青年个人微博11 520个。组织2期团干培训班，培训团干104人。积极开展志愿服务活动，全年累计服务时间12万h以上，参与志愿服务9千多人次，为超过5万人提供了志愿服务。

(7) 扶贫工作。广东电网公司、佛山供电局、潮州供电局等13家单位被评为省级扶贫工作先进单位。6月，广东电网公司及直属各单位开展新一轮（2013～2015年）扶贫工作，帮扶107个村6264户贫困户24 746个贫困人口。截至12月，广东公司系统各单位共投入1569.99万元，派出扶贫干部79名，积极参与新一轮（2013～2015年）扶贫开发工作，按照“一村一策，一户一法”的要求制订了扶贫工作方案，并按照方案规划和广东省扶贫开发办公室的要求，有序进行第一年扶贫工作。

主要事件

2月28日，广东省输变电工程公司与广东省电力技术改进公司合并重组，成立广东电网广东省输变电工程有限公司。

4月17日，全国创建用户满意服务明星推进大会在人民大会堂召开，清远清城局凤城营业厅营销业务员冯洁婷荣获“2012年创建全国用户满意服务明星”。

6月5日，国家能源局权威发布“2012年度供电可靠性金牌企业”名单，佛山局、东莞局、江门局和中山局四家企业荣膺A级金牌企业，珠海局、惠州局和湛江局则囊括全国B级金牌南方区域全部名额。已经连续4年领跑可靠性“金牌榜”，金牌总数达到22枚。

6月10日，东莞500kV水乡变电站加装STATCOM项目顺利接入。这是全网首个加装STATCOM工程，STATCOM是目前最先进的无功补偿技术。

7月16日，广东公司下属19个地市单位全部实现网上缴费，只要登录网上（掌上）营业厅或支付宝网页，就能随时随地轻松缴纳电费。

7月26日，500kV换江甲乙线和江门站第五串HGIS设备顺利投运，标志着糯扎渡直流受端配套交流工程（Ⅰ期）全面投产。糯扎渡工程（Ⅰ期）是南网重点工程，500kV换江甲乙线与侨乡换流站的有效连接，将进一步优化珠三角地区电网格局，增强电力供应能力，为糯扎渡水电送出提供坚强保障，为糯扎渡±800kV直流输电工程的投产创造有利条件。

9月1日起，开展直购电扩大试点工作，全省共111家大用户与27家电厂签订了直购电合同，9～12月合约电量共计22.4亿kWh，其中广东电网公司营业区域共94家用户与21家电厂签订了合同，合约电量17.6亿kWh。

9月5日，在国家能源局、中国电力报、中国电力新闻网、中国电力报刊协会联合主办的2012～2013年“中国最美供电所”评选活动中，广东公司5个供电所荣列榜中，分别是珠海白蕉所、肇庆东城所、佛山里水所、清远浸潭所和云浮南盛所。

9月13日，世界首条±160kV海底直流电缆在汕头南澳海域开始敷设。该海底电缆作为世界首个多端柔性直流输电系统项目的重要组成部分，起点位于汕头市澄海区莱芜终端场，终点位于汕头南澳岛长川尾终端场，线路全长约9.3km。

12月25日，落户汕头南澳岛的国家“863”项目多端柔直项目顺利竣工投产。柔性直流输电是以全控型电力电子器件、电压源换流器和新型调制技术为突出标志的新一代直流输电技术，国家“863”项目柔性输电工程是世界首个多端柔性直流工程，也是亚洲首个具有自主知识产权的柔性直流工程。

【广西电网公司】

企业概况 广西电网公司（简称广西公司）是中国南方电网有限责任公司（简称南方电网公司）的全资子公司，注册资金37.83亿元。至2013年底，资产总额550亿元，资产负债率74.81%。2013年，广西公司实现利润总额2.47亿元、经济增加值1.35亿元、成本费用收入比102.32%，完成南方电网公司经营业绩考核指标。拥有35kV及以上输电线路4.17万km，公用变电容量7238.2万kVA，其中：35kV输电线路1.36万km，35kV公用变电站569座，容量503.5万kVA；110kV输电线路1.33万km，110kV公用变电站356座，容量2512.4万kVA；220kV输电线路1.35万km，220kV公用变电站130座，容量3.33亿kVA；500kV输电线路1300km，500kV公用变电站7座，容量925万kVA。全年电网建设投产110kV及以上线路1909.29km，投产变电站37座（含扩建），新增变电容量383.6万kVA。

2013年，广西城市供电可靠率（母公司）99.9477%，同比提高0.02个百分点；农村供电可靠率（母公司）99.8027%，同比提高0.09个百分点。城市综合电压合格率（母公司）99.89%，同比提高0.2个百分点；城市居民端电压合格率（母公司）99.9%，同比提高0.26个百分点；220kV及以上继电保护正确动作率99.96%，同比下降0.04个百分点。

完成固定资产投资90.44亿元，完成年度投资计划的101.17%，其中：电网基建项目完成投资72.78亿元，小型基建项目完成投资4.31亿元，技改项目完成投资11.41亿元，科技项目完成投资0.28亿元，信息化项目完成投资1.66亿元。

领导班子

董事长、党组书记：于培双（法定代表人）

董事、总经理、党组成员：揣小勇

董事、副总经理、党组成员：李一平、黄家林、王淼、林辉、陈建福

董事、党组成员、纪检组长、工会主席、总法律顾问：瞿佳兵

董事、党组成员：陈承林

总会计师：李欣

组织机构 广西公司本部设20个部门，直属机构8个，3个挂靠机构。下辖18家分公司、45家子公司、2家控股公司、1家代管公司，其中在全区14个地级市设立供电局，管理44家县级供电企业。见广西公司2013年组织机构图。

电网规划 广西公司超前研究，与自治区政府合作完成“广西中长期电力发展研究”“广西目标网架结构规划专题研究”“广西电力工业发展战略研究（2020～2050年）”等专题研究。深化政企合作，优化外部环境有突破。促成自治区政府与南方电网公司签订《关于加强战略合作的会谈纪要》；10月14日，自治区召开能源发展专题会议，重点研究广西电力发展问题；促成自治区审议通过《广西壮族自治区电网建设促进办法》。发布《关于进一步深化各级政企合作机制的指导意见》，指导各局开展深化政企合作工作。协调自治区重大处，首次将开展前期工作的电网项目纳入自治区统筹推进重大项目，促成广西公司与南宁等10市政府签订2013～2015年深化推进电网发展协议书，梧州、玉林、河池、来宾供电局通过协调，取得了竞争区域内B类及以上工业园区的电网规划建设权和供电服务权；促成南宁市人民政府正式下发《电网建设绿色通道实施办法工作手册》。解读国家有关政策法规，做好决策参谋。针对大用户直供、电价、

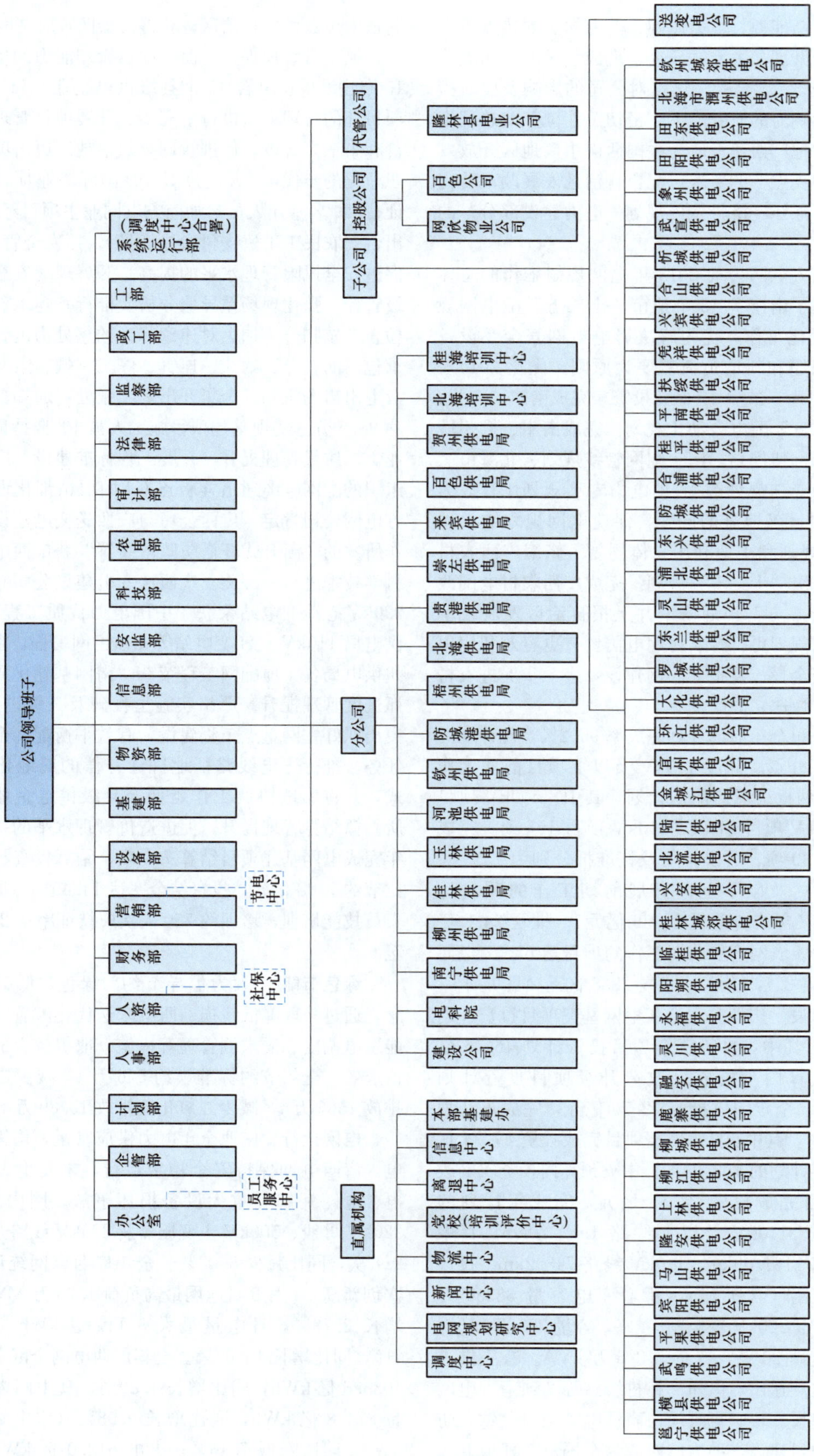

广西公司2013年组织机构图

自备电厂、新能源、电力体制、电力立法等热点难点问题，积极开展相关专题研究，形成了《电解铝电价调研分析报告》《直购电试点对公司的影响及应对措施》等有影响力的研究成果。密切关注国务院总理李克强提出“把广西建设成为中国西南中南地区开放发展新的战略支点”的要求，配合自治区发展改革委完成《西江—珠江经济带发展规划—电力建设部分》的编制。

根据南方电网公司2013年电网规划工作的总体部署，开展了南宁等13个地市“十二五”配电网规划项目库优化工作，优先解决影响电网安全及设备重、过载问题和新增负荷需要为原则，优化2014～2015年项目库，减少17亿元投资。完成南宁、柳州、桂林“十二五”配电自动化规划。完成南宁、柳州城市电网饱和网架规划，南宁配网管线规划、北海市工业园区电力专项规划等18项电力专项规划工作。为解决电网项目落地难的问题，促使电网规划纳入城（镇）总体规划和土地利用总体规划。修编广西农村电网改造升级“十二五”规划。完成广西农村电网改造升级“十二五”规划修编并上报自治区发展改革委，使农网规划更符合农村用电需要、更有效利用中央预算内资金投入及指导农网建设，进一步促进农村经济持续、快速、健康发展。

广西公司全年前期计划完成率95.2%，比计划提高3.2个百分点。开展110kV及以上项目前期工作259个，分两批次下达前期计划，其中，500kV项目11项，220kV项目91项，110kV项目157项。完成可研审查130项、可研批复及核准批分别为128项、99项。35kV及以下配网开展前期工作的项目达32.07亿元（含结转项目14.36亿元），批复24.2亿元项目可研。农网开展前期工作的项目达65.57亿元（含结转项目8.77亿元），批复28.8亿元项目可研。

电网建设　广西公司全年电网基建项目投资计划71.4亿元，其中：自筹资金项目投资计划46.55亿元；中央预算内投资农网改造升级项目投资计划24.85亿元。全年完成投资72.79亿元，完成年计划的101.93%，其中：自筹资金项目完成投资47.94亿元，完成年计划的102.96%；中央预算内投资农网改造升级项目完成投资24.85亿元，完成年计划的100%。投产110kV及以上线路1909.29km，其中220kV线路1161.09km，110kV线路748.2km。投产变电站37座（含扩建），新增变电容量383.6万kVA，其中：220kV变电站14座，容量270万kVA；110kV变电站23座，容量113.6万kVA。有序推进防城港核电厂送出、邕州—林村线路等2项南方电网重点工程建设。攻坚克难加快高铁电源项目及钦北防电网提升项目建设，助力广西成为全国首个建成开通高铁的少数民族自治区，获得自治区政府高度赞扬。

抓项目管理提升，促进项目管理能力的提高。对15家建设单位（含43个县级供电企业）115个业主项目部的管理力量进行了充实。开展项目管理检查评价和第三方督查，促进管理有效落地。迈出项目经理职业化的步伐，9人通过IPMP国际职业项目经理认证；289名基建人员参加南方电网业主项目经理认证。出台《农民工工资支付指导意见》。抓安全管理提升，促进安全风险管理水平的提高。开展现场安全风险分级管控，强化现场差异化分析。推行基建承包商日常检查考核扣分，加大对违章行为的惩处力度，完善对承包商的扣分、约谈、连责、停工整顿、限制投标以及退出市场机制。全年开出254张处罚通知单，扣分达98.6分。实现基建项目施工人员100%持证进场作业。抓质量管理提升，开展工程标准建设。广西公司组织的配网电缆通道样板点G4图层精细化设计获南方电网公司肯定。广西公司与广西送变电建设公司合作研发的“渐升式杆塔防坠落装置”获广西电网公司科学技术进步一等奖。广西送变电建设公司总承包的220kV念荷变电站荣获“中国电力优质工程”；贵港供电局110kV乌江变电站等4项主网工程，南宁、柳州供电局各1项配网工程荣获“南网基建优质工程”。抓进度管理提升。严格实施里程碑及三级进度管控，突出抓好主网重点工程建设，有效平衡配网全年建设任务。推行送电线路征地拆迁补偿的属地化管理模式，并将属地协调工作延伸至县级供电企业、供电所。抓结算管理提升，促进造价管理水平的提高。全年完成电网基建项目结算769项，结算投资与概算相比节约7.08亿元，投资结余率达14.49%。加强造价人员技能培训，培训约750人次应持证率从22%提高至63%。

绿色节能　大力倡导节约、绿色、低碳发展观念，通过采取降低线损、西电东送优化配置、推进节能发电调度和需求侧管理等措施，取得较大的节能环保成效。全年节约标准煤约596万t，减少二氧化碳排放1586万t，减少二氧化硫排放15.89万t。

电网运行　广西全年电力供应富足，均无错峰限电。广西电网保持安全稳定运行，未发生大面积停电、电网瓦解和重大设备损坏事故。网内发电机、220kV母线、500kV主变压器及220kV线路开关跳闸227次，同比减少5.02%。全年广西电网统调负荷3次创新高，1月5日电网最高负荷1.65万MW，同比增长8.78%，日电量最大3.146亿kWh（8月13日），同比增长10.67%。全年广西电网全网发受电量1038.6亿kWh，同比增长4.89%，其中网内发受电量874.8亿kWh，同比增长9.08%（水电260.4亿kWh，同比降低7.46%；火电612.0亿kWh，同比增长17.76%），受区外电量126.7亿kWh（含受龙滩全部），同比降低11.86%。广西电网平均负荷率82.5%，同比提高0.01个百分点，最大负荷率91.13%（6月22日），同比下降1.66个百分点，最小负荷率72.73%（2月8日），同比提高0.4个百分点。主网最大峰谷差764.1万kW（1月4日），同比增加1016万kW，增幅15.3%。主网平均峰谷差492.4万kW，同比增长8.8%。年平均峰谷比64.4%，同比提高1.3个百分点。

广西电网全年中调及以上机组统调发电量847.64亿kWh，同比增长9.06%；其中水电233.61亿kWh，同比降低8.84%，火电611.7亿kWh，同比增长17.59%；风电2.33亿kWh，同比增长204.08%。全年广西电网中调及以上统调电厂机组发电利用小时4538h，同比下降2.28%，其中水电3630h，同比降低9.84%；火电5043h同比降低0.10%。

截至年底，广西电网的统调装机容量（含龙滩50%份额、含境外份额）2.41万MW，其中水电装机容量1.1万MW，占45.72%；火电装机容量1.3万MW，占53.76%；风电装机容量124.5MW，占0.52%。

电网调度 2013年初枯水期，加大水电调峰力度，实现水火电联合调度，多举并措优化电网运行方式。4月在岩滩二期扩建施工结束后，快速回蓄岩滩水位，减少岩滩低水位运行的时间。并在汛前完成红水河上游大型水库以及右江、西津水库的汛前水位消落计划。在主汛期红水河中上游、右江上游来水严重偏枯7～8成情况下，加大水电调峰幅度运行，为提高火电发电负荷率创造条件。优化调整水电运行方式，有效增加右江电厂蓄水量，减少下游径流式电厂因洪水造成的弃水。通过开展中短期预泄调度，增加梯级发电效益。主汛期中后期，科学准确地预测和把握汛期气象水情变化趋势，合理有效拦蓄后汛期洪水，使汛末主要大型水库总体蓄满率从6月初的10%提高至9月底的46%。汛末，结合上游大型水库来水偏枯的有利条件，配合岩滩完成二期扩建下游围堰拆除施工，缩短岩滩低水位运行时间并快速回蓄，减少了低水位运行造成的电量损失；右江水库按照下游基本用水发电运行，水库蓄满率70%；经与防汛主管部门沟通协调，西津、长洲提前回蓄接近正常水位运行。汛期结束后，针对11月台风“海燕”和12月冷空气带来的强降雨，提前逐步对受影响流域的梯级电站开展预泄滕库；及时调减龙头水库发电流量；并结合部分电站机组检修开展梯级优化调度；推迟相关电厂机组检修并协调部分电厂提前结束检修工作，减缓了水电蓄能下降趋势，有助于缓解今冬明春综合用水矛盾。全年通过各种优化调度措施，全网实现水电优化增发电量9.48亿kWh，相当于节约标准煤28.3万t。

全年辨识电网风险216次，发布电网运行风险117份，成功化解电网风险99项，其中将16项Ⅳ级及以上电网风险降级化解。有效应对“尤特”等超强台风等自然灾害；圆满完成“两会一节”、“嫦娥三号”发射、“第九届两岸经贸文化论坛”“第十届中国—东盟博览会”等一系列具有国际影响的保供电任务，完成特级保供电4项、一级保供电8项。截至年底，广西电网已连续安全运行4372天。

安全生产 广西公司进一步树立“一起事故都可以预防”的安全理念，坚守安全“三条底线”，突出抓好电网、人身和设备风险的闭环管控；突出抓好体系深化应用，重点解决“两张皮”问题；突出抓好应急指挥场所和移动应急平台的建设，进一步健全完善各级内、外两条线应急处置流程和要求，强化现场应急处置；着力抓好安监团队建设，提升安监团队的综合素质；着力抓好“分享互助”安全文化建设，锻造具有广西电网特色的安全文化。以风险管理为主线，突出抓好风险闭环管控。坚守安全生产三条底线，抓好风险分析，并进行“分层、分级、分类、分专业”闭环管控，全年对五大类风险实施179项控制措施，计划完成率100%。组织安全大检查，抓好隐患排查治理工作。全年发现隐患2446项，按计划整改完成2205项。严抓“三违”管理。修编《广西电网公司反违章管理实施意见》，建立联责机制，明确各层级、各部门的职责及工作规则。全年查处各类违章605起，发出安全监察通知书217份，对违章有关单位及人员进行了专题约谈，发放安全工作预警。开展“落实安全责任，实现平安100天”活动。编制并实施《落实安全责任，实现平安100天工作方案》，提出2个杜绝和4个不发生的工作目标及34项具体工作。修编完善各级负责人安全生产职责与到位规定，组织开展事故事件信息上报演练。并针对“9·18”事故暴露出的问题开展停工整顿，督促事故整改，杜绝发生同类事故，开展了防城港供电局事故后整改评价；对5个单位进行了事故事件工作约谈、对三级及以上事故事件较多的3个单位发布安全工作预警，对全年三级及以上事故事件166项整改措施逐项进行跟踪落实。修编发布88份安全监督作业表单，进一步规范现场监督行为及监督检查内容，确保风险管控监督不留“死角”。

印发《广西电网公司2013年应急重点工作计划安排》；完成公司总体应急预案、人身事故事件、防风防汛、低温冰冻灾害应急预案和防城港核电站核事故供电保障启动与响应程序的修编工作；配合广西壮族自治区工信委完成自治区电网大面积停电事件应急预案的修编和自治区 2013 年电网大面积停电事件演练方案及演练脚本的编制；完成南方电网公司二级应急物资清单、各供电局应急物资储备定额、公司应急指挥中心场所建设调整方案的编制；完成公司防灾管理实施细则和应急平台管理细则 2 个 B 类制度的编制和县级供电企业应急管理指导意见的编制；成功组织开展公司防风防汛应急演练。组织修编总体预案 64 项、专项预案 1031 项，现场处置方案 8295 项；培训 5069 人次；开展应急演练 2770 次，参演 2.86 万人次。

全年广西公司发生自然灾害类突发事件 14 起，其中：2 起冰冻灾害、12 起防风防汛（台风和强降雨），发布预警 14 次，其中橙色预警 2 次，黄色预警 3 次，蓝色预警 10 次；启动响应 3 次，其中Ⅱ级响应 2 次，Ⅲ级响应 1 次。完成了“神十”发射测控、“两会一节”保供电任务。

加强部门横向协同，全面推进安全监管领域创先工作。印发广西公司安全监管创先工作计划并全面实施，完成相关业务梳理和工作计划。完成一、二级业务梳理（一级 4 项、二级 17 项、业务事项 52 项），实施创先的 8 大举措、32 项具体工作内容，进行回头看，效果较好。统筹推进各单位的安风体系建设与应用。按照“抓两头，稳中间”的思路，据各供电局体系建设情况，统筹各梯队的体系建设，并滚动修编相应的规划。实现安全监督工作信息化系统运行。抓好体系深化应用，提高体系运转质量。重点攻关解决难题，防止体系空转和偏转。对公司 2012 年各供电局体系审核报告进行系统分析，找出排名靠后的 10 个短板要素，提炼出 11 个重点课题，组织进行系统研究、攻关，并把成果推广应用。发挥安全技术指导中心的支撑作用，对供电局实行分梯队、差异化指导 828 人次，督促供电局整改完成审核发现的问题 4561 项。举办公司层面各类安风体系知识、审核员培训班 10 期 853 人次。组织 40 名骨干参加南方电网公司审核员资格考试，考试平均成绩位居南网五省区前列。稳步有序推进体系建设向基建、农电和营销领域延伸，广西送变电建设公司获三钻，9 家县级供电企业达 65 分及以上。

广西公司全年系统安全生产形势总体平稳，没有发生一般及以上电力生产事故，没有发生一级电力事件，没有发生恶性误操作事件。发生二级电力事件 2 起，同比持平；发生三级电力事件 14 起，同比下降 48%，降幅列全网第二。发生 1 起外施工单位一般人身伤亡事故。

市场营销 广西公司全年购电量完成 1030.04 亿 kWh，同比增长 3.34%；完成售电量 963.4 亿 kWh，同比增长 3.35%，其中区内售电量 888.9 亿 kWh，同比增长 6.5%；龙滩转送广东 38 亿 kWh，同比减少 27.3%；广西送广东 35.7 亿 kWh，同比减少 19.6%；送越南 0.8 亿 kWh，同比增长 15.2%。全年电费回收率完成 99.96%，同比提高 0.04%；陈欠电费回收率 1 年期 69.52%，2～3 年期 6.35%，3 年以上 4.21%。依托营配信息集成平台，加大营销内稽外查力度，全年累计查处营业差错 505 起，查处违约窃电行为 853 起，追补电量 442 万 kWh。营业普查合并追补电量 8065.33 万 kWh，降低综合线损率 0.08 个百分点。

广西公司客户满意度、客户平均停电时间（母公司口径）、电费回收率等营销主要考核指标完成情况良好。客户满意度（母公司口径）：由南方电网公司组织的第三方客户满意度测评得分 77 分，追平云南，同比提高 2 分，比南方电网考核满分值指标高 4 分，列西部省份首位；南方电网综合考核得分超过 10 分的满分值。客户平均停电时间（母公司口径）：全年 10.64h/户，同比下降 33.79%，比考核满分值日标低 4.06h/户，指标值列西部省份首位；南方电网综合考核得分在西部省份排名第一。全年累计客户投诉率 11.08 次/百万户，优于考核目标 70 次/百万户。2013 年，广西公司在自治区组织的广西十大公共服务行业年度公众满意度调查中排名第一。

物资管理 广西公司及柳州、桂林、贺州供电局被评为 2013 年南方电网公司物资工作先进单位，8 人被评为 2013 年南方电网公司物资工作先进个人。

物资系统各项关键指标完成情况良好，物资需求计划准确率达 98.98%，主设备质保期内完好率、准时供货率、准时收货率保持在较好水平，储备物资库存周转率达 193%，库存金额控制在 1.08 亿元，均实现年度目标。建立了南网、公司、供电局三级物资职能管理机构，提供南网、公司、供电局、县级供电企业、基层站所五级专业服务，形成“三级管理、五级服务”全网统一的物资管理组织架构，实行统一归口管理。建立以项目设备清单和储备清单为主线的需求管理方式，对 27 类二级专项物资采用“四统一”（上报时间、技术标书、物资编码、填报模板）需求申报方式，提高了物资需求计划准确性。推进采购标准化管理，承办南网一级物资品类优化工作任务，电能表等 4 个品类的规格型号由原来的 518 种优化为 215 种；开展二级物资品类优化，线缆等 9 个品类的规格型号由原来 680 种优化为 469 种，提高了设备通用互换性，降低运维成本。严格执行招标采购工作计划（火车时刻表），多专业协同做好时间节点掌控，完成 500kV 防城港核电送出、高铁配套供电等重点工程物资供应任务。全年集中采购金额 57.19 亿元，比工程初步设计审定概算节约6.7亿元。二级物资框架招标品类由17种增加到42种，需求计划申报结束到中标结果下发平均用时54天，采购效率同比提高5.3%。加强供应商资质评估和绩效评价，开展1064家二级物资供应商现场和文件评估，为广西电网公司选择良好供应商打下基础。组织申报新入库评标专家1285人，同比增长51.17%，提高了专家储备水平。加强合约与品质控制管理，全年完成物资合同“统签”11 335份，合同签订及时率99.65%，同比提高10.08%；推进合同“统付”，选定建设广西电网公司、来宾供电局主网、配网和农网项目172份合同进行试点“统付”，提高了合同管理效率。加强项目物资准时化供应管理（JIT），提高了工程进度、设备生产制造进度和物资供应进度协调水平。完成412个设备监造任务，完成到货抽检样品102件次、专项抽检样品1389件次，发现36个监造问题和40个缺陷问题，督促供应商完成整改，消除质量安全隐患，关键主设备出厂试验一次通过率100%，设备质量从源头得到有效控制。积极推进“大物流、大配送”工作，加快构建扁平化仓库层级，完成河池金城江等3个二级仓库退出的试点工作，为全面推广二级仓库退出工作积累经验。加强仓储规范化管理，开展仓储类“星级班组”创建活动，完成《南网公司仓储配送规范化管理工作手册》在贵港、钦州供电局的试点应用。建立公司统一的储备物资品类清单，储备物资适用性更强、流转更快，满足日常生产运维抢修需求。完善应急物资响应常态化管理，紧急调拨物资2430万元，为抗击台风以及重大活动保供电、故障抢修提供物资供应，提高抢修复电效率，减少客户停电时间。进一步规范逆向物流管理，提高综合利用水平。将工程项目剩余物资全部吸收入库，杜绝账外账，防止资产流失。完成7276万元报废物资处置任务，集中拍卖成交金额2958万元，比保留价提高26%，实现了国有资产规范处置、保值增值。

经营管理 完善制度管理机制。制订《广西电网公司一体化管理框架实施方案》，明确了实施南方电网公司七个领域一体化管理框架落地工作的思路、措施及要求，制订了涵盖广西公司系统各层级的一体化规范性文件废改立计划，通过制度的全生命周期管理机制的建立确保广西公司规范性文件的质量及执行刚性。制订《广西公司管理制度审核业务指导书》，建立了涵盖广西公司各层级的制度评审专家库，完善优化了广西公司制度管理机制。全年完成64项制度的立项审核，完成34项制度的制订审核。有效制度审核率100%。制订2013～2014年一体化规范性文件废改立计划，督促各部门、各层级按计划开展规范性文件的废改立工作。全年底完成17份一体化管理制度的修编工作，计划完成率15.74%。完成B类管理制度新增38项，废止50项，与2012年底相比B类制度总数变化率－4.7%。C类管理制度废止943项，以2011年初的梳理结果为基数，废止率74.49%。广西公司现行有效制度A类423份，B类347份，C类894份。

财务管理 制订广西公司《2013年保增长工作方案》，提出16项重点工作、37条工作措施及106项具体工作内容。

加强成本管理，优化资金投向，严格控制非生产性成本开支，年末供电成本比预算节约3.93亿元；利用南方电网公司直融88亿元和优惠利率商贷42亿元，采取置换高息贷款、提前还贷等方式优化融资结构，实现资金运作效益1.3亿元；申请增加资本金注入，对广西公司资本金注入由原来3亿元调增至21亿元，其中10.5亿元已到位；积极落实税收优惠政策，母公司及33个县级供电企业所得税按15%的优惠税率执行。

制订《全面预算管理实施工作方案》；完成试点单位柳州供电局标准成本信息化建设工作，初步制订了营运费用成本标准。下发《地市供电局模拟经营考核实施方案》，对供电局实施模拟利润总额、经济增加值核算，将所辖县级供电企业的经营成果纳入对供电局考核范畴，构建以价值创造为导向的经营绩效考核体系。制订《资金全过程管理实施工作方案》，统一规范资金业务审批权限和管理流程，构建“大集中、低备付、高周转”的资金全过程管理体系。制订《财务稽核管理办法》，建立问责考核及整改机制，对南宁、柳州、桂林供电局2012～2013年修理费、农网低压维护费开支情况进行稽核，对发现问题严格整改；全面开展资金安全检查工作，涵盖77家所属单位以及81家工会、协（学）会；梳理了资金、预算等21个领域制度设计及执行情况，对内部控制管理手册及评价手册进行本地化。全年固定资产报废净值率13.09%，低于南方电网公司控制目标5.91个百分点；做好台风等自然灾害造成的资产损失索赔工作，发布《财产保险索赔定损理算指导意见》，积极协调保险公司应赔尽赔，年内损失赔款4062万元全额到位；加快工程项目竣工决算前期工作，实施管理“表单化”，全年完成竣工决算编制5477项，决算效率明显提升。

在南方电网公司第三届会计知识大赛暨2013年财会职业技能大赛中，广西公司2支代表队均荣获团体三等奖，1人获个人三等奖；荣获南方电网公司会计报表评比三等奖、自治区财政厅年度财务快报评比一等奖；电价课题组荣获南方电网公司集体二等功。

抓电价，切实保障广西公司利益。面对来水严重偏枯局面，积极应对，主动向政府有关部门汇报沟通，争取政府补贴资金支持。配合自治区价格主管部门成立广西输配电价研究课题组，专题研究输配电价不到位和增强电网企业投资能力问题，提前谋划下阶段电价机制改革工作；配合自治区价格主管部门出台广西新建居住区供配电设施建设费收费政策，规范新建居住区供配电设施建设维护收费行为，保障消费者权益。

审计管理 广西公司各项审计工作稳步开展。制订《广西公司进一步加强内部审计工作的指导意见》《广西公司审计创先工作计划》《广西电网公司2013年审计工作要点》，下达《广西电网公司2013年审计项目计划》。全年累计完成审计项目2210项，完成合同签证审计16 884项，查出管理不规范问题金额7093万元，查处违纪违规问题金额3686万元，审减工程投资促进企业增收节支5462万元，全年审计项目计划完成率100%、离任审计覆盖率100%和重点工程项目管理审计覆盖率100%，审计效果明显。西电东送工程审计迎审工作组受到广西电网公司党组嘉奖，荣获“广西电网公司集体三等功”；广西公司内部审计工作在中国西部省区内审工作经验交流研讨会得到充分肯定与好评；广西公司荣获广西壮族自治区审计厅、内审协会2013年全区内审理论研讨会组织奖。

法律工作 广西公司制订《法律职能规划》《法律创先工作计划》《县级供电企业创先规范化建设管理提升三年规划（2013～2015）法律实施计划》，编制《落实南方电网公司法制工作第三个三年目标（2012～2014）实施计划》；出台《广西电网建设促进办法》，经自治区人民政府第18次常务会议审议通过，将于2014年2月1日正式实施。制作的《广西电力设施保护办法》普法动漫片，获中国电机工程学会优秀科普作品二等奖。

编制完成《广西电网公司市场营销法律风险防范操作手册》，从供用电方案、供用电合同等8个方面入手，梳理出99个法律风险点。组织14个供电局开展电网规划、项目前期等7个方面的法律风险排查和梳理，全面清理电网建设领域的纠纷和诉讼案件，梳理法律风险点257项，制订风险控制措施414项。建立《电网建设领域法律风险数据库》，完成《电网建设领域法律风险报告》和《电网建设领域诉讼案件分析报告》。全年办结案件83起，胜诉74起，涉案金额3540万元，挽回或避免经济损失3442万元，胜诉率达89%。

推动南宁市政府出台《南宁市新建住宅项目供配电设施建设维护管理办法》；推动自治区人民政府开展《广西新建住宅区供配电设施建设维护管理办法》立法工作。

编写出版《广西电网典型民商案例集》和《广西电力法规规章释义》，作为广西电网公司普法教材使用。创新普法教育形式，以“支部联建”为载体，与联建法院开展“法律进企业”活动，举办了专题法律知识讲座。重视法律队伍建设。全年招收15名法律专业大学毕业生，已配备法律人员的单位比例达69.3%，同比提升18.3个百分点。组织公司系统法律人员参加国家司法考试和企业法律顾问资格考试，全年有4人通过国家司法考试，5人通过企业法律顾问考试，公司法律人员持证上岗率72.9%，同比提高30.9个百分点。

体制改革 广西公司成立了供电体制改革领导小组，出台《广西供电管理体制改革基本思路》，组织对百色供电有限公司运作模式进行了研究，完成《百色供电有限公司运作方案》，于8月1日实现了百色供电有限公司的实体化运作。组织相关部门及梧州供电局、梧州运维局按照《梧州供电管理模式改革方案》实施，实现了两局的管理融合。与隆林县政府就隆林县电业公司上划所涉及的问题进行多次商谈，努力加快隆林电力体制改革的进程。

农电工作 截至年底，广西公司44家县级供电企业农电职工人数20 417人，含农村电工7962人，占在册职工人数的39%；大专以上学历员工78 532人；中级及以上职称人员1002人；高级技能人才4485人。资产总额49.76亿元，其中固定资产47.62亿元，净额24.55亿元；负债总额12.68亿元，所有者权益37.08亿元，资产负债率25.49%，同比下降1.54个百分点。实现主营收入121.3亿元，利润总额4.82亿元。县级供电企业110kV及以上线路318.4km，变电站13座，主变压器21台，主变压器容量70.85万kVA；35kV线路1.15万km，变电站555座，主变压器907台，变电容量484.67万kVA；35/0.4kV配电变压器564台，容量136.16万kVA；3～10/0.4kV配电变压器10.85万台，容量1530；63万kVA；3～10kV线路8.42万km；低压线路21.2万km。供电区域涉及562个乡镇，7513个行政村，2337.36万人口（农业人口）。

完成供电量248.86亿kWh，其中购大电网电量为232.17亿kWh，占总购电量的93.29%；购地方电量15.19亿kWh，占总购电量的6.1%。完成售电量232.53亿kWh，同比增长8.48%。供电可靠率99.70%，电压合格率98.53%，综合线损率6.56%。

广西公司贯彻落实《南方电网公司关于促进农电发展的若干意见》，出台《广西电网公司促进农电发展工作实施要点》，从5个方面提出58项扶持农电发展的具体措施。全年县域35kV及以下电网、小型基建、技改项目和县级电网建设工程等各类固定资产投资计划安排比例超出了农网资产占广西电网公司总资产的比例，达 36.7 亿元。43 家县级供电企业 35kV 电网调度业务划归地调管理。

制订《广西电网公司关于进一步优化农电关键业务管理界面，提高县级供电企业管理效率的实施意见（试行）》，对 9 个专业 32 个主要农电关键业务事项流程进行了梳理和优化，将原由广西电网公司层面负责的部分管理权限，授权或委托供电局负责。制订《县级供电企业创先，规范化建设“管理提升三年规划”实施方案》，从 17 个专业领域，按照差异化和分类管理的思路，分 A、B、C 三个梯队明确了 2013～2015 年县级供电企业各年度的创先指标，梯次推进县级供电企业创先。印发《供电局实施同〈县级供电企业创先，规范化建设“管理提升三年规划”〉的考核指导意见》，运用红、黄、绿灯预警机制对落实情况进行跟踪考核。“管理提升三年规划”46 个重要指标完成率 94%，重点任务完成率 97%。制订《县级供电企业供电所、台区、变电站规范化建设量化管控方案》，把目标任务量化分解落实到月到岗到人，改变了以往“只管两头、不管中间”的粗放式管理。全年组织 75 个供电所所长 130 多人参加了县级供电企业规范化建设培训班，进一步提升供电所人员素质水平。全年县级供电企业累计有 144 个供电所、2.13 万个台区、218 座变电站达到规范化建设标准目标，累计达标率分别为供电所 48.48%、台区 33.39%、变电站 42.33%，均超过累计 30%的“三规范”建设目标。

人力资源管理　截至年底，广西公司员工总人数 49 987 人，其中劳动合同制 24 750 人，劳务派遣制 12 106 人，非全日制 13 131 人。全年新增用工 1008 人，减少员工 3379 人，超员率降低 3.5%。拥有高学历人才 10 938 名，其中博士 16 人，硕士 969 人，本科 9953 人。拥有技术职称人员 16 128 人，其中正高级职称 7 人，副高级职称 1030 人，中级职称 3823 人，初级职称 11 268 人。全年举办集中培训班 1110 期，培训 6.4 万人次。完成各类专业技术技能人员的能力评价 4085 人次，职业技能等级鉴定 6995 人。新增高级技师 43 人，技师 739 人，高级工 2509 人，高技能人才比例 46.5%。1471 人通过初、中级职称评审。

全年调整干部 114 名，其中提拔干部 30 名、交流干部 84 名，通过干部调整保证各级领导班子结构的不断优化和战斗力的持续提升。干部调整充实坚持做到“六个注重”。印发《关于进一步明确地市级供电局对县级供电企业领导班子及领导人员管理职责的通知》，为实现县级供电企业与地市供电局、广西电网公司管理接轨，推动农电创先工作落地提供了保障。

开展竞争性选拔干部工作。首次面向南方电网公司系统公开招聘部分地市供电局总会计师，聘任 4 名总会计师。开展公司本部科级及以下岗位竞聘，聘任 9 名科长、27 名主管；开展公司本部科级岗位竞聘，聘任 5 名科长。竞聘严格履行发布公告、报名、资格审查、笔试、面试、考察（考核）、决定聘任等程序，全程由公司监察部进行监督，笔试和面试均采用全封闭方式出题，面试采用半结构化方式，在总会计师岗位的面试环节还增加了无领导小组讨论。对总会计师和科级岗位均按 1∶2 的比例进行差额考察。

制订下发了在规范业务管理的基础上规范农电用工总体方案，总体思路是：2013 年试点，2014 年 1 月底前试点全部完成，864 名农电工规范到位；2014 年铺开，2015 年完成，分步解决 8805 名农电工的遗留问题。5 家单位试点工作平稳可控。2013 年，5 家试点单位的农电工工资增长 18%。派遣用工逐步规范到位。供电局按照“入口停、出口通”的思路分两年规范到位。2014 年停止招聘“非三性”派遣制用工，继续通过考核评价畅通出口。2013 年有 569 名派遣制员工规范到位。

加强基地建设和教材开发。全年完成基地建设投资 3853 万元。新建实训室（场）14 个，改造 9 个。启动北海作业安全体感实训室建设。开发 223 个技能岗位的培训规范和电子课件 109 个。制订 14 个工种农电技能岗位培训规范和能力评价标准，开发农电配电检修、营销两大专业培训教材。聘任 75 名县级评价师。完成集中培训 283 期，岗位胜任力评价 6176 人。能力培训评价向县级供电企业延伸，轮训农电工 10 654 人次。规范农电用工试点单位的农电工进行强化培训 800 多人次。全年新增高级技师 43 人，技师 739 人，高级工 2509 人。全年举办技能竞赛 5 项。持证上岗率 100%。新增技能专家 19 人。新员工综合素质培训 963 人，在原通用课程的基础上创新引入基本技能实操统一培训。

离退休管理　截至 12 月，广西公司（含县级供电企业）离退休人员 9642 人，其中离休干部 56 人，离退休党总支 2 个，党支部 93 个，党员 2637 人。公司离退中心管理的离退休人员 717 人，其中离休干部 21 人，正副厅级离退休干部 15 人。在自治区举办的“多彩金秋”离退休干部文化周活动中，公司系统离退休同志的两幅摄影作品、三幅书画作品、一幅工艺品入选全区展览；两名优秀象棋选手经层层选拔代表区直单位参加全区象棋决赛；1 名老同志的四幅优秀作品入选第 23 届奥地利特伦伯超级摄影展。

组织 18 位离退休支部书记参加自治区老干部局举办的教育培训；开展落实离退休“两个待遇”情况

专项检查。完成离休干部生活性补贴调整方案测算，从1月1日起调整离休干部生活性补贴；进一步延伸配套服务，为离休干部看病用车、就医、报销费用等提供便利。建立健全特殊困难老同志的帮扶机制，进一步完善《广西电网公司离退休管理服务中心补充医疗保险储备金暂行办法》，重点向患重大疾病老同志倾斜。全年走访慰问老同志近4000人次。全年公司本部离退休管理服务中心组织开展了迎新春游园活动、“三八”节活动、“五一”、“七一”参观考察活动、跳棋、扑克、麻将友等谊赛，累计3500人次。

党的建设和精神文明建设 广西公司推进政治工作创先一体化工作。主动把政治工作纳入到公司全面创先工作中，编制《公司政治工作创先工作计划》和《县级供电企业规范化建设“管理提升三年接轨”规划（政治工作）》。启动了政治工作领域一体化管理框架优化设计，开展政治工作业务梳理及协同优化工作，梳理出一级业务7项，二级业务23项，业务事项83项。不断夯实党建基础管理工作。健全完善基层党建工作考核评价体系，修编完善《党建工作责任制考核办法》，出台规范基层党支部设置的有关意见，全面推广“三室合一”党支部活动阵地建设模式。制订《公司基层党支部星级管理实施方案》，开展首次星级党支部评定工作，推动基层党支部创先争优、晋位升级。切实抓好党组织按时换届、“公推直选”、党务公开、党建管理信息系统应用推广、党员“双培养”工程以及党建工作经费预算管理等各项工作。公司党建管理信息系统规范应用率在县级企业达100%。在全系统广泛开展“创先·我先行”专题活动，通过融入中心“九推进”，强化作用“五先行”等工作举措，有效调动公司各级党组织、广大党员干部在创先工作中积极政治核心作用。

广西公司出台《进一步改进工作作风实施细则》《领导班子进一步改进作风的纪律规定》等制度，全年公司系统会议费用同比减少12.9%，出国考察费用同比减少60.7%，新购公务配车费用同比减少47.4%，业务招待费同比减少22.6%。在公司媒体开辟曝光台，对作风漂浮、工作不力的16个负面典型进行了通报。严肃处理了违反中央八项规定精神违规购置车辆、公款宴请的相关单位和人员，给予党纪、政纪处分2人，诫勉谈话14人，给予通报批评的单位6个、领导人员8人。持续关注群众反映的敏感、热点问题，认真核查各类信访举报件，信访案件办结率100%。成立监督委员会，明确了监督委员会及办公室职责，初步建立起大监督格局的基本框架。深入推进检企共建，与自治区检察院签订了共同开展预防职务犯罪协议。加强对干部选拔任用的监督，公司选人用人三项指标（工作、风气、制度）民主评议总体满意率首次达100%。

加强企业文化建设。大力开展南网文化理念宣贯，组建企业文化内训师队伍，分级分层组织开展南网文化全员强化培训，实现年内南网文化理念宣贯率100%。组织开展南网文化故事和微电影大赛作品征集，深入挖掘公司践行南网文化的生动故事集典型，广西电网公司推荐的9篇作品分别荣获“南网文化故事大赛最佳作品奖”、“南网文化故事大赛优秀作品奖”。组织开展“中国梦·南网梦·我的梦”大讨论活动。组织开展了安全文化现状调研评价及规划工作，推进“快通电”服务、“法律诊所”、廉洁文化“567工程”等专业文化实践和特色班组文化，加强班组文化建设。年内“南网兄弟”黄春强、黄春宁先后荣获“全国五一劳动奖章”、“中国侨界十大杰出人物”、“南网一等功”等荣誉称号，并得到习近平总书记、李源潮副主席等中央领导的接见。

组织开展首次南方电网公司员工表扬立功评选工作，公司系统2名个人和1个集体获一等功，5名个人和3个集体获二等功，23名个人和10个集体获三等功，493名个人和133个集体受到通报表扬。

广西公司制订《广西电网公司职工代表大会实施办法》，落实职代会职权，召开了二届四次职代会。在职代会闭会期间召开5次联席会议，审议通过公司《深化农电体制改革规范农电用工总体工作方案》《岗位管理实施细则》《反违章管理实施指导意见》等重要方案和制度7个，选举产生了公司监事会职工监事。创新厂务公开民主管理机制。制订公司《厂务公开民主管理贯标认证工作方案》，指导基层单位开展标准化认证工作，完善厂务公开民主管理领导机构，拓宽和规范厂务公开信息平台，保证职工的知情权。全公司系统有4个单位荣获全国厂务公开先进单位，11个单位获全区厂务公开先进单位（示范单位）称号。完善职工权益维护机制。健全平等协商和集体合同制度，检查、考核基层单位签订集体合同及工资集体协议情况，各供电局集体合同及工资集体协议签订率100%。

出台《关于规范劳动模范（技术能手）创新工作室管理的指导意见》，公司系统劳模（技术能手）创新工作室37个，确立创新课题221项，年内完成课题90多项，其中获国家实用新型专利6项，正在申报专利6项，4个工作室获南方电网“优秀创新工作室”称号，广西送变电建设公司杆塔登高防坠落装置研制与应用成果获南方电网职工技术创新一等奖。全年向上级评选推荐并获得全国总工会、国资委、全国能源化学工会、南方电网公司、自治区总工会等各级劳模先进个人27人次、先进集体26个。其中推荐的“南网兄弟”荣获全国“五一”劳动奖章。

举办全区电力行业职工技能竞赛。与自治区总工会、人社厅联合举办了全区电力行业变电检修、继电保护和电力调度员（女职工）等3项技能竞赛，全区17个供电局和系统外单位参赛，公司系统3个专业口全员参加普考和初赛，近200人参加了决赛。公司所属单位包揽了全部奖项，其中9人获广西技术能手称号，3人获广西“五一”劳动奖章。广西公司荣获“中央企业职工技能竞赛先进单位”称号。组队参加南方电网公司“创先杯”职工技能竞赛，成绩名列前茅。变电检修技能竞赛获团体二等奖，2人获个人一等奖，1人获个人三等奖；继电保护技能竞赛获团体三等奖，1人获个人二等奖，1人获个人三等奖；“服务之星”营销技能竞赛2人获前两名，2人获优胜奖。

共青团工作 广西公司各级团组织、团员青年荣获省部级以上荣誉94项，广西公司团委荣获“广西五四红旗团委”称号；在2013年度全区共青团工作目标考核中获得第2名的好成绩，荣获2013年广西共青团工作“二等奖”。广西电网公司与共青团广西区委签订《青年工作合作协议》，启动“电亮八桂青年行”活动。活动中与地方团组织联动，全年累计联合开展青年志愿服务活动162次，青年志愿者1798人次，志愿服务时间394h，打响了“万家灯火，青春点亮”的团青品牌。开展“走进青年、转变作风、改进工作”调研月活动，抽样分析1800余份青年调查问卷、168份团支部调查问卷和21份县级团组织调查问卷，并以面对面的形式听取青年的诉求，14个地市级供电局团委分别撰写调研报告。组织“创先就在我身边”征文，通过微博在青年员工中开展“创先大家谈”“岗位创先四问”等微话题讨论活动。举办“我爱我的岗位”微电影大赛，选送33部作品参加南方电网公司大赛，《致亲人》荣获国资委微电影大赛优秀奖。邀请第五届“十大杰出青年”、南网技能竞赛获奖选手、“广西最美青工”等一线青年员工典型，开展青春奋斗故事分享活动。

激励青年岗位创先。征集青工“五小成果”123项，其中柳州供电局青年员工研发的新型工具获得2项国家级实用新型专利。以“金鹰”计划为载体，着力提升青年技能。鼓励和动员团员青年参加各类技能比赛，涌现出了在2013年南方电网公司变电检修技能竞赛中荣获个人第一名的李炎、勇夺2013年首届南方电网公司“服务之星”总决赛一等奖的马娟凤等青年技能人才榜样。持续推进“号、岗、手、队”创建活动，4个集体获得省部级青年文明号，11个集体荣获省部级以上青年安全生产示范岗（含1个全国级），16位青年荣获省部级以上青年岗位能手、“最美青工”称号（含1位中央企业杰出青年岗位能手）。

科技创新 广西公司全年开展科技计划项目152项，科技研发投入9427万元，其中投入新技术、新设备试点运用10.7%；投入国家“863”课题及配套项目投资12%；投入提升设备可靠性39%；投入提升客户满意度17.1%；投入智能、绿色电网方向21.3%。通过强化专业化管控，有力提升了科技项目管理的精益化水平。两项国家“863”课题“灵活互动的智能用电关键技术研究”和“微网群高效可靠运行关键技术及示范”完成了项目年度计划任务，课题通过了国家科技部组织的中期检查。加大新技术和成果的推广应用，围绕提高电网抵御雷害、冰冻、台风等恶劣天气的能力，开展了重点研究攻关。设备在线监测技术的研究应用在桂北电网防冰工作中发挥了重大作用，通过覆冰监测预警系统准确预警、判断电网覆冰形势，针对性采取措施。配网融冰技术的研究和推广应用在桂北和桂西北电网遭遇雨雪凝冻天气时初步发挥了作用，有效化解了电网安全威胁。持续推广差异化防雷研究成果，完成13条重雷害线路差异化防雷评估与治理改造，雷害得到有效遏制。全年获自治区2项科技进步二等奖，2项科技进步三等奖，获自治区科技奖励为历年来最好水平。获南方电网公司科技奖励20项，获奖总数同比增长42.9%。获得专利授权数78项，同比增长42%。

全年技改项目（含生产、营销、农电、其他技改）投资计划11.32亿元，其中生产7.10亿元、营销4亿元、其他技改0.22亿元。全年技改项目完成投资11.41亿元，完成年计划的100.84%，其中生产7.19亿元，完成年计划的101.33%，营销4亿元，完成年计划的100%，其他技改0.22亿元，完成年计划的100%。

信息化建设 广西公司在南方电网信息化水平评价中公司连续4年保持A级，总分在9个分子公司中首次排名第一，完成信息化投资2.6亿元，关键应用系统运行率99.995%，网络运行率99.996%，全年未发生三级及以上信息安全事件。12月完成公司信息部与信息中心分设，信息部管理职能得到加强，信息领域管控更加有效。6月制订信息化创先工作方案、县企信息专业“管理提升三年规划”实施方案，加快基层单位信息化水平提升，在全年信息化水平评价中8个供电局被评为A级，其他6个供电局被评为B+级。信息化与业务融合水平得到提高。全年公司完成了营配信息集成建设、“两册”管理平台建设、创先管控平台建设和班组规范化系统功能开发，通过业务融合提升公司精细化管理，使创先工作更加有效。

广西公司信息化工作取得成效。信息专业获得2项中电联奖项、6项南方电网奖项、6项广西电网公司奖项，取得6项专利、12项软件著作权和8项公司创先成果，其中2项得到南方电网好评。

国际合作与交流 重新修订《广西电网公司因公出国（境）管理办法》《广西电网公司因公出国（境）团组管理办法》。全年派出因公出国（境）团组10批次41人，其中，赴美国哈佛大学、法国电力公司、香港中华电力公司等进行境外培训交流任务6批7人次，考察调研类团组3批20人次，国际工程项目类团组3批14人次。

年底，广西公司与越南电力贸易公司签订购售电合同补充协议，继续开展中越双方公司电力贸易合作。从2004年4月28日起，至2013年12月，总售电量9.53亿kWh。

广西公司所属广西送变电建设公司在老挝、柬埔寨、加纳、几内亚等国设4个工程项目部。在柬埔寨签订项目2个，合同金额3040万美元；在老挝签订沙耶武里省农村电气化项目，合同金额约1000万美金，是利用中国进出口银行优惠贷款的EPC总承包项目；在加纳成立了加纳布维水电站161kV安装2标段项目部，建设加纳输电线路，项目资金总额688万美元；在几内亚于2013年1月正式签订合同，承包凯乐塔水利枢纽工程输变电工程及科纳克里城市电网改造的建设，工期2年，合同金额约5408万美元。

新闻工作 全年广西公司系统对外发稿5212篇。在中央及自治区主流媒体所发表的稿件中，重要版面（重点时段）稿件598篇。在主流媒体见报见播及全国性网络媒体转载量同比增长率超过20%；出版《南方电网报》广西新闻版50期；编发电力电视新闻545条；监测发现广西涉电敏感信息1243条，编发《舆情信息日报》200多期，南方电网公司下达的舆情查证处置反馈率100%。广西公司荣获了南方电网公司新闻宣传先进单位、广西日报社通讯报道先进单位甲等奖、广西电视台新闻报道工作先进单位、广西人民广播电台通讯报道先进单位、中国电力报社优秀记者站、中国电力新闻网新闻宣传先进集体等多项荣誉称号。

主要事件

2月10日，广西壮族自治区党委书记、自治区人大常委会主任彭清华一行，到广西电网公司电力调度控制中心，看望慰问正在值班的电网员工并向新年期间坚守一线的1万多名公司干部员工致以新春祝福。

3月9日，南方电网公司在南宁召开干部大会，会议宣布了干部任免文件，于培双任广西公司董事长、党组成员、书记；揣小勇任公司董事、总经理、党组成员。

6月25日，广西壮族自治区主席陈武一行到广西公司调研，听取工作汇报，肯定了广西电网公司为广西经济社会发展、民生保障做出的贡献。

6月～12月，广西公司举办了15期干部系列培训讲座。邀请国家有关部委领导，自治区有关部门领导、专家学者以及南方电网公司总部11个部门负责人，讲座涵盖了公司内外部发展形势和各个专业领域的管理理论与实践，内容十分丰富、务实。参加人员5.47万人次。

11月18日，广西壮族自治区政府副主席、公安厅厅长高雄率自治区公安厅有关领导到广西电网公司调研，双方签署了《警企联防联建战略合作备忘录》，标志着广西电网公司与自治区公安厅的合作进入了新阶段。

11月18日，《广西电网建设促进办法》经自治区人民政府第18次常务会议审议通过，于2014年2月1日正式实施。

（廖业明）

【云南电网公司】

企业概况 2013年，云南电网公司（简称云南公司）认真贯彻落实云南省委、省政府和南方电网公司的决策部署，以南方电网中长期发展战略为统领，积极应对复杂形势，认真开展党的群众路线教育实践活动，系统谋划全面创先工作，努力服务云南小康社会建设，安全生产平稳有序，电力电量快速增长，电网建设顺利推进，企业管理稳步提升，各项工作取得了积极成效。

电力资源 2013全年新投产发电装机容量11 087.5MW，其中96%是水电。截至年底，省内全口径装机容量60 154.77MW，水电装机容量44 147.1MW，占比73.4%；火电装机容量13 318.8MW，占比22.14%，风电装机容量2190MW，占比3.64%；光伏装机容量180MW，其他装机容量318.87MW。其中，纳入省调平衡装机容量50 988.6MW，地调直调电源装机容量5141.4MW，县调调管电源装机容量4024.77MW。纳入省调平衡电源中，水电36 218.6MW，占总装机容量的71.03%；火电12 400MW，占总装机容量的24.32%；风电2190MW，占总装机容量的4.3%；光伏180MW，占总装机容量的0.35%。截至年底，500kV变电站33座（含换流站、串补站、开关站），220kV变电站118座（不含用户变电站）。

电力生产 全省发电量继续保持两位数增长，全年完成2148.41亿kWh，同比增长23.08%；全社会用电量1459.8亿kWh，同比增长10.94%。省调及以上直调系统发电量1679.71亿kWh，同比增长22.52%；最高发电负荷28 387.9MW，同比增长27.53%。公司资产口径省内售电量1720.63亿kWh，同比增长19.64%；其中省内售电量1086.59亿kWh，同比增长9.51%，西电东送电量616.12亿

kWh，同比增长47.19%；对越南送电34.1亿kWh，同比下降24.32%。

纳入省调平衡电源最高日发电量61 693.75万kWh（11月9日），21次创历史新高；纳入省调平衡电源发电最高负荷28 387.9MW（11月11日），17次创历史新高。省内最高日供电量31 380.1万kWh（11月29日），9次创历史新高；省内供电最高负荷15 306.7MW（11月29日），12次创历史新高。

全网投产电源机组53台，装机容量11087.5MW；云南电网新（改）建500kV变电站4个，500kV线路22条，长度共计2265.4km，500kV变压器7台，容量共计6000MVA；220kV变电站7个，220kV线路48条，长度共计1526.29km，220kV变压器20台，容量共计3780MVA；110kV变电站30个，110kV线路110条，长度共计2291.28km，110kV变压器55台，容量共计2172MVA；35kV变电站24个，35kV线路56条，长度共计590.01km，35kV变压器43台，容量共计4227.9MVA。

电力营销 全年完成售电量1720.63亿kWh，同比增长19.64%，其中：省内售电量1086.59亿kWh，同比增长9.51%；西电东送电量616.12亿kWh（含溪洛渡电站送广东16.18亿kWh），同比增长47.19%；对越南送电31.92亿kWh，对老挝送电2.04亿kWh。

当年电费回收率（资产口径）为97.48%。其中，省内、西电东送、国际公司分别为99.97%、91.59%、92.05%。

直供直管客户平均停电时间为12.06h，同比减少2.8h；城市客户平均停电时间5.83h，同比减少3.7h；农村客户平均停电时间27.3h，同比减少1.99h。

全口径第三方客户满意度测评达72分，母公司口径达77分。

百万投诉率每百万61宗，同比降低14.5宗。

电网建设 云南公司全年基建投产计划完成率95.93%。共投产110kV及以上输变电项目69项，投产110kV及以上输电线路2966.82km，新增变电容量1174万kVA。

经济指标 云南公司全年实现营业总收入700.55亿元，营业总成本699.36亿元，营业税金及附加4.34亿元，实现利润总额12.04亿元。

截至年末，云南公司拥有资产总额968.34亿元，其中：固定资产净值786.44亿元；负债总额740.45亿元，其中长期借款346.88亿元；归属母公司的所有者权益总额215.32亿元。

实现总资产报酬率4.10%，资本保值增值率103.97%，净资产收益率（含少数股东权益）4.53%，资产负债率76.47%，已获利息倍数1.46，利润增长率14.03%。

完成基建投资（财务支出数）107.88亿元，其中：500kV输变电项目18.69亿元，220kV输变电项目投资14.79亿元，110kV输变电项目投资14.32亿元，35kV输变电项目投资7.30亿元，35kV及以下输变电项目投资52.78亿元；完成技改投资16.55亿元；完成小型基建投资5.28亿元。

归还长、短期借款、应付债券本息合计93.37亿元。

实现电力产品销售净收入671.54亿元，其中：实现西电东送收入197.13亿元；实现云电送越收入11.25亿元。

全网平均受售电价为454.51元/MWh（含税），同比降低4.82元/MWh。售电价同比降低主要原因是受售电价相对省内较低的西电东送比重快速上升影响。

平均购电单价为279.47元/MWh（含税），同比提高8.86元/MWh。平均购电价提高的主要原因是：①火电企业执行脱硝电价影响购电价有所提高；②上网电价较高的糯扎渡、阿海、龙开口、鲁地拉等大型水电购电比重上升，推动购电单价提高。

农电体制改革 县级行政区域内由地区供电局直管的35kV及以下客户，全部移交给所属县级供电企业，各供电单位形成划转方案后，上报公司审批。完成昆明、红河、玉溪、楚雄、大理、昭通、普洱、临沧、版纳等9个州市县级行政区域内由地区供电局直管的35kV及以下客户划转至所属县级供电企业管理的工作。同时完成县级供电企业供电所基本情况调查统计工作，全面掌握所有供电所的基本情况。

11月底，经南方电网公司批准，云南公司对彝良等18家资产负债率超过80%的县级供电企业注入资本金26 244万元。对巍山等11家与云南电网公司存在长期债务关系的县级供电企业注入资本金10 768万元。清理出县级供电企业超过基准利率融资11.11亿元，累计帮助县级供电企业解决利率上浮贷款3.48亿元。有效缓解了这部分县级供电企业的经营压力，提升了融资能力，促进了企业良性发展。

重点开展县级供电企业生产工种中业扩报装、营业员两个岗位的培训、普考和集中调考工作。其中：业扩报装岗位参加培训861人、培训率99.9%，参加普考856人、合格率89%，参加调考118人、合格率95%；营业员岗位参加培训1155人、培训率94.2%，参加普考1218人、合格率93.3%，参加调考118人、合格率99.2%。

云南公司积极稳妥地推进农电体制改革，在加强沟通、平等协商的基础上，与泸西县人民政府就无偿接收泸西电力有限责任公司国有产权事宜达成了一致意见，并根据国务院国资委和南方电网公司的相关规定和报批程序，经过相关部门和单位前期的精心准备，11月15日正式上报《云南电网公司关于无偿接收泸西电力有限责任公司国有产权并实施重组的请示》，南方电网公司通过审核并已上报国务院国资委、待审批。

根据云南公司《关于整合临沧供电局、临沧供电有限公司和临沧市地方电网有限公司的通知》及《关于成立临沧供电局、临沧市地方电网公司整合筹备工作领导小组的通知》的要求，为迅速、全面推进整合工作，彻底理顺临沧地区供用电管理关系，实现资源的有效利用及整合工作的平稳过渡，制订《临沧供电局、临沧供电有限公司和临沧市地方电网有限公司吸收合并工作方案》，并有序推进各项工作。

为继续推进红河州金平电力体制改革工作，公司对《红河供电局关于续签金平电力体制改革合作协议的请示》进行批复，进一步对金平电力资产管理、使用、电力供应及电力体制改革等相关事项提出了明确要求。

社会用电 云南全年全省全社会用电量1459.8亿kWh，同比增长10.94%，其中：第一产业完成12.3亿kWh，同比增长11.17%；第二产业完成1146.3亿kWh，同比增长9.40%；第三产业完成118.0亿kWh，同比增长9.58%；城乡居民生活用电完成183.2亿kWh，同比增长22.74%

第二产业中工业用电完成1122.66亿kWh，同比增长9.42%，其中重工业用电增长9.27%，轻工业用电增长12.38%。

部分行业用电量出现下降，其中，黑色金属矿采选业下降49.61%，其他采矿业下降5.27%，印刷业和记录媒介的复制（轻）下降3.72%，纺织业下降0.46%，文体用品制造业下降35.4%，铁合金冶炼下降7.93%，黄磷下降1.27%，通用及专用设备制造业下降15.86%。

第二产业中的各行业用电增长幅度较大的有石油加工、炼焦及核燃料加工业增长43.06%，非废弃资源和废旧材料回收加工业增长45.72%，燃气生产和供应业增长23.12%，交通运输、电气、电子设备制造业增长15.92%，有色金属冶炼及压延加工业增长7.7%，化学原料及化学制品制造业增长6.65%，医药制造业增长33.92%，非金属矿物制品业增长12.72%等。

第三产业中的各产业用电是增长势态：建筑业增长8.17%；交通运输、仓储、邮政业增长9.47%；信息传输、计算机服务和软件业增长16.87%；商业、住宿和餐饮业增长4.32%；金融、房地产、商务及居民服务业增长8.9%；公共事业及管理组织增长13.98%等。

对外合作

1. 电力出口

对越南：4条线路累计对越送电电量为31.92亿kWh（两条220kV对越送电线路累计结算电量为27.55亿kWh），累计电费收入为1.94亿美元，完成对越送电合同电量35.32亿kWh的90.37%，对越送电电量同比增加21.19%。

对老挝：115kV勐腊—那磨线对老送电累计结算电量为2.04亿kWh，同比增加97.24%，累计电费为1345.4万美元。

对缅甸：向缅甸瑞丽江电站累计售电电量为469万kWh，累计售电电费人民币228.2万元。累计自缅甸瑞丽江电站购电11.20亿kWh，同比减少42.15%，累计结算金额为人民币2.12亿元。

2. 对外合作

中越合作：云南国际公司成立后，加强了对参股投资的越中电力投资公司及其小中河项目的管理工作。确定2013年还贷方案，完成工程项目的结算、验收，提出《对越南小中河投资项目海外投资保险承保建议和方案》。组织召开越中电力投资有限公司2013年度董事会，指导编制《小中河电站增容扩机咨询大纲》。

中老合作：3月28日，230kV老挝北部电网项目工程总承包合同正式签署，固定总价约3.02亿美元，约合人民币18.51亿元。及时组建工程项目部。启动变电站施工图设计，完成总长323km的线路施工图设计现场终勘和铁塔真型塔破坏性试验。项目分包工程的招标按计划开展。

中缅合作：完成两南水电站的优先开发权从云南电网公司到云南国际公司的转移。与缅甸电力部和第四特区政府会谈磋商，就南垒河水电站的开发模式、合作模式进行深入会谈。

中泰合作：配合南方电网公司开展中泰联网项目工作小组第三次、第四次会谈，就技术、商务模式、电价机制等问题进行磋商谈判。与东盟发展基金就中泰联网项目第三国段输电线路签署战略合作协议。

云电外送 云南电网全年总计向南方电网送电616.12亿kWh，比2012年增长47.19%，最大外送电力达到12 780MW。6～10月云南电网发电主汛期期间集中外送电量345.37亿kWh，占全年外送电量总值的56.06%，汛期外送电量较计划增送超过61.17亿kWh。

安全生产 云南公司系统全年未发生电力事故、设备及人身事故，发生电力安全事件1066起，同比减少395起。其中，二级事件3起，同比减少2起；

三级事件12起，同比减少3起；四级事件27起，同比减少27起；五级事件1024起，同比减少363起。全年未发生突破安全底线的事故，事故事件总数下降了37%，其中三级及以上电力安全事件下降了33%，实现了“双下降”，安全生产局面是近10年来最好的一年。全年事故事件统计见下表。

全年事故统计

分类	序号	指标名称	指标单位	2013年	2010～2012年平均数
人身	1	人身事故（公司系统）	次	0	0.33
	2	承包商人身伤亡事故	次	0	1.33
	3	人身事件（公司系统）	次	0	0
	4	一、二、三级人身事件（公司系统）	次	0	0
	5	四、五级人身事件（公司系统）	次	0	0
电力安全	6	一般及以上电力安全事故	次	0	0
	7	电力安全事件	次	1066	/
	8	一、二、三级电力安全事件	次	15	28
	9	恶性误操作事故/事件	次	0	1
	10	四、五级电力安全事件	次	1051	/
设备	11	一般及以上设备事故	次	0	0
	12	设备事件	次	0	0
	13	一、二、三级设备事件	次	0	0
	14	四、五级设备事件	次	0	/

节能减排　抓好清洁能源高效利用，主网可再生能源发电比例达到75.97%，节约标准煤990.6万t。落实国家“万家企业”和云南省“千家企业”节能行动，公司及6家供电局、25家县级供电企业通过了节能考核。落实南方电网3C绿色电网行动指南，加快110kV兴科、上河输变电示范工程建设。完成150家大客户节能诊断，实现了节约电力电量“两个千分之三”目标。

云南电网单位发电矿物燃料消耗71.56g/kWh，同比下降18.22g/kWh；单位发受电量二氧化硫排放0.23g/kWh，同比下降0.07g/kWh；因煤耗下降同比节约标准煤4.81万t，因水电增发同比节约标准煤932.90万t，因新能源增发同比节约标准煤52.90万t；厂用电率1.85%，同比下降0.48%；可再生能源发电比例75.97%，同比上升6.14%，水火电量比73：27（2012年为68：32）。

根据全省各县级供电企业综合线损率的实际情况，云南公司组织对综合线损率超过10%的6家县级供电企业进行现场调查与专题研究，形成《云南电网公司县级供电企业配电网降损模式研究报告》，并对这6家县级供电企业提出具体、实用、有效的降损措施，取得预期效果。

云南公司统计口径115家县级供电企业综合线损率5.56%，同比下降0.64个百分点。114家县级供电企业综合线损率均降到10%以下，比2012年减少了9家，完成南方电网公司年度线损指标控制目标。

（贺　凡）

【贵州电网公司】

公司概况　2013年，贵州电网公司（简称贵州公司）面对宏观经济下行压力加大、汛期旱灾带来的复杂形势，把创先作为发展方式转变的平台和战略实现的载体，把管理提升作为提高发展质量和效益的抓手，各项工作成效显著。

全年完成售电量1268.4亿kWh，同比增长1.6%。其中省内918.6亿kWh，增长5.6%；西电东送324.3亿kWh，降低7.3%。完成南方电网在黔固定资产投资120亿元。实现利润1.84亿元，经济增加值4.14亿元；资产总额674.9亿元，资产负债率81.76%。

全资产口径（包括除兴义市电力公司外的所有分县局）客户平均停电时间36.8h，同比降低20.3%。母公司口径（只含公司管辖范围内所有17家分局）第三方客户满意度73分（全资产口径为66分），同比提升2.8%。连续4年蝉联贵州省百强企业榜首，连续3年在“多彩贵州文明行动”群众满意度调查中排名第一。

组织机构　见贵州公司2013年组织机构图。

领导班子

贵州电网公司董事长、党组书记：唐斯庆

董事、总经理、党组成员：唐广学

巡视员、董事、副总经理、党组成员：廖新和

董事、副总经理、党组成员：邱跃丰

董事、副总经理、党组成员：赵炳松

董事、党组成员，贵阳供电局局长、党委副书记：何愈国

董事、副总经理、党组成员：钟连宏

董事、党组成员、纪检组组长：晋晓越

工会主席：张帆

电网规划与建设

电网规划。提前启动《“十三五”电力工业发展规划》，完成《贵州省电力工业发展战略研究》等前期研究工作，预先分析中、长期电力供需形势和电力工业发展战略，谋划电网发展。与贵州省发展改革

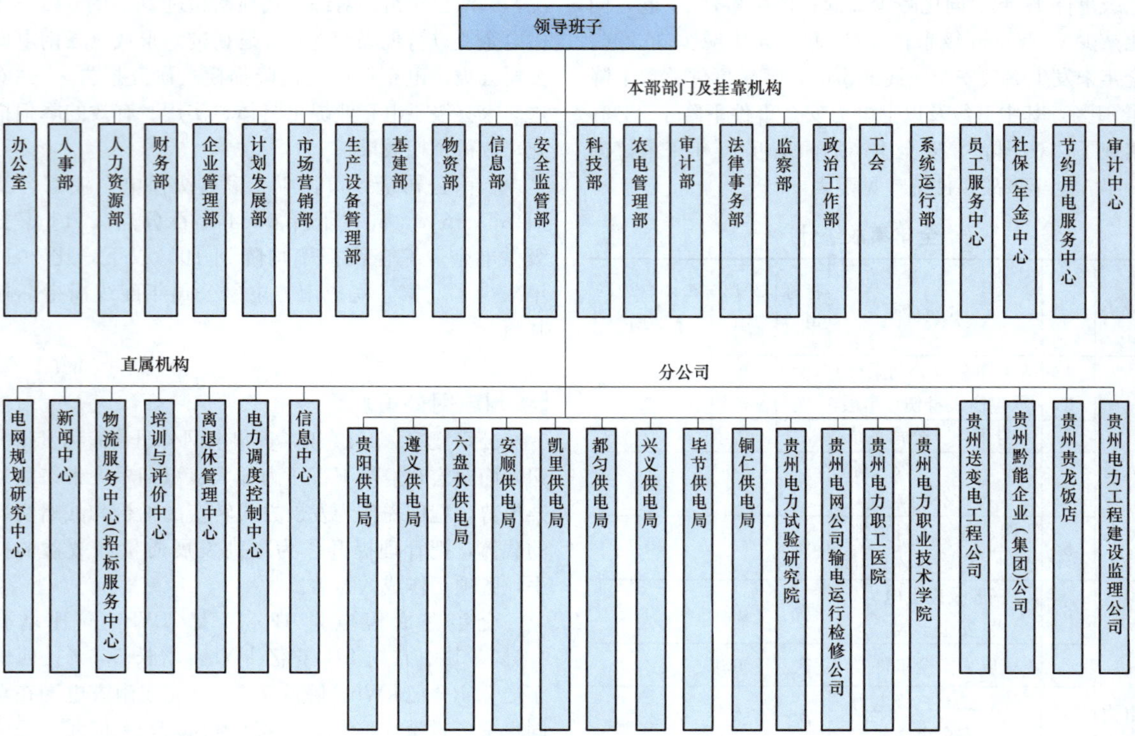

贵州公司2013年组织机构图

另有7家分公司性质的县级供电企业和80家子公司性质的县级供电企业，不在组织机构图中描绘。

委、能源局采用政企合作形式，开展了《贵州“十三五”及中长期电源发展规划》研究。全面启动《“5个100工程”配套电网规划》，完成全省2013年“5个100工程”省级重点园区（含23个示范点）的配套电网规划。

电网建设。完成电网建设投资共计91.78亿元。重点完成毕节500kV青八Ⅱ回线路、500kV息烽3号主变压器扩建、220kV威宁2号主变压器扩建等8项网省公司重点工程建设任务。500kV六盘水变电站工程获国家优质工程银奖、中国电力行业优质工程奖和南方电网公司优质工程奖；220kV双龙变电站工程、110kV旧营变电站工程、110kV龙井变电站工程、10kV小河村新寨改造工程、10kV石堡线架空线路改造工程等5项工程获南方电网公司优质工程奖。

贵州统调装机容量达35 141.68MW，其中火电装机容量21 000MW，水电装机容量12 793.58MW（含统调小水电），风电装机容量1348.1MW。

2013年底贵州电网输变电设备情况见下表。

主要运行指标。贵州公司47项生产技术指标均高于南方电网公司年度计划值及公司年度目标值，其中同比提高的指标有29项，同比持平的指标有3项，同比下降的指标有2项，其余13项无同期值。在南网五省区排名第一的指标有11项，排名第二的有9项，排名第三的有12项，排名第四的有5项。

2013年底贵州电网输变电设备情况

电压等级（kV）	变电站座数	变压器台数	变压器容量（MVA）	线路条数	线路长度（km）
500	14	25	18 500	49	3290.479
220	87	149	25 680	259	8854
110	416	693	28 882	701	13 036
合计	517	867	73 062	1009	25 180.479

注　500kV不含超高压公司青岩变电站、黎平变电站及独山变电站，含八河开关站。

电网运行管理。贵州电网共计109座集控中心，500kV变电站均为有人值守变电站；220kV变电站有55座实现无人值守，占220kV变电站总数的63%；110kV变电站有373座实现无人值守，占110kV变电站总数的89%。全省110kV及以上变电站和纳入集控管理的35kV变电站全部实现变电运行标准化管理。

10kV馈线共6417回（其中公用馈线共5119回，专用馈线共1298回）；10kV公用线路总长度为139 475 km（其中架空线为136 116km，电缆为3359 km）；400/220V低压线路总长度291 358 km；10kV配电变压器214 016台、总容量3284.865 2万kVA

(其中公用配电变压器 127 752 万台、容量 1384.777 9 万 kVA)；10kV 开关站 4742 座，公用开关柜间隔数为 10 861 台（其中断路器 2424 台，负荷开关 8437 台），公用柱上开关 16 791 台，杆塔 1 648 606 基。10kV 公用电缆分接箱共 3166 台，公用配网自动化终端共 2669 台。

安全生产 进一步贯彻“大安全”理念，修编了贵州电网公司管理人员安全生产职责及到位规定以及到位补充规定，明确省地县三级单位从总经理到供电所长七级岗位的安全生产职责和到位标准，强化安全生产责任制的传递。在风险体系建设方面，贵阳、遵义供电局通过体系 4 钻审核，其余 7 家地区局和黔能公司、运行检修分公司已全部达到三钻水平；监理公司、送变电公司到达二钻水平，80 家子公司性质的县级供电企业全部达到二钻水平。

贵州公司未发生一般及以上的人身事故、电力安全事故和设备事故，共发生电力安全事件 916 起，同比下降 781 起，下降幅度达 46%。其中：一级事件 1 起，同比下降 1 起；二级事件 4 起，同比上升 1 起；三级事件 16 起，同比下降 6 起；四级事件 53 起，同比上升 19 起；五级事件 842 起，同比下降 794 起。

科技创新 4 月，贵州公司正式成立科技部，与上海电力学院签署研究生工作站合作协议，与 6 所高校建立了研究生工作站合作关系，牵头联合 21 家产学研用单位成立了贵州省智能电网产业技术创新战略联盟，与西安交大王锡凡院士达成意向并争得贵州省科技厅同意，计划建立贵州电网公司院士工作站。

贵州公司全年科技项目调整计划共下达安排 101 个科技项目，计划资金 18 619 万元。首次承担国家科技支撑计划“风光水气多种能源发电联合运行控制关键技术研究及示范”、南方电网公司重大专项“城乡配电网智能分析决策关键技术研究与应用示范”，两个项目均按计划完成开题评审。“集成可再生能源的主动配电网运行关键技术研究及示范”项目已正式入选 2014 年国家科技计划备选项目库，是公司承担的首个国家“863”计划项目。

贵州公司申报知识产权 173 项，其中发明专利 7 项，实用新型专利 114 项，软件著作权 52 项。获得知识产权授权 140 项，其中发明专利 4 项，实用新型专利 97 项，软件著作权 39 项，专利开发率 0.82 件/百万元。

贵州公司共获得国家能源局奖励 4 项，南方电网公司奖励 23 项，贵州省科学技术进步奖 5 项，颁发公司奖励 29 项。

节能减排 贵州公司通过节能发电调度节约标准煤 47.98 万 t（折合原煤 74.37 万 t），相应减排二氧化硫 2.975 万 t，减排二氧化碳 105.65 万 t。脱硫机组共产生 252.73 万 t 二氧化硫，排放二氧化硫 8.06 万 t，减排 244.67 万 t，平均脱硫效率为 96.81%。

重点加大对累计线损率超过 10%及有损线损率超过 15%的分县局的监控与管理，年底综合线损率超过 10%的县级供电企业为 3 家，同比减少 11 家。全年完成母公司口径综合线损率 3.94%、全资产口径综合线损率 6.10%，完成南方电网公司下达的年度计划指标。

贵州公司按照贵州省发展改革委要求积极做好关停机组电网配套建设工作，完成电网配套建设投资 1.24 亿元。

信息化建设 贵州公司信息化工作按照“围绕一个中心，抓好三个保障，实现五个提升”的总体工作思路全面展开。在业务融合、精益化管理、安全运行保障、技术创新及人才队伍建设几个方面均取得了显著的成效。连续第 5 年在南方电网公司信息化水平评价中取得排名第二的好成绩。

有序推进“6+1”工程及综合技术平台建设，企业级应用系统建设上，完成了协同办公系统在全省 107 家单位的推广上线，系统覆盖全省 112 家单位，注册用户数达到 39 527 人，并达到实用化水平。资产管理系统中投资计划管理子系统、物资管理子系统、基建管理子系统已进入实用化阶段，完成了综合管理系统中审计管理子系统 V3.0 系统推广实施，在线审计系统试点建设以及法律事务管理子系统试点建设。综合技术平台建设上，以“全省一张图，输配一张网”为目标，完成了全省大集中的 GIS 平台的建设工作，为全省 97 个分县局的海量数据普查工作提供了有力的技术支持；营配信息集成方面，100%完成了中低压数据录入。

贵州公司在专利、软件著作权、科技成果的获奖上的数量上较 2012 年增长了一倍以上。全年共获得省部级以上信息化成果 13 项、软件著作权 15 项、国家实用新型专利 8 项以及南网专利奖 8 项。公司信息化人员专业取证率从 2012 年的 27.53%上升至 36.48%，县局信息化人员专业取证率从 5.5%上升到 14.1%。

市场营销 贵州公司全年累计购电 1332.29 亿 kWh，同比增长 1.74%。其中：统购火电电量 1030.28 亿 kWh，同比增长 14.67%；统购水电 245.86 亿 kWh，同比降低 30.30%；统购风电 11.68 亿 kWh，同比增长 145.83%；供电局自购电量 44.48 亿 kWh，同比降低 16.89%。

累计售电量 1268.4 亿 kWh，同比增长 1.6%。其中，省内完成 918.6 亿 kWh，同比增长 5.6%，完成调整计划 910 亿 kWh 的 100.9%。

西电东送完成 324.3 亿 kWh，同比降低 7.3%，完成年计划 385.8 亿 kWh 的 84.1%。其中，送广东电量 318.6 亿 kWh，同比降低 7.4%，完成年度计划 380.1 亿 kWh 的 83.8%；送广西电量 5.7 亿 kWh，同比持平，完成年度计划。

营销分析 大工业、非普工业受省内各地区工业园区、高速铁路、高速公路、房地产业施工和正式用电等因素影响，导致新增报装容量分别同比增长 36.8%和 74.0%。居民、商业和非居民受贵州省城镇化带动战略的实施，拉动城市综合体、新建居民住房量大幅增长，用电报装容量分别同比增长 22.7%、18.8%和 98.2%。

电费回收。受经济下行影响，电费回收遭遇了前所未有的困难和风险，欠费一度高达 7.26 亿元。通过采取措施，年末欠费 2.25 亿元，电费回收率 99.60%，同比降低 0.33 个百分点。在采取法律措施方面，铜仁供电局起诉鑫海硅业有限公司欠电费的民事案件，于 11 月 19 日取得一审胜诉，追回电费本金 995 万余元以及相应的电费违约金。

需求侧管理。贵州公司完成节约电量 2.75 亿 kWh，节约电力 5.48 万 kW，顺利完成需求侧“两个千分之三”节约电力电量指标。为 154 户工业、商业、医院、学校等行业客户费开展了节能诊断，开展上街、入校、进社区、进乡村活动 393 次，共发放宣传资料 65.5 万份，全年共接待市民和中小学生参观人数 3252 人，举办了 28 期每期超 30 户大客户的节能研讨培训班，参与客户共计 958 户。

电能计量。按照南方电网公司计量管理“两个转变”的总体要求，重点突出抓好计量集约化管理和大力推行电能计量装置典型设计，规范计量装置改造，努力实现计量标准化管理。举办 52 个培训班 1104 人次计量典型设计培训。落实整改Ⅳ类及以上电能计量装置 31 235 套，典型设计符合率由 20%提高到 29%。建立区域集中检定中心，积极推动集中检定模式，启动了安顺供电局计量区域检定中心运行，全省已建成 1 个区域检定中心，3 个供电局实现集中检定。同时，提高计量数据平台上报质量，重要关口计量点电量数据准确率和数据完整率达到 100%。

营销现代化建设。贵州公司制订了《贵州电网公司营配信息集成实施方案》。全省组织了 1408 个核查工作组开展核查，并于 11 月 28 日提前一个月全面完成了 5915 条 10kV 线路、19 万个台区及专用变压器、1100 万客户的营配信息数据核查及录入工作，贵阳、遵义供电局按实施计划完成营配信息集成功能开发与应用。同时，积极拓展服务渠道，建成无线城市“供电服务”栏目，开通支付宝缴费和银联代扣，通过社区网络化服务平台、电视智能平台和“客户关怀，一带十”等创新服务载体，为客户提供多样化的服务沟通渠道，新建 942 个便民电费合作服务网点，完善了城乡居民半小时交费圈。

营销技改、检修项目投资计划总项目为 369 项，总投资计划 5.3 亿元，年度投资完成率达到 99.26%。新建配变监测计量终端 9870 台、负荷管理终端 5959 台、低压集抄 40 000 户，截止到年底厂站终端覆盖率 100%；配变监测计量终端覆盖率达到 35%，负荷管理终端覆盖率达到 44%，其中直属分局实现配变监测计量终端和负荷管理终端全覆盖。

用电检查及营销稽查。营销稽查样本共计 15.7 万件，存在问题的样本数量为 1.46 万件，出现问题最多的是业务扩充和抄核收，业务扩充 6331 件，占 43.4%；抄核收 5893 件，占 40.4%；计量管理 1072 件，占比 7.3%；其余占 8.9%。

检查客户 269.5 万户，检查完成率 102.2%。查处违章户 1077 户，涉及违章电量 593.44 万 kWh；查处窃电户 855 户，追补窃电电量 449.22 万 kWh。在查处的违章客户中，大工业占 5.5%，非普工占 13.3%，商业客户占 23.1%，居民生活占 52.6%，农业生产客户占 0.6%。在查处的窃电客户中，居民客户占 79.5%，商业占 6.2%，非普工占 9.5%，大工业占 1.4%，农业生产占 1.4%。

客户服务。贵州公司加强客户停电服务，开展了“四类客户”专项梳理工作，对 14.3 万户“四类客户”和 1.7 万个农村居民聚集区的基础用电信息进行了逐一核实，重点关注“四类客户”的非计划停电服务情况，梳理确定了 1927 个重要客户，完善“重要客户安全风险评价系统”，对 881 个客户开展了安全风险评价，督促贵州省军区后勤部等 5 个红色风险客户开展了整改，重要客户供电电源和自备应急电源满足配置标准比例分别上升到 67%和 71%，同比上升 22 和 21 个百分点。

经营管理

电价管理。国家发展改革委核定贵州省电力用户与发电企业直接交易试点输配电价，电力用户与发电企业直接交易试点电网输配电价执行两部制，基本电价执行现行电价销售表中的大工业用电的基本电价标准，电量电价（不含线损）为 0.1 元/kWh，其中 110kV 用户为 0.082 元/kWh，220kV 用户为 0.063 元/kWh。根据 2012～2013 年度丰枯电价政策，枯水期电价 2012 年 12 月上浮 15%保持不变外，2013 年 1～4 月暂按基准电价基础上上浮 12%的标准向执行丰枯电价政策的工业企业计收电费。贵州省丰枯电价政策在本丰枯周期结束后暂停继续执行。从 6 月 1 日起，贵州省密集烤烟房烟叶烘烤用电价格统一执行农业生产用电价格。自 12 月 25 日起，贵州省农村饮水安全工程供水用电价格统一按农业生产用电价格执行。按贵州电网供电区域的县级供电企业农村居民生活用电量每千瓦时计列 0.2 元的农村电网维护管理费，该项费用已包含在现行电价中。自 9 月 25 日起，贵州省燃煤发电企业脱硫标杆上网电价每千瓦时降低 0.97 分，未执行标杆电价的统调燃煤发电企业上网电价同步下调；贵州送广东跨区域送电价格由 0.39 元/kWh 降低至 0.388 元/kWh。电解铝企业用电实行阶梯电价，国家发展改革委核定贵州乌江沙沱水电站上网电价为 0.352 6 元/kWh，自投入商业运营之日起执行。省物价局核定贵州兴义电力发展有限公司二号机组送广西电量临时上网电价自 1 月 1 日起为 0.367 6 元/kWh，脱硫、脱硝加价按有关规定执行。省物价局明确贵州省电动汽车充电桩用电价格按照非工业、普通工业电价执行。

资产管理

产权管理。贵州公司纳入合并范围总户数 97 个，包括公司本部及所属各级分公司、全资和控股子公司。其中，全资子公司 93 个，控股公司 3 个，事业单位 1 个，比 2012 年合并范围相比无变化。根据上级通知要求，1～3 月按照产权转让程序进行了进场交易，已按程序将贵州电网公司持有贵诚公司 0.531%的国有产权转让给华能资本服务有限公司，完成了相关手续和账务处理。

资产管理。完成审查公司库存物资清仓利库有关财务手续、资产评估报告、库存物资清仓利库有关财务手续、资产评估报告等工作。实际接收客户资产签订移交协议的有 40 个住宅小区、1 个企业客户，评估原值 3842.36 万元，评估净值 3466.56 万元，资产成新率 90.22%。

担保管理。在 2012 年担保清查的基础上，继续通过财务报表和信息反馈等多种渠道和形式了解各单位的落实情况，彻底解决了兴仁供电局的担保遗留问题。

会计核算 贵州公司资产总额为 673.26 亿元，负债总额为 550.15 亿元，所有者权益总额为 123.11 亿元。收到南方电网公司注入资金 15 亿元，接收农网改造工程等中央预算资金 4.32 亿元。主营业务收入 594.97 亿元，主营业务成本 570.07 亿元，利润总额 1.84 亿元，应缴税费 27.50 亿元。现金总流入量为 925.90 亿元，现金总流出量为 920.85 亿元，现金流量净流入 5.05 亿元。

预算管理 贵州公司继续增强成本控制意识，发挥预算管控作用，降本增效成效显著。一是办公、差旅、会议等费用零增长，业务招待费同比降低 20%，出国经费同比降低 30%；二是修理及材料费比年初预算降低 6.33%、节约成本 0.76 亿元。

资金管理。贵州公司严格执行南方电网公司资金集中管控模式，以收入按日集中、支出计划管控、资金融通调剂、融资统筹管控为手段，以制度流程、预算管理、标准化账户和全面监控为保障，构建了统一的资金集中管理体系，资金集中力度显著，年度资金集中率达 97%，实现了资金集中率超 90%年度目标。加大票据托收监管力度，全年托收承兑汇票 67.59 亿元，提高了票据流转效率。

税收管理。贵州公司 2013 年继续执行农村电网维护费免征增值税政策，全年免征增值税 1.58 亿元。另还争取到研究开发费、残疾职工工资所得税优惠 200.94 万元，取得节能变压器抵减所得税 895.52 万元。

农电建设 截至年底，贵州公司共有 88 个县级供电企业，其中分公司 7 个、子公司 80 个、代管 1 个，比 2012 年底多 2 个子公司。根据南方电网公司《关于进一步规范县级供电企业统计范畴的通知》（农电〔2013〕5 号），贵州电网县级供电企业统计范畴新增安顺经济技术开发区供电局和都匀经济开发区供电局 2 家县级子公司。

88 个县级供电企业完成售电量 549.68 亿 kWh，同比增长 10.81%，占省内售电量的 59.84%；完成综合线损率 6.12%，同比减少 0.53 个百分点。85 家县级供电企业综合线损降到 10%以下。

贵州公司启动推进业务一体化管理在县级供电企业有效落地工作，建成 130 个示范供电所。

贵州公司农电系统获得了多项荣誉。深化农电体制改革、理顺农电用工管理工作获得全国电力行业企业管理创新成果二等奖、贵州省电力行业企业管理现代化创新成果一等奖，并入选贵州省党的群众路线教育实践活动典型案例；雷山供电局西江供电所、黎平供电局水口供电所、习水供电局土城供电所、湄潭供电局兴隆供电所、赤水供电局官渡供电所荣获“2012～2013 年度中国最美供电所”称号；货郎电工—榕江供电局兴华供电所抢修班班长王炳益获得“感动贵州身边好人”、第三届“感动南网”个人称号；遵义湄潭黄家坝供电所、赤水官渡供电所获得省级模范职工之家称号。

县级供电企业创先与规范化建设。突出抓好县级供电企业一体化管理，推进县级供电企业整体创先。重点建设 130 个示范供电所和 133 个示范台区，选择乌当、遵义县、麻江、雷山 4 家县局为试点单位，启动县级供电企业创先试点工作。按照供电所工作“规范、真实、简单、有效”的原则，将供电所定义为业务执行层，明确其核心业务为安全生产和营销服务方面的技能工作，出台《供电所业务指导手册》，在县级供电企业创先试点单位试点应用。

农网建设。贵州公司县级电网工程共完成投资

49.74亿元，其中：110kV电网完成投资11.17亿元，35kV电网完成投资8.74亿元，10kV及以下电网完成投资29.83亿元。年内共建成投产110kV变电容量113万kVA，110kV线路462km；35kV变电容量26万kVA，35kV线路686km；10kV配变10 873台，10kV及以下线路38 122km。

人力资源管理

班子建设。以思想建设、组织建设、制度建设、作风建设和反腐倡廉建设为重点，全面加强各级领导班子和干部队伍建设。不断优化领导班子结构，加大机关与基层干部双向交流力度，本部12名、基层15名领导人员交流任职。全部县级供电企业交流干部薪酬待遇实现"人随岗走"。倡导凭实绩用干部的导向，全年提拔处级干部30人，其中正处级8人，副处级22人。开展10个副处级岗位的竞争上岗。

深化干部教育培养，启动地市供电局与综合单位优秀年轻干部纵横向交流挂职试点，选拔20名优秀干部员工到公司本部进行第三期挂职锻炼。公司层面共举办24期培训班，共计培训各级干部及其后备干部19 574人次。

教育培训。强化人才培养，持续推进人才发展"七大工程"，明确了41个项目、103人培养目标。选聘3名二级技术专家、7名三级技术专家、60名助理技术专家。完成5名三级技术专家2012年度考评工作。1人获聘南网公司高级技术专家、2人获聘高级技能专家，新增2名享受政府特殊津贴专家。

全年员工培训率99.6%，公司系统完成集中培训1316期，培训62 824人次；举办中层管理人员管理能力提升轮训班35期，培训1792人；自主开发配网生产班组准军事化培训课程，举办培训班65期，培训3009人，覆盖率73%。举办7期助理内训师培训，培训244人；公司层面选聘58名培训师。完成43个220kV变电运行岗位网络培训电子课件制作。完成安顺、都匀、毕节培训基地培训楼和贵阳培训基地（红枫）技能实训大楼建设，作业安全体感实训室完成安装调试与验收并投入试运行。2012～2013年累计举办74期，培训3494人，轮训率100%。

在贵州省第十四届40项省级企业管理现代化创新成果中，公司系统有3项培训与评价方面成果，其中，公司"基于岗位胜任能力的培训评价一体化管理机制的构建与实施"获一等奖，贵阳供电局"以能力提升为目标的员工岗位培训课程体系的构建"和遵义供电局"基于作业现场的"住所辅导式"培训与管理"获二等奖。

人才建设。打通员工职业发展晋级通道，选聘高级技能专家2人，二级技能专家1人，三级技能专家2人，助理技能专家34人，助理技术专家60人；将岗位胜任能力评价面扩到县级供电企业，2025名县局技能岗位员工通过岗位胜任能力评价，技能人员岗位胜任能力评价参评率23%；高级工通过699人，技师通过206人，有61人通过高级技师考评报送评审；正高级专业技术资格通过4人，副高级专业技术资格通过112人，中级专业技术资格通过332人，初级专业技术资格通过1660人。

党的建设和精神文明建设　建立"党委—党支部—党员"管理制度体系，完善党建责任制考核指标，出台党支部和党员积分晋级管理办法，加强基层党支部和党员动态管理，建成1个省国资委样板党支部、16个公司示范党支部、2个党员教育示范基地。扎实开展"三带三争当"活动，制订下发《党组织和党员公开承诺管理办法》，组建2545个党员示范岗、服务队，组织9250名党员公开承诺1.4万余条，深化"寻找身边的榜样"活动，汇编53个典型人物及先进事迹。实施党员"双培三好"，新发展党员中生产经营一线骨干占83.9%，无党员班组减少至4.44%。公推直选党支部书记19名。公司直属党委获全省先进基层党委，蝉联贵州省国资委系统企业党建责任制考核第一名。5个基层党委被命名为贵州省、贵州省国资委"五好"基层党组织。

扎实开展党的群众路线教育实践活动，明确"384"总体布局，加强宣传策划，氛围营造到位，选树申友强、王炳益等先进典型，"村电共建"等11个案例入选中央群众路线网、贵州省、网公司典型案例和经验选编。聚焦"四风"，多渠道、全方位收集意见建议347条次，精心制订"两方案一计划"，边整边改、立行立改，"四风"问题有了明显改善。持续推进创先工作，落实"服务群众四项举措"，主动做好"5个100工程"供用电服务，编制"小康电"行动计划，着力解决业扩报装难、农村及城乡结合部电能质量差等群众反映突出的问题，有力服务贵州"同步小康"。

以学习宣贯党的十八大和十八届三中全会精神为重点，强化理想信念教育，组织1.3万余名员工参加中组部举办的"学习党的十八大报告和党章网上知识竞赛"，2.4万余名员工参加2013年工作会精神网上知识竞赛，编印《员工思想政治教育指南》，开展"中国梦、南网梦、我的梦"大讨论活动520余场次。加强辅导员队伍建设，共注册认证辅导员862名，建立起四级辅导员梯队。编印《优秀辅导案例汇编》，表彰40名优秀辅导员，8名辅导员获得南方电网公司表彰。首次开展表扬立功工作，1名员工获南方电网公司一等功，2个集体和5名员工获二等功，16个集体和30名员工获三等功。

企业文化和精神文明建设。开展"宣贯南网文化、传递幸福能量"县级供电企业主题宣讲，实现88

家县局宣贯100%全覆盖。打造了27个班组文化示范点，形成“零文化”“塔文化”“牛文化”等特色班组文化成果，推动南网“安全型、服务型、幸福型”文化在基层班组落地。以提升客户满意度为重点开展服务文化建设，公司连续3年在“满意在贵州”群众满意度社会调查中位列七大服务行业榜首，政府总体评价为“非常满意”。以“两个创建”活动为载体开展廉洁文化建设，打造贵州省廉政文化建设示范点6个、公司廉洁文化建设示范点13个。在报纸开设“幸福南网　贵州风尚”专栏，编印幸福专刊和《文化故事汇》。制订下发《贵州电网公司“多彩贵州文明行动”实施方案》，成立“多彩贵州文明行动”领导小组和办公室，开展多彩贵州文明行动，公司本部接受并通过贵州省文明办、省国资委“全国文明单位”复查。

以“我的中国梦”主题教育实践活动为主线，开展“我的中国梦”主题团日活动、“安全守护·中国梦——青安岗在行动”、“万家灯火、南网情深——青春光明行”志愿服务活动、第五届十大杰出青年评选、“我爱我的岗位”微电影大赛等宣传教育实践活动。公司9部微电影作品角逐南方电网公司首届微电影大赛6项大奖，其中2部作品分别获得最佳男、女主角奖。安顺供电局组织拍摄的微电影《两个人的电站》获得国务院国资委“新国企·中国梦”微电影大赛二等奖、贵州首届微电影大赛最佳影片奖。2013年，公司各级团组织共获得地市级及以上荣誉43项，其中集体荣誉21项，个人荣誉22项。

主要事件

5月、11月，南方电网公司董事长、党组书记赵建国一行，两次赴黔拜会了贵州省委书记赵克志、省长陈敏尔，共商推动贵州经济社会发展和促进贵州电网发展等事宜。

5月17日，贵州公司印发《支持和服务“5个100工程”实施意见》。

6月14日，在2013贵州企业百强发布会暨第十四届企业管理创新成果表彰会上，贵州公司以2012年营业总收入569亿元位列贵州100强第一，连续5年蝉联榜首，并成为贵州首家跨入500亿元级的企业。

7月17日，贵州公司党组召开党的群众路线教育实践活动领导小组（扩大）会暨启动会，教育实践活动全面展开。

8月26日，贵州公司发布《贵州电网公司中长期发展战略》。明确了未来10年的战略目标、战略定位、战略议题、战略重点、战略实施路径等。

11月4日，贵州省委、省政府发布“四在农家·美丽乡村”六项行动计划，小康电作为重要组成部分之一。公司全年共投入38亿元用于小康电建设，新建10kV及以上线路13 319km，变电容量256万kVA，建成便民交费网点1117个，新增农村电网无功补偿设备726Mvar。

12月，贵州公司获2013年度多彩贵州文明行动群众满意度调查总体满意度第一，连续3年获此殊荣。

12月18日，《贵州省新建住宅区供配电设施建设维护管理办法（草案）》（简称《办法》）经贵州省人民政府第十九次常务会审议通过，将于2014年施行。该《办法》是国内首部专门调整住宅区供配电设施建设维护的省政府规章，开创了国内先例。

【海南电网公司】

企业概况　海南电网公司（简称海南公司）是南方电网公司的全资子公司，负责经营南方电网在海南投资的国有电网资产，承担国有资产保值增值责任；对海南电网实行“统一规划、统一建设、统一调度、统一管理”，负责全省电网的安全生产工作，保证全省电网的安全、稳定、经济、优质运行，不断提高供电可靠性和服务质量；依法统一调度与省电网联网的电厂，并监督和指导电厂的安全生产工作。

截至2013年末，海南省统调装机总容量383万kW，统调最高负荷316.4万kW。完成售电量172.24亿kWh，同比增长8.96%，资产总额达176.24亿元。海南电网形成环岛220kV日字形双环网，并通过1回500kV海底电缆（容量60万kW）与南方电网主网联网运行。海南公司建成投运220kV变电站23座、容量567万kVA，220kV线路总长2621.699km，110kV线路总长3299.77km，35kV线路总长2551.598km。35～110kV电网覆盖全省各市县及主要乡镇。海南公司供电客户223万户，乡镇、行政村和自然村的通电率均达到100%。

领导班子

董事长、党组书记：金戈鸣

董事、总经理、党组成员：娄山

董事、副总经理、党组成员：张勉荣

董事、副总经理、党组成员：张弥

董事、党组成员、海口供电局局长：詹晓晖

董事、副总经理、党组成员、三沙供电局局长：林芳泽

董事、副总经理、党组成员：孙海宏

董事、纪检组长、党组成员：李欢

总会计师：唐炜

工会主席：陈琼生

总法律顾问：温和

组织机构　海南公司本部设置19个职能部门，包括办公室、人事部、人力资源部、财务部、企业管

理部、计划发展部、市场营销部（农电管理部）、生产设备管理部、基建部、物资部、信息部、安全监管部、科技部、审计部、法律事务部、监察部（纪检组办公室）、政治工作部（直属党委办公室、团委）、工会、系统运行部。设置直属机构 9 个，包括电力调度控制中心、物流服务中心、培训与评价中心、信息中心、离退休管理中心、客户服务中心、电网规划研究中心、新闻中心、营销稽查中心。

公司下辖 27 个二级单位，包括 19 个供电局（即海口、三亚、儋州、琼海、三沙、文昌、澄迈、万宁、昌江、东方、乐东、陵水、临高、定安、屯昌、琼中、保亭、白沙、五指山供电局），2 个计划单列供电公司（洋浦供电公司、老城供电公司）；4 个全资子公司（海南送变电工程有限公司、海南电力置业有限公司、海南电力通信自动化有限公司、海南电力物业有限公司），1 个分公司性质的通信资产运维公司（海南电网信息通信公司），1 个按分公司管理的技术学校（海南省电力学校），1 个调峰调频直属发电厂（海南电网清澜电厂）和 1 个试验研究单位（海南电力技术研究院）。

电网规划与建设　海南公司紧密围绕国际先进电网企业创建目标，有序开展了 44 项电网规划和专题研究。其中，海南电力工业发展战略研究全面完成，被南方电网公司定为五省两市电力工业发展战略研究的模板。提前启动海南“十三五”及中长期电力工业发展规划，调整优化海南电网 2014～2016 年规划，为“十二五”后两年和“十三五”电网建设提供科学指导。顺利完成海口、三亚城市饱和电网规划报告的编制，为推动电网规划纳入城乡总体规划、确保电网规划项目落地实施奠定了重要基础。

引导电源建设方面，海南公司积极支持新能源项目并网。全年完成文昌潮滩鼻风电场二期工程、屯昌 20MW 现代农业光伏发电等 17 个新能源项目（装机容量 176MW）接入系统方案审查，完成东方碳四综合利用项目工程等 6 项大用户工程接入系统批复，为促进全省新能源项目建设提供了有力支持。

海南公司以基建六项管理为主线，促进基建管理向精益化转变，攻坚克难推动电网建设。6 月 2 日下午，海南省政府、南方电网公司、中国核工业集团公司、中国华能集团公司签署合作协议，共同投资 30 亿元建设海南跨海联网二回工程。创新电网建设模式，争取琼中、澄迈、陵水县政府合作投资 5 亿元参与地方电网建设。主动与 15 个市县政府签订电网建设协议，合力破解青赔、征地、阻工困局，完成 35kV 及以上项目 74 个，创历年之最。网公司重点工程——昌江核电至大成 220kV 新建线路工程于 10 月底按期完工。220kV 龙北变电站工程获网公司 2013 年度基建优质工程称号。

海南公司以落实供应链体系五项管理为抓手，持续促进物资管理向精益化转变。总结 2012 年物资品类优化经验，进一步扩大优化范围，将主网物资品类由 4000 种优化为 860 种，配网物资品类由 10084 种精简为 1367 种。提前布置物资招标工作，主、配网物资招标比往年提前 2～3 个月，为加快电网建设争取了主动。“海燕”台风抢修物资供应及时到位，灾后物资结算首次当年完成。大力推进区域仓建设，北部、南部区域仓完成征地，西部区域仓已开工建设，为下一步实现“大物流、大配送”管理体系奠定基础。

电网运行与安全生产

电网调度。海南公司牢牢把握“电网安全稳定运行”这条生命线，进一步强化电网调度管理，密切跟踪发电燃料供应，及时协调南网总调通过海缆提供事故备用和电力支援，确保海南电网安全运行、有序供电，统调负荷 9 次创历史新高，最高达 316.4 万 kW，同比增长 13.36%。进一步深化电网风险辨识与评估，及时发布预警 78 次，分层分级落实 110 项预控措施，实现 220kV 继电保护正确动作率连续 4 年 100%，调度自动化主站连续 6 年不间断可靠运行，有效应对了各种电网运行风险考验。尤其是成功处置“5·21”500kV 福山站全站失压事件，及时消除备用及无功不足导致系统崩溃的重大风险，2h 内迅速恢复了海南主网环网，并与南网主重新联网运行，未引发重大电力安全事故，得到网公司的通报表扬。

安全管理。海南公司认真落实南方电网公司、国家能源局、省委省政府的部署，按照“全覆盖、零容忍、严执法、重实效”的总体要求，深入开展安全生产大检查，全面整改安全隐患 854 个，处理设备缺陷 1375 项，完成 1094 条次线路特巡和 3899 台次变电设备特维。35kV 及以上主设备故障停运率同比降幅超 20%，配网主线故障停运率同比降幅达 20.1%（计入台风影响）。输电线路防雷整治和防外力破坏成效显著，2013 年雷击故障跳闸 161 条次，同比减少 41 条次；外力破坏故障跳闸 28 条次，同比减少 30 条次。主设备可用系数等 6 项生产技术主要指标均优于南方电网公司下达的指标。

海南公司以安全生产大检查为契机，持续深入推进安全生产风险管理体系建设。通过组织 18 家供电局与广东电网公司、广州供电局结对共建，促进公司体系建设水平大幅提升。3 钻供电局由 2 家增加到 4 家，分别是海口、儋州、琼海、昌江局。其中，昌江局是全省首个达到 3 钻水平的县级供电局。全年 60% 地市供电局达到 3 钻水平，100% 的县级供电局和清澜电厂、海南送变电公司达到 2 钻水平。安全生产标准化达标工作也取得新突破，海口局成为全网第一批、海南唯一一家安全生产标准化建设一级企业。

市场营销

需求侧管理。全力推进计量自动化建设，实现专用变压器负控终端基本全覆盖，公用变压器台区配电变压器终端覆盖率80%，五指山局成为全网首家实现负控、配电变压器终端和低压集抄城区全覆盖的供电局，为有序用电管理、停电自动统计、自动抄表及结算提供有力的技术支撑。建立18项供电可靠性关键指标管控体系，持续深化停电“双控”行动，及时对超时停电事件和可靠性指标管控较差的供电局进行考核，推动客户年平均停电时间同比降低15.46%。

海南公司全年累计投入资金1500万，投入人员16 200人次，抢修车辆3270台次，实施各类保供电96次，其中：特级保电2次，一级保电1次，二级保电26次，三级保电67次。4月6～8日，会议规格和规模均创历年之最的博鳌亚洲论坛2013年年会顺利举行，公司继2011年会后第二次实施特级保电，提前两个多月做好充分准备，确保275条重点线路、27个重点变电站“零跳闸”，53家重点客户“零停电”，实现博鳌保电连续12年万无一失。11月，面对近8年破坏力最大的超强台风“海燕”，公司迅速出动应急队伍220支，4天恢复35kV及以上主网，10天恢复所有用户供电，得到省委省政府、网公司的充分肯定。公司全年有效抗击9个台风和万宁冬季强降雨，取得抗灾复电全面胜利。

营销管理。海南公司着力加大增供扩销工作力度，增加投入5000万元解决报装受限项目300多个，增供电量3800万kWh，推动全年售电量完成172.07亿kWh，同比增长8.96%，售电量增幅在南网五省区中位居南网。持续推进新建住宅小区抄表收费到户工作，与三亚市38家开发单位43个新建住宅小区签订抄表到户协议，《海口市新建住宅小区电力抄表收费到户供配电设施建设及维护管理办法》于10月17日经海口市政府批准实施。突出抓好电费回收，联合地方政府大力整治儋州、东方持续多年的欠费、窃电恶习，追缴电费1439万元。截至年底，14家供电局实现当年电费全额回收，6家供电局实现历史无欠费，创历史最好成绩。加快推进营配信息集成建设，仅用半年时间完成200万户、41万台配网设备信息核查，核查进度和数据质量位居全网前列。

客户服务。海南公司着力从用电报装、故障抢修、客户缴费等主要环节提升供电服务水平。开通用电报装绿色通道，跟踪服务349个省级重点项目建设，报装及时办结率达100%。大力推广业扩工程和计量装置典型设计，居民装表接电时间同比减少1.2天/户。以三亚局为试点，试点推行客户产权电力设施故障抢修平台的模式，有效缩短故障抢修复电时间，城市、农村恢复供电平均时间分别比承诺时间少1.7h和1.5h。积极拓宽客户缴费渠道，国内首创的支付宝二维码缴费于11月15日开通，借助17种客户缴费渠道，促进营业厅柜台现金缴费笔数同比下降40%。按照“四不放过”原则，对服务态度差、延时送电等客户投诉事项实行“说清楚”制度，促进百万客户投诉率同比下降84次/百万户。

科技创新与节能降耗 海南公司重点在降低电网运行风险、提高设备智能化应用水平等方面开展科技创新。其中，率先在国内应用绞合型碳纤维铝导线，有效解决电网西北断面“卡脖子”问题；建成覆盖全省110kV及以上线路的智能监测平台和基于分布式的省级电网全景展现与运行指挥系统，为快速抢修复电提供有力的技术支撑。公司承担的“863”计划课题“多类型新能源发电综合消纳的关键技术”顺利通过国家科技部中期检查，国家科技支撑计划课题“区域智能电网综合示范工程”顺利开题。公司承担的两个网公司信息化试点项目顺利完成，信息化建设继续保持A级水平。公司全年获得中国电力科学技术三等奖1个，全国电力行业信息化优秀成果奖1个，南网科技进步奖三等奖2个，南网专利三等奖1个。累计拥有专利13项，增长160%。

着力强化节能发电调度，最大限度消纳水电、风电等可再生能源，促进煤电机组供电煤耗比2012年同期降低0.27g/kWh，全网单位发受电量化石能耗比计划低24.8g/kWh。加大线损“四分”管理力度，促进文昌等8家供电局实现省级达标，公司综合线损率7.898%，同比下降0.092个百分点。积极协助50个重点客户开展节能诊断和改造，累计为客户节约电量530万kWh。3月，全国首家自动换电商业运营换电站、具备服务280辆纯电动出租车换电能力的海口龙华电动汽车换电站正式运营，助力海南低碳发展，获得国家科技部等四部委联合检查组和省、市政府高度评价。

经营管理

财务管理。2013年，海南公司突出加强经营管控力度，进一步深化全面预算管理，促进41条增收节支措施逐一细化落实。主要通过加强资金全过程管理，有效盘活资金存量，合理控制融资增量，节约资金成本4800万元，资产负债率低于全年目标3.45个百分点；通过优化水电调度，降低购电成本6700万元，共计为公司节约成本1.15亿元。积极争取到有利电价政策，及时疏导脱硝加价项目和垃圾发电补贴，公司输配电价空间得到进一步拓展。组织各部门和供电局共同推动长达12年未决算的一、二期农网工程，在2013年全面完成决算，依法清权确权，有效化解经营风险。

审计管理。海南公司紧扣公司年度工作重点和经营管理中的难点、热点问题，充分发挥审计工作的“免疫系统”和“质量检验”作用，推动审计工作向纵深发展。全年累计开展各类审计项目40项，包括经济责任审计11项，固定资产投资监督审计9项，工程竣工决算审计20项，发现问题363个，提出审计意见和建议242条，并督促审计成果转化落实。尝试开展供电所负责人离任审计，实现经济责任审计工作新突破。在海口、三亚等10家供电局推广应用《审计管理信息系统》，固化、规范审计工作流程，实现审计工作的信息化管理和在线监控，促进公司经营管理更加合法合规。

基础管理。海南公司认真贯彻落实网公司中长期发展战略部署，于9月27日正式发布《海南电网公司中长期发展战略》。成立公司战略管理委员会，在各层级深入开展网、省公司中长期发展战略宣贯，促使干部员工对战略与创先、一体化、日常工作关系有了统一认识，各项战略要求开始融入关键指标、进入日常管理，逐步在机关各部门和基层各单位落地。组织18家供电局紧密围绕创先关键指标体系，分别与广东发达地区先进供电企业开展结对帮扶，开启了海南与广东全面结对创先的新局面。通过开展业务领域横向协同分析，系统梳理出744个业务事项和1031个业务流程，为下一步全面承接南网先进管理体系奠定坚实基础。公司监事会于10月15日正式成立，标志公司法人治理结构进一步健全完善。

辅业多经管理。海南公司进一步加强辅业规范管理，及时指导送变电公司制订管理提升方案，督促自动化公司落实规范化管理实施方案，稳步提升辅业单位规范化管理水平。进一步加快推进非主业投资、小额投资及低效无效投资清理，有序开展实业公司、新凤公司清算注销工作。按照网公司有关工作部署，全面开展厂办大集体企业股权结构调查，为厂办大集体企业改革做好准备。

法律事务。海南公司进一步加强法律风险防控，圆满完成38个关键岗位法律风险防控要点和38套法律试题编制，逐步将风险防控落实到岗。紧抓法律维权工作，妥善解决东方长达6年的土地共有纠纷、儋州7个拖延结算和欠款未付工程合同纠纷等一批影响公司经营发展的重要案件，实现重要案件胜诉率连续两年保持100%。特别是定安低电价纠纷案件和海口船舶撞断导线索赔案件的胜诉，为全省同类维权案件创设了范例。2013年，公司案件胜诉率90%，负有责任的案件发生率同比下降15%，避免经济损失3659万元。

人力资源管理 截至年末，海南公司拥有员工11 633人。其中，博士研究生7人，硕士研究生145人，大学本科2139人，大学专科2854人，中专及以下6488人。公司员工中，有高级职称226人，中级职称584人，初级职称3231人；技师91人；高级工3084人，中级工1493人，初级工1205人。全公司离退休人员3177人。

干部队伍建设。海南公司始终坚持“信念坚定、为民服务、勤政务实、敢于担当、清正廉洁”的好干部评判标准，大力倡导以业绩指标和群众口碑为主要依据的选人用人机制和干部考核评价机制，完成9批次公司党组管理干部的调整任免，公司上下“想干事”的氛围逐步形成，“能干事”的干部逐步增加，“干成事”的激励机制逐步完善。10月，试点在海口、儋州供电局配备总会计师；在三亚、琼海供电局配备副总会计师，有效增强供电局领导班子对经营的管控能力。大力推进领导干部岗位责任制体系建设，加强干部“定责、履责、考责、问责”管理，逐级签订岗位责任书444份。首次开展公司一至三级技术专家选聘工作，评选出二级技术专家1人。

劳动管理。海南公司以琼中局为试点，在南网率先开展全面人力资源管理，首次在县级供电企业编制人力资源规划，逐步建立起人力资源部门+各级管理人员（直线经理）的人力资源管理模式。全面梳理本部和直属机构职责，厘清22个核心专业管理界面，完成设备部、安监部、系统部、科技部、营销一部四中心等机构设置及职责的优化调整。临高、儋州劳动用工历史遗留问题妥善解决，供电局规范劳动用工工作划上圆满句号。出台《员工立功表扬管理实施细则》，解决公司非物质激励制度缺失的问题。多渠道拓宽员工工资晋升途径，375名员工通过提高技能等级以及技术、技能专家选聘等途径晋升岗级，3512名员工通过业绩考核积分晋升薪级。

教育培训。海南公司持续深化岗位胜任能力培训与评价，促进人员与岗位匹配。以岗位职责和知识为基础，补充完善一线典型班组岗位的评价标准、评价手册和理论试题库，建立较为完整的技能人员培训与评价体系。选派22个典型岗位111名一线优秀技术技能骨干承担岗位胜任能力实操培训及评价，初步建立岗位胜任能力培训师资队伍。将岗位胜任能力评价应用到岗位管理及人员配置中，初步建立“先评价、后上岗”的机制。截至年底，公司岗位胜任能力培训评价覆盖一线27个技能岗位序列2918人，一线员工岗位履职能力得到进一步提高。

党的建设和精神文明建设

党建工作。海南公司认真贯彻落实十八大和十八届三中全会精神，以反对“四风”、服务群众为重点，紧密结合中央“八项规定”的贯彻落实和全省“慵懒散贪奢”专项治理，深入开展党的群众路线教育实践活动。采取召开客户座谈会等10多种方式广泛征求“四风”意见355条，通过开展“两满意、三整治”（客户和员工两满意，文风会风、减负增效、正风肃纪三整治）活动，以145项措施有力推动“四风”问题整改，促使干部队伍作风进一步向“为民、务实、清廉”方向转变，创造了“党员一带二”等5个群众工作先进典型，并入选网公司《联系服务群众经验做法》。公司党的群众路线教育实践活动取得实实在在的成效，为推动公司创建国际先进电网企业、服务海南绿色崛起提供坚强保证。

认真落实党风廉政责任制，不断加强惩防体系建设。成立公司监督管理委员会，形成监督工作合力。组织签订了538份领导人员廉洁从业承诺书，选取3个部门、2个供电局和3个供电所启动廉洁风险防控平台建设，从源头上筑牢廉洁风险防线。海口、儋州、三亚、白沙局被省国资委评为廉洁文化示范点。公司党组管理干部连续两年“零”发案。公司在全省党风政风行风建设社会评价中位列第7，较2012年提升4位。

民主管理。海南公司认真抓好职代会的职权落实，经职代会审议通过了《海南电网公司资产非正常经营损失责任追究管理办法》等重要制度，职工代表提案按照“分级负责、归口办理”的原则，分发至相关部门办理，办复率达100%。印发《海南电网公司厂务公开民主管理示范单位创建量化考核标准（暂行）》，加大对基层单位民主管理的考核力度，确保厂务公开工作与企业制度相结合，融入到企业管理的方方面面，在程序、环节、内容上都体现了“公开”。公司在2013年荣获“全国厂务公开民主管理示范单位”称号。

精神文明建设。海南公司积极推动南网文化在海南落地生根，以南网精神凝聚企业发展合力。3月19日，公司与海南省文明办签订《共建海南电网公司系统“文明创建活动平台”合作协议》，成为全省第一家与政府联手共建文明单位的企业。截至年底，公司系统有全国文明单位3家，海南省文明单位6家，南方电网文明单位8家。开展社会责任日互动活动，首次邀请网友走进电网并在网上畅谈体会，以第三方视角提升公司形象。围绕公司党的群众路线教育实践活动等专题，全方面宣传南网品牌，对外发稿量创历史最好成绩。团青工作有声有色，1个青年集体被授予“中央企业五四红旗团委”，1人被授予“中央企业优秀共青团员”，12家青年集体被授予“海南省青年文明号”。三沙供电局员工陈皇言被评为全国“最美青工”，成为海南省和南网系统唯一当选的青年员工。关心员工生活，走访慰问困难员工455人，围绕住房、医疗等热点问题为员工办实事8项，改善离退休人员生活待遇，员工幸福感增强，队伍和谐稳定。

主要事件

3月12日，海南公司召开干部大会，宣布南方电网公司党组关于海南电网干部任免的决定：聘任娄山为海南电网公司董事、总经理、党组成员，免去揣小勇海南电网公司董事、总经理、党组成员职务，另有任用。南方电网公司副总经理张晓东出席会议。

4月5～9日，海南公司投入16 200人次、3270车次坚守保电一线，力保博鳌亚洲论坛2013年年会保供电万无一失。

4月17日，海南公司召开干部大会，宣布南方电网公司党组关于海南电网公司干部任免的决定：聘任金戈鸣为海南电网公司董事长、党组书记，免去刘映尚海南电网公司董事长、党组书记职务，另有任用；聘任温和为海南电网公司总法律顾问，免去唐远东海南电网公司总法律顾问职务，另有任用。南方电网公司总经理钟俊、海南省委组织部部务委员郭雄文出席会议。

6月2日，海南省政府、南方电网公司、中核集团、华能集团在海口共同签署海南跨海联网二回工程合作协议。

7月3日，220kV福丰Ⅰ线试送成功，全国首条绞合碳纤维芯铝绞线在海南成功挂网运行。

7月15日，海南公司与琼中黎族苗族自治县人民政府共同签订了《农村电网建设与改造合作建设协议书》。

10月15日，海南电网公司监事会正式成立，皇甫学真为海南电网公司第一届监事会主席，公司法人治理结构进一步健全完善。

10月17日，海口市政府召开常务会议，审议通过了《海口市新建住宅小区电力抄表收费到户供配电设施建设及维护管理办法》，海口市小区电力抄表到户工作取得实质性进展，将进入实施阶段。

11月20日，受第30号强台风“海燕”影响的用户全部恢复送电。海南公司共出动抢修人员4万人次、抢修车辆8050台次，顺利完成近8年影响海南最强台风“海燕”等9个台风的应急防御工作。

12月17日，昌江供电局顺利通过安全生产风险管理体系第二方外部审核，达到三钻水平，成为海南电网公司首家安全生产风险管理体系达三钻的县级供电企业。

（陈　玮　陈承彪　郭　娜）

【中国大唐集团公司广西桂冠电力股份有限公司】

公司概况　中国大唐集团公司广西桂冠电力股份有限公司（简称大唐广西分公司）成立于2007年9月30日，是大唐集团的二级企业，由大唐集团授权经营管理集团在广西等区域内的资产。公司主要经营水电、火电、风电及其他清洁能源的开发及运营，电站检修、技术咨询业务；兼营有色金属加工、金融服务业等业务。

2013年，大唐广西分公司在龙滩水电开发有限公司和广西桂冠电力股份有限公司的基础上进行了整合。截至12月31日，公司总资产为560亿元，拥有龙滩水力发电厂、大唐岩滩水力发电公有限责任公司、大唐桂冠合山发电有限公司、广西桂冠大化水力发电总厂、大唐广源水力发电有限公司、广西桂冠开投电力有限责任公司、茂县天龙湖电力有限公司、广西平班水电开发有限公司、深圳市博达煤电开发有限公司、大唐桂冠山东电力投资有限公司、湖北省巴东县沿渡河电业发展有限公司和大唐迪庆香格里拉水电开发有限公司等12家发电企业，在役装机容量1123.95万kW，比2002年底集团公司组建时的在桂装机容量185.8万kW增加了5倍，其中清洁能源比例达到88.17%，资产分布由成立之初的两个省区扩展到全国9个省区，拥有38座水电站、1座火电厂、6个风电场。

领导班子

党组书记、总经理：戴波

党组成员、副总经理：李志农、罗赤橙、钟赵龙、罗书葵

党组成员、纪检组长、工会主席：曹树文

党组成员、总会计师：吴育双

副总经理：王询

总经济师：谢丽英

组织机构 大唐广西分公司2013年组织机构见图。

经营局面 大唐广西公司全年完成发电量305.36亿千kWh，同比下降15.35%，完成年度计划的81.06%。其中：水电235.71亿kWh，同比减少19.97%；火电66.3亿kWh，同比增长4.4%；风电3.36亿kWh，同比增长26.4%。12家基层企业有5家完成电量分解计划。

结构调整 调整了公司“十二五”电源发展滚动规划，前期工作和项目建设取得新突破。截止12月31日，大唐广西分公司在役装机容量1123.95万kW，其中水电967.6万kW、火电133万kW、风电23.35万kW，清洁能源比重达88.17%。

前期工作方面，贵州正安天楼山、洪关太阳坪两个风电项目共9.5万kW容量获得核准，完成大唐集团下达的核准目标；合山4号机组项目进入国家发展改革委核准程序，并参加广西火电项目评优；莱阳灵山风电、兴义白龙山风电项目列入国家能源局“十二五”第三批核准计划；龙滩二期工程建设方案论证报告（预可深度）上报国家能源局审定；松塔水电项目可研阶段的勘察设计工作正常推进；八渡水电项目取得广西、贵州两省区路条；烟台天然气热电冷联产项目完成可研报告。

项目建设方面，紧紧抓住安全、质量、造价和进度等关键环节，加强优化设计，积极破解难题，全年投产装机40.75万kW，超额完成集团下达的投产任务。工程综合造价控制在6167元/kW，优于集团下达目标值。岩滩二期首台机组于11月24日投产发电，从开工到投产仅35个月，创同类型机组建设最快速度；岗曲河一级水电站两台机组分别于7月21日、7月27日投入商业运行；四格风电二期19台机组于8月27日全部投产发电。

安全生产 大唐广西分公司全面推进安全生产管理体系建设，狠抓安全生产责任制落实，安全管理制度化和规范化水平进一步提高。以防止人身伤害和设备损坏为重点，大力加强安全监督和培训，深入开展安全生产大检查、“两落实”督查整改、“打非治违”等活动，落实各级人员安全生产责任，进一步完善了安全管理体系。安全生产标准化达标工作有效推进，4家企业通过国家电监会一级达标，2家企业通过二级达标，岩滩公司被列为集团首批创新型企业和标准化良好行为企业试点单位。设备治理和技术监控得到加强，全年完成103台机组检修任务，通过技术监督发现289项问题。扎实开展火电综合治理，能耗及排放指标进步明显。

公司系统各企业认真落实防汛责任，确保了水库大坝度汛安全。加强了防汛安全专项检查和整改，实施对重大问题督办。加强了汛期日常检查和防汛值班，建立了重大汛情等通报制度，落实了防汛责任，确保防汛工作有序开展。加强水文气象预测预报，提高防汛处置能力，各单位有效应对“尤特”、“海燕”等超强台风，下六甲电厂成功防范“8·19”千年一遇洪灾、仙女堡电站成功处置“7·6”特大洪峰、沿渡河公司成功防范“12·16”地震灾害、去学水电站项目成功抗击“8·28”地震及“11·19”堰塞湖溃堤灾害。

全年安全生产形势平稳，未发生人身及设备事故。完成发电耗水率15.03m^3/kWh，同比下降5.1%；完成供电煤耗325.02g/kWh，同比下降5.57g/kWh，近5年累计下降19.1g/kWh；脱硫、脱硝同步投运率均为100%，污染物全部达标排放。龙滩电厂自首台机组投产已连续安全生产2438天，保持并刷新了大型水轮发电机组安全运行纪录。

管理提升 按照国资委的部署和要求，大唐广西分公司紧密结合企业实际，围绕中心工作，扎实推进管理提升活动。做实专项提升、管理诊断下基层、

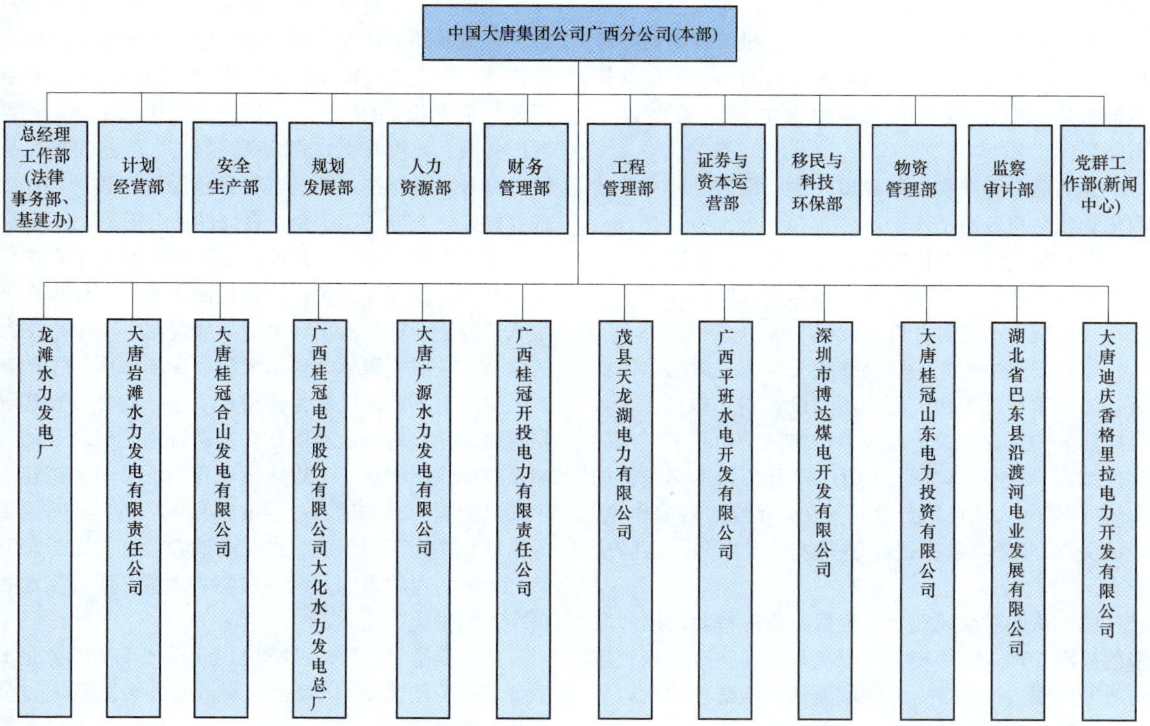

大唐广西分公司 2013 年组织机构图

制度建设和总结评价等工作，强化了基层建设、基础工作、基本功训练。通过内控体系建设，进一步规范了业务流程、完善了监督体系、提升了制度执行力；通过开展企业管理合法性、合规性、合程序及法律风险分析评价活动，提升了规范运作水平，防范了法律风险。在经营工作中，深化全面预算管理，改进经济活动分析模式，增强了经营控制能力。在生产过程中，深化对标管理，持续改进提升，促进了节能减排进步。在财务管理中，落实全面计划、全面预算、全面责任、全面风险管理，降本增效明显。管理提升活动促进了企业管理水平进一步提高。

节能减排 大唐广西分公司认真落实国家环境保护法规和标准，加大环保治理力度，结合实际制订《大唐广西分公司 2013 年节能减排考核办法》和《合山公司 2013 年节能减排行动计划》，排放指标得到了有效控制。

(1) 开展了综合治理。按照“争创先进，目标一流”的目标，成立了工作组织机构，制订了实施工作方案，研究提出了节能改造等 39 个重点问题，综合治理项目 256 项。

(2) 推进优化运行。组织专家开展优化运行能耗诊断，从运行优化调整和技术改造方面提出了 30 项建议，重点推进了合山 2 号机给水泵变频改造等重点技改和保护定值优化等措施，每年可节水 100 余万吨，降低发电厂用电率 0.3%；通过 3 号机凝汽器汽双背压真空系统改造提高真空 0.75kPa，开机耗油由年初的 100t/次左右降低到 25t/次。

(3) 加强环保治理。完成了 3 号机组脱硫旁路封堵、2 号机组低氮燃烧改造和脱硝改造工程，全年环保设备运行可靠，全面完成了减排任务。

(4) 积极做好配煤掺烧，针对含硫量高达 5%以上的劣质煤，扎实细化配煤掺烧方案，在确保达标排放的同时，锅炉飞灰可燃物含量下降 0.8%～1%，锅炉燃烧稳定性和经济性也大幅提高。合山火电厂全年排放二氧化硫、氮氧化物、烟尘总量分别为 6027、8064、729t；二氧化硫、氮氧化物、烟尘平均排放率分别为 0.91、1.22、0.11g/kWh；废水实现零排放，脱硫和脱硝同步投运率均为 100%，全部环保指标均达标排放，未发生任何环保事件。全年完成供电煤耗 325.02g/kWh，同比下降 5.57g/kWh，近 5 年累计下降 19.1g/kWh；完成发电耗油 1155t，同比下降 1462t。

资本运作 年初新成立了聚源公司，将广源、博达、香电 3 家子公司资产从龙滩公司分立出来，进一步优化了资产和负债结构。根据大唐集团的统一部署，推进上市公司重大资产重组工作，完成龙滩股权收购方案的制订、筛选，上半年如期召开了桂冠电力股东大会。积极开展与有关投资方的交流合作，寻求优势互补、互利共赢。着力开展了福建龙湘公司的资产重组，努力清理低效资产。在与贵州煤炭企业签订煤电合作框架协议的基础上，保持沟通协调，深入探索合山公司战略重组路径，为火电长远发展谋求出路。

党的建设和精神文明建设 大唐广西分公司持续深化党建思想政治工作。

(1) 深入学习贯彻党的十八大精神，通过巡回宣讲、知识竞赛、论文征集等多种形式，组织开展了分公司“宣贯十八大，开启新征程”活动。

(2) 按照中央党的群众路线教育实践活动总体部署，加强领导班子和干部队伍建设，制订印发了《大唐广西分公司党组关于改进工作作风密切联系群众的实施细则》《进一步加强大唐广西分公司本部建设的实施方案》《大唐广西分公司“从严治企、转变作风”活动实施方案》，着力提高领导人员素质和拒腐防变能力。

(3) 从严对会议费、差旅费、招待费和出国考察费的控制管理，完善相关制度流程，强化对重点领域的效能监察，推进各业务领域廉洁风险防控建设，具有公司特点的惩防体系进一步健全。

(4) 认真落实企业法制工作第三个三年目标，开展“三合一分”评价活动，对重要决策、规章制度、经济合同的法律审核100%，有效规避了企业经营的法律风险。五是加强企业文化建设，与宣传贯彻党的十八大精神相结合，加大对分公司实文化的宣贯力度，使干部员工进一步理解文化、学习文化、融入文化，进而固化于行动，有效提升了工作效能。

社会责任 大唐广西分公司与地方相互促进、同步发展，在达到双赢的同时，立足员工与企业共同发展这一根本出发点，坚持职工是企业发展的主体，开展丰富多彩的活动，成效显著。

积极履行中央企业的社会责任，奉献爱心回报社会。积极开展了系列“献爱心”活动，增强员工社会责任感，为企业可持续发展提供推动力，实现了社会责任与企业发展的统一。特别是公司援藏工作队被西藏区党委、政府评为“强基础惠民生先进驻村工作队”称号，龙滩扶贫纳岜屯项目获得地方政府和社会各界好评，充分展示了企业良好的社会形象。

每年定期对库区进行巡查和测量，对上下游护坝进行及时的修理和维护，严格控制库水位，保证在上限水位以下运行，洪水到来时，加强与上下游水文站的联系，按照上级指令科学泄洪，保证库区居民的利益，确保上下游区民的生命财产安全。此外，新建项目直接或间接对当地经济社会发展特别是对就业的影响及拉动作用明显。工程建设过程中，公司坚持建一个项目造福一方的理念，尽可能实现材料、临时用工等当地化，施工用钢筋、水泥由地方老百姓组织车队负责运输，帮助当地百姓实现脱贫致富，促进当地相关产业的发展。

主要荣誉 大唐广西分公司获得“全国能源化工系统五一劳动奖章”；大唐岩滩水电公司荣获人力资源和社会保障部、国资委颁发的“中央企业先进集体”；大唐桂冠合山发电公司运行分场四值荣获“全国工作先锋号”；大唐广源横县江南公司荣获“全国模范职工之家”；大唐桂冠合山发电公司检修团支部荣获“中央企业五四红旗团支部”；大唐广西分公司援藏工作队被西藏区党委、政府授予“创先争优强基础惠民生活动先进驻村（居）工作队”；岩滩、大化、桂开、平班4家企业荣获国家能源局“电力安全标准化一级企业”；大唐桂冠合山发电公司荣获全国厂务公开民主管理先进单位；龙滩水电开发公司获得国家能源局“国家能源科技进步奖”；广西桂冠开投电力公司获得“广西壮族自治区和谐单位”。

科研、教育与学术团体

【中国电力科学研究院】

单位概况 中国电力科学研究院（简称中国电科院）成立于1951年，是中国电力行业多学科、综合性的科研机构，是国家电网公司直属科研单位。拥有14个业务部门、1个国家级检测中心和7个电力行业质量检验测试中心、1个研究生部、1个博士后流动站、1个博士后工作站和1个期刊中心。建有主要实验室45个，其中：国家重点实验室1个，国家工程实验室3个，国家工程研究中心1个，国家能源研发中心3个；国家电网公司“四基地两中心”；省市级实验室3个；国家电网公司重点实验室11个，国家电网公司实验室6个；中关村开放实验室和联合实验室3个；院级实验室8个。

中国电科院主要从事超/特高压交流输变电技术、超/特高压直流输电技术、电网规划分析及安全控制技术、输变电工程设计与施工技术、配用电技术以及新能源、新材料、信息与通信、能效测评及节能等技术的研究，涵盖电力科学及其相关领域的各个方面，具备特高压、大电网安全、风电/太阳能发电、智能电网等先进技术的研发实力和支撑能力。

2013年，中国电科院获国家电网公司及以上科技奖励108项，其中包括国家科技进步一等奖1项、二等奖2项；获专利授权458项，获发明专利授权218项，发表科技论文830篇，出版科技专著40部，登记软件著作权122项，主导的66项国家、行业标准获批发布，29项科技成果成功实施转化。

人力资源 1人当选中国工程院院士，引进中央“千人计划”专家4人，1人获批国务院政府特殊津贴，1人入选国家首批“中青年科技创新领军人才”，1人荣获第16届茅以升北京青年科技奖，4人入选江苏省“333人才工程”，21人当选国家电网公司优秀专家人才。优化人员配置，加强“千人计划”专家团队建设。建立新员工职业导师培养制度。截至2013年底，中国电科院拥有中国科学院院士1人，中国工程院院士7人（其中双聘院士5人），国家级有突出贡献的中青年专家13人，“百千万人才工程”国家级人选3人，享受国务院政府特殊津贴的专家127人，中央直接联系的专家6人，中央“千人计划”人选10人，国家电网公司科技领军人才3人，国家电网公司优秀专家人才51人，国家电网公司十大专业领军人才入选人员7人。全年开展教育培训283项，参培人数达到17 457人次。

完成员工职业生涯、薪酬、全员绩效管理“三大体系”的构建与宣贯，拓展员工职业发展通道，构建以职级为基础、以绩效为导向的员工薪酬体系。

经营管理 人财物集约化管理。加强职能部门精益化管理，推进“一流三化”办公室系统建设，提升全院管理效能。以深化、细化成本管控为中心，重点加强预算管理和会计核算。完善业务预算归口管理机制，将预算管理落实到制度体系，“落地”到日常工作流程，形成全面预算管控体系。下发一系列规范财务报销的意见，严格财务报销审核审批，提升成本费用能控、在控水平。基本建成物力集约化规范管理体系。推进资产全寿命周期管理，仪器设备共享软件平台上线，实现院内设备互通共享。加强招标采购管理，在直属单位内率先实现二级招标采购电子商务平台全流程运行。

信息化建设。推进科研管理系统建设，完成综合业务管理系统升级。开通信息服务热线，建立信息化三线运维体系。实现北京院区电话短号互拨。推广短信平台使用，试点无线网络应用，完善视频会议和电话会议系统。开展电子文件管理系统推广部署，41种电子文件纳入管控范围。

依法治企。制订贯彻落实中央“八项规定”28条实施细则，审议通过规章制度46项。配合完成国家审计署延伸审计项目1项、公司专项审计项目2项。完成内部审计项目169项。严格执行公司关于规范“三公”消费管理的各项规定，强化计划管理与过程管控，增加差旅、会议、招待等费用支出的事前审批，增强会议、招待、办公用品等支出的管控力度。

安全质量管理。开展安全日、安全月和质量月活动，加大力度推进隐患整改。加强基建安全管理，初步建成规范统一的基建维修制度体系和全过程管控体系。三标体系和南京院区信息安全体系通过认证审核。建立调试项目质量保证体系，整合监理体系，强化软件项目过程监督。

科技创新 围绕国家电网公司和电网发展需求，完成科研项目顶层设计。建立院所两级科技项目管控机制，通过科技项目月报和季度检查，加强项目过程管控，确保项目进度和质量。

基础性、前瞻性研究项目。61个独立承担项目和29个合作项目全部完成年度计划任务和评估工作。完成2014年基础性、前瞻性研究需求征集和指南发布。

特高压、大电网技术研究。完成±1100kV输电线路可听噪声试验研究、过电压水平限制、扩径导线研究和特高压工程特殊基础深化应用研究。1项大电网专项课题通过国家电网公司验收。973项目“交直流特高压输电电磁与绝缘特性研究”进展顺利。863课题“提升电网安全稳定与运行效率的柔性控制技术”示范工程进入实施阶段。±1100kV特高压直流工程穿墙套管项目成功申报国家863项目。

智能电网技术研究。973项目“智能电网仿真及安全运行前沿技术研究”通过国家科技部验收。完成新一代智能变电站重大专项关键技术研究和关键设备检测工作，确保公司6座新一代智能变电站顺利建成投运。完成基于云计算技术的智能电网在线分析系统研究与开发。完成智能电网顶层技术路线优化研究。

新能源和储能技术研究。国家科技支撑计划项目“风光储输示范工程关键技术研究”完成课题验收，“电池储能大规模系统集成技术研究”完成。863课题“大型光伏电站并网关键技术研究”通过中期检查。973课题“基于液流电池储能的多体系系统耦合及综合能量管理控制策略研究”进展顺利。

成果转化。探索将科研形成的产品、装备类成果向产业单位进行技术转让，全院实现技术转让收入5990万元。同时，加大科技成果在工程应用、技术咨询和试验检测业务等方面的转化力度。初步建立成果转化组织管理体系和考核机制。

支撑服务 紧密围绕国家电网公司“两个转变”，按照需求导向、全面支撑、在线服务的要求，制订支撑服务联络图，通过深化重大支撑服务项目跟踪制和承担单位领导责任制，加强与国家电网公司总部的沟通和互动，健全支撑服务机制；通过加强支撑服务统筹策划，增强了支撑服务立项的针对性和系统性。全年累计投入工作量20.64万人天，同比增长34.03%，满意率99.92%。

构建一体化技术支撑服务体系方面，按照《中国电科院协同省属电科院建设技术支撑服务体系实施方案》的要求，与河南、宁夏等省属电科院探索构建支撑服务合作、设备监理和工程调试工作机制。成立技术监督办公室，组织完成26项全过程技术监督工作。依托省公司成立11个国家风电技术与检测研究中心分中心。授权黑龙江、浙江、四川三省电科院建立信息安全实验室分中心。

支撑“大规划”方面，开展电网规划方案研究、重要项目评估论证和能源电力及电网规划重大问题专题研究。配合国家电网公司完成2013～2020年国家电网发展规划、配电网滚动规划。全面参与公司通信网规划。

支撑“大建设”方面，组建特高压工程技术支撑办公室，组织协调全院力量支撑特高压建设。开展皖电东送、哈郑、新疆与西北第二通道、玉树与青海联网工程主设备监造、线路材料抽检、系统调试等工作，保障工程顺利建成投运。为浙福、雅武等特高压工程的前期咨询提供支撑服务。

支撑“大运行”方面，参与国家电力调度中心夏季、冬季和年度运行方式计算，完成国家电网2～3年滚动分析。初步建成智能电网调度技术支持系统集中运维中心。完成总部和5大区共32个交易中心的系统设计。继电保护统计分析及运行管理模块成为国家电力调度中心数据考评工具。

支撑“大检修”方面，推进国家电网公司设备状态评价中心建设和国家电网公司两级评价中心运作。协助国家电网公司开展直升机、无人机协同巡检。开展国家电网公司变压器、断路器等8大类设备专业管理。开展国家电网公司输变电设备技术标准差异分析。

支撑“大营销”方面，完成国家电网计量生产调度平台二期建设。协助公司完成2013年智能电能表质量管控检查。完成皖电东送等特高压工程关口电能计量装置的验收测试。完成电能服务管理平台项目开发、测试及总部平台部署。搭建分布式电源运营管理系统。

支撑其他业务方面，处理解决26 507个信息技术应用问题，确保国家电网公司信息系统安全稳定运行。配合国家电网公司完成技术标准管理及标准化项目实施等支撑工作。配合公司完成各类物资采购技术咨询和评标工作。为国家电网公司突发事件应急处置、新能源安全生产、基建安全监督等提供技术支持。

国际化工作 坚持“走出去”与“引进来”相结合，推进业务、标准、人才、品牌国际化。公司首个海外研发机构葡萄牙研发中心正式挂牌运营。签订首批4项技术合同，派驻5名员工赴葡萄牙长期工作。正式成为沙漠行动计划工业组织（DII）股东。发起的IEC“大容量可再生能源接入电网”分技术委员会获批成立。成为世界风能测试组织（MEASNET）会员，检测能力得到世界顶级风电检测联盟认可。1项IEC国际标准正式发布，2项IEC国际标准正式立项。成立CIGRE串/并联补偿设备试验工作组。10名专家当选IEEE高级会员。国际交流更加趋向实质性合作，中韩政府合作项目“基于物联网技术的智能电网基础信息的标识采集技术研究”进展顺利；与法国电力集团研究院签署合作研究协议并启动3个合作项目；与斯坦福大学在配网大数据应用方面启动合作研究；申报2项亚洲开发银行技术援助项目；选派3名技术人员赴英国、爱尔兰和德国进行项目研究。

党的建设和精神文明建设 深入学习贯彻党的十八届三中全会和习近平总书记系列讲话精神。开展党员承诺践诺、“中国梦·国网情”主题学习等活动，发挥党员先锋模范作用。严格落实党风廉政建设责任制，开展“八项规定”实施细则落实情况监督检查。通过观看专题电教片、参观反腐倡廉教育基地等形式，深化反腐倡廉宣传教育，推进廉政风险防控。

开展文明引导系列活动，开展道德讲堂建设，提升员工素质。开展“工人先锋号”、“巾帼建功”评选表彰和“我为企业献一策”合理化建议征集等活动。举办篮球赛、羽毛球赛、千人长走等文体活动，促进文化融合交流。全面落实离退休人员“两项待遇”，精心组织离退休老同志开展健康疗养、春秋游等活动。

中国电科院荣获第六届金桥奖“先进集体”称号，配电研究所荣获“中央企业先进集体”称号，新能源研究所太阳能发电试验与检测团支部荣获“中央企业五四红旗团支部”称号，国家能源太阳能发电研发（实验）中心荣获江苏省“青年文明号”称号，武汉分院荣获武汉市“第十八届职业技能大赛优胜单位”称号，计量研究所计量与用电安全防护试验研究室荣获“国家电网公司先进班组”称号。1人荣获全国能源化学系统五一劳动奖章，1人荣获中央企业劳动模范，1人荣获“全国群众体育先进个人”称号，1人荣获武汉市“五一劳动奖章”、“杰出青年岗位能手”和“第十八届职业技能大赛技术状元”称号，1人荣获“公司优秀班组长”称号，1人被授予“国家电网公司青年五四奖章”。

（杨　亮）

【西安热工研究院有限公司】 2013年，西安热工研究院有限公司（简称热工院）在中国华能集团公司正确领导下，各项工作取得了丰硕成果。

领导班子

院长、党组副书记：林伟杰

党组书记、副院长：刘伟

副院长、党组成员：纪世东

副院长、党组成员：王月明

副院长、党组成员：汪德良

副院长、党组成员：范长信

总会计师、党组成员：曲景辉

党组纪检组组长、副院长：赵宗让

组织结构 职能管理部门基本不变，共有11个（院长工作部、科研管理部、市场部、预算部、人力资源部、资产财务部、政工保障部、监察审计部、北京分公司业务管理部、教育培训部、事务部）。此外，在院长工作部、预算部和事务部的归口管理下分别设置了独立运作的安全监察室、采购中心和基地建设办公室。

专业技术研究中心和专业部门基本不变。新设了电气技术中心，由涉及电气技术的相关专业部门联合组成；新设了燃气轮机技术部，挂靠在汽轮机及热力系统技术部。

二级子公司新增1家，西安西热控制技术有限公司；更名改组1家，原西安华瑞能泰电站信息软件技术有限公司更名改组为西安西热电站信息技术有限公司。分公司新增1家，南方分公司（主要行使南方营销代表处职能）。截至年底，除母公司外，共有二级子公司12家（其中全资子公司8家，控股子公司4家），有分公司3家。

人力资源 截至年底，全部在岗职工人数1148人。其中：硕士及以上人员520人；高级工程师及以上人员266人（包括研究员125人）。

科研工作

1. 科研奖项

获2013年度中国电力科学技术奖7项：①国内首套自主研发的FCS165现场总线控制系统及其工程示范（二等奖）；②集团级火电厂远程集中式仿真系统（二等奖）；③百万千瓦级机组排烟冷却塔相关技术研究及应用（二等奖）；④湿法脱硫系统关键过流部件冲蚀损伤治理对策研究及工程应用（三等奖）；⑤火电厂海水淡化药剂关键技术的开发和应用（三等奖）；⑥超临界锅炉金属结构件检验关键技术及应用（三等奖）；⑦中储式制粉系统无烟煤改烧烟煤技术开发及应用（三等奖）。

获2012年度国家能源科学技术奖8项：①600℃超超临界锅炉关键材料特性研究及工程应用（一等奖）；②提高火电厂汽轮机组性能综合技术研究及应用（二等奖）；③国内首套自主研发的FCS165现场总线控制系统及其工程示范（二等奖）；④530432内壁喷丸钢管蒸汽氧化特性试验研究（二等奖）；⑤贫煤锅炉扩烧烟煤燃烧系统研发及工程应用（三等奖）；⑥集团级火电厂远程集中式仿真系统（三等奖）；⑦发电机内冷却水智能净化装置的研发与应用（三等奖）；⑧水处理用粉末离子交换树脂技术规范及测试方法的制订和应用（三等奖）。

获2013年度陕西省科技进步奖3项：①国内首套自主研发的FCS165现场总线控制系统及其工程示范（二等奖）；②防治锅炉管蒸汽侧氧化皮大面积剥落堆积的运行控制措施研究（三等奖）；③煤矸石电厂工业废水再利用技术研究与应用（三等奖）。

获2013年度中国华能集团科技进步奖17项，中国电力建设科技成果奖2项；中国科协优秀咨询成果奖1项；全国电力企业设备管理创新成果特等奖1项和一等奖1项；电力行业企业管理创新成果一等奖1项（名称略）。

2. 专利

2013年共获得授权专利34项（含发明13项）。其中主持研发的发明专利10项：①一种大载荷刚性吊架受力调整装置；②一种电厂锅炉化学清洗中双氧水的加药装置；③直接空冷系统节能冷却装置；④一种节水型澄清净化系统及工艺；⑤一种电站锅炉二次再热系统；⑥一种700℃机组超超临界锅炉的蒸汽系统的受热面布置方式；⑦一种现场防腐涂层环境模拟装置及方法；⑧一种火力发电机组除氧器液位自动调节控制系统及方法；⑨一种电站锅炉过热器换热管化学清洗剂；⑩一种奥氏体不锈钢内壁氧化皮厚度测量方法。与其他单位联合研发的发明专利3项（名称略）。研发的实用新型专利21项（名称略）。

3. 软件著作权

2013年度获得软件著作权20项。包括：①汽轮机冷端运行优化系统；②厂级负荷优化分配系统；③消息提醒系统；④TP3000型汽轮发电机组振动在线监测和故障诊断系统；⑤耗差分析与指标竞赛系统；⑥火电机组冷端优化系统；⑦火电厂可靠性管理系统；⑧设备状态监测系统；⑨技术监督管理系统；⑩ FCS165现场总线控制系统控制器主备冗余软件；⑪风力发电机组故障数据与寿命管理系统；⑫风力发电机组振动监测与故障诊断系统；⑬设备监理信息管理系统；⑭混床树脂高塔法分离与输送智能监控软件；⑮混床树脂锥底法分离与输送智能监控软件；⑯在线更新FCS165现场总线控制系统控制器系统程序软件；⑰电站仿真支撑软件；⑱华能新锐输煤智能分散控制系统软件；⑲发电厂智能照明控制系统软件；⑳广域分布水电站远程数据采集软件。

4. 专著和论文

由热工院专业人员主编的《火电厂SCR烟气脱硝技术》等3部专著由中国电力出版社正式出版发行；在2013年度的核心期刊上，热工院专业人员共发表论文153篇。2篇论文获得陕西省第十二届自然科学优秀论文奖。

5. 纵向科研项目

坚持科研为本，加强了科技规划工作，跟踪研究国家产业发展方向，结合国家七大战略新兴产业定位，将重点研发集中到电力环保、节能、节水和水资源利用、智能发电、新材料、新兴能源和燃机等七大领域，积极开展前沿和重大科技项目的申报，加强进一步规范了在研项目的执行管理。全年新增纵向科研项目22项（包括国家科技支撑计划项目1项，国家自然基金项目2项，科技部科研院所专项资金项目1项，国家能源局2项，华能集团10项，华能股份2项，国家标准制修订项目2项，其他2项），合同总额9411万元；同时加大了科研投入，全年院自立16个科研项目，投入1758万元。在研项目共65项，按计划完成了进度，其中24项科技项目全面完成研发任务，“250MWIGCC系统试验与示范”等2项国家863计划项目、“SCR脱硝催化剂检测实验室建设”等7项华能集团公司科技项目以及“节水型火电厂用水导则”等2项华能股份公司科技项目共计11个项目通过项目验收。

6. 经营服务类技术项目

全年执行的横向经营服务类技术项目达到3620多个；其中年度新增项目3230多个（包括工程类260多个，技术服务和咨询类2290多个，产品设备销售类680多个），项目涉及火电、风电、水电、核电、煤炭、石化、有色金属以及市政等领域，涵盖国内31个省（区、市），并涉及国外16个国家和地区。项目执行情况得到广泛好评，收到来自国内外客户、项目合作方等发来的表扬信、感谢信共30多份，充分肯定了热工院的专业水平和服务质量。在热工院已调试投产的电力工程项目中，3项工程获得2013年中国电力优质工程奖。

7. 科研平台和基础设施

科研平台和基础设施建设和运营取得积极进展。电站锅炉煤清洁燃烧国家工程研究中心运营正常，科研和成果推广工作按计划进行。国家能源清洁高效火力发电技术研发中心、科技部煤基清洁能源国家重点实验室、陕西省燃煤电站锅炉环保工程技术研究中心等高端科研平台积极边建设边运营，其中科技部煤基清洁能源国家重点实验室建设项目建设完成并通过了验收。位于西安市阎良区的热工院科研试验与产业基地列为“2013年西安市重点建设项目”，在完成规划、可研、环评和施工图设计的基础上，积极进行开工准备；位于西安交大科技园区的热工院新办公楼装修工程前期工作积极开展；苏州分院新址主体工程施工基本完成。重点实验室建设规划编制完成；苏州SCR脱硝催化剂实验室建设项目完成并通过了验收，脱硝催化剂再生、高温材料开发等实验室的建设如期开展；北京华能创新人才基地热工院科研办公楼的建设和入驻工作按照华能集团公司的部署有序进行。还投入3300万元用于科研仪器和设备购置。

8. 资质证书

质量、环境、职业健康安全管理体系（三标一体）证书以及工程咨询、电力工程调试、设备监理、特种设备（压力容器）检验、环境工程设计、热喷涂、电力设施承试、节能服务专项资质等各项专业资质全面有效保持；安全生产达标评审资质经国家电监会批准有三级调升为二级；下设的西安西热水务环保公司获得进出口经营许可证。

9. 技术报告

全年完成各类技术报告2800余份、质检报告800余份。

其他荣誉 热工院连续第4年荣获华能集团公司“先进企业”，连续第2年荣获华能集团公司“考核A级企业”，再次荣获“全国电力建设优秀调试企业”、“西安市纳税先进单位”，首次获得“IERE（国际电力研究交流组织）年度奖”。

电站性能技术部荣获华能集团公司“先进集体”；电站材料部分工会荣获中华全国总工会“全国模范职工小家”；电站技术监督部党支部荣获陕西省国资委

“国有企业先进基层党组织”；锅炉设备及环保事业部电站风机工程研究所荣获“陕西省工人先锋号”；电站材料技术部焊接与修复技术研究所荣获华能集团公司“青年五四奖状”。

宋敬霞荣获“全国五一巾帼标兵”；杨寿敏荣获“中央企业劳动模范”；白少林荣获陕西省国资委“四优共产党员”和华能集团公司“先进个人”；贾建民荣获华能集团公司“先进个人”；孙德良荣获“陕西省劳动竞赛标兵”；周荣灿荣获“第九届陕西青年科技奖”；肖俊峰荣获中国电机工程学会“中国电机工程杰出青年工程师”；刘玮荣获华能集团公司“青年五四奖章”。

四大绩效

1. 安全绩效

安全形势保持稳定，未发生较大及以上事故，生产、经营、政治和形象安全得到保障。全面完成年度安全绩效考核目标。

2. 经营绩效

合同总额、营业收入、利润总额均创历史新高。签订经营服务类合同 33.0 亿元，同比增长 59.0%。实现主营业务收入 21.3 亿元，完成年度指标（17.7 亿元）的 120.4%；实现利润 3.1 亿元，完成年度指标（2.1 亿元）的 146.3%；实现 EVA 2.1 亿元，完成年度指标（1.0 亿元）的 210.0%。

3. 发展绩效

获得省部级科技奖项 18 项，其中陕西省科技奖 3 项，中国电力科技奖 7 项，国家能源科技奖 8 项；获得授权专利 34 项（其中发明 13 项），获得软件著作权 20 项。超额完成集团公司下达的各项科研指标。

4. 党建绩效

认真学习贯彻党的十八大、十八届三中全会和习近平总书记系列重要讲话精神，党和国家的方针政策得到全面贯彻落实；干部队伍和作风建设进一步加强；加强基层党组织和党员队伍建设，党建工作科学化水平进一步提高；企业领导人员未发生重大违法、违纪案件；职工队伍保持稳定。全面完成年度党建绩效考核目标。

国际合作与交流 进一步加强国际合作与交流，积极开展国际间的技术交流活动，多次派专家参加国际学术会议。与美国、意大利、加拿大、墨西哥、德国、法国、日本、韩国等国际知名的科研机构和国家级电力公司、国际知名的大型企业集团等开展了 20 多次技术交流活动，在促进技术信息分享的同时，为开展实质性的科技合作打下了良好的基础。在世界工程组织联合会（WFEO）能源委员会主办、中国电机工程学会和中国南方电网有限公司承办的“2013 年发展中国家可持续能源工程国际会议”上做了专题报告；在韩国举行的“第 5 届高效 USC/A-USC（超超/先进超超临界）火电机组用耐热钢和合金会议”上进行了论文交流。执行了涉及海外 16 个国家的 50 余项技术服务项目：通过主动出击，首次直接与外方签约，承担了墨西哥电站设备监造项目；与德国 V&M 钢管公司合作进行了 700℃ 机组新材料的试验项目；在德国、荷兰承担了电站设备监造，在越南开展了火电机组的启动调试，在印度、越南、巴基斯坦开展了新投运机组的性能试验，在菲律宾完成了电站锅炉性能诊断和调整试验，在印度开展了电站控制系统组态和相关控制系统技术咨询，在印度、波黑、伊拉克、危地马拉等国开展了电站水处理系统设计、设备供货和技术服务项目。涉外项目的合同额合计高达 1.9 亿元，约占全院总合同额的 7%，与 2012 年相比增加了 1 倍。

挂靠的行业学会、质检中心、标委会、硕士点、博士后站、专业期刊 “中国电机工程学会火力发电分会”按计划举办了多次学术研讨会、技术交流、成果推广等科技活动，取得良好成效，荣获中国电机工程学会授予的年度“先进专委会”称号。同时，按照上级部署，开展了将火电分会重组为 4 个专委会（火电专委会、热工自动化专委会、材料专委会、清洁低碳专委会）的工作；至年底，先后获批组建，其中热工自动化专委会于 12 月召开了成立大会宣告正式成立。

“电力工业热力发电设备及材料质量检验测试中心”“电力工业热工计量测试中心”“电站锅炉煤的清洁燃烧国家工程研究中心”的工作有序进行。

4 个国家标准化技术委员会机构（全国电气化学标委会、全国电站过程监控及信息标委会、全国环保产品标委会水处理设备分技术委员会、全国燃气轮机标委会联合循环发电工作组）和 7 个电力行业标准化技术委员会（电站锅炉标委会、电站汽轮机标委会、电厂化学标委会、电站金属材料标委会、电站阀门标委会、热工自动化标委会、联合循环发电标委会）均按计划组织开展了标准的制（修）订、审查和宣贯工作；其标准化工作通过了中国电力企业联合会标准化中心组织的 2013 年年度检查。

硕士学位授予点：招生、教培和科研、学位评定等工作按计划进行。年内研究生毕业并获硕士学位者 6 人，新招收研究生 10 人，在读研究生共 28 人。

博士后科研工作站：年内进站博士后 3 人，在站博士后共 4 人；科研工作如期进行。

由热工院与中国电机工程学会共同主办的专业期刊《热力发电》，全年按计划完成编辑出版 12 期；在保持“双核心”期刊（“全国中文核心期刊”“中国科技核心期刊”）的基础上，影响因子有所上升，首次被国外专业文摘（《美国化学文摘》）收录。

主要事件

1月5日，热工院召开了安全生产委员会2013年第一次会议，深入贯彻落实华能集团安全生产委员会2013年第一次会议精神，会议总结了热工院2012年的安全生产工作实际，分析了当前面临的安全生产形势，研究部署了热工院2013年安全生产工作重点，并与各院属公司和部门签订2013年安全生产责任书。

1月29日，热工院召开了2013年工作会议暨四届二次职工代表大会，林伟杰院长在会上做了题为《扎实加快科技创新，做大做强科技产业，全面创建国际一流发电技术研发机构》的工作报告。会议认真贯彻华能集团2013年工作会议精神，总结工院2012年度各项工作，分析面临的形势，研究部署2013年工作任务；表彰了先进集体、优秀项目组、优秀干部和优秀职工；会议听取了职工建议与意见，审议通过了热工院2013年度工作报告、财务工作报告、职代会工作报告。

2月16日，热工院承担的首个安全达标评价项目——新疆三塘湖风电公司安全达标评价项目圆满完成。

3月12日，热工院召开2013年经营工作会议，汪德良副院长代表院经营班子做了题为《着力实施卓越运营　全面提升经营效益》的经营工作报告；林伟杰院长做了会议总结讲话。会议总结了热工院2012年经营工作情况，分析面临的形势，研究部署了热工院2013年经营工作重点，与各部门（院属公司）签订了安全、经营、党建三项绩效责任书和党风廉政责任书。

3月13日，《中国电力报》以热工院自主研发的《西安热工院实现废油“重生”》为题，对热工院自主研发的废油重生技术——“抗燃油分子极性吸附再生净化装置”进行了专题报道。

5月15日，中共西安市委机关报《西安日报》等地方媒体以“服务地方经济发展的领头雁”为题，对热工院科技研发、技术服务、产业发展等方面的情况进行了宣传报告；同时，表彰了热工院在2012年对地方财政收入增长所做出的突出贡献。

5月16日，华能集团胡建民副总经理一行到华能苏州热电厂厂区内热工院烟气脱硝技术实验室视察工作，听取了苏州烟气脱硝技术实验室建设情况，对该实验室工作提出了具体要求。

5月27日，中国电机工程学会秘书长李若梅博士一行访问热工院，听取了热工院各项工作及挂靠于院的火力发电分会工作情况的汇报，对热工院在火力发电领域取得的成就及重要地位予以充分肯定，对火力发电分会近期工作进行了具体安排。

6月6日，热工院与墨西哥ENERGIA SAN LUIS DE LA PAZ，S. A. DE C. V. 公司及COMPRESION ALTAMIRA，S. A. DE C. V. 公司分别签订了两项监造项目开口合同，这是热工院与境外公司直接签订的首个涉外承揽技术服务项目。

7月19日，热工院暨华能集团技术创新中心2013年年中工作会议在热工院召开，热工院院长、华能创新中心主任林伟杰在会上做了题为《强化四大战略，提升科研水平，提高发展质量和效益》的工作报告。会议认真传达了华能集团公司2013年年中工作会议精神，总结了热工院及华能创新中心2013年上半年工作情况，分析了面临的形势及存在的问题，研究部署了2013年下半年的重点工作。

8月6日，华能集团总经理、教育实践活动领导小组组长曹培玺到华能在陕企业进行工作调研。听取了热工院、陕西公司、西川煤业公司的工作汇报，对各在陕企业的上半年工作情况给予了充分肯定，结合工作实际，对下一步工作提出了指导意见和具体要求。

8月15日，华能集团郭珺明总会计师到热工院阎良科研实验产业化基地调研，听取了热工院科研、经营、产业化发展及科研实验基地建设相关工作情况的汇报，对基地建设提出了具体要求。

9月23～25日，热工院赵宗让副院长赴坦桑尼亚参加由国际电力研究交流组织与东部和南部非洲电力研究院组织主办、坦桑尼亚国家电力公司承办的第13届IERE年会暨PIESA－IERE非洲论坛，热工院在会上被授予“IERE 2013年度奖”。

9月24日，热工院2013年第一次股东会、三届六次董事会、三届三次监事会会议在北京召开。会议审议并通过了2013年热工院院长工作报告、2012年度热工院财务决算报告和利润分配方案、2013年度热工院财务预算方案以及产业公司设立与增资和银行授信等方面共计11项议案。

10月23日，根据西安市科技局《关于奖励2012年度主导制订国家（国际）技术标准企业的通知》，热工院主导制定《变压器油、汽轮机油酸值测定法(BTB法)》及《矿物绝缘油中芳碳含量测定法》两项国家标准，获奖20万元。

10月24日，华能集团胡建民副总经理一行到热工院调研，听取了热工院近期科技产业工作情况及SNCR脱硝、700℃高温合金材料的研发进展情况汇报，对热工院“千人计划”专家及其研发团队的工作成绩予以充分高度赞扬，并就热工院科技产业发展及人力资源发展等方面提出了指导性意见。

11月1、2日，挂靠在热工院的中国电机工程学会热工自动化专业委员会成立，首届热工自动化专委会主任由热工院党组书记、副院长刘伟担任；委员由来自发电企业、设计院、高等院校、科研单位等的44位委员和3位顾问组成；专委会主要负责：制订电力行业热工自动化学科领域的中长期专业学术活动规划；组织该专业学术领域国内外高水平、高质量的交流活动；掌握该专业学科的国内外发展动向；组织专委会科技工作者对行业的热工自动化及信息领域科技发展战略决策开展科学论证和咨询，提出技术政策建议等。

12月26、27日，挂靠在热工院的电力行业联合循环发电标准化技术委员会在北京召开换届及标准审查会，换届后的第二届联合循环标委会主任委员由热工院院长林伟杰担任；会议还审查通过了《联合循环汽轮机性能试验标准》和《联合循环余热锅炉性能试验标准》两项行业标准。

【中国水利水电科学研究院】

单位概况 中国水利水电科学研究院（简称中国水科院）是以水利水电公益型研究和应用技术科学研究为主，面向全国的专业齐全的综合性科研机构，是全国水利水电科学技术研究的中心。着重解决水利、水电建设中的重大关键技术问题，承担行业基础和应用基础研究及新技术、新成果的推广。

主要研究领域包括水文水资源、水环境与生态、防洪抗旱与减灾、水土保持与江湖治理、农村水利、水力学、牧区水利、河流水库泥沙、新型建筑材料、岩土工程及地基加固、工程抗震、遥感、高效水轮机及水泵、电站计算机监控和水情测报自动化系统、电站通信及自动化设备、火电核电站冷却水及环境、试验仪器及水利史研究等方面。同时还进行水利水电工程经济、环境问题的咨询及评估、工程安全监测及缺陷处理、工程安全鉴定、工程监理等。

中国水科院是国家“水利工程”一级重点学科单位，设有8个硕士、8个博士学科授予点，并设有2个一级学科博士后流动站。拥有国家节水灌溉北京工程技术中心、国家能源水能高效利用与大坝安全技术研发中心、国家农业灌排设备质量监督检验中心和国家水电可持续发展研究中心4个国家级中心。

中国水科院具有国家核准的安全评价机构资质证书、工程咨询资格甲级证书，水文、水资源调查评价甲级，建设项目环境影响评价甲级，编制开发建设项目水土保持方案资格甲级，建设工程地震安全性评价许可甲级，监理队伍资质甲级、设计乙级、施工贰级资质证书，以及通过国家质量监督检验检疫总局的计量认证。

在职人数1455人，其中中国科学院、中国工程院院士8人，高级工程师597人（含教授202人）。具有博士、硕士学位300余人。固定资产6亿元，具有国内外先进水平的大型试验设备有：三维六自由度振动试验台、450gt土工离心试验机、大型减压厢、高精度水力机械试验台等大型设备120台套，水力学、冷却水、泥沙、岩土、结构与材料、抗振、水利、水力机械、计算机监控、水情测报、调速器等综合试验室32座，科研设备总值近1亿元。

中国水科院与国外著名科研机构、高等院校以及国际上重要的学术团体有广泛的交流与合作。国际泥沙研究培训中心（IRTCES）、国际大坝委员会（ICOLD）中国委员会、中国灌排委员会（ICID）中国委员会、国际水利与环境工程学会（IAHR）中国委员会、全球水伙伴（GWP）中国委员会、世界泥沙研究学会（WASER）中国秘书处、世界水土保持协会（WASWAC）秘书处等均挂靠在中国水科院。

领导班子

党委书记、院长：匡尚富

党委副书记、纪委书记：陈祥建

副院长：贾金生、杨晓东、刘之平、胡春宏、汪小刚

主要工作 全面推进各项工作，实现重点领域新突破。

1. 科研项目立项取得新成绩

（1）国家科技计划立项取得新佳绩。全年新签纵向项目中，科技部占46.7%，国家自然科学基金占7.0%、水利部占38.7%、院科技计划占6.3%、其他部委占1.3%。

（2）积极争取横向项目取得新进展。全年新签横向项目中，来自流域机构、地方、部属单位等水利系统占21.4%，三峡集团、水电顾问集团、水电建设集团等水电系统占16.9%，华能集团、国电、国投、大唐等电力系统占17.2%，南水北调工程占13.8%，国际项目占1.5%，经营类项目占18.4%，其他行业委托项目占10.8%。

2. 科学研究和技术研发收获新成果

（1）强化科研项目进度与质量管理取得新成效。以纵向项目为例，按计划执行的项目占项目总数的95.3%。以完成验收的19个公益类行业专项项目为例，验收获得最高评价A的项目有17个，反映了中国水科院科研成果具有较高水平，财政预算资金支付执行良好。

（2）重视创新成果总结凝练获得新嘉奖。全年获得国家级奖励2项、省部级奖励23项。

（3）宏观性战略性前瞻性研究取得新进展。重点研究了国家智能水网框架设计、国家供水安全、防洪安全战略、长江与洞庭湖的江湖关系、南水北调工程水资源调度方案等。

（4）基础及应用基础研究取得新成果。重点包括

建立了松花江流域寒区大尺度流域水质水量耦合模型；研发了沥青混凝土材料封闭层冷施工技术、BGB接头塑性垫层材料和加强滑动式沥青混凝土面板接头结构型式；研发了一系列三峡水库生态演化及污染防治技术、生态修复和环境改善技术等；建立了拱坝极限抗震能力分析评价方法和评价标准，为水工抗震设计规范的修编提供了支撑。

(5) 传统技术与现代技术交叉融合促进了新发展。重点包括研发的洪水分析、灾害损失评估等技术与信息化和管理系统等技术有机集成；节水灌溉技术与信息化管理决策技术有机结合；大坝应力分析技术与数字监控技术有机结合，承担了一系列重大工程项目建设任务。

(6) 先进设备、产品等研发取得了新成效。重点包括研发建设的水力机械测试平台，其模型磨损模拟技术、浑水测试系统以及通用试验程序等技术指标居国际领先；研发了振冲液化开启泥沙淤堵闸门的新方法和新技术，指导生产了防於堵新闸门，工程示范应用效果良好；研发的干式空心电抗器、900TYP液压移动泵站等新产品得到了推广应用；最新H9000 V4.0 CAS支撑三峡集团实现金沙江下游梯级调控一体化。

3. 科技支撑发挥新作用

(1) 切实支撑民生水利重点工程建设。开展全国山洪灾害防治项目建设，编制了项目建设系列技术要求。牵头编制了东北四省区节水增粮行动高效节水灌溉应用技术问答，研发的灌区节水灌溉及自动化管理技术等广泛应用于大型灌区节水改造，参加了全国“五小”水利工程调研和示范县建设验收。研发的农村饮水消毒、自动化监控、雨水集蓄利用等技术应用于6个省120余处供水工程，编制了《村镇供水工程运行管理规程》等4项标准。

(2) 协助落实最严格水资源管理制度、服务水生态文明建设。重点承担了国家水资源监控能力建设项目通用软件、平台应用系统等核心技术研发与应用指导，提出了区域用水总量统计方法、考核指标监测统计工作方案、不同水平年各地区用水总量折算到正常降水年份的技术方法、全国供用水量审核技术要求、重要江河湖泊水功能区达标评价与考核技术方案，核算各省级行政区年用水总量指标等，支撑了最严格水资源管理制度考核工作。

(3) 高度重视有关规划及重要文件等编制工作。牵头起草了《牧区水利发展规划》《全国水土保持科技支撑规划》，承担了《水文化建设规划》等工作。起草了《洪水影响评价分级分类管理规定》《城市防洪预案管理办法》《落实最严格水资源管理制度考核实施方案》《国家水生态文明城市建设评价标准》《南水北调东线一期工程全线试运行工程调度方案》等，参与修订了《水库大坝安全条例》。改进了《中国水资源公报》《中国水旱灾害公报》《中国泥沙公报》等编制工作。

(4) 积极参与涉水灾害事件应急应对。黑龙江大水期间堤防发生三处溃口后，中国水科院派出5名专家迅速赶赴现场，利用洪水分析技术及时预测了溃口洪水淹没范围、不同堵口扒口组合措施退水效果等，为国家防总制订退水应急方案和群众回迁安置方案等提供了依据。

(5) 主动服务重大水利水电工程建设。重点包括研发的H9000计算机监控系统不断升级，稳定地为三峡、溪洛渡等200多个水电站运行监控提供服务。承担的呼蓄电站上水库沥青混凝土防渗面板建设等任务进展顺利，得到业主等奖励和表扬。完成的赞比亚伦佐水电站冲击式机组调速系统各项性能指标均满足或优于IEC标准及合同要求。

4. 人才队伍建设增强新实力

(1) 调整组织机构突出优势学科。根据新的发展形势和任务需要，完成了防洪抗旱减灾研究所、遥感技术应用研究中心和水利史研究所的整合，组成水利部防洪抗旱减灾工程技术研究中心统一实体。

(2) 改革岗位设置及绩效分配机制激发创新活力。完成了新岗位的全员首次聘用及岗位调整等。改进了以经济指标、科研成果和和谐发展为指标的评价体系，出台了与新岗位设置相配套的岗位津贴、绩效工资管理办法，推进实施了新的绩效分配机制。

(3) 科技人才队伍建设成绩显著。通过重点推举、积极争取，实现了新增一名院士的新目标，对全院科技人才成长起到了很好的引领和激励作用。通过加强培训交流、政策激励等多种方式，年轻科技人才不断成长。全院人才队伍专业化程度不断加强，学历层次继续提高，职称结构更加合理。

5. 科研创新条件得到新提升

(1) 科研实验平台体系建设成效显著。流域水循环模拟与调控国家重点实验室顺利通过科技部的建设验收。“水沙科学与江河治理重点实验室试验设备及测试系统”等多个重大项目全面完成建设任务。自动化控制与仿真实验室建设进入了施工监理招标阶段；大型土工离心机升级改造及试验研究平台建设项目建议书通过专家论证会讨论。

(2) 科研机构平台体系建设不断推进。国家能源水能高效利用与大坝安全技术研发中心筹建工作按计划推进，联合组织承担了国家科技支撑项目“重大水电开发工程关键技术与生态保护研究及集成示范”等。水利部水工程抗震与应急工程技术研究中心自批准建设以来，为上级主管部门提供了有力的技术服务和决策支持，正筹划申报国家级工程技术研究中心。国家防洪抗旱减灾工程技术研究中心申报工作有序推进。起草了“智能水网工程国家重大创新基地建设规划”“牧区水利工程技术研究中心”等申报材料。

（3）各类资质建设持续加强。通过强化各类资质管理，严格资质使用条件，提高科技成果质量，资质使用建立了良好的市场信誉，也为中国水科院相关领域的发展提供了重要保障。

6. 国内外交流与合作凝聚新合力

（1）全国性学术交流与技术培训成效显著。挂靠中国水科院的学术机构成功承办了水力学及水利信息学、水资源、水生态、泥沙、水土保持、水电自动化、坝工技术等领域10个全国性学术交流会，为全国同行专家广泛交流搭建了良好的平台。

（2）重要国际会议影响深远。牵头承办或组织承办了7个重要国际会议，包括第35届国际水利学（IAHR）大会、第十二次河流泥沙国际学术讨论会、第三届堆石坝国际研讨会等，进一步促进了与国际水利界的交流与合作。

（3）国际交流合作作用凸显。加强了国际交流，全年接待来自美国、加拿大、法国、英国等国家或地区的30个代表团共166人次，有计划地派出53个团组共98人次出访，既深化了交流，也培养了国际复合型人才。

（4）科技宣传影响扩大。加强了与主流媒体的合作，大力宣传中国水科院的科技成果、创新理念和实践探索。多次就水资源开发、水环境保护、水价改革、洪水灾害、城市内涝、雅安地震等公众关注的重大问题和热点问题采访中国水科院专家，发挥了重要作用，社会影响广泛，增强了兴水治水合力。

7. 管理和服务提供新保障

（1）建章立制全面加强。制定修订了《中国水利水电科学研究院科技项目管理办法》《中国水利水电科学研究院岗位津贴、绩效工资管理办法》等16项规章制度。

（2）后勤服务保障更加到位。不断增强前置服务、主动服务、高效服务等意识，加强了服务队伍的技能培训、岗位要求教育管理和人员梯队建设，进一步建立了责任明确、流程合理、管理科学的服务体系，健全了各项管理服务规章，严格了各项服务要求，确保了常规服务积极主动、突发事件应急应对服务及时有力。

8. 党的建设凸显新成效

（1）深入开展党的群众路线教育实践活动。着眼于当前任务、近期目标和长远发展，提出了明确的整改方案。

（2）加强学习型党组织建设。通过等多种形式，切实加强了十八大报告、十八届三中全会精神等学习贯彻。

（3）不断强化党的基层组织建设。加强了非事业编制党员组织关系管理工作，完成了基层党支部量化考核。

（4）加强党风廉政建设。贯彻落实党风廉政建设责任制，开展廉政建设情况自查自纠，强化领导干部“一岗双责”。

主要事件

1月19日，流域水循环模拟与调控国家重点实验室第一届学术委员会第二次会议在中国水科院召开。

1月21日，中国大坝协会2013年工作会议在北京召开。中国大坝协会副理事长、中国水科院党委书记、院长匡尚富出席会议。中国大坝协会秘书长、中国水科院副院长贾金生做工作总结报告。

1月27日，中国国家灌溉排水委员会2013年工作会议在中国水科院召开。

2月21日，中国水科院党委书记、院长匡尚富会见国际水利与环境工程学会（IAHR）秘书处执行主任克里斯托弗·乔治。中国水科院副院长杨晓东、刘之平、胡春宏参加会见。

2月28日～3月6日，由联合国粮农组织和中国国家灌溉排水委员会联合举办的“灌溉现代化及加强农业用水管理能力建设”研讨会在南京召开。国际灌溉排水委员会主席、中国水科院总工程师高占义应邀出席并做了题为《灌溉与粮食安全》的主旨报告。

3月28日，中国水科院与青海省水利厅科技合作框架协议签字仪式在中国水科院举行。

4月18日，中国水科院党委书记、院长匡尚富会见加拿大西安大略大学土木与环境工程系教授、减灾学院研究部主任斯洛博登·P·希莫诺维奇（Slobodan P. Simonovic）教授。

5月8日，奥地利驻华大使馆科技参赞博吉特·穆尔女士与奥地利国家技术研究院卫生与环境研究所专家菲利克斯·斯泰斯卡尔博士一行访问中国水科院。

5月16日，世行—拉美中国海河流域水资源管理考察团一行30余人访问中国水科院。

6月17日，中国水科院党委书记、院长匡尚富会见欧盟驻华代表团科技环境处主任菲利普·威亚莱特先生一行。

6月20日，中国水科院副院长汪小刚会见巴基斯坦水电开发署滴灌技术实验室副主任穆那瓦·阿麦德先生。

6月20～21日，中国水科院副院长、中国大坝协会副理事长兼秘书长贾金生参加由中国大坝协会在广西桂林召开“水库大坝新技术推广研讨会”。

6月21日，中国水科院副院长汪小刚会见法国电力集团研究总院总裁贝尔纳·萨拉先生一行。

7月30日，中国水科院院长匡尚富会见张家口市副市长李敏一行，双方就加强合作等事宜进行了深入交流。副院长胡春宏、院总工高占义等参加会见。

8月12～16日，国际大坝委员会第81届年会在美国西雅图召开。中国水科院副院长贾金生率团参加了此次会议。

8月27日，科技部在中国水科院大兴试验基地组织召开流域水循环模拟与调控国家重点实验室建设验收会议。

9月13～14日，中国水力发电工程学会信息化专委会、水电控制设备专委会2013年年会暨学术交流会在湖北宜昌召开。中国水科院副院长、信息化专委会主任委员汪小刚致开幕词。

9月22日，中共中央政治局委员、国务院副总理汪洋到中国水科院考察调研，实地考察了中国水科院防洪抗旱减灾所、自动化计算机监控系统实验室，水利部部长陈雷陪同调研并主持座谈会。座谈会上，中国水科院院长匡尚富汇报了水科院发展现状、发展思路和发展目标，以及当前及今后一段时期的重点科研工作。

10月15日，南非科技部国际合作与资源司司长恩波涅尼·莫斐先生一行来访中国水科院。中国水科院院长匡尚富会见了代表团，总工高占义参加会见。

同日，第10届中国水科院与韩国建设技术研究院双边研讨会在中国水科院召开。

11月7日，国际水电协会执行主任理查德·泰勒先生和执行秘书凯特·斯蒂尔女士来访中国水科院。院长匡尚富、副院长贾金生会见了来宾。

11月14日，由中国水科院和台湾大学共同主办的第十七届海峡两岸水利科技交流研讨会在台湾地区苗栗市开幕。

12月20日，中国工程院2013年院士增选结果揭晓，中国水科院副院长胡春宏当选中国工程院院士。

【南瑞集团有限公司】

单位概况 南瑞集团有限公司（简称南瑞集团）是国家电网公司直属单位，与国网电力科学研究院实行“两块牌子、一套班子”运行管理。主要从事电力系统自动化及保护、信息通信、电力电子、智能化电气设备、发电及水利自动化设备、轨道交通及工业自动化设备、非晶合金变压器、电线电缆等的研发、设计、制造、销售、工程服务及工程总承包业务，是中国最大的电气成套设备供应商。

南瑞集团是第二批国家创新型企业，具有计算机信息系统集成一级资质，是国家科技部设立的“国家电力自动化工程技术研究中心”和国家发展改革委设立的“电力系统自动化—系统控制和经济运行国家工程研究中心”的依托单位，是国家火炬计划重点高新技术企业和国家认定企业技术中心。拥有云计算与信息资源中心、信息通信技术服务中心、物联网技术中心三个行业级技术中心。

南瑞集团实行总经理负责制，设立14个职能部门、6个支撑机构、30个产业公司，设有研究生部及博士后科研工作站。在南京、北京、上海等20多个城市建有产业基地，在区域电网中心和重点省会城市设立营销服务中心，在美国、菲律宾、沙特、巴西、印尼等国家设立了子公司和办事处。形成了电网自动化及工业控制、信息通信及现代服务业、继电保护及柔性输电、发电及水利环保、智能化电气设备、非晶变及节能环保、电线电缆七个优势明显、主营业务突出的产业群，拥有30余条产品线、130余条子产品线、300多个具有自主知识产权的高新技术产品。

2013年，南瑞集团获全国“五一”劳动奖状、江苏省文明单位标兵、江苏省共青团工作先进单位等荣誉称号，连续十二届成为中国软件企业百强（列第5位），连续八次入选中国十大创新软件企业。

人力资源 截至年底，南瑞集团及其全资、控股子公司共有各类专业技术人员14 207人，博士、硕士4562人。拥有中国工程院院士4人（含外聘院士2人），国家级有突出贡献中青年专家4人，“新世纪百千万人才工程”国家级人选8人，“千人计划”国家特聘专家3人，享受国务院政府特殊津贴专家26人，省部级专家50人，国家电网公司级专家32人，研究生导师118人，高级职称1041人。

持续深化人力资源集约化管理，实行人力资源“三量”（动用资源量、人均产出量、相对增长量）考核，完善能效薪点工资制，统一招聘平台、流程和标准，推进内部人力资源市场建设，全面实施员工职业发展通道建设。全年共干部交流78人次，挂职培养锻炼14人，新增中高级职称1017人，举办专业系列培训5.57万余人次。

经营管理 深化综合计划和全面预算管理，加强计划和预算执行刚性控制和过程考核。落实“二十四节气表”，深入开展管理提升和调查研究，完成调研报告24份，新颁布制度41部。编制会计核算手册，建立品牌有偿使用机制，加强境外资产产权管理，内部控制体系通过国家电网公司验收。构建物资集中采购管理体系，优化调整采购业务流程，加强供应链全过程管控，有效降低采购成本。开展业务板块和产品/流程对标，发布主营产品成本标准。开展依法治企“回头看”，强化采购分包、“三公”经费等监督检查，强化会议、招待、公务用车、出国管理，费用同比大幅下降。深化ERP应用，客户关系管理系统、产品全生命周期管理系统推广实施，完成智能电网科研产业（南京）基地信息化建设。

开展安全管理提升活动，健全安全生产管理及监督体系，加强产品加工、工程服务、施工作业等领域风险管控，完成安全生产标准化达标创建。构建重大工程产品质量管理平台，建立产品质量事件调查与处理机制，通过“四标”体系再认证审核，最终产品一次交检合格率达98.53%。

重点工作 优化产业布局。完善产业规划体系，编制完成电网自动化及工业控制、发电及水利环保、智能化电气设备、非晶变压器及节能环保、电线电缆5个板块发展规划，编制现代服务业、套管产业、传感器产业、信息系统集成产业、碳化硅产业等专项规划，开展矩阵式管理、商业模式创新等专题研究，发布南瑞集团五级产品体系目录、信通业务协同指导意见。成立节能环保分公司，参股南京麒麟有轨电车BT项目公司。重组置信电气并实现管控运营，完成国电南瑞重组。完成11家单位股权清理整合及国电智深股权划转。

重大科技项目攻关。特高压交直流混联大电网控制、大容量风光储联合发电、广域分布式调控一体化、高防护安全芯片等关键技术取得突破，柔性直流输电系统达到国际领先水平。国内首套智能变电站预制集成舱、高压互感器自动化检定系统、±500kV直流线路避雷器、分布式光伏并网设备研制成功。微电网运行控制系统、GIS空间信息服务平台、4G通信基带芯片等146个新产品完成开发。车载移动变电站、新一代智能保护控制系统、风光电站集群控制系统、新一代配电网分界开关、高精度关口表等产品推广应用，DPN系列电力大容量无源光网络通信系统全部设备一次性通过工信部入网测试，铝合金绞线、碳纤维复合芯导线取得入网资质。全年共开展国家级、省部级重大课题研究17项、国家电网公司科技项目研究140项，投入自筹研发经费8.8亿元。全年获科技奖励80项，其中国家科技进步特等奖1项，国家电网公司和省部级奖励70项；申请专利646项，获授权387项，获中国专利优秀奖2项，国家电网公司专利一等奖2项；软件产品登记139项，发表核心期刊论文381篇。《电力系统自动化》获第三届中国出版政府奖。出版国家电网公司系统首个英文期刊(Journal of Modern Power Systems and Clean Energy《现代电力系统与清洁能源学报》)。

市场拓展。系统内市场平稳较快增长，电能表、变电站监控保护设备、开关柜在国家电网公司集招份额大幅提升，配用电自动化系统及终端、电力电子、高压继电保护等产品中标一批重大项目，承接舟山柔性直流输电、扬州智能电网等示范工程，以及标准配送式智能变电站、江苏小城镇典型供电模式、县域电力通信网等试点工程。系统外市场拓展成效显著，轨道交通、光伏总包等业务取得重大突破，水电监控中标国家重点项目，承接河南鹤壁物联网示范工程、敦煌新能源城市和嘉兴智慧城市等建设项目。加强品牌和资质管理，“南瑞”被国家工商总局认定为中国驰名商标，完成计算机信息系统集成一级资质换证，新获电力工程总承包、安防工程企业一级、地理信息系统工程测绘甲级等16项资质。

国际化发展。完善国际营销网络布局，南瑞巴西公司建成投产，南瑞印尼公司、土耳其办事处正式运营。签订巴西水电站改造、菲律宾变电站改造、肯尼亚城市配网改造、土耳其35MW太阳能电站等19个国际总包项目合同，光伏逆变器、智能可编程控制器等产品取得海外市场突破。新获对外援助成套项目施工任务A级实施企业资质。承办第二届中国南非电力技术研讨会，参加2013年国际智能电网论坛，主导2项智能调度领域和1项电动汽车领域的IEC（国际电工委员会）国际标准制定。建立国际项目定价、执行机制，南瑞集团国际门户网站上线。全年新签海外合同额30.67亿元，同比增长99.17%。

生产和工程服务建设。完善智能电网科研产业（南京）基地精益化生产布局，在下属14家单位开展精益生产，实施生产改善项目203项，在制品库存平均下降45%，生产效率平均提升30%以上。制（修）订工艺技术标准14项，实施技改项目30项，有效提升产品质量和产能。统一产品外观结构取得实效，完成15种产品结构设计和19种模具加工。规范服务外包流程，实现供应商分级分类管理。成立工程服务管理机构，推动工程服务规范化和标准化。

基础设施建设。全年新开工项目3个，完工5个，完工项目建筑面积393 237m^2；在建项目9个，占地面积949.88亩，建筑面积330 733m^2。推进五大重点产业基地布局，修编南京、天津地区布局规划，国家电网公司智能电网科研产业（南京）基地一期建成投运，南瑞集团非晶合金产业园前期工作扎实推进，国家电网公司（常州）电气设备检测中心一期管理权移交至中国电力科学研究院。南瑞继保智能化电气装备产业园一期主体工程通过验收。宏源电气厂区扩建、淮胜电缆工程技术中心、银龙电缆库房工程完工。

党的建设和精神文明建设 学习党的十八届三中全会精神，贯彻落实中央“八项规定”。加强党的组织建设，新建和改设13个党组织，完成22个党组织换届和补选，发展新党员423名。加强政工综合计划管理，开展8项党建课题研究。强化学习型党组织建设，深入开展领导干部“六个一”和党员“一四二”学习活动。深化“一岗双责”和协同监督，开展党政一把手述责述廉、纪委书记定期报告、纪检组长巡视检查，构筑“立体监督、动态防控”体系，确保了“三个不发生”。

落实国家电网公司企业文化“五统一”要求，制订南瑞集团企业文化建设落实方案，开展企业文化宣传环境专项整改，完成23个企业文化重点项目，开展“中国梦·国网情”、“走基层、树典型、展风采”和“寻找最美一线员工”主题活动。

深化和谐企业建设，完成15个单位的工会组织换届改选，新建、改设19个基层团组织，6家单位试点建设职工服务中心，三级职工服务网络基本形成，组建青年志愿者服务队，创建青年安全生产示范岗，落实离退休老同志政治生活待遇。1个集体获央企先进集体，4个集体获省级工人先锋号，2个集体获省级青年文明号，2个集体获省级模范职工之家，1名同志获央企劳模，1名同志获国家电网公司劳模，2名同志获省级“五一”劳动奖章，“徐泰山工作室”获评国家电网公司首批劳模创新工作室示范点。

（杨丽萍）

【国网电力科学研究院】

见南瑞集团有限公司。

【国网北京经济技术研究院】

单位概况 国网北京经济技术研究院(简称国网经研院)是国家电网公司电网规划和工程设计技术归口单位，是国家电网公司直属科研单位；为电网发展提供技术支撑和智力支持，构建经研体系，对省市经研院(所)进行业务指导，归口协调外部设计单位，负责电网规划、工程设计、项目评审、技术经济及相关标准研究和制订工作，具有“工程设计电力行业专业甲级资质”证书和“工程咨询甲级资格”证书。建成公司一体化电网规划设计平台、工程设计评审平台、电网工程技术经济实验室、国家能源特高压直流输电工程成套设计研发(实验)中心等国家和公司级实验室。

国网经研院开展国家电网发展规划研究及煤电、水电、风电等大型能源基地输电规划，牵头特高压等重大电网工程设计，开展输变电工程标准化设计、造价分析及相关技术经济标准的编制和滚动修编，通过项目评审把关技术原则，加强新技术推广应用，合理控制工程投资，提升电网发展质量水平。围绕特高压交直流系统、大电网安全、柔性直流输电、新一代智能变电站等前沿、前瞻性技术研究，承担公司和国家级重要科研任务，开展重大科研攻关。开展规划设计核心业务行业标准和国家标准的制订，推动特高压、智能电网等先进技术转化为国际标准。

人力资源 截至年底，国网经研院设6个职能部门、8个业务部门、3个子公司。具有硕士及以上学历182人（博士50人，硕士132人），占员工总数的53.1%，具有高级职称员工149人，占员工总数的43.4%。深入推进“2151人才培养计划”，拥有2名“新世纪百千万人才工程”国家级人选，3名享受国务院政府特殊津贴专家，1名公司“科技领军人物”，9名公司十大专业领军人才培养对象，13名公司级优秀专家人才，拥有各类国家级注册师101人次，公司技术标准专业工作组委员19名。

经营管理 建立覆盖全院的内部控制与风险管理体系，完善招标采购、费用报销、资金支付等相关制度规定。通过公司依法治企综合检查和审计署西电东送工程延伸审计。贯彻中央八项规定和公司实施细则，严控“三公”经费和会议费支出，“三公”费用比预算压降35%。

明确院功能定位、核心业务和发展目标，完成通信设计院管理模式调整，增强业务发展能力。对全部业务流程进行系统梳理，进行核心业务流程体系架构设计，制订《国网经研院核心业务工作规范（试行)》，作为指导院核心业务工作开展的作业指导书。制订落实“二十四节气表”，“三标”体系通过外部审核并获得新版认证证书。加强与省市公司、科研机构及高校院所的业务交流合作，推进资源共享，实现优势互补，统筹发挥国内外著名高校、企业、科研机构和院士专家作用。坚持“全天候服务”“一周办结”工作理念，改进财务报销流程，深化ERP、财务管控系统融合及应用。开展“安全生产月”活动，完成保密工作“调查研究年”任务。

业务开展 电网规划方面。承担国家能源战略重大问题调研，编制完成国家电网发展规划（2013～2020年)、电网智能化规划和配电网滚动规划，完成“十二五”电网规划滚动调整。开展淮南—南京—上海、雅安—武汉、疆电入川等特高压重大工程论证，为中咨公司评估工作提供技术支撑。根据交直流混合大电网呈现的网络形态和运行特性开展相关研究，解决西北电网新能源大规模集中外送带来的网架适应性问题，完善电网发展诊断评价体系。

配电网方面。研究解决电网“两头薄弱”问题，发挥经研体系作用，承担国家电网公司关于配电网“六统一”中的统一标准、统一设备选型、统一设计方案、统一工程造价工作，组织40多家经研院所，完成28个典型供电模式，梳理确定608种物料和97个典型设计方案，编制完成分布式电源、电动汽车等6项行业及企业标准，建立涵盖规划设计全过程的标准化和模块化成果体系。把握国内外行业发展现状及趋势，完成中美分布式能源合作项目，为国家制订新能源产业政策、国家电网公司应对新能源大规模接入提供技术支撑。

设计方面。完成“五交七直”可研深化完善和“三交一直”初步设计牵头，通过技术创新和设计优化，变电站占地面积平均节约15%，线路工程本体投资平均降低4%。开展特高压标准化建设，编制完成特高压变电站、换流站及线路等6项通用设计，加强系统成套、阀厅设计、联调试验、工程调试工作，直流成套技术领先优势持续巩固。自主成套的哈密南—郑州±800kV特高压直流输电工程是世界首个“双八百”特高压直流工程项目，依托宁东—浙江工程研究解决了±800kV直流接入750kV交流电网的技术难题。牵头排查全部14个在运直流工程控制保护隐患，加快抵御换相失败的直流系统基础研究和直流仿真共享模型开发，通过防止直流闭锁保障大电网安全稳定。徐州中心按照做精220kV、做优500kV电网项目、全面参与特高压工程设计的发展思路，开拓江苏、河南、山东、天津设计市场，中标10项500kV、220kV电网项目，开展8项500kV输变电工程设计，承担宁东—浙江工程阀厅土建设计，2项成果获公司、行业优秀设计一等奖。提升通信设计咨询水平，完成“十二五”特高压工程系统通信设计和输变电工程通信系统典型设计等工作。

项目评审方面。承担国家电网公司系统全部98项500（330）kV输变电工程可研评审，强化技术方案优化和工程投资控制，维护公司核心利益。发挥评审把关作用，完成宁东—浙江、浙北—福州、雅安—武汉特高压工程及川藏联网、雅安灾后重建等重点工程项目内审和评审，贯彻新技术推广应用实施目录，新建工程“三通一标”应用率超过95%。全年完成各类项目评审650批次，完成输变电工程可研及初步设计评审投资2165亿元，通过技术优化核减投资166亿元，核减比例7.7%。加强工程造价分析和造价管理的衔接，深化输变电工程造价指数研究，颁布工程造价控制线，树立工程造价“标尺”。

国际业务方面。支撑服务国家电网公司国际化战略，优化巴西美丽山±800kV直流工程技术方案和工程造价，为特许经营权竞标提供技术保障。配合开展菲律宾莱特—棉兰老岛、莫桑克水电与输变电工程、土耳其—叙利亚联网、中国—尼泊尔联网等项目技术咨询，研究扩大俄罗斯向中国送电工程建设方案，深化亚欧能源通道及洲际联网方案综合论证。全年派遣76人次出国（境）开展现场服务。

科研创新 修编院“十二五”科技发展规划，围绕3大技术领域、31个研究方向和79个关键技术，推进重大科研创新。“大电网构建关键技术研究”取得成果，在大电网规划理论和合理性评价、特高压电网经济性评价、交直流电网建设时序优化等方面取得理论创新和技术突破。推进±1100kV特高压直流核心技术研究，推动和指导关键设备研制。自主完成世界首个五端柔性直流输电工程——浙江舟山直流示范工程成套设计，牵头完成厦门柔性直流输电科技示范工程可研设计。贯彻新一代智能变电站概念设计，主导6个示范工程设计方案的制订和落实，实现以设计方案引导装备研制的技术路线。

完成公司一体化电网规划设计平台一期建设，掌握电网发展核心数据，为电网规划研究提供权威数据基础。技经实验室收录3.6万个工程、266万条数据，实现结算管理、设备材料价格统计分析、基建标准成本测算全面上线运行。建设完善特高压直流输电工程成套设计研发中心，引进国内自主技术的控制保护样机，建设柔性直流实时数字仿真系统。完成晋东南—南阳—荆门特高压交流工程、宁东—山东直流工程三维数字化移交工作。

推进23项特高压国际、国家、行业、企业相关标准编制，完成9项技术标准制修订，完成《输变电工程三维数字化设计》等4部专著的编撰。完成专利申请19项，公开发表论文79篇，9项成果获国家、行业及公司奖项，15名专家成为公司技术标准工作组委员。《电力建设》组建新一届编委会，连续2年入选科技核心期刊。

经研体系建设 基本建成三级经研院体系，形成纵向贯通、横向支撑的业务格局。省级经研院初步实现规划、设计、评审核心业务对省公司的全面支撑，独立承担电网规划编制工作，开展评审业务，拓展设计市场。组建西藏、浙江、河南分院，考评上海、天津、蒙东分院咨询能力。湖北、冀北经研院实现甲级咨询资质提升，江苏经研院实现甲级设计资质提升。

加强规划设计业务指导培训。以业务培训和提高核心业务能力为重点，通过“走出去”“招进来”，多方调研经研院体系建设情况，提出解决思路和建议，指导省级经研院提升支撑服务能力。分区域开展4期500kV输变电工程规划设计技术培训，覆盖全部27家省级经研院300名规划设计人员。对省级经研院70名技术骨干开展为期半年的业务实践培训，整体水平进步。联合开展多项500kV输变电工程设计，促进省级经研院提高设计能力、工程业绩和资质水平。分析掌握省级经研院建设和业务工作情况，完成年度公司系统咨询资质初审。筹建公司规划设计专家库，确定323名候选专家。

党的建设和精神文明建设 召开庆祝建党92周年大会，组织3期电网先锋讲坛，开展“一先两优”评选，以“中国梦·国网情”凝聚党员干部创新发展共识。严格党员发展程序，提高党员发展质量。深入开展党风廉政建设和作风建设，围绕设备监造制度建设等开展效能监察。开展“青春光明行”志愿者活动，搭建青年员工活动平台，微电影《破晓》获评公司优秀DV作品。以《国网经研人》为平台，宣传院规划、设计、评审、科研等领域取得的成就。开展职工羽毛球赛、健身操活动。

（张晶晶）

【国网能源研究院】

单位概况 国网能源研究院（简称国网能源院）是国家电网公司的全资子公司和直属科研单位，是国家电网公司的战略与运营管理研究机构。

国网能源院前身是1984年成立的北京水利电力经济研究所（1995年更名为北京动力经济研究所），1999年与中国电力科学研究院电力技术经济研究所等机构合并组建国家电力公司动力经济研究中心，后更名为国电动力经济研究中心，2006年更名为国网北京经济技术研究院。2009年8月，国家电网公司批准国网北京经济技术研究院实施业务分立，以软科学研究力量为主组建国网能源研究院。2009年10月25日，国网能源研究院正式挂牌成立。

国网能源院紧紧围绕国家电网公司发展战略和核心业务开展研究，密切服务国家有关部门，在电力行业规划、能源与环保、电力供需分析、企业战略与管理、体制改革与电力市场、智能电网、新能源、电力价格等领域形成显著优势，培养造就了一支专业素质高、研究能力强的研究咨询队伍。承担并完成中国电力体制深化改革研究等国家电网公司委托的重大战略课题，政府部门委托的能源电力规划研究等重大课题，承担了坚强智能电网建设等能源电力发展重大问题研究任务。许多研究成果获得国家有关部门和国家电网公司奖励，一批重大决策咨询建议得到政府和企业采纳。

截至2013年底，国网能源院设置职能部门5个，即办公室（内设后勤服务中心）、科研发展部、财务资产部（电力前期周转金管理中心）、人力资源部、党群工作部（监察审计部）；业务部门8个，即企业战略研究所、能源战略与规划研究所（科技项目咨询中心、《中国电力》杂志社）、经济与能源供需研究所、电网发展综合研究所、新能源与统计研究所、管理咨询研究所（企业运营研究中心）、财会与审计研究所、能源决策支持技术研发中心；下属单位1个，即国网人才评价中心。

人力资源 截至年底，国网能源院拥有享受国务院政府特殊津贴专家4人，国家电网公司科技领军人才1人，有突出贡献的中青年专家1人，国家“千人计划”引进人才1人，国家“青年千人计划”引进人才1人，国家电网公司级优秀专家人才10人，国家电网公司十大专业领军（后备）人才7人，高级咨询2人，特聘高级顾问7人，外籍荣誉高级顾问1人。

国网能源院全年获得国家电网公司及以上级别表彰24人次，同比增长60%。择优录用高校毕业生20人。面向国家电网公司系统成功招聘紧缺专业技术人才1人。修订专业技术岗位及学科带头人管理制度。安排青年员工赴国调中心和省市公司实习锻炼41人次，向国家电网公司总部输送人才5人。

经营管理 国网能源院全年共承担研究咨询项目655项，其中在线支持任务286项。提出的重大决策与运营管理建议被采纳33项，比2012年提高57%。获得国家电网公司及以上等级研究奖励39项，国家电网公司一等奖及更高等级奖项数量同比增长近30%。可控费用、成本收入比等指标全面完成。人财物集约化、依法治企、企业文化建设等指标顺利达标。

转型发展。完成国网能源院《“十二五”发展规划》修编。将科研体系调整为“两大领域、八大专业、32个技术方向”，融入国家电网公司核心业务。在业务部门内设19个研究团队，增强国际化发展、营销政策、人力资源管理等专业研究力量。深化与国家电网公司运监中心、营销部等部门的协同，制订支撑方案6项，形成新的工作机制。与国网江西、河南等省公司经研院建立合作关系。开展“转型提升年”活动。成立跨部门的“改革研究”工作组和“国家电网公司运营监控离线研究分析平台”规划建设机构。战略决策支撑与运营管理支持“两个并重”，研究工作纳入国家电网公司总部业务流程17项。全年支撑服务资源投入比重达到60%，比原计划提高10个百分点。离线研究与在线研究“两个并举”，研究制订国家电网公司相关工作方案16项，设计专业管理模型工具20余项，在线研究任务量较2012年增加10%以上。

综合管控和规范化管理。编制实行“二十四节气表”，初步建立重点工作推进机制。制订员工奖惩实施细则，修订绩效考核管理办法。强化财务预算执行监督、考核，启动内控体系建设，完善财务审批流程。完成依法治企综合检查整改。落实“八项规定”。整合研究类专报，简化业务接待，精减一般性学术会议。

科研工作 服务国家电网公司党组决策。《当前我国经济发展与电力需求关系分析》专题报告获李克强总理批示。为《国家电网专报》撰稿14期。为国家电网公司党组会议议题提供支撑材料20次。

战略课题研究。完成2013年十项重大战略课题研究，提出国家电网公司特色管理理论等10多项重要理论，设计国家电网公司可持续发展指数等近20

个模型。实施“专报先行”研究模式，针对特高压直流工程输送风电、微电网与大电网关系、电网公司经营指标对比等问题，撰写呈报14篇《研究专报》，均获得刘振亚董事长和舒印彪总经理的批示或指示，同比提高40%。

电力改革研究。编制提交“中国电力市场化改革研究”专题报告。研究深化电力体制改革重大问题，参与设计全国统一电力市场建设方案，提出改革模式及电力市场建设路径与规则。

重大研究支撑任务。围绕国家电网发展、智能电网与第三次工业革命、“三集五大”体系等课题编写专题研究报告。研究国家电网公司国际化业务管控体系和风险防范机制。设计国家电网公司海外资产运营管理绩效考核指标体系，设计国家电网公司科技创新能力评价模型，研发评价软件。完成国家电网公司国际、国内对标分析。报送《研究专报》《国网内参》《决策参考》文章80篇。参加国家电网公司战略研究与运行分析月度例会，提供成果138项。

承担政府部门课题。受国家发展改革委委托，编写《电力负荷特性及优化》等培训教材2部。研发的可再生能源电价附加补助资金管理模型，得到国家发展改革委认可，同步用于国家电网公司和南方电网公司。协助国家电网公司承担并完成国家能源局委托的能源需求预测和供应潜力分析、可再生能源发展战略等6项专题。承接能源行业统计体制机制建设等课题。受国资委委托，开展央企国际化经营专题研究，承担央企技术创新能力评价、国企信息公开研究等课题。

服务国家电网公司运营监控和“大营销”业务。协助建立运营监测分析指标体系。撰写国家电网公司运营诊断等专题报告，编制《运营动态月报》。完成运营分析体系建设等课题，形成国家电网公司运营监测（控）协调控制管理办法等成果。“国家电网公司运营监控离线研究分析平台”获批立项。承担“国家电力需求侧管理平台”建设工作，启动顶层设计和软硬件设施采购。迎峰度夏（冬）电力供需分析材料被国家电网公司采纳。配合制订国家电网公司电能替代研究和推广方案，参与编制国家电网公司电动汽车智能充换电服务网络建设运营指导意见。

支撑国家电网公司其他核心业务。“大规划”方面，编写《全国电力市场分析预测报告》。滚动修订国家电网公司规划，参与电网发展诊断研究。建成新能源信息管理平台一期工程，参与编写发布国家电网公司分布式电源并网意见。“大运行”方面，完成调度业务管理流程及标准操作程序体系研究。预判电煤供需形势，承担调度计划数据分析等技术服务。人力集约化方面，研究国家电网公司人力资源管理模式优化，建立统计分析标准。财力集约化方面，配合编制国家电网公司财务、电价、融资规划。参与国家电网公司财务决算、电价决算分析和经营诊断。科技项目管理方面，编制国家电网公司应急性科技项目管理办法，完善国家电网公司科技项目实施及验收管理细则。

基础研究能力建设。供需实验室开发中长期能源供需分析等模型，升级扩展项目纳入国家电网公司信息化计划。用户需求响应分析软件开发按计划推进。研发配电网接纳分布式电源能力分析模型，部分功能实现了应用。报告撰写辅助平台和管理咨询案例库上线运行。交互型基础研究信息平台完成功能设计。

研究交流平台建设。出版《中国非化石能源发展目标及其实现路径》《电力经济学引论》等专著2部，《综合资源战略规划与需求侧管理理论方法与实践》《2050中国经济发展与电力需求探索》等译著2部，《国外电力市场化改革分析报告》等基础研究年度报告10份。在核心期刊发表论文103篇。联合埃森哲实施“发展创新研究室”项目。《中国电力》杂志扩版，能源观察网拓展与国外机构的资讯合作模式。编辑发送《能源研究观点·专报》16期。

党的建设和精神文明建设 开展党员承诺践诺和“七一”党日活动，完成年度党员教育培训。加强干部作风建设，签订《廉洁从业承诺书》，组织任前廉政谈话和纪检组长廉政谈话，举办廉政党课。强化基层组织建设，组织有关党支部书记、委员增选，完成党建工作考核评价。评选表彰“一先两优”。组织“中国梦·国网情”主题学习，举办道德讲堂和演讲比赛，开展“五四”青年节学习和敬老慰问活动，征集“四讲”“四进”文艺作品。完成企业文化建设年度重点项目。建立健全院务公开制度，完成国网能源院“两会”提案处理答复。组织文体竞赛、职工运动会等活动。举办健康讲座，开展走访慰问。组织离退休老同志集体活动。国网能源院1条建议获评国家电网公司优秀合理化建议。国网能源院团支部获得国家电网公司“2012年度五四红旗团支部”。

（柴　莹）

【国网智能电网研究院】

单位概况 国网智能电网研究院（简称国网智研院）于2013年6月正式成立。

本部设置6个职能部门、1个支撑部门，拥有直流输电技术、电力电子、电工新材料及微电子3个研究所和中电普瑞工程、中电普瑞科技2家公司以及智研院美国研究院、智研院欧洲研究院2个海外研究院。

截至2013年底，获得国家科技进步一等奖1项、二等奖1项，国家发明专利金奖1项、优秀奖2项，中国电力科学技术进步一等奖1项，国家电网公司科技进步奖 8 项，专利奖 2 项，获授权和受理的国内外专利近 400 项，其中海外专利 20 项；参与制修订 IEC 标准 7 项，行标 9 项，国家电网公司企业标准 9 项；发表论文 100 余篇。

人力资源 截至年底，国网智研院具有研究生学历人员占员工总数的 42.8%，具有高级职称人员占员工总数的 12.8%。拥有国家“千人计划”专家 6 人，享受国务院政府特殊津贴专家 6 人，新世纪百千万人才 2 人，国家电网公司优秀工程专家 9 人，国家电网公司杰出青年岗位能手 1 人，国家电网公司“十大专业科技领军人才”人选 1 人。

经营管理 全面落实“二十四节气表”各项工作，实施人财物集约化管理。加强计划和预算执行过程监控，开展经营诊断分析。强化全面预算与业务计划协同衔接，统一部署资金支付管理系统，财力集约化成效显著。建立所属企业业绩年度指标考核体系，年度业绩考核结果与薪酬严格兑现。调整办公区域、实现组团部署，完成网络信息建设，实现办公楼搬迁后 ERP 系统正式上线运行。健全物资集约化管理组织体系与制度体系，实现物资集中采购规范率 100%、两级集中采购管控率 100%，物资采购节资率达 11.99%，物资采购全年零投诉。

海外研究院建设。按照国家电网公司前沿技术的海外创新基地、高端科技人才的海外培养基地和科技创新机制的海外试验基地目标，全力推进智研院美国研究院、智研院欧洲研究院建设。12 月 20 日，国网智研院美国研究院正式挂牌成立，实行国网智研院领导下的董事会管理模式，建立了财务、人资、法律等内部工作机制。国网智研院欧洲研究院同步启动筹建工作。

国际化工作。积极参与国际项目投标和国际交流，成功签订巴西特里斯皮尔斯水电送出串补和 SVC 项目。出席 CEGRE“直流输电与电力电子”专委会年会，以及欧亚新能源论坛等多场国际高端学术会议，与多所世界知名大学建立学术合作关系。《智能电网》杂志于 11 月正式创刊发行。

制度建设。贯彻落实国家电网公司第一批通用制度，对照清理、废止了智研院院本部及所属单位相关制度、标准 78 个，基本建立制度框架体系。

依法治企。以“强化执行、防范风险、改进服务”为目标，开展依法治企综合检查、领导干部经济责任审计、服务类合同专项审计、科技项目审计等多项重大审计项目，提出了改进措施和时限要求，对审计意见整改落实情况持续跟踪，为进一步夯实基础管理、降低内部管控风险发挥了重要保障作用。

科研工作 在直流输电领域，开展千兆瓦级柔性直流输电换流阀、特高压及柔性直流输电控制保护系统研制；在电力电子领域，开展统一电能质量控制器（UPQC）、统一潮流控制器（UPFC）、特高压可控串补装置、全光纤电流互感器研制；在电工新材料领域，全面开展 T700 碳纤维、先进复合材料芯导线、新型输变电设备防腐材料等电工材料研究；在功率微电子领域，全面开展 IGBT 相关技术研究、碳化硅材料外延关键技术前期研究及多原理保护集成芯片关键技术研究。

核心技术攻关。成功研制出世界首套 1000MW/±320kV 柔性直流换流阀及高速阀控设备，已通过国家能源局技术成果鉴定；研发出 FLEXCON-CP-1000 型柔性直流输电控制保护平台，已通过国家能源局鉴定；全面攻破全光纤电流互感器技术，研发出 500kV 光纤电流互感器样机，通过中国电机工程学会技术成果鉴定。

安全生产 树立“大安全”理念，全年生产经营、基建管理、财务管理和信息安全局面稳定。开展“安全管理提升”活动，组织锦苏等 6 个直流工程、9 个换流站的年度检修工作，配合完成迎峰度夏任务。两家下属公司达到安全生产标准化达标评级二级标准。国网智研院建设工程按期竣工，荣获 2013 年度北京市建筑（结构）长城杯金质奖，建设工地获得“北京市绿色施工文明安全样板工地”称号。在国网智研院统筹安排下，各单位有序入驻国网未来科技城办公基地。“三标一体”管理体系顺利通过中国船级社认证公司的监督审核。

党的建设和精神文明建设 加强基层组织建设，成立院直属党委，加强直属党委制度建设，健全基层组织体系；加强教育培训，建立直属党委中心组学习制度，加强入党积极分子教育和培养，开设“电网先锋讲坛”，提升党员队伍创新、奉献、敬业的新形象；开展党的群众路线教育实践活动，争创“四好”领导班子，开展述职述廉活动，营造浓厚的争创业绩的良好氛围。

【国家电网公司信息通信分公司】

公司概况 2013 年，国网信息通信有限公司改制为国家电网公司信息通信分公司（简称国网信通公司），承担国家电网公司投资及组织的骨干通信网以及骨干信息网的建设管理，承担涉及国家电网公司总部电网调度和管理通信业务的通信网及骨干信息网的运行和维护等工作，承担国家电网公司总部、公司一级部署和相关直属单位信息系统的运行维护等工作，同时承担国家电网公司总部信息通信技术支持、科研成果和专利管理等服务工作。

国网信通公司聚焦生产运行、工程建管和技术保障三大主要业务，设置办公室、计划财务部、安全生产部、人力资源部、离退休工作部、党群工作部（监察审计部）6个职能部门，和信息通信调度监控中心、信息通信运维检修中心、信息通信工程中心、信息通信技术保障中心（科技成果与专利服务中心）四大业务中心。

人力资源 截至年底，国网信通公司员工总数为229人，人才当量密度1.215 4，博士24人，硕士111人，具有本科及以上学历员工占比88%，具有高级职称员工占比38%。

制订《职员（专责）管理办法》，构建员工成长“双通道”，落实《新员工入职培养管理实施细则》，确立实习导师制，建立兼职培训师队伍。完善人才分级分类管理，遴选产生信通公司优秀专家18人，获评国家电网公司专家4人。全年全员培训率达到100%，完成新员工岗位技能实操培训，共选送145人次参加国家电网公司组织各类培训班85班次。取得信息通信运维技能竞赛团体三等奖、信息化架构调考直属单位第一名、29人次普考进入国家电网公司前10名，并有1人获得“国家电网公司技术能手”称号。

安全生产 国网信通公司信息通信系统运行率99.96%，通信通道可靠率100%，信息通信建设任务完成率100%，信息通信服务满意率98%。在国家电网公司企业负责人考核中获评“A”级。

“安全管理提升”专项活动扎实开展。先后开展安全专项检查11项，组织安全日、安全月等安全主题活动27次，全年共排查安全隐患258项，完成整改211项，整改完成率82%，余下47项全部落实整改计划。信息通信系统保持安全可靠运行，未发生信息系统停运和信息安全事件。

信通一体化调度运行体系建设。完成全网信息调度业务迁移，实现信息通信业务的统一监控和调度指挥；推进总分运维一体化建设，完成规章制度修订、支撑手段建设、调度人员培训、现场工作对接等工作准备，推动“三华”信息通信系统双轨调度运行。

信息化建设与应用。完成国家电网公司集中审计管控、ERP等共22个系统的上线部署，实现6批次95598业务集中信息系统的业务割接。

降低数据中心运行能耗。根据北京气温变化特点，调整板式换热器利用方式，提升空调系统制冷效率，灾备中心电能使用效率（PUE）由2012年2.1最低下降到1.65，全年节约用电136.4万kWh。

年度重点工程建设。完成年度投资4.8亿元，架设光缆线路5296km，安装设备1234台（套），实现工程质量“零缺陷”、施工安全“零事故”目标。按期完成哈郑、溪浙、皖电东送特高压工程和新疆西北联网二通道配套通信工程建设。技改工程。大容量骨干光传输网建成投运。完成数据通信骨干网改造工程。完成府谷电厂送出单光缆改造。

支撑服务 信息通信工程建设管理一体化运作。按照“国家电网公司总部统一组织，国网信通公司负责建设管理，属地信通公司分工负责”的工程一体化建设管理模式，进一步健全工程组织指挥与现场项目部协调机制。

会视通系统。国家电网公司一体化电视电话会议系统建成投运，全面覆盖公司系统2020家单位、4068个会场。技术保障支撑服务。组织完成雅安地震救灾抢险、皖电东送调试投运、国家电网公司“两会”直播等12次重大活动信息通信服务保障。全年完成视频会议保障5089次，其中一类会议42次，同比增长65%。全年累计受理电话29 595次，应答率99.99%；完成桌面服务15 957次，工单受理及时率99.69%，金牌用户服务1045次。

国家电网公司网站建设运行维护。全年累计审核、编辑新闻来稿1.9万余篇，翻译发布英文稿件160余篇，上报国资委网站信息847条，完成“群众路线教育实践活动”等16个专题专栏设计和制作。

科技支撑服务。组织评审国家电网公司科技进步奖、专利奖361项，组织申报2013年度中国专利奖12项，获奖9项。全年受理查新课题664项，完成总部国内专利申请118项，国内专利维护管理218项，海外专利申请53项，完成专利权属梳理及变更手续共计11327件。入选第一批国家专利运营试点企业。

经营管理 强化计划执行过程管控。加强综合计划、预算以及物资计划的刚性约束，建立“月通报、季分析”制度，及时诊断分析存在问题，加强各项工作的计划约束和统筹协调。

加强重点任务计划和督办管理。编制国网信通公司年度工作“二十四节气表”，细化重点工作计划任务的分解，加强重要事项督办，增强工作计划性和组织执行力。

制度建设。按国家电网公司通用制度推广工作部署，完成国网信通公司161件规章制度，185项流程的梳理工作。开展以制度顶层设计、流程管控以及监督考核为主线的规范管理提升活动。

党的建设和企业文化建设 党的建设。组织学习“十八大”精神中层干部轮训，开展“中国梦·国网情·尽本职·作贡献”主题实践活动，建立国网信通公司党建网及主题学习专栏。加强党风廉政建设，严格贯彻中央“八项规定”和国家电网公司实施细则要求。

企业文化建设。依托党员之家、职工之家和青年之家打造企业文化建设特色平台，项目荣获电力行业企业文化建设成果二等奖。视频作品《电力丝路建设者》荣获国家电网公司集中展播优秀作品奖。加强离退休工作，关心关爱老同志，开展“同心共筑中国梦”活动，引导离退休老同志为公司发展建言献策。国网信通公司调控中心调度监控处获国家电网公司先进班组荣誉称号，第二团支部获2012年度国家电网公司“五四红旗团支部”荣誉称号。

（黄　荷）

【国网新源控股有限公司】

单位概况　国网新源控股有限公司（简称新源公司）于2005年3月31日成立，是国家电网公司的全资子公司，与国网新源水电有限公司实行“一套机构、两块牌子”的一体化管理模式。主要负责开发建设和经营管理国家电网公司经营区域内的抽水蓄能电站、部分常规水电站项目，管理51家单位，分布在20个省（直辖市），管理装机容量3116.775万kW。

人力资源　深化人力资源诊断分析，加强员工队伍素质建设。严格领导干部培养、选拔、使用、考核管理，优化干部队伍结构，促进企业领导力建设。加大人才储备和人力资源集约化配置力度，制订《关于促进人才有序流动的实施意见》，通过公开招聘等方式引进、调配专业人才332人，缓解人力资源短缺情况。加强全员培训工作，推行培训积分制，建立内训师制度，成立技能鉴定中心，推动“送培到企”，全员培训率达到98.93%，人才当量密度同比提高0.01。

安全生产　针对建设、投运“双高峰”特点，坚持把安全生产放在各项工作首位，加强安全责任、监督、保障体系建设，着力构建安全管理长效机制。开展“安全管理提升”活动，落实38项重点措施，督查整改各类问题338项。完成春检、秋检任务，检修机组218台次，消除三类以上缺陷2936项。成功应对松花江流域最强春汛、台风“菲特”等极端天气考验，确保人身、设备和电站安全。强化网源协调和水库防汛责任，完成迎峰度夏、拦洪错峰等重大保电和防汛任务，为电网安全稳定运行、地方抗洪抢险提供服务保障。

工程建设　加强基建管控体系建设，编制发布《抽水蓄能电站地下厂房通用设计》，推广应用工艺设计、标准图集，提高工程设计水平。深化72项标准工艺应用和质量通病防治管理，严格工程总体布置、施工总布置、关键设备参数等重大技术方案审查。加强丰满大坝重建工程组织、技术、制度体系建设，组织开展专家专项技术咨询，工程施工准备进展顺利。开工建设绩溪、丰宁、敦化项目，推进仙居、洪屏项目建设，福建仙游抽水蓄能电站建成投产。全年单元工程优良率93.34%，白莲河抽水蓄能电站工程荣获国家优质工程奖。

经营管理　围绕效益提升和风险管控，严格预算、资产、资金、风险内控管理，推行总体和分项“双行”成本标准，实现综合计划、专项计划和预算有效衔接，完成各项计划指标，资金实时归集率达99.9%。统筹开展电价研究与政策争取工作，仙游电站临时结算电价取得批复，蒲石河、琅琊山和十三陵抽水蓄能电站电价获得调整，盈利能力得到增强。

发展工作　完成国家电网公司经营区域内20个省（市）抽水蓄能选点规划，并全部取得国家能源局批复。签订17个项目合作意向书，启动14个项目预可研，协调国家能源局启动文登、天池、蟠龙项目核准程序，完成沂蒙、金寨、镇安、厦门项目可研工作并上报核准申请，句容、阜康项目取得“路条”批复，建立科学的项目开发梯队。配合国家发展改革委、能源局开展抽水蓄能投资、运营、电价政策研究，新源公司发展环境进一步优化。按照国家电网公司战略部署，划转国能生物、非粮醇电和国网绿能项目，收购湖南黑麋峰抽水蓄能电站，突出核心业务优势。

科技工作　完成《抽水蓄能机组设备国产化技术报告》，推进抽水蓄能调速、励磁、SFC系统国产化等重大项目实施，设备国产化工作取得阶段性成果。打造行业引领能力，15项国家、行业和国家电网公司企业标准通过立项。完成专利授权115项，获得国家电网公司科学技术进步奖1项、中国水力发电科学技术奖2项。开展重大项目技术、经济审查13次，强化新源公司技术主导能力。加强信息化企业建设，数据中心正式投运，完成ERP深化应用等23个信息化项目验收。

党的建设和精神文明建设　建立新源公司党工团共建区域协作机制，加强党建标准化建设，提升了基层党工团组织服务公司发展的能力。开展党的群众路线教育实践活动准备工作，贯彻中央“八项规定”，制订加强作风建设28项具体措施，开展专项监督检查，集中解决“四风”问题。

新源公司系统两个文明建设取得丰硕成果，8个单位荣获全国“安康杯”竞赛优胜企业，2个单位荣获全国厂务公开民主管理先进单位，丰满发电厂起重班田文和同志被评为“中央企业劳动模范”。

（韩　冰）

【国网新源水电有限公司】

见国网新源控股有限公司。

【南方电网科学研究院有限责任公司】

单位概况　南方电网科学研究院有限责任公司（简称南网科研院）是中国南方电网有限责任公司（简称南方电网公司）的控股子公司，按照南方电网公司的管理要求自主经营，主要负责为南方电网公司及其下属分子公司提供科学研究、技术服务、咨询和工程集成、产品研发以及经南方电网公司批准或授权的其他业务。

截至2013年，南网科研院博、硕士占71%，中高级职称占66%。拥有3名国家“千人计划”人选，1名“新世纪百千万人才工程”国家级人选，1名“广东省领军人才”，4名国务院特贴专家。资产总额3.2亿元。被评为国家认定企业技术中心、特高压工程技术（昆明）国家工程实验室、国家能源大电网技术研发（实验）中心、国家科技部火炬计划重点高新技术企业等，取得输变电工程甲级调试、设备监理甲级、第三方节能量审核、科技查新、信息安全测评等资质。累计承担科技项目806项，其中国家级项目34项；累计拥有专利182项；完成了22项国际、国家和行业标准；共获得国家科技进步奖一等奖1项，二等奖1项；获得中国电力科学技术奖一等奖1项、二等奖2项、三等奖3项，第十二届中国专利优秀奖一项，以及各类科技奖励152项。

南网科研院内设四部六所两中心，综合管理部、计划财务部、人事政工部、技术部、系统研究所、直流输电技术研究所、电网仿真与控制技术研究所、高电压技术研究所、智能电网研究所、技术情报所。

领导班子

董事长、院长、党组副书记：饶宏

党组书记、副董事长、纪检组组长：魏善淇

副院长、工会主席：刘智宏

副院长：曾勇刚

副院长：李鹏

组织机构 见南网科研院2013年组织机构图。

电网安全稳定技术支撑 南网科研院始终把提供南方电网安全稳定技术支撑和解决公司业务蓝图的重大技术需求作为中心工作，体现了核心价值。

在支撑系统安全方面，在世界上首次完成±800kV直流满负荷孤岛试验，验证了复杂大电网和关键设备在极端故障条件下的能力，攻克大电源基地以特高压直流孤岛方式送出的技术难题，提高了主网安全稳定水平，增加云电外送能力70万kW。梳理分析“八交八直”并联复杂系统运行风险和薄弱环节，完成主网稳控策略设计和现场调试，有效解决“两渡”工程投产后电网安全稳定问题。研究提出提高南方电网受端电压稳定性的综合解决方案并推广应用。实现对系统严重故障准确模拟，完成电网运行风险反措仿真验证5项、直流控制保护试验16余批次，为总调度员开展实时仿真和直流孤岛运行培训，发挥了交直流大电网仿真试验平台优势，有效提高应对电网运行重大风险的分析水平。

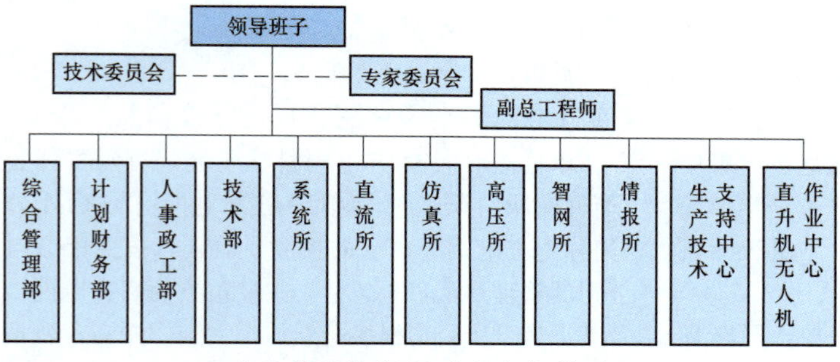

南网科研院2013年组织机构图

在支撑设备管理方面，南方电网输变电设备状态监测系统一级主站初步建成，为构建全网设备运行监测“大数据”平台奠定基础。覆冰、雷电、电能质量监测中心持续发布预警和分析报告。协助开展运行设备突发故障分析，建设数据可靠性分析平台，编写了可靠性、安全生产指标等5份报告和变压器、开关等4份专业技术总结。组建直升机电力作业技术中心，启动技术支持系统建设。首次开展133项设备技术标准对标，成果应用于物资采购招标。协助开展公司物资品控体系建设。

在支撑电网规划方面，深入开展“南方电网受端目标网架研究”等系列专题研究，从大电网稳定运行角度充分论证了南方电网西电东送采用直流输电技术路线的可行性和优势，为南方电网公司决策西电东送技术路线和主网架格局方案提供重要技术依据。完成中国第一个合理划分同步电网规模的云南电网与南方主网异步联网技术方案，支撑首个国家级电网规划《南方电网发展规划（2013～2020）》的出台。

在支撑电网建设方面，作为总承包和技术总负责单位，完成世界首个多端柔性直流示范工程系统研究、成套设计和系统调试，工程按期投运，得到了南方电网公司嘉奖。同时开展“两渡”4个换流站的系统调试，溪洛渡单回单极、糯扎渡单极低端提前2个月投运，为消纳云南水电发挥了重要作用。水乡、北郊和木棉3个动态无功补偿装置顺利投产，提高了受端电网电压稳定水平。顺利完成中国首个基于海岛的兆瓦级“风、光、柴、蓄”智能微电网示范工程系统研究和调试，实现系统送电。积极开展金中、观音岩和罗平背靠背直流工程前期工作。

在支撑市场营销方面，完成南方电网公司费控运营体系技术研究，确定全网费控体系顶层设计。开发营配信息集成系统客户停电时间自动采集统计，首次开展客户停电时间国际对标。升级改造网级电能量数据平台，开发行业用电分析、数据质量管理、网间交易电子化结算、跨安全分区数据采集等应用功能。

科技创新与管理

科技创新成果丰硕。攻克多端柔性直流控制保护结构设计和策略、大规模级联换流阀均压、环流抑制和调制等技术难题，首次完成多端柔直系统总体设计，首次建成实时仿真平台，首次开发多端柔直控制保护系统，实现了工程应用，占领柔性直流输电技术制高点。开发具有自主知识产权的"交直流混联大电网机电暂态仿真软件"，架构灵活，直流准稳态模型更加精确，具有并行计算能力和自定义建模功能，可逐步替代 BPA 程序。突破 SMRT 电磁-机电混合仿真实用化技术难题，解决不同时间尺度仿真系统全数字化实时交互的关键技术，有效提高大规模交直流互联电网的实时仿真分析能力。研发变电站驾驶舱统一信息平台及监控系统，实现数据集中监控和展示，成功应用于 110kV 尖峰变电站。研究智能配电网自愈控制关键技术，实现配电网状态自我感知和故障快速处理。解决直流瓷绝缘子电化学腐蚀的技术难题，参数和方法被国家标准采用。

科技管理成效明显。远近结合修编了科技规划，明确 5 大类 54 个专业技术发展方向。建立基于专业技术领域、成果类型、技术就绪水平三个维度的"技术货架"体系。有效推进 14 个国家级项目，牵头的 2 个 863 项目在科技部中期检查中被列为先进。加大科技成果考核激励力度，实施成果培育计划，精心凝练成果，科技奖励成绩喜人，获得中国电力科技奖、国家能源科技奖一等奖各 1 项，公司科技进步奖一等奖 2 项，公司科技论坛优秀论文一等奖 2 篇，实现专利申请"破百"计划。被公司授予"科技管理先进单位"荣誉称号。

队伍建设 围绕建设中央研究院目标，开展顶层设计，加强队伍建设，完善运作机制，推进管理信息化，实现了科研院快速发展。

战略实施开局良好。制订中央研究院行动计划，提出 2014～2015 年任务目标和具体措施。滚动修编科技创新、企业经营、人力资源和信息化建设 4 个职能规划，启动 6 个专业发展规划编写。建立基于战略的关键绩效指标体系。

队伍建设全面加强。6 名专家被网公司聘为第一批高级技术专家，占总量 75%。吸引各类人才，人员总量达到 234 人。12 名室主任竞聘上岗，实行任期责任制。初步形成一支由 9 名公司高级技术专家、10 名技术专家、18 名助理技术专家和 9 支创新团队组成的科研骨干队伍。通过重大项目加快年轻技术人才培养。开展技术和管理培训 56 期。开展岗位责任制体系建设。推行具有科研特色的人才激励机制，形成以岗位为基础、业绩为导向、物质与非物质相结合的激励机制，进一步激发员工活力。

经营管理 确立技术服务、科技研发、工程集成三类业务经营管理模式，承接技术服务、网外项目取得新进展。全面应用以项目管理为基础的全过程闭环管理系统，工作效率明显提高。启动具有科研特色的项目管理、知识管理、实验室管理信息系统建设。被国家科技部评定为火炬计划重点高新技术企业，享受重大项目申报和税收减免优惠政策。预算管控和资金运作能力不断提升，人均可控成本逐年下降。委托南方电网财务有限公司向广东电网梅州平远供电局发放贷款。3 年来经济效益快速增长，累计创造利润 2.03 亿元。

实验平台建设 海外创新创业基地仿真、电网控制保护、智能电网、电力电子等 10 个实验室完成里程碑进度，计划、质量、安全和造价可控在控。计量实验室顺利建成。组建信息安全等级保护测评实验室，获得电力行业信息安全服务资质。统筹全院实验室资源开展 CNAS 认可，通过现场评审。与广州供电局合作共建的智能配网联合实验室投入使用。

技术交流合作 首次承担 4 项 IEEE 国际标准编写，实现南方电网制订国际标准的重大突破。成功获得美国贸易发展署"智能配网数据管理信息系统研发"资助项目，实现国际科技合作的突破。与广西电网、四方公司、西安交通大学签订合作协议，组织开展国内外技术交流 32 批次。

党的建设和精神文明建设 南网科研院扎实开展党的群众路线教育活动，凝练创新文化，形成良好氛围，保障了健康发展。

群众路线教育实践活动富有成效。认真做好活动各环节工作，规定动作扎实到位，"增强服务意识、提升创新能力"自选动作精彩有序，党员领导干部以身作则，对照六面镜子认真查摆自身存在的问题并制订整改方案，带头做好"三严三实"，以焦裕禄同志为榜样，在工作中自觉做到"五讲五不讲"，以"严"和"实"的工作作风，把各项工作做扎实、抓到位。各党支部组织党员认真学习文件，对照党章和岗位职责查找存在的问题，党支部把活动和学习搬到调试现场，工作和活动两不误、两促进。

党管人才和基层组织建设进一步强化。制订《关于加强党管人才工作的实施意见》，党政合力加强人才队伍建设。开展"发挥党组织在人才队伍建设中的重要作用"党建思想政治理论研讨。认真抓好党的十八大精神学习，完成处级干部轮训，"中国梦·南网梦·我的梦"大讨论和知识竞赛等活动生动活泼，圆满完成党支部公推直选，"五个一"活动进一步丰富。

企业文化建设取得新成果。贯彻南网企业文化战略，凝练形成"创新成就未来"创新理念和"广纳人才、协同开放、勇于突破"创新行动，制订《企业文化建设三年工作方案》，编制出版《创新文化手册》。重大成果、先进人物事迹被中央电视台、人民日报等主流媒体广泛报道，受到社会各界高度关注，提升了科研院品牌影响力。

党建带工建、带团建创出新亮点。推动职工创新，组建5个技术专家创新工作室。深切关爱员工，院领导多次深入一线慰问员工，帮助困难员工。组织开展各类文体活动，有效增强凝聚力。建立“党员之家”微信和团委微博平台，开展“‘骑’乐无穷学团史”等系列活动6次，广大青年员工积极参与“科研攻关献青春、服务南网比贡献”活动。

反腐倡廉工作取得新成效。领导班子认真履行党风廉政建设责任制，严格执行中央“八项规定”。加强惩防体系建设，认真梳理廉洁风险。强化廉洁教育，纪律教育月活动成效显著。针对招标、资产管理等重点环节开展效能监察和内部审计。高质量做好西电东送工程审计和公司经济责任审计迎审工作，对存在问题严格整改。保持了多年来没有发生违法违纪现象的良好记录。

主要事件

3月28日，召开南网科研院一届四次董事会和第四次股东会审议重大经营事项。通过了《董事会工作报告》《监事会工作报告》《南网科研院2012年财务决算方案》《南网科研院2012年利润分配方案》《南网科研院2013年财务预算方案》。

3月30日，南网科研院参与的世界首次特高压直流输电工程孤岛运行满负荷试验成功。

10月28日，中国电力建设企业协会授予南网科研院“AAA级信用企业”称号。

11月22日，南网科研院取得国家火炬计划重点高新技术企业称号。

12月25日，南网科研院参与的全球首个多端柔性直流输电工程投运。

【中国大唐集团科学技术研究院有限公司】

中国大唐集团科学技术研究院有限公司（简称大唐科研院）成立于2012年2月，是大唐集团根据中央关于建设创新型国家决策部署、国务院关于强化企业技术创新主体地位全面提升企业创新能力的意见、中组部关于加快建设海外高层次人才创新创业基地、国资委《关于加强中央企业科技创新工作的意见》和大唐集团科学、可持续发展的内在要求，打造科技创新体系的重要环节，也是大唐集团加快转变发展方式，提高科技创新能力，实现做强做优的重要保证。科研院是集团公司中央研究机构，是大唐集团承载“千人计划”专家团队和“海外高层次人才创新创业基地”的载体。

科研院坚持面向大唐集团主业、面向生产建设、面向基层一线、面向集团未来发展方向，以集团发展战略和产业发展规划为指导，以服务集团生产建设、生产经营和改革发展为宗旨，紧密围绕集团在建在役资产，开展技术监督、技术服务和技术开发，为集团发展提供技术支持；紧密围绕集团生产、建设、经营、发展中遇到的实际问题和困难，开展技术难题攻关，为集团发展提供技术保障；紧密围绕集团未来高新技术产业和战略性新兴产业发展重点，开展前沿技术研发，为集团发展提供技术引领。通过建设海外高层次人才创新创业基地，为集团科学发展培养科技队伍、培训技术人才、提供人才智力保障。努力将科研院建设成为集团的技术监督中心、技术服务中心、技术攻关中心、技术研发中心、技术人才中心和成果转化中心。

【国电新能源技术研究院】

单位概况　国电新能源技术研究院（简称国电新能源院）筹建于2009年6月，是中国国电集团公司（简称国电集团）在中组部、国资委支持下，建设海外人才创新创业基地的实施载体，是国电集团实施“以大力发展新能源引领企业转型”战略的重要举措。

2013年，国电新能源院圆满完成了国电集团制订的“统一规划、一次建成、整体入驻”的工程建设目标，于6月28日实现整体入驻，成为未来科技城第一家整体入驻的研究机构，被北京市委市政府誉为未来科技城央企标杆。同时，国电新能源院紧密围绕集团确立的建设“综合型、应用型、市场化、国际化”研究机构的目标定位，同步推进科技研发与管理、平台建设、人才队伍建设等各项工作，为打造国内领先国际一流的研究机构奠定了扎实的基础。

科技研发　国电新能源院坚持把“快出成果、多出成果、出好成果”作为检验工作成效的重要标准，把科技研发作为发展的重点加以推进。

全院（含各研究所）共承担在研项目153项，其中国家级科技研发或示范工程项目共37项，北京市科学技术委员会（简称北京市科委）项目6项，国际合作项目11项，集团科技项目60项，企业自主研发项目32项。投入科研经费5.4亿元。

院部共承担研究课题16项，其中4项为国家及省部级项目，3项为国际合作项目，7项为集团批准的课题，2项为院内立项的课题。其中，“非金属管式液膜降温除尘技术研究与示范项目”已完成小型工业实验装置建设。由北京市科委支持，院部牵头、科环合作的“废气脱硝催化剂再生及回收处理技术研究”项目，已建成了600m^3/年的催化剂再生中试生产线以及20kg/次的催化剂回收小试实验线，其成果已获得国家环保部认同进行产业化推广。“高效低成本晶硅异质结电池的研发与产业化（一期）”，12月底前实验设备安装调试完成并投入使用，取得铜工艺的初步实验结果。

科技管理　加强实验室建设工作。为保证各研究所按计划实现入驻，持续协调各研究所施工进度，明确人员和设备的入驻计划，解决入驻过程中存在的问题，确保各研究所按期顺利完成实验室设计施工等工作，于6月28日实现整体入驻，截至12月31日，共建成实验室36个。

完善管理与服务体系建设。为加强科研工作管理，完善院所管理机制，启动了对研究所实行管理考核的有关管理制度文件的制订工作。形成了研究目标责任制考核管理办法的建议稿。

关于科技创新资金工作。根据集团公司签订2013年度科技创新资金合同的指示，对计划签署合同的240余家单位进行了沟通，形成了详细的合同签署方案。截至12月31日，共签署完成合同169份。

加强项目管理工作。国家973“多元发电过程分散协调控制与智能调度”“新能源电力设备安全评估”课题进展顺利，完成课题中期检查，并编制完成了课题中期调整方案和后三年课题预算。设备及材料采购工作等相关工作进展有序。

关于知识产权工作。新增专利262项，其中发明专利61项；发表各类论文200余篇，其中有16篇被SCI、EI收录。

合作平台建设 强化与北京市科委的合作，获取更多的项目支持。年初，国电集团与北京市科委签订了《关于共建国电新能源技术研究院的合作协议》，北京市科委在科技研发、项目实施、规划建设、合作共建、政策支持等方面给予了多方位的支持。由北京市科委认证颁发的“北京市新能源技术研究与应用国际科技合作基地”，已在项目研发方面收到实效。

积极与国际一流科研机构、大学的合作，提高研发项目的层次。启动了与国际知名高校以及企业的合作、交流。与美国麻省理工学院、澳大利亚新南威尔士大学、亚太经合组织等机构合作开展项目研究。承办了“APEC新能源及可再生能源技术专家组会议”以及“APEC储能论坛”等。同时还与德国施密德集团、瑞士ABB集团、比利时IMEC等国际著名企业开展合作。

积极参与国际科技组织活动，扩大影响力。9月，国电新能源院入选为北京市国际科技合作基地联盟的理事单位。国电新能源院代表还入选世界能源理事会研究委员会委员以及APEC新能源及可再生能源专家组成员，参与相关工作机制。分别并选派人员参加了APEC“可再生能源促进与定价机制”“促进风能发展”研讨会。

人才队伍建设 推进院所人才队伍建设统筹规划。对院所人才整体队伍建设进行调查摸底，提出统筹规划人才队伍建设的思路，按照“金字塔”结构合理配置人才队伍，强化人才队伍的梯队建设，使人才在总量、结构及层次上更趋合理。与此同时，经过积极努力，成功获批博士后工作站，为科研人才的选拔和使用提供新的渠道。

充分发挥引进的“千人计划”领军作用。充分发挥已引进入选“千人计划”的海外人才在项目研发、实验室建设、以才引才以及团队建设等方面的领军作用何参谋作用，目前有“千人计划”人才领导或参与的科研项目，均取得了重要进展。

完善培训工作体系。建立完善新员工入职培训、岗位技能培训、专业知识培训为主体的培训工作体系。做好毕业生入职报到后的培训和培养工作，推行“导师制”管理，使毕业生尽快适应，尽早投入到工作中。配合集团人资部，做好“国电集团人才培训中心”的各项工作，积极整合内部、外部优质培训资源，拓展培训的师资力量，完善培训中心职能，承担好集团的各项培训任务。

精品工程 国电新能源院紧密围绕集团确立的打造“综合型、应用型、市场化、国际化”，“国内领先国际一流”研究机构的目标定位，坚持“边建设边研发”的工作思路，坚定“率先建成、率先出成果”不动摇，圆满完成了各项工作任务。

项目如期竣工投用。6月28日，项目安全顺利竣工，成为未来城首家实现“一次建成、整体投用”的入驻央企。研究院十所一中心整体入驻，入驻科研人员达到400余人。培训中心于11月全面启用，先后承办国电集团及各分子公司相关会议20余次。其中包括国电集团二届一次职工代表大会及2014年工作会、国电集团董事会制度建设研讨会、国电集团2013年工作务虚会、国电集团科技工作座谈会，以及财务部、综合产业与科技部、工程建设部、工委等专业务虚会议。

项目质量和安全管理水平稳步提升。围绕内装和园林施工质量监督，从设计、选材、招投标、工程质量验收等多环节层层监管，加强工程验收、成品保护及现场施工过程监督，精心打造国电新能源院精品工程。安全方面严格按照北京市、昌平区及未来城相关施工现场管理及安全文明规范，重点关注防汛、防高温、防火、防盗等安全防范。未发生工程安全事故及人身安全事故。全年接待了北京市委常委陈刚在内的国家相关部委、北京市、昌平区等各级领导20余次，人民日报、新华社等多家媒体先后来项目现场参观报道；国电集团班子成员及相关部门领导也多次到现场调研指导工作，安全文明施工和项目各项管理得到各级领导的高度评价。

项目手续、验收及结算工作稳步推进。项目手续方面已完成全部土地和规划手续办理工作。工程验收方面已完成环境、水质、节能、防雷、电梯、消防、幕墙等7项验收，正在加快人防、无障碍设施、规划、档案资料、四方及竣工验收进度。工程结算方面已完成总包、幕墙和园林工程相关咨询审核并送交审计，完成中铁地基处理工程、夜景照明审计结算审核，其他结算工作正在稳步推进。

项目获得国家及北京市多项荣誉。包括财政部、科技部、国家能源局2011年金太阳示范工程项目（2011年7月25日）；北京市“绿色施工文明安全样板工地”（2011年12月8日）；北京市结构“长城杯（金奖）”（2012年4月19日）；北京市绿色建筑一星（2012年6月）；“国家工程建设AAA级安全文明标准化诚信工地”（2012年8月6日）。

内部管理 加强内控，完善管理体系。狠抓财务管理，严格控制经费使用，在工程建设上，努力将工程造价控制在概算内；在研究院运行经费管理上，努力降低各项费用支出，确保费用支出不突破国电集团核准经费额度。从国电新能源院议事规则、财务管理、工程建设、反腐倡廉等方面入手，制订和修改完善了百余项规章制度，其中财务制度达20项，基本形成了相对目前工作较为完善的决策运作制度体系。

深入开展管理提升活动。制订了《国电新能源技术研究院关于全面开展管理提升活动的实施方案》，成立了研究院管理提升领导小组，下设办公室。并结合研究院实际成立了7个专项工作小组。开展了“四诊四制”活动，对科技创新理念、体制机制建设、运行管理创新、工程建设管理对照国电集团为研究院确立的目标定位、体制架构、建院方针、建设理念认真自我诊断，制订整改措施。定期出管理提升简报，宣传国电新能源院管理提升活动开展情况。研究院切实细化措施，层层落实责任，将管理提升活动落在实处，收到实效，获得好评，国电集团网站先后三次介绍了国电新能源院开展管理提升活动的经验。

党建与文化建设 按照“四好班子”要求，强化班子建设。院党组坚持按照“四好班子”建设要求，立足从提升“五种能力”入手，不断提升创建国内领先国际一流研究机构的领导水平和能力。

认真贯彻落实“八项规定”，切实改进工作作风。院党组结合院实际情况，制订《国电新能源技术研究院关于改进工作作风的实施办法》。多次组织召开党组（扩大）会议，集中分析在形式主义、官僚主义、享乐主义和奢靡之风这“四风”方面存在的问题，并作为党组党员领导人员民主生活会的重要内容，以确保将八项规定贯彻落实到实处。

丰富活动载体，以党建创新引领科技创新。积极开展“‘三强四创’服务型党组织”活动，逐步使党组织实现“组织科技创新能力强、服务科技创新能力强、保障科技创新能力强，创新党建工作理念、创新党建工作主题、创新党建工作载体、创新党建工作机制”。组织全体员工赴沂蒙山革命老区开展群众路线现场教育活动，参观孟良崮纪念馆，为革命烈士敬献花篮。举办了“燃烧”杯乒乓球比赛，院本部及十个研究所100余人参加了比赛。开展“感动GNETI”（国电新能源院）人物事件推选活动，“我与创新型研究院建设”征文比赛等活动，有效提高了凝聚力，向心力，为院建设发展提供强有力支撑。

主要事件

2月6日，国电集团与北京市科学技术委员会在集团本部签署《关于共建国电新能源技术研究院的合作协议》。

4月1日，国电集团党组书记、副总经理兼国电新能源技术研究院院长、党组书记乔保平，在《关于国电新能源技术研究院实验室建设工作协调会议情况的报告》上做出批示，要求国电新能源技术研究院“高度重视，精心规划，优选课题，汇集人才，加快推进实验室建设工作。早出成果，出好成果。”

6月20日，国电集团董事长、党组书记乔保平，副总经理、党组成员张成杰赴国电新能源技术研究院调研。

6月25日，北京市委常委陈刚赴国电新能源研究院调研，国电集团副总经理、党组成员张成杰陪同调研。

6月28日，国电新能源技术研究院整体入驻仪式在北京“未来科技城”举行。

7月2日，国务院派驻国电集团监事会主席武保忠到国电新能源院调研。

8月8日，北京市委常委、组织部部长姜志刚一行到国电新能源技术研究院考察海外人才创新创业基地建设情况。国电集团董事长、党组书记乔保平陪同考察，并介绍了国电集团推进新能源院工程建设、人才引进、科技研发的基本情况和取得的成效。

10月12～14日，国电新能源院代表作为世界能源理事会研究委员会委员，应邀参加了在韩国举行的世界能源理事会执行大会及其研究委员工作会议。

10月16～17日，APEC新能源及可再生技术专家组工作会议在国电新能源技术研究院召开。国电新能源院第一副院长张成杰会见了APEC新能源专家组主席杨秉纯一行，并陪同专家组代表参观了风光储项目、太阳能及燃烧实验室。

10月18日，由APEC和国电新能源技术研究院联合举办的APEC论坛——储能系统应用与可持续新能源供应在北京召开。国家能源局相关人员、APEC新能源及可再生技术专家组成员代表及国内外清洁可再生能源领域专家出席论坛。

【国电能源研究院】

单位概况 国电能源研究院（国电技术经济咨询中心）是中国国电集团公司（简称国电集团）从事软科学研究及工程咨询服务的直属科研单位，主要负责国电集团发展战略研究和项目评价，包括课题研究、项目评估和信息收集三大业务板块。课题研究主要围绕国电集团发展战略和核心业务以及能源领域的重大问题开展，为国电集团发展提供理论支撑。围绕国电集团的战略部署，坚持效益与规模并举，为国电集团投委会审议和总经理办公会决策提供技术经济可行性评估报告。对涉及电力、煤炭等能源行业信息进行全面的搜集和分析，为国电集团领导和各部门提供更加及时、有效、准确的动态信息。

主要业绩 2013 年，国电能源研究院按照国电集团二届一次职工代表大会暨 2014 年工作会会议要求，紧紧围绕国电集团扎扎实实做好“五篇文章”的发展思路和决策部署，秉承能源院“业务精湛、科学严谨、信守合同、优质服务”的办院精神，不断提升课题研究、评估审查、信息服务的质量和水平，圆满完成了国电集团 2013 年度目标责任书中的考核内容，连续 4 年名列国电集团考评类单位前茅。完成专题研究 64 项。完成项目评估审查类项目 303 项。其中，项目评估 234 项，咨询项目 10 项，工程审查项目 24 项，造价咨询 25 项，后评价项目 8 项。完成期刊、信息 266 期。其中，《每日信息》238 期，《宏观经济、电力、煤炭和金融数据解读》完成 12 期，《领导讲话摘录及政策法规汇编》完成 12 期，《页岩气聚焦》完成 4 期。再次取得质量管理体系保持认证资格证书。获得“集团公司 2012 年度总经理奖励基金二等奖”“集团公司 2011～2012 年度人力资源统计工作先进单位”“中国电力工程造价与定额管理总站先进集体”“集团公司 2012 年度资本运营与产权管理先进单位”等荣誉称号。

院务管理 深入推进管理提升，规范和完善基础管理体系。按照国资委和国电集团有关要求，开展管理提升第二阶段工作，对梳理的问题进行专项整改；对综合管理、党群工作管理、财务管理，以及专题研究、信息咨询服务等工作中发现的主要问题，开展了专项整改，认真开展管理诊断下基层活动，取得良好成效。组织开展了质量管理体系（ISO9001）管理评审和内部审查工作，并通过认证机构再认证审查，再次取得质量管理体系资格证书。加强财务制度建设，提升财务管理水平。严格执行国家《企业会计准则》和《国电集团会计核算办法》的规定，进一步完善会计核算体系，规范会计核算流程，加强成本费用控制，制订了《财务预算管理办法》，每月定期召开预算分析会，准确把控预算进度，确保院和中心成本费用控制在国电集团批复的预算范围之内。规范资金管理，制订了《资金安全管理办法》，在国电财务有限公司设立结算账户，将资金统一归集，实现资金收支业务网银结算，确保资金资产安全可控在控。加大员工培训力度，建设学习型团队。全年员工共参加院外讲座 14 个，其中国电集团主办的培训班 10 个。同时，组织院内内部培训 13 次，内容涉及战略、财经、火电厂结构、工程造价、煤炭煤化工、档案管理、财务管理信息化、水能、风能资源评估讲解等，培训 500 余人次，培训覆盖率达到 100%。通过培训，引导员工爱学习、练本领、比本事，积极打造学习型团队。加强档案规范化管理，确保工作可追溯性。在原有档案制度基础上，根据院业务范围的调整，修订了档案材料归档范围和保管期限，并将编制归档范围和保管期限表作为一项长期工作来抓。截至年底，院科技档案已归档 140 卷，文书档案归档 203 件，会计档案 89 卷。档案管理的制度化、程序化，保证了档案的齐全、完整和规范。

课题研究 加强行业热点难点研究。主要从能源电力政策变动、行业发展趋势、企业发展方式转变、煤电市场、海外投资分析等方面，对企业发展中面临的长远发展问题和重点难点问题探索思考。主要成果包括“行政审批改革对电力行业的影响分析”“电力体制改革研究分析”“大气污染防治行动对发电集团的影响分析”“火电上网电价调整对集团公司重点前期项目影响的分析”“发电企业面临的形势”“电源发展趋势研究”等。加强新能源方面研究。根据新的发展形势，围绕风电、太阳能、天然气发电等政策变动和未来发展趋势，开展了深入研究。主要成果包括“2015 年前中国电力行业低碳市场分析”“非常规天然气发展研究趋势”“天然气发电前景分析与展望”“天然气价格调整政策解读”‘十二五’第三批拟核准风电项目计划的特点分析”等。加强财税金融与资本运作研究。在资产重组、融资方式、金融市场、财税政策等方面开展了研究，并配合集团相关部门开展了相关工作。主要成果包括“集团持有流通股份增值手段研究”“降低集团公司所得税综合税负研究”“信贷资产收益权转让探讨”等。加强技术路线、工程造价相关研究。主要成果包括“火电工程烟囱防腐材料造价分析”“兰州热电厂三种建设经营方案专题研究”等。此外，还配合国电集团完成了“集团公司投资经济评价办法”的编制工作，并就此开展了火电、水电、风电、光伏发电项目成本及经济效益测算研究，以及不同参数下不同类型项目资本金收益率对比研究等。

项目评估 前评估工作。共开展前评估项目 244 项。内容涵盖能源院从产业政策、技术方案、经济效益、项目风险等方面，为国电集团提供可靠的参考依据。

后评价工作。修编了《中国国电集团公司投资项目后评价工作指南》。开展了国电集团2011～2012年度后评价项目现场调研，编制国电宿迁热电有限公司供热改造项目等3个项目的后评价报告和《2011～2012年度后评价工作总报告》。为提高工作效率与质量，修编了后评价工作细则和《新建项目后评价报告编制模板及编制说明》，新编了《收购项目后评价报告编制模板及编制说明》。

造价管理咨询工作。主要开展了火电造价目标编制、水电、煤矿执行概算审查、招标项目标底（最高投标限价）编制、结算审查等工作，涵盖了工程建设造价管理的各个阶段。火电造价目标编制方面，完成泰州等4个火电项目造价目标测算工作，编制造价目标建议值；执行概算审查方面，完成海南红岭、广西旺村、大渡河猴子岩、大岗山4个水电建设项目，以及内蒙晶阳多晶硅项目、太原南峪煤矿项目的执行概算审查，上报了执行概算总额，审定了执行概算总额；招标项目投标限价编制方面，完成23项工程建筑安装施工标底（投标限价）编制。完成6个脱硫工程、8个脱硝工程、1个热泵工程、6个干煤棚工程、6个化水工程EPC招标投标限价编制工作；结算审查方面，配合完成石嘴山等12个结算审查工作，上报结算总额，审定总额。

设计审查工作。截至12月末，共完成济南燃机装机方案、新疆哈密2×66万kW火电项目初设原则、湖北汉川三期配套码头工程初设原则，以及南浔2×10万kW燃机项目初步设计、邯郸热电2×35万kW项目初步设计、兰州二热2×35万kW上大压小项目初设优化内审等26项工作，促进了工程方案的优化，降低了工程造价，提高了机组效率，增强了投产后的经济效益。

信息服务 紧密围绕国内外宏观经济、能源经济、产业政策，电力、煤炭、新能源、发电技术、财经、资本运作等行业和领域，以及国内外知名能源电力企业的情况，收集整理了各种信息，并加强了对信息的研究分析工作。截至12月末，已发布《每日信息》238期。在保证质量的前提下，进一步提高《每日信息》的时效性，将信息发布时间由原来的下午14：30提前至上午的10：30之前。为使国电集团领导及时掌握国家和主管部门的领导讲话主要精神，了解最新政策动态及国内外大型能源企业的动态，完成《领导讲话摘要和政策法规汇编》12期。

党建和精神文明建设 围绕中心，服务大局，全面落实国电集团党组《关于认真学习宣传贯彻党的十八大精神的通知》，利用多种形式、载体和方法，在院内组织学习宣传贯彻党的十八大精神。加强基层党组织建设，开展党建管理提升活动，深化“创先争优”。组织全员深入学习国电集团2013年工作会议和年中工作会议决策部署，引导员工深入领会“五篇文章”的深刻内涵，凝心聚力，全力完成各项工作任务。集团公司部署开展党的教育路线教育实践活动后，能源院党委召开专题扩大会议，组织学习中央和集团公司一系列重要讲话精神。聚焦“四风”问题，通过一对一谈心交流、召开征求意见会和座谈会等方式，广泛听取院内党员和职工，以及工作对口单位的意见和建议，深入查摆作风方面存在的突出问题，能改的马上改，该做的马上做，为国电集团开展的第二批教育实践活动提前做好准备、奠定基础。

【国电技术经济咨询中心】

见国电能源研究院。

【国电科学技术研究院】

单位概况 2013年，国电科学技术研究院在国电集团的正确领导下，加强能力建设，抓好人才培养和引进，完善试验装备和研发平台，推进管理提升，扎实开展了以五项评价为基础的技术监督与技术服务、以解决电厂技术难题为己任的攻关和研发、以引领行业为目标的中长期技术研究开发和应用，提高服务质量，加快科技创新，扩大产业规模，较好地完成了各项工作任务，获得专利及著作权35项，营业收入同比增长38%；利润总额同比增长82.5%。

技术服务 按计划完成五项评价和培训工作。组织专家队伍，完成了21家火电、7家水电、10家风电厂的安全评价，20家火电厂的节能评价，19家火电厂的环保评价，25家火电厂的煤炭采制化评价，24家电厂的技术监督。完成了37家电厂的一级、36家电厂的二级、9家电厂的三级安全生产标准化现场评审工作。应国电集团、分子公司和电厂要求，开展日常技术服务193项，提高了霍州1号机组顺序阀运行高压缸效率，解决了泰州1号锅炉大渣含碳量高、大开汽温偏差和水冷壁超温、石嘴山1号炉喷燃器异常烧损等现场技术难题。积极开展技术监督中心建设，起草管理制度，编写15个专业监督实施细则，组建技术监督网络，召开了金属、节能、汽轮机、绝缘监督等专业会议。举办煤检、安全、环保等培训班15期，培训1679人。对东北、华北、新疆等公司200多人进行了基建精细化培训，完成了对宁东、哈平南、克拉玛依等项目公司机组通流间隙精细化安装检查和验收。现场调研37家火电企业，编制了燃料智能化管理系统建设方案，34家获审查通过。承办了国电集团煤质化验人员技能竞赛，自主命题，负责裁判，做到了公平公正。

认真开展机组性能考核试验和机组调试。完成了汉川、九江等7台机组的新建机组性能考核试验，庄河、石横、太一等6个电厂千万元以上重大技改项目的后评估，80余项脱硫脱硝项目性能试验、除尘器修前修后试验，准确反映机组设备实际状况，并积极指导、协助电厂分析处理缺陷、异常，得到了充分肯定。精心组织调试工作，完成了肇庆2号330MW超临界供热机组调试、青铜峡铝业和大武口等电厂的脱硝系统以及河南鹤壁丰鹤电厂脱硫系统调试，各项技术经济指标优良。完成了金堂61号、62号机组和费县2号机组协调控制系统优化工作。完成了汉川、宿州等4家电厂的全厂水平衡测试。完成了泉州3号炉氧化皮、榆次2号机组大修金属检测项目。

巩固了环评业务优势。开展火电、输变电、移动基站环评以及风洞试验项目等269项，在全国压缩火电建设项目的形势下，火电环评项目不降反增，并将业务范围扩大至大唐、华电、中电投等多家电力集团，占全国同类项目的20%以上。拓展了电网节能评价、社会稳定性评价等业务，环评领域持续扩大，业务收入稳中有升。环科所编制的《浙江华能长兴电厂"上大压小"扩建项目环境影响报告书》被评为中国环境保护产业协会环境影响评价行业分会优秀环境影响报告书，该报告作为优秀案例被收录进注册环境影响评价工程师考试教材案例分析中。

高效实施了节能改造和综合治理。完成了荥阳1、2号机组汽动引风机供热联合改造项目，每年可以获得供电和节煤收益。完成了吉林热电厂11号机组供热节能改造项目，采暖期供电煤耗下降100g/kWh以上。完成了九江、红雁池等电厂49个节能项目的立项分析、优化及改造评估试验工作，深挖每台机组节能潜力。完成了安顺、长治、红雁池等电厂3台机组的"2013年集团节能降耗重点机组"大修前能耗诊断工作，提出了改造项目和优化运行措施，分别可降低供电煤耗8g/kWh以上。

稳步拓展了环境治理工程。掌握了脱硝核心技术，在首次承接完成东胜热电厂2×300MW机组脱硝改造工程的基础上，中标承接了红雁池1、2号机组脱硝工程；12月，1号机组顺利完成改造投运。完成了九江5号、荥阳2号机组湿式除尘改造，主要指标达到设计要求。脱硫脱硝改造工程可研咨询业务稳定，完成集团内外项目47个。

突破扩大了咨询业务领域。经申报国家发展改革委批准，电科院取得火电专业工程咨询单位丙级资格，5名职工成功注册了咨询工程师。完成了山东肥城燃机项目建议书和国电西咸天然气分布式能源项目可研报告的编制，兴化燃机项目可行性研究报告顺利通过审查，取得路条。

科技研发 按计划推进了863项目。牵头组织实施的"十二五"电力行业资源环境技术领域唯一的863计划项目"燃煤电站多污染物协同控制集成技术与装备"，完成了项目规划计划等系列前期工作，部署和开展了项目4大课题的具体攻关任务。代表电力行业参与科技部"大气污染防治与产业发展重大科技项目"、"蓝天科技工程重大专项"等研究。组织开展了科技支撑计划"高效除尘设备清单筛选及推广技术路线图研究"。

完善搭建研发平台。完成了国家能源火力发电节能减排与污染控制技术研发（实验）中心建设，配备安装了部分仪器设备。获批了"国家环境保护大气物理模拟与污染控制重点实验室"。落户人力资源和社会保障部、全国博士后管理委员会博士后科研工作站，江苏省天然气发电及分布式能源工程研究中心。国电科研院"江苏省博士后创新实践基地"成功引进3名博士后进站工作。多名研究生在国电科研院"江苏省企业研究生工作站"开展了多个项目的研究工作，增加了与清华大学、山东大学等重点院校合作项目。与华北电力大学合作完成了第一版1350MW超超临界二次再热机组仿真系统的研发工作。

取得多项科研成果。"大型燃煤电站锅炉湿法烟气脱硫脱硝一体化技术与示范"获得江苏省科技进步奖二等奖。"燃煤电厂环保设施运行状态诊断与性能改进技术研究及应用"获得中国环境保护科学技术奖二等奖。湿式静电除尘器技术在益阳示范工程的基础上，申请为国家科技支撑计划，成功应用于九江、荥阳等电厂。"热电联产节能技术创新及产业化示范工程"项目成功申报发展改革委"2013年低碳技术创新及产业化示范工程"，获得了资助资金。环保公益项目"燃煤电厂烟气污染控制技术对汞等有害污染物减排规律的研究""我国氮氧化物排放特征与排放源动态清单研究"均顺利通过环保部验收，验收结果为优。主持完成的《燃煤火电企业环境守法导则》，由环保部发布实施。完成了"燃煤发电机组CO_2统计方法"等4项国家及行业标准的编制。参加《中国电力百科全书（第三版）》修编工作。全年获得专利27项，其中发明专利6项、实用新型专利20项、外观设计专利1项，软件著作权8项，专利数量创新高。

产业化 高频电源销售研发成绩喜人。国电科学技术研究院所属南京国电环保科技有限公司高频电源生产销售首破千台大关达1103台，同比增长85.53%，国电集团内外新签合同额首次实现集团外市场超过集团内市场。完成了886台高频电源安装调试。第三代"HF-03型高频电源"已投入批量生产和销售，新型产品减少了故障率与现场维护工作量，成本降低了约40%。

CEMS产品稳步发展。"SP-2000烟气排放监测系统”获中国环境保护产品认证证书和南京市技术监督局颁发的计量器具许可证。生产 CEMS 135 套，新签合同额同比翻一翻。完成了 89 套 CEMS 安装调试。

完成了国电集团示范项目——怀安电厂燃料智能化管理系统建设，实现了预期目标。与 16 家电厂签订了智能化建设 EPC 合同。完成了 31 台机械采样装置及全自动制样系统性能试验。

工业电子内窥镜产品销售同比增长 44.6%，在国内同行业中名列前三；氧化皮测厚仪等其他产品销量也稳步提升。

内部管理 管理提升活动扎实开展。在活动第二阶段，按时完成对 34 个问题整改任务。选择环保科技公司为活动对象，开展了管理提升下基层活动。9 月 17 日随国电集团同时转入第三阶段，制订了活动方案，部署了重点工作，明确了时间进度，确保活动按期完成，圆满收官。

财务管理持续加强。财务信息系统建设完成，8 家内部单位的集团账务管理、资金管理、收入成本费用管理等 16 个业务系统全面上线运行。强化预算管理，年初下达管理部门办公费、差旅费等费用指标，按月分解、滚动控制。

规范招投标工作。根据国电集团有关规定，借鉴相关单位工作经验，结合实际，修订完善了招标管理办法、询价采购管理办法等规章制度。

技术服务机构合理布局。为响应需求，提高服务质量和响应速度，根据国电集团电厂的分布，在沈阳、银川、武汉、太原设立技术监督站，建设实验室。

后勤保障工作有序。重点做好了食堂、环境卫生，用餐安全，行车安全。改善了办公环境，电力增容加装了空调。利用空置土地，搭建了 1060m^2 的种植塑料大棚，整理出 5 亩露天菜地，已有 9 种蔬菜供应职工食堂。认真做好院网站及信息系统维护管理工作，更新协同办公系统业务数据，新增修改业务流程 69 个。按程序开展固定资产采购使用处置工作，处置 177 项固定资产。全面做好档案收集整理利用工作，被评为国电集团 2012 年度档案工作先进集体。

人才队伍建设 加大人才引进力度，全年重点引进了金属、化学、热能动力等专业带头人和具备相关注册资质的技术骨干 59 人。人才培养多措并举，建立了网络大学，开设了 2000 多门通用管理类课程、60 门电力类专业技术课程及讲座；开展了继续教育，新增了 8 名在职攻读硕、博士学位人员，其中博士后 3 人，工程硕士 5 人；编制了《新员工入职手册》；增加了电力工程研究员级高工评审专业。

党建与精神文明建设 组织深入学习贯彻党的十八大精神，先后举办了 3 场专题辅导讲座，在网络大学上上传了 8 场讲座，组织党员参加了知识竞赛，全体党员撰写了学习心得体会。举办以家庭美德为主题的“道德讲堂”活动，连续第五次获“江苏省文明单位”荣誉称号。成立了国电集团首批劳模工作室之一的“单银忠劳模创新工作室”。研发（实验）中心被授予“江苏省工人先锋号”。院团委被评为 2012 年度共青团工作优秀单位，荣获“中国国电集团公司五四红旗团委”称号。加强党风廉政建设，组织签订《党风廉政建设责任书》《干部廉洁从业承诺书》，制订了《党风廉政建设责任制考核办法》等。对招标采购、贯彻落实中央“八项规定”情况进行了效能监察。组织中层以上领导干部及关键岗位人员 63 人前往江苏省浦口监狱进行警示教育。对院签订的各类合同进行审计，对招投标全过程进行了监督。

（何　亮）

【中国电建集团装备研究院】

企业概况 2013 年 12 月 18 日，中国电建集团装备研究院在上海正式揭牌成立。中国电建集团总经理马宗林与中国工程院院士吴曼青共同为研究院揭牌。中国电建集团副总经理李跃平、上海市经信委会副主任徐子瑛、上海临港集团副总裁袁国华以及浦东新区人民政府、上海交通大学、上海电力学院、东南大学、中国焊接学会、哈尔滨焊接研究所等单位领导、专家出席此次成立大会。秉持“创新驱动、特色鲜明、研用结合、引领行业、成就价值”的战略目标，中国电建集团装备研究院以“科技打造品牌、市场引领发展、创新驱动未来”为指导思想，致力于电站关键重要装备、电网输配电设备、电力建设工程装备、新型材料和战略性新兴产业装备的研究、开发和技术咨询等业务。

组织机构 研究院设有专家委员会，聘请晏志勇任主任委员、李跃平任副主任委员、汪胡根任执行委员兼院长，并聘请吴曼青、马洪琪、叶奇蓁、谭建荣四位中国工程院院士及其他专家任职专家委员会委员。以上海总部为中心，辐射 13 家国际国内专业研究所和 1 家国家级检测中心，建立一个龙头、两个层级、多条主线的立体研发体系。

【华北电力大学】

单位概况 华北电力大学设有直属学院 10 个，教学部 2 个，另设有国际教育学院、研究生院、继续教育学院、艺术教育中心和工程训练中心；拥有一级学科博士学位授权点 5 个和二级学科博士学位授权点 30 个，一级学科硕士学位授权点 23 个和二级学科硕士学位授权点 123 个；本科专业 62 个；学校拥有国家级重点学科 2 个、省部级重点学科 25 个，国家重点实验室 1 个，国家工程试验室 1 个、国家工程技术研究中心 1 个、教育部重点实验室 3 个、教育部工程技术研究中心1个、北京市重点实验室6个、北京市工程技术研究中心1个，另有北京市哲学社会科学研究基地1个。博士后科研流动站5个。

学校有教职工2952人，其中，专任教师1806人，包括教授378人、副教授554人；博士生导师147人、硕士生导师784人；中国工程院院士1人、双聘院士4人，“千人计划”专家6人，国家教学名师获得者1人，“长江学者”特聘教授3人、国家有突出贡献专家3人。获国家“杰出青年科学基金”资助人员6人，入选国家“百千万人才工程”人员7人，“973计划”首席科学家5人，教育部“新世纪优秀人才支持计划”40人，外籍教师203人，其中，其中长期规定聘用的外籍教师19人。

2013年，学校毕业生11 799人，其中，学历教育学生中全日制研究生2138人（博士生145人、硕士生1993人），普通本科生5054人，成人教育本专科生4607人（本科生3209人、专科生1398人）。招生12 659人，其中，学历教育学生中全日制研究生2410人（博士生189人、硕士生2221人），普通本科生5519人、成人教育本专科生4730人（本科生2964人、专科生1766人）。在校生44 922人，其中，学历教育学生中全日制研究生7478人（博士生989人、硕士生6489人），普通本专科生21 302人，成人教育本专科生16 142人。外国留学生毕业246人，招生306人，在校生268人。

华北电力大学占地面积106.142 9万m^2，学校产权建筑面积102.942 9万m^2、非产权建筑面积3.2万m^2。固定资产总值273 176.62万元，其中，教学、科研仪器设备资产值48 693.1万元。图书馆建筑面积36 932m^2，藏书217.03万册。

领导班子

党委书记：吴志功

校长：刘吉臻

党委副书记：张金辉、李双辰（兼纪委书记、工会主席）、郝英杰

副校长：张金辉、安连锁、李和明、杨勇平、孙平生、孙忠权、王增平

党的群众路线教育实践活动　按照中央和教育部统一部署，紧紧围绕“为民务实清廉”要求，深入扎实开展党的群众路线教育实践活动。活动立足学校实际，与贯彻落实学校第一次党代会和“十二五”规划确定的战略任务相结合，聚焦领导班子和干部存在的“四风”方面的突出问题，通过召开座谈会、深入基层走访等多种形式广泛认真听取师生意见、对照检查，深入开展批评与自我批评，认真制订整改方案，找准穴位、明确任务，解决问题、增进团结，促进了领导班子和干部队伍建设，取得了良好成效。

学科建设　全面加强学科内涵建设。启动了新一轮学科建设的调研和规划论证工作，以学院为单位对学校23个一级学科进行了专项调研，为下一步的学科规划工作奠定了基础；成立了文科建设工作小组，调研并起草文科建设规划方案。省级重点学科建设成果丰硕，电气工程、技术经济及管理、清洁能源学3个学科验收结果优秀，优秀率达43%。

人才队伍建设　深入实施“大人才”发展战略，着力推进师资、干部、员工三支队伍的建设。创新人才工作体制机制，独立设置人才工作办公室，初步建立了集人才计划、执行与评价三位一体的人才工作体系。继续推进和深化劳动人事制度改革，优化聘任制度设计，强化以绩效考核为导向的激励制度，调动了教师的工作积极性。

加大人才工作力度，实施高层次引进人才绩效跟踪报告制度；年度引进3名“千人计划”学者、1名973首席科学家、1名国家杰出青年基金获得者；申报获批包括“千人计划”学者、“长江学者”特聘教授、百千万人才国家级人选、中青年科技创新领军人才等在内的各类人才计划共53人次。加大青年教师的培养力度，完成全员岗位分级聘任和专业技术岗位人员聘期考核工作，启动新一轮“创新人才支持计划”。

教育教学　不断深化教育教学改革，强化教育教学过程管理，稳步提升人才培养质量。全面修订《本科专业人才培养方案》，深入实施“卓越工程师计划”。加强本科教学工程三级体系建设，3门课程入选国家级精品视频公开课和资源共享课，2部教材入选省部级精品教材；新增国家级及省级实验教学示范中心各1个，省部级示范性校内创新实践基地1个，2个国家级和6个省部级实验示范中心通过验收。启动教师教学能力提升工作，构建三级教学名师资源体系，2名教授被评为北京市教学名师，教学团队建设项目入选教育部示范项目。编制《本科教学质量年度报告》，推进本科生学业预警与课业辅导；正式启用校部金工实训中心。以“质量”与“创新”为主题，进一步提高研究生培养质量和核心竞争力，强化研究生学术交流；推进与新疆生产建设兵团联合培养研究生工作；新增北京市国内外联合培养研究生基地。

教育教学质量成效显著。1篇学位论文获得全国百篇优博提名，8项成果获省部级高等教育教学成果奖，13个项目获省部级教改立项。学生创新创业能力有新的提升，全国大学生数学建模大赛一等奖获奖数目跃居全国首位，“绿色电力美丽中国行”荣获团中央专项社会实践活动先进团队奖。群众性体育运动蓬勃开展，艺术教育国际化工作进一步推进，在高水平运动竞赛及艺术大赛中屡获佳绩，获得中国大学生足

球联赛北区（校园组）冠军。学校生源质量整体呈良好的上升趋势，就业率和就业质量持续保持在较高水平。

科学研究 进一步完善科研管理制度体系，增强科技创新能力，提升学校办学实力。科研经费继续增长，年度科研经费达 5.71 亿元；承担国家重大专项、三大科技计划项目及国家自然科学基金项目 120 项；“新能源电力系统国家重点实验室”顺利通过首次国家评估，被认定为“新能源电力系统国际科技合作示范基地”；火力发电国家工程技术研究中心以优秀成绩通过验收，北京市能源发展研究基地再次评估优秀。新增 2 个北京市重点实验室和 1 个河北省文科重点研究基地；稳步推进“智能电网协同创新中心”建设与认定申报工作；完善大学科技园管理体制和运行模式。

科研成果的数量和质量双线提升，科技论文发表在全国高校排名持续攀升。获国家科技进步奖二等奖 1 项、教育部科技进步奖一等奖 1 项、中国电力科学技术奖一等奖 2 项、河北省社会科学优秀成果奖一等奖 1 项；专利申请和授权数量不断增加，获北京市专利示范单位；科技成果转化与产业化工作取得新的进展。

合作交流 大学理事会工作取得重大突破，成功组建以国家电网公司等七大电力央企及中电联、华北电力大学九家单位组成的第二届大学理事会，为学校“校企合作兴校之路”战略的落实构建了长效工作机制，形成了全行业支持学校办学的新格局。学校与新疆生产建设兵团、中国大唐集团、英大传媒集团、英利集团、济南市等加强合作；参与发起成立了北京能源协会，加快能源电力智库建设；成功举办第三届“现代能源发展论坛”；以“校友创新创业研发中心”为载体，积极拓展校友企业合作项目；鼓励科技成果产业化，孵化科技型企业 2 家。

引智工作获得进展，新增 1 个、滚动支持 1 个“高等学校学科创新引智基地”，“111”引智基地总数达到 4 个。电气工程及其自动化中外合作办学项目成功通过教育部评估；上海合作组织大学能源学科引智工作继续推进；与剑桥大学共建“全球可持续发展中心”；与美国西肯塔基大学联合举办的孔子学院被评为先进孔子学院。学校继续教育工作保持良好的发展势头，电力行业远程继续教育网络平台建设初见成效；教育基金会合同额首次突破亿元大关。

学生工作 扎实有效地开展大学生党建与思想政治教育品牌活动，深入推进“中国梦宣讲”“红色 1+1”“绿色通道 1+1”“对话成长”“绿色氧吧”等活动。加强专兼职学工干部队伍建设，开展了学工干部“磐石计划”，推动了辅导员队伍与思政课专业教师的交流与合作，加强了研究生师生协同化教育管理队伍建设，编撰完成了学生工作干部系列工作手册，不断提升学工干部业务素质和科研水平；通过多项措施深入推进学业辅导，切实加强学风建设；加强学生党团组织、学生社团、班集体、宿舍等基层组织建设；实施研究生项目经理制，获首都高校大学生思想政治教育工作实效奖二等奖。

条件保障 深化后勤管理体制改革，加大管理工作力度，进一步提高服务质量和水平。推进“校园一卡通”工程建设，完成无线校园网二期工程、大学网站群平台项目和网络信息监督管理与安全防控体系建设；加强大型贵重仪器设备共享及实验室技术安全管理，完善招投标管理信息系统及内控制度建设；加入北京高科大学联盟图书馆，参与文献资源共建共知共享；完成了档案标准化制度、档案信息化、档案设备购置与库房改造工作；进一步改善师生就医环境，增强服务师生健康的综合能力。

校园规划与建设扎实推进。北京校部校园总体规划修编完成，校园基础设施进一步改善，节能降耗取得新成效，荣获“北京高校节能先进学校”；14 号学生公寓如期开工，主楼 A、G 座建设前期工作启动；保定二校区实验综合楼及室外工程建设竣工，二校区集中供热改造工程完成并投入使用。进一步强化了财务管理工作，财务状况良好，国有资产持续得到保值增值，保证了学校重点工作与重大建设项目的投入，教职工收入持续稳步增长。

党的建设和精神文明建设 以培养和造就一支充满学习热情和创新活力、具有实干精神和实践能力的干部队伍为目标，大力推进干部教育培训工作，形成干部教育整体培训体系；加强基层党组织规范化、制度化建设；不断推进党风廉政和反腐败体系建设，继续深化专项领域的防控监督工作，加强科研经费审查管理；加强离退休干部工作，不断增强学校的凝聚力和向心力。

深入学习宣传党的十八大和十八届三中全会精神，积极把握正确舆论导向，不断加强和改进思想政治工作；加大宣传和文化建设工作力度，提高学校的知名度和影响力；深入开展“我的梦·中国梦”主题教育活动；高等教育研究不断加强；大学章程起草工作有序推进；以建校 55 周年校庆为契机，隆重而简朴地开展了一系列丰富多彩的文化科技体育活动；深化学校民主政治建设和教代会制度、文化内涵建设，提升服务水平；以优秀成绩通过北京市“平安校园”检查验收，保证了学校的和谐稳定。

主要事件

2 月 1 日，经政协第十一届全国委员会常务委员会第二十次会议通过，选出中国人民政治协商会议第十二届全国委员会委员2237人，校长刘吉臻教授当选为第十二届全国政协委员并出席3月3～13日召开的全国政协十二届一次会议。

3月，教育部公布2012年学科评估结果，华北电力大学电气工程学科得分位次进入全国前20%，动力工程及工程热物理、工商管理得分位次进入全国前30%。与2009年一级学科评估相比，电气工程由第9位上升至第6位，动力工程及工程热物理由第12位上升至第11位，控制科学与工程、工商管理、管理科学与工程等三个具有一级学科博士点的学科排名也有明显提升。

3月21日，台湾大学副校长赵永茂教授带队的台湾大学代表团一行访问华北电力大学，双方就校际合作等有关问题进行了友好交流，并将在学生交流、生物质发电等领域，由点及面，搭建更多的合作平台。

4月，河北省2012年重点学科评估和新增遴选结果揭晓，学校参评学科全部通过评估，并新增两个省级重点学科，至此华北电力大学二级学科省部级重点学科达到23个。

4月20日，华北电力大学与中国人民大学联合主办中国农村贫困与社会发展论坛。本次论坛围绕“中国农村贫困与社会发展”主题，设6个分论坛，分别研讨了农村贫困理论与实践、农村贫困与社会保障、农村贫困与弱势群体、农村贫困与能源环境、农村贫困与劳动力转移等问题。来自国内外高校及研究机构代表100人参加论坛。

6月2日，学校“最爱地沟油”团队获第四届全国高校环保科技创新设计大赛金奖。该团队的研究成果填补了国内在地沟油回收利用上的空白，得到来自联合国环境规划署等国内外专家的高度评价。

6月5日，华北电力大学聘任国家“千人计划”特聘专家王海风、黄永章两位教授。

6月7～9日，华北电力大学代表队获第三届全国大学生工程训练综合能力竞赛一等奖。这是继第二届全国大学生工程训练综合能力竞赛获第一等奖后，再次获奖。本届竞赛的题目是“无碳小车越障竞赛”。

7月14～18日，华北电力大学与新疆生产建设兵团签署战略合作协议。根据协议，双方将在人才培养、科研合作、能源工程建设、干部培养援助等方面进行合作。华北电力大学将充分利用自身优势，在人才培养、跨师联网工程建设、微网工程建设、新能源城市建设等方面为兵团提供人力、智力支持及外围公关服务。双方还将共建学术、科研、教学机构，建立援疆干部培养机制，实现援疆人才规模化、科研发展目标化、绿色能源现代化的发展目标。

8月8日，华北电力大学保定校区软件1201班学生白兆飞同学勇救落水少年献身。

8月，由全国MBA教育指导委员会主办、中国管理案例共享中心承办的第四届全国“百篇优秀管理案例”评选结果公布。华北电力大学李彦斌教授、李晓宇副教授等撰写的原创性案例《鞍山供电公司社会责任“三维”践行体系》，何平林副教授、余忠福副教授等撰写的原创性案例《国家电网河北衡水供电公司应收账款保理》入选。其中，李彦斌教授等撰写的案例为12篇主题案例之一。

8月26日，华北电力大学与加拿大萨斯喀彻温电力公司、加拿大里贾纳大学签署三方战略合作协议。根据协议，三方将共同努力促进研究机构及人员的合作研究，积极探讨在电力企业能源、环境、清洁能源、气候变化、污染物减排以及碳捕集、利用和封存等领域的互利合作。

8月27日，华北电力大学召开碳捕集、利用及封存（CCUS）国际研讨会。会议以“碳捕集、利用及封存”为主题，研讨CCUS技术所涉及的一系列实际挑战和所采取的解决方法。来自中加两国的高校师生及企业代表100人参加会议。

9月，由华北电力大学500多名研究生组成的科研团队历时8个月，实地走访沿海发达地区、中部及东北地区、西部地区、人口分散地区等四个区域，摸清了中国可再生能源资源分布和利用现状，初步绘制完成中国可再生能源版图，并完成了“中国可再生能源推进行动”项目报告书。

9月12日，“剑桥大学—华北电力大学全球可持续发展中心”成立。该中心以全球可持续发展为目标，立足于国际领先技术开展绿色电力的科学研究，以现代人力资源管理的6P（position，performance，payment，placement，people，proficiency）模式培养人才，建立人才发展的良好氛围，发挥其最大的优势，努力为打造中国乃至世界可持续发展一流智库提供人才支撑，为全球的可持续发展献计献策。

9月14～15日，由华北电力大学牵头，西安交通大学、浙江大学、清华大学、华中科技大学、中国科学院工程热物理研究所等单位共同承担的国家重点基础研究发展计划（973）项目“大型燃煤发电机组过程节能的基础研究”在北京召开课题验收会议并一致通过专家组验收。该项目的实施对于学校自身的科研发展、人才培养起到了关键的作用，推动了校校、校企的协同创新，是学校科技项目成功的重要案例。

9月25日，华北电力大学与英利集团有限公司签订战略合作框架协议。根据协议，双方将共同在科技创新、人才培养等领域深化产学研合作，进一步提高优质技术人才培养的质量，助推光伏产业的发展，共同开发老百姓用得起的绿色能源。

12月6～8日，第八届全球孔子学院大会在北京举行，华北电力大学西肯塔基大学孔子学院获评 2013 年全球先进孔子学院。国务院副总理刘延东为获奖学校颁奖。

12 月 16 日，教育部公布 2012 年度“长江学者奖励计划”遴选结果，华北电力大学能源动力与机械工程学院徐进良教授入选“长江学者”特聘教授。

12 月 26 日，华北电力大学设立张保衡励学基金。该励学基金由退休教授张保衡及其学生共同捐资设立，旨在奖励和资助该校家庭经济困难、学习刻苦的全日制本科生、硕士研究生；支持华北电力大学尊师重教的传统校园文化建设；弘扬与传承老教师勤勉工作、严谨治学等优良品格精神。

（王振华）

【东北电力大学】

单位概况　东北电力大学坐落在吉林省吉林市，是吉林省重点大学，始建于 1949 年，是新中国建立的第一所电力工科学校，1958 年定名为吉林电力学院，1978 年更名为东北电力学院。2000 年起，实行“中央与地方共建，以地方管理为主”的管理模式，2005 年更名为东北电力大学。2012 年入选为国家“中西部高校基础能力建设工程”重点建设高校。

东北电力大学坚持以人才培养、科学研究、社会服务、文化传承与创新为己任，主动适应国家电力工业和吉林省的经济建设需求，形成了以电力特色为主，多学科交叉融合，较为完整的学科体系。学校共有 16 个学院，42 个本科专业，涵盖了工、理、管、文、法、经、教育、艺术 8 个学科门类。学校是博士学位授权单位，有电气工程、动力工程及工程热物理 2 个博士学位授权一级学科，有 11 个硕士学位授权一级学科，49 个硕士学位授权二级学科，有吉林省优势特色重点学科 6 个，有 7 个工程硕士授权领域，具有硕士研究生推免权。有全日制在校生近 19 000 人。

东北电力大学有教职工 1400 余人，拥有高级职称人员 500 余人，其中中国工程院院士 1 人（双聘），全国杰出专业技术人才 1 人，国家级有突出贡献的中青年专家 2 人，新世纪百千万人才工程国家级人选 3 人，国务院政府特殊津贴获得者 33 人，国家级教学名师 1 人。拥有“教育部长江学者和创新团队发展计划”创新团队 2 个，国家级教学团队 2 个。

东北电力大学坚持教学工作中心地位不动摇，积极构筑并不断优化创新人才培养体系。有国家级特色专业 5 个，国家级精品课程 4 门，国家级实验教学示范中心 1 个，吉林省实验教学示范中心 7 个。“十一五”以来，学校获国家级优秀教学成果奖 2 项。学校是国家大学生文化素质教育基地、全国社会体育人才培训和科研基地，首批国家级工程实践教育中心建设单位，“卓越工程师教育培养计划”试点高校，国家级专业技术人员继续教育基地。

东北电力大学始终坚持“面向国家重大需求、积极服务地方经济社会发展”的科研方针，不断提高学术研究水平、科技创新能力。学校有国家地方联合工程实验室 1 个，国家大学科技园 1 个，省部共建教育部重点实验室、教育部工程研究中心在内的省部级重点实验室、研究中心、文科基地等 18 个，吉林省重大需求协同创新中心 1 个。承担包括国家 973 计划项目、863 计划项目、国家科技支撑计划项目、国家自然科学基金重点项目等各级各类科研课题 1600 余项，取得了一大批高水平研究成果，获国家科技进步二等奖 2 项，省部级科技成果奖 71 项，为推动科技进步以及电力工业和地方经济建设与发展作出了重要贡献。

东北电力大学先后与美国、日本、英国、俄罗斯、韩国、德国等国的高校或科研机构开展了多种形式的科技和学术交流。经教育部批准成为中国政府奖学金来华留学生接受院校。

学校被授予全国文明单位、全国厂务公开民主管理先进单位、全国民族团结进步模范集体、全国模范职工之家、吉林省先进基层党组织等荣誉称号。涌现出全国优秀科技工作者、全国职工职业道德建设先进个人、全国三八红旗手、全国优秀思想政治工作者、全国优秀党务工作者等一大批先进教师群体和以全国大学生自强之星标兵等为代表的优秀大学生群体。

领导班子

党委书记：李岩峰

校长：李国庆

副校长：蔡国伟

纪委书记：吕海龙

副校长：王建国

党委副书记：王喜库

党委常委、校长助理：王国军

党委常委、组织部部长：尉民

教育教学　东北电力大学坚持以提升人才培养质量为根本，以“272”工程建设为总揽，深化教学改革，下发了《关于加强教学改革与建设，进一步提高教学质量的若干意见》和《东北电力大学教学奖励办法》，挖掘潜能，激发热情，实现了教育教学质量的稳步提升。在 2013 年吉林省第七届高等教育教学成果奖评选中，学校共获教学成果奖 11 项，其中一等奖 3 项、二等奖 2 项、三等奖 6 项。新增教育部“卓越工程师教育培养计划”试点专业 1 个；获批本科专业 2 个；开展了年度校级品牌、特色专业遴选工作，遴选品牌专业 5 个，特色专业 10 个。4 门课程获批国家级精品资源共享课，3 门课程获批省级精品课；新增省级优秀教学团队 2 个，遴选校级优秀教学团队 10

个。获批国家级工程实践教育中心1个；扩建了输变电实训中心，扩建项目由吉林供电公司无偿提供价值1000余万元的设备，并负责设计与安装，已完成基建、构架、母线等主要建设任务；完成了由校友捐赠的输电线路及杆塔实训基地的建设任务；积极组织各类专项资金申报工作，获有关教学实验平台和专业能力实践基地建设项目专项建设资金1565万元。在全国大学生数学建模竞赛、全国大学生节能减排社会实践与科技竞赛、“挑战杯”全国大学生课外学术科技作品竞赛等赛事中，共获国家级奖30余项。在全国大学生数学建模竞赛中，学校34支参赛队伍全部获奖，获奖数量、层次均位省属高校首位。

国际合作与交流 获教育部批准正式成为中国政府奖学金来华留学生接收院校；完成了电气工程及其自动化专业合作办学项目的招生工作；与美国北亚利桑那大学，特洛伊大学等4所国外院校签订了校际交流协议；完成了113名柬埔寨培训学员外事管理工作；全年共计派出赴海外学习交流学生69人，各类公派留学教师18人，聘用长期外国专家8人。

科技创新 学校以深入实施《“十二五”科研提升工程》为主线，继续推进协同创新，重点加强“大项目、大成果、大平台、大团队”培育建设工作，科技创新能力有了新提升。全年获国家重点基础研究发展计划（973计划）课题1项；获国家高技术研究发展计划（863计划）课题1项；获国家自然基金项目17项，为历年项目数量与经费额最高的一年；首获国家社科基金艺术学项目1项；获2013年吉林省科技进步奖15项，为学校获奖数量最多一年。学校教师发表学术论文被SCI、EI、CPCI-S收录392篇，其中，被SCI收录61篇；获授权发明专利16项。学校大学科技园被教育部、科技部批准为“高校学生科技创业实习基地”，同时被省人社厅批准为“大学生创业基地”；学校被中国产学研合作促进会授予“中国产学研合作促进奖”。

学科建设与研究生培养 1月25日，东北电力大学顺利通过了整体验收，电气工程、动力工程及工程热物理两个学科全票通过国务院学科评议组的评审，7月19日，国务院学位委员会批准东北电力大学为博士学位授权单位，批准电气工程和动力工程及工程热物理为博士学位授权学科。在全国第三轮学科评估中，电气工程学科名列第23位，动力工程及工程热物理学科名列第26位。“能源有效利用与热力设备安全节能技术”创新团队获批教育部“长江学者与创新团队发展计划”创新团队，东北电力大学成为唯一拥有2个教育部创新团队的省属高校；新增省发展改革委工程实验室1个、省科技厅科技创新中心1个、省工信厅产业公共技术研发中心1个。开展了学风建设年活动，制订了《加强研究生教风、学风和考风建设实施方案》和《东北电力大学学位论文作假行为处理办法实施细则》，进一步完善了研究生质量保障体系；开展了学校首批博士生导师遴选工作，遴选博士生导师10人；开展了年度硕士生导师遴选工作，新增硕士生导师67人，学校硕士生导师人数达到335人。

师资队伍建设 12月，东北电力大学召开了“师资队伍建设工作推进会”，会议全面总结了2012学校师资队伍建设会议以来，学校人才工作所取得的成绩、经验与问题，深刻分析了当前师资队伍建设工作所面临的形势与机遇，进一步确立了未来一个时期继续深入实施“人才强校”战略的指导思想、基本思路和主要措施。制订出台了《加快推进人才引进工作的实施方案》，加大了人才引进力度，进一步建立健全了人才引进工作的服务保障体系；在哈尔滨工业大学等8所院校建立了招聘基地，形成了“猎头式”人才引进模式；全年引进具有博士学位的青年教师56人。获批国家高层次人才特殊支持计划中“百千万人才工程领军人才”1人，“教学名师”1人；新增吉林省专业技术二级岗位教授3人，新增三级岗位教授10人；新增吉林省拔尖创新人才3人。

学生教育管理 东北电力大学继续推进科学高效的学生工作体系建设，制订了《学生安全稳定工作实施方案》《辅导员工作事故认定及处理办法（试行）》等7项制度措施，进一步提升了学校学生工作的制度化、规范化水平。下发了《关于开展考风考纪专题教育活动的实施方案》，开展了多种形式的主题教育活动，进一步增强了学生的诚信意识；学校领导、职能部门、院（系）班子成员、辅导员以及教学督导组成员，深入课堂、考场，加强检查和巡视，有效促进了考风学风改善。开展了读书活动和辅导员职业技能竞赛等培训工作，提升了辅导员的综合素质；依托大学生思想教育发展研究团队，进一步推动了学生工作理论研究，辅导员全年发表论文109篇。安徽省电力有限公司、烟台龙源电力技术股份有限公司、辽宁省电力有限公司等三家企业在学校设立奖助学金，资助金额为169万元。截至年底，共有11家企业在东北电力大学设立奖助学金，累计金额达759万元；认真做好毕业生到期助学贷款本息催缴工作，取得了良好效果，还款率达91.23%，获国家开发银行吉林省分行奖励资金56.19万元。圆满完成了30个省（区、市）的招生计划，共录取本、专科学生4545人；继续加大招生宣传力度，进一步推进优秀生源基地建设，已确认20所高中为学校生源基地；继续加强就业工作“三个网络”建设，有550余家企业来校举办校园宣讲会，提供就业岗位6000余个；成功入选“教育部2012～2013年度50所全国毕业生就业典型经验高校”。结合“中国梦”“大学梦”主题，开展了形式多样的教育实践活动，进一步增强了广大学生服务祖国、建设祖国的责任感与使命感；大力培树学生先进典型，充分展示学校学生良好道德风貌和奋发向上的青春形象；“三下乡”社会实践活动成效显著，获省级优秀团队4个，先进个人3人；校园文化建设实践与研究成果获省高校校园文化建设优秀成果3项。

基础建设与服务保障 东北电力大学新建的第三研究生公寓和体育运动教学训练中心顺利完工并交付使用，新图书馆及第四教学楼主体封闭，变电站基础工程竣工，能源电力实验教学中心项目准备工作稳步推进；全年完成各类维修项目共计129项，投入资金累计2650余万元；启动了东校区绿化专项工程，办学条件得到进一步改善。拓展了服务需求沟通途径，全年及时解决师生困难问题近400件次；加强了学生食堂标准化、规范化、制度化建设，投入60余万元进行了食堂硬件设施改造，第三学生食堂荣获“全省食品安全卫生标兵食堂”荣誉称号；强化了治安、防火、防盗等平安校园建设工作，组织多场次防火防震等专项演练活动，提升了师生安全意识，提高了硬件设施管理使用水平。学校文物申报工作取得重大进展，石头楼群获批“第七批全国重点文物保护单位”。积极落实《2014吉林市住房公积金管理条例》，增调了全校教职工住房公积金缴存额度。

党建工作 东北电力大学以加强干部队伍、基层组织和党员队伍建设为重点，深入推进党风廉政建设和精神文明建设，学校党建工作取得了新成绩。按照省委统一部署，省委第五巡视组到学校进行了为期3个月的集中巡视，巡视组对学校领导班子及学校各项工作给予了充分肯定，同时也明确指出了学校在建设和发展中存在的问题。学校高度重视巡视组反馈意见，召开专题会议进行了传达和学习，认真制订了《东北电力大学关于省委第五巡视组反馈意见的整改方案》，有关单位对照方案要求，认真落实整改工作。启动“明星党支部”创建活动，全校共有42个基层党支部参建；开展了“两先两优”评选工作，共有19个先进基层党组织、50名优秀共产党员、21名优秀党务工作者受到表彰。全年提拔干部16人，交流干部8人；下发了《东北电力大学后备干部选拔培养工作实施方案》，开展了中层副职后备干部的选拔工作；加强了领导干部学习培训，选派13人到省委党校和国家行政学院学习。继续深入贯彻落实党风廉政建设责任制，认真贯彻落实中央“八项规定”，制订了《中共东北电力大学委员会落实中央“八项规定”实施办法（试行）》；开展了第四届廉政文化建设月活动，进一步增强了领导干部廉洁意识；加强审计工作，全年审减金额863万元。开展了大学精神与大学文化研讨活动，全校师生员工广泛参与，进一步为学校发展凝聚了共识，汇聚了力量；切实加强法制建设，学校获吉林省“五五”普法依法治理先进单位。2013年，学校荣获吉林省统战工作先进单位。共有民主党派基层组织5个，各民主党派成员共153人。

关心离退休老同志生活，注重为老同志发挥余热搭建平台，学校3位老教授获吉林市“先进老科技工作者”的荣誉称号；丰富离退休党员活动，开展了纪念中国共产党成立92周年系列活动；东北电力大学关心下一代工作委员会被中国关心下一代委员会授予五好基层关工委“先进集体”。进一步整合各地校友资源，加强学校与校友之间的联系，激发和调动校友在学校发展中的作用，扩大了学校的社会影响。

【国家电网管理学院】

单位概况 国家电网管理学院（简称管理学院）、国家电网公司高级培训中心（简称高培中心）、中共国家电网公司党校（简称党校）是国家电网公司直属的教育培训单位，是国家电网公司领导干部培养、高层次专业人才开发，公司战略宣贯与文化传播，政策研究与战略咨询的主要机构，是国家电网公司企业党建理论研究、干部党性教育的重要阵地。

管理学院始终践行“培养领导人才、弘扬企业文化、积淀组织智慧、传播最佳实践、展示公司形象、服务公司发展”的办学使命，认真开展国家电网公司系统局级领导干部、党校青年干部培训，总部和分部员工轮训，省公司、直属单位处级干部及专业管理人员培训，县公司主要负责人培训，为国家电网公司人才培养和软实力建设提供服务保障与智力支持。多次荣获中央党校分校“办学先进单位”“中央国家机关文明单位”“首都文明单位”等称号。

管理学院、高培中心、党校实行一体化管理，有昌平和清河两个校区。昌平校区于北京市昌平区蟒山，占地171亩，建筑面积约5万m^2。清河校区位于北京市海淀区清河，占地86亩，建筑面积约7万m^2。两个校区设备完善、设施先进，均有教学楼、图书馆、学员公寓、学员餐厅和活动场所等，有音视频采集系统、电视电话会议系统、网络教室等，建成了功能完备的数字化校园系统。

国家电网公司领导力开发研究中心挂靠管理学院，由公司人事董事部进行业务指导，致力于公司干部队伍规划和人才梯队建设、领导力理论创新及开发方法等方面研究。

管理学院下设7个部门，包括综合管理处、教务管理处、教学研究处、教学培训处、思想政治处、财务资产处和后勤保障处。

人力资源 截至2013年底，管理学院共有职工432人，其中高级职称27人（正高级4人，副高级

23人），中级职称员工17人；硕士及以上学历员工38人（博士16人，硕士22人）。

管理学院研究制订《干部管理办法》，开展干部民主考评，推进干部量化考核，强化考核结果应用。加大干部跨专业、多岗位交流锻炼力度，4名省公司、直属单位挂职干部和3名培养锻炼人员到管理学院交流培养。制订《管理学院员工奖惩实施细则》，明确奖惩标准、程序。开展关键岗位风险梳理，防范用工风险。规范后勤员工劳动合同签订，依法缴纳社会保险，防范劳动风险。落实“三定、三考”要求，梳理、调整各类委员会和领导小组组成。完善人力资源需求预测模型，科学预测人力资源需求。落实“提素质、强能力、促发展”专项活动和“五个一”活动要求，开展全员教育培训、专业管理人员专题培训、班主任能力提升培训和后勤服务技能培训。开展新员工入职集中培训。定期开展人工成本、人才结构等各项人力资源指标分析，为人力资源决策工作提供参考。推进人力资源信息化建设，实现干部管理信息系统、人力资源管控系统各项数据的全面覆盖和实时更新，通过公司SG-ERP人力资源管理信息系统实用化验收。

重点工作 培训工作。坚持干部分级分类培训，完成9期总部分部轮训、6个专业领军人才培训、2期新任正处级干部精品培训、4期正处级干部示范培训、21期直属产业培训、6期金融产业培训，以及电网规划、电力市场、调度计划、运营分析等专项培训任务。落实国家电网公司党组“三集五大”体系建设要求，重点组织6期省公司、地市公司全面建设“三集五大”体系培训研讨班，深入宣贯“三集五大”管理理念和工作重点。组织开展26期县供电企业主要负责人培训，培训人数2889人，推进“两个带来”（带来最佳实践案例，带来工作中的困难和问题），精选、汇编县供电企业管理最佳实践100例。全年共策划、组织培训及会议项目233个，培训量为110 540人天，培训项目数量同比增长62%。培训质量满意率和班主任满意率分别为98.41%、98.42%。

教学管理体系建设。实行“严细准备、严格管理、严密实施、严实考核”的“四严”管理模式。执行中央八项规定、中组部和公司有关规定，制订《培训班考核办法》，实行培训封闭式管理，严格培训纪律。规范培训组织流程和标准。制订《教学组织管理手册》，完善学员入学教育，编制培训实施工作方案、案例开发研究方案、培训宣传策划方案。加强教学培训评估。综合应用网络在线评估、现场即时评估，了解培训效果。完善培训调查问卷月度分析总结，深化评估内容，拓展评估维度，细化评估指标。

教学研究体系建设。围绕创建国内领先、国际一流企业大学目标，基本完成一流企业大学评价指标体系建设研究。分级分层梳理指标，推进对标工作。按照国家电网公司深化“两个转变”要求，结合“三集五大”和国际化发展实际，研究开发了“三层十二类”公司专业管理人才培训体系、“四极两维”国际人才培训体系。研究开发县供电企业主要负责人培训、处级干部培训标准，形成36门教学课程大纲。规划知识管理体系，启动知识库、案例库建设，挖掘公司管理思想和创新实践，总结、提炼典型案例。在公司人资部领导下，推进公司高级兼职培训师资格认证。持续开展课题研究，《管理序列差异化培训体系标准研究》初步构建了培训课程体系和项目体系，《公司国际化培训研究与实践》和《公司统一的企业文化传播与落地分析研究》形成重大问题研究储备。获得国家电网公司2013年科技进步三等奖1项、调查研究优秀成果二等奖1项、调查研究优秀成果优秀奖1项、企业文化优秀案例三等奖1项及企业文化优秀论文一等奖1项。

教学基础建设。全面参与国家电网公司网络大学平台建设、资源建设、机制建设以及运营管理等，构建公司管理人员网络培训建设思路和实现途径。准备网络大学试点工作。完成135学时网络课件开发任务，策划和组织公司管理人员题库开发与培训。配合完成135学时课件、2700道试题的上线。支撑人力资源、财务审计、物资管理、发展规划、金融保险、国际商务6个专业学院，完成774学时课件的课程体系和信息梳理。启动网络大学演播教室建设，调研演播教室建设和运营经验，编写可研方案，列入2014年度公司教育培训专项计划。

依法治企和基础管理。认真落实中央“八项规定”，开展餐饮质量与成本控制效能监察，控制成本费用率。发挥协同监督作用，全面梳理各业务环节风险点。开展依法治企综合检查，加快整改提升。规范薪酬福利管理，加强用工管理，做好劳动合同签订，制订员工奖惩实施细则。强化综合计划和预算管控，加强执行控制和监督检查。深化财务集约化管理，落实总部财务管控标准流程实施，定期开展经济活动分析，研究降本增效措施。推进管理学院二期工程结算、决算审计。规范招标采购和非招标采购活动，加大市场调研力度，全年完成招标采购项目40个。加强公司电子商务系统超市化采购平台应用，严格按需编制采购计划，减少积压浪费。

后勤服务保障。完善会议服务、安全管理、设备设施运行等制度规范，开展“5S”管理，提升后勤精细化管理水平。学习借鉴餐饮服务先进经验，增加现场制作的品种，提升餐饮质量。加强成本管控，严格控制低值易耗品使用和能源消耗，完善节能措施和节约办法。完成院区景观绿化改造提升等17项技改和维修项目。编制安全管理实施细则，规范作业流程，开展“安全生产月”和历时三个月的安全大检查活动。

党的建设和精神文明建设 深入学习党的十八大和十八届三中全会精神，宣贯国家电网公司重要会议和决策部署。加强创先争优长效机制建设，健全党支部和党员承诺践诺制度。贯彻中央群众路线教育实践活动精神和公司实施意见，开展调研和宣传发动，学习借鉴先进经验，为第二批开展教育实践活动做好充分准备。

开展“提素质、强能力、促发展”和“五个一”等专项活动，开展“中国梦·国网情”主题学习，举办书记讲党课，建立读书交流机制，广泛征集合理化建议。员工全年撰写学习体会62篇，记录读书笔记12万字，调研报告39篇，提建议69条，学习新技术59项。

贯彻中央“八项规定”和国家电网公司“实施细则”，细化高培中心落实举措，强化勤俭节约、艰苦奋斗的作风。加强干部廉政教育，制订党风廉政责任细化分解表，明确廉政风险点、监控重点和防控措施，强化协同监督，落实党风廉政责任制。

加强新闻宣传策划，在内网发布新闻和学习资料1332篇，在国家电网公司媒体等外媒刊发文章102篇，增强培训品牌和培训影响力。开展宣传资料库建设，完善图片、视频资料。

组织健康快步走、羽毛球和篮球比赛、经典电影放映等活动，丰富员工业余文化生活。开展“青春光明行”系列活动，激发青年员工热情。履行社会责任，组织为四川雅安地震灾区捐款。

（李 奇）

【中共国家电网公司党校】

见国家电网管理学院。

【国家电网公司高级培训中心】

见国家电网管理学院。

【国网技术学院】

单位概况 国网技术学院（简称技术学院）成立于2008年12月30日。2009年11月26日，技术学院与山东电力研究院分开设立，成为直属国家电网公司管理的企业职业培训机构。2010年11月8日，中国共产主义青年团国家电网公司团校在技术学院挂牌成立。2011年12月31日，技术学院与山东省电力学校合并，实施一体化运作。2012年8月30日，技术学院设立成都、长春、西安三所分院。2013年7月10日，技术学院设立苏州分院，确立了“资源共享、优势互补、分工明确、协调发展”的集约化大培训体系。技术学院主要承担公司新入职员工、高层次技术技能人才、高端紧缺人才、团青干部、资格认证等6大类17项核心培训业务，是公司培训创新研发基地、团青干部培养基地、企业文化传播基地，是公司系统技术技能人才培训开发中心、新技术新技能推广示范中心，公司技术技能人才培养国际合作交流平台。

组织机构 技术学院现设职能部门6个，分别是办公室、发展策划部、财务资产部、人力资源部、监察审计部、党群工作部（工会）；业务部门9个，分别是培训教务部、实训设备管理部、学员学生工作部（团委、团校工作部）、电网运行培训部、电网检修培训部、电力营销培训部、新能源培训部、综合培训部、信息通信培训部；支撑部门1个，是综合服务中心。

人力资源 截至2013年底，技术学院共有硕士及以上研究生137人（其中博士23人）；副高级职称及以上专业技术资格278人（其中正高级职称47人）。拥有国务院政府特殊津贴专家1人，山东省教学名师2人，国家电网公司专家人才9人。聘请国内外知名专家、教授130余人担任客座教授；选聘公司系统一线优秀技术、技能人才460余人担任兼职培训师。

建立健全培训师（教师）岗位聘任、专家人才管理、优秀专家人才评选等一系列办法。聘用各级培训师（教师）199人，在聘首席培训师14人；分层次开展师资队伍培养工作，与山东电力集团公司联合培养双师型培训师，首批选派13名初级培训师（教师）赴生产现场进行为期3～6个月的顶岗实习；加强全员教育培训，举办学习贯彻十八大精神暨部门负责人培训班、培训管理人员和专职培训师（教师）素质提升、专职学管人员、信息网络技术等培训班35期，培训人员1850余人次。

开展3批次科级干部竞聘上岗工作，理顺科级干部队伍，改善干部年龄结构、学历层次。聘任交流各级干部105人次，拓展干部培养平台。举办各类培训班13期、培训员工405人次。重点加强专职培训师专业技能培养，强化专任教师转岗培训，首批选派13名青年培训师、教师赴山东公司生产现场，进行为期半年的顶岗实习；选派5个专业组35名骨干培训师、教师赴战略合作单位，进行为期20天的跟班锻炼。组织检修专业高级技术技能培训师赴法国阿尔斯通大学开展业务培训，学习借鉴先进培训理念和经验，开拓国际视野。

经营管理 推行全员绩效管理，落实业绩考核责任制，实现绩效考核结果与奖金挂钩。推进标准化建设，发布管理标准113项、工作标准345项、培训技术标准151项。开展一流企业大学指标体系研究，为今后发展提供决策参考。强化综合计划和预算管控，加强经营诊断分析，开源节流、提质增效，提升经营管理水平。推进集体企业重组整合，健全监管体系。编制应急预案10个，完善突发事件应急处置体系。《基于CBMET的新员工标准化教育培训管理体系研究》荣获中国职协优秀科研成果一等奖。加强信息化建设，累计完成“SG-ERP”工程项目43项，标准化管理系统上线运行。

培训工作 全年共举办各类培训班192期，2.5万人次，157.6万人天，年培训量同比增长25.4%。其中，新员工培训班4期，1.3万人，148.5万人天，年培训量同比增长27.7%；国家电网公司计划内短期培训班92期，6712人次，3.7万人天，年培训量同比增长98.9%；开发培训项目65个，完成年度计划的433%；承办国家电网公司各类竞赛、调考12次，4741人次，公司培训计划完成率121.75%。举办计划外培训班96期，5021人次，5.4万人天。完成技能鉴定2.04万人次。培训质量满意率达99.62%，超出公司考核指标9.62个百分点；综合服务满意率97.87%，超出公司考核指标9.87个百分点。

以实训设施与基础建设为重点，完善培训条件，提升培训能力。配网自动化运维、新能源并网运行等3个实训室建成投用。2012年度18个实训室建设项目完成竣工验收；评选实训室建设优质工程14个。改善学员文体、生活设施，总部操场、网球场、洗衣中心先后建成投用；泰山校区2号、5号公寓完成整修、改造。

推进国家电网公司“网络大学”建设，成立运管中心筹建办公室，开发技能类网络培训课件。承担国家电网公司智能配网运检实训基地建设、培训教材开发等工作。加强培训标准化建设，统筹学院、分院和合作基地力量，组织内外部专家300余人，按照公司“三集五大”运营模式，开发新员工培训方案19个、专用教材38部、考核题库17个；发布培训技术标准151项、关键技能标准化作业指导书118项，构建统一完整的、标准化新员工教材体系。制订国家电网公司兼职培训师管理办法、考核认证标准，开发“五大体系”储备性培训项目10个。通过国家二级安全培训机构认证。培训管理信息系统上线试运行。

实施“质量立院”战略，下发了《关于提升培训质量的意见》，召开提升培训质量工作研讨会，落实保证培训质量措施10条、工作计划32项。健全质量提升长效机制，通过质量管理体系再认证。学习贯彻国家电网公司下发的《国网技术学院分院管理办法》，完善开班前评估、期中抽查制度，强化培训全过程管理，对本部、分院、合作基地实施培训教学检查11次。加强培训教学研究，成立教研活动小组24个，开展教研活动231次。成立院士专家工作站，搭建高层次科技创新和交流平台。加强教学督导队伍建设，新聘督导员3人，开展督导听课242次；坚持以赛促教、以赛促学，继续举办培训师（教师）教学技能大赛和新员工技能竞赛，5人获得培训师（教师）大赛一等奖，选树学员技能竞赛“状元”49名。“公司新员工集约化培训管理体系构建与应用”“‘一流企业大学’指标体系研究”项目实现结题验收。先后与国网电科院、许继集团、国网山西电力、国网天津电力签订了战略合作协议，扩大学院影响力。

学员管理 强化学管队伍建设，举办专职学管人员和学员干部培训班，召开学管工作交流研讨会，提升队伍素质。发挥综合考评对学员的引导、激励作用，严格半军事化管理，定期对学管会、班级工作及学员遵章守纪情况进行考核通报，及时向网省公司反馈学员培训情况。加强与学员的沟通交流，定期召开学员生活、学习座谈会，了解学员思想动态，听取意见建议。加强学员心理辅导，成立了心理咨询中心，举办学管人员心理辅导与咨询培训班，开展“心理健康文化周”等活动。开展“重安全、守纪律、倡文明、促和谐”主题活动、“中国梦”系列活动、“青春之歌”校园歌手大赛等活动。营造良好的校园文化氛围。

党的建设和精神文明建设 加强党的建设。举办党的“十八大”精神专题学习班。规范“三会一课”制度，建设学习型团队。开展“中国梦、国网情”主题活动，组织1200名员工和学员参加了公司知识竞赛。开展“加强作风建设，提升机关效能”主题活动，引导各部门公开服务承诺，在内网开设网络测评平台。全年发展新党员11名。严格执行中央“八项规定”和公司党组1号文件各项要求，强化领导干部廉洁从业行为，加强重点岗位人员廉洁监督。

加强文化建设。发挥公司企业文化教育基地作用，深化企业文化主题实践活动，推行公司基本价值理念体系。强化公司品牌推广应用，开展“讲好国网故事、传递国网声音，塑造国网品牌”活动。加强民主管理，强化职代会提案落实，开展职工代表巡视工作，征集合理化建议248条。创新团青工作方式，组建青年志愿服务队12支，开展志愿服务活动20余场。关心离退休职工的思想和生活。

（崔　昊）

【国家电网公司团校】

见国网技术学院。

【中共中国南方电网有限责任公司党校】

单位概况 中共中国南方电网有限责任公司党校（简称南网党校）和中国南方电网有限责任公司干部学院（简称南网干部学院）是中国南方电网有限责任公司（简称南方电网公司）党组为加强公司各级领导班子和党员干部队伍建设，切实提高企业领导干部政治理论水平和战略思考、系统思维能力，牢固树立“以高素质的党员领导干部队伍引领企业发展”的价值理念，着重提升领导干部党性修养和综合素质，所搭建的高端教育培训平台成立于2011年4月8日。

中国南方电网有限责任公司教育培训评价中心（简称南网培训中心）是南方电网公司党组按照“集团化管理模式，一体化管理制度”的总体要求，为整合系统培训资源，提升培训工作的系统性，于2011年7月27日根据《关于调整公司南网培训中心等机构设置的通知》正式成立，南网党校、南网干部学院与南网培训中心合署办公，实行分公司管理模式，实体化运作，2011年9月16日完成工商注册登记。

南网培训中心是公司高端人才培养的重要基地，南网党校和干部学院的运作载体，主要承担南方电网公司下达的各类教育培训和人才评价任务，协助南方电网公司开展教育培训和人才评价体系的研究和建设工作。

南网党校主要负责轮训培训南方电网公司党员领导干部，开展党的理论知识的宣传与研究工作，承担公司系统副处级及以上党员干部和中青年后备党员干部的轮训培训，着重培养党员干部的党性修养和党的理论知识。

南网干部学院主要负责培养南方电网公司高层次经营管理人才和政策研究人才，承担公司系统副处级及以上干部和部分优秀中青年后备干部的培训工作，着重加强干部的政治思想和管理能力的培训。

南网培训中心主要经营范围包括：①从事与电网经营和电力供应有关的科学研究、技术开发、咨询服务和培训业务；②经营国家批准或允许的其他业务。

组织机构 见南网培训中心2013年组织机构图。

南网培训中心、南网党校和南网干部学院合署办公，日常管理实行一体化运作，设置一套内部机构，配置一套工作人员。根据现阶段工作实际，内部机构设为综合管理处、教学管理处、学员培训管理处、在线教育培训处和员工测评处5个处室。

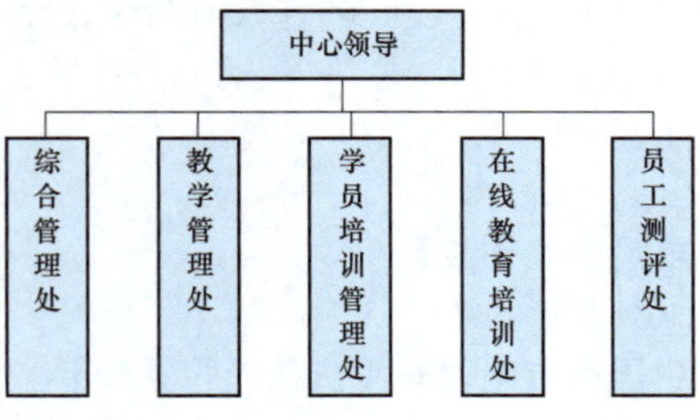

南网培训中心2013年组织机构图

南网党校校长由南方电网公司党组书记赵建国董事长兼任，第一副校长由公司张晓东副总经理兼任，赵杰任常务副校长兼任南网干部学院院长和南网培训中心主任，吕志任副校长兼任南网干部学院副院长和南网培训中心副主任。

人员状况 截至2013年末，南网党校、南网干部学院和培训中心共有员工50人，中心领导2人，处室负责人6人，主管和专责35人，派遣人员7人；其中硕士研究生及以上学历14人，大学本科33人。员工中拥有高级职称者17人、中级职称者17人、初级职称者4人。员工平均年龄34.42岁。

年度工作 南网党校和培训中心持续加强“建设一个体系，做实两个服务”的基础上，“助推一个发展”，即推进南网领导力发展研究与实践工作初见成效。全年组织实施举办各类培训班52期，同比增长1.96%；培训学员11 890人，其中面授培训人数3185人，同比增长24.46%，年度培训平均满意度91.36%，同比提升1.42%，通过举办十八大视频教学，实施视频培训8705人；举办网络培训班4期，培训学员120 596人次；撰写测评报告409份，同比增长4.5%；开展高级及以上职称评审1780人次，同比增长0.5%。

（1）领导力发展研究。以助推企业领导力发展为核心，积极搭建南网领导力研究和实践平台。一是《南方电网领导力发展体系建设研究》课题被列为公司2013年重点项目，探索构建“六位一体”的领导力发展体系框架，提出公司领导力发展七大主题内容。二是承接央企党建政研会“国有企业青年干部成长成才机制”课题研究并通过成果初审。三是“法人治理结构下大型国有企业党组织政治核心作用探讨与研究”课题获南方电网公司党建思想政治工作研究成果一等奖，并在中国社科院主管的期刊《今日中国论坛》上公开发表，并被中国思想政治工作年鉴编委会《学习贯彻十八大与十二五精神2013年度年刊》收录。四是有效夯实南网领导力发展研究与实践基础。创办研究型电子期刊《领导力与南网发展》，2013年发行3期，登载领导力发展研究和企业管理论文共计28篇9万余字。全面开展“管理人员岗位胜任能力评价题库建设研究”、“干部心理与素质测评系统开发研究”“纸质数据采集系统研究”等高端领导力测评系统建设项目。

（2）领导力培养与实践。把党的群众路线教育作为当前干部教育培训工作的首要政治任务，更好地发挥党校阵地熔炉作用。一是把党的群众路线教育实践活动有机融入干部教育培训工作，圆满完成中央党校2013年春季中青年干部培训班，以及公司地市、县（区）级供电企业领导班子三年轮训等重点培训任务。二是加强对广大党员干部在“为民务实清廉”和“四风”方面的教育，获得公司认可和肯定，人民网对该项工作做了大篇幅翔实报道。三是在干部培训班中，导入行动学习，打破职能界面，破除层级界限，解决实际问题，弘扬务实学风，树立良好教风。四是在公司2013年国情党情网情教育高级研修班中，通安排讲授式、案例式、情景式和现身说法等教学方法，组织开展现场体验式教学。五是充分利用网络教学现代化手段，有效拓宽贯彻十八大精神和群众路线教育的学习渠道，使十八大和群众路线教育精神迅速深入各级党员干部。六是践行群众路线和八项规定，坚持从严治校、从严治教、从严治学，强调培训班“新八条”纪律，引导学员正学风、转作风。

（3）培训体系建设。以提升培训工作系统性为目标，不断深化教育培训体系建设。一是建成基于岗位胜任能力的分层分类管理人员培训课程体系，梳理各级管理人员岗位能力要素159项，开发404门培训课程大纲。二是丰富课程选取渠道，积累共享，强化评估，增强课程体系建设系统性。三是拟定了公司2014～2016培训师队伍建设与发展规划，编写了《培训师管理操作指导书》和《培训师工作指导与学习发展手册》。四是继续协调全网基地资源建设与共享，大力推进增城培训基地建设项目征地工作。

（4）培训项目管理。以构建项目组织型机构为基础，积极打造培训项目管理示范精品。一是全面参与公司年度培训计划制订，主导培训需求调查，培训项目设计，确保计划执行力度。二是建立项目组织型培训实施管理模式，构建全网协作模式，建立项目跟踪考核机制。三是通过DISC测评理论、结构化发展性测评等先进技术的引入，践行“一课一测，一班一评”教学评估。四是协同公司生产业务部门开展专业管理类培训，特别是成功举办公司首届技能专家培训班，圆满完成高技能人员培训项目。五是发挥资源优势，积极协助调峰调频公司完成第二期中青班教学策划与实施管理，实现课程设计、师资遴选、管理模式的全程指导服务，共培训学员87人。

（5）测评体系建设。以服务公司人才发展为宗旨，创新开发人才测评新技术。一是全面承接完成公司2013年度特级、高级技能专家选聘，圆满完成公司首届高级技术专家选聘考务工作。二是引入矩阵式项目管理、PDCA闭环测试方式、全过程评价等方法，不断提升评价工作的科学化水平。三是开发管理人员岗位胜任能力评价题库建设，建立能力模型172个、指标170个、题库1万题。四是完成公司2012年度工程、经济、政工、会计、法律5个系列的高级专业技术资格评审和政工师考试工作。五是圆满完成公司总部处级岗位公开选拔竞争上岗、总部信息中心主管选聘等考务工作。六是协助公司完成技能人员岗位胜任能力评价组织协调和监督工作。

（6）在线教育培训。以在线培训平台建设为依托，持续提升教学信息化水平。一是圆满完成公司一体化网络培训和评价系统设计，有效承接公司一体化培训和评价业务模型构建成果。二是健全电子课件的业务规范标准体系，开发电子课件模版14套，课件106门，部署十八大精神轮训自主选学课件57门。三是建成课室录播系统，最大化满足培训多媒体化、网络化需求。

（7）党建与内控管理。以党的群众路线教育实践活动为契机，以强化内控管理为抓手，有效夯实企业大学发展根基。一是严格按照公司机关党委的统一部署和要求，扎实开展教育实践活动，通过行动学习、专题调研和专题分析会等方式开展意见征集和问题查找，共征集内外部五类意见41条，并逐一落实整改；通过一对一谈心、撰写个人对照检查材料等工作，确保了组织生活会收到应有实效。二是举办员工综合素质业务能力提升培训，组织学习十八大、十八届三中全会精神，切实强化学习型党组织队伍建设。三是落实“八项规定”，出台改进工作作风的若干规定，取消出国计划，杜绝“文山会海”，抵制“铺张浪费”。四是通过调研和行动学习的开展，编制和完善中心中长期发展规划，明确企业大学未来发展方向。五是按照一体化管理框架，建立中心制度体系和制度库，建立制度滚动修编常态化机制，修订和发布制度20项。六是强化财务预算管理，开展经济活动分析，推进内控体系建设，编制内控管理手册，强化降本增效和风险管控落实。

【中国南方电网有限责任公司干部学院】

见中共中国南方电网有限责任公司党校。

【中国南方电网有限责任公司教育培训评价中心】

见中共中国南方电网有限责任公司党校。

【中国电机工程学会】

单位概况　中国电机工程学会（简称学会）是全国电机工程科学技术工作者自愿组成并依法登记成立的非营利性的学术性法人社会团体。1934年10月14日创建于上海，原名为中国电机工程师学会，1958年改名为中国电机工程学会，同年加入中国科协，办事机构设在北京。

学会先后召开了九届全国会员代表大会，第一届1958年，刘澜波任理事长；第二届1963年，程明陞任理事长；第三届1980年、第四届1984年，毛鹤年任理事长；第五届1988年、第六届1994年，张凤祥任理事长；第七届1999年、第八届2004年、第九届2009年，陆延昌任理事长。

学会下设组织、学术、科普、外事、编辑、咨询、青年和教育、名词术语8个工作委员会，有覆盖电机工程各个专业的33个专委会，33个省（自治区、直辖市）均有地方电机学会组织。学会拥有个人会员

14 万余人。其中高级会员 4727 名，单位会员 690 个。

领导班子

理事长：陆延昌

代理理事长：舒印彪

常务副理事长：陈峰

副理事长：谢明亮、王良友、那希志、金耀华、任书辉、于崇德、苏力、秦定国、郑健超、宋永华、蔡惟慈

秘书长：李若梅、谢明亮

副秘书长：陈小良、范建斌

刊物及主编：

《中国电机工程学报》主编：张文涛

《农村电气化》主编：耿立宏

《农电管理》主编：耿立宏

《ELECTRICITY》主编：宋永华

工作综述 学会 2013 年在自身建设、学术交流、国际交流与合作、科普、咨询、奖励、编辑出版等各方面取得了显著成效，具体工作如下：

1. 自身建设

学会工作总部全年直接发展单位会员 8 家，高级会员 104 人。召开了学会第九届第六次常务理事会会议和第九届第四次理事会会议，审议通过了学会 2013 年工作报告、财务报告及学会重要事项，开展了学会第十次会员代表大会的筹备工作。

完成了输电线路、核能发电、测试技术与仪表、风力与潮汐发电 4 个专业委员会的换届工作，办理了农村电气化和能源系统专业委员会的更名手续。

制订了《中国电机工程学会办事机构工作规则》，建立和完善了议事制度，重新梳理并修订了办事机构的规章制度，完成了公文管理办法、合同管理办法等 7 项制度的修订工作。

开展了沟通技巧、会议管理、项目管理等 18 个专题讲座，同时根据工作需要，派员工参加了有针对性的专业培训。

建成了会员管理及社区平台和中国电力科技成果库，为会员提供了科技成果和论文、专利的在线检索的信息服务，搭建了分专业领域的讨论社区平台，实现了会员间的网上互动交流，提升了学会信息化服务水平。

举办了在北京老科技工作者座谈会，邀请了电力医院的中医专家做了夏季养生的报告，组织好科技人员之家活动。

2. 学术交流

学会全年共举办重点学术会议 46 次，其中高端前沿学术会议 11 次，共计 5481 人次参加，征集论文 4733 余篇。

主办了 2013 年中国电机工程学会年会等综合性学术会议；主办或与其他单位联合主办了 2013 清洁高效发电技术协作网风力发电技术专题会议、2013 年发电机励磁系统学术年会暨技术研讨会、2013（第九届）中国分布式能源国际研讨会暨展览会等专题研讨会；承办了第 15 届中国科协年会第 9 分会场——火电厂烟气净化与节能技术研讨会，并荣获中国科协年会学术交流优秀分会场，学会已连续第四次获此荣誉。

学会各专业委员会开展了各类学术活动共 32 场。

3. 国际交流与合作

学会组织参加在境外举办的学术会议 5 次，组织境内国际学术交流活动 4 次，联合发起“海峡两岸智能电网标准交流”。

学会组团或派代表参加了在瑞典斯德哥尔摩召开的第 22 届国际供电会议（CIRED 2013）、在英国伦敦举办的 2013 中英智能电网高层战略论坛和中国电机工程学会英国分会成立二十周年纪念大会、在泰国曼谷举行的“里约＋20”峰会成果亚太地区执行会议、韩国电气工程师学会年会和日本电气学会成立 125 周年庆典活动。

在第 22 届国际供电会议（CIRED 2013）上，学会代理理事长、国家电网公司总经理舒印彪在开幕式上作了题为“中国配电系统发展趋势”的主旨报告。

在 7 月 17～23 日的 2013 中英智能电网高层战略论坛和中国电机工程学会英国分会成立二十周年纪念大会上，来自中英两国学术界、工业界以及政府机构的 80 余名专家、学者就中英两国在智能电网建设方面的技术、发展和问题进行了交流和探讨。留英和来自中国的电机工程学者参加了纪念活动。同期，陈峰常务副理事长与 IET 首席执行官在 IET 总部就 CSEE 与 IET 的进一步合作进行了会谈，双方就共同举办国际会议、会员发展与互认、工程师资格认证等方面内容进行了深入交流。

在 4 月 22～24 日的“里约＋20”峰会成果亚太地区执行会议上，学会秘书长李若梅作为联合国可持续发展委员会（UNCSD）设立的科学与技术组协调人，代表科学技术组在会上作报告。

2013 年，CIGRE 中国国家委员会等值会员数为 941，其中集体会员 81 家，个人会员 860 人。会员数继续居全球第二位。

学会与台湾智慧型电网产业协会共同发起“海峡两岸智能电网标准交流”。1 月 16～17 日，学会与台湾智慧型电网产业协会组织两岸有关专家人员在北京召开 交流座谈会。7月1～5日，在台北共同主办了

“第二次两岸智慧电网产业共通标准交流会议”，会议讨论了两岸共通标准的初步研究成果和标准制订框架，拟定了工作计划，实质性地推进两岸智能电网共通标准的研究工作。11 月 20～23 日，在学会年会期间，组织了海峡两岸智能电网标准技术研讨会及工作组会议，形成了《两岸智慧电网产业共通标准研究与制订规划架构书（初稿）》及其两个专项标准工作规划（初稿）。

4. 技术咨询和技术服务

完成原国家电力监管委员会安全监管局委托的《防止电力生产重大事故的二十五项重点要求》标准修编项目。

完成 2013 年度中国科协“企业科协科技信息服务——重点技术领域专利信息数据库建设”项目，按照合同计划完成专利信息遴选 3500 余条、中文标引 2000 余条。

完成国家电网、南方电网等公司委托的“国外电网新技术发展与对策研究”“国外相关专利专业分布研究”“电力科技成果发展趋势分析及其对南网科技创新战略影响的研究”“技术监督标准体系研究”“可再生能源本质安全体系”等咨询项目。

完成学会自立课题“电力行业大气污染物排放分析与治理技术及发展趋势研究”项目。

全年完成 122 项科技成果的技术评价，邀请专家约 1197 人次（含院士出席约 59 人次）参与科技成果评价活动。

完成 2013 年度电力科技成果登记共计 689 项，并报送国家奖励办公室。

完成 7 家科技查新机构申请电力科技查新资质的审核和确认。举办了首期电力科技查新人员培训班，确认 61 名查新员的电力科技查新资质。

5. 科普活动

学会全年共组织科普活动 14 次，科普讲座 14 次，科普展览 10 次，受众 4000 人次。荣获中国科协科普部和学会学术部联合授予的“2012 年度科普工作优秀学会”。在学会和国家电网公司组织的“电从远方来”特高压输电技术展示中，国网浙江省嘉兴供电公司和嘉兴市电力学会组织的嘉兴电力博物馆科普宣传，浙江省电力学会、国网温州供电公司和温州市电力工程学会组织的智能电力成果展示，江西省电机工程学会组织的全国科普日活动进畲乡活动被中国科协评为“2013 年全国科普日优秀特色活动”。

在全国科普日北京主场活动中，学会组织了特高压输电技术、新能源发电技术、烟气排放颗粒物控制技术等 7 个模型参加活动，其中“电从远方来”模型展示了 1000kV 晋东南—南阳—荆门特高压交流试验示范工程的实景，生动地展现了该线路的全貌，并通过展板介绍使公众了解电力输送的相关知识。中共中央政治局常委、中央书记处书记刘云山和李源潮、郭金龙、韩启德等领导同志驻足展区听取了介绍。

5 月 10 日，学会联合湖北、北京、电力信息化等省学会、专业委员会赴湖北恩施州贫困地区，面向中小学生和当地民众开展科普下乡活动。活动内容包括科普讲座、科普大篷车展示、科普挂图展示、触电急救演示、拓展训练和 95598 电力科普宣传等，并为学校师生捐赠了学习用品、科普书籍等。

组织了 2011～2012 年度优秀电力科普作品评选工作，收到推荐作品 63 项，评选出一等奖 4 个，二等奖 7 个，三等奖 11 个，优秀奖 11 个。

开展了“电力科普教育基地”认定挂牌工作，评选出首批 11 家“电力科普教育基地”，并在学会年会上举行了授牌仪式。

组建中国电机工程学会科学传播团队并向中国科协推荐学科首席专家。黄其励、陈维江等 17 位专家被聘为首批“全国学科首席科学传播专家”。

学会还在北京组织了“安全与自救”公益培训活动，在江西组织了红色之旅科普夏令营活动；在黑龙江省哈尔滨市组织了科普能力提升培训等。

6. 科技奖励与人才举荐

全年中国电力科学技术奖共评选出获奖项目 86 项。

推荐国家科学技术奖 6 项，“特大电网一体化调度控制系统关键技术及规模化应用”“大型风电并网运行与试验检测关键技术及应用”项目荣获国家科学技术进步奖二等奖；与湖南省联合推荐的“电网大范围冰冻灾害预防与治理关键技术及成套装备”项目荣获国家科学技术进步奖一等奖。

承担了 2012 年度国家能源奖电力专业组（含核电项目）、新能源和可再生能源专业组，共受理 468 个推荐项目。

2013 年度“顾毓琇电机工程奖”在学会 2013 年年会开幕式上进行颁奖，清华大学王祥珩教授获此殊荣。

第三届中国电机工程杰出青年工程师奖的获奖者为王东、王绍武、肖俊峰、贺之渊。

设立“中国电力科学技术杰出贡献奖”，许世森、张伯明、陈维江、周建平、饶宏获首届“中国电力科学技术杰出贡献奖”。

7. 工程教育与工程师资格认证

2012 年专业技术资格认证受理 185 人申请，共有 127 人取得证书，其中见习动力工程师 42 人、见习电气工程师 54 人、动力工程师 13 人、电气工程师 18 人。

8. 出版工作

学会总部及专委会主管主办科技期刊 12 种。《中国电机工程学报》全年在 32 种动力与电力工程类核心期刊中，总被引频次、学科影响指标、综合评价总分均位列第一，已连续 10 年学科各项指标总排名第一，获第三届中国学术期刊评价“RCCSE 中国权威学术期刊（A+）”电力期刊第一名；连续 7 年获得中国科协精品期刊项目资助。

《中国电力百科全书（第三版）》修编工作进入修改与定稿阶段。开展《电力名词（第三版）》修订工作，共 25 章，9205 条，于 2013 年底提交全国名词委审核。

2013 年《动力与电气工程师》出版 6 期，《电信息》出版 30 期，《电力工程科技文摘》出版 4 期。

【中国水力发电工程学会】

单位概况 中国水力发电工程学会（简称水电学会）有团体会员单位 205 个（包括下设的 30 个专委会和 1 个工作委员会），联系指导 22 个省级学会，有 3 个专委会完成了换届工作。召开了各专委会和省级学会秘书长工作会议、理事会议、秘书长办公会，不断加强秘书处建设。派代表参加省级学会换届大会和北方、南方两大片区省级学会联络会议。指导和督促各专业委员会开展好工作，保持发展活力。

领导班子

理事长：张基尧

常务副理事长兼代秘书长：李菊根

副理事长（按姓氏笔画排序）：丁焰章、王琳、王光谦、匡尚富、孙玉才、朱跃龙、刘国跃、祁达才、陈飞、吴贵辉、张建云、邱希亮、周创兵、岳曦、范集湘、郑宝森、施洪祥、贺建华、夏忠、晏志勇、高嵩、曹广晶、程念高、樊海斌

工作综述 组织行业单位和专家编制的《流域梯级水电站集中控制运行规程》和《大中型水电工程建设风险管理规范》完成了送审并已获得建设部和国家能源局批准，正式颁布实施。

3 月份与黄河上游水电公司签订了《黄河上游流域梯级水电站优化调度研究—梯级水电站群发电量预测及评价系统研究》合同；5 月份与成都动能科技有限公司签订了《黄河上游梯级水电站群发电量及评价系统开发技术服务合同》，该项目现已经全部完成，等待委托方进行验收。全年新签科技服务合同近 500 万元，科技服务范围和领域不断拓展。

组织水电行业专家编撰完成了《水力发电实用手册》一书。

6 月，配合中国工程院、国家电网公司等单位，组织召开了“学习和弘扬潘家铮院士科技创新精神座谈会”，以纪念潘家铮院士逝世一周年。学会和中国水利水电出版社共同主编的《永远的潘家铮》纪念文集在会上首发。受中国科协委托，承担了“老科学家学术成长资料采集工程”任务，具体负责潘家铮院士的资料采集。

9 月份联合国际水电协会（IHA）在北京举办了“水电可持续性评估规范”培训班，邀请中外专家进行授课，来自中国水利部、各大电力集团公司、流域水电开发企业、设计院、科研院所、设备制造企业、水力发电厂等 43 家单位共 67 人参加。

各专业委员会举办培训班 13 次，参加培训人员 2032 人。

决策咨询 向国家能源局报送了《关于云南境内新投产水电站电力外送有关问题的报告》，为解决云南水电送出受阻和减少水电弃水建言献策，起到了良好效果。

学会建设 潘家铮水电科技基金自 2008 年由学会发起设立，至 2013 年底已有 54 家单位和 8 名个人捐资，基金规模已达 4400 多万元。11 月 8 日，由中国水力发电工程学会和潘家铮水电科技基金管理委员会主办、大连理工大学承办的“第五届潘家铮水电奖学金颁奖典礼”在大连市举行。在基金收益支撑下，已有 220 多名学子获“潘家铮水电奖学金”、6 位水电专家获“潘家铮奖”和 193 个水电科研项目获“水力发电科学技术奖”。

7 月份参加了中国科协在江苏扬州市举办的第十四期全国学会秘书长沙龙会议，主题是“学会承接政府转移职能的思路和对策”。学会作为指定发言单位之一进行了大会发言交流。

继续办好国内第一份水电行业权威电子移动出版物——《中国水电手机报》，每周一、三、五以手机彩信形式出刊，全年播发了 150 多期，服务读者 8000 余人。

维护好水电学会“中国水电网”网站，对网站进行了改版扩版，进一步改进和完善功能设置，致力打造中国水电行业门户网站，发挥好网络宣传主阵地的重要作用。

水电学会与武警水电指挥部联合举办了 2013 年中国水电新春联谊会，有关部委、水电和电力行业专家学者近 400 人出席了联谊会。

学术期刊 《水力发电学报》全年共收到投稿论文 700 多篇，刊登 340 篇，发行 4230 册。完成了《中国水力发电年鉴（2012 年卷）》编纂工作，编撰完成了年度《中国水电信息年报》，发送各会员单位。配合国家能源局和中国能源报社，完成了《中国能源装备年鉴（水电篇）》的编写工作，首发仪式于 8 月在北京举行。

学科发展研究 召开了“水电工程水库淹没和移

民管理研讨会”，以适应新形势下复杂的移民管理工作需要，体现“以人为本”的社会理念，提高水电工程建设征地移民管理水平，充分发挥水电工程移民管理信息系统的经济效益和社会效益，近20个单位的50余名领导专家参加了会议。会议就在政府主导、业主参与的大前提下，如何创新思路、提升移民管理的科学化水平进行了探讨，对移民管理系统后期建设和推广应用提出建议。

国际学术会议 9月，与国际水利学与环境工程学会IAHR中国分会、中国水利学会水工水力学专委会联合在成都举办了“第六届全国水力学与水利信息学学术大会”。

11月，与中国大坝协会联合在昆明召开了“水电2013大会——中国大坝协会2013学术年会暨第三届堆石坝国际研讨会”，来自35个国家和地区的90多名国外水电专家和代表，以及国内水电开发和大坝建设领域设计、施工、业主、流域公司和科研院校共700余名专家、学者和新闻媒体人员出席了大会。

国内主要学术会议 水电学会及各专业委员会全年共举办大型学术会议活动40场次，参加人数3432人（其中包括13个专委会召开的学术年会），交流论文1144篇，编辑出版论文集26种，印发4570册，发表论文1320篇。

8月，配合中国工程院和大连理工大学，成功举办第167场中国工程科技论坛暨2013水安全与水利水电可持续发展高端论坛，有13位中科院和中国工程院院士出席会议并做学术报告。

11月底召开了“2013全国大中型水电站风险管理年会暨灾害防治论坛”，来自政府有关部门、各发电企业、流域公司、设计施工、运营管理、媒体出版等单位近80人出席了会议。

两岸交流 水电学会继续与台湾中兴工程科技基金会和中兴工程顾问有限公司保持良好和密切的往来合作关系。台方向水电学会邮寄《全球暖化与环境变迁系列》工程小丛书等书刊，水电学会将编撰的《水电科技发展报告》《水力发电实用手册》等寄赠台方，双方不定期进行邮件往来，共同探讨加强合作往来事宜。

国际交往 5月，张基尧理事长带领由会员单位专家组成的高级代表团，赴马来西亚出席“2013IHA世界水电大会”。代表团做了大会首场主题报告，并在几个分议题讨论会上进行主旨发言，受到了国际同行的关注和赞赏。此次大会上确定了2015年世界水电大会在中国北京举办。

国际水电协会（IHA）高层6次访问学会，双方就加强高层互访、配合开展世界水电统计工作（中国部分）、筹办2015年世界水电大会、共同开展水电可持续发展中国区培训等方面进行了沟通交流。

科普活动 积极参加中国科协组织的全国科技周活动，联合清华大学水利系，在5月19日和25日向社会公众开放了清华大学的《地质之角》和水力模型实验室，在科技周期间该活动作为全国科技周活动的一部分，接受社会公众的参观。

9月组织参与了2013年全国科普日活动，期间联合中国大坝协会共同主办了一场题为“水库大坝、气候变化与防灾减灾”的水利水电科普论坛。

在昆明“水电2013大会”期间，举办了水库大坝与生态环境论坛。

根据中科协的要求，水电学会在原来的“科普宣传工作委员会”基础上，组建了“水利水电科学传播团队”，由21名资深水电水利专家组成，并推荐学会原科普宣传工作委员会顾问、中国科学院院士陈祖煜作为“水利水电科学传播团队”的首席专家。

科技评价 完成“水力发电科学技术奖”评审。全年申报的成果达到了162项，涵盖水电的设计、制造、施工、运行、管理和科研教育等方面。最终评选出获奖项目成果54项，其中特等奖2项、一等奖7项、二等奖11项、三等奖34项。编印了《水力发电科学技术奖获奖项目成果汇编（2013年度）》，以便更好地宣传、推广获奖科技成果。

全年共受理承担了8个单位的26项成果的鉴定评价工作，参与了由行业内大的企业集团组织的30多个项目鉴定（主要专家由学会选派）。

表彰举荐优秀科技工作者 两院院士增补遴选工作开始后，根据中国科协的通知要求，及时将通知转发会员单位，成立提名院士候选人工作小组，制订了水电学会提名中国工程院院士候选人的办法和工作程序。及时按要求将提名的2名中国工程院院士候选人的材料报送给了中国科协参加评选。

受中国科协委托，组织评审专家开展了第十三届青年科技奖候选人评选推荐工作，共评出3名候选人。开展了第十届“光华工程科技奖”候选人评审推荐工作，评出了2名候选人。组织开展了2013年“潘家铮水电奖学金”评奖工作，共有18家高校和科研院所的51名本科生、研究生荣获此奖学金，11月8日在大连理工大学隆重举行了颁奖典礼。

工程教育论证 积极参加工程教育专业认证工作：派员3人参加了水利类专业认证工作；向中国科协申请争取成为参与认证工作的学会之一。

创新发展 组织开展大学生暑期水电社会实践教育活动，选取典型骨干水电工程项目，使参加活动的学生通过工程实践和亲身体验，进一步加深他们对水电工程的直观认识和了解，增加实践知识和动手能力，激发工程创造和创新活力。首次活动共有来自清华大学、浙江大学等11所高等学府15名优秀学生参加，活动地点为溪洛渡、向家坝水电站工程，为期11天，效果反响良好。

党的建设 认真开展党的群众路线教育实践活动，党支部全体党员严格按照上级党组有关活动部署精神和具体要求，扎实推进和较好完成了实践教育活动，促进了工作和管理水平的提高。积极申请中国科协学会服务中心党委专项资助活动并获得资助，促进了学会党建强会、会强促党建的良性循环发展。

主要事件

5月21～24日，水电学会组织了以张基尧理事长为团队的专家代表团，赴马来西亚出席2013 IHA世界水电大会。来自世界60多个国家的政府、行业组织以及国际金融组织、学术界的500多位代表出席大会。此次大会的主题是“推动水电可持续发展”。

9月5日，水电学会和中国三峡集团在成都共同组织召开了水电工程水库淹没和移民管理研讨会，近20个单位的50余名领导专家参加了会议。会议就在政府主导、业主参与的大前提下，如何创新思路、提升移民管理的科学化水平进行了探讨，对移民管理系统后期建设和推广应用提出建议。

9月14日，水电学会联合中国大坝协会共同主办了一场“2013年全国科普日水利水电科普论坛”，邀请了多位知名专家和20余家主流媒体。论坛的主题为“水库大坝、气候变化与防灾减灾”。

11月1日～3日，“水电2013大会——中国大坝协会2013学术年会暨第三届堆石坝国际研讨会”在昆明召开，国内600余位专家学者以及来自35个国家和地区的90多名代表参加了会议。大会围绕水库大坝建设管理、水电开发新技术、新理念，以及水库大坝与水电可持续发展等热点问题进行研讨。

11月中旬，《水力发电实用手册》编撰完成，以国内外水力发电有关资料和统计数据为主，对1949年以来中国水电的有关资源调查和开发情况、建设成就、科技进步、水电经济、移民和环保、设备制造、科研机构和高等院校等，以大量的资料和统计数据进行汇编。

11月28日，由水电学会主办、学会风险管理专委会承办召开了“2013全国大中型水电站风险管理年会暨灾害防治论坛”，大会通告了由学会组织编制的《大中型水电工程建设风险管理规范》已经建设部审批发布，并围绕大中型水电站建设及运行过程中面临的地质灾害防治、安全管理系统建设等问题进行了研讨。

大事记

1月1日 根据环境保护部和国家发展改革委联合印发《关于加快燃煤电厂脱硝设施验收及落实脱硝电价政策有关工作的通知》，脱硝电价政策由14个省份试点扩大到全国所有省份。

1月7日 华能集团海拉尔热电厂鄂温克热力分公司2×5.8万kW热水锅炉及配套热网扩建工程5号炉顺利通过48h整套启动试运，正式移交生产，为呼伦贝尔市中心城新区及巴彦托海镇新增供热面积140万m^2。

1月8日 水利部部长陈雷在中国驻加纳特命全权大使龚建忠陪同下考察阿科松博水电站和水电股份有限公司承建的阿科松博P7项目。

同日 国家能源局印发《关于同意江西神华九江电厂新建项目开展前期工作的复函》（国能电力〔2013〕11号）文件，正式批复神华国华九江煤电一体化项目一期2台100万kW机组建设工程开展前期工作。

1月10、20日 中共中央政治局委员、广东省委书记胡春华分别到台山核电现场、阳江核电现场调研。胡春华表示希望阳江5、6号机组能够尽快开工，早日建成。

1月11日 经国际电工委员会理事局批准，舒印彪副总经理出任国际电工委员会副主席。

1月12日 中国神华能源股份有限公司（简称中国神华）获得由《南方都市报》发起的“2012年上市企业主板综合实力10强”奖。

1月13日 中共中央政治局委员、国务委员刘延东赴山东荣成石岛湾，就国家科技重大专项——华能石岛湾高温气冷堆核电示范工程建设进行调研。

1月15日 中国国电集团公司荣获国资委授予的“2012年度中央企业管理提升活动优秀组织单位”称号，并得到通报表扬。

同日 由新华社主办的“中国网事·感动2012”年度网络人物颁奖典礼在北京举行，国网新疆和田供电公司艾尼瓦尔·芒素获评“中国网事·感动2012”年度网络人物。

同日 由神华集团和南车株洲电力机车有限公司共同研制的神华新型八轴大功率交流电力机车HXD17002号牵引66辆C64车辆从肃宁北站出发，驶向黄骅港站，开始在朔黄铁路上线投入试运行。该机车具有完全自主知识产权，多项设计达到世界先进水平。

1月17日 “河北尚义龙源风电场（150MW）工程”项目荣获中国建筑行业工程质量最高奖——鲁班奖。这是中国风电史上产生的第一个鲁班奖。

1月18日 中共中央、国务院在人民大会堂隆重举行国家科学技术奖励大会。国家电网公司“特高压交流输电关键技术、成套设备及工程应用”项目荣获国家科学技术进步奖特等奖。这是国家电网公司迄今为止获得的国家科技进步最高奖项，也是中国电力工业在国家科技奖上获得的最高荣誉。中国特高压电压成为国际标准电压，国际电工委员会认为中国特高压工程是“电力工业发展史上的一个重要里程碑”。特高压大幅提升了中国在国际电工领域的影响力和话语权，实现了“中国创造”和“中国引领”。中国电建参与的5个项目获得二等奖。神华集团公司参与的项目获国家科学技术进步奖二等奖。

同日 南方电网公司召开董事会会议，审议并同意广东电网公司实施广东省输变电工程公司与广东省电力技术改进公司的合并重组工作。

同日 华能集团大广坝二期（灌区）工程试通水成功，标志着戈枕水利枢纽工程开始全面发挥灌溉、供水、防洪和发电综合功能。

1月19日 商务部公布2012年中国对外承包工程业务前50家企业排行榜，在新签合同额和完成国外项目营业额前50家企业排行榜中，中国电建所属中国水电股份公司、山东电建三公司、山东电力基本建设总公司三家单位榜上有名。在新签国外项目合同额排行榜中，中国电建所属中国水电股份公司以123亿美元的业绩位列第二位，山东电力基本建设总公司以8.78亿美元的业绩位列第三十二位，山东电力建设第三工程公司以7.41亿美元的业绩位列第三十八位。在完成国外项目营业额排行榜中，中国水电股份公司以54.73亿美元的业绩位列排行榜的第二位，山东电力建设第三工程公司以21.19亿美元位列排行榜的第八位，山东电力基本建设总公司18.8亿美元位列排行榜的第十一位。

1月21日 老挝人民革命党中央总书记、国家主席朱马利视察了中国电建上海电力建筑工程公司和中国能建东北电力第一工程公司承建的老挝洪沙（3×62.6万kW）燃煤电厂。

同日 国土资源部第二轮页岩气探矿权出让招标勘查证许可证颁发仪式在北京举行。中国华电集团公司在本次页岩气探矿权招标中共中标5个区块。

同日 大唐集团第一个瓦斯发电项目在山西省长治市马军裕煤矿并网试运行，标志着集团在新能源煤层气发电方面取得突破性成果。

1月22日 由中国银行间市场交易商协会代表全体会员出资设立的中债资信评估有限责任公司（简称中债资信）发布了22家企业的2011年度再评级结果，其中华能集团公司为中债资信试点再评级，再评级信用等级为AAA，评级展望为稳定。此前，中债资信于2012年12月21日完成了对华能的跟踪再评级（2012年度再评级），评级结果仍为AAA级，评级展望为稳定。

1月24日 国家电网公司召开风电检测分中心（首批）授牌暨启动会。

1月26日 三峡集团在中央企业扶贫开发工作会议上荣获“中央企业扶贫开发工作先进单位”称号。

1月27日 广东省珠海市人民政府与广东电网公司《“十二五”电网建设战略合作协议》、与南网综合能源有限公司《新能源项目建设战略合作协议》签约仪式在广州举行。

1月28～31日 中国核电总经理、党委副书记陈桦作为世界WANO协会理事，赴英国伦敦参加世界WANO理事会会议。

1月29日 中国国电集团龙源电力西藏阿里微网光伏电站一期正式并网发电。阿里微网光伏电站总装机容量10MW，设计使用年限为25年。电站位于西藏阿里地区狮泉河镇，海拔4255m，是世界上海拔最高的微网光伏项目。该项目配置10.64MWh磷酸铁锂蓄电池组及相关设备，是国内容量最大的光电存储系统。

同日 国家核电三代核电自主化依托项目首台机组、世界首台三代核电AP1000机组——三门1号机组核岛钢制安全壳容器顶封头成功整体吊装就位，钢制安全壳顺利封顶，标志着核岛厂房内部主体结构土建施工完成、主设备已安装引入，为后续反应堆冷却系统移交创造了条件。

1月30日 在北京市政府、北京市科学技术协会举办的2013新春驻华外交官科技合作通报会上，华能清洁能源研究院获批成为北京市国际科技合作基地，并被授予“煤基清洁能源北京市国际科技合作基地”牌匾。

1月31日 国家电网公司电子文件管理系统在国家试点单位中率先上线试运行。

1月底 2012年度国家优质工程奖和中国电力优质工程奖获奖名单公布。华能缅甸瑞丽江一级水电站、东营河口风电场一至四期工程获国家优质工程银奖；平凉电厂二期扩建工程、上海石洞口第二电厂二期“上大压小”扩建工程、伊敏煤电联营三期工程、新疆三塘湖风电场一期和二期工程获中国电力优质工程奖。

2月1日 政协第十一届全国委员会常务委员会第二十次会议闭幕，会议通过了政协第十二届全国委员会委员名单，中国国电集团公司总经理、党组副书记朱永芃，中国电建董事长、党委副书记范集湘，中国广核集团党组书记、董事长贺禹当选第十二届全国政协委员。

同日 国内首次500kV变电设备带电水冲洗在广东电网佛山供电局西江变电站实验成功。每年对500kV变电站实施带电水冲洗一次，至少可创造2000万元的经济效益。

2月3日 中共中央总书记、国家主席、中央军委主席习近平视察中国能建所属葛洲坝集团参建的甘肃定西引洮供水工程一期总干渠6号隧洞进口标段工程。

2月6日 中国国电集团公司与北京市科学技术委员会在集团本部签署《关于共建国电新能源技术研究院的合作协议》。

2月8日 国家电网公司±800kV特高压直流换流站过电压保护和绝缘配合等64项标准获得2013年“中国标准创新贡献奖”。

2月17日 中国东北地区首个核电厂——辽宁红沿河核电站1号机组并网发电，这标志着该机组正式进入并网调试阶段，具备发电能力。6月6日，在完成各项技术指标测试之后，正式投入商业运营。

2月18日 《人民日报》头版“贯彻落实十八大开局之年新气象”专栏刊登消息，全面总结报道了中国华能集团公司2012年生产经营取得良好业绩、实现发展质量和效益双提升的有关情况。

2月19～23日 国家发展改革委组织对云广±800kV特高压直流示范工程开展最终验收。

2月27日 中国华能集团公司在海外自主开发建设的新加坡大士能源登布苏热电多联产项目一期工程正式投产，标志着华能实施国际化战略又迈出了坚实的一步。该项目是华能2008年收购大士能源公司后，以大士能源为平台在新加坡投资建设的新项目，是新加坡第一座也是目前唯一一座以煤为主要燃料的电厂。

同日 国家电网公司在葡萄牙里斯本举行与葡萄牙国家能源网公司（REN）合资成立研发中心股东协议签字仪式。

2月28日 华能集团澜沧江里底水电站项目获国家发展改革委核准。该项目位于云南省迪庆州维西县境内，为澜沧江上游水电规划的第三级，电站规划装机容量42万kW，预计年均发电量17.53亿kWh。

3月3日 云南省大理州洱源县发生5.5级地震，南方电网公司积极应对、快速复电，至6日因地震受损的电力设备已恢复，灾区全面恢复正常供电。

3月7日 大唐国际绍兴江滨热电公司1号机组正式投入商业运行，成为国内建成投产的单机容量最大燃气机组。

3月10日 神华集团党组书记、董事长张喜武，党组成员、总经理张玉卓会见陕西省委书记、省人大常委会主任赵正永一行，就加快神华在陕煤化工、电力、煤矿、铁路等项目建设发展的有关问题进行了会谈。

3月12日 《财富》（中文版）2013年中国企业社会责任排行榜揭晓，中国神华入选“企业社会责任25强”，位列第11位。

3月13日 国家发展改革委办公厅印发《关于同意广东陆丰核电一期工程调整为AP1000技术方案的函》，标志着中广核首个AP1000项目正式落户陆丰。

3月14日 十二届全国人大一次会议表决通过了《国务院机构改革和职能转变方案》，明确将原国家能源局、国家电力监管委员会的职责整合，重新组建国家能源局，由国家发展和改革委员会管理，主要职责是，拟订并组织实施能源发展战略、规划和政策，研究提出能源体制改革建议，负责能源监督管理等。

3月15日 陕西省科学技术厅组织专家对西安热工院完成的“FCS165现场总线控制系统的研发和工程示范”科技成果进行鉴定，认为该技术填补了国内空白，达到国际领先水平。

同日 国家能源局印发《关于做好风电清洁供暖的通知》（国能综新能〔2013〕63号）。

3月16日 中核北方核燃料元件有限公司高温气冷堆核电站示范工程燃料元件生产线奠基。这是世界上第一条工业规模的商用球形燃料元件生产线。

3月17日 第十二届全国人民代表大会第一次会议闭幕。全国“两会”期间，国家电网公司共计组织5.61万人次，对各重点变电站、开关站和输电线路进行全程监视、严密巡查和定点看护，确保北京电网稳定运行，供电万无一失。

3月17～18日 老挝国家能矿部副部长辛纳瓦、老挝电力公司总经理西沙瓦一行14人到南方电网公司参观访问。公司董事长、党组书记赵建国，副总经理王久玲与老挝电力代表团就合作推进南塔河水电站项目建设相关事宜进行了交流。

3月18日 中国能建与美国Energy Solutions公司在北京签署后续核电项目合资合作框架协议。

同日 国家能源局召开干部大会，中共中央组织部宣布任命吴新雄为国家发展和改革委员会副主任（正部长级）、国家能源局局长。

3月20日 中国国电集团公司党组书记、副总经理乔保平在集团本部会见了由澳中资本董事、昆士兰州前州长皮特·毕迪（Peter Beattie），澳中资本董事皮特·理查兹（Peter Richards），澳中资本董事总经理朴泓组成的澳中资本代表团，双方就加强能源领域合作进行了深入交流。

3月22日 在习近平主席和普京总统见证下，国家电网公司总经理刘振亚与俄罗斯统一电力国际公司总裁科瓦利丘克在克里姆林宫签署了《关于开展扩大中俄电力合作项目可行性研究的协议》。

3月25日 大唐新能源股份公司2012年度业绩发布会在香港成功举行。2012年，大唐新能源完成发电量85.42亿kWh，实现营业收入人民币43.68亿元，税前利润1.76亿元，归属母公司净利润1.12亿元。

同日 南方电网首个兼具绿色环保、可移动、高密度等特点集装箱机房在云南正式投入使用。该机房比常规机房占地少九成，年减碳排放788t。

3月28日 官地水电站最后一台机组顺利通过72h连续带负荷试运行，正式并网发电，至此，历时近9年建设，国家"西电东送"重点工程——雅砻江官地水电站全部建成投产。

3月30日 世界上首次开展的±800kV电压等级孤岛运行满负荷实验成功，标志着南方电网自主科技创新水平又上一个新台阶。

3月31日 国家核电大型先进压水堆核电站重大专项CAP1400非能动堆芯冷却系统试验设施（ACME）台架完成了历时一天半的主回路水压试验，标志着台架建安工作结束，系统全面进入冷态调试阶段。

3月 国务院重新组建国家能源局，完善能源监督管理体制。将现国家能源局、电监会的职责整合，不再保留电监会。改革后，能源局继续由发展改革委管理。"新能源局"职责定位为：拟订并组织实施能源发展战略、规划和政策，研究提出能源体制改革建议，负责能源监督管理等。

同月 丹麦BTM咨询公司公布统计数据，截至2012年底，国电集团风电装机达1497万kW，跃居世界第一。

同月 国家发展改革委印发《国家发展改革委员会办公厅关于公布海水淡化产业发展试点单位名单（第一批）的通知》，天津国投津能发电有限公司被列为唯一一家向市政供水试点单位。

4月2日 中国能建与中国国电集团公司在北京签署战略合作协议。

4月5日 中国国家主席习近平、缅甸总统吴登盛在海南三亚出席并见证了中国水电顾问集团承建的缅甸上耶瓦输变电项目贷款协议签字仪式。

4月6日 华能集团金陵燃机电厂3号机组（20万kW）顺利通过96h满负荷试运行。该机组集智能化、绿色环保、高效节能于一体，设计热效率65%，供电煤耗小于200g/kWh，比国内最先进的超超临界100万kW燃煤机组低约40%。

4月9日 由中国华能集团公司承担、依托华能天津IGCC电站示范工程的"25万千瓦IGCC系统试验和示范"、"2000吨/天级干煤粉加压气化技术开发与示范"和"IGCC联产系统运行及控制技术"三项国家"十一五"863计划重大项目课题在天津顺利通过国家科技部组织的验收。

同日 在国务院总理李克强和澳大利亚总理吉拉德女士的共同见证下，神华集团董事长张喜武在人民大会堂与澳大利亚塔州水电集团董事长克林签署了两公司《可再生能源开发战略合作协议》。

4月11日 由中国华电集团公司、陕西省政府和清华大学联合主办的中国首创煤制芳烃技术成果新闻发布会在北京举行。该项技术的成功研发，开创了煤基能源化工新途径，标志着具有中国自主知识产权、世界领先的煤制芳烃技术在产业化道路上迈出关键性步伐，填补了中国煤制芳烃技术的空白，使中国成为国际上第一个以煤为原料生产全产业链石油化工产品的国家。

同日 国家电网公司浙北—福州特高压交流输变电工程建设动员大会在福建福州和浙江杭州同时举行。

4月12日 中国第三大水电站金沙江向家坝水电站混凝土重力坝全线到顶，标志着历时5年6个月的大坝主体混凝土浇筑任务全部完成；7月5日，向家坝水电站坝前水位上升至370m，标志着向家坝水电站第二阶段蓄水目标顺利实现；9月12日，向家坝水电站水库水位顺利抬升至380m正常蓄水位，这是向家坝水电站建设运行史上的一个重大里程碑，标志着电站进入正常蓄水位运行新阶段。

同日 华能国际电力开发公司与重庆市能源投资集团有限公司在重庆举行股权转让签约仪式。根据协议，重庆市能源投资集团将重庆矿产公司36%的股权转让给华能国际电力开发公司。股权转让完成后，华能持有重庆矿产公司股权比例增至65%，标志着华能向页岩气勘探开发领域迈出了实质性的一步。

4月14日 中国神华集团公司四川白马循环流化床示范电站有限责任公司60万kW超临界循环流化床（CFB）示范机组成功投入商业运行，标志着中国自主研发、具有完全自主知识产权的世界首创60万kW超临界循环流化床发电示范机组建设取得圆满成功，是中国电力装备制造技术取得的重大突破。

4月15日 宁德核电站1号机组正式投入商业运行，这是中广核走出广东后首台投运的核电机组，宁德核电基地也成为日本福岛核事故后全球首个投产的核电新基地。

4月16日 大唐集团以视频形式召开领导干部大会。中共中央组织部干部五局局长毛定之宣布中央关于中国大唐集团公司主要领导变动的决定。党中央、国务院决定，陈进行同志任大唐集团董事长、党组书记，免去其总经理职务；交流原国家电力监管委员会副主席、党组成员王野平同志任大唐集团总经理。同时，国资委党委决定，王野平同志任大唐集团副董事长、党组副书记。

同日 中国首座国产化的高水头抽水蓄能机组在福建仙游抽水蓄能电站投入运转。

同日 国家电网公司组织向家坝—上海±800kV特高压直流输电示范工程大负荷试验，首次实现双极满负荷运行，成功将640万kW电能高效输送近2000km，刷新了单回输电线路输送功率的世界纪录。

4月17日 国际电工委员会（IEC）发文宣布，由国家电网公司牵头发起的"大容量可再生能源接入电网"新技术委员会通过IEC全体成员国投票。这是继IEC TC115"100kV以上高压直流输电"技术委员会、PC118"智能电网用户接口"项目委员会之后，由国家电网公司主导发起并获准通过的第三个IEC技术委员会。

同日 国家能源局印发《关于促进水电健康有序发展有关要求的通知》（国能新能〔2013〕155号）。

同日 美国《福布斯》杂志2013全球企业2000强正式揭晓，中国神华集团凭借397亿美元的销售额和77亿美元的利润，由2012年的126位晋升到115位。

4月19日 三峡集团荣获"中华慈善奖——最具爱心企业奖"。

同日 由中核集团公司自主研发的、具备完整自主知识产权的先进压水堆核电站ACP1000初步设计通过了国家核行业权威鉴定。ACP1000的技术和安全指标达到了国际上三代核电机组的同等水平，设计、建造能够完全实现自主化。

同日 国家电网公司荣获第八届"中华慈善奖"最具爱心捐赠企业，这是公司第六次获得慈善领域政府最高奖项。

4月20日8时2分 四川省雅安市芦山县发生7.0级地震，中国国电集团公司立即启动应急预案。国电大渡河流域水电开发有限公司出资1000万捐助给雅安市人民政府，帮助地方组织抗震救灾及投入抢险。

中国电建积极参与抢险援建工作，组织了9支抢险救援队，1435名抢险人员，38台（套）抢险设备进驻灾区，开通成名高速免费快速通道，组织专家深入灾区勘察水电工程和水利设施的震损情况，并捐款1000万元人民币和价值100万元的紧急救援物资，成为救灾中反应最为迅速的中央企业之一。

华能集团公司迅速启动重大突发自然灾害应急预案，华能四川公司在做好抗灾自救的同时，积极主动参与地方抗震救灾工作，组织200多人的抢险队伍，配合地方政府参与各项救灾工作。4月29日23时39分，小关子水电站4号机组顺利并入四川电网。至此，处于“4·20”雅安芦山震区的华能宝兴河公司5座水电站17台机组共73.5万kW装机已全部并网发电。

国家电网公司总部及国网四川、重庆、青海电力等单位开展应急抢险救援工作，仅用24天全部修复受损电力设施，抗震救灾工作得到党中央国务院、灾区党委政府和人民群众的充分肯定。

同日 国家电网公司连续第六年入选“中国绿公司百强”国有企业榜，列第二位。

4月23日 华能集团正式发布《2012年可持续发展报告》。

同日 湖北省大型电源点项目开发协议签字仪式在武汉举行。华能集团获得荆门钟祥（规划装机容量2×100万kW）、随州（规划装机容量2×60万kW）两个大型路口电源项目的投资开发权。

同日 神华集团总经理张玉卓在北京会见了美国能源部助理部长克里斯一行，双方就能源领域进一步开展合作交流进行了会谈。

4月24日 由华能清洁能源研究院开发的中国首套燃气烟气二氧化碳捕集装置在清能院密云试验基地完成了第一阶段示范运行，累计运行3887h。

同日 大唐集团通过四川省慈善总会向雅安“4·20”地震灾区捐款人民币1000万元，用于地震灾区抗震救灾和灾后重建工作。

同日 中华全国总工会发布《关于表彰全国“五一”劳动奖状、全国“五一”劳动奖章和全国工人先锋号的决定》，神华新疆能源有限责任公司董事长、党委书记胡开江等三人被授予“全国五一劳动奖章”，神华神东煤炭集团补连塔煤矿综采三队等6个基层单位被授予“全国工人先锋号”。

4月25日 国家能源局组织中广核和中核集团在北京召开自主创新三代核电技术合作协调会。会议提出了关于自主创新核电技术合作的基本原则、步骤和目标。

同日 中国能建在西安召开陕西电建企业改革重组大会，组建中国能源建设集团西北电力建设工程有限公司。

同日 在中国国家主席习近平和法国总统奥朗德的见证下，中国核工业集团公司与法国阿海珐公司签署了中国大型商业后处理－再循环工厂项目合作意向书。中国广核集团（CGN）与法国电力集团（EDF）及阿海珐集团（AREVA）在北京签署长期合作联合声明。三方将在先进反应堆研发、核燃料及经验共享、核电站运维及性能提升等方面加强长期合作。大唐集团公司董事长、党组书记陈进行与法国电力公司董事长兼首席执行官亨利·普格里奥在人民大会堂签署了全面战略合作协议。

4月26日 中核集团公司副总经理、中国核电董事俞培根与海南省常务副省长谭力进行了会谈，双方就昌江核电投产后面临的“大机小网”问题以及后续核电项目规划等事宜做了充分交流沟通。

同日 国家工商行政管理总局正式核准中国广东核工业集团公司名称变更为“中国广核集团有限公司”、集团名称变更为“中国广核集团”。

4月27日 国家核电成立国家核电技术有限公司南非代表处。

4月28日 全国总工会表彰一批在中国特色社会主义建设中做出突出贡献的先进集体和先进个人，分别授予全国“五一”劳动奖状、全国“五一”劳动奖章。国家电网公司20个单位荣获全国“五一”劳动奖状，38名个人荣获全国“五一”劳动奖章，63个集体荣获全国工人先锋号。中国电建4个集体获全国“五一”劳动奖状，12人获全国“五一”劳动奖章。

同月 国投北疆发电厂一项科技成果——“基于物联网技术煤炭样品采集封装及识别智能控制系统”荣获2013年度中国电力建设科学技术成果一等奖。

5月2日 国家核电与美国西屋电气公司共同出资成立的国核维科核电技术服务（北京）有限公司在北京挂牌成立。

5月4日 中国第二大、世界第三大水电站金沙江溪洛渡水电站正式启动水库第一阶段蓄水，这是溪洛渡水电站工程建设的重要里程碑，标志着溪洛渡工程建设取得了重要阶段性成果；6月23日，溪洛渡水电站坝前水位顺利上升至540m，标志着第一阶段初期蓄水目标成功实现，这是溪洛渡工程建设又一重大里程碑；7月15日，溪洛渡水电站首台机组右岸电站13号机组结束72h试运行正式投产，标志着历时10年建设的溪洛渡水电站开始迎来“收获期”。12月8日17时02分，溪洛渡水电站坝前水位上升到560m，成功实现第一阶段蓄水目标。

5月7日 中国华电集团公司在广西华电南宁分布式能源站发布了国内首份分布式能源报告——《中国华电分布式能源报告》，并发布了中国华电集团公司2012年社会责任报告。

5月9～10日 国务院国资委在华能天津IGCC示范电站举行“走进央企——创新驱动天津行”活动，邀请多位知名专家学者和30余家国内知名媒体记者走进中国首座煤气化联合循环电站，调研公司科技创新发展情况，现场感受华能“三色公司”风貌。

5月11～21日 罗马尼亚经济部能源署特派部长康斯坦丁·尼策率团访华，国家发展改革委副主任、国家能源局局长吴新雄就促进中罗在核电、抽水蓄能电站等领域的合作与其会谈。

5月12日 中广核与新疆生产建设兵团签署《关于合作开发清洁能源项目的战略框架协议》，标志着集团全面介入新疆生产建设兵团的清洁能源市场开发，奠定了双方后续合作的基础。

5月13日 中国国电集团公司召开干部大会，宣布党中央、国务院关于中国国电集团公司主要领导变动的决定。中共中央组织部副部长王京清宣布中央决定并做重要讲话，国务院国资委副主任、党委委员金阳出席会议。王京清宣布：中国国电集团公司设立董事会，乔保平同志任董事长、党组书记，陈飞虎同志任总经理，免去朱永芃同志的总经理职务。同时，国资委党委决定，陈飞虎同志任董事、党组成员，免去朱永芃同志的党组副书记职务和乔保平同志的副总经理职务。

5月14日 中共中央总书记、国家主席、中央军委主席习近平到中新天津生态城智能电网综合示范工程服务中心考察。

5月15日 国务院发布《国务院关于取消和下放一批行政审批项目等事项的决定》。在决定取消和下放的117项行政审批项目中，能源类项目数量居首，主要河流建设以外的水电站、风电场、分布式燃气发电项目以及部分煤矿、电网、油气管输等项目，都将交由地方政府投资部门核准。

同日 南方电网公司举办了2012年社会责任报告发布会，公司首个"社会责任周"活动、国务院国资委调研团开展的"责任南网行"专题调研活动也于当天同步启动。

5月16日 国家电网公司与新加坡能源公司在北京签署协议，收购其澳大利亚子公司SPIAA60%股权和SP AusNet19.9%股权，国家电网公司境外资产突破1000亿元。

同日 国家电网公司主要领导变动宣布大会召开。党中央、国务院决定，国家电网公司设立董事会，刘振亚任董事长、党组书记；舒印彪任总经理；同时，国资委党委决定，舒印彪任董事。

5月17日 南方电网公司向四川雅安芦山地震灾区捐赠仪式在四川省民政厅举行。

5月18日 2013非洲国家经济与社会发展总统顾问研讨班到中国国电集团公司参观访问，实地参观了国电联合动力保定生产基地，并到国电科环集团考察。

5月19日 国电中石化宁夏能源化工有限公司揭牌仪式在宁东工业园举行。

5月21日 美国商务部副部长弗朗西斯科·J. 桑切斯（Francisco J. Sanchez）率领美国核电贸易代表团到访国家核电。

同日 由中国节能协会主办的2013第四届节能中国推介活动发布仪式在京举行。华能集团公司荣获"节能中国十大贡献单位"称号。

同日 华能集团龙开口水电站首台机组（36万kW）完成72h试运行，正式投产发电。11月29日，龙开口水电站5号机组顺利通过72h试运行，正式投产发电。至此，龙开口水电站圆满完成"一年四投"建设目标。

同日 第十六届中国北京国际科技产业博览会主题报告会在北京人民大会堂举行。华能集团公司总经理曹培玺出席会议，并发表题为"坚持自主创新，推进发电行业科学发展"专题演讲。

同日 大唐环境技术公司大唐南京环保公司的平板式脱硝催化剂4条生产线全线达标投产，最大年产能达4万m^3，这标志着技术领先、世界产能最大的平板式脱硝催化剂生产线基地正式建成。

同日 缅甸孟东水电站项目中方联合体领导协调小组会议在南方电网公司召开，参会各方签署了中方联合体补充协议。

5月22日 中核集团副总经理、中国核电董事俞培根一行前往济南，拜会山东省常务副省长孙伟，就中核集团山东核电项目开发、合作等事宜与山东省领导进行了会谈。

5月23～25日 第十届中国国际核电工业展览会在上海世博展览馆举办，国家核电参加展览会并受到多方关注。

5月23日 国家能源局印发《关于加强风电产业监测和评价体系建设的通知》（国能新能〔2013〕201号）。

5月24日 中国能建江苏装备公司成功制造出国内最大口径核电二次滤网，并顺利通过验收。

5月25日 中国神华集团入选由中国上市公司市值管理研究中心、清华大学中国金融研究中心等机构联合评选的2013年资本品牌价值百强榜，位列第11位；同时入选中国上市公司市值管理绩效百佳。自A股上市以来，神华集团已连续6年上榜。

5月27日 国家电网公司总部运营监测（控）中心完成建设，正式投入运行。

同日 国家标准化管理委员会正式批复中电联，同意在国家电网公司建设"国际标准创新示范基地"，示范期限为2013～2015年。

5月28日 南方电网统调负荷达12 070万kW，首创历史新高，比2012年最高负荷增加104万kW，同比增长5.60%。

5月29日 全国发电机组技术协作会公布了2012年度全国火电600MW等级机组能效对标及竞赛获奖情况，中国国电集团公司系统共有15台机组获奖。

同日 中国企业家联合会发表《关于发布2012年企业信用评价结果的通知》，神华集团被评为AAA级信用企业。

5月30日上午 由中国电建所属上海电建安装施工的上海老港再生能源利用中心举行启动运行仪式。

5月31日 国家核电国产核级海绵锆在国核宝钛锆业股份公司首次发货，标志着中国核级海绵锆的生产空白得到填补。

同日 中国能建所属中国电力工程顾问集团西北电力设计院设计的世界最长无中继传输光纤通信工程——玉树与青海主网330kV联网工程的光纤通信工程顺利完成试运行。

6月2日 中核集团总经理、中国核电副董事长钱智民，在海南省海口市出席海南跨海联网二回工程合作协议签字仪式。

同日 华能集团公司、南方电网公司、中核集团公司共同与海南省政府在海口签署了推进海南跨海联网二回工程合作协议。

同日 海南省人民政府、南方电网公司、中国核工业集团公司、中国华能集团公司在海南海口共同签署了海南跨海联网二回工程合作协议，标志着政企四方合作推进该工程建设取得重大进展。

6月4日 中国能建与美国通用电气国际公司在北京签署战略合作谅解备忘录。

6月5日 2012年全国电力可靠性指标发布，大唐集团有13台机组荣获2012年度"金牌机组"称号，占全国45台获奖机组的28.9%，"金牌机组"数量继续保持行业先进水平。自国家开展"金牌机组"评价以来，大唐集团共有44台机组获得"金牌机组"称号，占"金牌机组"总数的26%。

同日 国家能源局、中国电力企业联合会在京联合召开电力可靠性指标发布会暨"安全生产月"启动仪式，发布2012年全国电力可靠性指标，表彰2012年度火力发电可靠性金牌机组和可靠性金牌供电企业，启动电力行业"安全生产月"活动。

同日 国家能源局、中国电力企业联合会发布2012年度供电可靠性金牌企业名单，在发布的全国10家A级金牌企业中，南网电网公司有5家，为佛山、广州、中山、东莞、江门供电局，珠海、惠州、湛江供电局获评B级金牌企业。

6月6日 中国能建所属中国电力工程顾问集团公司设计的玉树灾后重建重点工程、世界海拔最高的330kV输变电工程——玉树与青海主网联网工程玉树330kV变电站及323km的玛多—玉树330kV输电线路投运。

同日 华能集团鄯善光伏一期电站及220kV升压站项目建设启动仪式在新疆维吾尔自治区鄯善县红山口光伏产业园区举行。鄯善光伏发电站一期工程位于鄯善县红山口光伏产业园区内，项目总投资2.22亿元，规划装机规模2万kW，计划9月25日竣工。

同日 国家发展改革委下发通知，要逐步调整销售电价分类结构，将现行主要依据行业、用途分类，逐步调整为按用电负荷特性为主分类，把现行居民生活、非居民照明、商业、非工业、普通工业、大工业、农业生产用电价格等8大类销售电价，逐步归并为居民生活、农业生产、工商业及其他用电价格3个用电类别，每个类别再按用电负荷特性进行分档。

同日 中广核红沿河核电站一期1号机组正式投入商业运行，红沿河核电站成为中国第五个、东北地区第一个、中广核第三个投入商运的核电基地。

同日 国家电网公司在青海举行玉树与青海主网330kV联网工程竣工投运仪式，工程结束了玉树电网孤网运行的历史，从根本上解决了玉树地区电力短缺的问题。

同日 南方电网公司与泰国国家发电局在首届中国-南亚博览会暨第21届中国昆明进出口商品交易会上，正式签署了《泰国国家发电局向中国南方电网有限责任公司购电项目谅解备忘录》。

同日 南方电网公司与东盟发展基金签署了《关于泰国国家发电局向中国南方电网有限责任公司购电项目第三国段输电线项目的合作意向书》。

6月7日 中国国电集团公司董事、总经理、党组成员陈飞虎在成都市会见了四川省委副书记、省长魏宏。在川期间，陈飞虎还与雅安市委书记徐孟加会谈。双方就集团公司在川项目发展建设和灾后援建达成共识。

同日 英国、美国、印尼、土耳其、南非、白俄罗斯等六国驻华使馆外交官，应邀来到国家核电技术有限公司进行参观访问，对中国AP1000项目进展和CAP1400技术特点进行了解，并就核电发展和企业合作等议题进行了交流。

同日 国家电网公司总经理舒印彪、副总经理杨庆参加无电地区户户通电协议签署暨动员会议。公司与四川、西藏、甘肃、青海、新疆5省（区）政府签署共同加快推进无电地区电力建设的协议，明确任务和计划安排，协商确定共同努力，确保到2015年实现"无电地区人口全部用上电"的目标。

6月8日 中国能建所属中国电力工程顾问集团华东电力设计院承担勘测设计任务的中电国际安徽淮南平圩电厂三期2×100万kW燃煤发电机组工程正式开工建设。该项目融合了发、输、变电三大领域当前最先进的技术，是新时期厂网合作的典范，将开创中国发电大机组、高电压的新的历史。

6月9日 国务院办公厅印发《国家能源局主要职责内设机构和人员编制规定》（国办发〔2013〕51号），规定国家能源局为副部级单位，为国家发展改革委管理的国家局，设12个内设机构。

6月10日 南方电网全网首个STATCOM工程顺利接入东莞500kV水乡变电站。

6月13日 中国华电集电公司乌江梯级开发的最后一级电站——沙沱水电站第四台水轮发电机组顺利通过72h试运行，正式转入商业运行，标志着由9个电站组成、总装机容量866.5万kW的乌江梯级水电开发完美收官。

同日 "2013年度中国电力优质工程奖"揭晓，大唐集团有5项工程获奖，分别是大唐鸡西B厂2台30万kW煤矸石热电联产新建工程、大唐林州2台35万kW超临界热电机组工程、重庆乌江彭水5台35万kW水电站工程、大唐林西9.825万kW风电项目、大唐华银南山一期4.95万kW风电场工程。

6月14日 国务院总理李克强主持召开国务院第12次常务会议，研究促进光伏产业健康发展的政策措施。

6月15日 国家发展改革委发布《核电上网电价机制有关问题的通知》，规定2013年1月1日后投产的核电机组，上网电价将由"个别定价"改为"标杆电价"政策，全国统一为0.43元/kWh。同时强调，核电标杆电价保持相对稳定，今后将根据核电技术进步、成本变化、电力市场供需状况等对核电标杆电价定期评估并适时调整。

6月16日 国家能源局召开促进光伏产业健康发展座谈会，传达国务院第12次常务会议精神，研究分布式光伏发电发展具体措施，对分布式光伏发电示范区建设工作进行了部署。

6月17日 重新组建的国家能源局召开全体干部大会，宣读国家能源局"三定"方案，宣布各部门负责人及司局长干部名单。

同日 三峡船闸已安全高效运行10周年，累计通过货物5.9亿t。10年来，三峡船闸年均通航率为93.62%，如果按设计值计算每年相当于多运行了近40天。

6月18～21日 国家发展改革委副主任、国家能源局局长吴新雄会见沙特阿卜杜拉国王核能和可再生能源城主席哈希姆率访华团一行，就推动中沙双方在民用核电、可再生能源等领域合作交换了意见。

6月18日 国家能源局印发《关于加强抽水蓄能电站运行管理工作的通知》（国能新能〔2013〕243号）。

同日 国家电网公司组织实施向家坝—上海±800kV特高压直流输电示范工程过负荷运行，成功将四川地区的704万kW电力高效输送至2000km外的上海，刷新了单回输电工程输送功率的世界纪录。

同日 神华集团公司在福建能源公司雁石电厂召开CFB机组节能技术应用现场推进会。

6月21日 由南方电网公司主办、深圳供电局承办的第二届城市电网技术管理国际研讨会在深圳举行，大会主题为"商业模式创新与技术资源整合，城市电网的机遇与挑战"。

6月22日 中国企业联合会、中国企业家协会在北京召开2013年全国企业文化年会，国家电网公司荣获2012～2013年度全国企业文化优秀成果奖。国网山东电力"'善小'践行先进文化"荣获全国企业文化优秀案例奖。

6月24日 国家能源局出台《关于印发新能源发电工程资料信息使用管理暂行办法的通知》（国能新能〔2013〕249号）。

6月25日 由中国能源报社主办的"2013中国能源年度人物"颁奖典礼暨能源中国梦研讨会在北京举行。中国华能集团公司总经理曹培玺当选中国能源年度人物，并发表了题为"推进电力科学发展，点亮能源中国梦"的主旨演讲。

同日 国家能源局印发《关于贯彻落实国务院安委会安全生产大检查工作实施方案 进一步做好电力行业安全生产

大检查工作的通知》（国能电安〔2013〕251号），成立以史玉波为组长的电力行业安全生产大检查领导小组，建立安全大检查信息交流制度，健全抓落实促整改的安全大检查机制。

6月26日 国家核电CAP1400首个大型综合试验台架正式通过调试验收。

同日 由世界品牌实验室组织的2013年中国500最具价值品牌发布会在北京召开，国家电网公司以2356.57亿元的品牌价值再次名列中国500最具价值品牌排行榜第二名，品牌价值与2012年相比提升116.91亿元，品牌价值连续7年持续攀升。

6月27日 新疆与西北主网联网第二通道工程竣工投运仪式在国家电网公司总部、新疆哈密南变电站、甘肃沙州变电站、青海鱼卡开关站同时举行。

6月29日 2012～2013年度国家优质投资项目颁奖典礼在钓鱼台国宾馆举行，国家电网公司青海格尔木—西藏拉萨±400kV直流联网工程荣获国家优质投资项目特别奖，宁东—山东±660kV直流输电示范工程荣获国家优质投资项目奖。

6月30日 斯登沃代二级水电站2号机组顺利通过72h试运行，至此大唐集团在柬埔寨以BOT方式投资开发的柬埔寨斯登沃代水电站6台机组全部顺利完成72h试运行，标志着斯登沃代水电站机组全部投产发电。

同日 国家能源局印发《关于单一供电城市电力安全事故等级划分标准的通知》（国能安全〔2013〕255号）。

7月1日 三峡地下电站开始实施无人值班运行管控模式。这种管理模式的创新，是中国大型水电站探索无人值班模式迈出的重要一步，对于中国乃至世界水电行业的运行管理方式的变革都将产生重要而深远的意义。

7月3日 中国核电总经理、党委副书记陈桦出席2013中国清洁电力峰会暨中国国际清洁能源博览会并做主旨演讲。

同日 《中国电力与能源》英文版首发式暨中国电力出版社与约翰威立国际出版公司战略合作谅解备忘录签署仪式在北京举行。

7月4日 中国能建与中国航天科技集团公司在中国航天城举行战略合作协议签字仪式。

7月5日 国核保险经纪有限公司在北京揭牌成立。该公司是中国核电行业第一家获批设立的全国性保险中介机构。

7月7日 巴基斯坦共和国总理纳瓦兹·谢里夫率代表团到南方电网公司访问。南方电网公司董事长、党组书记赵建国，外交部部长助理张坤生，中国驻巴基斯坦大使孙卫东出席座谈会。

7月8日 美国《财富》杂志发布2013年度财富世界500强排行榜，国家电网公司（第7位）、中国南方电网有限责任公司（第134位）、神华集团（第178位）、中国华能集团公司（第231位）、中国国电集团公司（第299位）、中国电力建设集团有限公司（第354位）、中国大唐集团公司（第376位）、中国华电集团公司（第389位）、中国电力投资集团公司（第408位）。

7月13日 中共中央政治局常委、全国人大常委会委员长张德江到中国水电十三局正在施工中的江苏条子泥匡围工程实地考察，征求大家对反对“四风”的意见建议。

7月16～17日 中宣部、国资委组织的“走进新国企——绿色发展国电行”采访活动走进中国国电集团公司，国内多名专家学者和24家媒体记者调研采访了集团公司科学发展、转型升级情况。

7月16日 财富中文网发布2013年中国500强排行榜，中国水利水电建设股份有限公司以1270.37亿元的营业收入、40.94亿元的利润额列排行榜第31位，比2012年提升1位。在基建建筑类企业中排名第6位。

同日 《财富》中文网发布2013年中国企业500强排行榜，中国能建所属中国葛洲坝集团公司凭借良好业绩，首次跨入“中国500强”百强行列，排名第97位。中国神华集团以营业收入2502.6亿元位居第18位，比2012年提升一位，再次位居煤炭行业榜首。

7月17日 国务院印发《关于促进光伏产业健康发展的若干意见》（国发〔2013〕24号）。

7月18日 国家发展改革委印发《关于印发〈分布式发电管理暂行办法〉的通知》（发改能源〔2013〕1381号）印发。

7月24日19时28分 三峡电站总出力达到2250万kW，2013年首次实现满负荷运行。

7月25～26日 国务院国资委在银川市举办中央企业、地方国资委负责人研讨班。中国国电集团公司荣获国资委2012年度及2010～2012年第三任期经营业绩考核A级，并荣获“业绩优秀企业”称号。

7月25日 国务院国资委召开中央企业、地方国资委负责人研讨班会议，会上公布了中央企业2012年度及2010～2012年任期经营业绩考核结果。中国电建集团公司获评2012年度综合绩效评价A级企业及2010～2012年第三任期业绩考核A级企业，并荣获“业绩优秀企业奖”。华能集团圆满完成考核指标，年度业绩考核、央企负责人任期经营业绩考核两项考核结果双双保持A级。神华集团公司被国务院国资委授予“业绩优秀企业奖”。

7月26日 长江电力入选“2012年度金牛上市公司百强榜”。

同日 “中国电力主题日”暨大唐集团第七届企业开放日活动在河北、河南、广东、陕西等19个省、市、自治区的29家企业及柬埔寨菩萨省的“云南东南亚经济技术投资实业有限公司”举办。活动邀请了社会各界人士走进企业，了解电力、热能、煤炭等产业的生产流程、安全管理、环境保护和社会责任，“零距离”感受现代综合能源企业的风采。开放企业达127家（次），参观者超过4.4万人。

同日 国务院派驻国有重点大型企业监事会主席时希平赴中国国电集团公司在宁夏企业调研，考察了国电宁夏石嘴山发电有限责任公司、国电英力特能源化工集团股份有限公司生产现场和宁东化学工业园甲醇、乙炔、聚乙烯醇项目建设工地，详细了解生产经营和项目发展等情况。

同日 国家发展改革委副主任、国家能源局局长吴新雄主持召开会议，专题研究化解特高压交流电网争论、加快重点输电通道建设、解决窝电缺电矛盾等问题。

7月29日 国家能源局综合司印发《关于当前开展电力用户与发电企业直接交易有关事项的通知》（国能综监管〔2013〕258号）。

7月30日 国家能源局总工程师杨昆在昆明与云南省副省长和段琪、刘慧晏就云南水电弃水问题进行了会谈，会后形成了《国家能源局云南省人民政府关于水电弃水问题工作会谈纪要》。纪要明确尽快核准金中直流和观音岩送出两个工程项目，并对解决云南水电弃水和满足云南省内用电需求问题提出了意见。

同日 国家能源局法改司召开《中华人民共和国电力法》修订工作启动会，组成多部门修订工作小组，确定修订工作任务和分工。

同日 国家能源局在京召开全面解决无电人口用电问题工作会议，部署3年全面解决无电人口用电问题工作任务。

7月31日 国家能源局出台《关于做好近期市场监管工作的通知》(国能监管〔2013〕259号)。

同日 国务院国资委公布中央企业负责人2012年度和第三任期（2010～2012年）经营业绩考核结果，国家电网公司考核结果均为A级，考核得分情况为公司业绩考核历史最好成绩。同时，国家电网公司获得“业绩优秀企业奖”和“科技创新特别奖”两项任期特别奖。

南方电网公司获得年度和任期经营业绩考核A级，并荣获业绩优秀企业奖、科技创新企业奖和节能减排优秀企业奖3项任期特别奖。

7月 国务院发布《关于促进光伏产业健康发展的若干意见》后，国家能源局印发了《分布式发电管理办法》，财政部出台了《关于分布式光伏发电实行按照电量补贴政策等有关问题的通知》，建立中央财政按季向电网企业拨付补贴资金、电网企业按电费结算周期向项目单位转付补贴机制。

8月1日 溪洛渡水电站首批机组投产运行仪式在溪洛渡工地举行。首批机组共4台，全部由中国能建所属中国葛洲坝集团公司安装调试。

8月1～2日 在中国电机工程学会项目鉴定会上，华能清洁能源研究院研发的“30万kW级CFB锅炉优化燃烧与SNCR联合高效脱硝关键技术研发及工程应用”“燃煤电厂氧化协同脱汞技术开发与工程应用”“燃气烟气1000吨/年二氧化碳捕集技术研发与工程示范”“线聚光直接蒸汽式太阳能热发电装置”等项目顺利通过科技成果鉴定，并获得与会院士、专家的高度评价。

8月1日 神华集团在北京召开减排技术研讨会。

8月2日 中共中央政治局常委、全国政协主席俞正声视察国网西藏电力有限公司，了解西藏电网发展、电源建设、用电负荷以及川藏联网工程等情况，对国家电网公司为保障藏区经济社会发展所做出的贡献给予充分肯定和高度评价，就发展特高压电网、加快川藏联网工程建设等做出重要指示。

8月5日 国家能源局召开雅鲁藏布江下游水电规划论证工作启动会。

8月6日 全国发电量达175.19亿kWh，较2012年夏季最大值增长14.65%。

8月8日 山西省政府在太原市举行煤电企业中长期购销协议签约仪式。

同日 煤电企业中长期购销协议签约仪式在山西太原举行。签约仪式上，华能、大唐、华电、国电、中电投等中央发电企业，以及浙能、格盟等地方发电企业，分别与山西省七大煤炭集团签订了中长期煤炭购销协议。

8月9日 中国能建与新兴际华集团有限公司在北京举行战略合作协议签字仪式。

同日 嘉陵江亭子口水利枢纽工程首台机组通过72h试运行，提前5个月投产发电。亭子口水利枢纽工程是国务院确定的长江防洪体系的重点工程之一，以防洪、灌溉及城乡供水、发电为主，兼顾航运，并具有拦沙减淤等作用，是大唐集团积极履行央企社会责任的重要体现。

8月9日 国家能源局出台《关于开展分布式光伏发电应用示范区建设的通知》(国能新能〔2013〕296号)。

8月11日 国家能源局印发《关于西藏“十二五”水电开发和电力援藏有关事项的通知》（国能新能〔2013〕375号)。

8月12日 华能集团大庆热电2号机组（35万kW）顺利通过168h连续满负荷试运行。

8月19日 国家能源局编制完成国家科技重大专项“大型先进压水堆及高温气冷堆核电站2014年实施计划”。

8月21日 国家能源局、工业和信息化部印发《关于规范电力用户与发电企业直接交易有关工作的通知》（国能综监管〔2013〕506号)。

8月22日 国家能源局、国家开发银行联合印发《关于支持分布式光伏发电金融服务的意见》（国能新能〔2013〕312号)。

8月23日 在中国国务院总理李克强、印度总理辛格见证下，国家发展改革委副主任、国家能源局局长吴新雄与印方签署了《中华人民共和国和印度共和国关于在印度建立中国电力设备服务中心的谅解备忘录》。

8月26日 美国ENR全球最大250家工程承包商、全球最大250家国际工程承包商、全球工程设计公司150强和国际工程设计公司225强榜单出炉。中国电建所属中国水电股份公司、中国水电顾问集团、山东电建三公司、山东电力基本建设总公司榜上有名。

8月27日 国家核电巴西代表处在里约热内卢揭牌成立。

同日 国家发展改革委发出通知，决定自9月25日起提高可再生能源电价附加征收标准，进一步完善脱硝等环保电价政策；同时，还出台了调整和完善光伏发电价格及补贴政策的文件。

同日 国家能源局印发《全面解决无电人口用电问题三年行动计划（2013～2015年）》(国能新能〔2013〕314号)，实施组织电力企业开展无电地区电力建设，实施电网延伸和光伏独立供电工程，尽快使分布在新疆、四川、青海、甘肃、内蒙古、西藏等偏远地区的无电人口用上电。

8月28日 ±500kV从化换流站接地极线路贯通，至此，±500kV溪洛渡直流输电工程直流线路全线贯通。

同日 国家能源局印发《关于试行农网还贷资金征收使用情况报告制度的通知》(国能新能〔2013〕391号)。

同日 ±500kV从化换流站接地极线路贯通，至此，±500kV溪洛渡直流输电工程直流线路全线贯通。

同日 海南电网公司三沙供电局与三沙市人民政府签订《三沙市永兴岛发供电设施移交协议》，标志着三沙供电局接管供电资产并正式运营。

8月29日 国家能源局印发《关于光伏电站项目管理暂行办法的通知》(国能新能〔2013〕329号)。

同日 国家能源局印发《抽水蓄能电站调度运行导则》(国能新能〔2013〕318号)。

8月30日 国家“西部大开发”标志性工程，“西电东送”重点工程、拥有世界第一高坝的雅砻江锦屏一级水电站首批两台60万kW的机组投产发电。锦屏一级水电站安装60万kW机组6台，总容量360万kW。

同日 国家发展改革委宣布对现有电价政策体系进行调整，上调可再生能源电价和环保电价，每度电上调0.002～

0.007 分不等。这次电价调整属于结构性调整，并非煤电联动。

同日 雅砻江锦屏一级水电站首批 2 台 60 万 kW 机组投产。8 月 31 日出版的《人民日报》，在头版显要位置以《技术难度最大 世界第一高坝 锦屏一级水电站首批机组投产》为题进行了报道，并在当日第六版发表题为《雅砻江锦屏一级水电站投产发电，流域将建 21 个梯级站，破解“1.5 个三峡”最难题》的长篇通讯。

8 月 31 日 2013 年中国企业 500 强发布会在昆明召开，华能集团公司排名第 31 位，在五大发电集团中继续保持排名领先。

同日 中国企业联合会发布了 2013 中国 100 大跨国公司及跨国指数。在 2013 中国 100 大跨国公司榜单中（按照海外资产排名），中国电力建设集团有限公司、华能集团公司分列第 16、19 位，在电力企业中排名第一、第二。

同日 中央编办印发《中央编办关于国家能源局派出机构设置的通知》（中央编办发〔2013〕130 号）。国家能源局在华北、东北、西北、华东、华中、南方设置 6 个区域监管局，在山西、山东、甘肃、新疆、浙江、江苏、福建、河南、湖南、四川、云南、贵州 12 个省（自治区）设立监管办公室。6 个区域监管局及 12 个省级监管办公室行政编制共 500 名，其中司局领导职数 42 名。

8 月 中国电建受国家商务部的委托，组织众多资深专家整理并翻译的《中国电力行业标准（英文版）》由中国水利水电出版社隆重出版。这套标准首批推出 30 个品种，涉及水电工程规划、勘测、设计和施工等，是迄今为止中国水电行业首套规模最大、覆盖最广、品种最全的英文标准，标志着中国水利水电工程建设标准迈出了国际化的重要一步。

8 月 31 日～9 月 1 日 由中国企业联合会、中国企业家协会主办的 2013 中国企业 500 强发布暨中国大企业高峰会在云南召开，国家电网公司位列 2013 中国企业 500 强第三名，中国服务企业 500 强第一名。

9 月 3 日 央视新闻联播头条播出中国国电集团公司报道：国电集团火力发电污染物排放标准低于欧盟和美国，高效能源和清洁能源已超六成。

同日 中共中央政治局常委、国务院副总理张高丽在中共中央政治局委员、北京市委书记郭金龙，市长王安顺等的陪同下，就北京市西北热电中心建设工作到大唐国际北京高井热电厂调研。张高丽在调研中指出，建设西北热电中心，对更好地满足北京市供热、供电需求，构建安全稳定、清洁高效的现代城市能源体系具有十分重要的意义。

同日 《南方电网发展规划（2013～2020 年）》正式出炉。这是由国家能源局组织编制完成的国内首个“十三五”电网规划，是指导 2013～2020 年南方电网发展的行动纲领。南方电网公司参与并完成了相关研究工作。

同日 云南普洱—广东江门±800kV 直流输电工程（糯扎渡直流工程）开始向广东送电。

同日 国家能源局组织编制的《南方电网发展规划（2013～2020 年）》正式发布。这是国内首个“十三五”电网规划，是指导 2013～2020 年南方电网发展的行动纲领。该规划明确了南方电网发展以直流为主的西电东送技术路线。

9 月 5～6 日 国家环境保护部副部长、国家核安全局局长李干杰赴大亚湾核电基地调研，希望中广核要在过去成功经验的基础上，继续发展完全自主化的三代核电技术。

9 月 7 日 在国家主席习近平与哈萨克斯坦总统纳扎尔巴耶夫的见证下，大唐集团公司董事长、党组书记陈进行与哈萨克斯坦国有资产管理机构萨姆鲁克卡兹纳国家基金股份公司管委会主席舒克耶夫签署了《中国大唐集团公司与萨姆鲁克卡兹纳国家基金股份公司合作协议》。

9 月 9 日 华能国际被正式纳入恒生神州 50 指数成分股。恒生神州 50 指数由恒生指数有限公司推出，旨在量度在中国内地及香港上市、总市值位列前 50 名的大型中国公司的整体表现，该指数成分股每半年筛选调整一次。

中旬 全国人力资源社会保障部、全国博士后管理协调委员会下发通知，华能清洁能源研究院获批设立博士后科研工作站。

9 月 10 日 国家一期海上风电特许权项目在北京开标，其中包括 2 个 30 万 kW 的近海项目和 2 个 20 万 kW 的潮间带项目，标志着中国海上风电项目迈出实质性步伐。

9 月 11 日 国家知识产权局下发通知，确定了国家专利导航产业发展实验区、国家专利协同运用试点单位、国家专利运营试点企业的名单，大唐集团被命名为首批“国家专利运营试点企业”。

同日 ±800kV 云广直流联网运行方式转孤岛运行方式操作全部完成。这是世界上首次正式采用特高压直流孤岛运行方式。

同日 全国政协副主席、民建中央常务副主席马培华一行到国家电网公司调研，对公司积极服务清洁能源发展、大力开展科技创新、加快智能电网建设等工作给予高度评价。

9 月 13 日 国家能源局印发《关于同意神华国华广投北海电厂新建项目开展前期工作的复函》（国能电力〔2013〕341 号）文件，正式批复神华国华北海电厂新建 2 台 100 万 kW 机组工程项目开展前期工作。

9 月 15 日 太平洋西南部岛国瓦努阿图共和国总理卡凯塞斯，考察了中国国电集团公司第一个并网型太阳能光伏电站——国电平罗光伏电站，宁夏回族自治区政府副主席白雪山、中国驻瓦努阿图共和国大使谢波华陪同考察。

9 月 16 日 中国能建与中国南车集团公司在北京签署战略合作协议。

9 月 17 日 神华国华电力公司与天津能源投资集团、鄂尔多斯市人民政府、准格尔旗人民政府签署《合作意向协议》，共同建设内蒙古大路燃煤火电项目。

9 月 18 日 阳江 5 号机组核岛主体工程正式开工，中广核在建核电机组达到 15 台，成为全球最大的核电建造商。

9 月 20 日 哈密南—郑州±800kV 特高压直流输电线路全线架通。哈郑线全长 2191.5km，该工程是“800kV、800 万 kW”特高压直流输电标准化示范工程，也是首个“风光火打捆”外送的特高压直流工程。

9 月 21 日 三峡集团首个以 EPC 方式承建的马来西亚沐若水电站成功下闸蓄水，这是马来西亚沐若水电站建设的又一重大里程碑，为其按期实现发电目标奠定了坚实基础。

9 月 21～29 日 国家电网公司董事长、党组书记刘振亚赴德国、意大利参加 2013 国际智能电网论坛，9 月 24 日上午做了题为《建设坚强智能电网 推动能源安全高效清洁发展》的主旨发言。

9 月 22 日 人力资源和社会保障部、国务院国有资产监督管理委员会发布《关于表彰中央企业先进集体和劳动模范的决定》，对中央企业的 497 个单位和 796 名同志进行了表彰。中国电建共有 7 家单位、11 名个人获得“中央企业先进集体”和“劳动模范”荣誉称号。中国核电荣获“中央企业先进集体”称号。神华集团9家单位荣获“中央企业先进集体”称号，14名职工荣获“中央企业劳动模范”称号。

同日 国家能源局会同西藏自治区人民政府在西藏林芝召开“十二五”电力援藏工作座谈会，检查和部署“十二五”电力援藏工作。

9月23～27日 应国家发展改革委副主任、国家能源局局长吴新雄邀请，英国能源和气候变化大臣爱德华·戴维访华。期间，双方签署了《中国国家能源局与英国能源与气候变化部关于加强能源领域合作的谅解备忘录》和《中国国家能源局和英国投资贸易署关于中英海上风电合作的谅解备忘录》，双方政府和企业代表召开了第二次中英能源对话。

9月24日 华能西藏墨脱电力有限公司揭牌。该公司将在“十二五”期间完成亚让电站及电站线路延伸工程建设，完成甘登电站和12座微型电站建设，完成墨脱县电力设施升级改造，同步建设华能墨脱电力集控管理中心及配套设施。

9月25日 中国首个同塔双回路特高压交流输电工程——皖电东送淮南—上海1000kV特高压交流示范工程全线正式投入商业运行。

同日 国家发展改革委将除居民生活和农业生产用电之外的其他用电可再生能源电价附加标准由每千瓦时0.8分钱提高到1.5分钱，这意味着可再生能源的资金困境将得到解决，同时不会增加居民用电成本。

9月26日 国家核电董事长王炳华在总部会见了英国能源与气候变化部国务大臣爱德华·戴维、英国驻华大使吴思田及英国能源与气候变化部核能办公室主任马克·西格森一行。

同日 北方公司、上都电厂、国家电网公司华北分部、北京四方继保自动化公司等多家单位，在上都电厂进行了抑制次同步谐振装置附加励磁阻尼和机端次同步阻尼综合方案的500kV系统联合试验，取得圆满成功。这两种装置及技术方案填补了该技术领域的国内外空白。

同日 第四届全国道德模范评选表彰活动在北京揭晓。国网山西电力离休干部解黎明当选“全国道德模范”（助人为乐模范）。

9月26～29日和10月9日 国家能源局组织开展了向家坝—上海±800kV特高压直流示范工程最终验收。

9月27日 华能集团公司华北分公司、华能国际电力股份有限公司华北分公司在京成立。华北分公司是华能集团公司总部的分支机构，日常工作纳入股份公司管理体系，主要负责华能在北京、天津地区的项目管理和发展工作，下辖北京热电厂、天津IGCC电厂和杨柳青电厂，总装机容量323.34万kW。

同日 大唐安徽淮北发电厂虎山“上大压小”项目1号机组（66万kW超临界凝汽式机组）顺利通过168h试运行并网成功。

同日 神华集团电力板块“一保一降”经验交流暨第四届厂长大会在北京召开。

9月28日 北京国华电力有限责任公司与广西投资集团有限公司签署合资协议，共同建设广西鹿寨“上大压小”热电联产项目。

9月29日 华能集团洛阳热电公司举行主厂房第一罐混凝土浇筑仪式，标志着洛阳热电项目正式开工建设。该项目规划建设2台35万kW超临界热电联产机组，并同步建设脱硫脱硝设施，计划于2014年10月第一台机组投产发电。

同日 大唐科技产业有限公司揭牌仪式在北京举行。集团公司董事长、党组书记陈进行，副董事长、总经理、党组副书记王野平共同为该公司成立揭牌。

同日 神华国华（北京）燃气热电有限公司建设项目浇筑第一罐混凝土。

9月30日 国家发展改革委印发《国家发展改革委关于调整发电企业上网电价有关事项的通知》（发改价格〔2013〕1942号），本次电价下调为全国性火电上网电价下调，除新疆和云南外，其余地区每千瓦时下调0.9～2.5分，火电上网电价的调整自2013年9月25日起执行。

10月上旬 在中电联公布的2013年全国电力行业管理创新成果奖获奖名单中，华能集团公司20项成果获奖。其中，河北公司“‘价值工程’管理技术在发电企业的构建和实践”、西安热工院“合同全过程管理系统的开发与应用”、股份公司“建立燃料生产监审一体化大燃料管控机制，创建燃料管理标杆电厂体系”、香港公司“境外投资公司跨国并购后的文化融合管理”、吉林公司“实施季度绩效考核推动企业管理提升的探索与实践”等5项成果获一等奖；股份公司“采用模块化设计，提升大型电力公司火电工程建设水平”等8项成果获二等奖；江苏分公司“F级燃机全寿期盈利能力招标方法研究与实施”等7项成果获优秀奖。12月20日，全国企业管理现代化创新成果审定委员会发布了第二十届全国企业管理现代化创新成果，香港公司“境外投资公司跨国并购后的文化融合管理”、西藏公司“高原水电站基于信息平台建设的造价管理”、河北分公司“发电企业基于价值工程技术的生产运营管理”3项成果获评“国家级企业管理现代化创新成果(二等)”。

10月7日1时15分 2013年第23号台风“菲特”在福建福鼎登陆，中心附近最大风力14级，强风、暴雨不仅造成浙江、福建24座变电站停运，905条10kV及以上线路跳闸，84.54万户客户停电。国家电网公司系统共出动抢修人员16 981名、应急抢修车辆4342辆、应急发电车164辆、发电机595台、大型装备53台，于10月15日全部恢复供电。

10月8日 国家能源局印发《关于大力发展分布式发电若干意见的通知》（国能新能〔2013〕366号）。

10月9日 向家坝—上海±800kV特高压直流输电示范工程最终验收会议在北京召开，由国家能源局组织成立的最终验收专家组同意工程通过最终验收。11月19日，国家发展改革委正式发文，宣布工程通过国家最终验收。

10月11日 神华国华广投（柳州）发电有限责任公司成立。

10月13日 在中越两国总理见证下，越南投资计划部部长裴光荣向南方电网公司董事长、党组书记赵建国颁发越南永兴燃煤电厂一期BOT项目投资许可证。12月12日，永兴燃煤电厂一期BOT项目签字仪式在越南首都河内举行，相关各方正式签署了永兴燃煤电厂一期BOT合同、购售电协议、供煤协议、煤炭运输协议和租地协议，标志着项目最终进入实施阶段。

10月14日 华能集团与意大利国家电力公司在公司总部签署了《中国华能集团公司和意大利国家电力公司科技合作谅解备忘录》。

同日 华能新能源公司签署新股配售协议，以2.71港元每股价格向潜在投资者发行5.82亿股H股，融资规模为

2.35亿美元，折合人民币约12.4亿元。较新能源公司首次公开发行价格溢价约8.4%。

同日 在参加韩国大邱举行的“第22届世界能源大会”期间，大唐集团董事长、党组书记陈进行与韩国电力公社社长赵焕益进行友好会谈，并签署了《中国大唐集团公司与韩国电力公社业务开发与友好合作协议》。

10月15日 国家发展改革委正式发布各省（区、市）统调燃煤机组上网电价和跨省、跨区域送电价格调整表。本次电价调整是在保持销售电价水平不变的情况下适当调整电价水平，除云南、四川两省不做调整外，其余各省都将下调，降幅在0.60～2.50分/kWh（含税）之间。

10月17日 英国财政大臣乔治·奥斯本赴台山核电现场调研。在乔治·奥斯本的见证下，中国广核集团与EDF签署了战略合作协议。

同日 华能集团糯扎渡电站水库成功蓄水至正常蓄水位812m高程，标志着中国第一、世界第三的心墙堆石坝达到正常运行工况，电站由蓄水阶段转入正常运行阶段。

同日 中国电力企业联合会公布表彰了2013年全国电力行业企业管理创新成果。大唐集团公司20项成果榜上有名，其中一等奖5项，二等奖9项，优秀奖6项。

10月18日 中国核电副总经理何小剑会见世界核电运营者协会（WANO）莫斯科中心主席SANDOR Nagy一行。

10月22日 在中国国务院总理李克强和俄罗斯总理梅德韦杰夫的共同见证下，中国华能集团公司总经理曹培玺与俄罗斯恩佳集团总裁兼CEO杰里帕斯卡在北京签署《中国华能集团公司与俄罗斯恩佳集团战略合作框架协议》。

10月23日 三峡集团与俄罗斯水电公司签署阿穆尔河支流水电站合作开发协议。根据协议，双方将在互利的基础上共同致力于阿穆尔支流水电站的联合开发，其中包括双方联合投资、设计和建设以及电力销售。

10月24日 由哈电集团自主研发、设计制造的世界单机容量最大的机组——向家坝水电站800MW级水轮发电机组成功并网发电，使中国水轮发电机制造水平由700MW级跃升到800MW级，创造了中国电力装备行业水电机组的最高纪录，也创造了世界之最。

10月25日 湖南苏宝顶风电主体工程开工动员会暨升压站基础第一罐混凝土浇筑仪式在湖南邵阳市洞口县雪峰山举行，标志着华能在湖南投资的首个风电项目全面启动。该项目于6月8日获湖南省发展改革委核准，位于湖南怀化市与邵阳市交界处的雪峰山脉上，建设规模15万kW，安装75台2000kW风力发电机组，是截至2013年底湖南省装机容量最大的风电场。

10月26日 南非共和国能源部副部长巴巴拉·汤普森女士（Barbara Thompson）一行到山东海阳参观了中国三代核电自主化依托项目AP1000核电项目现场，并访问山东核电设备制造有限公司。

10月28日 南非共和国副总统莫特兰蒂先生（Kgalema Petrus Motlanthe）一行到访国家核电国核电力规划设计研究院并参观了中国三代核电的台架试验基地，听取了三代核电研发、设计和建设进展的介绍。

同日 华能集团临沂电厂2号机组通过168h连续满负荷试运行，标志着临沂电厂2×35万kW超临界热电联产工程竣工。

10月29日 华能集团渑池热电联产工程项目主厂房第一罐混凝土开始浇注，标志着该项目正式开工建设。该项目一期工程建设2台35万kW超临界燃煤双抽供热发电机组，计划于2015年上半年投产运营，可承担870万m^2的采暖供热和200t/h的工业用汽。

同日 2013年度普氏全球能源企业250强奖项揭晓，中国神华集团从2012年第19位提升至今年的第14位。同时，在亚洲煤炭与消费类燃料公司中位居榜首，并在亚太区综合排名第4位。

10月30日 中国电建玉树重建指挥部经过三年艰苦拼搏，圆满完成结古镇城西片区居民住房、公共设施、生态修复、特色产业以及称多县歇武镇、玉树县小苏莽乡共1103套农牧民住房共计79项等恢复重建项目，总建筑面积86.78万m^2，是援建各单位中承担项目最多、施工区域最广、施工难度最大、协调难度最复杂的央企。

同日 中国大唐集团核电有限公司揭牌仪式暨集团公司与中国核工业建设集团公司战略合作框架协议签字仪式在北京举行。

10月31日 国家能源局综合（行情专区）司发布《关于印发建立服务核电企业科学发展协调工作机制方案的通知》，不仅对核电企业“走出去”给予方向性指引，并且要推动将核电“走出去”作为中国与潜在核电输入国双边政治、经济交往的重要议题。

同日 中国华电集团江苏华电句容分公司一期工程2台百万千瓦超超临界燃煤发电机组实现“双投”。该项目采用2台百万千瓦级超超临界燃煤发电机组，除尘系统在国内首次应用“移动电极”技术，烟粉尘排放浓度降低到30mg/m^3。

10月下旬 人力资源和社会保障部、国资委联合发文，表彰了一批中央企业先进集体和劳动模范。华能澜沧江水电有限公司、华能国际太仓电厂等6个集体和9名个人分别被授予“中央企业先进集体”和“中央企业劳动模范”称号。

11月1～2日 中国电机工程学会热工自动化专业委员会成立大会在厦门召开。该专委会挂靠在西安热工院，主要负责制订电力行业热工自动化学科领域的中长期专业学术活动规划；组织该专业学术领域国内外高水平、高质量的交流活动；掌握该专业学科的国内外发展动向；组织专委会科技工作者对行业的热工自动化及信息领域科技发展战略决策开展科学论证和咨询，提出技术政策建议等。

11月1～3日 “水电2013大会——中国大坝协会2013学术年会暨第三届堆石坝国际研讨会”在昆明召开，国内近600位专家学者以及来自30多个国家和地区的100多名代表参加了会议。大会围绕水库大坝建设管理、水电开发新技术、新理念，以及水库大坝与水电可持续发展等热点问题进行研讨。

11月1日 国家电网公司荣获2013年中央企业财会职业技能大赛决赛团体一等奖。

11月2日 太原东山燃机热电项目开工仪式在太原举行。该项目距太原市区约3km，是华能太原低碳工业园的启动依托项目，工程规划建设2台9F级燃气发电供热机组，总装机容量86万kW。

同日 浙江国华浙能发电有限公司“四机一控火力发电厂辅助车间控制系统”荣获第65届纽伦堡国际发明展银奖。神华国华（北京）电力研究院有限公司“海水淡化蒸发器凝结水排出装置”获得第65届纽伦堡国际发明展铜奖。

11月3日 三峡工程荣获全国质量奖“卓越项目奖”。

11月4日 国家能源局印发《无电地区光伏独立供电工

程验收指南》(国能综新能〔2013〕550号)。

11月6日 二氧化碳捕集、利用与封存(CCUS)产业技术创新战略联盟成立大会在京举行。华能集团公司被推选为联盟第一届常务理事长单位,集团副总经理胡建民担任联盟第一届理事长,华能清能院院长许世森任联盟第一届秘书长。

11月6~7日 第三届粤港澳电力企业高峰会在香港举行。

11月9日 首届核电海盐论坛暨核电建设与地方发展座谈会在海盐举行。

11月中旬 国家能源局在无锡市举行服务光伏发电企业座谈会。国家发展改革委副主任、国家能源局局长吴新雄在会上指出,要通过市场引导,政企合力,加快探索分布式光伏发电的发展模式和商业模式。

11月11日 中国华电集团公司召开干部大会,宣布党中央、国务院关于中国华电集团公司主要领导变动的决定:中国华电集团公司设立董事会,李庆奎同志任中国华电集团公司董事长、党组书记,免去云公民同志的中国华电集团公司总经理职务。同时,国资委党委决定,免去云公民同志的中国华电集团公司党组副书记职务。

11月12日 十八届三中全会通过的《中共中央关于全面深化改革若干重大问题的决定》中提出,国有资本继续控股经营的自然垄断行业,进一步破除各种形式的行政垄断。推进水、石油、天然气、电力等领域价格改革,放开竞争性环节价格。这一纲领性文件点到关于电力领域的改革,被称为电力体制改革重启的标志性事件。

同日 核电半速1200MW级汽轮发电机在哈电集团(秦皇岛)重型装备有限公司成功下线,这是中国在AP1000第三代技术上研发制造的首台产品。该产品的研制成功,标志中国已完全拥有独立自主制造第三代核岛超大型发电主机设备的能力。

同日 国家能源局印发《关于进一步规范用户受电工程市场的通知》(国能监管〔2013〕408号)。

11月13日 中国核电在海盐组织开展日本海外电力调查者协会年度会议。

11月14日 沁北电厂机组AGC功能顺利通过华中网调联调验收,成为华能集团公司首个投入全厂AGC功能的火电厂,实现了发电负荷厂内调度。

同日 中国社科院正式对外发布《企业社会责任蓝皮书(2013)》,国家电网公司社会责任发展指数为89.3分,位居中国企业100强首位。中国华电集团公司社会责任发展指数排名中国100强第四位,较2012年上升4个名次。

11月15日 由环境保护部环境工程评估中心、三峡集团、北京师范大学和水电水利规划设计总院共同发起的水电环境研究院在京成立。水电环境研究院的成立将为国家和行业管理部门提供技术支撑,将有力促进中国水电开发与生态环境保护的协调发展。

同日 西宁热电"上大压小"2×35万kW热电联产工程开工仪式在青海省湟中县堡子村举行。该项目是华能在青海投资建设的首个火电项目,建设2台35万kW超临界燃煤空冷热电机组,同步建设高效电袋除尘、脱硫、脱硝、在线烟气连续监测装置和污水处理系统。项目于2013年9月30日获国家发展改革委核准,投产后可有效改善青海省电源结构,同时为西宁市海湖新区和西部新城区1300余万m^2建筑提供集中供热。

11月16日 由中广核所属北京广利核系统工程公司自主研发完成的核电站全数字化仪控系统(DCS)工程样机系统设计,正式进入工程应用阶段。中国成为继美、法、日之后掌握自主知识产权核级DCS的国家,攻克了核电自主化最后20%关键技术"堡垒"。

11月18日 国家能源局印发《分布式光伏发电项目管理暂行办法》(国能新能〔2013〕433号)。

11月19日 由国家发展改革委能源研究所和台湾工业技术研究院共同举办的"2013年两岸可再生能源产业合作及交流会议"在高雄市召开。

同日 南方电网国际(香港)公司联合中华电力有限公司与埃克森美孚能源有限公司签署了协议,收购其持有的香港青山发电有限公司(简称青电)60%股权。收购完成后,中华电力有限公司持有青电70%的股权,南方电网国际(香港)公司持有青电30%的股权。

11月22日 纳米比亚前总统萨姆·努乔马到访中国广核集团,表示纳米比亚政府将一如既往对中广核的投资项目给予支持,并欢迎中国广核集团投资开发风电、太阳能等清洁能源项目。

同日 华能天津IGCC项目被亚洲开发银行评为"2012年度最佳表现贷款项目"。

同日 国家能源局在京召开监管工作例会第一次会议。会议对重点开展12项专项监管进行部署,包括市场监管方面7项,即能源项目审批简政放权落实情况专项监管、人民群众满意用电专项监管、电力企业大气污染防治专项监管、用户受电工程市场秩序专项监管、可再生能源发电并网专项监管、电力交易市场秩序专项监管、节能减排电价专项监管;安全监管方面3项,即建设施工安全生产专项监管、信息安全专项监管、电网安全风险管控专项监管;准入监管方面2项,即县调发电企业许可制度执行情况专项监管、500(330)kV在建项目许可制度执行情况专项监管。

11月23日 浙江三门核电站1号机组顺利完成了核岛厂房穹顶吊装,标志着中国三代核电自主化依托项目、世界首批AP1000机组建设总体进展顺利,首台机组进入"收官"阶段。

同日 国家发展改革委副主任、国家能源局局长吴新雄到上海电气集团汽轮机公司,深入火电、核电汽轮机和重型燃气轮机生产车间调研,并在上海组织召开能源重大装备国产化产业化座谈会。

11月24日 大唐岩滩水力发电公司扩建工程首台30万kW机组即6号机组,在经过72h试运行后,顺利投入商业运营。

11月25日 在李克强总理与罗马尼亚总理维克托·蓬塔的共同见证下,中国广核集团董事长贺禹与罗马尼亚国家核电公司总裁在罗马尼亚总理府签署了合作开发切尔纳沃德核电站3、4号机组的意向书,标志着中国广核集团"走出去"迈出了新步伐。

同日 中国核电总经理、党委副书记陈桦会见了德国SAP公司全球高级副总裁、中华区总裁Mark Gibbs先生一行。双方就中国核电N1-ERP项目进行了深入交流,同时表达了双方在后期加强合作的意愿。

同日 中国国务院总理李克强、罗马尼亚共和国总理维克托—蓬塔共同见证中广核与罗马尼亚国家核电公司签署了关于建设罗马尼亚切尔纳沃德(Cernavoda)核电站3、4号机组的合作意向书。中国电力建设集团与罗马尼亚塔尼塔电站项目公司签署《罗马尼亚塔尼塔－拉普斯泰斯提抽水蓄能电站项目合作意向书》。

同日 国家能源局印发《关于明确下放电力业务许可证核发职责等事项的通知》（国能综合〔2013〕448号）。

同日 神华集团与福建省人民政府签订《战略合作补充协议》，双方约定由福建能源公司协助福建省推进吉安—永安—泉州铁路前期工作，开展单机66万kW循环流化床燃煤机组和粉煤灰提取氧化铝项目前期论证工作。

同日 神华国华徐州发电有限公司2台100万kW发电机组建设工程获“2012～2013年度国家优质工程金质奖”。

11月26日 上海市碳排放权交易市场正式启动，成为继深圳市后国内第二个正式启动的碳排放权交易市场。石洞口一厂在市场启动当日以26元/t的价格购入4000t 2014年上海市碳排放配额（SHEA14），完成了2014年上海市碳排放配额的首笔交易。

同日 中国国务院总理李克强出席了在罗马尼亚举行的第三届中国－中东欧国家经贸论坛，并见证了中国华电集团公司罗马尼亚罗维纳里燃煤电站项目投资意向协议的签署。

同日 巴基斯坦大型核电项目在巴南部港口城市卡拉奇举行启动仪式，巴总理谢里夫亲自参加破土动工仪式。该核电项目由中国援建，采用由中核集团自主研发的具有自主知识产权的ACP1000三代核电技术，预计6年内完工。

11月27日 国际风电检测机构组织MEASNET (Measuring Network of Wind Energy Institutes) 举行第5次理事会，中国电力科学研究院被正式接纳为MEASNET会员，成为除欧美国家以外第一个获得此资质的风电检测机构。

11月28日 第三届中国证券“金紫荆”奖在香港揭晓，中国国电集团公司董事长、党组书记，龙源电力董事长乔保平荣膺“最具影响力上市公司领袖”奖，并应邀在中国上市公司海外高峰论坛发表主题演讲。龙源电力荣获“最佳投资者关系管理上市公司”奖。

同日 北京市碳排放权交易开市仪式在北京环境交易所举行。在开市的首日交易上，大唐高井热电厂以每吨50元的交易价格，售出了2万t碳排放权配额，占当日成交量的近50%。

11月29日～12月1日 国家能源局局长吴新雄率团访问沙特阿拉伯，会见了沙特石油矿产部部长纳伊米、核能和可再生能源城主席雅玛尼等，就中沙双方进一步巩固和深化能源战略合作，推进油气、核能、光伏领域合作达成多项重要共识。

11月29～12月1日 国家发展改革委副主任、国家能源局局长吴新雄率团访问沙特阿拉伯，会见了沙特石油矿产部部长纳伊米、核能和可再生能源城主席雅玛尼等，双方就中沙进一步巩固和深化能源战略合作，推进油气、核能、光伏领域合作达成多项重要共识。访问期间，吴新雄还应邀出席了国际能源论坛（IEF）主办的“中国能源日”活动，介绍了中国推行节能减排、优化能源结构、转变发展方式、提高能效水平等有关政策。

11月30日 华能集团新加坡大士能源公司5号机组建成投产，比合同工期提前约1个月。该机组为大士能源公司在关停一台60万kW燃油机组后，投资建设的天然气联合循环机组，装机容量40.6万kW。

12月1～6日 中国核电总经理、党委副书记陈桦代表中核集团赴法国参加世界核电运营者协会（WANO）理事会。

12月2日 国家能源局印发《关于生物质发电统计监测体系工作有关要求的通知》（国能新能〔2013〕469号）。

同日 “南网兄弟”黄春强、黄春宁在第九次全国归侨侨眷代表大会上获颁“中国侨界杰出人物”荣誉称号。

12月3日 国家能源局电力安全监管司会同福建监管办在福州市召开电力建设施工安全重点专项监管启动会，传达了青岛“11·22”事故发生后国家发展改革委副主任、国家能源局局长吴新雄关于安全生产工作的指示要求和国家能源局第一次监管工作例会、国家能源局紧急电视电话会议精神，对电力建设施工安全专项监管工作进行全面部署。

同日 神华集团发布的《神华集团2012年度社会责任报告》获“金蜜蜂2013优秀企业社会责任报告·领袖型企业”奖。

12月5日 2012～2013年度中国建设工程鲁班奖（国家优质工程）表彰大会在京隆重召开，共评出202项鲁班奖、14项“境外工程”鲁班奖。中国电建有5项工程获此殊荣。获得“境内工程”鲁班奖的3项工程分别是河北省电力建设一公司承建、江西水电工程局参建的吉林中电投白城电厂2×60万kW“上大压小”新建工程，水电七局、八局、十四局承建的重庆彭水水电站，水电十局参建的河南省燕山水库工程；荣获“境外工程”鲁班奖的两项工程分别是中水电海外投资公司投资建设、水电八局承建的柬埔寨甘再水电站BOT项目和山东三建EPC总承包建设的印度嘉佳圣雄甘地电厂2×66万kW机组工程。

同日 国家电网公司董事长刘振亚发表《智能电网与第三次工业革命》，指出能源变革是第三次工业革命的根本动力，智能电网承载并推动第三次工业革命。

12月6日 由国家原子能机构主办的中法核能合作三十周年高峰论坛在北京举行。国务院副总理马凯、法国总理埃罗出席论坛。中国广核集团董事长贺禹在论坛上做了题为《中法核工业合作成就与展望》的主题发言。

同日 《特高压交直流电网》出版，从理论上丰富完善了国家电网公司和电网发展战略，取得一系列创新成果。

同日 国家能源局电力安全监管司会同东北监管局在辽宁沈阳召开电力企业网络与信息安全专项监管驻点辽宁工作启动会。国家能源局网络与信息安全专项监管督查组正式进驻辽宁省开展工作。

12月9日 来华参加中法核能合作30年庆祝活动的法国总理埃罗参观台山核电站。

同日 大亚湾核电站1号机组实现连续安全运行4000天。自2002年1月12日以来，该机组连续11年无非计划停堆，保持国内核电站单机组安全运行最高纪录，在国际同类型64台机组中排名第一。

12月10日 西藏旁多水利枢纽工程首台机组正式投产发电。旁多水利枢纽工程被誉为“西藏三峡”，创造了防渗墙世界最深、高海拔地区库容最大、高海拔地区单机容量最大、高海拔地区输水隧洞最长等多项之最。

12月12日 中国水电股份公司发布《中国水电第二届董事会第九次会议决议公告》，会议审议通过了《关于变更中国水利水电建设股份有限公司名称的议案》，拟将“中国水利水电建设股份有限公司”变更为“中国电力建设股份有限公司”。这项议案按照相关规定提交股东大会审议并报工商管理部门核准。

12月13日 国务院国资委在中央企业社会责任工作视频会议上公布了“2013中央企业优秀社会责任实践”征集评选结果，华能集团公司“打造绿色煤电、建设美丽中国”案例入选“2013中央企业优秀社会责任实践”，被评为“最佳社会责任实践”。

同日 国家能源局在广州召开电力系统安全风险管控专项监管驻点广东工作启动会，电力系统安全风险管控专项监管督查组正式进驻广东省开展工作。

同日 神华集团荣获“2013第一财经·中国企业社会责任榜”优秀实践奖。

12月14日 全国政协副主席、科技部部长万钢，中央党校常务副校长何毅亭到国家核电总部视察调研，并出席“重大专项汇报暨核电创新发展研讨会”。

同日 中国电力建设集团公司所属上海修造公司自主研发的CAP1400核电站常规岛主给水泵组首次热态全速联机试验成功，全面具备了对第三代核电站常规岛主给水系统进行全工况热态联机试验的能力，标志着中国CAP1400核电设备国产化进程得到稳步推进，使该设备过去完全依赖国外进口的局面成为了历史。

12月16日 中国能建所属中国葛洲坝集团公司承担65%施工份额的三峡工程获得“FIDIC百年工程项目奖”。

12月17日 2013年度（第十届）《世界品牌500强》排行榜于在美国纽约揭晓，世界品牌实验室对全球8000个知名品牌进行了评分，国家电网公司位列第67位，比2012年（第72位）排名上升5位。

12月18日 中国首个煤制天然气示范项目暨大唐内蒙古克什克腾旗煤制天然气示范项目一系列装置投运成功，正式并入管网，输送清洁的煤制天然气产品。该项目为中国大规模开发利用褐煤找到了现实的新途径，是世界首例以劣质煤为原料的煤制天然气项目。该项目分三个系列连续滚动建设，此次投产送气的为该项目一系列装置。

同日 国家能源局在石家庄召开电力企业大气污染防治专项监管工作启动会，对大气污染防治专项监管工作进行了部署安排，电力企业大气污染防治专项监管全面展开。

12月20日 中国电力绿色发展之路研讨会暨“中国美丽电厂”颁奖典礼在北京人民日报社举行。华能玉环电厂、东方电厂、海门电厂、上海石洞口二厂、（天津）IGCC电站、日照电厂、上都电厂、太仓电厂、铜川照金电厂、威海电厂、伊敏电厂、沁北电厂、大坝电厂、九台电厂、金陵电厂、大连电厂、平凉电厂、北京热电厂、糯扎渡水电厂、小湾水电厂、景洪水电厂、涪江水电厂、苗伟·功果桥水电厂、酒泉风电公司、新疆三塘湖风电公司、吐鲁番风电公司、洱源风电公司马鞍山风电场、格尔木光伏发电公司等28家电厂荣获“中国美丽电厂”称号。其中，玉环电厂被授予“和谐美”称号，北京热电厂被授予“创新美”称号。

同日 中国华电集团公司下属乌江梯级龙头水电站——洪家渡发电厂运行班组正式撤离电站中央控制室，运行、检修维护两工种合二为一，标志着乌江梯级水电站“远程集控、少人维护”实施取得突破进展，成为国内首家实质性“远程集控、少人维护”大中型水电厂。

同日 由新疆特变电工新能源公司开发建设的中国首个百兆瓦级大型风光互补电站正式并网发电。

12月21日 2013年中国企业自主创新TOP100评价发布会在北京召开。华能集团公司入选2013年中国企业自主创新能源行业TOP100企业，名列第4位，获得“中国企业研发创造奖”，并作为典型创新案例编入年度报告。

12月22日 糯扎渡水电站3号机组顺利通过72h试运行，提前9天正式投产发电。至此，糯扎渡电站实现“一年四投”目标，运营装机容量达到455万kW。

12月23日 阳江核电站6号机组主体工程开工，中广核在建核电机组规模达到16台（1878万kW），继续保持全球在建核电装机容量最大企业的优势地位。

同日 世界最高拱坝——雅砻江锦屏一级水电站混凝土双曲拱坝全线浇筑到顶。标志着锦屏一级水电站建设已攻克了高边坡、高地应力、深部卸荷裂隙等世界级技术难题。

同日 国家能源局印发《电力工程定额与造价工作管理办法》（国能电力〔2013〕501号）。

同日 国家能源局印发《关于做好2014～2015年全国火电项目规划建设工作的通知》（国能电力〔2013〕502号）。

12月24日 国家能源局市场监管司会同华中监管局在湖北武汉召开电力交易秩序专项监管驻点华中工作启动会，驻点监管工作组正式进驻华中区域开展现场监管工作，电力交易秩序专项监管工作正式启动。

12月25日 三峡集团与上海市人民政府签署《战略合作框架协议》和《中国长江三峡集团公司和上海勘测设计研究院联合重组框架协议》。

同日 由中国电建所属四川电力设计咨询有限责任公司建设管理的世界最高500kV输变电工程乡城输变电工程建成投运。乡城输变电工程总投资15.6亿元，包括乡城500kV变电站、乡城—水洛500kV输电线路。该项目海拔在2900～4900m，近70%线路位于海拔3000m以上，近40%线路位于海拔4000m以上，最高海拔为4900m，是世界上海拔最高的500kV输电线路。

同日 华能集团公司援建西藏墨脱县无电地区骨干电源——华能墨脱亚让水电站工程正式开工。该工程项目静态总投资约2.08亿元，共安装4台1250kW机组，建设工期25个月，计划于2015年底前投产发电。

同日 世界首个多端柔性直流输电工程——南澳±160kV多端柔性直流输电示范工程正式投运。这标志着南方电网公司率先攻克了多端柔性直流输电控制保护这一世界难题，成为世界上第一个完全掌握多端柔性直流输电成套设备设计、试验、调试和运行全系列核心技术的企业。

同日 华能集团九台电厂2号机组（66万kW）实现连续安全稳定运行365天，刷新了国内大型褐煤塔式锅炉的连续运行记录。

12月27日 三峡集团向社会公开发布《长江三峡工程运行实录》（2003～2012）。

同日 三峡集团和长江水利委员会网络与信息中心共同申报的“水电工程移民管理信息系统研发与应用”荣获“2013年度水力发电科学技术奖”特等奖。

同日 中国水利水电建设股份有限公司2013年第二次临时股东大会在北京中国水电大厦召开。会议表决通过《关于变更中国水利水电建设股份有限公司名称的议案》《关于修改〈中国水利水电建设股份有限公司章程〉的议案》。同意将“中国水利水电建设股份有限公司”变更为“中国电力建设股份有限公司”。股东大会审议通过公司更名议案后，公司将上报国家工商管理局核准。

同日 2012～2013年度国家优质工程奖表彰大会在北京召开，青海—西藏±400kV直流联网工程荣获国家优质工程金质奖称号。

12月28日 中国电建董事长、党委副书记范集湘赴新疆乌鲁木齐拜会中共中央政治局委员、新疆自治区党委书记张春贤。双方就中国电建集团与新疆自治区深化合作、共谋发展，加快新疆自治区建设进行了交谈。

同日 华电柬埔寨额勒赛下游水电站4号机组（6.6万kW）顺利通过试运行，正式投产发电，标志着总装机容量33.8万kW(2×10.3万kW+2×6.6万kW)的华电境外最大水电项目——柬埔寨额勒赛水电项目全面完成。

同日 中共中央总书记、国家主席、中央军委主席习近平来到京能集团所属企业北京京桥热电有限责任公司，考察民生工作，看望一线职工，向工作在一线的职工表示慰问。

同日 中国南方电网公司与老挝电力公司共同投资建设的老挝南塔河1号水电站奠基仪式在老挝博胶省会晒市举行。

12月30日 国家能源局市场监管司会同华北监管局在北京召开用户受电工程市场秩序专项监管驻点工作启动会，传达国家能源局近期重点专项监管工作有关精神，全面部署用户受电工程市场秩序专项监管工作，对开展现场专项监管工作提出了具体要求。

12月31日 溪洛渡、向家坝梯级电站已投产的18台机组全部实现“零非停”，实现新电站新投产机组安全稳定运行。

同日 国资委下发《关于公布2012年度中央企业信息化水平评价结果的通知》（国资信办〔2013〕8号），公布了国资委管辖的113家中央企业2012年度信息化水平评价结果。华能集团公司2012年度信息化水平获评A级。

同日 国家能源局印发《关于做好海上风电开发建设管理工作有关事项的通知》（国能新能〔2013〕521号）。

12月 在西班牙巴塞罗那召开的国际咨询工程师联合会（FIDIC）2013年年会暨FIDIC成立百年庆典大会上，三峡工程获得“FIDIC百年工程项目奖”。

截至年底 中国发电装机容量达12.3亿kW，超越美国成为世界上发电装机规模最大的国家。

文　献

国务院文件

国务院关于印发《循环经济发展战略及近期行动计划》的通知
（国发〔2013〕5号）

各省、自治区、直辖市人民政府，国务院各部委、各直属机构：

现将《循环经济发展战略及近期行动计划》印发给你们，请认真贯彻执行。

国务院（印）
2013年1月23日

循环经济发展战略及近期行动计划

第一章 现状与形势

第一节 "十一五"循环经济发展取得的主要成效

循环经济理念逐步树立。国家把发展循环经济作为一项重大任务纳入国民经济和社会发展规划，要求按照减量化、再利用、资源化，减量化优先的原则，推进生产、流通、消费各环节循环经济发展。一些地方将发展循环经济作为实现转型发展的基本路径。

循环经济试点取得明显成效。经国务院批准，在重点行业、重点领域、产业园区和省市开展了两批国家循环经济试点，各地区结合实际开展了本地循环经济试点。通过试点，总结凝练出60个发展循环经济的模式案例，涌现出一大批循环经济先进典型，探索了符合我国国情的循环经济发展道路。

法规标准体系初步建立。循环经济促进法于2009年1月1日起施行，标志着我国循环经济进入法制化管理轨道。公布实施了《废弃电器电子产品回收处理管理条例》、《再生资源回收管理办法》等法规规章，发布了200多项循环经济相关国家标准。一些地区制定了地方循环经济促进条例。

政策机制逐渐完善。深化资源性产品价格改革，实行了差别电价、惩罚性电价、阶梯水价和燃煤发电脱硫加价政策。实施成品油价格和税费改革，提高了成品油消费税单位税额，逐步理顺成品油价格。中央财政设立了专项资金支持实施循环经济重点项目和开展示范试点。开展资源税改革试点，制定了鼓励生产和购买使用节能节水专用设备、小排量汽车、资源综合利用产品和劳务等的税收优惠政策。完善了环保收费政策。出台了支持循环经济发展的投融资政策。

技术支撑不断增强。将循环经济技术列入国家中长期科技发展规划，支持了一批关键共性技术研发。实施了一批循环经济技术产业化示范项目，推广应用了一大批先进适用的循环经济技术。汽车零部件再制造技术已达到国际领先水平，废旧家电和报废汽车回收拆解、废电池资源化利用、共伴生矿和尾矿资源回收利用等一大批技术和装备取得突破。

产业体系日趋完善。产业废物综合利用已形成较大规模，产业循环链接不断深化，再生资源回收体系逐步完善，垃圾分类回收制度逐步建立，"城市矿产"资源利用水平得到提升，再制造产业化稳步推进，餐厨废弃物资源化利用开始起步。

"十一五"以来，通过发展循环经济，我国单位国内生产总值能耗、物耗、水耗大幅度降低，资源循环利用产业规模不断扩大，资源产出率有所提高，初步扭转了工业化、城镇化加快发展阶段资源消耗强度大幅上升的势头，促进了结构优化升级和发展方式转变，为保持经济平稳较快发展提供了有力支撑，为改变"大量生产、大量消费、大量废弃"的传统增长方式和消费模式探索出了可行路径。

表1 "十一五"时期循环经济发展情况

指标名称	单位	2005年	2010年	2010年比2005年提高（%）
能源产出率	万元/t标准煤	1	1.24	24
水资源产出率	元/m^3	41.9	66.7	59
矿产资源总回收率	%	30	35	[5]
共伴生矿综合利用率	%	35	40	[5]
工业固体废物综合利用量	亿t	7.70	16.18	110.1
工业固体废物综合利用率	%	55.8	69	[13.2]
主要再生资源回收利用总量	亿t	0.84	1.49	77.4
主要再生有色金属产量占有色金属总产量比重	%	19.3	26.7	[7.4]
农业灌溉用水有效利用系数	—	0.45	0.5	11.1
工业用水重复利用率	%	75.1	85.7	[10.6]
秸秆综合利用率	%		70.6	

注 1. 能源产出率、水资源产出率按2010年可比价计算。
2. 主要再生资源包括废金属、废纸、废塑料、报废汽车、废轮胎、废弃电器电子产品、废玻璃、废铅酸电池等。
3. 主要再生有色金属包括再生铜、再生铝、再生铅三种。
4. [ ] 内为提高的百分点。

同时必须清醒地看到，我国循环经济发展规模还有待扩大、发展水平有待提高，主要表现在：循环经济理念尚未在全社会得到普及，一些地方和企业对发展循环经济的认识还不到位；循环经济促进法配套法规规章尚不健全，生产者责任延伸等制度尚未全面建立；部分资源性产品价格形成机制尚未理顺，有利于循环经济发展的产业、投资、财税、金融等政策有待完善；循环经济技术创新体系和先进适用技术推广机制不健全，技术创新能力亟须加强；统计基础工作比较薄弱，评价制度不健全，循环经济能力建设、服务体系、宣传教育等有待加强。这些矛盾和问题已严重制约循环经济的发展，必须尽快加以研究解决。

第二节 循环经济发展面临的形势

资源约束强化。我国主要资源人均占有量远低于世界平均水平，加上增长方式仍较粗放，国内资源供给难以保障经济社会发展需要，能源、重要矿产、水、土地等资源短缺矛盾将进一步加剧，重要资源对外依存度将进一步攀升，可持续发展面临能源资源瓶颈约束的严峻挑战。

环境污染严重。我国环境状况总体恶化的趋势尚未得到根本遏制，重点流域水污染严重，一些地区大气污染问题突出，“垃圾围城”现象较为普遍，农业面源污染、重金属和土壤污染问题严重，重大环境事件时有发生，给人民群众身体健康带来危害。

应对气候变化压力加大。我国是最易受气候变化影响的国家之一，气候变化导致农业生产不稳定性增加，局部地区干旱高温危害严重，生物多样性减少，生态系统脆弱性增加。近年来，我国温室气体排放快速增长，人均排放量不断攀升，减排压力不断加大。

绿色发展成为国际潮流。近年来，为应对国际金融危机和全球气候变化的挑战，发达国家纷纷加快发展绿色产业，将其作为推进经济增长和转型的重要途径，一些国家利用技术优势，在国际贸易中制造绿色壁垒。在新一轮经济科技的竞争中，走绿色低碳循环的发展道路是必然的选择。

无论是从国内能源资源供给和生态环境承载能力看，还是从全球发展趋势和温室气体排放空间看，我国都无法继续靠粗放型的增长方式推进现代化进程。当前我国已进入全面建成小康社会的关键时期，也是发展循环经济的重要机遇期，必须积极创造有利条件，着力解决突出矛盾和问题，加快推进循环经济发展，从源头减少能源资源消耗和废弃物排放，实现资源高效利用和循环利用，改变“先污染、后治理”的传统模式，推动产业升级提升和发展方式转变，促进经济社会持续健康发展。

第二章　指导思想、基本原则和主要目标

第一节　指导思想（略）

第二节　基本原则

强化理念，减量优先。推动全社会树立减量化、再利用、资源化的循环经济理念，坚持减量化优先，从源头上减少生产、流通、消费各环节能源资源消耗和废弃物产生，大力推进再利用和资源化，促进资源永续利用。

完善机制，创新驱动。健全法规标准，完善经济政策，充分发挥市场配置资源的基础性作用，形成有效的激励和约束机制，增强发展循环经济的内生动力。加强制度创新、技术创新、管理创新，提升循环经济发展水平。

改造存量，优化增量。对现有各类产业园区、重点企业进行循环化改造，提高资源产出率。产业园区、企业和项目要从规划、设计、施工、运行、管理等各环节贯彻循环经济的要求。按照自然资源开发利用和产品生产制造产业即动脉产业的特点，统筹对废弃物资源化利用相关产业即静脉产业进行合理布局，推动动脉产业与静脉产业协同发展。

示范引领，全面推进。在农业、工业、服务业各产业，城市、园区、企业各层面，生产、流通、消费各环节培育一批循环经济示范典型，全面推广循环经济典型模式，推动循环经济形成较大规模。

因地制宜，突出特色。根据主体功能定位、区域经济特点、资源禀赋和环境承载力等状况，科学确定各地区循环经济发展重点，合理规划布局，发挥区域优势，突出地方特色，切实发挥循环经济促进经济转型升级的作用。

高效利用，安全循环。提高资源利用效率，推动资源由低值利用向高值利用转变，提高再生利用产品附加值，避免资源低水平利用和“只循环不经济”。强化监管，防止资源循环利用过程中产生二次污染，确保再生产品质量安全，实现经济效益与环境效益、社会效益相统一。

第三节　主要目标

循环经济发展的中长期目标是：循环型生产方式广泛推行，绿色消费模式普及推广，覆盖全社会的资源循环利用体系初步建立，资源产出率大幅提高，可持续发展能力显著增强。到“十二五”末的目标（近期目标）是：主要资源产出率比“十一五”末提高15%，资源循环利用产业总产值达到1.8万亿元。

表2 “十二五”时期循环经济发展主要指标

指标名称	单位	2010年	2015年	2015年比2010年提高（%）
主要资源产出率提高	%			15
能源产出率	万元/t标准煤	1.24	1.47	18.5
水资源产出率	元/m^3	66.7	95.2	43
建设用地土地产出率提高	%			43
资源循环利用产业总产值	万亿元	1.0	1.8	80
矿产资源总回收率	%	35	40	[5]
共伴生矿综合利用率	%	40	45	[5]
工业固体废物综合利用量	亿t	16.18	31.26	93.2
工业固体废物综合利用率	%	69	72	[3]
主要再生资源回收利用总量	亿t	1.49	2.14	43.6
主要再生资源回收率	%	65	70	[5]
主要再生有色金属产量占有色金属总产量比重	%	26.7	30	[3.3]
农业灌溉水有效利用系数	—	0.5	0.53	6
工业用水重复利用率	%	85.7	>90	[>4.3]
城镇污水处理设施再生水利用率	%	<10	>15	[>5]
城市生活垃圾资源化利用比例	%		30	
秸秆综合利用率	%	70.6	80	[9.4]
综合利用发电装机容量	万kW	2600	7600	192.3

注　1. 主要资源产出率的资源核算品种包括：3种能源资源（煤炭、石油、天然气），9种矿产资源（铁矿、铜矿、铝土矿、铅矿、锌矿、镍矿，石灰石、磷矿、硫铁矿），木材和工业用粮。

2. 主要资源产出率、能源产出率、水资源产出率、资源循环利用产业总产值按2010年可比价计算。

3. 综合利用发电指煤矸石、煤泥、油母页岩等低热值燃料发电。

第三章 构建循环型工业体系

在工业领域全面推行循环型生产方式，实施清洁生产，促进源头减量；推进企业间、行业间、产业间共生耦合，形成循环链接的产业体系；鼓励产业集聚发展，实施园区循环化改造，实现能源梯级利用、水资源循环利用、废物交换利用、土地节约集约利用，促进企业循环式生产、园区循环式发展、产业循环式组合，构建循环型工业体系。到 2015 年，单位工业增加值能耗、用水量分别比 2010 年降低 21%、30%，工业固体废物综合利用率达到 72%，50%以上的国家级园区和 30%以上的省级园区实施了循环化改造。

第一节 煤炭工业（略）

第二节 电力工业

加强节能降耗。调整优化电源结构，淘汰落后小火电机组，提高火电机组技术装备水平。加大锅炉、风机、水泵等设备节能改造，推广等离子无油点火等节能技术，降低厂用电率。鼓励发展热电联产和热电冷三联供，严格实行“以热定电”。加快智能电网建设和电网节能技术改造，提高电网传输效率，有效降低线损。在有条件的地方鼓励将中水、海水等非常规水源作为冷却水。

推进粉煤灰、脱硫石膏综合利用。鼓励利用粉煤灰生产建材产品，推广粉煤灰在市政建设、筑路等工程中的应用，有序推进在高铝粉煤灰中提取氧化铝，支持粉煤灰经超细化加工作为造纸、橡胶等的填充材料。鼓励利用脱硫石膏生产纸面石膏板、高档装饰建材及改良盐碱土壤等。

支持可再生能源发电和资源综合利用电厂建设。加强准入监管，优先支持风能、太阳能、生物质能等可再生能源发电以及符合条件的煤层气、煤矸石、余热余压、垃圾等综合利用电厂并网发电。强化电力调度交易监管，推行节能发电调度，提高可再生能源和综合利用电厂发电量比例，促进区域间电力交易，减少“窝电”。推广分布式能源。

构建发电与相关产业的循环经济链。构建发电—粉煤灰—建材、筑路、建筑工程，发电—高铝粉煤灰—氧化铝，发电—脱硫石膏—建材及装饰材料，发电—余热—海水淡化—浓海水制盐—盐化工，煤矸石、垃圾、污泥—发电—灰渣—建材等产业链。

到 2015 年，火电平均供电煤耗降到 325 克标准煤/kWh，粉煤灰综合利用率达到 70%，脱硫石膏综合利用率达到 80%，生物质发电装机容量达到 1300 万 kW。

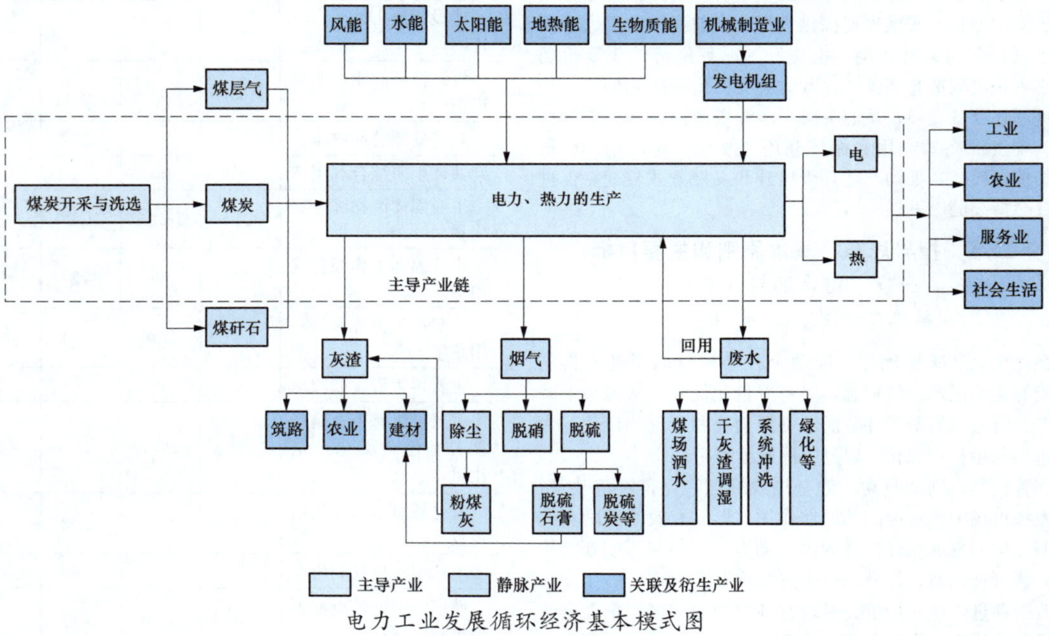

电力工业发展循环经济基本模式图

第三节 钢铁工业（略）

第四节 有色金属工业（略）

第五节 石油石化工业（略）

第六节 化学工业（略）

第七节 建材工业（略）

第八节 造纸工业（略）

第九节 食品工业（略）

第十节 纺织工业（略）

第十一节 产业园区（略）

第四章 构建循环型农业体系（略）

第五章 构建循环型服务业体系（略）

第六章 推进社会层面循环经济发展（略）

第七章 实施循环经济“十百千”示范行动（略）

第八章 保障措施（略）

国务院关于取消和下放一批行政审批项目等事项的决定

（国发〔2013〕19 号）

各省、自治区、直辖市人民政府，国务院各部委、各直属机构：

第十二届全国人民代表大会第一次会议批准的《国务院机构改革和职能转变方案》明确提出，要减少和下放投资审批事项，减少和下放生产经营活动审批事项，减少资质资格许可和认定，取消不合法不合理的行政事业性收费和政府性基金项目。经研究论证，国务院决定，取消和下放一批行政审批项目等事项，共计117项。其中，取消行政审批项目71项，下放管理层级行政审批项目20项，取消评比达标表彰项目10项，取消行政事业性收费项目3项；取消或下放管理层级的机关内部事项和涉密事项13项（按规定另行通知）。另有16项拟取消或下放的行政审批项目是依据有关法律设立的，国务院将依照法定程序提请全国人民代表大会常务委员会修订相关法律规定。

各地区、各部门要认真做好取消和下放管理层级行政审批项目等事项的落实和衔接工作，切实加强后续监管。要按照深化行政体制改革、加快转变政府职能的要求，继续坚定不移推进行政审批制度改革，清理行政审批等事项，加大简政放权力度。要健全监督制约机制，加强对行政审批权运行的监督，不断提高政府管理科学化、规范化水平。

附件：1. 国务院决定取消和下放管理层级的行政审批项目目录（共计91项，其中电力相关项目2项）

2. 国务院决定取消的评比、达标、表彰项目目录（共计10项）（略）

3. 国务院决定取消的行政事业性收费项目目录（共计3项）（略）

国务院

2013年5月15日（印）

附件1：

国务院决定取消和下放管理层级的行政审批项目目录

（电力相关项目摘录）

序号	项目名称	实施机关	设定依据	处理决定	备注
1	电力用户向发电企业直接购电试点	国家能源局	《国家电力监管委员会、国家发展和改革委员会关于印发〈电力用户向发电企业直接购电试点暂行办法〉的通知》（电监输电〔2004〕17号） 《国家电力监管委员会、国家发展和改革委员会、国家能源局关于完善电力用户与发电企业直接交易试点工作有关问题的通知》（电监市场〔2009〕20号）	取消	
2	电力市场份额核定	国家能源局	《电力监管条例》（国务院令第432号）	取消	

国务院关于促进光伏产业健康发展的若干意见

（国发〔2013〕24号）

各省、自治区、直辖市人民政府，国务院各部委、各直属机构：

发展光伏产业对调整能源结构、推进能源生产和消费革命、促进生态文明建设具有重要意义。为规范和促进光伏产业健康发展，现提出以下意见：

一、充分认识促进光伏产业健康发展的重要性

近年来，我国光伏产业快速发展，光伏电池制造产业规模迅速扩大，市场占有率位居世界前列，光伏电池制造达到世界先进水平，多晶硅冶炼技术日趋成熟，形成了包括硅材料及硅片、光伏电池及组件、逆变器及控制设备的完整制造产业体系。光伏发电国内应用市场逐步扩大，发电成本显著降低，市场竞争力明显提高。

当前，在全球光伏市场需求增速减缓、产品出口阻力增大、光伏产业发展不协调等多重因素作用下，我国光伏企业普遍经营困难。同时，我国光伏产业存在产能严重过剩、市场无序竞争，产品市场过度依赖外需、国内应用市场开发不足，技术创新能力不强、关键技术装备和材料发展缓慢，财政资金支持需要加强、补贴机制有待完善，行业管理比较薄弱、应用市场环境亟待改善等突出问题，光伏产业发展面临严峻形势。

光伏产业是全球能源科技和产业的重要发展方向，是具有巨大发展潜力的朝阳产业，也是我国具有国际竞争优势的战略性新兴产业。我国光伏产业当前遇到的问题和困难，既是对产业发展的挑战，也是促进产业调整升级的契机，特别是光伏发电成本大幅下降，为扩大国内市场提供了有利条件。要坚定信心，抓住机遇，开拓创新，毫不动摇地推进光伏产业持续健康发展。

二、总体要求

（一）指导思想

深入贯彻党的十八大精神，以邓小平理论、“三个代表”重要思想、科学发展观为指导，创新体制机制，完善支持政策，通过市场机制激发国内市场有效需求，努力巩固国际市场；健全标准体系，规范产业发展秩序，着力推进产业重组和转型升级；完善市场机制，加快技术进步，着力提高光伏产业发展质量和效益，为提升经济发展活力和竞争力作出贡献。

（二）基本原则

远近结合，标本兼治。在扩大光伏发电应用的同时，控制光伏制造总产能，加快淘汰落后产能，着力推进产业结构调整和技术进步。

统筹兼顾，综合施策。统筹考虑国内外市场需求、产业供需平衡、上下游协调等因素，采取综合措施解决产业发展面临的突出问题。

市场为主，重点扶持。发挥市场机制在推动光伏产业结

构调整、优胜劣汰、优化布局以及开发利用方面的基础性作用。对不同光伏企业实行区别对待，重点支持技术水平高、市场竞争力强的骨干优势企业发展，淘汰劣质企业。

协调配合，形成合力。加强政策的协调配合和行业自律，支持地方创新发展方式，调动地方、企业和消费者的积极性，共同推动光伏产业发展。

（三）发展目标

把扩大国内市场、提高技术水平、加快产业转型升级作为促进光伏产业持续健康发展的根本出路和基本立足点，建立适应国内市场的光伏产品生产、销售和服务体系，形成有利于产业持续健康发展的法规、政策、标准体系和市场环境。2013—2015 年，年均新增光伏发电装机容量 1000 万千瓦左右，到 2015 年总装机容量达到 3500 万千瓦以上。加快企业兼并重组，淘汰产品质量差、技术落后的生产企业，培育一批具有较强技术研发能力和市场竞争力的龙头企业。加快技术创新和产业升级，提高多晶硅等原材料自给能力和光伏电池制造技术水平，显著降低光伏发电成本，提高光伏产业竞争力。保持光伏产品在国际市场的合理份额，对外贸易和投融资合作取得新进展。

三、积极开拓光伏应用市场

（一）大力开拓分布式光伏发电市场。鼓励各类电力用户按照"自发自用，余量上网，电网调节"的方式建设分布式光伏发电系统。优先支持在用电价格较高的工商业企业、工业园区建设规模化的分布式光伏发电系统。支持在学校、医院、党政机关、事业单位、居民社区建筑和构筑物等推广小型分布式光伏发电系统。在城镇化发展过程中充分利用太阳能，结合建筑节能加强光伏发电应用，推进光伏建筑一体化建设，在新农村建设中支持光伏发电应用。依托新能源示范城市、绿色能源示范县、可再生能源建筑应用示范市（县），扩大分布式光伏发电应用，建设 100 个分布式光伏发电规模化应用示范区、1000 个光伏发电应用示范小镇及示范村。开展适合分布式光伏发电运行特点和规模化应用的新能源智能微电网试点、示范项目建设，探索相应的电力管理体制和运行机制，形成适应分布式光伏发电发展的建设、运行和消费新体系。支持偏远地区及海岛利用光伏发电解决无电和缺电问题。鼓励在城市路灯照明、城市景观以及通讯基站、交通信号灯等领域推广分布式光伏电源。

（二）有序推进光伏电站建设。按照"合理布局、就近接入、当地消纳、有序推进"的总体思路，根据当地电力市场发展和能源结构调整需要，在落实市场消纳条件的前提下，有序推进各种类型的光伏电站建设。鼓励利用既有电网设施按多能互补方式建设光伏电站。协调光伏电站与配套电网规划和建设，保证光伏电站发电及时并网和高效利用。

（三）巩固和拓展国际市场。积极妥善应对国际贸易摩擦，推动建立公平合理的国际贸易秩序。加强对话协商，推动全球产业合作，规范光伏产品进出口秩序。鼓励光伏企业创新国际贸易方式，优化制造产地分布，在境外开展投资生产合作。鼓励企业实施"引进来"和"走出去"战略，集聚全球创新资源，促进光伏企业国际化发展。

四、加快产业结构调整和技术进步

（一）抑制光伏产能盲目扩张。严格控制新上单纯扩大产能的多晶硅、光伏电池及组件项目。光伏制造企业应拥有先进技术和较强的自主研发能力，新上光伏制造项目应满足单晶硅光伏电池转换效率不低于 20%、多晶硅光伏电池转换效率不低于 18%、薄膜光伏电池转换效率不低于 12%，多晶硅生产综合电耗不高于 100 千瓦时/千克。加快淘汰能耗高、物料循环利用不完善、环保不达标的多晶硅产能，在电力净输入地区严格控制建设多晶硅项目。

（二）加快推进企业兼并重组。利用"市场倒逼"机制，鼓励企业兼并重组。加强政策引导和推动，建立健全淘汰落后产能长效机制，加快关停淘汰落后光伏产能。重点支持技术水平高、市场竞争力强的多晶硅和光伏电池制造企业发展，培育形成一批综合能耗低、物料消耗少、具有国际竞争力的多晶硅制造企业和技术研发能力强、具有自主知识产权和品牌优势的光伏电池制造企业。引导多晶硅产能向中西部能源资源优势地区聚集，鼓励多晶硅制造企业与先进化工企业合作或重组，降低综合电耗、提高副产品综合利用率。

（三）加快提高技术和装备水平。通过实施新能源集成应用工程，支持高效率晶硅电池及新型薄膜电池、电子级多晶硅、四氯化硅闭环循环装置、高端切割机、全自动丝网印刷机、平板式镀膜工艺、高纯度关键材料等的研发和产业化。提高光伏逆变器、跟踪系统、功率预测、集中监控以及智能电网等技术和装备水平，提高光伏发电的系统集成技术能力。支持企业开发硅材料生产新工艺和光伏新产品、新技术，支持骨干企业建设光伏发电工程技术研发和试验平台。支持高等院校和企业培养光伏产业相关专业人才。

（四）积极开展国际合作。鼓励企业加强国际研发合作，开展光伏产业前沿、共性技术联合研发。鼓励有条件的国内光伏企业和基地与国外研究机构、产业集群建立战略合作关系。支持有关科研院所和企业建立国际化人才引进和培养机制，重点培养创新能力强的高端专业技术人才和综合管理人才。积极参与光伏行业国际标准制定，加大自主知识产权标准体系海外推广，推动检测认证国际互认。

五、规范产业发展秩序

（一）加强规划和产业政策指导。根据光伏产业发展需要，编制实施光伏产业发展规划。各地区可根据国家光伏产业发展规划和本地区发展需要，编制实施本地区相关规划及实施方案。加强全国规划与地方规划、制造产业与发电应用、光伏发电与配套电网建设的衔接和协调。加强光伏发电规划和年度实施指导。完善光伏电站和分布式光伏发电项目建设管理制度，促进光伏发电有序发展。

（二）推进标准化体系和检测认证体系建设。建立健全光伏材料、电池及组件、系统及部件等标准体系，完善光伏发电系统及相关电网技术标准体系。制定完善适合不同气候区及建筑类型的建筑光伏应用标准体系，在城市规划、建筑设计和旧建筑改造中统筹考虑光伏发电应用。加强硅材料及硅片、光伏电池及组件、逆变器及控制设备等产品的检测和认证平台建设，健全光伏产品检测和认证体系，及时发布符合标准的光伏产品目录。开展太阳能资源观测与评价，建立太阳能信息数据库。

（三）加强市场监管和行业管理。制定完善并严格实施光伏制造行业规范条件，规范光伏市场秩序，促进落后产能退出市场，提高产业发展水平。实行光伏电池组件、逆变器、控制设备等关键产品检测认证制度，未通过检测认证的产品不准进入市场。严格执行光伏电站设备采购、设计监理和工程建设招投标制度，反对不正当竞争，禁止地方保护。完善光伏发电工程建设、运行技术岗位资质管理。加强光伏发电电网接入和运行监管。建立光伏产业发展监测体系，及时发布产业发展信息。加强对《中华人民共和国可再生能源法》及配套政策的执法监察。地方各级政府不得以征收资源使用费等名义向太阳能发电企业收取法律法规规定之外的费用。

六、完善并网管理和服务

（一）加强配套电网建设。电网企业要加强与光伏发电相适应的电网建设和改造，保障配套电网与光伏发电项目同步建成投产。积极发展融合先进储能技术、信息技术的微电网和智能电网技术，提高电网系统接纳光伏发电的能力。接入公共电网的光伏发电项目，其接网工程以及接入引起的公共电网改造部分由电网企业投资建设。接入用户侧的分布式光伏发电，接入引起的公共电网改造部分由电网企业投资建设。

（二）完善光伏发电并网运行服务。各电网企业要为光伏发电提供并网服务，优化系统调度运行，优先保障光伏发电运行，确保光伏发电项目及时并网，全额收购所发电量。简化分布式光伏发电的电网接入方式和管理程序，公布分布式光伏发电并网服务流程，建立简捷高效的并网服务体系。对分布式光伏发电项目免收系统备用容量费和相关服务费用。加强光伏发电电网接入和并网运行监管。

七、完善支持政策

（一）大力支持用户侧光伏应用。开放用户侧分布式电源建设，支持和鼓励企业、机构、社区和家庭安装、使用光伏发电系统。鼓励专业化能源服务公司与用户合作，投资建设和经营管理为用户供电的光伏发电及相关设施。对分布式光伏发电项目实行备案管理，豁免分布式光伏发电应用发电业务许可。对不需要国家资金补贴的分布式光伏发电项目，如具备接入电网运行条件，可放开规模建设。分布式光伏发电全部电量纳入全社会发电量和用电量统计，并作为地方政府和电网企业业绩考核指标。自发自用发电量不计入阶梯电价适用范围，计入地方政府和用户节能量。

（二）完善电价和补贴政策。对分布式光伏发电实行按照电量补贴的政策。根据资源条件和建设成本，制定光伏电站分区域上网标杆电价，通过招标等竞争方式发现价格和补贴标准。根据光伏发电成本变化等因素，合理调减光伏电站上网电价和分布式光伏发电补贴标准。上网电价及补贴的执行期限原则上为20年。根据光伏发电发展需要，调整可再生能源电价附加征收标准，扩大可再生能源发展基金规模。光伏发电规模与国家可再生能源发展基金规模相协调。

（三）改进补贴资金管理。严格可再生能源电价附加征收管理，保障附加资金应收尽收。完善补贴资金支付方式和程序，对光伏电站，由电网企业按照国家规定或招标确定的光伏发电上网电价与发电企业按月全额结算；对分布式光伏发电，建立由电网企业按月转付补贴资金的制度。中央财政按季度向电网企业预拨补贴资金，确保补贴资金及时足额到位。鼓励各级地方政府利用财政资金支持光伏发电应用。

（四）加大财税政策支持力度。完善中央财政资金支持光伏产业发展的机制，加大对太阳能资源测量、评价及信息系统建设、关键技术装备材料研发及产业化、标准制定及检测认证体系建设、新技术应用示范、农村和牧区光伏发电应用以及无电地区光伏发电项目建设的支持。对分布式光伏发电自发自用电量免收可再生能源电价附加等针对电量征收的政府性基金。企业研发费用符合有关条件的，可按照税法规定在计算应纳税所得额时加计扣除。企业符合条件的兼并重组，可以按照现行税收政策规定，享受税收优惠政策。

（五）完善金融支持政策。金融机构要继续实施“有保有压”的信贷政策，支持具有自主知识产权、技术先进、发展潜力大的企业做优做强，对有市场、有订单、有效益、有信誉的光伏制造企业提供信贷支持。根据光伏产业特点和企业资金运转周期，按照风险可控、商业可持续、信贷准入可达标的原则，采取灵活的信贷政策，支持优质企业正常生产经营，支持技术创新、兼并重组和境外投资等具有竞争优势的项目。创新金融产品和服务，支持中小企业和家庭自建自用分布式光伏发电系统。严禁资金流向盲目扩张产能项目和落后产能项目建设，对国家禁止建设的、不符合产业政策的光伏制造项目不予信贷支持。

（六）完善土地支持政策和建设管理。对利用戈壁荒滩等未利用土地建设光伏发电项目的，在土地规划、计划安排时予以适度倾斜，不涉及转用的，可不占用土地年度计划指标。探索采用租赁国有未利用土地的供地方式，降低工程的前期投入成本。光伏发电项目使用未利用土地的，依法办理用地审批手续后，可采取划拨方式供地。完善光伏发电项目建设管理并简化程序。

八、加强组织领导

各有关部门要根据本意见要求，按照职责分工抓紧制定相关配套文件，完善光伏发电价格、税收、金融信贷和建设用地等配套政策，确保各项任务措施的贯彻实施。各省级人民政府要加强对本地区光伏产业发展的管理，结合实际制定具体实施方案，落实政策，引导本地区光伏产业有序协调发展。健全行业组织机构，充分发挥行业组织在加强行业自律、推广先进技术和管理经验、开展统计监测和研究制定标准等方面的作用。加强产业服务，建立光伏产业监测体系，及时发布行业信息，搭建银企沟通平台，引导产业健康发展。

国务院

2013年7月4日（印）

国务院关于加快发展节能环保产业的意见

（国发〔2013〕30号）

各省、自治区、直辖市人民政府，国务院各部委、各直属机构：

资源环境制约是当前我国经济社会发展面临的突出矛盾。解决节能环保问题，是扩内需、稳增长、调结构，打造中国经济升级版的一项重要而紧迫的任务。加快发展节能环保产业，对拉动投资和消费，形成新的经济增长点，推动产业升级和发展方式转变，促进节能减排和民生改善，实现经济可持续发展和确保2020年全面建成小康社会，具有十分重要的意义。为加快发展节能环保产业，现提出以下意见：

一、总体要求

（一）指导思想

牢固树立生态文明理念，立足当前、着眼长远，围绕提高产业技术水平和竞争力，以企业为主体、以市场为导向、以工程为依托，强化政府引导，完善政策机制，培育规范市场，着力加强技术创新，大力提高技术装备、产品、服务水平，促进节能环保产业快速发展，释放市场潜在需求，形成新的增长点，为扩内需、稳增长、调结构，增强创新能力，改善环境质量，保障改善民生和加快生态文明建设作出贡献。

（二）基本原则

创新引领，服务提升。加快技术创新步伐，突破关键核心技术和共性技术，缩小与国际先进水平的差距，提升技术装备和产品的供给能力。推行合同能源管理、特许经营、综合环境服务等市场化新型节能环保服务业态。

需求牵引，工程带动。营造绿色消费政策环境，推广节能环保产品，加快实施节能、循环经济和环境保护重点工程，释放节能环保产品、设备、服务的消费和投资需求，形成对节能环保产业发展的有力拉动。

法规驱动，政策激励。健全节能环保法规和标准，强化监督管理，完善政策机制，加强行业自律，规范市场秩序，形成促进节能环保产业快速健康发展的激励和约束机制。

市场主导，政府引导。充分发挥市场配置资源的基础性作用，以市场需求为导向，用改革的办法激发各类市场主体的积极性。针对产业发展的薄弱环节和瓶颈制约，有效发挥政府规划引导、政策激励和调控作用。

（三）主要目标

产业技术水平显著提升。企业技术创新和科技成果集成、转化能力大幅提高，能源高效和分质梯级利用、污染物防治和安全处置、资源回收和循环利用等关键核心技术研发取得重点突破，装备和产品的质量、性能显著改善，形成一大批拥有知识产权和国际竞争力的重大装备和产品，部分关键共性技术达到国际先进水平。

国产设备和产品基本满足市场需求。通过引进消化吸收和再创新，努力提高产品技术水平，促进我国节能环保关键材料以及重要设备和产品在工业、农业、服务业、居民生活各领域的广泛应用，为实现节能环保目标提供有力的技术保障。用能单位广泛采用“节能医生”诊断、合同能源管理、能源管理师制度等节能服务新机制改善能源管理，城镇污水、垃圾处理和脱硫、脱硝设施运营基本实现专业化、市场化、社会化，综合环境服务得到大力发展。建设一批技术先进、配套健全、发展规范的节能环保产业示范基地，形成以大型骨干企业为龙头、广大中小企业配套的产业良性发展格局。

辐射带动作用得到充分发挥。完善激励约束机制，建立统一开放、公平竞争、规范有序的市场秩序。节能环保产业产值年均增速在15%以上，到2015年，总产值达到4.5万亿元，成为国民经济新的支柱产业。通过推广节能环保产品，有效拉动消费需求；通过增强工程技术能力，拉动节能环保社会投资增长，有力支撑传统产业改造升级和经济发展方式加快转变。

二、围绕重点领域，促进节能环保产业发展水平全面提升

当前，要围绕市场应用广、节能减排潜力大、需求拉动效应明显的重点领域，加快相关技术装备的研发、推广和产业化，带动节能环保产业发展水平全面提升。

（一）加快节能技术装备升级换代，推动重点领域节能增效

推广高效锅炉。发展一批高效锅炉制造基地，培育一批高效锅炉大型骨干生产企业。重点提高锅炉自动化控制、主辅机匹配优化、燃料品种适应、低温烟气余热深度回收、小型燃煤锅炉高效燃烧等技术水平，加大高效锅炉应用推广力度。

扩大高效电动机应用。推动高效电动机产业加快发展，建设15～20个高效电机及其控制系统产业化基地。大力发展三相异步电动机、稀土永磁无铁心电机等高效电机产品，提高高效电机设计、匹配和关键材料、装备，以及高压变频、无功补偿等控制系统的技术水平。

发展蓄热式燃烧技术装备。建设一批以高效燃烧、换热及冷却技术为特色的制造基地，加快重大技术、装备的产业化示范和规模化应用。重点是综合采用优化炉膛结构、利用预热、强化辐射传热等节能技术集成，提高加热炉燃烧效率；在预混和蓄热结合、蓄热体材料研发、蓄热式燃烧器小型化方面力争取得突破。

加快新能源汽车技术攻关和示范推广。加快实施节能与新能源汽车技术创新工程，大力加强动力电池技术创新，重点解决动力电池系统安全性、可靠性和轻量化问题，加强驱动电机及核心材料、电控等关键零部件研发和产业化，加快完善配套产业和充电设施，示范推广纯电动汽车和插电式混合动力汽车、空气动力车辆等。

推动半导体照明产业化。整合现有资源，提高产业集中度，培育10～15家掌握核心技术、拥有知识产权和知名品牌的龙头企业，建设一批产业链完善的产业集聚区，关键生产设备、重要原材料实现本地化配套。加快核心材料、装备和关键技术的研发，着力解决散热、模块化、标准化等重大技术问题。

（二）提升环保技术装备水平，治理突出环境问题

示范推广大气治理技术装备。加快大气治理重点技术装备的产业化发展和推广应用。大力发展脱硝催化剂制备和再生、资源化脱硫技术装备，推进耐高温、耐腐蚀纤维及滤料的开发应用，加快发展选择性催化还原技术和选择性非催化还原技术及其装备，以及高效率、高容量、低阻力微粒过滤器等汽车尾气净化技术装备，实施产业化示范工程。

开发新型水处理技术装备。推动形成一批水处理技术装备产业化基地。重点发展高通量、持久耐用的膜材料和组件，大型臭氧发生器，地下水高效除氟、砷、硫酸盐技术，高浓度难降解工业废水成套处理装备，污泥减量化、无害化、资源化技术装备。

推动垃圾处理技术装备成套化。采取开展示范应用、发布推荐目录、完善工程标准等多种手段，大力推广垃圾处理先进技术和装备。重点发展大型垃圾焚烧设施炉排及其传动系统、循环流化床预处理工艺技术、焚烧烟气净化技术和垃圾渗滤液处理技术等，重点推广300t/日以上生活垃圾焚烧炉及烟气净化成套装备。

攻克污染土壤修复技术。重点研发污染土壤原位稳定剂、异位固定剂，受污染土壤生物修复技术、安全处理处置和资源化利用技术，实施产业化示范工程，加快推广应用。

加强环境监测仪器设备的开发应用。提高细颗粒物（PM2.5）等监测仪器设备的稳定性，完善监测数据系统，提升设备生产质量控制水平。开发大气、水、重金属在线监测仪器设备，培育发展一批掌握核心技术、产品质量可靠、市场认可度高的骨干企业。加快大气、水等环境质量在线实时监测站点及网络建设，配备技术先进、可靠性高的环境监测仪器设备。

（三）发展资源循环利用技术装备，提高资源产出率

提升再制造技术装备水平。提升再制造产业创新能力，推广纳米电刷镀、激光熔覆成形等产品再制造技术。研发无损拆解、表面预处理、零部件疲劳剩余寿命评估等再制造技术装备。重点支持建立10～15个国家级再制造产业聚集区和一批重大示范项目，大幅度提高基于表面工程技术的装备应用率。

建设"城市矿产"示范基地。推动再生资源清洁化回收、规模化利用和产业化发展。推广大型废钢破碎剪切、报废汽车和废旧电器破碎分选等技术。提高稀贵金属精细分离提纯、塑料改性和混合废塑料高效分拣、废电池全组分回收利用等装备水平。支持建设50个"城市矿产"示范基地，加快再生资源回收体系建设，形成再生资源加工利用能力8000万t以上。

深化废弃物综合利用。推动资源综合利用示范基地建设，鼓励产业聚集，培育龙头企业。积极发展尾矿提取有价元素、煤矸石生产超细纤维等高值化利用关键共性技术及成套装备。开发利用产业废物生产新型建材等大型化、精细化、成套化技术装备。加大废旧电池、荧光灯回收利用技术研发。支持大宗固体废物综合利用，提高资源综合利用产品的技术含量和附加值。推动粮棉主产区秸秆综合利用。加快建设餐厨废弃物无害化处理和资源化利用设施。

推动海水淡化技术创新。培育一批集研发、孵化、生产、集成、检验检测和工程技术服务于一体的海水淡化产业基地。示范推广膜法、热法和耦合法海水淡化技术以及电水联产海水淡化模式，完善膜组件、高压泵、能量回收装置等关键部件及系统集成技术。

（四）创新发展模式，壮大节能环保服务业

发展节能服务产业。落实财政奖励、税收优惠和会计制度，支持重点用能单位采用合同能源管理方式实施节能改造，开展能源审计和"节能医生"诊断，打造"一站式"合同能源管理综合服务平台，专业化节能服务公司的数量、规模和效益快速增长。积极探索节能量交易等市场化节能机制。

扩大环保服务产业。在城镇污水处理、生活垃圾处理、烟气脱硫脱硝、工业污染治理等重点领域，鼓励发展包括系统设计、设备成套、工程施工、调试运行、维护管理的环保服务总承包和环境治理特许经营模式，专业化、社会化服务占全行业的比例大幅提高。加快发展生态环境修复、环境风险与损害评价、排污权交易、绿色认证、环境污染责任保险等新兴环保服务业。

培育再制造服务产业。支持专业化公司利用表面修复、激光等技术为工矿企业设备的高值易损部件提供个性化再制造服务，建立再制造旧件回收、产品营销、溯源等信息化管理系统。推动构建废弃物逆向物流交易平台。

三、发挥政府带动作用，引领社会资金投入节能环保工程建设

（一）加强节能技术改造。发挥财政资金的引导带动作用，采取补助、奖励、贴息等方式，推动企业实施锅炉（窑炉）和换热设备等重点用能装备节能改造，全面推动电机系统节能、能量系统优化、余热余压利用、节约和替代石油、交通运输节能、绿色照明、流通零售领域节能等节能重点工程，提高传统行业的工程技术节能能力，加快节能技术装备的推广应用。开展数据中心节能改造，降低数据中心、超算中心服务器、大型计算机冷却耗能。

（二）实施污染治理重点工程。落实企业污染治理主体责任，加强大气污染治理，开展多污染物协同防治，督促推动重点行业企业加大投入，积极采用先进环保工艺、技术和装备，加快脱硫脱硝除尘改造，炼油行业加快工艺技术改造，提高油品标准，限期淘汰黄标车、老旧汽车。启动实施安全饮水、地表水保护、地下水保护、海洋保护等清洁水行动，加快重点流域、清水廊道、规模化畜禽养殖场等重点水污染防治工程建设，推动重点高耗水行业节水改造。实施土壤环境保护工程，以重金属和有机污染物为重点，选择典型区域开展土壤污染治理与修复试点示范。加大重点行业清洁生产推行力度，支持企业采用源头减量、减毒、减排以及过程控制等先进成熟清洁生产技术，实施汞污染削减、铅污染削减、高毒农药替代工程。

（三）推进园区循环化改造。引导企业和地方政府加大资金投入，推进园区（开发区）循环化改造，推动各类园区建设废物交换利用、能量分质梯级利用、水分类利用和循环使用、公共服务平台等基础设施，实现园区内项目、企业、产业有效组合和循环链接，打造园区的"升级版"。推动一批国家级和省级开发区提高主要资源产出率、土地产出率、资源循环利用率，基本实现"零排放"。

（四）加快城镇环境基础设施建设。以地方政府和企业投入为主，中央财政适当支持，加快污水垃圾处理设施和配套管网地下工程建设，推进建筑中水利用和城镇污水再生利用。探索城市垃圾处理新出路，实施协同资源化处理城市废弃物示范工程。到2015年，所有设市城市和县城具备污水集中处理能力和生活垃圾无害化处理能力，城镇污水处理规模达到2亿m^3/日以上；城镇生活垃圾无害化处理能力达到87万t/日以上，生活垃圾焚烧处理设施能力达到无害化处理总能力的35%以上。加强城镇园林绿化建设，提升城镇绿地功能，降减热岛效应。推动生态园林城市建设。

（五）开展绿色建筑行动。到2015年，新增绿色建筑面积10亿m^2以上，城镇新建建筑中二星级及以上绿色建筑比例超过20%；建设绿色生态城（区）。提高新建建筑节能标准，推动政府投资建筑、保障性住房及大型公共建筑率先执行绿色建筑标准，新建建筑全面实行供热按户计量；推进既有居住建筑供热计量和节能改造；实施供热管网改造2万km；在各级机关和教科文卫系统创建节约型公共机构2000家，完成公共机构办公建筑节能改造6000万m^2，带动绿色建筑建设改造投资和相关产业发展。大力发展绿色建材，推广应用散装水泥、预拌混凝土、预拌砂浆，推动建筑工业化。积极推进太阳能发电等新能源和可再生能源建筑规模化应用，扩大新能源产业国内市场需求。

四、推广节能环保产品，扩大市场消费需求

（一）扩大节能产品市场消费。继续实施并研究调整节能产品惠民政策，实施能效"领跑者"计划，推动超高效节能产品市场消费。强化能效标识和节能产品认证制度实施力度，引导消费者购买高效节能产品。继续采取补贴方式，推广高效节能照明、高效电机等产品。研究完善峰谷电价、季节性电价政策，通过合理价差引导群众改变生活模式，推动节能产品的应用。在北京、上海、广州等城市扩大公共服务领域新能源汽车示范推广范围，每年新增或更新的公交车中新能源汽车的比例达到60%以上，开展私人购买新能源汽车和新能源出租车、物流车补贴试点。到2015年，终端用能产品能效水平提高15%以上，高效节能产品市场占有率提高到50%以上。

（二）拉动环保产品及再生产品消费。研究扩大环保产品消费的政策措施，完善环保产品和环境标志产品认证制度，推广油烟净化器、汽车尾气净化器、室内空气净化器、家庭厨余垃圾处理器、浓缩洗衣粉等产品，满足消费者需求。放开液化石油气（LPG）市场管控，扩大农村居民使用量。开展再制造“以旧换再”工作，对交回旧件并购买“以旧换再”再制造推广试点产品的消费者，给予一定比例补贴，近期重点推广再制造发动机、电动机等。落实相关支持政策，推动粉煤灰、煤矸石、建筑垃圾、秸秆等资源综合利用产品应用。

（三）推进政府采购节能环保产品。完善政府强制采购和优先采购制度，提高采购节能环保产品的能效水平和环保标准，扩大政府采购节能环保产品范围，不断提高节能环保产品采购比例，发挥示范带动作用。政府普通公务用车要优先采购1.8升（含）以下燃油经济性达到要求的小排量汽车和新能源汽车，择优选用纯电动汽车，研究对硒鼓、墨盒、再生纸等再生产品以及汽车零部件再制造产品的政府采购支持措施。鼓励政府机关、事业单位采取购买服务的方式，提高能源、水等资源利用效率，降低使用成本。抓紧研究制定政府机关及公共机构购买新能源汽车的实施方案。

五、加强技术创新，提高节能环保产业市场竞争力

（一）支持企业技术创新能力建设。强化企业技术创新主体地位，鼓励企业加大研发投入，支持企业牵头承担节能环保国家科技计划项目。国家重点建设的节能环保技术研究中心和实验室优先在骨干企业布局。发展一批由骨干企业主导、产学研用紧密结合的产业技术创新战略联盟等平台。支持区域节能环保科技服务平台建设。

（二）加快掌握重大关键核心技术。充分发挥国家科技重大专项、科技计划专项资金等的作用，加大节能环保关键共性技术攻关力度，加快突破能源高效和分质梯级利用、污染物防治和安全处置、资源回收和循环利用、二氧化碳热泵、低品位余热利用、供热锅炉模块化等关键技术和装备。瞄准未来技术发展制高点，提前部署碳捕集、利用和封存技术装备。

（三）促进科技成果产业化转化。选择节能环保产业发展基础好的地区，建设一批产业集聚、优势突出、产学研用有机结合、引领示范作用显著的节能环保产业示范基地，支持成套装备及配套设备、关键共性技术和先进制造技术的生产制造和推广应用。加强知识产权保护，推进知识产权投融资机制建设，鼓励设立中小企业公共服务平台、出台扶持政策，支持中小型节能环保企业开展技术创新和产业化发展。筛选一批技术先进、经济适用的节能环保装备设备，扩大推广应用。

（四）推动国际合作和人才队伍建设。鼓励企业、科研机构开展国际科技交流与合作，支持企业节能环保创新人才队伍建设。依托“千人计划”和海外高层次创新创业人才基地建设，加快吸引海外高层次人才来华创新创业。依托重大人才工程，大力培养节能环保科技创新、工程技术等高端人才。

六、强化约束激励，营造有利的市场和政策环境

（一）健全法规标准。加快制（修）订节能环保标准，逐步提高终端用能产品能效标准和重点行业单位产品能耗限额标准，按照改善环境质量的需要，完善环境质量标准和污染物排放标准体系，提高污染物排放控制要求，扩大监控污染物范围，强化总量控制和有毒有害污染物排放控制，充分发挥标准对产业发展的催生促进作用，推动传统产业升级改造。完善节能环保法律法规，推动加快制定固定资产投资项目节能评估和审查法，制定节能技术推广管理办法。严格节能环保执法，严肃查处各类违法违规行为，做好行政执法与刑事司法的衔接，依法加大对环境污染犯罪的惩处力度。认真落实执法责任追究制。加强对节能环保标准、认证标识、政策措施等落实情况的监督检查。加快建立节能减排监测、评估体系和技术服务平台。

（二）强化目标责任。完善节能减排统计、监测、考核体系，健全节能减排预警机制，强化节能减排目标进度考核，建立健全行业节能减排工作评价制度。将考核结果作为领导班子和领导干部综合考核评价的重要内容，纳入政府绩效管理，落实奖惩措施，实行问责制。完善节能评估和审查制度，发挥能评对控制能耗总量和增量的重要作用。落实万家企业节能量目标，加大对重点耗能企业节能的评价考核力度。落实节能减排目标责任制，形成促进节能环保产业发展的倒逼机制。

（三）加大财政投入。加大中央预算内投资和中央财政节能减排专项资金对节能环保产业的投入，继续安排国有资本经营预算支出支持重点企业实施节能环保项目。地方各级人民政府要提高认识，加大对节能环保重大工程和技术装备研发推广的投入力度，解决突出问题。要进一步转变政府职能，完善财政支持方式和资金管理办法，简化审批程序，强化监管，充分调动各方面积极性，推动节能环保产业积极有序发展。

（四）拓展投融资渠道。大力发展绿色信贷，按照风险可控、商业可持续的原则，加大对节能环保项目的支持力度。积极创新金融产品和服务，按照现有政策规定，探索将特许经营权等纳入贷款抵（质）押担保物范围。支持绿色信贷和金融创新，建立绿色银行评级制度。支持融资性担保机构加大对符合产业政策、资质好、管理规范的节能环保企业的担保力度。支持符合条件的节能环保企业发行企业债券、中小企业集合债券、短期融资券、中期票据等债务融资工具。选择资质条件较好的节能环保企业，开展非公开发行企业债券试点。稳步发展碳汇交易。鼓励和引导民间投资和外资进入节能环保领域。

（五）完善价格、收费和土地政策。加快制定实施鼓励余热余压余能发电及背压热电、可再生能源发展的上网和价格政策。完善电力峰谷分时电价政策，扩大应用面并逐步扩大峰谷价差。对超过产品能耗（电耗）限额标准的企业和产品，实行惩罚性电价。严格落实燃煤电厂脱硫、脱硝电价政策和居民用电阶梯价格，推行居民用水用气阶梯价格。

深化市政公用事业市场化改革，完善供热计量价格和收费管理办法，完善污水处理费和垃圾处理费政策，将污泥处理费用纳入污水处理成本，完善对自备水源用户征收污水处理费的制度。改进垃圾处理费征收方式，合理确定收费载体和标准，提高收缴率和资金使用效率。对城镇污水垃圾处理设施、“城市矿产”示范基地、集中资源化处理中心等国家支持的节能环保重点工程用地，在土地利用年度计划安排中给予重点保障。严格落实并不断完善现有节能、节水、环境保护、资源综合利用的税收优惠政策。

（六）推行市场化机制。建立主要终端用能产品能效

“领跑者”制度，明确实施时限。推进节能发电调度。强化电力需求侧管理，开展城市综合试点。研究制定强制回收产品和包装物目录，建立生产者责任延伸制度，推动生产者落实废弃产品回收、处理等责任。采取政府建网、企业建厂等方式，鼓励城镇污水垃圾处理设施市场化建设和运营。深化排污权有偿使用和交易试点，建立完善排污权有偿使用和交易政策体系，研究制定排污权交易初始价格和交易价格政策。开展碳排放权交易试点。健全污染者付费制度，完善矿产资源补偿制度，加快建立生态补偿机制。

（七）支持节能环保产业“走出去”和“引进来”。鼓励有条件的企业承揽境外各类环保工程、服务项目。结合受援国需要和我国援助能力，加大环境保护、清洁能源、应对气候变化等领域的对外援助力度，支持开展相关技术、产品和服务合作。培育建设一批国家科技兴贸创新基地。鼓励节能环保企业参加各类双边或国际节能环保论坛、展览及贸易投资促进活动等，充分利用相关平台进行交流推介，开展国际合作，增强“走出去”的能力。引导外资投向节能环保产业，丰富外商投资方式，拓宽外商投资渠道，不断完善外商投资软环境。继续支持引进先进的节能环保核心关键技术和设备。国家支持节能环保产业发展的政策同等适用于符合条件的外商投资企业。

（八）开展生态文明先行先试。在做好生态文明建设顶层设计和总体部署的同时，总结有效做法和成功经验，开展生态文明先行示范区建设。根据不同区域特点，在全国选择有代表性的100个地区开展生态文明先行示范区建设，探索符合我国国情的生态文明建设模式。稳步扩大节能减排财政政策综合示范范围，结合新型城镇化建设，选择部分城市为平台，整合节能减排和新能源发展相关财政政策，围绕产业低碳化、交通清洁化、建筑绿色化、服务集约化、主要污染物减量化、可再生能源利用规模化等挖掘内需潜力，系统推进节能减排，带动经济转型升级，为跨区域、跨流域节能减排探索积累经验。通过先行先试，带动节能环保和循环经济工程投资和绿色消费，全面推动资源节约和环境保护，发挥典型带动和辐射效应，形成节能减排、生态文明的综合能力。

（九）加强节能环保宣传教育。加强生态文明理念和资源环境国情教育，把节能环保、生态文明纳入社会主义核心价值观宣传教育体系以及基础教育、高等教育、职业教育体系。加强舆论监督和引导，宣传先进事例，曝光反面典型，普及节能环保知识和方法，倡导绿色消费新风尚，形成文明、节约、绿色、低碳的生产方式、消费模式和生活习惯。

各地区、各部门要按照本意见的要求，进一步深化对加快发展节能环保产业重要意义的认识，切实加强组织领导和协调配合，明确任务分工，落实工作责任，扎实开展工作，确保各项任务措施落到实处，务求尽快取得实效。

国务院
2013年8月1日（印）

国务院关于印发《大气污染防治行动计划》的通知
（国发〔2013〕37号）

各省、自治区、直辖市人民政府，国务院各部委、各直属机构：

现将《大气污染防治行动计划》印发给你们，请认真贯彻执行。

国务院
2013年9月10日（印）

大气污染防治行动计划

大气环境保护事关人民群众根本利益，事关经济持续健康发展，事关全面建成小康社会，事关实现中华民族伟大复兴中国梦。当前，我国大气污染形势严峻，以可吸入颗粒物（PM10）、细颗粒物（PM2.5）为特征污染物的区域性大气环境问题日益突出，损害人民群众身体健康，影响社会和谐稳定。随着我国工业化、城镇化的深入推进，能源资源消耗持续增加，大气污染防治压力继续加大。为切实改善空气质量，制定本行动计划。

总体要求：以邓小平理论、“三个代表”重要思想、科学发展观为指导，以保障人民群众身体健康为出发点，大力推进生态文明建设，坚持政府调控与市场调节相结合、全面推进与重点突破相配合、区域协作与属地管理相协调、总量减排与质量改善相同步，形成政府统领、企业施治、市场驱动、公众参与的大气污染防治新机制，实施分区域、分阶段治理，推动产业结构优化、科技创新能力增强、经济增长质量提高，实现环境效益、经济效益与社会效益多赢，为建设美丽中国而奋斗。

奋斗目标：经过五年努力，全国空气质量总体改善，重污染天气较大幅度减少；京津冀、长三角、珠三角等区域空气质量明显好转。力争再用五年或更长时间，逐步消除重污染天气，全国空气质量明显改善。

具体指标：到2017年，全国地级及以上城市可吸入颗粒物浓度比2012年下降10%以上，优良天数逐年提高；京津冀、长三角、珠三角等区域细颗粒物浓度分别下降25%、20%、15%左右，其中北京市细颗粒物年均浓度控制在60微克/立方米左右。

一、加大综合治理力度，减少多污染物排放

（一）加强工业企业大气污染综合治理。全面整治燃煤小锅炉。加快推进集中供热、“煤改气”、“煤改电”工程建设，到2017年，除必要保留的以外，地级及以上城市建成区基本淘汰每小时10蒸吨及以下的燃煤锅炉，禁止新建每小时20蒸吨以下的燃煤锅炉；其他地区原则上不再新建每小时10蒸吨以下的燃煤锅炉。在供热供气管网不能覆盖的地区，改用电、新能源或洁净煤，推广应用高效节能环保型锅炉。在化工、造纸、印染、制革、制药等产业集聚区，通过集中建设热电联产机组逐步淘汰分散燃煤锅炉。

加快重点行业脱硫、脱硝、除尘改造工程建设。所有燃煤电厂、钢铁企业的烧结机和球团生产设备、石油炼制企业的催化裂化装置、有色金属冶炼企业都要安装脱硫设施，每小时20蒸吨及以上的燃煤锅炉要实施脱硫。除循环流化床锅炉以外的燃煤机组均应安装脱硝设施，新型干法水泥窑要实施低氮燃烧技术改造并安装脱硝设施。燃煤锅炉和工业窑炉现有除尘设施要实施升级改造。

推进挥发性有机物污染治理。在石化、有机化工、表面涂装、包装印刷等行业实施挥发性有机物综合整治，在石化行业开展“泄漏检测与修复”技术改造。限时完成加油站、储油库、油罐车的油气回收治理，在原油成品油码头积极开展油气回收治理。完善涂料、胶粘剂等产品挥发性有机物限

值标准，推广使用水性涂料，鼓励生产、销售和使用低毒、低挥发性有机溶剂。

京津冀、长三角、珠三角等区域要于2015年底前基本完成燃煤电厂、燃煤锅炉和工业窑炉的污染治理设施建设与改造，完成石化企业有机废气综合治理。

（二）深化面源污染治理。综合整治城市扬尘。加强施工扬尘监管，积极推进绿色施工，建设工程施工现场应全封闭设置围挡墙，严禁敞开式作业，施工现场道路应进行地面硬化。渣土运输车辆应采取密闭措施，并逐步安装卫星定位系统。推行道路机械化清扫等低尘作业方式。大型煤堆、料堆要实现封闭储存或建设防风抑尘设施。推进城市及周边绿化和防风防沙林建设，扩大城市建成区绿地规模。

开展餐饮油烟污染治理。城区餐饮服务经营场所应安装高效油烟净化设施，推广使用高效净化型家用吸油烟机。

（三）强化移动源污染防治。加强城市交通管理。优化城市功能和布局规划，推广智能交通管理，缓解城市交通拥堵。实施公交优先战略，提高公共交通出行比例，加强步行、自行车交通系统建设。根据城市发展规划，合理控制机动车保有量，北京、上海、广州等特大城市要严格限制机动车保有量。通过鼓励绿色出行、增加使用成本等措施，降低机动车使用强度。

提升燃油品质。加快石油炼制企业升级改造，力争在2013年底前，全国供应符合国家第四阶段标准的车用汽油，在2014年底前，全国供应符合国家第四阶段标准的车用柴油，在2015年底前，京津冀、长三角、珠三角等区域内重点城市全面供应符合国家第五阶段标准的车用汽、柴油，在2017年底前，全国供应符合国家第五阶段标准的车用汽、柴油。加强油品质量监督检查，严厉打击非法生产、销售不合格油品行为。

加快淘汰黄标车和老旧车辆。采取划定禁行区域、经济补偿等方式，逐步淘汰黄标车和老旧车辆。到2015年，淘汰2005年底前注册营运的黄标车，基本淘汰京津冀、长三角、珠三角等区域内的500万辆黄标车。到2017年，基本淘汰全国范围的黄标车。

加强机动车环保管理。环保、工业和信息化、质检、工商等部门联合加强新生产车辆环保监管，严厉打击生产、销售环保不达标车辆的违法行为；加强在用机动车年度检验，对不达标车辆不得发放环保合格标志，不得上路行驶。加快柴油车车用尿素供应体系建设。研究缩短公交车、出租车强制报废年限。鼓励出租车每年更换高效尾气净化装置。开展工程机械等非道路移动机械和船舶的污染控制。

加快推进低速汽车升级换代。不断提高低速汽车（三轮汽车、低速货车）节能环保要求，减少污染排放，促进相关产业和产品技术升级换代。自2017年起，新生产的低速货车执行与轻型载货车同等的节能与排放标准。

大力推广新能源汽车。公交、环卫等行业和政府机关要率先使用新能源汽车，采取直接上牌、财政补贴等措施鼓励个人购买。北京、上海、广州等城市每年新增或更新的公交车中新能源和清洁燃料车的比例达到60%以上。

二、调整优化产业结构，推动产业转型升级

（四）严控“两高”行业新增产能。修订高耗能、高污染和资源性行业准入条件，明确资源能源节约和污染物排放等指标。有条件的地区要制定符合当地功能定位、严于国家要求的产业准入目录。严格控制“两高”行业新增产能，新、改、扩建项目要实行产能等量或减量置换。

（五）加快淘汰落后产能。结合产业发展实际和环境质量状况，进一步提高环保、能耗、安全、质量等标准，分区域明确落后产能淘汰任务，倒逼产业转型升级。

按照《部分工业行业淘汰落后生产工艺装备和产品指导目录（2010年本）》、《产业结构调整指导目录（2011年本）（修正）》的要求，采取经济、技术、法律和必要的行政手段，提前一年完成钢铁、水泥、电解铝、平板玻璃等21个重点行业的“十二五”落后产能淘汰任务。2015年再淘汰炼铁1500万t、炼钢1500万t、水泥（熟料及粉磨能力）1亿t、平板玻璃2000万重量箱。对未按期完成淘汰任务的地区，严格控制国家安排的投资项目，暂停对该地区重点行业建设项目办理审批、核准和备案手续。2016年、2017年，各地区要制定范围更宽、标准更高的落后产能淘汰政策，再淘汰一批落后产能。

对布局分散、装备水平低、环保设施差的小型工业企业进行全面排查，制定综合整改方案，实施分类治理。

（六）压缩过剩产能。加大环保、能耗、安全执法处罚力度，建立以节能环保标准促进“两高”行业过剩产能退出的机制。制定财政、土地、金融等扶持政策，支持产能过剩“两高”行业企业退出、转型发展。发挥优强企业对行业发展的主导作用，通过跨地区、跨所有制企业兼并重组，推动过剩产能压缩。严禁核准产能严重过剩行业新增产能项目。

（七）坚决停建产能严重过剩行业违规在建项目。认真清理产能严重过剩行业违规在建项目，对未批先建、边批边建、越权核准的违规项目，尚未开工建设的，不准开工；正在建设的，要停止建设。地方人民政府要加强组织领导和监督检查，坚决遏制产能严重过剩行业盲目扩张。

三、加快企业技术改造，提高科技创新能力

（八）强化科技研发和推广。加强灰霾、臭氧的形成机理、来源解析、迁移规律和监测预警等研究，为污染治理提供科学支撑。加强大气污染与人群健康关系的研究。支持企业技术中心、国家重点实验室、国家工程实验室建设，推进大型大气光化学模拟仓、大型气溶胶模拟仓等科技基础设施建设。

加强脱硫、脱硝、高效除尘、挥发性有机物控制、柴油机（车）排放净化、环境监测，以及新能源汽车、智能电网等方面的技术研发，推进技术成果转化应用。加强大气污染治理先进技术、管理经验等方面的国际交流与合作。

（九）全面推行清洁生产。对钢铁、水泥、化工、石化、有色金属冶炼等重点行业进行清洁生产审核，针对节能减排关键领域和薄弱环节，采用先进适用的技术、工艺和装备，实施清洁生产技术改造；到2017年，重点行业排污强度比2012年下降30%以上。推进非有机溶剂型涂料和农药等产品创新，减少生产和使用过程中挥发性有机物排放。积极开发缓释肥料新品种，减少化肥施用过程中氨的排放。

（十）大力发展循环经济。鼓励产业集聚发展，实施园区循环化改造，推进能源梯级利用、水资源循环利用、废物交换利用、土地节约集约利用，促进企业循环式生产、园区循环式发展、产业循环式组合，构建循环型工业体系。推动水泥、钢铁等工业窑炉、高炉实施废物协同处置。大力发展机电产品再制造，推进资源再生利用产业发展。到2017年，单位工业增加值能耗比2012年降低20%左右，在50%以上的各类国家级园区和30%以上的各类省级园区实施循环化改造，主要有色金属品种以及钢铁的循环再生比重达到40%左右。

（十一）大力培育节能环保产业。着力把大气污染治理的政策要求有效转化为节能环保产业发展的市场需求，促进重大环保技术装备、产品的创新开发与产业化应用。扩大国内消费市场，积极支持新业态、新模式，培育一批具有国际竞争力的大型节能环保企业，大幅增加大气污染治理装备、产品、服务产业产值，有效推动节能环保、新能源等战略性新兴产业发展。鼓励外商投资节能环保产业。

四、加快调整能源结构，增加清洁能源供应

（十二）控制煤炭消费总量。制定国家煤炭消费总量中长期控制目标，实行目标责任管理。到2017年，煤炭占能源消费总量比重降低到65%以下。京津冀、长三角、珠三角等区域力争实现煤炭消费总量负增长，通过逐步提高接受外输电比例、增加天然气供应、加大非化石能源利用强度等措施替代燃煤。

京津冀、长三角、珠三角等区域新建项目禁止配套建设自备燃煤电站。耗煤项目要实行煤炭减量替代。除热电联产外，禁止审批新建燃煤发电项目；现有多台燃煤机组装机容量合计达到30万kW以上的，可按照煤炭等量替代的原则建设为大容量燃煤机组。

（十三）加快清洁能源替代利用。加大天然气、煤制天然气、煤层气供应。到2015年，新增天然气干线管输能力1500亿m^3以上，覆盖京津冀、长三角、珠三角等区域。优化天然气使用方式，新增天然气应优先保障居民生活或用于替代燃煤；鼓励发展天然气分布式能源等高效利用项目，限制发展天然气化工项目；有序发展天然气调峰电站，原则上不再新建天然气发电项目。

制定煤制天然气发展规划，在满足最严格的环保要求和保障水资源供应的前提下，加快煤制天然气产业化和规模化步伐。

积极有序发展水电，开发利用地热能、风能、太阳能、生物质能，安全高效发展核电。到2017年，运行核电机组装机容量达到5000万kW，非化石能源消费比重提高到13%。

京津冀区域城市建成区、长三角城市群、珠三角区域要加快现有工业企业燃煤设施天然气替代步伐；到2017年，基本完成燃煤锅炉、工业窑炉、自备燃煤电站的天然气替代改造任务。

（十四）推进煤炭清洁利用。提高煤炭洗选比例，新建煤矿应同步建设煤炭洗选设施，现有煤矿要加快建设与改造；到2017年，原煤入选率达到70%以上。禁止进口高灰分、高硫分的劣质煤炭，研究出台煤炭质量管理办法。限制高硫石油焦的进口。

扩大城市高污染燃料禁燃区范围，逐步由城市建成区扩展到近郊。结合城中村、城乡结合部、棚户区改造，通过政策补偿和实施峰谷电价、季节性电价、阶梯电价、调峰电价等措施，逐步推行以天然气或电替代煤炭。鼓励北方农村地区建设洁净煤配送中心，推广使用洁净煤和型煤。

（十五）提高能源使用效率。严格落实节能评估审查制度。新建高耗能项目单位产品（产值）能耗要达到国内先进水平，用能设备达到一级能效标准。京津冀、长三角、珠三角等区域，新建高耗能项目单位产品（产值）能耗要达到国际先进水平。

积极发展绿色建筑，政府投资的公共建筑、保障性住房等要率先执行绿色建筑标准。新建建筑要严格执行强制性节能标准，推广使用太阳能热水系统、地源热泵、空气源热泵、光伏建筑一体化、“热—电—冷”三联供等技术和装备。

推进供热计量改革，加快北方采暖地区既有居住建筑供热计量和节能改造；新建建筑和完成供热计量改造的既有建筑逐步实行供热计量收费。加快热力管网建设与改造。

五、严格节能环保准入，优化产业空间布局

（十六）调整产业布局。按照主体功能区规划要求，合理确定重点产业发展布局、结构和规模，重大项目原则上布局在优化开发区和重点开发区。所有新、改、扩建项目，必须全部进行环境影响评价；未通过环境影响评价审批的，一律不准开工建设；违规建设的，要依法进行处罚。加强产业政策在产业转移过程中的引导与约束作用，严格限制在生态脆弱或环境敏感地区建设“两高”行业项目。加强对各类产业发展规划的环境影响评价。

在东部、中部和西部地区实施差别化的产业政策，对京津冀、长三角、珠三角等区域提出更高的节能环保要求。强化环境监管，严禁落后产能转移。

（十七）强化节能环保指标约束。提高节能环保准入门槛，健全重点行业准入条件，公布符合准入条件的企业名单并实施动态管理。严格实施污染物排放总量控制，将二氧化硫、氮氧化物、烟粉尘和挥发性有机物排放是否符合总量控制要求作为建设项目环境影响评价审批的前置条件。

京津冀、长三角、珠三角区域以及辽宁中部、山东、武汉及其周边、长株潭、成渝、海峡西岸、山西中北部、陕西关中、甘宁、乌鲁木齐城市群等“三区十群”中的47个城市，新建火电、钢铁、石化、水泥、有色、化工等企业以及燃煤锅炉项目要执行大气污染物特别排放限值。各地区可根据环境质量改善的需要，扩大特别排放限值实施的范围。

对未通过能评、环评审查的项目，有关部门不得审批、核准、备案，不得提供土地，不得批准开工建设，不得发放生产许可证、安全生产许可证、排污许可证，金融机构不得提供任何形式的新增授信支持，有关单位不得供电、供水。

（十八）优化空间格局。科学制定并严格实施城市规划，强化城市空间管制要求和绿地控制要求，规范各类产业园区和城市新城、新区设立和布局，禁止随意调整和修改城市规划，形成有利于大气污染物扩散的城市和区域空间格局。研究开展城市环境总体规划试点工作。

结合化解过剩产能、节能减排和企业兼并重组，有序推进位于城市主城区的钢铁、石化、化工、有色金属冶炼、水泥、平板玻璃等重污染企业环保搬迁、改造，到2017年基本完成。

六、发挥市场机制作用，完善环境经济政策

（十九）发挥市场机制调节作用。本着“谁污染、谁负责，多排放、多负担，节能减排得收益、获补偿”的原则，积极推行激励与约束并举的节能减排新机制。

分行业、分地区对水、电等资源类产品制定企业消耗定额。建立企业“领跑者”制度，对能效、排污强度达到更高标准的先进企业给予鼓励。

全面落实“合同能源管理”的财税优惠政策，完善促进环境服务业发展的扶持政策，推行污染治理设施投资、建设、运行一体化特许经营。完善绿色信贷和绿色证券政策，将企业环境信息纳入征信系统。严格限制环境违法企业贷款和上市融资。推进排污权有偿使用和交易试点。

（二十）完善价格税收政策。根据脱硝成本，结合调整销售电价，完善脱硝电价政策。现有火电机组采用新技术进

行除尘设施改造的，要给予价格政策支持。实行阶梯式电价。

推进天然气价格形成机制改革，理顺天然气与可替代能源的比价关系。

按照合理补偿成本、优质优价和污染者付费的原则合理确定成品油价格，完善对部分困难群体和公益性行业成品油价格改革补贴政策。

加大排污费征收力度，做到应收尽收。适时提高排污收费标准，将挥发性有机物纳入排污费征收范围。

研究将部分"两高"行业产品纳入消费税征收范围。完善"两高"行业产品出口退税政策和资源综合利用税收政策。积极推进煤炭等资源税从价计征改革。符合税收法律法规规定，使用专用设备或建设环境保护项目的企业以及高新技术企业，可以享受企业所得税优惠。

（二十一）拓宽投融资渠道。深化节能环保投融资体制改革，鼓励民间资本和社会资本进入大气污染防治领域。引导银行业金融机构加大对大气污染防治项目的信贷支持。探索排污权抵押融资模式，拓展节能环保设施融资、租赁业务。

地方人民政府要对涉及民生的"煤改气"项目、黄标车和老旧车辆淘汰、轻型载货车替代低速货车等加大政策支持力度，对重点行业清洁生产示范工程给予引导性资金支持。要将空气质量监测站点建设及其运行和监管经费纳入各级财政预算予以保障。

在环境执法到位、价格机制理顺的基础上，中央财政统筹整合主要污染物减排等专项，设立大气污染防治专项资金，对重点区域按治理成效实施"以奖代补"；中央基本建设投资也要加大对重点区域大气污染防治的支持力度。

七、健全法律法规体系，严格依法监督管理

（二十二）完善法律法规标准。加快大气污染防治法修订步伐，重点健全总量控制、排污许可、应急预警、法律责任等方面的制度，研究增加对恶意排污、造成重大污染危害的企业及其相关负责人追究刑事责任的内容，加大对违法行为的处罚力度。建立健全环境公益诉讼制度。研究起草环境税法草案，加快修改环境保护法，尽快出台机动车污染防治条例和排污许可证管理条例。各地区可结合实际，出台地方性大气污染防治法规、规章。

加快制（修）订重点行业排放标准以及汽车燃料消耗量标准、油品标准、供热计量标准等，完善行业污染防治技术政策和清洁生产评价指标体系。

（二十三）提高环境监管能力。完善国家监察、地方监管、单位负责的环境监管体制，加强对地方人民政府执行环境法律法规和政策的监督。加大环境监测、信息、应急、监察等能力建设力度，达到标准化建设要求。

建设城市站、背景站、区域站统一布局的国家空气质量监测网络，加强监测数据质量管理，客观反映空气质量状况。加强重点污染源在线监控体系建设，推进环境卫星应用。建设国家、省、市三级机动车排污监管平台。到2015年，地级及以上城市全部建成细颗粒物监测点和国家直管的监测点。

（二十四）加大环保执法力度。推进联合执法、区域执法、交叉执法等执法机制创新，明确重点，加大力度，严厉打击环境违法行为。对偷排偷放、屡查屡犯的违法企业，要依法停产关闭。对涉嫌环境犯罪的，要依法追究刑事责任。落实执法责任，对监督缺位、执法不力、徇私枉法等行为，监察机关要依法追究有关部门和人员的责任。

（二十五）实行环境信息公开。国家每月公布空气质量最差的10个城市和最好的10个城市的名单。各省（区、市）要公布本行政区域内地级及以上城市空气质量排名。地级及以上城市要在当地主要媒体及时发布空气质量监测信息。

各级环保部门和企业要主动公开新建项目环境影响评价、企业污染物排放、治污设施运行情况等环境信息，接受社会监督。涉及群众利益的建设项目，应充分听取公众意见。建立重污染行业企业环境信息强制公开制度。

八、建立区域协作机制，统筹区域环境治理

（二十六）建立区域协作机制。建立京津冀、长三角区域大气污染防治协作机制，由区域内省级人民政府和国务院有关部门参加，协调解决区域突出环境问题，组织实施环评会商、联合执法、信息共享、预警应急等大气污染防治措施，通报区域大气污染防治工作进展，研究确定阶段性工作要求、工作重点和主要任务。

（二十七）分解目标任务。国务院与各省（区、市）人民政府签订大气污染防治目标责任书，将目标任务分解落实到地方人民政府和企业。将重点区域的细颗粒物指标、非重点地区的可吸入颗粒物指标作为经济社会发展的约束性指标，构建以环境质量改善为核心的目标责任考核体系。

国务院制定考核办法，每年初对各省（区、市）上年度治理任务完成情况进行考核。

2015年进行中期评估，并依据评估情况调整治理任务；2017年对行动计划实施情况进行终期考核。考核和评估结果经国务院同意后，向社会公布，并交由干部主管部门，按照《关于建立促进科学发展的党政领导班子和领导干部考核评价机制的意见》、《地方党政领导班子和领导干部综合考核评价办法（试行）》、《关于开展政府绩效管理试点工作的意见》等规定，作为对领导班子和领导干部综合考核评价的重要依据。

（二十八）实行严格责任追究。对未通过年度考核的，由环保部门会同组织部门、监察机关等部门约谈省级人民政府及其相关部门有关负责人，提出整改意见，予以督促。

对因工作不力、履职缺位等导致未能有效应对重污染天气的，以及干预、伪造监测数据和没有完成年度目标任务的，监察机关要依法依纪追究有关单位和人员的责任，环保部门要对有关地区和企业实施建设项目环评限批，取消国家授予的环境保护荣誉称号。

九、建立监测预警应急体系，妥善应对重污染天气

（二十九）建立监测预警体系。环保部门要加强与气象部门的合作，建立重污染天气监测预警体系。到2014年，京津冀、长三角、珠三角区域要完成区域、省、市级重污染天气监测预警系统建设；其他省（区、市）、副省级市、省会城市于2015年底前完成。要做好重污染天气过程的趋势分析，完善会商研判机制，提高监测预警的准确度，及时发布监测预警信息。

（三十）制定完善应急预案。空气质量未达到规定标准的城市应制定和完善重污染天气应急预案并向社会公布；要落实责任主体，明确应急组织机构及其职责、预警预报及响应程序、应急处置及保障措施等内容，按不同污染等级确定企业限产停产、机动车和扬尘管控、中小学校停课以及可行的气象干预等应对措施。开展重污染天气应急演练。

京津冀、长三角、珠三角等区域要建立健全区域、省、市联动的重污染天气应急响应体系。区域内各省（区、市）的应急预案，应于2013年底前报环境保护部备案。

（三十一）及时采取应急措施。将重污染天气应急响应纳入地方人民政府突发事件应急管理体系，实行政府主要负责人负责制。要依据重污染天气的预警等级，迅速启动应急预案，引导公众做好卫生防护。

十、明确政府企业和社会的责任，动员全民参与环境保护

（三十二）明确地方政府统领责任。地方各级人民政府对本行政区域内的大气环境质量负总责，要根据国家的总体部署及控制目标，制定本地区的实施细则，确定工作重点任务和年度控制指标，完善政策措施，并向社会公开；要不断加大监管力度，确保任务明确、项目清晰、资金保障。

（三十三）加强部门协调联动。各有关部门要密切配合、协调力量、统一行动，形成大气污染防治的强大合力。环境保护部要加强指导、协调和监督，有关部门要制定有利于大气污染防治的投资、财政、税收、金融、价格、贸易、科技等政策，依法做好各自领域的相关工作。

（三十四）强化企业施治。企业是大气污染治理的责任主体，要按照环保规范要求，加强内部管理，增加资金投入，采用先进的生产工艺和治理技术，确保达标排放，甚至达到“零排放”；要自觉履行环境保护的社会责任，接受社会监督。

（三十五）广泛动员社会参与。环境治理，人人有责。要积极开展多种形式的宣传教育，普及大气污染防治的科学知识。加强大气环境管理专业人才培养。倡导文明、节约、绿色的消费方式和生活习惯，引导公众从自身做起、从点滴做起、从身边的小事做起，在全社会树立起“同呼吸、共奋斗”的行为准则，共同改善空气质量。

我国仍然处于社会主义初级阶段，大气污染防治任务繁重艰巨，要坚定信心、综合治理，突出重点、逐步推进，重在落实、务求实效。各地区、各有关部门和企业要按照本行动计划的要求，紧密结合实际，狠抓贯彻落实，确保空气质量改善目标如期实现。

国务院办公厅关于印发《国家能源局主要职责内设机构和人员编制规定》的通知

（国办发〔2013〕51号）

各省、自治区、直辖市人民政府，国务院各部委、各直属机构：

《国家能源局主要职责内设机构和人员编制规定》已经国务院批准，现予印发。

国务院办公厅

2013年6月9日（印）

国家能源局主要职责内设机构和人员编制规定

根据第十二届全国人民代表大会第一次会议批准的《国务院机构改革和职能转变方案》和《国务院关于部委管理的国家局设置的通知》（国发〔2013〕15号），设立国家能源局（副部级），为国家发展和改革委员会管理的国家局。

一、职能转变

（一）取消的职责

1. 取消电力、煤炭、油气企业的发展建设规划和专项发展建设规划审批。

2. 取消电力市场份额核定。

3. 取消电力用户向发电企业直接购电试点审批。

4. 取消水电站大坝运行安全信息化验收和安全监测系统检查验收。

5. 取消发电厂整体安全性评价审批。

6. 取消电力二次系统安全防护规范和方案审批。

7. 取消电力安全生产标准化达标评级审批。

8. 取消电力行业信息系统安全保护、网络与信息安全应急预案审批。

9. 根据《国务院机构改革和职能转变方案》需要取消的其他职责。

（二）下放的职责

1. 将国家发展和改革委员会的供电营业区的设立、变更审批及供电营业许可证核发职责与国家能源局的电力业务许可证核发职责整合，下放区域能源监管机构。

2. 根据《国务院机构改革和职能转变方案》需要下放的其他职责。

（三）加强的职责

1. 强化能源发展战略、规划和政策的拟订及组织实施，加强能源预测预警，提高国家能源安全保障能力。

2. 推进能源体制改革，加强能源法制建设，进一步发挥市场在资源配置中的基础性作用。

3. 完善能源监督管理体系，加强能源监督管理，推动能源消费总量控制，推进能源市场建设，维护能源市场秩序。

二、主要职责

（一）负责起草能源发展和有关监督管理的法律法规送审稿和规章，拟订并组织实施能源发展战略、规划和政策，推进能源体制改革，拟订有关改革方案，协调能源发展和改革中的重大问题。

（二）组织制定煤炭、石油、天然气、电力、新能源和可再生能源等能源，以及炼油、煤制燃料和燃料乙醇的产业政策及相关标准。按国务院规定权限，审批、核准、审核能源固定资产投资项目。指导协调农村能源发展工作。

（三）组织推进能源重大设备研发及其相关重大科研项目，指导能源科技进步、成套设备的引进消化创新，组织协调相关重大示范工程和推广应用新产品、新技术、新设备。

（四）负责核电管理，拟订核电发展规划、准入条件、技术标准并组织实施，提出核电布局和重大项目审核意见，组织协调和指导核电科研工作，组织核电厂的核事故应急管理工作。

（五）负责能源行业节能和资源综合利用，参与研究能源消费总量控制目标建议，指导、监督能源消费总量控制有关工作，衔接能源生产建设和供需平衡。

（六）负责能源预测预警，发布能源信息，参与能源运行调节和应急保障，拟订国家石油、天然气储备规划、政策并实施管理，监测国内外市场供求变化，提出国家石油、天然气储备订货、轮换和动用建议并组织实施，按规定权限审

批或审核石油、天然气储备设施项目，监督管理商业石油、天然气储备。

（七）监管电力市场运行，规范电力市场秩序，监督检查有关电价，拟订各项电力辅助服务价格，研究提出电力普遍服务政策的建议并监督实施，负责电力行政执法。监管油气管网设施的公平开放。

（八）负责电力安全生产监督管理、可靠性管理和电力应急工作，制定除核安全外的电力运行安全、电力建设工程施工安全、工程质量安全监督管理办法并组织监督实施，组织实施依法设定的行政许可。依法组织或参与电力生产安全事故调查处理。

（九）组织推进能源国际合作，按分工同外国能源主管部门和国际能源组织谈判并签订协议，协调境外能源开发利用工作。按规定权限核准或审核能源（煤炭、石油、天然气、电力等）境外重大投资项目。

（十）参与制定与能源相关的资源、财税、环保及应对气候变化等政策，提出能源价格调整和进出口总量建议。

（十一）承担国家能源委员会具体工作。负责国家能源发展战略决策的综合协调和服务保障，推动建立健全协调联动机制。

（十二）承办国务院、国家能源委员会以及国家发展和改革委员会交办的其他事项。

三、内设机构

根据上述职责，国家能源局设12个内设机构：

（一）综合司

负责文电、会务、机要、档案、督查、财务、资产管理等机关日常运转工作，承担政务公开、安全保密、信访，以及能源行业统计、预测预警等工作，承担国家能源委员会办公室的综合协调工作。

（二）法制和体制改革司

研究能源重大问题，组织起草能源发展和有关监督管理的法律法规、规章送审稿，承担有关规范性文件的合法性审核工作，承担行政执法监督、行政复议、行政应诉等工作，承担能源体制改革有关工作。

（三）发展规划司

研究提出能源发展战略建议，组织拟订能源发展规划、年度计划和产业政策，参与研究全国能源消费总量控制工作方案，指导、监督能源消费总量控制有关工作，承担能源综合业务。

（四）能源节约和科技装备司

指导能源行业节能和资源综合利用工作，承担科技进步和装备相关工作，组织拟订能源行业标准（煤炭除外）。

（五）电力司

拟订火电和电网有关发展规划、计划和政策并组织实施，承担电力体制改革有关工作，衔接电力供需平衡。

（六）核电司

拟订核电发展规划、计划和政策并组织实施，组织核电厂的核事故应急管理工作。

（七）煤炭司

拟订煤炭开发、煤层气、煤炭加工转化为清洁能源产品的发展规划、计划和政策并组织实施，承担煤炭体制改革有关工作，协调有关方面开展煤层气开发、淘汰煤炭落后产能、煤矿瓦斯治理和利用工作。

（八）石油天然气司（国家石油储备办公室）

拟订油气开发、炼油发展规划、计划和政策并组织实施，承担石油天然气体制改革有关工作，承担国家石油、天然气储备管理工作，监督管理商业石油、天然气储备。

（九）新能源和可再生能源司

指导协调新能源、可再生能源和农村能源发展，组织拟订新能源、水能、生物质能和其他可再生能源发展规划、计划和政策并组织实施。

（十）市场监管司

组织拟订电力市场发展规划和区域电力市场设置方案，监管电力市场运行，监管输电、供电和非竞争性发电业务，处理电力市场纠纷，研究提出调整电价建议，监督检查有关电价和各项辅助服务收费标准，研究提出电力普遍服务政策的建议并监督实施，监管油气管网设施的公平开放。

（十一）电力安全监管司

组织拟订除核安全外的电力运行安全、电力建设工程施工安全、工程质量安全监督管理办法的政策措施并监督实施，承担电力安全生产监督管理、可靠性管理和电力应急工作，负责水电站大坝的安全监督管理，依法组织或参与电力生产安全事故调查处理。

（十二）国际合作司

组织推进能源国际交流与合作，按分工承担同外国能源主管部门和国际能源组织谈判并签订协议有关工作，拟订能源对外开放战略、规划及政策，协调境外能源开发利用。

机关党委（人事司）。承担机关和区域能源监管机构等直属单位的人事管理、机构编制、队伍建设、纪检监察等工作，负责机关和在京直属单位的党群工作。

四、人员编制

国家能源局机关行政编制240名。其中：局长1名、副局长4名，党组纪检组组长1名，司局领导职数42名（含监管总监1名、总工程师1名、总经济师1名、机关党委专职副书记1名）。

五、其他事项

（一）与国家发展和改革委员会的有关职责分工。①国家能源局负责拟订并组织实施能源发展战略、规划和政策，研究提出能源体制改革建议，负责能源监督管理等；国家发展和改革委员会主要是做好国民经济和社会发展规划与能源规划的协调衔接。②国家能源局拟订的能源发展战略、重大规划、产业政策和提出的能源体制改革建议，由国家发展和改革委员会审定或审核后报国务院。③国家能源局按规定权限核准、审核能源投资项目，其中重大项目报国家发展和改革委员会核准，或经国家发展和改革委员会审核后报国务院核准。能源的中央财政性建设资金投资，由国家能源局汇总提出安排建议，报国家发展和改革委员会审定后下达。④国家能源局拟订的石油、天然气战略储备规划和石油、天然气战略储备设施项目，提出的国家石油、天然气战略储备收储、动用建议，经国家发展和改革委员会审核后，报国务院审批。⑤国家能源局提出调整能源产品价格的建议，报国家发展和改革委员会审批或审核后报国务院审批；国家发展和改革委员会调整涉及能源产品的价格，应征求国家能源局意见。⑥核电自主化工作，在国家发展和改革委员会指导下，由国家能源局组织实施。⑦输配电价格成本审核办法由国家发展和改革委员会会同国家能源局制定，共同颁布实施。电力辅助服务价格由国家能源局拟订，经国家发展和改革委员会同意后颁布实施。跨区域电网输配电价由国家能源局审核，报国家发展和改革委员会核准。大用户用电直供的输配电价格，由国家能源局提出初步意见，报国家发展和改革委员会核批。区域电力市场发电容量电价，由国家能源局研究提出初步意见，报国家发展和改革委员会核批。⑧国家发展和改革委员会、国家能源局共同部署开展全国电力价格检查。委托国家能源局对电力企业之间的价格行为（上网电价、输配电价）进行监督检查；在容量电价、输配电价方面，国家能源局会同国家发展和改革委员会进行监督检查；在终端销售电价方面，国家发展和改革委员会会同国家能源局进行监督检查。⑨国家发展和改革委员会、国家能源局按照各自的职责对价格违法行为进行处理。国家发展和改革委员会对电价违法行为实施行政处罚，国家能源局对查出的电价违法违规行为，应及时向国家发展和改革委员会提出价格行政处罚建议。

（二）国家能源局在核能对外合作方面与相关部门的职责分工。在国家能源委员会下建立核能对外合作的国内协调机制，协调合作中涉及跨部门的重大问题；国家能源局、国家国防科技工业局负责政府间和平利用核能协定的对外谈判和签约工作，外交部、科技部等部门按职责分工参与谈判，配合做好相关工作；协定的执行工作，由各部门根据职责分工分别落实；在国际原子能机构框架下的多双边合作事宜，由国家原子能机构负责牵头组织、落实。

（三）原国家电力监管委员会设立的6个电力区域监管局以及12个电力监管专员办公室，划给国家能源局实行垂直管理，核定行政编制500名，其中司局领导职数42名，负责所辖区域内电力等能源的监督管理和行政执法工作，以及电力安全监管工作。

（四）所属事业单位的设置、职责和编制事项另行规定。

六、附则

本规定由中央机构编制委员会办公室负责解释，其调整由中央机构编制委员会办公室按规定程序办理。

本规定职能转变中下放的职责第一项涉及法律规定的调整，按法定程序办理。

国家发展和改革委员会文件

国家发展改革委等部门印发《粉煤灰综合利用管理办法》

（国家发展改革委2013年第19号令）

为规范和引导粉煤灰综合利用行为，促进粉煤灰综合利用健康发展，我们对《粉煤灰综合利用管理办法》进行了修订，现予以发布，自2013年3月1日起施行。

国家发展改革委、科技部、工业和信息化部、财政部、国土资源部、环境保护部、住房和城乡建设部、交通运输部、国家税务总局、质量监督检验检疫总局1994年1月原国家经贸委等六部门发布施行的《粉煤灰综合利用管理办法》（略）（国经贸节〔1994〕14号）同时废止。

2013年1月5日（印）

国家发展改革委办公厅关于请组织申报2013年低碳技术创新及产业化示范工程项目的通知

（发改办高技〔2013〕148号）

各省、自治区、直辖市及计划单列市、新疆生产建设兵团发展改革委，住房城乡建设部办公厅，中国煤炭工业协会、中国建材工业联合会、中国机械工业联合会，有关中央管理企业：

为加快培育发展战略性新兴产业，推动重点行业低碳技术创新及产业化，加快高技术改造提升传统产业，为节能减排和应对气候变化提供技术支撑，我委将于2013年组织实施煤炭、电力、建筑、建材行业低碳技术创新及产业化示范工程专项。现就有关事项通知如下：

一、专项总体思路

以满足煤炭、电力、建筑、建材等重点行业实现低碳排放发展需求为目标，以技术研发及其应用示范为重点，开展重点领域节能减排、清洁生产工艺、控制温室气体排放等相关技术创新，建设低碳技术创新及产业化示范工程，推进高技术改造提升传统产业，加快传统产业低碳技术创新和产业化，实现可持续发展。

二、专项重点

（一）煤炭行业。针对煤炭开采、洗选加工、生态环保等关键环节，重点支持绿色煤矿、千万吨级高效综采、千万吨级选煤、褐煤干燥提质、煤矿乏风源和矿井水水源热泵供暖、中低浓度瓦斯液化提浓和乏风瓦斯氧化等低碳技术创新和产业化示范工程建设。

（二）电力行业。以我国电力行业耗能和排放最大的火电领域为重点，面向主流火电发电机组节能改造及热电联产核心技术，重点支持电站锅炉余热的高能级深度利用、大型电站冷源节能、大型湿式冷却塔均匀进风、火电汽轮机节能增效、热电联产节能等低碳技术创新和产业化示范工程建设。

（三）建筑行业。落实我国建筑业发展方式转变和产业结构调整要求，针对新型结构体系、建筑用能设备和技术等建筑节能潜力较大的领域，重点支持装配式轻钢轻混凝土结构住宅、高效平板太阳能与建筑一体化应用、节能型供冷供热设备应用、可再生能源区域供冷供热、利用工业余废热的建筑集中供热、被动式房屋低能耗建筑、新型保障性住房等低碳技术创新和产业化示范工程建设。

（四）建材行业。针对水泥、混凝土、平板玻璃、建筑陶瓷等主要高耗能大宗材料，在生产和使用过程中减少对能源和资源的消耗利用，重点支持水泥高固气比悬浮预热分解、水泥窑协同处置废弃物、超高性能混凝土、泡沫混凝土保温板、玻璃熔窑节能减排、建筑卫生陶瓷废料回收利用、玻璃纤维窑炉全氧燃烧等低碳技术创新和产业化示范工程建设。

三、专项申报有关要求

（一）请项目主管部门按照专项示范工程表（见附件1）内容，结合本地（或本单位）的产业发展实际和技术基础，组织符合项目示范目标、研发及产业化内容及技术指标、节能减排目标要求的项目单位编制资金申请报告，于2013年3月20日前将项目的资金申请报告和有关附件、项目简介和基本情况表、项目的备案材料等（一式3份，附电子版）报送我委高技术产业司。

（二）项目主管部门应根据投资体制改革精神和《国家高技术产业发展项目管理暂行办法》的有关规定，对须核准或备案的项目认真做好相关工作，协调落实项目建设资金、环保、土地、规划等相关建设条件，对资金申请报告及相关附件（如银行贷款承诺、自有资金证明等）进行认真核实，并负责对其真实性予以确认。

（三）项目承担单位应实事求是制定建设方案，严格控制征地、新增建筑面积和产能过剩行业新增产能。

各地发展改革委应严格把关，项目依托工程应是已完成相关核准（备案）立项手续的项目，必须符合固定资产投资管理、产业准入标准和节能减排等相关政策的规定，避免产能过剩行业违规新上项目。

（四）项目资金申请报告的具体编写要求及所需附件内容参见附件2、附件3。

附件：1. 煤炭、电力、建筑、建材行业低碳技术创新及产业化专项示范工程表（摘选）
2. 项目资金申请报告编制要点（略）
3. 项目及项目单位基本情况表（略）

国家发展改革委办公厅
2013年1月17日（印）

附件1：

电力行业低碳技术创新及产业化专项示范工程表

序号	示范工程项目名称	示范目标	研发及产业化内容及技术指标	节能减排目标	备注
1	电站锅炉余热的高能级深度利用技术创新及产业化示范工程	形成具有自主知识产权的新型排烟余热回收核心技术及节能型电站锅炉样板机型	研发及产业化内容： 1. 锅炉排烟低能级余热的回收与转移技术和工程系统，将外部余热向锅炉内部转移； 2. 锅炉排烟余热的能级提高理论与技术，将外部低能级余热转换成机组内部的高能级余热； 3. 锅炉和汽轮机的机组联合烟气回热循环理论与烟气余热利用技术； 4. 三分仓空气预热器的换热动态分析与控制技术； 5. 高能级烟气余热、低能级烟气余热和锅炉空气预热热量的耦合协调技术。 技术指标：排烟温度降不小于30℃；机组循环热效率提高大于1%；比传统的排烟余热利用技术，能量利用效率提高50%～80%	实现降低机组供电煤耗率大于3g/kWh，机组循环效率提高大于1，比传统的排烟余热利用技术能量利用效率提高50%～80%	
2	大型电站冷源节能新技术创新及产业化示范工程	形成国内领先水平的凝汽器设计制造技术路线及先进清洗产品生产线，并实现标准化、系列化	研发及产业化内容： 1. 大型电站凝汽器管束仿生优化布置设计； 2. 大型电站凝汽器管束优化布置技术规范； 3. 大型电站节能型凝汽器的制造安装技术研究及产业化研发； 4. 典型600MW、300MW机组凝汽器管束优化布置技术节能示范工程应用； 5. 典型大型机组凝汽器新型胶球清洗设计与制造技术； 6. 凝汽器新型胶球清洗装置技术规范； 7. 典型600MW、300MW机组凝汽器新型胶球清洗技术节能示范工程应用。 技术指标：通过典型600MW、300MW机组凝汽器管束优化布置技术节能示范工程，凝汽器传热系数高于美国HEI标准10%以上。5min收球率达98%以上，冬季可照常运行，二次滤网和收球网的运行压差同比降低20%以上，或者比电力行业标准DL/T 581—1995的标准值降低20%以上	提高凝汽器传热效率20%以上，降低凝汽器端差2～3℃，降低供电煤耗率3g/kWh以上，300MW机组年节约标准煤量4500吨左右，600MW机组年节约标准煤量9000t左右	

续表

序号	示范工程项目名称	示范目标	研发及产业化内容及技术指标	节能减排目标	备 注
3	大型湿式冷却塔均匀进风技术创新及产业化示范工程	形成具有自主知识产权的大型冷却塔控风和塔内空气动力场重构的核心技术，并应用于节能型大型冷却塔新建和技改造	研发及产业化内容： 1. 基于外界侧风影响的大型湿式冷却塔三维热力性能分析与评价技术； 2. 利用翼型导风板实现外界侧风作用下冷却塔的周向均匀进风技术，以增大冷却塔的进风量； 3. 利用变尺寸导风管实现冷却塔内部的补新风技术，以提高冷却塔的空间利用效率和冷却效果； 4. 冷却塔内部空气动力场重构技术，以实现水场、风场、填料分布场的三场协同； 5. 基于外界侧风的侧风动能再利用技术。 技术指标：冷却塔冷却效率提高10%～20%；同等条件下，循环水温降提高0.5～2℃；提高凝汽器真空1～2kPa	平均降低冷却塔循环水出口温度0.5～2℃，提高凝汽器真空1～2kPa，平均降低供电煤耗率2～3g/kWh	
4	火电汽轮机节能增效技术创新及与产业化示范工程	形成成熟的具有世界先进水平的设计制造工艺规程和节能型汽轮机样板机型	研发及产业化内容： 1. 减少平衡环漏汽量，降低汽轮机热耗约10kJ/kWh； 2. 新型低压缸结构研制，降低汽轮机热耗20～30kJ/kWh； 3. 应用新型的汽封结构（如：刷式汽封、侧齿迷宫式汽封等）和汽封间隙调整，降低汽轮机热耗20～30kJ/kWh； 4. 汽轮机通流优化，降低汽轮机热耗20～30kJ/kWh。 技术指标：可降低汽轮机热耗80kJ/kWh	使汽轮机效率提高1个百分点，节煤2.73g/kWh	
5	热电联产节能技术创新及与产业化示范工程	形成成熟的具有世界先进水平的节能型热电联产汽轮机样板机型及热电厂系统优化技术路线，并形成规范标准	研发和产业化内容： 1. 抽凝背型超临界350MW机组（NCB机）开发和推广应用，包括超临界350MW采暖供热机组低压转子与高中压转子断开、采用SSS离合器连接，在冬季最大抽汽量时可以解列低压转子，令高中压转子处于背压状态运行。 2. 热电厂供热系统改造，包括“空冷机组低位能优质供暖系统”，高水侧压力的真空换热器优化。开发优化“拖动与采暖供热多用途抽汽式背压小汽轮机”，形成专利技术，且利用小机优化了主汽轮机的回热性能，实现夏季回热、冬季采暖与辅机拖动的三重目标。研究开发“湿冷机组低位能优质供暖系统”。研发大规模供热的“背压纯凝切换技术”。火电供热机组运行优化技术研究，实现供热机组的进一步深度节能。技术指标：机组在纯凝或抽汽时，与常规抽凝机相当；处于背压状态运行，比常规采暖抽凝机组的抽汽供热量增加20%～25%	大容量机组低真空循环水供热改造，或者在新上项目中直接采用低真空型汽轮机，能够提高机组的供热能力，在供热期内机组处于低真空循环水供热能够提高采暖供热能力20%居民采暖力比现有热电联产机组节能40%以上	

国家发展改革委关于推动碳捕集、利用和封存试验示范的通知

（发改气候〔2013〕849号）

各省、自治区、直辖市及计划单列市发展改革委，科技部、工业和信息化部、财政部、国土资源部、环境保护部、国资委、国家能源局、国家标准委、有关中央管理企业、有关行业协会：

推动碳捕集、利用和封存试验示范是“十二五”控制温室气体排放工作的一项重点任务。国务院印发的《“十二五”控制温室气体排放工作方案》（国发〔2011〕41号）明确要求，在火电、煤化工、水泥和钢铁行业中开展碳捕集试验项目，建设二氧化碳捕集、驱油、封存一体化示范工程，并对

相关人才建设、资金保障和政策支持等方面做出安排。为贯彻和落实相关工作任务，根据国务院办公厅印发的《“十二五”控制温室气体排放工作方案重点工作部门分工》（国办函〔2012〕68号），现就有关事项及工作安排通知如下：

一、目的、意义和工作思路

碳捕集、利用和封存是一项具有大规模温室气体减排潜力的技术。发展碳捕集、利用和封存，是在我国能源结构以煤为主的现实情况下，有效控制温室气体排放的一项重要举措，并有助于实现煤、石油等高碳资源的低碳化、集约化利用，促进电力、煤化工、油气等高排放行业的转型和升级，带动其他相关产业的发展，对我国中长期应对气候变化、推进低碳发展具有重要意义。目前，碳捕集、利用和封存各环节的技术研发已取得显著进展，但仍然存在成本和能耗高、长期安全性和可靠性有待验证等问题，开展试验示范既有助于通过实践来解决该技术发展中存在的各种问题，也是该技术走向规模化和商业化应用、发挥其大规模温室气体减排潜力的必经环节。

各地区、各部门应按照“十二五”规划纲要中应对气候变化工作的整体要求，围绕贯彻《“十二五”控制温室气体排放工作方案》关于推动碳捕集、利用和封存试验示范的相关工作任务，按照“立足国情、着眼长远、积极引导、有序推进”的思路，加强对碳捕集、利用和封存的试验示范的支持和引导，切实推动碳捕集、利用和封存的健康有序发展。

二、主要工作任务

近期将从以下几个方面来推动碳捕集、利用和封存的试验示范工作：

（一）结合碳捕集和封存各工艺环节实际情况开展相关试验示范项目。鼓励在煤化工、油气等行业开展针对高纯度二氧化碳排放源进行捕集的示范项目，在火电厂开展燃烧前、燃烧后、富氧燃烧等各种二氧化碳捕集技术路线的试验示范项目，加强不同二氧化碳捕集工艺路线间的技术和经济比较，不断解决相关技术实现产业化应用面临的各种实际问题。加强对二氧化碳天然气藏（田）的开采的管理，严格限制以利用为目的的二氧化碳气藏（田）开发，逐步关停现有气田，推动捕集所获的二氧化碳实现多方式、多渠道的资源化利用，提高试验示范项目经济效益。在二氧化碳排放集中地区加强二氧化碳封存潜力评价与选址工作。建立不同行业间的协调合作机制，加强二氧化碳捕集点（供应方）与封存地（需求方）的匹配和衔接。支持利用二氧化碳强化采油（气）并在此基础上实现封存，视情开展一些小规模、探索性的二氧化碳陆上及海底咸水层封存试验。推动二氧化碳分离、运输等环节相关技术及工程的试验示范。

（二）开展碳捕集、利用和封存示范项目和基地建设。优先支持符合国情、成本较低、规模适度、有行业、地区特色和自有知识产权、近期有较大推广价值的半流程及全流程示范项目，加强对中长期较大规模，涉及捕集、驱油（气）和封存的一体化示范项目的引导。组织建立碳捕集、利用和封存重点示范项目清单和项目库，结合实际循序渐进地开展相关项目申报、筛选和支持工作，完善项目审批和管理机制，支持建立一批有代表性的示范项目、创新平台和示范基地，引导建立若干包含不同技术路线、跨行业合作的、具备工业规模和产业化应用潜力的全流程示范系统。

（三）探索建立相关政策激励机制。研究探索有助于推动碳捕集、利用和封存试验示范的引导和激励机制，落实现行有关税收扶持政策。不断拓宽资金渠道，鼓励企业自筹资金和多方面融资，逐步探索对企业投资碳捕集、利用和封存试验示范项目在信贷、价格、土地使用等方面配套支持。加快形成政府鼓励引导、企业投入、多方面参与的碳捕集、利用和封存试验示范资金保障体系，着力带动相关产业的发展。

（四）加强碳捕集、利用和封存发展的战略研究和规划制定。加强对碳捕集、利用和封存在我国中、长期发展潜力、障碍、风险和影响的评估，进一步明确其在我国未来控制温室气体排放和能源中长期发展战略中的地位和作用。探索碳捕集、利用和封存与应对气候变化、能源开发、节能环保、循环经济等相关领域中长期规划的衔接与结合。在摸清电力、煤炭及煤化工、石油石化、天然气、钢铁、水泥等行业温室气体排放的基本情况及深入分析这些行业开展碳捕集、利用和封存试验示范可行性和潜力的基础上，进一步明确政策需求和导向，引导相关行业在中长期规划中充分考虑二氧化碳捕集、利用和封存的要求和部署。

（五）推动碳捕集、利用和封存相关标准规范的制定。结合我国碳捕集、利用和封存发展实际，研究制订涉及该技术工业规模应用以及产业化、商业化推广的工程规范和标准。加强对碳捕集、利用和封存的效果、安全和环境影响评价，强化长期安全、环境风险的评估和管控，构建并完善相关安全标准和环境监管规范体系。积极参与和引导碳捕集、利用和封存国际标准和规范的制定。

（六）加强能力建设和国际合作。加强对碳捕集、利用和封存的人才培养、项目管理等方面的能力建设。加强与碳捕集、利用和封存技术相关的信息传播和知识普及，加深公众对该技术的认识理解。加强与主要发达国家和发展中国家政府的合作，深化与国际金融组织和其他相关国际机构的合作，有效整合、利用国际资金、国际经验和国际资源。

三、工作组织和要求

推动碳捕集、利用和封存试验示范是一项长期工作，需要加强组织和领导。国家发展改革委将牵头会同其他有关部门和相关机构，协调开展工作，力争尽快形成中央、地方、行业、企业、研究机构共同参与的良好局面。

国家发展改革委会同其他相关部门，组织开展推动碳捕集、利用和封存试验示范的研究战略规划、制定政策法规、征集申报项目、提高公众意识、加强能力建设、扩大国际合作等方面的工作。各相关部门加强协调配合，发挥各自优势，积极参与推动碳捕集、利用和封存试验示范。由国家发展改革委牵头，建立跨部门的工作协调机制，整合公共资源，形成政策合力。

地方发展改革委从应对气候变化、控制温室气体排放、推动产业改造升级的高度出发，重视开展碳捕集、利用和封存的试验示范工作。抓紧摸清本地区相关行业、企业现状、潜力和政策需求，会同财政、能源、工业、科技、环保、国土资源等相关领域主管单位，加大对本地区企业开展试验示范项目的支持力度。低碳试点地区要先行先试，重点结合本地区能源结构和高排放行业发展实际情况，探索鼓励碳捕集、利用和封存试验示范的政策机制。

火电、煤化工、钢铁、水泥、油气等重点行业和企业应根据自身实际情况，从积极控制温室气体排放、履行企业社会责任、提高企业技术竞争力出发，积极加大对碳捕集、利用和封存的试验示范项目的投入，积累项目建设、运行和管理经验。研究机构应积极参与试验示范过程中有关技术问题的解决以及相关标准、政策的制定，积极参与推动公众正确认识该技术。鼓励相关企业、研究机构和公众提出有利于推动碳捕集、利用和封存健康有序发展的意见建议。

特此通知。

国家发展改革委

2013 年 4 月 27 日（印）

国家发展改革委关于调整销售电价分类结构有关问题的通知

（发改价格〔2013〕973 号）

各省、自治区、直辖市发展改革委、物价局、电力公司，国家电网公司、南方电网公司：

为健全和完善销售电价体系，促进电力用户公平负担，合理配置电力资源，根据《国务院办公厅关于印发电价改革方案的通知》（国办发〔2003〕62 号）、《国家发展改革委关于印发电价改革实施办法的通知》（发改价格〔2005〕514 号）等有关规定，决定逐步调整销售电价分类结构，规范各类销售电价的适用范围。现将有关事项通知如下：

一、调整销售电价分类结构

（一）将销售电价由现行主要依据行业、用途分类，逐步调整为以用电负荷特性为主分类，逐步建立结构清晰、比价合理、繁简适当的销售电价分类结构体系。

（二）将现行销售电价逐步归并为居民生活用电、农业生产用电和工商业及其他用电价格三个类别。

（三）销售电价分类结构调整，要考虑用户及电网企业承受能力，分步实施，平稳过渡。

二、规范各类销售电价适用范围

（一）居民生活用电价格，是指城乡居民家庭住宅，以及机关、部队、学校、企事业单位集体宿舍的生活用电价格。

城乡居民住宅小区公用附属设施用电（不包括从事生产、经营活动用电），执行居民生活用电价格。

学校教学和学生生活用电、社会福利场所生活用电、宗教场所生活用电、城乡社区居民委员会服务设施用电以及监狱监房生活用电，执行居民生活用电价格。

（二）农业生产用电价格，是指农业、林木培育和种植、畜牧业、渔业生产用电，农业灌溉用电，以及农业服务业中的农产品初加工用电的价格。其他农、林、牧、渔服务业用电和农副食品加工业用电等不执行农业生产用电价格。

（三）工商业及其他用电价格，是指除居民生活及农业生产用电以外的用电价格。

农村饮水安全工程供水用电，执行居民生活用电或农业生产用电价格，具体由各省（区、市）价格主管部门根据实际情况确定。

各类销售电价具体适用范围见附件。

三、过渡时期的措施

销售电价分类结构原则上应于 5 年左右调整到位。过渡期间可采取以下措施：

（一）暂单列大工业用电类别。将现行大工业用电中的电解铝、电炉铁合金、电解烧碱、黄磷、电石、中小化肥等用电逐步归并于大工业用电类别。

（二）将现行非居民照明、非工业及普通工业、商业三类用电归并为一般工商业及其他用电类别。

（三）一般工商业及其他用电与大工业用电，逐步归并为工商业及其他用电类别。

（四）将目前单列的农业排灌用电、贫困县农业排灌用电和深井高扬程用电，逐步归并到农业生产用电类别。

（五）在用电类别归并过程中，按电压等级进行分档定价。具备条件的，可同时按电压等级、用电容量或单位容量用电量（利用小时）进行分档定价。

（六）一般工商业及其他用电中，受电变压器容量（含不通过变压器接用的高压电动机容量）在 315kVA（kW）及以上的，可先行与大工业用电实行同价并执行两部制电价。具备条件的地区，可扩大到 100kVA（kW）以上用电。

四、有关要求

各省（区、市）价格主管部门要按照本通知要求，尽快规范各类销售电价适用范围。各类销售电价之间的归并涉及用户之间利益调整，影响面较宽，省级价格主管部门要深入细致地测算、分析对各类电力用户和电网企业的影响，积极稳妥、循序渐进地推进。实施过程中如有问题，请及时向我委报告。

国家发展改革委

2013 年 5 月 24 日（印）

附件：

销售电价分类适用范围

一、居民生活用电

城乡居民住宅用电：城乡居民住宅用电是指城乡居民家庭住宅，以及机关、部队、学校、企事业单位集体宿舍的生活用电。

城乡居民住宅小区公用附属设施用电：是指城乡居民家庭住宅小区内的公共场所照明、电梯、电子防盗门、电子门铃、消防、绿地、门卫、车库等非经营性用电。

学校教学和学生生活用电：是指学校的教室、图书馆、实验室、体育用房、校系行政用房等教学设施，以及学生食堂、澡堂、宿舍等学生生活设施用电。

执行居民用电价格的学校，是指经国家有关部门批准，由政府及其有关部门、社会组织和公民个人举办的公办、民办学校，包括：①普通高等学校（包括大学、独立设置的学院和高等专科学校）；②普通高中、成人高中和中等职业学校（包括普通中专、成人中专、职业高中、技工学校）；③普通初中、职业初中、成人初中；④普通小学、成人小学；⑤幼儿园（托儿所）；⑥特殊教育学校（对残障儿童、少年实施义务教育的机构）。不含各类经营性培训机构，如驾校、烹饪、美容美发、语言、电脑培训等。

社会福利场所生活用电：是指经县级及以上人民政府民政部门批准，由国家、社会组织和公民个人举办的，为老年人、残疾人、孤儿、弃婴提供养护、康复、托管等服务场所的生活用电。

宗教场所生活用电：指经县级及以上人民政府宗教事务部门登记的寺院、宫观、清真寺、教堂等宗教活动场所常住人员和外来暂住人员的生活用电。

城乡社区居民委员会服务设施用电：是指城乡居民社区居民委员会工作场所及非经营公益服务设施的用电。

二、农业生产用电

农业用电：是指各种农作物的种植活动用电。包括谷物、豆类、薯类、棉花、油料、糖料、麻类、烟草、蔬菜、食用菌、园艺作物、水果、坚果、含油果、饮料和香料作物、中药材及其他农作物种植用电。

林木培育和种植用电：是指林木育种和育苗、造林和更新、森林经营和管护等活动用电。其中，森林经营和管护用电是指在林木生长的不同时期进行的促进林木生长发育的活动用电。

畜牧业用电：是指为了获得各种畜禽产品而从事的动物饲养活动用电。不包括专门供体育活动和休闲等活动相关的禽畜饲养用电。

渔业用电：是指在内陆水域对各种水生动物进行养殖、捕捞，以及在海水中对各种水生动植物进行养殖、捕捞活动用电。不包括专门供体育活动和休闲钓鱼等活动用电以及水产品的加工用电。

农业灌溉用电：指为农业生产服务的灌溉及排涝用电。

农产品初加工用电：是指对各种农产品（包括天然橡胶、纺织纤维原料）进行脱水、凝固、去籽、净化、分类、晒干、剥皮、初烤、沤软或大批包装以提供初级市场的用电。

三、工商业及其他用电

工商业及其他用电：是指除居民生活及农业生产用电以外的用电。

大工业用电：是指受电变压器（含不通过受电变压器的高压电动机）容量在315kVA及以上的下列用电：①以电为原动力，或以电冶炼、烘焙、熔焊、电解、电化、电热的工业生产用电；②铁路（包括地下铁路、城铁）、航运、电车及石油（天然气、热力）加压站生产用电；③自来水、工业实验、电子计算中心、垃圾处理、污水处理生产用电。

中小化肥用电：是指年生产能力为30万t以下（不含30万t）的单系列合成氨、磷肥、钾肥、复合肥料生产企业中化肥生产用电。其中复合肥料是指含有氮磷钾两种以上（含两种）元素的矿物质，经过化学方法加工制成的肥料。

农副食品加工业用电：是指直接以农、林、牧、渔产品为原料进行的谷物磨制、饲料加工、植物油和制糖加工、屠宰及肉类加工、水产品加工，以及蔬菜、水果、坚果等食品的加工用电。

国家发展改革委关于印发《分布式发电管理暂行办法》的通知

（发改能源〔2013〕1381号）

各省、自治区、直辖市及计划单列市、新疆生产建设兵团发展改革委、能源局，华能、大唐、国电、华电、中电投集团公司，国家电网公司、南方电网公司，中广核、中节能集团公司，国家开发投资公司，中石油、中石化集团公司，中海油总公司，神华、中煤集团公司、中联煤层气公司：

为推动分布式发电应用，促进节能减排和可再生能源发展，我委组织制定了《分布式发电管理暂行办法》。现印发你们，请按照执行。

国家发展改革委

2013年7月18日（印）

附件：分布式发电管理暂行办法（略）

国家发展改革委关于发挥价格杠杆作用促进光伏产业健康发展的通知

（发改价格〔2013〕1638号）

各省、自治区、直辖市发展改革委、物价局：

为充分发挥价格杠杆引导资源优化配置的积极作用，促进光伏发电产业健康发展，根据《国务院关于促进光伏产业健康发展的若干意见》（国发〔2013〕24号）有关要求，决定进一步完善光伏发电项目价格政策。现就有关事项通知如下：

一、光伏电站价格

（一）根据各地太阳能资源条件和建设成本，将全国分为三类太阳能资源区，相应制定光伏电站标杆上网电价。各资源区光伏电站标杆上网电价标准见附件。

（二）光伏电站标杆上网电价高出当地燃煤机组标杆上网电价（含脱硫等环保电价，下同）的部分，通过可再生能源发展基金予以补贴。

二、分布式光伏发电价格

（一）对分布式光伏发电实行按照全电量补贴的政策，电价补贴标准为每千瓦时0.42元（含税，下同），通过可再生能源发展基金予以支付，由电网企业转付；其中，分布式光伏发电系统自用有余上网的电量，由电网企业按照当地燃煤机组标杆上网电价收购。

（二）对分布式光伏发电系统自用电量免收随电价征收的各类基金和附加，以及系统备用容量费和其他相关并网服务费。

三、执行时间

分区标杆上网电价政策适用于2013年9月1日后备案（核准），以及2013年9月1日前备案（核准）但于2014年1月1日及以后投运的光伏电站项目；电价补贴标准适用于除享受中央财政投资补贴之外的分布式光伏发电项目。

四、其他规定

（一）享受国家电价补贴的光伏发电项目，应符合可再生能源发展规划，符合固定资产投资审批程序和有关管理规定。

（二）光伏发电项目自投入运营起执行标杆上网电价或电价补贴标准，期限原则上为20年。国家根据光伏发电发展规模、发电成本变化情况等因素，逐步调减光伏电站标杆上网电价和分布式光伏发电电价补贴标准，以促进科技进步，降低成本，提高光伏发电市场竞争力。

（三）鼓励通过招标等竞争方式确定光伏电站上网电价或分布式光伏发电电价补贴标准，但通过竞争方式形成的上网电价和电价补贴标准，不得高于国家规定的标杆上网电价和电价补贴标准。

（四）电网企业要积极为光伏发电项目提供必要的并网接入、计量等电网服务，及时与光伏发电企业按规定结算电价。同时，要及时计量和审核光伏发电项目的发电量与上网电量，并据此申请电价补贴。

（五）光伏发电企业和电网企业必须真实、完整地记载和保存光伏发电项目上网电量、自发自用电量、电价结算和补助金额等资料，接受有关部门监督检查。弄虚作假的视同价格违法行为予以查处。

（六）各级价格主管部门要加强对光伏发电上网电价执行和电价附加补助结算的监管，确保光伏发电价格政策执行到位。

国家发展改革委
2013年8月26日（印）

附件：

全国光伏电站标杆上网电价表

单位：元/kWh（含税）

资源区	光伏电站标杆上网电价	各资源区所包括的地区
Ⅰ类资源区	0.90	宁夏，青海海西，甘肃嘉峪关、武威、张掖、酒泉、敦煌、金昌，新疆哈密、塔城、阿勒泰、克拉玛依，内蒙古除赤峰、通辽、兴安盟、呼伦贝尔以外地区
Ⅱ类资源区	0.95	北京，天津，黑龙江，吉林，辽宁，四川，云南，内蒙古赤峰、通辽、兴安盟、呼伦贝尔，河北承德、张家口、唐山、秦皇岛，山西大同、朔州、忻州，陕西榆林、延安，青海、甘肃、新疆除Ⅰ类外其他地区
Ⅲ类资源区	1.0	除Ⅰ类、Ⅱ类资源区以外的其他地区

注 西藏自治区光伏电站标杆电价另行制定。

国家发展改革委关于调整可再生能源电价附加标准与环保电价有关事项的通知

（发改价格〔2013〕1651号）

各省、自治区、直辖市发展改革委、物价局、电力公司，国家电网公司、南方电网公司，华能、大唐、华电、国电、中电投集团公司：

为支持可再生能源发展，鼓励燃煤发电企业进行脱硝、除尘改造，促进环境保护，决定适当调整可再生能源电价附加和燃煤发电企业脱硝等环保电价标准，现将有关事项通知如下：

一、将向除居民生活和农业生产以外的其他用电征收的可再生能源电价附加标准由每千瓦时0.8分提高至1.5分。

二、将燃煤发电企业脱硝电价补偿标准由每千瓦时0.8分提高至1分。

三、对采用新技术进行除尘设施改造、烟尘排放浓度低于30mg/m³（重点地区低于20mg/m³），并经环保部门验收合格的燃煤发电企业除尘成本予以适当支持，电价补偿标准为每千瓦时0.2分。

四、以上价格调整自2013年9月25日起执行。

五、在保持现有销售电价总水平不变的情况下，主要利用电煤价格下降腾出的电价空间解决上述电价调整资金来源。各省（区、市）具体电价调整方案，由省级价格主管部门研究拟订，于2013年9月10日前上报我委审批。

国家发展改革委
2013年8月27日（印）

国家发展改革委关于调整发电企业上网电价有关事项的通知

（发改价格〔2013〕1942号）

各省、自治区、直辖市发展改革委、物价局、电力公司，国家电网公司、南方电网公司，华能、大唐、华电、国电、中电投集团公司，国家开发投资公司、神华集团公司：

为贯彻落实《国家发展改革委关于调整可再生能源电价附加标准与环保电价有关事项的通知》（发改价格〔2013〕1651号），决定在保持销售电价水平不变的情况下适当调整电价水平。现就有关事项通知如下：

一、降低有关省（区、市）燃煤发电企业脱硫标杆上网电价，具体降价标准见附件1。各地未执行标杆电价的统调燃煤发电企业上网电价同步下调。

二、适当降低跨省、跨区域送电价格标准，具体降价标准见附件2。

三、在上述电价基础上，对脱硝达标并经环保部门验收合格的燃煤发电企业，上网电价每千瓦时提高1分；对采用新技术进行除尘、烟尘排放浓度低于30mg/m³（重点地区低于20mg/m³），并经环保部门验收合格的燃煤发电企业，上网电价每千瓦时提高0.2分。

四、适当疏导部分地区燃气发电价格矛盾。提高上海、江苏、浙江、广东、海南、河南、湖北、宁夏等省（区、市）天然气发电上网电价，用于解决因存量天然气价格调整而增加的发电成本。具体调价标准由省级价格主管部门从紧制定，并报我委备案。

五、将向除居民生活和农业生产以外的其他用电征收的可再生能源电价附加标准由每千瓦时0.8分提高至1.5分（西藏、新疆除外）。

六、以上电价调整自2013年9月25日起执行。

七、请各省（区、市）价格主管部门组织电网经营企业和发电企业严格贯彻执行上述调价措施。同时，不得超越价格管理权限另行降低发电企业上网电价，不得自行降低对电力用户尤其是高耗能企业的销售电价。

附件：1. 各省（区、市）统调燃煤机组上网电价调整表
2. 有关跨省、跨区域送电价格调整表

国家发展改革委
2013年9月30日（印）

附件1：

各省（区、市）统调燃煤机组上网电价调整表

单位：分/kWh（含税）

省级电网	降价标准	省级电网	降价标准
北京	1.35	河北北网	1.35
天津	1.35	河北南网	1.04

续表

省级电网	降价标准	省级电网	降价标准
山西	0.90	湖南	1.35
山东	1.17	江西	1.00
内蒙古西部	1.05	四川	0.00
内蒙古东部	1.15	重庆	1.60
辽宁	1.20	陕西	1.10
吉林	0.83	甘肃	1.34
黑龙江	0.60	宁夏	1.25
上海	2.50	青海	0.90
江苏	2.50	广东	1.90
浙江	2.50	广西	2.20
安徽	1.49	云南	0.00
福建	1.44	贵州	0.97
湖北	1.98	海南	1.35
河南	1.30		

附件 2：

有关跨省、跨区域送电价格调整表

单位：分/kWh（含税）

类别	项　目	降价标准
点对网	山西送华北	0.90
	内蒙古西部送华北	1.35
	山西送山东	1.17
	宁东送山东	1.17
	陕西送河北南网	1.04
	皖电东送	1.49
	内蒙古东部送黑龙江	0.60
	内蒙古东部送吉林	0.83
	内蒙古东部送辽宁	1.20
	湖南鲤鱼江电厂送广东	1.90
网对网	内蒙古西部送华北	1.05
	山西送华北	0.70
	山西送河北南网	0.70
	黑龙江送辽宁	0.60
	吉林送辽宁	0.83
	东北送华北	0.60
	云南送广东	0.20
	贵州送广东	0.20

注 1. 通过宁东直流工程送山东价格按上表所列标准调整后，有关电价相应调整。其中，华电灵武二期、京能水洞沟、鲁能鸳鸯湖电厂送山东电量为每千瓦时 0.311 3 元、宁东换流站结算价格为每千瓦时 0.339 3 元，山东落地电价为每千瓦时 0.424 8 元。

2. 内蒙古东部向辽宁送电价格调整后，呼辽直流工程配套电源项目呼伦贝尔、伊敏三期、鄂温克电厂的上网电价相应调整为每千瓦时 0.306 元，辽宁落地电量结算价格为每千瓦时 0.384 4 元。

3. “皖电东送”燃煤发电企业上网电价调整为每千瓦时 0.421 1 元。

4. 云南、贵州向广东送电的价格按上表所列标准调整后，送广东落地电价相应调整。

5. 核电秦山联营公司 1、2 号机组上网电价调整为每千瓦时 0.414 元。

6. 送电价格调整后，华北、东北、华东、华中、西北区域电网公司统购统销电量与省（市）电网公司的结算价格相应调整。

国家发展改革委办公厅关于印发首批 10 个行业企业温室气体排放核算方法与报告指南(试行)的通知

（发改办气候〔2013〕2526 号）

各省、自治区、直辖市及计划单列市、副省级省会城市、新疆生产建设兵团发展改革委：

为有效落实《国民经济和社会发展第十二个五年规划纲要》提出的建立完善温室气体统计核算制度，逐步建立碳排放交易市场的目标，推动完成国务院《“十二五”控制温室气排放工作方案》（国发〔2011〕41 号）提出的加快构建国家、地方、企业三级温室气体排放核算工作体系，实行重点企业直接报送温室气体排放数据制度的工作任务，我委正组织制定重点行业企业温室气体排放核算方法与报告指南。首批 10 个行业企业温室气体排放核算方法与报告指南（试行）已制定完成，现予印发，供开展碳排放权交易、建立企业温室气体排放报告制度、完善温室气体排放统计核算体系等相关工作参考使用。使用过程中的问题和意见，请及时反馈我委。

国家发展改革委办公厅

2013 年 10 月 15 日（印）

附件 1：中国发电企业温室气体排放核算方法与报告指南（试行）（略）

附件 2：中国电网企业温室气体排放核算方法与报告指南（试行）（略）

财政部、水利部文件

关于对分布式光伏发电自发自用电量免征政府性基金有关问题的通知

（财综〔2013〕103号）

各省、自治区、直辖市财政厅（局），财政部驻各省、自治区、直辖市、计划单列市财政监察专员办事处：

为了促进光伏产业健康发展，根据《国务院关于促进光伏产业健康发展的若干意见》（国发〔2013〕24号）的有关规定，对分布式光伏发电自发自用电量免收可再生能源电价附加、国家重大水利工程建设基金、大中型水库移民后期扶持基金、农网还贷资金等4项针对电量征收的政府性基金。上述规定自本通知发文之日起施行。

财政部

2013年11月19日（印）

财政部、水利部关于扩大农村水电增效扩容改造实施范围的通知

（财建〔2013〕194号）

各省、自治区、直辖市财政厅（局）、水利（水务）厅（局），新疆生产建设兵团财务局、水利局：

为贯彻落实2011年中央1号文件精神，按照国务院“十二五”节能减排工作总体部署，财政部、水利部于2011年7月在浙江、湖北、湖南、重庆、广西、陕西等六省（区、市）启动了农村水电增效扩容改造试点，并取得了明显成效。根据国务院领导有关批示精神，财政部、水利部决定扩大农村水电增效扩容改造实施范围，现将有关事项通知如下：

一、总体目标和安排

在前期试点工作的基础上，对全国1995年及以前投运、单站装机容量5万kW及以下的农村水电站实施增效扩容改造。2013年启动一批，2014年再启动剩余一批，2015年底前全面完成。

二、适用政策和制度

2013～2015年纳入各省（区、市）农村水电增效扩容改造实施方案并按期完成改造的项目，享受中央财政对试点地区的支持政策，即按照改造后的电站装机容量和东部700元/kW、中部1000元/kW、西部1300元/kW的标准给予补助；同时，严格执行财政部、水利部出台的有关财政补助资金管理、项目改造初步设计、机电设备选用、建设管理、竣工验收、绩效评价等制度办法（具体文件目录见附件）。

三、申报流程和要求

实施农村水电改造的省（区、市）水利、财政部门应根据财政部、水利部有关规定，本着实事求是、因地制宜、积极稳妥、切实可行的原则，在组织做好项目筛选及前期准备工作，确保项目真实性、合规性和各项技术经济指标准确性、合理性的基础上，认真编制农村水电增效扩容改造省级实施方案，重点说明改造项目实施安排、前期工作、建设管理、资金筹措及管理、效益分析、配套政策、保障措施、长效机制等方面内容，连同相关证明材料，一并尽快上报水利部、财政部。

财政部　水利部

2013年5月14日（印）

附件：

农村水电增效扩容改造有关文件目录

1.《财政部　水利部关于印发〈农村水电增效扩容改造财政补助资金管理暂行办法〉的通知》（财建〔2011〕504号）

2. 水利部《关于印发农村水电增效扩容改造项目初步设计指导意见的通知》（水电〔2011〕437号）

3. 水利部《关于印发农村水电增效扩容改造项目机电设备选用指导意见的通知》（水电〔2011〕438号）

4.《水利部　财政部关于印发农村水电增效扩容改造项目建设管理指导意见的通知》（水电〔2011〕441号）

5. 水利部《关于印发农村水电增效扩容改造项目验收指导意见的通知》（水电〔2012〕329号）

6.《财政部　水利部关于印发〈农村水电增效扩容改造绩效评价暂行办法〉的通知》（财建〔2013〕45号）

关于分布式光伏发电实行按照电量补贴政策等有关问题的通知

（财建〔2013〕390号）

各省、自治区、直辖市、计划单列市财政厅（局），国家电网公司、中国南方电网有限责任公司：

为贯彻落实《国务院关于促进光伏产业健康发展的若干意见》（国发〔2013〕24号），现将分布式光伏发电项目按电量补贴等政策实施办法通知如下：

一、分布式光伏发电项目按电量补贴实施办法

（一）项目确认。国家对分布式光伏发电项目按电量给予补贴，补贴资金通过电网企业转付给分布式光伏发电项目单位。申请补贴的分布式光伏发电项目必须符合以下条件：

1. 按照程序完成备案。具体备案办法由国家能源局另行制定。

2. 项目建成投产，符合并网相关条件，并完成并网验收等电网接入工作。

符合上述条件的项目可向所在地电网企业提出申请，经同级财政、价格、能源主管部门审核后逐级上报。国家电网公司、中国南方电网有限责任公司（以下简称南方电网公司）经营范围内的项目，由其下属省（区、市）电力公司汇总，并经省级财政、价格、能源主管部门审核同意后报国家

电网公司和南方电网公司。国家电网公司和南方电网公司审核汇总后报财政部、国家发展改革委、国家能源局。地方独立电网企业经营范围内的项目，由其审核汇总，报项目所在地省级财政、价格、能源主管部门，省级财政、价格、能源管理部门审核后报财政部、国家发展改革委、国家能源局。财政部、国家发展改革委、国家能源局对报送项目组织审核，并将符合条件的项目列入补助目录予以公告。国家电网公司、南方电网公司、地方独立电网企业经营范围内电网企业名单详见附件。

享受金太阳示范工程补助资金、太阳能光电建筑应用财政补助资金的项目不属于分布式光伏发电补贴范围。光伏电站执行价格主管部门确定的光伏发电上网电价，不属于分布式光伏发电补贴范围。

（二）补贴标准。补贴标准综合考虑分布式光伏上网电价、发电成本和销售电价等情况确定，并适时调整。具体补贴标准待国家发展改革委出台分布式光伏上网电价后再另行发文明确。

（三）补贴电量。电网企业按用户抄表周期对列入分布式光伏发电项目补贴目录内的项目发电量、上网电量和自发自用电量等进行抄表计量，作为计算补贴的依据。

（四）资金拨付。中央财政根据可再生能源电价附加收入及分布式光伏发电项目预计发电量，按季向国家电网公司、南方电网公司及地方独立电网企业所在省级财政部门预拨补贴资金。电网企业根据项目发电量和国家确定的补贴标准，按电费结算周期及时支付补贴资金。具体支付办法由国家电网公司、南方电网公司、地方独立电网企业制定。国家电网公司和南方电网公司具体支付办法报财政部备案，地方独立电网企业具体支付办法报省级财政部门备案。

年度终了后1个月内，国家电网公司、南方电网公司对经营范围内的项目上年度补贴资金进行清算，经省级财政、价格、能源主管部门审核同意后报财政部、国家发展改革委、国家能源局。地方独立电网企业对经营范围内的项目上年度补贴资金进行清算，由省级财政部门会同价格、能源主管部门核报财政部、国家发展改革委、国家能源局。财政部会同国家发展改革委、国家能源局审核清算。

二、改进光伏电站、大型风力发电等补贴资金管理

除分布式光伏发电补贴资金外，光伏电站、大型风力发电、地热能、海洋能、生物质能等可再生能源发电的补贴资金继续按《财政部 国家发展改革委 国家能源局关于印发〈可再生能源电价附加补助资金管理暂行办法〉的通知》（财建〔2012〕102号，以下简称《办法》）管理。为加快资金拨付，对有关程序进行简化。

（一）国家电网公司和南方电网公司范围内的并网发电项目和接网工程，补贴资金不再通过省级财政部门拨付，中央财政直接拨付给国家电网公司、南方电网公司。年度终了后1个月内，各省（区、市）电力公司编制上年度并网发电项目和接网工程补贴资金清算申请表，经省级财政、价格、能源主管部门审核后，报国家电网公司、南方电网公司汇总。国家电网公司、南方电网公司审核汇总后报财政部、国家发展改革委和国家能源局。地方独立电网企业仍按《办法》规定程序申请补贴资金。

（二）按照《可再生能源法》，光伏电站、大型风力发电、地热能、海洋能、生物质能等可再生能源发电补贴资金的补贴对象是电网企业。电网企业要按月与可再生能源发电企业根据可再生能源上网电价和实际收购的可再生能源发电上网电量及时全额办理结算。

（三）公共可再生能源独立电力系统项目补贴资金，于年度终了后由省级财政、价格、能源主管部门随清算报告一并提出资金申请。

（四）中央财政已拨付的可再生能源电价附加资金，各地财政部门应于8月底全额拨付给电网企业。2012年补贴资金按照《办法》进行清算。2013年以后的补贴资金按照本通知拨付和清算。

三、本通知自印发之日起实施。

财政部

2013年7月24日（印）

附件：

电网企业名单

国家电网公司，下属公司包括：华北电网有限公司、北京市电力公司、天津市电力公司、河北省电力公司、山西省电力公司、山东电力集团公司、上海电力公司、江苏省电力公司、浙江省电力公司、安徽省电力公司、福建省电力有限公司、辽宁省电力有限公司、吉林省电力有限公司、黑龙江省电力有限公司、内蒙古东部电力有限公司、湖北省电力公司、湖南省电力公司、河南省电力公司、江西省电力公司、四川省电力公司、重庆市电力公司、陕西省电力公司、甘肃省电力公司、青海省电力公司、宁夏电力公司、新疆电力公司、西藏电力有限公司等。

南方电网公司，下属公司包括：广东电网公司、广西电网公司、云南电网公司、贵州电网公司、海南电网公司。

地方独立电网企业，包括：内蒙古电力（集团）有限责任公司、湖北丹江电力股份有限公司、广西桂东电力股份有限公司、广西壮族自治区百色电力有限责任公司、重庆三峡水利电力（集团）股份有限公司、重庆乌江电力有限公司、湖南金垣电力（集团）股份有限公司、山西国际电力集团有限公司、吉林省地方水电有限公司、广西水利电业集团有限公司、深圳招商供电有限公司、湖南郴电国际发展股份有限公司、云南保山电力公司、陕西地方电力公司、四川水电投资经营集团公司等。

关于继续开展新能源汽车推广应用工作的通知

（财建〔2013〕551号）

各省、自治区、直辖市、计划单列市财政厅（局）、科技厅（局、科委）、工业和信息化主管部门、发展改革委：

为加快新能源汽车产业发展，推进节能减排，促进大气污染治理，报经国务院批准同意，2013年至2015年继续开展新能源汽车推广应用工作。现将有关补贴政策通知如下：

一、依托城市推广应用新能源汽车

（一）继续依托城市尤其是特大城市推广应用新能源汽车。重点在京津冀、长三角、珠三角等细颗粒物治理任务较重的区域，选择积极性较高的特大城市或城市群实施。

（二）示范城市或区域须满足以下条件：

1.2013～2015年，特大型城市或重点区域新能源汽车累

计推广量不低于10 000辆，其他城市或区域累计推广量不低于5000辆。

2. 推广应用的车辆中外地品牌数量不得低于30%。不得设置或变相设置障碍限制采购外地品牌车辆。

3. 政府机关、公共机构等领域车辆采购要向新能源汽车倾斜，新增或更新的公交、公务、物流、环卫车辆中新能源汽车比例不低于30%。

4. 地方政府对新能源汽车车辆购置、公交车运营、配套设施建设等方面已出台具体明确的政策措施。

5. 相关城市须接受年度考核评估，未能完成年度推广目标的将予以淘汰。

（三）能够满足上述条件的城市，可编制新能源汽车推广应用实施方案，于10月15日前逐级上报至财政部、科技部、工业和信息化部、发展改革委（以下简称四部委）。四部委将对上报方案进行审核评估，择优确定示范城市名单。

二、对消费者购买新能源汽车给予补贴

（一）补助范围。纳入中央财政补贴范围的新能源汽车车型应是符合要求的纯电动汽车、插电式混合动力汽车和燃料电池汽车。重点加大政府机关、公共机构、公交等领域新能源汽车推广力度。

（二）补助对象。补助对象是消费者，消费者按销售价格扣减补贴后支付。

（三）资金拨付。中央财政将补贴资金拨付给新能源汽车生产企业，实行按季预拨，年度清算。生产企业在产品销售后，每季度末向企业注册所在地的财政、科技部门提交补贴资金预拨申请，当地财政、科技部门审核后逐级上报至财政部、科技部。四部委组织审核后向有关企业预拨补贴资金。年度终了后，根据核查结果进行补贴资金清算。

（四）补助标准。补助标准依据新能源汽车与同类传统汽车的基础差价确定，并考虑规模效应、技术进步等因素逐年退坡。2013年具体补助标准见附件。2014年和2015年，纯电动乘用车、插电式混合动力（含增程式）乘用车、纯电动专用车、燃料电池汽车补助标准在2013年标准基础上分别下降10%和20%；纯电动公交车、插电式混合动力（含增程式）公交车标准维持不变。

三、对示范城市充电设施建设给予财政奖励

中央财政将安排资金对示范城市给予综合奖励，奖励资金将主要用于充电设施建设等方面。具体奖励办法及标准另行制定。

财政部　科技部

工业和信息化部　发展改革委

2013年9月13日（印）

附件：

2013年新能源汽车推广应用补助标准

1. 纯电动乘用车、插电式混合动力（含增程式）乘用车推广应用补助标准（单位：万元/辆）。

车辆类型	纯电续驶里程 R（km，工况法）			
	$80\leqslant R<150$	$150\leqslant R<250$	$R\geqslant 250$	$R\geqslant 50$
纯电动乘用车	3.5	5	6	—
插电式混合动力乘用车（含增程式）	—	—	—	3.5

2. 纯电动客车、插电式混合动力（含增程式）客车推广应用补助标准（单位：万元/辆）。

车辆类型	车长 L（m）		
	$6\leqslant L<8$	$8\leqslant L<10$	$L\geqslant 10$
纯电动客车	30	40	50
插电式混合动力客车（含增程式）	—		25

此外：超级电容、钛酸锂快充纯电动客车定额补贴15万元。

3. 纯电动专用车（主要是：邮政、物流、环卫等）推广应用补助标准：按电池容量每千瓦时补贴2000元，每辆车补贴总额不超过15万。

4. 燃料电池车推广应用补助标准（单位：万元/辆）。

车辆类型	补助标准
燃料电池乘用车	20
燃料电池商用车	50

国家能源局文件

国家能源局、财政部、国土资源部、住房和城乡建设部关于促进地热能开发利用的指导意见

（国能新能〔2013〕48号）

各省、自治区、直辖市发展改革委（能源局）、财政厅（局）、国土资源厅（局）、住房和城乡建设厅（委），新疆生产建设兵团发展改革委、财政局、国土资源局、建设局，国家电网公司、南方电网公司，中石油集团公司、中石化集团公司、中海油集团公司、国电集团公司、神华集团公司，国家地热能源开发利用研究及应用技术推广中心，国家可再生能源中心、水电水利规划设计总院：

地热能是清洁环保的新型可再生能源，资源储量大、分布广，发展前景广阔，市场潜力巨大。积极开发利用地热能对缓解我国能源资源压力、实现非化石能源目标、推进能源生产和消费革命、促进生态文明建设具有重要的现实意义和

长远的战略意义。为促进我国地热能开发利用，现提出以下意见：

一、指导思想和目标

（一）指导思想（略）

（二）基本原则

政府引导，市场推动。编制全国和地区地热能开发利用规划，明确地热能开发利用布局，培育持续稳定的地热能利用市场，建立有利于地热能发展的政策框架，引导地热能利用技术进步和产业发展。充分发挥市场配置资源的基础性作用，建立产学研相结合的技术创新体系，鼓励各类投资主体参与地热能开发，营造公平市场环境，提高地热能利用的市场竞争力。

因地制宜，多元发展。根据地热能资源特点和当地用能需要，因地制宜开展浅层地热能、中层地热能和深层地热能的开发利用。结合各地地热资源特性及各类地热能利用技术特点，开展地热能发电、地热能供暖及地热能发电、供暖与制冷等多种形式的综合利用，鼓励地热能与其他化石能源的联合开发利用，提高地热能开发利用效率和替代传统化石能源的比例。

加强监管，保护环境。坚持地热能资源开发与环境保护并重，加强地热能资源开发利用全过程的管理，完善地热能资源开发利用技术标准，建立地热能资源勘查与评价、项目开发与评估、环境监测与管理体系，提高地热能开发利用的科学性。严格地热能利用的环境监管，建立地热能开发利用环境影响评估机制，加强对地质资源、水资源和环境影响的监测与评价，促进地热能资源的永续利用。

（三）主要目标

到2015年，基本查清全国地热能资源情况和分布特点，建立国家地热能资源数据和信息服务体系。全国地热供暖面积达到5亿m^3，地热发电装机容量达到10万kW，地热能年利用量达到2000万t标准煤，形成地热能资源评价、开发利用技术、关键设备制造、产业服务等比较完整的产业体系。

到2020年，地热能开发利用量达到5000万t标准煤，形成完善的地热能开发利用技术和产业体系。

二、重点任务和布局

（四）开展地热能资源详查与评价。按照“政府引导、企业参与”的原则开展全国地热能资源详查和评价，用2～3年的时间完成浅层地热能、中深层地热能资源的普查勘探和资源评价工作，提高资源勘查精准程度，规范地热能资源勘查评价方法，摸清地热能资源的地区分布和可开发利用潜力，建立地热能资源信息监测系统，提高地热能资源开发利用的保障能力。

（五）加大关键技术研发力度。建立产学研相结合的技术创新体系，依托有实力的科研院所建立国家地热开发利用研发中心，加强地热能利用关键技术研发。鼓励有条件的企业重点对地热能资源评价技术、地热发电技术、高效率换热（制冷）工质、中高温热泵压缩机、高性能管网材料、尾水回灌和水处理、矿物质提取等关键技术进行联合攻关。依托地热能利用示范项目，加快地热能利用关键技术产业化进程，形成对我国地热能开发利用强有力的产业支撑。

（六）积极推广浅层地热能开发利用。在做好环境保护的前提下，促进浅层地热能的规模化应用。在资源条件适宜地区，优先发展再生水源热泵（含污水、工业废水等），积极发展土壤源、地表水源（含江、河、湖泊等）热泵，适度发展地下水源热泵，提高浅层地温能在城镇建筑用能中的比例。重点在地热能资源丰富、建筑利用条件优越、建筑用能需求旺盛的地区，规模化推广利用浅层地温能。鼓励具备应用条件的城镇新建建筑或既有建筑节能改造中，同步推广应用热泵系统，鼓励政府投资的公益性建筑及大型公共建筑优先采用热泵系统，鼓励既有燃煤、燃油锅炉供热制冷等传统能源系统，改用热泵系统或与热泵系统复合应用。

（七）加快推进中深层地热能综合利用。按照“综合利用、持续开发”的原则加快中深层地热能资源开发利用。在资源条件具备的地区，在城市能源和供热、建设和改造规划中优先利用地热能。鼓励开展中深层地热能的梯级利用，建立中深层地热能供暖与发电、供暖与制冷等多种形式的综合利用模式。鼓励开展地下水资源所含矿物资源的综合利用，有条件的地区鼓励开展油田废弃井地热能的利用。通过中深层地热能的规模化利用，提高中深层地热能的市场竞争力，探索适合地热能开发利用的商业化投资经营模式。

（八）积极开展深层地热发电试验示范。积极开展深层高温地热发电项目示范，重点在青藏铁路沿线、西藏、云南或四川西部等高温地热资源分布地区，在保护好生态环境的条件下，以满足当地用电需要为目的，新建若干万千瓦级高温地热发电项目，对西藏羊八井地热电站进行技术升级改造。同时，密切跟踪国际增强型地热发电技术动态和发展趋势，开展增强型地热发电试验项目的可行性研究工作，初步确定项目场址并开展必要的前期勘探工作，为后期开展增强型地热发电试验项目奠定基础。

（九）创建中深层地热能利用示范区。结合中深层地热能资源分布特点和当地用能需要，在华北、东北、西北、华中、西南等重点地区和东部油田，引导创建技术先进、管理规范、效果显著的中深层地热能集中利用示范区。每个示范区地热能利用技术均具有一定的先进性，且累计地热能建筑供暖或制冷面积达到一定规模。通过地热能的集中利用示范和规模化利用，探索有利于地热能开发利用的新型能量管理技术和市场运营模式，促进地热能利用技术升级和成本下降，增强地热能的市场竞争力，提高清洁能源在城市用能中的比重。

（十）完善地热能产业服务体系。围绕地热能开发利用产业链、标准规范、人才培养和服务体系等，完善地热能产业体系。完善地热能资源勘探、钻井、抽井、回灌的标准规范，制定地热发电、建筑供热制冷及综合利用工程的总体设计、建设及运营的标准规范。加强地热能利用设备的检测和认证，建立地热能开发利用信息监测体系，完善地热能资源和利用的信息统计，加大地热能利用相关人才培养力度，积极推进地热能利用的国际合作。

三、加强地热能开发利用管理

（十一）加强地热能行业管理。按照《可再生能源法》《可再生能源发展“十二五”规划》等相关法律和规划，开展地热能开发利用的中长期规划工作，地方根据全国地热能开发利用规划制定并实施本地区地热能开发利用规划。各有关部门在各自的职责范围内，加强对地热能开发利用的行业管理。

（十二）严格地热能利用的环境监管。地热能资源的开发应坚持“资源落实、永续利用”的原则，应根据地热能资源的规模和特点合理稳定开采，实现地热能的永续利用。采用抽取地下水进行地热能利用的，原则上均应采用回灌技术，抽灌井分别安装水表并实现水量实时在线监测，定期对回灌水进行取样送检并记录在案。如因自然条件无法实施回灌的项目，应重点解决好地下水的二次污染问题，水质处理达标后才可排放或利用。地热尾水经过处理达到农田灌溉用水或城市生活用水标准的，相关部门应按照有关政策优先采用。各相关部门应加强对地质资源、水资源的监测与评价，对擅自进行地热井抽灌施工或未按标准进行抽灌施工的单位，由相关部门按照有关规定处理。

四、政策措施

（十三）加强规划引导。国家能源局根据可再生能源发展规划，会同国土资源部、住房和城乡建设部等有关部门编制地热能开发利用总体规划。各省级能源主管部门会同国土资源、住房和建设等有关部门制定本地区地热能开发利用规划，统筹开展地热能开发利用。各相关主管部门在各自的职能范围内，制定与地热能利用相关的专项规划，并实施相关工作。

（十四）完善价格财税扶持政策。按照可再生能源有关政策，中央财政重点支持地热能资源勘查与评估、地热能供热制冷项目、发电和综合利用示范项目。按照可再生能源电价附加政策要求，对地热发电商业化运行项目给予电价补贴政策。通过合同能源管理实施的地热能利用项目，可按现行税收法律法规的有关规定享受相关税收优惠政策。利用地热能供暖制冷的项目运行电价参照居民用电价格执行。采用地热能供暖（制冷）的企业可参照清洁能源锅炉采暖价格收取采暖费。鼓励各省、区、市结合实际出台具体支持政策。

（十五）建立市场保障机制。地热利用比较集中的城镇可编制以地热利用为主的新能源发展规划，完善地热能利用市场保障机制。鼓励专业化服务公司从事地热利用建设运营服务。电网企业要按照国家关于可再生能源电力保障性收购的要求，落实全额保障性收购地热发电量义务。

各有关部门、各级地方政府和相关企业要高度重视发展地热能的重大意义，认真贯彻《可再生能源法》，积极推进地热能开发利用工作，促进地热能产业健康有序发展。

国家能源局　财政部

国土资源部　住房城乡建设部

2013 年 1 月 10 日（印）

国家能源局关于做好 2013 年风电并网和消纳相关工作的通知

（国能新能〔2013〕65 号）

各省（区、市）发展改革委（能源局）、国家电网公司、南方电网公司，华能集团公司、大唐集团公司、华电集团公司、国电集团公司、中电投集团公司、神华集团公司、中广核集团公司、水电水利规划设计总院、电力规划设计总院、国家可再生能源中心：

随着中国风电装机快速增长，2012 年部分地区弃风限电问题更加严重，全国弃风电量约 200 亿 kWh，2012 年风电平均利用小时数与 2011 年相比有所下降，个别省（区）的风电利用小时数下降到了 1400h 左右，不仅浪费了清洁能源和投资，而且加剧了环境矛盾，必须高度重视风电并网运行和消纳问题。为提高风能资源利用率，减少化石能源消费，改善大气环境质量，促进生态文明建设，现将 2012 年度各省（区、市）风电年平均利用小时数予以公布，并就 2013 年进一步加强风电并网和消纳有关工作的要求通知如下：

一、更加高度重视风电的消纳和利用问题，把提高风电利用率作为做好能源工作的重要标志。目前，中国风电发电量仅占全部电力消费量的 2%，就已出现了大量弃风限电问题，暴露了我国能源管理工作的不足。各省（区、市）及有关部门和企业要充分认识做好风电消纳工作的重要性，把实现风电全额消纳作为推动能源生产和消费革命的重要载体，作为衡量能源管理水平的重要标志，积极创新体制机制，采取各种技术手段和政策措施，促进风电的市场消纳，不断提高风电在电力消费中的比重。将加强对各省（区、市）风电并网运行情况的监测，把各省（区、市）的风电利用率将作为年度安排风电开发规模和项目布局的重要依据。风电运行情况好的地区可适当加快建设进度，风电利用率已很低的地区在解决严重弃风问题之前原则上不再扩大风电建设规模。同时将及时向社会公布大规模弃风限电地区的相关情况。

二、认真分析风电送出和并网运行限电的原因，加快解决弃风限电问题。弃风限电严重的地区，要认真分析风电不能有效送出和消纳的原因，找准造成弃风问题的关键环节，采取切实有效的措施，及早解决问题。内蒙古自治区和吉林省要把推广风电供热作为当前重要工作，加强规划引导，完善政策措施，优化电网运行管理，着力提高风电在电力消费中的比重；甘肃省要认真研究酒泉基地的建设方案和消纳市场，加强风电与高载能负荷的协调运行，充分发挥风水互补运行优势，着力做好酒泉基地的风电建设和管理工作；河北省要督促有关企业落实张家口风电发展座谈会的有关要求，加快推进张家口地区与京津唐电网和河北南网的输电通道建设，着力解决张家口地区的弃风限电问题。

三、加强资源丰富区消纳方案研究，保障风电装机的持续稳定增长。对风电开发潜力较大、未来风电建设规模增长较快的地区，要未雨绸缪，加强风电消纳技术方案的研究工作，为保障今后风电持续健康稳定发展打好基础。云南省要会同南方电网公司加强云南省风水互补运行整体技术方案的研究工作；宁夏自治区要会同国家电网公司积极开展利用宁东地区电力外送通道增加风电消纳的研究工作；新疆自治区要会同国家电网公司做好利用哈密－郑州特高压直流输电线路外送哈密地区风电的技术方案和管理措施研究工作；山西省要会同国家电网公司开展山西省风电消纳整体方案研究，保障全省风电建设的统筹协调发展。

四、加强风电配套电网建设，做好风电并网服务工作。各电网企业要把保障风电消纳作为电力管理的重要工作，加强电网建设，打破行政区域限制，扩大风能资源配置范围，提高电网消纳风电的能力。对已列入核准计划的项目，电网企业应积极开展接入系统设计和评审工作，原则上应在核准计划下发当年内出具所列项目的并网承诺函，避免因为电力配套设施建设滞后造成的弃风限电情况。同时要进一步优化电网运行调度，科学安排风电场运行，统筹协调系统内调峰电源配置，深入挖掘系统调峰潜力，确保风电优先上网。特别是吉林、内蒙古、黑龙江和河北省（区）的电网调度机构应积极参与本地促进消纳的技术方案的制定工作，并要出台确保风电优先上网的具体管理措施。

附件：2012 年度各省级电网区域风电利用小时数统计表

国家能源部

2013 年 2 月 16 日（印）

附件：

2012年度各省级电网区域风电利用小时数统计表

国家电网			1869		
华北电网	2029	西北电网	1853	东北电网	1490
京津唐	2167	陕西	1997	蒙东	1499
冀南	1883	甘肃	1645	辽宁	1732
山西	2149	青海	1474	吉林	1420
蒙西	1922	宁夏	1889	黑龙江	1780
山东	1986	新疆	2450		
华中电网	1844	华东电网	2292		
河南	1907	上海	2363		
湖北	1621	江苏	1958		
湖南	1814	浙江	2082		
江西	2380	安徽	1682		
四川	2476	福建	2803		
重庆	1773				
南方电网			2265		
广东	1847	云南	2555	海南	1845
广西	1655	贵州	2069		
全国平均			1890		

注 以上数据仅供参考，西藏自治区无并网运行风电项目，故数据暂缺。

国家能源局关于印发水电工程质量监督管理规定和水电工程安全鉴定管理办法的通知

（国能新能〔2013〕104号）

主送：各省、自治区、直辖市发展改革委、能源局，国家电网公司、南方电网公司、中国国电集团公司、中国华电集团公司、中国华能集团公司、中国大唐集团公司、中国电力投资集团公司、国家开发投资公司、中国长江三峡集团公司、中国电力建设集团有限公司、中国能源建设集团有限公司，水电水利规划设计总院

抄送：国家发展改革委、电监会，中国国际工程咨询公司，中国水电工程顾问集团公司、中国水利水电科学研究院、电监会大坝安全监察中心

为加强水电工程质量和安全管理，提高工程建设质量，保障工程安全，根据水电工程建设管理实际，我局组织制定了《水电工程质量监督管理规定》和《水电工程安全鉴定管理办法》。现印发你们，请遵照执行。

附件：1. 水电工程质量监督管理规定（略）
2. 水电工程安全鉴定管理办法（略）

国家能源局
2013年3月8日（印）

国家能源局关于加强风电产业监测和评价体系建设的通知

（国能新能〔2013〕201号）

各省（区、市）发展改革委、能源局，国家电网公司、南方电网公司、内蒙古电力集团公司、华能集团公司、大唐集团公司、华电集团公司、国电集团公司、中电投集团公司、中国长江三峡集团公司、中国神华集团公司、中广核集团公司、中国节能环保集团公司、水电水利规划设计总院、电力规划设计总院、中国可再生能源学会风能专业委员会、国家可再生能源中心：

为全面准确掌握风电产业发展信息和形势，提高产业技术水平和工程质量，促进风电产业健康持续发展，现就加强风电产业信息监测和评价工作有关要求通知如下：

一、产业信息监测和评价是行业管理的重要手段。为此要加强风电产业的发展动态、开发建设、并网运行和设备质量等重要信息的监测和评价工作。各有关单位要高度重视，建立机制，按要求报送信息，确保各类信息及时、准确和完整。

二、重点监测的产业发展信息包括：

（一）国际风电产业发展动态：全球风电产业发展状况及趋势、风电相关技术发展和市场演变、主要设备制造企业状况、各国风电装机及发电数据、发展规划和政策动态等。

（二）风电开发建设情况：各省（区、市）和各风电开发企业核准容量、在建容量等。

（三）风电并网运行情况：各省（区、市）和各风电开发企业风电并网容量及其占电力总装机的比例、风电发电量及其占全部发电量的比例、弃风率、风电场利用小时数、配套接入工程和电力外送通道建设总体情况等。

（四）风电设备制造产业信息：风电设备出货量、风电机组吊装量、风电设备出口量以及风电设备可靠性、重大事故情况等。

三、国家可再生能源中心负责风电产业发展总体情况的监测和评价，收集和分析国际风电产业发展状况、各国风电开发和运行数据、产业政策信息等，并汇总形成风电产业发展动态信息，按季度上报我局。

四、水电水利规划设计总院负责各省（区、市）和各开发企业的风电建设、并网运行、发展规划和年度实施方案完成情况的统计和分析，汇总形成风电建设统计信息，按季度上报我局；按年度综合评价产业发展形势、面临问题和产业政策执行情况，形成评估报告上报我局；并于每年初提交上年度风电开发建设总体情况的分析评价报告，经我局审核后对社会公开发布。

五、国家电网公司、南方电网公司和内蒙古电力（集团）有限公司负责本电网经营区域内各省（区、市）风电配套电网建设情况、风电并网运行和市场消纳情况的统计和评价，包括新增风电并网运行容量和发电量、年累计利用小时数等，按月上报我局；按有关规定统计弃风电量并汇总形成风电运行信息，按季度上报我局。

六、中国可再生能源学会风能专业委员会（中国风能协会）负责风电设备制造产业数据的统计分析和评价，包括主要风电整机和零部件制造企业的生产经营情况、设备进出口情况、已安装的风电设备的运行质量数据等，汇总形成风电

设备信息，按季度上报我局。按照《国家能源局关于加强风电场安全管理有关要求的通知》（国能新能〔2011〕373 号）的要求，风电设备重大事故应及时报告我局，对共性事故及时提出行业预警信息。每年年初提交上年度风电设备运行质量评价报告，经我局审核后对社会公布。

七、国家可再生能源中心会同水电水利规划设计总院负责风电产业监测与评价体系建设的组织和协调，请各单位按上述分工要求，指定专人负责，制定工作方案，做好信息收集、整理、分析、评价和报告编制与上报。按月上报的信息，应在下一月的 15 日之前报送；按季度上报的信息，应在下一季度第一个月的月底之前报送。

八、各省（区、市）能源主管部门对本地区风电项目的前期工作、核准情况、建设进度、配套电网、并网运行以及市场消纳等情况进行总结和分析，对本省（区、市）风电发展情况进行全面评估，形成本省（区、市）的风电发展评估年度报告，于每年 1 月底前上报我局。

九、各省（区、市）能源主管部门督促有关企业配合信息报送工作。企业上报信息情况将作为落实产业政策、项目并网运行、发放补贴资金、并网运行以及市场准入的参考依据。

十、各有关单位可根据信息报送的需要，加强协调合作，提出相关的建设方案，加强机构能力建设，编制信息报送工作管理规定，规范信息报送，确保提交的各项数据真实可靠，不断提高风电产业信息监测和评价水平，充分发挥信息监测和评价工作对产业发展的指导作用。我局将依据《中华人民共和国政府信息公开条例》的规定，适时向全社会公布风电产业监测和评价结果，引导和规范风电市场秩序，保障风电产业健康持续发展。

国家能源局

2013 年 5 月 23 日（印）

国家能源局关于加强抽水蓄能电站运行管理工作的通知

（国能新能〔2013〕243 号）

各派出机构，各省、自治区、直辖市发展改革委、能源局，国家电网公司、南方电网公司，水电水利规划设计总院、中国水电工程顾问集团公司、中国国际工程咨询公司：

抽水蓄能电站是具有调峰填谷、调频调相和事故备用等多种功能的特殊电源，是确保电网安全、稳定、经济运行的重要保障。针对近年来蓄能电站运行调度存在的问题，为进一步加强运行管理，有效发挥其调峰、蓄能和备用的功能，现将有关要求通知如下：

一、高度重视运行管理工作。抽水蓄能电站是解决电网调峰问题的重要手段和目前最具经济性的大规模储能设施。近年来，随着电力系统规模的不断扩大、第三产业和居民用电比重的增加、可再生能源电力的快速发展，调峰矛盾、拉闸限电和弃风弃水弃光等问题突出，必须充分认识抽水蓄能电站在电力系统中的重要性，高度重视抽水蓄能电站运行管理，优化电力调度，有效发挥已建电站在解决电网峰谷运行矛盾、保障电力系统安全稳定运行、提高电网消纳可再生能源电力的能力、保障能源高效利用等方面的作用。

二、充分发挥调峰填谷作用。调峰填谷是抽水蓄能电站的重要功能，也是衡量电站是否发挥作用的重要指标。针对目前部分电站抽水发电利用小时数明显偏低的情况，各电网企业、调度机构和蓄能电厂要从整个电力系统安全可靠和经济性以及化石燃料消耗最少的角度，合理安排电站调峰和备用运行，加强调峰蓄能调度，充分发挥蓄能电站的多种功能以及静态和动态两方面效益。采取切实有效措施，提高电站利用效率，将调峰填谷运行作为缓解和解决电网峰谷差大、拉闸限电频繁和弃风弃水弃光等矛盾的首选手段。

三、加快制定运行调度规程。各电力调度机构要根据《抽水蓄能电站调度运行导则》，结合各地区电网电源结构和负荷特性等情况，会同蓄能电站运行管理单位制定各抽水蓄能电站运行调度规程，明确各电站的调度原则、管理要求和具体运行指标，按程序报国家能源局备案。电力调度机构要严格按照调度规程进行调度运行。

四、建立健全考核监督制度。各电力监管机构要根据运行导则要求和各电站具体运行调度规程，监管蓄能电站运行调度情况，制定考核和监管具体办法，明确运行效果考核指标、标准及监管措施和要求。重点监督考核电站运行是否安全可靠、运行调度规程是否执行到位和调峰蓄能与备用作用是否有效发挥；重点加强迎峰度夏、冬季供暖等时段拉闸限电情况和弃风弃水弃光地区蓄能电站调峰运行的监管。各电力监管机构要建立考核监管信息通报机制，定期报告并发布各电站运行调度情况和考核监管信息。

五、不断完善运行管理机制。水电水利规划设计总院要认真研究抽水蓄能电站运行管理涉及的运行体制、电价机制等问题，加强对已建蓄能电站运行情况和利用状况的分析，研究完善抽水蓄能运行管理机制和措施。积极探索电力系统辅助服务政策，推动发电侧分时电价机制建立，充分调动蓄能电站低谷抽水蓄能和高峰发电顶峰的积极性，促进抽水蓄能电站作用有效发挥。

请各派出机构，各省（区、市）发展改革委、能源局和有关单位，按照上述要求认真做好抽水蓄能电站建设运行调度管理各项工作，保障抽水蓄能电站有效发挥作用，促进蓄能电站健康有序发展。

国家能源局

2013 年 6 月 18 日（印）

国家能源局综合司关于当前开展电力用户与发电企业直接交易有关事项的通知

（国能综监管〔2013〕258 号）

各派出机构，各省（自治区、直辖市）能源局：

按照国务院关于转变职能和简政放权的总体要求以及 2013 年深化经济体制改革重点工作的有关意见，为推进电力用户与发电企业直接交易并加强后续监管，规范直接交易行为，经商有关部门，现就有关事项通知如下：

一、对于电力直接交易试点工作，国家有关部门不再进行行政审批。请各地按照原国家电监会、国家发展改革委、国家能源局《关于完善电力用户与发电企业直接交易试点工作有关问题的通知》（电监市场〔2009〕20 号）等有关文件精神，继续推进电力用户与发电企业直接交易相关工作，已经开展试点的地区，应在试点的基础上总结经验，继续推进，尚未开展直接交易的地区，要结合地区实际开展相关工作。

二、完善电力直接交易的市场准入条件，促进节能减排和产业结构的优化调整。

（一）参与直接交易的电力用户必须符合《产业结构调整指导目录》等国家产业政策并且环保排放达标，不符合国家产业政策以及淘汰类产品、工艺的企业不得参与。鼓励战略性新兴产业和能效标杆企业，以及实施工业领域电力需求侧管理，实现用电科学、有序、节约、高效的企业参与直接交易。

（二）实行差别化的准入政策，促进产业布局优化。东部地区，要向高新技术企业、战略型新兴产业及能效标杆企业倾斜，一般性的高能耗企业，原则上不安排参与直接交易；中部地区，参与电力直接交易的企业，其单位能耗低于本省（自治区、直辖市）工业企业平均水平；西部地区特别是能源富集地区，参与电力直接交易的企业，其单位能耗低于全国同行业平均水平。各省（自治区、直辖市）平均能耗水平和行业平均能耗水平参照国家有关部门相关标准执行。

（三）按照平稳有序的原则逐级开放用户。近期首先开放用电电压等级110kV（66kV）及以上用户，有条件的可开放35kV（10kV）及以上的工业用户或10kV及以上的高新技术企业、战略型新兴产业参与直接交易。条件成熟的地区可以探索商业用户与分布式发电企业之间开展直接交易，以及工业园区和独立配售电企业整体作为用户参与直接交易。

三、减少干预，发挥市场在资源配置中的基础作用。任何单位和部门不得通过行政手段强制指定直接交易的对象、电量和电价，不得以直接交易为名变相实行电价优惠政策。各地电力用户与发电企业直接交易的工作方案、交易规则、输配电价以及参与直接交易的企业名单应予公开。电力用户与发电企业要按规定及时报送相关信息。电网企业要公平开放电网，做好直接交易的具体实施、计量结算和信息披露工作。

四、合理确定开展直接交易的电量规模。按照积极稳妥、实事求是、循序渐进的原则，根据当地的需要和企业的承受能力确定直接交易的电量规模，待取得经验和相应政策配套后，逐步扩大规模和范围。

五、加快推进输配电价（含损耗率）测算核准工作。国家已核批输配电价的省份，按照核批的标准执行。未核批的省份，按照国务院规定的职责分工，依据国家发展改革委相关输配电价计算公式，抓紧测算后提出意见，按程序报批。

六、加强对电力直接交易工作的领导。以省为单位统筹安排电力直接交易工作。可以成立由有关领导同志牵头、有关部门参加的工作领导小组，科学制定工作方案和交易规则，明确分工，加强协调，有序推进电力直接交易工作，工作方案报国家能源局和有关部门备案。各派出机构应积极推动直接交易相关工作，会同当地政府有关部门加强日常监管，及时跟踪了解情况，发现问题，及时查处纠正。工作中的重大问题，及时报告。

国家能源局综合司
2013年7月29日（印）

国家能源局关于开展分布式光伏发电应用示范区建设的通知

（国能新能〔2013〕296号）

北京、天津、河北、上海、江苏、浙江、安徽、江西、山东、广东、深圳、宁波发展改革委（能源局），国家电网公司，南方电网公司，水电水利规划设计总院：

为贯彻落实《国务院关于促进光伏产业健康发展的若干意见》，扩大分布式光伏发电应用市场，根据各有关省（区、市）报送的示范区实施方案，确定了第一批分布式光伏发电示范区名单。现将有关事项通知如下：

一、创建分布式光伏发电应用示范区的目的是扩大分布式光伏发电应用规模，探索适应分布式光伏发电规模化应用的技术、管理和运营模式。根据有关地区工作基础，确定北京海淀区中关村海淀园等18个园区作为第一批分布式光伏发电应用示范区。具体名单及建设内容见附件。

二、示范区分布式光伏发电项目采用“自发自用、余量上网、电网调节”的运营模式，实行按发电量补贴政策，项目由地级市能源主管部门实行备案管理。

三、请各项目单位抓紧落实建设条件，制订实施计划，做好与项目实施有关的屋顶使用协议、用户用电协议、电网接入及购售电协议的签订和衔接工作。

四、请电网企业积极配合做好示范区内各项目的电网接入和并网运行服务工作，落实配套电网建设和改造工程，协同保障用户供电安全。负责做好分布式光伏发电所发电量计量、电费结算和国家补贴资金转付工作。

五、请有关省级和地方能源主管部门在当地人民政府的支持下，建立示范区统筹协调机制，指导和督促示范区建设，及时协调解决项目实施中出现的各种问题，总结示范区建设经验，并及时将示范区实施情况报送国家能源局。

附件：分布式光伏发电应用示范区实施方案（第一批）

国家能源局
2013年8月9日（印）

附件：

分布式光伏发电应用示范区实施方案（第一批）

序号	示范区名称	2015年规划容量（万千瓦）	2013年实施容量（万千瓦）	主要建设内容	项目业主
1	北京海淀区中关村海淀园	17.8	8.8	永丰高新技术产业基地53.3MW，中关村软件园250MW，清华科技园4.4MW，中关村东升科技园4.9MW。所发电力90%以上自用	北京远方动力可再生能源科技发展有限公司

续表

序号	示范区名称	2015年规划容量（万千瓦）	2013年实施容量（万千瓦）	主要建设内容	项目业主
2	北京顺义开发区	20	8	南彩工业区20MW，天竺开发区30MW，林河开发区30MW等。所发电力70%以上自用	中节能绿洲（北京）太阳能科技公司
3	上海松江工业园区	5	4	上海龙工15MW，北玻玻璃5MW，恩梯恩精密机电4MW，上海飞雕4MW、申新电气2MW、卓瑞包装2MW、华有光工贸2MW、建迪电动车2MW等。所发电力90%以上自用	国电光伏与中电电气成立的合资公司
4	天津武清开发区	10	6.9	信义玻璃17MW，信义汽车部件（天津）19MW，法拉达汽车散热器（天津）4MW，敏华家具29MW等。所发电力80%以上自用	信义玻璃（天津）有限公司
5	河北高碑店开发区	15	2.3	白沟新城10.5MW，奥润顺达窗业5MW，娃哈哈启力饮料3MW，白象食品2MW等。所发电力80%以上自用	光为绿色新能源有限公司
6	河北保定英利新技术开发区	6	1.3	长城股份5MW，和兴纸制品2MW，天鹅股份3MW，保北医药2MW等。所发电力全部自用	天津英利光伏电站技术开发有限公司
7	江苏无锡高新区	5	2	无锡星洲工业园7MW，松下冷机3MW，村田电子2MW，住友粉末冶金2MW等。所发电力全部自用	江阴复睿新能源电力投资有限公司
8	江苏南通经济技术开发区	15	3.5	江苏巨力钢绳9MW，罗莱家纺7MW，扬子高丽钢线5MW，库博新材料3MW，爱慕希机械3MW等。所发电力90%以上自用	中天光伏技术有限公司
9	浙江绍兴滨海产业集聚区	15	4.9	阳光照明电器20MW，古纤道新材料6MW，古纤道绿色纤维6MW，力博集团4MW，庆茂纺织印染3.5MW，福地环保科技3.5MW，康思特动力机械2MW，龙柏光伏科技2MW，龙达纺织品2MW等。所发电力70%以上自用	浙江向日葵和龙柏成立的合资公司
10	浙江杭州桐庐经济开发区	5	5	中汽商用汽车7.7MW，环益资源利用6.51MW，新华纸业5MW，欣源电梯部件3MW，汉德邦建材3MW，金贝能源3MW，凯胜畜产品加工2.48MW，今麦郎饮品2.45MW，中艺花边2.4MW，浙大博康生物1.65MW，畅翔玻璃1.51MW等。所发电力70%以上自用	杭州浙大桑尼能源科技有限公司
11	安徽合肥高新区	10	3.2	荣事达三洋电器15MW，美的暖通设备7MW，合肥凌达压缩机7MW，禾盛新型材料3MW等。所发电力80%以上自用	阳光电源股份公司
12	江西新余高新区	7.2	7.2	赛维工业产业园50MW，新余自来水厂4MW，高新技术产业开发区孵化基地10MW，赣西副食品批发市场2MW等。所发电力90%以上自用	新余高新区投资发展有限公司
13	山东泰安高新区	5	3.5	加华电力器材19MW，中联水泥10MW，泰山玻璃纤维6MW等。所发电力90%以上自用	泰安加华电力器材有限公司
14	山东淄博高新区	5	2	金晶科技股份15MW，富宇蓝石轮胎4MW，淄博嘉环耐火材料1MW等。所发电力90%以上自用	中兴能源公司

续表

序号	示范区名称	2015年规划容量（万千瓦）	2013年实施容量（万千瓦）	主要建设内容	项目业主
15	广东佛山三水工业园	13	4	广东一百铜业6.5MW，星星制冷设备4.2MW，南海广源铝业3.6MW，达意科技2.83MW，智强光电2.1MW，银正铝业1.75MW，裕安金属制品1.62MW，阳程科技1.31MW，亿强电子1MW等。所发电力85%以上自用	佛山市南新太阳能投资有限公司
16	广东从化明珠工业园	8.3	4.3	丰力橡胶轮胎12MW，松铃工业7MW，天津电器制造7MW，万宝集团冰箱6.8MW，日立冷机冰箱3.4MW。所发电力80%以上自用	广州发展新能源有限公司
17	深圳前海深港现代服务业合作区	5	1	前海湾保税物流园10MW，所发电力90%以上自用	招商新能源（深圳）有限公司
18	宁波杭州湾新区	15	3	伟通汽车5MW，加泰罗尼亚4MW，新朋汽车产业园5MW，天鸿钢结构3MW，中源渔其3MW等。所发电力80%以上自用	东方日升新能源、中广核太阳能和宁波宁电新能源成立的合资公司

国家能源局印发《全面解决无电人口用电问题三年行动计划（2013～2015年）》

（国能新能〔2013〕314号）

附件：

全面解决无电人口用电问题三年行动计划（2013～2015年）

为落实国民经济和社会发展第十二个五年规划纲要提出的“无电地区人口全部用上电”的目标，提高电力普遍服务水平，制定本行动计划。

一、全面解决无电人口用电问题是重要而紧迫的任务

电力是现代文明的重要标志，是保障经济社会运行的最基本要素。党中央、国务院高度重视解决无电人口用电问题，1998年以来，通过农网建设与改造以及无电地区电力建设，使3600多万人口用上了电，电力普遍服务水平大幅提高。

由于自然条件、经济发展不平衡等因素，到2012年底，全国还有273万人没有用上电，主要分布在新疆、四川、西藏、青海、甘肃、内蒙古等地区。无电人口分布在偏远地区，居住分散，自然条件差，解决用电问题的难度很大。

全面解决无电人口用电问题，关系到边远地区人民生活改善和经济社会发展，是全面建设小康社会和构建和谐社会的基本要求，是能源发展必须完成的一项重要任务。各有关地方政府及能源主管部门、有关电力企业必须高度重视，加强组织协调，推进无电地区电力建设，尽快实现全部无电人口用上电。

二、总体要求

（一）指导思想。深入贯彻党的十八大精神，以科学发展观为指导，将全面解决无电人口用电问题作为重大民生工程，采取电网供电与可再生能源独立供电相结合、电网企业与其他能源企业共同建设的方式，国家加大支持力度，各级地方政府切实负责，企业主动履行社会责任，形成合力，加快无电地区电力建设步伐，促进无电地区人民群众脱贫致富和地方经济发展，为同步进入小康社会创造有利条件。

（二）基本原则。

——国家支持，地方负责。国家加大政策扶持和资金投入力度，督促地方政府和企业解决无电人口用电问题。省（自治区）人民政府是解决本地区无电问题的责任主体，负责无电状况调查核实、责任区划分、编制规划和实施方案等。

——统筹兼顾，因地制宜。根据无电地区自然条件、资源条件、无电人口分布等，结合电网规划以及可再生能源利用条件，因地制宜采取电网延伸以及光伏、风光互补、小水电等可再生能源分散供电方式解决无电问题。

——企业实施，政策扶持。承担无电地区电力建设工程任务的企业履行普遍服务的社会责任，做好工程实施和长期运行维护工作。各级政府为企业提供良好的政策环境，为工程实施创造有利条件，支持企业顺利完成建设任务。

——明确责任，加强监管。落实各级政府及相关部门、项目单位等各方面的责任，明确各企业的责任区域，以及对工程建设和长期供电服务的管理和技术要求。加强对相关工作的监管督促，保障工程顺利实施和发挥效益。

三、目标和任务

到2015年底，全部解决273万无电人口用电问题，其中电网延伸解决154万人用电，光伏独立供电解决119万人用电，项目合计583个，总投资294亿元。2013年底前基本完

成光伏独立供电建设任务，2014年底前基本完成电网延伸工程建设任务。

（一）新疆自治区。到2012年底，新疆自治区还有87万无电人口。2013～2015年实施无电地区电力建设项目207项，总投资44.3亿元。2013年底前采用光伏独立供电解决20.1万无电人口用电问题，由华能、大唐、国电、华电、中电投、中广核、中节能集团公司和中兴能源公司负责实施；2015年底前采用电网延伸解决66.9万无电人口用电问题，由新疆电力公司负责实施。工程完成后由于移民搬迁、分户等原因新出现的暂时性无电问题，由新疆自治区政府负责，督促新疆电力公司等企业解决和确保可靠供电。

（二）四川省。到2012年底，四川省还有68.1万无电人口。2013～2015年实施无电地区电力建设项目102项，总投资79.7亿元。2013年底前采用光伏独立供电解决9.2万无电人口用电问题，由中兴能源公司负责实施；2015年前采用电网延伸解决58.9万无电人口用电问题，由四川省电力公司和四川水电集团负责实施。工程完成后由于移民搬迁、分户等原因新出现的暂时性无电问题，由四川省政府负责，督促四川省电力公司和四川水电集团等企业解决和确保可靠供电。

（三）西藏自治区。到2012年底，西藏自治区还有52万无电人口。2013年初，国电龙源集团完成了西藏光伏独立供电工程，投资11.1亿元，按照户均270W的标准，为西藏全部无电人口提供了过渡性基本生活用电设施。2013～2015年实施无电地区电力建设项目122项，总投资94.8亿元，电网延伸工程由西藏电力公司承担，改善20.1万人用电水平，小水电由西藏水利厅农电局以及承担电力援藏任务的华能、大唐、国电、中电投和中电建集团实施，改善30.2万人用电水平。工程完成后由于移民搬迁、分户等原因新出现的暂时性无电问题，由西藏自治区政府负责，督促西藏电力公司等企业解决和确保可靠供电。

（四）青海省。到2012年底，青海省还有46.9万无电人口。2013～2015年实施无电地区电力建设项目94项，总投资51.2亿元。2013年底前采用光伏独立供电解决27.2万无电人口用电问题，由华能、大唐、国电、华电、中电投、三峡、中广核集团公司和中兴能源公司负责实施；2015年前采用电网延伸解决19.7万无电人口用电问题，由青海省电力公司和青海水利水电集团负责实施。工程完成后由于移民搬迁、分户等原因新出现的暂时性无电问题，由青海省政府负责，督促青海省电力公司和青海水利水电集团等企业解决和确保可靠供电。

（五）甘肃省。到2012年底，甘肃省还有8.8万无电人口。2013年实施无电地区电力建设项目26项，全部为光伏独立供电工程，总投资3.1亿元，由中兴能源公司负责实施。工程完成后由于移民搬迁、分户等原因新出现的暂时性无电问题，由甘肃省政府负责，督促甘肃省电力公司等企业解决和确保可靠供电。

（六）新疆生产建设兵团。到2012年底，新疆生产建设兵团还有5.6万无电人口。2013年实施无电地区电力建设项目15项，总投资4.1亿元，由新疆兵团投资公司负责实施。2013年国家发展改革委下达的新疆生产建设兵团无电地区电力建设中央投资计划以及光伏独立供电工程完成后，实现全部无电人口用上电。工程完成后由于移民搬迁、分户等原因新出现的暂时性无电问题，由新疆生产建设兵团负责，督促有关单位解决和确保可靠供电。

（七）内蒙古自治区。到2012年底，内蒙古自治区还有4.5万无电人口。2013年实施无电地区电力建设项目17项，总投资5.6亿元，由内蒙古电力公司和蒙东电力公司负责实施。2013年国家发展改革委下达的内蒙古无电地区电力建设中央投资计划执行完毕后，实现全部无电人口用上电。工程完成后由于移民搬迁、分户等原因新出现的暂时性无电问题，由内蒙古自治区政府负责，督促内蒙古电力公司和蒙东电力公司解决和确保可靠供电。

其他省（区、市）因搬迁、自然灾害等原因出现少量无电人口，国家在安排农网改造升级资金中统筹考虑，省级政府及能源主管部门督促电网公司等供电企业，结合正在实施的农网改造升级工程解决，如需申请实施金太阳示范工程，国家将给予适当支持，于2014年底前全部完成。以后新出现的暂时性无电问题，纳入电网企业供电范围和日常工作，由相关省（区、市）政府负责，督促电网公司等供电企业解决和确保可靠供电。

四、保障措施

（一）加大资金投入。国家对纳入无电地区电力建设工程中央预算内投资计划的110kV及以下电网延伸和小水电工程，给予中央预算内资金补助。国家对纳入“金太阳工程”的光伏独立供电工程给予财政资金补助，剩余资金由项目单位以援建方式出资。光伏独立供电工程建成后，国家从可再生能源电价附加中安排资金由地方统筹使用，专项用于对运行维护和更换蓄电池等费用给予适当支持。电网企业要加大自有资金投入力度，确保2014年底前基本完成电网延伸建设任务。

（二）加强组织领导。内蒙古自治区、四川省、西藏自治区、甘肃省、青海省、新疆自治区人民政府及新疆生产建设兵团要将实现全部无电人口用电列入重要工作日程，成立领导小组，研究解决有关重大问题。有关省（区）发展改革委、能源局要牵头建立工作协调机制，会同有关部门协调解决工程实施中出现的问题，督促地市（州）政府及县政府做好配合项目单位工程实施和运行管理的工作。有关企业要成立专门机构，主要领导负责，落实资金、管理、施工等各方面条件，精心组织好实施工作。

（三）加强施工组织。加快落实电网延伸工程各项建设条件，2013年底前要完成全部项目的前期工作保障，具备施工条件，组织充足的施工力量，保障施工安全、工程质量和进度。光伏独立供电工程实施时，同步开展户用系统资产登记、用户培训等工作，建立运行维护基地和服务网络。制定光伏系统运行维护和长期可靠供电服务的有关技术规范、监测体系和管理规定，项目单位承担20年的运行维护责任。

（四）加强督促监管。国家能源局有关派出机构要加强对落实本行动计划的督促检查，结合供电监管，对无电地区电力建设工程实施和建成后的运行维护情况进行监督检查。定期公布无电地区电力建设进展情况和解决无电人口用电情况，接受社会各界监督。

附件：无电地区电力建设任务分工表（略）

国家能源局关于进一步规范用户受电工程市场的通知

（国能监管〔2013〕408号）

各派出机构，国家电网公司、南方电网公司、内蒙古电力集团公司，各有关单位：

为进一步规范用户受电工程市场，保障用户的知情权和自主选择权，保障市场主体平等参与竞争的权利，构建公平、开放的用户受电工程市场环境，根据《电力监管条例》、《供电监管办法》等有关规定，特通知如下：

一、规范用户受电工程市场相关制度

（一）完善用户受电工程业扩报装管理制度。供电企业应按照国家有关规定，明确工作原则、内部职责分工、服务流程和标准，形成从申请用电到装表接电的全过程服务体系，规范业扩报装工作的各个工作环节；实行用户工程业务办理全程信息化管理，业务办理与信息录入同步，办理工作单、结果告知书等项目全部档案信息资料实行微机打印，需有关当事人签字（盖章）的，必须在打印单上完成，确保档案资料与实际情况的一致性，实现业务办理进展情况网上网下实时公开查询。

（二）规范用户受电工程市场准入制度。具备承揽用户受电工程电力设计、设备材料供应、承装（修、试）资质要求的单位，供电企业不再另设“入围”审查或资质许可。需要单独设定某些条件的，供电企业应作出明确说明，向市场主体公示并向国家能源局派出机构备案。

（三）健全用户受电工程招标投标管理制度。用户受电工程的招标投标工作应按国家规定，实行业主负责制。由供电企业统一组织的用户受电工程（包括统一收取新建住宅小区电力设施建设费的供电配套工程和业主委托供电企业组织的供电配套工程，下同），除按照有关规定或业主明确要求不进行招投标的，其工程设计、施工、监理和设备材料制造（供应）应实行公开招投标。供电企业在依法组织招投标时，应选择中立招标代理机构并委托其组织招投标工作。

二、实现用户受电工程信息公开

供电企业应按相关规定及时公开相关信息，实现用户受电工程业务的“阳光化”管理。

（一）信息公开的内容

（1）供电企业制定的有关管理制度和技术标准；

（2）从申请用电到装表接电的业务流程和工作规范；

（3）各服务环节的收费项目和标准；

（4）供电方案；

（5）由供电企业统一组织的用户受电工程的招投标结果，包括工程的设计、施工、监理及主要设备制造（供应）企业名单和合同金额；

（6）省或市统一收取住宅小区供电工程配套费的标准、依据以及收支情况，并向国家能源局派出机构及政府有关部门备案；

（7）其他应当公开的内容。

（二）信息公开方式

供电企业的信息应通过省级电网企业门户网站、95598客户服务热线、营业厅公开栏等多种便于公众知晓的方式公开，通过门户网站公开的信息要与国家能源局派出机构的官方网站链接。按照有关规定不属于供电企业主动公开的信息，电力用户可以根据需要向供电企业申请获取相关信息。因故不能公开的，需报国家能源局派出机构备案。

（三）信息公开时限

管理制度、技术标准、工作流程、收费项目和标准等内容应在生效或发生变化之后及时公开。

承接用户受电工程的设计、施工、监理和设备材料制造（供应）企业的名单、合同金额和小区“配套费”收支情况等相关信息，每半年应至少公开一次。

供电企业收到信息公开申请，能够当场答复的，应当场予以答复；不能当场答复的，应最迟在15个工作日内予以答复。

三、促进用户受电工程市场公平竞争

各地应进一步开放用户受电工程市场，消除省、市之间的市场壁垒，保障符合条件的市场主体平等参与用户受电工程市场竞争的权利。跨省（区）作业的承装（修、试）电力设施单位，应按照国家有关规定和工程所在地国家能源局派出机构的要求及时备案，并依法接受其监管。

供电企业应认真清理自行出台的报装管理流程，取消在用户受电工程管理环节设置的障碍，不得直接、间接或变相指定设计、承装（修、试）和设备材料供应企业，同时，应认真履行中间检查、竣工验收等各环节的责任，保证相关要求落到实处。

用户受电工程的设计、施工、设备材料制造（供应）企业，应具备相关业务许可证和必要的资质条件，并在规定范围内开展业务，不得违规转包、分包工程，确保用户受电工程质量；用户应对自行组织的设计、施工、设备材料制造（供应）企业的资质条件进行审查把关，并按照规定及时提交中间检查、竣工验收等检验申请。

供电企业要进一步规范主业与用户受电工程设计、施工关联企业的关系，按照现代企业制度要求，实现在人、财、物上的彻底分离，为促进用户受电工程市场公平竞争营造良好的机制环境。

四、加强用户受电工程市场监管

各市场主体应当按照要求向国家能源局派出机构报送用户受电工程市场监管信息，确保信息真实、可靠；供电企业应及时梳理、汇总设计、施工、设备企业在承揽用户受电工程中发生的未遵循国家、地方、行业有关法律法规和相关规定的现象，以及发生的有关安全、质量、进度责任问题等相关信息，按照当地国家能源局派出机构的要求建立定期报告制度。

国家能源局各派出机构应畅通和完善信息渠道，探索建立承装修试企业信息联络员制度，不断健全12398热线等投诉举报工作制度，密切跟踪了解用户受电工程市场的发展态势，对发现的违法违规行为加大查处力度，以点及面，带动供电企业不断加强自律，全面提升经营和服务的合法性和规范性。

国家能源局各派出机构要结合本地区实际情况，制定和完善市场规则和实施细则；积极推进信息平台的建设，搭建电力用户受电工程市场信息与监管系统平台，公开与用户受电工程相关的信息。

国家能源局及其各派出机构要每年组织对市场运行及开放情况进行抽查，促进规范用户受电工程市场的各项措施落到实处，抽查比例不低于20%，并视情况将检查结果通过监管报告等方式向社会公布。

充分发挥社会中介组织和行业自律作用，国家能源局各派出机构要推动建立信用信息系统和信用信息档案管理机制，制定和完善信用评价标准与评价制度，有关评价结果及时向社会公开。

国家能源局

2013年11月12日（印）

国家能源局关于防范电力人身伤亡事故的指导意见

（国能安全〔2013〕427 号）

国家电网公司，南方电网公司，华能、大唐、华电、国电、中电投集团公司，各有关电力企业：

为贯彻落实中央领导同志的指示精神和国务院关于加强安全生产工作的决策部署，进一步加强电力生产和建设施工中人身伤亡事故（以下简称人身伤亡事故）防范工作，避免和减少事故造成的人员伤亡和经济损失，现提出以下意见。

一、指导思想和总体目标

（一）指导思想。以科学发展观为指导，牢固树立“以人为本、生命至上”的安全理念，加强组织领导，强化监督管理，落实防范责任，完善规章制度，规范现场作业，提高防灾避险和应急处置能力，营造“关爱生命、安全发展”的安全生产氛围，切实保障员工人身安全。

（二）总体目标。进一步落实电力企业的安全生产主体责任，充分发挥能源监管机构的监督指导和协调作用，健全隐患排查治理长效机制，强化电力行业从业人员安全意识，深入开展“反三违”（违章指挥、违章作业和违反劳动纪律）活动，强化电力生产的规范化、标准化管理，杜绝重大以上人身伤亡责任事故，降低人身伤亡事故起数和死亡人数，有效防范人身伤亡事故的发生。

二、加强安全生产体系机制建设

（三）落实各级人员安全责任。电力企业主要负责人要严格履行安全生产第一责任人的职责。电力企业要把控制人身伤亡事故作为安全生产责任制的主要内容，层层分解落实防范人身伤亡事故的目标。要建立健全安全生产问责机制，因安全责任落实不到位导致人身伤亡的，要严格进行安全考核和责任追究。要针对生产作业现场的人身安全风险，建立企业负责人和各级安监人员到岗到位工作责任制度，并进行相应考核。

（四）完善安全管理制度和操作规程。电力企业要健全安全生产管理制度和操作规程，并根据国家行业法规标准的更新和本单位作业环境及设备设施的变化，及时修订完善，确保人身伤亡事故防范工作管理制度和规程规范、有效、可行。要将管理制度、操作规程配备到相关工作岗位和人员，及时组织开展教育培训，使每个职工都掌握防范人身伤亡事故的相关规定和要求，并在实际工作中严格遵守执行。

（五）健全防范人身伤亡事故的保障体系。电力企业要健全安全生产监督和保证体系，从决策指挥、执行运作、安全技术、安全管理和安全监督等方面严格执行安全法规制度，落实防范人身伤亡事故措施。要制定本单位、本部门、本岗位的反事故技术措施和安全劳动保护措施计划，优先保证对防范人身伤亡事故有突出作用和明显效果的措施得以实现。要保证安全投入，及时、足额提取和规范使用安全生产费用，严禁挤占和挪用。

三、夯实电力安全生产基础

（六）加强班组安全建设。要落实《关于加强电力企业班组安全建设的指导意见》，夯实安全生产基础，有效规范班组安全管理。要合理确定班组安全目标，努力实现班组控制未遂和异常，不发生人身轻伤和障碍。要重点抓好班组作业安全措施落实，严格班前班后会制度，接班（开工）前，要明确工作任务、工作地点、危险因素、安全措施和注意事项，交班（收工）时应对当日安全情况进行总结。要大力开展岗位练兵和班组安全活动，提高人员安全技能。

（七）积极推进安全生产标准化创建工作。认真贯彻电力安全生产标准化达标评级相关规定，通过开展安全生产标准化创建和达标评级工作，进一步加强生产现场安全管理，提高职工安全意识和操作技能，规范生产人员作业行为，改善设备安全状况和环境条件，提高作业行为标准化、规范化水平，并有效管控因人员素质、技能的差异和岗位变动、人员流动等因素带来的安全风险，防范和减少人身伤亡事故发生。

（八）开展全员安全生产教育培训。要严格执行《电力行业安全培训工作实施方案（2013～2015 年）》，做好企业从业人员安全培训工作，主要负责人、安全管理人员和特种作业人员必须经培训持证上岗。要强化以“新工人、班组长、农民工”为重点的从业人员岗位安全培训，使其掌握生产作业各流程环节中存在的人身伤害风险和防控措施。要重视对人员变更，设备变更，采用新技术、新工艺、新材料等情况带来的人身伤害风险辨识，有针对性地做好安全培训和警示工作。要加大外包队伍和临时用工人员岗前培训力度，未经安全培训考试合格的人员严禁从事任何现场作业。要普及防灾避险常识和人员施救知识，使员工有效识别工作环境中存在的人身伤亡风险，提高自我保护意识，掌握应急逃生、应急装备使用、人身急救等技能，增强识灾防灾和应急处置能力，防范施救不当造成事故扩大。

（九）大力开展企业安全文化建设。牢固树立“以人为本，生命至上”的安全理念，结合企业实际，把尊重人、关心人、爱护人作为安全文化建设的出发点，以防范人身伤亡事故作为安全文化建设的核心目标，丰富安全文化内涵。利用各种渠道传播安全文化，扩大安全文化外延，使安全文化渗透到每个岗位，影响每一位员工，激发员工“关注安全、关爱生命”的意识，提高员工安全素质，规范员工安全行为，实现“要我安全”到“我要安全”“我会安全”的转变，从根本上防范和遏制人身伤亡事故发生。

四、加强作业现场安全管控

（十）加强生产作业安全管控。电力企业要严格执行工作票、操作票制度，制定明确、具体的安全措施。要严格落实现场作业交接班制度、设备巡回检查制度和设备定期试验及轮换制度，交接班时把防范人身伤亡事故的措施和安全注意事项作为重点，由交接班人员共同检查安全措施，确保执行到位；设备巡检和轮换时注重排除易引发人身伤亡的设备隐患，落实设备定置管理、临时用电管理、安全工器具管理等作业现场规范化管理的有效措施。对高处作业、转动机械、动火作业、有限空间等特殊作业环境，要及时识别可能导致人身伤亡的危险和有害因素，落实防控措施；对机组检修、技术改造工程项目要严格现场管理，做好资质审查和安全技术交底，加强现场作业监护，确保作业人员安全。

（十一）加大反“三违”工作力度。电力企业要把反“三违”作为防范人身伤亡事故的重点，完善工作机制，加大“三违”现场查处和纠正力度，规范作业安全行为。要将“三违”作为未遂事故认真分析处理，按照“四不放过”原则对违章人员进行曝光、教育和处罚，并对违章进行责任倒推，对安全职责履行不到位的管理人员一并处罚。对屡纠屡犯或处在关键岗位、从事危险性较大作业的违章人员，要通过调离岗位等方式建立违章“高压线”；对模范遵章守纪的员工要给予奖励，从源头上减少“三违”现象。

（十二）加强设备设施管理。要选用科技含量高、性能优良的生产设备，加强技术性能改造，提高设备本质安全性能。要对设备设施的局部变动情况，及时进行设备异动管理，保证各种图纸和现场规程标准与实际相符。要落实设备防人身伤亡事故技术措施，加强防误闭锁等装置的运行管理，防止设备误操作。要加强特种设备安全管理，严格执行特种设备操作规程，防范锅炉爆炸，压力容器、管道泄漏，起重机械故障，电梯失控等造成的人身伤亡事故。要健全危险源评估机制，定期开展危险源辨识，确定危险源等级，识别可导致人身伤亡的危险有害因素，做好危险源监测、检查和防范等工作，并按规定将重大危险源信息向政府有关部门报备。

（十三）加强电力建设施工作业安全管控。电力建设单位要对电力建设工程安全生产负全面管理责任，电力施工单位对施工现场安全生产负责。要科学制定施工方案，做好施工方案交底和施工组织，严禁不按审定方案施工。施工条件变化导致原方案无法实施时，必须重新制定施工方案和安全措施，重新报批。遇有恶劣天气或发生其他影响施工安全的特殊情况，必须立即停止相关作业。要加强施工现场安全管理，规范工艺工序和作业流程，强化对重点区域、重点环节、关键部位和危险作业项目的安全监控，落实人员、设备、物资等安全管控措施。要合理安排工程进度，严禁盲目抢工期，工期调整应进行充分论证，提出并落实相应安全保障措施。规范施工机械、脚手架、大型起重设备管理，其装拆必须制定专项方案，并做好现场安全监督。要配备充足的监理人员，切实做好施工现场监护和重大项目、重要工序等的旁站监理，督查现场安全措施的落实及施工人员的作业行为。

（十四）加强外包队伍安全管理。电力企业要建立完善的外包队伍审查制度，杜绝安全管理差、施工力量薄弱或屡次发生人身伤亡事故的外包队伍参与施工作业。严厉打击超越资质范围承揽工程，挂靠、借用资质，违法分包和转包工程等不法行为。要加强工程分包监督管理，加大作业现场监督检查力度。要加强劳务分包安全管理，将劳务派遣人员、临时用工纳入本企业统一安全管理体系，严格落实安全措施，加强作业现场检查。

五、提高防灾避险和应急处置能力

（十五）加强自然灾害监测预警和防范工作。电力企业要加强防范人身伤亡事故专项应急预案和现场处置方案的编制、修订、培训和演练工作，加强与当地政府、气象、国土等有关部门的沟通联系，健全自然灾害预警机制，充分利用各种手段，及时传递灾害预警信息，注重信息传递的反馈，确保不留死角，不漏人员。要落实《关于加强电力行业地质灾害防范工作的指导意见》，强化重点防范期、防范区灾害预警和防范，加强台风、强降雨、泥石流等灾害的监测预警，重点做好生产区、施工区、生活营地的地质灾害防范工作，及时发现和预报险情，确保各项防范措施提前落实到位，防止和减少自然灾害导致的人员伤亡。

（十六）及时启动应急响应和开展抢险救援。事故灾害发生后，事发单位应在初判事故灾害情况后，立即启动应急响应，迅速开展抢险救援工作，同时向当地政府及有关部门报告。要以防范人身伤亡为首要任务，现场带班人员、班组长和调度人员要第一时间下达停产撤人命令，组织人员撤离避险和有序转移，保障人员生命安全。要及时开展人员搜救，现场救援力量不足时，应尽快协调救援力量。要充分做好可能发生的次生灾害的事故预想，应急救援方案和处置措施要做到科学合理，避免盲目施救造成人员二次伤亡事故。

（十七）做好电力事故信息报告和调查处理。要严格执行电力事故事件信息报送工作制度，对瞒报、谎报、迟报、漏报事故事件等行为，要严肃追究相关单位和人员的责任。要严格按照“四不放过”原则认真做好人身伤亡事故调查处理，落实防范人身伤亡事故措施，做到举一反三，深刻吸取教训，防范同类事故再次发生。

国家能源局

2013 年 11 月 14 日（印）

国家能源局关于规范非跨境、跨省（区、市）500kV 交流电网项目管理的通知

（国能电力〔2013〕430 号）

各省（自治区、直辖市）、新疆建设兵团发展改革委（能源局），国家电网公司，南方电网公司，内蒙古电力公司，中国国际工程咨询公司，电力规划设计总院：

电网是国民经济基础产业和重要的公用事业，加强对电网建设的规划指导，规范项目事前、事中、事后全过程监督管理，对保障电网安全、经济、高效具有十分重要的意义。

按照党的十八届二中全会和《国务院机构改革和职能转变方案》、《国务院关于印发电力体制改革方案的通知》（国发〔2002〕5 号）精神，为落实好《国务院关于取消和下放一批行政审批项目等事项的决定》（国发〔2013〕19 号）要求，指导各省（区、市）做好列入国家规划的非跨境、跨省（区、市）500kV 交流电网项目管理工作，现将有关事项通知如下：

一、强化规划指导作用

500kV 交流电网是国家和区域电网主网架的重要组成部分，根据国发〔2013〕19 号文件精神，下放地方政府主管部门核准的非跨境、跨省（区、市）500kV 交流电网项目须纳入国家规划。国家能源局将及时组织相关单位滚动开展 500kV 及以上电压等级的电网规划工作，为省级主管部门核准项目提供规划依据。

二、规范项目前期工作

电网项目技术方案和投资规模是核定输配电价的重要基础。为优化工程方案，控制建设成本，电网项目业主须委托有资质、独立的设计单位编制工程可行性研究报告，委托经国家发展改革委认定的独立评估机构审查可行性研究报告。

三、落实项目建设条件

电网项目核准前，应依法依规取得用地预审、环境影响评价、水土保持、选址意见书等相关文件，并做好社会稳定风险评估等工作。省级主管部门可根据需要，委托有资质的第三方独立咨询机构对项目核准申请报告等进行评估，核准文件请及时抄送我局。

四、加强项目建设管理

电网项目业主要加强项目建设管理，严格执行《招投标法》等相关法律法规，高度重视工程质量、环境保护、拆迁安置等工作。省级主管部门要做好项目建设过程中的指导和协调，确保项目顺利建设；项目建成后，根据需要做好工程验收和后评价。

五、建立全程闭环监管

国家能源局各派出机构要根据《关于印发建立全程闭环监管工作机制意见（试行）的通知》（国能综合〔2013〕278号）要求，对国家相关规划、政策、标准和其他建设要求执行情况进行有效监管，并及时上报监管中发现的问题和处理措施建议。

请各省（区、市）主管部门及时总结电网项目管理情况并上报我局。

国家能源局
2013年11月14日（印）

国家能源局关于明确下放电力业务许可证核发职责等事项的通知
（国能综合〔2013〕448号）

各派出机构，国家电网公司、南方电网公司，华能、大唐、华电、国电、中电投集团公司，中国电力建设集团有限公司、中国能源建设集团有限公司，内蒙古电力（集团）公司，各有关电力企业：

根据《国务院办公厅关于印发国家能源局主要职责内设机构和人员编制规定的通知》（国办发〔2013〕51号）、《中央编办关于国家能源局派出机构设置的通知》（中央编办发〔2013〕130号）的有关规定，电力业务许可证（含发电类、输电类、供电类，下同）核发职责下放国家能源局派出机构。现将有关事项通知如下：

一、电力业务许可证核发职责按属地化原则下放国家能源局派出机构。

（一）原国家电监会已明确下放电监会派出机构负责的电力业务许可证核发职责，由国家能源局派出机构承担。

（二）原国家电监会直接负责的跨区和法人机构在北京而所属非法人电厂在其他省（自治区、直辖市）的中央企业的电力业务许可证（发电类）的核发职责下放属地（原则上按机组所在地）国家能源局派出机构承担。

（三）取消原国家电监会履行的对电力业务许可证的全部复核职责，由属地派出机构按规定直接核发许可证。

二、国家能源局电力业务资质管理中心履行对全国电力业务许可的指导、监督和管理职责，负责或参与协调解决许可纠纷。本通知下发前，已报国家能源局电力业务资质管理中心的电力业务许可申请，交由属地派出机构按规定办理。

三、在国家能源局出台新的许可管理文件（包括许可条件调整、许可豁免等）前，原国家电监会以令、会文（函）、办公厅文（函）以及资质管理中心名义印发的各类许可文件继续作为许可证核发及证后监管的依据。

四、原国家电监会及派出机构已颁发的电力业务许可证和承装（修、试）电力设施许可证在许可有效期内继续有效，许可证的具体换发事项另行通知。已颁发的电工进网作业许可证在注册有效期内继续有效，续期注册时换发国家能源局印制的许可证。

五、电力业务许可证的颁发管理工作遵循“谁受理、谁发证、谁管理、谁负责”的原则。各派出机构应按照高效便民的要求，严格依法依规开展电力业务许可证的颁发管理工作，加快阳光许可信息平台建设，并按要求及时向国家能源局电力业务资质管理中心报送许可信息，切实做到“发好证、管好证、用好证、服好务”。

国家能源局
2013年11月25日（印）

国家能源局关于做好2014～2015年全国火电项目规划建设工作的通知
（国能电力〔2013〕502号）

各省（自治区、直辖市）发展改革委（能源局），新疆建设兵团发展改革委，各派出机构，中电联：

按照国务院转变职能、简政放权的总体要求，为加强规划引导，提高行政效能，简化工作程序，强化后续监管，进一步发挥地方政府和咨询机构的作用，推进火电产业科学发展，满足我国经济社会可持续发展的用电需求，拟启动2014～2015年全国火电项目规划建设工作。有关要求通知如下：

一、抓紧编制电源规划

请各省级发展改革委（能源局）抓紧编制本地区2014～2020年电源发展规划，报送我局并抄送我局相关派出机构。

（一）依据本地区经济社会发展规划，以2015年、2017年和2020年为时间节点，综合考虑转变经济发展方式、产业升级转移、需求侧管理、能源消费总量和强度控制等因素，采用电力弹性系数、产业分类和用户报装计划等多种方法科学预测电力需求。

（二）按照鼓励发展非化石能源发电原则，结合国家相关专项规划和政策，优先安排水能、核能、风能、太阳能、生物质能等非化石能源发电项目；燃气发电项目必须先签订供气合同，落实气源；控制发展燃煤发电项目。

（三）本地区的送受电规模和送电项目，以国家能源主管部门规划的跨省跨区送受电通道和送受电规模作为主要依据。

（四）中西部煤炭资源富集地区要按照集约开发、煤电一体化、充分发挥专业化管理优势的原则，结合水资源、生态和环境容量等条件，科学规划大型煤电基地。

（五）京津冀、长三角、珠三角区域严格控制新扩建燃煤发电项目，除热电联产和必要的支撑电源项目外，未来装机缺口主要通过接受区外来电和建设非化石能源发电等方式解决。

二、做好电力电量平衡

结合各地区电源发展规划，我局将会同咨询机构、电网企业、中电联、省级发展改革委（能源局）和派出机构衔接2014～2017年电力电量平衡，并下达年度火电规划建设指导意见（简称指导意见），明确各地区火电建设总规模和布局原则等。

（一）请各省级发展改革委（能源局）认真梳理本地区核准在建和同意开展前期工作电源项目（包括已下放地方核准项目），提供本地区2014～2017年电力需求预测、非化石能源发电发展规划、电源项目分年投产计划、逐年电力电量平衡分析、省间送受电规划（包括相关协议或意向）等专题材料。

（二）请中电联提供2010～2013年分地区火电机组利用情况分析材料及相关数据。自2014年起，每年定期公布上年分地区火电利用小时数情况。

（三）我局将组织咨询机构、电网企业，按各地区2010～2013年平均用电增速，结合各地区电力需求预测和国家产业布局政策，确定2014～2017年电力需求总量。

（四）在科学确定电力需求总量基础上，结合跨省跨区送受电、本地区在建和同意开展前期工作电源项目情况，确定各地区年度火电建设总规模。

三、优选火电备选项目

请各省级发展改革委（能源局），按指导意见明确的建设规模和布局原则，开展火电项目优选工作，及时报送年度项目方案和相关资料。

（一）请参照《国家发展改革委关于印发火力发电建设项目专家优选评议办法（试行）的通知》（发改能源〔2004〕2317号）有关要求，结合当地实际，广泛征求有关方面意见，研究制定本地区火电项目优选评议办法。

（二）根据优选评议办法，按照"公开、公平、公正"的原则，对火电备选项目进行优选，向我局书面报送年度项目方案。

（三）请将优选评议办法和年度项目方案抄送我局相关派出机构，派出机构对项目优选工作进行全过程监督。

四、评估下发实施方案

对各省级发展改革委（能源局）报送的年度项目方案，原则上我局将委托中咨公司、电规院等咨询机构进行评估。对不符合产业政策、规划布局不合理或建设条件有缺陷的，请相关省级发展改革委（能源局）补报替代项目。

在此基础上，我局将下发年度分地区火电建设规划实施方案（简称实施方案）。

五、加强全过程监督管理

我局将会同各省级发展改革委（能源局）、各派出机构，加强对实施方案进行全过程监督检查，并适时滚动调整。

（一）对列入实施方案的火电项目，请各省级发展改革委（能源局）督促有关业主单位合理安排前期工作计划，确保按实施方案明确的进度，及时取齐核准所需支持性文件，并按程序申报核准。实施方案中明确的电源项目，其送出工程要与电源项目同步规划、同步投产。

（二）对前期工作滞后和核准后建设迟缓的项目，请各省级发展改革委（能源局）会同相关业主单位查找问题、分析原因、积极协调。对前期工作滞后的项目，各地区可提出项目调整意见。

（三）对用电增速明显偏离预期、送受电规模或方案发生变化的地区，我局将会同有关方面，根据实际情况，及时滚动调整实施方案。各派出机构对本地区用电需求增长情况加强监测分析，发生重大偏离时及时报告我局。

（四）对于在行业技术进步、节能减排，以及改善民生等方面有明显引领带动作用的火电项目，可作为国家示范项目单独纳入国家电力建设规划，项目建设规模纳入所在地区电力电量平衡统筹考虑。

（五）各派出机构要加强对实施方案全过程的监管，加大稽查力度，防止火电项目无序建设。

请按上述要求，抓紧开展工作并及时报送材料。

国家能源局

2013年12月23日（印）

关于规范电力用户与发电企业直接交易有关工作的通知

（国能综监管〔2013〕506号）

国家能源局有关派出机构，有关省（区、市）工信主管部门、能源局：

近年来，各地按照完善社会主义市场经济体制要求，认真贯彻落实科学发展观，积极推进能源利用方式的转变，在促进资源优化配置和经济发展方式的转变方面做了大量工作，取得了明显成绩。但是最近发现，部分省（区）以电力用户与发电企业直接交易为名，利用行政手段，强制指定交易对象、交易电量和交易价格，违背市场原则，不利于经济可持续发展，也不符合国务院关于简政放权的总体要求。为维护市场秩序，保护企业合法权益，现将有关事项通知如下：

一、支持各地开展规范的电力用户与发电企业直接交易。各地要按照《国家能源局综合司关于当前开展电力用户与发电企业直接交易有关事项的通知》（国能综监管〔2013〕258号）和《工业和信息化部关于做好工业领域电力需求侧管理工作的指导意见》（工产业政策〔2011〕5号公告）要求，在资源优化配置和产业结构调整的基础上，按照市场的原则开展直接交易工作。参与交易的标准和政策确定后，对符合条件的企业应一视同仁，科学制定工作方案和交易规则，在平等自愿的基础上开展电力直接交易。电力用户与发电企业直接交易的工作方案、交易规则、输配电价以及参与的标准、企业名单应予公布。不得通过行政手段指定直接交易的对象、电量和电价，不得指定交易的降价优惠幅度。

二、请认真纠正各种变相的让利优惠行为。请按照国家关于电力用户与发电企业直接交易的政策开展自查，凡是存在用行政方式指定交易对象、交易电量、交易价格，以及指定向特定企业降价让利的，应立即纠正；已出台有关"政策"但尚未组织实施的，应予以停止，重新按要求制订公平、规范的电力用户发电企业直接交易的工作方案，按规定上报备案。

三、加强监督管理。国家能源局各派出机构要会同当地政府有关部门做好监管工作，发现违反政策开展"直接交易"的，应及时报告。国家能源局、工业和信息化部将会同有关部门对各地开展直接交易的情况进行监督检查，保证电力用户与发电企业直接交易工作健康有序发展。

国家能源局综合司

工业和信息化部办公厅

2013年10月21日（印）

国家安全生产应急救援指挥中心文件

国家安全生产应急救援指挥中心关于印发《2013年安全生产应急管理工作要点》的通知

（应指综合〔2013〕4号）

各省、自治区、直辖市及新疆生产建设兵团安全生产监督管理局，各省级煤矿安全监察机构，有关中央企业：

现将《2013年安全生产应急管理工作要点》印发你们，请结合自身工作实际，认真抓好贯彻落实。

国家安全生产应急救援指挥中心
2013年2月6日（印）

附件：

2013年安全生产应急管理工作要点

2013年安全生产应急管理工作的总体思路是：以邓小平理论、“三个代表”重要思想、科学发展观为指导，深入贯彻落实党的十八大精神，大力实施安全发展战略，坚持围绕中心、服务大局，在公共安全体系和安全生产基础建设中不断强化安全生产应急管理，健全体制机制，完善法规政策，加强预案管理，推动社会参与，大力提升应急救援能力，为促进全国安全生产形势持续稳定好转做出重要贡献。

应急管理工作的主要目标：一是安全生产应急救援体系建设步伐进一步加快。国家、区域矿山应急救援队伍全面建成，中央财政支持的央企应急救援队伍建设任务如期完成，重点行业领域专业应急救援队伍体系进一步完善，企业专兼职应急救援队伍有序推进。二是安全生产应急管理科学化水平大幅提升。应急管理机构职能得到强化，应急联动机制更加完善，应急政策法规建设取得新的突破，应急管理信息化建设工作取得重要进展。三是安全生产应急管理基层基础进一步夯实。应急预案更具针对性和操作性，应急演练深入开展，应急培训、宣传教育的实效性明显增强。突出抓好以下6个方面的工作：

一、全面推进安全生产应急救援体系建设

一是加强国家、区域矿山应急救援队建设。配强配齐领导班子，完善工作制度，理顺工作关系，建立指挥顺畅、反应迅速、处置高效、保障有力的应急救援工作机制。进一步深化和推广国家矿山应急救援队“六加一”试点成果，强化队伍功能，抓好配套建设，规范队伍管理，加强训练演练，全面形成救援能力。二是抓好中央企业应急救援队伍建设。按照中央国有资本经营预算安全生产保障能力建设要求，加强对2011、2012年度项目建设的督导检查，严密组织后续项目申报工作，确保建设进度和质量。组织制定项目管理办法，切实发挥项目建设的整体效益。三是积极推进地方和重点行业领域应急救援队伍建设。各地区根据辖区内事故灾害特点及各类应急队伍建设现状，进一步研究解决地方应急救援队伍建设布局、职能定位、体制机制、运行保障等问题；有重点地加强公路（铁路）交通、水上搜救、船舶溢油、建筑施工、电力、旅游等行业领域和高危行业企业专兼职应急救援队伍、志愿者队伍建设，抓好广东大亚湾化工园区应急管理创新试点，探索应急管理新模式。

二、大力强化安全生产应急处置工作

一是加强应急值守工作。认真落实值班制度，及时、准确地掌握安全生产事故信息，突出重要时段值守和调度工作，确保有效应对安全生产突发事件。推动信息化建设成果运用，提高事故信息接报、处理和预警效率。二是规范应急响应工作。进一步完善生产安全事故应急响应程序，建立正规高效的事故灾难报告、救援队伍出动、应急资源调用等工作秩序。落实属地管理责任，确保在第一时间组织开展事故救援。三是完善应急联动机制。建立健全安全生产委员会框架下联合应对事故灾难的信息预警、指挥协调和救援保障等机制。强化预防和处置生产安全重特大事故区域联动协作机制，提高联合救援能力。四是严格事故救援现场管理。根据处置矿山、危险化学品等不同类型、不同规模事故的需要，规范救援现场的组织指挥、应急管理、专家咨询、力量投入、信息发布和总结评估等工作。五是强化应急管理机构建设。进一步健全完善省、市、重点县三级应急管理机构和省级煤矿应急救援指挥机构，落实人员编制，完善工作职能，提高制度化、规范化建设水平，为加强安全生产应急处置工作提供坚强的组织保证。

三、加快完善安全生产应急管理政策法规

一是下力推进应急管理立法工作。认真研究应急管理工作的职能定位、体制机制、队伍建设、运行保障等重大问题，结合《安全生产法》修订工作，进一步确立加强应急管理工作的法律依据。推进安全生产应急管理条例立法工作，修订完善预案管理、矿山救援和队伍建设、管理、训练、资质认定等规章标准。研究制定地方性应急管理政策规章和制度标准，努力构建符合地区实际的应急管理法规体系。二是研究制定应急救援配套政策。积极适应安全生产工作新形势，推动出台安全生产应急队伍的救援补偿、抚恤优待、表彰奖励、退役转岗等政策措施，为应急救援工作提供有力支持。三是进一步加强应急管理依法行政。坚持将应急管理工作纳入安全生产行政许可、执法检查、企业标准化达标验收等工作中，推进企业落实应急管理主体责任。利用安全生产“十二五”、安全生产应急管理“十二五”规划中期评估的机会，对应急管理工作落实情况进行一次深入检查，加快各项重点工程进度，确保如期完成建设任务。

四、切实加大安全生产应急管理保障力度

一是进一步加强应急管理投入。加强应急管理机构基础设施、装备器材、后勤保障建设和日常办公、应急培训、宣传教育等经费保障，为有效履行综合监管职责创造有利条件。加大对应急救援队伍建设投入，特别是研究解决国家级和重点行业领域应急救援队伍日常训练和救援装备配套、维护、保养等所需经费，保障队伍持续、健康发展。二是做好应急救援物资储备工作。扎实开展各类应急资源普查，完善调用机制。根据各地事故灾难特点，确定应急救援物资储备

布局和重点，切实走开政府储备与企业储备、实物储备与生产能力储备、通用物资社会储备与特种物资定点储备相结合的新路子。三是推动应急救援科技进步。以“四个一批”项目为抓手，加强应急救援技术装备的研发、推广、运用。修订完善应急救援新技术新装备目录，强制淘汰落后救援技术装备。充分发挥科研院所和大型骨干企业作用，提高应急救援技术装备研发、生产水平。四是加强应急平台体系建设。全面落实安全生产应急平台体系建设有关标准要求，加快推进省、市、有关中央企业、国家矿山应急救援队应急平台互联互通工作，为高效处置生产安全事故提供保障。五是抓好应急救援专家队伍建设。建立国家、省级、市级和重点县应急专家数据库，实行分类管理，有计划地组织开展活动，切实发挥专家队伍在应急管理重大决策、生产安全事故救援等方面的专业咨询和技术支撑作用。

五、进一步加强安全生产应急管理基础工作

一是强化预案管理工作。完善预案体系，实现政府部门、相关企业、救援队伍的预案衔接。抓好预案编制导则颁布和宣贯工作，推广现场处置方案编制经验，增强预案的针对性、实用性和可操作性。加强预案演练工作，在全国“安全生产月”期间开展应急预案演练周活动。二是强化应急培训和宣传教育工作。突出抓好各级党政领导干部、政府和企业应急管理人员，以及应急救援队伍和行业从业人员培训，增强风险防范意识，提高应急管理技能。坚持把应急管理宣传教育纳入安全生产宣传教育整体布局，抓好以通讯员为重点的宣教队伍培养，紧密结合安全生产年工作部署开展宣教工作，营造舆论氛围，普及应急知识，扩大社会影响。三是强化隐患排查治理和重大危险源监督管理。结合“打非治违”行动，组织安全生产应急救援队伍开展预防性安全检查，熟悉安全生产环境，帮助企业完善应急措施、提高应急能力。开展重大危险源辨识、评估、分级和登记备案工作，加强企业安全监测监控设施建设，增强风险预控能力。四是强化信息统计分析工作。完善应急管理工作统计方法和指标体系，提高统计分析质量。做好年度生产安全事故灾难应对工作总结评估，梳理成功经验，查找存在问题，加强趋势预测。五是强化应急救援对外交往工作。采取走出去、请进来的方法，学习借鉴发达国家和地区在应急管理方面的先进理念、先进经验、先进技术，推动应急管理国际交流与合作。集中社会多方力量，办好第四届中国国际安全生产应急管理论坛暨应急技术与装备展览会。

六、不断强化安全生产应急队伍自身建设

一是加强政治建设。深入贯彻党的十八大精神，认真学习中国特色社会主义理论，加强政治意识、宗旨意识和责任意识教育，努力培养一支爱岗敬业、乐于奉献、素质优良、不怕困难的应急队伍。二是加强业务建设。完善基础资料，强化业务学习，创新应急管理理论，加强重点问题研究，不断提高工作能力。三是加强作风建设。严格制度落实，注重日常养成，结合完成急难险重任务培育应急队伍严谨细致、雷厉风行、求真务实、勇于担当的工作作风，切实做到服从命令、听从指挥、能打硬仗。四是加强文化建设。持续推进学习型组织建设，深化创先争优活动，规范使用全国矿山救援标识，弘扬先进应急文化，塑造一批先进典型，努力营造积极向上、奋发有为的文化氛围，不断增强应急队伍的向心力、凝聚力和战斗力。

统计资料

电力行业统计资料❶

2013 年电力统计基本数据一览表

基本数据项目	单　位	2013 年	2012 年	比 2012 年增长（%）
一、发电量	亿 kWh	53 721	49 865	7.73
水电	亿 kWh	8921	8556	4.27
其中：抽水蓄能	亿 kWh	107	93	14.68
火电	亿 kWh	42 216	39 255	7.54
其中：燃煤	亿 kWh	39 805	37 131	7.20
燃气	亿 kWh	1164	1103	5.57
燃油	亿 kWh	52	55	−5.89
核电	亿 kWh	1115	983	13.41
风电	亿 kWh	1383	1030	34.17
太阳能发电	亿 kWh	84	36	132.96
其他	亿 kWh	2.8	4.8	−41.73
6000kW 及以上火电厂发电量	亿 kWh	42 134	39 160	7.59
燃煤	亿 kWh	39 776	37 104	7.20
其中：煤矸石发电	亿 kWh	1042	746	39.74
燃气	亿 kWh	1156	1092	5.86
其中：常规燃气	亿 kWh	1129	1077	4.81
煤层气发电	亿 kWh	27	15	83.01
燃油	亿 kWh	52	54	−3.75
其他	亿 kWh	1120	911	23.01
其中：余温、余气、余压发电	亿 kWh	737	594	24.05
垃圾焚烧发电	亿 kWh	176	120	46.53
秸秆、蔗渣、林木质发电	亿 kWh	207	196	5.43
二、全社会用电量	亿 kWh	53 423	49 658	7.58
1. 全行业用电合计	亿 kWh	46 634	43 423	7.40
第一产业	亿 kWh	1027	1004	2.28
第二产业	亿 kWh	39 332	36 725	7.10
其中：工业	亿 kWh	38 657	36 117	7.03
其中：轻工业	亿 kWh	6431	6036	6.54
重工业	亿 kWh	32 226	30 081	7.13
第三产业	亿 kWh	6275	5694	10.21
2. 城乡居民生活用电合计	亿 kWh	6789	6235	8.89
其中：城镇居民	亿 kWh	3860	3570	8.13
乡村居民	亿 kWh	2929	2665	9.92
三、发电装机容量	万 kW	125 768	114 676	9.67
水电	万 kW	28 044	24 947	12.41
其中：抽水蓄能	万 kW	2153	2033	5.91
火电	万 kW	87 009	81 968	6.15
其中：燃煤	万 kW	79 578	75 488	5.42
燃气	万 kW	4277	3767	13.53
燃油	万 kW	590	611	−3.34

❶ 本统计资料未包含香港、澳门特别行政区及台湾省资料。

续表

基本数据项目	单　位	2013年	2012年	比2012年增长（%）
核电	万kW	1466	1257	16.62
风电	万kW	7652	6142	24.57
太阳能发电	万kW	1589	341	365.79
其他	万kW	8.2	20.5	−59.79
6000kW及以上火电厂装机容量	万kW	86 473	81 426	6.20
燃煤	万kW	79 450	75 382	5.40
其中：煤矸石发电	万kW	2062	1574	31.01
燃气	万kW	4252	3717	14.38
其中：常规燃气	万kW	4157	3688	12.71
煤层气发电	万kW	95	29	228.00
燃油	万kW	293	301	−2.82
其他	万kW	2478	2025	22.36
其中：余温、余气、余发电	万kW	1610	1256	28.20
垃圾焚烧发电	万kW	359	251	42.67
秸秆、蔗渣、林木质发电	万kW	509	518	−1.68
四、35kV及以上输电线路回路长度	km	1 554 236	1 479 791	5.03
1. 交流	km	1 534 248	1 462 901	4.88
其中：1000kV	km	1936	639	202.78
750kV	km	12 666	10 088	25.56
500kV	km	146 166	137 104	6.61
330kV	km	24 065	22 701	6.01
220kV	km	339 075	318 217	6.55
110kV	km	545 815	517 983	5.37
35kV	km	464 525	456 168	1.83
2. 直流	km	19 988	16 890	18.34
其中：±800kV	km	6904	5314	29.93
±660kV	km	1400	1400	
±500kV	km	10 653	9145	16.48
±400kV	km	1031	1031	
五、35kV及以上变电设备容量	万kVA	483 427	445 902	8.42
1. 交流	万kVA	470 047	433 223	8.50
其中：1000kV	万kVA	3900	1800	116.67
750kV	万kVA	6500	5320	22.18
500kV	万kVA	90 112	83 396	8.05
330kV	万kVA	8575	7714	11.16
220kV	万kVA	155 699	144 228	7.95
110kV	万kVA	161 661	149 231	8.33
35kV	万kVA	43 600	41 534	4.98
2. 直流	万kVA	13 380	12 678	5.53
其中：±800kV	万kVA	4654	4360	6.74
±660kV	万kVA	948	948	
±500kV	万kVA	7637	7230	5.64
±400kV	万kVA	141	141	
六、新增发电装机容量	万kW	10 222	8315	22.94
水电	万kW	3096	1676	84.71
其中：抽水蓄能	万kW	120	165	−27.27
火电	万kW	4175	5236	−20.26
其中：燃煤	万kW	3447	4788	−28.00
其中：煤矸石发电	万kW	61	156	−61.15

续表

基本数据项目	单 位	2013年	2012年	比2012年增长（%）
燃气	万kW	440	247	78.03
其中：常规燃气	万kW	439	243	80.55
煤层气发电				
燃油	万kW	15		
其他	万kW	273	201	35.89
其中：余温、余气、余压	万kW	182	105	74.56
垃圾焚烧发电	万kW	34	20	71.33
秸秆、蔗渣、林木质发电	万kW	56	75	−25.13
核电	万kW	221		
风电	万kW	1487	1296	14.77
太阳能发电	万kW	1243	107	1058.12
其他	万kW			
七、火电机组退役和关停容量	万kW	803	616	30.40
八、年底主要发电企业电源项目在建规模	万kW	15 950	16 235	−1.75
水电	万kW	5129	6648	−22.86
火电	万kW	5953	5166	15.24
核电	万kW	3387	3383	0.12
风电	万kW	1457	971	49.96
九、新增直流输电线路长度及换流容量				
1. 线路长度	km	4846	2090	131.85
其中：±800kV	km	3623	2090	73.35
±660kV	km			
±500kV	km	1223		
±400kV	km			
2. 换流容量	万kW	1370	1890	−27.51
其中：±800kV	万kW	1050	1440	−27.08
±660kV	万kW			
±500kV	万kW	320	450	−28.89
±400kV	万kW			
十、新增交流110kV及以上输电线路长度及变电设备容量				
1. 线路长度	km	59 604	64 179	−7.13
其中：1000kV	km	1298		
750kV	km	2218	741	199.33
500kV	km	7469	4747	57.33
330kV	km	1598	219	629.54
220kV	km	21 498	26 431	−18.66
110kV（含66kV）	km	25 523	32 040	−20.34
2. 变电设备容量	万kVA	28 577	28 835	−0.90
其中：1000kV	万kVA	2100		
750kV	万kVA	1180		
500kV	万kVA	5580	7200	−22.50
330kV	万kVA	573	372	54.03
220kV	万kVA	10 398	11 269	−7.73
110kV（含66kV）	万kVA	8746	9994	−12.49
十一、2013年完成电力投资	亿元	7728	7393	4.53
1. 电源投资	亿元	3872	3732	3.75
水电	亿元	1223	1239	−1.28
火电	亿元	1016	1002	1.37
核电	亿元	660	784	−15.84

续表

基本数据项目	单位	2013年	2012年	比2012年增长（%）
风电	亿元	650	607	6.95
太阳能发电	亿元	323	99	227.26
其他	亿元			
2. 电网投资	亿元	3856	3661	5.33
送变电	亿元	3768	3458	8.95
其中：直流	亿元	354	278	27.66
交流	亿元	3413	3180	7.32
其他	亿元	89	203	−56.36
十二、单机6000kW及以上机组平均单机容量				
水电：单机容量	万kW/台	5.91	5.77	0.13
机组台数	台	3998	3530	468
机组容量	万kW	23 617	20 377	3240
火电：单机容量	万kW/台	11.75	11.80	−0.05
机组台数	台	7223	6805	418
机组容量	万kW	84 891	80 302	4589
十三、6000kW及以上电厂供热量	万GJ	324 128	307 749	5.32
十四、6000kW及以上电厂发电标准煤耗	g/kWh	301.60	304.81	−3.21
十五、6000kW及以上电厂供电标准煤耗	g/kWh	320.97	324.63	−3.66
十六、6000kW及以上电厂厂用电率	%	5.05	5.10	−0.05
水电	%	0.33	0.33	0.0001
火电	%	6.01	6.08	−0.07
十七、6000kW及以上电厂发电设备利用小时	h	4521	4579	−58
水电	h	3359	3591	−231
其中：抽水蓄能	h	513	592	−79
火电	h	5021	4982	38
核电	h	7874	7855	19
风电	h	2025	1929	95
太阳能发电	h	1342	1423	−81
十八、6000kW及以上电厂燃料消耗				
发电消耗标准煤量	万t	122 127	114 770	6.41
发电消耗原煤量	万t	185 782	178 968	3.81
供热消耗标煤量	万t	12 834	12 247	4.79
供热消耗原煤量	万t	19 168	18 447	3.91
十九、6000kW及以上火电厂热效率				
电厂热效率	%	42.38	41.91	0.47
电厂供热效率	%	86.17	85.74	0.43
电厂能源转换总效率	%	45.42	45.03	0.39
二十、供、售电量及线损				
供电量	亿kWh	48 412	44 798	8.07
售电量	亿kWh	45 180	41 781	8.13
线损电量	亿kWh	3232	3018	7.09
线路损失率	%	6.68	6.74	−0.06
二十一、发用电设备比				
发电装机容量：用电设备容量		1∶3.51	1∶3.47	
二十二、电力弹性系数				
电力生产弹性系数		1.00	0.70	0.30
电力消费弹性系数		0.98	0.73	0.26

注 1. 2013年，全国基建新增生物质发电装机容量92万kW，同比下降7.12%；年底6000kW及以上生物质电厂装机容量868万kW，同比增长12.82%；全年6000kW及以生物质上电厂发电量383亿kWh，同比增长21.06%。
2. 风电、太阳能发电装机容量和发电量等指标均为并网口径。
3. 35kV及以上变电设备容量包含换流站两端变压器容量，±800kV和±400kV输电线路长度不含接地极长度。

全国分地区发电装机容量

单位：万 kW

地区	合计			水电			火电			核电			风电			太阳能发电			其他
	2013	2012	同比(%)	2013	2012	同比(%)	2013	2012	同比(%)	2013	2012	同比(%)	2013	2012	同比(%)	2013	2012	同比(%)	2013
全国	**125 768**	**114 676**	**9.67**	**28 044**	**24 947**	**12.41**	**87 009**	**81 968**	**6.15**	**1466**	**1257**	**16.62**	**7652**	**6142**	**24.57**	**1589**	**341**	**365.79**	**8.2**
北京	792	731	8.37	101	102	−1.11	676	614	10.16	0	0		15	15	0.00	0.0	0.0		0.0
天津	1137	1134	0.22	1	1	0.00	1112	1110	0.14	0	0		23	23	−1.93	1.6	0.2	744.68	0.0
河北	5220	4868	7.24	181	179	1.06	4187	3999	4.71	0	0		825	675	22.29	25.1	0.0		1.6
山西	5767	5455	5.73	243	243	0.02	5205	5011	3.85	0	0		316	198	59.97	3.5	1.5	133.39	0.0
内蒙古	8485	7840	8.23	108	108	0.00	6386	6019	6.10	0	0		1854	1693	9.54	136.8	20.5	566.63	0.0
辽宁	3966	3807	4.17	273	272	0.15	3028	3058	−1.01	100	0		563	476	18.46	2.3	1.0	132.53	0.0
吉林	2518	2399	4.95	445	442	0.72	1694	1627	4.12	0	0		377	330	14.41	1.0	0.0		0.0
黑龙江	2393	2173	10.12	97	97	−0.96	1903	1752	8.60	0	0		392	323	21.35	1.1	0.0		0.1
上海	2162	2146	0.75	0	0		2127	2118	0.46	0	0		32	27	17.82	0.7	0.7	0.00	2.4
江苏	8241	7544	9.24	114	114	0.00	7555	6982	8.21	212	212	0.00	256	193	32.43	104.6	43.0	142.93	0.0
浙江	6478	6164	5.09	986	984	0.22	4995	4705	6.17	433	433	0.00	45	40	12.47	18.0	1.2	1372.54	0.4
安徽	3933	3532	11.35	282	278	1.49	3597	3223	11.61	0	0		49	30	66.50	5.0	1.9	168.81	0.0
福建	4201	3885	8.12	1285	1140	12.78	2658	2632	0.96	109	0		146	113	29.14	2.6	0.1	1907.79	0.4
江西	1999	1947	2.68	457	420	8.78	1503	1505	−0.09	0	0		30	20	48.51	8.5	1.6	442.63	0.0
山东	7718	7315	5.51	107.8	107.7	0.03	7098	6818	4.11	0	0		500	382	30.90	11.8	6.6	77.81	0.0
河南	6052	5765	4.98	395	395	0.09	5628	5355	5.10	0	0		27	15	76.59	2.0	0.0		0.0
湖北	5896	5787	1.88	3616	3595	0.57	2240	2174	3.03	0	0		35	17	112.65	4.8	1.2	290.62	0.5
湖南	3364	3297	2.02	1401	1372	2.05	1929	1906	1.23	0	0		33.7	19	77.86	0.1	0.0		0.0
广东	8598	7810	10.09	1319	1306	1.01	6488	5752	12.80	612	612		174	139	25.31	4.4	0.8	445.65	0.0
广西	3140	3037	3.39	1582	1536	2.97	1542	1491	3.40	0	0		12	10	25.76	4.2	0.0		0.0
海南	497	502	−1.07	83	81	1.78	375	388	−3.53	0	0		30	30	0.00	8.9	2.0	343.40	0.0
重庆	1509	1340	12.63	642	611	5.08	858	724	18.37	0	0		10	5	105.99	0.0	0.0		0.2
四川	6862	5459	25.71	5266	3964	32.84	1582	1493	5.95	0	0		11	2	584.38	3.3	0.0		0.0
贵州	4476	4010	11.61	1908	1728	10.43	2433	2186	11.30	0	0		135	96	39.76	0.0	0.0		0.0
云南	5979	4825	23.91	4409	3306	33.35	1394	1385	0.66	0	0		165	131	26.03	11.0	3.0	266.67	0.0
西藏	110	102	8.26	58	54	7.42	39	37	3.83	0	0		0	0		11.0	8.0	37.45	2.7
陕西	2590	2494	3.86	251	250	0.53	2273	2227	2.07	0	0		59	15	304.10	6.3	2.1	200.95	0.0
甘肃	3489	2916	19.67	755	730	3.52	1601	1551	3.26	0	0		703	597	17.69	429.8	38.2	1025.24	0.0
青海	1710	1470	16.40	1118	1101	1.50	235	230	1.84	0	0		10	2	494.12	348.1	136.3	155.38	0.0
宁夏	2231	1972	13.13	43	43	0.00	1731	1640	5.58	0	0		302	236	27.70	155.1	53.1	192.15	0.0
新疆	4254	2952	44.11	517	385	34.22	2939	2257	30.25	0	0		521	292	78.27	277.1	18.0	1439.44	0.0

全国分地区发电量

单位：亿 kWh

地区	合计			水电			火电			核电			风电			太阳能发电			其他
	2013	2012	同比(%)	2013	2012	同比(%)	2013	2012	同比(%)	2013	2012	同比(%)	2013	2012	同比(%)	2013	2012	同比(%)	2013
全国	**53 721**	**49 865**	**7.73**	**8921**	**8556**	**4.27**	**42 216**	**39 255**	**7.54**	**1115**	**983**	**13.41**	**1383**	**1030**	**34.17**	**84**	**35.9**	**132.96**	**2.8**
北京	336	293	14.76	5	7	−36.50	329	283	16.21	0	0		3.2	3.1	0.45	0.0	0.0		0.0
天津	597	587	1.64	0.2	0.2	1.63	591	582	1.51	0	0		5.6	4.7	17.60	0.02	0.0		0.0
河北	2443	2316	5.47	12	10	16.55	2275	2178	4.49	0	0		155.3	126.5	22.75	1.1	0.0		0.0
山西	2625	2535	3.57	40	44	−9.57	2527	2454	2.97	0	0		58.2	36.1	60.90	0.5	0.2	130.27	0.0
内蒙古	3623	3344	8.34	36	29	23.39	3213	3029	6.07	0	0		368.2	284.4	29.48	6.2	1.7	271.60	0.0
辽宁	1573	1488	5.70	79	64	23.20	1329	1345	−1.15	64	0		100.3	78.8	27.37	0.16	0.000 1	155 700	0.0
吉林	773	714	8.26	125	79	57.42	590	591	−0.11	0	0		57.9	43.9	31.88	0.03	0.0		0.0
黑龙江	844	842	0.31	29	18	62.92	746	772	−3.45	0	0		69.2	51.3	34.73	0.0	0.0		0.04
上海	972	973	−0.15	0	0		963	967	−0.39	0	0		7.7	6.3	21.89	0.1	0.1	5.79	1.0
江苏	4405	4158	5.93	12	12	−2.94	4174	3943	5.86	167	162	2.74	46.8	37.2	25.88	6.0	4.2	40.85	0.0
浙江	2941	2847	3.29	191	220	−12.95	2393	2273	5.29	346	346	−0.12	9.7	7.8	24.57	0.8	0.1	764.32	0.1
安徽	1978	1808	9.40	36	36	−1.07	1933	1767	9.40	0	0		8.6	4.6	85.95	0.3	0.1	451.91	0.000
福建	1790	1623	10.31	399	476	−16.15	1280	1118	14.48	74	0		36.1	28.0	28.73	0.13	0.02	708.79	0.01
江西	852	760	12.11	123	146	−15.69	723	610	18.48	0	0		5.1	3.2	58.99	0.4	0.1	454.10	0.0
山东	3597	3306	8.82	4.5	1.2	282.47	3503	3241	8.09	0	0		89.0	63.2	40.76	1.0	0.7	40.52	0.0
河南	2811	2597	8.26	115	128	−10.09	2691	2465	9.16	0	0		4.9	3.3	46.81	0.02	0.0		0.0
湖北	2235	2245	−0.44	1175	1380	−14.81	1054	863	22.07	0	0		5.6	2.0	178.15	0.2	0.1	215.40	0.2
湖南	1278	1214	5.32	430	446	−3.74	843	765	10.31	0	0		5.0	2.7	87.57	0.03	0.0		0.0
广东	3768	3644	3.40	318	298	6.88	2955	2848	3.76	464	474	−2.11	30.6	24.3	25.83	0.07	0.03	142.00	0.00
广西	1219	1172	4.04	462	524	−11.98	755	647	16.74	0	0		2.3	0.8	204.05	0.3	0.0		0.0
海南	232	211	10.04	24	24	1.03	201	182	10.73	0	0		6.0	4.7	25.63	0.5	0.25	82.46	0.0
重庆	591	547	8.06	178	210	−15.37	412	336	22.60	0	0		1.2	0.8	48.38	0.0	0.0		0.1
四川	2617	2129	22.89	2023	1545	30.95	593	584	1.52	0	0		0.8	0.4	108.61	0.01	0.0		0.0
贵州	1674	1610	3.98	422	560	−24.52	1240	1046	18.57	0	0		12.0	4.9	145.61	0.0	0.0		0.0
云南	2148	1748	22.92	1631	1240	31.52	479	480	−0.24	0	0		38.2	27.8	37.53	0.9	0.3	213.17	0.0
西藏	23	21	8.35	14	15	−4.33	6	5	37.88	0	0		0.0	0.0		1.4	0.8	79.80	1.4
陕西	1253	1233	1.63	71	81	−12.17	1174	1149	2.19	0	0		6.8	2.6	162.12	0.8	0.3	204.65	0.0
甘肃	1195	1107	7.95	356	344	3.34	701	666	5.33	0	0		119.2	94.0	26.80	18.9	3.1	510.15	0.0
青海	591	592	−0.13	427	458	−6.81	136	120	13.45	0	0		0.8	0.2	383.07	28	14.5	94.45	0.0
宁夏	1121	1013	10.70	19	19	−1.92	1031	952	8.26	0	0		60.7	33.3	82.41	10.5	7.8	34.21	0.0
新疆	1613	1188	35.74	164	140	17.57	1376	998	37.93	0	0		67.6	49.4	36.87	5.2	1.7	203.43	0.0

全国分地区用电量

地区	用电量（亿 kWh）	同比增长（%）
全国	53 423	7.58
北京	913	4.44
天津	774	7.20
河北	3251	5.63
山西	1832	3.77
内蒙古	2182	8.19
辽宁	2008	5.72
吉林	654	2.64
黑龙江	845	2.09
上海	1411	4.22
江苏	4957	8.20
浙江	3453	7.55
安徽	1528	12.27
福建	1701	7.68
江西	947	9.16
山东	4083	7.60
河南	2899	5.51
湖北	1630	8.08
湖南	1423	5.69
广东	4830	4.56
广西	1238	7.27
海南	232	10.04
重庆	813	12.37
四川	1949	6.46
贵州	1126	7.60
云南	1460	10.94
西藏	31	10.43
陕西	1152	8.01
甘肃	1073	7.91
青海	676	12.30
宁夏	811	9.35
新疆	1540	33.72

全国分行业用电量

指 标 名 称	用户个数（个）	用户用电装接容量（kW）	用电量（万 kWh）	
			2013 年	同比增长（%）
全社会用电量总计	444 307 721	4 418 371 564	534 234 155	7.58
A. 全行业用电量合计	48 557 935	2 667 590 986	466 342 557	7.40
第一产业	8 900 221	130 091 347	10 268 666	2.28
第二产业	12 637 648	1 721 030 574	393 319 560	7.10
第三产业	27 020 066	816 469 065	62 754 331	10.21
B. 城乡居民生活用电量合计	395 749 786	1 750 780 578	67 891 598	8.89
城镇居民	157 771 582	861 345 435	38 598 071	8.13
乡村居民	237 978 204	889 435 143	29 293 527	9.92
全行业用电分类	48 557 935	2 667 590 986	466 342 557	7.40

续表

指 标 名 称	用户个数（个）	用户用电装接容量（kW）	用电量（万 kWh）	
			2013 年	同比增长（%）
一、农、林、牧、渔业	8 900 221	130 091 347	10 268 666	2.28
1. 农业	3 219 501	43 048 606	2 884 210	3.37
2. 林业	82 723	2 637 932	162 997	−4.14
3. 畜牧业	785 036	10 519 070	909 292	17.10
4. 渔业	489 435	8 916 421	1 048 831	7.86
5. 农、林、牧、渔服务业	4 323 526	64 969 318	5 263 336	−1.26
其中：排灌	3 263 224	50 541 985	4 053 363	3.26
二、工业	11 399 920	1 601 724 235	386 568 818	7.03
轻工业	6 651 686	326 387 465	64 307 871	6.54
重工业	4 748 234	1 275 336 770	322 260 947	7.13
（一）采矿业	433 305	132 490 632	25 485 553	6.13
1. 煤炭开采和洗选业	99 763	52 563 873	9 557 699	4.77
2. 石油和天然气开采业	24 404	15 442 893	4 143 612	4.05
3. 黑色金属矿采选业	39 389	20 403 918	4 696 854	6.97
4. 有色金属矿采选业	68 076	16 571 038	3 515 630	6.81
5. 非金属矿采选业	138 313	18 309 548	2 407 866	7.07
6. 其他采矿业	63 360	9 199 362	1 163 892	19.02
（二）制造业	9 949 595	1 192 525 888	285 185 477	6.96
1. 食品、饮料和烟草制造业	3 263 106	80 773 470	9 464 039	7.29
其中：农副食品加工业	2 361 177	45 301 618	4 541 822	9.15
2. 纺织业	729 811	50 891 884	15 328 631	5.73
3. 服装鞋帽、皮革羽绒及其制品业	509 441	23 271 001	3 868 404	3.80
4. 木材加工及制品和家具制品业	765 523	26 719 326	3 910 970	5.79
其中：轻工业	231 212	9 329 049	1 371 166	2.05
5. 造纸及纸制品业	113 812	21 233 347	5 992 325	3.48
6. 印刷业和记录媒介的复制	98 501	6 781 902	1 103 823	3.90
7. 文体用品制造业	45 948	3 551 123	691 243	14.10
8. 石油加工、炼焦及核燃料加工业	20 015	28 932 512	6 349 136	13.88
9. 化学原料及化学制品制造业	152 524	125 634 000	40 015 538	6.23
其中：轻工业	45 045	6 372 254	1 256 511	3.44
其中：氯碱	4062	13 666 917	5 452 070	10.32
电石	1066	16 763 759	8 007 405	12.49
黄磷	1165	4 258 809	1 250 718	1.24
其中：肥料制造	13 588	28 180 636	9 163 416	5.65
10. 医药制造业	49 013	16 547 782	2 830 596	10.50
11. 化学纤维制造业	22 445	10 206 713	3 496 554	4.60
12. 橡胶和塑料制品业	514 067	50 471 121	10 989 125	5.67
其中：轻工业	251 453	19 595 841	4 458 030	21.45
13. 非金属矿物制品业	565 627	127 291 518	31 484 902	6.55
其中：轻工业	70 932	7 924 666	2 036 012	−4.22
其中：水泥制造	76 165	51 318 454	15 813 582	6.96
14. 黑色金属冶炼及压延加工业	35 686	175 673 140	54 942 270	7.01
其中：铁合金冶炼	6339	36 560 835	13 021 396	13.11
15. 有色金属冶炼及压延加工业	75 615	131 422 918	40 539 130	5.60

续表

指 标 名 称	用户个数（个）	用户用电装接容量（kW）	用电量（万 kWh） 2013 年	同比增长（%）
其中：铝冶炼	3976	86 536 784	28 645 752	8.61
16. 金属制品业	1 014 013	89 054 061	16 028 166	14.74
其中：轻工业	134 946	8 713 115	1 943 486	—5.06
17. 通用及专用设备制造业	672 282	76 101 353	11 522 628	6.59
其中：轻工业	18 008	1 758 266	296 438	—19.01
18. 交通运输、电气、电子设备制造业	355 775	112 552 407	21 820 059	7.13
其中：轻工业	77 308	17 271 618	3 981 027	11.30
其中：交通运输设备制造业	89 243	34 507 730	6 006 879	14.89
19. 工艺品及其他制造业	851 841	30 721 654	4 162 435	7.15
20. 废弃资源和废旧材料回收加工业	94 550	4 694 656	645 503	16.29
（三）电力、燃气及水的生产和供应业	1 017 020	276 707 715	75 897 788	7.60
1. 电力、热力的生产和供应业	760 854	243 932 172	70 965 731	7.41
其中：电厂生产全部耗用电量	324 06	101 867 804	35 285 462	7.33
线路损失电量	24 112	19 227 964	31 407 058	6.93
抽水蓄能抽水耗用电量	9271	7 532 285	1 148 673	7.70
2. 燃气生产和供应业	48 492	10 492 753	1 312 398	20.33
3. 水的生产和供应业	207 674	22 282 790	3 619 659	7.11
其中：轻工业	138 864	11 443 780	2 027 151	17.71
三、建筑业	1 237 728	119 306 339	6 750 742	11.07
四、交通运输、仓储和邮政业	503 891	137 740 980	10 009 210	9.71
1. 交通运输业	159 985	118 950 867	8 753 128	10.02
其中：城市公共交通	24 403	12 396 740	787 291	20.06
其中：管道运输业	6063	7 715 312	638 035	54.67
其中：电气化铁路	53 247	58 650 807	4 284 528	5.10
2. 仓储业	294 322	16 628 461	973 894	11.69
3. 邮政业	49 584	2 161 652	282 188	—4.39
五、信息传输、计算机服务和软件业	2 204 295	31 252 597	3 784 700	10.88
1. 电信和其他信息传输服务业	2 109 671	26 389 423	3 316 786	11.82
2. 计算机服务和软件业	94 624	4 863 174	467 914	4.62
六、商业、住宿和餐饮业	15 386 699	226 125 241	18 768 908	10.87
1. 批发和零售业	13 037 725	166 376 021	12 887 351	13.65
2. 住宿和餐饮业	2 348 974	59 749 220	5 881 557	5.24
七、金融、房地产、商务及居民服务业	5 078 951	212 444 419	13 436 832	10.03
1. 金融业	238 850	13 433 446	1 339 378	6.09
2. 房地产业	1 834 764	12 2144 406	6 698 996	12.33
3. 租赁和商务服务业、居民服务和其他服务业	3 005 337	76 866 567	5 398 458	8.27
八、公共事业及管理组织	3 846 230	208 905 828	16 754 681	9.77
1. 科学研究、技术服务和地质勘查业	94 443	16 113 781	1 147 897	6.54
其中：地质勘查业	9471	673 931	60 582	2.08
2. 水利、环境和公共设施管理业	1 588 099	49 930 300	3 608 210	11.03
其中：水利管理业	107 942	10 561 185	609 937	15.35
其中：公共照明业	1 118 132	24 186 575	1 874 409	15.91
3. 教育、文化、体育和娱乐业	823 111	62 705 909	5 074 054	10.21
其中：教育	462 451	41 563 531	3 673 171	12.24
4. 卫生、社会保障和社会福利业	351 930	28 649 750	2 821 127	14.69
5. 公共管理和社会组织、国际组织	988 647	51 506 088	4 103 393	5.94

全国分地区新增发电装机容量

单位：万 kW

地区	合计	水电		火电										核电	风电	太阳能发电	其他
		合计	其中：抽水蓄能	合计	燃煤		燃气		燃油	其他	其中：						
					合计	煤矸石发电	合计	煤层气发电		合计	余温、余气、余压发电	垃圾焚烧发电	秸秆、蔗渣、林木质发电				
全国	**10 222**	**3096**	**120**	**4175**	**3447**	**61**	**440**	**439**	**15**	**273**	**182**	**34**	**56**	**221**	**1487**	**1243**	
北京	84			84	0		84	84		0							
天津	3				0		0			0					3		
河北	279			191	190		0			1.2		1.2			71	16.0	
山西	273			187	187		0.0			0					81	5	
内蒙古	548			241	229		0			12	8	4			207	100	
辽宁	206			26	0		0			26	20		6	112	66	2	
吉林	64	3		17	9		0			8	8				43	1.0	
黑龙江	192	2.0		126	100		0			26	22		3		63	1.0	
上海	20			12	0		1.0			11	4	8			5	3	
江苏	855			722	569		124	123.6		30	16	11.7	2		53	80	
浙江	232			231	0		231	231		0					0.9		
安徽	465	0.6		439	423	30	0			16	4		12		22	3.1	
福建	256	134	120		0		0			0				109	13		
江西	40	25			0		0			0					13	2	
山东	464			333	290	0.6	0.0			43	25	5	13		123	9	
河南	160			153	153		0			0					7		
湖北	171	14		127	100		0.0			27	19	3	6		26	3.9	
湖南	52	14		17	0		0			17	14	0.1	3		22		
广东	227	9		196	196		0			0					20	2	
广西	49	41		3	0		0.1			3			3		5		
海南	0.2				0		0			0						0.2	
重庆	102	29		69	66		0			3			3		5		
四川	1012	894		105	60		0		15	30	29	1.2			9	3	
贵州	546	159		282	282	30	0			0					105		
云南	1705	1629		1.2	0		0			1.2		1.2			64	11	
西藏	1.3				0		0			0					0.8	0.5	
陕西	115			66	66		0			0					46	4	
甘肃	506	21		16	2		0			13	13				67	403	
青海	241	16		4	4		0			0.1		0.1			13	207	
宁夏	241			72	72		0			0					60	109	
新疆	1111	106		455	449		0			6			6		273	277	

全国分地区 6000kW 及以上电厂发电技术经济指标

地区	利用小时（h）					厂用电率（%）			发电标准煤耗（g/kWh）	供电标准煤耗（g/kWh）	发电消耗原煤量（万 t）	发电消耗标煤量（万 t）
	合计	水电	火电	核电	风电	合计	水电	火电				
全国	**4521**	**3359**	**5021**	**7874**	**2025**	**5.05**	**0.33**	**6.01**	**301.60**	**320.97**	**185 782**	**122 127**
北京	4260	446	4926	0	2100	5.45	1.02	5.57	245.63	259.86	629	788
天津	5230	0	5286	0	2458	6.11		6.14	300.47	320.05	2547	1762
河北	4829	537	5526	0	2052	5.81	1.05	6.17	305.58	325.52	9942	6782
山西	4744	1636	5018	0	2257	7.28	0.32	7.44	302.29	327.06	12 083	7275
内蒙古	4421	3300	5099	0	2114	6.63	0.42	7.36	313.60	336.65	19 359	9936
辽宁	4006	2901	4353	8438	1924	6.34	1.09	6.84	299.18	321.08	7165	3952
吉林	3086	2829	3443	0	1653	5.84	0.49	7.29	295.64	319.24	3469	1685
黑龙江	3737	3027	4134	0	1930	6.21	0.96	6.87	312.00	335.00	4340	2290
上海	4502	0	4533	0	2420	4.59		4.60	287.84	301.72	3563	2742
江苏	5545	998	5690	8344	1902	4.80	0.23	4.78	293.27	308.26	16 332	11 739
浙江	4996	1803	5296	7869	2284	4.82	0.40	4.89	288.03	302.68	8547	6752
安徽	5270	1091	5608	0	1830	4.62	0.37	4.69	296.65	311.52	7884	5471
福建	4499	3262	4852	8471	2745	4.48	0.26	4.82	293.60	308.80	4844	3691
江西	4480	2586	4818	0	2178	4.78	0.71	5.16	298.57	314.35	3032	2058
山东	4815	355	5065	0	2008	5.83		5.83	303.83	323.10	14 118	9878
河南	4802	2959	4940	0	2312	5.36	0.34	5.57	297.07	314.85	11 994	7773
湖北	3832	3302	4683	0	2188	2.46	0.12	5.24	298.07	314.46	3899	2740
湖南	3908	3007	4462	0	1883	4.37	0.57	5.85	302.14	325.79	3576	2454
广东	4576	1805	4737	7589	1878	5.23	0.53	5.64	297.80	315.60	11 549	8792
广西	3857	2863	4777	0	2019	3.95	0.48	6.22	298.50	318.20	2699	1827
海南	4815	2893	5376	0	1969	7.13	0.48	7.82	286.00	313.00	714	556
重庆	4148	2781	5132	0	1277	5.72	0.51	7.70	319.00	345.00	1987	1310
四川	4288	4416	3928	0	1779	1.45	0.29	5.20	312.54	333.73	2487	1479
贵州	4071	2143	5672	0	1595	5.63	0.24	7.26	309.00	333.00	5747	3472
云南	4025	4322	3462	0	2357	1.92	0.22	6.98	311.74	334.45	2554	1283
西藏	2151	2478	1726	0	0	3.72	2.37	2.53	300.31	308.37	0	19
陕西	4990	2822	5266	0	1709	6.60	0.88	6.93	307.17	329.69	5350	3485
甘肃	3804	4599	4497	0	1806	4.05	0.67	6.15	311.11	331.50	3354	2177
青海	3782	3833	5795	0	2258	2.05	0.30	7.61	328.71	355.69	662	444
宁夏	5403	4538	6173	0	2084				325.73	345.87	4907	3079
新疆	5045	3596	5774	0	2152	6.97	0.32	8.01	322.00	350.00	6448	4435

全国分地区6000kW及以上电厂供热情况

地　区	供热容量（万kW）	供热量（GJ）	供热厂用电		供热标准煤耗（kg/GJ）	供热消耗燃料原煤（万t）	供热消耗标准煤量（万t）
			厂用电量（万kWh）	厂用电率（kWh/GJ）			
全国	**25 182**	**3 241 281 590**	**2 658 640**	**8.2**	**39.6**	**19 168**	**12 834**
北京	487	75 083 461	64 781	8.6	57.7	268	434
天津	735	74 768 662	62 770	8.4	39.3	380	294
河北	2377	175 400 973	153 736	8.8	39.2	1042	687
山西	1652	50 758 515	59 170	11.7	40.4	297	205
内蒙古	2689	224 004 863	235 485	10.5	40.1	1759	898
辽宁	1919	310 276 965	307 398	9.9	39.7	1994	1233
吉林	1302	184 948 298	198 508	10.7	40.4	1309	747
黑龙江	1213	205 847 762	175 847	8.5	38.6	1459	795
上海	405	58 528 061	42 052	7.2	37.7	248	221
江苏	3065	592 310 827	399 867	6.8	39.2	3307	2321
浙江	628	372 943 706	274 792	7.4	37.7	1932	1407
安徽	738	51 995 003	31 801	6.1	40.1	289	208
福建	327	30 084 509	20 071	6.7	38.4	168	116
江西	0	0	0	0.0	0.0	0	0
山东	3589	488 859 569	356 092	7.3	38.6	2679	1889
河南	1109	86 146 039	73 403	8.5	42.6	573	367
湖北	339	13 267 653	9046	6.8	40.8	81	54
湖南	262	36 780 689	27 196	7.4	38.9	186	143
广东	328	0	0	0.0	0.0	0	0
广西	0	0	0	0.0	0.0	0	0
海南	0	0	0	0.0	0.0	0	0
重庆	60	46 643 841	42 115	9.0	39.3	218	183
四川	16	1 741 559	995	5.7	86.9	49	15
贵州	0	0	0	0.0	0.0	0	0
云南	0	0	0	0.0	0.0	0	0
西藏	0	0	0	0.0	0.0	0	0
陕西	287	21 959 288	17 804	8.1	38.6	132	85
甘肃	580	60 067 248	37 529	6.2	37.2	357	223
青海	0	0	0	0.0	0.0	0	0
宁夏	147	0	0	0.0	0.0	0	0
新疆	929	78 864 098	68 182	8.6	39.2	440	309

全国百万千瓦电厂生产情况

电厂名称	省份	机组构成（万kW）	期末装机容量（万kW）	发电量（亿kWh）	利用小时（h）
合计			37 992	16 898	4710
水电			12 829	3734	3223
火电			23 735	12 072	5268
核电			1429	1092	7930

续表

电厂名称	省份	机组构成(万kW)	期末装机容量(万kW)	发电量(亿kWh)	利用小时(h)
一、水电					
三峡水电厂	湖北	32×70	2240	824	3678
溪洛渡电厂	云南、四川	12×77	924	112	4250
大唐龙滩水电站	广西	7×70	490	77	1576
糯扎渡水电厂	云南	7×65	455	171	5626
向家坝水电站	四川	6×75	450	184	6272
华能小湾电站	云南	6×70	420	169	4029
汉源瀑布沟水电站	四川	6×60	360	132	3676
中电投拉西瓦水电厂	青海	5×70	350	113	3225
二滩水电厂	四川	6×55	330	152	4613
构皮滩发电厂	贵州	5×60	300	57	1901
葛洲坝水电厂	湖北	2×17+19×12.5	272	157	5791
金安桥水电站	云南	4×60	240	118	4913
官地水力发电厂	四川	4×60	240	99	4382
锦东水电站	四川	4×60	240	106	7068
广州抽水蓄能电站	广东	8×30	240	15	626
惠州抽水蓄能电站	广东	8×30	240		
小浪底水电厂	河南	6×30+4×3.5	194	85	4376
水布垭水电站	湖北	4×46	184	21	1153
天荒坪抽水蓄能电站	浙江	6×30	180	16	909
大唐彭水电厂	重庆	5×35	175	44	2521
华能景洪电站	云南	5×35	175	59	3349
白山水电站总厂	吉林	5×30+4×5	170	41	2400
华能漫湾发电厂	云南	5×25+1×30+1×12	167	69	4119
阿海水电厂	云南	4×40	160	77	4749
中电投李家峡水电厂	青海	4×40	160	66	4129
大唐岩滩水力发电厂	广西	4×30.25+1×30	151	42	3350
中电投公伯峡水电站	青海	5×30	150	58	3869
华能龙开口水电厂	云南	4×36	144	37	5782
水口水力发电厂(控)	福建	7×20	140	57	4051
刘家峡水电厂	甘肃	2×25.5+2×2+1×32+1×1	136	66	4885
国投云南大朝山水电有限公司	云南	6×22.5	135	65	4837
天生桥二级水电厂	贵州	6×22	132	47	3569
中电投龙羊峡水电厂	青海	4×32	128	69	5361
乌江渡发电厂	贵州	5×25	125	24	1907
隔河岩水电厂	湖北	2×30.6+2×30	121	19	1537
华东桐柏抽水蓄能发电有限公司	浙江	4×30	120	11	913
西龙池抽水蓄能电厂	山西	4×30	120	1	95
蒲石河抽水蓄能公司	辽宁	4×30	120	16	1330
中电投五强溪电厂	湖南	5×24	120	53	4384
黑麋峰抽水蓄能电厂	湖南	4×30	120	2	130
白莲河抽水蓄能	湖北	4×30	120	1	64
宝泉抽水蓄能电厂	河南	4×30	120	2	198
天生桥一级水电厂	贵州	4×30	120	27	2265
福建仙游抽水蓄能电站	福建	4×30	120	1	88
沙沱发电厂	贵州	4×28	112	18	1736
万家寨水电站	内蒙古、山西	6×18	108	31	2844
思林发电厂	贵州	4×26.25	105	28	2663
光照水电站	贵州	4×26	104	13	1262
中电投积石峡电站	青海	3×34	102	36	3485
华东宜兴抽水蓄能有限公司	江苏	4×25	100	9	920
河北张河湾蓄能发电有限责任公司	河北	4×25	100	2	248
中电投三板溪水电厂	贵州	4×25	100	24	2443
响水涧抽水蓄能电站	安徽	4×25	100	6	625
泰山抽水蓄能电厂	山东	4×25	100	3	326

续表

电厂名称	省份	机组构成（万 kW）	期末装机容量（万 kW）	发电量（亿 kWh）	利用小时（h）
二、火电*					
大唐托克托发电公司	内蒙古	8×60	480	285	5943
浙江嘉华发电有限公司	浙江	2×100+4×60	440	246	5591
沁北电厂	河南	4×60+2×100	440	219	5192
华阳后石电厂	福建	7×60	420	216	5137
华能玉环电厂	浙江	4×100	400	248	6205
华能海门电厂	广东	4×100	400	181	4526
华能正蓝旗上都发电公司	内蒙古	4×60+2×66	372	196	5275
绥中发电有限责任公司	辽宁	2×100+2×80	360	154	4283
伊敏发电厂	内蒙古	2×50+4×60	340	164	4828
华电宁夏灵武发电有限公司	宁夏	2×66+2×100	332	207	6302
江苏常熟发电有限公司	江苏	4×33+2×100	332	137	5656
华能达拉特发电公司	内蒙古	6×33+2×60	318	164	5159
国华粤电台山电厂	广东	5×60	300	155	5164
国电谏壁发电厂	江苏	3×33+2×100	299	191	5915
华能福州电厂	福建	4×35+2×66	272	147	5392
华能德州电厂	山东	2×33+2×32+2×70	270	154	5706
蒲圻电厂	湖北	2×33+2×100	266	103	4803
华能珞璜电厂	重庆	4×36+2×60	264	143	5408
大唐吕四港发电有限责任公司	江苏	4×66	264	156	5905
淮南凤台电厂	安徽	2×63+2×66	258	84	6113
邹县电厂	山东	4×33.5+1×60+1×63.5	258	133	5175
张家口发电厂	河北	8×32	256	148	5774
华能岳阳发电有限责任公司	湖南	2×30+2×36.25+2×60	253	100	3944
浙能乐清发电有限责任公司	浙江	2×60+2×66	252	154	6120
国电电力大同发电有限公司	山西	2×60+2×66	252	146	5781
国华定洲发电有限公司	河北	2×60+2×66	252	145	5751
国华沧东发电有限责任公司	河北	2×60+2×66	252	144	5726
红海湾电厂	广东	2×60+2×66	252	119	4711
阳西海滨电力发展有限公司	广东	2×60+2×66	252	76	5619
大唐宁德发电厂	福建	2×60+2×66	252	128	5090
平凉发电有限责任公司	甘肃	1×33+3×32.5+2×60	251	101	4050
华能上安电厂	河北	2×30+2×35+2×60	250	136	5453
华能阳逻电厂	湖北	2×30+2×33+2×60	246	116	4728
华电半山发电有限公司（气电）	浙江	3×39+3×41.5	242	46	2510
国华浙能发电有限公司（强蛟）	浙江	4×60	240	149	6224
大唐乌沙山发电厂	浙江	4×60	240	148	6156
浙能兰溪发电有限责任公司	浙江	4×60	240	145	6027
滇东能源有限公司滇东电厂	云南	4×60	240	75	3136
锦西电厂	四川	4×60	240	27	4404
国华锦界能源有限责任公司	陕西	4×60	240	151	6275
鲁能河曲发电厂	山西	4×60	240	123	5119
内蒙古岱海发电有限责任公司	内蒙古	4×60	240	145	6045
华电辽宁铁岭发电有限公司	辽宁	4×30+2×60	240	99	4123
发耳发电厂	贵州	4×60	240	149	6214
纳雍发电总厂	贵州	8×30	240	130	5401
盘南发电厂	贵州	4×60	240	144	6007
可门电厂	福建	4×60	240	142	5919
汉川电厂	湖北	4×33+1×100	232	114	4893
阳城国际发电有限责任公司	山西	6×35	210	121	5767
华润电力（贺州）有限公司	广西	2×104.5	209	116	5541
华电莱州发电有限公司	山东	2×102	204	125	6108
国电浙江北仑第三发电有限公司	浙江	2×100	200	125	6257
国华浙能发电有限公司（胜龙）	浙江	2×100	200	127	6339
天津国投津能发电有限公司	天津	2×100	200	119	5969

续表

电厂名称	省份	机组构成（万 kW）	期末装机容量（万 kW）	发电量（亿 kWh）	利用小时（h）
外高桥第三发电有限公司	上海	2×100	200	115	5752
上海上电漕泾发电有限公司	上海	2×100	200	115	5752
国华徐州发电有限公司	江苏	2×100	200	127	6363
国电泰州发电有限公司	江苏	2×100	200	121	6066
华能金陵电厂（煤机）	江苏	2×100	200	128	6405
铜山华润电力有限公司	江苏	2×100	200	124	6190
华电句容发电有限公司	江苏	2×100	200	42	6428
鲁阳电厂	河南	2×100	200	116	5817
密东电厂二期	河南	2×100	200	112	6111
粤电靖海发电公司 3、4 号机组	广东	2×100	200	96	4822
惠州平海发电厂有限公司	广东	2×100	200	101	5043
国华粤电台山电厂 6、7 号机组	广东	2×100	200	109	5456
大唐国际潮州发电公司二期	广东	2×100	200	102	5103
潍坊发电厂	山东	2×33+2×67	200	108	5422
华电邹县发电有限公司	山东	2×100	200	128	6417
华能威海发电厂	山东	2×68+2×32	200	114	5680
沙角 C 电厂	广东	3×66	198	118	5974
华润电力（常熟）有限公司	江苏	3×65	195	122	6234
南埔电厂	福建	2×30+2×67	194	98	5040
鄂州电厂	湖北	1×30+1×33+2×65	193	89	4627
井冈山华能发电有限责任公司	江西	2×66+2×30	192	97	5053
七台河第一发电厂	黑龙江	2×60+2×35	190	71	3716
贵溪发电有限责任公司	江西	2×30+2×64	188	91	4851
益阳发电有限公司	湖南	2×60+2×33	186	72	3863
北仑发电有限公司	浙江	1×60+2×62	184	112	6083
华能营口发电厂	辽宁	2×60+2×32	184	73	3979
妈湾发电厂	广东	1×30+1×32+2×60	184	95	5178
国电宣威发电有限责任公司	云南	6×30	180	50	2784
外高桥第二发电有限公司	上海	2×90	180	98	5457
山西漳山发电公司	山西	2×30+2×60	180	91	5045
山西兴能发电有限公司	山西	2×30+2×60	180	90	5027
兆光发电有限责任公司	山西	2×30+2×60	180	81	4503
元宝山发电有限责任公司	内蒙古	3×60	180	65	3614
大唐金竹山新厂	湖南	3×60	180	72	4020
大唐湘潭新厂	湖南	2×30+2×60	180	68	3898
黄岛发电厂	山东	2×22.5+2×67	179	95	5311
东海热电厂	山东	2×15+2×22+1×33+1×66	173	82	4744
新海发电有限公司	江苏	2×33+1×100	166	90	5448
上海申能临港燃机电厂	上海	2×40+2×42.3	165	27	1639
双鸭山发电厂	黑龙江	1×21+1×20+2×60	161	63	3935
辽宁清河发电责任有限公司	辽宁	2×60+2×20	160	62	3855
哈尔滨第三发电厂	黑龙江	2×60+2×20	160	66	4107
太仓港协鑫发电有限公司	江苏	2×32+2×13.5+2×33	157	84	5332
宝钢电厂	上海	4×35+1×14.97	155	90	5806
前云 LNG 电厂	福建	4×38.6	154	54	3476
江苏镇江发电有限公司	江苏	2×63+2×13.5	153	86	8425
石圳 LNG 电厂	福建	4×38.2	153	55	3574
菏泽发电厂	山东	2×12.5+2×30+2×33	151	88	5826
三、核电					
核电秦山联营有限公司	浙江	2×65+2×66	262	204	7775
岭澳核电 B 站	广东	2×108.6	217	168	7751
江苏核电有限公司	江苏	2×100	200	167	8344
岭澳核电 A 站	广东	2×99	198	147	7431
大亚湾核电站	广东	2×98.4	197	149	7569
秦山第三核电有限公司	浙江	2×72.8	146	119	8185
宁德核电站	福建	1×108.9	109	74	8471
辽宁红沿河核电有限公司	辽宁	1×100	100	64	8498

* 火电厂为发电装机容量 150 万 kW 及以上发电厂口径。

全国分地区 35kV 及以上输电线路回路长度

单位：km

地区	合计	1000kV	±800kV	750kV	±660kV	500kV	其中：±500kV	±400kV	330kV	220kV	110kV（含 66kV）	35kV	电缆
全国	1 554 236	1936	6904	12 666	1400	156 818	10 653	1031	24 065	339 075	545 815	464 525	40 996
北京	10 346					1416				2693	3785	2452	1713
天津	9618					769				2394	3137	3319	5259
河北	85 553				202	9530				18 410	27 887	29 523	1041
山西	57 517	116			305	7496				12 084	17 001	20 515	294
内蒙古	75 206					8347	715			21 149	32 008	13 701	103
辽宁	53 484					7509	193			15 386	30 551	38	1075
吉林	32 145					2662				10 138	19 301	44	245
黑龙江	53 180					4470				12 866	23 112	12 731	323
上海	9190	34	106			1231	81			3453	796	3569	9076
江苏	82 833	13	65			10 206	147			24 785	27 518	20 246	4377
浙江	56 481	354	269			7262	472			14 523	19 283	14 790	3735
安徽	57 805	896	771			5776	1584			12 260	15 188	22 914	968
福建	43 487					4101				11 227	14 878	13 281	625
江西	42 711					3422				9752	12 774	16 763	390
山东	84 490				415	5632				19 817	25 934	32 691	3692
河南	68 030	343				7124			140	15 459	21 859	23 105	499
湖北	65 233	180	981			11 173	1798			12 604	20 133	20 162	818
湖南	60 135		509			4791	857			12 847	20 574	21 413	372
广东	69 104					8356				20 914	32 434	7400	3098
广西	61 811					1302				14 010	17 600	28 899	282
海南	8602									2535	3430	2637	42
重庆	30 539		575			2807				7163	9462	10 531	426
四川	85 850		671			12 441	240			18 463	27 544	26 730	1077
贵州	43 175					3415				8854	14 589	16 317	81
云南	78 574					10 819				13 706	23 290	30 759	330
西藏	8763							423		1196	2800	4343	3
陕西	43 180		168	1688	308	565	294		8150		20 586	11 716	678
甘肃	54 425			4714					8353	815	19 627	20 915	60
青海	24 544			2717				609	5150		10 714	5354	90
宁夏	14 229			610	169				2271	2126	5565	3489	49
新疆	66 814			2937						17 248	22 454	24 175	112
跨区	17 182		2788			14 195	4272			200			63

全国分地区 35kV 及以上变压器情况（含公用变压器和自备变压器）

地区	合计			1000kV			±800kV			750kV			±660kV			500kV			其中：±500kV			±400kV			330kV			220kV			110kV（含 66kV）			35kV		
	座数（座）	组数（组）	铭牌容量（万 kVA）	座数（座）	组数（组）	铭牌容量（万 kVA）	座数（座）	组数（组）	铭牌容量（万 kVA）	座数（座）	组数（组）	铭牌容量（万 kVA）	座数（座）	组数（组）	铭牌容量（万 kVA）	座数（座）	组数（组）	铭牌容量（万 kVA）	座数（座）	组数（组）	铭牌容量（万 kVA）	座数（座）	组数（组）	铭牌容量（万 kVA）	座数（座）	组数（组）	铭牌容量（万 kVA）	座数（座）	组数（组）	铭牌容量（万 kVA）	座数（座）	组数（组）	铭牌容量（万 kVA）	座数（座）	组数（组）	铭牌容量（万 kVA）
全国	**62 257**	**122 134**	**483 427**	**7**	**13**	**3900**	**8**	**116**	**4654**	**24**	**44**	**6500**	**2**	**24**	**948**	**550**	**1257**	**97749**	**25**	**149**	**7637**	**2**	**8**	**141**	**150**	**350**	**8575**	**4867**	**10 128**	**155 699**	**23 985**	**44 466**	**161 661**	**32 662**	**65 728**	**43 600**
北京	662	1498	10 101													9	26	2521										72	183	3364	350	849	3899	231	440	318
天津	1189	2853	8049													6	14	1245										84	198	3094	217	444	1846	882	2197	1864
河北	3893	7881	29 217													29	67	5540										286	626	9691	1181	2346	10 072	2397	4842	3914
山西	2548	5200	16 798	1	2	600										16	32	2650										196	409	5474	797	1603	5906	1538	3154	2168
内蒙古	1773	3092	15 869													29	70	4519	1	12	357							213	453	6244	962	1619	4254	569	950	853
辽宁	2473	4674	21 092													23	54	4990	2	10	1060							237	486	7166	2208	4127	8921	5	7	15
吉林	1244	2035	6203													10	47	1581										93	159	2005	1138	1826	2617	3	3	1
黑龙江	1996	3323	7651													14	18	1396	1	2	179							123	217	2564	1019	1693	2840	840	1395	851
上海	1610	3462	16 249	1	2	600	1	24	713							14	39	3862	3	6	812							117	290	5297	174	361	1508	1303	2746	4269
江苏	5045	10 652	44 792				1	24	818							41	107	8565	1	12	340							500	972	15 978	2031	3486	15 775	2472	6063	3656
浙江	2890	5717	31 731	1	2	600										34	85	7265										291	608	10 460	1242	2417	10 953	1322	2605	2453
安徽	2805	5552	15 187	2	3	900										16	28	2185										184	350	5044	648	1146	4822	1955	4025	2236
福建	1450	2554	13 173													17	27	2430										171	332	5132	677	1233	4946	585	962	664
江西	1523	2643	8544													16	25	1900										134	233	3035	462	798	2768	911	1587	841
山东	5744	11 866	34 835										1	12	464	30	65	4850										346	734	11 823	1507	2791	11965	3860	8264	5732
河南	3053	5805	23 723	1	2	600										30	57	4785	1	3	90					6	133	252	541	8184	1060	1976	7777	1710	3223	2243
湖北	2280	4197	17 212	1	2	600										27	94	5098	5	54	1574							186	360	5039	900	1581	5416	1166	2160	1059
湖南	2113	3643	11 828													18	39	2490	1	12	340							166	330	4292	787	1274	4103	1142	2000	942
广东	2770	5814	42 925													44	107	9441										356	847	15 701	1850	3875	17369	520	985	414
广西	2378	4738	10 517													7	12	925										165	341	4350	540	951	3652	1666	3434	1590
海南	302	504	1418																									25	43	605	114	199	667	163	262	146
重庆	947	1808	9127													12	25	2051										93	195	3263	384	709	3191	458	879	622
四川	2446	4281	22 185				2	48	1643							40	88	6757	1	12	357							211	426	6276	858	1572	6115	1335	2147	1393
贵州	1738	3215	9743													17	30	2225										99	206	2947	534	1065	3555	1088	1914	1016
云南	2232	4805	12 979													24	39	3150										132	294	4319	558	1041	4335	1518	3431	1175
西藏	176	226	402																			1	6	71				5	9	135	35	57	159	135	154	38
陕西	1122	2036	8613							5	7	1470				1	2	357	1	2	357				50	110	2733				545	1009	3537	521	908	516
甘肃	1474	2974	9113							7	8	1560													54	122	3077	12	57	533	432	850	3016	969	1937	926
青海	460	1036	5153							3	8	1440										1	2	71	32	73	1743				196	403	1645	228	550	255
宁夏	320	1295	5471							2	12	780	1	12	484										14	39	889	31	70	1221	145	437	1694	127	725	403
新疆	1571	2675	7080							7	9	1250																87	159	2463	434	728	2339	1043	1779	1028
跨区	30	80	6449				4	20	1480							26	60	4970	8	24	2170															

全国分地区 35kV 及以上换流变压器情况

地区	合计			800kV			660kV			500kV			400kV			330kV			220kV			110kV（含 66kV）			35kV		
	换流站（座）	换流变组数（组）	换流变容量（万kVA）	换流站（座）	换流变组数（组）	换流变容量（万kVA）	换流站（座）	换流变组数（组）	换流变容量（万kVA）	换流站（座）	换流变组数（组）	换流变容量（万kVA）	换流站（座）	换流变组数（组）	换流变容量（万kVA）	换流站（座）	换流变组数（组）	换流变容量（万kVA）	换流站（座）	换流变组数（组）	换流变容量（万kVA）	换流站（座）	换流变组数（组）	换流变容量（万kVA）	换流站（座）	换流变组数（组）	换流变容量（万kVA）
全国	**41**	**312**	**13 574**	**8**	**116**	**4654**	**2**	**24**	**948**	**25**	**149**	**7637**	**2**	**8**	**141**		**6**	**133**		**3**	**43**	**1**	**2**	**7**	**3**	**4**	**11**
北京																											
天津																											
河北																											
山西																											
内蒙古	1	12	357							1	12	357															
辽宁	2	10	1060							2	10	1060															
吉林																											
黑龙江	1	2	179							1	2	179															
上海	7	34	1536	1	24	713				3	6	812										1	2	7	2	2	4
江苏	2	36	1158	1	24	818				1	12	340															
浙江	1	2	7																						1	2	7
安徽																											
福建																											
江西																											
山东	1	12	464				1	12	464																		
河南	1	12	266							1	3	90					6	133		3	43						
湖北	5	54	1574							5	54	1574															
湖南	1	12	340							1	12	340															
广东																											
广西																											
海南																											
重庆																											
四川	3	60	2000	2	48	1643				1	12	357															
贵州																											
云南																											
西藏	1	6	71										1	6	71												
陕西	1	2	357							1	2	357															
甘肃																											
青海	1	2	71										1	2	71												
宁夏	1	12	484				1	12	484																		
新疆																											
跨区	12	44	3649	4	20	1480				8	24	2170															

中国主要发电企业发电装机容量及发电量

企业名称	发电装机容量（万 kW）										发电量（亿 kWh）									
	合计		水电		火电		核电		风电		合计		水电		火电		核电		风电	
	2013	2012	2013	2012	2013	2012	2013	2012	2013	2012	2013	2012	2013	2012	2013	2012	2013	2012	2013	2012
中国华能集团公司	14 224	13 508	1835	1417	11 356	11 235	0		973	848	6397	5977	699	548	5527	5296	0		169.0	132.3
中国大唐集团公司	11 535	11 377	1778	1656	8767	8879	0		937	820	4940	5059	475	545	4289	4381	0		172.3	130.5
中国华电集团公司	11 276	10 180	2084	1673	8563	8068	0		538	422	4612	4323	523	534	3992	3724	0		92.7	63.5
中国国电集团公司	12 279	12 008	1258	1154	9227	9301	0		1732	1497	5333	4898	404	402	4614	4265	0		306.5	222.7
中国电力投资集团公司	8968	8007	1925	1922	6209	5708	112		471	319	3678	3494	692	709	2846	2731	64		63.0	47.9
广东省粤电集团有限公司	2685	2675	215	215	2446	2438	0		20	20	1276	1244	61	63	1212	1178	0		3.6	2.8
中国长江三峡集团公司	4226	2875	3949	2785	0		0		203	89	1323	1190	1292	1173	0		0		28.5	16.4
中国神华集团有限责任公司	6562	6431	13	13	6029	6009	0		510	405	3358	3109	6	5	3270	3045	0		80.7	59.5
华润电力控股有限公司	3084	2974	47	63	2743	2683	0		294	228	1600	1397	16	8	1530	1354	0		54.4	35.0
国投电力控股股份有限公司	2721	2203	1252	832	1409	1311	0		50	50	1167	922	484	289	672	624	0		9.0	7.7
浙江省能源集团有限公司	2452	2245	85	85	2366	2159	0		1.4	1.4	1179	1136	17	19	1162	1118	0		0.1	0.2
河北省建设投资集团有限公司	861	668	0		726	548	0		135	120	399	330	0		370	305	0		29.4	24.9
中国核工业集团公司	652	652	0		0		652	652	0		513	509	0		0		513	509	0.0	
江苏省国信资产管理集团有限公司	730	656	10	10	704	638	0		12	7	377	320	2	2	373	316	0		2.6	2.2
深圳能源集团股份有限公司	571	562	0		540	540	0		31	22	247	263	0		241	261	0		5.8	2.5
中国广核集团有限公司	1534	1135	147	118	68	68	833	612	433	308	766	590	59	39	26	22	602	474	74.6	51.4
北京能源投资（集团）有限公司	1470	1335	50	50	1228	1127	0		165	155	682	634	15	12	628.7	594	0		36.0	28.5
申能（集团）有限公司	671	667	0		667	667	0		4		297	295	0		296	295	0		1.0	
安徽省能源集团公司	552	485	0		552	485	0		0		290	239	0		290	239	0		0.0	
广州发展集团有限公司	311	247	0		311	247	0		0		141	111	0		141	111	0		0.0	
江西省投资集团公司	150	150	10	10	140	140	0		0		67	64	2	3	64	61	0		0.0	
新力能源开发有限公司	270	270	0		270	270	0		0		215	180	0		215	180	0		0.0	
湖北能源集团股份有限公司	577	558	365	365	200	187	0		11	6	147	169	54	78	91	90	0		1.4	1.1
中铝宁夏能源集团公司	258	245	0		132	132	0		113	103	104	93	0		84	76	0		19.0	15.7
山西国际电力集团有限公司	183	183	13	13	161	161	0		8	8	86	79	7	7	77	71	0		1.0	1.1
甘肃省电力投资集团公司	397	345	162	156	164	131	0		60	58	137	132	66	63	58	61	0		10.9	7.7
黄河万家寨水利枢纽有限公司	150	150	150	150	0		0		0		46	50	46	50	0		0		0.0	

全国火电 100MW 及以上容量机组运行可靠性综合指标

机组分类	机组容量（MW）	台数	台年数	平均容量（MW/台）	利用小时（h）	可用小时		不可用小时及次数						降低出力等效停运小时	等效可用系数（%）	等效强迫停运率（%）
						运行（h）	备用（h）	计划停运		非计划停运		强迫停运				
								次数	h	次数	h	次数	h			
	100～120	35	34.95	102.68	5240.61	6524.29	1840.65	0.97	382.01	0.26	13.05	0.17	4.88	2.02	95.47	0.07
燃煤	100～120	34	33.95	102.65	5387.13	6704.33	1657.72	0.94	384.51	0.27	13.44	0.18	5.03	2.08	95.43	0.07
燃煤国产	100～120	29	28.95	103.1	5332.96	6670.86	1703.52	0.93	369.93	0.31	15.69	0.21	5.87	2.42	95.57	0.09
燃煤进口	100～120	5	5	100	5710.51	6904.16	1384.31	1	471.53						94.62	0.00
燃油	100～120	1	1	103.8	321.41	479.47	7982.57	2	297.97						96.6	0.00
燃油进口	100～120	1	1	103.8	321.41	479.47	7982.57	2	297.97						96.6	0.00
	125	35	35	125	5454.98	6861.13	1393.25	0.97	477.31	0.6	33.8	0.6	33.8		94.17	0.49
燃煤	125	35	35	125	5454.98	6861.13	1393.25	0.97	477.31	0.6	33.8	0.6	33.8		94.17	0.49
燃煤国产	125	31	31	125	5630.14	6983.15	1241.61	1	503.28	0.68	38.16	0.68	38.16		93.82	0.54
燃煤进口	125	4	4	125	4097.46	5915.47	2568.53	0.75	276						96.85	0.00
燃煤	130～138	90	89.81	134.97	4742.95	6465.89	1786.69	1.06	456.43	0.71	51.28	0.63	43.91	2.49	94.18	0.71
燃煤国产	130～138	90	89.81	134.97	4742.95	6465.89	1786.69	1.06	456.43	0.71	51.28	0.63	43.91	2.49	94.18	0.71
燃煤	140～150	61	60.57	147.31	5298.57	6921.23	1204.28	1.32	582.31	0.61	52.18	0.48	36.18	6.45	92.68	0.54
燃煤国产	140～150	58	57.57	147.24	5247.64	6866.8	1267.64	1.29	582.7	0.57	42.87	0.49	35.78	6.78	92.78	0.54
燃煤进口	140～150	3	3	148.64	6266.63	7955.84		2	574.98	1.33	229.18	0.33	43.89		90.82	0.55
燃煤	160～185	10	9.71	164	5528.03	7232.64	1294.82	0.82	229.69	0.1	2.86	0.1	2.86	0.87	97.34	0.04
燃煤国产	160～185	4	4	162.5	5520.3	7371.9	1105.81	1	282.29						96.78	0.00
燃煤进口	160～185	6	5.71	165	5533.36	7136.49	1425.31	0.7	193.37	0.18	4.83	0.18	4.83	1.47	97.72	0.07
	100～199	231	230.03	133.08	5105.96	6701.89	1541.38	1.09	475.59	0.57	42.04	0.5	33.5	3.15	94.06	0.52
燃煤	100～199	230	229.03	133.21	5122.24	6723.07	1519.45	1.09	476.2	0.58	42.18	0.5	33.61	3.16	94.05	0.52
燃煤国产	100～199	212	211.33	133.03	5098.08	6700.81	1530.45	1.09	487.75	0.6	41.97	0.53	35.61	3.38	93.91	0.55
燃煤进口	100～199	18	17.71	135.33	5406.7	6985.15	1389.93	1.02	340.21	0.28	44.71	0.11	10.1	0.58	95.6	0.14
燃油	100～199	1	1	103.8	321.41	479.47	7982.57	2	297.97						96.6	0.00
燃油进口	100～199	1	1	103.8	321.41	479.47	7982.57	2	297.97						96.6	0.00
燃煤	200	120	119.53	200	4789.62	6484.09	1740.24	0.98	515.66	0.41	22.35	0.38	19.56	1.66	93.84	0.31

续表

机组分类	机组容量（MW）	台数	台年数	平均容量（MW/台）	利用小时（h）	可用小时		不可用小时及次数						降低出力等效停运小时	等效可用系数（%）	等效强迫停运率（%）
						运行（h）	备用（h）	计划停运		非计划停运		强迫停运				
								次数	h	次数	h	次数	h			
燃煤国产	200	118	117.53	200	4799.8	6507.78	1714.34	0.99	518.47	0.41	21.79	0.37	18.95	1.64	93.81	0.30
燃煤进口	200	2	2	200	4191.33	5091.79	3262.36	0.5	350.51	0.5	55.35	0.5	55.35	3.04	95.33	1.13
	205～250	77	76.67	217.34	4679.61	6379.8	1803.43	0.97	562.26	0.39	14.52	0.38	14.3	7.32	93.33	0.24
燃煤	205～250	77	76.67	217.34	4679.61	6379.8	1803.43	0.97	562.26	0.39	14.52	0.38	14.3	7.32	93.33	0.24
燃煤国产	205～250	65	64.94	216.69	4723.38	6491.1	1650.83	1.05	600.88	0.46	17.19	0.45	16.94	7.65	92.86	0.28
燃煤进口	205～250	12	11.74	220.83	4441.94	5775.53	2631.89	0.51	352.59					5.5	95.91	0.03
	200～299	197	196.2	206.77	4744.43	6441.25	1766.19	0.97	534.8	0.4	19.13	0.38	17.4	3.99	93.63	0.28
燃煤	200～299	197	196.2	206.77	4744.43	6441.25	1766.19	0.97	534.8	0.4	19.13	0.38	17.4	3.99	93.63	0.28
燃煤国产	200～299	183	182.47	205.93	4771.18	6501.53	1690.56	1.01	549.33	0.43	20.07	0.4	18.19	3.89	93.46	0.29
燃煤进口	200～299	14	13.74	217.86	4408.44	5684.11	2716.18	0.51	352.31	0.07	7.4	0.07	7.4	5.17	95.83	0.16
	300	393	390.39	300	5040.09	6738.67	1313.72	0.99	677.74	0.55	30.22	0.53	27.35	1.97	91.9	0.42
燃煤	300	393	390.39	300	5040.09	6738.67	1313.72	0.99	677.74	0.55	30.22	0.53	27.35	1.97	91.9	0.42
燃煤国产	300	383	380.48	300	5033.79	6738.24	1310.16	1	681.5	0.55	30.47	0.53	27.53	1.9	91.86	0.42
燃煤进口	300	10	9.9	300	5281.99	6755.09	1450.76	0.81	533.6	0.51	20.54	0.51	20.54	4.75	93.62	0.37
燃煤	310～328.5	64	63.52	320.45	5193.96	7093.99	920.02	1.01	742.28	0.2	3.71	0.2	3.71	1.06	91.47	0.05
燃煤国产	310～328.5	57	56.68	320.39	5165.94	7068.56	918.36	0.97	769.07	0.21	4.01	0.21	4.01	1.18	91.16	0.06
燃煤进口	310～328.5	7	6.84	321	5425.61	7304.14	933.73	1.32	520.87	0.15	1.27	0.15	1.27	0.09	94.04	0.02
燃煤	330～340	196	194.17	330.41	5186.38	7019.26	1024.09	1.01	696.14	0.46	21.13	0.43	18.38	3.84	91.78	0.28
燃煤国产	330～340	191	189.17	330.42	5203.99	7046.73	1016.2	1	676.02	0.47	21.69	0.44	18.87	3.94	92	0.29
燃煤进口	330～340	5	5	330	4519.16	5978.48	1322.98	1.2	1458.53					0.02	83.35	0.00
燃煤	350～352	80	79.2	350.05	5182.16	7195.15	998.44	0.91	542.41	0.37	24	0.34	23.41	6.08	93.46	0.36
燃煤国产	350～352	43	42.96	350	5037.57	7248.68	989.93	0.88	512.63	0.23	8.75	0.23	8.75	2.88	94.02	0.15
燃煤进口	350～352	37	36.24	350.11	5353.5	7131.71	1008.53	0.94	577.7	0.52	42.07	0.47	40.78	9.88	92.81	0.62
燃煤	360～380	12	11.83	362.42	5387.75	7157.17	989.88	0.76	575.43	1.52	37.52	1.44	31.54	15.25	92.83	0.55
燃煤国产	360～380	4	4	365	5792.78	7507.73	360.51	0.75	797.5	2.5	94.26	2.25	76.72	44.79	89.31	1.31
燃煤进口	360～380	8	7.83	361.13	5178.62	6976.16	1314.85	0.77	460.77	1.02	8.22	1.02	8.22		94.65	0.12
	300～399	745	739.1	316.14	5116.9	6908.52	1156.54	0.99	670.48	0.49	24.81	0.47	22.44	3.13	92.03	0.34
燃煤	300～399	745	739.1	316.14	5116.9	6908.52	1156.54	0.99	670.48	0.49	24.81	0.47	22.44	3.13	92.03	0.34
燃煤国产	300～399	678	673.29	313.84	5101.01	6899.52	1160.19	0.99	676.19	0.49	24.5	0.47	21.95	2.81	91.97	0.34

续表

机组分类	机组容量（MW）	台数	台年数	平均容量（MW/台）	利用小时（h）	可用小时		不可用小时及次数						降低出力等效停运小时	等效可用系数（%）	等效强迫停运率（%）
						运行（h）	备用（h）	计划停运		非计划停运		强迫停运				
								次数	h	次数	h	次数	h			
燃煤进口	300～399	67	65.82	339.4	5267.3	6993.67	1122.01	0.96	616.51	0.5	27.8	0.47	27.07	6.25	92.57	0.42
燃煤进口	500	8	7.9	503.75	5524.23	7277.46	512.46	1.01	924.17	1.01	45.91	0.89	31.91		88.93	0.44
燃煤	600	261	258.11	600	5190.6	7043.87	942.52	0.88	727.64	0.72	48.76	0.62	38.31	5.59	91.11	0.57
燃煤国产	600	239	236.78	600	5159.94	7030.16	975.5	0.87	707.04	0.75	50.34	0.63	38.96	5.88	91.32	0.58
燃煤进口	600	22	21.33	600	5531.02	7196.15	576.37	0.98	956.33	0.42	31.15	0.42	31.15	2.32	88.7	0.45
燃煤	630～650	67	66.88	634.63	5655.25	7435.95	507.64	1	790.64	0.48	25.77	0.37	10.84	1.67	90.66	0.16
燃煤国产	630～650	64	63.88	634.69	5650.94	7429.01	531.33	0.95	775.31	0.45	24.34	0.36	11.25	1.72	90.85	0.17
燃煤进口	630～650	3	3	633.33	5747.21	7584.03	2.16	2	1117.64	1	56.17	0.67	2.17	0.53	86.59	0.04
燃煤	660～680	87	86.7	662.25	5418.64	7326.37	713.8	0.91	694.29	0.54	25.54	0.53	25.02	4.1	91.74	0.36
燃煤国产	660～680	82	81.89	662.39	5383.63	7299.17	745.57	0.92	690.45	0.55	24.81	0.54	24.26	3.8	91.79	0.34
燃煤进口	660～680	5	4.81	660	6017.5	7791.56	170.36	0.83	760.04	0.42	38.04	0.42	38.04	9.23	90.78	0.60
燃煤	600～699	415	411.69	618.64	5319.42	7172.88	818.5	0.91	730.62	0.64	39.69	0.56	30.74	4.6	91.17	0.45
燃煤国产	600～699	385	382.56	619.05	5295.21	7160.04	846.81	0.89	714.92	0.66	40.04	0.57	30.85	4.69	91.35	0.45
燃煤进口	600～699	30	29.13	613.33	5640.36	7343.07	443.25	1.06	938.64	0.48	35.04	0.45	29.29	3.35	88.85	0.43
燃煤	700	8	8	700	5140.61	6986.59	760.84	1.13	947.64	0.75	64.94	0.38	2.83	23.41	88.17	0.07
燃煤国产	700	4	4	700	4815.02	6977.24	821.09	1.25	958.64	0.25	3.03	0.25	3.03		89.02	0.04
燃煤进口	700	4	4	700	5466.21	6995.94	700.58	1	936.63	1.25	126.86	0.5	2.62	46.82	87.33	0.09
燃煤进口	800	2	1.94	800	3165.62	4589.99	4170.01							3.26	99.96	0.07
燃煤进口	900	2	2	900	5457.38	7167.58	533.69	1	1042.85	3	15.88	3	15.88		87.91	0.22
燃煤国产	1000	53	52.32	1007.06	5871.53	7764.54	302.38	0.94	659.42	0.69	33.66	0.57	22.77	5.51	92.03	0.35
燃煤	500～1000	488	483.86	662.17	5399.95	7255.65	743.49	0.91	723.31	0.66	38.89	0.57	28.72	4.99	91.26	0.42
燃煤国产	500～1000	442	438.88	666.31	5394.47	7267.22	748.45	0.9	707.26	0.66	38.54	0.57	29.13	4.8	91.45	0.43
燃煤进口	500～1000	46	44.98	622.39	5457.2	7134.82	691.66	1	890.94	0.73	42.59	0.62	24.51	7	89.26	0.37
	100～1000	1661	1649.2	379.37	5237.24	7045.96	1003.28	0.98	679.21	0.54	32.5	0.49	25.87	4.14	91.84	0.39
燃煤	100～1000	1660	1648.2	379.54	5238.06	7047.05	1002.12	0.98	679.27	0.54	32.51	0.49	25.88	4.14	91.84	0.39
燃煤国产	100～1000	1515	1506	378.34	5229.78	7052.25	1002.05	0.98	674.46	0.55	32.28	0.5	26.06	3.93	91.9	0.39
燃煤进口	100～1000	145	142.24	392.11	5322.6	6993.93	1002.79	0.94	728.42	0.51	34.86	0.44	24	6.33	91.21	0.37
燃油	100～1000	1	1	103.8	321.41	479.47	7982.57	2	297.97						96.6	0.00
燃油进口	100～1000	1	1	103.8	321.41	479.47	7982.57	2	297.97						96.6	0.00
燃气轮机		94	93.86	296.58	3006.11	4179.96	3946.07	1.35	651.02	0.44	5.36	0.44	5.36	2.55	92.54	0.14

全国水电 40MW 及以上容量机组运行可靠性综合指标

机组分类	机组容量（MW）	台数	台年数	平均容量（MW/台）	利用小时（h）	可用小时		不可用小时及次数						降低出力等效停运小时（h）	等效可用系数（%）	等效强迫停运率（%）
						运行（h）	备用（h）	计划停运		非计划停运		强迫停运				
								次数	h	次数	h	次数	h			
水电轴流机组	全部	140	138.16	105.59	4085.56	5131.26	2985.87	1.64	633.52	0.19	9.81	0.14	9.61	0	92.66	0.19
水电轴流机组	40～99	68	67.84	59.3	3946.42	4672.05	3485.96	2	570.57	0.27	31.42	0.19	31.15	0	93.13	0.66
水电轴流机组	150	11	10.89	150	4342.27	5450.68	2564.8	1.29	738.21	0.09	6.31	0.09	6.31	0	91.5	0.12
水电轴流机组	200	7	7	200	4022.62	5093.96	2948.62	2.14	716.77	0.29	0.65	0.29	0.65	0	91.81	0.01
水电轴流机组	300	2	2	600	2142.03	4593.59	3535.29	1.5	631.13	0	0	0	0	0	92.8	0.00
水电混流机组	全部	537	530.67	217.02	3495.84	4641.54	3393.12	1.68	717.86	0.14	7.7	0.08	4.58	8.53	91.62	0.10
水电混流机组	40～99	224	219.17	61.1	3353.97	4787.35	3362.41	1.67	606.88	0.05	3.36	0.02	0.54	73.68	92.19	0.01
水电混流机组	150	19	19	150	3298.56	4365.9	3609.39	1.79	783.91	0.21	0.8	0.05	0.01	0	91.04	0.00
水电混流机组	200	11	11	200	1980.72	2496.45	5641.61	1.18	620.79	0.09	1.15	0.09	1.15	0	92.9	0.05
水电混流机组	250	18	18	250	2545.24	4003.25	4373.27	1	383.48	0	0	0	0	0	95.62	0.00
水电混流机组	300	136	134.91	529.28	3703.86	4867.76	3122.1	1.82	761.22	0.25	9.27	0.18	5.04	0	91.2	0.10
抽水蓄能机组	全部	81	81	247.78	1281.9	1427.64	6594.92	6.3	710.18	2.2	28.57	1.79	7.6	0	91.57	0.53
抽水蓄能机组	40～99	9	9	63.33	2314.59	3027.22	4909.43	3.33	802.03	2.11	21.32	2.11	21.32	0	90.6	0.70
抽水蓄能机组	150	6	6	150	1924.2	1912.25	6274.31	8.67	572.59	0.67	0.85	0.67	0.85	0	93.45	0.04
抽水蓄能机组	200	4	4	200	1301.21	1536.54	6487	6.25	736.04	0.75	0.43	0.75	0.43	0	91.59	0.03
抽水蓄能机组	250	16	16	250	1180.04	1250.08	6789.17	9.31	716.96	1	3.8	1	3.8	0	91.77	0.30
抽水蓄能机组	300	46	46	300	1225.76	1375.11	6635.39	5.52	711.9	2.96	39.49	2.24	9	0	91.42	0.65
全部机组		758	749.83	199.73	3256.94	4259.18	3781.86	2.18	708.65	0.37	10.7	0.28	5.47	6.56	91.71	0.13

2013年中国各省（区、市）电力公司供电可靠性指标

企业名称	供电可靠率（%）			平均停电时间（h/户）			等效总用户数		
	城市	农村	全口径	城市	农村	全口径	城市	农村	全口径
全国	**99.915**	**99.958**	**99.905**	**7.47**	**3.66**	**8.30**	**7 001 375**	**1 866 384**	**5 955 342**
国家电网公司	**99.924**	**99.961**	**99.916**	**6.64**	**3.45**	**7.39**	**5 804 651**	**1 591 662**	**4 910 122**
华北区域	**99.955**	**99.970**	**99.952**	**3.91**	**2.66**	**4.25**	**1 521 461**	**406 553**	**1 310 994**
冀北电力有限公司	99.948	99.957	99.947	4.52	3.76	4.67	190 149	37 324	177 262
北京市电力公司	99.953	99.986	99.928	4.16	1.24	6.30	123 047	67 962	71 627
河北省电力公司	99.956	99.955	99.955	3.87	3.95	3.95	459 947	73 659	435 123
山西省电力公司	99.933	99.935	99.931	5.87	5.73	6.03	157 054	31 052	145 561
天津市电力公司	99.915	99.979	99.880	7.44	1.89	10.52	86 956	42 834	57 319
山东电力集团公司	99.972	99.977	99.971	2.43	2.00	2.58	504 307	153 722	424 103
东北区域	**99.889**	**99.951**	**99.870**	**9.74**	**4.33**	**11.41**	**761 138**	**209 645**	**617 538**
辽宁省电力公司	99.918	99.966	99.905	7.16	2.98	8.33	301 262	96 569	242 798
吉林省电力公司	99.879	99.954	99.862	10.57	4.01	12.06	146 347	42 233	119 922
黑龙江省电力公司	99.934	99.943	99.918	5.78	5.03	7.22	209 614	52 928	157 030
蒙东电力公司	99.725	99.883	99.715	24.06	10.28	24.99	103 915	17 915	97 788
华东区域	**99.926**	**99.971**	**99.916**	**6.52**	**2.54**	**7.37**	**1 761 524**	**475 753**	**1 488 872**
江苏省电力公司	99.936	99.971	99.929	5.64	2.53	6.20	676 426	190 766	582 581
浙江省电力公司	99.924	99.974	99.916	6.67	2.26	7.40	485 078	101 585	425 533
安徽省电力公司	99.891	99.958	99.872	9.60	3.67	11.25	247 889	68 120	199 358
上海市电力公司	99.971	99.985	99.962	2.58	1.35	3.33	140 088	61 461	92 945
福建省电力有限公司	99.908	99.966	99.900	8.02	3.00	8.79	212 043	53 821	188 454
华中区域	**99.925**	**99.954**	**99.918**	**6.58**	**4.06**	**7.22**	**1 308 588**	**381 922**	**1 098 132**
河南省电力公司	99.938	99.955	99.934	5.47	3.98	5.78	385 420	104 052	325 155
湖北省电力公司	99.929	99.963	99.917	6.27	3.28	7.27	216 174	75 003	170 630
湖南省电力公司	99.903	99.963	99.888	8.50	3.24	9.86	199 483	59 798	163 872
江西省电力公司	99.874	99.929	99.865	11.02	6.25	11.86	178 563	43 707	158 348
四川省电力公司	99.973	99.950	99.976	2.36	4.36	2.09	198 862	55 491	169 696
重庆市电力公司	99.911	99.953	99.901	7.82	4.10	8.70	130 086	43 872	110 433
西北区域	**99.873**	**99.933**	**99.862**	**11.16**	**5.83**	**12.12**	**447 926**	**113 903**	**394 179**
陕西省电力公司	99.938	99.949	99.931	5.46	4.45	6.02	72 730	31 459	52 011
甘肃省电力公司	99.881	99.925	99.877	10.45	6.56	10.80	147 050	24 339	136 090
青海省电力公司	99.742	99.909	99.696	22.65	8.00	26.66	28 068	9617	22 715
宁夏电力公司	99.909	99.958	99.897	7.97	3.72	8.99	41 608	11 703	34 869
新疆电力公司	99.849	99.924	99.841	13.23	6.65	13.97	158 471	36 785	148 494
西藏电力有限公司	—	99.751	—	—	21.83	—	—	3887	—
南方电网公司	**99.878**	**99.960**	**99.866**	**10.68**	**3.52**	**11.77**	**1 139 026**	**247389**	**1 006 689**
广东省	**99.938**	**99.971**	**99.931**	**5.39**	**2.55**	**6.04**	**547 351**	**136 750**	**470 066**
广州供电局有限公司	99.975	99.983	99.971	2.17	1.47	2.54	66 710	28 269	42 740
深圳供电局有限公司	99.984	99.991	99.981	1.41	0.83	1.66	66 595	21 159	52 688
广东电网公司	99.925	99.962	99.919	6.55	3.32	7.06	414 046	87 323	374 638
广西电网公司	99.753	99.932	99.715	21.64	5.98	24.97	150 586	35 157	126 100
云南电网公司	99.848	99.958	99.840	13.33	3.72	13.98	223 140	35 882	209 929
贵州电网公司	99.852	99.955	99.844	12.94	3.92	13.69	178 088	29 853	166 138
海南电网公司	99.805	99.929	99.786	17.08	6.27	18.78	39 860	9748	34 457
内蒙古电力集团公司	**99.689**	**99.802**	**99.619**	**27.27**	**17.31**	**33.41**	**57 697**	**27 334**	**38 531**
陕西省地方电力（集团）有限公司	**99.806**	—	—	**16.99**	—	—	**80 639**	—	—
山西国际电力集团公司	**99.545**	—	—	**39.88**	—	—	**12 611**	—	—
广西水利电业集团公司	**98.750**	—	—	**109.50**	—	—	**66 163**	—	—

直辖市及省会城市用户供电可靠性指标

企业名称	供电可靠率（%）			用户平均停电时间（h/户）			用户数		
	城市	农村	市区	城市	农村	市区	城市	农村	市区
北京市电力公司	99.953	99.986	99.928	4.16	1.24	6.30	123 047	67 962	71 627
石家庄供电公司	99.972	99.975	99.972	2.44	2.19	2.46	71 411	14 761	63 526
太原供电分公司	99.939	99.971	99.929	5.31	2.54	6.22	15 165	6858	11 406
天津市电力公司	99.915	99.979	99.880	7.44	1.89	10.52	86 956	42 834	57 319
济南供电公司	99.977	99.984	99.975	2.04	1.41	2.18	30 942	12 549	22 421
沈阳供电公司	99.970	99.975	99.965	2.61	2.21	3.09	50 358	26 266	31 467
长春供电公司	99.885	99.950	99.860	10.04	4.39	12.24	41 794	14 199	30 777
哈尔滨供电公司	99.959	99.962	99.938	3.63	3.30	5.46	71 833	20 110	45 065
南京供电公司	99.979	99.986	99.975	1.83	1.23	2.17	59 017	27 722	40 212
杭州供电公司	99.960	99.989	99.952	3.48	0.96	4.23	79 146	24 547	60 832
合肥供电公司	99.943	99.972	99.920	4.98	2.49	7.03	33 130	17 178	18 178
上海市电力公司	99.971	99.985	99.962	2.58	1.35	3.33	140 088	61 461	92 945
福州供电公司	99.952	99.980	99.942	4.21	1.74	5.12	35 067	11 446	27 532
郑州供电公司	99.946	99.972	99.923	4.75	2.47	6.71	49 287	24 642	28 004
武汉供电公司	99.967	99.973	99.955	2.94	2.38	3.94	39 621	26 398	17 460
长沙供电公司	99.969	99.980	99.959	2.75	1.79	3.63	33 568	17 070	20 305
南昌供电公司	99.853	99.927	99.811	12.85	6.37	16.59	23 242	9467	15 859
成都供电公司	99.973	99.952	99.977	2.38	4.22	2.04	49 423	17 262	38 286
重庆市电力公司	99.911	99.953	99.901	7.82	4.10	8.70	130 086	43 872	110 433
西安供电公司	99.931	99.944	99.917	6.05	4.88	7.27	27 671	15 749	15 895
兰州供电公司	99.929	99.930	99.926	6.18	6.11	6.52	15 045	7096	9685
西宁供电公司	99.837	99.940	99.764	14.31	5.25	20.68	10 073	4787	5835
银川供电公司	99.957	99.973	99.947	3.74	2.36	4.64	13 069	5284	9242
乌鲁木齐供电公司	99.942	99.971	99.914	5.10	2.50	7.55	21 233	11 690	11 510
拉萨供电公司	—	99.787	—	—	18.64	—	—	2079	—
南宁供电局	99.631	99.925	99.535	32.31	6.55	40.75	34 659	9714	26 686
昆明供电局	99.841	99.953	99.819	13.95	4.16	15.83	34 095	9774	29 013
贵阳供电局	99.959	99.983	99.952	3.64	1.50	4.25	21 334	8293	17 403
海口供电局	99.828	99.932	99.715	15.05	6.00	24.98	7836	4100	3736
广州供电局有限公司	99.975	99.983	99.971	2.17	1.47	2.54	66 710	28 269	42 740
呼和浩特供电公司	99.895	99.873	99.919	9.19	11.13	7.07	8730	6540	3776

企业风采

中国电力国际有限公司
CHINA POWER INTERNATIONAL HOLDING LTD.

团队合影

中国电力国际有限公司（简称中电国际）于1994年在香港注册成立，主要从事电源项目的开发、建设、运营，海外投融资和资本运营。2002年，公司整体进入中国电力投资集团，旗下中国电力国际发展有限公司于2004年在香港上市，另一家上市公司中电国际新能源控股有限公司2006年在香港成立。20年来，公司结合自身实际，实施“四十字”管理方略，推进“三制一化”管理创新，坚持“静水深流”企业文化引导，积极承担社会责任，实施“上大压小”、节能减排，不断推进产业结构调整和转型。公司目前资产总额1100亿元，装机容量2500万kW，资产分布遍及全国22个省（区、市），已形成水、火、新能源并举的产业格局，拥有中国电力、中电新能源、中电检修、国际化业务四大业务板块。

2013年，公司保持安全生产持续稳定，赢利44.3亿元，历史累计上缴税收160亿元；新能源创新业绩，95.4万kW新项目获得核准，完成发电量46.33亿kWh；传统能源清洁高效利用，火电

责任·诚信·智慧·价值

2013年1月12日，中电国际首台百万千瓦机组投产。

2013年6月8日，中电国际党组书记、董事长李小琳宣布中国电力平圩三期开工。

3年5月25日，中电国际旗下神头发电公司“上大压小”两台60万
l组项目1号机组并网发电暨两台100万kW机组项目奠基。

2003年以来，中电国际先后投产18台60万kW及以上等级机组，火电平均单机容量达51.7万kW，大容量、高参数机组竞争优势明显。图为平圩发电公司三期扩建两台100万kW级发电机组项目。

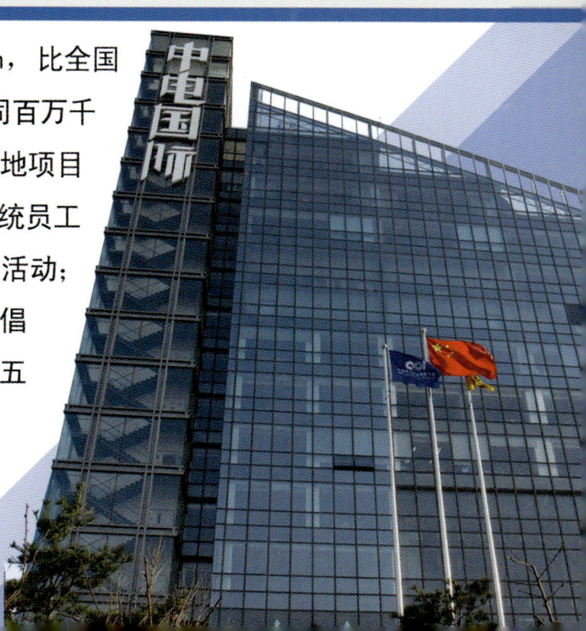

f增装机406万kW，在建442万kW，机组利用小时数5041h，比全国
F均高出29h。旗下常熟发电百万千瓦机组双投产，开启公司百万千
瓦机组时代；国际项目取得突破，越南、德国、巴基斯坦等地项目
з动或达成合作开发协议。2013年，在公司党组领导下，系统员工
、真学习贯彻党的十八大精神，开展党的群众路线教育实践活动；
善党建工作标准化，构建“大党建”工作体系；加强反腐倡
兼教育，强化内外监督制约。公司荣获全国能源化学系统“五
-劳动奖状”“全国企业文化优秀成果企业”“全国安全生
F月活动先进单位”和“中国最具影响力企业”殊荣。

中国能建

CPECC 中国电力工程顾问集团公司

CHINA POWER ENGINEERING CONSULTING GROUP CORPORATION

中国能源建设集团有限公司党委常委兼中国电力工程顾问集团公司总经理、党组书记 吴春利

总经理致辞

多年来，中国电力工程顾问集团公司（简称中电工程）紧紧围绕“建设实力雄厚的、具有国际竞争力的工程公司”战略发展目标，秉承“严谨科学，精益求精”的企业精神，求真务实，厚积薄发，开拓奋进，在国家电力规划研究、科研标准化、咨询、勘察设计、工程总承包等方面发挥了重要作用，为电力工业发展做出了积极贡献。

展望未来，中电工程将在中国能建的正确领导下，以科学发展观为指导，积极践行“科技领先，共建绿色能源”的企业使命，致力于打造电力工程建设一体化服务平台，以精湛权威的技术、科学规范的管理、优质诚信的服务，全力构筑精品工程。我们愿意进一步加强与国内外各界朋友的交流与合作，为推动能源科技进步和能源事业发展携手共进，再创辉煌！

2014年，中电工程凭借良好的经营业绩，连续12年进入美国工程新闻记录(ENR)“全球150强设计商”和“国际225强设计商”行列，分列第42位和第146位。

在“2014全球最大的250强承包商”排名中，名列第156位。

连续9年入选中国承包商和工程设计企业双60强，荣膺2013年“中国工程设计企业60强”第二名，并被主办方授予“中国建筑业行业标杆”荣誉称号。

中电工程作为我国电力工程服务行业的“排头兵”和“国家队”，在电力勘察设计技术上处于领先地位。在百万千瓦级超超临界燃煤机组、核电常规岛、洁净煤发电、空冷机组、特高压交直流输变电设计等前沿技术方面具有领先优势。中电工程承担了全国电力市场分析、电源电网规划、电力产业结构优化升级等电力发展规划研究工作；完成了国内大量发电工程和输变电工程的勘察设计工作，承接了60多个国家的300余项电力工程。中电工程开创了“以设计为龙头的EPC 建设模式”，圆满完成了国内首台60万、100万kW机组电站等一批EPC总承包工程。

中电工程 建设实力雄厚的具有国际竞争力的工程公司

中电工程近年来首创工程

国产首台60万kW压水堆核电机组工程	秦山核电厂二期工程常规岛
国内第一条自主设计、自主设备制造、自主运行管理的750kV 输变电工程	官亭—兰州东750kV输变电示范工程
国内第一座应用海水淡化电厂	黄骅发电厂
国内首台百万千瓦级超超临界机组	华能玉环电厂
首批引进技术百万千瓦高效超临界机组	华电国际邹县电厂四期扩建工程
世界上单机容量最大的具有完全自主知识产权的600MW超临界CFB电站	四川白马1×600MW CFB示范电站
国内第一个完成以设计为主体总承包电厂建设的改革试点任务	四川江油电厂总承包项目
世界首个投入商业运行的1000kV电压等级的输电工程	晋东南—南阳—荆门1000kV 特高压输电线路
国内首座500kV全地下结构变电站	上海静安（世博）500kV地下变电站工程
世界首台国产百万千瓦高效超临界直接空冷机组	宁夏灵武发电有限公司二期工程
世界上电压等级最高、输送容量最大、输送距离最远的特高压直流输电线路	向家坝—上海、锦屏—苏南±800kV 特高压直流输电线路
中国出口到国外的第一个单机容量600MW的超临界机组	土耳其EREN 2×600MW超临界燃煤机组工程
世界上海拔最高、施工冻土区最长、高寒地区建设规模最大、施工难题最多的交直流输变电工程	青藏交直流联网工程
首次采用EPC总承包建设模式承揽百万千瓦机组工程、首次采用塔式锅炉设计、首次采用等离子无燃油点火、首次采用三相一体主变压器	皖能铜陵发电厂1×1000MW机组EPC总承包项目

绿色科技 全球共享

内领先水平。其中等离子体点火技术水平居世界第一位，烟气湿法脱硫、海水脱硫、锅炉燃烧降氮、烟气脱硝技术始终保持国内领先地位，龙源环保、龙源技术、联合动力、国电智深已成为享誉中国的知名品牌。

展望未来，国电科环将大力拓展国内外市场，力争成为一流的综合清洁能源技术解决方案和服务提供商。

◎风机研发和制造技术 全国领先

◎空冷技术 节水效果显著

国电科技环保集团股份有限公司

地　址：北京海淀区西四环中路16号院1号楼　　邮　编：100039

电　话：010-57659801　传　真：010-57659800　网　址：www.khjt.com.cn

山西漳泽电力股份有限公司

SHANXI ZHANGZE POWER CO.,LTD.

山西漳泽电力股份有限公司（简称漳泽电力）是一家以火力发电为主营业务的电力类上市公司。

漳泽电力控股股东为大同煤矿集团有限责任公司，目前拥有11个全资公司、10个控股公司、5个参股公司、4个前期项目，总管控容量684.85万kW，其中火电机组24台，装机容量670万kW，风电机组132台，装机容量14.85万kW，是山西省内最大的发电企业。

漳泽电力是1993年在原山西省漳泽发电厂的基础上，经定向募集设立的股份制公司，是当时全国电力行业唯一百万千瓦电厂整体改制的企业，股票于1997年6月9日在深交所上市。2002年12月，国家实施厂网分开电力体制改革，漳泽电力控股股东由山西省电力公司变为中国电力投资集团公司。2012年12月28日，漳泽电力按照山西省转型跨越发展的总体部署，与大同煤矿集团有限责任公司进行了重大资产重组，控股股东变为大同煤矿集团有限责任公司，开辟了国内以资本市场为纽带、实现煤电一体化资源整合的先河。

近年来，在煤电一体化发展战略的引领下，漳泽电力立足省内，面向全国，加大资本运营力度，加快转型升级，优化产业结构，提升发展速度、质量和效益，逐步形成了“火力发电、新型能源、工程检修、综合产业、高新技术”五大产业布局，实现了由单一生产型向生产经营+资本运营型转变，由单一发电型向煤电联营+煤电一体化型转变，由单纯生产利润型向经营利润+资本利得型转变，由项目自建扩张型向自建+资本并购型转变，取得了良好的经济效益和社会效益。总主营业务规模、资产规模实现了双翻番，总股本由上市初的1.45亿股，增至现在的22.54亿股，增长14.54倍；装机容量由上市初的104万kW，增加到现在的684.85万kW，增长5.59倍；资产总额由上市初的12.42亿元，增加到现在的297.84亿元，增长23倍，成为山西省最大的发电企业。先后获得“全国五一劳动奖章”“中国上市公司百强企业”“全国投资者关系十强”“山西省模范单位”“山西省上市公司五强之首”“全国精神文明建设工作先进单位”“2013年度中国证券市场年会金凤凰奖”“2014主板上市公司诚信50强”“2014年度上市公司资本品牌溢价百强”等荣誉称号，并荣登2014年中国500强企业排行榜。

雄关漫道真如铁，而今迈步从头越。漳泽电力将在山西省委、省政府的正确领导下，在全体股东的大力支持下，坚持“煤电联营、煤电一体化”的发展方向不动摇，积极发展风电、光伏发电等新能源项目，进一步加快发展步伐，强化资本运作，创新经营管理，力争到“十二五”末装机容量达到1500万kW以上，实现公司由生产自建型向生产经营+资本运营型转变，着力打造效益漳电、绿色漳电、创新漳电、幸福漳电，全力以赴把公司建设成为国内一流、国际先进，各项指标优于国内五大发电集团平均水平的大型煤电一体化能源上市公司。

五粮液股份有限公司
WULIANGYE CO.,LTD.SICHUAN.CHINA
電力
电力典藏酒
净含量:500mL 酒精度:52%vol
宜宾五粮液股份有限公司
WULIANGYE YIBIN CO.,LTD.
昊晟尚品
HAOSHENG SHANGPIN
地址：北京市西直门南大街6号国务院二招B座5316
电话：010-66515607 传真：010-66516570
销售热线：4008 900 519（免费）
联系人：鄂经理 电话：15801411666

五粮液股份有限公司
WULIANGYE CO.,LTD.SICHUAN.CHINA
DIANLIJIU
電力
浓香型白酒
净含量:500mL 酒精度:52%vol
宜宾五粮液股份有限公司
WULIANGYE YIBIN CO.,LTD.
昊晟尚品
HAOSHENG SHANGPIN
地址：北京市西直门南大街6号国务院二招B座5316
电话：010-66515607 传真：010-66516570
销售热线：4008 900 519（免费）
联系人：鄂经理 电话：15801411666

五粮液股份有限公司
WULIANGYE CO.,LTD.SICHUAN.CHINA
DIANLIJIU
電力®
酒
浓香型白酒
酒精度:52%vol
净含量:500mL
宜宾五粮液股份有限公司
WULIANGYE YIBIN CO.,LTD.

宜宾五粮液股份有限公司荣誉出品
電力酒
共享你的时刻
奋战时刻、喜庆时刻、荣誉时刻、成功时刻
DIANLIJIU
電力酒
浓香型白酒
净含量:500mL
荣光，需要持续闪亮
快乐，源自心灵宁静
人生如电，似有两极
畅快豪放或细味品赏
无论哪一极
无论奋战、喜庆、荣誉、成功……
都是你自己的时刻
你的时刻，共享有我
電力酒
昊晟尚品
HAOSHENG SHANGPIN
昊晟尚品国际贸易（北京）有限公司
地 址：北京市西直门南大街6号国务院二招B座5316
电 话：010-66515607 传真：010-66516570
销售热线：4008 900 519
联系人：鄂经理 电话：15801411666
電力典藏酒52°
電力晶品酒52°
電力尊品酒52°

华能新能源股份有限公司

Huaneng Renewables Corporation Limited

华能新能源股份有限公司于2011年6月10日在香港联合交易所有限公司主板成功上市，发行总股份数8 446 898 000股，并于2013年10月完成非公开发行582 317 360股H股，增发后总股本为9 029 215 360股。公司自成立以来，始终以发展绿色电力、奉献清洁能源为己任，高度重视环境保护和改善，坚持履行社会责任，竭力为股东带来持续、稳定、增长的回报，努力创建具有国际竞争力的世界一流新能源企业。公司截至2013年底总装机容量6.55GW，其中包括6.22GW风电装机容量和0.33GW太阳能装机容量，覆盖全国15个省(区、市）。总资产约598亿元，实现全年营业收入57.98亿元。

2014年公司积极应对全国大范围风速下降和经营环境严峻的压力，全体干部职工上下同心、遇挫奋起、直面挑战，坚持以调整电源结构、优化产业布局、强化经营管理为目标，狠抓前期开发、基本建设、生产运行、发展规划和党的建设等重点工作落实，保持了健康快速发展的良好势头。2014年1~9月累计实现发电量80.8亿kWh。

公司秉承华能集团“三色文化”理念，始终坚持企业发展和文化发展齐头并进的总体要求，通过文化建设助推公司创建一流企业和管理提升，积极开展各项文化活动，进一步凝聚人心、人气、人力，增强员工的使命感和归属感。

迈开创优步伐 奏响精彩华章

——安徽送变电工程公司荣获全国“五一”劳动奖状侧记

安徽送变电工程公司是国家一级施工总承包企业，主要从事电网建设、跨区电网运行维护和应急抢修。近年来，该公司以科学发展观为指导，坚持“抓市场、促安全、促和谐、创一流”工作思路，施工足迹遍布全国25个省（区、市），践行责任保障跨区电网稳定运行，激情跨越企业内质外形全面提升，综合实力跃居全国同行业前列。2013年，公司荣获中华全国总工会授予的全国“五一”劳动奖状。这份荣誉，是广大安徽送变电人努力奋斗的结果，记录着广大干部员工不懈追求、精益求精的历程。

坚韧拼搏，以实干创品牌

2012年，该公司建设输变电工程245项，线路长度3342km，主变压器容量2060万kVA，建成输变电工程111项，实现产值37.95亿元，各项指标位居全国同行业前列。按期完成28项省内迎峰度夏电网建设项目，满足省内用电负荷增长的需要。

公司项目管理呈现出特、苦、高、散、紧、远等特点，攻坚克难的任务艰巨而繁重。上高原，踏戈壁，参建特高压项目13个，实现特高压工程建设领域的“大满贯”。安全稳定运行省内跨区电网3000km，圆满完成“十八大”等重要保电任务。

公司先后被授予“全国优秀施工企业”“全国电力建设优秀施工企业”“国家电网公司特高压交、直流工程建设功勋集体”称号。

开拓进取，以创新提品质

作为一切工作的基石，安徽送变电工程公司用创新和务实狠抓安全工作，坚持安全第一，连续4年获全国“安康杯”竞赛先进单位。

质量是企业生存之本。该公司以“全面达优，争创一流”为工作重点，实施全面全过程质量管理，有效落实环保措施，大力研发应用“两型三新”技术，国网优质工程获奖率100%，承建工程荣获国家优质工程金、银奖，并被授予“安徽省环境保护优秀施工示范单位”。

创新是企业的灵魂，只有保持与时俱进、持续创新，企业才能立于不败之地。该公司坚持技术创新，在重要项目上积极投入，大胆进行技术革新。全年获国家发明专利1项（专利号ZL 2010 1 0273943.3），实用新型专利4项（专利号ZL 2012 2 0020875.4、ZL 2012 2 0074092.4、ZL 2012 2 0020860.8、ZL 2012 2 0020856.1)，省级和行业科技成果3项。

有能力才会有市场，有品质才会得信任。2012年，该公司成功中标±800kV金华换流站电气安装工程A包，实现了特高压领域重大施工项目的全覆盖；成功中标1000kV皖南变电站电气安装工程，实现了完整特高压变电站的承建施工。

高空对接

抗冰抢险

殷显树同志先进事迹

国网凉山供电公司检修公司

殷显树，男，四川西昌人，1965年出生，汉族，中共党员，高中学历，国网凉山供电公司检修公司输电运检一班班长，高级技师。多次获得凉山供电公司优秀工作负责人、先进生产工作者、优秀共产党员，2011年、2012年四川省电力公司优秀共产党员，2011年四川省电力公司安全生产先进个人，2012年5月获得四川省电力公司劳动模范，2012年7月被评为国家电网公司优秀共产党员，2013年5月获得全国“五一”劳动奖章。

1987年，殷显树揣着老山前线荣立的二等功，到国网凉山供电公司（原西昌电业局）工作，27年来一直在基层从事线路运行维护管理工作。勤奋好学，踏实肯干，让他很快从一个电力行业的门外汉成长为技术骨干。自1997年起，殷显树历任超高压局500kV线路班副班长、班长、安宁输变电公司线路一班班长、线路运检中心线路运检一班班长。在担任班长的15年时间里，他加强班员培训，培养了近20名技术人才，并不断强化班组建设，所带的班组获得了省公司线路故障查找奖、公司安全生产先进班组、四星班组等荣誉。

1998年，500kV二(滩)自(贡)线输电工程开工建设，凉山段1100km线路架设的监理任务落在西昌电业局。殷显树临危受命，被调至超高压局线路班任副班长。他和其他监理人员每天在大凉山深处的二(滩)自(贡)线建设工地上来回攀爬，严把每一道质量关，为创全优工程、架起飞越凉山的500kV输电大动脉奉献了心血与汗水。2000年，殷显树任超高压线路班班长。在线路巡视中坚持“两到”（到杆、到位）、“三看”（看线路、看现场、看杆上物）,使事故的查找率达到99%以上；抢修工作不分白天黑夜，暴雨倾盆、冰天雪地，使事故抢修及时准确率和设备缺陷消除率均达100%，保证了处于大小凉山腹地地形复杂，交通极其困难的二(滩)自(贡)500kV电力大动脉凉山段的安全稳定运行。

2010年初，凉山地区出现严重干旱，在诸多上网电站无法正常出力发电，而用电负荷又急剧攀升的严重形势下，220kV南西线成了抗旱保电、成昆电铁、工农业生产的生命线。那段时间，殷显树和班员们早出晚归，饿了啃冷馒头，渴了喝山泉水，累了在大山中坐会儿，白天在现场巡视，晚上整理巡视检修记录，一天只休息五六个小时。4月7日下午14点多，殷显树在巡线中发现220kV南西线226号塔顶缠绕异物，将边相避雷线与中相导线完全搭接起来，随时都有跳闸的危险。这时天气突变，乌云密布，滂沱大雨夹杂着冰粒和北风，打在安全帽上“啪啪”作响，气温也从20多摄氏度骤降到几摄氏度，殷显树和班员浑身湿透，冷得瑟瑟发抖，但仍守在铁塔下，汇报现场情况，分析制定处理方案。18点15分，雨势稍小，殷显树顶着风雨登上铁塔，仅用10多分钟就排除了险情，恢复了环网的运行。

劳模殷显树与资助对象普提芳芳深情交流胜似父女

中饭就是馒头加榨菜

2011年6月17日，冕宁县彝海乡突发特大泥石流，凉山北部电力大动脉220kV南西线受到重创，7基铁塔严重受损。为了和时间赛跑，凌晨5点，殷显树和班员每人负重30多公斤设备上山勘测。当时，受灾现场地形完全改变，到处都覆盖着厚厚的一层泥浆，有多深谁也不知道。走在队伍最前负责带队的殷显树一不小心陷到了泥里，泥马上就没过了胸，而脚还没到底，幸好一旁的顾涛及时抓住了他。几个人手牵手合力将他从稀泥里拽了出来后，老殷整个身体瘫在地上，同事们拉着他埋怨道：“老殷，你冲那么快干嘛！你要想想，万一你不在了，家里的老老小小可怎么活啊！”……

27年来，殷显树把生命交给事业，事业会循着生命的律动而绚烂多彩；把奉献装在心胸，心胸会因奉献的壮美而无比宽广。殷显树对工作的那份热爱和执着让人感动，更令人敬佩。也正是这样一份发自心底的爱和责任，激励着他27年9700多天如一日耕耘在这平凡的岗位上，用双脚丈量着巍峨大小凉山的每一寸热土，用心呵护着高山峡谷间的条条银线，用真情点亮万家灯火。

附 录

2013 年发布的电力国家标准

序号	标准编号	标准名称	实施日期	代替标准
1	GB/T 11345—2013	焊缝无损检测　超声检测　技术、检测等级和评定	2014-06-01	GB/T 11345—1989
2	GB/T 12604.3—2013	无损检测　术语　渗透检测	2014-10-01	GB/T 12604.3—2005
3	GB/T 12726.1—2013	核电厂安全重要仪表　事故及事故后辐射监测　第 1 部分：一般要求	2014-08-01	GB/T 12726.1—1991
4	GB/T 12726.2—2013	核电厂安全重要仪表　事故及事故后辐射监测　第 2 部分：气态排出流及通风中放射性离线连续监测设备	2014-08-01	GB/T 12726.2—1991
5	GB/T 12726.3—2013	核电厂安全重要仪表　事故及事故后辐射监测　第 3 部分：高量程区域 γ 连续监测设备	2014-08-01	GB/T 12726.3—1992
6	GB/T 12726.4—2013	核电厂安全重要仪表　事故及事故后辐射监测　第 4 部分：工艺流管内或管旁放射性连续监测设备	2014-08-01	GB/T 12726.4—1995
7	GB 13014—2013	钢筋混凝土用余热处理钢筋	2014-07-01	GB 13014—1991
8	GB 13296—2013	锅炉、热交换器用不锈钢无缝钢管	2014-07-01	GB 13296—2007
9	GB/T 15544.1—2013	三相交流系统短路电流计算　第 1 部分：电流计算	2014-08-01	GB/T 15544—1995
10	GB/T 16166—2013	滨海电厂海水冷却水系统牺牲阳极阴极保护	2014-05-01	
11	GB/T 16507.1—2013	水管锅炉　第 1 部分：总则	2014-07-01	GB/T 16507—1996（部分代替）
12	GB/T 16507.3—2013	水管锅炉　第 3 部分：结构设计	2014-07-01	GB/T 16507—1996；GB/T 9222—2008
13	GB/T 16507.4—2013	水管锅炉　第 4 部分：受压元件强度计算	2013-12-31	GB/T 9222—2008；GB/T 16507—1996（部分代替）
14	GB/T 16507.5—2013	水管锅炉　第 5 部分：制造	2014-07-01	GB/T 16507—1996（部分代替）
15	GB/T 16507.6—2013	水管锅炉　第 6 部分：检验、试验和验收	2014-07-01	GB/T 16507—1996（部分代替）
16	GB/T 16507.7—2013	水管锅炉　第 7 部分：安全附件和仪表	2014-07-01	GB/T 16507—1996（部分代替）
17	GB/T 16507.8—2013	水管锅炉　第 8 部分：安装与运行	2014-07-01	
18	GB/T 16927.2—2013	高电压试验技术　第 2 部分：测量系统	2013-07-01	GB/T 16927.2—1997
19	GB/T 17569—2013	压水堆核电厂物项分级	2013-07-01	GB/T 17569—1998
20	GB/T 17646—2013	小型风力发电机组　设计要求	2013-10-01	GB 17646—1998
21	GB/T 20320—2013	风力发电机组　电能质量测量和评估方法	2014-10-01	
22	GB 21258—2013	常规燃煤发电机组单位产品能源消耗限额	2014-09-01	GB 21258—2007
23	GB/T 29481—2013	电气安全标志	2013-12-01	
24	GB/T 29487—2013	中大功率瓦斯发电机组	2013-07-01	
25	GB/T 29488—2013	中大功率沼气发电机组	2013-07-01	
26	GB/T 29489—2013	高压交流开关设备和控制设备的感性负载开合	2013-07-01	
27	GB/T 29494—2013	小型垂直轴风力发电机组	2013-10-01	
28	GB/T 29529—2013	泵的噪声测量与评价方法	2014-03-01	
29	GB/T 29531—2013	泵的振动测量与评价方法	2014-03-01	
30	GB/T 29543—2013	低温型风力发电机组	2014-01-01	
31	GB /Z 29626—2013	汽轮发电机状态在线监测系统应用导则	2013-12-02	
32	GB/T 29711—2013	焊缝无损检测　超声检测　焊缝中的显示特征	2014-06-01	
33	GB/T 29712—2013	焊缝无损检测　超声检测　验收等级	2014-06-01	

续表

序号	标准编号	标准名称	实施日期	代替标准
34	GB/T 29729—2013	氢系统安全的基本要求	2014-01-01	
35	GB/T 29781—2013	电动汽车充电站通用要求	2014-02-01	
36	GB/T 30041—2013	头部防护　安全帽选用规范	2014-09-01	
37	GB/T 30073—2013	核电站热交换器用奥氏体不锈钢无缝钢管	2014-09-01	
38	GB/T 30152—2013	光伏发电系统接入配电网检测规程	2014-08-01	
39	GB/T 30153—2013	光伏发电站太阳能资源实时监测技术要求	2014-08-01	
40	GB/T 30155—2013	智能变电站技术导则	2014-08-01	
41	GB/T 30370—2013	火力发电机组一次调频试验及性能验收导则	2015-03-01	
42	GB/T 30372—2013	火力发电厂分散控制系统验收导则	2015-03-01	
43	GB/T 30423—2013	高压直流设施的系统试验	2014-07-13	
44	GB /Z 30424—2013	高压直流输电晶闸管阀设计导则	2014-07-13	
45	GB/T 30425—2013	高压直流输电换流阀水冷却设备	2014-07-13	
46	GB/T 30427—2013	并网光伏发电专用逆变器技术要求和试验方法	2014-08-15	
47	GB/T 30429—2013	工业热电偶	2014-08-01	
48	GB/T 4111—2013	混凝土砌块和砖试验方法	2014-09-01	GB/T 4111—1997
49	GB/T 4989—2013	热电偶用补偿导线	2014-08-15	GB/T 4989—1994
50	GB 50033—2013	建筑采光设计标准	2013-05-01	GB/T 50033—2001
51	GB 50034—2013	建筑照明设计标准	2014-06-01	GB 50034—2004 废止
52	GB 50037—2013	建筑地面设计规范	2014-05-01	GB 50037—1996
53	GB 50051—2013	烟囱设计规范	2013-05-01	GB 50051—2002 废止
54	GB 50053—2013	20kV 及以下变电所设计规范	2014-07-01	GB 50053—1994 废止
55	GB 50073—2013	洁净厂房设计规范	2013-09-01	GB 50073—2001 废止
56	GB/T 50087—2013	工业企业噪声控制设计规范	2014-06-01	GBJ 87—1985 废止
57	GB 50093—2013	自动化仪表工程施工及质量验收规范	2013-09-01	GB 50131—2007； GB 50093—2002 废止
58	GB 50112—2013	膨胀土地区建筑技术规范	2013-05-01	GBJ 112—1987 废止
59	GB 50116—2013	火灾自动报警系统设计规范	2014-05-01	GB 50116—1998 废止
60	GB 50119—2013	混凝土外加剂应用技术规范	2014-03-01	GB 50119—2003 废止
61	GB/T 50214—2013	组合钢模板技术规范	2014-03-01	GB/T 50214—2001 废止
62	GB 50260—2013	电力设施抗震设计规范	2013-09-01	GB 50260—1996 废止
63	GB 50264—2013	工业设备及管道绝热工程设计规范	2013-10-01	GB 50264—1997 废止
64	GB/T 50266—2013	工程岩体试验方法标准	2013-09-01	GB/T 50266—1999 废止
65	GB/T 50300—2013	建筑工程施工质量验收统一标准	2014-06-01	GB 50300—2001 废止
66	GB/T 50319—2013	建设工程监理规范	2014-03-01	
67	GB 50330—2013	建筑边坡工程技术规范	2014-06-01	GB 50330—2002 废止
68	GB 50339—2013	智能建筑工程质量验收规范	2014-02-01	GB 50339—2003 废止
69	GB 50367—2013	混凝土结构加固设计规范	2014-06-01	GB 50367—2006 废止
70	GB/T 5071—2013	耐火材料真密度试验方法	2014-05-01	GB/T 5071—1997
71	GB/T 50784—2013	混凝土结构现场检测技术标准	2013-09-01	
72	GB 50790—2013	±800kV 直流架空输电线路设计规范	2013-05-01	
73	GB 50791—2013	地热电站设计规范	2014-06-01	
74	GB/T 50832—2013	1000kV 系统电气装置安装工程电气设备交接试验标准	2013-05-01	
75	GB 50834—2013	1000kV 构支架施工及验收规范	2013-05-01	
76	GB 50835—2013	1000kV 电力变压器、油浸电抗器、互感器施工及验收规范	2013-05-01	
77	GB 50836—2013	1000kV 高压电器（GIS、HGIS、隔离开关、避雷器）施工及验收规范	2013-05-01	
78	GB 50843—2013	建筑边坡工程鉴定与加固技术规范	2013-05-01	
79	GB/T 50865—2013	光伏发电接入配电网设计规范	2014-05-01	

续表

序号	标准编号	标准名称	实施日期	代替标准
80	GB/T 50866—2013	光伏发电站接入电力系统设计规范	2013-09-01	
81	GB 50868—2013	建筑工程容许振动标准	2013-09-01	
82	GB 50870—2013	建筑施工安全技术统一规范	2014-03-01	
83	GB/T 50878—2013	绿色工业建筑评价标准	2014-03-01	
84	GB 50884—2013	钢筒仓技术规范	2013-12-01	
85	GB 50895—2013	烟气脱硫机械设备工程安装及验收规范	2014-05-01	
86	GB 50896—2013	压型金属板工程应用技术规范	2014-07-01	
87	GB 50898—2013	细水雾灭火系统技术规范	2013-12-01	
88	GB 50901—2013	钢—混凝土组合结构施工规范	2014-07-01	
89	GB/T 50912—2013	钢铁渣粉混凝土应用技术规范	2014-05-01	
90	GB/T 50927—2013	大中型水电工程建设风险管理规范	2014-06-01	
91	GB/T 50958—2013	核电厂常规岛设计规范	2014-07-01	

2013 年发布的电力行业标准

序号	标准编号	标准名称	实施日期	代替标准
1	DL/T 1080.9—2013	供电企业应用集成配电管理的系统接口　第 9 部分：抄表与表计控制的接口	2014-04-01	
2	DL/T 1100.2—2013	电力系统的时间同步系统　第 2 部分：基于局域网的精确时间同步	2014-04-01	
3	DL/T 1172—2013	电力系统电压稳定评价导则	2014-04-01	
4	DL/T 1198—2013	电力系统电能质量技术管理规定	2013-08-01	SD 126—1984
5	DL/T 1199—2013	电测技术监督规程	2013-08-01	
6	DL/T 1200—2013	电力行业缺氧危险作业监测与防护技术规范	2013-08-01	
7	DL/T 1201—2013	发电厂低电导率水 pH 在线测量方法	2013-08-01	
8	DL/T 1202—2013	火力发电厂水汽中铜离子、铁离子的测定　溶出伏安极谱法	2013-08-01	
9	DL/T 1203—2013	火力发电厂水汽中氯离子含量测定方法　硫氰酸汞分光光度法	2013-08-01	
10	DL/T 1204—2013	矿物绝缘油热膨胀系数测定法	2013-08-01	
11	DL/T 1205—2013	六氟化硫电气设备分解产物试验方法	2013-08-01	
12	DL/T 1206—2013	磷酸酯抗燃油氯含量的测定　高温燃烧微库仑法	2013-08-01	
13	DL/T 1207—2013	发电厂纯水电导率在线测量方法	2013-08-01	
14	DL/T 1208—2013	电能质量评估技术导则　供电电压偏差	2013-08-01	
15	DL/T 1209.1—2013	变电站登高作业及防护器材技术要求　第 1 部分：抱杆梯、梯具、梯台及过桥	2013-08-01	
16	DL/T 1210—2013	火力发电厂自动发电控制性能测试验收规程	2013-08-01	
17	DL/T 1211—2013	火力发电厂磨煤机检测与控制技术规程	2013-08-01	
18	DL/T 1212—2013	火力发电厂现场总线设备安装技术导则	2013-08-01	
19	DL/T 1213—2013	火力发电机组辅机故障减负荷技术规程	2013-08-01	
20	DL/T 1214—2013	9FA 燃气-蒸汽联合循环机组维修规程	2013-08-01	
21	DL/T 1215.1—2013	链式静止同步补偿器　第 1 部分：功能规范导则	2013-08-01	
22	DL/T 1215.2—2013	链式静止同步补偿器　第 2 部分：换流链的试验	2013-08-01	
23	DL/T 1215.3—2013	链式静止同步补偿器　第 3 部分：控制保护监测系统	2013-08-01	
24	DL/T 1215.4—2013	链式静止同步补偿器　第 4 部分：现场试验	2013-08-01	
25	DL/T 1215.5—2013	链式静止同步补偿器　第 5 部分：运行检修导则	2013-08-01	
26	DL/T 1216—2013	配电网静止同步补偿装置技术规范	2013-08-01	

续表

序号	标准编号	标准名称	实施日期	代替标准
27	DL/T 1217—2013	磁控型可控并联电抗器技术规范	2013-08-01	
28	DL/T 1218—2013	固定式直流融冰装置通用技术条件	2013-08-01	
29	DL/T 1219—2013	串联电容器补偿装置　设计导则	2013-08-01	
30	DL/T 1220—2013	串联电容器补偿装置　交接试验及验收规范	2013-08-01	
31	DL/T 1221—2013	互感器综合特性测试仪通用技术条件	2013-08-01	
32	DL/T 1222—2013	冲击分压器校准规范	2013-08-01	
33	DL/T 1223—2013	整体煤气化联合循环发电机组性能验收试验	2013-08-01	
34	DL/T 1224—2013	单轴燃气蒸汽联合循环机组性能验收试验规程	2013-08-01	
35	DL/T 1225—2013	抽水蓄能电站生产准备导则	2013-08-01	
36	DL/T 1226—2013	固态切换开关技术规范	2013-08-01	
37	DL/T 1227—2013	电能质量监测装置技术规范	2013-08-01	
38	DL/T 1228—2013	电能质量监测装置运行规程	2013-08-01	
39	DL/T 1229—2013	动态电压恢复器技术规范	2013-08-01	
40	DL/T 1230—2013	电力系统图形描述规范	2013-08-01	
41	DL/T 1231—2013	电力系统稳定器整定试验导则	2013-08-01	
42	DL/T 1232—2013	电力系统动态消息编码规范	2013-08-01	
43	DL/T 1233—2013	电力系统简单服务接口规范	2013-08-01	
44	DL/T 1234—2013	电力系统安全稳定计算技术规范	2013-08-01	
45	DL/T 1235—2013	同步发电机原动机及其调节系统参数实测与建模导则	2013-08-01	
46	DL/T 1236—2013	输电杆塔用地脚螺栓与螺母	2013-08-01	
47	DL/T 1237—2013	1000kV 继电保护及电网安全自动装置检验规程	2013-08-01	
48	DL/T 1238—2013	1000kV 交流系统用静电防护服装	2013-08-01	
49	DL/T 1239—2013	1000kV 继电保护及电网安全自动装置运行管理规程	2013-08-01	
50	DL/T 1240—2013	1000kV 带电作业工具、装置和设备预防性试验规程	2013-08-01	
51	DL/T 1241—2013	电力工业以太网交换机技术规范	2013-08-01	
52	DL/T 1242—2013	±800kV 直流线路带电作业技术规范	2013-08-01	
53	DL/T 1243—2013	换流变压器现场局部放电测试技术	2013-08-01	
54	DL/T 1244—2013	交流系统用高压绝缘子人工覆冰闪络试验方法	2013-08-01	
55	DL/T 1245—2013	水轮机调节系统并网运行技术导则	2013-08-01	
56	DL/T 1246—2013	水电站设备状态检修管理导则	2013-08-01	
57	DL/T 1247—2013	高压直流绝缘子覆冰闪络试验方法	2013-08-01	
58	DL/T 1248—2013	架空输电线路状态检修导则	2013-08-01	
59	DL/T 1249—2013	架空输电线路运行状态评估技术导则	2013-08-01	
60	DL/T 1250—2013	气体绝缘金属封闭开关设备带电超声局部放电检测应用导则	2013-08-01	
61	DL/T 1251—2013	电力用电容式电压互感器使用技术规范	2014-04-01	SD 333—1989
62	DL/T 1252—2013	输电杆塔命名规则	2014-04-01	
63	DL/T 1253—2013	电力电缆线路运行规程	2014-04-01	
64	DL/T 1254—2013	差动电阻式监测仪器鉴定技术规程	2014-04-01	
65	DL/T 1255—2013	TDM 系统输出数据及格式规范	2014-04-01	
66	DL/T 1256—2013	变压器空、负载损耗测试仪通用技术条件	2014-04-01	
67	DL/T 1257—2013	鼓形旋转滤网	2014-04-01	
68	DL/T 1258—2013	互感器校验仪通用技术条件	2014-04-01	
69	DL/T 1259—2013	水电厂水库运行管理规范	2014-04-01	
70	DL/T 1260—2013	火力发电厂电除盐水处理装置验收导则	2014-04-01	
71	DL/T 1261—2013	火电厂用反渗透阻垢剂性能评价试验导则	2014-04-01	
72	DL /Z 1262—2013	火电厂在役湿烟囱防腐技术导则	2014-04-01	

续表

序号	标准编号	标准名称	实施日期	代替标准
73	DL/T 1263—2013	12kV～40.5kV 电缆分接箱技术条件	2014-04-01	
74	DL/T 1264—2013	火电厂环境统计指标	2014-04-01	
75	DL/T 1265—2013	电力行业焊工培训机构基本能力要求	2014-04-01	
76	DL/T 1266—2013	变压器用片式散热器选用导则	2014-04-01	
77	DL/T 1267—2013	组合式变压器使用技术条件	2014-04-01	
78	DL/T 1268—2013	三相组合互感器使用技术规范	2014-04-01	
79	DL/T 1269—2013	火力发电建设工程机组蒸汽吹管导则	2014-04-01	
80	DL/T 1270—2013	火力发电建设工程机组甩负荷试验导则	2014-04-01	
81	DL/T 1271—2013	钢弦式监测仪器鉴定技术规程	2014-04-01	
82	DL/T 1272—2013	多点变位计装置	2014-04-01	
83	DL/T 1273—2013	光电式（CCD）双金属管标仪	2014-04-01	
84	DL/T 1274—2013	1000kV 串联电容器补偿装置技术规范	2014-04-01	
85	DL/T 1275—2013	1000kV 变压器局部放电现场测量技术导则	2014-04-01	
86	DL/T 1276—2013	1000kV 母线保护装置技术要求	2014-04-01	
87	DL/T 1277—2013	1100kV 交流空心复合绝缘子技术规范	2014-04-01	
88	DL/T 1278—2013	海底电力电缆运行规程	2014-04-01	
89	DL/T 1279—2013	110kV 及以下海底电力电缆线路验收规范	2014-04-01	
90	DL/T 1280—2013	低温多效蒸馏海水淡化装置调试技术规定	2014-04-01	
91	DL/T 1281—2013	燃煤电厂固体废物贮存处置场污染控制技术规范	2014-04-01	
92	DL/T 1282—2013	火力发电厂气相缓蚀剂质量标准	2014-04-01	
93	DL/T 1283—2013	电力系统雷电定位监测系统技术规程	2014-04-01	
94	DL/T 1284—2013	500kV 干式空心限流电抗器使用导则	2014-04-01	
95	DL/T 1285—2013	低温多效蒸馏海水淡化装置技术条件	2014-04-01	
96	DL/T 1286—2013	火电厂烟气脱硝催化剂检测技术规范	2014-04-01	
97	DL/T 1287—2013	煤灰比电阻的试验室测定方法	2014-04-01	
98	DL/T 1288—2013	电力金具能耗测试与节能技术评价要求	2014-04-01	
99	DL/T 1289—2013	可拆卸式全钢瓦楞结构架空导线交货盘	2014-04-01	
100	DL/T 1290—2013	直接空冷机组真空严密性试验方法	2014-04-01	
101	DL/T 1291—2013	基于 SDH 的电力自动交换光网络（ASON）技术规范	2014-04-01	
102	DL/T 1292—2013	配电网架空绝缘线路雷击断线防护导则	2014-04-01	
103	DL/T 1293—2013	交流架空输电线路绝缘子并联间隙使用导则	2014-04-01	
104	DL/T 1294—2013	交流电力系统金属氧化物避雷器用脱离器使用导则	2014-04-01	
105	DL/T 1295—2013	串联补偿装置用火花间隙	2014-04-01	
106	DL/T 1296—2013	串联谐振型故障电流限制器技术规范	2014-04-01	
107	DL/T 1297—2013	电能质量监测系统技术规范	2014-04-01	
108	DL/T 1298—2013	静止无功补偿装置运行规程	2014-04-01	
109	DL/T 1299—2013	直流融冰装置试验导则	2014-04-01	
110	DL/T 1300—2013	气体绝缘金属封闭开关设备现场冲击试验导则	2014-04-01	
111	DL/T 1301—2013	海底充油电缆直流耐压试验导则	2014-04-01	
112	DL/T 1302—2013	抽水蓄能机组静止变频装置运行规程	2014-04-01	
113	DL/T 1303—2013	抽水蓄能发电电动机出口断路器运行规程	2014-04-01	
114	DL/T 1304—2013	500kV 串联电容器补偿装置系统调试规程	2014-04-01	
115	DL/T 1305—2013	变压器油介损测试仪通用技术条件	2014-04-01	
116	DL/T 1306—2013	电力调度数据网技术规范	2014-04-01	
117	DL/T 1307—2013	铝基陶瓷纤维复合芯超耐热铝合金绞线	2014-04-01	
118	DL/T 1308—2013	节能发电调度信息发布技术规范	2014-04-01	
119	DL/T 1309—2013	大型发电机组涉网保护技术规范	2014-04-01	
120	DL/T 1310—2013	架空输电线路旋转连接器	2014-04-01	

续表

序号	标准编号	标准名称	实施日期	代替标准
121	DL/T 1311—2013	电力系统实时动态监测主站应用要求及验收细则	2014-04-01	
122	DL/T 1312—2013	电力工程接地用铜覆钢技术条件	2014-04-01	
123	DL/T 1313—2013	流域梯级水电站集中控制规程	2014-04-01	
124	DL/T 1314—2013	电力工程用缓释型离子接地装置技术条件	2014-04-01	
125	DL/T 1315—2013	电力工程接地装置用放热焊剂技术条件	2014-04-01	
126	DL/T 333.2—2013	火电厂凝结水精处理系统技术要求　第2部分：空冷机组	2014-04-01	
127	DL/T 478—2013	继电保护和安全自动装置通用技术条件	2013-08-01	DL/T 478—2010
128	DL 5009.2—2013	电力建设安全工作规程　第2部分：电力线路	2014-04-01	DL 5009.2—2004
129	DL 5009.3—2013	电力建设安全工作规程　第3部分：变电站	2014-04-01	DL 5009.3—1997
130	DL/T 5095—2013	火电厂和核电厂常规岛主厂房荷载设计技术规程	2014-04-01	DL/T 5095—2007
131	DL/T 5102—2013	土工离心模型试验技术规程	2014-04-01	DL/T 5102—1999
132	DL/T 5110—2013	水电水利工程模板施工规范	2013-08-01	DL/T 5110—2000
133	DL/T 5129—2013	碾压式土石坝施工规范	2014-04-01	DL/T 5129—2001
134	DL/T 5135—2013	水电水利工程爆破施工技术规范	2014-04-01	DL/T 5135—2001
135	DL 5162—2013	水电水利工程施工安全防护设施技术规范	2014-04-01	DL 5162—2002
136	DL/T 5169—2013	水工混凝土钢筋施工规范	2013-08-01	DL/T 5169—2002
137	DL/T 5198—2013	水电水利工程岩壁梁施工规程	2013-08-01	DL/T 5198—2004
138	DL/T 5217—2013	220kV～500kV紧凑型架空输电线路设计技术规程	2014-04-01	DL/T 5217—2005
139	DL/T 5226—2013	发电厂电力网络计算机监控系统设计技术规程	2014-04-01	DL/T 5226—2005
140	DL/T 526—2013	备用电源自动投入装置技术条件	2014-04-01	DL/T 526—2002
141	DL/T 527—2013	继电保护及控制装置电源模块（模件）技术条件	2014-04-01	DL/T 527—2002
142	DL/T 5285—2013	输变电工程架空导线及地线液压压接工艺规程	2013-08-01	SDJ 226—1987
143	DL/T 5286—2013	±800kV架空输电线路张力架线施工工艺导则	2013-08-01	
144	DL/T 5287—2013	±800kV架空输电线路铁塔组立施工工艺导则	2013-08-01	
145	DL/T 5288—2013	架空输电线路大跨越工程跨越塔组立施工工艺导则	2013-08-01	
146	DL/T 5289—2013	1000kV架空输电线路铁塔组立施工工艺导则	2013-08-01	
147	DL/T 5290—2013	1000kV架空输电线路张力架线施工工艺导则	2013-08-01	
148	DL/T 5291—2013	1000kV输变电工程导地线液压施工工艺规程	2013-08-01	
149	DL/T 5292—2013	1000kV交流输变电工程系统调试规程	2013-08-01	
150	DL/T 5293—2013	电气装置安装工程电气设备交接试验报告统一格式	2014-04-01	
151	DL/T 5294—2013	火力发电建设工程机组调试技术规范	2014-04-01	
152	DL/T 5295—2013	火力发电建设工程机组调试质量验收及评价规程	2014-04-01	
153	DL/T 5296—2013	水工混凝土掺用氧化镁技术规范	2014-04-01	
154	DL/T 5297—2013	混凝土面板堆石坝挤压边墙技术规范	2014-04-01	
155	DL/T 5298—2013	水工混凝土抑制碱-骨料反应技术规范	2014-04-01	
156	DL/T 5299—2013	大坝混凝土声波检测技术规程	2014-04-01	
157	DL/T 5300—2013	1000kV架空输电线路工程施工质量检验及评定规程	2014-04-01	
158	DL/T 5301—2013	架空输电线路无跨越架不停电跨越架线施工工艺导则	2014-04-01	
159	DL/T 5302—2013	水电水利工程施工机械安全操作规程　专用汽车	2014-04-01	
160	DL/T 5303—2013	水工塑性混凝土试验规程	2014-04-01	
161	DL/T 5304—2013	水工混凝土掺用石灰石粉技术规范	2014-04-01	
162	DL/T 5305—2013	水电水利工程施工机械安全操作规程　运输类车辆	2014-04-01	
163	DL/T 5306—2013	水电水利工程清水混凝土施工规范	2014-04-01	

续表

序号	标准编号	标准名称	实施日期	代替标准
164	DL/T 5307—2013	水电水利工程施工度汛风险评估规程	2014-04-01	
165	DL/T 5308—2013	水电水利工程施工安全监测技术规范	2014-04-01	
166	DL/T 5309—2013	水电水利工程水下混凝土施工规范	2014-04-01	
167	DL/T 5310—2013	沥青混凝土面板堆石坝及库盆施工规范	2014-04-01	
168	DL/T 5311—2013	水电水利工程砂石料开采及加工系统运行规范	2014-04-01	
169	DL/T 5312—2013	1000kV 变电站电气装置安装工程施工质量检验及评定规程	2014-04-01	
170	DL/T 540—2013	气体继电器检验规程	2014-04-01	DL/T 540—1994
171	DL/T 5461.10—2013	火力发电厂施工图设计文件内容深度规定　第10部分：建筑	2014-04-01	
172	DL/T 5461.11—2013	火力发电厂施工图设计文件内容深度规定　第11部分：土建结构	2014-04-01	
173	DL/T 5461.12—2013	火力发电厂施工图设计文件内容深度规定　第12部分：采暖通风及空气调节	2014-04-01	
174	DL/T 5461.13—2013	火力发电厂施工图设计文件内容深度规定　第13部分：水工工艺	2014-04-01	
175	DL/T 5461.14—2013	火力发电厂施工图设计文件内容深度规定　第14部分：水工结构	2014-04-01	
176	DL/T 5461.15—2013	火力发电厂施工图设计文件内容深度规定　第15部分：通信	2014-04-01	
177	DL/T 5461.16—2013	火力发电厂施工图设计文件内容深度规定　第16部分：信息系统	2014-04-01	
178	DL/T 5461.2—2013	火力发电厂施工图设计文件内容深度规定　第2部分：总图运输	2014-04-01	
179	DL/T 5461.3—2013	火力发电厂施工图设计文件内容深度规定　第3部分：热机	2014-04-01	
180	DL/T 5461.4—2013	火力发电厂施工图设计文件内容深度规定　第4部分：运煤	2014-04-01	
181	DL/T 5461.5—2013	火力发电厂施工图设计文件内容深度规定　第5部分：除灰渣	2014-04-01	
182	DL/T 5461.6—2013	火力发电厂施工图设计文件内容深度规定　第6部分：电厂化学	2014-04-01	
183	DL/T 5461.7—2013	火力发电厂施工图设计文件内容深度规定　第7部分：烟气脱硫	2014-04-01	
184	DL/T 5461.8—2013	火力发电厂施工图设计文件内容深度规定　第8部分：电气	2014-04-01	
185	DL/T 5461.9—2013	火力发电厂施工图设计文件内容深度规定　第9部分：仪表与控制	2014-04-01	
186	DL/T 5464—2013	火力发电工程初步设计概算编制导则	2013-10-01	
187	DL/T 5465—2013	火力发电工程施工图预算编制导则	2013-10-01	
188	DL/T 5466—2013	火力发电工程可行性研究投资估算编制导则	2013-10-01	
189	DL/T 5467—2013	输变电工程初步设计概算编制导则	2013-10-01	
190	DL/T 5468—2013	输变电工程施工图预算编制导则	2013-10-01	
191	DL/T 5469—2013	输变电工程可行性研究投资估算编制导则	2013-10-01	
192	DL/T 5470—2013	燃煤发电工程建议预算项目划分导则	2013-10-01	
193	DL/T 5471—2013	变电站、开关站、换流站工程建设预算项目划分导则	2013-10-01	
194	DL/T 5472—2013	架空输电线路工程建设预算项目划分导则	2013-10-01	
195	DL/T 5473—2013	燃气-蒸汽联合循环发电工程建设预算项目划分导则	2013-10-01	

续表

序号	标准编号	标准名称	实施日期	代替标准
196	DL/T 5474—2013	生物质发电工程建设预算项目划分导则	2013-10-01	
197	DL/T 5475—2013	垃圾发电工程建设预算项目划分导则	2013-10-01	
198	DL/T 5476—2013	电缆输电线路工程建设预算项目划分导则	2013-10-01	
199	DL/T 5477—2013	串联补偿站及静止无功补偿工程建设预算项目划分导则	2013-10-01	
200	DL/T 5478—2013	20kV 及以下配电网工程建设预算项目划分导则	2013-10-01	
201	DL/T 5479—2013	通信工程建设预算项目划分导则	2013-10-01	
202	DL/T 5480—2013	火力发电厂烟气脱硝设计技术规程	2014-04-01	
203	DL/T 5481—2013	电力岩土工程监理规程	2014-04-01	
204	DL/T 5482—2013	整体煤气化联合循环技术及设备名词术语	2014-04-01	
205	DL/T 5483—2013	火力发电厂再生水深度处理设计规范	2014-04-01	
206	DL/T 5484—2013	电力电缆隧道设计规程	2014-04-01	
207	DL/T 5485—2013	110kV～750kV 架空输电线路大跨越设计技术规程	2014-04-01	
208	DL/T 553—2013	电力系统动态记录装置通用技术条件	2014-04-01	DL/T 553—1994；DL/T 663—1999
209	DL/T 561—2013	火力发电厂水汽化学监督导则	2014-04-01	DL/T 561—1995
210	DL/T 568—2013	燃料元素的快速分析方法	2014-04-01	DL/T 568—1995
211	DL/T 580—2013	用露点法测定变压器绝缘纸中平均含水量的方法	2014-04-01	DL/T 580—1995
212	DL/T 615—2013	高压交流断路器参数选用导则	2014-04-01	DL/T 615—1997
213	DL/T 678—2013	电力钢结构焊接通用技术条件	2013-08-01	DL/T 678—1999
214	DL/T 690—2013	高压交流断路器的合成试验	2014-04-01	DL/T 690—1999
215	DL/T 696—2013	软母线金具	2014-04-01	DL/T 696—1999
216	DL/T 697—2013	硬母线金具	2014-04-01	DL/T 697—1999
217	DL/T 698.36—2013	电能信息采集与管理系统　第 3-6 部分：电能信息采集终端技术规范－通信单元要求	2013-08-01	DL/T 698—1999
218	DL/T 698.42—2013	电能信息采集与管理系统　第 4-2 部分：通信协议—集中器下行通信	2013-08-01	DL/T 698—1999
219	DL/T 717—2013	汽轮发电机组转子中心孔检验技术导则	2013-08-01	DL/T 717—2000
220	DL/T 720—2013	电力系统继电保护及安全自动装置柜（屏）通用技术条件	2014-04-01	DL/T 720—2000
221	DL/T 721—2013	配电自动化远方终端	2013-08-01	DL/T 721—2000
222	DL/T 725—2013	电力用电流互感器使用技术规范	2014-04-01	DL/T 725—2000
223	DL/T 726—2013	电力用电磁式电压互感器使用技术规范	2014-04-01	DL/T 726—2000
224	DL/T 727—2013	互感器运行检修导则	2014-04-01	DL/T 727—2000
225	DL/T 728—2013	气体绝缘金属封闭开关设备选用导则	2014-04-01	DL/T 728—2000
226	DL/T 754—2013	母线焊接技术规程	2013-08-01	DL/T 754—2001
227	DL/T 763—2013	架空线路用预绞式金具技术条件	2013-08-01	DL/T 763—2001
228	DL/T 766—2013	光纤复合架空地线（OPGW）用预绞式金具技术条件和试验方法	2013-08-01	DL/T 766—2003
229	DL/T 767—2013	全介质自承式光缆（ADSS）用预绞式金具技术条件和试验方法	2013-08-01	DL/T 767—2003
230	DL/T 792—2013	水轮机调节系统及装置运行与检修规程	2013-08-01	DL/T 792—2001
231	DL/T 805.3—2013	火电厂汽水化学导则　第 3 部分：汽包锅炉炉水氢氧化钠处理	2014-04-01	DL/T 805.3—2004
232	DL/T 805.5—2013	火电厂汽水化学导则　第 5 部分：汽包锅炉炉水全挥发处理	2014-04-01	
233	DL/T 806—2013	火力发电厂循环水用阻垢缓蚀剂	2013-08-01	DL/T 806—2002
234	DL/T 814—2013	配电自动化系统技术规范	2014-04-01	DL/T 814—2002
235	DL/T 860.72—2013	电力自动化通信网络和系统　第 7-2 部分：基本信息和通信结构—抽象通信服务接口（ACSI）	2014-04-01	DL/T 860.72—2004

续表

序号	标准编号	标准名称	实施日期	代替标准
236	DL/T 860.73—2013	电力自动化通信网络和系统　第 7-3 部分：基本通信结构公用数据类	2014-04-01	DL/T 860.73—2004
237	DL/T 952—2013	火力发电厂超滤水处理装置验收导则	2014-04-01	DL /Z 952—2005
238	DL/T 977—2013	发电厂热力设备化学清洗单位管理规定	2014-04-01	DL/T 977—2005
239	DL/T 989—2013	直流输电系统可靠性评价规程	2014-04-01	DL/T 989—2005
240	NB/T 20001—2013	压水堆核电厂核岛机械设备制造规范	2013-10-01	EJ/T 1012—1996
241	NB/T 20002.1—2013	压水堆核电厂核岛机械设备焊接规范　第 1 部分：通用要求	2013-10-01	EJ/T 1027—1996
242	NB/T 20002.2—2013	压水堆核电厂核岛机械设备焊接规范　第 2 部分：焊接填充材料验收	2013-10-01	EJ/T 1027—1996
243	NB/T 20002.3—2013	压水堆核电厂核岛机械设备焊接规范　第 3 部分：焊接工艺评定	2013-10-01	EJ/T 1027—1996
244	NB/T 20002.4—2013	压水堆核电厂核岛机械设备焊接规范　第 4 部分：焊接填充材料评定	2013-10-01	EJ/T 1027—1996
245	NB/T 20002.5—2013	压水堆核电厂核岛机械设备焊接规范　第 5 部分：制造车间评定	2013-10-01	EJ/T 1027—1996
246	NB/T 20002.6—2013	压水堆核电厂核岛机械设备焊接规范　第 6 部分：产品焊接	2013-10-01	EJ/T 1027—1996
247	NB/T 20002.7—2013	压水堆核电厂核岛机械设备焊接规范　第 7 部分：耐磨堆焊	2013-10-01	EJ/T 1027—1996
248	NB/T 20005.10—2013	压水堆核电厂用碳钢和低合金钢　第 10 部分：用填充金属焊接的 2、3 级钢管	2013-10-01	
249	NB/T 20005.15—2013	压水堆核电厂用碳钢和低合金钢　第 15 部分：用填充金属焊接的 2、3 级管件	2013-10-01	
250	NB/T 20005.5—2013	压水堆核电厂用碳钢和低合金钢　第 5 部分：1、2、3 级承压铸件	2013-10-01	
251	NB/T 20005.6—2013	压水堆核电厂用碳钢和低合金钢　第 6 部分：反应堆冷却剂泵电动机机座铸件	2013-10-01	
252	NB/T 20006.15—2013	压水堆核电厂用合金钢　第 15 部分：承压边界用锰-镍-钼钢厚钢板	2013-10-01	
253	NB/T 20006.16—2013	压水堆核电厂用合金钢　第 16 部分：稳压器支承构件用锰-镍-钼钢厚钢板	2013-10-01	
254	NB/T 20006.9—2013	压水堆核电厂用合金钢　第 9 部分：蒸汽发生器水室封头用锰-镍-钼钢锻件	2013-10-01	
255	NB/T 20007.10—2013	压水堆核电厂用不锈钢　第 10 部分：2、3 级热交换器传热管用冷轧、冷拔奥氏体不锈钢无缝钢管	2013-10-01	
256	NB/T 20007.11—2013	压水堆核电厂用不锈钢　第 11 部分：用填充金属焊接的 1、2、3 级奥氏体不锈钢钢管	2013-10-01	
257	NB/T 20007.12—2013	压水堆核电厂用不锈钢　第 12 部分：用填充金属焊接的 1、2、3 级奥氏体对焊不锈钢管件	2013-10-01	
258	NB/T 20007.19—2013	压水堆核电厂用不锈钢　第 19 部分：1、2、3 级马氏体不锈钢承压铸件	2013-10-01	
259	NB/T 20007.20—2013	压水堆核电厂用不锈钢　第 20 部分：泵用马氏体不锈钢 A、B、C 类非承压铸造内件	2013-10-01	
260	NB/T 20007.23—2013	压水堆核电厂用不锈钢　第 23 部分：1、2、3 级奥氏体-铁素体不锈钢承压铸件	2013-10-01	
261	NB/T 20007.24—2013	压水堆核电厂用不锈钢　第 24 部分：反应堆冷却剂泵蜗壳用奥氏体-铁素体不锈钢承压铸件	2013-10-01	
262	NB/T 20007.25—2013	压水堆核电厂用不锈钢　第 25 部分：泵用不含钼的铬镍奥氏体-铁素体不锈钢 A、B、C 类非承压铸造内件	2013-10-01	

续表

序号	标准编号	标准名称	实施日期	代替标准
263	NB/T 20007.27—2013	压水堆核电厂用不锈钢　第27部分：反应堆冷却剂管道用奥氏体-铁素体不锈钢铸造弯头和斜接管嘴	2013-10-01	
264	NB/T 20008.11—2013	压水堆核电厂用其他材料　第11部分：S1、S2级销轴、拉杆和支承螺栓用锻、轧棒	2013-10-01	
265	NB/T 20008.13—2013	压水堆核电厂用其他材料　第13部分：1、2、3级螺柱、螺栓、螺钉、螺杆和螺母	2013-10-01	
266	NB/T 20008.14—2013	压水堆核电厂用其他材料　第14部分：镍-铬-铁合金弹簧丝	2013-10-01	EJ/T 481—1999
267	NB/T 20008.7—2013	压水堆核电厂用其他材料　第7部分：蒸汽发生器传热管用镍-铬-铁合金无缝管	2013-10-01	
268	NB/T 20009.11—2013	压水堆核电厂用焊接材料　第11部分：1、2、3级设备埋弧焊用不锈钢焊丝和焊剂	2013-10-01	
269	NB/T 20009.13—2013	压水堆核电厂用焊接材料　第13部分：1、2、3级设备不锈钢堆焊用焊带和焊剂	2013-10-01	EJ/T 486—1999
270	NB/T 20009.14—2013	压水堆核电厂用焊接材料　第14部分：1、2、3级设备用硬质合金堆焊焊接材料	2013-10-01	
271	NB/T 20009.4—2013	压水堆核电厂用焊接材料　第4部分：1、2、3级设备用镍基合金焊条	2013-10-01	
272	NB/T 20009.5—2013	压水堆核电厂用焊接材料　第5部分：1、2、3级设备用碳钢气体保护电弧焊药芯焊丝	2013-10-01	
273	NB/T 20009.9—2013	压水堆核电厂用焊接材料　第9部分：1、2、3级设备埋弧焊用碳钢焊丝和焊剂	2013-10-01	
274	NB/T 20037.4—2013	应用于核电厂的概率安全评价　第4部分：火灾	2013-10-01	
275	NB/T 20037.5—2013	应用于核电厂的概率安全评价　第5部分：地震	2013-10-01	
276	NB/T 20039.19—2013	核空气和气体处理规范通风、空调与空气净化　第19部分：特殊类型的高效空气过滤器	2013-10-01	
277	NB/T 20039.4—2013	核空气和气体处理规范通风、空调与空气净化　第4部分：箱体	2013-10-01	EJ/T 1181—2005
278	NB/T 20039.6—2013	核空气和气体处理规范通风、空调与空气净化　第6部分：除雾器	2013-10-01	
279	NB/T 20039.7—2013	核空气和气体处理规范通风、空调与空气净化　第7部分：低效空气过滤器	2013-10-01	
280	NB/T 20196.1—2013	核空气和气体处理规范试验规程　第1部分：空气处理系统的现场试验	2013-10-01	
281	NB/T 20197.1—2013	核电厂仪表和控制设备可靠性及老化检测　第1部分：电磁继电器	2013-10-01	
282	NB/T 20198—2013	核电厂仪表和控制设备老化管理及实施	2013-10-01	
283	NB/T 20199—2013	滨海核电厂液态放射性流出物辐射环境影响评价技术规范	2013-10-01	
284	NB/T 20200—2013	核电厂外部人为事件调查与评价技术规范	2013-10-01	
285	NB/T 20201—2013	核电厂厂址区域社会环境调查技术规范	2013-10-01	
286	NB/T 20202—2013	核电厂厂址大气扩散试验规范	2013-10-01	
287	NB/T 20203—2013	核电厂受纳水域生态调查技术规范	2013-10-01	
288	NB/T 20204—2013	核电厂水下照明装置技术条件	2013-10-01	
289	NB/T 20205—2013	核电厂安全级电气连接件鉴定规程	2013-10-01	
290	NB/T 20206—2013	核电厂安全级阀门驱动装置用电磁阀鉴定规程	2013-10-01	
291	NB/T 20207—2013	核电厂安全级蓄电池鉴定试验规程	2013-10-01	
292	NB/T 20208—2013	核电厂安全级配电盘质量鉴定	2013-10-01	

续表

序号	标准编号	标准名称	实施日期	代替标准
293	NB/T 20209—2013	核电厂棒位探测器敏感元件型式试验	2013-10-01	
294	NB/T 20210—2013	核电厂安全级充电器鉴定规程	2013-10-01	
295	NB/T 20211—2013	压水堆核电厂安全级中压电机鉴定规程	2013-10-01	
296	NB/T 20212—2013	压水堆核电厂安全级 380V 电机鉴定规程	2013-10-01	
297	NB/T 20213—2013	核电厂安全级电缆及现场接头鉴定规程	2013-10-01	
298	NB/T 20214—2013	核电厂安全级低压配电盘鉴定规程	2013-10-01	
299	NB/T 20215—2013	压水堆核电厂用于堆芯中子注量率测量的可移动式微型裂变室型式试验	2013-10-01	
300	NB/T 20216—2013	压水堆核电厂核辅助系统管道安装技术规程	2013-10-01	
301	NB/T 20217—2013	核电厂安全重要过程仪表安装技术规程	2013-10-01	
302	NB/T 20218—2013	核电厂安全重要仪表和控制设备电磁兼容性试验要求	2013-10-01	
303	NB/T 20219—2013	核电厂阀门诊断	2013-10-01	
304	NB/T 20220—2013	轻水冷却反应堆压力容器辐照监督	2013-10-01	EJ/T 560—2002
305	NB/T 20221—2013	压水堆核电厂二回路热力设备腐蚀检查	2013-10-01	
306	NB/T 20222—2013	压水堆核电厂蒸汽发生器老化指南	2013-10-01	
307	NB/T 20223—2013	核电厂安全重要机械设备维修指南	2013-10-01	
308	NB/T 20224—2013	压水堆核电厂控制棒驱动机构设计制造规范	2013-10-01	EJ/T 1137—2001
309	NB/T 20225—2013	核电厂安全级电气连接件鉴定	2013-10-01	
310	NB/T 20226—2013	核电厂安全级变压器鉴定	2013-10-01	
311	NB/T 20227—2013	核电厂安全级成套开关设备鉴定	2013-10-01	
312	NB/T 20228—2013	核电厂安全重要仪表和控制系统的敏感元件和传感器型式试验	2013-10-01	EJ/T 673—1992
313	NB/T 20229—2013	核电厂安全重要仪表和控制系统电气模块型式试验	2013-10-01	EJ/T 609—1991
314	NB/T 20230—2013	压水堆冷却剂压力边界材料断裂韧性要求	2013-10-01	EJ/T 721—1992
315	NB/T 20231—2013	压水堆核电厂专设安全设施设计准则	2013-10-01	EJ/T 1179—2005
316	NB/T 20232—2013	压水堆核电厂燃料装卸和贮存系统设计准则	2013-10-01	EJ/T 719—1992
317	NB/T 20233—2013	压水堆核电厂核蒸汽供应系统设备的清洁和清洁度要求	2013-10-01	EJ 433—1989 EJ 434—1989
318	NB/T 20234—2013	核电厂专用起重机设计准则	2013-10-01	EJ/T 801—1993
319	NB/T 20235—2013	基于均方电压法的宽量程中子注量率测量	2013-10-01	
320	NB/T 20236—2013	压水堆核电厂安全壳钢衬里焊缝无损检验	2013-10-01	EJ/T 1138—2001
321	NB/T 20237—2013	核电厂安全重要仪表管线安装技术规程	2013-10-01	
322	NB/T 20238—2013	核电厂辐射监测系统安装技术规程	2013-10-01	
323	NB/T 20239—2013	压水堆核电厂调试大纲编写规范	2013-10-01	EJ/T 1045—1997
324	NB/T 20240—2013	压水堆核电厂重新装料后的物理启动试验	2013-10-01	EJ/T 563—1999
325	NB/T 20241—2013	压水堆蒸汽发生器传热管在役检查要求	2013-10-01	EJ/T 884—1994
326	NB/T 20242—2013	核电厂管道系统振动试验	2013-10-01	
327	NB/T 20243—2013	压水堆破损燃料组件超声检查	2013-10-01	
328	NB/T 20244—2013	压水堆核电厂蒸汽发生器传热管堵管导则	2013-10-01	EJ/T 885—1994
329	NB/T 20245—2013	核电厂物项替代	2013-10-01	
330	NB/T 20246—2013	核电厂环境辐射监测规定	2013-10-01	EJ/T 1131—2001
331	NB/T 20248—2013	核电厂人机特性评价指南	2013-10-01	EJ/T 798—1993
332	NB/T 20252—2013	压水堆核电厂专设安全设施空气净化装置设计准则	2013-10-01	EJ/T 415—1989
333	NB/T 20253—2013	压水堆核电厂安装/调试期间的系统清洗	2013-10-01	
334	NB/T 20254—2013	核电厂反应堆冷却剂系统泄漏探测准则	2013-10-01	EJ/T 889—1994 EJ/T 668—1992
335	NB/T 20255—2013	核电厂安全重要仪表管线设计准则	2013-10-01	EJ/T 460—1989

续表

序号	标准编号	标准名称	实施日期	代替标准
336	NB/T 20256—2013	核安全相关结构抗震设计规范	2013-10-01	
337	NB/T 20257—2013	核电厂操纵人员执照考核	2014-04-01	EJ/T 1043—2004
338	NB/T 25010—2013	核电厂常规设备大修监理规范	2013-10-01	
339	NB/T 25011—2013	核电厂水化学处理系统调试导则	2013-10-01	
340	NB/T 25012—2013	核电厂汽水分离再热器系统调试导则	2013-10-01	
341	NB/T 25013—2013	核电厂发电机组首次并网试验要求	2013-10-01	
342	NB/T 25014—2013	核电厂汽轮机首次核蒸汽冲转导则	2013-10-01	
343	NB/T 25015—2013	核电厂汽轮发电机组调试技术导则	2013-10-01	
344	NB/T 25016.1—2013	核电厂常规岛设备监造技术导则　第 1 部分：总则	2013-10-01	
345	NB/T 25016.10—2013	核电厂常规岛设备监造技术导则　第 10 部分：水泵	2013-10-01	
346	NB/T 25016.11—2013	核电厂常规岛设备监造技术导则　第 11 部分：输变电设备	2013-10-01	
347	NB/T 25016.12—2013	核电厂常规岛设备监造技术导则　第 12 部分：起吊设备	2013-10-01	
348	NB/T 25016.2—2013	核电厂常规岛设备监造技术导则　第 2 部分：汽轮机	2013-10-01	
349	NB/T 25016.3—2013	核电厂常规岛设备监造技术导则　第 3 部分：发电机	2013-10-01	
350	NB/T 25016.4—2013	核电厂常规岛设备监造技术导则　第 4 部分：凝汽器	2013-10-01	
351	NB/T 25016.5—2013	核电厂常规岛设备监造技术导则　第 5 部分：汽水分离再热器	2013-10-01	
352	NB/T 25016.6—2013	核电厂常规岛设备监造技术导则　第 6 部分：给水加热器	2013-10-01	
353	NB/T 25016.7—2013	核电厂常规岛设备监造技术导则　第 7 部分：除氧器	2013-07-01	
354	NB/T 25016.8—2013	核电厂常规岛设备监造技术导则　第 8 部分：管道	2013-10-01	
355	NB/T 25016.9—2013	核电厂常规岛设备监造技术导则　第 9 部分：阀门	2013-10-01	
356	NB/T 25017—2013	核电厂常规岛金属技术监督规程	2013-10-01	DL/T 1025—2006
357	NB/T 31045—2013	风电场运行指标与评价导则	2014-04-01	
358	NB/T 31046—2013	风电功率预测系统功能规范	2014-04-01	
359	NB/T 31047—2013	风电调度运行管理规范	2014-04-01	
360	NB/T 32004—2013	光伏发电并网逆变器技术规范	2013-08-01	
361	NB/T 32005—2013	光伏发电站低电压穿越检测技术规程	2014-04-01	
362	NB/T 32006—2013	光伏发电站电能质量检测技术规程	2014-04-01	
363	NB/T 32007—2013	光伏发电站功率控制能力检测技术规程	2014-04-01	
364	NB/T 32008—2013	光伏发电站逆变器电能质量检测技术规程	2014-04-01	
365	NB/T 32009—2013	光伏发电站逆变器电压与频率响应检测技术规程	2014-04-01	
366	NB/T 32010—2013	光伏发电站逆变器防孤岛效应检测技术规程	2014-04-01	
367	NB/T 32011—2013	光伏发电站功率预测系统技术要求	2014-04-01	
368	NB/T 32012—2013	光伏发电站太阳能资源实时监测技术规范	2014-04-01	
369	NB/T 32013—2013	光伏发电站电压与频率响应检测规程	2014-04-01	
370	NB/T 32014—2013	光伏发电站防孤岛效应检测技术规程	2014-04-01	
371	NB/T 32015—2013	分布式电源接入配电网技术规定	2014-04-01	
372	NB/T 32016—2013	并网光伏发电监控系统技术规范	2014-04-01	
373	NB/T 33004—2013	电动汽车充换电设施工程施工和竣工验收规范	2014-04-01	

续表

序号	标准编号	标准名称	实施日期	代替标准
374	NB/T 33005—2013	电动汽车充电站及电池更换站监控系统技术规范	2014-04-01	
375	NB/T 33006—2013	电动汽车电池箱更换设备通用技术要求	2014-04-01	
376	NB/T 33007—2013	电动汽车充电站/电池更换站监控系统与充换电设备通信协议	2014-04-01	
377	NB/T 33008.1—2013	电动汽车充电设备检验试验规范　第1部分：非车载充电机	2014-04-01	
378	NB/T 33008.2—2013	电动汽车充电设备检验试验规范　第2部分：交流充电桩	2014-04-01	
379	NB/T 33009—2013	电动汽车充换电设施建设技术导则	2014-04-01	
380	NB/T 34012—2013	生物质锅炉用水冷振动炉排技术条件	2013-10-01	
381	NB/T 35003—2013	水电工程水情自动测报系统技术规范	2013-10-01	DL/T 5051—1996
382	NB/T 35004—2013	水力发电厂自动化设计技术规范	2013-10-01	DL/T 5081—1997
383	NB/T 35005—2013	水电工程混凝土生产系统设计规范	2013-10-01	DL/T 5086—1999
384	NB/T 35006—2013	水电工程围堰设计导则	2013-10-01	DL/T 5087—1999
385	NB/T 35007—2013	水电工程施工地质规程	2013-10-01	DL/T 5109—1999
386	NB/T 35008—2013	水力发电厂照明设计规范	2013-10-01	DL/T 5140—2001
387	NB/T 35009—2013	抽水蓄能电站选点规划编制规范	2013-10-01	DL/T 5172—2003
388	NB/T 35010—2013	水力发电厂继电保护设计规范	2013-10-01	DL/T 5177—2003
389	NB/T 35011—2013	水电站厂房设计规范	2013-10-01	SD 335—1989
390	NB/T 35012—2013	水电工程对外交通专用公路设计规范	2013-10-01	
391	NB/T 35013—2013	水电工程建设征地移民安置验收规程	2013-10-01	
392	NB/T 35014—2013	水电工程安全验收评价报告编制规程	2013-10-01	
393	NB/T 35015—2013	水力发电厂安全预评价报告编制规程	2013-10-01	
394	NB/T 35016—2013	土石筑坝材料碾压试验规程	2013-10-01	
395	NB/T 35020—2013	水电水利工程液压启闭机设计规范	2013-10-01	
396	NB/T 42003—2013	高压电机铁心（冲片）绝缘试验方法	2013-08-01	
397	NB/T 42004—2013	高压交流电机定子线圈对地绝缘电老化试验方法	2013-08-01	
398	NB/T 42005—2013	高压交流电机定子线圈对地绝缘电热老化试验方法	2013-08-01	
399	NB/T 42012—2013	交流变电站和电器设备用1100kV复合绝缘子尺寸与特性	2014-04-01	
400	NB/T 42015—2013	智能变电站网络报文记录及分析装置技术条件	2014-04-01	
401	NB/T 42016—2013	撬装式液化天然气发电机组供气装置	2014-04-01	
402	NB/T 42019—2013	750kV和1000kV级油浸式并联电抗器技术参数和要求	2014-04-01	
403	NB/T 42020—2013	750kV和1000kV级油浸式电力变压器技术参数和要求	2014-04-01	
404	NB/T 42021—2013	高压变频调速用干式变流变压器	2014-04-01	
405	NB/T 42022—2013	高压变频调速用油浸式变流变压器	2014-04-01	
406	NB/T 42025—2013	额定电压72.5kV及以上智能气体绝缘金属封闭开关设备	2014-04-01	
407	NB/T 47032—2013	余热锅炉用小半径弯管技术条件	2014-04-01	JB/T 6509—1992
408	NB/T 47033—2013	减温减压装置	2014-04-01	JB/T 6323—2002
409	NB/T 47037—2013	电站阀门型号编制方法	2014-04-01	JB/T 4018—1999
410	NB/T 47038—2013	恒力弹簧支吊架	2014-04-01	JB/T 8130.1—1999
411	NB/T 47039—2013	可变弹簧支吊架	2014-04-01	JB/T 8130.2—1999
412	NB/T 47040—2013	锅炉人孔和手孔装置	2014-04-01	JB/T 2190—1993 JB/T 2191—1993

索 引

内 容 索 引

说 明

本索引是全书条目和条目内容的主题分析索引。索引主题按先数字大小，再字母顺序，最后汉语拼音字母的顺序，并辅以汉字笔画、起笔笔形顺序排列。同音时，按汉字笔画由少到多的顺序排列，笔画数相同的按起笔笔形一(横)、丨(竖)、丿(撇)、丶(点)、乛(折，包括㇆、乚 ㄑ等)顺序排列。第一字相同时，同原则按第二字排列，余类推。

A

B

C

D

E

F

G

J

K

L

M

N

R

S

T

W

X

Y

Z

《中国电力年鉴》编辑出版人员

责任编辑 肖　兰　胡顺增　刘利军

刘亚南　穆智勇

封面设计 杨晓东

版式设计 张　娟

责任校对 常燕昆　黄　蓓

出版印刷 蔺义舟